तृतीय संस्करण

भारतीय शासन

सिविल सेवा प्रारंभिक (सामान्य अध्ययन-I) एवं मुख्य (सामान्य अध्ययन-II) परीक्षा हेतु

लेखक के बारे में (About the Author)

एम. लक्ष्मीकांत ने उस्मानिया विश्वविद्यालय से 1989 में राजनीति विज्ञान में स्नातकोत्तर की उपाधि प्राप्त की। वे पूर्ववर्ती कोचिंग संस्थान लक्ष्मीकांत आईएएस अकादमी (Laxmikanth's IAS Academy), हैदराबाद के भूतपूर्व संस्थापक और निदेशक रहे हैं। उनकी अन्य पुस्तकें हैं–भारतीय शासन (Governance in India), भारत की राजव्यवस्था (Indian Polity), वस्तुनिष्ठ भारत की राजव्यवस्था (Objective Indian Polity), लोक प्रशासन (Public Administration) तथा Constitution of India।

तृतीय संस्करण

भारतीय शासन

सिविल सेवा प्रारंभिक (सामान्य अध्ययन – I) एवं मुख्य (सामान्य अध्ययन – II) परीक्षा हेतु

एम. लक्ष्मीकांत

भूतपूर्व संस्थापक-निदेशक
लक्ष्मीकांत आईएएस अकादमी (बंद हो चुकी है)
हैदराबाद

McGraw Hill Education (India) Private Limited

Published by McGraw Hill Education (India) Private Limited
Registered Office: Anjana Complex No: 5/90 A, Butt Road, St. Thomas Mount, Chennai – 600016

Bhartiya Shashan, 3e

Sixth reprint 2023

Print Edition:
ISBN-13: 978-93-90491-83-4
ISBN-10: 93-90491-83-5

e-Book Edition:
ISBN-13: 978-93-90491-84-1
ISBN-10: 93-90491-84-3

07 08 09 10 11 MAG 27 26 25 24 23

Typeset at Kaushik Laser Point & Printers, Tis Hazari Court, Delhi -53 and Printed and bound in India at Magic International Pvt. Ltd., Plot No. 26E, Sector-31 (INDUSTRIAL), Site-IV, Greater Noida - 201306

Cover Design: Creative Designer
Cover Image Source: DAL

Visit us at: www.mheducation.co.in; Phone (Toll free in India): **1800 103 5875**
Write to us at: info.india@mheducation.com

CIN: U80302TN2010PTC111532

मेरे आदर्णीय माताजी – पिताजी

स्व. मामड़गी हुनमैंया

स्व. मामड़गी वज्रमणि

और

मेरे पैतृक स्थान

धनसिरि (ज़हीराबाद – तेलंगाना)

को समर्पित

विषय–सूची (Contents)

तालिकाओं की सूची ...(xxiii)

तृतीय संस्करण का आमुख ...(xxv)

प्रथम संस्करण का आमुख ...(xxvii)

आभार ...(xxix)

यूपीएससी पाठ्यक्रम ...(xxxi)

भाग–I अधिकार संबंधी मुद्दे (Rights Issues) 1–33

1. मानव अधिकार (Human Rights) 1

मानव अधिकारों की सार्वभौमिक उद्घोषणा 1

अन्तर्राष्ट्रीय मानवाधिकार–पत्र 2

अन्य अन्तर्राष्ट्रीय समझौते 2

भारत में मानवाधिकार 3

मानवाधिकार संबंधित आयोग 3

2. महिलाओं के अधिकार (Rights of Women) 5

संवैधानिक अधिकार 5

वैधानिक अधिकार 5

3. बच्चों के अधिकार (Rights of Children) 8

संवैधानिक अधिकार 8

वैधानिक अधिकार 8

4. अनुसूचित जातियों और अनुसूचित जनजातियों के अधिकार (Rights of SCs and STs) 11

संवैधानिक अधिकार 11

वैधानिक अधिकार 13

5. पिछड़े एवं आर्थिक दुर्बल वर्गों के अधिकार (Rights of BCs and EWSs) 15

पिछड़े वर्गों के अधिकार 15

आर्थिक दुर्बल वर्गों के अधिकार 16

6. अल्पसंख्यकों के अधिकार (Rights of Minorities) 17

संवैधानिक अधिकार 17

वैधानिक अधिकार 18

सहमतिजन्य सुरक्षोपाय 18

7. अन्य समूहों के अधिकार (Rights of Other Groups) 20

विकलांग व्यक्तियों के अधिकार 20

वृद्ध व्यक्तियों के अधिकार 21

नशाखोरी के शिकार लोगों के अधिकार 21

8. **सूचना का अधिकार (Right to Information) 22**

अर्थ एवं तार्किक आधार 22

भारत में स्थिति 22

सूचना का अधिकार (2005) 23

राज्य सूचना अधिनियम 24

9. **शिक्षा का अधिकार (Right to Education) 25**

संवैधानिक प्रावधान 25

शिक्षा का अधिकार अधिनियम, 2009 25

शिक्षा का अधिकार अधिनियम, 2012 में संशोधन 27

शिक्षा का अधिकार अधिनियम, 2017 में संशोधन 27

शिक्षा का अधिकार अधिनियम, 2019 में संशोधन 28

10. **उपभोक्ता के अधिकार (2019) 29**

उपभोक्ता संरक्षण अधिनियम, 2019 29

2019 अधिनियम के अंतर्गत उपभोक्ता अधिकार 30

11. **परलैंगिक व्यक्तियों के अधिकार (Rights of Transgender Persons) 31**

संवैधानिक अधिकार 31

कानूनी अधिकार 31

भाग-II लोक नीति (Public Policy) 35–69

12. **लोक नीति (1) [Public Policy (1)] 35**

स्वैच्छिक संगठनों पर राष्ट्रीय नीति 35

राष्ट्रीय पर्यावास और पुनर्वास नीति 35

राष्ट्रीय महिला सशक्तिकरण नीति 36

बच्चों के लिए राष्ट्रीय नीति 36

राष्ट्रीय विकलांग व्यक्ति नीति 37

वृद्धों के लिए राष्ट्रीय नीति 37

13. **लोक नीति (2) [Public Policy (2)] 40**

राष्ट्रीय युवा नीति 40

राष्ट्रीय शिक्षा नीति 40

बाल श्रम पर राष्ट्रीय नीति 42

राष्ट्रीय आपदा प्रबंधन नीति 42

ई-प्रशासन हेतु खुले मानकों पर राष्ट्रीय नीति 43

14. **लोक नीति (3) [Public Policy (3)] 44**

राष्ट्रीय स्वास्थ्य नीति 44

राष्ट्रीय जनसंख्या नीति 45

राष्ट्रीय शहरी आवास और पर्यावास नीति 45

शहरी सड़क विक्रेताओं के लिए राष्ट्रीय नीति 46

राष्ट्रीय शहरी स्वच्छता नीति 47

15. लोक नीति (4) [Public Policy (4)] 48

राष्ट्रीय विनिर्माण नीति 48
राष्ट्रीय डिजिटल संचार नीति 48
राष्ट्रीय जल नीति 49
राष्ट्रीय कृषि नीति 51
राष्ट्रीय किसान नीति 52
राष्ट्रीय पर्यावरण नीति 53

16. लोक नीति (5) [Public Policy (5)] 54

जैव ईंधन पर राष्ट्रीय नीति 54
सूचना प्रौद्योगिकी पर राष्ट्रीय नीति 55
विज्ञान, प्रौद्योगिकी और नवाचार नीति 56
राष्ट्रीय खनिज नीति 57
राष्ट्रीय खेल नीति 57

17. लोक नीति (6) [Public Policy (6)] 59

कौशल विकास और उद्यमिता के लिए राष्ट्रीय नीति 59
राष्ट्रीय पोषण नीति 60
राष्ट्रीय मुकदमेबाजी नीति 61
राष्ट्रीय डाटा साझाकरण और पहुँच नीति 63
राष्ट्रीय नार्कोटिक ड्रग्स और नशीले पदार्थ नीति 64

18. लोक नीति (7) [Public Policy (7)] 65

इलेक्ट्रॉनिक्स पर राष्ट्रीय नीति 65
राष्ट्रीय साइबर सुरक्षा नीति 66
राष्ट्रीय बौद्धिक संपदा अधिकार नीति 66
राष्ट्रीय प्रारम्भिक बाल्यावस्था देखभाल एवं शिक्षा नीति 67
राष्ट्रीय शहरी परिवहन नीति 68

भाग-III केंद्रीय प्रशासन (Central Administration) 71–94

19. केंद्रीय सचिवालय (Central Secretariat) 71

अर्थ 71
ऐतिहासिक परिप्रेक्ष्य 71
मंत्रालय की संरचना 71
सचिवालय का संगठन 72
विपाटन प्रणाली 72
भूमिका और कार्य 73
कार्यकाल प्रणाली 73
कार्यकाल प्रणाली की दुर्बलता 74
सचिवालय के अधिकारी 75
कार्यालय कर्मचारी 76
डेस्क अधिकारी प्रणाली 77
संलग्न और अधीनस्थ कार्यालय 77
संबंधों के प्रतिरूप 78

20. मंत्रिमंडल सचिवालय (Cabinet Secretariat) 79
अर्थ 79
संगठन 79
कार्य 80
भूमिका 80
मंत्रिमंडल सचिव 81
21. प्रधानमंत्री कार्यालय/सचिवालय (Prime Minister's Office/Secretariat) 83
अर्थ 83
संरचना 83
कार्य 83
बदलती भूमिका 84
22. मंत्रालय एवं विभाग (Ministries and Departments) 85
मंत्रालयों के बीच व्यापार का आवंटन 85
मंत्रालयों द्वारा व्यापार का निपटान 85
मंत्रालयों में वृद्धि के कारण 85
मंत्रालयों/विभागों की सूची (2020) 85
23. बोर्ड और आयोग (Boards and Commissions) 88
वैधानिक दर्जा 88
प्राधिकार की प्रकृति 88
कार्य निष्पादन 89
अवस्थिति 89
24. सार्वजनिक उद्यम (Public Enterprises) 90
विभागीय उपक्रम 90
सार्वजनिक उपक्रम 91
सरकारी कपंनी 92
होल्डिंग कंपनी 94
अन्य रूप 94

भाग-IV राज्य प्रशासन (State Administration) 95–102
25. राज्य सचिवालय (State Secretariat) 95
अर्थ 95
संगठन 95
कार्मिक 95
कार्य 96
26. मुख्य सचिव (Chief Secretary) 97
पदस्थिति 97
शक्तियाँ और कार्य 97
मुख्य सचिव बनाम मंत्रिमंडल सचिव 98

27. निदेशालय (Directorates) 100
अर्थ 100
प्रमुख 100
कार्य 101
28. राजस्व बोर्ड (Board of Revenue) 102
अर्थ 102
कार्य 102
वैकल्पिक निकाय 102

भाग-V संभागीय प्रशासन (Divisional Administration) 103–104

29. संभागीय आयुक्त (Divisional Commissioner) 103
अर्थ 103
कार्य 103
30. क्षेत्रीय अधिकारी (Regional Officer) 104
अर्थ 104
कार्य 104

भाग-VI जिला प्रशासन (District Administration) 105–113

31. जिलाधीश (District Collector) 105
पदस्थिति 105
विकासक्रम 105
भूमिका और कार्य 106
अन्य जिला अधिकारी 108
32. जिला स्तर के नीचे का प्रशासन (Administration below the District Level) 110
उप-संभाग 110
तहसील 110
सर्किल 111
ग्राम 111
33. जिला ग्रामीण विकास एजेन्सी (District Rural Development Agency) 112
कार्य 112
संगठन 112

भाग-VII कॉर्मिक प्रशासन (Personnel Administration) 115–136

34. उच्च सेवाओं हेतु भर्ती (Recruitment to Higher Services) 115
भर्ती प्रणाली 115
परीक्षा पद्धति 116
अप्रत्यक्ष भर्ती 118
अन्य भर्ती परीक्षाएं 119

35. सिविल सेवकों का प्रशिक्षण (Training of Civil Servants) 120
भारतीय प्रशासनिक सेवकों का प्रशिक्षण 120
भारतीय पुलिस सेवा का प्रशिक्षण 121
भारतीय वन सेवा का प्रशिक्षण 121
भारतीय विदेश सेवा का प्रशिक्षण 121
अन्य उच्च सेवाओं का प्रशिक्षण 122
प्रशिक्षण संस्थान 122

36. सिविल सेवकों की शर्तें (Service Conditions of Civil Servants) 126
वेतन 126
भत्ते 127
अवकाश लाभ 128
पदोन्नति 128
सेवानिवृत्ति लाभ 129
लोक सेवकों के अधिकार 130
अनुशासनिक कार्यवाही 131

37. केंद्रीय कार्मिक मंत्रालय की भूमिका (Role of Union Personnel Ministry) 133
क्रमागत उन्नति 133
अधीनस्थ अभिकरण 133
कार्य 133

भाग-VIII वित्तीय प्रशासन (Financial Administration) 137–153

38. बजट की अवधारणा (Concept of Budget) 137
अर्थ 137
कार्य 137
सिद्धांत 137
रूप या प्रणालियाँ 139
ऐतिहासिक परिदृश्य 142

39. बजट का निरुपण एवं निष्पादन (Formulation and Execution of Budget) 143
बजट का निर्माण 143
बजट निष्पादन 144

40. लेखा और लेखा परीक्षा (Accounts and Audit) 146
अर्थ 146
लेखा परीक्षा की भूमिका 146
लेखा परीक्षा से लेखा का पृथक्करण 146
लेखा का विभागीकरण 147
महालेखा नियंत्रक 148
लेखा का ढांचा 148

41. केंद्रीय वित्त मंत्रालय की भूमिका (Role of Union Finance Ministry) 150
मंत्रालय का अवलोकन 150
आर्थिक कार्य विभाग 150
व्यय विभाग 151
राजस्व विभाग 151
निवेश एवं सार्वजनिक परिसंपत्ति प्रबंधन विभाग 152
वित्तीय सेवा विभाग 152

भाग-IX कानून एवं व्यवस्था प्रशासन (Law and Order Administration) 155–172

42. केन्द्रीय गृह मंत्रालय की भूमिका (Role of Union Home Ministry) 155
मंत्रालय के विभाग 155
मंत्रालय के प्रभाग 155

43. केंद्रीय एजेंसियों की भूमिका (Role of Central Agencies) 159
केंद्रीय पुलिस बल 159
केंद्रीय पुलिस संगठन 161
केंद्रीय आसूचना एजेन्सियाँ 164
केंद्रीय जाँच एजेन्सियाँ 165

44. राज्य पुलिस प्रशासन (State Police Administration) 168
राज्य पुलिस का संगठन 168
राज्य पुलिस के कार्य 169
नगर पुलिस प्रशासन 170
होमगार्ड की भूमिका 171
नागरिक प्रतिरक्षा संगठन 172

भाग-X वैधानिक निकाय (Statutory Bodies) 173–188

45. राष्ट्रीय महिला आयोग (National Commission for Women) 173
स्थापना 173
संरचना 173
कार्य 174
शक्तियाँ 175
कार्यचालन 175
पारिवारिक महिला लोक अदालत 176

46. राष्ट्रीय बाल अधिकार संरक्षण आयोग (National Commission for Protection of Child Rights) 177
स्थापना 177
संघटन 177
कार्य 178
शक्तियाँ 178
कार्यचालन 179
अन्य अधिनियम के तहत कार्य 179

47. राष्ट्रीय अल्पसंख्यक आयोग (National Commission for Minorities) 180

स्थापना 180
संघटन 180
कार्य 181
शक्तियाँ 181
रिपोर्ट 181

48. विकलांग व्यक्तियों के लिए केन्द्रीय आयुक्त (Central Commissioner for Disabled Persons) 182

स्थापना 182
नियुक्ति 182
कार्य 183
शक्तियाँ 183
रिपोर्ट 183

49. भारत का परिसीमन आयोग (Delimitation Commission of India) 185

अब तक स्थापित किये गये आयोग 185
संवैधानिक उपबंध 185
चौथा परिसीमन आयोग 186
सिफारिशों का क्रियान्वयन 186

50. उत्तर-पूर्वी परिषद् (North-Eastern Council) 187

स्थापना 187
सरंचना 187
कार्य 187
पुनर्जीवनीकरण 188

भाग-XI गैर-वैधानिक निकाय (Non-Statutory Bodies) 189–200

51. भारत का विधि आयोग (Law Commission of India) 189

ऐतिहासिक पृष्ठभूमि 189
अब तक गठित किये गये आयोग 189
संरचना 190
कार्य 191
कार्यचालन 191
भूमिका 191
22वाँ भारतीय विधि आयोग गठित 192

52. कर्मचारी चयन आयोग (Staff Selection Commission) 194

स्थापना 194
कार्य 194
संचालित परीक्षाएं 196
संगठन 197

53. राष्ट्रीय सुरक्षा परिषद (National Security Council) 198

स्थापना 198
कार्य एवं भूमिका 198
संगठन 199
राष्ट्रीय सुरक्षा सलाहकार की भूमिका 199

भाग-XII नियामक, अर्द्ध-न्यायिक और अन्य निकाय (Regulatory, Quasi-Judicial and Other Bodies) 201–224

54. नियामक निकाय (Regulatory Bodies) 201

बीमा नियामक एवं विकास प्राधिकरण 201
भारतीय प्रतिभूति एवं विनिमय बोर्ड (सेबी) 201
भारतीय प्रतिस्पर्द्धा आयोग 201
भारतीय दूरसंचार नियामक प्राधिकरण 202
पेट्रोलियम एवं प्राकृतिक गैस नियामक बोर्ड 202
केन्द्रीय विद्युत नियामक आयोग 202
परमाणु ऊर्जा नियामक बोर्ड 202
केन्द्रीय प्रदूषण नियंत्रण बोर्ड 203
समुद्रतटीय जलजीव संवर्द्धन प्राधिकरण 203
प्रमाणक प्राधिकारियों का नियंत्रक 203
राष्ट्रीय चिकित्सा आयोग 204
भारतीय औषध निर्माण विज्ञान परिषद 204
भारतीय दंत चिकित्सा परिषद 204
भारतीय पशु चिकित्सा परिषद 204
भारतीय केंद्रीय चिकित्सा परिषद 204
भारतीय नर्सिंग परिषद 205
केन्द्रीय होम्योपैथी परिषद 205
केंद्रीय भू-जल प्राधिकरण 205
नागरिक उड्डयन महानिदेशालय 205
भारतीय विमानपत्तन आर्थिक नियामक प्राधिकरण 206
पेंशन निधि नियामक एवं विकास प्राधिकरण 206
भारत का खाद्य सुरक्षा एवं मानक प्राधिकरण 206
भारतीय विधिज्ञ परिषद 206
विश्वविद्यालय अनुदान आयोग 206
वित्तीय स्थिरता और विकास परिषद 207
अखिल भारतीय तकनीकी शिक्षा परिषद 207
भारतीय दिवाला और शोधन अक्षमता बोर्ड 208
राष्ट्रीय वित्तीय रिपोर्टिंग प्राधिकरण 208

55. क्वासी-न्यायिक निकाय (Quasi–Judicial Bodies) 209
राष्ट्रीय हरित न्यायाधिकरण 209
आयकर अपीलीय अधिकरण 209
आयकर समझौता आयोग 210
बौद्धिक संपदा अपीलीय बोर्ड 210
सीमा शुल्क, केंद्रीय उत्पाद शुल्क और सेवा कर अपीलीय अभिकरण 211
सीमा शुल्क, केंद्रीय उत्पाद शुल्क और सेवा कर निपटान आयोग 211
बिजली अपीलीय अभिकरण 212
रेल दावा अधिकरण 212
भारतीय प्रेस परिषद 213
दूरसंचार विवादों का निपटारा और अपीलीय न्यायाधिकरण 213
जब्त संपत्ति के लिए अपीलीय प्राधिकरण 214
नेशनल कंपनी लॉ ट्रिब्यूनल 215
राष्ट्रीय कंपनी कानून अपीलीय न्यायाधिकरण 215
56. सलाहकार निकाय (Advisory Bodies) 217
राष्ट्रीय जल संसाधन परिषद 217
राष्ट्रीय कौशल विकास मिशन का शासन परिषद 217
केंद्रीय शिक्षा सलाहकार बोर्ड 218
राष्ट्रीय जनसंख्या आयोग 218
स्टाफ निरीक्षण इकाई 219
मुख्य लागत सलाहकार का कार्यालय 219
प्रमुख वैज्ञानिक सलाहकार का कार्यालय 219
57. कार्यकारी एवं विकास निकाय (Executive and Development Bodies) 221
खादी एवं ग्रामोद्योग आयोग 221
केंद्रीय रेशम बोर्ड 221
राष्ट्रीय वर्षापोषित क्षेत्र प्राधिकरण 221
भारतीय अंतर्देशीय जलमार्ग प्राधिकरण 222
भारत के लिए शत्रु सम्पत्ति का अभिरक्षक 222
भारत का महापंजीयक एवं जनगणना आयुक्त 222
भारतीय राष्ट्रीय राजमार्ग प्राधिकरण (NHAI) 223
कॉयर बोर्ड 223
राष्ट्रीय नदी संरक्षण निदेशालय 223
आव्रजन ब्यूरो 224

भाग-XIII विकास हेतु सरकारी हस्तक्षेप (Government Interventions for Development) 225–270
58. ग्रामीण विकास हेतु सरकारी हस्तक्षेप (1) [Government Interventions for Rural Development (1)] 225
महात्मा गांधी राष्ट्रीय ग्रामीण रोजगार गारंटी अधिनियम 225
दीनदयाल अंत्योदय योजना - राष्ट्रीय ग्रामीण जीवन मिशन 228

दीनदयाल उपाध्याय ग्रामीण कौशल योजना 229
प्रधानमंत्री आवास योजना -ग्रामीण 231

59. ग्रामीण विकास हेतु सरकारी हस्तक्षेप (2)
[Government Interventions for Rural Development (2)] 234
प्रधानमंत्री ग्राम सड़क योजना 234
राष्ट्रीय सामाजिक सहायता कार्यक्रम 235
डिजिटल इंडिया भूमि आधुनिकीकरण कार्यक्रम 236
प्रधानमंत्री कृषि सिंचाई योजना के वॉटरशेड विकास घटक 237

60. ग्रामीण विकास हेतु सरकारी हस्तक्षेप (3)
[Government Interventions for Rural Development (3)] 240
जल जीवन मिशन 240
स्वच्छ भारत अभियान (ग्रामीण) 241
श्यामा प्रसाद मुखर्जी रूर्बन मिशन 244
राष्ट्रीय ग्राम स्वराज अभियान 245
सासंद आदर्श ग्राम योजना 247

61. शहरी विकास हेतु सरकारी हस्तक्षेप
(Government Interventions for Urban Development) 250
पुनरुद्धार और शहरी परिवर्तन के लिए अटल मिशन (अमृत) 250
प्रधानमंत्री आवास योजना-शहरी 251
दीनदयाल अन्त्योदय योजना-राष्ट्रीय शहरी आजीविका मिशन 256
स्वच्छ भारत अभियान (शहरी) 257
स्मार्ट सिटी मिशन 259
विरासत शहर विकास और विस्तार योजना 263

62. संसद स्थानीय क्षेत्र विकास योजना के सदस्य
(Members of Parliament Local Area Development Scheme) 264
विशेषताएं 264
केंद्र सरकार की भूमिका 265
राज्य सरकार की भूमिका 266
जिला प्राधिकरण की भूमिका 267
कार्यान्वयन एजेंसियों की भूमिका 267
प्रभाव और प्रदर्शन 268
एक सांसद - एक विचार योजना 268

भाग-XIV कमजोर वर्ग (Vulnerable Sections) 271-356

63. महिलाओं के लिए कल्याणकारी योजनायें
(Welfare Schemes for Women) 271
प्रधानमंत्री मातृवंदना योजना 271
महिला शक्ति केंद्र योजना 272
वन स्टॉप सेंटर योजना 272

महिलाओं की हेल्पलाइन योजना 273
महिला पुलिस स्वयंसेवक योजना 273
सखी डैशबोर्ड पहल 273
स्वाधार गृह योजना 273
कामकाजी महिला छात्रावास योजना 274
उज्ज्वला योजना 274
निर्भया फंड पहल 275
महिलाओं की पहचान 276
पारिवारिक परामर्श केन्द्र योजना 276

64. शिशुओं के लिए कल्याणकारी योजनायें (Welfare Schemes for Children) 277

आंगनवाड़ी सेवा योजना 277
पोषण अभियान 279
राष्ट्रीय प्रारंभिक बाल्यावस्था देखभाल एवं शिक्षा 280
राष्ट्रीय शिशुगृह योजना 281
बच्चों के लिए अंतर्राष्ट्रीय योजनाएँ 282
किशोरी बालिका योजना (एसएजी) 282
बाल संरक्षण सेवा योजना (सीपीएस) 283
बेटी बचाओ बेटी पढ़ाओ योजना 285
राष्ट्रीय बाल पुरस्कार योजना 286

65. अनुसूचित जातियों हेतु कल्याणकारी योजनाएं (Welfare Schemes for SCs) 287

शैक्षिक सशक्तिकरण की योजनाएं 287
आर्थिक सशक्तिकरण की योजनाएं 289
सामाजिक सशक्तिकरण की योजनाएँ 292

66. अनुसूचित जनजातियों हेतु कल्याणकारी योजनाएं (Welfare Schemes for STs) 294

शैक्षिक सशक्तिकरण की योजनाएं 294
आर्थिक सशिक्तकरण की योजनाएं 296
सामाजिक सशक्तिकरण की योजनाएँ 298

67. पिछड़े वर्गों हेतु कल्याणकारी योजनाएं (Welfare Schemes for Backward Classes) 301

शिक्षा सशक्तिकरण की योजनाएं 301
सामाजिक-आर्थिक सशक्तिकरण योजनाएं 303

68. अल्पसंख्यकों के लिए कल्याणकारी योजनायें (Welfare Schemes for Minorities) 305

शैक्षणिक सशक्तिकरण की योजनायें 305
आर्थिक सशक्तिकरण की योजनायें 308
सामाजिक सशक्तिकरण की योजनायें 311
प्रधानमंत्री का अल्पसंख्यकों के कल्याण के लिए नया 15-सूत्रीय कार्यक्रम 313

69. दिव्यांगजन के लिए कल्याणकारी योजनाएँ
(Welfare Schemes for Disabled Persons) 316
शैक्षणिक सशक्तिकरण की योजनायें 316
आर्थिक सशक्तिकरण की योजनायें 318
सामाजिक सशक्तिकरण की योजनायें 320

70. वरिष्ठजनों हेतु कल्याण योजनाएँ (Welfare Schemes for Older Persons) 324
वरिष्ठ नागरिकों के लिए एकीकृत कार्यक्रम की योजना 324
राष्ट्रीय वरिष्ठ नागरिक पुरस्कार योजना 325
राष्ट्रीय वयोश्री योजना 325
वरिष्ठ नागरिक कल्याण कोष 326

71. नशीले पदार्थों के दुरुपयोग के पीड़ितों के लिए कल्याणकारी योजनाएं
(Welfare Schemes for Victims of Drug Abuse) 327
मद्यपान और नशीली दवाओं के दुरुपयोग के दुष्प्रभावों के बारे में जागरूकता अभियान 327
नशीले पदार्थों की मांग में घटाव हेतु राष्ट्रीय कार्य योजना 327
शराब की लत और नशीले पदार्थों से बचाव तथा सामाजिक रक्षा सेवाओं के लिए स्वयंसेवी संगठनों को सहायता 328
शराब और नशीले पदार्थों के इस्तेमाल में कमी लाने के क्षेत्र में प्रशिक्षण और अनुसंधान 329
शराब और नशीले पदार्थों की लत पर रोकथाम के क्षेत्र में उत्कृष्ट सेवाओं हेतु राष्ट्रीय पुरस्कार 329

72. कमजोर वर्गों के संरक्षण हेतु कानून
(Laws for Protection of Vulnerable Sections) 331
नागरिक अधिकार अधिनियम, 1955 331
अनुसूचित जातियों और अनुसूचित जनजातियों अत्याचार अधिनियम, 1989 332
वन अधिकार अधिनियम, 2006 335
घरेलू हिंसा अधिनियम, 2005 339
कार्यक्षेत्र में यौन उत्पीड़न अधिनियम, 2013 340
बाल यौन शोषण अधिनियम, 2012 342
विकलांग व्यक्तियों के अधिकार अधिनियम, 2016 345
तीन तलाक अधिनियम, 2019 347

73. कमजोर वर्गों हेतु संस्थान और निकाय
(Institutions and Bodies for Vulnerable Sections) 349
केंद्रीय समाज कल्याण बोर्ड 349
राष्ट्रीय महिला कोष 349
केंद्रीय दत्तक ग्रहण संसाधन प्राधिकरण 350
राष्ट्रीय जन-सहयोग एवं बाल विकास संस्थान 350
खाद्य और पोषण बोर्ड 351
राष्ट्रीय सफाई कर्मचारी आयोग 351
डॉ. अंबेडकर फाउंडेशन 352
बाबू जगजीवन राम राष्ट्रीय फाउंडेशन 353
राष्ट्रीय अल्पसंख्यक शैक्षणिक संस्थान आयोग 353

केंद्रीय वक्फ परिषद 354
भारतीय पुनर्वास परिषद 355
राष्ट्रीय समाज रक्षा संस्थान 355
राष्ट्रीय वरिष्ठ नागरिक परिषद 355
राष्ट्रीय विकलांग संस्थान 356

भाग-XV शासन के महत्वपूर्ण पहलू (Important Aspects of Governance) 357-394

74. सुशासन (Good Governance) 357
सुशासन की विशेषतायें 357
सुशासन के पहलकारी कदम 358
राष्ट्रीय सुशासन केंद्र 359
सुशासन प्रथाओं का प्रचार 360
सुशासन की बाधायें 362
सुशासन सूचकांक 363

75. ई-प्रशासन (e-Governance) 365
ई-प्रशासन का अर्थ 365
ई-प्रशासन में अन्तर्क्रियाएँ 365
ई-प्रशासन के लाभ 366
ई-प्रशासन पहल 366
राष्ट्रीय ई-शासन सम्मेलन 368
ई-कार्यालय मिशन मोड परियोजना 369

76. नागरिक अधिकार-पत्र (Citizens' Charter) 370
नागरिक अधिकार-पत्र के सिद्धान्त 370
भारत में नागरिक अधिकार-पत्र हेतु पहल 371
नागरिकों के अधिकार-पत्र को बढ़ावा देना 371
नागरिक अधिकार-पत्रों का मूल्यांकन 372
अनुशंसाएं 373
सेवोत्तम मॉडल 373

77. उत्तरदायित्व और नियंत्रण (Accountability and Control) 374
उत्तरदायित्व और नियंत्रण की अवधारणाएं 374
विधायी नियंत्रण 375
कार्यपालिका का नियंत्रण 379
न्यायिक नियंत्रण 380
नागरिकों का नियंत्रण 384

78. जन-भागीदारी (People's Participation) 386
अर्थ 386
लाभ 386
सीमाएँ 387

79. नागरिक समाज की भूमिका (Role of Civil Society) 388
परिभाषा 388
लक्षण 388
संघटक 389
भूमिका 390
सीमाएँ 390
80. निगमित शासन (Corporate Governance) 391
निगमित प्रशासन के सिद्धान्त 391
वैधानिक ढाँचा 391
संस्थात्मक तंत्र 392
निगमित प्रशासन पर समितियाँ 393
नैगमिक सामाजिक उत्तरदायित्व 393

भाग-XVI एक लोकतंत्र में सिविल सेवा की भूमिका (Role of Civil Services in a Democracy) 395-410

81. सिविल सेवा का विकासक्रम (Evolution of Civil Service) 395
सिविल सेवा की उत्पत्ति 395
मैकाले समिति 395
एचिसन आयोग 396
इसलिंग्टन आयोग 396
मॉण्ट-फोर्ड रिपोर्ट 397
ली आयोग 397
82. अखिल-भारतीय सेवाओं की भूमिका (Role of All-India Services) 399
औचित्य 399
आलोचना 399
अनुशंसाएं 400
अखिल भारतीय न्यायिक सेवा की आवश्यकता 402
83. सिविल सेवा के सामान्यज्ञ और विशेषज्ञ (Generalists and Specialists in Civil Service) 403
अर्थ 403
सेवाओं का वर्गीकरण 403
ऐतिहासिक परिदृश्य 404
विवाद के क्षेत्र 404
सामान्यज्ञों के पक्ष में तर्क 405
विशेषज्ञों के पक्ष में तर्क 405
संगठन के रूप 405
उठाये गए कदम 406
पार्श्व प्रविष्टि पहल 406

84. मंत्री और सिविल सेवक के बीच संबंध (Minister–Civil Servant Relationship) 408

अर्थ 408

सापेक्षिक भूमिकाएं 408

सिद्धांत 409

व्यवहार में संबंध 409

संघर्ष के कारण 410

भाग-XVII संविधानों की तुलना (Comparing Constitutions) 411-424

85. संविधानों की तुलना (Comparison of the Constitutions) 411

अमेरिकी संविधान 411

ब्रिटिश संविधान 413

फ्रांसीसी संविधान 416

जापानी संविधान 417

सोवियत संविधान 420

रूस का संविधान 423

परिशिष्ट-1 शासन विषय हेतु अभ्यास प्रश्न (सामान्य अध्ययन- प्रारंभिक परीक्षा) [Practice Questions on Governance (General Studies—Prelims)] 425–446

परिशिष्ट-2 शासन विषय हेतु अभ्यास प्रश्न (सामान्य अध्ययन- मुख्य परीक्षा) [Practice Questions on Governance (General Studies—Mains)] 447–448

दीर्घ उत्तरीय प्रश्न 447

लघु उत्तरीय प्रश्न 448

तालिकाओं की सूची (List of Tables)

तालिका 1.1	मानवाधिकारों से जुड़े राष्ट्रीय आयोग	4
तालिका 1.2	मानवाधिकारों से जुड़े राज्य आयोग	4
तालिका 8.1	राज्यों में सूचना अधिकार अधिनियम	24
तालिका 9.1	शिक्षा का अधिकार अधिनियम, 2009 के अधीन सरकारों के कर्तव्य	27
तालिका 12.1	राष्ट्रीय नीतियां और संबंधित मंत्रालय	38
तालिका 13.1	राष्ट्रीय युवा नीति (2014) के उद्देश्य और प्राथमिकताएं	40
तालिका 19.1	सचिवालय के अधिकारियों/कर्मचारियों का चयन	76
तालिका 24.1	प्राइवेट लिमिटेड बनाम पब्लिक लिमिटेड कंपनी	92
तालिका 27.1	निदेशालय और उनके प्रमुख	100
तालिका 31.1	जिला विभाग और उनके प्रमुख	109
तालिका 32.1	संभागों और उनके प्रमुखों के नाम	110
तालिका 32.2	तहसील और उनके प्रमुखों के नाम	111
तालिका 32.3	सर्किल और उनके प्रमुखों के नाम	111
तालिका 36.1	भारत में अभी तक नियुक्त वेतन आयोग	127
तालिका 49.1	अब तक गठित किये गये परिसीमन आयोग	185
तालिका 51.1	आजादी से पहले के विधि आयोग	189
तालिका 51.2	अब तक नियुक्त किये गये विधि आयोग	190
तालिका 52.1	एसएससी के क्षेत्रीय और उप-क्षेत्रीय कार्यालय	197
तालिका 73.1	राष्ट्रीय विकलांग संस्थान	356
तालिका 74.1	सुशासन सूचकांक (2019) में राज्यों और केंद्र शासित राज्यों की रैंकिंग	364
तालिका 75.1	ई-क्रांति के अंतर्गत मिशन मोड परियोजनाएं: राष्ट्रीय ई-शासन योजना 2.0	367
तालिका 75.2	ई-क्रांति के अंतर्गत समेथेक घटक: राष्ट्रीय ई-शासन योजना 2.0	368
तालिका 76.1	सेवोत्तम मॉडल: मूल्यांकन कसौटियाँ	373
तालिका 84.1	मंत्री बनाम सिविल सेवक	408
तालिका 85.1	फ्रांसीसी संविधान, एक नजर में	416
तालिका 85.2	जापानी संविधान, एक नजर में	418

तृतीय संस्करण का आमुख (Preface to the Third Edition)

सिविल सेवा के प्रतिस्पर्धियों के सम्मुख भारतीय शासन की इस पुस्तक के पूर्णतः पुनर्गठित, संशोधित और अद्यतन संस्करण प्रस्तुत करते हुए मुझे बेहद हर्ष हो रहा है।

वर्ष 2011 तथा 2013 में लोक सेवा आयोग ने प्रारम्भिक एवं मुख्य परीक्षाओं का स्वरुप तथा पाठ्यक्रम क्रमशः परिवर्तित कर दिया। प्रारंभिक परीक्षा के प्रश्न पत्र-I और मुख्य परीक्षा के प्रश्न पत्र-III (सामान्य अध्ययन-II) में, भारतीय शासन के विषय को अध्ययन के एक नए क्षेत्र के रूप में शामिल किया गया है। परिणामस्वरूप, प्रस्तुत संशोधित संस्करण अब अधिक उपयोगी बन गया है और यह प्रतिस्पर्धियों की बढ़ती आवश्यकताओं को पूरा करने में पूर्ण रूप से सक्षम है।

इस संस्करण में संशोधन

1. चार नवीन अध्याय
2. विभिन्न विषयों पर अतिरिक्त अद्यतन जानकारी
3. विभिन्न अध्यायों में नयी अध्ययन सामग्री
4. नवीनतम पाठ्यक्रम के अनुसार अध्यायों का नामकरण
5. प्रतिस्पर्धियों की आवश्यकताओं के अनुसार अध्यायों का पुनर्गठन

नए अध्याय

1. परलैंगिक व्यक्तियों के अधिकार
2. लोक नीति (7)
3. केंद्रीय वित्त मंत्रालय की भूमिका
4. नागरिक समाज की भूमिका

इसलिए मैं यह आशा करता हूँ कि यह संस्करण सम्पूर्ण रूप से इन परीक्षाओं के लिए अधिक उपयोगी और प्रासंगिक साबित होगा।

इस पुस्तक के पाठकों से सकारात्मक सुझाव और प्रतिपुष्टि आमंत्रित हैं। उन्हें इस पुस्तक के अगले संस्करण में शामिल किया जाएगा।

–एम. लक्ष्मीकांत

Publisher's Note

McGraw Hill Education (India) invites suggestions and comments from you, all of which can be sent to *info.india@mheducation.com* (Kindly mention the title and author name in the subject line).

Piracy-related issues may also be reported.

प्रथम संस्करण का आमुख (Preface to the First Edition)

सिविल सेवा के अभ्यर्थियों के लिए अपनी नवीनतम पुस्तक को आपके समक्ष प्रस्तुत करते हुए मुझे अपार हर्ष हो रहा है। यह पुस्तक संघ लोक सेवा आयोग के परिवर्तित प्रतिरूप एवं पाठ्यक्रम की आवश्यकताओं की पूर्ति में सहायक सिद्ध होगी।

जैसाकि आप सभी यह जानते हैं कि, संघ लोक सेवा आयोग ने वर्ष 2011 से सिविल सेवा प्रारंभिक परीक्षा के प्रतिरूप एवं पाठ्यक्रम में परिवर्तन किया है। नए पाठ्यक्रम के प्रश्न-पत्र-1 में भारतीय शासन नामक नए विषय को अध्ययन के एक नवीन क्षेत्र के रूप में सम्मिलित किया गया है। इस संदर्भ में यह पुस्तक अभ्यर्थियों की समस्त आवश्यकताओं की पूर्ति में सहायक होगी। यह मुख्य परीक्षा के सामान्य अध्ययन के प्रश्न-पत्र की तैयारी के साथ-साथ कुछ अन्य वैकल्पिक विषयों, जैसे-लोक प्रशासन, राजनीति विज्ञान, विधि, समाजशास्त्र एवं नृविज्ञान; की तैयारी में भी अत्यधिक सहायक सिद्ध होगी।

यह पुस्तक पाठकों को विषय को सम्पूर्ण एंव विस्तृत ढंग से समझने में समक्ष बनाने में सहायक होगी। यह पुस्तक विषय के समस्त आयामों, जैसे-शासन का ढांचा, शासन की प्रक्रिया, शासन के संस्थान एवं शासन में मुद्दे; को कवर करती है। इस पुस्तक के लेखन में प्रत्यक्ष स्रोत सिविल सेवा परीक्षाओं के अभ्यर्थियों को कोचिंग का मेरा अनुभव प्रेरणा का बड़ा स्रोत तथा सर्वाधिक सहायक रहा।

इस पुस्तक की चार प्रमुख विशेषताएं हैं:

1. अध्यायवार अध्ययन-सामग्री
2. समस्त अध्यायों के लिए प्रश्न बैंक
3. परिशिष्ट
4. अभ्यास प्रश्न-पत्र

पुस्तक की अद्यतन तथा प्रासंगिक विषय सूची को बनाने हेतु समस्त प्रयास किए गए हैं।

इस पुस्तक के पाठकों की ओर से समस्त रचनात्मक टिप्पणियों एवं सृजनात्मक सुझावों का मैं स्वागत करता हूं।

–एम. लक्ष्मीकांत

आभार (Acknowledgements)

इस पुस्तक को लिखते समय मुझे अपने जिन अध्यापकों, छात्रों, पारिवारिक सदस्यों, सहकर्मियों, मित्रों एवं पुस्तकालय कर्मचारियों तथा अन्य लोगों से जो सहयोग एवं प्रोत्साहन मिला है, मैं उन सबका आभारी हूं।

मैं विशेष रूप से अपनी पत्नी एम. विद्या का आभारी हूं, जिन्होंने इस पुस्तक की लेखन अवधि में मुझे अत्यधिक प्रोत्साहन दिया तथा मेरा निरंतर उत्साहवर्धन किया।

मैं राजनीति विज्ञानी एवं संवैधानिक विशेषज्ञों तथा अन्य शोधकर्ताओं का आभारी हूं, जिनके कार्यों एवं रचनाओं ने मुझे इस पुस्तक को लिखने में अत्यधिक सहयता की है।

अंत में अत्यंत परिश्रम से नियत समय में इस कार्य को पूरा करने के लिये मैं मैक्ग्रा-हिल समूह के श्रीमती सुक्ती मुखर्जी, सुश्री श्रेया सोनी एवं श्री धर्मेन्द्र शर्मा को भी धन्यवाद देना चाहता हूं।

–एम. लक्ष्मीकांत

यूपीएससी पाठ्यक्रम (UPSC Syllabus)

प्रारंभिक परीक्षा (Preliminary Examination)

प्रश्नपत्र-I (सामान्य अध्ययन) [Paper-I (General Studies)]

भारतीय राजव्यवस्था और शासन - संविधान, राजनीतिक प्रणाली, पंचायती राज, लोक नीति, अधिकार मुद्दे, आदि।

मुख्य परीक्षा (Main Examination)

प्रश्नपत्र-III (सामान्य अध्ययन-II) [Paper-III (General Studies-II)] शासन, संविधान, राजव्यवस्था, सामाजिक न्याय और अंतर्राष्ट्रीय संबंध (Governance, Constitution, Polity, Social Justice and International Relations)

- भारतीय संविधान - ऐतिहासिक आधार, विकास, विशेषताएं, संशोधन, महत्वपूर्ण प्रावधान और बुनियादी संरचना
- संघ एवं राज्यों के कार्य तथा उत्तरदायित्व, संघीय ढांचे से संबंधित विषय और चुनौतियां, स्थानीय स्तर पर शक्तियों और वित्त का स्थानांतरण और उसकी चुनौतियां
- विभिन्न घटकों के बीच शक्तियों का पृथक्करण, विवाद निवारण तंत्र तथा संसाधन
- भारतीय संविधान एक योजना की अन्य देशों के साथ तुलना
- संसद और राज्य विधायिका-संरचना, कार्य, कार्य-संचालन, शक्तियां और विशेषाधिकार और इन से उत्पन्न होने वाले विषय
- कार्यपालिका और नगरपालिका की संरचना, संगठन और कार्य-सरकार के मंत्रालय एवं विभाग, प्रभावक समूह और औपचारिक/अनौपचारिक संघ तथा प्रशासन प्रणाली में उनकी भूमिका
- जनप्रतिनिधित्व अधिनियम की मुख्य विशेषताएं
- विभिन्न संवैधानिक पदों पर नियुक्ति और विभिन्न संवैधानिक निकायों की शक्तियां, कार्य और उत्तरदायित्व
- सांविधिक, विनियामक और विभिन्न अर्द्ध-न्यायिक निकाय
- सरकारी नीतियों और विभिन्न क्षेत्रों के विकास के लिए हस्तक्षेप और उनके अभिकल्पन तथा क्रियान्वयन के कारण उत्पन्न विषय
- विकास प्रक्रिया तथा विकास उद्योग - गैर-सरकारी संगठनों, स्वयं सहायता समूहों, विभिन्न समूहों और संघों, दानकर्ताओं, लोकोपकारी संस्थाओं, संस्थागत एवं अन्य पक्षों की भूमिका
- केंद्र और राज्यों द्वारा जनसंख्या के अतिसंवेदनशील वर्गों के लिए कल्याणकारी योजनाएं और इन योजनाओं का कार्य निष्पादन; इन अति संवेदनशील वर्गों की रक्षा एवं बेहतरी के लिए गठित तंत्र, विधि, संसाधन एवं निकाय
- स्वास्थ्य, शिक्षा, मानव संसाधनों से संबंधित सामाजिक क्षेत्र/सेवाओं के विकास और प्रबंधन से संबंधित विषय
- गरीबी एवं भूख से संबंधित विषय
- शासन व्यवस्था, पारदर्शिता और जवाबदेही के महत्वपूर्ण पक्ष, ई-गवर्नेंस-अनुप्रयोग, मॉडल, सफलताएं, सीमाएं और संभावनाएं, नागरिक चार्टर, पारदर्शिता एवं जवाबदेही और संस्थागत तथा अन्य उपाय
- लोकतंत्र में सिविल सेवाओं की भूमिका
- भारत एवं इसके पड़ोसी-संबंध
- द्विपक्षी, क्षेत्रीय और वैश्विक समूह और भारत से संबंधित और/अथवा भारत के हितों को प्रभावित करने वाले करार
- भारत के हितों पर विकसित तथा विकासशील देशों की नीतियों तथा राजनीति का प्रभाव प्रवासी भारतीय
- महत्वपूर्ण अंतरराष्ट्रीय संस्थान संस्थाएं और मंच उनकी संस्थाएं अधिदेश

नोट: यह पुस्तक भारतीय शासन से संबंधित विषयों पर विशेष रूप से केंद्रित है और इसमें वे विषय शामिल नहीं हैं जो पहले से ही लक्ष्मीकांत की ***भारत की राजव्यवस्था*** पुस्तक में शामिल हैं।

मानव अधिकार (Human Rights)

1

मानव अधिकार ऐसे अधिकार होते हैं, जो सभी मनुष्यों को अपने मानवीय गुण-स्वभाव के कारण प्राप्त होते हैं। ये मनुष्यों के गैर-अन्तरणीय और अनुलंघनीय अधिकार होते हैं। ये मानव जाति को अन्तर्निहित गरिमा से प्राप्त होते हैं। ये मानवीय विकास और उत्तरजीविता के लिए अत्यावश्यक हैं।

मानव अधिकारों की सार्वभौमिक उद्घोषणा (Universal Declaration of Human Rights)

मानवाधिकारों की सार्वभौमिक उद्घोषणा संयुक्त राष्ट्र महासभा में 1948 में अंगीकार की गयी थी। यह उद्घोषणा उन मानवाधिकारों के प्रथम अन्तर्राष्ट्रीय अभिव्यक्तिकरण को दर्शाती है, जो सभी मानवों को प्राप्त है। इसे ''अन्तर्राष्ट्रीय मैग्नाकार्टा'' भी कहा जाता है।

इस उद्घोषणा में 30 अनुच्छेद शामिल हैं, जिन्हें 4 भागों में बाँटा जा सकता है। इनका विश्लेषण नीचे किया गया है।

पहले दो अनुच्छेदों में सभी मानवाधिकारों को रेखांकित करने वाले मूलभूत सिद्धान्त शामिल हैं। ये अनुच्छेद इस प्रकार हैं:

अनुच्छेद 1: सभी मानव जन्मजात स्वतंत्र हैं और गरिमा एवं अधिकारों की दृष्टि से समान हैं।

अनुच्छेद 2: नस्ल, रंग, लिंग, भाषा, धर्म, राजनीति या अन्य मत, राष्ट्रीय या सामाजिक उत्पत्ति, सम्पत्ति, जन्म या अन्य दर्जा जैसे किसी भी प्रकार के भेदभाव के बिना प्रत्येक को सभी मानवाधिकार और स्वतंत्रताएँ प्राप्त हैं।

अनुच्छेद 3 से लेकर 21 तक में नागरिक व राजनीतिक अधिकार शामिल हैं। ये इस प्रकार हैं:

अनुच्छेद 3: जीवन, स्वतंत्रता और सुरक्षा का अधिकार।

अनुच्छेद 4: दासता और अधिसेविता से मुक्ति।

अनुच्छेद 5: उत्पीड़न और अमानवीय दंड से मुक्ति।

अनुच्छेद 6: कानून के समक्ष एक व्यक्ति के रूप में पहचान का अधिकार।

अनुच्छेद 7: कानून के समक्ष समानता का अधिकार।

अनुच्छेद 8: न्यायिक उपचार का अधिकार

अनुच्छेद 9: स्वेच्छाचारी बन्दीकरण और निर्वासन से मुक्ति।

अनुच्छेद 10: मुकदमों की निष्पक्ष और सार्वजनिक सुनवाई का अधिकार।

अनुच्छेद 11: दोषी सिद्ध न होने तक निर्दोष बने रहने का अधिकार।

अनुच्छेद 12: निजता और प्रतिष्ठा का अधिकार।

अनुच्छेद 13: संचरण का अधिकार।

अनुच्छेद 14: शरण लेने का अधिकार।

अनुच्छेद 15: राष्ट्रीयता का अधिकार।

अनुच्छेद 16: विवाह एवं पारिवारिक सुरक्षा का अधिकार।

अनुच्छेद 17: निजी सम्पत्ति का अधिकार।

अनुच्छेद 18: विचार, चेतना और धर्म की स्वतंत्रता।

अनुच्छेद 19: मत, अभिव्यक्ति और सूचना की स्वतंत्रता।

अनुच्छेद 20: शान्तिपूर्ण सम्मलेन और संगठन की स्वतंत्रता।

अनुच्छेद 21: शासन में भागीदारी एवं लोक सेवा तक समान पहुँच का अधिकार।

अनुच्छेद 22 से लेकर 27 के अन्तर्गत आर्थिक, सामाजिक और सांस्कृतिक अधिकार शामिल हैं, जिनका उल्लेख नीचे किया गया है:

अनुच्छेद 22: सामाजिक सुरक्षा का अधिकार।

अनुच्छेद 23: काम और समान कार्य के लिए समान वेतन का अधिकार।

अनुच्छेद 24: विश्राम और अवकाश का अधिकार।

अनुच्छेद 25: भोजन, कपड़े, आवास, चिकित्सा देखभाल, सामाजिक सेवाओं और सुरक्षा सहित स्वास्थ्य और कल्याण के लिए पर्याप्त जीवन स्तर का अधिकार।

अनुच्छेद 26: शिक्षा का अधिकार।

अनुच्छेद 27: समुदाय के सांस्कृतिक जीवन में भाग लेने का अधिकार।

अन्तिम तीन अनुच्छेद उस संदर्भ को निर्दिष्ट करते हैं, जिसमें सभी मानवाधिकारों का उपभोग किया जाता है। ये अनुच्छेद इस प्रकार हैं:

अनुच्छेद 28: प्रत्येक को एक ऐसी सामाजिक और अन्तर्राष्ट्रीय व्यवस्था उपलब्ध कराई जाये, जिसमें उपरोक्त अधिकारों एवं स्वतंत्रताओं की पूर्ण सिद्धि हो सके।

अनुच्छेद 29: उपरोक्त अधिकारों एवं स्वतंत्रताओं के अनुप्रयोग को अन्य लोगों के अधिकारों एवं स्वतंत्रताओं के प्रति मान्यता और सम्मान को सुनिश्चित करने तथा नैतिकता, लोक व्यवस्था और सामान्य कल्याण की जरूरतों को पूरा करने के उद्देश्य तक सीमित रखा जाये।

अनुच्छेद 30: किसी भी राज्य, समूह या व्यक्ति को ऐसी किसी भी गतिविधि में संलग्न होने का अधिकार नहीं है, जिसका लक्ष्य उपरोक्त अधिकारों और स्वतंत्रताओं को नष्ट करना हो।

अन्तर्राष्ट्रीय मानवाधिकार – पत्र
(International Bill of Human Rights)

बाद में, मानवाधिकारों की सार्वभौमिक उद्घोषणा को दो पृथक् प्रतिज्ञा–पत्रों में बाँट दिया गया–*प्रथम,* नागरिक एवं राजनैतिक अधिकारों पर अन्तर्राष्ट्रीय प्रतिज्ञा–पत्र, और; *द्वितीय,* आर्थिक, सामाजिक और सांस्कृतिक अधिकारों पर अन्तर्राष्ट्रीय प्रतिज्ञा–पत्र। सार्वभौमिक उद्घोषणा में शामिल मानवाधिकारों और स्वतंत्रताओं को इन दो प्रतिज्ञा–पत्रों में और अधिक विकसित और विस्तारित किया गया है। दोनों प्रतिज्ञा–पत्रों को 1966 में संयुक्त राष्ट्र महासभा द्वारा अंगीकृत किया गया और 1976 में ये लागू हुए।

इन दो विस्तृत प्रतिज्ञा–पत्रों के अलावा नागरिक और राजनीतिक अधिकारों पर अन्तर्राष्ट्रीय प्रतिज्ञा–पत्र के दो वैकल्पिक प्रोटोकॉल भी संयुक्त राष्ट्र महासभा द्वारा अंगीकार किये गये। पहला वैकल्पिक प्रोटोकॉल या आचार नियम 1966 में जबकि दूसरा वैकल्पिक प्रोटोकॉल 1989 में स्वीकार किया गया था। प्रथम वैकल्पिक प्रोटोकॉल ऐसे व्यक्तियों की शिकायतों को स्वीकार करने के लिए है, जिनके मानवाधिकारों का उल्लंघन एक राज्य पक्षकार द्वारा किया गया है। दूसरा वैकल्पिक प्रोटोकॉल मृत्यु दंड की समाप्ति का समर्थन करता है।

मानवाधिकारों की सार्वभौमिक उद्घोषणा, नागरिक एवं राजनीतिक अधिकारों पर अन्तर्राष्ट्रीय प्रतिज्ञा–पत्र और इसके दो वैकल्पिक प्रोटोकॉल तथा आर्थिक, सामाजिक और सांस्कृतिक अधिकारों पर अन्तर्राष्ट्रीय प्रतिज्ञा–पत्र मिलकर वर्तमान में मानवाधिकारों के अन्तर्राष्ट्रीय पत्र या विलेख के रूप में जाने जाते हैं।

अन्य अन्तर्राष्ट्रीय समझौते
(Other International Conventions)

मानवाधिकारों के अन्तर्राष्ट्रीय पत्र को कई अन्य अन्तर्राष्ट्रीय सन्धियों, समझौतों और उद्घोषणाओं द्वारा अनुपूरित किया गया है। इन्हें सामान्यत: मानवाधिकार उपकरण या साधन कहा जाता है। ये अपनी प्रकृति में विशेषीकृत होते हैं और इनका सम्बन्ध या तो एक मानवाधिकार विशेष से होता है या फिर एक निर्दिष्ट असुरक्षित समूह से। इनमें से महत्वपूर्ण समझौते निम्नलिखित हैं:

1. सभी प्रकार के नस्लीय भेदभाव की उन्मुक्ति पर औपचारिक समझौता (1966)।
2. महिलाओं के प्रति सभी प्रकार के भेदभाव के उन्मूलन पर समझौता (1979)।
3. उत्पीड़न या अन्य प्रकार के क्रूर, अमानवीय और निकृष्ट व्यवहार या दंड के विरुद्ध समझौता (1984)।
4. विकास के अधिकार पर उद्घोषणा (1986)।
5. बच्चों के अधिकारों पर समझौता (1989)।
6. सभी प्रवासी श्रमिकों एवं उनके परिवार के सदस्यों के अधिकारों की सुरक्षा पर समझौता (1990)।
7. विकलांग व्यक्तियों के अधिकारों पर समझौता (2006)।

भारत में मानवाधिकार (Human Rights in India)

भारत के संविधान में मानव अधिकारों की समृद्ध विषय-वस्तु शामिल है। प्रस्तावना, मूलभूत अधिकार एवं राज्य के नीति-निदेशक तत्व मानवाधिकारों की अन्तर्राष्ट्रीय उद्‌घोषणा (1948) के सिद्धान्तों और प्रावधानों को प्रतिबिम्बित करते हैं।

प्रस्तावना के चार आदर्श मानवाधिकारों के संवर्द्धन हेतु लक्षित हैं। ये इस प्रकार हैं:

1. सामाजिक, आर्थिक और राजनीतिक क्षेत्रों में न्याय
2. विचार, अभिव्यक्ति, विश्वास, आस्था और उपासना की स्वतंत्रता
3. दर्जे और अवसर की समानता
4. व्यक्ति की गरिमा को सुनिश्चित करने वाला भ्रातृत्व

संविधान के भाग-3 के अन्तर्गत दिये गये मूल अधिकार निम्न 6 श्रेणियों में विभाजित नागरिक एवं राजनीतिक अधिकारों की एक विस्तृत सूची को दर्शाते हैं:

1. समानता का अधिकार
2. स्वतंत्रता का अधिकार
3. शोषण के विरुद्ध अधिकार
4. धार्मिक स्वतंत्रता का अधिकार
5. सांस्कृतिक एवं शैक्षिक अधिकार
6. संवैधानिक उपचार का अधिकार

संविधान के भाग 4 में दिये गये नीति-निदेशक सिद्धान्तों में आर्थिक, सामाजिक और सांस्कृतिक अधिकार निहित हैं। इन्हें तीन श्रेणियों में बाँटा जा सकता है, जैसे:

1. समाजवादी सिद्धान्त
2. गाँधीवादी सिद्धान्त
3. उदारवादी-बौद्धिक सिद्धान्त

भाग 3 में शामिल मूलभूत अधिकारों के अलावा संविधान के कई अन्य भागों में भी कुछ सुनिश्चित अधिकार शामिल किये गये हैं। उदाहरण के लिए संविधान के भाग 12 में सम्पत्ति का अधिकार।

समय के साथ-साथ उच्चतम न्यायालय ने भी मूलभूत अधिकारों में निहित मानवाधिकारों के क्षेत्र को विस्तारित किया है। इसने मूलभूत अधिकारों के एक अभिन्न अंग के रूप में कई मानवाधिकारों की घोषणा की है भले ही इनका उल्लेख संविधान के भाग-3 में विशेष रूप से नहीं किया गया हो। इस प्रकार के अनगिनत मूलभूत अधिकारों के उदाहरण हैं—स्वास्थ्य का अधिकार, मुकदमों के त्वरित निपटारे का अधिकार, उत्पीड़न के विरुद्ध अधिकार, निजता का अधिकार, विदेश यात्रा का अधिकार और नि:शुल्क कानूनी सहायता पाने का अधिकार इत्यादि।

इनके अलावा संसद और राज्य विधानमंडलों द्वारा बनाये गये विभिन्न कानूनों में कई मानवाधिकार शामिल हैं, जो विशेष रूप से समाज के असुरक्षित वर्गों के लिए हैं। इस प्रकार के कुछ कानूनों में बंधुआ श्रम व्यवस्था (उन्मूलन) अधिनियम, नागरिक अधिकार सुरक्षा अधिनियम, विकलांग व्यक्ति के अधिकार अधिनियम, न्यूनतम मजदूरी अधिनियम आदि शामिल हैं।

अन्त में, मानवाधिकारों का संरक्षण अधिनियम (1993) भारत में मानवाधिकारों को व्यक्ति के जीवन, स्वतंत्रता, समानता और गरिमा से जुड़े ऐसे अधिकारों को परिभाषित करता है, जिनकी गारंटी संविधान द्वारा दी गयी है अथवा जो अन्तर्राष्ट्रीय समझौतों में मूर्त रूप लेते हैं और भारत में अदालतों द्वारा लागू किये जा सकते हैं। यह 16 दिसम्बर, 1996 को संयुक्त राष्ट्र महासभा द्वारा अंगीकृत आर्थिक, सामाजिक और सांस्कृतिक अधिकारों के अन्तर्राष्ट्रीय प्रतिज्ञा-पत्र तथा नागरिक एवं राजनीतिक अधिकारों के अन्तर्राष्ट्रीय प्रतिज्ञा-पत्र और संयुक्त राष्ट्र महासभा द्वारा अंगीकृत अन्य समझौतों या प्रतिज्ञा-पत्रों को अन्तर्राष्ट्रीय प्रसंविदाओं के रूप में परिभाषित करता है और इन्हें केंद्र सरकार विशेष रूप से अधिसूचित कर सकती है। भारत सरकार ने इन दोनों अन्तर्राष्ट्रीय प्रतिज्ञा-पत्रों को 10 अप्रैल, 1979 में मान लिया था।

मानवाधिकार संबंधित आयोग (Commissions Related to Human Rights)

भारतीय संविधान, संसद के कानून तथा राज्य विधानमंडलों के कानून न केवल कई मानवाधिकारों को शामिल करते हैं बल्कि इन अधिकारों के संवर्द्धन और संरक्षण के लिए राष्ट्रीय और राज्य आयोगों के गठन की व्यवस्था भी करते हैं। इनका उल्लेख **तालिका 1.1** और **1.2** में किया गया है।

तालिका 1.1 मानवाधिकारों से जुड़े राष्ट्रीय आयोग

क्र.सं.	आयोग का नाम	गठन का आधार
1.	अनुसूचित जातियों के लिए राष्ट्रीय आयोग	संविधान (अनुच्छेद 338)
2.	अनुसूचित जनजातियों के लिए राष्ट्रीय आयोग	संविधान (अनुच्छेद 338क)
3.	भाषायी अल्पसंख्यकों के लिए विशेष अधिकारी	संविधान (अनुच्छेद 350ख)
4.	राष्ट्रीय मानवाधिकार आयोग	मानवाधिकार संरक्षण अधिनियम, 1993
5.	बाल अधिकारों के संरक्षण के लिए राष्ट्रीय आयोग	बाल अधिकार संरक्षण के लिए आयोग अधिनियम, 2005
6.	राष्ट्रीय महिला आयोग	महिलाओं के लिए राष्ट्रीय आयोग अधिनियम, 1990
7.	राष्ट्रीय अल्पसंख्यक आयोग	अल्पसंख्यकों के लिए राष्ट्रीय आयोग अधिनियम, 1992
8.	राष्ट्रीय पिछड़ा वर्ग आयोग	संविधान (अनुच्छेद 338ख)
9.	विकलांग व्यक्तियों के लिए केंद्रीय आयुक्त	विकलांग व्यक्ति के अधिकार अधिनियम, 2016

तालिका 1.2 मानवाधिकारों से जुड़े राज्य आयोग

क्र.सं.	आयोग का नाम	गठन का आधार
1.	राज्य मानवाधिकार आयोग	मानवाधिकार संरक्षण अधिनियम, 1993
2.	बाल अधिकार संरक्षण के लिए राज्य आयोग	बाल अधिकारों के संरक्षण के लिए आयोग अधिनियम, 2005
3.	विकलांग व्यक्तियों के लिए राज्य आयुक्त	विकलांग व्यक्ति के अधिकार अधिनियम, 2016
4.	अनुसूचित जातियों और जनजातियों के लिए राज्य आयोग के कार्यकारी प्रस्ताव	राज्य विधानमंडल के कानून या राज्य सरकार के कार्यकारी प्रस्ताव
5.	महिलाओं के लिए राज्य आयोग	राज्य विधानमंडल के कानून या राज्य सरकार
6.	अल्पसंख्यकों के लिए राज्य आयोग	राज्य विधानमंडल के कानून या राज्य सरकार के कार्यकारी प्रस्ताव
7.	पिछड़ा वर्गों के लिए राज्य आयोग	राज्य विधानमंडल के कानून या राज्य सरकार के कार्यकारी प्रस्ताव

महिलाओं के अधिकार (Rights of Women)

2

महिलाओं के उपलब्ध अधिकारों को दो श्रेणियों में वर्गीकृत किया जा सकता है–संवैधानिक अधिकार और वैधानिक अधिकार। संवैधानिक अधिकार वे होते हैं जो संविधान के विभिन्न प्रावधानों में उपलब्ध कराये जाते हैं। दूसरी ओर, वैधानिक अधिकार वे होते हैं जो कि संसद या राज्य विधानमंडलों के विभिन्न कानूनों द्वारा उपलब्ध कराये जाते हैं।

संवैधानिक अधिकार (Constitutional Rights)

संविधान में महिलाओं के लिए निम्नलिखित अधिकार और सुरक्षोपाय सुनिश्चित किये गए हैं:

1. राज्य किसी भी नागरिक के साथ लिंग के आधार पर भेदभाव नहीं करेगा [अनुच्छेद 15(1)]।
2. राज्य को महिलाओं के लिए विशेष उपबन्ध बनाने की शक्ति प्राप्त है। दूसरे शब्दों में, यह प्रावधान राज्य को महिलाओं के पक्ष में सकारात्मक भेदभाव करने की शक्ति देता है [अनुच्छेद 15(3)]।
3. किसी भी नागरिक के साथ लिंग के आधार पर राज्य के अधीन कोई पद पाने या कोई रोजगार प्राप्त करने के सम्बन्ध में भेदभाव नहीं किया जायेगा [अनुच्छेद 16(2)]।
4. मानवों की अवैध तस्करी और बलात् श्रम का निषेध किया गया है [(अनुच्छेद 23(1)]।
5. जीविका के पर्याप्त साधनों के लिए राज्य महिला और पुरुषों के लिए समान अधिकार सुनिश्चित करेगा [अनुच्छेद 39(A)]
6. राज्य महिला और पुरुष दोनों के लिए समान कार्य के लिए समान वेतन सुनिश्चित करेगा [अनुच्छेद 39(D)]।
7. राज्य यह सुनिश्चित करे कि महिला श्रमिकों की क्षमता और स्वास्थ्य को हानि न पहुँचे तथा उन्हें उनकी क्षमता के गैर-अनुकूल उप-व्यवसायों में प्रवेश के लिए आर्थिक आवश्यकता के द्वारा बाध्य न किया जाये [(अनुच्छेद 39(E)]।
8. राज्य कार्य की मानवीय दशाओं और न्याय को सुनिश्चित करने तथा मातृत्व अवकाश के लिए प्रावधान करेगा (अनुच्छेद 42)।
9. प्रत्येक भारतीय नागरिक का यह कर्तव्य होगा कि वह महिलाओं की गरिमा को चोट पहुँचाने वाले व्यवहारों की निन्दा करे [अनुच्छेद 51A (E)]।
10. प्रत्येक पंचायत में प्रत्यक्ष चुनाव द्वारा भरी ज़ाने वाली सीटों की कुल संख्या का एक-तिहाई महिलाओं के लिए आरक्षित होगा [अनुच्छेद 243D (3)]।
11. प्रत्येक स्तर पर पंचायतों में अध्यक्ष पदों की कुल संख्या का एक-तिहाई महिलाओं के लिए आरक्षित होगा [अनुच्छेद 243 D(4)]।
12. प्रत्येक नगर निकाय में प्रत्यक्ष चुनाव द्वारा भरी जाने वाली कुल सीटों का एक-तिहाई महिलाओं के लिए आरक्षित होगा [अनुच्छेद 243 T(3)]।
13. नगर निकायों में महिलाओं के लिए आरक्षित अध्यक्ष के पद राज्य विधानमंडल द्वारा तय किये गये तरीकों से निर्धारित होंगे [अनुच्छेद 243 T(4)]।

वैधानिक अधिकार (Legal Rights)

निम्नलिखित कानूनों में महिलाओं के लिए कई वैधानिक अधिकार और सुरक्षोपाय शामिल हैं:

1. घरेलू हिंसा से महिलाओं की सुरक्षा अधिनियम (2005) घरेलू हिंसा के सभी रूपों से महिलाओं की सुरक्षा करने का एक व्यापक कानून है। यह उन महिलाओं को भी सुरक्षा प्रदान करता है जो कि दुर्व्यवहारकर्ता के साथ सम्बन्ध रखती हैं या सम्बन्धों में रही हैं और जो शारीरिक,

यौन, मानसिक, मौखिक या भावनात्मक किसी भी प्रकार की हिंसा का शिकार हैं।

2. अनैतिक व्यापार (निरोधक) अधिनियम (1956) पेशेवर यौन शोषण के लिए अवैध तस्करी के निवारण के लिए प्रमुख कानून है। दूसरे शब्दों में, यह जीवन के एक संगठित साधनों के रूप में देह व्यापार के उद्देश्य से महिलाओं और लड़कियों की तस्करी को रोकता है।

3. महिलाओं का अशिष्ट प्रदर्शन (प्रतिषेध) अधिनियम (1986) विज्ञापनों, प्रकाशनों, लेखों, चित्रों, आकृतियों व अन्य किसी रूप में महिलाओं के अशिष्ट प्रदर्शन का निषेध करता है।

4. सती आचरण (निवारक) अधिनियम (1987) सती के आचरण और इसके महिमामंडन पर अधिक प्रभावी निरोध उपलब्ध कराता है।

5. दहेज प्रतिषेध अधिनियम (1961) विवाह के पहले या बाद में दहेज लेने और देने पर प्रतिबंध लगाता है।

6. मातृत्व लाभ अधिनियम (1961) बच्चे के जन्म के पहले और बाद में कुछ सुनिश्चित समय के लिए सुनिश्चित संस्थानों में महिलाओं के रोजगार को विनियमित करता है और महिलाओं के लिए मातृत्व और अन्य लाभ उपलब्ध कराता है। यह मातृत्व के समय के दौरान महिलाओं के रोजगार की सुरक्षा करता है और उसे मातृत्व लाभ का एक हक प्रदान करता है (यानी, काम से पूर्ण भुगतान अनुपस्थिति का हक) जिससे वह अपने बच्चे की देखभाल कर सके। दस या इससे अधिक व्यक्तियों को रोज़गार स्थापित करने वाले खानों, कारखानों, सर्कस उद्योग, वृक्षारोपण, दुकानें और अन्य प्रतिष्ठानों पर यह अधिनियम लागू है। प्रमुख अधिनियम में, मातृत्व लाभ (संशोधन) अधिनियम, 2017 ने निम्नलिखित परिवर्तन किए हैं:

(i) दो से कम बच्चों वाली महिलाओं के मामले में मातृत्व अवकाश को 12 सप्ताह से बढ़ाकर 26 सप्ताह कर दिया गया है। इसमें से 8 सप्ताह का प्रसव से पहले और शेष का प्रसवोपरांत लाभ उठाया जा सकता है।

(ii) दो या इससे अधिक बच्चों वाली महिलाओं के मामले में 12 सप्ताह के मातृत्व अवकाश को जारी रखा गया है। इसका लाभ 6 हफ्ते प्रसव पूर्व और 6 हफ्ते प्रसवोपरांत उठाया जा सकता है।

(iii) इसने एक 'दत्तक माता' (यानी, एक महिला जो कानूनी तौर पर तीन महीने से कम उम्र के बच्चे को गोद लेती है) के साथ-साथ एक 'कमीशन माँ' (यानी, एक जैविक माँ जो किसी अन्य महिला में भ्रूण प्रत्यारोपण हेतु अपने अंडे का उपयोग करती है) हेतु मातृत्व अवकाश को 12 सप्ताह के लिए बढ़ाया।

(iv) 50 या अधिक कर्मचारियों वाले प्रत्येक प्रतिष्ठान के लिए यह अनिवार्य है कि वह एक कामकाजी माँ को क्रेच की सुविधा प्रदान करे। माँ को प्रतिदिन क्रेच की चार यात्राओं की अनुमति उद्यम द्वारा प्रदान की जानी चाहिए।

(v) सम्भव होने पर, उद्यम द्वारा एक माँ को घर से काम करने की अनुमति, यह कानून प्रदान करता है।

7. गर्भ का चिकित्सीय समापन अधिनियम (1971) मानवीय और चिकित्सकीय आधारों पर पंजीकृत चिकित्सकों द्वारा गर्भावस्था के समापन की सुविधा उपलब्ध कराता है।

8. गर्भधारण पूर्व और प्रसव पूर्व निदान तकनीक (लिंग चयन प्रतिषेध) अधिनियम (1994) गर्भधारण के पहले या बाद में लैंगिक चयन का निषेध करता है और लिंग निर्धारण के लिए उन प्रसव पूर्व निदान तकनीकों के दुरुपयोग को रोकता है, जो कन्या भ्रूण हत्या का कारण बनती हैं।

9. समान पारिश्रमिक अधिनियम (1976) एक समान प्रकृति के कार्य या समान कार्य के लिए महिला और पुरुष दोनों के लिए समान पारिश्रमिक के भुगतान का प्रावधान करता है। यह लिंग के आधार पर भर्ती और सेवा शर्तों में महिलाओं के विरुद्ध होने वाले भेदभाव को रोकता है।

10. मुस्लिम विवाह विघटन अधिनियम (1939) एक मुस्लिम पत्नी को विवाह विघटन का अधिकार प्रदान करता है।

11. मुस्लिम महिला (विवाह-विच्छेद पर अधिकार संरक्षण) अधिनियम (1986) उन मुस्लिम महिलाओं के अधिकारों का संरक्षण करता है जो अपने पतियों से तलाक लेती हैं या उन्हें तलाक दिया गया है।

12. पारिवारिक अदालत अधिनियम (1984) पारिवारिक विवादों के त्वरित समाधान के लिए पारिवारिक अदालतों के गठन का प्रावधान करता है।

13. भारतीय दंड संहिता (1860) में दहेज, हत्या, बलात्कार, अपहरण, क्रूरता और अन्य अपराधों से महिलाओं को बचाने के प्रावधान शामिल किये गये हैं। आपराधिक कानून (संशोधन) अधिनियम, 2013 ने कानून संहिता में नए अपराध सम्मिलित किए हैं, जैसे-तेजाबी हमला, वॉयरायटीवाद, पीछा करना, यौन उत्पीड़न और नग्नता। यह संशोधन प्राय: निर्भया अधिनियम या बलात्कार विरोधी अधिनियम के रूप में जाना जाता है।
14. आपराधिक प्रक्रिया संहिता (1973) में महिलाओं के लिए कुछ सुरक्षोपाय सुनिश्चित किये गये हैं जैसे कि एक व्यक्ति का अपनी पत्नी को बनाये रखने के लिए प्रतिबद्ध होना, महिला पुलिस द्वारा महिलाओं की गिरफ्तारी इत्यादि।
15. भारतीय ईसाई विवाह अधिनियम (1872) ईसाई समुदाय के बीच विवाह और तलाक से जुड़े प्रावधान उपलब्ध कराता है।
16. वैधानिक सेवा प्राधिकार अधिनियम (1987) महिलाओं के लिए नि:शुल्क वैधानिक सेवायें उपलब्ध कराता है।
17. हिन्दू विवाह अधिनियम (1955) में एकल विवाह की शुरूआत की गयी और कुछ सुनिश्चित आधारों पर तलाक को मंजूरी दी गयी। यह विवाह और तलाक के सम्बन्ध में महिला और पुरुषों को समान अधिकार उपलब्ध कराता है।
18. हिन्दू उत्तराधिकार अधिनियम (1956) पैतृक सम्पत्ति पर महिलाओं को पुरुषों के बराबर अधिकार प्रदान करता है।
19. न्यूनतम मजदूरी अधिनियम (1948) महिला और पुरुष श्रमिकों के बीच भेदभाव और उनके बीच अलग-अलग न्यूनतम मजदूरी को मंजूरी नहीं देता है।
20. खनन अधिनियम (1952) और कारखाना अधिनियम (1948) खानों और कारखानों में शाम 7 बजे से लेकर सुबह 6 बजे के बीच महिलाओं के नियोजन को प्रतिबंधित करता है और उनकी सुरक्षा एवं उनके कल्याण के लिए प्रावधान करता है।
21. निम्नलिखित कुछ अन्य कानूनों द्वारा भी महिलाओं के लिए सुनिश्चित अधिकार और सुरक्षोपाय शामिल किये गये हैं:
    (i) राज्य कर्मचारी बीमा अधिनियम (1948)
    (ii) बागान श्रम अधिनियम (1951)
    (iii) बंधुआ श्रम व्यवस्था (उन्मूलन) अधिनियम (1976)
    (iv) विधिक व्यवसायी (महिला) अधिनियम (1923)
    (v) भारतीय उत्तराधिकार अधिनियम (1925)
    (vi) भारतीय विवाह-विच्छेद अधिनियम (1869)
    (vii) पारसी विवाह और विवाह-विच्छेद अधिनियम (1936)
    (viii) विशेष विवाह अधिनियम (1954)
    (ix) विदेशी विवाह अधिनियम (1969)
    (x) भारतीय साक्ष्य अधिनियम (1872)
    (xi) हिन्दू दत्तक तथा भरण-पोषण अधिनियम (1956)
22. महिलाओं के लिए राष्ट्रीय आयोग अधिनियम (1990) महिलाओं के संवैधानिक और वैधानिक अधिकारों व सुरक्षोपायों से जुड़े सभी मामलों के अध्ययन एवं निगरानी हेतु एक राष्ट्रीय आयोग के गठन का प्रावधान करता है।
23. कार्यस्थल पर महिलाओं का यौन उत्पीड़न (रोकथाम, निषेध और निवारण) अधिनियम, 2013 महिलाओं को सार्वजनिक और निजी दोनों कार्यस्थलों पर यौन उत्पीड़न से सुरक्षा प्रदान करता है, चाहे संगठित हों या असंगठित।
24. मुस्लिम महिला (विवाह अधिकार संरक्षण) अधिनियम, 2019 विवाहित मुस्लिम महिलाओं के अधिकार की रक्षा करता है और उनके पतियों द्वारा तलाक के लिए 'तलाक' के उच्चारण पर प्रतिबंध लगाता है। अधिनियम के तहत, 'तालाक' का अर्थ है तालाक-ए-बिद्दत या अन्य किसी भी तरह के तालाक का तात्कालिक और अपरिवर्तनीय तलाक का प्रभाव, जो एक मुस्लिम पति द्वारा स्पष्ट किया जाता है।

बच्चों के अधिकार (Rights of Children)

3

संवैधानिक अधिकार (Constitutional Rights)

बच्चों को उपलब्ध कराये गये संवैधानिक अधिकार एवं सुरक्षोपाय निम्नलिखित हैं:

1. राज्य को यह शक्ति दी गयी है कि वह बच्चों के लिए कोई भी विशेष उपबन्ध निर्मित कर सकता है। दूसरे शब्दों में, यह प्रावधान राज्य को बच्चों के पक्ष में सकारात्मक भेदभाव करने की शक्ति देता है [अनुच्छेद 15(3)]।
2. राज्य 6 से 14 वर्ष तक की आयु के बच्चों के लिए निःशुल्क और अनिवार्य शिक्षा उपलब्ध करायेगा (अनुच्छेद 21-A)।
3. मानव के दुर्व्यापार और बलात् श्रम का प्रतिषेध किया गया है [अनुच्छेद 23(1)]।
4. 14 वर्ष से कम आयु के किसी भी बच्चे को किसी भी कारखाने, खान या अन्य किसी खतरनाक व्यवसाय में नियोजित नहीं किया जायेगा (अनुच्छेद 24)।
5. राज्य को यह सुनिश्चित करना है कि अल्प-वयस्क बच्चों का शोषण न किया जाये और उन्हें उनकी आयु के गैर-अनुकूल किसी व्यवसाय में प्रवेश के लिए आर्थिक आवश्यकता के द्वारा बाध्य न किया जाये [अनुच्छेद 39(E)]।
6. राज्य को यह सुनिश्चित करना है कि बच्चों को स्वतंत्रता और गरिमा की परिस्थितियों में एक स्वस्थ तरीके से विकसित होने के अवसर और सुविधाएँ प्रदान की जायें और बचपन तथा युवा अवस्था को शोषण तथा नैतिक एवं भौतिक असंयम से सुरक्षित रखा जाये [अनुच्छेद 39(F)]।
7. राज्य 6 वर्ष की आयु पूरा होने तक सभी बच्चों के लिए पूर्व बाल्यावस्था देखभाल और शिक्षा उपलब्ध कराने का प्रयास करेगा (अनुच्छेद 45)।
8. यह प्रत्येक माता-पिता या अभिभावक का कर्तव्य होगा कि वह 6 से 14 वर्ष की आयु के बीच के अपने बच्चे या आश्रित के लिए शिक्षा के अवसर उपलब्ध कराये [अनुच्छेद 51A(K)]।

वैधानिक अधिकार (Legal Rights)

विभिन्न कानूनों में भी बच्चों के लिए कई वैधानिक अधिकार और सुरक्षा उपाय शामिल किये गये हैं, जो इस प्रकार हैं:

1. बच्चों के लिए निःशुल्क और अनिवार्य शिक्षा का अधिकार अधिनियम (2009) 6 से 14 वर्ष की आयु के प्रत्येक बच्चे के लिए प्रारम्भिक शिक्षा पूरी होने तक निकट के विद्यालय में निःशुल्क और अनिवार्य शिक्षा का अधिकार उपलब्ध कराता है।
2. बाल विवाहों को प्रतिबन्धित करने की बजाय उन्हें निषेधित करने के लिए बाल विवाह अवरोध अधिनियम (1929) को निरसित करके बाल विवाह प्रतिषेध अधिनियम (2006) बनाया गया। यह बच्चों को विवाहोच्छेदन का विकल्प देकर बाल विवाह को निष्प्रभावी बनाता है।
3. किशोर न्याय (बच्चों की देखभाल और संरक्षण) अधिनियम, 2015 के द्वारा पहले के किशोर न्याय (बच्चों की देखभाल और संरक्षण) अधिनियम, 2000 को निरस्त कर दिया गया है। अभिकथित बच्चों तथा कानून के साथ संघर्ष सम्बंधित कानून एवं देखभाल और सुरक्षा हेतु ज़रूरतमंद बच्चों को समेकित करने के लिए इस नए अधिनियम को अधिनियमित किया गया था। यह उचित देखभाल, संरक्षण विकास, उपचार और सामाजिक पुनः एकीकरण के द्वारा उनकी मूलभूत आवश्यकताओं को संवर्ग करता है। बच्चों के सर्वोत्तम हित में मामलों के पालन और निपटान में यह तथा इसके अंतर्गत प्रदानित प्रक्रियाओं तथा इसके तहत स्थापित विभिन्न संस्थानों और

निकायों के माध्यम से उनके पुनर्वास के लिए, एक बच्चे के अनुकूल दृष्टिकोण को अपनाता है।

4. बाल श्रम (निषेध और विनियमन) अधिनियम (1986) ने बाल रोजगार अधिनियम, 1938 को निरस्त कर दिया है। तत्पश्चात्, बाल श्रम (निषेध और विनियमन) संशोधन अधिनियम, 2016 प्रमुख / मूल अधिनियम का नाम बदलकर बाल और किशोर श्रम (निषेध और विनियमन) अधिनियम, 1986 कर दिया गया। इस अधिनियम ने सिद्धांत / मूल अधिनियम में निम्नांकित परिवर्तन किए:
   (i) यह सभी व्यवसायों और प्रक्रियाओं में 14 वर्ष से कम उम्र के बच्चों के रोजगार पर प्रतिबंध लगाता है। इससे पहले, यह निषेध 18 व्यवसायों और 65 प्रक्रियाओं पर लागू था।
   (ii) यह किशोरों (14 से 18 वर्ष की उम्र वालों) को जोखिम भरे / खतरनाक आजीविका व्यवसायों और प्रक्रियाओं से प्रतिबंधित करता है।
   (iii) यह अपराधियों के लिए अधिक कठोर सजा का प्रावधान करता है। यह 6 महीने से 2 वर्ष की कैद, या ₹ 20,000 से ₹ 50,000 का जुर्माना या दोनों ही हो सकते हैं। पुनरावृत्त होने वाले अपराधों के मामले में, 1 वर्ष से 3 वर्ष तक के कारावास का प्रावधान है।

5. शिशु दुग्ध अनुकल्प, पोषण बोतल और शिशु खाद्य (उत्पादन, प्रदाय और वितरण विनियम) अधिनियम (1992) शिशु खाद्यों के समुचित उपयोग को सुनिश्चित करने तथा स्तनपान के संरक्षण एवं संवर्द्धन को दृष्टि में रखकर शिशु दुग्ध अनुकल्प, पोषण बोतलों और शिशु खाद्यों के उत्पादन, प्रदाय और वितरण को विनियमित करने के प्रावधान करता है।

6. संरक्षक और प्रतिपाल्य अधिनियम (1890) यह प्रावधान करता है कि एक अभिभावक या संरक्षक को नियुक्त करते समय अदालत को बच्चे के कल्याण को ध्यान में अवश्य रखना चाहिए।

7. अल्पवय व्यक्ति (अपहानिकर प्रकाशन) अधिनियम (1956) युवा व्यक्तियों के लिए कुछ सुनिश्चित अपहानिकर प्रकाशनों के वितरण को निरोधित करता है। अपहानिकर प्रकाशन वह होता है जो एक युवा व्यक्ति को हिंसा या क्रूरता की कार्यवाही या अपराध के लिए प्रेरित करता है।

8. बालक (श्रम गिरवीकरण) अधिनियम (1933) माता-पिता या अभिभावक को किसी भुगतान या लाभ के बदले में एक बच्चे की सेवाओं को गिरवी रखने से निषेधित करता है।

9. बालक अधिनियम (1960) उपेक्षित या अपचारी बच्चों की देखभाल, संरक्षण, रख-रखाव, कल्याण, प्रशिक्षण, शिक्षा और पुनर्वास के लिए प्रावधान उपलब्ध कराता है और संघीय प्रदेशों में अपचारी बच्चों के मुकद्मों की सुनवाई के लिए प्रावधान करता है।

10. हिन्दू अल्प-वयस्कता और संरक्षकता अधिनियम (1956) हिन्दुओं के बीच अल्प-वयस्कता और संरक्षकता से जुड़े कानून को संहिताबद्ध करता है। इसके अनुसार एक हिन्दू अल्प-वयस्कता के अभिभावक के रूप में किसी भी व्यक्ति की नियुक्ति करने में एक अदालत के लिए अल्प-वयस्कता का कल्याण सर्वोच्च विचारणीय विषय होगा।

11. अनैतिक व्यापार (निवारण) अधिनियम (1956) पेशेवर यौन शोषण के लिए अवैध तस्करी को रोकने का प्रमुख कानून है। दूसरे शब्दों में, यह जीवन के संगठित साधन के रूप में वेश्यावृत्ति के उद्देश्य से महिलाओं और लड़कियों की अवैध तस्करी को रोकता है।

12. गर्भधारण पूर्व एवं प्रसव पूर्व निदान तकनीक (लिंग चयन प्रतिषेध) अधिनियम (1994) गर्भधारण से पहले या बाद में लैंगिक चयन को निषेधित करता है और कन्या-भ्रूण हत्या की दिशा में ले जाने वाले लिंग निर्धारण हेतु प्रसव पूर्व निदान तकनीकों के दुरुपयोग को रोकता है।

13. वैधानिक सेवा प्राधिकार अधिनियम (1987) बच्चों के लिए निःशुल्क कानूनी सेवाएँ उपलब्ध कराता है।

14. निम्नलिखित कानून संबंधित व्यवसायों और प्रक्रियाओं में बच्चों के रोजगार को निषेधित करते हैं:
   (i) कारखाना अधिनियम (1948)
   (ii) बागान श्रम अधिनियम (1951)
   (iii) व्यापारिक जहाजरानी अधिनियम (1951)
   (iv) खान अधिनियम (1952)
   (v) मोटर परिवहन श्रमिक अधिनियम (1961)

(vi) प्रशिक्षु अधिनियम (1961)

(vii) बीड़ी तथा सिगार श्रमिक (नियोजन की दशाएँ) अधिनियम (1966)

15. निम्नलिखित अन्य कानूनों में भी बच्चों के लिए कुछ सुनिश्चित अधिकार और सुरक्षोपाय शामिल किए गए हैं:

(i) आपराधिक प्रक्रिया संहिता (1973)

(ii) भारतीय दंड संहिता (1860)

(iii) भारतीय विवाह-विच्छेद अधिनियम (1869)

(iv) पारिवारिक अदालत अधिनियम (1984)

(v) हिन्दू दत्तक तथा भरण-पोषण अधिनियम (1956)

(vi) हिन्दू विवाह अधिनियम (1955)

(vii) भारतीय उत्तराधिकार अधिनियम (1925)

(viii) मुस्लिम महिला (विवाह-विच्छेद पर अधिकार संरक्षण) अधिनियम (1986)

(ix) पारसी विवाह एवं विवाह-विच्छेद अधिनियम (1936)

(x) दोषी परिवीक्षा अधिनियम (1958)

(xi) घरेलू हिंसा से महिलाओं का संरक्षण अधिनियम (2005)

(xii) विशेष विवाह अधिनियम (1954)

(xiii) कर्मचारी राज्य बीमा अधिनियम (1948)

(xiv) अनाथालय एवं अन्य न्यास गृह (पर्यवेक्षण और नियंत्रण) अधिनियम (1960)

(xv) बंधुआ श्रम तंत्र (उन्मूलन) अधिनियम (1976)

(xvi) दिव्यांगजन अधिकार अधिनियम (2016)

(xvii) मुस्लिम महिला (विवाह अधिकार संरक्षण) विधेयक (2019)

16. बाल अधिकार संरक्षण हेतु आयोग अधिनियम (2005) बाल अधिकारों के संरक्षण के लिए एक राष्ट्रीय आयोग के गठन का प्रावधान करता है। यह बाल अधिकारों के संरक्षण हेतु राज्य आयोगों तथा बाल अधिकारों के उल्लंघन के मुकद्मों की त्वरित सुनवाई के लिए बाल अदालतों के गठन का प्रावधान भी करता है।

17. लैंगिक अपराधों से बालकों का संरक्षण अधिनियम (2012) यौन उत्पीड़न, यौन उत्पीड़न और अश्लील साहित्य से बालकों को संरक्षण प्रदान करता है। यह अधिनियम इस तरह के अपराधों हेतु परीक्षण के लिए विशेष अदालतों की स्थापना भी प्रदान करता है।

अनुसूचित जातियों और अनुसूचित जनजातियों के अधिकार (Rights of SCs and STs)

4

संवैधानिक अधिकार (Constitutional Rights)

संविधान में ऐसे कई उपबंध शामिल हैं जो अनुसूचित जातियों और अनुसूचित जनजातियों के लिए कई अधिकार और सुरक्षोपाय उपलब्ध कराते हैं। जहाँ इनमें से कई प्रावधान अनुसूचित जातियों और अनुसूचित जनजातियों दोनों के लिए सामान्य रूप से लागू होते हैं, वहीं कुछ प्रावधान इन दोनों में से किसी एक के लिए विशिष्ट रूप से लागू होते हैं।

अनुसूचित जातियों एवं अनुसूचित जनजातियों के लिए संवैधानिक अधिकारों एवं सुरक्षोपायों को निम्नलिखित श्रेणियों में वर्गीकृत किया जा सकता है:

1. सामाजिक अधिकार और सुरक्षोपाय
2. शैक्षिक/आर्थिक अधिकार और सुरक्षोपाय
3. सेवा अधिकार और सुरक्षोपाय
4. राजनीतिक अधिकार और सुरक्षोपाय
5. प्रशासनिक अधिकार और सुरक्षोपाय

सामाजिक अधिकार और सुरक्षोपाय (Social Rights and Safeguards)

1. छुआछूत को समाप्त किया गया है और किसी भी रूप में इसका व्यवहार निषेधित है (अनुच्छेद 17)।
2. मानव दुर्व्यापार और बलात् श्रम का प्रतिषेध किया गया है (अनुच्छेद 23)।
3. राज्य को यह शक्ति दी गयी है कि वह हिन्दुओं के सभी वर्गों और जातियों के लिए सार्वजनिक चरित्र के हिन्दू धार्मिक संस्थानों का खुला रहना सुनिश्चित करे [अनुच्छेद 25 (2)(B)]।
4. भारत के किसी भी भू-भाग में मुक्त रूप से संचरण करने तथा किसी भी भू-भाग में बसने और निवास करने का अधिकार अनुसूचित जनजातियों के संरक्षण के आधार पर प्रतिबंधित किया जा सकता है [अनुच्छेद 19(5)]।

शैक्षिक / आर्थिक अधिकार और सुरक्षोपाय (Educational/Economic Rights and Safeguards)

1. राज्य अनुसूचित जातियों एवं जनजातियों के शैक्षिक एवं आर्थिक हितों का विशेष रूप से संवर्द्धन करेगा और उन्हें सभी प्रकार के शोषण और सामाजिक अन्याय से बचायेगा (अनुच्छेद 46)।
2. राज्य को अनुसूचित जातियों एवं जनजातियों की उन्नति के लिए विशेष प्रावधान बनाने की शक्ति दी गयी है [अनुच्छेद 15 (4)]।
3. राज्य सरकारी सहायता प्राप्त या गैर-सरकारी सहायता प्राप्त निजी शैक्षिक संस्थाओं (अल्पसंख्यक शैक्षिक संस्थाओं को छोड़कर) सहित किसी भी शैक्षिक संस्था में अनुसूचित जातियों और जनजातियों के प्रवेश के सम्बन्ध में विशेष प्रावधान बना सकता है [अनुच्छेद 15(5)]।

सेवा अधिकार और सुरक्षोपाय (Service Rights and Safeguards)

1. राज्य को अनुसूचित जाति एवं जनजाति के पक्ष में राज्य के अधीन किसी भी सेवा में प्रोन्नतियों (परिणामी वरिष्ठता के साथ) में आरक्षण हेतु प्रावधान करने की शक्ति दी गयी है [अनुच्छेद 16 (4-A)]।
2. केंद्र और राज्यों की लोक सेवाओं में नियुक्ति करते समय अनुसूचित जातियों एवं जनजातियों के दावों को विचारणीय (प्रशासन की प्रभावशीलता के रख-रखाव के अनुरूप) माना जायेगा। (अनुच्छेद 335)।

3. केंद्र और राज्यों की लोक सेवाओं में नियुक्तियाँ करते समय अनुसूचित जातियों एवं जनजातियों के दावों पर विचार करते समय संघ लोक सेवा आयोग या संबंधित राज्य लोक सेवा आयोगों के साथ परामर्श की आवश्यकता नहीं होगी [अनुच्छेद 320(4)]।

राजनीतिक अधिकार एवं सुरक्षोपाय (Political Rights and Safeguards)

1. लोकसभा में अनुसूचित जातियों एवं जनजातियों के लिए सीटें आरक्षित होंगी (अनुच्छेद 330)।
2. राज्य विधानसभाओं में अनुसूचित जातियों एवं जनजातियों के लिए सीटें आरक्षित होंगी (अनुच्छेद 332)।
3. लोकसभा और राज्य विधानसभाओं में अनुसूचित जातियों एवं जनजातियों के लिए सीटों का आरक्षण संविधान के आरम्भ से 80 वर्षों के बाद समाप्त होगा (अनुच्छेद 334)। 104वें संविधान संशोधन अधिनियम, 2019 द्वारा इस आरक्षण को अगले 10 वर्षों के लिए बढ़ाया गया है (2030 तक)।
4. प्रत्येक पंचायत (सभी तीन स्तरों पर) में अनुसूचित जातियों एवं जनजातियों के लिए सीटें आरक्षित होंगी [अनुच्छेद 243 D(1)]।
5. ग्राम और अन्य किसी स्तर पर पंचायतों में अध्यक्ष के पद अनुसूचित जातियों एवं जनजातियों के लिए आरक्षित होंगे [अनुच्छेद 243 D(4)]।
6. पंचायतों में अनुसूचित जाति एवं जनजातियों के लिए अध्यक्ष पदों और सीटों का आरक्षण संविधान के आरम्भ की तिथि से 80 वर्षों के बाद समाप्त होगा [अनुच्छेद 243 D(5)]।
7. प्रत्येक नगर निकाय में अनुसूचित जातियों एवं जनजातियों के लिए सीटें आरक्षित होंगी [अनुच्छेद 243 T(1)]।
8. नगर निकायों में अनुसूचित जातियों एव जनजातियों के लिए अध्यक्ष के पद आरक्षित होंगे [अनुच्छेद 243T(4)]।
9. नगर निकायों में अनुसूचित जातियों एवं जनजातियों के लिए अध्यक्ष पदों और सीटों का आरक्षण संविधान के आरम्भ से 80 वर्षों के बाद रुक जायेगा [अनुच्छेद 243 T(5)]।

प्रशासनिक अधिकार और सुरक्षोपाय (Administrative Rights and Safeguards)

1. असम, मेघालय, त्रिपुरा और मिजोरम राज्यों को छोड़कर किसी भी राज्य में अनुसूचित क्षेत्रों एवं अनुसूचित जनजातियों के प्रशासन और नियंत्रण हेतु पांचवीं अनुसूची के उपबंध लागू होंगे [अनुच्छेद 244(1)]।
2. असम, मेघालय, त्रिपुरा और मिजोरम राज्यों में जनजाति क्षेत्रों के प्रशासन हेतु छठी अनुसूची के प्रावधान लागू होंगे [अनुच्छेद 244(2)]।
3. अनुसूचित क्षेत्रों के प्रशासन और राज्यों में अनुसूचित जनजातियों के कल्याण के सम्बंध में रिपोर्ट देने के लिए राष्ट्रपति द्वारा एक आयोग नियुक्त करने की अपेक्षा की जाती है। वह किसी भी समय किन्तु संविधान की आरम्भ की तिथि से 10 वर्षों के बाद अनिवार्य रूप से इस प्रकार के आयोग की नियुक्ति कर सकता है [अनुच्छेद 339(1)]।
4. केंद्र की कार्यकारी शक्ति राज्य को अनुसूचित जनजाति (STs) के कल्याण के लिए योजनाओं के बनाने और निष्पादन के संबंध में दिशा-निर्देश देने तक विस्तारित है [अनुच्छेद 339 (2)]।
5. केंद्र अनुसूचित क्षेत्रों में प्रशासन के स्तर को ऊपर उठाने और अनुसूचित जनजातियों के कल्याण की योजनाओं का खर्च वहन करने के लिए राज्यों को सहायता अनुदान देगा [अनुच्छेद 275(1)]।
6. छत्तीसगढ़, झारखंड, मध्य प्रदेश और ओडीशा राज्यों में जनजातीय कल्याण के लिए एक मंत्री की नियुक्ति की जानी चाहिए। उस पर अनुसूचित जातियों के कल्याण का अतिरिक्त कार्यभार भी हो सकता है [अनुच्छेद 164 (1)]।
7. राष्ट्रपति को अनुसूचित जातियों के संवैधानिक व वैधानिक अधिकारों तथा सुरक्षोपायों से जुड़े सभी मामलों की जाँच एवं निगरानी के सम्बन्ध में उसे रिपोर्ट करने के लिए अनुसूचित जातियों के लिए एक राष्ट्रीय आयोग का गठन करना चाहिए (अनुच्छेद 338)।

8. राष्ट्रपति को अनुसूचित जनजातियों के संवैधानिक व वैधानिक अधिकारों तथा सुरक्षोपायों से जुड़े सभी मामलों की जाँच एवं निगरानी के सम्बन्ध में उसे रिपोर्ट करने के लिए अनुसूचित जनजातियों के लिए एक राष्ट्रीय आयोग का गठन करना चाहिए [अनुच्छेद 338(A)]।

वैधानिक अधिकार (Legal Rights)

अनुसूचित जातियों एवं जनजातियों के वैधानिक अधिकारों एवं सुरक्षोपायों से संबंधित कुछ कानून निम्नलिखित हैं:

1. नागरिक अधिकार संरक्षण अधिनियम (1955) छुआछूत के व्यवहार और उपदेशात्मक प्रचार के लिए तथा इससे पैदा होने वाली किसी भी अयोग्यता को लागू करने के लिए दंड का उल्लेख करता है। यह छुआछूत के आधार पर किसी व्यक्ति को उसके नागरिक अधिकारों के उपभोग से रोकने पर दंड की व्यवस्था उपलब्ध कराता है।
2. अनुसूचित जाति और अनुसूचित जनजाति (अत्याचार निवारण) अधिनियम (1989) अनुसूचित जातियों एवं जनजातियों के विरुद्ध गैर-अनुसूचित जाति एवं जनजाति से जुड़े व्यक्तियों द्वारा किये जाने वाले अत्याचार के अपराधों को रोकता है। यह इस प्रकार के अपराधों की त्वरित सुनवाई के लिए विशेष अदालतों के गठन का प्रावधान भी करता है। इसके अलावा यह ऐसे अपराधों के शिकार लोगों के पुनर्वास एवं राहत के लिए प्रावधान करता है।
3. बंधुआ श्रम तंत्र (उन्मूलन) अधिनियम (1976) सभी बंधुआ श्रमिकों को उनके ऋणों के साथ एकरूप मुक्ति प्रदान करता है। यह बंधुआ श्रमिकों की मुक्ति और पहचान तथा मुक्त किये गये बंधुआ श्रमिकों के पुनर्वास के लिए प्रावधान करता है।
4. न्यूनतम मजदूरी अधिनियम (1948) अधिसूचित रोजगारों के सम्बन्ध में न्यूनतम मजदूरी के स्थिरीकरण, समीक्षा, पुनरीक्षण और लागूकरण के लिए प्रावधान करता है।
5. विधिक सेवा प्राधिकरण अधिनियम (1987) अनुसूचित जातियों एवं जनजातियों के लिए नि:शुल्क कानूनी सेवाएँ उपलब्ध कराता है।
6. हाथ से मैला ढोने वाले कर्मियों के नियोजन का प्रतिषेध और उनका पुनर्वास अधिनियम, 2013 हाथ से मैला ढोने वालों के रूप में रोजगार पर अत्यंत कड़े दंड, जिसमें 5 वर्षों का कारावास समाविष्ट है, पर प्रतिबंध लगाकर इस पर निषेध की दृष्टि रखता है। इसमें हाथ से मैला ढोने वालों और उनके परिवारों के पुनर्वास हेतु प्रावधान भी हैं। यह नया कानून हाथ से मैला ढोने वालों के पुराने सफाई कर्मचारी नियोजन और शुष्क शौचालय सन्निर्माण (प्रतिषेध) अधिनियम, 1993 को समाप्त कर देता है। इसका अर्थ है कि 1993 का अधिनियम व्यावहारिक रूप से निष्फल हो जाएगा।
7. केंद्रीय शैक्षिक संस्थान (प्रवेश में आरक्षण) अधिनियम 2006 केंद्रीय शैक्षिक संस्थानों (अधिनियम के अधीन छूट प्राप्त संस्थानों को छोड़कर) में अनुसूचित जातियों के छात्रों के लिए 15% और अनुसूचित जनजातियों के छात्रों के लिए 7.5% के आरक्षण का प्रावधान करता है।
8. अनुसूचित जनजाति एवं अन्य परम्परागत वन निवासी (वन अधिकारों की मान्यता) अधिनियम (2006) ऐसी वन निवासी अनुसूचित जनजातियों एवं अन्य परम्परागत वनवासियों के वन अधिकारों तथा व्यवसाय को पहचान एवं मान्यता देता है जो पीढ़ियों से इस प्रकार के वनों में निवास कर रहे हैं किन्तु जिनके अधिकारों को अभिलेखित नहीं किया जा सका था।
9. पंचायतों के लिए प्रावधान (अनुसूचित क्षेत्रों तक विस्तार) अधिनियम (1996) (पेसा) का लक्ष्य अनुसूचित जनजातियों के संसाधनों, प्रथाओं और कार्य व्यवहारों का परिरक्षण करना है। यह पंचायतों में अनुसूचित जनजातियों के लिए आरक्षण का प्रावधान करता है।
10. निम्नलिखित अन्य कानूनों में भी अनुसूचित जनजातियों के लिए कुछ अधिकार और सुरक्षोपाय शामिल किये गये हैं:
    (i) भारतीय वन अधिनियम (1927)
    (ii) वन संरक्षण अधिनियम (1980)
    (iii) अनुसूचित जातियों से जुड़ी भूमि के स्वत्व अन्तरण एवं प्रत्यावर्तन को रोकने के लिए राज्यों के कानून। कुछ राज्यों में भू-राजस्व संहिता के अन्तर्गत इस प्रकार के प्रावधान शामिल किये गये हैं।

(iv) अनुसूचित जनजातियों के सम्बन्ध में सूदखोरी को विनियमित करने वाले राज्यों के कानून।

11. केंद्रीय शैक्षिक संस्थान (शिक्षक संवर्ग में आरक्षण) अधिनियम (2019) एससी (SC) तथा एसटी (ST), से संबंधित व्यक्तियों की सीधी भर्ती द्वारा नियुक्तियों में पदों का आरक्षण और कुछ केंद्रीय शैक्षिक संस्थानों में शिक्षकों के संवर्ग के लिए स्थापित, रख-रखाव या केंद्र सरकार द्वारा सहायता प्राप्त सम्बन्धी नियम प्रदान करता है। लेकिन, यह प्रावधान उत्कृष्टता संस्थानों, अनुसंधान संस्थानों, राष्ट्रीय और सामरिक महत्व के संस्थानों में इस अधिनियम के लिए निर्दिष्ट अनुसूची के लिए लागू नहीं है। इसके अलावा, अल्पसंख्यक शैक्षणिक संस्थानों को भी बाहर रखा गया है।

12. भूमि अधिग्रहण अधिनियम (2013) ने पहले भूमि अधिग्रहण अधिनियम, 1894 को निरस्त कर दिया। इसका पूरा शीर्षक भूमि मुआवजे के लिए अधिकार और लेनदारी में पारदर्शिता स्वीकृति, पुनर्वास और पुनर्गठन अधिनियम, 2013 है। इसने एससी (SC) तथा एसटी (ST) वर्गों के लोगों के हितों की रक्षा हेतु विशेष प्रावधान किए हैं। इसके अलावा, यह भी प्रावधान है कि एससी (SC) तथा एसटी (ST) को प्रभावित क्षेत्रों में उपलब्ध आरक्षण और अन्य लाभ पुनर्वास क्षेत्र में जारी रहेंगे।

पिछड़े एवं आर्थिक दुर्बल वर्गों के अधिकार (Rights of BCs and EWSs)

5

पिछड़े वर्गों के अधिकार [Rights of Backward Classes (BCs)]

संवैधानिक अधिकार (Constitutional Rights)

संविधान में पिछड़े वर्गों के लिए शामिल किये गये अधिकार और सुरक्षोपाय निम्नलिखित हैं:

1. राज्य को नागरिकों के सामाजिक एवं शैक्षिक रूप से पिछड़े किसी भी वर्ग की उन्नति के लिए विशेष प्रावधान बनाने की अनुमति दी गयी है [अनुच्छेद 15(4)]।
2. राज्य को यह शक्ति दी गयी है कि वह सरकारी सहायता प्राप्त या गैर-सहायता प्राप्त निजी शैक्षिक संस्थानों सहित (अल्पसंख्यक शैक्षिक संस्थानों को छोड़कर) सभी शिक्षा संस्थानों में सामाजिक और शैक्षिक रूप से पिछड़े वर्गों के लिए प्रवेश हेतु आरक्षण का विशेष प्रावधान कर सकता है [अनुच्छेद 15(5)]।
3. राज्य सेवाओं में पर्याप्त प्रतिनिधित्व प्राप्त न होने वाले किसी भी पिछड़े वर्ग के पक्ष में नियुक्तियों या पदों के आरक्षण हेतु प्रावधान कर सकता है [अनुच्छेद 16(4)]।
4. राज्य को शोषण के सभी रूपों तथा सामाजिक अन्याय से समाज के कमजोर वर्गों को बचाने तथा उनके शैक्षिक एवं आर्थिक हितों की विशेष देखभाल के साथ संवर्द्धन करने का निर्देश दिया गया है (अनुच्छेद 46)।
5. छत्तीसगढ़, झारखंड, मध्य प्रदेश और ओडीशा में नियुक्त किये जाने वाले जनजातीय कल्याण मंत्री को पिछड़े वर्गों के कल्याण का अतिरिक्त कार्यभार भी दिया जा सकता है [अनुच्छेद 164(1)]।
6. राष्ट्रपति सामाजिक और शैक्षिक रूप से पिछड़े वर्गों की दशाओं की जाँच करने तथा उनकी दशा में सुधार के लिए उपाय सुझाने हेतु एक आयोग नियुक्त कर सकता है। इस आयोग की रिपोर्ट को कार्यवाही के स्मरण-पत्र सहित संसद के पटल पर रखा जाता है (अनुच्छेद 340)।
7. राष्ट्रपति को संवैधानिक और कानूनी अधिकार से संबंधित सभी मामलों की जांच और निगरानी हेतु पिछड़ा वर्ग के लिए, सामाजिक और शैक्षिक रूप से पिछड़े वर्ग की सुरक्षा के उपाय के लिए तथा उनका विवरण देने के लिए एक राष्ट्रीय आयोग का गठन करना चाहिए (अनुच्छेद 338-B)।

वैधानिक अधिकार (Legal Rights)

निम्नलिखित कानूनों में पिछड़े वर्गों के लिए वैधानिक अधिकार और सुरक्षोपाय शामिल किये गये हैं:

1. केंद्रीय शैक्षिक संस्थान (प्रवेश में आरक्षण) अधिनियम (2006) केंद्रीय शैक्षिक संस्थानों (अधिनियम के अधीन छूट प्राप्त संस्थानों को छोड़कर) में पिछड़े वर्गों से जुड़े छात्रों (क्रीमी लेयर को छोड़कर) के लिए 27% के आरक्षण का प्रावधान करता है।
2. केंद्रीय शैक्षिक संस्थान (शिक्षक संवर्ग में आरक्षण) अधिनियम (2019) सामाजिक तथा शैक्षणिक रूप से पिछड़े वर्गों, शिक्षकों, केंद्र सरकार द्वारा स्थापित, रख-रखाव या सहायता प्राप्त कुछ केंद्रीय शैक्षणिक संस्थानों के संवर्ग हेतु व्यक्तियों की सीधी भर्ती द्वारा नियुक्तियों में पदों का आरक्षण का प्रावधान करता है। परंतु, उत्कृष्टता के संस्थानों, अनुसंधान संस्थानों, प्राकृतिक और सामरिक अधिनियम की अनुसूची में निर्दिष्ट महत्व के संस्थानों पर यह प्रावधान लागू नहीं है। इसके अलावा, अल्पसंख्यक शिक्षण संस्थानों को भी इस सीमा के बाहर रखा गया है।
3. राष्ट्रीय पिछड़ा वर्ग आयोग (निरसन) अधिनियम (2018) ने राष्ट्रीय पिछड़ा वर्ग आयोग अधिनियम, 1993 को निरस्त कर दिया है।

आर्थिक दुर्बल वर्गों के अधिकार [Rights of Economically Weaker Sections (EWSs)]

संवैधानिक अधिकार (Constitutional Rights)

आर्थिक दुर्बल वर्गों के लिए संवैधानिक रूप से नीचे उल्लिखित अधिकार सन्निहित हैं:

1. राज्य को (अ) नागरिकों के आर्थिक रूप से कमजोर वर्ग की उन्नति हेतु विशेष प्रावधान करने की और (ब) निजी शिक्षण सहित शैक्षणिक संस्थानों (चाहे राज्य द्वारा सहायता प्राप्त या अप्राप्त), अल्पसंख्यक शैक्षणिक संस्थानों [अनुच्छेद 15 (6)] को छोड़कर संस्थान में प्रवेश के लिए ऐसे वर्गों हेतु सीटों के 10% तक आरक्षण का प्रावधान करने की अनुमति प्राप्त है।
2. राज्य को नागरिकों के किसी भी आर्थिक रूप से कमजोर वर्ग के पक्ष में नियुक्तियों या पदों के 10% तक आरक्षण का प्रावधान करने की अनुमति है [अनुच्छेद 16 (6)]।
3. राज्य को निर्देशित किया जाता है कि वह कमजोर वर्ग के लोगों की विशेष देखभाल के साथ उनके शैक्षणिक और आर्थिक हितों को बढ़ावा दे तथा सभी प्रकार के सामाजिक अन्याय और शोषण से उनकी रक्षा करें [अनुच्छेद 46]।

वैधानिक अधिकार (Legal Rights)

आर्थिक दुर्बल वर्गों के अधिकार और सुरक्षा उपाय निम्नलिखित विधानों में सम्मिलित हैं:

1. उच्च शिक्षा विभाग, भारत सरकार का आदेश (2019) शैक्षिक संस्थानों में प्रवेश के लिए आर्थिक दुर्बल वर्गों को 10% आरक्षण प्रदान करता है।
2. कार्मिक और प्रशिक्षण विभाग, भारत सरकार (2019) का आदेश केंद्र सरकार में सिविल पदों और सेवाओं में आर्थिक दुर्बल वर्गों को 10% आरक्षण प्रदान करता है।
3. केंद्रीय शैक्षिक संस्थान (शिक्षक संवर्ग में आरक्षण) अधिनियम (2019) आर्थिक रूप से कमजोर वर्ग, केंद्र सरकार द्वारा स्थापित, रख-रखाव या सहायता प्राप्त कुछ केंद्रीय शैक्षिक संस्थानों में शिक्षकों के संवर्ग के लिए आर्थिक रूप से कमजोर वर्ग के संबंधित व्यक्तियों की सीधी भर्ती द्वारा नियुक्तियों में पदों का आरक्षण प्रदान करता है।
4. विभिन्न राज्य सरकारों के कानून और आदेश आर्थिक दुर्बल वर्गों (EWSs) को सिविल पदों और सेवाओं, राज्य सरकारों की सेवाओं में और राज्य शैक्षिक संस्थानों में प्रवेश में सिविल पदों और सेवाओं में 10% तक आरक्षण प्रदान करते हैं।

अल्पसंख्यकों के अधिकार (Rights of Minorities)

6

संवैधानिक अधिकार (Constitutional Rights)

संविधान में दो प्रकार के अल्पसंख्यकों का उल्लेख है–धार्मिक अल्पसंख्यक और भाषायी अल्पसंख्यक। फिर भी संविधान में अल्पसंख्यक शब्द को परिभाषित नहीं किया गया है।

1993 में केंद्र सरकार ने पाँच धार्मिक समुदायों–मुस्लिम, ईसाई, सिख, नव-बौद्ध और पारसी, को राष्ट्रीय स्तर पर धार्मिक अल्पसंख्यकों के रूप में अधिसूचित किया है। जनवरी 2014 में जैन समुदाय को भी इस सूची में जोड़ा गया।

भाषायी अल्पसंख्यक लोगों का एक ऐसा समूह होता है, जिसकी मातृभाषा राज्य के एक भाग या राज्य में बहुसंख्यक लोगों की मातृभाषा से भिन्न होती है। इसका अर्थ यह है कि भाषायी अल्पसंख्यकों का निर्धारण राज्यवार आधार पर किया जाता है।

संविधान में अल्पसंख्यकों के सामाजिक, शैक्षिक और आर्थिक हितों की सुरक्षा हेतु विशेष प्रावधान किये गये हैं। इनमें से कुछ धार्मिक अल्पसंख्यक और भाषायी अल्पसंख्यक दोनों के लिए समान रूप से लागू होते हैं जबकि कुछ अन्य विशेष रूप से भाषायी अल्पसंख्यकों के लिए लागू होते हैं। इन प्रावधानों का उल्लेख नीचे दो शीर्षकों में किया गया है।

1. धार्मिक और भाषायी अल्पसंख्यक (Religious and Linguistic Minorities)

1. अपनी खुद की एक विशिष्ट भाषा, लिपि या संस्कृति रखने वाले नागरिकों के किसी भी वर्ग को इन्हें परिरक्षित रखने का अधिकार प्राप्त है [अनुच्छेद 29(1)]।
2. किसी भी नागरिक को धर्म, प्रजाति, जाति या भाषा के आधार पर राज्य द्वारा सहायता प्राप्त या राज्य द्वारा संचालित किसी भी शैक्षिक संस्था में प्रवेश लेने से रोका नहीं जा सकता [अनुच्छेद 29(2)]।
3. धार्मिक या भाषायी आधार वाले सभी अल्पसंख्यकों को अपनी इच्छा के अनुरूप शैक्षिक संस्थानों को स्थापित करने एवं प्रशासित करने का अधिकार है [अनुच्छेद 30 (1)]।
4. एक अल्पसंख्यक शैक्षिक संस्था की किसी भी सम्पत्ति के अनिवार्य अधिग्रहण के लिए राज्य द्वारा तय की गयी क्षतिपूर्ति राशि द्वारा भाषायी या धार्मिक, किसी भी प्रकार के अल्पसंख्यकों के सुनिश्चित अधिकार को प्रतिबंधित या उत्सादित नहीं करना चाहिए [अनुच्छेद 30(1-A)]।
5. शैक्षिक संस्थाओं को सहायता अनुदान देते समय राज्य को किसी भी शैक्षिक संस्था के साथ इस आधार पर भेदभाव नहीं करना चाहिए कि उसका प्रबंधन किसी भाषायी या धार्मिक अल्पसंख्यक द्वारा किया जाता है [अनुच्छेद 30(2)]।
6. कृपाण पहनने और धारण करने को सिख धर्म का एक अंग माना जायेगा। दूसरे शब्दों में, सिखों को कृपाण धारण करने और पहनने का अधिकार है [अनुच्छेद 25(2)]।

2. भाषायी अल्पसंख्यक (Linguistic Minorities)

1. जब राष्ट्रपति (एक माँग होने पर) इस बारे में संतुष्ट हो कि एक राज्य की जनसंख्या का एक महत्वपूर्ण भाग अपने द्वारा बोली जाने वाली किसी भाषा के प्रयोग के आधार पर उस राज्य की मान्यता प्राप्त करना चाहता है तो वह उस राज्य में ऐसी भाषा को राजकीय मान्यता देने का निर्देश दे सकता है (अनुच्छेद 347)।
2. प्रत्येक शिकायतकर्ता व्यक्ति को संघ या किसी राज्य के प्राधिकारी या किसी अधिकारी को दी गयी किसी भी शिकायत के उपचार हेतु उस राज्य या संघ में प्रयुक्त होने वाली किसी भी भाषा में शिकायत-पत्र देने का अधिकार है। इसका अर्थ यह है कि उसके शिकायती-पत्र को

इस आधार पर अस्वीकृत नहीं किया जा सकता कि वह राजकीय भाषा में नहीं है (अनुच्छेद 350)।

3. प्रत्येक राज्य तथा राज्य में एक स्थानीय प्राधिकारी भाषायी अल्पसंख्यक समूहों से जुड़े बच्चों के लिए प्राथमिक स्तर की शिक्षा के सम्बन्ध में मातृभाषा में निर्देश देने के लिए पर्याप्त सुविधाएँ उपलब्ध करायेगा। राष्ट्रपति इस उद्देश्य के लिए आवश्यक निर्देश जारी कर सकता है [अनुच्छेद 350(A)]।
4. राष्ट्रपति भाषायी अल्पसंख्यकों के लिए संवैधानिक सुरक्षोपायों से जुड़े सभी मामलों की जाँच के लिए एक विशेष अधिकारी नियुक्त करेगा। राष्ट्रपति को इस अधिकारी द्वारा सौंपी गयी रिपोर्ट को संसद के समक्ष रखना चाहिए और संबंधित राज्य सरकारों को भेजना चाहिए [अनुच्छेद 350(B)]।

वैधानिक अधिकार (Legal Rights)

निम्नलिखित कानूनों में भी अल्पसख्यकों के लिए कई वैधानिक अधिकार और सुरक्षोपाय शामिल किये गये हैं:

1. अल्पसंख्यक शैक्षिक संस्थानों के लिए राष्ट्रीय आयोग अधिनियम (2004) अल्पसंख्यक शैक्षिक संस्थानों को अतिरिक्त सुरक्षोपाय उपलब्ध कराता है। इसके निम्नलिखित प्रावधान हैं:
   (i) अल्पसंख्यक शैक्षिक संस्थानों के लिए एक राष्ट्रीय आयोग का गठन
   (ii) एक अल्पसंख्यक शैक्षिक संस्थान स्थापित करने का अधिकार
   (iii) अपनी पसन्द के किसी भी विश्वविद्यालय के साथ सम्बद्ध होने का एक अल्पसंख्यक शैक्षिक संस्थान का अधिकार
2. वक्फ अधिनियम, 1995 (पूर्ववर्ती वक्फ अधिनियम, 1954) देश में वक्फ सम्पत्तियों की सुरक्षा को सुनिश्चित करने के लिए बनाया गया था। यह अधिनियम देश में वक्फों के समुचित प्रशासन और राज्य वक्फ बोर्डों के कार्यचालन से जुड़े सभी मुद्दों पर भारत सरकार को परामर्श देने हेतु एक केंद्रीय वक्फ परिषद के गठन का प्रावधान करता है। एक वक्फ मुस्लिम कानून द्वारा धार्मिक, परोपकारी या न्यास के रूप में मान्य चल और अचल सम्पत्ति का स्थायी समर्पण होता है। इन धार्मिक पहलुओं के अलावा वक्फ सामाजिक और आर्थिक उत्थान का साधन भी होते हैं।
3. अल्पसंख्यकों के लिए राष्ट्रीय आयोग अधिनियम (1992) द्वारा 1978 में गठित अल्पसंख्यक आयोग को वैधानिक दर्जा दिया गया। यह आयोग संविधान और कानूनों में अल्पसंख्यकों को उपलब्ध कराये गये सुरक्षापायों के कार्यचालन पर निगरानी रखता है। यह अल्पसंख्यकों के अधिकारों एवं सुरक्षापायों के वंचन से जुड़ी शिकायतों को भी देखता है।
4. दरगाह ख्वाजा साहब अधिनियम (1955) दरगाह के समुचित प्रशासन/प्रबंधन के लिए प्रावधान करता है तथा ख्वाजा मोइन-उद्-दीन चिश्ती की दरगाह जो आमतौर पर दरगाह ख्वाजा साहब, अजमेर के नाम से लोकप्रिय है, के बंदोबस्ती हेतु प्रावधान करता है। यह दरगाह समिति, अजमेर में दरगाह धर्मस्व को प्रशासन, नियंत्रण और प्रबंधन प्रदान करता है। यह समिति केंद्रीय सरकार द्वारा नियुक्त की जाती है।

सहमतिजन्य सुरक्षोपाय (Consensual Safeguards)

उपरोक्त संवैधानिक सुरक्षोपायों के अलावा भाषायी अल्पसंख्यकों के लिए कुछ सहमतिजन्य सुरक्षोपाय भी उपलब्ध कराये गये हैं। ये बैठकों की श्रृंखलाओं के माध्यम से केंद्र और राज्य सरकारों द्वारा की गयी सहमति के आधार पर तैयार हुए हैं। ये इस प्रकार हैं:

1. शिक्षा के माध्यमिक स्तर पर अल्पसंख्यक भाषाओं के माध्यम से दिशा-निर्देशन।
2. महत्वपूर्ण नियमों, विनियमों, अधिसूचनाओं इत्यादि का उन सभी भाषाओं में अनुवाद और प्रकाशन जो एक जिला या उप-जिला स्तर पर कुल जनसंख्या के कम-से-कम 15% भाग द्वारा बोली जाती है।
3. भर्ती के समय राज्य की राजकीय भाषा के ज्ञान पर अधिक जोर न दिया जाये। राज्य की राजकीय भाषा में प्रवीणता का परीक्षण परीक्षा के पूरा होने से पहले किया जाये।

संवैधानिक और सहमतिजन्य सुरक्षोपाय उन्हें लागू करने के व्यावहारिक तरीकों के साथ मिलकर सुरक्षोपायों की एक संयुक्त योजना को जन्म देते हैं। वर्तमान में इस योजना की प्रमुख विशेषताएँ इस प्रकार हैं:

1. महत्वपूर्ण नियमों, विनियमों, अधिसूचनाओं इत्यादि का उन सभी भाषाओं में अनुवाद और प्रकाशन जो एक जिला या उप-जिला स्तर पर कुल जनसंख्या के कम-से-कम 15% भाग द्वारा बोली जाती है।
2. अल्पसंख्यक भाषाओं को उन जिलों में द्वितीय राजभाषा घोषित करना जहाँ ऐसी भाषा बोलने वाले लोगों की जनसंख्या का कम-से-कम 60% हैं।
3. अल्पसंख्यक भाषाओं में शिकायतों की स्वीकृति और उत्तर।
4. शिक्षा के प्राथमिक स्तर पर मातृभाषा/अल्पसंख्यक भाषाओं के माध्यम से दिशा-निर्देश।
5. शिक्षा के माध्यमिक स्तर पर अल्पसंख्यक भाषाओं के माध्यम से दिशा-निर्देशन।
6. भाषायी अल्पसंख्यक छात्रों का भाषायी वरीयता के आधार पर अग्रिम पंजीकरण तथा अंतर-विद्यालयी अनुकूलन।
7. अल्पसंख्यक भाषाओं में पाठ्य-पुस्तकों और अध्यापकों के लिए प्रावधान।
8. त्रिभाषा सूत्र का क्रियान्वयन।
9. भर्ती के समय राज्य की राजकीय भाषा के ज्ञान पर अधिक जोर न दिया जाये। राज्य की राजकीय भाषा में प्रवीणता का परीक्षण परीक्षा के पूरा होने से पहले किया जाये।
10. भाषायी अल्पसंख्यकों के लिए उपलब्ध विस्तृत सुरक्षोपायों को अल्पसंख्यक भाषाओं के पर्चों में जारी करके प्रचारित करना।
11. राज्य और जिला स्तरों पर समुचित कार्यतंत्र की स्थापना करना।

अन्य समूहों के अधिकार (Rights of Other Groups)

7

विकलांग व्यक्तियों के अधिकार (Rights of Persons with Disabilities)

संवैधानिक अधिकार (Constitutional Rights)

संविधान सभी व्यक्तियों के लिए स्वतंत्रता, समानता, गरिमा और न्याय सुनिश्चित करने का अधिदेश देता है, जो कि सभी के लिए, विशेषत: वंचितों के लिए एक समावेशी समाज का सूचक है।

अनुच्छेद 41 विशेष रूप से विकलांग व्यक्तियों के सम्बन्ध में प्रासंगिक है। यह उद्धृत करता है कि राज्य अपनी आर्थिक क्षमता और विकास की सीमाओं के भीतर रहकर बेरोजगारी, वृद्धावस्था, बीमारी और विकलांगता की स्थितियों में सार्वजनिक सहायता, शिक्षा और काम के अधिकार को सुनिश्चित करने के लिए प्रभावी उपबंध करेगा।

"बेरोजगार और विकलांगों के लिए राहत" का विषय संविधान की सातवीं अनुसूची के अन्तर्गत सूची-II (राज्य सूची) में निर्दिष्ट किया गया है।

संविधान की ग्यारहवीं अनुसूची (पंचायत की शक्तियों और जिम्मेदारियों से संबंधित) और संविधान की बारहवीं अनुसूची (नगर पालिकाओं की शक्तियों और जिम्मेदारियों से संबंधित) में विकलांगों और मानसिक रूप से मंद लोगों के कल्याण और सुरक्षा के विषय समाविष्ट हैं।

वैधानिक अधिकार (Legal Rights)

निम्नलिखित कानूनों में विकलांग व्यक्तियों के कई वैधानिक अधिकार और सुरक्षोपाय शामिल किये गये हैं:

1. दिव्यांग व्यक्तियों के अधिकार अधिनियम (2016) ने पूर्व के विकलांगता से ग्रसित व्यक्तियों (समान अवसर, अधिकारों का संरक्षण और पूर्ण भागीदारी) अधिनियम, 1995 का स्थान ले लिया है। नए अधिनियम को विकलांगता के साथ व्यक्तियों के अधिकारों (2006) पर संयुक्त राष्ट्र कन्वेंशन को प्रभावी करने के लिए अधिनियमित किया गया था। 2007 में भारत द्वारा इस सम्मेलन की पुष्टि की गई थी।
2. स्वलीनता, प्रमस्तिष्कीय पक्षाघात, मंदबुद्धिता एवं बहुल दिव्यांगता ग्रस्त व्यक्तियों के कल्याण हेतु राष्ट्रीय न्यास अधिनियम (1999) ऑटिज्म या स्वलीनता, पक्षाघात, मानसिक मंदता एवं बहुल दिव्यांगताओं वाले व्यक्तियों के कल्याण हेतु एक राष्ट्रीय न्यास के गठन का प्रावधान करता है। इस न्यास का उद्देश्य दिव्यांग व्यक्तियों को गरिमा के साथ आत्मनिर्भर जीवन जीने में मदद करना, एनजीओ और अन्य सेवा प्रदाताओं को समर्थन प्रदान करना तथा दिव्यांग व्यक्तियों की जरूरतों की देखभाल हेतु वैधानिक संरक्षक नियुक्त करना है।
3. भारतीय पुनर्वास परिषद अधिनियम (1992) भारतीय पुनर्वास परिषद के गठन का प्रावधान करता है। यह परिषद पुनर्वास एवं विशेष शिक्षा में शोध को प्रोत्साहित करती है तथा पुनर्वास पेशेवरों के प्रशिक्षण का नियमन एवं निगरानी करती है।
4. मानसिक स्वास्थ्य सेवा अधिनियम (2017) मानसिक बीमारी वाले व्यक्तियों के लिए प्रदान किया गया मानसिक स्वास्थ्य और सेवाओं को प्रदान करने के दौरान उनके अधिकारों की रक्षा, संवर्द्धन और पूर्ति हेतु प्रदान किया गया था। इसने पूर्व के मानसिक स्वास्थ्य अधिनियम, 1987 को निरस्त कर दिया है।
5. वैधानिक सेवा प्राधिकार अधिनियम (1987) दिव्यांग व्यक्तियों के लिए नि:शुल्क कानूनी सहायता उपलब्ध कराता है।

वृद्ध व्यक्तियों के अधिकार (Rights of Older Persons)

संवैधानिक अधिकार (Constitutional Rights)

संविधान वृद्ध व्यक्तियों (या वरिष्ठ नागरिकों) सहित सभी व्यक्तियों के लिए समानता, स्वतंत्रता, न्याय और गरिमा सुनिश्चित करता है।

भाग IV का अनुच्छेद 41 (राज्य नीति के निर्देशक सिद्धांत) वृद्ध व्यक्तियों के सम्बन्ध में विशेष प्रासंगिकता रखता है। इसके अनुसार राज्य अपनी आर्थिक क्षमता और विकास की सीमा के भीतर रहकर बेरोजगारी, वृद्धावस्था, बीमारी और विकलांगता और अपात्र माँग के अन्य मामलों में काम, शिक्षा और लोक सहायता के अधिकार को सुनिश्चित करने के लिए प्रभावी उपबंध करेगा।

वैधानिक अधिकार (Legal Rights)

माता-पिता और वरिष्ठ नागरिकों की देखभाल एवं कल्याण अधिनियम (2007) माता-पिता और वरिष्ठ नागरिकों की जरूरत आधारित देखभाल और उनके कल्याण को सुनिश्चित करने के लिए बनाया गया था। यह अधिनियम निम्नलिखित प्रावधान करता है:

1. बच्चों/संबंधियों द्वारा माता-पिता एवं वरिष्ठ नागरिकों की देखभाल जो कि अधिकरणों के माध्यम से बाध्यकारी और न्याय सिद्ध है।
2. सगे-संबंधियों द्वारा उपेक्षा की स्थिति में वरिष्ठ नागरिकों द्वारा सम्पत्ति के स्थानान्तरण का निरसन।
3. वरिष्ठ नागरिकों की परित्यक्तता के विरुद्ध दंडात्मक प्रावधान।
4. गरीब वरिष्ठ नागरिकों के लिए वृद्धाश्रमों की स्थापना।
5. वरिष्ठ नागरिकों के लिएं पर्याप्त चिकित्सकीय सुविधाएँ।
6. वरिष्ठ नागरिकों के जीवन और सम्पत्ति की सुरक्षा।

इस अधिनियम को अधिसूचित करने वाले राज्यों/संघशासित प्रदेशों से यह अपेक्षा की गयी है कि वे अधिनियम के प्रभावी क्रियान्वयन के लिए निम्नलिखित उपायों को लागू करें:

1. अधिनियम के अधीन नियमों का निर्माण।
2. देखभाल अधिकारी की नियुक्ति।
3. देखभाल अधिकरण का गठन।
4. अपीलीय अधिकरण का गठन।

नशाखोरी के शिकार लोगों के अधिकार (Rights of Victims of Drug Abuse)

संवैधानिक अधिकार (Constitutional Rights)

संविधान का जनादेश नशाखोरी के शिकार सहित सभी व्यक्तियों की समानता, स्वतंत्रता, न्याय और गरिमा सुनिश्चित करना है।

भाग IV के अनुच्छेद 47 (राज्य नीति के निदेशक सिद्धांत) नशीली दवाओं के दुरुपयोग के शिकार व्यक्तियों के संबंध में विशेष रूप से प्रासंगिक हैं। इसका तात्पर्य है कि राज्य अपने प्राथमिक कर्तव्यों के बीच नागरिकों के पोषण के स्तर और जीवन स्तर को बढ़ाने और सार्वजनिक स्वास्थ्य में सुधार के संबंध में कार्य करेगा, विशेष रूप से, औषधीय प्रयोजन के अलावा, मादक पेय और नशीली दवाएं जो स्वास्थ्य के लिए हानिकारक हैं, उनके उपयोग को निषेध करने का प्रयास राज्य करेगा।

वैधानिक अधिकार (Legal Rights)

अन्य चीजों के मध्य मादक पदार्थों के सेवन पर अंकुश लगाने के लिए स्वापक औषधि और मन: प्रभावी पदार्थ अधिनियम (NDPS) अधिनियम, 1985 को अधिनियमित किया गया था। अधिनियम में कहा गया है कि सरकार नशीली दवाओं की लत की पहचान, उपचार, शिक्षा, देखभाल, पुनर्वास और सामाजिक पुन: एकीकरण हेतु केंद्र स्थापित कर सकती है। इसके अलावा, सरकार नशीली दवाओं और नशीले पदार्थों को नशे के आदी व्यक्तियों को आपूर्ति कर सकती है जहां ऐसी आपूर्ति की एक चिकित्सा के रूप में आवश्यकता है।

स्वापक औषधि और मन: प्रभावी पदार्थ अधिनियम, 1985 के उद्देश्य हैं:

1. मादक दवाओं से संबंधित कानून को मजबूत और संशोधित करना।
2. मादक दवाओं और मनो-रासायनिक पदार्थों से संबंधित संचालन के नियंत्रण और विनियमन के लिए कड़े प्रावधान करना।
3. मादक पदार्थों और मनोग्रंथि पदार्थों में अवैध तस्करी से प्राप्त, या उपयोग में लाई गई संपत्ति को जब्त करने के लिए।
4. स्वापक औषधि और मन: प्रभावी पदार्थ अधिनियम पर अंतर्राष्ट्रीय सम्मेलनों के प्रावधानों को लागू करना।

सूचना का अधिकार (Right to Information)

8

अर्थ एवं तार्किक आधार (Meaning and Rationale)

सूचना के अधिकार का आशय सरकारी सूचना तक लोगों की स्वतंत्र पहुँच से है। यह इस बात का संकेतक है कि नागरिक और गैर-सरकारी संगठनों को सरकारी कार्यवाहियों, निर्णयों तथा निष्पादन से जुड़े सभी दस्तावेजों एवं फाइलों तक पहुँचने का औचित्यपूर्ण एवं स्वतंत्र अधिकार होना चाहिए। दूसरे शब्दों में, यह सरकार की कार्य-प्रणाली में खुलेपन और पारदर्शिता को इंगित करता है। इस प्रकार यह लोक प्रशासन में गोपनीयता का प्रतिपक्षी है।

1992 में विश्व बैंक ने 'प्रशासन और विकास' नामक एक दस्तावेज जारी किया था। इस दस्तावेज़ में प्रशासन के सात पहलुओं या तत्वों का उल्लेख किया गया था। पारदर्शिता और सूचना उनमें से एक है।

सूचना के अधिकार को निम्नलिखित कारणों से आवश्यक माना जाता है:

1. यह प्रशासन को जनता के प्रति अधिक उत्तरदायी बनाता है।
2. यह प्रशासन और जनता के बीच की दूरी कम करता है।
3. यह जनता को प्रशासनिक निर्णय-निर्माण से अवगत कराता है।
4. यह लोक सेवकों द्वारा जनता तक उत्पादों और सेवाओं को बेहतर ढंग से पहुँचाने में मदद करता है।
5. यह प्रशासन की बुद्धिमत्तापूर्ण तथा सकारात्मक आलोचना को आसान बनाता है।
6. यह प्रशासन में जनता की भागीदारी बढ़ाता है।
7. प्रशासनिक निर्णय-निर्माण में स्वेच्छाचारिता को हतोत्साहित करके जनहित को प्रोत्साहित करता है।
8. यह लोक प्रशासन में भ्रष्टाचार के अवसरों को घटाता है।
9. प्रशासन में खुलेपन और पारदर्शिता को बढ़ावा देकर यह जनतंत्र की विचारधारा को आगे बढ़ाता है।
10. यह प्रशासन को जनता की आवश्यकताओं के प्रति अधिक संवेदनशील बनाता है।
11. यह लोक सेवकों द्वारा सत्ता के दुरुपयोग के अवसरों को कम करता है।

भारत में स्थिति (Position in India)

भारत के संविधान में नागरिकों को सूचित करने के अधिकार का स्पष्ट रूप से उल्लेख नहीं किया गया है। हालाँकि, सुप्रीम कोर्ट 1975 से यह लगातार कह रहा है कि सूचना का अधिकार भारत के संविधान द्वारा प्रदत्त निम्नलिखित दो मौलिक अधिकारों का एक आंतरिक भाग है:

1. बोलने की स्वतंत्रता और अभिव्यक्ति का अधिकार (अनुच्छेद 19)
2. जीवन और व्यक्तिगत स्वतंत्रता का अधिकार (अनुच्छेद 21)

भारत में, विभिन्न कानून और नियम लोगों को दिए जाने वाले आधिकारिक सूचनाओं के प्रकटीकरण को प्रतिबंधित करते हैं तथा इस तरह प्रबंधन में वे गोपनीयता का पक्ष लेते हैं। ये हैं:

1. आधिकारिक रहस्य अधिनियम, 1923
2. भारतीय साक्ष्य अधिनियम, 1872
3. जांच आयोग अधिनियम, 1952
4. अखिल भारतीय सेवा (आचरण) नियम, 1968
5. केंद्रीय लोक सेवा (आचरण) नियम, 1964
6. रेलवे सेवा (आचरण) नियम, 1966

सूचना का अधिकार (2005)
[Right to Information Act (2005)]

लोक प्राधिकारियों से नागरिकों द्वारा सूचना की प्राप्ति हेतु एक व्यवहारिक व्यवस्था की जरूरत को मान्यता देते हुए तथा सभी लोक प्राधिकारियों की कार्यप्रणाली में पारदर्शिता एवं जवाबदेही को प्रोत्साहन देने के लिए संसद ने 2005 में सूचना का अधिकार अधिनियम पारित किया।

यह कानून व्यापक है और प्रशासन के लगभग सभी मामलों पर सूचना के प्रकटीकरण को शामिल करता है। यह केंद्र, राज्य तथा स्थानीय (ग्रामीण और शहरी दोनों) सभी स्तरों की सरकारों पर लागू होता है। साथ ही यह सरकारी सहायता प्राप्त करने वाले गैर-सरकारी संगठनों और सरकार के स्वामित्व, नियंत्रण और वित्त पोषण के अधीन आने वाले निकायों पर भी लागू होता है। यह विधायिका, न्यायपालिका, कार्यपालिका एवं सभी संवैधानिक निकायों को अपने दायरे में शामिल करता है।

इस अधिनियम की मुख्य विशेषतायें या प्रावधान निम्नलिखित हैं:

1. यह अधिनियम सभी नागरिकों को सूचना तक पहुँचने का अधिकार प्रदान करता है और संगत रूप से इस प्रकार की सभी सूचनाओं के वितरण के लिए सभी लोक प्राधिकारियों को प्रतिबद्ध बनाता है।
2. यह आवेदन किये जाने पर जनता को सूचना उपलब्ध कराने के लिए प्रत्येक विभाग में एक सार्वजनिक सूचना अधिकारी की नियुक्ति का प्रावधान करता है।
3. यह सूचना उपलब्ध कराने के लिए 30 दिन की समय-सीमा तय करता है। यह समय-सीमा घटकर 48 घंटे हो सकती है, यदि सूचना का सम्बंध एक व्यक्ति के जीवन और स्वतंत्रता से हो।
4. गरीबी रेखा से नीचे रहने वाले लोगों के लिए सूचना निःशुल्क उपलब्ध होगी। अन्य लोगों के लिए उचित शुल्क लागू होगा।
5. यह अधिनियम सार्वजनिक एजेन्सियों पर सूचना को स्वतःचालित ढंग से उपलब्ध कराने की प्रतिबद्धता लागू करता है ताकि सूचना के लिए आवेदनों की संख्या घट सके।
6. सरकारी निकायों को स्टाफ भुगतानों एवं बजट का विस्तृत प्रकाशन करना होगा।
7. सूचना के कुछ सुनिश्चित प्रकारों को प्रकटीकरण से छूट दी गयी है। ये भारत की प्रभुसत्ता और अखंडता, सुरक्षा, देश के वैज्ञानिक या आर्थिक हितों, मंत्रिमंडलीय विमर्शों इत्यादि से जुड़े होते हैं।
8. एक सार्वजनिक सूचना अधिकारी सूचना के एक ऐसे आवेदन को अस्वीकार कर सकता है जिसमें एक व्यक्ति के कॉपीराइट का उल्लंघन निहित हो।
9. तीसरे पक्ष को सूचना प्रकट करने के सम्बन्ध में भी कुछ प्रतिबन्ध लागू होते हैं। सूचना के प्रकटीकरण के बारे में निर्णय लेते समय तीसरे पक्ष को शामिल करने पर विचार किया जायेगा।
10. यह अधिनियम के प्रावधानों को लागू करने के लिए एक केंद्रीय सूचना आयोग और राज्य सूचना आयोगों के गठन का प्रावधान करता है। ये उच्च शक्ति प्राप्त स्वतंत्र निकाय होंगे जो कि अपीलीय प्राधिकरणों के रूप में कार्य करेंगे और इनमें एक सिविल अदालत की शक्तियाँ निहित होंगी।
11. केंद्रीय सूचना आयोग केंद्र सरकार और संघशासित प्रदेशों के अधीन आने वाले कार्यालयों, वित्तीय संस्थानों, सार्वजनिक लोक उपक्रमों के सम्बन्ध में शिकायतों और अपीलों की सुनवाई करता है जबकि राज्य सूचना आयोग सम्बन्धित राज्य सरकार के नियंत्रण के अधीन आने वाले कार्यालयों, वित्तीय संस्थानों, सार्वजनिक लोक उपक्रमों से जुड़ी शिकायतों और अपीलों को सुनता है।
12. मुख्य सूचना आयुक्त और सूचना आयुक्त राष्ट्रपति द्वारा नियुक्त किए जाते हैं वे केंद्र सरकार द्वारा निर्धारित अवधि के लिए पद धारण करेंगे। इसी प्रकार, राज्य मुख्य सूचना आयुक्त और राज्य सूचना आयुक्त राज्य के राज्यपाल द्वारा नियुक्त किए जाते हैं। वे भी केंद्र सरकार द्वारा निर्धारित अवधि अनुसार पद धारण करेंगे।
13. मुख्य सूचना आयुक्त और राज्य मुख्य सूचना आयुक्त अधिनियम के क्रियान्वयन पर एक वार्षिक रिपोर्ट प्रकाशित करेंगे। इन रिपोर्टों को संसद और राज्य विधान मंडलों के पटल पर रखा जायेगा।

14. यह अधिनियम सरकारी गोपनीयता अधिनियम, 1923 को रद्द करता है। सूचना आयोग सूचना तक पहुँच की अनुमति दे सकता है यदि लोकहित संरक्षित व्यक्तियों को पहुँचने वाली हानि से अधिक है।
15. यह सूचना उपलब्ध कराने में असफल रहने या सूचना के प्रवाह को प्रभावित करने पर कड़े दंड का प्रावधान करता है। गलती करने वाले अधिकारियों को विभागीय कार्यवाही का सामना करना पड़ता है।
16. सूचना आयोग 30 दिन की निर्धारित अवधि के बाद बिना किसी उचित कारण के सूचना उपलब्ध न कराने की स्थिति में संबंधित अधिकारी पर 250 रुपये प्रतिदिन (अधिकतम 25000 रुपये) का जुर्माना लगा सकता है।
17. यह अधिनियम सूचना न उपलब्ध कराने पर दो अपीलों के एक तंत्र का प्रावधान करता है। पहली अपील 30 दिनों के भीतर संबंधित लोक सूचना अधिकारी के वरिष्ठ अधिकारी के समक्ष की जा सकती है, जबकि दूसरी अपील 90 दिनों के भीतर सूचना आयोग के समक्ष की जाती है। सूचना आयोग का निर्णय बाध्यकारी होता है।
18. दोनों स्तरों पर अपीलों का निपटारा 30 दिनों के भीतर किया जाना चाहिए और आवश्यकता पड़ने पर इसे 15 दिन तक बढ़ाया जा सकता है। लेकिन किसी भी मामले में 45 दिनों के भीतर निर्णय अवश्य दिया जाना चाहिए।
19. अदालतों के क्षेत्राधिकार पर भी एक सीमा रेखा खींची गयी है इसलिए कोई भी अदालत इस अधिनियम के अधीन दिये गये किसी आदेश के मामले में किसी भी वाद, आवेदन या अन्य कार्यवाही पर सुनवाई नहीं कर सकती है।
20. इसके कार्यक्षेत्र में आसूचना ब्यूरो, रॉ, बीएसएफ, सीआईएसएफ, एनएसजी जैसे अभिसूचना और सुरक्षा संगठन शामिल नहीं हैं फिर भी इन संगठनों द्वारा मानवाधिकारों के उल्लंघन या भ्रष्टाचार के आरोपों से जुड़ी सूचनायें इसके दायरे में आती हैं।
21. इस अधिनियम द्वारा पुराने सूचना की स्वतंत्रता अधिनियम, 2002 को निरसित कर दिया गया जो कि अधिसूचित नहीं किया गया था और इस प्रकार यह वर्तमान में लागू नहीं होता है।

राज्य सूचना अधिनियम (State Information Acts)

केंद्रीय कानून पास होने से पहले ही कुछ राज्यों ने अपने सूचना अधिकार कानून बना लिये थे। इनमें सबसे पहला राज्य तमिलनाडु था। राज्यों के नाम तथा सूचना कानूनों के निर्माण का वर्ष नीचे **तालिका 8.1** में दिया गया है:

तालिका 8.1 राज्यों में सूचना अधिकार अधिनियम

क्र.सं.	राज्य	निर्माण वर्ष
1.	तमिलनाडु	1997
2.	गोवा	1997
3.	राजस्थान	2000
4.	कर्नाटक	2000
5.	दिल्ली	2001
6.	महाराष्ट्र*	2002
7.	असम	2002
8.	मध्य प्रदेश	2003
9.	जम्मू-कश्मीर	2004

*महाराष्ट्र में पूर्ववर्ती सूचना अधिकार अधिनियम, 2000 को निरसित करके 2002 में एक संशोधित अधिनियम पारित किया गया।

राजस्थान में 1990 के दशक की शुरूआत में अरुणा रॉय द्वारा सूचना अधिकार हेतु आन्दोलन की शुरूआत की गयी थी। मजदूर किसान शक्ति संगठन ने संघर्ष और आन्दोलन के माध्यम से सूचना तक पहुँचने तथा उसका प्रयोग स्थानीय भ्रष्टाचार और शोषण को समाप्त करने के लिए करने में सफलता प्राप्त की।

शिक्षा का अधिकार (Right to Education)

9

संवैधानिक प्रावधान (Constitutional Provisions)

अनुच्छेद 21-A यह घोषित करता है कि राज्य 6 से 14 वर्ष तक की आयु के सभी बच्चों को निःशुल्क और अनिवार्य शिक्षा उपलब्ध करायेगा। इस प्रकार यह प्रावधान न केवल प्राथमिक शिक्षा के अधिकार को बल्कि उच्चतर या पेशेवर शिक्षा के अधिकार को भी एक मूल अधिकार बनाता है।

यह उपबंध 86वें संविधान संशोधन अधिनियम, 2002 द्वारा जोड़ा गया था। यह संशोधन सभी के लिए शिक्षा के राष्ट्रीय लक्ष्य में एक प्रमुख मील का पत्थर है। सरकार ने इस कदम को नागरिकों के अधिकारों के अध्याय में दूसरी क्रांति के उदय के रूप में वर्णित किया है।

इस संशोधन से पहले भी संविधान के भाग-4 में अनुच्छेद 45 के अधीन बच्चों के लिए निःशुल्क और अनिवार्य शिक्षा का प्रावधान शामिल था। फिर भी एक निदेशक सिद्धान्त होने के कारण यह अदालतों द्वारा लागू नहीं किया जा सकता था। अब इस सम्बन्ध में न्यायिक हस्तक्षेप के लिए स्थान मौजूद हैं।

इस संशोधन ने निदेशक सिद्धान्तों में अनुच्छेद 45 की विषय-वस्तु को बदल दिया है। अब इसे इस प्रकार पढ़ा जाता है- राज्य 6 वर्ष की आयु पूरा होने तक सभी बच्चों के लिए आरम्भिक बाल्यकालीन देखभाल और शिक्षा उपलब्ध कराने का प्रयास करेगा। इसके द्वारा अनुच्छेद 51(क) के अधीन एक नया मूल कर्तव्य भी जोड़ा गया है, जिसके अनुसार भारत का प्रत्येक नागरिक, जो एक अभिभावक या माता-पिता है, का कर्तव्य होगा कि वह 6 से 14 वर्ष के बीच की आयु वाले अपने बच्चे या आश्रित के लिए शिक्षा के अवसर उपलब्ध कराये।

1993 में उच्चतम न्यायालय द्वारा भी अनुच्छेद 21 के अन्तर्गत जीवन के अधिकार के तहत प्राथमिक शिक्षा को एक मूलभूत अधिकार के रूप में मान्यता दी गयी। इसके अनुसार इस देश के प्रत्येक बच्चे या नागरिक को 14 वर्ष की आयु पूरा होने तक निःशुल्क शिक्षा का अधिकार प्राप्त है। इसके बाद शिक्षा का उसका अधिकार राज्य की आर्थिक क्षमता और विकास की सीमाओं द्वारा सीमित हो सकता है। इस निर्णय द्वारा अदालत ने अपने 1992 के पूर्ववर्ती निर्णय को रद्द कर दिया, जिसमें यह घोषित किया गया था कि शिक्षा का मूलभूत अधिकार चिकित्सा और अभियांत्रिकी जैसी पेशेवर शिक्षा के स्तर तक लागू होता है।

शिक्षा का अधिकार अधिनियम, 2009 (Right to Education Act, 2009)

निःशुल्क और अनिवार्य शिक्षा का बच्चों का अधिकार (आरटीई) अधिनियम 2009 संविधान के अनुच्छेद 21(क) के प्रावधानों को लागू करने के लिए पारित किया गया था। यह अधिनियम 6 से 14 वर्ष की आयु के सभी बच्चों के लिए निःशुल्क और अनिवार्य शिक्षा का प्रावधान करता है। केंद्र सरकार ने अधिनियम के लागू होने की तिथि 1 अप्रैल, 2010 तय की थी।

यह अधिनियम 6 से 14 वर्ष की आयु के बच्चों को निःशुल्क और अनिवार्य शिक्षा का वैधानिक अधिकार उपलब्ध कराता है। यह प्राथमिक शिक्षा के सार्वभौमीकरण हेतु एक कानूनी ढांचा उपलब्ध कराता है।

इस अधिनियम की मुख्य विशेषतायें या प्रावधान निम्नलिखित हैं:

1. यह किसी निकटवर्ती विद्यालय में प्राथमिक शिक्षा पूरी होने तक बच्चों को निःशुल्क और अनिवार्य शिक्षा का अधिकार उपलब्ध कराता है। इसके अनुसार 'प्रारंभिक शिक्षा' का अर्थ है पहली कक्षा से आठवीं कक्षा तक की शिक्षा।
2. यह स्पष्ट करता है कि अनिवार्य शिक्षा का आशय केंद्र और राज्य सरकारों द्वारा निःशुल्क प्राथमिक शिक्षा उपलब्ध कराने की प्रतिबद्धता और 6 से 14 वर्ष के आयु समूह में प्रत्येक बच्चे के अनिवार्य प्रवेश, उपस्थिति और प्राथमिक शिक्षा की पूर्णता को सुनिश्चित करने से है। निःशुल्क का अर्थ यह है कि, कोई भी बच्चा ऐसे किसी भी शुल्क, अधिभार या व्यय का भुगतान करने के लिए उत्तरदायी नहीं होगा जो उसे प्राथमिक शिक्षा पूरी करने से रोकता हो।

3. यह एक गैर-प्रवेशित बच्चे को उसकी आयु के अनुसार उपयुक्त कक्षा में प्रवेश देने का प्रावधान करता है।
4. यह नि:शुल्क और अनिवार्य शिक्षा उपलब्ध कराने में केंद्र और राज्य सरकारों, स्थानीय प्राधिकारियों, अभिभावकों, विद्यालयों और अध्यापकों की जिम्मेदारियों और कर्तव्यों को निर्दिष्ट करता है।
5. यह केंद्र और राज्य सरकारों के बीच वित्तीय एवं अन्य उत्तरदायित्वों की भागीदारी को विनिर्दिष्ट करता है।
6. यह छात्र-शिक्षक अनुपात (पीटीआर), इमारत और आधार संरचना, स्कूल कार्यदिवस, अध्यापक कार्य घंटे जैसे अन्य मामलों में मानदंड और मानक तय करता है।
7. यह अध्यापकों के तार्किक विस्तार का प्रावधान करता है ताकि प्रत्येक विद्यालय में निर्दिष्ट छात्र-अध्यापक अनुपात कायम रखा जा सके। इस प्रकार यह अध्यापकों की नियुक्ति में शहरी-ग्रामीण असंतुलन को बनने से रोकता है।
8. यह गैर-शैक्षिक कार्य में अध्यापकों की तैनाती को प्रतिबंधित करता है। दशकीय जनगणना, स्थानीय निकाय, राज्य विधानमंडल एवं संसदीय चुनाव एवं आपदा राहत जैसे कार्यों को अपवाद माना गया है।
9. यह उपयुक्त रूप से प्रशिक्षित शिक्षकों की नियुक्ति का प्रावधान करता है।
10. यह (i) शारीरिक दंड और मानसिक निरोत्साहन, (ii) बच्चों के प्रवेश हेतु स्क्रीनिंग प्रक्रियाओं, (iii) कैपीटेशन फीस, (iv) शिक्षकों के निजी ट्यूशन और (v) मान्यताहीन विद्यालयों के संचालन को प्रतिबंधित करता है।
11. यह निम्नलिखित आर्थिक दंड आरोपित करता है:
    (i) कैपीटेशन शुल्क वसूलने के संबंध में वसूले गये कैपीटेशन शुल्क का 10 गुना तक का जुर्माना।
    (ii) प्रवेश के दौरान स्क्रीनिंग प्रक्रिया के सम्बन्ध में पहली बार के लिए 25,000 और बाद में प्रत्येक उल्लंघन के लिए 50,000 रुपये तक का जुर्माना।
    (iii) बिना मान्यता के विद्यालय संचालित करने के संबंध में 1,00,000 रुपये तक का जुर्माना और लगातार उल्लंघन करने पर 10,000 रुपये प्रतिदिन के हिसाब से जुर्माना।
12. यह गैर-सहायता प्राप्त स्कूलों को छोड़कर सभी स्कूलों में एक विद्यालय प्रबंधन समिति के गठन का प्रावधान करता है। इस समिति में स्थानीय निकाय के निर्वाचित प्रतिनिधि, स्कूल में दाखिल बच्चों के माता-पिता या अभिभावक और अध्यापक शामिल होने चाहिए। यह समिति निम्नलिखित कार्य करेगी:
    (i) विद्यालय के कार्यचालन की निगरानी
    (ii) विद्यालय की विकास योजना की तैयारी एवं अनुमोदन
    (iii) सरकार या स्थानीय निकाय या किसी अन्य स्रोत से प्राप्त होने वाली आर्थिक सहायता के उपयोग की निगरानी
    (iv) अन्य कोई भी सौंपा गया कार्य
13. यह एक ऐसे पाठ्यक्रम के विकास हेतु प्रावधान करता है जो संविधान में निहित मूल्यों के संगत हो और जो बच्चों के सर्वांगीण विकास तथा उनमें ज्ञान, क्षमता और प्रतिभा के निर्माण को सुनिश्चित कर सके और एक बाल अनुकूल एवं बाल केन्द्रित शिक्षण प्रणाली के माध्यम से बच्चों को भय, तनाव और मानसिक आघात से मुक्त बना सके।
14. यह बच्चों के नि:शुल्क और अनिवार्य शिक्षा के अधिकार की सुरक्षा एवं निगरानी के लिए प्रावधान करता है और बाल अधिकारों की सुरक्षा के लिए राष्ट्रीय और राज्य आयोगों द्वारा शिकायतों के उपचार की व्यवस्था करता है। इन आयोगों के पास एक लोक अदालत की शक्तियाँ होंगी।
15. यह अधिनियम के प्रावधानों को प्रभावी तरीके से लागू करने के लिए संबंधित सरकारों को परामर्श देने हेतु एक राष्ट्रीय परामर्श परिसर और प्रत्येक राज्य में राज्य परामर्श परिषद के गठन का प्रावधान करता है।

अधिनियम में केंद्र सरकार, राज्य सरकार और स्थानीय सत्ता निकायों के कर्तव्यों और जिम्मेदारियों का उल्लेख किया गया है, जो कि **तालिका 9.1** में दिये गये हैं।

तालिका 9.1 शिक्षा का अधिकार अधिनियम, 2009 के अधीन सरकारों के कर्तव्य

क्र.सं.	सरकारें	कर्तव्य और जिम्मेदारियाँ
1.	केंद्रीय सरकार	1. शैक्षिक प्राधिकारियों की सहायता से एक राष्ट्रीय पाठ्यक्रम ढाँचे का निर्माण करना 2. अध्यापक प्रशिक्षण मानकों को विकसित एवं लागू करना 3. नवाचार, शोध और क्षमता निर्माण हेतु राज्य सरकारों को तकनीकी सहायता उपलब्ध कराना।
2.	राज्य सरकार	1. 6 से 14 वर्ष की आयु के बच्चों के लिए नि:शुल्क और अनिवार्य प्राथमिक शिक्षा उपलब्ध कराना 2. प्राथमिक शिक्षा में अनिवार्य प्रवेश, उपस्थिति और पूर्णता को सुनिश्चित करना 3. निकटवर्ती विद्यालयों की उपलब्धता सुनिश्चित करना 4. कमजोर या वंचित वर्गों के बच्चों के साथ भेदभाव को रोकना 5. स्टाफ, उपकरण, अध्यापक प्रशिक्षण सुविधायें, विशेष छात्र प्रशिक्षण सुविधायें और विद्यालय, इमारत जैसी आधार संरचना उपलब्ध कराना 6. निर्दिष्ट मानकों और मापदंडों के अनुसार शिक्षा की गुणवत्ता को बनाये रखना 7. पाठ्यक्रमों और कोर्सों के समय अनुसार बदलाव को सुनिश्चित करना 8. एक शैक्षिक प्राधिकारी की नियुक्ति करना
3.	स्थानीय सत्ता निकाय	1. प्रत्येक बच्चे को निकटवर्ती स्कूल में नि:शुल्क और अनिवार्य शिक्षा उपलब्ध कराना 2. यह सुनिश्चित करना कि कमजोर वर्ग के बच्चों के साथ भेदभाव न हो और उन्हें प्राथमिक शिक्षा पूरी करने से न रोका जाये 3. 14 वर्ष तक की आयु के सभी बच्चों का रिकॉर्ड रखना 4. प्राथमिक शिक्षा की पूर्णता, उसमें प्रवेश और उपस्थिति को सुनिश्चित करना तथा आधार संरचना, अध्यापक प्रशिक्षण सुविधाओं और विशेष छात्र प्रशिक्षण सुविधाओं को सुनिश्चित करना 5. समय-समय पर पाठ्यक्रम में संशोधन को सुनिश्चित करना 6. विद्यालयों की निगरानी करना और शैक्षिक वर्ष का निर्णय करना।

शिक्षा का अधिकार अधिनियम, 2012 में संशोधन [Amendment of RTE Act (2012)]

नि:शुल्क और अनिवार्य बाल शिक्षा का अधिकार (संशोधन) अधिनियम, 2012 ने 2009 के शिक्षा का अधिकार अधिनियम में निम्नलिखित बदलाव किए:

1. संशोधन ने शिक्षा का अधिकार अधिनियम के तहत विकलांग बच्चों को सम्मिलित किया। विशेष रूप से, संशोधन ने वंचित समूह के बच्चों की परिभाषा का विस्तार विकलांगता से पीड़ित बच्चे को समाविष्ट करने हेतु किया।
2. यह संशोधन प्रदान करता है कि कई विकलांगता वाले बच्चे या 'गंभीर विकलांगता' वाले बच्चे को भी गृह-आधारित शिक्षा का विकल्प चुनने का अधिकार दिया जा सकता है।
3. संशोधन यह प्रदान करता है कि अल्पसंख्यक शैक्षणिक संस्थानों के संबंध में स्कूल प्रबंधन समिति मात्र एक सलाहकार क्षमता में कार्य करेगी।
4. संशोधन यह घोषणा करता है कि शिक्षा का अधिकार अधिनियम के प्रावधान मुख्य रूप से मदरसों, वैदिक पाठशालाओं और शिक्षा-संस्थानों, जो धार्मिक शिक्षा प्रदान करते हैं, पर लागू नहीं होंगे।

शिक्षा का अधिकार अधिनियम, 2017 में संशोधन [Amendment of RTE Act (2017)]

निम्नलिखित बिंदु नि: शुल्क और अनिवार्य बाल शिक्षा के अधिकार (संशोधन) अधिनियम, 2017 के औचित्य और सुविधाओं या प्रावधानों की व्याख्या करते हैं:

1. आरटीई अधिनियम ने 1 अप्रैल, 2010 से 31 मार्च, 2015 तक अधिनियम में निर्धारित न्यूनतम योग्यता से कम वाले

शिक्षक के लिए पांच वर्षों की अवधि निर्धारित की है ताकि वे न्यूनतम योग्यता प्राप्त कर सकें।

2. उपर्युक्त प्रावधानों के मद्देनजर, सेवा-में अप्रशिक्षित शिक्षकों के लिए प्रशिक्षण प्रक्रिया पूरी होने के बाद। इसलिए, राज्य सरकारों ने अप्रशिक्षित शिक्षकों के प्रशिक्षण की अवधि बढ़ाने के लिए अनुरोध किया है जिससे उन्हें प्रशिक्षण प्रक्रिया को आरंभ करने और पूर्ण करने में सक्षम बनाया जा सके।

3. इसलिए, संशोधन ने आरटीई अधिनियम में एक नया प्रावधान डाला, ताकि प्रत्येक उस शिक्षक को जो 31 मार्च, 2015 को नियुक्त या पद पर है, जिनके पास अधिनियम अनुसार न्यूनतम निर्धारित योग्यताएं नहीं हैं वे, 4 वर्षों की एक अवधि के भीतर 1 अप्रैल, 2015 से 31 मार्च, 2019 तक ऐसी न्यूनतम योग्यताएं प्राप्त करेंगे।

शिक्षा का अधिकार अधिनियम, 2019 में संशोधन [Amendment of RTE Act (2019)]

निःशुल्क और अनिवार्य बाल शिक्षा के अधिकार (संशोधन) अधिनियम, 2019 के औचित्य और विशेषताएं या प्रावधान इस प्रकार हैं:

1. आरटीई अधिनियम में यह प्रावधान किया गया है कि स्कूल में भर्ती किसी भी बच्चे को किसी भी कक्षा में वापस बैठाया या प्रारंभिक शिक्षा यानी आठवीं कक्षा तक स्कूल से निष्कासित नहीं किया जाएगा। आरटीई अधिनियम में यह प्रावधान किया गया था क्योंकि परीक्षाओं का उपयोग अक्सर कम अंक प्राप्त करने वाले बच्चों को विद्यालय से निष्कासित करने हेतु किया जाता रहा है, जिससे बच्चों को मजबूर होकर वही कक्षा दोहरानी पड़ती है या फिर पूरी तरह से स्कूल छोड़ना पड़ता है। यह देखा गया कि एक बच्चे का पुनः वो ही कक्षा दोहराना उसे दोनों, प्रेरणाहीन और हतोत्साहित करने वाला है।

2. पिछले कुछ वर्षों में, राज्य और केंद्र शासित प्रदेश बच्चों के सीखने के स्तर पर प्रतिकूल प्रभाव का मुद्दा उठाते रहें हैं। अधिनियम के रूप में आरटीई (RTE) प्रारंभिक शिक्षा यानी आठवीं कक्षा तक, किसी भी कक्षा में बच्चों को उसी कक्षा में रोकने की अनुमति नहीं देता है।

3. इसलिए, सीखने की संख्या में सुधार करने के लिए प्राथमिक कक्षाओं में, संशोधन ने आरटीई अधिनियम में एक नया प्रावधान स्थापित किया, जिससे केंद्र, राज्य और केंद्र शासित प्रदेश की सरकारें प्राथमिक शिक्षा पूर्ण होने तक पांचवीं कक्षा में या आठवीं कक्षा में या दोनों वर्गों में, एक बच्चे को पुनः बैठाने या न बैठाने का एक निर्णय ले सकें।

4. संशोधन के विशिष्ट प्रावधान नीचे उल्लिखित हैं:
   (i) पाँचवीं कक्षा में और आठवीं कक्षा के शैक्षणिक वर्ष के अंत में एक नियमित परीक्षा होगी।
   (ii) यदि कोई बच्चा परीक्षा में असफल होता है, तो उसे अतिरिक्त निर्देश दिया जाएगा और उसे परिणाम की घोषणा से दो महीने की अवधि के भीतर पुनः परीक्षा देने का अवसर दिया जाएगा।
   (iii) केंद्रीय, राज्य और केंद्रशासित प्रदेश सरकार स्कूलों को एक बच्चे के पुनः परीक्षा में असफल रहने पर स्कूलों को पांचवीं कक्षा या आठवीं कक्षा में या दोनों वर्गों में, पुनः बैठाने की अनुमति दे सकती है। इसके आगे, वे उन तरीकों और शर्तों को भी उल्लिखित कर सकते हैं, जिनके अंतर्गत बच्चे को वापस बैठाया जा सकता है।
   (iv) हालांकि, केंद्र, राज्य और केंद्रशासित प्रदेश सरकारें बच्चे के प्रारंभिक शिक्षा यानी आठवीं कक्षा के पूरा होने तक किसी भी कक्षा में वापस नहीं बैठाने का भी निर्णय ले सकती हैं।
   (v) प्रारंभिक शिक्षा के पूरा होने तक यानी आठवीं कक्षा तक किसी भी बच्चे को स्कूल से निष्कासित नहीं किया जाएगा।

उपभोक्ता के अधिकार (2019) [Rights of Consumers (2019)]

10

उपभोक्ता संरक्षण अधिनियम, 2019 [Consumer Protection Act (2019)]

उपभोक्ता संरक्षण अधिनियम, 2019 ने पूर्ववर्ती उपभोक्ता संरक्षण अधिनियम, 1986 को निरस्त और प्रतिस्थापित कर दिया है। नया अधिनियम उपभोक्ताओं के हितों के लिए संरक्षण प्रदान करता है और इस उद्देश्य हेतु, उपभोक्ताओं के विवादों के समयबद्ध तथा प्रभावी व्यवस्थापन और निपटान के लिए प्राधिकरण स्थापित करता है।

अधिनियम का तार्किक आधार (Rationale of the Act)

भारत सरकार ने इस नए अधिनियम को बनाने और पुराने अधिनियम को प्रतिस्थापित करने हेतु निम्नलिखित कारण दिए:

1. उपभोक्ता संरक्षण अधिनियम, 1986 उपभोक्ताओं के हितों के बेहतर संरक्षण के लिए तथा उपभोक्ता विवादों, आदि के निपटारें हेतु उपभोक्ता संरक्षण परिषदों तथा अन्य प्राधिकारियों की स्थापना के प्रावधान करने के उद्देश्य से लागू किया गया था। उपभोक्ता विवाद निवारण एजेंसियों ने हालांकि, उक्त अधिनियम के तहत उद्देश्य को काफी हद तक पूरा किया है, लेकिन विभिन्न बाधाओं के कारण मामलों का निपटान तेजी से नहीं हुआ है। उक्त अधिनियम के विभिन्न प्रावधानों का प्रबंधन करते हुए अनेक कमियों को देखा गया।
2. 1986 में लागू उपभोक्ता संरक्षण अधिनियम के पश्चात् वस्तुओं और सेवाओं के लिए उपभोक्ता बाजारों में भारी परिवर्तन आया है। आधुनिक बाजार में उत्पादों और सेवाओं का आधिक्य है तथा वैश्विक आपूर्तिशृंखलाओं का उद्भव, अंतर्राष्ट्रीय व्यापार में वृद्धि और ई-कॉमर्स के तेजी से विकास ने वस्तु एवं सेवाओं के वितरण की नयी प्रणालियों का मार्ग खोल दिया है और साथ ही, उपभोक्ताओं के लिए नए विकल्प और संभावनाओं को जन्म दिया है। समान रूप से, इसने उपभोक्ता को अनुचित व्यापार और अनैतिक व्यापार प्रथाओं के नए रूपों के प्रति अति संवेदनशील बना दिया है। भ्रामक विज्ञापन, टेली मार्केटिंग, बहु-स्तरीय मार्केटिंग, डायरेक्ट सेलिंग और ई-कॉमर्स उपभोक्ता संरक्षण के लिए नई चुनौतियों को प्रस्तुत करते हैं और उपभोक्ता क्षति को रोकने के लिए उपयुक्त और तेज कार्यकारी हस्तक्षेप की आवश्यकता होगी। अत: उपभोक्ताओं के असंख्य और लगातार उभरते संवेदनशीलताओं को दूर करने के लिए अधिनियम में संशोधन करना अपरिहार्य हो गया है। इस दृष्टि से, अधिनियम को निरस्त करने और फिर से लागू करने का प्रस्ताव है।

अधिनियम के प्रावधान (Provisions of the Act)

नए अधिनियम के विभिन्न प्रावधान या विशेषताएं इस प्रकार हैं:

1. **केंद्रीय उपभोक्ता संरक्षण प्राधिकरण:** यह अधिनियम उपभोक्ताओं के अधिकारों को बढ़ावा देने, उनकी सुरक्षा और उन्हें लागू करने के लिए एक केंद्रीय उपभोक्ता संरक्षण प्राधिकरण (CCPA) की स्थापना का प्रस्ताव प्रस्तुत करता है। CCPA एक कार्यकारिणी संस्था होगी जिसे जाँच करने, पुन:/वापस बुलाने, रिफंड/प्रतिदाय करने और दंड लगाने का अधिकार होगा। प्राधिकरण, उपभोक्ता अधिकारों के उल्लंघन, अनुचित व्यापार प्रथाओं और भ्रामक विज्ञापनों मामलों से संबंधित मामलों का विनियम करेगा।

2. **उपभोक्ता विवाद निवारण आयोग:** यह अधिनियम जिला, राज्य और राष्ट्रीय स्तर पर त्रि-स्तरीय उपभोक्ता विवाद निवारण मशीनरी/तंत्र की स्थापना प्रदान करता है। इन्हें जिला उपभोक्ता विवाद निवारण आयोग (DCDRC), राज्य उपभोक्ता विवाद निवारण आयोग (SCDRC) और राष्ट्रीय उपभोक्ता विवाद निवारण आयोग (NCDRC) के रूप में जाना जाता है। ये अर्द्ध-न्यायिक निकाय उपभोक्ता की शिकायतों का निर्णय/निपटान करेंगे।

3. **आर्थिक क्षेत्राधिकार:** इस अधिनियम ने उपभोक्ता विवाद निवारण आयोग (CDRCs) की विशेष न्यायपालिका को निम्नलिखित तरीके से तय किया है:

(i) जिला आयोग - ₹ 1 करोड़ तक

(ii) राज्य आयोग - ₹ 1 करोड़ से 10 करोड़ के बीच

(iii) राष्ट्रीय आयोग - ₹ 10 करोड़ से अधिक

4. **आदेशों के विरुद्ध अपील:** यदि कोई उपभोक्ता जिला आयोग के निर्णय से संतुष्ट नहीं है, तो वह राज्य आयोग में अपील कर सकता है। राज्य आयोग के आदेश के खिलाफ उपभोक्ता राष्ट्रीय आयोग में अपील कर सकता है। राष्ट्रीय आयोग के आदेश के खिलाफ अपील सर्वोच्च न्यायालय के समक्ष की जा सकती है।

5. **मध्यस्थता:** अधिनियम 'मध्यस्थता' के लिए वैकल्पिक विवाद समाधान (ADRP) तंत्र के रूप में प्रावधान करता है। तद्नुसार मध्यस्थता कोशिकाएँ जिला, राज्य और राष्ट्रीय आयोगों से जुड़ी होंगी। जहाँ शुरुआती निपटान के लिए गुंजाइश मौजूद है और पार्टियां इसके लिए सहमत हैं वहाँ आयोग मध्यस्थता के लिए एक मामले का उल्लेख कर सकता है।

6. **उत्पाद देयता:** अधिनियम के तहत, 'उत्पाद देयता' का भी एक प्रावधान किया गया है। इसके फलस्वरूप एक निर्माता या उत्पाद सेवा प्रदाता या उत्पाद विक्रेता त्रुटिपूर्ण उत्पादों या सेवाओं में कमी के कारण होने वाली चोट या क्षति की भरपाई करने के लिए जिम्मेदार होगा। एक उपभोक्ता को हुई क्षति की वजह से वह एक जिला आयोग या राज्य आयोग या राष्ट्रीय आयोग के समक्ष मुआवजे का दावा करते हुए शिकायत दर्ज कर सकता है।

7. **उपभोक्ता संरक्षण परिषद:** अधिनियम में जिला, राज्य और राष्ट्रीय स्तर पर उपभोक्ता संरक्षण परिषद (CPCs) की स्थापना सलाहकार निकायों के रूप में किए जाने का प्रावधान है। ये परिषदें उपभोक्ता अधिकारों के संवर्द्धन और संरक्षण पर सलाह देंगी। जिला उपभोक्ता संरक्षण परिषद (DCPC) जिला कलेक्टर के नेतृत्व में है वहीं राज्य उपभोक्ता संरक्षण परिषद (SCPC) राज्य के उपभोक्ता मामलों के मंत्री के नेतृत्व में है। केंद्रीय मंत्री उपभोक्ता मामलों के लिए केंद्रीय मंत्री केंद्रीय उपभोक्ता संरक्षण परिषद (CCPC) के प्रमुख होते हैं।

2019 अधिनियम के अंतर्गत उपभोक्ता अधिकार (Consumer Rights Under 2019 Act)

उपभोक्ता अधिकार अधिनियम, 2019 ने उपभोक्ताओं के छह अधिकार निर्दिष्ट किए हैं। ये इस प्रकार हैं:

1. **सुरक्षा का अधिकार:** जीवन और संपत्ति के लिए खतरनाक माल, उत्पादों या सेवाओं के विपणन से संरक्षण का अधिकार।

2. **सूचित किए जाने का अधिकार:** यह माल, उत्पादों या सेवाओं की गुणवत्ता, मात्रा शक्ति, शुद्धता और मानक की कीमत के बारे में सूचित करने का अधिकार देता है ताकि अनुचित व्यापार प्रथाओं के खिलाफ उपभोक्ता के हितों की सुरक्षा की जा सके।

3. **चुनने का अधिकार:** जहां भी संभव हो, प्रतिस्पर्द्धी कीमतों पर विभिन्न प्रकार के सामान, उत्पादों या सेवाओं तक पहुँच/उपलब्धता के आश्वासन का अधिकार है।

4. **सुने जाने का अधिकार:** यह सुने जाने का और यह सुनिश्चित करने का अधिकार है कि उपयुक्त मंचों पर उपभोक्ताओं के हितों पर उचित ध्यान दिया जाएगा।

5. **निवारण का अधिकार:** यह अनुचित व्यापार प्रथाओं या प्रतिबंधात्मक व्यापार प्रथाओं या उपभोक्ताओं के निशंक/छल - शोषण के खिलाफ निवारण का अधिकार है।

6. **जागरूकता का अधिकार:** यह अधिकार यह सुनिश्चित करता है कि उपभोक्ताओं को प्रचलित प्रथाओं के बारे में तथा उनके लिए बाज़ार में उपलब्ध उपायों/उपचारों को सूचित किया जाए।

परलैंगिक व्यक्तियों के अधिकार (Rights of Transgender Persons)

11

परलैंगिक समुदाय भारत में सबसे अधिक अधिकारहीन, कम आंका जाने वाला समुदाय है, क्योंकि वे पुरुष या महिला के लिंग की सामान्य श्रेणियों में नहीं आते हैं। नतीजतन, वे सामाजिक बहिष्कार से लेकर शिक्षा सुविधाओं का अभाव और बेरोजगारी, चिकित्सा सुविधाओं की कमी आदि जैसी समस्याओं का सामना करते हैं।

संवैधानिक अधिकार (Constitutional Rights)

परलैंगिक व्यक्तियों हेतु संविधान में प्रतिस्थापित अधिकार और संरक्षण इस प्रकार हैं:

1. अनुच्छेद 14 कानून से पहले सभी व्यक्तियों को समानता की गारंटी देता है।
2. अनुच्छेद 15 (1) और (2) और अनुच्छेद 16 (2) लिंग के आधार पर भेदभाव पर रोक लगाते हैं।
3. अनुच्छेद 19 (1) (क) सभी नागरिकों को भाषण और अभिव्यक्ति की स्वतंत्रता सुनिश्चित करती है।
4. अनुच्छेद 21 सभी व्यक्तियों को गरिमामय जीवन की गारंटी देता है।

2014 में सर्वोच्च न्यायालय ने केंद्र सरकार और राज्य सरकार को परलैंगिक समुदाय के कल्याण के लिए विभिन्न कदम उठाने और संविधान के भाग 3 और राज्य विधानसभाओं तथा संसद द्वारा निर्मित अन्य कानूनों के तहत उनके अधिकारों की सुरक्षा के उद्देश्य से तीसरे लिंग के रूप में बर्ताव करने का निर्देश दिया।

कानूनी अधिकार (Legal Rights)

परलैंगिक व्यक्ति (अधिकारों का संरक्षण) अधिनियम, 2019 परलैंगिक व्यक्तियों के अधिकारों और उनके कल्याण के संरक्षण प्रदान करने हेतु लागू किया गया था। अधिनियम की विभिन्न विशेषताएँ और प्रावधानों की व्याख्या निम्नलिखित है:

1. **परलैंगिक व्यक्ति की परिभाषा:** अधिनियम के तहत एक परलैंगिक व्यक्ति का अर्थ है-एक व्यक्ति जिसका लिंग जन्म के समय उस व्यक्ति के निर्धारित लिंग से मेल नहीं खाता है और इसमें ट्रांस पुरुष या ट्रांस महिलाएं समाविष्ट हैं (इसके बावजूद कि ऐसे व्यक्ति ने चाहे लिंग पुनर्संरचना सर्जरी या हार्मोन चिकित्सा या लेजर चिकित्सा या अन्य कोई चिकित्सा ली है या नहीं ली है) एक व्यक्ति जिसके एक लिंग के मध्य भिन्नताएं, लिंगद्विधारी, तथा जो किन्नर, हिजड़ा, अरावनी और जोगता जैसी सामाजिक सांस्कृतिक पहचान प्राप्त करने वाले व्यक्ति हैं।

2. **भेदभाव के खिलाफ निषेध:** अधिनियम में यह प्रावधान है कि निम्नलिखित के संबंध में परलैंगिक व्यक्ति (किसी सेवा से मनाही या उसे रोक दिया जाना या अनुचित व्यवहार के समावेश सहित) के साथ कोई भी व्यक्ति या संस्थान भेदभाव नहीं करेगा/करेगी:

   (i) शिक्षा;
   (ii) रोजगार या व्यवसाय;
   (iii) स्वास्थ्य देखभाल;
   (iv) आम जनता के लिए किसी भी सामान, आवास, सेवा सुविधा, लाभ, विशेषाधिकार या अवसर के आनंद;
   (v) गति/संचल का अधिकार;
   (vi) निवास करने, किराए पर खरीदने या अन्यथा किसी भी संपत्ति पर कब्ज़े का अधिकार;
   (vii) सार्वजनिक या निजी कार्यालय में पद धारण करने का अवसर; और
   (viii) सरकारी या निजी संस्थान में प्रवेश की पहुँच।

3. **परलैंगिक व्यक्ति की मान्यता और पहचान:** इस संबंध में, अधिनियम निम्नलिखित प्रावधान करता है:

(i) परलैंगिक के रूप में पहचाने जाने वाले व्यक्ति को स्व-कथित लिंग पहचान का अधिकार होगा।

(ii) एक व्यक्ति, परलैंगिक व्यक्ति के रूप में पहचान का प्रमाण-पत्र जारी करने के लिए जिला मजिस्ट्रेट को आवेदन कर सकता है।

(iii) प्रमाण-पत्र के मेल अनुरूप सभी आधिकारिक दस्तावेजों में परलैंगिक व्यक्ति का लिंग दर्ज किया जाएगा।

(iv) यदि कोई परलैंगिक व्यक्ति लिंग को पुरुष या महिला के रूप में बदलने के लिए सर्जरी करवाता है, तो ऐसा व्यक्ति संशोधित प्रमाण-पत्र के लिए जिला मजिस्ट्रेट को एक आवेदन कर सकता है।

(v) जिस व्यक्ति को पहचान-पत्र या प्रमाण पत्र जारी किया गया है, वह जन्म प्रमाण-पत्र में पहले नाम और ऐसे व्यक्ति की पहचान से संबंधित अन्य सभी आधिकारिक दस्तावेजों को बदलने का हकदार होगा। लेकिन, लिंग में इस तरह के बदलाव और संशोधित प्रमाण पत्र के जारी होने से इस अधिनियम के अंतर्गत इस प्रकार के व्यक्ति की मान्यता और अधिकारों को प्रभावित नहीं करेगा।

4. **सरकार द्वारा कल्याणकारी उपाय:** अधिनियम, केंद्र और राज्य सरकारों को निम्नलिखित दायित्व देता है:

(i) परलैंगिक व्यक्तियों की पूर्ण और प्रभावी भागीदारी और समाज में उनके समावेश को सुरक्षित करना।

(ii) उन कल्याणकारी योजनाओं और कार्यक्रमों को प्रतिपादित करना, जो सभी परलैंगिक व्यक्तियों हेतु संवेदनशील, निष्कलंकित और भेदभावरहित हैं।

(iii) परलैंगिक व्यक्तियों के बचाव, पुनर्वास तथा सुरक्षा हेतु कदम उठाना।

(iv) सांस्कृतिक और मनोरंजक गतिविधियों में परलैंगिक व्यक्तियों की भागीदारी को बढ़ावा देना।

5. **स्थापना और अन्य व्यक्तियों की बाध्यता:** इस संबंध में अधिनियम निम्नलिखित प्रावधान करता है:

(i) भर्ती और पदोन्नति सहित रोजगार के मामलों में किसी भी परलैंगिक के खिलाफ कोई भी संस्थान भेदभाव नहीं करेगा।

(ii) प्रत्येक संस्थान इस अधिनियम के प्रावधानों का अनुपालन सुनिश्चित करेगा और परलैंगिक व्यक्तियों को निर्धारित सुविधाएं प्रदान करेगा।

(iii) इस अधिनियम के प्रावधान के उल्लंघन से संबंधित शिकायतों के निपटने हेतु प्रत्येक संस्थान को एक व्यक्ति को शिकायत अधिकारी होने के लिए नामित करना चाहिए।

(iv) प्रत्येक परलैंगिक व्यक्ति को उस घर में रहने का अधिकार होगा जहाँ उनके माता-पिता या तत्काल परिवार के सदस्य रहते हैं।

(v) यदि कोई माता-पिता या परिवार का कोई सदस्य परलैंगिक व्यक्ति की देखभाल करने में असमर्थ है, तो ऐसे व्यक्ति को उचित न्यायालय के आदेश पर पुनर्वास केंद्र में रखा जा सकता है।

6. **शिक्षा, सामाजिक सुरक्षा और स्वास्थ्य देखभाल:** अधिनियम के अनुसार, केंद्र और राज्य सरकार द्वारा वित्त पोषित या मान्यता प्राप्त शिक्षण संस्थानों को बिना भेदभाव के परलैंगिक व्यक्तियों को खेल और मनोरंजक गतिविधियों के लिए समावेशी शिक्षा और अवसर प्रदान करनी चाहिए।

केंद्र और राज्य सरकारों को परलैंगिक व्यक्तियों की आजीविका की सुविधा और समर्थन हेतु कल्याणकारी योजनाएं और कार्यक्रम प्रतिस्थापित करने चाहिए। इसमें उनके लिए व्यावसायिक प्रशिक्षण और स्वरोजगार समाविष्ट होना चाहिए।

केंद्र और राज्य सरकारें निम्नलिखित सहित परलैंगिक व्यक्तियों को स्वास्थ्य सुविधाएं प्रदान करने के लिए कदम उठाएँगी:

(i) अलग से एचआईवी (HIV) निगरानी केंद्र,

(ii) लिंग पुनर्सरंचना सर्जरी और हार्मोनल चिकित्सा,

(iiii) चिकित्सा परामर्श,

(iv) दिशा-निर्देशों का समावेश किए हुए एक स्वास्थ्य नियम पुस्तिका,

(v) चिकित्सा पाठ्यक्रम और अनुसंधान की समीक्षा, तथा

(vi) एक व्यापक बीमा योजना।

7. **परलैंगिक व्यक्तियों के लिए राष्ट्रीय परिषद:** अधिनियम परलैंगिक व्यक्तियों के लिए एक राष्ट्रीय परिषद (एनसीटी) का गठन प्रदान करता है। एनसीटी (NCT) का नेतृत्व केंद्रीय सामाजिक न्याय और सशक्तीकरण मंत्री के हाथों में होना होगा। यह परिषद् (i) निर्दिष्ट केंद्रीय मंत्रालयों; (ii) नीति (NITI) अयोग; (iii) एनएचआरसी (NHRC) और एनसीडब्ल्यू (NCW);

(iv) राज्य सरकारें; (v) परलैंगिक समुदाय; और (vi) गैर-सरकारी संगठनों; के प्रतिनिधियों से मिलकर गठित होगी।

एनटीसी (NCT) निम्नलिखित कार्य करेगा:

(i) परलैंगिक व्यक्तियों के संबंध में केंद्र सरकार को, नीतियों, कानून और परियोजनाओं के प्रतिपादन पर परामर्श देना।

(ii) परलैंगिक व्यक्तियों की समानता और पूर्ण भागीदारी प्राप्त करने के लिए रचित नीतियों और कार्यक्रमों के प्रभाव की निगरानी और मूल्यांकन करने।

(iii) परलैंगिक व्यक्तियों से संबंधित मामलों से सरोकार रखने वाले सरकारी और गैर-सरकारी संगठनों के सभी विभागों की गतिविधियों की समीक्षा और समन्वय करने।

(iv) परलैंगिक व्यक्तियों की शिकायतों का निवारण करने।

(v) ऐसे अन्य कार्य करने के लिए जिन्हें केंद्र सरकार द्वारा निर्धारित किया जा सकता है।

8. **अपराध और दंड:** इस अधिनियम ने परलैंगिक व्यक्तियों के खिलाफ विभिन्न अपराधों का विशिष्ट निर्देश दिया है:

(i) बलात् या बंधुआ मज़दूरी;

(ii) सार्वजनिक स्थान के प्रयोग पर मनाही;

(iii) घर परिवार या गाँव से हटाने; तथा

(iv) शारीरिक, यौन, मौखिक, भावनात्मक और आर्थिक दुर्व्यवहार।

ये अपराध 6 महीने से 2 साल की कैद और जुर्माने के साथ दंडनीय होंगे।

लोक नीति (1) [Public Policy (1)]

12

स्वैच्छिक संगठनों पर राष्ट्रीय नीति (National Policy on Voluntary Organisations)

स्वैच्छिक संगठनों (वॉलंटरी ऑर्गनाइजेशन) से जुड़ी एक राष्ट्रीय नीति, 2007 में घोषित की गयी थी। इसका लक्ष्य इस प्रकार की संस्थाओं को मजबूती प्रदान करना, प्रोत्साहित करना और विकसित करना है।

इस नीति के अनुसार स्वैच्छिक संगठनों का तात्पर्य ऐसे संगठनों से है जो कि सार्वजनिक सेवा में संलग्न हों और जो नैतिक, सांस्कृतिक, सामाजिक, आर्थिक, राजनीतिक, धार्मिक, आध्यात्मिक, जन-कल्याणकारी, वैज्ञानिक एवं तकनीकी सरोकारों पर आधारित हों। स्वैच्छिक संगठनों में औपचारिक समूहों के अलावा अनौपचारिक समूह भी शामिल होते हैं, जैसे-समुदाय आधारित संगठन, गैर-सरकारी विकास संगठन, न्यास संगठन, समर्थन संगठन, इस प्रकार के संगठनों के नेटवर्क या परिसंघ और पेशेवर सदस्यता संघ इत्यादि।

इस राष्ट्रीय नीति के अन्तर्गत आने के लिए स्वैच्छिक संगठनों को व्यापक रूप से निम्नलिखित विशेषताएँ रखनी चाहिए:

1. वे निजी हों अर्थात् सरकार से पृथक् हों।
2. वे अपने मालिकों या निदेशकों को अपने द्वारा अर्जित लाभ की वापसी न करते हों।
3. वे स्वशासित हों अर्थात् सरकार द्वारा नियंत्रित न हों।
4. वे पंजीकृत संगठन या अनौपचारिक समूह के रूप में हों, जिनके सुपरिभाषित लक्ष्य और उद्देश्य हों।

नीति के निर्दिष्ट उद्देश्यों को नीचे सूचीबद्ध किया गया है:

1. स्वैच्छिक संगठनों के लिए एक समर्थ पर्यावरण का निर्माण करना, जो कि उनके उद्यम और प्रभाविता को उत्प्रेरित कर सके और उनकी स्वायत्तता की रक्षा कर सके।
2. स्वैच्छिक संगठनों को भारत और विदेशों से आवश्यक वित्तीय संसाधनों को वैधानिक रूप से एकत्रित करने के लिए सक्षम बनाना।
3. ऐसी प्रणालियों की पहचान करना, जिनके द्वारा सरकार पारस्परिक विश्वास एवं सम्मान के सिद्धान्तों तथा भागीदारीपूर्ण उत्तरदायित्व के आधार पर स्वैच्छिक संगठनों के साथ मिलकर कार्य कर सके।
4. स्वैच्छिक संगठनों को अभिशासन और प्रबंधन की पारदर्शी एवं जवाबदेह प्रणालियों को अपनाने के लिए प्रोत्साहित करना।

राष्ट्रीय पर्यावास और पुनर्वास नीति (National Policy on Resettlement and Rehabilitation)

राष्ट्रीय पर्यावास और पुनर्वास नीति एक राष्ट्रीय नीति है, जो 2004 में अधिसूचित की गयी थी। इस नीति ने प्रभावित परिवारों के पर्यावास एवं पुनर्वास हेतु त्वरित प्रावधान किए तथा राज्य, सार्वजनिक क्षेत्र के उपक्रम या सार्वजनिक निकाय बेहतर पैकेजों को पेश करने के लिए स्वतंत्र थे। सम्पूर्ण मुद्दे पर बाद में साझा न्यूनतम कार्यक्रम (सीएमपी) के अनुसरण में विचार किया गया, जिसने विकासात्मक परियोजनाओं द्वारा विस्थापित किए गए जनजातीय एवं अन्य समूहों के लिए पर्यावास एवं पुनर्वास की एक अधिक प्रभावी प्रणाली का आह्वान किया। इसलिए एक नई पर्यावास और पुनर्वास नीति निर्मित की गयी जिसे 2007 में अधिसूचित किया गया। इस नई नीति की मुख्य विशेषताएँ इस प्रकार हैं:

1. नीति में अनैच्छिक विस्थापन के सभी मामले शामिल हैं।
2. मैदानी/आदिवासी, पहाड़ी, अनुसूचित क्षेत्रों आदि में 400/200 या अधिक परिवारों से जुड़ी विस्थापन परियोजनाओं के लिए सामाजिक प्रभाव आकलन।
3. विस्थापन की स्थिति में 200 से अधिक अनुसूचित जनजाति परिवारों के लिए जनजातीय विकास योजना।
4. ग्राम सभाओं के साथ परामर्श या जन-सुनवाई की अनिवार्यता।
5. विस्थापन से पूर्व पुनर्वास का सिद्धांत।
6. संभवत: भूमि के रूप में भूमि का मुआवजा।
7. परियोजना कार्यों में कौशल विकास का समर्थन और प्राथमिकता (एक व्यक्ति प्रति एकल परिवार)।

8. भूमि/कार्य के बदले में पुनर्वास अनुदान।
9. परियोजना नियुक्त करने वाली कंपनियों के कारण प्रभावित परिवारों को उन कंपनियों में शेयर धारण करने का विकल्प।
10. भूमिहीनों सहित सभी प्रभावित परिवारों को आवास का लाभ।
11. जरूरतमंद व्यक्तियों, जैसे-विकलांग, निराश्रित, अनाथ, विधवा, अविवाहित लड़कियां, आदि को मासिक पेंशन।
12. उपभोक्ता से जुड़े मौद्रिक लाभ मूल्य सूचकांक; आवधिक अंतराल पर उपयुक्त संशोधन।
13. पुनर्वास क्षेत्रों में आवश्यक आधारिक संरचना सुविधाएं।
14. परियोजना प्राधिकारी द्वारा परिधि विकास।
15. अनुसंधान एवं विकास प्रशासक के नेतृत्व में प्रत्येक परियोजना के लिए अनुसंधान एवं विकास समिति का निर्वाचन।
16. शिकायत निवारण के लिए लोकपाल।
17. बाहरी निरीक्षण के लिए राष्ट्रीय पुनर्वास आयोग।

राष्ट्रीय महिला सशक्तिकरण नीति (National Policy for Empowerment of Women)

महिलाओं के सशक्तिकरण हेतु 2001 में एक राष्ट्रीय नीति अंगीकृत की गयी थी। इस नीति का लक्ष्य महिलाओं की उन्नति, विकास एवं सशक्तिकरण को सुनिश्चित करना है। इस नीति के उद्देश्य इस प्रकार हैं:

1. महिलाओं के पूर्ण विकास हेतु सकारात्मक आर्थिक एवं सामाजिक नीतियों के माध्यम से एक वातावरण का निर्माण करना ताकि उन्हें उनकी पूर्ण क्षमता को दोहन करने का अवसर मिल सके।
2. राजनीतिक, आर्थिक, सामाजिक, सांस्कृतिक और नागरिक-सभी क्षेत्रों में पुरुषों के साथ समान आधार पर महिलाओं द्वारा सभी मानवाधिकारों एवं मूलभूत स्वतंत्रताओं का कानूनी एवं वास्तविक उपभोग।
3. राष्ट्र के सामाजिक, राजनीतिक, आर्थिक जीवन में महिलाओं की भागीदारी एवं निर्णय निर्माण तक समान पहुँच।
4. स्वास्थ्य देखभाल, सभी स्थलों पर गुणवत्तापूर्ण शिक्षा, कैरियर एवं व्यावसायिक दिशा-निर्देश, नियोजन, समान वेतन, पेशेवर स्वास्थ्य एवं सुरक्षा, सामाजिक सुरक्षा एवं सार्वजनिक पद इत्यादि तक महिलाओं की समान पहुँच।
5. महिलाओं के विरुद्ध सभी प्रकार के भेदभाव को समाप्त करने के लिए लक्षित वैधानिक प्रणालियों को मजबूत बनाना।
6. महिलाओं एवं पुरुषों दोनों की सक्रिय भागीदारी के द्वारा सामाजिक दृष्टिकोण एवं सामुदायिक प्रथाओं को परिवर्तित करना।
7. विकास प्रक्रिया में एक लैंगिक परिप्रेक्ष्य को मुख्य धारा में लाना।
8. महिलाओं एवं बालिकाओं के विरुद्ध हिंसा के सभी रूपों तथा भेदभाव को समाप्त करना।
9. नागरिक समाज, विशेष रूप से महिला संगठनों के साथ भागीदारी का निर्माण एवं उसे मजबूत बनाना।

बच्चों के लिए राष्ट्रीय नीति (National Policy for Children)

बच्चों के लिए एक राष्ट्रीय नीति, 1974 में अंगीकार की गयी थी। 2013 में इस नीति को संशोधित कर एक नई नीति द्वारा प्रतिस्थापित किया गया।

बच्चों के लिए राष्ट्रीय कार्य योजना, 2013, 18 वर्ष की आयु तक के सभी बच्चों के लिए सभी अधिकारों को सुनिश्चित करने के लिए प्रतिबद्ध है।

यह नीति 12 मार्गदर्शक सिद्धांतों का पालन करती है तथा राष्ट्रीय, राज्य व स्थानीय सरकारों को अपने कार्यों में और बच्चों को प्रभावित करने वाली पहलों में इनका सम्मान करना चाहिए। ये इस प्रकार हैं:

1. प्रत्येक बच्चे के पास सार्वभौमिक, अयोग्य और अविभाज्य मानव अधिकार हैं।
2. बच्चों के अधिकार आपस में अन्योन्याश्रित हैं तथा पारस्परिक सम्बन्ध रखते हैं।
3. प्रत्येक बच्चे को जीवन, अस्तित्व, विकास, शिक्षा, संरक्षण और भागीदारी का अधिकार है।

4. जीवन, अस्तित्व और विकास का अधिकार बच्चे के भौतिक अस्तित्व से अधिक है तथा इसमें पहचान और राष्ट्रीयता का अधिकार भी शामिल है।
5. बच्चे को मानसिक, भावनात्मक, संज्ञानात्मक, सामाजिक और बच्चे के समग्र सांस्कृतिक विकास को सम्बोधित किया जाएगा।
6. सभी बच्चों को समान अधिकार हैं और किसी भी बच्चे के साथ कोई भेदभाव नहीं किया जाएगा।
7. बच्चे की रुचि सभी निर्णयों में तथा और सम्बंधित क्रियाओं में प्राथमिक है।
8. पारिवारिक माहौल बच्चे के सर्वांगीण विकास के लिए सबसे अनुकूल होता है।
9. गरिमापूर्ण और शोषण से मुक्त जीवन प्रत्येक बच्चे का अधिकार है।
10. सभी क्षेत्रों में बच्चों की नुकसान, दुर्व्यवहार, उपेक्षा, हिंसा, दुर्व्यवहार और शोषण से सुरक्षा।
11. बच्चों को उन्हें प्रभावित करने वाले मामलों में अपने विचार व्यक्त करने का अवसर प्रदान किया जाना चाहिए।
12. उम्र, परिपक्वता और विकसित क्षमता के अनुसार बच्चों के विचारों पर चिंतन करना चाहिए।

इस राष्ट्रीय नीति ने हर बच्चे के लिए निर्विवाद अधिकारों के रूप में अस्तित्व, स्वास्थ्य, पोषण, शिक्षा, विकास, सुरक्षा और भागीदारी की पहचान की है और इनकी प्रमुख प्राथमिकता वाले क्षेत्र में घोषणा की है।

बच्चों की आवश्यकताओं को बहु-क्षेत्रीय, परस्पर सम्बंधित और सामूहिक क्रिया की जरूरत होती है। इस नीति का लक्ष्य उद्देश्यपूर्ण अभिसरण तथा विभिन्न क्षेत्रों और शासन के स्तर पर शक्तिशाली समन्वय; सभी हितधारकों के साथ सक्रिय जुड़ाव और साझेदारी; एक व्यापक और विश्वसनीय ज्ञान आधार की स्थापना; पर्याप्त संसाधनों का प्रावधान; तथा बच्चों के लिए कार्य करने वाले सभी लोगों का संवेदीकरण और उनकी क्षमता का विकास करना है।

यह नीति बच्चों के लिए राष्ट्रीय कार्य योजना के निर्माण के लिए अपना योगदान प्रदान करती है तथा बच्चों की निगरानी हेतु कार्यान्वयन की प्रगति के लिए एक राष्ट्रीय समन्वय और कार्रवाई समूह का गठन करती है।

राष्ट्रीय विकलांग व्यक्ति नीति (National Policy for Persons with Disabilities)

विकलांग व्यक्तियों के लिए 2006 में एक राष्ट्रीय नीति अंगीकृत की गयी थी। इस नीति के द्वारा इस बात को मान्यता दी गयी कि विकलांग व्यक्ति देश के लिए एक मूल्यवान मानव संसाधन हैं तथा उनके लिए एक ऐसे वातावरण की रचना की जानी चाहिए, जो उन्हें समान अवसर, उनके अधिकारों का संरक्षण एवं समाज में पूर्ण भागीदारी उपलब्ध करा सके।

यह नीति इस तथ्य पर बल देती है कि यदि उन्हें समान अवसर प्राप्त हों और पुनर्वास उपायों तक उनकी प्रभावी पहुँच हो तो विकलांग व्यक्तियों की बहुसंख्या एक बेहतर जीवन जी सकती है।

इस नीति की मुख्य विशेषतायें इस प्रकार हैं:

1. शारीरिक पुनर्वास जिसमें शुरूआती पहचान और हस्तक्षेप, परामर्श एवं चिकित्सकीय हस्तक्षेप तथा सहायता एवं उपकरणों के प्रावधान शामिल हैं।
2. शैक्षिक पुनर्वास, जिसमें व्यावसायिक प्रशिक्षण शागिल है।
3. समाज में एक गरिमापूर्ण जीवन के लिए आर्थिक पुनर्वास। इसके अंतर्गत सार्वजनिक एवं निजी क्षेत्र में रोजगार तथा स्वरोजगार शामिल है।
4. पेशेवरों का पुनर्वास।
5. एक बाधारहित वातावरण का निर्माण।
6. विकलांगता पेंशन, बेरोजगारी भत्ता इत्यादि जैसे विभिन्न साधनों द्वारा सामाजिक सुरक्षा का प्रावधान।
7. गैर-सरकारी संगठनों को प्रोत्साहन।

वृद्धों के लिए राष्ट्रीय नीति (National Policy for Older Persons)

वृद्ध व्यक्तियों के लिए राष्ट्रीय नीति 1999 में घोषित की गयी थी। यह नीति वृद्ध लोगों की बेहतरी को सुनिश्चित करने की प्रतिबद्धता दोहराती है। यह नीति वृद्ध लोगों के लिए वित्तीय एवं खाद्य सुरक्षा, स्वास्थ्य देखभाल, आश्रय एवं अन्य जरूरतें, विकास में समानतापूर्ण सहभागिता, शोषण एवं दुर्व्यवहार के विरुद्ध संरक्षण तथा उनके जीवन स्तर को सुधारने के लिए सेवाओं की उपलब्धता को सुनिश्चित करने के लिए राज्य के समर्थन पर बल देती है।

इस नीति के प्राथमिक उद्देश्य निम्नलिखित हैं:

1. व्यक्तियों को अपने और अपने वृद्ध पति या पत्नी के लिए प्रावधान बनाने को प्रोत्साहित करना।
2. परिवारों को अपने वृद्ध पारिवारिक सदस्यों की देखभाल के लिए प्रोत्साहित करना।
3. परिवार द्वारा उपलब्ध कराई गई देखभाल को अनुपूरित करने के लिए गैर-सरकारी एवं स्वैच्छिक संगठनों को क्षमता एवं समर्थन प्रदान करना।
4. संवेदनशील प्रौढ़ लोगों के लिए देखभाल एवं संरक्षण उपलब्ध कराना।
5. प्रौढ़ व्यक्तियों के लिए पर्याप्त स्वास्थ्य देखभाल सुविधा उपलब्ध कराना।
6. वयोवृद्धों के लिए चिकित्सकीय देखभाल प्रदाताओं तथा सेवायें उपलब्ध कराने वाले संगठनों को प्रशिक्षित करने के लिए प्रशिक्षण एवं शोध सुविधाओं को बढ़ावा देना।
7. वयोवृद्ध व्यक्तियों के सम्बन्ध में जागरूकता पैदा करना ताकि उत्पादक एवं स्वतंत्र जीवन जीने में उनकी सहायता की जा सके।

तालिका 12.1 राष्ट्रीय नीतियां और संबंधित मंत्रालय

क्र. सं.	नीति का नाम	संबंधित मंत्रालय / विभाग
1	कौशल विकास और उद्यमिता के लिए राष्ट्रीय नीति	कौशल विकास और उद्यमिता मंत्रालय
2	पर्यावास और पुनर्वास पर राष्ट्रीय नीति	ग्रामीण विकास मंत्रालय (भूमि संसाधन विभाग)
3	राष्ट्रीय युवा नीति	युवा मामले और खेल मंत्रालय (विभाग) युवा मामले)
4	स्वैच्छिक संगठनों पर राष्ट्रीय नीति	नेशनल इंस्टीट्यूशन फॉर ट्रांसफॉर्मिंग इंडिया आयोग (पूर्ववर्ती योजना आयोग का उत्तराधिकारी)
5	राष्ट्रीय महिला सशक्तीकरण नीति	महिला और बाल विकास मंत्रालय
6	राष्ट्रीय बाल नीति	महिला और बाल विकास मंत्रालय
7	दिव्यांगजनों के लिए राष्ट्रीय नीति	सामाजिक न्याय और अधिकारिता मंत्रालय (विकलांग व्यक्तियों के सशक्तीकरण विभाग)
8	वृद्ध व्यक्तियों के लिए राष्ट्रीय नीति	सामाजिक न्याय और अधिकारिता मंत्रालय (सामाजिक न्याय और अधिकारिता विभाग)
9	राष्ट्रीय शिक्षा नीति	शिक्षा मंत्रालय
10	राष्ट्रीय बाल श्रम नीति	श्रम और रोजगार मंत्रालय
11	राष्ट्रीय आपदा प्रबंधन नीति	गृह मंत्रालय
12	राष्ट्रीय प्रारंभिक बचपन देखभाल और शिक्षा नीति	महिला और बाल विकास मंत्रालय
13	ई-गवर्नेंस के लिए खुले मानकों पर राष्ट्रीय नीति	इलेक्ट्रॉनिकी और सूचना प्रौद्योगिकी मंत्रालय
14	राष्ट्रीय खेल नीति	युवा मामले और खेल मंत्रालय (विभाग खेल)
15	राष्ट्रीय पोषण नीति	महिला और बाल विकास मंत्रालय
16	राष्ट्रीय मुकदमेबाजी नीति	कानून और न्याय मंत्रालय (कानूनी मामलों का विभाग)
17	नारकोटिक्स ड्रग्स और साइकोट्रोपिक पदार्थों पर राष्ट्रीय नीति	वित्त मंत्रालय (राजस्व विभाग)
18	राष्ट्रीय डेटा साझाकरण और पहुँच नीति	विज्ञान और प्रौद्योगिकी मंत्रालय (विज्ञान एवं प्रौद्योगिकी विभाग)
19	राष्ट्रीय खनिज नीति	खान मंत्रालय
20	विज्ञान, प्रौद्योगिकी और नवाचार नीति	विज्ञान और प्रौद्योगिकी मंत्रालय (विज्ञान एवं प्रौद्योगिकी विभाग)
21	सूचना प्रौद्योगिकी पर राष्ट्रीय नीति	इलेक्ट्रॉनिक्स और सूचना प्रौद्योगिकी मंत्रालय

जारी...

तालिका 12.1 जारी...

22	जैव ईंधन पर राष्ट्रीय नीति	नवीन और नवीकरणीय ऊर्जा मंत्रालय
23	राष्ट्रीय पर्यावरण नीति	पर्यावरण, वन और जलवायु परिवर्तन मंत्रालय
24	किसानों के लिए राष्ट्रीय नीति	कृषि और किसान कल्याण मंत्रालय (कृषि, सहकारिता और किसान कल्याण विभाग)
25	राष्ट्रीय कृषि नीति	कृषि और किसान कल्याण मंत्रालय (कृषि, सहकारिता और किसान कल्याण विभाग)
26	राष्ट्रीय जल नीति	जल शक्ति मंत्रालय (जल संसाधन, नदी विकास और गंगा कायाकल्प विभाग)
27	राष्ट्रीय डिजिटल संचार नीति	संचार मंत्रालय (दूरसंचार विभाग)
28	राष्ट्रीय विनिर्माण नीति	वाणिज्य और उद्योग मंत्रालय (उद्योग संवर्द्धन और आंतरिक व्यापार विभाग)
29	राष्ट्रीय शहरी स्वच्छता नीति	आवासन और शहरी कार्य मंत्रालय
30	राष्ट्रीय शहरी आवास और निवास नीति	आवासन और शहरी कार्य मंत्रालय
31	शहरी सड़क विक्रेताओं पर राष्ट्रीय नीति	आवासन और शहरी कार्य मंत्रालय
32	राष्ट्रीय शहरी परिवहन नीति	आवासन और शहरी कार्य मंत्रालय
33	राष्ट्रीय स्वास्थ्य नीति	स्वास्थ्य और परिवार कल्याण मंत्रालय (स्वास्थ्य और परिवार कल्याण विभाग)
34	राष्ट्रीय जनसंख्या नीति	स्वास्थ्य और परिवार कल्याण मंत्रालय (स्वास्थ्य और परिवार कल्याण विभाग)
35	राष्ट्रीय इलेक्ट्रॉनिक्स नीति	इलेक्ट्रॉनिकी और सूचना प्रौद्योगिकी मंत्रालय
36	राष्ट्रीय साइबर सुरक्षा नीति	इलेक्ट्रॉनिकी और सूचना प्रौद्योगिकी मंत्रालय
37	राष्ट्रीय बौद्धिक संपदा अधिकार नीति	वाणिज्य और उद्योग मंत्रालय (उद्योग संवर्द्धन और आंतरिक व्यापार विभाग)

लोक नीति (2) [Public Policy (2)]

13

राष्ट्रीय युवा नीति (National Youth Policy)

पहली राष्ट्रीय युवा नीति 1988 में निर्मित की गयी थी। 2003 में इस नीति को संशोधित कर एक और नीति द्वारा प्रतिस्थापित किया गया।

तब से लेकर अब तक देश में सामाजिक एवं आर्थिक दशायें एक महत्वपूर्ण परिवर्तन से गुजर चुकी हैं और उनको व्यापक तकनीकी उन्नति के द्वारा नया आकार दिया जा चुका है। वैश्वीकरण, त्वरित तकनीकी प्रगति और वैश्विक आर्थिक शक्ति के रूप में भारत के उभरने के कारण देश में बदलते परिदृश्य ने 2003 की नीतिं की समीक्षा की आवश्यकता जताई। तद्नुसार, 2014 में एक नयी संशोधित/संशोधित नीति अधिसूचित की गई थी।

राष्ट्रीय युवा नीति का लक्ष्य युवाओं को राष्ट्रीय विकास के मौजूदा कार्य में सक्रिय एवं प्रतिबद्ध भागीदारी निभाने के लिए प्रेरित करना है।

इस लक्ष्य को प्राप्त करने के लिए सभी हितधारकों को पांच प्रमुख उद्देश्यों की दिशा में मिलकर काम करना चाहिए। इसके लिए 11 प्राथमिकता वाले क्षेत्रों में विशिष्ट कार्रवाई की आवश्यकता है, जो युवा विकास के लिए महत्वपूर्ण हैं। **तालिका 13.1** में इसके उद्देश्य और प्राथमिक क्षेत्र सूचित हैं।

तालिका 13.1 राष्ट्रीय युवा नीति (2014) के उद्देश्य और प्राथमिकताएं

क्र. सं.	उद्देश्य	प्राथमिकता क्षेत्र
1.	भारत के स्थायी आर्थिक विकास में योगदान हेतु एक उत्पादक कार्यबल का निर्माण करना।	1. शिक्षा 2. रोजगार और कौशल विकास 3. उद्यमिता
2.	भविष्यात्मक चुनौतियां का सामने करने हेतु एक शक्तिशाली और स्वस्थ पीढ़ी का विकास करना।	1. स्वास्थ्य और स्वस्थ जीवन शैली 2. खेलकूद
3.	राष्ट्रीय स्वामित्व के निर्माण हेतु सामाजिक मूल्यों और सामुदायिक सेवा को बढ़ावा देना।	1. सामाजिक मूल्यों का संवर्द्धन 2. सामुदायिक व्यस्तता
4.	शासन के सभी स्तरों पर सहभागिता और नागरिक जुड़ाव की सुविधा प्रदान करना।	1. राजनीति और शासन में भागीदारी 2. युवाओं की सक्रीय भागीदारी
5.	संकट में वंचित और अधिकारहीन युवाओं का समर्थन करना और सभी के लिए समान अवसर बनाना।	1. समावेश 2. सामाजिक न्याय

2003 की नीति में, 'युवा' की परिभाषा थी–एक व्यक्ति, जिसकी आयु 13 से 35 वर्ष के बीच है, परन्तु 2014 की नीति के अनुसार युवा का आयु वर्ग 15-29 वर्षों के रूप में परिभाषित किया गया है तथा नीतिगत हस्तक्षेप के संबंध में जिनका बेहतर केंद्रित दृष्टिकोण है।

राष्ट्रीय शिक्षा नीति (National Policy on Education)

प्रथम राष्ट्रीय शिक्षा नीति (NPE) को 1968 में अंगीकार किया गया था । इस नीति को दूसरी नीति 1986 द्वारा प्रतिस्थापित कर दिया गया था जिसे 1992 में संशोधित/ पुनरीक्षित किया गया ।

जुलाई 2020 में एक नई राष्ट्रीय शिक्षा नीति, 2020 (एनईपी 2020) की घोषणा हुई। नई नीति देश में वृहत पैमाने पर मार्ग प्रशस्त करती है तथा स्कूली और उच्चतर शिक्षा में परिवर्तनकारी सुधार करती है। यह नीति 34 वर्षीय एनपीई, 1986 का प्रतिस्थापन्न करती है।

उपलब्धता, न्यायसंयता, गुणवत्ता, वहनीय शिक्षा और उत्तरदायित्व के संस्थापक स्तंभों पर निर्मित यह नीति धारणीय विकास हेतु 2030 एजेंडा के साथ तादात्म्य है। इसका उद्देश्य भारत को एक जीवंत ज्ञान समाज में परिवर्तित करना तथा स्कूली एवं उच्चतर शिक्षा को अधिक समग्र, लचीला, बहु-विषयक, 21वीं शताब्दी की आवश्यकताओं के अनुकूल कर भारत को वैश्विक ज्ञान की महाशक्ति बनाना और प्रत्येक छात्र की अद्वितीय क्षमताओं का विकास करना है।

एनईपी 2020 की मुख्य विशेषताएं / प्रावधान इस प्रकार हैं:

1. इसका उद्देश्य 2030 तक पूर्वस्कूली से माध्यमिक स्तर तक 100 प्रतिशत सकल नामांकन अनुपात (Gross Enrolment Ratio) के साथ शिक्षा का सार्वभौगिकरण करना है।
2. मुक्त शिक्षा पद्धति के माध्यम से 2 करोड़ बच्चों को स्कूली शिक्षा की मुख्या धारा में वापसी।
3. वर्तमान 10+2 प्रणाली को नए 5+3+3+4 पाठयक्रम संरचना द्वारा प्रतिस्थापित किया जाएगा जो कि उम्र के अनुरूप क्रमश: 3-8, 8-11, 11-14 तथा 14-18 होगा। इससे 3-6 आयु समूह स्कूल के पाठ्यक्रम में शामिल होगा, जो अभी तक नहीं था। नई प्रणाली में 12 साल की स्कूली शिक्षा होगी, जिसमें 3 साल की आंगनवाड़ी/पूर्व-स्कूली शिक्षा होगी।
4. बुनियादी साक्षरता और संख्यात्मक ज्ञान पर बल दिया जाएगा, शैक्षणिक धाराओं के बीच अनम्य पृथक्ता नहीं होगी, स्कूलों में पाठ्येत्तर और व्यावसायिक धाराएँ होंगी; कक्षा 6 सें प्रशिक्षुता के साथ व्यावसायिक शिक्षा शुरू होगी।
5. न्यूनतम कक्षा 5 तक मातृभाषा / क्षेत्रीय भाषा में पढ़ाया जाएगा। छात्रों पर कोई भाषायी बाध्यता नहीं होगी।
6. समग्र प्रगति-पत्र के साथ मूल्यांकन संशोधिकरण एवं अधिगम उद्देश्य की प्राप्ति हेतु छात्रों की प्रगति पर नजर।
7. राष्ट्रीय अध्यापक शिक्षा परिषद (NCTE) द्वारा राष्ट्रीय शैक्षिक अनुसंधान और प्रशिक्षण परिषद (NCERT) के परामर्श के आधार पर अध्यापक शिक्षा हेतु राष्ट्रीय पाठ्यचर्या की रूपरेखा (NCFTE), 2021 का विकास किया जाएगा। वर्ष 2030 तक अध्यापन के लिये न्यूनतम डिग्री योग्यता 4-वर्षीय एकीकृत बी.एड. डिग्री का होना अनिवार्य किया जाएगा।
8. उच्च शिक्षण संस्थानों में सकल नामांकन अनुपात को 26.3% से बढ़ाकर 50% तक करने का लक्ष्य रखा गया है, इसके साथ ही देश के उच्च शिक्षण संस्थानों में 3.5 करोड़ नई सीटों को जोड़ा जाएगा।
9. यह नीति व्यापक, बहु-विषयक, समग्र स्नातक शिक्षा की परिकल्पना करती है, जिसमें लचीला पाठ्यक्रम, रचनात्मक विषयों का संयोजन, व्यावसायिक शिक्षा का एकीकरण एवं उचित प्रमाणीकरण के साथ प्रवेश व निकास बिंदु शामिल हैं। 3 या 4 वर्ष के स्नातक कार्यक्रम में छात्र कई स्तरों पर पाठ्यक्रम को छोड़ सकेंगे और उन्हें उसी के अनुरूप डिग्री या प्रमाण-पत्र प्रदान किया जाएगा।
10. क्रेडिट के हस्तांतरण की सुविधा हेतु 'एकेडमिक बैंक ऑफ क्रेडिट' की स्थापना की जाएगी।
11. देश में भारतीय प्रौद्योगिकी संस्थान (IIT) और भारतीय प्रबंधन संस्थान (IIM) के समकक्ष वैश्विक मानकों के 'बहु-विषयक शिक्षा एवं अनुसंधान विश्वविद्यालय' (Multidisciplinary Education and Research Universities–MERU) की स्थापना की जाएगी।
12. शक्तिशाली अनुसंधान संस्कृति एवं उच्च शिक्षा में अनुसंधान क्षमता के निर्माण को प्रोत्साहित करने हेतु नेशनल रिसर्च फाउंडेशन को शीर्ष निकाय के रूप में स्थापित किया जाएगा।
13. चिकित्सा एवं कानूनी शिक्षा को छोड़कर पूरे उच्च शिक्षा क्षेत्र के लिये एक एकल निकाय के रूप में भारत उच्च शिक्षा आयोग (Higher Education Commission of India–HECI) का गठन किया जाएगा। HECI के कार्यों के प्रभावी और प्रदर्शितापूर्ण

निष्पादन के लिये चार संस्थानों/निकायों का निर्धारण किया गया है-विनियमन हेतु-राष्ट्रीय उच्चतर शिक्षा नियामकीय परिषद (National Higher Education Regulatory Council–NHERC), मानक निर्धारण हेतु-सामान्य शिक्षा परिषद (General Education Council–GEC), वित पोषण हेतु-उच्चतर शिक्षा अनुदान परिषद (Higher Education Grants Council–HEGC) एवं प्रत्यायन हेतु-राष्ट्रीय प्रत्यायन परिषद (National Accreditation Council–NAC)। सार्वजनिक और निजी उच्च शिक्षण संस्थानों के विनियमन, मान्यता और शैक्षणिक मानकों को सामान मानदंडों द्वारा नियंत्रित किया जाएगा।

14. महाविद्यालयों की संबद्धता 15 वर्षों में समाप्त हो जाएगी और उन्हें क्रमिक स्वायत्तता प्रदान करने के लिये एक चरणबद्ध प्रणाली की स्थापना की जाएगी। क्रमश: यह परिकल्पित है कि प्रत्येक महाविद्यालय स्वायत्त डिग्री महाविद्यालय या किसी विश्वविद्यालय के एक घटक महाविद्यालय के रूप में विकसित होगा।
15. शिक्षा, मूल्यांकन, योजनाओं के निर्माण और प्रशासनिक क्षेत्र में तकनीकी के प्रयोग पर विचारों के स्वतंत्र आदान-प्रदान हेतु 'राष्ट्रीय शैक्षिक प्रौद्योगिकी मंच' (National Educational Technology Forum– NETF) नामक एक स्वायत्त निकाय की स्थापना की जाएगी।
16. यह नीति वंचित क्षेत्रों और समूहों हेतु लिंग समावेशी निधि एवं विशेष शिक्षा क्षेत्र की स्थापना पर बल देती है।
17. यह नीति स्कूली एवं उच्च शिक्षा में बहुभाषिकता को प्रोत्साहित करती है। फारसी, पाली और प्राकृत भाषाओं के लिये राष्ट्रीय संस्थान एवं भारतीय अनुवाद और व्याख्या संस्थान को स्थापित किया जाएगा।
18. केंद्र व राज्य सरकार के सहयोग से शिक्षा क्षेत्र पर देश की जीडीपी के 6% हिस्से के बराबर निवेश का लक्ष्य रखा गया है।

बाल श्रम पर राष्ट्रीय नीति (National Policy on Child Labour)

बाल श्रम पर एक राष्ट्रीय नीति का निर्माण 1987 में किया गया था। इसमें बाल श्रम की समस्या से निबटने के लिए एक कार्ययोजना निहित है। यह नीति अभिकल्पित करती है:

1. बाल श्रम कानून एवं अन्य श्रम कानूनों को कड़ाई से लागू करने के लिए एक वैधानिक कार्ययोजना;
2. जहाँ भी सम्भव हो वहाँ काम करने वाले बच्चों को लाभान्वित करने के लिए सामान्य विकास कार्यक्रमों पर ध्यान केंद्रण एवं अभिसरण, तथा;
3. बाल श्रम के उच्च संकेंद्रण वाले क्षेत्रों में कार्यशील बच्चों के कल्याण हेतु परियोजनाओं के आरंभ के लिए कार्यवाही की परियोजना आधारित योजना।

उपरोक्त नीति के अनुसरण में राष्ट्रीय बाल श्रम परियोजना (एनसीएलपी) 1988 में शुरू की गयी थी ताकि कार्यरत बच्चों का पुनर्वास किया जा सके। यह योजना सर्वप्रथम खतरनाक व्यवसायों एवं प्रक्रियाओं में कार्यरत बच्चों के पुनर्वास पर एक फोकस के साथ एक पारिणामिक उपागम के अंगीकरण पर बल देती है। इस योजना के अन्तर्गत खतरनाक व्यवसायों एवं प्रक्रियाओं में बाल श्रमिकों के एक सर्वेक्षण के बाद इन व्यवसायों और प्रक्रियाओं से बच्चों को निकाला जायेगा तथा इसके बाद उन्हें विशेष विद्यालयों में रखा जायेगा ताकि उनको औपचारिक विद्यालय प्रणाली की मुख्य धारा में लाने के लिए सक्षम बनाया जा सके।

राष्ट्रीय आपदा प्रबंधन नीति (National Policy on Disaster Management)

राष्ट्रीय आपदा प्रबंधन नीति (एनपीडीएम) 2009 में अंगीकार की गयी थी। इस नीति के उद्देश्य निम्नलिखित हैं:

1. ज्ञान, नवाचार एवं शिक्षा के माध्यम से सभी स्तरों पर रोकथाम, तैयारी एवं लचीलेपन की एक संस्कृति को संवर्द्धित करना।
2. तकनीक, परम्परागत ज्ञान एवं पर्यावरणीय संवहनीयता पर आधारित शमन उपायों को प्रोत्साहित करना।
3. विकासात्मक नियोजन प्रक्रिया में आपदा प्रबंधन को मुख्य धारा में लाना।

4. एक सक्षम नियामक वातावरण तथा एक आज्ञापालन व्यवस्था के निर्माण के लिए संस्थात्मक एवं तकनीकी-वैधानिक ढाँचों की स्थापना करना।
5. आपदा जोखिमों की पहचान, मूल्यांकन एवं निगरानी के लिए दक्ष कार्यतंत्र को सुनिश्चित करना।
6. सूचना प्रौद्योगिकी के सहयोग से उत्तरदायी और असफल-सुरक्षित संचार द्वारा समकालीन पूर्वानुमान और प्रारंभिक चेतावनी प्रणाली का विकास करना।
7. समाज के संवेदनशील वर्गों की जरूरतों के प्रति एक देखभालपूर्ण उपागम के साथ प्रभावी अनुक्रिया एवं राहत को सुनिश्चित करना।
8. पुनर्निर्माण को सुरक्षित जीवनयापन सुनिश्चित करने के लिए आपदा प्रतिस्कंदी संरचनाओं एवं प्राकृतिक वासों के निर्माण के एक अवसर के रूप में लेना।
9. आपदा प्रबंधन के लिए मीडिया के साथ एक उत्पादक और सक्रिय भागीदारी को बढ़ावा देना।

ई-प्रशासन हेतु खुले मानकों पर राष्ट्रीय नीति (National Policy on Open Standards for e-Governance)

भारत सरकार ने ई-प्रशासन के विकास एवं क्रियान्वयन को गति देने के लिए तथा देश के भीतर सरकार-से-सरकार, सरकार-से-व्यापार, सरकार-से-कर्मचारी और सरकार से उपभोक्ता सेवाओं की शुरूआत के लिए सही वातावरण के निर्माण हेतु प्रमुख पहलकारी कदम उठाये हैं।

ई-प्रशासन हेतु खुले मानकों पर एक राष्ट्रीय नीति नवम्बर 2010 में अधिसूचित की गयी थी। यह ई-प्रशासन समाधानों के सतत्, मानकीकृत एवं भरोसेमंद क्रियान्वयन हेतु दिशा-निर्देशों का एक समुच्चय उपलब्ध कराती है। इसे बहुल अभिकरणों द्वारा विकसित विभिन्न ई-प्रशासन समाधानों के निर्बाध अन्तरपरिचालन को सुनिश्चित करने के लिए तैयार किया गया है। इसका लक्ष्य उपलब्ध तकनीकी विकल्पों को सुधारना तथा विक्रेता बंधन से बचना है।

यह नीति ई-प्रशासन हेतु प्रयुक्त सभी प्रणालियों पर लागू होती है। किसी भी नई ई-प्रशासन प्रणाली (सभी अन्तर्विभागीय एवं अन्त:विभागीय प्रणालियों सहित) और सरकारी से लेकर सार्वजनिक (व्यापारों सहित) प्रणालियों तक में प्रयुक्त होने वाले सभी मानकों को इस नीति का अनुपालन अनिवार्य रूप से करना चाहिए। विरासत प्रणालियों के लिए यह सुनिश्चित किया जाना चाहिए कि विरासत प्रणाली से अन्य प्रणालियों के साथ अन्तराफलक को इस नीति का अनिवार्य अनुपालन करना चाहिए। मानकीकरण के लिए जिम्मेदार निकाय या अभिकरणों को मानकों का विकास एवं अंगीकरण करते समय इस नीति के सिद्धान्तों को लागू करना होगा।

भारत सरकार नीति के उद्देश्यों को पूरा करने के लिए एक डोमेन (क्षेत्र) के भीतर एक निर्दिष्ट परियोजन के लिए एकल एवं रॉयल्टी मुक्त खुले मानक को धीरे-धीरे स्वीकृत करेगी।

एक पहचाने गये मानक को एक खुले मानक के रूप में तभी मान्यता दी जा सकती है जब वह निम्नलिखित कसौटियों पर खरा उतरता है:

1. पहचाने गये मानक का विशेषीकरण दस्तावेज एक नाममात्र के शुल्क के साथ या नि:शुल्क उपलब्ध होगा।
2. पहचान प्राप्त मानक को लागू करने के लिए अनिवार्य एकस्व दावों को मानक के जीवनकाल के लिए एक रॉयल्टी मुक्त आधार पर उपलब्ध कराया जायेगा।
3. पहचान प्राप्त मानक एक गैर-लाभकारी संगठन द्वारा अंगीकृत और कायम रखे जायेंगे जहाँ सभी अंशधारक एक पारदर्शी सहयोगी एवं साझा तरीके से भागीदारी का विकल्प चुन सकेंगे।
4. पहचाने गये मानक जहाँ तक संभव हो वहाँ तक पुनर्प्रवाही रूप से खुले रहेंगे।
5. पहचाने गये मानक तकनीकी रूप से तटस्थ विशेषीकरण को दर्शायेंगे।
6. पहचाने गये मानक सभी भारतीय राजकीय भाषाओं को समर्थन प्रदान करने में सक्षम होंगे।

लोक नीति (3) [Public Policy (3)]

14

राष्ट्रीय स्वास्थ्य नीति (National Health Policy)

पहली राष्ट्रीय स्वास्थ्य नीति (एनएचपी) 1983 में अपनाई गई थी। यह अल्मा-अता (Alma-Ata) घोषणा को प्राप्त करने के लिए प्रतिबद्धता की प्रतिक्रिया थी, '2000 तक सभी के लिए स्वास्थ्य'। इस नीति को 2002 में दूसरी नीति द्वारा बदल दिया गया। तीसरी नीति 2017 में शुरू की गई।

राष्ट्रीय स्वास्थ्य नीति, 2017 का मुख्य उद्देश्य सभी विकासात्मक नीतियों में निवारक और प्रचारक स्वास्थ्य देखभाल अभिविन्यास के माध्यम से अच्छे स्वास्थ्य और कल्याण के उच्चतम संभव स्तर को प्राप्त करना है तथा अच्छी गुणवत्ता की स्वास्थ्य देखभाल सेवाओं के परिणाम के रूप में किसी को भी वित्तीय कठिनाई का सामना किए बिना सार्वभौमिक रूप से पहुंच प्राप्त करना है।

नीति में विशिष्ट मात्रात्मक और समयबद्ध लक्ष्य और स्वास्थ्य क्षेत्र में प्राप्त किए जाने वाले लक्ष्यित गंतव्य हैं, जिनमें से कुछ इस प्रकार हैं:

1. 2025 तक जन्म के समय जीवन प्रत्याशा को 67.5 से बढ़ाकर 70 करना।
2. 2025 तक पाँच वर्ष के कम आयु की मृत्यु दर को कम करके 23 प्रति 1,000 जीवित जन्मों पर करना और 2020 तक मातृ मृत्यु दर (MMR) के वर्तमान स्तर को 100 प्रति 1,00,000 जीवित जन्मों तक करना।
3. 2019 तक शिशु मृत्यु दर (IMR) को 28 प्रति 1,000 जीवित जन्मों तक कम करना।
4. क्षय रोग (TB) के लिए नए थूक-पॉजिटिव रोगियों में 85 प्रतिशत के ज्यादा की इलाज दर को प्राप्त करना और बनाए रखना तथा 2025 तक उन्मूलन की स्थिति तक पहुंचने के लिए नए मामलों की घटनाओं को कम करना।
5. सरकार द्वारा स्वास्थ्य व्यय को मौजूदा सकल घरेलू उत्पाद यानि जीडीपी के प्रतिशत के रूप में मौजूदा 1.15% से बढ़ाकर 2025 तक 2.5% करना।

नीति रोगी पर ध्यान केंद्रित करने के साथ ही देखभाल के सातत्य पर भी केंद्रित है, जो अधिकांश लोगों की तत्काल स्वास्थ्य देखभाल आवश्यकताओं को पूरा करने वाली सेवाओं और उत्पादों के व्यापक पैकेज के साथ, सार्वजनिक स्वास्थ्य देखभाल प्रणाली को अनुमानित, कुशल, सस्ती और प्रभावी बनाता है।

यह नीति स्वास्थ्य क्षेत्र के समग्र विकास के लिए सरकार की भूमिका को मजबूत करना चाहती है ताकि सभी उम्र के व्यक्तियों के लिए स्वास्थ्य की उच्चतम प्राप्ति संभव हो सके। प्राथमिक स्वास्थ्य देखभाल को निवारक, प्रचारक, उपचारात्मक, उपशामक, जराचिकित्सा और पुनर्वास संबंधी देखभाल को और अधिक व्यापक बनाने की मांग की गई है।

नीति प्रजनन, मातृत्व, बच्चे और किशोर के स्वास्थ्य के सभी पक्षों तथा जनसँख्या में सबसे अधिक प्रचलित संचारी, गैर-संचारी और व्यावसायिक रोगों हेतु मुफ्त, व्यापक प्राथमिक स्वास्थ्य देखभाल सेवाओं की उपलब्धता का आश्वासन देती है।

नीति में सार्वजनिक अस्पतालों और स्वास्थ्य लक्ष्यों में रणनीतिक निवेश के संयोजन के माध्यम से गुणवत्ता वाली माध्यमिक और तृतीयक देखभाल सेवाओं की बेहतर पहुँच और सामर्थ्य को सुनिश्चित करना है। स्वास्थ्य देखभाल की लागत की वजह से जेब से खर्च में महत्वपूर्ण कटौती करती है, सार्वजनिक स्वास्थ्य प्रणाली में विश्वास को पुनर्जीवित करती है और निजी स्वास्थ्य उद्योग के संचालन और विकास को प्रभावित करती है और साथ ही साथ उन स्वास्थ्य लक्ष्यों पर प्रभाव डालती है, जो चिकित्सा तकनीकों/प्रौद्योगिकियों के संरेखण में है।

राष्ट्रीय जनसंख्या नीति (National Population Policy)

राष्ट्रीय जनसंख्या नीति को वर्ष 2000 में अपनाया गया था। यह भारत के लोगों की प्रजनन और बाल स्वास्थ्य आवश्यकताओं को पूरा करने के लिए अगले दशक के दौरान लक्ष्यों को आगे बढ़ाने और रणनीतियों को प्राथमिकता देने के लिए एक रूपरेखा प्रदान करता है। यह इस बात पर विशेष बल देता है कि आर्थिक और सामाजिक विकास का उद्देश्य लोगों के जीवन की गुणवत्ता में सुधार करना है, जिससे वे स्वस्थ रहें और उन्हें समाज में उत्पादक बनने के अवसर और विकल्प प्रदान किए जा सकें।

इस नीति के निम्नलिखित उद्देश्य हैं:

1. इसका प्राथमिक उद्देश्य गर्भनिरोधक, स्वास्थ्य देखभाल के बुनियादी ढांचे और स्वास्थ्य कर्मियों के लिए आवश्यक जरूरतों को पूरा करना और बुनियादी प्रजनन और बाल स्वास्थ्य सेवा के लिए एकीकृत सेवा प्रदान करना है।
2. मध्यम-अवधि उद्देश्य के अंतर्गत अंतर-क्षेत्रीय परिचालन रणनीतियों के जोरदार कार्यान्वयन के माध्यम से वर्ष 2010 तक कुल प्रजनन दर को प्रतिस्थापन स्तरों पर लाना है।
3. दीर्घ-अवधि उद्देश्य के अंतर्गत स्थायी आर्थिक विकास, सामाजिक विकास और पर्यावरण संरक्षण की आवश्यकताओं के अनुरूप एक स्तर पर वर्ष 2045 तक एक स्थिर जनसंख्या प्राप्त करना है।

इन उद्देश्यों के पालन में, नीति ने वर्ष 2010 तक 14 राष्ट्रीय सामाजिक-जनसांख्यिकीय लक्ष्यों को प्राप्त किया। ये सभी लक्ष्य निम्नलिखित हैं:

1. बुनियादी प्रजनन और बाल स्वास्थ्य सेवाओं के लिए जरूरी जरूरतों को पूरा करना।
2. स्कूली शिक्षा को नि:शुल्क और अनिवार्य बनाना और अनुत्तीर्ण होने के बाद स्कूल छोड़ देने को कम करना।
3. शिशु मृत्यु दर (आईएमआर) को कम करके इसे प्रति 1,000 नवजात शिशुओं में 30 तक लाना।
4. मातृ मृत्यु दर को कम करके प्रति 1,00,000 जीवित शिशुओं में 100 तक लाना।
5. बच्चों के सार्वभौमिक टीकाकरण को प्राप्त करना।
6. लड़कियों के लिए देरी से विवाह को बढ़ावा देना।
7. 80 प्रतिशत संस्थागत प्रसव प्राप्त करना।
8. सूचना/परामर्श और सेवाओं तक सार्वभौमिक पहुंच प्राप्त करना।
9. जन्म, मृत्यु और विवाह का शत-प्रतिशत पंजीकरण प्राप्त करना।
10. अधिगृहीत इम्यूनो डिफीसिअन्सी सिंड्रोम (एड्स) के प्रसार को रोकना।
11. संचारी रोगों को रोकना और उन्हें नियंत्रित करना।
12. सेवाओं के प्रावधान में भारतीय चिकित्सा प्रणाली को एकीकृत करना।
13. छोटे परिवार के मानक को बढ़ावा देना।
14. संबंधित कार्यक्रमों के कार्यान्वयन में समरूपता लाना।

राष्ट्रीय शहरी आवास और पर्यावास नीति (National Urban Housing and Habitat Policy)

'सभी के लिए आवास' की लक्ष्य प्राप्ति हेतु राष्ट्रीय शहरी आवास और पर्यावास नीति (एनयूएचएचपी), 2007 विभिन्न सार्वजनिक-निजी भागीदारी को बढ़ावा देना चाहती है, यह योजना विशेषत: शहरी गरीबों के लिए है। इस योजना की विशेषताएं इस प्रकार हैं:

1. शहरी गरीबों हेतु आवास की भूमिका और मूलभूत सेवाओं के प्रावधान को जवाहरलाल नेहरू राष्ट्रीय शहरी नवीकरण मिशन के उद्देश्यों में एकीकृत किया गया है।
2. शहरी गरीबों के दायरे में अनुसूचित जाति (SC)/अनुसूचित जनजाति (ST)/पिछड़ा वर्ग/अल्पसंख्यक, महिला सशक्तिकरण पर विशेष बल दिया गया है।
3. 74वें संविधान संशोधन अधिनियम के उद्देश्यों के अनुरूप यह योजना ग्रामीण और शहरी क्षेत्रों के सहजीवन विकास पर केंद्रित है।
4. शहरी नियोजन, भूमि की आपूर्ति में वृद्धि, स्थानिक प्रोत्साहन के उपयोग जैसे अतिरिक्त फर्श क्षेत्र अनुपात [Floor Area Ratio (FAR)], हस्तांतरणीय विकास अधिकारों आदि का बढ़ता निधि प्रवाह, स्वस्थ वातावरण, प्रभावी ठोस अपशिष्ट प्रबंधन (Solid waste

management) और ऊर्जा के नवीकरणीय स्रोत के उपयोग पर विशेष बल दिया गया है।

5. एकीकृत टाऊनशिप और विशेष आर्थिक क्षेत्र (Special Economic Zone) को प्रोत्साहित करना। उपयुक्त स्थानिक प्रोत्साहन के माध्यम से आर्थिक दुर्बल वर्गों/निम्न-आय समूह के आवास के लिए प्रत्येक नयी सार्वजनिक/निजी आवास परियोजना में लगभग 10 से 15 प्रतिशत जमीन या 20-25 प्रतिशत एफएआर अतिरिक्त रूप से आरक्षित है।
6. मास्टर प्लान के दायरे में निजी क्षेत्र भूमि एकत्रीकरण की अनुमति देगा। शहरी झुग्गियों और सहकारी आवास, श्रम आवास तथा कर्मचारी आवास के लिए विशेष प्रावधान के लिए तैयार किए जाएंगे।
7. झुग्गियों का पुनर्वास स्वस्थानी दृष्टिकोण में होगा। केवल विशिष्ट मामलों में पुनर्वास पर विचार किया जाएगा।
8. शहरी गरीबों को वित्त के प्रवाह में तेजी लाने के लिए, राज्य स्तर पर सूक्ष्म वित्त संस्थानों को बढ़ावा देना।
9. केंद्र सरकार द्वारा बनाए जाने वाले नगरपालिका कानून का अनुपालन।
10. उप-क्षेत्रीय स्तर पर द्रुत द्रव्यमान पारगमन प्रणाली के विकास की परिकल्पना करना।
11. संतुलित पारिस्थितिक विकास के लिए शहरों को हरित आच्छादन प्रदान करना।
12. सभी राज्यों को 1,00,000 से अधिक जनसंख्या वाले सभी शहरों के लिए 'निवास स्थान संरचना कार्य योजना' विकसित करने के लिए प्रोत्साहित किया जाएगा।

शहरी सड़क विक्रेताओं के लिए राष्ट्रीय नीति (National Policy on Urban Street Vendors)

वर्ष 2009 में, सरकार ने शहरी सड़क विक्रेताओं (2004) पर राष्ट्रीय नीति में व्यापक रूप से संशोधन किया था। शहरी सड़क विक्रेताओं पर संशोधित राष्ट्रीय नीति (2009) का उद्देश्य किसी भी तिमाही में शहरी सड़क विक्रेताओं के लिए परेशानी के बिना उनकी गतिविधियों को पूरा करने के लिए एक वातावरण को बढ़ावा देना है। यह फुटपाथों पर भीड़ से बचने और सड़कों पर यातायात के सुचारू रूप से चलने को सुनिश्चित करने के लिए ऐसी गतिविधियों के नियमन का तंत्र भी प्रदान करता है।

इस नीति की मुख्य विशेषताएं निम्नानुसार हैं:

1. सभी शहरों/कस्बों में उपयुक्त सरकार द्वारा एक टाऊन वेंडिंग कमेटी (टीवीसी) का गठन किया जाना है।
2. सड़क विक्रेताओं से जबरन वसूली को रोकने के लिए, टाउन वेंडिंग कमेटी के माध्यम से राजस्व का संग्रह शुरू किया गया है।
3. सड़क विक्रेताओं के बीच या सड़क विक्रेताओं और तीसरे पक्षों के बीच होने वाले विवादों के निवारण और समाधान की जिम्मेदारी टाऊन वेंडिंग कमेटी को होगी।
4. शहर/शहर-विशिष्ट द्वारा 'प्रतिबंध-मुक्त माल बिक्री क्षेत्र', 'प्रतिबंधित माल बिक्री क्षेत्र' और 'अस्वीकृत माल बिक्री क्षेत्र' की सीमा बनाई जाएगी; जब तक किसी क्षेत्र को 'अस्वीकृत माल बिक्री क्षेत्र' के रूप में नामित नहीं किया जाता है, तब तक सभी क्षेत्रों में चलते-फिरते माल बिक्री की अनुमति दी जाए।
5. एक महत्वपूर्ण शहरी गतिविधि के रूप में सड़क माल बिक्री के लिए स्थान की आवश्यकताओं को पूरा करने के लिए मास्टर/क्षेत्रीय/स्थानीय विकास योजना।
6. किसी भी शहर/कस्बे में विक्रेताओं के पंजीकरण की एक निश्चित तारीख और उनकी संख्या को सीमित नहीं किया जाना चाहिए।
7. सड़क विक्रेताओं को पहचान पत्र का पंजीकरण करना और उन्हें जारी करना, जैसे कि विक्रेता का कोड नंबर, नाम, विक्रेता की नॉमिनी, श्रेणी (स्टेशनरी/मोबाइल), आदि।
8. सड़क विक्रेताओं और उनके स्थानों का व्यापक, डिजिटल फोटोग्राफिक सर्वेक्षण।
9. जहां स्थान की मांग आपूर्ति से अधिक है, वहाँ पर स्थान के रोस्टर-आधारित समय-साझाकरण मॉडल की अवधारणा लागू करना।
10. अनुसूचित जाति/अनुसूचित जनजाति के लिए आरक्षण का प्रावधान और माल बिक्री दुकान/रिक्त स्थान के आवंटन में विकलांग व्यक्तियों को प्राथमिकता।
11. अचल विक्रेताओं के लिए 10 वर्ष की एक समय सीमा-जिसे और 10 वर्षों के लिए आगे बढ़ाया जा सकता है।

12. सड़क विक्रेता को सूक्ष्म उद्यमी बनाने की दिशा में क्रेडिट, माइक्रोफाइनेंस, इंश्योरेंस, वोकेशनल शिक्षा आदि की सुविधा देना।

राष्ट्रीय शहरी स्वच्छता नीति (National Urban Sanitation Policy)

राष्ट्रीय शहरी स्वच्छता नीति (2008) का उद्देश्य है, भारत में शहरी स्वच्छता के लिए एक ऐसे दृष्टिकोण का निर्माण किया जा सके, जिसमें सभी भारतीय शहर तथा कस्बे पूरी तरह स्वच्छ, स्वस्थ तथा जीवंत हों और शहरी गरीबों एवं महिलाओं के लिए सस्ती स्वच्छता सुविधाएं तथा स्वास्थ्य पर विशेष ध्यान केन्द्रित करने के साथ अपने सभी नागरिकों के लिए अच्छे जनस्वास्थ्य तथा बेहतर पर्यावरण परिणामों की व्यवस्था को सुनिश्चित करे तथा उन्हें टिकाऊ बनाये।

उपरोक्त लक्ष्य को प्राप्त करने के लिए यह नीति निम्नलिखित गतिविधियों का उपक्रम का सुझाव प्रस्तुत करती है:

1. समुदायों और संस्थानों के बीच सार्वजनिक और पर्यावरणीय स्वास्थ्य के साथ स्वच्छता और इसकी शृंखला के बारे में जागरूकता फैलाना।
2. स्वस्थ स्वच्छता प्रथाओं को अपनाने के उद्देश्य से व्यवहार में बदलाव लाने और बनाए रखने के लिए तंत्र को बढ़ावा देना।
3. घरों में सुरक्षित स्वच्छता सुविधाओं (उचित निपटान व्यवस्था सहित) को बढ़ावा देना।
4. जिन घरों में व्यक्तिगत सुविधाएं प्राप्त करने के लिए स्थान, स्वामित्व या आर्थिक कमी है, उनके लिए सामुदायिक-नियोजित और प्रबंधित शौचालयों को बढ़ावा देना।
5. खुले में शौच और पर्यावरणीय खतरों से छुटकारा पाने के लिए सभी शहरी क्षेत्रों में पर्याप्त उपलब्धता और सार्वजनिक स्वच्छता सुविधाओं का 100 प्रतिशत रख-रखाव और प्रबंधन करना।
6. विशेष विचारधारा, सभी क्षेत्रों और विभागीय क्षेत्र में एक समस्या निवारण के रूप में स्वच्छता से संबंधित उपायों की योजना बनाना और उन्हें लागू करना।
7. राष्ट्रीय, राज्य, शहर और स्थानीय संस्थानों (सार्वजनिक, निजी और सामुदायिक) को मजबूत करना और स्वच्छता प्रावधान को प्राथमिकता देना।
8. गरीब समुदायों और अन्य हतोत्साहित उपनिवेश के लिए उचित स्वच्छता सुविधाओं तक पहुंच का विस्तार।
9. नेटवर्क-आधारित सीवरेज प्रणालियों के समुचित कार्य को बढ़ावा देना और घरों के लिए उनका कनेक्शन सुनिश्चित करना।
10. बेकार पानी को पीने योग्य कामों में इस्तेमाल करना और उस पानी के रिसाइकल और उसका फिर से इस्तेमाल करने को बढ़ावा देना।
11. ऑनसाइट अधिष्ठानों (सेप्टिक टैंक, खड्डी शौचालय, आदि) से कीचड़ के उचित निपटान और प्रशोधन/उपचार को बढ़ावा देना।
12. यह सुनिश्चित करना कि सभी मानव अपशिष्ट सुरक्षित रूप से एकत्र किए जाते हैं और प्रशोधन/उपचार के बाद निपटाए जाते हैं ताकि सार्वजनिक स्वास्थ्य या पर्यावरण को कोई खतरा न हो।
13. घर, समुदाय और सार्वजनिक स्वच्छता सुविधाओं के उचित उपयोग, नियमित रख-रखाव और संभाल को बढ़ावा देना।
14. शहरी स्थानीय निकायों को सतत् स्वच्छता सेवाएँ प्रदान करने हेतु मजबूत बनाना।

लोक नीति (4) [Public Policy (4)]

15

राष्ट्रीय विनिर्माण नीति (National Manufacturing Policy)

वर्ष 2011 में, सरकार ने निम्नलिखित छह उद्देश्यों के साथ मात्रात्मक और गुणात्मक परिवर्तन लाने के लिए एक राष्ट्रीय विनिर्माण नीति की घोषणा की:

1. मध्यम अवधि में विनिर्माण क्षेत्र की वृद्धि को 12-14 प्रतिशत तक बढ़ाकर इसे अर्थव्यवस्था के लिए विकास का प्रणेता बनाना। समग्र अर्थव्यवस्था की मध्यम अवधि की विकास दर पर 2-4 प्रतिशत का अंतर, वर्ष 2022 तक विनिर्माण को राष्ट्रीय सकल घरेलू उत्पाद (जीडीपी) का कम-से-कम 25 प्रतिशत योगदान करने में सक्षम करेगा।
2. वर्ष 2022 तक 100 मिलियन अतिरिक्त रोजगार लाने के लिए विनिर्माण क्षेत्र में रोजगार सृजन की दर को बढ़ाना।
3. विकास को समावेशी बनाने के लिए ग्रामीण प्रवासी और शहरी गरीबों के बीच उचित कौशल का निर्माण करना।
4. विनिर्माण में घरेलू मूल्य संवर्द्धन और तकनीकी 'गहनता' बढ़ाना।
5. उपयुक्त नीति समर्थन के माध्यम से भारतीय विनिर्माण की वैश्विक प्रतिस्पर्द्धा को बढ़ाना।
6. विकास की स्थिरता सुनिश्चित करना, विशेष रूप से ऊर्जा दक्षता, प्राकृतिक संसाधनों का ईष्टतम उपयोग और क्षतिग्रस्त/खराब पारिस्थितिकी प्रणालियों की बहाली सहित पर्यावरण के संबंध में।

उपरोक्त उद्देश्यों को प्राप्त करने के लिए विशिष्ट नीति साधनों की अवधारणा की गई है। यह सभी साधन मोटे तौर पर निम्नलिखित क्षेत्रों को कवर करते हैं:

1. व्यावसायिक विनियमों का युक्तिकरण और सरलीकरण।
2. श्रम हितों की रक्षा करते हुए क्षतिग्रस्त इकाइयों को बंद करने के लिए सरल और त्वरित निकास तंत्र।
3. हरित प्रौद्योगिकियों सहित प्रौद्योगिकी विकास के लिए वित्तीय और संस्थागत तंत्र।
4. औद्योगिक प्रशिक्षण और कौशल उन्नयन के उपाय।
5. छोटे और मध्यम उद्यमों के लिए प्रोत्साहन।
6. विशेष केन्द्रित क्षेत्र।
7. अवसंरचना और सरकारी खरीद की कमी का लाभ उठाना-रक्षा सहित।
8. गुच्छन और एकत्रीकरण: राष्ट्रीय निवेश और विनिर्माण क्षेत्र।
9. व्यापार नीति।

राष्ट्रीय डिजिटल संचार नीति (National Digital Communications Policy)

पहली राष्ट्रीय दूरसंचार नीति (एनटीपी) को 1994 में अपनाया गया था। इस नीति को 1999 में एक अन्य नीति द्वारा प्रतिस्थापित कर दिया गया। तीसरी नीति 2012 में आरम्भ की गई। 2018 में, एक नई राष्ट्रीय दूरसंचार नीति को (राष्ट्रीय डिजिटल संचार नीति के नाम से पुनः नामकरण) एनडीसीपी के रूप में अधिसूचित किया गया था।

राष्ट्रीय डिजिटल संचार नीति, 2018 डिजिटल संचार नेटवर्क की परिवर्तनकारी शक्ति को, अनलॉक करने हेतु प्रयासरत है-डिजिटल सशक्तीकरण के लक्ष्य को प्राप्त करने और भारत के लोगों के कल्याण को बेहतर करने के लिए, और इस उद्देश्य हेतु, लक्ष्यों के एक सेट, पहल/प्रस्ताव, रणनीति और नियत नीति परिणामों को रेखांकित करने का प्रयास करता है।

नीति की दृष्टि नागरिकों और उद्यमों की सूचना और संचार आवश्यकताओं को एक सर्वव्यापी, लचीली, सुरक्षित, सुलभ तथा पहुँच के भीतर डिजिटल संचार अवसंरचना और सेवाओं की स्थापना के माध्यम से पूरा करना है; तथा प्रक्रिया में, भारत की डिजिटल रूप से सशक्त अर्थव्यवस्था और समाज में परिवर्तन का समर्थन करना है।

नीति का लक्ष्य 2022 तक निम्नलिखित रणनीतिक उद्देश्यों को पूरा करना है:

1. सभी के लिए ब्रॉडबैंड का प्रावधान।
2. डिजिटल संचार क्षेत्र में 4 मिलियन अतिरिक्त नौकरियों का सृजन।
3. डिजिटल संचार क्षेत्र के योगदान को, जो कि 2017 में भारत के जीडीपी में 6% था, उसे 8% तक बढ़ाना।
4. 2017 में 134 अंतर्राष्ट्रीय दूरसंचार संघ के सूचना और संचार प्रौद्योगिकी (ICT) विकास सूचकांक में शीर्ष 50 राष्ट्रों में भारत का स्थान।
5. विश्वव्यापी मूल्य शृंखला में भारत के योगदान को बढ़ाना।
6. डिजिटल संप्रभुता सुनिश्चित करना।

वर्ष 2022 तक इन उद्देश्यों को पूरा करने की दिशा में, नीति में तीन मिशनों की परिकल्पना की गई है:

1. **कनेक्ट इंडिया:** सेवा की गुणवत्ता और पर्यावरण संधारणीयता सुनिश्चित करते हुए सामाजिक-आर्थिक विकास हेतु एक उपकरण के रूप में ब्रॉडबैंड को बढ़ावा देने के लिए रोबस्ट डिजिटल संचार आधारभूत संरचना का सृजन।
2. **प्रोपेल इंडिया:** भविष्य के तैयार उत्पादों और सेवाओं के प्रावधान हेतु निवेश, नए तरीकों और आईपीआर उत्पन्न/जेनरेशन द्वारा अगली पीढ़ी की तकनीकों और सेवाओं को सक्षम करना जिससे वे उभरती डिजिटल प्रौद्योगिकियों, जिनमें 5जी, आर्टिफिशियल इंटेलिजेंस, इंटरनेट ऑफ थिंग्स, क्लाउड और बिग डेटा सम्मिलित हैं, की शक्ति का उपयोग कर सकें तथा निवेश, नए तरीकों और आईपीआर को बढ़ावा देकर चौथी औद्योगिक क्रांति (उद्योग 4.0) का उत्प्रेरण हो सके।
3. **सिक्योर इंडिया:** डेटा की पहचान अत्यावश्यक अर्थव्यवस्था संसाधन के रूप में करते हुए; वैयक्तिक स्वायत्तता और चुनाव, डेटा स्वामित्व निजता और सुरक्षा की सुनिश्चितता पर ध्यान केंद्रित करते हुए नागरिकों के हितों तथा भारत की डिजिटल संप्रभुता को सुदृढ़ करने हेतु डिजिटल संचार की संप्रभुता तथा सुरक्षा को सुनिश्चित करना।

राष्ट्रीय जल नीति (National Water Policy)

पहली राष्ट्रीय जल नीति वर्ष 1987 में अपनाई गई थी। इस नीति को वर्ष 2002 में और दुबारा वर्ष 2012 में संशोधित किया गया था।

जलवायु परिवर्तन के कारण संभावित प्रभाव को ध्यान में रखते हुए वर्ष 2012 की नई राष्ट्रीय जल नीति को सतत् और समान विकास सुनिश्चित करने के लिए तैयार किया गया था। इस नीति की मुख्य विशेषताएं कुछ इस प्रकार हैं:

1. पीने और स्वच्छता के लिए पानी को बचाना पहले से अधिकृत जरूरतों के रूप में माना जाना चाहिए, इसके बाद ही अन्य बुनियादी घरेलू आवश्यकताओं (जानवरों की जरूरतों सहित) के लिए उच्च प्राथमिकता आवंटन, खाद्य सुरक्षा प्राप्त करना, जीविका कृषि का समर्थन और न्यूनतम पारिस्थितिकी तंत्र की आवश्यकताएं आती हैं। उपरोक्त आवश्यकताओं को पूरा करने के बाद उपलब्ध पानी को इस तरीके से आवंटित करना चाहिए जिससे कि जल संरक्षण और इसके कुशल उपयोग को बढ़ावा मिले।
2. केंद्र, राज्यों और स्थानीय शासी निकायों द्वारा विधायी और/या कार्यकारी (या विकसित) शक्तियों को नियंत्रित करने वाले सामान्य सिद्धांतों के एकछत्र विवरण के रूप में एक राष्ट्रीय जल फ्रेमवर्क कानून को विकसित करना जरूरी है।
3. भूमि और जल संसाधनों की वैज्ञानिक योजना सुनिश्चित करने के उद्देश्य से अंतर-राज्य समन्वय को सुविधाजनक बनाने के लिए, अंतर-राज्य नदियों और नदी घाटियों के ईष्टतम विकास के लिए व्यापक कानून जरूरी है।
4. यह मानते हुए कि प्राकृतिक नदी के प्रवाह में कम प्रवाह या कोई प्रवाह नहीं, छोटी बाढ़ (सैलाब), बड़ी बाढ़ आदि की विशेषता होती है, नदी की पारिस्थितिकी आवश्यकताओं को वैज्ञानिक अध्ययन के माध्यम से निर्धारित किया जाना चाहिए और विकास की आवश्यकताओं को समायोजित करना चाहिए।

5. संभव जलवायु परिवर्तन के लिए मुकाबला करने के लिए जल संसाधन संरचनाओं, जैसे-बांध, बाढ़ तटबंध, ज्वार तटबंध आदि की योजना और प्रबंधन जैसी रणनीतियों को शामिल करना चाहिए। संभावित जलवायु परिवर्तनों को देखते हुए नई जलवायु संसाधनों परियोजनाओं के संबंध में स्वीकार्यता मानदंड पर फिर से कार्य करने की आवश्यकता है।
6. विभिन्न प्रयोजनों के लिए पानी के उपयोग हेतु बेंचमार्क विकसित करने के लिए एक प्रणाली, अर्थात् पानी के कुशल उपयोग को बढ़ावा देने और प्रोत्साहित करने के लिए पानी के पद-छाप, और पानी के ऑडिटिंग को विकसित किया जाना चाहिए।
7. पानी का मूल्य निर्धारण, इसके कुशल उपयोग और प्रतिफल संरक्षण को सुनिश्चित करना चाहिए। पीने के लिए और अन्य उपयोग जैसे कि स्वच्छता, कृषि और औद्योगिक आदि सभी के लिए पानी की उपलब्धता और उसके उचित मूल्य, के लिए समान पहुंच, प्रत्येक राज्य द्वारा स्थापित एक स्वतंत्र वैधानिक जल नियामक प्राधिकरण के माध्यम से प्राप्त किया जाना चाहिए।
8. जल उपयोगकर्ता संघों को जल शुल्क के एक हिस्से को इकट्ठा करने और बनाए रखने, उन्हें आवंटित पानी की मात्रा का प्रबंधन करने और वितरण क्षेत्र को अपने अधिकार क्षेत्र में बनाए रखने के लिए वैधानिक शक्तियां दी जानी चाहिए।
9. जल निकायों (नदियों, झीलों, टैंकों और तालाबों) और जल निकासी चैनलों (सिंचित क्षेत्र के साथ-साथ शहरी क्षेत्र जल निकासी) के अतिक्रमण और दिक्परिवर्ती को अनुमति नहीं दी जानी चाहिए, और जहां भी यह हुआ है, वहाँ संभव सीमा तक फिर से ठीक किया जाना चाहिए और ठीक से बनाए रखा जाना चाहिए।
10. अंतर-अनुशासनात्मक प्रकृति की होने के कारण जल संसाधन परियोजनाओं को परियोजना-प्रभावित और लाभार्थी परिवारों के परामर्श से तकनीकी-आर्थिक विचारों के अलावा सामाजिक और पर्यावरणीय पहलुओं पर भी विचार करके योजना बनाई जानी चाहिए।
11. जबकि संरचनात्मक और गैर-संरचनात्मक उपायों के माध्यम से बाढ़ और सूखे जैसी पानी से संबंधित आपदाओं को रोकने के लिए हर संभव प्रयास किया जाना चाहिए, विकल्प के रूप में मुकाबला तंत्र के साथ बाढ़/सूखे के लिए तैयारियों पर बल दिया जाना चाहिए। प्राकृतिक जल निकासी प्रणाली के पुनर्वास पर अधिक जोर दिया जाना चाहिए।
12. शहरी क्षेत्रों में और ग्रामीण क्षेत्रों में पानी की आपूर्ति के लिए अनुबंध में बड़ी असमानता को दूर करने की आवश्यकता है। ग्रामीण क्षेत्रों में सटीक सीवरेज सुविधाओं के साथ बेहतर जलापूर्ति प्रदान करने के प्रयास किए जाने चाहिए।
13. पानी से संबंधित मुद्दों पर विचार-विमर्श करने और पार्टी राज्यों के साथ आम सहमति, सहयोग और सामंजस्य विकसित करने के लिए राष्ट्रीय स्तर पर एक फोरम तैयार किया जाना चाहिए।
14. केंद्र में एक स्थायी जल विवाद न्यायाधिकरण की स्थापना की जानी चाहिए ताकि विवादों को समान रूप से हल किया जा सके।
15. जल संसाधन परियोजनाओं और सेवाओं को सामुदायिक भागीदारी के साथ प्रबंधित किया जाना चाहिए। स्थायी आधार पर बेहतर सेवा वितरण के लिए, राज्य सरकारें/शहरी स्थानीय निकाय निजी क्षेत्र को सार्वजनिक-निजी भागीदारी मोड में जोड़ सकते हैं, बशर्ते कि उनके असफल होने पर दंड लिया जाएगा।
16. एकीकृत जल संसाधन प्रबंधन जल संसाधनों के नियोजन, विकास और प्रबंधन के लिए मुख्य सिद्धांत नदी बेसिन/उप-बेसिन को एक इकाई के रूप में होना चाहिए।
17. देशभर से नियमित रूप से हाइड्रोलॉजिकल डेटा एकत्र करने, समानुक्रमित करने और संसाधित करने, प्रारंभिक प्रसंस्करण का संचालन करने और भौगोलिक सूचना प्रणाली प्लेटफॉर्म पर एक खुले और पारदर्शी तरीके से बनाए रखने के लिए एक

राष्ट्रीय जल सूचना विज्ञान केंद्र स्थापित किया जाना चाहिए।

18. नीतिगत निर्णयों के प्रभावों का मूल्यांकन करने और जल संसाधनों के परिदृश्य को बदलने के उद्देश्य से नीति निर्देशों को विकसित करने के लिए एक स्वायत्त केंद्र भी स्थापित किया जाना चाहिए।

राष्ट्रीय कृषि नीति (National Agriculture Policy)

राष्ट्रीय कृषि नीति की घोषणा पहली बार वर्ष 2000 में की गई थी। नीति में भारतीय कृषि की विशाल अप्रयुक्त विकास क्षमता को साकार करने, ग्रामीण कृषि के बुनियादी ढांचे को मजबूत करने, कृषि विकास को बढ़ावा देने, मूल्य संवर्द्धन को बढ़ावा देने, कृषि-व्यवसाय के विकास में तेजी लाने, ग्रामीण क्षेत्रों में रोजगार सृजित करने, उचित जीवन स्तर को सुरक्षित करने, किसानों और कृषि श्रमिकों और उनके परिवारों के लिए जीवन स्तर को सुरक्षित बनाने, शहरी क्षेत्रों में प्रवास में कमी लाने और आर्थिक उदारीकरण और वैश्वीकरण से उत्पन्न चुनौतियों का सामना करने का प्रयास किया गया है। आने वाले दो दशकों में इस नीति के उद्देश्य कुछ इस प्रकार हैं:

1. कृषि क्षेत्र में प्रतिवर्ष चार प्रतिशत से अधिक की वृद्धि दर।
2. नीति में कृषि के सतत् विकास को बढ़ावा देने के लिए तकनीकी रूप से प्रबल, आर्थिक रूप से व्यवहार्य, पर्यावरण की दृष्टि से गैर-अपघटनशील और देश के प्राकृतिक संसाधनों, जैसे-भूमि, जल और कृषि के संधारणीय विकास, का सामाजिक रूप से स्वीकार्य उपयोग करना।
3. जिन पौधों की खेती में पानी का कम इस्तेमाल होता है, सूखा प्रतिरोधी होते हैं, कीट-प्रतिरोधी होते हैं, जिनमें अधिक पोषण होता है, उच्च पैदावार होती है और पर्यावरण की दृष्टि से सुरक्षित हैं, उनके लिए जैव प्रौद्योगिकी के उपयोग बढ़ावा दिया जाएगा।
4. जीन बैंकों में उनके एक्स-सीटू संरक्षण के माध्यम से जैव-स्रोतों का संरक्षण, जैसा कि जैव-विविधता पार्कों के माध्यम से उनके प्राकृतिक आवासों में इन-सीटू संरक्षण, आदि, जैव-विविधता की कमी को रोकने के लिए उच्च प्राथमिकता प्राप्त करेंगे।
5. जैव-द्रव्यमान, जैविक और अकार्बनिक उर्वरकों के संतुलित और संयुग्मित उपयोग और एकीकृत पोषक तत्वों और कीट प्रबंधन के माध्यम से कृषि रसायनों के नियंत्रित उपयोग को बढ़ावा दिया जाएगा।
6. हर क्षेत्र की पूर्ण विकास क्षमता प्राप्त करने के लिए कृषि, जलवायु और पर्यावरणीय स्थितियों को ध्यान में रखते हुए क्षेत्रीय रूप से पृथक् करने वाली रणनीति का अनुसरण किया जाएगा। नई किस्मों वाली फसल के विकास पर विशेष ध्यान दिया जाएगा, विशेषकर उच्च पोषण मूल्य वाले खाद्य फसलों का।
7. खाद्य आपूर्ति बढ़ाने और ग्रामीण क्षेत्रों में रोजगार को बढ़ावा देने के लिए वर्षा आधारित और सिंचित बागवानी, फूलों की खेती, कंद-मूल, वृक्षारोपण फसलें, सुगंधित और औषधीय पौधों, मधुमक्खी पालन और रेशम के कीड़ों का पालन के विकास के लिए एक प्रमुख जोर दिया जाएगा।
8. कृषि में विविधता लाने, खाद्य टोकरी में पशु प्रोटीन की उपलब्धता बढ़ाने और निर्यात योग्य अधिशेष पैदा करने के प्रयासों में पशुपालन, कुक्कुट पालन, डेयरी और जलीय कृषि का विकास उच्च प्राथमिकता प्राप्त करेगा।
9. समुद्री और अंतर्देशीय मत्स्यपालन के लिए एक ऐसे एकीकृत दृष्टिकोण को अपनाया जाएगा जिसे स्थायी जलीय कृषि प्रथाओं को बढ़ावा देने के लिए डिज़ाइन किया गया है।
10. कृषि-जलवायु क्षेत्रों के आधार पर कृषि अनुसंधान के क्षेत्रीयकरण को उच्च प्राथमिकता दी जाएगी। जैव प्रौद्योगिकियों जैसे-सीमावर्ती विज्ञान, दूरस्थ संवेदी प्रौद्योगिकियों, फसलों की कटाई से पहले और बाद में प्रयुक्त होने वाली प्रौद्योगिकियों, ऊर्जा-बचत प्रौद्योगिकियों, पर्यावरण संरक्षण के लिए प्रौद्योगिकी और राष्ट्रीय अनुसंधान प्रणाली, साथ ही मालिकाना शोध के माध्यम से पर्यावरण संरक्षण के लिए प्रौद्योगिकी को प्रोत्साहित किया जाएगा।
11. अनुसंधान और विस्तार प्रणाली की गुणवत्ता और प्रभावशीलता में सुधार के लिए अनुसंधान और विस्तार लिंकेज को मजबूत किया जाएगा।
12. सरकार द्वारा बीज, उर्वरक, पौध संरक्षण रसायन, जैव कीटनाशक, कृषि से जुड़ी मशीनरी और किसानों को

उचित दरों पर ऋण प्रदान करने जैसे गुणवत्ता इनपुट की पर्याप्त और समय पर आपूर्ति करने का प्रयास किया जाएगा।

13. सरकार कृषि के लिए प्रोत्साहन व्यवस्था में विकृतियों को दूर करके, विनिर्माण क्षेत्रों के साथ व्यापार की शर्तों में सुधार और बाहरी और घरेलू बाजार सुधार लाने के लिए पूंजी निर्माण और किसान के स्वयं के निवेश को बढ़ाने के लिए अनुकूल आर्थिक वातावरण बनाने का प्रयास करेगी।
14. कृषि विकास के लिए एक प्रमुख प्रस्तावक के रूप में ग्रामीण विद्युतीकरण को उच्च प्राथमिकता दी जाएगी। बिजली आपूर्ति की गुणवत्ता और उपलब्धता में सुधार किया जाएगा और कृषि क्षेत्र की मांग पर्याप्त रूप से विश्वसनीय और लागत प्रभावी तरीके से पूरी की जाएगी।
15. निर्मित और उपयोग की जाने वाली सिंचाई क्षमता के बीच अंतर को पाटना, चल रही सभी परियोजनाओं को पूरा करना, जल निकासी सहित सिंचाई के बुनियादी ढांचे की बहाली और आधुनिकीकरण, राष्ट्रीय जल संसाधनों के संवर्द्धन और प्रबंधन की एक एकीकृत योजना को विकसित करना और कार्यान्वित करना सिंचाई जल की उपलब्धता और उपयोग को बढ़ाने के लिए विशेष ध्यान देगा।
16. कटाई के बाद के होने वाले नुकसान को कम करने और उत्पादकों को बेहतर लाभ सुनिश्चित करने के उद्देश्य से विपणन बुनियादी ढांचे और संरक्षण, भंडारण और परिवहन की तकनीकों के विकास पर जोर दिया जाएगा।

राष्ट्रीय किसान नीति (National Policy for Farmers)

वर्ष 2004 में सरकार ने डॉ. एम. एस. स्वामीनाथन की अध्यक्षता में किसानों पर एक राष्ट्रीय आयोग का गठन किया था। आयोग ने वर्ष 2006 में अपनी अंतिम रिपोर्ट प्रस्तुत की। आयोग द्वारा की गई सिफारिशों के आधार पर, 'राष्ट्रीय किसान नीति (2007)' तैयार की गई और इसे अनुमोदित किया गया।

इस नीति के प्रमुख लक्ष्य निम्नलिखित हैं:

1. किसानों की शुद्ध आय में काफी हद तक वृद्धि करके खेती की आर्थिक व्यवहार्यता में सुधार करना और यह सुनिश्चित करना कि इस आय में हुई प्रगति से कृषि प्रगति को मापा जाए।
2. संरक्षण में आर्थिक हिस्सेदारी बनाकर प्रमुख कृषि प्रणालियों की उत्पादकता, लाभप्रदता और स्थिरता में निरंतर वृद्धि के लिए आवश्यक भूमि, जल, जैव-विविधता और आनुवंशिक संसाधनों की रक्षा और सुधार करना।
3. किसानों के लिए पर्याप्त मात्रा में बीज, सिंचाई, बिजली, मशीनरी और औजार, उर्वरकों और सस्ती कीमतों पर ऋण के प्रावधान सहित समर्थन सेवाएं विकसित करना।
4. आजीविका की सुरक्षा और किसान परिवारों की सुरक्षा और राष्ट्र की स्वास्थ्य और व्यापार सुरक्षा के लिए फसलों, पशुपालन, मछली और वन वृक्षों की जैव सुरक्षा को मजबूत करना।
5. किसानों की आय बढ़ाने के लिए उचित मूल्य और व्यापार नीति तंत्र प्रदान करना।
6. किसानों को पर्याप्त और समय पर मुआवजे के लिए उपयुक्त जोखिम प्रबंधन उपायों के लिए प्रदान करना।
7. भूमि सुधारों के मामले में अधूरी कार्यसूची को पूरा करना और व्यापक संपत्ति और जलीय सुधारों को शुरू करना।
8. सभी कृषि नीतियों और कार्यक्रमों में मानव और लिंग आयाम को मुख्य विषय के रूप में लाना।
9. स्थायी ग्रामीण आजीविका पर स्पष्ट ध्यान देना।
10. ग्रामीण भारत में समुदाय-केंद्रित भोजन, पानी और ऊर्जा सुरक्षा प्रणालियों को बढ़ावा देना और प्रत्येक बच्चे, महिला और पुरुष के स्तर पर पोषण सुरक्षा सुनिश्चित करना।
11. ऐसे उपायों को पेश करना जो कृषि उत्पादों की खेती और प्रसंस्करण में युवाओं को बौद्धिक रूप से प्रेरक और आर्थिक रूप से पुरस्कृत करके उच्च मूल्य संवर्द्धन के लिए आकर्षित करने और उन्हें बनाए रखने में मदद कर सकते हैं।

12. जैव प्रौद्योगिकी और आईसीटी के माध्यम से विकसित सतत् कृषि, उत्पादों और प्रक्रियाओं के लिए आवश्यक आदानों के उत्पादन और आपूर्ति में भारत को एक वैश्विक आउटसोर्सिंग हब बनाना।
13. प्रत्येक कृषि और गृह विज्ञान स्नातक को उद्यमी बनने में सक्षम बनाने के लिए और कृषि शिक्षा को लिंग संवेदनशील बनाने के लिए कृषि पाठ्यक्रम और शैक्षणिक विधियों का पुनर्गठन करना।
14. किसानों के लिए एक सामाजिक सुरक्षा प्रणाली विकसित करना और उसे प्रस्तुत करना।
15. खेती से जुड़े लोगों को गैर-कृषि रोजगार के लिए पर्याप्त माप में उचित अवसर प्रदान करना।

इस नीति के प्रयोजन के लिए, 'किसान' शब्द सक्रिय रूप से उपजती फसलों और अन्य प्राथमिक कृषि वस्तुओं के उत्पादन में आर्थिक और/या आजीविका गतिविधि में लगे एक व्यक्ति को संदर्भित करेगा और इसमें सभी कृषि परिचालन धारक, कृषक, खेतिहर मजदूर, बटाईदार, किरायेदार, मुर्गी पालन करने वाले और पशुपालन करने वाले, मछलीपालन करने वाले, मधुमक्खी पालन करने वाले, बागवानी करने वाले, गैर-कॉरपोरेट प्लांटर्स और रोपण मजदूरों के साथ-साथ विभिन्न कृषि-संबंधित व्यवसायों जैसे कि रेशम के कीड़ों का पालन, वर्मीकल्चर और कृषि-वानिकी से जुड़े व्यक्ति शामिल होंगे। इस शब्द में लघु और गैर-इमारती लकड़ी की झूम कृषि, उसके संग्रह और उपयोग और बिक्री से जुड़े आदिवासी परिवार/व्यक्ति भी शामिल होंगे।

राष्ट्रीय पर्यावरण नीति (National Environment Policy)

राष्ट्रीय पर्यावरण नीति (2006) के प्रमुख उद्देश्य निम्नानुसार हैं:

1. जीवन के लिए जरूरी, आजीविका, आर्थिक विकास और मानव कल्याण की एक व्यापक अवधारणा के लिए आवश्यक महत्वपूर्ण पारिस्थितिकी प्रणालियों और संसाधनों, और अमूल्य प्राकृतिक और मानव निर्मित विरासत की रक्षा और संरक्षण करना।
2. समाज के सभी वर्गों के लिए पर्यावरण संसाधनों और गुणवत्ता के लिए समान पहुंच सुनिश्चित करना, और विशेष रूप से यह सुनिश्चित करना कि अपनी आजीविका के लिए पर्यावरण संसाधनों पर सबसे अधिक निर्भर होने वाले गरीब समुदाय को इन संसाधनों तक सुरक्षित सुविधा प्राप्त हो।
3. वर्तमान और आने वाली पीढ़ियों की आवश्यकताओं और आकांक्षाओं को पूरा करने के लिए पर्यावरणीय संसाधनों का विवेकपूर्ण उपयोग सुनिश्चित करना।
4. आर्थिक और सामाजिक विकास के लिए नीतियों, योजनाओं, कार्यक्रमों और परियोजनाओं में पर्यावरण संबंधी चिंताओं को एकीकृत करना।
5. आर्थिक उत्पादन की प्रति इकाई उनके उपयोग में कमी और प्रतिकूल पर्यावरणीय प्रभावों को कम करने के लिए पर्यावरणीय संसाधनों के कुशल उपयोग को सुनिश्चित करना।
6. पर्यावरणीय संसाधनों के उपयोग के प्रबंधन और विनियमन के लिए सुशासन (पारदर्शिता, तर्कसंगतता, जवाबदेही, समय और लागत में कमी, भागीदारी और नियामक स्वतंत्रता) के सिद्धांतों को लागू करना।
7. स्थानीय समुदायों, सार्वजनिक एजेंसियों, शैक्षणिक और अनुसंधान समुदाय, निवेशकों और बहुपक्षीय और द्विपक्षीय विकास भागीदारों के बीच पारस्परिक रूप से लाभप्रद बहु-हितधारक साझेदारी के माध्यम से पर्यावरण संरक्षण के लिए वित्त, प्रौद्योगिकी, प्रबंधन कौशल, पारंपरिक ज्ञान और सामाजिक पूंजी सहित उच्च संसाधन प्रवाह सुनिश्चित करना।

लोक नीति (5)
[Public Policy (5)]

16

जैव ईंधन पर राष्ट्रीय नीति (National Policy on Biofuels)

देश में जैव ईंधन के प्रसार के उद्देश्य से जैव ईंधन पर पहली राष्ट्रीय नीति 2009 में अपनाई गई थी। इस नीति को 2018 में नई नीति से प्रतिस्थापित किया गया।

नई नीति का उद्देश्य मुख्य रूप से जैव ईंधन के उत्पादन के लिए स्वदेशी फीडस्टॉक्स के उपयोग द्वारा अंतर्राष्ट्रीय परिप्रेक्ष्य और राष्ट्रीय परिदृश्य के संदर्भ में नए सिरे से ध्यान केंद्रित करना है।

नीति नए फीडस्टॉक के आधार पर अगली पीढ़ी के जैव ईंधन रूपांतरण प्रौद्योगिकियों के विकास पर भी ध्यान केंद्रित करती है और देश की जैव विविधता का उपयोग करते हुए घरेलू स्तर पर उपलब्ध फीडस्टॉक की खोज को बढ़ावा देती है।

नीति का उद्देश्य आने वाले दशक के दौरान देश के ऊर्जा और परिवहन क्षेत्रों में जैव ईंधन का उपयोग बढ़ाना है। इसका उद्देश्य एक स्थायी/सतत् रूप से रोजगार के नए अवसर का सृजन करने के अतिरिक्त, घरेलू फीडस्टॉक का उपयोग, विकास और संवर्द्धन/प्रसार करना है, जिससे राष्ट्रीय ऊर्जा सुरक्षा, जलवायु परिवर्तन शमन में योगदान के साथ जीवाश्म ईंधन का प्रतिस्थापन्न बढ़ता जायेगा। इसके साथ ही, नीति जैव ईंधन के उत्पादन के लिए विकास उन्मुख आधुनिक प्रौद्योगिकियों के प्रयोगों को भी प्रोत्साहित करेगी।

नीति का लक्ष्य बाजार में जैव ईंधन की उपलब्धता को सक्षम करना है, जिससे इसका सम्मिश्रण प्रतिशत बढ़ेगा। वर्तमान में पेट्रोल में इथेनॉल सम्मिश्रण प्रतिशत लगभग 2.0% है और डीजल में बायोडीजल/जैव डीजल सम्मिश्रण प्रतिशत 0.1% से कम है। पेट्रोल में इथेनॉल के 20% सम्मिश्रण तथा डीजल में बायोडीजल/जैव डीजल का 5% सम्मिश्रण का एक सांकेतिक लक्ष्य 2030 तक प्रस्तावित है। इस लक्ष्य की प्राप्ति इस प्रकार की जा सकती है:

1. घरेलू उत्पादन बढ़ाने के माध्यम से चल रहे इथेनॉल/बायोडीजल की आपूर्ति को मजबूत करने से।
2. दूसरी पीढ़ी (2जी) की जैव रिफाइनरियों की स्थापना से।
3. जैव ईंधन के लिए नए फीडस्टॉक के विकास से।
4. जैव ईंधन में रूपांतरण के लिए नई तकनीकों के विकास से।
5. जैव ईंधन और मुख्य ईंधनों के साथ इसके एकीकरण के लिए उपयुक्त वातावरण बनाने से।

नीति की प्रमुख विशेषताओं का उल्लेख निम्नलिखित है:

1. प्रत्येक श्रेणी के अंतर्गत उपयुक्त वित्तीय और राजकोषीय प्रोत्साहन के विस्तार को सक्षम करने हेतु नीति, जैव ईंधन को 'मूल जैव ईंधन' के रूप में वर्गीकृत करती है। पहली पीढ़ी (1G) बायो इथेनॉल/ जैव इथेनॉल तथा बायोडीजल और 'जैव ईंधन'-दूसरी पीढ़ी (2G) इथेनॉल, नगरपालिका ठोस अपशिष्ट (Mu nicipal Solid Waste) को ड्रॉप-इन ईंधन के लिए, तीसरी पीढ़ी (3G) जैव ईंधन, जैव-सीएनजी आदि।
2. नीति इथेनॉल उत्पादन के लिए कच्चे माल के दायरे का विस्तार करती है, गन्ने के रस, चीनी युक्त सामग्री जैसे चुकंदर, मीठा सोरघम, स्टार्च युक्त सामग्री जैसे कॉर्न, कसावा, क्षतिग्रस्त गेहूं, टूटे चावल, सड़े हुए आलू जैसे मानव उपभोग के लिए अयोग्य खाद्यान्नों को, इथेनॉल उत्पादन के उपयोग करने की अनुमति प्रदान करती है।
3. अधिशेष उत्पादन चरण में किसानों को अपनी उपज का उचित मूल्य नहीं मिलने का खतरा रहता है। इसे ध्यान में रखते हुए, नीति राष्ट्रीय जैव ईंधन समन्वय समिति की मंजूरी की योग के साथ पेट्रोल के सम्मिश्रण से अधिशेष खाद्यान्न को इथेनॉल के उत्पादन के लिए अनुमति प्रदान करती है।

4. उन्नत जैव ईंधन पर जोर देने के साथ, नीति एक व्यवहार्यता अंतर वित्तपोषण की ओर इंगित करती है, 6 वर्षों में 5,000 करोड़ रुपये की 2जी इथेनॉल बायो रिफाइनरियों के हेतु पहली पीढ़ी (1G) जैव ईंधन की तुलना में अतिरिक्त कर प्रोत्साहन, उच्च खरीद मूल्य की ओर इंगित करती है।
5. गैर-खाद्य तिलहनों से, प्रयोग किए हुए खाने के तेल (cooking oil), लघु समयावधि फसलों से बायोडीजल के उत्पादन हेतु आपूर्ति शृंखला तंत्र की स्थापना को प्रोत्साहित करती है।
6. प्रयासों के समन्वय हेतु, जैव ईंधन से संबंधित, सभी मंत्रालयों/विभागों की भूमिकाओं और जिम्मेदारियों को नीति दस्तावेज में स्थान दिया गया है।

सूचना प्रौद्योगिकी पर राष्ट्रीय नीति (National Policy on Information Technology)

सूचना प्रौद्योगिकी पर राष्ट्रीय नीति (2012) का उद्देश्य वैश्विक सूचना प्रौद्योगिकी [Information Technology (IT)] हब के रूप में भारत की स्थिति को मजबूत करने और इसे विस्तृत करना और राष्ट्रीय अर्थव्यवस्था में तेजी से, समावेशी और पर्याप्त विकास के लिए आईटी और साइबर स्पेस का उपयोग एक द्रुत इंजन के रूप में करना है।

यह नीति 2020 तक पूरे भारत में सूचना और संचार प्रौद्योगिकी [Information and Communications Technology (ICT)] के पूर्ण प्रचलन के दोहरे लक्ष्यों को प्राप्त करना चाहती है और पूरे भारत की क्षमता और मानव संसाधनों का इस्तेमाल करके भारत को ग्लोबल हब और आईटी और आईटी-सक्षम सेवाओं [IT&Enabled Services (ITES) के गंतव्य के रूप में उभरने में सक्षम बनाती है। इसलिए नीति का ध्यान अर्थव्यवस्था के सभी क्षेत्रों में सूचना और संचार प्रौद्योगिकी की तैनाती और दुनिया को सूचना प्रौद्योगिकी समाधान प्रदान करने पर केन्द्रित है।

इस नीति के उद्देश्य/प्रमुख विषय कुछ इस प्रकार हैं:

1. वर्ष 2020 तक सूचना प्रौद्योगिकी और सूचना और संचार प्रौद्योगिकी उद्योग का राजस्व 100 बिलियन अमेरिकी डॉलर से बढ़ाकर 300 बिलियन अमरीकी डॉलर करना और वर्ष 2020 तक वर्तमान के 69 बिलियन अमेरिकी डॉलर निर्यात को बढ़ाकर 200 बिलियन अमेरिकी डॉलर तक पहुंचाना है।
2. उभरती प्रौद्योगिकियों और सेवाओं के क्षेत्र में महत्वपूर्ण वैश्विक बाजार में हिस्सेदारी प्राप्त करना।
3. अत्याधुनिक प्रौद्योगिकियों और स्थानीयकरण, स्थान-आधारित सेवाओं, मोबाइल मूल्य वर्द्धित सेवाओं, क्लाउड कंप्यूटिंग, सोशल मीडिया और उपयोगिता मॉडल जैसे क्षेत्रों में अनुप्रयोगों और समाधानों के विकास में अनुसंधान और विकास [Research&Development (R&D)] को बढ़ावा देना।
4. प्रमुख आर्थिक और रणनीतिक क्षेत्रों में सूचना और संचार प्रौद्योगिकी को अपनाने के उद्देश्य से उनकी प्रतिस्पर्द्धात्मकता और उत्पादकता में सुधार करने के लिए प्रोत्साहित करना।
5. सूचना प्रौद्योगिकी को मूल्य निर्माण में अपनाने के लिए छोटे और मध्यम उद्यमों और स्टार्टअप को वित्तीय लाभ प्रदान करना।
6. सूचना और संचार प्रौद्योगिकी में 10 मिलियन अतिरिक्त कुशल श्रमशक्ति का एक समूह बनाना।
7. प्रत्येक घर के कम-से-कम एक सदस्य को ई-साक्षर बनाना।
8. इलेक्ट्रॉनिक मोड में सभी सार्वजनिक सेवाओं का अनिवार्य वितरण और सस्ती पहुंच प्रदान करना।
9. सरकार और विशेष रूप से सार्वजनिक सेवाओं के वितरण में पारदर्शिता, जवाबदेही, दक्षता, विश्वसनीयता और विकेंद्रीकरण बढ़ाना।
10. इक्विटी और गुणवत्ता को बढ़ावा देने के उद्देश्य से शिक्षा, स्वास्थ्य, ग्रामीण विकास और वित्तीय सेवाओं जैसी प्रमुख सामाजिक क्षेत्र की पहल के लिए सूचना और संचार प्रौद्योगिकी का लाभ उठाना।
11. सभी भारतीय भाषाओं में सुलभ सामग्री के विकास को प्रोत्साहित करने और सुविधाजनक बनाने के लिए और डिजिटल डिवाइड को पाटने में मदद करने के लिए भारत को भाषा प्रौद्योगिकियों के विकास का वैश्विक केंद्र बनाना।

12. समावेशी विकास को बढ़ावा देने के लिए दिव्यांग व्यक्तियों द्वारा सामग्री और सूचना और संचार प्रौद्योगिकी अनुप्रयोगों की पहुंच को सक्षम करना।
13. कार्यबल का विस्तार करने और जीवन भर सीखने को सक्षम करने के लिए सूचना और संचार प्रौद्योगिकी का लाभ उठाना।
14. एक सुरक्षित और कानूनी रूप से अनुवर्ती साइबर स्पेस पारिस्थितिकी तंत्र को सुनिश्चित करने के लिए नियामक और सुरक्षा ढांचे को मजबूत करना।
15. खुले मानकों को अपनाना और खुले स्रोत और खुली प्रौद्योगिकियों को बढ़ावा देना।

विज्ञान, प्रौद्योगिकी और नवाचार नीति (Science, Technology and Innovation Policy)

भारत के वैज्ञानिक नीति संकल्प 1958 ने अपने सभी पहलुओं में विज्ञान और वैज्ञानिक अनुसंधान को प्रोत्साहित करने, बढ़ावा देने और उसे बनाए रखने का संकल्प लिया। उस समय प्रौद्योगिकी को देश के स्थापित विज्ञान के बुनियादी ढांचे से प्रवाहित होने की उम्मीद थी। वर्ष 1983 के प्रौद्योगिकी नीति विवरण ने तकनीकी क्षमता और आत्मनिर्भरता प्राप्त करने की आवश्यकता पर जोर दिया।

वर्ष 2003 की विज्ञान और प्रौद्योगिकी नीति ने विज्ञान और प्रौद्योगिकी (एस एंड टी) को एक साथ लाया और अनुसंधान और विकास में निवेश की आवश्यकता पर जोर दिया। इसने राष्ट्रीय अनुसंधान और विकास प्रणाली के साथ सामाजिक-आर्थिक क्षेत्रों के कार्यक्रमों को एकीकृत करने के लिए, राष्ट्रीय समस्याओं को संबोधित करने के साथ-साथ एक राष्ट्रीय नवाचार प्रणाली बनाने का आह्वान किया।

भारत ने 2010-20 को 'नवाचार के दशक' के रूप में घोषित किया है। सरकार ने विज्ञान, प्रौद्योगिकी और नवाचार के तालमेल के लिए एक नीति को लागू करने की आवश्यकता पर बल दिया है और राष्ट्रीय नवाचार परिषद की भी स्थापना की है। वर्ष 2013 की विज्ञान, प्रौद्योगिकी और नवाचार (एसटीआई) नीति इन घोषणाओं को प्रोत्साहित करने में है। इसका उद्देश्य भारतीय संदर्भ में नवाचार पर वहन करने के लिए नए दृष्टिकोण लाना है।

भारतीय प्रौद्योगिकी और नवाचार उद्यम का महत्वाकांक्षी उद्देश्य द्रुत, स्थायी और समावेशी विकास के लिए विज्ञान के नेतृत्व वाले समाधानों की खोज और वितरण में तेजी लाना है। प्रौद्योगिकी और नवाचार नीति का लक्षय भारत के लिए उच्च प्रौद्योगिकी के नेतृत्व वाले मार्ग के लिए एक मजबूत और व्यवहार्य विज्ञान, अनुसंधान और नवाचार प्रणाली लाना है।

प्रौद्योगिकी और नवाचार नीति के प्रमुख तत्व कुछ इस प्रकार हैं:

1. समाज के सभी वर्गों में वैज्ञानिक मनोवृत्ति के प्रसार को बढ़ावा देना।
2. सभी सामाजिक स्तरों में युवाओं के बीच विज्ञान के अनुप्रयोगों के लिए कौशल बढ़ाना।
3. प्रतिभाशाली और मेधावी लोगों के लिए विज्ञान, अनुसंधान और नवाचार में करियर को पर्याप्त आकर्षक बनाना।
4. विज्ञान के कुछ चुनिंदा सीमांत क्षेत्रों में वैश्विक नेतृत्व प्राप्त करने के लिए अनुसंधान एवं विकास के लिए विश्व स्तरीय बुनियादी ढाँचे की स्थापना।
5. वर्ष 2020 तक भारत को शीर्ष पांच वैश्विक वैज्ञानिक शक्तियों में दर्जा प्रदान करना।
6. समावेशी आर्थिक विकास कार्यसूची के साथ विज्ञान, अनुसंधान और नवाचार प्रणाली के योगदान और उत्कृष्टता और प्रासंगिकता की प्राथमिकताओं को जोड़ना।
7. अनुसंधान और विकास में निजी क्षेत्र की भागीदारी बढ़ाने के लिए माहौल बनाना।
8. नए सफल सार्वजनिक-निजी भागीदारी संरचनाओं की स्थापना के साथ ही सफल मॉडल की प्रतिकृति बनाकर सामाजिक और वाणिज्यिक अनुप्रयोगों में अनुसंधान और विकास परिणामों के रूपांतरण को सक्षम करना।
9. नए तंत्रों के माध्यम से विज्ञान और प्रौद्योगिकी आधारित उच्च जोखिम वाले नवाचारों की तलाश करना।
10. आकार और प्रौद्योगिकी क्षेत्र में संसाधन-अनुकूलित, लागत प्रभावी नवाचारों को बढ़ावा देना।
11. विज्ञान और प्रौद्योगिकी-व्युत्पन्न ज्ञान से पैसे बनाने, सम्मान और पुरस्कृत प्रदर्शन को पहचानने के लिए मानसिकता और मूल्य प्रणालियों में परिवर्तन करना
12. एक मजबूत राष्ट्रीय नवाचार प्रणाली बनाना।

राष्ट्रीय खनिज नीति (National Mineral Policy)

पहली राष्ट्रीय खनिज नीति 1993 में लागू/घोषित की गई थी। इस नीति को 2008 में दूसरी नीति से प्रतिस्थापित कर दिया गया। 2019 में नई नीति को अपनाया गया।

नई नीति अधिक प्रभावी विनियमन सुनिश्चित करेगी। परियोजना से प्रभावित व्यक्तियों, विशेष रूप से वे जो आदिवासी क्षेत्रों में निवास करते हैं, के मुद्दों को संबोधित करते हुए यह, भविष्य में, खनन क्षेत्र के सतत् विकास करने हेतु कारण बनेगी।

नीति का उद्देश्य अधिक प्रभावी, सार्थक/ अर्थपूर्ण तथा कार्यान्वित की जाने वाली नीति, जो संतुलित सामाजिक और आर्थिक विकास के साथ ही भविष्य में, और अधिक पारदर्शिता, बेहतर विनियमन तथा प्रवर्तन लाने का है ।

नीति में ऐसे प्रावधान शामिल हैं जो खनन क्षेत्र को बढ़ावा देंगे, जैसे:

1. सर्वेक्षण अनुमति/पूर्वेक्षण लाइसेंस [reconnaissance permit and prospecting license (RP/PL)] धारकों के लिए पहले ना करने के अधिकार का परिचय,
2. निजी क्षेत्र को अन्वेषण करने के लिए प्रोत्साहित करना,
3. राजस्व हिस्सेदारी आधार पर अछूते क्षेत्रों में समग्र आरपी-सह-पीएल-सह-एमएल [mining lease (ML)] हेतु नीलामी,
4. खनन संस्थाओं के विलय और अधिग्रहण को प्रोत्साहन, और;
5. खनन पट्टों का हस्तांतरण तथा निजी क्षेत्र के खनन क्षेत्रों को बढ़ावा देने हेतु समर्पित खनिज गलियारों का सृजन।

खनन हेतु वित्त को निजी क्षेत्र में बढ़ावा देने के लिए नीति खनन गतिविधियों को उद्योग का दर्जा देने का प्रस्ताव देती है। यह इस बात का भी उल्लेख करती है कि खनिज हेतु दीर्घकालिक आयात निर्यात नीति; निजी क्षेत्र को व्यापार में बेहतर नियोजन और स्थिरता प्रदान करने में मदद करेगी।

नीति, सार्वजनिक क्षेत्रक उपक्रमों को दिए गए युक्तिसंगत आरक्षित क्षेत्रों, जिनका उपयोग नहीं हुआ है, का उल्लेख करती है तथा इन क्षेत्रों को नीलामी के लिए रखती है, जो निजी क्षेत्र को भागीदारी के अधिक अवसर प्रदान करेगा।

नीति में निजी क्षेत्र की सहायतार्थ विश्व मानदण्डों के साथ कर, लेवी तथा रॉयल्टी का सामंजस्य बैठाने के प्रयास करने का उल्लेख भी है।

नीति का उद्देश्य निजी निवेश को प्रेरक/प्रोत्साहन द्वारा आकर्षित करना है जब कि प्रयास, खनिज संसाधनों के डेटाबेस और खनिज टेनीमेंट्स प्रणालियों के अंतर्गत टेनीमेंट्स के डेटाबेस के रख-रखाव हेतु होंगे।

नीति, खनिजों की निकासी और परिवहन हेतु तटीय जलमार्ग और अंतर्देशीय नौवहन के उपयोग पर ध्यान केंद्रित करती है तथा खनिजों की परिवहन सुविधा हेतु समर्पित गलियारों के प्रयोगों को प्रोत्साहित करती है।

खनिज क्षेत्र को स्थिरता प्रदान करने हेतु तथा बड़े पैमाने पर वाणिज्य खनन गतिविधि के प्रोत्साहन के रूप में यह नीति, दीर्घकालिक निर्यात आयात नीति प्रस्तावित करती है।

यह नीति, अंतर्जनपदीय इक्विटी की अवधारणा, जो कि न केवल वर्तमान पीढ़ी बल्कि आने वाली पीढ़ियों के कल्याण से संबंधित है, का भी परिचय कराती है, और साथ ही, खनन में सतत् विकास सुनिश्चित करने हेतु, एक तंत्र को संस्थागत रूप देने हेतु अंतर मंत्रालय संबंधी गठन का प्रस्ताव रखती है।

राष्ट्रीय खेल नीति (National Sports Policy)

राष्ट्रीय खेल नीति; 1984 देश में खेलों के विकास और संवर्द्धन के लिए एक संगठित और व्यवस्थित ढांचा विकसित करने की दिशा में पहला कदम था, और साथ ही इसे वर्तमान राष्ट्रीय खेल नीति (2001) के प्रणेता के रूप में भी माना जा सकता है।

राष्ट्रीय खेल नीति (2001) के दोहरे विषयों में राष्ट्रीय और अंतर्राष्ट्रीय स्तर पर 'खेलों का व्यापक आधार' और 'खेलों में उत्कृष्टता हासिल करना' हैं।

इस नीति की मुख्य विशेषताएं इस प्रकार हैं:

1. खेलों का व्यापक आधार और उत्कृष्टता की उपलब्धि
2. अवसंरचना का उन्नयन और विकास
3. राष्ट्रीय खेल संघों और अन्य खेल निकायों को सहायता

4. खेलों के लिए वैज्ञानिक और कोचिंग समर्थन को मजबूत बनाना
5. खेलों को बढ़ावा देने के लिए विशेष प्रोत्साहन
6. महिलाओं, अनुसूचित जनजातियों और ग्रामीण युवाओं की बढ़ी भागीदारी
7. खेल प्रोत्साहन में कॉर्पोरेट क्षेत्र का समावेश
8. जनता के बीच खेल की मानसिकता को बड़े पैमाने पर बढ़ावा देना

इस नीति के संदर्भ में, राज्य सरकार के साथ मिलकर, केंद्र सरकार, भारतीय ओलंपिक संघ [Indian Olympic Association (IOA)] और राष्ट्रीय खेल संघ (National Sports Federation) से युक्त होकर राष्ट्रीय तथा अंतर्राष्ट्रीय स्तर पर 'खेलों के व्यापक आधार' और 'खेलों में उत्कृष्टता प्राप्त करना' के जुड़वां लक्ष्य को प्राप्त करने के उद्देश्य हेतु प्रयासरत होगी। खेल गतिविधियाँ, जिनमें देश की संभावित ताकत और प्रतिस्पर्द्धी लाभ है, उन्हें, तेजी से बढ़ावा देने की आवश्यकता है। इसके अंत में, खेल और शारीरिक शिक्षा को शिक्षा पाठ्यक्रम के साथ अधिक प्रभावी ढंग से एकीकृत किया जाएगा।

जबकि खेलों का व्यापक आधार, मुख्य रूप से राज्य की जिम्मेदारी रहेगा, केंद्रीय सरकार इस दिशा में ग्रामीण और आदिवासी क्षेत्रों सहित सभी क्षेत्रों में अव्यक्त प्रतिभा के दोहन हेतु प्रयासों के लिए सक्रिय रूप से पूरक रहेगी। केंद्रीय सरकार और भारतीय खेल प्राधिकरण (Sports Authority of India) भारतीय ओलम्पिक संघ के साथ मिलकर, राष्ट्रीय और अंतर्राष्ट्रीय स्तर पर राष्ट्रीय खेल संघ, उत्कृष्टता प्राप्त करने के विशिष्ट उद्देश्य ध्यान केंद्रित करेंगे।

भारत के संविधान की समवर्ती सूची में 'खेल' को समाविष्ट करने का प्रश्न और राष्ट्रीय और अंतर-राज्य अधिकार क्षेत्र से जुड़े सभी मामलों का मार्गदर्शन करने के लिए उपयुक्त कानून के द्वारा लक्ष्य प्राप्त करने के प्रयास किए जायेंगे।

लोक नीति (6)
[Public Policy (6)]

17

कौशल विकास और उद्यमिता के लिए राष्ट्रीय नीति (National Policy for Skill Development and Entrepreneurship)

कौशल विकास पर पहली राष्ट्रीय नीति को 2009 में अधिसूचित किया गया था। इस नीति को कौशल विकास हेतु नई राष्ट्रीय नीति और उद्यमिता, 2015 द्वारा प्रतिस्थापित किया गया।

नीति का मुख्य उद्देश्य आजीवन सीखने की वह प्रक्रिया जहां योग्यताएं उपकरण पत्रों के माध्यम से जमा होती है जैसे कि विश्वसनीय प्रमाण-पत्र, क्रेडिट संचय और हस्तांतरण, आदि के द्वारा व्यक्ति को उसकी पूर्ण क्षमताओं से परिचय कराकर उसे सशक्त बनाना है। जैसे-जैसे व्यक्ति का विकास होता है वैसे उनकी उत्पादकता और विकास से समाज और देश भी लाभान्वित होता है। इसमें सम्मिलित होंगे:

1. युवाओं और नियोक्ताओं दोनों के लिए गुणवत्तापूर्ण व्यावसायिक प्रशिक्षण को आकांक्षात्मक बनाना जहां युवा इसे पसंद और चुनाव के विषय के रूप में तथा अपेक्षित प्रीमियम का भुगतान करके नियोक्ता इसे कुशल कार्यबल से जुड़ी उत्पादकता के रूप में स्वीकार करेंगे।
2. औपचारिक शिक्षा के साथ कौशल प्रशिक्षण का सहज एकीकरण प्रदान करके भविष्य के विकास हेतु कुशल कार्यबल के दोनों रास्तों, ऊर्ध्वाधर और क्षैतिज को सुनिश्चित करना।
3. गुणवत्ता कौशल के प्रति एक परिणाम-आधारित दृष्टिकोण पर ध्यान देना जो एक ओर व्यक्तियों के लिए रोजगार में वृद्धि और बेहतर आजीविका, और दूसरी ओर प्राथमिक, द्वितीयक और तृतीयक क्षेत्रों में उत्पादकता में सुधार के रूप में अनुवादित होकर परिणाम देता है।
4. हर नागरिक तक समान तथा आसान पहुंच सुनिश्चित करने हेतु प्रशिक्षण के बुनियादी ढांचे और प्रशिक्षकों की क्षमता और गुणवत्ता में वृद्धि।
5. उद्योग की क्षेत्रीय आवश्यकताओं तथा राष्ट्र की रणनीतिक महत्ता वाले प्रमुख कार्यक्रम, जैसे-मेक इन इंडिया के साथ कुशल श्रमिकों की आपूर्ति से संरेखित करके मानव संसाधनों की जरूरतों को संबोधित करना।
6. कुशल कार्य दल की मांग और आपूर्ति के योग बल हेतु एक आईटी आधारित सूचना प्रणाली स्थापित करना जो कि माँग के साथ आपूर्ति को जोड़ने में मदद कर सकती है।
7. व्यावसायिक मानकों/स्तरों की स्थापना, पाठ्यक्रम विकसित करने में सहायता प्रदान करने, प्रशिक्षुता के अवसर प्रदान करने, मूल्यांकन में भाग लेने, और पर्याप्त नुकसान भरपाई/ पारिश्रमिक के साथ कुशल कर्मचारियों को रोजगार प्रदान करने में नियोक्ताओं की सक्रिय भागीदारी के माध्यम से कौशल स्थान में राष्ट्रीय मानकों/ स्तर को बढ़ावा देना।
8. श्रम की गतिशीलता की सुविधा हेतु वैश्विक मानकों के साथ संरेखित भली-भांति परिभाषित गुणवत्ता आश्वासन ढांचे का संचालन करना।
9. सामग्री वितरित करने और परिणामों की निगरानी करने के अलावा आधुनिक तकनीक का उत्तोलन करना जिससे पैमाना, पहुंच तथा आउटरीच सुनिश्चित की जा सके।
10. कार्य के वास्तविक परिवेश में शिक्षुता को सभी कौशल विकास प्रयासों का एक अभिन्न अंग बनाकर ऑन-द-जॉब प्रशिक्षण के मूल्य को पहचानना।
11. सुनिश्चित करना कि सामाजिक और भौगोलिक रूप से वंचितों तथा सीमांत समूह (जैसे-एससी, एसटीएस, ओबीसी, अल्पसंख्यक, अलग-अलग विकलांग व्यक्ति आदि) की कौशल आवश्यकताओं का समुचित ध्यान रखा गया है।

12. उपयुक्त कुशलता/ कौशल प्रशिक्षण प्रदान करके तथा प्रशिक्षण में लिंग को मुख्य धारा में लाकर कार्य दल में महिलाओं की भागीदारी को बढ़ाना।
13. कौशल विकास के प्रति सभी हितधारकों की प्रतिबद्धता और स्वामित्व को बढ़ावा देना तथा एक प्रभावी समन्वय तंत्र का सृजन करना।

उद्यमशीलता ढांचे का मुख्य उद्देश्य देशभर में उद्यमिता के विकास के अत्यावश्यक कारकों को समन्वित और मजबूत करना है। इसमें सम्मिलित होंगे:

1. उद्यमशीलता संस्कृति को बढ़ावा देना और इसे आकांक्षात्मक बनाना।
2. वकालत के माध्यम से/ पक्ष पोषण द्वारा एक व्यवहार्य कैरियर विकल्प के रूप में उद्यमशीलता को प्रोत्साहित करना।
3. उचित मेंटरशिप और नेटवर्क के माध्यम से संभावित उद्यमियों के लिए समर्थन बढ़ाना।
4. औपचारिक शिक्षा प्रणाली में उद्यमिता शिक्षा को एकीकृत करना।
5. नवाचार से संचालित और सामाजिक उद्यमिता को पिरामिड के निचले स्तर पर जनसंख्या की जरूरतों को संबोधित करने हेतु प्रोत्साहन प्रदान करना।
6. प्रवेश और निकास बाधाओं को कम करके व्यापार करने में आसानी सुनिश्चित करना।
7. ऋण और बाजार की कड़ी के जोड़ के माध्यम द्वारा वित्त तक पहुंच को सुगम बनाना।
8. महिलाओं के मध्य उद्यमशीलता को बढ़ावा देना।
9. सामाजिक तथा भौगोलिक रूप से वंचित एससी, एसटी, ओबीसी, अल्पसंख्यक, दिव्यांग समाविष्ट समाज के वर्ग, दोनों ही की विशिष्ट आवश्यकताओं को पूर्ण करके उद्यमी आपूर्ति के आधार को व्यापक बनाना।

राष्ट्रीय पोषण नीति (National Nutrition Policy)

राष्ट्रीय पोषण नीति को वर्ष 1993 में अपनाया गया था। यह कुपोषण के उन्मूलन और सभी के लिए ईष्टतम पोषण प्राप्त करने के लिए एक बहु-क्षेत्रीय रणनीति को संदर्भित करता है।

यह नीति पूरे देश में पोषण स्तर की निगरानी और अच्छे पोषण की आवश्यकता और कुपोषण की रोकथाम पर सरकारी तंत्र को संवेदनशील बनाने का समर्थन करती है।

इस नीति में खाद्य और पोषण बोर्ड भी शामिल है, जो स्तनपान और पूरक आहार के बारे में सही तथ्यों को प्रसारित करने के लिए पोस्टर, ऑडियो जंगल और वीडियो स्पॉट बनाता है।

इस नीति में भारत की पोषण संबंधी समस्याओं को निम्नानुसार वर्गीकृत किया गया है:

1. निम्नलिखित के परिणामस्वरूप अल्पपोषण:
   (i) प्रोटीन ऊर्जा कुपोषण
   (ii) आयरन की कमी (पोषण संबंधी एनीमिया)
   (iii) आयोडीन की कमी
   (iv) विटामिन 'ए' की कमी
   (v) बच्चों का वजन कम होना
2. पोषण के मौसमी आयाम
3. प्राकृतिक आपदा और पोषण
4. बाजार में विरूपण और विघटन
5. शहरीकरण
6. पहाड़ी लोगों, औद्योगिक श्रमिकों, प्रवासी श्रमिकों और अन्य विशेष श्रेणियों की विशेष पोषण संबंधी समस्याएं
7. शहरी आबादी के एक छोटे-से वर्ग के लिए अतिपोषण, अधिक वजन और मोटापे की समस्या

भारत की पोषण संबंधी समस्याओं से निपटने के लिए नीति ने निम्नलिखित साधनों के सुझाव प्रस्तुत किए हैं:

1. प्रत्यक्ष व्यवधान-अल्प अवधि के लिए:
   (i) विशेष रूप से कमजोर समूहों के लिए पोषण व्यवधान:
      (a) सुरक्षा जाल का विस्तृत करना
      (b) किशोर लड़कियों तक पहुँचना
      (c) अपेक्षित महिलाओं का बेहतर कवरेज सुनिश्चित करना
   (ii) आवश्यक खाद्य पदार्थों का सुदृढ़ीकरण
   (iii) कम लागत वाले पौष्टिक भोजन का सार्वजनीकरण
   (iv) कमजोर समूहों के बीच सूक्ष्म-पोषक तत्वों की कमी का नियंत्रण

2. अप्रत्यक्ष नीति साधन–दीर्घकालिक संस्थागत और संरचनात्मक परिवर्तन:
   (i) खाद्य सुरक्षा
   (ii) उत्पादन और प्रतिपादन के माध्यम से आहार संबंधी पैटर्न में सुधार
   (iii) ग्रामीण और शहरी गरीबों के पात्रता पैकेज में सुधार के लिए आय स्थानांतरण को प्रभावित करने वाली नीतियां:
      (a) क्रय शक्ति में सुधार करना
      (b) सार्वजनिक वितरण प्रणाली
   (iv) भूमि सुधार
   (v) स्वास्थ्य और परिवार कल्याण
   (vi) बुनियादी स्वास्थ्य और पोषण संबंधी ज्ञान
   (vii) खाद्य मिलावट की रोकथाम
   (viii) पोषण निगरानी
   (ix) पोषण कार्यक्रमों की निगरानी
   (x) अनुसंधान
   (xi) समान पारिश्रमिक
   (xii) संचार
   (xiii) न्यूनतम वेतन प्रशासन
   (xiv) सामुदायिक भागीदारी
   (xv) शिक्षा और साक्षरता
   (xvi) महिलाओं की स्थिति में सुधार

राष्ट्रीय मुकदमेबाजी नीति (National Litigation Policy)

सरकार ने अपनी ओर से मुकदमे के संचालन के लिए राष्ट्रीय मुकदमेबाजी नीति (2010) तैयार की है। इस नीति का उद्देश्य मामलों की विचारधीनता को कम करना है और थोक रूप में मौजूद विचारधीन सरकारी मुकदमों की जाँच करना है।

इस नीति के प्रावधान/विशेषताएं/उद्देश्य निम्नलिखित हैं:

1. यह नीति इस मान्यता पर आधारित है कि सरकार और इसकी विभिन्न एजेंसियां देश में न्यायालयों और न्यायाधिकरणों में प्रमुख मुकदमेबाज के रूप में हैं। इसका उद्देश्य सरकार को एक 'कुशल और जिम्मेदार' मुकदमेबाज में बदलना है। यह नीति इस मान्यता पर भी आधारित है कि नागरिकों के अधिकारों की रक्षा करना सरकार का दायित्व है, मौलिक अधिकारों का सम्मान करना और सरकारी मुकदमे के संचालन के प्रभारी लोगों को इस मूल सिद्धांत को कभी नहीं भूलना चाहिए।

   इस नीति के अनुसार, 'दक्ष मुकदमेबाज' का अर्थ निम्नलिखित है:
   (i) मुकदमेबाजी में शामिल मुख्य समस्याओं पर ध्यान केंद्रित करना और उन्हें चारों तरफ से संबोधित करना।
   (ii) सामंजस्यपूर्ण, समन्वित और समयबद्ध तरीके से मुकदमे का प्रबंधन और संचालन करना।
   (iii) यह सुनिश्चित करना कि अच्छे मामलों में जीत हो और बुरे मामलों को अनावश्यक रूप से जारी नहीं रखा जाए।
   (iv) एक मुकदमेबाज, जिसे सक्षम और संवेदनशील कानूनी व्यक्तियों द्वारा दर्शाया जाता है, वह अपने कौशल में सक्षम और इस तथ्य के प्रति संवेदनशील होता है कि सरकार एक साधारण मुकदमेबाज नहीं है और किसी मुकदमे को किसी भी कीमत पर जीतने नहीं देना है।

   इसी प्रकार, नीति के अनुसार, 'जिम्मेदार मुकदमेबाज' का अर्थ निम्नलिखित है:
   (i) मुकदमेबाजी के लिए मुकदमे का सहारा नहीं लिया जाएगा
   (ii) झूठी दलीलों और तकनीकी बिंदुओं को नहीं लिया जाएगा और इसे प्रोत्साहित नहीं किया जाएगा।
   (iii) यह सुनिश्चित करना कि सही तथ्य और सभी संबंधित दस्तावेज अदालत के समक्ष रखे जाएं।
   (iv) अदालत से कुछ भी दबाया नहीं जाएगा और किसी भी अदालत या न्यायालय को गुमराह करने का प्रयास नहीं किया जाएगा।

2. सरकार को एक अनिवार्य मुकदमेबाज बनना बंद कर देना चाहिए। मायने रखने वाले दर्शन को अंतिम निर्णय के लिए अदालतों के लिए छोड़ देना चाहिए। इसका सबसे आसान तरीका है–''अदालत को फैसला करने देना चाहिए'' (Let the court decide) से बचना चाहिए और इसकी निंदा करनी चाहिए।

3. इस नीति को अंतर्निहित करने का उद्देश्य अदालतों में सरकारी मुकदमेबाजी को कम करना भी है ताकि अदालत का मूल्यवान समय अन्य विचार धीन मामलों को हल करने में खर्च किया जा सके और राष्ट्रीय कानूनी मिशन में लक्ष्य को प्राप्त करने के लिए औसत विचार धीन समय को 15 वर्ष से 3 वर्षों तक कम किया जा सके। सरकार की ओर से याचिकाकर्ताओं को न्यायिक सुधारों के लिए राष्ट्रीय मिशन में शामिल सिद्धांतों को ध्यान में रखना होगा जिसमें उन अड़चनों की पहचान करना शामिल है जिनसे सरकार और उसकी एजेंसियां चिंतित हो सकती हैं और अनावश्यक सरकारी मामलों को भी हटा सकती हैं। मुकदमेबाजी में प्राथमिकता कल्याण कानून, सामाजिक सुधार, कमजोर वर्गों और वरिष्ठ नागरिकों पर विशेष जोर देने के साथ प्राप्त की जानी है, और सहायता की जरूरत पड़ने वाली वाली अन्य श्रेणियों को अत्यंत प्राथमिकता दी जानी चाहिए।
4. यह देखते हुए कि न्यायाधिकरण का उद्देश्य न्यायालयों से बोझ कमा करना है, न्यायाधिकरण के आदेशों को चुनौती एक अपवाद होना चाहिए, न कि दिनचर्या का विषय।
5. सेवा मामलों में, उन मामलों में कोई अपील दायर नहीं की जाएगी जहां:
   (i) मामला बिना किसी प्रमुख नतीजे के एक व्यक्तिगत शिकायत से संबंधित है;
   (ii) मामला बिना किसी सिद्धांत को शामिल किए और बिना किसी पूर्ववर्ती या वित्तीय निहितार्थ के पेंशन या सेवानिवृत्ति लाभ के मामले से संबंधित है।
6. इसके अलावा, सेवा मामलों में कार्यवाही केवल इसलिए दर्ज नहीं की जाएगी क्योंकि प्रशासनिक न्यायाधिकरण का आदेश कई कर्मचारियों को प्रभावित करता है। कर्मचारियों के एक वर्ग द्वारा दूसरे वर्ग के खिलाफ कार्रवाई करने के लिए अपील दायर नहीं की जाएगी।
7. केवल इन सभी मामलों में ही कार्यवाही को प्रशासनिक न्यायाधिकरणों के चुनौतीपूर्ण आदेशों को दायर किया जाएगा:
   (i) रिकॉर्ड में त्रुटि स्पष्ट है और जाँच सरकार के खिलाफ दर्ज की गई है
   (ii) न्यायाधिकरण का निर्णय एक सेवा नियम या उच्च न्यायालय या उच्चतम न्यायालय द्वारा इसकी व्याख्या के विपरीत है।
   (iii) निर्णय सेवा के मनोबल के संदर्भ में प्रशासन के कार्य को प्रभावित करेगा, सरकार याचिका दायर करने के लिए बाध्य है।
   (iv) निर्णय में अन्य संवर्गों पर आवर्ती निहितार्थ होंगे या यदि निर्णय में बड़े वित्तीय दावे शामिल हैं।
8. निम्नलिखित मामलों में राजस्व मामलों की अपील दायर नहीं की जाएगी:
   (i) यदि दांव अधिक नहीं हैं और राजस्व अधिकारियों द्वारा तय की जाने वाली राशि से कम हैं।
   (ii) यदि मामला अधिकरण या उच्च न्यायालयों के निर्णयों की एक श्रृंखला से आच्छादित है, जो इस क्षेत्र पर कब्जा कर चूके हैं और जिन्हें उच्चतम न्यायालय में चुनौती नहीं दी गई है।
   (iii) जहां निर्धारिती ने लंबे समय से चली आ रही उद्योग प्रथा के अनुसार काम किया हो।
   (iv) आमतौर पर न्यायिक अधिकारियों के भाग पर राय बदलने के कारण।
9. सरकार से जुड़े सभी विचारधीन मामलों की समीक्षा की जाएगी। इस देय परिश्रम की प्रक्रिया में वे सभी विचाराधीन मामलों के आंकड़े शामिल होंगे जो सभी सरकारी विभागों (सार्वजनिक क्षेत्र के उपक्रम सहित) के लिए प्रदान किए जाएंगे। आनवादी और महा न्यायभिकर्ता के कार्यालय भी सभी विचाराधीन मामलों की समीक्षा करने और गुणवान लोगों से हल्के और तंग करने के लिये किए गए मुकदमे को छाँटने के लिए जिम्मेदार होंगे।
10. मामलों को समूहीकृत और वर्गीकृत किया जाएगा। समूहन की प्रथा को पेश किया जाना चाहिए, जिसमें मामलों को उस विषय और कानून के अनुसार एक विशेष संख्या में पहचान दी जानी चाहिए। वास्तव में, आगे चलकर उप-समूहन का भी प्रयास किया जाएगा। इस प्रक्रिया को सुविधाजनक बनाने के लिए, मानक रूपों को तैयार किया जाना चाहिए, जिसे मामलों के दाखिल होने के समय वकीलों को

भरना होता है। वर्गीकरण को लागू करने के लिए और वापस लिए जाने वाले मामलों की समीक्षा कर उन मामलों की पहचान करने के लिए पैनलों की स्थापना की जाएगी। इनमें वे मामले शामिल हैं जो अदालतों के फैसलों से कवर किए जाते हैं और ऐसे मामले जो मेरिट वापस लिए बिना पाए जाते हैं। यह एक समयबद्ध तरीके से किया जाना चाहिए।

राष्ट्रीय डाटा साझाकरण और पहुँच नीति (National Data Sharing and Accessibility Policy)

राष्ट्रीय डाटा साझाकरण और पहुँच नीति (2012) का उद्देश्य विभिन्न संबंधित नीतियों, अधिनियमों और सरकार के नियमों के ढांचे के भीतर भारत सरकार के स्वामित्व वाले साझा डाटा और सूचनाओं को मानव और मशीन-पठनीय दोनों रूपों में पूरे देश में एक नेटवर्क के माध्यम से सक्रिय और समय-समय पर अद्यतन करने की सुविधा प्रदान करना है और सार्वजनिक डाटा और सूचना की व्यापक पहुंच और उपयोग की अनुमति देना है।

यह नीति डाटा साझाकरण को बढ़ावा देने और राष्ट्रीय योजना और विकास के लिए भारत सरकार के स्वामित्व वाले डाटा तक पहुंच को सक्षम बनाने के लिए बनाई गई है। यह सभी डिजिटल या एनालॉग रूपों में उपलब्ध साझा करने योग्य गैर-संवेदनशील डाटा पर लागू करने के लिए डिज़ाइन की गई है।

यह नीति भारत सरकार द्वारा उपलब्ध कराए गए सार्वजनिक धन का उपयोग करते हुए, सीधे, या विभिन्न मंत्रालयों/विभागों/संगठनों/एजेंसियों और स्वायत्त निकायों द्वारा उपलब्ध कराए गए, सृजित, संगृहीत और प्राप्त सभी आंकड़ों पर लागू होगी।

जिन सिद्धांतों पर डाटा साझाकरण और पहुंच की आवश्यकता होती है, उनमें खुलापन, लचीलापन, पारदर्शिता, गुणवत्ता, सुरक्षा और मशीन-पठनीय शामिल हैं।

नीति के अनुसार, प्रत्येक विभाग को निम्नलिखित श्रेणियों द्वारा डाटासेट की पहचान करनी होगी:

1. **नकारात्मक सूची:** वे डाटासेट जो प्रकृति में गोपनीय हैं और सार्वजनिक किए जाने पर देश की सुरक्षा को प्रभावित करेंगे।
2. **खुली सूची:** इस सूची में ऐसे डाटासेट शामिल हैं जो नकारात्मक सूची में नहीं आते हैं। इन डाटासेट को उच्च मूल्य डाटासेट और गैर-उच्च मूल्य डाटासेट में प्राथमिकता दी जाएगी।

मंत्रालयों/विभागों द्वारा भू-स्थानिक और गैर-स्थानिक रूप में उत्पन्न विभिन्न प्रकार के डाटासेट को साझा करने योग्य डाटा और साझा नहीं करने योग्य डाटा के रूप में वर्गीकृत किया जाएगा। व्युत्पन्न आँकड़े जैसे राष्ट्रीय खातों के आँकड़े, मूल्य सूचकांक जैसे संकेतक, जनगणना और सर्वेक्षण के डाटाबेस एक सांख्यिकीय तंत्र द्वारा उत्पादित डाटा के प्रकार हैं। हालाँकि, भू-स्थानिक डाटा में मुख्य रूप से उपग्रह डाटा, मानचित्र आदि शामिल होते हैं। ऐसे तंत्र में, मेटाडाटा, डाटा लेआउट और डाटा पहुँच नीति के संबंध में मानकों को बनाए रखना महत्वपूर्ण हो जाता है।

डाटा साझाकरण नीति के लाभ इस प्रकार हैं:

1. **अधिकतम उपयोग:** सरकार के स्वामित्व वाले डाटा तक पहुंचने के लिए तैयार डाटा, समुदाय के लाभ के लिए एक मूल्यवान सार्वजनिक संसाधन का अधिक व्यापक उपयोग सक्षम करेगा।
2. **डुप्लीकेशन से बचना:** डाटा को साझा करने के माध्यम अलग-अलग निकायों द्वारा एक ही डाटा को इकट्ठा करने की जरूरत समाप्त हो जाएगी और इसके परिणामस्वरूप डाटा संग्रह में महत्वपूर्ण लागत बचत होगी।
3. **अधिकतम एकीकरण:** डाटा के संग्रह और हस्तांतरण के लिए सामान्य मानकों को अपनाकर, व्यक्तिगत डाटा सेटों का एकीकरण संभव हो सकता है।
4. **स्वामित्व सूचना:** प्रमुख डाटा सेट के लिए मालिकों की पहचान उपयोगकर्ताओं को प्राथमिकता डाटा संग्रह कार्यक्रमों के कार्यान्वयन और डाटा मानकों के विकास के लिए जिम्मेदार लोगों की पहचान करने के लिए जानकारी प्रदान करती है।
5. **बेहतर निर्णय लेना:** डाटा और सूचना, पुनरावृत्ति लागतों के बिना महत्वपूर्ण निर्णय लेने की सुविधा प्रदान करती है। कई निर्णय लेने वाले कार्यों के लिए मौजूदा मूल्यवान डाटा तक पहुंचने के लिए तैयारी तैयारी जरूरी है, जैसे-पर्यावरण की रक्षा, विकास योजना, संपत्ति का प्रबंधन, रहने की स्थिति में सुधार, राष्ट्रीय सुरक्षा और आपदाओं को नियंत्रित करना।
6. **पहुँच की समानता:** एक अधिक खुली डाटा अंतरण नीति सभी प्रामाणिक उपयोगकर्ताओं के लिए बेहतर पहुँच सुनिश्चित करती है।

राष्ट्रीय नार्कोटिक ड्रग्स और नशीले पदार्थ नीति (National Policy on Narcotic Drugs and Psychotropic Substances)

वर्ष 2012 की राष्ट्रीय नार्कोटिक ड्रग्स और नशीले पदार्थ नीति (एनडीपीएस), नशीली दवाओं के दुरुपयोग के खतरे को रोकने का प्रयास करती है और इसमें नशीली दवाओं के दुरुपयोग के शिकार लोगों के उपचार, पुनर्वास और सामाजिक पुन: एकीकरण के प्रावधान हैं। नीति के प्रावधानों को लागू करने से अपराध में कमी, सार्वजनिक स्वास्थ्य में सुधार और सामाजिक प्रतिवेश का उत्थान होगा।

यह नीति विभिन्न मंत्रालयों और संगठनों के लिए एक मार्गदर्शिका के रूप में काम करेगी और समग्र रूप से नशीली दवाओं के खतरे से निपटने के लिए भारत की प्रतिबद्धता पर फिर से काम करेगी।

इस नीति की मुख्य विशेषताएं इस प्रकार हैं:

1. इस नीति में कंपनी या कॉरपोरेट निकाय द्वारा भारत में पोस्ता स्ट्रॉ का ध्यान केंद्रित करने का सुझाव दिया गया है। यह भारत को प्रतिस्पर्द्धी रूप से ओपियेट रॉ मटीरियल के एक पारंपरिक आपूर्तिकर्ता की अपनी स्थिति को बनाए रखने में सक्षम करेगा।
2. व्यसनी द्वारा पोस्ता की खपत धीरे-धीरे कम हो जाएगी और अंत में राज्यों द्वारा तय की गई समय सीमा में पूरी तरह से बंद कर दी जाएगी।
3. इस नीति में पोस्ता और भांग की अवैध फसलों का पता लगाने और उनके बाद के उन्मूलन और पारंपरिक अवैध खेती की जेब में खेती करने वालों के संबंध में जीविकोपार्जन के वैकल्पिक साधनों के विकास के लिए उपग्रह इमजेरी के उपयोग पर जोर दिया गया है।
4. निजी क्षेत्र को अफीम से अल्कलॉइड के उत्पादन की अनुमति दी जा सकती है। वर्तमान में, अफीम से अल्कलॉइड का निष्कर्षण केवल सरकारी अफीम और अल्कलॉइड कारखानों में किया जाता है।
5. इस तरह के साइकोट्रोपिक पदार्थों के निर्माण, व्यापार और उपयोग को विनियमित करने के गैर-दखल वाले तरीके पेश किए जाएंगे।
6. प्रशामक देखभाल के लिए जरूरी मॉर्फिन और अन्य नशीले पदार्थों की पर्याप्त पहुंच पर जोर दिया जाएगा, दवाओं के अवैध कारोबार करने वालों को समाप्त करने की रणनीति, देश में नशीली दवाओं के दुरुपयोग की सीमा, पैटर्न और प्रकृति का पता लगाने के लिए नशीली दवाओं के दुरुपयोग के आवधिक सर्वेक्षण, नशामुक्ति केंद्रों का निर्धारण किया जाएगा।
7. अंतर्राष्ट्रीय नार्कोटिक्स कंट्रोल बोर्ड की सिफारिशों के जवाब में, विभिन्न मंत्रालयों/विभागों/एजेंसियों द्वारा उठाए जाने वाले कदमों का विवरण देते हुए समयबद्ध योजना बनाई जाएगी।

राष्ट्रीय नार्कोटिक ड्रग्स और नशीले पदार्थ नीति के कई चिकित्सा और वैज्ञानिक उपयोग हैं। हालाँकि, इनका दुर्व्यवहार और तस्करी भी हो सकती है। राष्ट्रीय नार्कोटिक ड्रग्स और नशीले पदार्थ नीति के प्रति भारत का दृष्टिकोण भारत के संविधान के अनुच्छेद 47 में निहित है, जिसमें कहा गया है कि ''राज्य औषधीय प्रयोजनों और दवाओं के अलावा स्वास्थ्य के लिए हानिकारक होने वाले मादक पेय के उपभोग पर निषेध को लाने का प्रयास करेगा।'' औषधीय उपयोग को छोड़कर दवाओं के उपयोग को रोकने का यही समान सिद्धांत, दवा संबंधी मामलों पर तीन अंतर्राष्ट्रीय सम्मेलनों अर्थात् नार्कोटिक ड्रग्स पर एकल कन्वेंशन, 1961, साइकोट्रोपिक पदार्थों पर कन्वेंशन, 1971 और राष्ट्रीय नार्कोटिक ड्रग्स और नशीले पदार्थ नीति, 1988 में संयुक्त राष्ट्र (यूएन) कन्वेंशन अगेंस्ट इलिट ट्रैफिक में भी अपनाया गया था। भारत ने इन तीन सम्मेलनों पर हस्ताक्षर किए और इसकी पुष्टि की। नशीली दवाओं के दुरुपयोग और तस्करी की रोकथाम के लिए भारत की प्रतिबद्धता तीनों अभिसमयों के लागू होने से पहले की है।

राष्ट्रीय नार्कोटिक ड्रग्स और नशीले पदार्थ नीति अधिनियम, 1985 को तीनों संयुक्त राष्ट्र ड्रग अभिसमयों के साथ-साथ संविधान के अनुच्छेद 47 के तहत भारत के दायित्वों को ध्यान में रखते हुए बनाया गया था। यह अधिनियम मेडिकल या वैज्ञानिक उद्देश्यों को छोड़कर, राष्ट्रीय नार्कोटिक ड्रग्स और नशीले पदार्थ नीति के निर्माण, उत्पादन, व्यापार, उपयोग आदि को प्रतिबंधित करता है।

सरकार की यह नीति इस प्रकार लाइसेंस स्रोतों से उनके दिक्परिवर्तन को रोकने और अवैध यातायात और दुरुपयोग को रोकने के लिए चिकित्सा और वैज्ञानिक उद्देश्यों के लिए उनके उपयोग को बढ़ावा देने के लिए है। पूर्व अफीम अधिनियमों और खतरनाक ड्रग्स अधिनियम के विपरीत जिसे बदलकर राष्ट्रीय नार्कोटिक ड्रग्स और नशीली पदार्थ नीति अधिनियम ने दिया गया, उसने विभिन्न केंद्रीय और राज्य कानून प्रवर्तन एजेंसियों को प्रवर्तन की शक्ति दी है, इस प्रकार कानून प्रवर्तन का जाल दूर-दूर तक फैल गया है।

लोक नीति (7) [Public Policy (7)]

18

इलेक्ट्रॉनिक्स पर राष्ट्रीय नीति (National Policy on Electronics)

इलेक्ट्रॉनिक्स पर पहली राष्ट्रीय नीति 2012 में अपनाई गई थी। 2019 में इस नीति को दूसरी नीति द्वारा प्रतिस्थापित कर दिया गया।

इस नीति में चिप सेटों सहित महत्वपूर्ण घटकों को देश में विकसित करने की क्षमता को प्रोत्साहित करने और विश्व स्तर पर प्रतिस्पर्द्धा करने हेतु उद्योग के लिये अनुकूल वातावरण बना कर भारत को 'इलेक्ट्रॉनिक्स सिस्टम डिज़ाइन एंड मैन्युफैक्चरिंग (ESDM)' के एक वैश्विक केंद्र के रूप में स्थापित करने की परिकल्पना की गई है।

नीति की मुख्य विशेषताएं इस प्रकार हैं:

1. ईएसडीएम की संपूर्ण मूल्य-शृंखला में घरेलू विनिर्माण और निर्यात को प्रोत्साहन देकर विश्व स्तर पर प्रतिस्पर्द्धी ईएसडीएम क्षेत्र हेतु पारिस्थितिकी तंत्र बनाना।
2. मुख्य इलेक्ट्रॉनिक घटकों के निर्माण हेतु प्रोत्साहन और समर्थन प्रदान करना।
3. ऐसी वृहद् परियोजनाएँ जो अत्यंत उच्च तकनीक वाली हैं और जिनमें भारी-भरकम निवेश की आवश्यकता होती है, को प्रोत्साहित करने हेतु विशेष पैकेज दिया जाना, जैसे-सेमी कंडक्टर (semiconductor) सुविधाएँ, डिस्प्ले फैब्रिकेशन (Display Fabrication) इत्यादि।
4. मौजूदा इकाइयों के विस्तार और नई इकाइयों को प्रोत्साहित करने हेतु उपयुक्त योजनाओं का प्रतिपादन और प्रोत्साहन तंत्र का गठन करना।
5. इलेक्ट्रॉनिक्स के सभी उप-क्षेत्रों में उद्योग के नेतृत्व में अनुसंधान एवं विकास (R&D) और नवाचार को बढ़ावा दिया जाना। इनमें बुनियादी स्तर के नवाचार और उभरते प्रौद्योगिकी क्षेत्र जैसे कि 5जी (5G), आईओटी/सेंसर (IoT), कृत्रिम बुद्धिमत्ता (Artificial Intelligence-AI), मशीन लर्निंग, वर्चुअल रिएल्टी (Virtual Reality-VR), ड्रोन, रोबोटिक्स, एडिटिव मैन्युफैक्चरिंग (Additive Manufacturing), फोटोनिक्स (Photonics), नैनो आधारित उपकरण (Nano-based Devices) इत्यादि प्रारंभिक चरण वाले स्टार्ट-अप्स भी समाविष्ट हैं।
6. कुशल कार्य दल की उपलब्धता में उल्लेखनीय वृद्धि के लिये प्रोत्साहन तथा समर्थन प्रदान किया जाएगा। इसमें कामगारों के कौशल को पुन: सुनिश्चित करना भी समाविष्ट है।
7. फैबलेस चिप डिज़ाइन उद्योग (Fabless Chip Design Industry), चिकित्सकीय इलेक्ट्रॉनिक उपकरण उद्योग, स्वचालित इलेक्ट्रॉनिक्स उद्योग तथा पावर इलेक्ट्रॉनिक्स फॉर मोबिलिटी एवं रणनीतिक इलेक्ट्रॉनिक्स उद्योग पर विशेष बल दिया जाएगा।
8. ईएसडीएम क्षेत्र में बौद्धिक सम्पदा (Intellectual Properties) के विकास एवं अधिग्रहण को प्रोत्साहन प्रदान करने हेतु सॉवरेन पेटेंट फंड (Sovereign Patent Fund-SPF) बनाया जाएगा।
9. राष्ट्रीय साइबर सुरक्षा रूपरेखा में निखार लाने हेतु विश्वसनीय इलेक्ट्रॉनिक्स मूल्य शृंखला से जुड़ी पहलों को बढ़ावा दिया जाएगा।

आर्थिक विकास हेतु वर्ष 2025 तक 400 बिलियन अमेरिकी डॉलर (लगभग 26,00,000 करोड़ रुपये) का व्यापार /बिक्री प्राप्त करने के लिए ईएसडीएम की समूची मूल्य शृंखला में घरेलू विनिर्माण और निर्यात को बढ़ावा दिया जाएगा। वर्ष 2025 तक इसमें 190 बिलियन अमेरिकी डॉलर (लगभग 13,00,000 करोड़ रुपये) मूल्य के एक बिलियन (100 करोड़) मोबाइल उपकरणों के उत्पादन का लक्ष्य शामिल है। इसमें निर्यात हेतु 110 बिलियन अमेरिकी डॉलर (लगभग 7,00,000 करोड़

रुपये) मूल्य के 600 मिलियन (60 करोड़) मोबाइल हैंडसेटों के उत्पादन को भी सम्मिलित किया गया है।

राष्ट्रीय साइबर सुरक्षा नीति (National Cyber Security Policy)

एक राष्ट्रीय साइबर सुरक्षा नीति को 2013 में अपनाया गया था। नीति का दृष्टिकोण नागरिकों, व्यवसायों और सरकार हेतु एक सुरक्षित और लचीले साइबर स्थान का निर्माण करना है। नीति के विभिन्न उद्देश्य इस प्रकार हैं:

1. देश में एक सुरक्षित साइबर पारिस्थितिकी तंत्र बनाने के लिए पर्याप्त विश्वास और सूचना प्रौद्योगिकी (Information Technology) प्रणाली तथा साइबर स्पेस में लेन-देन में विश्वास पैदा करने और इस प्रकार अर्थव्यवस्था की सभी क्षेत्रों में सूचना प्रौद्योगिकी को अपनाने में वृद्धि करना।
2. सुरक्षा नीतियों के डिजाइन के लिए वैश्विक सुरक्षा मानकों के अनुपालन को बढ़ावा देने तथा समर्थनकारी कार्यों और अनुरूपता आकलन (उत्पाद प्रक्रिया प्रौद्योगिकी और लोगों) द्वारा सर्वोत्तम प्रथाओं हेतु एक आश्वासन रूपरेखा का सृजन।
3. एक सुरक्षित साइबर स्पेस पारिस्थितिकी तंत्र को सुनिश्चित करने हेतु नियामक रूपरेखा को मजबूत बनाना।
4. सूचना और संचार प्रौद्योगिकी [Information and Communications Technology (ICT)] मूल संरचना पर खतरों के विषय में सामरिक सूचना प्राप्त करने हेतु राष्ट्रीय और क्षेत्रगत स्तर पर 24×7 प्रक्रियाओं का संवर्द्धन और सृजन, प्रभावी पूर्वानुमान निवारक सुरक्षात्मक प्रतिक्रिया तथा पुनर्प्राप्ति कार्यों के माध्यम से प्रतिक्रिया संकल्प और संकट प्रबंधन हेतु परिदृश्यों का निर्माण।
5. राष्ट्रीय महत्वपूर्ण सूचना मूल संरचना संरक्षण केंद्र [National Critical Information Infrastructure Protection Centre (NCIIPC)] के 24×7 प्रचालन द्वारा राष्ट्र की अत्यंत महत्वपूर्ण सूचना के मूल संरचना की सुरक्षा तथा लचीलेपन को और अधिक बढ़ाने और सूचना संसाधनों के डिजाइन, अधिग्रहण, विकास, उपयोग, और प्रचालन से संबंधित सुरक्षा प्रथाओं को अधिदेश/अधिकार पत्र देना।
6. सीमा प्रौद्योगिकी अनुसंधान, समाधान उन्मुख अनुसंधान, अवधारणा के प्रमाण, आरंभिक / प्रायोगिक विकास, परिवर्तन, प्रसार और व्यवसायीकरण के माध्यम से उपयुक्त स्वदेशी सुरक्षा तकनीकों का विकास करना, जिसके फलस्वरूप सामान्य और विशेष रूप से राष्ट्रीय सुरक्षा आवश्यकताओं को संबोधित करने वाले आईसीटी उत्पादों / प्रणालियों की बड़े पैमाने पर तैनाती हो सके।
7. इन आईसीटी उत्पादों की सुरक्षा के परीक्षण और सत्यापन के लिए मूल संरचना की स्थापना द्वारा आईसीटी उत्पादों तथा सेवाओं की अखंडता /एकीकरण की दृश्यता में सुधार लाना।
8. क्षमता निर्माण, कौशल विकास और प्रशिक्षण के माध्यम से अगले 5 वर्षों में साइबर सुरक्षा में 500,000 कुशल पेशेवरों के कार्यदल का सृजन।
9. मानक सुरक्षा प्रथाओं और प्रक्रियाओं को अपनाने के लिए व्यवसायों को वित्तीय लाभ प्रदान करना।
10. सूचना के संसाधन, संभाल, भंडारण और पारगमन के दौरान सूचना की सुरक्षा ताकि नागरिक डेटा की गोपनीयता की रक्षा के साथ ही साइबर अपराध या डेटा चोरी के कारण आर्थिक नुकसान को कम किया जा सके।
11. साइबर अपराध की प्रभावी रोकथाम, जांच और अभियोजन को सक्षम बनाने तथा उपयुक्त विधायी हस्तक्षेप के माध्यम से कानून प्रवर्तन क्षमताओं में वृद्धि।
12. प्रभावी संचार और बढ़ावा देने की रणनीति के माध्यम से साइबर सुरक्षा तथा गोपनीयता की एक संस्कृति का सृजन, जिससे प्रयोक्ता के जिम्मेदारी से भरे हुए व्यवहार तथा क्रिया-कलापों को सक्षम किया जा सके।
13. साइबर स्पेस की सुरक्षा बढ़ाने हेतु तकनीकी तथा क्रियाशील सहयोग और योगदान के माध्यम से प्रभावी सार्वजनिक निजी भागीदारी और सहयोग पूर्ण कार्यों को विकसित करना।
14. आपसी समझ को उभार कर तथा संबंधों का उत्तोलन कर साइबर स्पेस की सुरक्षा के कारणों को और अधिक भी आगे बढ़ाने के लिए वैश्विक सहयोग को बढ़ाना।

राष्ट्रीय बौद्धिक संपदा अधिकार नीति (National Intellectual Property Rights Policy)

राष्ट्रीय बौद्धिक संपदा अधिकार (IPR) नीति को 2016 में मंजूरी दी गई थी। यह 'रचनात्मक भारत और अभिनव भारत' के लिए प्रयास करेगी। यह भारत में बौद्धिक संपदा के लिए भविष्य के रास्ते का निर्माण करेगी।

यह नीति भारत में बहुतायत में प्रवाहित रचनात्मक और अभिनव ऊर्जाओं को पहचान देकर बेहतर एवं उज्जवल भविष्य हेतु उनके सदुपयोग की दिशा प्रदान करती है। यह नीति एक दृष्टि दस्तावेज है जिसका उद्देश्य सभी प्रकार के आईपी (IP), संबंधित विधियों और एजेंसियों के बीच समन्वय बनाना और उनका दोहन करना है। यह कार्यान्वयन, निगरानी और समीक्षा के लिए एक संस्थागत तंत्र स्थापित करता है। इसका उद्देश्य वैश्विक सर्वोत्तम प्रथाओं को भारतीय परिदृश्य में शामिल करना और अनुकूल बनाना है।

यह नीति सरकार, अनुसंधान और विकास संगठनों, शैक्षिक संस्थानों, कॉर्पोरेट संस्थाओं सहित सूक्ष्म, लघु एवं मध्यम उद्यम (Micor, Small and Medium Enterprises), स्टार्ट-अप और अन्य हितधारकों की ताकत को एक नवाचार-अनुकूल पर्यावरण के निर्माण में सम्मिलित करेगी जो कि क्षेत्रों के बीच रचनात्मकता और नवाचार को प्रोत्साहित करती है, साथ ही साथ देश में एक स्थिर, पारदर्शी और सेवा उन्मुख आईपीआर प्रशासन की सुविधा प्रदान करता है।

नीति की मान्यता है कि भारत के पास आईपीआर (IPRs) की सुरक्षा हेतु एक भली भांति रथागित बौद्धिक संपदा अधिकारों के व्यापार संबंधी पहलू [Trade-Related Aspects of Intellectual Property Rights (TRIPS)] संगत विधायी, प्रशासनिक और न्यायिक ढांचा है, जो अपने विकास संबंधी चिंताओं को संबोधित करने हेतु अंतर्राष्ट्रीय शासन में प्रदान किए गये लचीलेपन का उपयोग करते हुए अपने अंतर्राष्ट्रीय दायित्वों को पूरा करता है। यह दोहा विकास एजेंडा और ट्रिप्स समझौते के भारत की प्रतिबद्धता को दोहराता है।

नीति की दृष्टि इस प्रकार है:

1. एक भारत जहां सभी के लाभ हेतु बौद्धिक संपदा द्वारा रचनात्मकता और नवाचार को प्रेरित किया जाता है।
2. एक भारत जहा बौद्धिक संपदा विज्ञान और प्रौद्योगिकी, कला और संस्कृति, पारंपरिक ज्ञान और जैव विविधता संसाधनों में उन्नति को बढ़ावा देती है।
3. एक भारत जहां ज्ञान विकास का मुख्य चालक है, और ज्ञान का स्वामित्व साझे ज्ञान में परिवर्तित हो जाता है।

नीति का लक्ष्य, भारत में एक गतिशील, जीवंत और संतुलित बौद्धिक संपदा अधिकार प्रणाली को इनके प्रति प्रोत्साहित करना है:

1. रचनात्मकता और नवाचार को बढ़ावा और इससे उद्यमशीलता को प्रोत्साहन देना और सामाजिक-आर्थिक और सांस्कृतिक विकास में वृद्धि, और;
2. महत्वपूर्ण सामाजिक, आर्थिक और तकनीकी महत्त्व के अन्य क्षेत्रों के बीच, स्वास्थ्य सेवा, खाद्य सुरक्षा और पर्यावरणीय सुरक्षा /संरक्षण तक पहुंच बढ़ाने पर ध्यान केंद्रित करना।

यह नीति निम्नलिखित सात उद्देश्यों को पूरा करती है:

1. **आईपीआर जागरूकता:** समाज के सभी वर्गों के बीच, आईपीआर के वित्तीय सामाजिक और सांस्कृतिक लाभ के बारे में सार्वजनिक जागरूकता उत्पन्न करने के हेतु।
2. **आईपीआर की उत्पत्ति:** आईपीआर की उत्पत्ति को प्रोत्साहित करने हेतु।
3. **कानूनी और विधायी ढांचा:** मजबूत और प्रभावी उन आईपीआर कानूनों की प्राप्ति हेतु, जो व्यापक सार्वजनिक हित के साथ अधिकार स्वामियों के हितों को संतुलित करते हैं।
4. **प्रशासन और प्रबंधन:** सेवा उन्मुख आईपीआर प्रशारान के आधुनिकीकरण और मजबूती के लिए।
5. **आईपीआर का व्यवसायीकरण:** व्यवसायीकरण के माध्यम से आईपीआर के लिए मूल्य प्राप्त करना।
6. **प्रवर्तन और अधिनिर्णय:** आईपीआर उल्लंघन से मुकाबले हेतु प्रवर्तन तथा अधिनिर्णय तंत्र को मजबूती प्रदान करने के लिए।
7. **मानव पूंजी विकास:** आईपीआर में शिक्षण, प्रशिक्षण, अनुसंधान और कौशल निर्माण के लिए मानव के संसाधन, संस्थान और क्षमता को मजबूत बनाने विस्तारित करने हेतु।

राष्ट्रीय प्रारम्भिक बाल्यावस्था देखभाल एवं शिक्षा नीति (National Early Childhood Care and Education Policy)

राष्ट्रीय प्रारंभिक बाल्यावस्था देखभाल और शिक्षा नीति (ईसीसीई) नीति को 2013 में अनुमोदित और अधिसूचित किया गया था। यह नीति भारत सरकार की जन्म से 6 वर्ष की आयु तक के सभी बच्चों के समग्र विकास के लिए निरंतरतापूर्वक प्रदान की गयी एकीकृत प्रतिबद्धता को पुष्टि करती है। प्रत्येक बच्चे की प्रारंभिक शिक्षा और देखभाल पर ध्यान केंद्रित करते हुए बच्चे की उत्तरजीविता,

वृद्धि एवं विकास की मजबूत नींव सुनिश्चित करने हेतु यह नीति एक व्यापक पहुंच के लिए आगे का रास्ता प्रदान करती है। यह नीति सह-क्रियात्मक और अन्योन्याश्रित संबंध के बीच स्वास्थ्य, पोषण, मनो-सामाजिक और भावनात्मक आवश्यकताओं की पहचान करती है।

इस नीति की धारणा है कि पारिवारिक माहौल में छोटे बच्चों की सबसे महत्वपूर्ण देखरेख होती है हालांकि विस्तृत विविधता और स्तरीकरण वाले देश में, कई परिवारों को बच्चे के ईष्टतम विकास हेतु सहायक उपायों की आवश्यकता होती है। अत: ईसीसीई सेवा प्रदान करने के कई नमूनों की नीति स्वीकार करती है और यह उन सभी ईसीसीई कार्यक्रमों पर लागू होंगे जो कि सभी सेटिंग्स में सार्वजनिक, निजी और गैर-सरकारी सेवा प्रदाताओं के एडबल्यूसी क्रेचों, प्ले ग्रुप, प्ले स्कूल, प्री-स्कूल, नर्सरी स्कूल, किंडर गार्डन तैयारी स्कूल या प्रिपरेट्री स्कूल, बालवाड़ी गृह आधारित देखभाल आदि नामकरण के अंतर्गत आते हैं।

नींव रखने और पूर्ण क्षमता की प्राप्ति हेतु प्राप्त नि:शुल्क, सार्वभौमिक, समावेशी, उचित/न्यायोचित सुखद और प्रासंगिक अवसरों को बढ़ावा देकर, 6 वर्ष से कम आयु के बच्चों के लिए समग्र विकास और सक्रिय शिक्षा क्षमता प्राप्त करना नीति का दृष्टिकोण है।

नीति के दृष्टिकोण को और भी आगे बढ़ाते हुए सरकार निम्नलिखित उद्देश्यों द्वारा निर्देशित होगी:

1. बच्चों की विस्तृत देखभाल को सुगम बनाना, बच्चों के समग्र कुशल क्षेम को लक्ष्य करते हुए बुनियादी मूल संरचना तथा सेवाएं और गर्भाधान से लेकर 6 वर्ष की आयु तक सातत्य के साथ उनकी विकासात्मक आवश्यकताओं के प्रति सक्रिय /प्रति क्रियात्मक होना।
2. ईसीसीई को और सार्वभौमिक और सुदृढ़ बनाना तथा सभी बच्चों, विशेषत: कमजोर वर्ग के बच्चों हेतु अनुकूल रणनीति का समावेश सुनिश्चित करना।
3. सक्षम मानव संसाधनों को संलग्न करना तथा बच्चों और उनके परिवारों के लिए गुणवत्तापूर्ण सेवाओं को विकसित करने की उनकी क्षमता को बढ़ाना।
4. ईसीसीई प्रावधानों के लिए गुणवत्ता मानकों और पाठ्यक्रम की रूपरेखा निर्धारित करना और उचित संस्थागत व्यवस्था के माध्यम से वकालत और प्रवर्तन के द्वारा आवेदन और अभ्यास को सुनिश्चित करना।
5. संस्थागत और कार्यक्रम संबंधी तथा आवश्यकतानुसार तकनीक के उचित उपयोग के माध्यम से छोटे बच्चों के जीवन की गुणवत्ता में सुधार करने हेतु समुदायों और परिवारों के साथ मजबूत साझेदारी को बढ़ावा देना, जागरूकता बढ़ाना और ईसीसीई के महत्व के बारे में आम समझ पैदा करना।
6. संदर्भों की विविधता को पहचानना, सांस्कृतिक रूप से उपयुक्त रणनीतियों और सामग्रियों को विकसित करना, उन्हें बढ़ावा देना और सहभागिता, स्थानीय रूप से प्रतिक्रियात्मक दृष्टिकोणों का उपयोग करते हुए एक विकेंद्रीकृत शासन ढांचे के भीतर काम करना।

राष्ट्रीय शहरी परिवहन नीति (National Urban Transport Policy)

राष्ट्रीय शहरी परिवहन नीति (NUTP) को शहरी परिवहन सेवाओं और बुनियादी ढांचे में व्यापक सुधार लाने हेतु 2006 में अपनाया गया था। नीति का दृष्टिकोण विश्व में हमारे शहरों को सर्वाधिक रहने लायक/जीवंत बनाना है तथा उन्हें 21वीं सदी में भारत के विकास को शक्ति प्रदान करने वाले 'आर्थिक विकास के इंजन/ अर्थव्यवस्था के विकास का इंजन' बनने में सक्षम बनाना है।

नीति का उद्देश्य सुरक्षित, पहुंच के भीतर, त्वरित, आरामदायक, विश्वसनीय तथा सतत् पहुंच को शहर के निवासियों की बढ़ती संख्या के लिए नौकरी, शिक्षा, मनोरंजन और हमारे शहर के भीतर इस तरह की अन्य आवश्यकताओं के लिए सुनिश्चित करना है। इसे प्राप्त करने का प्रयास निम्नलिखित द्वारा किया जाता है:

1. एक परिणामस्वरूप आवश्यकता होने के बजाय शहरी नियोजन स्तर पर ही शहरी परिवहन को एक महत्वपूर्ण पैरामीटर के रूप में सम्मिलित करना।
2. सभी शहरों में एकीकृत भूमि उपयोग और परिवहन नियोजन को प्रोत्साहित करना ताकि यात्रा दूरी कम-से-कम हो तथा आजीविका, शिक्षा और अन्य सामाजिक आवश्यकताओं तक पहुंच विशेषकर

शहरी आबादी के सीमांत वर्गों तक पहुंच में सुधार हो।

3. बाजारों में व्यापार की पहुंच में सुधार तथा उत्पादन के विभिन्न कारक।
4. वाहनों की तुलना में, व्यक्तियों के साथ सड़क के अधिक न्यायसंगत आवंटन को लाना इसका प्रमुख ध्यानाकर्षण/लक्ष्य है।
5. केंद्रीय वित्तीय सहायता को प्रस्तावित करके सार्वजनिक परिवहन और गैर-मोटर चालित मोड के अधिक-से-अधिक उपयोग को प्रोत्साहित करना।
6. उत्तम गुणवत्ता वाले बहु-आयामी सार्वजनिक परिवहन प्रणालियों जिनसे हम सभी एकीकृत हैं, तथा जो विभिन्न प्रकार के साधनों के बीच निर्बाध यात्रा प्रदान करती हैं, की स्थापना को सक्षम करना।
7. प्रभावी नियामक और प्रवर्तन तंत्र स्थापित करना। परिवहन सेवाओं के सभी ऑपरेटरों को जो एक समान धरातल की अनुमति दे और परिवहन प्रणाली उपयोगकर्ताओं के लिए बढ़ी हुई सुरक्षा प्रदान करे।
8. परिवहन प्रणालियों के बेहतर प्रबंधन और परियोजना में बेहतर समन्वय हेतु संस्थागत तंत्र की स्थापना को सक्षम करना।
9. यातायात प्रबंधन के लिए इंटेलिजेंट/प्रज्ञ ट्रांसपोर्ट प्रणलियों का प्रवेश।
10. सड़क सुरक्षा और आघात प्रतिक्रिया की चिंताओं को संबोधित करना।
11. यात्रा प्रथाओं, बेहतर प्रवर्तन और अधिक कड़े मानदंड, तकनीकी सुधार आदि के माध्यम से प्रदूषण के स्तर को कम करना।
12. सतत् शहरी परिवहन के लिए योजना बनाने की क्षमता (संस्थागत और जनशक्ति) और ज्ञान प्रबंधन प्रणाली की स्थापना जो सभी शहरी परिवहन पेशेवरों, जैसे नियोजक, शोधकर्ता, शिक्षक, छात्र, आदि की आवश्यकताओं को पूरा करेगी।
13. अधिक स्पष्ट/अधिक स्वच्छ प्रौद्योगिकियों के उपयोग को बढ़ावा देना।
14. शहरी परिवहन बुनियादी ढांचे में निवेश हेतु एक संसाधन के रूप में भूमि का दोहन करने वाले अभिनव तंत्रों के माध्यम से, वित्त की उपज।
15. निजी क्षेत्र को ऐसी गतिविधियों से जोड़ना जहां उनकी ताकत का लाभ उठाया जा सके।
16. उन प्रायोगिक/पाइलट परियोजनाओं को लेना जो सतत् शहरी परिवहन में संभव सर्वोत्तम प्रथाओं की क्षमताओं को प्रदर्शित करती हैं।

केंद्रीय सचिवालय (Central Secretariat)

19

अर्थ (Meaning)

केंद्रीय सचिवालय में केंद्र सरकार के सभी मंत्रालय और विभाग शामिल हैं। अर्थात्, प्रशासन की दृष्टि से केंद्र सरकार विभिन्न मंत्रालय और विभागों में विभक्त है। केंद्रीय सचिवालय ऐसे सभी मंत्रालयों और विभागों की समष्टि है। एक मंत्रालय में सामान्यत: दो से चार विभाग होते हैं, किंतु किसी किसी मंत्रालय में कोई विभाग नहीं होता, जैसे–विदेश मंत्रालय। इसी प्रकार कुछ ऐसे विभाग भी हैं जिन्हें किसी मंत्रालय के अधीन नहीं रखा गया है, जैसे–परमाणु ऊर्जा विभाग। मंत्रालयों और विभागों के राजनीतिक प्रमुख मंत्रीगण तथा प्रशासनिक प्रमुख सचिवगण होते हैं।

भारत के संविधान के अनुच्छेद 77 में केंद्र सरकार के कामकाज को अधिक सुविधाजनक और इन कार्यों को मंत्रियों को सौंपने संबंधी नियम बनाने का अधिकार भारत के राष्ट्रपति को दिया गया है। यह विभाग विभाजन प्रणाली का आधार है। इसकी विशेषता यह है कि मंत्री को मंत्रालय/विभाग का प्रभारी बनाया जाता है जो राष्ट्रपति की ओर से आदेश जारी करता है। इस प्रकार मंत्रालय/विभाग की धारणा का सूत्रपात विभाग-विभाजन (पोर्टफोलियो) प्रणाली से हुआ है। 'एलोकेशन ऑफ़ बिज़नेस रूल्स' (कार्य आवंटन के नियम) में निर्दिष्ट मंत्रालयों/विभागों के समूह को केंद्रीय सचिवालय के रूप में जाना जाता है। वर्तमान में, केंद्र सरकार के मंत्रालय/विभाग भारत सरकार (कार्यों का बँटवारा) नियमावली, 1961 से शासित हैं।

ऐतिहासिक परिप्रेक्ष्य (Historical Perspective)

केंद्रीय सचिवालय की संस्था की उत्पत्ति और विकास ब्रिटिश शासन की अवधि के दौरान आधुनिक भारत में विकसित हुआ। इस संबंध में निम्नलिखित बिंदुओं पर ध्यान दिया जा सकता है:

1. 1843 में भारत के गवर्नर-जनरल को भारत सरकार के सचिवालय को बंगाल सरकार से अलग कर दिया गया था। तदनुसार, चार विभाग, अर्थात् घर, वित्त, सैन्य और विदेशी विभाग केंद्रीय सचिवालय में स्थापित किए गए थे।
2. 1859 में, पोर्टफोलियो प्रणाली लॉर्ड कैनिंग द्वारा शुरू की गई थी। परिणामस्वरूप, गवर्नर-जनरल परिषद के एक सदस्य को केंद्रीय सचिवालय के एक या एक से अधिक विभाग का प्रभारी बनाया गया तथा वह परिषद की ओर से आदेश देने के लिए अधिकृत था।
3. 1905 में लार्ड कर्जन द्वारा सचिवालय की कार्यकाल प्रणाली की शुरुआत की गई थी।
4. 1905 में भारत सरकार ने संकल्पित रेल बोर्ड की स्थापना की। फलस्वरूप, रेलवे का नियंत्रण लोक निर्माण विभाग को स्थानांतरित कर दिया गया था।
5. 1947 में भारत सरकार के विभागों का नाम बदल कर 'मंत्रालय' रखा गया था। उस समय कुल मिलाकर केंद्रीय सचिवालय में ऐसे 18 मंत्रालय थे।

मंत्रालय की संरचना (Structure of a Ministry)

केंद्र सरकार के मंत्रालय विशेष की संरचना तीन स्तरीय है अर्थात्

1. एक राजनीतिक प्रमुख अर्थात् कैबिनेट मंत्री जिसकी सहायतार्थ राज्यमंत्री और उपमंत्री होते हैं। किंतु कभी कभी राज्यमंत्री भी स्वतंत्र प्रभार में मंत्रालय/विभाग का राजनीतिक प्रमुख होता है;
2. सचिव की अध्यक्षता में सचिवालय संगठन/सचिव लोक सेवक होता है। सचिव के सहायतार्थ संयुक्त सचिव, उपसचिव, अवर सचिव और अन्य कर्मचारी होते हैं। इस प्रकार, सचिवालय-संगठन में दो विशेष घटक–अधिकारी

और कार्यालय; कर्मचारियों को निर्देशित और नियंत्रित करने के लिए तथा लिपिकीय कार्य को निष्पादित करने के लिए होते हैं;

3. विभाग-प्रमुख की अध्यक्षता में कार्यकारी संगठन होता है। इन विभाग प्रमुखों को विभिन्न पदनामों, जैसे-निदेशक, महानिदेशक, आयुक्त, महानिरीक्षक, मुख्य नियंत्रक आदि के नाम से जाना जाता है।

सचिवालय का संगठन (Secretariat Organisation)

नीचे के चार्ट में एक मंत्रालय के सचिवालय संगठन के अधिकारियों के पदक्रम और संरचना का उल्लेख किया गया हैं:

इकाई		प्रभारी अधिकारी
विभाग	⟷	सचिव या अतिरिक्त सचिव या विशेष सचिव
स्कंध	⟷	अतिरिक्त सचिव या संयुक्त सचिव
प्रभाग	⟷	निदेशक या उप-सचिव
शाखा	⟷	अवर सचिव
अनुभाग	⟷	अनुभाग अधिकारी

प्रत्येक मंत्रालय मुख्यतया विभागों में बंटा होता है। प्रत्येक विभाग स्कंधों में, प्रत्येक स्कंध प्रभागों में तथा प्रभाग शाखाओं में बँटे होते हैं। प्रत्येक शाखा अनुभागों में बँटी होती है। अनुभाग (जिसे कार्यालय कहते हैं) किसी मंत्रालय/विभाग का सबसे छोटी और सबसे निचले स्तर की इकाई है।

विपाटन प्रणाली (Split System)

भारत में सचिवालय प्रणाली नीति-निर्धारण कार्य को नीति कार्यान्वयन कार्य से अलग रखने के सिद्धांत पर आधारित है। विभाजन की इस प्रणाली में सचिवालय को केवल नीति-निर्धारण कार्य तक सीमित रखा गया है और इस प्रकार सचिवालय नीति के कार्यान्वयन कार्य में दखल नहीं दे सकता। नीति को कार्यरूप दिए जाने का कार्य सचिवालय के बाहर की कार्यपालक एजेंसियों पर छोड़ दिया जाना चाहिए।

विपाटन प्रणाली के लाभ इस प्रकार हैं:

1. इससे सचिवालय कर्मी (नीति निर्माता) को नीति नियोजन कार्य में राष्ट्रीय हित, लक्ष्यों और अपेक्षाओं के संबंध में सहायता मिलती है। ऐसा इसलिए है कि वे दिन-प्रतिदिन की प्रशासनिक जिम्मेदारियों से मुक्त हैं।
2. इस प्रणाली की सहायता से सचिव उन प्रस्तावों की जाँच सरकार के विस्तृत दृष्टिकोण को ध्यान में रखते हुए निष्पक्ष रूप से कर सकता है जिन्हें कार्यपालक एजेंसियों ने तैयार किया है। ऐसा इसलिए है कि सचिव समग्र रूप से सरकार का सचिव होता है न कि मंत्री मात्र का सचिव।
3. इस प्रणाली से कार्यपालक एजेंसियों को नीतियों को कार्यान्वित करने की आज़ादी मिलती है, क्योंकि इस प्रणाली के तहत सचिव को नीति कार्यान्वयन

के कार्य में दखल नहीं देना होता अपितु स्वयं को नीति निर्माण कार्य तक ही सीमित रखना होता है। इस प्रकार, यह प्रणाली प्राधिकारों के विशिष्टीकरण और प्रत्यायोजन को प्रोत्साहित करती है तथा अति विकेंद्रीकरण को दूर रखती है।

4. इस प्रणाली के द्वारा कार्यों का बंटवारा दो अलग-अलग एजेंसियों में करके सचिवालय के आकार को प्रबंधन की दृष्टि से छोटा करने में मदद मिलती है।
5. कार्यक्षेत्र में कार्यक्रम कार्यान्वयन का निष्पक्ष मूल्यांकन सचिवालय कर्मियों द्वारा किया जा सकता है। इस कार्य की जिम्मेदारी कार्यक्रम कार्यान्वयन एजेंसियों को नहीं सौंपी जा सकती।

इस संदर्भ में भारतीय सचिवालय का मॉडल ब्रिटिश व्हाइट हॉल के मॉडल से भिन्न है। ब्रिटेन में हर मंत्रालय नीति निर्माण और नीति कार्यान्वयन दोनों के लिए उत्तरदायी है। अवस्थी बंधुओं के अनुसार "भारत में सचिवालय को अद्वितीय कहा जा सकता है। यद्यपि भारतीय सचिवालय ने ब्रिटेन के ह्वाइट हॉल के मॉडल को अपनाया है किंतु यह ब्रिटेन के सचिवालय का वास्तविक रूप नहीं ले सका है। भारत में दो समानांतर पदक्रम हैं–एक सचिवालय में तथा दूसरा कार्यपालक विभागों के प्रमुख के अंतर्गत, किंतु ब्रिटेन में ऐसी भिन्नता नहीं है जहां मंत्रालय को ही नीति-निर्धारण और नीति कार्यान्वयन का कार्य सौंपा गया है।" दूसरी ओर, भारतीय सचिवालय प्रणाली स्वीडिश प्रणाली के समान है। एस.आर. माहेश्वरी के शब्दों में, ''इस संदर्भ में भारत और स्वीडन की तुलना की जा सकती है कि स्वीडन में संगठनों के दो पृथक् और विशिष्ट संमुच्चय है, जिनमें से एक के पास नीति-निर्माण तथा दूसरे के पास नीतियों के क्रियान्वयन की जिम्मेदारी है।''

भूमिका और कार्य (Role and Functions)

सचिवालय एक स्टॉफ एजेंसी है। इसका कार्य भारत सरकार को उसकी जिम्मेदारियों और कर्तव्यों के निर्वहन में सहयोग और सहायता करना है। यह सरकार के लिए सूचना के भंडार स्वरूप है जो विगत की कार्यवाहियों और कार्यों के प्रकाश में भावी नीतियों, उभरती समस्याओं और वर्तमान कार्यकलापों के जाँच कार्य में सरकार की सहायता करता है। किसी विषय पर सरकारी स्तर पर लिए जाने वाले निर्णय से पहले विषय की विस्तृत जांच परख का काम सचिवालय द्वारा किया जाता है।

शासकीय पुस्तिका के अनुसार सचिवालय द्वारा मंत्रालयों/विभागों से जुड़े निम्नलिखित कार्य किए जाते हैं:

1. मंत्री को नीति निर्धारण करने तथा समय समय पर आवश्यकतानुसार उसमें संशोधन करने में मदद करना;
2. विधान तथा नियम और विनियम बनाना;
3. क्षेत्रीय नियोजन और कार्यक्रम निरूपण;
4. (i) मंत्रालय/विभाग के कार्यों से संबंधित व्यय का बजटीय प्रावधान और नियंत्रण, और;
   (ii) संचलनात्मक कार्यक्रमों और योजनाओं और उनमें संशोधन से संबंधित प्रशासनिक और वित्तीय अनुमोदन देना अथवा लेना;
5. कार्यपालक विभागों या अर्द्ध-स्वायत्त कार्यक्षेत्रीय एजेंसियों द्वारा नीतियों और कार्यक्रमों के संचालन का पर्यवेक्षण और परिणामों का मूल्यांकन;
6. नीतियों की व्याख्या और उनके बीच समन्वय स्थापित करना, सरकार की अन्य शाखाओं क़ी सहायता करना तथा राज्य प्रशासन से संपर्क बनाए रखना;
7. मंत्रालय/विभाग और इसकी कार्यपालक एजेंसियों दोनों में कार्मिक और सांगठनिक सक्षमता विकसित करने के उपाय करना, और;
8. मंत्री को संसदीय जिम्मेदारियों के निर्वहन में सहायता प्रदान करना।

कार्यकाल प्रणाली (Tenure System)

एस.आर माहेश्वरी के अनुसार, "सचिवालय में उन पदों को श्रेष्ठ माना गया है, जो अधिकारियों द्वारा बनाए गए नियमानुसार, राज्यों (और कुछ केंद्रीय सेवाओं) से कुछ विशिष्ट समय के लिए आते हैं तथा अपने 'कार्यकाल' की समाप्ति पर संबद्ध राज्यों या सेवाओं में वापिस चले जाते हैं। सरकारी शब्दावली में इसे कार्यकाल प्रणाली कहते हैं।" इस प्रकार, कार्यकाल प्रणाली के अंतर्गत प्रतिनियुक्त प्रत्येक कर्मचारी/अधिकारी केंद्रीय सचिवालय

में निर्धारित अवधि के लिए कार्य करता है, जिनका सचिवालय में अलग-अलग पदक्रम होता है। पदक्रम इस प्रकार हैं:

1. सचिव और संयुक्त सचिव 5 वर्ष
2. उप-सचिव 4 वर्ष
3. अवर सचिव 3 वर्ष

भारत में 'कार्यकाल प्रणाली' की शुरूआत वर्ष 1905 में भारत के तत्कालीन गवर्नर जनरल लॉर्ड कर्जन द्वारा की गई थी। लॉर्ड कर्जन का मानना था कि, "भारत पर शिमला या कोलकाता से शासन किया जा सकता है किंतु प्रशासन मैदानों से किया जाता है।" लॉर्ड कर्जन, 'जिसे कार्यकाल प्रणाली का जनक भी कहते हैं', के इसी विश्वास के फलस्वरूप ही कार्यकाल प्रणाली की शुरूआत हुई थी।

कार्यकाल प्रणाली के समर्थन में निम्नलिखित तर्क प्रस्तुत किए गए हैं:

1. इस प्रणाली द्वारा केंद्र और राज्यों के बीच प्रशासनिक तालमेल बनाए रखा जा सकता है और इस प्रकार भारतीय संघीय शासनतंत्र को मजबूती प्रदान की जा सकती है।
2. इस प्रणाली के द्वारा केंद्रीय सचिवालय में उन अधिकारियों की नियुक्ति की जा सकती है जिन्हें जिला प्रशासन या क्षेत्र प्रशासन का ही अनुभव प्राप्त होता है।
3. इससे राज्य सरकार के अधिकारियों को राष्ट्रीय स्तर पर बेहतर अनुभव मिलता है।
4. इससे उन सभी अधिकारियों को समान अवसर प्राप्त होता है जो सचिवालय में निर्धारित अवधि तक तैनात रहने के अधिकारी हैं।
5. इससे राष्ट्र की प्रशासनिक एकता तथा लोक सेवा की स्वतंत्रता की रक्षा होगी।
6. यह यथार्थवादी राष्ट्रीय नीतियों के निर्माण को प्रोत्साहित करता है जिनका कार्यक्षेत्र में क्रियान्वयन अपेक्षाकृत कम कठिनाई से होगा। इसका कारण है कि सचिवालय के अधिकारी प्रशासन के वास्तविक तथ्यों से अवगत होते हैं।
7. यह अधिकारियों के रूढ़िवादी बनने की सम्भावना को कम करता है क्योंकि यह सचिवालय में उन्हें लम्बी अवधि तक काम करने का अवसर नहीं देता। यह उन्हें एक अलग प्रकार के वातावरण में कार्य करने का अवसर प्रदान करता है जो कि उनके दृष्टिकोण में ताजगी ला सकता है।
8. यह अधिकारियों को सचिवालय में नियुक्ति के दौरान विशेष लाभ प्राप्त करने में सक्षम बनाता है और इससे लोक सेवा में उत्साह का संचार होता है।
9. यह सचिवालय के कार्मिक प्रबन्धन में आवश्यक लचीलापन उपलब्ध कराता है क्योंकि यह सरल तरीके से अक्षम और अयोग्य अधिकारियों से छुटकारा पाने में प्रबन्धन को सक्षम बनाता है।

फिर भी आलोचकों ने कार्यकाल प्रणाली के विरोध में निम्नलिखित तर्क दिये हैं:

1. इसके कारण सचिवालय का अति नौकरशाहीकरण और पद-अधिभावी प्रशासन जैसी बुराइयाँ सामने आती हैं। सचिवालय में नियुक्त एक नया अधिकारी कार्य को पूरा करने के लिए स्थायी पद अवस्थापन पर अधिक निर्भर रहता है।
2. यह विशेषीकरण को सुनिश्चित नहीं करता है क्योंकि यह सामान्यज्ञ प्रशासक के उच्चतर गुण के मिथक पर अनिवार्य रूप से आधारित है। दूसरी ओर, मंत्रालयों एवं विभागों में कार्य तेजी से विशेषीकृत हो रहा है।
3. इसका मुख्य आवेग जिला या क्षेत्र अनुभव है जो कि सचिवालय कार्य के कई क्षेत्रों में अनिवार्य और प्रासंगिक नहीं है।

उल्लेखनीय रूप से केंद्र सरकार के सभी मंत्रालयों एवं विभागों में कार्यकाल प्रणाली कभी-भी मौजूद नहीं थी। ब्रिटिश काल के दौरान भी अग्रलिखित चार विभागों को कार्यकाल प्रणाली के दायरे से बाहर रखा गया था—(a) भारतीय लेखा परीक्षा और लेखा विभाग, (b) सीमा शुल्क और आयकर विभाग, (c) विदेशी और राजनीतिक विभाग, और (d) डाक और टेलीग्राफ विभाग।

कार्यकाल प्रणाली की दुर्बलता (Weakening of Tenure System)

आज, कार्यकाल प्रणाली की स्थिति उतनी मजबूत नहीं है, जितनी स्वतंत्रता प्राप्ति से पहले थी। इस प्रणाली को कमजोर बनाने में निम्नलिखित तत्वों का योगदान है:

1. इस समय अवर सचिव और उप-सचिव के अधिकांश पद पर केंद्रीय सचिवालय सेवा संवर्ग के सदस्य हैं। इस प्रकार वर्ष 1948 में गठित इस सेवा संवर्ग के फलस्वरूप सचिवालयी अधिकारियों को स्थायित्व प्राप्त हुआ। वर्तमान में केन्द्रीय सचिवालय सेवा में पांच ग्रेड शामिल हैं–(1) वरिष्ठ चयन ग्रेड (निदेशक); (2) चयन ग्रेड (उप-सचिव); (3) ग्रेड-1 (अपर सचिव); (4) अनुभाग अधिकारी ग्रेड और (5) सहायक ग्रेड। कार्मिक मंत्रालय के कार्मिक एवं प्रशिक्षण विभाग को इस सेवा के संबंध में संवर्ग नियंत्रित करने का प्राधिकार है।
2. वर्ष 1961 में विशेष केंद्रीय सेवा श्रेणी I के रूप में गठित भारतीय आर्थिक सेवा और भारतीय सांख्यिकीय सेवा के विशेष सेवा के अधिकारी, जिनकी संख्या केंद्रीय सचिवालय में अधिक है, कार्यकाल प्रणाली के अंतर्गत नहीं आते हैं अर्थात् फील्ड और मुख्यालय (सचिवालय) के बीच पदस्थ रहते हैं।
3. वर्ष 1938 में गठित वित्त वाणिज्य पूल (किंतु वर्ष 1946 में समाप्त) तथा 1957 में गठित केंद्रीय प्रशासनिक पूल के माध्यम से कार्यकाल प्रणाली में सुधार किया गया था। केंद्रीय प्रशासनिक पूल में (1) भारतीय प्रशासनिक सेवा, (2) केंद्रीय सेवा-श्रेणी I, (3) केंद्रीय सचिवालय सेवा -श्रेणी I तथा (4) राज्य सेवाओं के श्रेणी I के अधिकारी शामिल होते हैं। इसका गठन केंद्रीय सचिवालय में उप-सचिव स्तर या इससे ऊपर के स्तर के पदों के लिए किया गया था। इसमें सामान्य और विशेष दोनों श्रेणी के पद है। इस पूल का प्रबंधन और नियंत्रण कार्मिक मंत्रालय द्वारा किया जाता है।
4. कार्यकाल प्रणाली के अंतर्गत केंद्रीय सचिवालयी सेवा में आए अधिकारी अपने मूल विभागों या राज्य सरकारों में वापस नहीं जाते जिसका मुख्य कारण उच्च वेतन, राजधानी नगर की सुविधाएँ तथा केंद्र से निकटता आदि जैसे सचिवालय तैनाती संबंधी लाभ हैं।
5. राज्य अपने अच्छे अधिकारियों को केंद्र सरकार में भेजने को सदैव उत्सुक नहीं रहते। राज्य सरकारों की इस अनिच्छा के कारण सचिवालय और फील्ड क्षेत्र के मध्य अधिकारियों के आदान-प्रदान में बाधाएँ आती हैं।
6. कार्यकाल प्रणाली भारत में उस समय अस्तित्व में आई थी जब यहाँ एकात्मक प्रणाली का शासन था किंतु स्वतंत्रता प्राप्ति के बाद का एकात्मक प्रणाली स्थान संघीय प्रणाली ने लिया। अवस्थी बंधुओं ने इस संदर्भ में ठीक ही कहा है, "संघीय राजव्यवस्था में, जिसमें स्वायत्त राज्य हैं, कार्यकाल प्रणाली उपयुक्त नहीं है। केंद्र और राज्य दोनों स्तर के गैर-निपुण मंत्रियों को स्थायी सलाहकारों की सेवाओं की जरूरत होती है, यह काम कार्यकाल प्रणाली के तहत प्रतिनियुक्त और कार्यकाल की समाप्ति पर मूल विभाग की राह पकड़ने वाले अधिकारियों के वश की बात नहीं है।"

सचिवालय के अधिकारी (Secretariat Officials)

सचिवालय के अधिकारियों का वर्तमान पदक्रम इस प्रकार है:

1. सचिव
2. अपर सचिव
3. संयुक्त सचिव
4. निदेशक
5. उप-सचिव
6. अवर सचिव

उपर्युक्त में से प्रथम तीन पदक्रम के अधिकारी 'उच्च श्रेणी के प्रबंधन' का कार्य तथा अंतिम तीन पदक्रम के अधिकारी 'मध्यम श्रेणी के प्रबंधन' का कार्य देखते हैं। ये सभी अधिकारी अपने स्तर पर कार्यों का निपटान करते हैं तथा महत्वपूर्ण विषयों को उच्च अधिकारी के समक्ष प्रस्तुत करते हैं। इसके अतिरिक्त, ये सब अधिकारी भारत सरकार के हित को ध्यान में रखकर अपने कर्तव्यों का निर्वाह करते हैं। इसीलिए सचिव को सचिव, भारत सरकार के रूप में पदनामित किया गया है, न कि संबद्ध मंत्री/मंत्रालय के सचिव के रूप में।

1. **सचिव (Secretary):** सचिव की भूमिकाएँ निम्नलिखित हैं:

   (i) वह मंत्रालय/विभाग का प्रशासनिक प्रमुख होता है। इस संदर्भ में उसकी जिम्मेदारियाँ पूर्ण और अविभाजित हैं।

(ii) वह नीतिगत और प्रशासनिक मामलों के सभी पहलुओं पर मंत्री का प्रमुख सलाहकार होता है।

(iii) वह, संसदीय लोक लेखा समिति के समक्ष अपने मंत्रालय/विभाग का प्रतिनिधित्व करता है।

2. **अपर/संयुक्त सचिव:** अपर सचिव किसी विभाग अथवा विभाग के किसी स्कंध (विंग) का प्रभारी होता है। दूसरी ओर, संयुक्त सचिव किसी विभाग के स्कंध का प्रभारी होता है। संयुक्त सचिव का दर्जा और वेतन अपर सचिव से कम होता है क्योंकि अपर सचिव, संयुक्त सचिव से वरिष्ठ होता है। कुल मिलाकर इन दोनों अधिकारियों के कार्यों में, अपर सचिव यदि किसी विभाग का प्रभारी नहीं है तो कोई अधिक अंतर नहीं है। केंद्र सरकार के पुनर्गठन पर रिचर्ड टोटनहम की रिपोर्ट (1945) में यह उल्लेख है कि, "अपर सचिवों और संयुक्त सचिवों को न ही सस्ता सचिव और न ही अधिक खर्चीला उप-सचिव होना चाहिए।"

3. **निदेशक/उप-सचिव:** निदेशक का पद वर्ष 1960 में सृजित हुआ था। एस.आर. माहेश्वरी ने ठीक कहा है कि, "निदेशक और उप-सचिव की जिम्मेदारियों में कोई अधिक अंतर नहीं है, न ही किसी उप-सचिव को निदेशक के अधीन किया जा सकता है।" लेकिन निदेशक का दर्जा और वेतन उप-सचिव से अधिक होता है।

उप-सचिव, सचिव की ओर से कार्य करता है और प्रभाग का प्रभारी होता है। वह स्वयं अधिकांश मामलों को निपटाता है तथा महत्वपूर्ण मामलों पर विभाग के संयुक्त/अपर सचिवों अथवा सचिव से मार्गदर्शन प्राप्त करता है।

4. **अवर सचिव:** अवर सचिव शाखा का प्रभारी होता है इसलिए उसे शाखा अधिकारी भी कहते हैं। वह प्राय: प्राप्त अभ्यावेदनों पर कार्यवाही शुरू करता है। वह छोटे मामलों को स्वयं निपटाता है तथा केवल महत्वपूर्ण मामलों को उप-सचिव को प्रस्तुत करता है।

स्वतंत्रता प्राप्ति से पहले, अवर सचिव से नीचे का सहायक सचिव का पद होता था। इस पद को मैक्सवेल समिति की रिपोर्ट (1937) की अनुशंसाओं पर समाप्त कर दिया गया।

5. **विशेष कार्यअधिकारी [Officer on Special Duty (OSD)]:** विशेष कार्य अधिकारी पद पर विद्यमान अधिकारियों में से किसी अधिकारी की नियुक्ति होती है-वह आवश्यक प्रकृति के उन कार्यों को देखता हैं जिस पर पूरा ध्यान दिए जाने की जरूरत होती है। मूलत: यह अस्थायी पद है जिसे अत्यावश्यक दृष्टि से सृजित किया गया है। ओएसडी द्वारा निष्पादित ड्यूटी और कार्य विशेष प्रकृति के होते हैं। ओएसडी का दर्जा निर्धारित नहीं है, किंतु इस पद पर सचिव से लेकर अवर सचिव स्तर तक के अधिकारी नियुक्त होते हैं। कभी-कभी अनुभाग अधिकारी को भी ओ.एस.डी. नियुक्त किया जाता है।

भारत में ओ.एस.डी. का पद एक ब्रिटिश विरासत है। इसकी निम्नलिखित गुण हैं:

1. यह कार्य के बेहतर समन्वय को संभव बनाता है।
2. यह कार्य के समापन और निर्णय के अविलम्ब क्रियान्वयन को बढ़ावा देता है।

केन्द्रीय सचिवालय सेना में विभिन्न ग्रेडों के अधिकारियों का चयन करने वाले निकायों (अभिकरणों) का उल्लेख नीचे **तालिका 19.1** में किया गया है।

तालिका 19.1 सचिवालय के अधिकारियों/कर्मचारियों का चयन

	पद	द्वारा चयनित
(i)	सचिव/अपर सचिव	मंत्रिमंडल सचिव
(ii)	संयुक्त सचिव	वरिष्ठ चयन बोर्ड (मंत्रिमंडल सचिव की अध्यक्षता में)
(iii)	निदेशक/उप-सचिव/ अवर सचिव	केंद्रीय संस्थापना बोर्ड (कार्मिक मंत्रालय के सचिव की अध्यक्षता में)

उपर्युक्त तीनों मामलों के संबंध में अंतिम निर्णय प्रधानमंत्री की अध्यक्षता वाली मंत्रिमंडलीय नियुक्ति समिति द्वारा लिया जाता है।

कार्यालय कर्मचारी (Office Staff)

सचिवालय में अधिकारी प्रवर्ग के अतिरिक्त कार्यालय कर्मचारियों का भी वर्ग है। सचिवालय के कार्यालय कर्मचारियों में निम्नलिखित कार्मिक शामिल हैं:

1. अनुभाग अधिकारी (अधीक्षक)
2. सहायक अनुभाग अधिकारी
3. उच्च श्रेणी लिपिक
4. अवर श्रेणी लिपिक
5. आशुलिपिक-टंकक और टंकक
6. कर्मकार

अनुभाग अधिकारी कार्यालय/अनुभाग का प्रमुख होता है तथा अनुभाग के सभी कार्मिकों और अवर सचिव के मध्य संपर्क बनाए रखता है। अनुभाग अधिकारी का मुख्य कार्य अपने अनुभाग के कार्मिकों के कार्य का पर्यवेक्षण करना है। अनुभाग अधिकारी सचिवालय कार्मिक के पदक्रम की दृष्टि से पहली पंक्ति का पर्यवेक्षक है।

सचिवालय के कर्मचारी वर्ग के कार्मिक निम्नलिखित दोनों सेवाओं से आते हैं:

1. केंद्रीय सचिवालय आशुलिपिक सेवा, जिसमें पांच ग्रेड हैं:
   (i) वरिष्ठ प्रमुख निजी सचिव का ग्रेड (Senior Principal Private Secretary Grade),
   (ii) निजी सचिव का ग्रेड (प्रमुख निजी सचिव) [Private Secretary Grade (Principal Private Secretary)],
   (iii) ग्रेड ए और बी (आमेलित) (निजी सचिव) [Grade A and B (Merged) (Private Secretary)],
   (iv) ग्रेड सी (निजी सहायक) [Grade C (Personal Assistant)] और,
   (v) ग्रेड डी (आशुलिपिक) [Grade D (Stenographer)]।
2. केंद्रीय सचिवालय लिपिकीय सेवा, जिसमें दो ग्रेड हैं– (i) उच्च श्रेणी (लिपिक) ग्रेड [Upper Division Grade (UDC)], (ii) अवर श्रेणी (लिपिक) ग्रेड [Lower Division Grade (LDC)]।

इन दोनों सेवाओं के संवर्ग नियंत्रण का प्राधिकार कार्मिक मंत्रालय के कार्मिक एवं प्रशिक्षण विभाग के पास है।

वर्ष 1976 से कर्मचारी चयन आयोग अवर श्रेणी लिपिकों की सीधी भर्ती के लिए प्रतियोगी परीक्षाओं का आयोजन करता आ रहा है। उच्च श्रेणी लिपिक पदों को सीधी भर्ती द्वारा नहीं भरा जाता है। इन पदों को अवर श्रेणी लिपिकों को प्रोन्नत कर भरा जाता है। अनुभाग अधिकारी तथा सहायक अनुभाग अधिकारी के पदों में से कुछ पदों का प्रतियोगी परीक्षा के आधार पर सीधी भर्ती द्वारा और कुछ को अधीनस्थ कार्मिकों की प्रोन्नति द्वारा भरा जाता है।

डेस्क अधिकारी प्रणाली (Desk Officer System)

डेस्क अधिकारी प्रणाली की शुरुआत से वर्ष 1973 में केंद्र सरकार के मंत्रालयों/विभागों की कार्यपद्धति में बदलाव-सा आ गया था। यह प्रथम भारतीय प्रशासनिक सुधार आयोग के तहत देशमुख अध्ययन दल की सिफारिशों के आधार पर किया गया था। इस प्रणाली की शुरूआत ब्रिटिश व्हाइट हॉल प्रणाली की तर्ज पर की गई थी।

इस नई प्रणाली के अंतर्गत किसी मंत्रालय के सबसे निचले स्तर के कार्य को अलग–अलग डेस्कों में व्यवस्थित किया गया है। प्रत्येक डेस्क में दो अधिकारियों अर्थात् एक अवर सचिव और एक अनुभाग अधिकारी या एक अनुभाग अधिकारी और एक सहायक अनुभाग अधिकारी या दो अनुभाग अधिकारियों को पदस्थ किया जाता है। प्रत्येक अधिकारी को डेस्क अधिकारी कहा जाता है, जिनकी सहायतार्थ आशुलिपिक/लिपिक उपलब्ध होते हैं। डेस्क अधिकारी मामलों को स्वयं निपटाता है तथा नीति से जुड़े महत्वपूर्ण मामलों के निपटान हेतु उच्च अधिकारियों को प्रस्तुत करता है।

डेस्क अधिकारी प्रणाली के लाभ इस प्रकार हैं:

(i) इससे मामलों का त्वरित निपटान होता है तथा मामले सीधे उच्च स्तर के अधिकारियों तक पहुंचते हैं।
(ii) इससे लिपिकीय स्तर पर मामलों की जाँच नहीं करनी पड़ती।
(iii) इससे सचिवालय के कार्यों में विलंब होने की संभावना नहीं रहती।
(iv) इससे व्यय में भी कमी आती है।
(v) अधिकारी स्तर पर ही मामलों की जाँच कर लिए जाने के कारण कार्य की गुणवत्ता बनी रहती है।

संलग्न और अधीनस्थ कार्यालय (Attached and Subordinate Offices)

जैसा कि ऊपर बताया गया है, भारत सरकार के प्रत्येक मंत्रालय में राजनीतिक प्रमुख और सचिव की अध्यक्षता में सचिवालय संगठन के अतिरिक्त कार्यकारी संगठन भी होते हैं। ये कार्यकारी संगठन सचिवालय संगठन द्वारा तैयार की गई नीतियों को कार्यान्वित करते हैं। कार्यकारी संगठन सचिवालय के अधीन कार्य करते हैं। इनके कार्यकारी प्रमुखों (विभाग प्रमुखों) को विभिन्न नामों से पदनामित

किया गया है–निदेशक, महानिदेशक, नियंत्रक, मुख्य नियंत्रक, महानिरीक्षक, आयुक्त और महापंजीयक आदि।

टोटनहम ने केंद्र सरकार की पुनर्संरचना से संबंधित अपनी रिपोर्ट (1945-46) में उल्लेख किया है, ''सदस्य (मंत्री) का कार्य नीति निर्धारित करने का है, सचिव का कार्य नीति से संबंधित सामग्री उपलब्ध कराने का तथा कार्यकारी प्रमुख का कार्य निर्धारित नीतियों को लागू कराने का है। मानवीय पक्ष से देखा जाए तो सदस्य (मंत्री) इच्छा शक्ति का, सचिव मस्तिष्क का प्रतिनिधित्व करता है तथा कार्यकारी प्रमुख हाथों का काम करता है।''

कार्यकारी एजेंसियों के दो रूप हैं–संबद्ध कार्यालय और अधीनस्थ कार्यालय। सरकारी कार्यपद्धति की संहिता में इन कार्यालयों की निम्नलिखित व्याख्या की गई है–"एक ओर जहाँ सरकार की नीतियों के कार्यान्वयन के लिए कार्यकारी दिशा-निर्देश के विकेंद्रीयकरण और फील्ड एजेंसियों की स्थापना जरूरी है, वहीं दूसरी ओर मंत्रालय के अंतर्गत अधीनस्थ कार्यालय हैं। मंत्रालय द्वारा निर्धारित नीतियों के कार्यान्वयन के लिए आवश्यक कार्यकारी निर्देश देने की जिम्मेदारी मंत्रालय से संबद्ध कार्यालयों की है। संबद्ध कार्यालय मंत्रालय को किसी विषय से संबंधित तकनीकी पहलुओं की जानकारी उपलब्ध कराते हैं, जिसके लिए इन कार्यालयों के पास तकनीकी सूचनाओं का भंडार होता है। अधीनस्थ कार्यालय फील्ड प्रतिष्ठान के रूप में अथवा सरकार के निर्णयों के विस्तृत कार्यान्वयन के लिए उत्तरदायी एजेंसी के रूप में कार्य करते हैं। अधीनस्थ कार्यालय प्रायः संबद्ध कार्यालय के निर्देशन में अथवा कार्यकारी निर्देशों की मात्रा अधिक होने पर सीधे मंत्रालय के निर्देशन में कार्य करते हैं।"

संबंधों के प्रतिरूप
(Patterns of Relationship)

नीतियों और कार्यक्रमों के प्रभावी निरूपण और कार्यान्वयन के लिए सचिवालय और कार्यकारी एजेंसियों के मध्य समुचित तालमेल आवश्यक है। इन दोनों के मध्य तालमेल बनाए रखने के लिए 6 सैद्धांतिक प्रकार की व्यवस्थाएँ की गई हैं:

1. **पूर्ण अलगाव का प्रतिरूप:** इस प्रतिरूप के तहत, सचिवालय और इसकी कार्यकारी एजेंसियों के मध्य पूर्ण अलगाव होता है। दोनों के अलग-अलग कार्यालय और फाइलें होती हैं। यह सर्वाधिक प्रचलित प्रतिरूप है तथा नीति प्रशासन अलगाव (अलगाव प्रणाली/विभेदन प्रणाली) अर्थात् स्टॉफ़ लाइन और सामान्य विशेषज्ञ अलगाव प्रणाली पर आधारित है।

2. **पूर्ण विलय प्रतिरूप:** इस प्रतिरूप में सचिवालय और इसकी कार्यकारी एजेंसियों के मध्य किसी प्रकार के अलगाव की स्थिति नहीं होती है, अर्थात् पूर्णतः (शत-प्रतिशत) एक होती हैं। पूर्णतः विलय के इस मॉडल का प्रयोग कुछ ही मामलों में किया जाता है।

3. **लिंक अधिकारी प्रतिरूप:** इस प्रतिरूप में सचिवालय के किसी वरिष्ठ अधिकारी को कार्यकारी एजेंसी का प्रमुख नियुक्त किया जाता है। इस अधिकारी को लिंक अधिकारी कहते हैं जिसकी दोहरी भूमिका होती है–नीति निरूपण की तथा उसे कार्यान्वित करने की।

4. **पदेन सचिवालय प्रतिरूप:** इसमें किसी कार्यकारी एजेंसी के प्रमुख को सचिवालय का पदेन पद दिया जाता है। उसे कुछ मामलों पर स्वयं स्वतंत्र रूप से निर्णय लेने का अधिकार होता है। नीति-निर्धारण कार्य में भी उसकी भूमिका होती है।

5. **संयुक्त कार्यालय प्रतिरूप:** इस प्रतिरूप के अंतर्गत, सचिवालय तथा कार्यकारी एजेंसी का एक ही कार्यालय होता है, एक समान फाइलें होती हैं तथा समान फाइल ब्यूरो होता है। इस समान कार्यालय में सचिवालय तथा कार्यकारी एजेंसी दोनों के अधिकारी बैठते हैं।

6. **संयुक्त फाइल प्रतिरूप:** इसमें सचिवालय तथा कार्यकारी एजेंसियों के कार्यालय अलग-अलग होते हैं, किंतु फाइलें और फाइल ब्यूरो एक ही होते हैं।

मंत्रिमंडल सचिवालय (Cabinet Secretariat)

20

अर्थ (Meaning)

भारत के संविधान में संसदीय प्रणाली की सरकार का प्रावधान है जिसमें मंत्रिमंडल को वास्तविक कार्यपालक का दर्जा प्राप्त है। प्रधानमंत्री की अध्यक्षता में मंत्रिमंडल पर भारत सरकार के पूरे प्रशासन की जिम्मेदारी है। इस कार्य में मंत्रिमंडल के सहायतार्थ मंत्रिमंडल सचिव होता है।

अत: मंत्रिमंडल सचिवालय केंद्रीय मंत्रिमंडल की स्टॉफ़ एजेंसी है। यह भारत के प्रधानमंत्री के दिशा-निर्देशन और नेतृत्व में कार्य करता है। केंद्र सरकार में उच्च स्तरीय नीति-निर्धारण प्रक्रिया में इसकी महत्वपूर्ण भूमिका है।

मंत्रिमंडल सचिवालय को कार्य विभाजन नियमावली, 1961 के तहत भारत सरकार में एक विभाग का दर्जा प्राप्त है। इसका राजनीतिक प्रमुख प्रधानमंत्री और प्रशासनिक प्रमुख मंत्रिमंडल सचिव होता है।

मंत्रिमंडल सचिवालय वर्ष 1947 में गवर्नर-जनरल की कार्यकारी परिषद के स्थान पर अस्तित्व में आया।

संगठन (Organisation)

मंत्रिमंडल सचिवालय में तीन स्कंध हैं–सिविल स्कंध, सैन्य स्कंध और आसूचना स्कंध। सिविल स्कंध मुख्य स्कंध है जो केंद्रीय मंत्रिमंडल को परामर्श और सहायता उपलब्ध कराता है। इस विभाग का सैन्य स्कंध सैन्य मामलों की रक्षा मंत्री की समिति, सैन्य मामलों की समिति, रक्षा सेवा प्रमुखों की समिति, राष्ट्रीय सुरक्षा परिषद और अन्य समितियों को सचिवीय सहायता उपलब्ध कराता है। आसूचना स्कंध केंद्रीय मंत्रिमंडल की आसूचना समिति से जुड़े मामलों का कार्य देखता है।

मुख्य सचिवालय के अलावा मंत्रिमण्डल सचिवालय में निम्नलिखित संगठन शामिल हैं:

(i) अनुसंधान और विश्लेषण स्कंध (RAW)
(ii) सुरक्षा महानिदेशक
(iii) विशेष सुरक्षा दल (SPG)
(iv) लोक शिकायत निदेशालय

वर्ष 1988 में केंद्रीय सचिवालय के एक अंग के रूप में लोक शिकायत (public grievances) निदेशालय का गठन हुआ था। यह निदेशालय व्यापक रूप से सार्वजनिक अंतराफलक (interface) जैसे महानगर टेलीफोन निगम लिमिटेड/भारत संचार निगम लिमिटेड, रेलवे, डाक, बीमा कंपनियों, सार्वजनिक क्षेत्र के बैंकों, आदि के संबंध में जनता से शिकायतों का समाधान करता है।

1997 में रासायनिक हथियार सन्धि राष्ट्रीय प्राधिकरण का गठन मंत्रिमण्डल सचिवालय के एक प्रस्ताव द्वारा किया गया। यह प्राधिकरण मंत्रिमण्डल सचिवालय के प्रशासनिक नियंत्रण के अधीन है।

2015 में प्रत्यक्ष लाभ अंतरण (DBT) मिशन को मंत्रिमंडल सचिवालय में स्थानांतरित कर दिया गया। यह मिशन पूर्व में योजना आयोग को DBT की पहल के कार्यान्वयन के लिए मुख्य बिंदु के रूप में स्थापित किया गया था।

2018 में भारत सरकार के प्रधान वैज्ञानिक सलाहकार को प्रशासनिक रूप से मंत्रिमंडल सचिवालय के अंतर्गत रखा गया। यह कार्यालय प्रधानमंत्री के विज्ञान, प्रौद्योगिकी और नवाचार सलाहकार परिषद को भी सेवाएं प्रदान करता है।

उसके कार्यों और जिम्मेदारियों को निपटाने में सहायता प्रदान करने के लिए मंत्रिमंडल सचिव (कैबिनेट सचिव) के अधीन कई सचिव हैं। ये सचिव से लेकर अवर सचिव स्तर के अधिकारी हैं।

इसमें अतिरिक्त मंत्रिमंडल सचिवालय में प्रधानमंत्री को परामर्श देने के लिए अलग-अलग विषयों से संबद्ध सलाहकार भी हैं ।

कार्य (Functions)

मंत्रिमंडल सचिवालय (मंत्रिमंडल सचिवालय) द्वारा निम्नलिखित कार्य किए जाते हैं:

(i) मंत्रिमंडल की बैठक की कार्यसूची तैयार करना तथा इसके लिए आवश्यक सूचना और सामग्री उपलब्ध कराना।

(ii) मंत्रिमंडल और मंत्रिमंडल समितियों द्वारा लिए गए निर्णयों का रिकॉर्ड रखना तथा उन्हें सभी संबद्ध मंत्रालयों में परिचालित करना।

(iii) मंत्रिमंडल समितियों को सचिवालयी सहायता प्रदान करना।

(iv) केंद्र सरकार की मुख्य गतिविधियों से राष्ट्रपति, उप-राष्ट्रपति और सभी केंद्रीय मंत्रियों को अवगत कराते रहना।

(v) सरकारी कार्य से संबंधित नियम तैयार करना, उन्हें अंतिम रूप देना तथा राष्ट्रपति के अनुमोदन से केंद्र सरकार के मंत्रालयों/विभागों में कार्यों का बँटवारा करना।

(vi) मंत्रिमंडल सचिवालय केंद्र सरकार में मुख्य समन्वयक एजेंसी के रूप में कार्य करता है और मंत्रालयों के मध्य के विवादों का निपटान करता है।

(vii) मंत्रिमंडल सचिवालय संबद्ध मंत्रालयों/विभागों और अन्य कार्यकारी एजेंसियों द्वारा मंत्रिमंडल के निर्णयों के कार्यान्वयन पर नज़र रखता है ।

(viii) मंत्रिमंडल सचिवालय मंत्रियों की नियुक्ति और त्याग-पत्र से जुड़े मामलों, मंत्रियों को विभाग के बँटवारे से संबंधित मामले और मंत्रालयों के गठन और पुनर्गठन से संबंधित कार्यों का भी निपटान करता है।

भूमिका (Role)

मंत्रिमंडल सचिवालय, प्रधानमंत्री के सीधे प्रभार में होता है। सचिवालय का प्रशासनिक प्रमुख, मंत्रिमंडल सचिव होता है जो सिविल सेवा बोर्ड का पदेन अध्यक्ष होता है।

भारत सरकार (व्यवसाय का आवंटन) नियम, 1961 में मंत्रिमंडल सचिवालय को नियमों की पहली अनुसूची में स्थान प्राप्त है। इस सचिवालय को निम्नलिखित विषय आवंटित होते हैं:

1. मंत्रिमंडल और मंत्रिमंडल समितियों को सचिवीय सहायता।
2. व्यवसाय के नियम।

मंत्रिमंडल सचिवालय भारत सरकार के प्रशासन (व्यवसाय का लेन-देन) नियम, 1961 और भारत सरकार (व्यवसाय का आवंटन) नियम, 1961 के प्रशासन के लिए जिम्मेदार है, जो इन नियमों का पालन सुनिश्चित करने के लिए सरकार के मंत्रालयों/विभागों में व्यापार के सुचारू लेन-देन की सुविधा प्रदान करता है।

मंत्रिमंडल सचिवालय अंतर-मंत्रालयी समन्वय सुनिश्चित करने, मंत्रालयों/विभागों के बीच मतभेदों को दूर करने और सचिवों की स्थायी समितियों/तदर्थ समितियों (सीओएस) के माध्यम से सर्वसम्मति विकसित करके सरकार में निर्णय लेने में सहायता करता है। इस तंत्र के माध्यम से नीति की नई पहलों को भी बढ़ावा दिया जाता है।

मंत्रिमंडल सचिवालय यह सुनिश्चित करता है कि राष्ट्रपति, उपाध्यक्ष और मंत्रियों को मासिक सारांश के माध्यम से सभी मंत्रालयों/विभागों की प्रमुख गतिविधियों से अवगत कराया जाता रहे। मंत्रिमंडल सचिवालय को देश में प्रमुख संकट की स्थितियों का प्रबंधन करना और ऐसी स्थिति में विभिन्न मंत्रालयों की गतिविधियों का समन्वय भी करना पड़ता भी है।

1. **मंत्रिमंडल और उसकी समितियों को सहायता प्रदान करना:** मंत्रिमंडल सचिवालय द्वारा मंत्रिमंडल और मंत्रिमंडल समितियों को प्रदान की जाने वाली सचिवीय सहायता।

(i) प्रधानमंत्री के आदेश पर मंत्रिमंडल और उसकी समितियों की बैठकें आयोजित करना

(ii) कार्यसूची तैयार करना और उन्हें प्रसारित करना

(iii) कार्यसूची पर विभिन्न मामलों से संबंधित कागजात प्रसारित करना

(iv) लिए गए विचार-विमर्श का रिकॉर्ड तैयार करना

(v) प्रधानमंत्री की स्वीकृति प्राप्त करने के बाद रिकॉर्ड को प्रसारित करना

(vi) मंत्रिमंडल और उसकी समितियों द्वारा लिए गए निर्णयों के कार्यान्वयन को देखना

मंत्रिमंडल सचिवालय मंत्रिमंडल की बैठकों के दस्तावेज का संरक्षक होता है।

2. **अंतर-मंत्रालयी समन्वय को बढ़ावा देना:** अंतर-मंत्रालयी मामलों के बीच समन्वय के लिए निम्नलिखित विषय आवश्यक है:

(i) कठिनाइयों को दूर करना
(ii) मतभेदों को दूर करना
(iii) देरी को कम करना
(iv) प्रशासनिक कार्रवाई में समन्वय करना
(v) नीतियों का समन्वय करना

जबकि प्रत्येक मंत्रालय सरकार की नीतियों, योजनाओं और कार्यक्रमों के त्वरित कार्यान्वयन के लिए स्वयं अपना काम करने के लिए जिम्मेदार है, जहां अंतर-मंत्रालयीय सहयोग शामिल है, वे अक्सर मंत्रिमंडल सचिवालय की सहायता लेते हैं। सचिवों की तदर्थ समितियों की बैठकों में अंतर-मंत्रालयी समस्याओं का समाधान किया जाता है। समितियों का गठन विशिष्ट मामलों पर चर्चा के लिए किया जाता है और विभिन्न सचिवों से सरकार को दिए जाने वाले प्रस्तावों और मंत्रिमंडल सचिव की अध्यक्षता में बैठकें आयोजित की जाती हैं। यह सभी समितियाँ बाधाओं को दूर करने में सक्षम होती हैं या अंतर-मंत्रालयी कार्रवाई का परस्पर समर्थन करती हैं।

सचिवों की तदर्थ समितियों की चर्चा, संबंधित प्रमुख विभाग द्वारा तैयार किए गए एक कागजात के आधार पर होती है और विभाग एक अलग दृष्टिकोण के साथ, यदि कोई हो, एक अनुपूरक नोट प्रदान करता है। सचिवों की तदर्थ समितियों के निर्णय या सिफारिशें सर्वसम्मत होते हैं। इन कार्यवाहियों का प्रसार भी विभागों द्वारा किया जाता है। इसके यह निम्नलिखित अन्य कई महत्वपूर्ण कार्यों का भी निर्वहन् करता है:

(i) निगरानी
(ii) समन्वय
(iii) नई नीतिगत पहलों को बढ़ावा देना

मंत्रिमंडल सचिव नागरिक सेवाओं का प्रमुख भी होता है और इसलिए मंत्रिमंडल सचिवालय को विभागों द्वारा अंतर-मंत्रालयी समन्वय को बढ़ावा देने के लिए एक उपयोगी तंत्र के रूप में देखा जाता है। सचिवों के अनुसार समय-समय पर मंत्रिमंडल सचिव को घटनाक्रम से अवगत कराना आवश्यक होता है। व्यावसायिक नियमों के लेन-देन के लिए उन्हें मंत्रिमंडल सचिव को समय-समय पर होने वाले घटनाक्रमों से अवगत कराना आवश्यक होता है, विशेषकर इन नियमों से किसी प्रकार के विचलन के मामले में।

मंत्रिमंडल सचिव (Cabinet Secretary)

भारत में इस पद और कार्यालय का गठन प्रथमत: वर्ष 1950 में हुआ था। एन.आर. पिल्लै प्रथम मंत्रिमंडल सचिव थे।

मंत्रिमंडल सचिव, मंत्रिमंडल सचिवालय का प्रधान होता है। इस पद के सृजन से पहले गवर्नर जनरल की कार्यकारी परिषद में सचिव का पद होता था।

मंत्रिमंडल सचिव को लोक सेवकों में सर्वोपरि दर्जा प्राप्त है अर्थात् वह भारत का वरिष्ठतम लोक सेवक है। मंत्रिमंडल सचिव को यह दर्जा दिए जाने की अनुशंसा सरकारी तंत्र के पुनर्गठन से संबंधित गोपालास्वामी आयंगर समिति की रिपोर्ट (1949) में की गई थी। मंत्रिमंडल सचिव का कार्यकाल निश्चित नहीं है।

मंत्रिमंडल सचिव के कार्य और भूमिका तथा उन्हें प्राप्त शक्तियों का विवरण इस प्रकार है:

1. मंत्रिमंडल सचिव केंद्रीय प्रशासन का मुख्य समन्वयक है, किंतु मंत्रालयों/विभागों के कार्य के पर्यवेक्षण का अधिकारी नहीं है।
2. मंत्रिमंडल सचिव वरिष्ठ चयन बोर्ड का अध्यक्ष होता है, जो केंद्रीय सचिवालय में संयुक्त सचिव पद के लिए अधिकारियों का चयन करता है।
3. मंत्रिमंडल सचिव केंद्रीय सचिवालय में सचिव और अपर सचिव पद के लिए अधिकारियों का चयन स्वयं करता है।
4. मंत्रिमंडल सचिव अंतर्मंत्रालयी विवादों के निपटान के लिए गठित 'प्रशासनिक मामलों संबंधी सचिवों की समिति' का अध्यक्ष होता है।
5. मंत्रिमंडल सचिव प्रतिवर्ष आयोजित होने वाले मुख्य सचिवों के सम्मेलन की अध्यक्षता करता है।
6. मंत्रिमंडल सचिव प्रशासन और नीतिगत मामलों से संबंधित सभी पहलुओं के संदर्भ में प्रधानमंत्री के मुख्य सलाहकार के रूप में कार्य करता है।
7. किसी भी मंत्री द्वारा किसी समाचार-पत्र के प्रकाशक या संपादक पर मानहानि का मुकदमा दायर करने से पहले मंत्रिमंडल की स्वीकृति लेनी होती है।

8. प्रधानमंत्री द्वारा आवश्यक समझे जाने और आह्वान किए जाने पर मंत्रिमंडल सचिव को विश्वस्त की भूमिका निभानी होती है।
9. मंत्रिमंडल सचिव सभी लोक सेवकों के सलाहकार का और उनकी मनः स्थिति को जागृत रखने का कार्य करता है। वह उन्हें अंतर्विभागीय कठिनाइयों से संबंधित सलाह और मार्गदर्शन प्रदान करता है।
10. मंत्रिमंडल सचिव प्रधानमंत्री कार्यालय और विभिन्न प्रशासनिक एजेंसियों के बीच तथा सिविल सेवा और राजनीति प्रणाली के बीच सूत्र का कार्य करता है।

पूर्व मंत्रिमंडल सचिव एस.एस. खेरा ने अपनी पुस्तक *दी सैंट्रल एक्जीक्यूटिव* में मंत्रिमंडल सचिव की भूमिका के संबंध में लिखा है कि, "मंत्रिमंडल सचिव प्रधानमंत्री को केंद्र सरकार के कामकाज की प्रक्रिया से संबद्ध रखने में अति सहायक होता है। किंतु वह प्रधानमंत्री की ओर से एक पर्यवेक्षक या संतरी की भूमिका नहीं निभाता है, उसका कार्य अति सामान्य और स्टॉफ़ से जुड़ा होता है, न कि मंत्रालयों से संबंधित कार्यों से अर्थात् मंत्रिमंडल सचिव का कार्य सीमित होता है। उसका कार्य मदद करना है न कि निगरानी रखना।"

प्रधानमंत्री कार्यालय/सचिवालय (Prime Minister's Office/Secretariat)

21

अर्थ (Meaning)

प्रधानमंत्री, सरकार के प्रमुख और वास्तविक कार्यकारी प्राधिकारी के रूप में देश की राजनीतिक प्रशासनिक प्रणाली के अंतर्गत अति महत्वपूर्ण भूमिका निभाता है। प्रधानमंत्री कार्यालय का काम है-प्रधानमंत्री की भारी जिम्मेदारियों को पूरा करने के कार्य में उसकी सहायता करना।

अत: प्रधानमंत्री कार्यालय एक स्टॉफ़ एजेंसी है जो प्रधानमंत्री को सचिव सहायता और महत्वपूर्ण मुद्दों से संबंधित सलाह देती है। भारत सरकार में उच्च स्तर पर नीति-निर्धारण की प्रक्रिया में इस कार्यालय की महत्वपूर्ण भूमिका है। फिर भी, यह संस्था संविधान की परिधि से बाहर की है।

सरकारी कार्य विभाजन नियमावली, 1961 के अंतर्गत प्रधानमंत्री कार्यालय को भारत सरकार के विभाग का दर्जा प्राप्त है। इसके अधीन कोई संबद्ध अथवा अधीनस्थ कार्यालय नहीं है।

प्रधानमंत्री कार्यालय वर्ष 1947 में गवर्नर जनरल (कार्मिक) के सचिव की जगह अस्तित्व में आया। जून 1977 तक इस कार्यालय को प्रधानमंत्री सचिवालय कहा जाता था।

संरचना (Composition)

प्रधानमंत्री कार्यालय का राजनीतिक प्रमुख प्रधानमंत्री और प्रशासनिक प्रमुख प्रधान सचिव होता है।

इसके अतिरिक्त, इस कार्यालय में एक या दो अपर सचिव होते हैं, तीन से पाँच संयुक्त सचिव तथा कई निदेशक/उपसचिव और अवर सचिव होते हैं। इस कार्यालय में अन्य अधिकारी भी होते हैं, जैसे-निजी सचिव, विशेष कार्य अधिकारी, सामाजिक सचिव, अनुसंधान अधिकारी और हिंदी अधिकारी आदि। इन अधिकारियों की सहायतार्थ अनुभाग अधिकारी, उच्च श्रेणी लिपिक, अवर श्रेणी लिपिक, आशुलिपिक आदि होते हैं।

इन कार्मिकों को सामान्यत: लोक सेवा से लिया जाता है और निश्चित समयावधि के लिए तैनात किया जाता है। इन कार्मिकों का दर्जा केंद्र सरकार के विभिन्न मंत्रालयों/विभागों के अधिकारियों के समक्ष होता है।

प्रधानमंत्री कार्यालय में प्रधानमंत्री के प्रधान सचिव की भूमिका महत्वपूर्ण होती है, जो निम्नलिखित कार्य करता है:

1. कार्यालय की सभी सरकारी फाइलों का निपटान करना।
2. प्रधानमंत्री के समक्ष सभी महत्वपूर्ण विषय सामग्री को आदेशार्थ और निर्देशार्थ रखना।
3. प्रधानमंत्री द्वारा महत्वपूर्ण शिष्टमंडलों के साथ किए जाने वाले विचार-विमर्श से जुड़े विषयों से संबंधित नोट (टिप्पणी) तैयार करना।
4. प्रधानमंत्री द्वारा सौंपे गए विभिन्न मंत्रालयों और विभागों से संबंधित कार्य की देखभाल करना।
5. कार्यालय के विभिन्न कर्मचारियों के कार्यों में तालमेल बनाए रखना।
6. प्रधानमंत्री को विदेश और देश से जुड़े विभिन्न मामलों पर सलाह देना।

कार्य (Functions)

प्रधानमंत्री कार्यालय के कई कार्य हैं, जो इस प्रकार हैं:

1. सरकार के प्रमुख के रूप में प्रधानमंत्री को, उसकी समग्र जिम्मेदारियों के मद्देनजर, सहायता प्रदान करना, जैसे-केंद्रीय मंत्रालयों/विभागों और राज्य सरकारों से संपर्क बनाए रखना, आदि।
2. योजना आयोग के अध्यक्ष और राष्ट्रीय विकास परिषद की जिम्मेदारियों के मद्देनजर प्रधानमंत्री की सहायता करना।
3. प्रधानमंत्री के जन संपर्क से जुड़े कार्यों, जैसे-सर्वसाधारण और प्रेस से संपर्क आदि को संभालना।

4. उन सभी संदर्भों का निपटान करना जो सरकारी कार्य विभाजन से संबंधित नियमावली के तहत प्रधानमंत्री के समक्ष लाए गए हों।
5. निर्धारित नियमों के तहत प्रधानमंत्री के समक्ष आदेशार्थ प्रस्तुत मामलों की जाँच में प्रधानमंत्री की सहायता करना।
6. राष्ट्रपति, राज्यपालों तथा देश में विदेशी प्रतिनिधियों के साथ संपर्क बनाए रखना।
7. प्रधानमंत्री के लिए 'विचार केंद्र' के रूप में कार्य करना।

प्रधानमंत्री कार्यालय में दो बातों का विशेष ध्यान रखा जाता है–*प्रथमतः*, यह कार्यालय उन सब विषयों का निपटान करता है जो किसी मंत्रालय/विभाग को नहीं सौंपे गए हैं। *द्वितीय*, इस कार्यालय का केंद्रीय मंत्रिमंडल के अध्यक्ष के रूप में प्रधानमंत्री की जिम्मेदारियों से कोई संबंध नहीं है। मंत्रिमंडल से जुड़े मामले सीधे मंत्रिमंडल सचिवालय द्वारा निपटाए जाते हैं जो प्रधानमंत्री के निर्देशन में कार्य करता है।

बदलती भूमिका (Changing Role)

प्रधानमंत्रियों के बदलते रहने के साथ ही प्रधानमंत्री कार्यालय की भूमिका में बदलाव आता रहता है। समय गुजरने के साथ-साथ प्रधानमंत्री कार्यालय के आकार में काफी वृद्धि हुई है, इतनी कि वर्ष 1947 में इसके गठन के समय, यह सोचा भी नहीं जा सकता था।

पंडित जवाहरलाल नेहरू के प्रधानमंत्रित्वकाल में प्रधानमंत्री कार्यालय का आकार छोटा था और भूमिकाएँ सीमित थीं किंतु इसके बाद लाल बहादुर शास्त्री ने प्रधानमंत्री कार्यालय को सुदृढ़ किया और इसे शक्तिशाली बनाया। इंदिरा गांधी ने भी ऐसा ही किया। वर्ष 1977 में जनता पार्टी की सरकार ने प्रधानमंत्री कार्यालय की भूमिका को कम करने की कोशिश की और नाम परिवर्तित कर प्रधानमंत्री सचिवालय से प्रधानमंत्री कार्यालय कर दिया गया। जनता पार्टी के संक्षिप्त शासनकाल के बाद जब इंदिरा गांधी दोबारा सत्ता में आईं तो प्रधानमंत्री कार्यालय को पुनः सुदृढ़ता प्रदान की। यह प्रवृत्ति राजीव गांधी के समय तक जारी रही और आज भी है।

वर्तमान में, प्रधानमंत्री कार्यालय में 350 से अधिक अधिकारी/कर्मचारी हैं। यह विशाल प्रतिष्ठान एक 'समानांतर' प्रशासन चलाता है अर्थात् इस कार्यालय में केंद्र सरकार के प्रत्येक मंत्रालय/विभाग की प्रतिलिपि विद्यमान है। इस प्रवृत्ति के कारण मंत्रियों की प्रतिष्ठा धूमिल तो हुई ही है, विभागीय नौकरशाही के अधिकार को भी क्षति पहुँची है।

इस प्रकार, प्रधानमंत्री कार्यालय आधिकारिक स्तर पर शक्ति के प्रतिद्वंद्वी केंद्र के रूप में उभरा है जिस कारण भारतीय कैबिनेट प्रणाली की सरकार में कैबिनेट सचिवालय और कैबिनेट सचिव की 'वैध भूमिका, महत्ता, प्राधिकार और पदस्थिति का ह्रास (गिरावट) हुआ है। इस संदर्भ में अजय के. मेहरा ने ठीक ही कहा है कि, "संवैधानिक अनुभव शीर्ष कार्यकारी निकाय के लिए सहायक संस्थान के रूप में कैबिनेट सचिवालय को मान्यता प्रदान करता है, न कि प्रधानमंत्री कार्यालय को। इस प्रकार, प्रधानमंत्री कार्यालय से संबंधित विवाद इस कार्यालय के राजनीतिक स्थान स्थिति के अनुपात में अधिक शक्तिशाली होने मात्र पर नहीं है, अपितु इस बात पर है कि इस कार्यालय ने कैबिनेट सचिवालय पर पूर्ण ग्रहण लगा दिया है।"

इसलिए आलोचकों ने प्रधानमंत्री कार्यालय को भिन्न-भिन्न संज्ञाओं से नवाज़ा है, जैसे–'सुपर कैबिनेट', 'माइक्रो कैबिनेट', 'सुपर मिनिस्ट्री', 'सुपर सेक्रेटेरिएट', 'सुपर अथॉरिटी', 'दी गवर्नमेंट ऑफ़ इंडिया', 'दी गवर्नमेंट ऑफ़ दी गवर्नमेंट ऑफ़ इंडिया' आदि।

मंत्रालय एवं विभाग (Ministries and Departments)

22

मंत्रालयों के बीच व्यापार का आवंटन (Allocation of Business among Ministries)

भारत सरकार (व्यवसाय का आवंटन) के नियम, 1961 राष्ट्रपति द्वारा भारत सरकार के व्यवसाय के आवंटन हेतु संविधान के अनुच्छेद 77 के तहत बनाये जाते हैं। सरकार के मंत्रालय/विभाग प्रधानमंत्री की सलाह पर राष्ट्रपति द्वारा बनाये जाते हैं। सरकार का व्यवसाय निर्दिष्ट विषयों के वितरण के अनुसार मंत्रालयों / विभागों में हस्तांतरित होते हैं। प्रधानमंत्री की सलाह पर राष्ट्रपति द्वारा प्रत्येक मंत्री को मंत्रालय का आवंटन किया जाता है। आम तौर पर, नीति मामलों एवं सामान्य प्रशासन पर मंत्री की सहायता हेतु प्रत्येक विभाग एक सचिव के प्रभार में होता है।

भारत सरकार के व्यवसाय विनिमय नियम, 1961 तथा व्यवसाय का आवंटन नियम, 1961 के प्रशासन हेतु मंत्रिमंडल सचिवालय उत्तरदायी होता है।

भारत सरकार (व्यवसाय का आवंटन) के नियम, 1961 कि प्रथम सूची में मंत्रालयों, विभागों, सचिवालयों और कार्यालयों (विभागों के रूप में संदर्भित) को नाम निर्दिष्ट किया गया है, जबकि द्वितीय अनुसची में विभागों के बीच विषयों के वितरण का उल्लेख किया गया है।

मंत्रालयों द्वारा व्यापार का निपटान (Disposal of Business by Ministries)

भारत सरकार (व्यापार का लेन-देन), नियम 1961, व्यापार के निपटान और निर्णय लेने की प्रक्रिया को भारत सरकार में पूरा करती है। सरकारी व्यवसाय आम तौर पर मंत्रालयों/विभागों के भीतर नियमों में अनुबंधित, अपेक्षित अंतर विभाग परामर्शों के आधीन प्रभारी मंत्री, के निर्देशन में विभिन्न स्तरों पर निपटाया जाता है।

इसके आगे नियम उन मामलों को निर्दिष्ट करते हैं जिनके लिए प्रधानमंत्री, मंत्रिमंडल और उसकी समितियों और राष्ट्रपति की स्वीकृति आवश्यक है। जिन मामलों में मंत्रिमंडल की मंजूरी की आवश्यकता होती है, उन्हें नियमों की द्वितीय अनुसूची में दर्शाया गया है और मंत्रिमंडल समितियों की मंजूरी की आवश्यकता वालों को, नियमों की प्रथम अनुसूची में दर्शाया गया है। ऐसे मामले जिन्हें प्रधानमंत्री और राष्ट्रपति को प्रस्तुत करने की आवश्यकता होती है वे नियमों की तृतीय अनुसूची में सूचीबद्ध हैं।

तदनुसार, जहाँ विभागीय स्तर पर सरकारी व्यवसाय के एक महत्वपूर्ण हिस्से का निपटान हो जाता है, वहीं कुछ मामले जो राष्ट्रीय परिप्रेक्ष्य से महत्वपूर्ण होते हैं, उन्हें मंत्रिमंडल या मंत्रिमंडल समितियों की आवश्यक मंजूरी की आवश्यकता होती है।

मंत्रालयों में वृद्धि के कारण (Reasons for Increase in Ministries)

15 अगस्त, 1947 को केंद्रीय सरकार में 18 मंत्रालय थे। तब से इनकी संख्या में निम्नलिखित कारणों से वृद्धि हुई है:

1. सरकार के कार्यभार में वृद्धि
2. सरकार द्वारा किये जाने वाले कार्य की जटिलता में वृद्धि
3. प्रशासन में विज्ञान और प्रौद्योगिकी की बढ़ती हुई भूमिका
4. मंत्री पद के आकांक्षी लोगों की संख्या में वृद्धि
5. गठबंधन सरकारों का उदय, इत्यादि

मंत्रालयों/विभागों की सूची (2020) [List of Ministries/Departments (2020)]

10 नवंबर, 2020 तक भारत सरकार (व्यापार के आवंटन) नियम, 1961 (समय-समय पर संशोधित) के तहत केंद्र सरकार में निम्नलिखित मंत्रालयों/विभाग निहित हैं:

1. कृषि एवं किसान कल्याण मंत्रालय
   (i) कृषि, सहकारिता एवं किसान कल्याण विभाग
   (ii) कृषि अनुसंधान और शिक्षा
2. आयुर्वेद, योग, प्राकृतिक चिकित्सा, यूनानी, सिद्ध और होम्योपैथी (आयुष) मंत्रालय

3. रसायन और उर्वरक मंत्रालय
   (i) रसायन और पेट्रो-रसायन विभाग
   (ii) उर्वरक विभाग
   (iii) औषध विभाग
4. नगर विमानन मंत्रालय
5. कोयला मंत्रालय
6. वाणिज्य और उद्योग मंत्रालय
   (i) वाणिज्य विभाग
   (ii) उद्योग और आंतरिक व्यापार समवर्द्धन विभाग
7. संचार मंत्रालय
   (i) दूरसंचार विभाग
   (ii) डाक विभाग
8. उपभोक्ता मामले, खाद्य और सार्वजनिक वितरण मंत्रालय
   (i) उपभोक्ता मामले विभाग
   (ii) खाद्य और सार्वजनिक वितरण विभाग
9. कॉरपोरेट कार्य मंत्रालय
10. संस्कृति मंत्रालय
11. रक्षा मंत्रालय
   (i) रक्षा विभाग
   (ii) सैनिक मामलों का विभाग
   (iii) रक्षा उत्पादन विभाग
   (iv) रक्षा अनुसंधान और विकास विभाग
   (v) पूर्व सेनानी कल्याण विभाग
12. उत्तर-पूर्वी क्षेत्र विकास मंत्रालय
13. पृथ्वी विज्ञान मंत्रालय
14. इलेक्ट्रॉनिकी और सूचना प्रौद्योगिकी मंत्रालय
15. पर्यावरण, वन और जलवायु परिवर्तन मंत्रालय
16. विदेश मंत्रालय
17. वित्त मंत्रालय
   (i) आर्थिक मामलों का विभाग
   (ii) व्यय विभाग
   (iii) राजस्व विभाग
   (iv) निवेश और लोक परिसंपत्ति प्रबंधन विभाग डीआईएपीएम (DIAPM)
   (v) वित्त सेवाएं विभाग
18. मत्स्यपालन, पशुपालन और दुग्ध उत्पादन मंत्रालय
   (i) मत्स्य विभाग
   (ii) पशुपालन और दुग्ध विभाग
19. खाद्य प्रसंस्करण उद्योग मंत्रालय
20. स्वास्थ्य और परिवार कल्याण मंत्रालय
   (i) स्वास्थ्य और परिवार कल्याण विभाग
   (ii) स्वास्थ्य अनुसंधान विभाग
21. भारी उद्योग और लोक उद्यम मंत्रालय
   (i) भारी उद्योग विभाग
   (ii) लोक उद्यम विभाग
22. गृह मंत्रालय
   (i) आंतरिक सुरक्षा विभाग
   (ii) राज्य विभाग
   (iii) राजभाषा विभाग
   (iv) गृह विभाग
   (v) जम्मू, कश्मीर और लद्दाख मामलों का विभाग
   (vi) सीमा प्रबंधन विभाग
23. आवास और शहरी मामलों का मंत्रालय
24. शिक्षा मंत्रालय
   (i) स्कूल शिक्षा और साक्षरता विभाग
   (ii) उच्चतर शिक्षा विभाग
25. सूचना और प्रसारण मंत्रालय
26. जल शक्ति मंत्रालय
   (i) जल संसाधन, नदी विकास और गंगा संरक्षण मंत्रालय
   (ii) पेयजल और स्वच्छता मंत्रालय
27. श्रम और रोजगार मंत्रालय
28. विधि और न्याय मंत्रालय
   (i) विधि कार्य विभाग
   (ii) विधायी विभाग
   (iii) न्याय विभाग
29. सूक्ष्म लघु और मध्यमं उद्यम
30. खान मंत्रालय
31. अल्पसंख्यक कार्य मंत्रालय
32. नवीन और नवीकरणीय ऊर्जा मंत्रालय

33. पंचायती राज मंत्रालय
34. संसदीय कार्य मंत्रालय
35. कार्मिक, लोक शिकायत तथा पेंशन मंत्रालय
    (i) कार्मिक और प्रशिक्षण विभाग
    (ii) प्रशासनिक सुधार और लोक शिकायत विभाग
    (iii) पेंशन और पेंशनभोगी कल्याण विभाग
36. पेट्रोलियम और प्राकृतिक गैस मंत्रालय
37. योजना मंत्रालय
38. विद्युत मंत्रालय/शक्ति मंत्रालय /ऊर्जा मंत्रालय
39. रेल मंत्रालय
40. सड़क परिवहन और राजमार्ग मंत्रालय
41. ग्रामीण विकास मंत्रालय
    (i) ग्रामीण विकास विभाग
    (ii) भूमि संसाधन विभाग
42. विज्ञान और प्रौद्योगिकी मंत्रालय
    (i) विज्ञान और प्रौद्योगिकी विभाग
    (ii) विज्ञान और औद्योगिक अनुसंधान विभाग
    (iii) जैव-प्रौद्योगिकी विभाग
43. पत्तन, पोत परिवहन और जलमार्ग मंत्रालय
44. कौशल विकास और उद्यमशीलता मंत्रालय
45. सामाजिक न्याय और अधिकारिता मंत्रालय
    (i) सामाजिक न्याय और अधिकारिता विभाग
    (ii) दिव्यांग सशक्तिकरण विभाग
46. सांख्यिकी और कार्यक्रम कार्यान्वयन मंत्रालय
47. इस्पात मंत्रालय
48. कपड़ा मंत्रालय
49. पर्यटन मंत्रालय
50. आदिवासी मामलों का मंत्रालय
51. महिला एवं बाल विकास विभाग
52. युवा कार्यक्रम और खेल मंत्रालय
    (i) युवा मामलों का विभाग
    (ii) खेल विभाग
53. परमाणु ऊर्जा विभाग
54. अंतरिक्ष विभाग
55. मंत्रिमंडल सचिवालय
56. राष्ट्रपति सचिवालय
57. प्रधानमंत्री कार्यालय
58. नीति आयोग (भारत में परिवर्तन के लिए राष्ट्रीय संस्थान)
59. राष्ट्रीय सुरक्षा परिषद सचिवालय

बोर्ड और आयोग (Boards and Commissions)

23

भारत की प्रशासनिक व्यवस्था में दो प्रकार के संगठनों का अस्तित्व है:

1. ब्यूरो प्रकार के संगठन, जिनमें प्रशासनिक सत्ता एक व्यक्ति में निहित होती है।
2. बोर्ड और आयोग प्रकार के संगठन, जहाँ प्रशासनिक प्राधिकार व्यक्तियों के एक समूह में निहित होते हैं।

इस प्रकार ब्यूरो एकल प्रमुख निकाय होते हैं जबकि बोर्ड और आयोग बहुप्रमुख निकाय होते हैं। विभागों को पहली श्रेणी में शामिल किया जा सकता है।

बोर्ड और आयोग शब्दों का प्रयोग परस्पर बदलकर किया जाता है किन्तु ये अलग-अलग हैं। बोर्ड के सम्बन्ध में संगठन के सभी मामलों में सदस्यों द्वारा सामूहिक रूप से कार्यवाही की जाती है जबकि आयोग के सम्बन्ध में सदस्य न केवल बोर्ड के रूप में सामूहिक कार्यवाही करते हैं बल्कि संगठन की विशिष्ट इकाइयों के प्रमुखों के रूप में व्यक्तिगत रूप से कार्य भी करते हैं।

भारत में बोर्ड और आयोगों को विभिन्न आधारों पर वर्गीकृत किया जा सकता है। इनका विश्लेषण नीचे किया गया है।

वैधानिक दर्जा (Legal Status)

वैधानिक दर्जे के आधार पर बोर्डों और आयोगों को तीन श्रेणियों में वर्गीकृत किया जा सकता है, जैसे कि:

(a) संविधान द्वारा स्थापित किये गये बोर्ड और आयोग अथवा राष्ट्रपति द्वारा अपने संवैधानिक प्राधिकार के अधीन स्थापित किये गये बोर्ड और आयोग। इन्हें संवैधानिक निकाय कहा जाता है। इनमें निम्नलिखित शामिल हैं:
   - (i) चुनाव आयोग
   - (ii) संघ लोक सेवा आयोग
   - (iii) राज्य लोक सेवा आयोग
   - (iv) वित्त आयोग
   - (v) राजकीय भाषा आयोग
   - (vi) पिछड़ा वर्ग आयोग
   - (vii) अनुसूचित जातियों के लिए राष्ट्रीय आयोग
   - (viii) अनुसूचित जनजातियों के लिए राष्ट्रीय आयोग
   - (ix) पिछड़े वर्ग के लिए राष्ट्रीय आयोग

(b) संसद के विशेष अधिनियमों द्वारा स्थापित किये गये बोर्ड और आयोग। इन्हें वैधानिक निकाय कहा जाता है। इनमें निम्नलिखित शामिल हैं:
   - (i) विश्वविद्यालय अनुदान आयोग
   - (ii) तेल एवं प्राकृतिक गैस आयोग
   - (iii) केंद्रीय प्रत्यक्ष कर बोर्ड
   - (iv) केंद्रीय उत्पाद एवं सीमा-शुल्क बोर्ड
   - (v) रेलवे बोर्ड
   - (vi) परमाणु ऊर्जा आयोग
   - (vii) बाढ़ नियंत्रण बोर्ड
   - (viii) महिलाओं के लिए राष्ट्रीय आयोग इत्यादि।

(c) केंद्र सरकार के पृथक् कार्यकारी प्रस्तावों या आदेशों द्वारा स्थापित किये गये बोर्ड और आयोग। इन्हें संलग्न निकाय कहा जाता है और ये संबद्ध मंत्रालयों के प्रत्यक्ष नियंत्रण के अधीन होते हैं। इनमें निम्नलिखित शामिल हैं:
   - (i) अखिल भारतीय हथकरघा बोर्ड
   - (ii) लघु-स्तरीय उद्योग बोर्ड
   - (iii) कर्मचारी चयन आयोग
   - (iv) अखिल भारतीय हस्त-शिल्प बोर्ड इत्यादि

प्राधिकार की प्रकृति (Nature of Authority)

प्राधिकार की प्रकृति के आधार पर बोर्डों और आयोगों का वर्गीकरण निम्नलिखित तीन श्रेणियों में किया जा सकता है:

(a) ऐसे बोर्ड और आयोग, जो विशुद्ध रूप से परामर्श देने का कार्य करते हैं। उदाहरण के लिए लघु-स्तरीय उद्योग बोर्ड।

(b) ऐसे बोर्ड और आयोग, जो नीतियाँ बनाते हैं और प्रशासनिक निर्देश देते हैं, जैसे-पूर्ववर्ती योजना आयोग।

(c) ऐसे बोर्ड और आयोग, जो न केवल नीतियाँ बनाते हैं और प्रशासनिक निर्देश जारी करते हैं बल्कि नीतियों का क्रियान्वयन भी करते हैं। उदाहरण के लिए परमाणु ऊर्जा आयोग अथवा रेलवे बोर्ड।

कार्य निष्पादन (Functions Performed)

निष्पादित किये जाने वाले कार्यों के आधार पर बोर्डों और आयोगों को तीन श्रेणियों में वर्गीकृत किया जा सकता है। ये इस प्रकार हैं:

(a) विकासात्मक गतिविधियों में शामिल होने वाले बोर्ड और आयोग, जैसे-अखिल भरतीय हथकरघा बोर्ड या औद्योगिक संवर्द्धन बोर्ड।

(b) नियामक गतिविधियों में संलग्न बोर्ड और आयोग। उदाहरण के लिए केंद्रीय विद्युत नियामक आयोग।

(c) विकासात्मक और नियामक दोनों गतिविधियों में शामिल होने वाले बोर्ड और आयोग, जैसे-केंद्रीय रेशम बोर्ड।

अवस्थिति (Location)

अवस्थिति के आधार पर बोर्डों और आयोगों को निम्नलिखित दो श्रेणियों में बाँटा जा सकता है:

(a) मंत्रालयों या विभागों के अधीनस्थ के रूप में कार्य करने वाले बोर्ड और आयोग। उदाहरण के लिए रेलवे बोर्ड या डाक एवं टेलीग्राफ बोर्ड।

(b) मंत्रालयों या विभागों के अधीन अभिकरणों के रूप में कार्य करने वाले बोर्ड और आयोग, जैसे-राज्यों में शिक्षा बोर्ड।

सार्वजनिक उद्यम (Public Enterprises)

24

सार्वजनिक उद्यमों में वे उद्यम, निगम और कंपनियाँ आती हैं, जिसका स्वामित्व पूर्णत: या अंशत: केंद्र सरकार या राज्य सरकार या संयुक्त रूप से केंद्र और राज्य सरकार के अधीन होता है। इनका अपना प्रबंधन तंत्र होता है तथा ये औद्योगिक, कृषि से संबंधित, वाणिज्यिक और वित्तीय गतिविधियों से संबंध रखते हैं।

भारत में सार्वजनिक उद्यम मुख्यतया चार रूपों में संगठित हैं—विभागीय उद्यम, सार्वजनिक निगम, सरकारी कंपनियाँ और होल्डिंग कंपनियाँ। इनके विभिन्न अन्य रूप हैं, जैसे—आयोग, नियंत्रण बोर्ड, सहकारी समितियाँ, सार्वजनिक न्यास और कमोडिटी बोर्ड।

विभागीय उपक्रम (Departmental Undertaking)

यह सार्वजनिक उद्यम का पारंपरिक और सबसे पुराना रूप है। रेलवे और डाक एवं तार विभाग-दो प्रमुख सार्वजनिक प्रतिष्ठान हैं। इनके अतिरिक्त आकाशवाणी, दूरदर्शन, रक्षा उत्पाद एकक, परमाणु ऊर्जा से जुड़ी परियोजनाएँ, सरकारी मुद्रणालय भी संगठित विभागीय प्रतिष्ठान हैं। इस प्रतिरूप का प्रयोग प्राय: तब होता है जब किसी उद्यम का मुख्य उद्देश्य राजस्व उपलब्ध कराना होता है।

विभागीय उद्यम की विशेषताएँ इस प्रकार हैं:

1. इसमें होने वाला सकल निवेश सरकार द्वारा किया जाता है। किसी निजी पार्टी को इसमें निवेश करने की अनुमति नहीं है।
2. इसका वित्त पोषण खजाने से वार्षिक विनियोजन के आधार पर होता है। इसके अतिरिक्त, इनसे प्राप्त राजस्व का पूरा अथवा अधिकांश भाग खजाने में जाता है।
3. यह बजट लेखा और लेखा परीक्षा नियंत्रण के अधीन है, जो अन्य सरकारी विभागों के लिए भी लागू है।
4. इसके स्थायी कर्मचारी लोक सेवक होते हैं। इसके अतिरिक्त, इसमें कर्मचारियों की भर्ती के तरीके और सेवा शर्तें भी अन्य लोक सेवकों जैसी ही होती हैं।
5. यह समान्यत: सरकार के विभागों में से एक विभाग के उप-प्रभाग के रूप में संगठित होता है और उस पर विभाग प्रमुख का नियंत्रण होता है।
6. इसको राज्य की प्रभुसत्ता प्राप्त होती है तथा इसके विरुद्ध सरकार की अनुमति के बिना कानूनी दावा नहीं किया जा सकता है।
7. यह संसद के प्रति संबद्ध मंत्री के माध्यम से जिम्मेदार होता है।
8. इसका गठन कार्यकारी प्रस्ताव द्वारा होता है। इसके गठन के लिए संसद की पूर्वानुमति आवश्यक नहीं है।

संगठन के विभागीय उद्यम रूप के लाभ इस प्रकार हैं:

1. इस पर मंत्री का अधिकाधिक नियंत्रण रहता है जो संसद के प्रति राजनीतिक तौर पर जवाबदेह है।
2. इससे सरकारी तंत्र के अन्य भागों के साथ स्पष्ट संबंध बनाए रखा जा सकता है।
3. सरकार इसके कोष पर अच्छा-खासा नियंत्रण रख सकती है। इस प्रकार विभागीय उद्यम धन के दुरुपयोग को रोकता है।
4. विभागीय उद्यम रूपी इस संगठन के नियम, मानक और प्रतिमान निर्धारित हैं।
5. यह उन उद्यमों के लिए सर्वाधिक उपयुक्त है, जिनकी स्थापना रक्षा, सामरिक महत्व, राष्ट्रीय सुरक्षा, आर्थिक नियंत्रण, वित्तीय नियंत्रण, जनहित की रक्षा आदि जैसे विशेष कारणों से हुई है।

विभागीय उद्यम रूप की हानियाँ इस प्रकार हैं:

1. अत्यधिक नियंत्रण के कारण यह स्वायत्तता की अपेक्षाओं को सीधे नकारता है।
2. यह उद्यमों के लचीलेपन और उनकी पहल का प्रतिरोध करता है।
3. यह वित्तीय और बजटीय नियंत्रण का मार्ग प्रशस्त करता है।
4. इसके नियम और कानून कठोर हैं। इस पर लाल फीताशाही का प्रभाव होने के कारण इसके कार्यों में विलंब होता है।
5. अति केंद्रीयकरण के कारण इसे पर्याप्त प्राधिकार प्राप्त नहीं हैं।

इसलिए, संगठन के इस स्वरूप का प्रयोग हाल के वर्षों में इसकी अनम्यता और विलंब की परंपरा के कारण आर्थिक और वित्तीय उद्यमों के लिए नहीं किया गया है।

सार्वजनिक उपक्रम (Public Corporation)

सार्वजनिक उद्यम के रूप में सार्वजनिक निगम 20वीं शताब्दी के उत्तरार्ध में विकसित हुआ। इस संदर्भ में डब्ल्यू.ए. रॉब्सन ने कहा है कि, "सार्वजनिक निगम 20वीं शताब्दी की सर्वाधिक महत्वपूर्ण खोज है।"

सार्वजनिक निगम रूपी संगठन की विशेषताएँ इस प्रकार हैं:

1. इन पर राज्य सरकारों का स्वामित्व होता है अर्थात् इनके लिए समस्त पूँजी सरकार द्वारा उपलब्ध कराई जाती है।
2. इनका गठन केंद्रीय या राज्य के विधान के विशेष कानून द्वारा होता है। इनका विशेष दर्जा इनके उद्देश्यों, शक्तियों, कर्तव्यों और विशेषाधिकारों को परिभाषित करता है तथा इनके प्रबंधन के स्वरूप और सरकारी विभागों के साथ इनके संबंध का निर्धारण करता है।
3. निगमित निकाय के रूप में विधायी प्रयोजन की दृष्टि से इनका अलग अस्तित्व है। ये मुकदमे कर सकते हैं और इन पर मुकदमा भी चलाया जा सकता है। ये अनुबंध कर सकते हैं और अपने नाम संपत्ति भी अर्जित कर सकते हैं।
4. इनका वित्त पोषण प्राय: स्वतंत्र रूप से होता है किंतु घाटे की भरपाई और पूँजी के लिए इनका वित्त पोषण विनियोजन के माध्यम से भी किया जाता है। इन्हें सरकारी खजाने या सार्वजनिक क्षेत्र से लेनदारी के माध्यम से और अपने माल और सेवाओं की बिक्री के माध्यम से धन प्राप्ति होती है। अपने राजस्व को उपयोग और पुन: उपयोग करने का इन्हें प्राधिकार प्राप्त है।
5. इन्हें सामान्यत: उन विनियामक और निषिद्ध विधानों से छूट प्राप्त है जो सरकारी धन के व्यय के संबंध में लागू होते हैं।
6. इनका उन क्रियाविधियों, लेखा परीक्षा संबंधी कानूनों, लेखा और बजट से कुछ भी लेना-देना नहीं है, जो गैर-निगमित एजेंसियों (सरकारी विभागों) पर लागू हैं।
7. इनके अधिकांश कर्मचारी लोक सेवक नहीं होते तथा इनकी भर्ती, पारिश्रमिक और अन्य सुविधाओं का भुगतान निगम द्वारा ही निर्धारित नियमों और शर्तों के आधार पर किया जाता है।
8. इन्हें कार्य निष्पादन संबंधी स्वायत्तता प्राप्त है तथा इन पर विभाग प्रमुख का सीधा नियंत्रण होता है। मंत्री द्वारा जारी औपचारिक नीतिगत निर्देशों को छोड़कर, इनके कार्यों पर उस विधान का नियंत्रण होता है जिसके तहत इनका गठन हुआ है। इसका प्रबंधन सरकार द्वारा नियुक्त निदेशक बोर्ड करता है। निदेशकों में से एक निदेशक बोर्ड का 'अध्यक्ष' नियुक्त होता है।

सार्वजनिक निगम के स्वरूप वाले संगठन से होने वाले लाभ इस प्रकार हैं:

1. ये दिन-प्रतिदिन के प्रशासन में स्वायत्तता सुलभ कराते हैं।
2. ये राजनीतिक प्रभावों और पक्षपात की भावना से मुक्त होते हैं।
3. ये किसी सरकारी विभाग की सार्वजनिक जिम्मेदारी के साथ किसी निजी उद्यम की वाणिज्यिक दक्षता को बेहतर ढंग से जोड़ते हैं।

4. ये अनुपयुक्त नियमों और विनियमों तथा सरकारी नियंत्रण से मुक्त होते हैं।
5. ये उच्च स्तरीय वित्तीय लचीलापन और कार्मिक स्वायत्तता सुलभ कराते हैं।
6. यह आर्थिक जीवन के सामाजिक नियंत्रण के लिए एक मूल्यवान साधन है।

सार्वजनिक निगम रूपी संगठन से होने वाली हानियाँ इस प्रकार हैं:

1. ये अपनी प्रकृति से ही बदलते समय की अपेक्षाओं को पूरा करने में सक्षम नहीं हैं तथा इनके प्रावधान कठोर हैं। आशय स्पष्ट है कि इनकी संरचना या क्रियाविधि या अन्य पहलुओं में बदलाव विधान में संशोधन (विधानमंडल द्वारा) करके ही लाया जा सकता है।
2. ये प्रशासनिक स्वायत्तता के साथ जन-जवाबदेही के पुनर्समाधान की समस्याओं को जन्म देते हैं।
3. ये 'नीतिगत मामलों' तथा 'दैनन्दिन प्रशासन के मामलों' के बीच स्पष्ट भेद नहीं करते हैं।
4. ये एक छोटे से गैर-प्रतिनिधिक और अतिशय अर्थों में एक स्वं-स्थायी समूह के हाथों में महत्वपूर्ण राजनीतिक शक्ति दे देते हैं और यह समूह इस शक्ति को नियंत्रित और प्रबन्धित करता है।
5. व्यावहारिक रूप में ये वित्तीय एवं प्रशासनिक दोनों पहलुओं में लचीलेपन और स्वायत्तता को बढ़ावा नहीं देते हैं। मंत्रालय निगमों को अपने प्रकोष्ठों या शाखाओं के रूप में देखते हैं और इसी तरीके से आदेश और निर्देश जारी करते हैं।

सरकारी कंपनी (Government Company)

भारत में सरकारी कंपनी संगठन का वह रूप है जिसका औद्योगिक और वाणिज्यिक लोक उद्यमों के प्रबंधन में सर्वाधिक प्रयोग होता है। यह नए कंपनी अधिनियम, 2013 के तहत पंजीकृत है, जो पूर्व कंपनी अधिनियम, 1956 का स्थान ले चुका है। इस अधिनियम के अनुसार सरकारी कंपनी वह कंपनी है, जिसमें केंद्र सरकार या राज्य सरकार (सरकारों) या आंशिक रूप से केंद्र सरकार द्वारा और आंशिक रूप से राज्य सरकार द्वारा शेयर पूंजी की धारिता 51% से कम न हो। किसी सरकारी कंपनी पर पूर्णत: सरकार का स्वामित्व हो सकता है (अर्थात् कुल शेयर पूँजी सरकार द्वारा निवेश की जा सकती है) या उस पर सरकार का आंशिक स्वामित्व हो सकता है (अर्थात् 51% शेयर पूँजी सरकार द्वारा निवेश की जा सकती है और शेष पूँजी निजी उद्यमों द्वारा दी जा सकती है)। इस प्रकार जिस कंपनी पर सरकार का आंशिक स्वामित्व होता है, उस कंपनी को मिश्रित स्वामित्व वाली कंपनी कहा जाता है क्योंकि यह संयुक्त उद्यम के रूप में होती है जिसमें शेयर पूँजी का बँटवारा सरकार और निजी क्षेत्र में होता है और जो (कंपनी) देशी अथवा विदेशी हो सकती है। सरकार 51% या इससे अधिक शेयर प्राप्त करने के साथ ही संयुक्त स्वामित्व वाली कंपनी की गतिविधियों पर नियंत्रण रखने की वास्तविक प्राधिकारी हो जाती है। इसलिए ही इसे सरकारी कंपनी कहा जाता है।

नए कंपनी अधिनियम, 2013 कंपनियों के दो रूपों को मान्यता देता है–प्राइवेट लिमिटेड कंपनी और पब्लिक लिमिटेड कंपनी। इन दोनों प्रकार के कंपनियों के बीच के अंतर का उल्लेख नीचे **तालिका 24.1** में किया जा रहा है:

तालिका 24.1 प्राइवेट लिमिटेड बनाम पब्लिक लिमिटेड कंपनी

प्राइवेट लिमिटेड कंपनी	पब्लिक लिमिटेड कंपनी
1. इसके गठन के लिए कम-से-कम दो शेयर धारकों की आवश्यकता होती है।	1. इसके गठन के लिए कम-से-कम सात शेयर धारकों की आवश्यकता होती है।
2. इसमें शामिल शेयर धारकों को अपने शेयर हस्तांतरित करने का अधिकार नहीं होता है।	2. इसमें शामिल शेयर धारकों को अपने शेयर हस्तांतरित करने का अधिकार होता है।
3. इसमें शेयर धारकों की अधिकतम संख्या 200 होती है, इससे अधिक नहीं (अधिनियम, 1956 में यह संख्या 50 थी)।	3. इसमें शेयर धारकों की अधिकतम संख्या पर कोई प्रतिबंध नहीं है।

उक्त दोनों तरह की कंपनियों के भेद से संबंधित उपर्युक्त तथ्यों से यह स्पष्ट है कि किसी सार्वजनिक प्रतिष्ठान को संगठित करने की दृष्टि से प्राइवेट लिमिटेड कंपनी, पब्लिक लिमिटेड कंपनी से कहीं अधिक उपयुक्त है। इसलिए, भारत में राज्य सरकारों द्वारा प्राइवेट लिमिटेड कंपनियों को वरीयता दी गई है।

सरकारी कंपनी के स्वरूप वाली सरकारी कंपनियों की विशेषताएँ निम्न हैं:

1. इसकी अधिकांश विशेषताएं प्राइवेट लिमिटेड कंपनियों जैसी ही हैं।
2. इस पर पूर्णत: सरकार का स्वामित्व होता है या इसकी 51% (या इससे अधिक) पूँजी पर सरकार का स्वामित्व होता है।
3. इसका गठन सामान्य कानून के अंतर्गत कार्यकारी प्रस्ताव के द्वारा अर्थात् नए कंपनी अधिनियम, 2013 के तहत किया जाता है। इसके लिए कार्यपालिका को विधायिका से अनुमति लेने की जरूरत नहीं होती।
4. यह एक निगमित निकाय है जिसकी कानूनी उद्देश्यों हेतु एक पृथक् इकाई है, जो वाद आरोपण तथा प्रत्यारोपण के अधीन है; ये अनुबंधित होकर संपत्ति अपने नाम अर्जित कर सकते हैं।
5. इसके आंतरिक प्रबंधन से जुड़े नियमों का निर्धारण सरकार द्वारा किया जाता है जिसमें सरकार द्वारा संशोधन भी किया जा सकता है।
6. इसके लिए धन की प्राप्ति सरकार से होती है तथा कुछ मामलों में निजी शेयर धारकों से तथा इसके माल और सेवाओं की बिक्री से अर्जित राजस्व के माध्यम से भी धन की प्राप्ति होती है।
7. इसका उन क्रियाविधियों और लेखा परीक्षा से जुड़े कानूनों, लेखा तथा बजट से कुछ लेना-देना नहीं है जो सरकारी विभागों पर लागू होते हैं।
8. इसके कर्मचारी (प्रतिनियुक्ति को छोड़कर) लोक सेवक नहीं होते हैं। इनकी भर्ती और वेतन-भत्तों का भुगतान कंपनी द्वारा ही निर्धारित नियमों और शर्तों के अधीन किया जाता है।
9. सभी निदेशकों या अधिकांश की नियुक्ति सरकार द्वारा उद्यमों में भागीदार निजी पूँजी की मात्रा को ध्यान में रखकर की जाती है।

सरकारी कंपनी के स्वरूप वाले संगठन से होने वाले लाभ या भारत में इसके लोकप्रिय होने के कारण इस प्रकार हैं:

1. इससे किसी उद्यम के गठन का कार्य सरल और सुविधाजनक हो जाता है। ऐसा इसलिए है कि इसका गठन संसदीय अनुमोदन के बिना कार्यपालिका के निर्णय के द्वारा किया जा सकता है। इसकी लोकप्रियता का प्रमुख कारण यही है।
2. इस पर सरकार का पूरा नियंत्रण होता है।
3. इसका संबंध निजी उद्यमों के साथ स्थापित किया जा सकता है।
4. इससे दिन-प्रतिदिन के प्रशासन में स्वायत्तता प्राप्त की जा सकती है।
5. यह उच्च मात्रा में वित्तीय लचीलापन और कार्मिक स्वायत्तता उपलब्ध कराती है।
6. इसमें आसानी से विस्तार किया जा सकता है।

सरकारी कंपनी के स्वरूप वाले संगठन से होने वाली हानियाँ इस प्रकार हैं:

1. इस पर कोई संवैधानिक जिम्मेदारी नहीं होती है जैसी कि राज्य द्वारा नियंत्रित उद्यम की सरकार और संसद के प्रति होती है। इस कारण इसके संदर्भ में एक पूर्व नियंत्रक और लेखा परीक्षक ने कहा है कि "यह कंपनी अधिनियम और भारत के संविधान के साथ धोखाधड़ी है।" लंका सुंदरम ने इसे 'राज्य के अंतर्गत छोटे राज्य' की संज्ञा दी है।
2. कंपनी के स्वरूप का प्रयोग तथा वाणिज्यिक कंपनियों को विनियमित करने वाले कानून का प्रयोग काल्पनिक होकर रह गया है क्योंकि सभी अथवा अधिकांश कार्य शेयरधारकों और प्रबंधन के ऊपर हैं तथा उस विधान के द्वारा सरकार के लिए सुरक्षित हैं जिस विधान द्वारा कंपनी की स्थापना होती है।
3. व्यवहारत: इससे न तो वित्तीय पहलुओं से जुड़ा लचीलापन और स्वायत्तता लाई जा सकती है और न ही प्रशासनिक पहलुओं से जुड़ी। लोकसभा से संबद्ध प्राक्कलन समिति का मानना है कि, "कंपनियाँ कमोबेश विभागों के विस्तारित रूप हैं......तथा थोड़े से परिवर्तनों के साथ लगभग उसी तरह से चलती हैं।"

होल्डिंग कंपनी (Holding Company)

होल्डिंग कंपनी के स्वरूप वाले संगठन के अंतर्गत उन कंपनियों को जोड़ा जाता है जो एक ही क्षेत्र में कार्य करती हैं या एक-दूसरे के साथ समान प्रबंधन के तहत तकनीकी और वाणिज्यिक संबंध रखती हैं। इस प्रकार ऐसी कंपनियों को सहायक सब्सिडरीज़ कहा जाता है, जिन्हें होल्डिंग कंपनी के एकछत्र प्रबंधन के तहत लाया जाता है। होल्डिंग कंपनी वह कंपनी है जो स्वामित्व पूँजी में अधिकांश शेयर (भाग) धारित करती हो और जो अपने शेयर स्वामित्व की दृष्टि से सब्सीडरी कंपनियों के प्रबंधन तंत्र को नियंत्रित करने में सक्षम हो।

प्रथम भारतीय प्रशासनिक सुधार आयोग द्वारा वर्ष 1967 में अनुशंसित 'सैक्टर कॉर्पोरेशन' के स्वरूप वाले संगठन-होल्डिंग कंपनी के स्वरूप वाले संगठनों से मिलता-जुलता है। अर्जुन सेनगुप्त समिति ने वर्ष 1986 में अर्थजगत के मुख्य क्षेत्रों में होल्डिंग कंपनियों या सेक्टर कॉर्पोरेशन की अनुशंसा की थी।

अन्य रूप (Other Forms)

उपर्युक्त चार प्रमुख रूपों के अतिरिक्त सार्वजनिक प्रतिष्ठानों के निम्न अन्य रूप भी हैं:

1. **नियंत्रण बोर्ड:** इनकी स्थापना बहुउद्देश्यीय नदी घाटी परियोजनाओं के प्रबंधन के प्रयोजन से की जाती है। इनका गठन केंद्र सरकार या राज्य सरकार द्वारा एक प्रस्ताव पारित करके किया जाता है। देश में इस समय अनेक नियंत्रण बोर्ड हैं, जैसे-नागार्जुनसागर कंट्रोल बोर्ड, कोसी कंट्रोल बोर्ड, भाखड़ा-व्यास मैनेजमेंट बोर्ड आदि।
2. **पब्लिक ट्रस्ट:** इनकी स्थापना सेवा कार्य से जुड़े उद्यमों के प्रबंधन के लिए अथवा आमतौर पर समाज को प्रभावित करने वाली गतिविधियों के लिए जाती है। इनका गठन संसद के विशेष अधिनियमों के द्वारा होता है। इस श्रेणी के उद्यमों में पोर्ट ट्रस्ट, भारतीय यूनिट ट्रस्ट आदि आते हैं।
3. **आयोग:** इनकी स्थापना क्षेत्र विशेष में विकास कार्य निष्पादित करने के लिए की जाती हैं। इनका गठन भी संसद के विशेष अधिनियमों द्वारा होता है। इस श्रेणी के उद्यमों मे टेरिफ कमीशन, खादी और ग्राम उद्योग आयोग, फॉरवर्ड मार्केट्स आयोग आदि आते हैं।
4. **कमोडिटी बोर्ड:** इनकी स्थापना औद्योगिक विकास को बढ़ावा देने की दृष्टि से की जाती है। इनका गठन भी संसद के विशेष अधिनियमों द्वारा किया जाता है। लघु उद्योग बोर्ड, कॉफी बोर्ड, रबड़ बोर्ड आदि इस श्रेणी के उद्यम हैं।
5. **सहकारी समितियाँ:** इनकी स्थापना विकास और संवर्द्धनात्मक कार्यों के लिए की जाती है। ये समितियाँ सोसाइटी पंजीकरण अधिनियम के तहत पंजीकृत होती हैं। इस श्रेणी के उद्यमों में भारतीय राष्ट्रीय अनुसंधान विकास निगम, भारतीय व्यापार मेला प्राधिकरण, भारतीय दुग्ध विकास निगम आदि आते हैं।

राज्य सचिवालय (State Secretariat)

25

अर्थ (Meaning)

प्रत्येक राज्य का अपना सचिवालय होता है, जो राज्य प्रशासन तंत्र का केंद्र होता है। इसमें राज्य सरकार के कई विभाग होते हैं। विभागों के राजनीतिक प्रमुख 'मंत्री' और प्रशासनिक प्रमुख 'सचिव' होते हैं। मुख्य सचिव पूरे राज्य सचिवालय का प्रधान होता है, जबकि सचिव एक या दो विभाग/विभागों का प्रमुख होता है। सचिव प्राय: वरिष्ठ आई.ए.एस. अधिकारी होते हैं (जिन्हें सामान्य: भी कहा जाता है)। इस नियम के अपवादस्वरूप लोक निर्माण विभाग का प्रमुख मुख्य अभियंता (विशेषज्ञ वर्ग का) होता है। यहाँ यह ध्यान देने योग्य है कि सचिव पूरे राज्य सरकार का सचिव होता है, न कि किसी मंत्री विशेष का।

संगठन (Organisation)

विभिन्न राज्यों के सचिवालय में विभागों की संख्या अलग-अलग है जो 15 से 35 के बीच होती है। जो विभाग अधिकांश राज्यों में होते हैं, वे इस प्रकार हैं:

1. सामान्य प्रशासन
2. गृह
3. वित्त
4. कारागार
5. राजस्व
6. वन
7. कृषि
8. श्रम और रोजगार
9. पंचायती राज
10. लोक निर्माण
11. शिक्षा
12. योजना
13. सिंचाई और बिजली
14. कानून
15. समाज कल्याण
16. आवास
17. नागरिक आपूर्ति
18. परिवहन
19. स्थानीय शासन
20. उत्पाद शुल्क व कराधान
21. उद्योग-धंधे
22. सूचना व प्रचार
23. सहकारिता
24. स्वास्थ्य

सामान्यत: प्रत्येक सचिव को एक से अधिक विभागों का अधिभार दिया जाता है। इसलिए सचिवालयी विभागों की संख्या सचिवों से अधिक होती है।

कार्मिक (Personnel)

सचिवालय के विभाग में अधिकारी होते हैं जिनकी नियुक्ति निर्धारित कार्यकाल के लिए होती है। सचिवालय के अधिकारियों का पदक्रम इस प्रकार है:

1. सचिव
2. विशेष सचिव/अपर-सचिव
3. संयुक्त सचिव
4. उप-सचिव
5. अवर सचिव
6. सहायक सचिव

सचिवालय में उक्त अधिकारियों के अधीन निम्नलिखित श्रेणी के कर्मचारी भी होते हैं:

1. अधीक्षक (या अनुभाग अधिकारी)
2. सहायक अधीक्षक

3. उच्च श्रेणी लिपिक
4. अवर श्रेणी लिपिक
5. आशुलिपिक–टंकक और टंकक
6. श्रमिक कर्मचारी

कार्य (Functions)

सचिवालय एक स्टाफ एजेंसी है। इसका प्रमुख कार्य मंत्री को उसकी भूमिका के निर्वहन में सहायता प्रदान करना है। सचिवालय द्वारा निम्नलिखित कार्य किए जाते हैं:

(i) राज्य सरकार की नीतियाँ और कार्यक्रम तैयार करना
(ii) राज्य सरकार की नीतियों और कार्यक्रमों के मध्य तालमेल बनाए रखना
(iii) राज्य का बजट तैयार करना तथा सार्वजनिक व्यय पर नियंत्रण रखना
(iv) विधान, नियम तथा विनियम बनाना
(v) फील्ड एजेंसियों द्वारा नीतियों और कार्यक्रमों के कार्यान्वयन पर ध्यान देना
(vi) नीतियों के कार्यान्वयन के परिणामों की समीक्षा करना
(vii) केंद्र और अन्य राज्य सरकारों के साथ संपर्क बनाए रखना
(viii) सांगठनिक स्पर्द्धा विकसित करने के उपाय शुरू करना अर्थात् संगठन और पद्धति से जुड़े कार्य के उपाय करना
(ix) मंत्रियों को राज्य विधानमंडल से जुड़ी जिम्मेदारियों (जैसे–सदन में प्रश्नों का उत्तर देना) के निर्वहन में सहायता प्रदान करना
(x) विभाग प्रमुखों की नियुक्ति करना तथा वेतन, प्रशासन जैसे संस्थापना कार्य की देखरेख करना
(xi) राज्य सरकार के सूचना भंडार के रूप में कार्य करना
(xii) राज्य की वित्तीय स्थिति में सुधार लाने की संभावनाओं का पता लगाना
(xiii) सर्वसाधारण की शिकायतें, अभ्यावेदन और अपीलें प्राप्त कर उनका समाधान और निराकरण करना
(xiv) सेवा संबंधी नियमों और उनमें संशोधनों का अनुमोदन करना

मुख्य सचिव (Chief Secretary)

26

पदस्थिति (Position)

मुख्य सचिव का पद मूलतः ब्रिटिश शासनकालीन केंद्र सरकार की देन है। वर्ष 1799 में तत्कालीन गवर्नर जनरल लार्ड वेलेजली ने इस पद का सृजन किया था। इस पद पर पहली बार जी.एस. बार्लो बैठे थे। समयांतराल पर स्वतंत्रता प्राप्ति से कई वर्ष पहले ही यह पद केंद्र सरकार से लुप्त होकर राज्य सरकार का पद बन गया था।

मुख्य सचिव राज्य सचिवालय का शासकीय प्रधान होता है। वह राज्य प्रशासन का प्रशासनिक प्रमुख होता है तथा राज्य के प्रशासनिक पदानुक्रम में उसका सर्वोच्च स्थान है। अन्य सचिवों की तुलना में मुख्य सचिव शीर्ष होता है। वस्तुतः मुख्य सचिव सांचवों का प्रमुख है तथा सचिवालय के सभी विभाग उसके नियंत्रण में होते हैं। वह पूरे राज्य प्रशासन का नेता, मार्गदर्शक और नियंत्रक है। उसकी पदस्थिति अति महत्वपूर्ण है तथा राज्य की प्रशासनिक प्रणाली में उसकी अलग-अलग भूमिकाएँ हैं।

वर्ष 1973 से मुख्य सचिव सभी राज्यों में वरिष्ठतम लोक सेवक माना जाता है। उससे पहले मुख्य सचिव को पंजाब में वित्त आयुक्त से तथा उत्तर प्रदेश में राजस्व बोर्ड के सदस्य से कनिष्ठ माना जाता था। दूसरी ओर, तमिलनाडु में मुख्य सचिव वरिष्ठतम लोक सेवक था। तथापि, प्रथम भारतीय प्रशासनिक सुधार आयोग की सिफारिश पर वर्ष 1973 में इस पद का मानकीकरण किया गया तथा इस पद को दर्जे और परिलब्धियों दोनों ही दृष्टि से केंद्र सरकार के सचिव के पद के समतुल्य बनाया गया।

मुख्य सचिव का चयन मुख्यमंत्री द्वारा राज्य काडर के वरिष्ठ भारतीय प्रशासनिक सेवा (आई.ए.एस.) के अधिकारियों में से किया जाता है। सामान्यतः मुख्यमंत्री द्वारा इस संदर्भ में तीन कारकों को ध्यानागत रखा जाता है—अधिकारी की वरिष्ठता, सेवा रिकॉर्ड, अधिकारी का निष्पादन एवं योग्यता तथा अधिकारी में उसका विश्वास एवं भरोसा।

इसके अतिरिक्त, मुख्य सचिव पद को कार्यकाल प्रणाली से अलग रखा गया है अर्थात् इस पद का कोई निश्चित कार्यकाल नहीं है।

शक्तियाँ और कार्य (Powers and Functions)

मुख्य सचिव के कार्य और उसकी शक्तियों का उल्लेख राज्य सरकार द्वारा तैयार 'सरकारी कार्य नियमावली (रूल्स ऑफ़ बिज़नेस)' में है। उसे पारंपरिक आधार पर भी कुछ कार्य और शक्तियाँ प्राप्त हैं, जिनका विवरण इस प्रकार है:

1. **मुख्यमंत्री के सलाहकार के रूप में:** मुख्य सचिव राज्य प्रशासन से जुड़े सभी मामलों में मुख्यमंत्री के प्रधान सलाहकार के रूप में कार्य करता है। मुख्यमंत्री राज्य के शासन से संबंधित सभी नीतिगत मुद्दों पर मुख्य सचिव से परामर्श करता है। मुख्य सचिव, राज्य के मंत्रियों द्वारा भेजे गए प्रस्तावों से संबंधित प्रशासनिक अड़चनों की जानकारी मुख्यमंत्री को देता है। मुख्य सचिव, राज्य सरकार के सचिवों और मुख्यमंत्री के बीच की कड़ी के रूप में भी कार्य करता है।
2. **मंत्रिमंडल के सचिव के रूप में:** मुख्य सचिव राज्य मंत्रिमंडल के सचिव के रूप में कार्य करता है। वह मंत्रिमंडल सचिवालय का प्रशासनिक प्रमुख होता है तथा आवश्यकतानुसार कैबिनेट और इसकी उपसमितियों की बैठक में भाग लेता है। मुख्य सचिव मंत्रिमंडल की बैठक की कार्यसूची तैयार करता है और बैठक की कार्यवाहियों का रिकॉर्ड भी रखता है। वह इन बैठकों में लिए गए निर्णयों को कार्यान्वित करता है।
3. **लोक सेवा के प्रमुख रूप में:** मुख्य सचिव राज्य लोक सेवा के प्रमुख के रूप में कार्य करता है। वह राज्य के वरिष्ठ लोक सेवकों की नियुक्ति, स्थानांतरण तथा पदोन्नति से जुड़े मामले देखता है। वह राज्य की लोक सेवा के मनोबल को बनाए रखने में महत्वपूर्ण भूमिका अदा करता है और वह सभी लोक सेवकों की चेतना का रखवाला होता है।

4. **प्रमुख समन्वयक के रूप में:** मुख्य सचिव-राज्य प्रशासन का प्रमुख समन्वयक (तालमेल बैठाए रखने का कार्य करने वाला) है। सचिवालय स्तर पर उसका कार्य अंतर्विभागीय समन्वयन सुनिश्चित करना है। वह, सचिवों को अंतर्विभागीय कठिनाइयों के संबंध में सलाह देता है। वह अंतर्विभागीय विवादों के समाधान के लिए गठित समन्वयन समिति का अध्यक्ष होता है। वह विभागों के सचिव की बैठकों की अध्यक्षता भी करता है। सचिवालय स्तर से नीचे के संभागीय आयुक्त, जिलाधीशों और जिला प्रशासन के विभागाध्यक्षों की बैठकों/सम्मेलनों की भी अध्यक्षता मुख्य सचिव द्वारा की जाती है और उनके बीच समन्वयन स्थापित किया जाता है।
5. **कुछ विभागों के प्रमुख के रूप में:** मुख्य सचिव सचिवालय के कुछ विभागों का भी प्रशासनिक प्रमुख होता है। तथापि, हर राज्य में उसकी पदस्थिति एक-जैसी नहीं होती अर्थात् इस मामले में देशभर में एकरूपता नहीं है। अधिकांश राज्यों में सामान्य प्रशासन विभाग, कार्मिक विभाग, योजना विभाग और प्रशासनिक सुधार विभाग सीधे तौर पर मुख्य सचिव के प्रभार में होते हैं। राज्य सचिवालय में सामान्य प्रशासन विभाग सबसे महत्वपूर्ण होता है जिसका राजनीतिक प्रमुख स्वयं मुख्यमंत्री होता है। यह विभाग राज्य सरकार के समस्त कामकाज को प्रभावित करने वाले विभिन्न मामलों से संबद्ध है।
6. **संकटकालीन प्रशासक के रूप में:** मुख्य सचिव बाढ़, सूखा, सांप्रदायिक दंगों और अन्य आपदाओं के समय अति महत्वपूर्ण भूमिका अदा करता है। ऐसे समय में वह राहत कार्यों में लगे अधिकारियों और एजेंसियों को मार्गदर्शन और नेतृत्व प्रदान करता है। मुख्य सचिव सामान्यतः संकटकाल के दौरान उच्च स्तरीय निर्णय लेने के लिए गठित समितियों का अध्यक्ष या महत्वपूर्ण सदस्य होता है। वास्तविकता यह है कि मुख्य सचिव संकटकाल के प्रमुख प्रशासक के रूप में कार्य करता है और राहत कार्य से संबद्ध सभी अधिकारियों के लिए राज्य सरकार का विशेष रूप से प्रतिनिधित्व करता है।
7. **अन्य कार्य और भूमिकाएं:** मुख्य सचिव के अन्य कार्य और भूमिकाएँ निम्न हैं:
   (i) मुख्य सचिव उन सब कार्यों को देखता है जो दूसरे सचिवों के अधिकार क्षेत्र में नहीं आते।
   (ii) मुख्य सचिव क्षेत्रीय परिषद में अपनी बारी के आधार पर सचिव के रूप में कार्य करता है। क्षेत्रीय परिषद में कुछ राज्य शामिल होते हैं, प्रत्येक राज्य को परिषद का सदस्य माना जाता है। प्रत्येक राज्य का मुख्य सचिव बारी-बारी से परिषद के सचिव का कार्य देखता है।
   (iii) मुख्य सचिव पूरे राज्य सचिवालय को नियंत्रित करता है तथा उसका कुशलतापूर्वक पर्यवेक्षण करता है।
   (iv) मुख्य सचिव का सचिवालय भवन, मंत्री से संबद्ध स्टाफ, केंद्रीय अभिलेखागार, सचिवालय के पुस्तकालय, सचिवालय के विभागों की संरक्षा और निगरानी कार्य से जुड़े स्टाफ पर प्रशासनिक नियंत्रण रखता है।
   (v) मुख्य सचिव अपनी सरकार, केंद्र सरकार और अन्य राज्य सरकारों के मध्य संपर्क और संवाद का मुख्य माध्यम होता है।
   (vi) वह कानून और व्यवस्था तथा नियोजन से जुड़े प्रशासन में महत्वपूर्ण भूमिका निभाता है।
   (vii) वह केंद्रीय कैबिनेट सचिव की अध्यक्षता में होने वाले मुख्य सचिवों के वार्षिक सम्मेलन में भाग लेता है।
   (viii) वह राज्य सरकार के प्रवक्ता का कार्य भी करता है।
   (ix) वह राज्य में राष्ट्रपति शासन लागू होने और केंद्र की ओर से राज्यपाल के सलाहकार का पद संभालता है।
   (x) वह राष्ट्रीय विकास परिषद की बैठकों में भी शामिल होता है।
   (xi) वह राज्य सरकार के मुख्य जनसंपर्क अधिकारी का कार्य भी देखता है।

मुख्य सचिव बनाम मंत्रिमंडल सचिव (Chief Secretary Vs. Cabinet Secretary)

केंद्र सरकार में राज्य के मुख्य सचिव पद के समतुल्य कोई पद नहीं है। केंद्रीय मंत्रिमंडल सचिव को ही राज्य के मुख्य सचिव के समकक्ष माना जा सकता है। वास्तविकता यह है कि मुख्य सचिव द्वारा प्रशासन में जितने अधिक कार्य किए जाते हैं और भिन्न-भिन्न भूमिकाएँ अकेले निभाई जाती हैं, उन कार्यों के लिए केंद्र सरकार में मंत्रिमंडल सचिव, कार्मिक सचिव, गृह सचिव और वित्त सचिव हैं।

मुख्य सचिव और मंत्रिमंडल सचिव में समानताएँ इस प्रकार हैं:

(i) दोनों अपने-अपने मुख्य कार्यपालकों के प्रमुख सलाहकार हैं।

(ii) दोनों अपने-अपने प्रशासन के मुख्य समन्वयक हैं।

(iii) दोनों अपने-अपने मंत्रिमंडल के सचिव हैं।

(iv) दोनों अपने-अपने मंत्रिमंडल सचिवालयों के प्रशासनिक प्रमुख हैं।

(v) दोनों पदों की उत्पत्ति केंद्र स्तर पर हुई है।

(vi) दोनों अपने-अपने मंत्रिमंडल द्वारा लिए गए निर्णयों को कार्यान्वित करते हैं।

(vii) दोनों अपनी-अपनी लोक सेवाओं के प्रमुख हैं।

मुख्य सचिव और मंत्रिमंडल सचिव में निम्नलिखित असमानताएँ हैं:

(i) मुख्य सचिव के कार्य एवं शक्तियाँ मंत्रिमंडल सचिव की तुलना में बहुत अधिक हैं।

(ii) मुख्य सचिव राज्य सचिवालय का प्रशासनिक प्रमुख होता है, जबकि मंत्रिमंडल सचिव केंद्रीय सचिवालय का प्रशासनिक प्रमुख नहीं होता है।

(iii) मुख्य सचिव राज्य के सचिवों का प्रधान होता है, जबकि मंत्रिमंडल सचिव केंद्र सरकार के सचिवों का प्रधान नहीं होता हैं बल्कि समान दर्जाधारी प्रथम या सर्वोच्च अधिकारी होता है।

(iv) मुख्य सचिव राज्य स्तर पर वे सब कार्य देखता है जो कार्य अन्य सचिवों के अधिकार क्षेत्र में नहीं आते किंतु केंद्रीय मंत्रिमंडल सचिव के मामले में ऐसा नहीं है। केंद्र स्तर पर यह कार्य प्रधानमंत्री का प्रधान सचिव देखता है जो प्रधानमंत्री कार्यालय का प्रशासनिक प्रमुख होता है।

(v) राज्य सचिवालय के कुछ विभाग सीधे मुख्य सचिव के अधीन होते हैं किंतु मंत्रिमंडल सचिव के अधीन मंत्रिमंडल सचिवालय के अतिरिक्त केंद्रीय सचिवालय का कोई भी विभाग नहीं होता।

निदेशालय (Directorates)

27

अर्थ (Meaning)

राज्य स्तर पर सरकार के तीन घटक हैं–मंत्री, सचिव और कार्यकारी प्रमुख। मंत्री और सचिव को मिलाकर सचिवालय का गठन हुआ है। दूसरी ओर, कार्यकारी प्रमुख के कार्यालय को निदेशालय का नाम दिया गया है। इसका दायित्व सचिवालय द्वारा बनाई गई नीतियों को कार्यरूप देना है। निदेशालय राज्य सचिवालय के अधीन कार्य करते हैं।

सचिवालय स्टाफ एजेंसी है, जबकि निदेशालय लाइन एजेंसी, अर्थात् सचिवालय नीति-निर्धारण कार्य से संबद्ध है और निदेशालय नीति कार्यान्वयन से। इस प्रकार, निदेशालय राज्य सरकारों के कार्यकारी अंग हैं। उनका कर्तव्य सचिवालय द्वारा तय की गई नीतियों को कार्यों में अनुवादित करना है। निदेशालयों को कार्यकारी विभाग भी कहते हैं जो सचिवालय के विभागों से बिल्कुल अलग हैं। कुछ मामलों को छोड़ दें तो सचिवालय के प्रत्येक विभाग का समेलित कार्यकारी विभाग है।

प्रमुख (Heads)

निदेशालय एक नियम की तरह सचिवालय से बाहर स्थित होगा। इनकी सांगठनिक इकाइयां अलग-अलग होती हैं। निदेशालय का प्रधान एक निदेशक होता है, जिसकी सहायतार्थ अपर निदेशक, संयुक्त निदेशक, उपनिदेशक और सहायक निदेशक होते हैं। इसके अतिरिक्त निदेशालय के प्रधान को विभिन्न नामों से भी जाना जाता है, जैसे-आयुक्त, महानिदेशक, महानिरीक्षक, रजिस्ट्रार, नियंत्रक, मुख्य अभियंता, मुख्य संरक्षक आदि। **तालिका 27.1** में निदेशालयों के नामों तथा उनके प्रधानों के पदनामों का उल्लेख किया जा रहा है:

तालिका 27.1 निदेशालय और उनके प्रमुख

क्र. सं.	निदेशालय या कार्यकारी विभाग	प्रमुखों के पदनाम
1.	कृषि विभाग	कृषि निदेशक
2.	पशुपालन विभाग	पशुपालन निदेशक
3.	सहकारिता विभाग	पंजीयक सहकारिता संघ
4.	शिक्षा विभाग	शिक्षा निदेशक
5.	सीमा शुल्क विभाग	सीमा शुल्क आयुक्त
6.	वन विभाग	मुख्य वन संरक्षक
7.	आवास विभाग	आवास आयुक्त
8.	सिंचाई विभाग	मुख्य अभियंता (सिंचाई)
9.	कारागार विभाग	महानिरीक्षक कारागार
10.	श्रम विभाग	श्रम आयुक्त
11.	पुलिस विभाग	पुलिस महानिदेशक
12.	बिक्रीकर विभाग	बिक्रीकर आयुक्त
13.	मुद्रण एवं लेखन सामग्री विभाग	मुद्रण एवं लेखा सामग्री नियंत्रक
14.	रोजगार निदेशालय	रोजगार निदेशक
15.	उद्योग निदेशालय	उद्योग निदेशक

कार्य
(Functions)

निदेशालय प्रमुख के कार्य इस प्रकार हैं:

(i) मंत्रियों को तकनीकी सलाह देना।

(ii) विभाग का बजट तैयार करना।

(iii) अधीनस्थ अधिकारियों पर नियमानुसार अनुशासनिक शक्तियों का प्रयोग करना।

(iv) पदोन्नति और अनुशासनिक कार्यवाही के संदर्भ में राज्य लोक सेवा आयोग को सलाह देना।

(v) विभाग के जिला स्तरीय स्टाफ द्वारा कार्यान्वित कार्य का निरीक्षण करना।

(vi) अनुदान का आवंटन करना और बजट को पुनर्विनियोजित करना।

(vii) निर्धारित सीमा और अनुमोदित नियमों के तहत सभी तरह की नियुक्तियाँ, नियमितीकरण, तैनाती, स्थानांतरण और पदोन्नतियाँ करना।

(viii) विभागीय अधिकारियों के लिए सेवाकालीन प्रशिक्षण कार्यक्रम का आयोजन करना।

(ix) विभाग की कार्यकुशलता में सुधार लाने के लिए विभागीय अनुसंधान और प्रयोगात्मक कार्यक्रम चलाना।

(x) अधिकारियों को सम्मेलनों (अंतर्विभागीय या केंद्र सरकार के सम्मेलनों को छोड़कर) में भाग लेने की अनुमति प्रदान करना।

राजस्व बोर्ड (Board of Revenue)

28

अर्थ (Meaning)

राजस्व बोर्ड राजस्व प्रशासन के क्षेत्र में राज्य सरकार के विस्तृत कार्य को संभालता है। राज्य के राजस्व पदानुक्रम में यह सर्वोच्च निकाय होता है। यह एक स्वायत्त निकाय होता है, जिसका गठन राज्य विधान मंडल के एक विशेष अधिनियम के अन्तर्गत किया जाता है। इसलिये यह राज्य सरकार का विभाग नहीं है और यह राज्य सरकारी तंत्र के किसी भाग का निर्माण नहीं करता है। तथापि, यह राज्य सरकार के नियंत्रण में कार्य करता है।

राजस्व बोर्ड राज्य मुख्यालय और संभाग/जिला प्रशासन के बीच एक कड़ी के रूप में कार्य करता है। इसकी गतिविधियाँ बहुकार्यात्मक होती हैं और इसका सम्बन्ध कई विभागों से होता है।

राजस्व बोर्ड एक बहुसदस्यीय निकाय होता है। सदस्यों की जिम्मेदारियाँ वैयक्तिक और सामूहिक दोनों होती हैं। सदस्यों की संख्या एक राज्य से दूसरे राज्य में अलग-अलग हो सकती है। यह 1 से 6 के बीच होती है। इस प्रकार उत्तर प्रदेश के राजस्व बोर्ड में 6 सदस्य होते हैं, जबकि बिहार और ओडीशा के राजस्व बोर्डों में केवल एक पूर्णकालिक सदस्य होता है। इसके सदस्य सामान्यत: वरिष्ठ आई.ए.एस. अधिकारी होते हैं। बोर्ड का अपना एक अलग सचिवालय होता है।

कार्य (Functions)

बोर्ड के कार्यों को तीन श्रेणियों में बाँटा जा सकता है-परामर्शी, अपीलीय (अर्द्ध-न्यायिक) और प्रशासनिक। इसके कार्य निम्नलिखित हैं:

1. यह राजस्व नीति के सभी मामलों पर और इसको संदर्भित किये गये अन्य मामलों पर राज्य सरकार को विशेषज्ञतापूर्ण परामर्श प्रदान करता है।
2. यह राज्य में सर्वोच्च राजस्व अदालत के रूप में कार्य करता है। यह जिला कलेक्टर और संभागीय आयुक्त जैसे राजस्व प्राधिकारियों द्वारा जारी आदेशों के विरुद्ध दायर की गयी याचिकाओं या अपीलों की सुनवाई करता है।
3. यह राज्य के राजस्वों के ऊपर सामान्य अधिवीक्षण का कार्य करता है और इन राजस्वों की वृद्धि के लिए उपाय सुझाता है।
4. यह राज्य सरकार के राजस्व विधायन के साथ-साथ राजस्व नीतियों के प्रशासन के लिए भी उत्तरदायी होता है।
5. यह संभागीय आयुक्त कार्यालयों और कलेक्ट्रेटों में राजस्व अनुभागों का निरीक्षण और कार्यभ्रमण करता है।
6. यह नागरिक आपूर्ति, भू-सुधार, सर्वेक्षण, अधिवासन और भू-अभिलेख के लिए उत्तरदायी है।
7. कुछ राज्यों में राजस्व बोर्ड के अध्यक्ष द्वारा राज्य परिवहन प्राधिकरण के अध्यक्ष के रूप में भी कार्य किया जाता है।
8. ऐसे राज्यों में जहाँ संभागीय आयुक्त नहीं होते हैं वहाँ राजस्व बोर्ड जिला प्रशासन के प्रत्यक्ष सम्पर्क में होता है। यहाँ बोर्ड अधि-जिलास्तर पर विभिन्न विभागों के कार्यों का अधिवीक्षण और समायोजन करता है।
9. कुछ राज्यों में राजस्व बोर्ड को आई.ए.एस. एवं अन्य श्रेणियों के अधिकारियों के लिए विभागीय परीक्षाओं के संचालन की जिम्मेदारी दी गयी है।
10. कुछ राज्यों में राजस्व बोर्ड के अध्यक्ष को संभागीय आयुक्तों और जिला कलेक्टरों की वार्षिक गोपनीय रिपोर्ट (ए.सी.आर.) लिखने की शक्ति प्रदान की गयी है।

वैकल्पिक निकाय (Alternative Bodies)

पहले राजस्व बोर्ड का गठन 1786 में बंगाल में किया गया था। वर्तमान में निम्नलिखित को छोड़कर सभी राज्यों में एक राजस्व बोर्ड मौजूद है:

1. महाराष्ट्र और गुजरात में राजस्व बोर्ड के स्थान पर राजस्व अधिकरण की एक संस्था मौजूद है।
2. पंजाब, हरियाणा, हिमाचल प्रदेश और जम्मू-कश्मीर में राजस्व बोर्ड के स्थान पर वित्तीय आयुक्त की संस्था है।
3. आन्ध्र प्रदेश में 1977 में कार्यकारी आयुक्तों की संस्था द्वारा राजस्व बोर्ड का स्थान ले लिया गया था।
4. तमिलनाडु में 1980 में कार्यकारी आयुक्तों की संस्था द्वारा राजस्व बोर्ड का स्थान ले लिया गया था।

संभागीय आयुक्त (Divisional Commissioner)

29

अर्थ (Meaning)

प्रशासनिक सुविधा के उद्देश्य से एक राज्य को संभागों में बाँटा जाता है। प्रत्येक संभाग में 4 से लेकर 6 जिले तक होते हैं। इस प्रकार एक संभाग को जिलों और राज्य मुख्यालय के बीच के एक प्रशासनिक क्षेत्र के रूप में जाना जा सकता है।

संभागीय आयुक्त संभाग का मुखिया होता है। वह एक अधिवीक्षक और निर्देशात्मक अधिकारी होता है जो कि जिला कलेक्टर और राज्य सचिवालय के बीच के पदानुक्रम में एक मध्यवर्ती पद धारण करता है।

संभागीय आयुक्त अपने संभाग में राज्य सरकार का प्रतिनिधित्व करता है। वह राज्य सरकार द्वारा नियुक्त किया जाता है। वह भारतीय लोक सेवा का एक वरिष्ठ सदस्य होता है।

लॉर्ड विलियम बेंटिक द्वारा पहली बार 1829 में संभागीय आयुक्त की संस्था का निर्माण बंगाल में किया गया था। वर्तमान में तमिलनाडु, आन्ध्र प्रदेश, केरल, राजस्थान और गुजरात को छोड़कर यह शेष सभी राज्यों में मौजूद है। उल्लिखित राज्यों में जिला कलेक्टर बिना किसी मध्यवर्ती के सीधे राज्य सचिवालय के साथ प्रत्यक्ष सम्पर्क में रहता है।

कार्य (Functions)

संभागीय आयुक्त संभागीय प्रशासन का मुखिया होता है। फिर भी संभाग का सम्पूर्ण प्रशासन उसके नियंत्रण और अधिवीक्षण के अन्तर्गत नहीं आता है। उसका क्षेत्राधिकार राजस्व प्रशासन, कानून-व्यवस्था प्रशासन और विकास प्रशासन तक विस्तारित होता है। विस्तृत रूप में उसकी शक्तियाँ और कार्य निम्नलिखित हैं:

1. संभाग में वह सर्वोच्च कार्यकारी सत्ता होता है। वह संभाग में विभिन्न कार्यालयों-विशेषत: कलेक्ट्रेट, जिला परिषद, पुलिस अधीक्षक कार्यालय और नगर पालिका परिषदों-का अधिवीक्षण, दिशा-निर्देशन और नियंत्रण करता है।
2. वह संभाग में राजस्व प्रशासन का मुखिया होता है। वह अपने अधिकार क्षेत्र में आने वाले जिला कलेक्टरों के आदेशों के विरुद्ध राजस्व मामलों की अपीलें सुनता है।
3. वह जनता और सरकार के विभिन्न संगठनों का संभागीय स्तर पर मुख्य समन्वयकर्ता होता है।
4. वह संभाग में विभिन्न विकासात्मक योजनाओं के समुचित और प्रभावी क्रियान्वयन को सुनिश्चित करता है। वह उनके सहज क्रियान्वयन में आने वाली बाधाओं को दूर करता है।
5. वह संभाग में अन्तर्विभागीय मतभेदों और विवादों का समाधान करता है। इस प्रकार वह एक समस्या रागाधानकर्ता के रूप में कार्य करता है और अन्तर्जिला समन्वयन को सुनिश्चित करता है।
6. वह संभाग में कानून और व्यवस्था प्रशासन का मुखिया होता है। वह जेल प्रशासन और शांति को बनाये रखने के लिए उत्तरदायी होता है। आग्नेय अस्त्रों के लिए कुछ सुनिश्चित प्रकार के लाइसेंसों की मंजूरी के लिए उसके अनुमोदन की आवश्यकता होती है।
7. वह समय-समय पर जिला, उप-संभागीय एवं तहसील कार्यालयों का निरीक्षण और भ्रमण करता है। वह भू-सुधार, सर्वेक्षण और अधिवासन, तकावी, ऋण और अन्य देयताओं से जुड़े मामलों को देखता है।
8. वह सरकारी कर्मचारियों की सत्यनिष्ठा देखता है। वह सुनिश्चित करता है कि वे जनता के साथ समुचित और सौहार्द्रपूर्ण व्यवहार करें। वह लोक शिकायतों के उपचार का प्रयास करता है।
9. वह सभी प्रकार के संकटपूर्ण और आपातकालीन स्थितियों से निपटता है। वह राहत और पुनर्वास कार्यक्रमों का अधिवीक्षण करता है। वह जिला कलेक्टरों को आवश्यक आदेश और मार्ग-निर्देशन जारी करता है।
10. वह संभाग में पंचायती राज निकायों और नगर निकाय संस्थाओं के कार्यचालन का अधिवीक्षण करता है।

क्षेत्रीय अधिकारी (Regional Officer)

30

अर्थ (Meaning)

राज्य सरकार के कई कार्यकारी विभागों (निदेशालयों) के अपने क्षेत्रीय कार्यालय होते हैं। एक क्षेत्रीय कार्यालय का अधिकार क्षेत्र 3 से 7 जिलों तक फैला होता है। इस प्रकार एक क्षेत्रीय कार्यालय राज्य मुख्यालय (निदेशालयों) और इसके जिला संगठन के बीच एक मध्य स्तरीय प्रशासनिक संरचना के रूप में मौजूद होता है।

एक क्षेत्रीय कार्यालय का मुखिया एक रीजनल या क्षेत्रीय अधिकारी होता है। क्षेत्रीय अधिकारियों के कुछ उदाहरण हैं–पुलिस उप-महानिरीक्षक (डीआईजी), जो कि पुलिस विभाग के रेंज (क्षेत्रीय कार्यालय) का मुखिया होता है; वन कंजर्वेटर, जो कि वन रेंज ऑफिस या सर्किट ऑफिस का मुखिया होता है; सार्वजनिक निर्माण विभाग का अधीक्षण अभियन्ता (सुप्रिटेंडिंग इंजीनियर) जो कि सर्किल कार्यालय का मुखिया होता है और क्षेत्रीय परिवहन अधिकारी जो कि परिवहन विभाग के क्षेत्रीय कार्यालय का मुखिया होता है। अन्य उदाहरण हैं–कृषि उपनिदेशक, पशुपालन संयुक्त निदेशक, संयुक्त शिक्षा निदेशक, सिंचाई विभाग का अधीक्षण अभियन्ता इत्यादि।

एक क्षेत्रीय अधिकारी की तुलना एक संभागीय आयुक्त के साथ नहीं की जा सकती क्योंकि उसकी गतिविधियाँ बहुकार्यात्मक होती हैं। दूसरी ओर एक क्षेत्रीय अधिकारी का अधिकार क्षेत्र उस क्षेत्र में संबंधित विभाग की गतिविधियों तक सीमित रहता है।

उल्लेखनीय रूप से विभिन्न कार्यकारी विभागों के क्षेत्रीय कार्यालयों का प्रादेशिक क्षेत्राधिकार सह-सीमावर्ती नहीं होता है। इसका कारण यह है कि प्रत्येक कार्यकारी विभाग अपनी विशिष्ट जरूरतों के अनुसार अपने क्षेत्रीय कार्यालयों का गठन करता है। साथ ही एक क्षेत्रीय कार्यालय का प्रादेशिक क्षेत्राधिकार एक संभागीय आयुक्त के संभाग के साथ सीमासहवर्ती हो भी सकता है और नहीं भी।

कार्य (Functions)

एक क्षेत्रीय अधिकारी के निम्नलिखित कार्य होते हैं:

1. विभाग के जिला स्तरीय अधिकारियों के कार्य का अधीक्षण एवं नियंत्रण करना।
2. विभाग के मुखिया के कार्यभार को कम करना ताकि वह अधिक महत्वपूर्ण मामलों पर अपना ध्यान संकेन्द्रित कर सके।
3. विभाग के जिला स्तरीय कर्मचारियों के लिए तकनीकी मार्गदर्शन उपलब्ध कराना।
4. जिला स्तरीय अधिकारियों के कार्य को समन्वित करना ताकि नीतियों और कार्यक्रमों के सहज क्रियान्वयन को गतिशील किया जा सके।
5. एक मूल्यांकन अभिकरण के रूप में कार्य करना, जैसे कि क्षेत्रीय कार्यालयों द्वारा उपलब्ध किये गये लक्ष्यों का मापन करना।
6. क्षेत्रीय कार्यालयों की समस्याओं और कठिनाइयों को जानने के लिए उनका समय-समय पर निरीक्षण और भ्रमण करना।
7. अपने क्षेत्र में पंचायती राज निकायों के कार्यचालन के साथ एक सक्रिय सम्पर्क को बनाये रखना।
8. विभागीय अधिकारियों के कार्यचालन के सम्बन्ध में विभाग के मुखिया को एक समेकित विवरण भेजना।

जिलाधीश
(District Collector)

31

पदस्थिति
(Position)

जिलाधीश को कर्नाटक, असम, पंजाब, जम्मू और कश्मीर में उपायुक्त, पश्चिम बंगाल और उत्तर प्रदेश में जिला मजिस्ट्रेट कहते हैं। जिलाधीश कार्यालय को कलेक्ट्रेट कहते हैं।

जिलाधीश जिला प्रशासन का प्रमुख तथा जिले में राज्य सरकार का आधिकारिक एजेंट होता है। जिलाधीश का कार्यालय अपनी तरह का अद्वितीय कार्यालय है क्योंकि अन्य देशों की प्रशासनिक प्रणाली में इस तरह का कोई कार्यालय नहीं है। केवल फ्रांस में प्रीफेक्ट का पद इसके समकक्ष है। फ्रांस में प्रीफेक्ट विभाग (फ्रांस में प्रशासन की सबसे बढ़ी भू-प्रादेशिक इकाई) का मुखिया होता है तथा वही केंद्र सरकार का आधिकारिक प्रतिनिधि होता है। फ्रांस में प्रीफेक्ट कार्यालय को प्रीफेक्टोरेट कहते हैं। इसलिए फ्रांसीसी प्रीफेक्ट भारतीय जिलाधीश के समकक्ष है।

जिला प्रशासन के राजस्व और सामान्य प्रशासन विभाग तथा पंजीकरण विभाग प्रत्यक्ष रूप से जिला कलेक्टर के प्रभार में होते हैं। किंतु जिला प्रशासन के अन्य सभी विभागों पर भी उसका नियंत्रण और प्रभाव होता है। वह बहु-उद्देश्यीय पदाधिकारी होता है, जिसका नियंत्रण पूरे जिले के प्रशासन पर होता है।

जिलाधीश राज्य सरकार (अर्थात् राज्य सचिवालय) के सामान्य प्रशासन विभाग के तहत आता है, जिसके राजनीतिक प्रमुख 'मुख्यमंत्री' और प्रशासनिक प्रमुख 'मुख्य सचिव' हैं। जिलाधीश पर संभागीय आयुक्त का नियंत्रण और पर्यवेक्षण होता है। राज्य की प्रशासनिक प्रणाली में जिलाधीश के स्थान का निर्धारण निम्नलिखित आरेख चित्र द्वारा किया गया है:

राज्य सरकार	↔	मुख्यमंत्री
↓		↓
राज्य सचिवालय	↔	मुख्य सचिव
↓		↓
संभाग	↔	संभागीय आयुक्त
↓		↓
जिला	↔	जिलाधीश

विकासक्रम
(Evolution)

जिला, भारतीय प्रशासन की एक आधारभूत भौगोलिक इकाई है। ऑक्सफोर्ड शब्दकोश में 'जिला' (डिस्ट्रिक) शब्द को 'विशेष प्रशासनिक प्रयोजनों के लिए सीमांकित क्षेत्र' के रूप में परिभाषित किया गया है।

मूलतः भारतीय संविधान में 'जिला' शब्द का उल्लेख अनुच्छेद 233 को छोड़कर अन्यत्र कहीं नहीं किया गया है। अनुच्छेद 233 में भी 'जिला न्यायाधीश' शब्द का प्रयोग हुआ है। किंतु संविधान के (73वें और 74वें संशोधन) अधिनियम 1992 के द्वारा भाग IX और IX A में कई जगह 'जिला' शब्द को शामिल किया गया है, जो क्रमशः पंचायतों और नगर निगमों से संबंधित हैं।

एस.एस. खेड़ा के शब्दों में "जिला प्रशासन सरकारी कार्यों का पूर्ण प्रबंधन है....... जिला प्रशासन-लोक प्रशासन का वह भाग है जो जिले के सीमाक्षेत्र में कार्य करता है।"

भारत में प्रशासन की क्षेत्रीय इकाई के रूप में 'जिले' का लंबा इतिहास है, जो मौर्य काल से शुरू होता है। मुगल शासनकाल के दौरान 'जिले' को 'सरकार' कहा जाता था और इसके प्रमुख को 'करोड़ी-फौजदार' कहते थे। सैन्य अधिकारी 'सूबेदार' के सीधे नियंत्रण में कार्य करते थे।

आज का जिला प्रशासन और जिलाधीश के पद का विकास भारत में ब्रिटिश ईस्ट इंडिया कंपनी के समय हुआ था। इस पद का सृजन वर्ष 1772 में तत्कालीन गवर्नर जनरल वारेन हेस्टिंग्ज ने किया था। वर्ष 1787 में जिलाधीश को राजस्व संग्रहण के अतिरिक्त नागरिक न्याय और मजिस्ट्रेट के कार्य की जिम्मेदारी भी सौंपी गई। उस समय जिलाधीश अतिशक्तिशाली पदाधिकारी था और उसे 'लिटिल नेपोलियन' कहा जाता था।

भारतीय सांविधिक आयोग (साइमन आयोग-1930) ने कहा कि, जिलाधीश "उसके क्षेत्र में निवास करने वाले व्यक्तियों की दृष्टि में सरकार है।" वहीं रैम्से मैक्डोनॉल्ड ने जिलाधीश की तुलना भारत सरकार के हाथी की पीठ पर बैठे हुए कछुए से की है। लॉर्ड वेवेल ने कहा कि, अंग्रेज इस संस्थान के लिए नहीं, अपितु जिलाधीश के पद के रूप में पीछे छूट गए आदर्शों के लिए याद किए जाएंगे।

स्वतंत्रता प्राप्ति के बाद जिलाधीश कार्यालय को दर्जे और अधिकारों के संदर्भ में निम्नलिखित कारणों से कठिनाई का सामना करना पड़ा:

1. 'पुलिस राज्य' की जगह 'कल्याणकारी राज्य' लाए जाने के कारण सरकारी कार्यों और गतिविधियों में विस्तार।
2. केंद्र और राज्य स्तर पर संसदीय प्रणाली की सरकार अपनाए जाने के कारण सरकार के स्वरूप में परिवर्तन।
3. सरकार के लक्ष्यों और उद्देश्यों में बदलाव अर्थात् औपनिवेशिक शोषण की जगह कल्याण अभिमुखीकरण।
4. स्थानीय प्रशासन की इकाई के रूप में पंचायती राज का आविर्भाव।
5. विधायिका को कार्यपालिका से अलग किया जाना।
6. लोगों में राजनीतिक जागरूकता बढ़ाना।
7. जिलों में बड़ी संख्या में विभागों का आविर्भाव और विकास।
8. आई.सी.एस की जगह आई.ए.एस का गठन।
9. दबाव समूहों और राजनीतिक दलों की भूमिका और प्रभाव।
10. बड़े शहरों में कानून और व्यवस्था संबंधी प्रशासन के लिए आयोग प्रणाली का प्रादुर्भाव।

भूमिका और कार्य (Role and Functions)

जिला प्रशासन में जिलाधीश की भूमिका और निष्पादित किए जाने वाले कार्यों का अध्ययन निम्नलिखित शीर्षकों के तहत किया जा सकता है:

1. **राजस्व प्रशासन:** विगत में, जिलाधीश का प्रथम कार्य राजस्व संग्रह करना था जैसा कि 'कलेक्टर' शब्द का आशय भी 'संग्रहकर्ता' ही है। यह आज भी उनका प्राथमिक कार्य है। जिलाधीश जिले में राजस्व प्रशासन का प्रमुख है। जिलाधीश महाराष्ट्र और गुजरात राज्य में राजस्व बोर्ड या राजस्व अधिकरण के माध्यम से तथा पंजाब, हरियाणा व जम्मू और कश्मीर में वित्त आयुक्त के माध्यम से राजस्व संग्रहण के लिए राज्य सरकार के प्रति जिम्मेदार है।

जिले में राजस्व प्रशासन के प्रमुख के रूप में जिलाधीश निम्नलिखित कार्यों के लिए जिम्मेदार है:

(i) भूमि राजस्व संग्रहण के लिए
(ii) अन्य सरकारी बकायों की वसूली के लिए
(iii) ऋणों के वितरण और वसूली के लिए
(iv) भूमि अभिलेखों के रख-रखाव के लिए
(v) ग्रामीण आँकड़े एकत्र करने के लिए
(vi) आबादी के बसाव के प्रयोजन से भूमि अधिगृहीत करने के लिए
(vii) भूमि सुधार से जुड़े कार्यक्रम लागू करने के लिए
(viii) कृषि कार्य से जुड़े लोगों के हित की देखभाल करने के लिए
(ix) बाढ़, सूखा और आग जैसी प्राकृतिक आपदाओं के समय राहत कार्यों की अनुशंसा करने और फसलों को हुई क्षति का आकलन करने के लिए
(x) कोषागार और इसके पर्यवेक्षण के लिए
(xi) स्टांप अधिनियम लागू करने के लिए
(xii) पुनर्वास अनुदान के भुगतान के लिए
(xiii) सरकारी सम्पदाओं के प्रबंधन के लिए
(xiv) निचले प्राधिकरण के आदेशों के विरुद्ध राजस्व से जुड़ी अपीलों की सुनवाई के लिए
(xv) जमींदारी प्रथा के उन्मूलन के कारण क्षतिपूर्ति के भुगतान के लिए

2. **कानून व्यवस्था से जुड़ा प्रशासन:** स्वतंत्रता- प्राप्ति से पहले जिलाधीश को कार्यकारी मजिस्ट्रेट और न्यायिक मजिस्ट्रेट दोनों का कार्य करना होता था। कार्यकारी मजिस्ट्रेट के रूप में जिलाधीश कानून और व्यवस्था की स्थिति को बनाए रखने के लिए तथा न्यायिक मजिस्ट्रेट के रूप में वह आपराधिक और सिविल मामलों के लिए कानून सम्मत मुकदमा चलाने के लिए जिम्मेदार था। स्वतंत्रता प्राप्ति के बाद, भारत के संविधान के अनुच्छेद 50 के तहत राज्य के नीति-निदेशक तत्वों के प्रावधानों के पालन में विधायिका को कार्यपालिका से पृथक् कर दिया गया, जिसके फलस्वरूप जिलाधीश की न्यायिक मजिस्ट्रेट की भूमिका समाप्त हो गई। न्यायिक मामलों को जिला न्यायाधीश नामक नए पदाधिकारी के सुपुर्द कर दिया गया, जो अब राज्य के उच्च न्यायालय के सीधे नियंत्रण में कार्य करता है।

जिलाधीश अपनी क्षमता में जिला मजिस्ट्रेट के रूप में जिले में कानून और व्यवस्था की स्थिति को बनाए रखने के लिए जिम्मेदार है। इस उद्देश्य से जिला पुलिस अधीक्षक के नेतृत्व में जिला पुलिस बल को जिला मजिस्ट्रेट के नियंत्रण और निर्देशन में सदैव तैयार रखा जाता है। भारतीय पुलिस अधिनियम 1861 के तहत जिले के पुलिस प्रशासन को पुलिस अधीक्षक के नेतृत्व में जिला मजिस्ट्रेट की सहायतार्थ सदैव तत्पर रखा जाता है। इस प्रकार, जिले में कानून और व्यवस्था का प्रशासन दोहरे नियंत्रण की एक प्रणाली है, जो कि जिलाधीश और पुलिस महानिदेशक के अधीनस्थ अधिकारियों के माध्यम से कार्य करती है।

जिलाधीश, जिला मजिस्ट्रेट के रूप में अपनी पदस्थिति में निम्नलिखित कार्य करता है:

(i) अपने अधीनस्थ मजिस्ट्रेटों पर नियंत्रण और उनका पर्यवेक्षण करना
(ii) शांति व्यवस्था भंग होने की आशंका में आपराधिक प्रक्रिया संहिता की धारा 144 के तहत आदेश जारी करना
(iii) सरकार और दूसरों से प्राप्त सभी याचिकाओं का निपटान करना
(iv) कैदियों को पैरोल (प्रतिज्ञापत्र) पर मुक्त करना
(v) कारागारों का निरक्षण करना
(vi) सरकार को वार्षिक आपराधिक रिपोर्ट प्रस्तुत करना
(vii) शस्त्र, होटल, विस्फोटक, पेट्रोलियम और अन्य के लिए लाइसेंसों की मंजूरी, निलंबन और निरस्तीकरण करना
(viii) कैदियों को बेहतर सुविधाओं की मंजूरी देना
(ix) स्थानीय निकायों पर नियंत्रण और उनका पर्यवेक्षण
(x) जिला पुलिस (के कार्यों) को निर्देशित और नियंत्रित करना
(xi) मनोरंजन कर अधिनियम और प्रेस अधिनियम के प्रावधानों को लागू करना
(xii) जिले में किसी असामान्य घटना घटित होने की स्थिति में नागरिक प्रशासन की सहायतार्थ सशस्त्र बल बुलाना
(xiii) अपराधियों को फैक्टरी अधिनियम और ट्रेडमार्क अधिनियम के तहत दंड देना
(xiv) दावा रहित संपत्ति को निस्तारित करने के आदेश देना
(xv) वनों के विकास के लिए योजनाओं की अनुशंसा करना

3. **विकास प्रशासन:** स्वतंत्रता प्राप्ति से पहले जिलाधीश की विकासात्मक भूमिका उतनी महत्वपूर्ण नहीं थी, जितनी मुख्यत: विनियामक प्रशासन से संबद्ध ब्रिटिशकालीन भारत में 'पुलिस राज्य' की थी। स्वतंत्रता प्राप्ति के बाद तथा योजना नीतियों की शुरूआत के साथ कलेक्टर की विकासात्मक भूमिका महत्वपूर्ण हो गई। विकास से जुड़े कार्यक्रमों के कार्यान्वयन कार्य में उसकी भूमिका महत्वपूर्ण हो गई। तथापि, इस संदर्भ में सभी राज्यों में स्थिति एक जैसी नहीं है। दूसरे शब्दों में हम कह सकते हैं कि, जिलों में विकासात्मक प्रशासन के दो अलग-अलग रूप सामने आए हैं, *पहला* रूप तमिलनाडु, राजस्थान और अन्य राज्यों का है और *दूसरा* महाराष्ट्र और गुजरात राज्यों का।

पहले रूप के तहत कलेक्टर को विनियामक और विकासात्मक प्रशासन-दोनों के लिए जिम्मेदार बनाया गया जो इन राज्यों में कलेक्टर राजस्व, मजिस्ट्रेटी और विकासात्मक कार्यों की देखभाल करता है। विकास से जुड़े कार्यक्रमों के कार्यान्वयन में लगे जिला स्तर के अधिकारी कलेक्टर के नेतृत्व, मार्ग-निर्देशन और पर्यवेक्षण में कार्य करते हैं। ये अधिकारी तकनीकी मामलों के संदर्भ में अपने संबद्ध विभागों के नियंत्रण और पर्यवेक्षण में कार्य करते हैं। विकास से जुड़े कार्यक्रमों को वास्तविक रूप से कार्यान्वित करते समय ये अधिकारी जिलाधीश के प्रशासनिक

नियंत्रण में कर दिए जाते हैं। अधिकांश राज्यों में कलेक्टर को जिला विकास अधिकारी के रूप में पदनामित किया गया है, जिसे विकासात्मक प्रशासन में लगे जिला स्तर के अधिकारियों की वार्षिक गोपनीय रिपोर्ट के लिए प्राधिकृत किया गया है।

महाराष्ट्र और गुजरात से संबंधित दूसरे रूप के अंतर्गत कलेक्टर को केवल विनियामक प्रशासन के लिए उत्तरदायी बनाया गया है। इन राज्यों में विकासात्मक प्रशासन की जिम्मेदारी जिला परिषद पर डाली गई है। विकास से जुड़े कार्यक्रमों के कार्यान्वयन में लगे जिला स्तर के सभी अधिकारियों को जिला परिषद के प्रशासनिक नियंत्रण और पर्यवेक्षण में कार्य करना होता है। इस प्रयोजन से जिला परिषद ने जिला विकास अधिकारी (या मुख्य कार्यकारी अधिकारी) की नियुक्ति की है, जो भारतीय प्रशासनिक सेवा का अधिकारी होता है। इस व्यवस्था के फलस्वरूप, कलेक्टर विकास क्षेत्र से जुड़े उत्तरदायित्वों से मुक्त हो गया है।

विकास के क्षेत्र में कलेक्टर की भूमिका का महत्वपूर्ण आयाम है–उसका जिला ग्रामीण विकास एजेंसी (डी.आर.डी.ए) से जुड़ा होना। यहां यह ध्यान देने योग्य है कि विकासात्मक प्रशासन के क्षेत्र में कलेक्टर की मुख्य भूमिका-विकास से जुड़े कार्यक्रमों के कार्यान्वयन में लगे जिला स्तर के अधिकारियों के कार्यों के मध्य समन्वय (तालमेल) बनाए रखने की है।

इसके अतिरिक्त, संविधान के (73वें संशोधन) अधिनियम 1992 और इसके बाद विभिन्न राज्यों से संबद्ध पंचायती राज अधिनियमों, 1993 और 1994 के फलस्वरूप विकासात्मक प्रशासन में कलेक्टर की भूमिका में कमी आई है।

4. **अन्य शक्तियाँ और कार्य:** उपर्युक्त के अतिरिक्त जिलाधीश निम्नलिखित कार्य भी करता है:

(i) वह संसद, राज्य विधानसभा और स्थानीय निकाय चुनाव क्षेत्रों में चुनाव के मुख्य रिटर्निंग अधिकारी का कार्य करता है और इस प्रकार जिला स्तर पर चुनाव कार्यों में तालमेल बैठाए रखता है।

(ii) वह जिला जनगणना अधिकारी के रूप में कार्य करता है, इसलिए कलेक्टर प्रति 10 वर्ष पर जनगणना कराता है।

(iii) वह जिले में मुख्य प्रोटोकॉल अधिकारी के रूप में भी कार्य करता है।

(iv) वह जिले की वार्षिक प्रशासनिक रिपोर्ट तैयार करता है और इसे राज्य सरकार को प्रस्तुत करता है।

(v) वह जिले में आयोजित समारोहों में राज्य सरकार का आधिकारिक प्रतिनिधि होता है।

(vi) वह जिले में नागरिकों और प्रशासन के बीच तालमेल का माध्यम भी होता है।

(vii) वह जिले में नगर निगम प्रशासन के कार्यों की देखरेख भी करता है।

(viii) वह सरकार के जनसंपर्क अधिकारी का कार्य भी देखता है।

(ix) वह प्राकृतिक आपदाओं और आपातकाल के समय आपदा प्रशासक प्रमुख का कार्य भी देखता है।

(x) जिला प्रशासन प्रमुख के रूप में कलेक्टर जिला स्तर के कार्मिकों से जुड़े कार्मिक मामलों को भी देखता है।

(xi) वह नागरिक आपूर्ति अर्थात् खाद्य और अन्य आवश्यक सामग्रियों की आपूर्ति के लिए भी जिम्मेदार होता है।

(xii) कलेक्टर नागरिक सुरक्षा से जुड़ा कार्य भी देखता है।

(xiii) वह सैन्य प्राधिकारियों से संपर्क बनाए रखता है तथा सैन्य बलों के सेवानिवृत्त और सेवारत कार्मिकों के हित और कल्याण का ध्यान रखता है।

(xiv) वह शिकायत निवारण अधिकारी के रूप में कार्य करता है और इसलिए जिले का नियमित रूप से दौरा करता है। वह कहावत कि 'तंबू की ताकत कलम से अधिक है', आम जनता के साथ आयुक्त के संवाद की आवश्यकता को रेखांकित करती है।

(xv) वह प्रशिक्षुओं या काम सीखने हेतु नियुक्त पुरुषों के विभिन्न वर्गों के प्रशिक्षण की व्यवस्था करता है।

(xvi) वह जिला स्तर पर नागरिक समाज और राज्य सरकार के बीच संवाद को सुगम बनाता है।

(xvii) जिले के कार्यकारी प्रमुख के रूप में, वह जिला स्तर पर सरकारी कामकाज के प्रमुख समन्वयक के रूप में अपनी सेवाएं प्रदान करता है। दूसरे शब्दों में, जिला स्तर पर अन्य एजेंसियों या विभागों की गतिविधियों का समन्वय करना आयुक्त की प्रमुख भूमिकाओं में से एक है।

अन्य जिला अधिकारी (Other District Officials)

राज्य स्तर के अधिकांश विभागों का प्रतिनिधित्व जिला स्तर पर भी होता है। जिला स्तर के प्रत्येक विभाग का एक प्रमुख होता है। जिला स्तर के इन विभागों के प्रमुख तकनीकी कार्मिक अर्थात् विशेषज्ञ वर्ग का लोक सेवक होता है। ये तकनीकी कार्मिक

विभागीय आधारों पर सृजित विशेषज्ञतापूर्ण राज्य सेवा संवर्ग से जुड़े होते हैं। ये कार्मिक राज्य के विभाग के संबद्ध प्रमुखों निदेशालय का प्रमुख–निदेशक या आयुक्त के नियंत्रण और पर्यवेक्षण में कार्य करते हैं। इसके अतिरिक्त, जिला प्रशासन प्रमुख जिलाधीश इन तकनीकी कार्मिकों के कार्यों का पर्यवेक्षण करके उनमें तालमेल बैठाता है। जिला स्तर के अन्य अधिकारियों से भिन्न कलेक्टर, सामान्यज्ञ वर्ग का लोक सेवक होता है और सामान्यत: भारतीय प्रशासनिक सेवा का सदस्य होता है। नीचे की **तालिका 31.1** में जिला स्तर के विभागों तथा उनके प्रमुखों के पदनाम दर्शाए गए हैं:

तालिका 31.1 जिला विभाग और उनके प्रमुख

क्र.सं.	विभाग का नाम	जिला प्रमुख का पदनाम
1.	राजस्व और सामान्य प्रशासन	जिला कलेक्टर/उपायुक्त/जिला मजिस्ट्रेट
2.	पंजीकरण	–तदैव–
3.	पुलिस	पुलिस अधीक्षक
4.	एक्साइज	एक्साइज अधीक्षक/जिला आबकारी अधिकारी
5.	चिकित्सा	सिविल सर्जन/जिला चिकित्सा अधिकारी
6.	जन-स्वास्थ्य	जिला स्वास्थ्य अधिकारी
7.	वन	जिला वन अधिकारी
8.	शिक्षा	विद्यालय निरीक्षक/जिला शिक्षा अधिकारी
9.	सहकारिता	सहकारी समितियों का सहायक पंजीयक
10.	कृषि	सहायक निदेशक/जिला कृषि अधिकारी
11.	उद्योग	सहायक निदेशक उद्योग/जिला उद्योग अधिकारी
12.	न्यायिक	जिला जज/जिला एवं सत्र न्यायधीश
13.	सामाजिक कल्याण	समाज कल्याण अधिकारी/पिछड़ा वर्ग कल्याण अधिकारी
14.	कारागार	कारागार अधीक्षक
15.	श्रम	सहायक श्रम आयुक्त/जिला श्रम अधिकारी
16.	सार्वजनिक कार्य	अधिशासी अभियन्ता
17.	नागरिक आपूर्ति/राशनिंग	जिला खाद्य एवं नागरिक आपूर्ति अधिकारी
18.	पशु चिकित्सा	जिला वेटरनरी अधिकारी/सहायक निदेशक वेटरनरी सेवा
19.	सूचना/प्रचार	जिला सूचना अधिकारी/सहायक निदेशक प्रचार
20.	सांख्यिकी	जिला सांख्यिकी अधिकारी
21.	रोजगार	जिला रोजगार अधिकारी
22.	पंचायत	जिला पंचायत अधिकारी
23.	कोषागार और लेखा	जिला कोषागार अधिकारी/जिला लेखा अधिकारी
24.	नियोजन	जिला योजना अधिकारी
25.	बिक्री कर	जिला बिक्री कर अधिकारी

जिला स्तर के नीचे का प्रशासन (Administration below the District Level)

32

जिले में प्रशासन का प्रमुख जिलाधीश होता है। विविध कार्यों में उसकी सहायता करने वाले अधिकारियों का पदक्रम इस प्रकार है:

जिला	↔	जिलाधीश
↓		↓
उप-संभाग	↔	उप-संभागीय अधिकारी
↓		↓
तहसील (तालुका)	↔	तहसीलदार
↓		↓
सर्किल (परगना)	↔	राजस्व निरीक्षक (कानूनगो)
↓		↓
ग्राम	↔	पटवारी

उप–संभाग (Sub-Division)

भूमि राजस्व संहिता और आपराधिक प्रक्रिया संहिता के अंतर्गत राजस्व प्रशासन और आपराधिक प्रशासन के लिए क्षेत्रीय दृष्टि से जिले को कई इकाइयों में बांटा गया है। इन इकाइयों के नाम तथा इनके प्रमुखों (प्रभारी) के नाम राज्यों में भिन्न भिन्न हैं, जो नीचे दी गयी **तालिका 32.1** में इस प्रकार हैं:

तालिका 3 2.1 संभागों और उनके प्रमुखों के नाम

क्र.सं.	राज्य	इकाइयाँ	प्रमुख (प्रभारी)
(i)	उत्तर प्रदेश	उप-संभाग	उप-संभागीय या उप-जिलाधिकारी/ उप-संभागीय मजिस्ट्रेट
(ii)	तमिलनाडु	राजस्व विभाग	राजस्व संभागीय अधिकारी / सब-कलेक्टर
(iii)	महाराष्ट्र	प्रांत	प्रांत अधिकारी / डिप्टी कलेक्टर / सहायक कलेक्टर

उप-संभागीय अधिकारी या तो भारतीय प्रशासनिक सेवा का सदस्य होता है या राज्य लोक सेवा (कार्यकारी या प्रशासनिक) का। उसकी नियुक्ति राज्य सरकार द्वारा की जाती है और नियंत्रण भी राज्य सरकार का ही होता है। जिलाधीश की तरह उप-संभागीय अधिकारी भी प्रादेशिक अधिकारी, सामान्यज्ञ (generalist) प्रशासक और बहु-उद्देश्यीय पदाधिकारी होता है। उसे राजस्व मजिस्ट्रेटी और कार्यकारी शक्तियाँ प्राप्त होती हैं। मुख्य कार्यकारी अधिकारी तथा राज्य सरकार के आधिकारिक प्रतिनिधि के रूप में उसे उप-संभाग में सरकार के सभी विभागों की गतिविधियों की जानकारी होती है। एक ओर वह राजस्व मामलों के संबंध में जिलाधीश और तहसीलदार के मध्य की कड़ी का कार्य करता है, तो दूसरी ओर कानून और व्यवस्था से जुड़े मामलों में वह जिला मजिस्ट्रेट और स्टेशन पुलिस अधिकारी के बीच की कड़ी का कार्य भी करता है। इस प्रकार उप-संभागीय अधिकारी जिलाधीश का मुख्य सहायक तथा महत्वपूर्ण फील्ड सहायक होता है तथा उप-संभाग में प्रशासन के सभी पहलुओं के संदर्भ में जिलाधीश के प्रति जिम्मेदार होता है।

उप-संभाग दो प्रकार के होते हैं–कार्यालय श्रेणी और भ्रमणकारी। अधिकांश राज्यों में प्रचलित कार्यालय प्रकार के अंतर्गत, उप-संभागीय अधिकारी का स्थायी कार्यालय होता है, जो उप-संभाग में ही स्थित होता है। भ्रमणकारी प्रकार के उप-संभाग कुछ राज्यों में ही प्रचलित हैं, जैसे-उत्तर प्रदेश में, जिसमें उप-संभागीय अधिकारी का स्थायी कार्यालय नहीं होता है, वह भ्रमणकारी अधिकारी (एक जगह से दूसरे जगह भ्रमण कर) के रूप में अपना कार्य करता है। उसका निवास जिला मुख्यालय में होता है।

तहसील (Tehsil)

प्रत्येक उप-संभाग कई प्रशासनिक इकाइयों में बँटे हैं। इन इकाइयों के नाम और उनके प्रभारी का नाम अलग-अलग राज्यों में भिन्न-भिन्न हैं, जो नीचे **तालिका 32.2** में दिए गए हैं:

तालिका 32.2 तहसील और उनके प्रमुखों के नाम

क्र.सं.	राज्य	इकाइयाँ	प्रमुख (प्रभारी)
(i)	उत्तर प्रदेश	तहसील	तहसीलदार (जिसके सहायतार्थ नायब तहसीलदार है)
(ii)	तमिलनाडु	तलूक	तहसीलदार (जिसके सहायतार्थ डिप्टी तहसीलदार है)
(iii)	महाराष्ट्र	तलूक/महल	मामलातदार/महलकार

तहसील, प्रशासन के विभिन्न पहलुओं, जैसे-राजस्व, भूमि रिकॉर्ड ट्रेजरी (सरकारी खजाना), मजिस्ट्रेटी मामलों आदि के लिए बुनियादी इकाई है। विभिन्न फील्ड विभागों के कार्यालय तहसील में ही होने के कारण इसे 'लघु जिला' भी कहा जाता है। बिहार और पश्चिम बंगाल राज्यों में तहसील का अस्तित्व नहीं है जहाँ जिला स्तर के नीचे की इकाई उप-संभाग ही है।

तहसीलदार राज्य लोक सेवा का सदस्य और राजपत्रित अधिकारी होता है। कलेक्टर और उप-संभागीय अधिकारी की तरह ही तहसीलदार भी क्षेत्रीय/प्रांतीय अधिकारी, सामान्यज्ञ प्रशासक और बहु-उद्देश्यीय पदाधिकारी होता है। उसे भी राजस्व, मजिस्ट्रेटी और कार्यकारी शक्तियाँ प्राप्त होती हैं। तहसीलदार तहसील में राजस्व संग्रहण और कानून व्यवस्था की स्थिति को बनाए रखने के लिए जिम्मेदार होता है। मुख्य कार्यकारी अधिकारी और राज्य सरकार के आधिकारिक प्रतिनिधि के रूप में उसे तहसील में सरकार के विभिन्न विभागों की गतिविधियों की जानकारी लेनी होती है और उनके मध्य तालमेल रखना होता है।

सर्किल (Circle)

प्रत्येक तहसील क्षेत्रीय रूप से, राजस्व प्रशासन के उद्देश्य से कई इकाइयों में बँटा होता है। इन इकाइयों के नाम और प्रभारी के नाम अलग-अलग राज्यों में भिन्न भिन्न होते हैं, जो **तालिका 32.3** में दिए गए हैं:

तालिका 32.3 सर्किल और उनके प्रमुखों के नाम

क्र.सं.	राज्य	इकाइयाँ	प्रमुख (प्रभारी)
1.	उत्तर प्रदेश	परगना	कानूनगो
2.	तमिलनाडु	फिरका	राजस्व निरीक्षक
3.	महाराष्ट्र	सर्किल	सर्किल निरीक्षक

कानूनगो/सर्किल निरीक्षक को राजस्व प्रशासन की कड़ी में प्रथम पंक्ति का पर्यवेक्षक माना जाता है। वह अपने प्रभार में आने वाले सभी गाँवों के भूमि रिकॉर्ड और राजस्व प्रशासन का कार्य देखता है। उसकी नियुक्ति सामान्यत: जिलाधीश द्वारा की जाती है।

ग्राम (Village)

सभी राज्यों में सभी प्रशासनिक और वित्तीय प्रयोजनों की दृष्टि से सबसे निचली इकाई ग्राम है। तमिलनाडु राज्य गें गाँव के सबसे महत्वपूर्ण पदाधिकारी को ग्राम प्रधान कहते हैं। वह राजस्व, पुलिस और सामान्य प्रशासन से जुड़े कार्यभार पूरा करता है तथा ग्राम क्षेत्र में सरकार के प्रतिनिधि के रूप में कार्य करता है। महाराष्ट्र राज्य में ग्राम प्रधान को पटेल कहते हैं। उत्तर प्रदेश में इस प्रकार का कोई पद नहीं है। पंजाब, हिमाचल प्रदेश, हरियाणा और मध्य प्रदेश में 'पटवारी' गांव के राजस्व का हिसाब-किताब और भूमि का अभिलेख रखता है। इस प्रकार पटवारी गांव का लेखाकार होता है। पटवारी को अन्य राज्यों में कई अन्य नामों से भी जाना जाता है, जैसे-उत्तर प्रदेश में लेखपाल, तमिलनाडु में कर्णम (या कनक पिल्लै) और महाराष्ट्र में तलाती। एस.एस. खेड़ा ने पटवारी अथवा लेखपाल को ''जिले के राजस्व प्रशासन का आधार'' बताया है।

जिला ग्रामीण विकास एजेन्सी (District Rural Development Agency)

33

कार्य (Functions)

जिला ग्रामीण विकास एजेन्सी (डीआरडीए) जिला स्तर पर केंद्रीय ग्रामीण विकास मंत्रालय के विभिन्न गरीबी उन्मूलन कार्यक्रमों के क्रियान्वयन को प्रबंधित और निरीक्षित करने वाला प्रमुख अंग है।

1980 में अपने जन्म के बाद से डीआरडीए की प्रशासनिक लागत प्रत्येक कार्यक्रम के लिए आवंटित राशि के एक सुनिश्चित प्रतिशत द्वारा वहन की जाती है। फिर भी गरीबी उन्मूलन कार्यक्रमों के जिला स्तर पर समन्वय हेतु एक प्रभावी एजेन्सी की आवश्यकता को ध्यान में रखते हुए डीआरडीए की मजबूती के लिए 1999 में केंद्र द्वारा एक नई प्रायोजित योजना आरम्भ की गयी। इस योजना को डीआरडीए प्रशासन के नाम से जाना जाता है। वर्ष 2014-15 से इसे राष्ट्रीय ग्रामीण आजीविका के अंतर्गत लाया गया है।

डीआरडीए प्रशासन की योजना का प्रमुख उद्देश्य इन एजेंसियों को मजबूत और पेशेवर बनाना है ताकि वे केंद्रीय ग्रामीण विकास विभाग के गरीबीरोधी कार्यक्रमों के क्रियान्वयन की गुणवत्ता को प्रभावी रूप से बढ़ाने में समर्थ हो सकें।

डीआरडीए से यह आशा भी की जाती है कि वह जिले में गरीबी घटाने के प्रयास हेतु आवश्यक संसाधनों और समर्थन को एकत्र करने के दृष्टिकोण से लेखा विभागों, पंचायती राज संस्थानों, बैंकों व अन्य वित्तीय संस्थानों, गैर-सरकारी संगठनों तथा तकनीकी संस्थानों के साथ प्रभावी समन्वय स्थापित करें।

डीआरडीए की भूमिका के अन्तर्गत कार्यक्रमों के क्रियान्वयन को गति देना, प्रगति का निरीक्षण एवं निगरानी करना, प्रगति रिपोर्टों को भेजना और प्राप्त करना और विभिन्न ग्रामीण विकास कार्यक्रमों के लिए प्राप्त की गयी निधियों का लेखा-जोखा बनाना आदि शामिल है।

अत्यधिक प्रभावशाली परिणामों हेतु जिला ग्रामीण विकास एजेंसी को भी विभिन्न एजेंसियों के मध्य तालमेल विकसित करने की आवश्यकता है।

डीआरडीए से यह अपेक्षा की जाती है कि वे केवल केंद्रीय ग्रामीण विकास विभाग के गरीबीरोधी कार्यक्रमों तक ही स्वयं को सीमित रखें। यदि डीआरडीए को अन्य मंत्रालयों या राज्य सरकार के किन्हीं कार्यक्रमों की जिम्मेदारी दी जाती है तो यह सुनिश्चित किया जाना चाहिए कि इन कार्यक्रमों का एक सुनिश्चित गरीबीरोधी केंद्र बिन्दु होना चाहिए।

संगठन (Organisation)

प्रत्येक जिले में एक डीआरडीए होती है। डीआरडीए का मुखिया परियोजना निदेशक होता है जो कि अतिरिक्त जिलाधिकारी के पद के समकक्ष होता है। ऐसे राज्यों में जहाँ डीआरडीए को जिला परिषदों में विलय कर दिया गया है और पृथक् पहचान नहीं है वहाँ जिला परिषद में एक प्रकोष्ठ (सेल) का गठन किया जायेगा जो पृथक् लेखाओं को बनाये रखने का कार्य करेंगे ताकि उनका पृथक् रूप से लेखा परीक्षण किया जा सके।

जिला परिषद का अध्यक्ष डीआरडीए के प्रशासकीय निकाय का अध्यक्ष होगा। डीआरडीए की एक कार्यकारी समिति भी होगी।

डीआरडीए की स्टाफ संरचना में गरीबी उन्मूलन के नियोजन, परियोजना निर्माण, सामाजिक संगठन व क्षमता निर्माण, अभियांत्रिकी अधिवीक्षण और गुणवत्ता नियंत्रण, परियोजना निगरानी, लेखांकन और लेखा परीक्षा कार्य, लैंगिक मुद्दों के साथ-साथ मूल्यांकन और प्रभाव अध्ययन से जुड़े पद शामिल होते हैं।

प्रत्येक डीआरडीए में निम्नलिखित स्कंध (विंग) होने चाहिए:

(i) स्वरोजगार स्कंध
(ii) महिला स्कंध
(iii) पारिश्रमिक रोजगार स्कंध
(iv) जल विभाजक स्कंध
(v) अभियांत्रिकी स्कंध

(vi) लेखा स्कंध

(vii) निगरानी और मूल्यांकन स्कंध

(viii) सामान्य प्रशासन स्कंध

डीआरडीए का कोई स्थायी स्टाफ नहीं होना चाहिए और इसमें सीधी भर्ती नहीं होनी चाहिए। कर्मचारियों को निर्दिष्ट समयावधि के लिए प्रतिनियुक्ति पर रखा जाना चाहिए ताकि स्टाफ प्रतिरूप में लचीलेपन और बेहतर विकल्प को सुनिश्चित किया जा सके।

परियोजना निदेशक, परियोजना अधिकारी, सहायक परियोजना अधिकारी तथा अन्य सभी तकनीकी पदों को ऐसे अधिकारियों द्वारा भरा जाना चाहिए जिनकी अभिप्रेरणा और क्षमतायें सिद्ध हो चुकी हैं और जिनको चयन समितियों द्वारा एक वस्तुनिष्ठ तरीके से चयनित किया गया है।

उच्च सेवाओं हेतु भर्ती (Recruitment to Higher Services)

34

भर्ती प्रणाली (System of Recruitment)

हमारे देश में अखिल भारतीय सेवाओं और उच्च केंद्रीय सेवाओं में भर्ती की वर्तमान प्रणाली निम्नलिखित समितियों द्वारा की गई अनुशंसाओं पर आधारित है:

1. मैकाले समिति
2. कोठारी समिति
3. सतीश चंद्रा समिति
4. खन्ना समिति
5. निगवेकर समिति

हाल ही में दो अन्य समितियां भी गठित की गयीं–(i) अलघ समिति (2000-2001) एवं (ii) होता समिति (2004) और द्वितीय प्रशासनिक सुधार आयोग (2005-09) ने भी अखिल भारतीय सेवाओं और उच्चतर केंद्रीय सेवाओं की भर्ती की प्रणाली की समीक्षा कर विभिन्न परिवर्तनों का सुझाव दिया।

भारतीय सिविल सेवा से संबंधित मैकाले समिति की रिपोर्ट में पहली बार 1854 में लोक सेवा में भर्ती संबंधी मूल नीतियों का निर्धारण किया गया। इस नीति के सबसे महत्वपूर्ण पक्ष थे–खुली प्रतियोगिता प्रणाली और शिक्षापरक परीक्षा प्रणाली।

अखिल भारतीय सेवाओं और उच्चतर केंद्रीय सेवाओं में सीधी भर्ती के लिए अभ्यर्थियों की योग्यता और उपयुक्तता की जाँच और आकलन करने की वर्तमान परीक्षा प्रणाली का निर्धारण कोठारी समिति और सतीश चंद्रा समिति द्वारा किया गया है, किंतु मैकाले समिति द्वारा निर्धारित मूल नीति और भर्ती संबंधी मान्यता का प्रभाव अभी भी बना हुआ है।

डी.एस कोठारी की अध्यक्षता में 'भर्ती नीति और चयन पद्धति' विषय पर एक समिति संघ लोक सेवा आयोग द्वारा वर्ष 1974 में नियुक्ति की गई। इस समिति ने अपनी रिपोर्ट वर्ष 1976 में दी थी, जिनकी अधिकांश अनुशंसाओं को सरकार ने वर्ष 1978 में स्वीकार किया और उन्हें वर्ष 1979 में लागू किया। इस प्रकार प्रतियोगितात्मक परीक्षा की नई प्रणाली का आविर्भाव वर्ष 1979 में हुआ। वर्ष 1993 में सतीश चंद्रा समिति की अनुशंसाओं के आधार पर इस प्रणाली में कुछ बदलाव किया गया।

सतीश चंद्रा की अध्यक्षता में अखिल भारतीय और केंद्रीय सेवाओं के लिए भर्ती नीति और चयन पद्धति विषयक समिति की नियुक्ति संघ लोक सेवा आयोग द्वारा वर्ष 1988 में की गई। समिति ने अपनी रिपोर्ट 1989 में दी तथा सरकार ने इस समिति द्वारा की गई अनुशंसाओं में कुछ को वर्ष 1993 में लागू भी किया, जिसके अनुसार 200 अंक के निबंध के प्रश्न-पत्र को शामिल किया गया था और साक्षात्कार परीक्षा के लिए अधिकतम 250 अंक को बढ़ाकर 300 अंक किए गए।

संघ लोक सेवा आयोग ने वर्ष 2011 से सिविल सेवा के प्रतिरूप एवं पाठ्यक्रम में परिवर्तन किया है। पुरानी योजना में (2011 से पूर्व), 150 अंक का एक सामान्य अध्ययन प्रश्न-पत्र था तथा 300 अंक के द्वितीय प्रश्न-पत्र हेतु उम्मीदवार के पास 23 वैकल्पिक विषयों में से चुनाव करने का वरणाधिकार था। नयी और संशोधित पद्धति के अंतर्गत, दो प्रश्न-पत्र हैं–सामान्य और अनिवार्य; प्रत्येक प्रश्न-पत्र 200 अंकों का है। अन्य शब्दों में, वैकल्पिक प्रश्न-पत्र को सामान्य अध्ययन प्रश्न-पत्र से प्रतिस्थापित किया गया। ये बदलाव यूजीसी के पूर्व उपाध्यक्ष श्री एस.के. खन्ना की अध्यक्षता वाली समिति कि अनुशंसा पर किए गए थे। 2010 में इस समिति का गठन सिविल सेवा प्रारंभिक परीक्षा योजना की समीक्षा कर आवश्यक सुझाव देने हेतु किया गया।

तत्पश्चात्, 2011 में यूपीएससी ने यूजीसी के पूर्व अध्यक्ष श्री अरुण एस. निगवेकर की अध्यक्षता में एक और समिति का गठन किया; इसका कार्य सिविल सेवा मुख्य परीक्षा योजना की समीक्षा करना तथा आवश्यक सुझाव देना था। समिति के विचारार्थ विषय इस प्रकार थे:

1. गत्यात्मक घरेलू और वैश्विक सामाजिक-आर्थिक और तकनीकी परिदृश्य में सुशासन प्रदान करने में सक्षम बनाने हेतु सिविल सेवकों के कौशल के आधार पर वांछित प्रोफाइल की पहचान करना।
2. वर्तमान में विश्व स्तर पर प्रचलित सिविल सेवकों की भिन्न चयन विधियों का अध्ययन करना।
3. उपर्युक्त (1) में कथित वांछित प्रोफाइल एवं कौशल के आधार पर अगले दशक के लिए भारतीय संदर्भ में उम्मीदवारों के चुनाव हेतु उपयुक्त तंत्र एवं चयन प्रक्रिया को प्रस्तावित करना।
4. आयोग द्वारा अपनाई गई चयन प्रक्रिया की प्रभावशीलता का मूल्यांकन कर एक प्रणाली अनुशंसा करना तथा सुधारात्मक कार्रवाई की आवधिकता की कार्य-प्रणाली को प्रस्तावित करना, यदि कोई हो; ताकि सेवा की बदलती आवश्यकताओं को पूरा किया जा सके।
5. प्रशिक्षण अवधि के दौरान और अंत में आयोग द्वारा उम्मीदवारों के कार्य प्रदर्शन की अनुशंसा कर आयोग की भूमिका की संस्तुति करना। विशेष रूप से जहां आयोग द्वारा अनुशंसित आंकलन का प्रभाव प्रारंभिक योग्यता क्रम में फेरबदल करने में होता है; सिविल सेवा के लिए अप्रयुक्तता के आधार पर प्रत्यक्ष भर्ती का इसका विस्तार किया जाना प्रस्तावित है या नहीं।
6. देश के लिए सिविल सेवकों का चयन में कोई अन्य मुद्दा, जो समिति की प्रक्रिया के लिए प्रासंगिक हो या जिसे आयोग द्वारा समिति संदर्भित किया जा सकता है।

निगवेकर समिति ने 2012 विवरण में प्रस्तुत किया। इन अनुशंसाओं के आधार पर, यूपीएससी ने वर्ष 2013 से सिविल सेवा मुख्य परीक्षा की योजना में परिवर्तन की शुरुआत की। नए और संशोधित प्रारूप में, सामान्य अध्ययन का महत्व बढ़ा कर एक वैकल्पिक विषय (दो प्रश्न-पत्र) को हटा कर दिया। परिणामस्वरूप, वर्तमान में अब चार सामान्य अध्ययन प्रश्न-पत्र तथा केवल एक वैकल्पिक विषय (दो प्रश्न-पत्र सहित) हैं।

अगस्त 2015 में यूपीएससी ने अध्यक्ष बी.एस. बांसवान (एक पूर्व एचआरडी सचिव) की अध्यक्षता में एक विशेषज्ञ समिति का गठन किया। इसका गठन, सिविल सेवा परीक्षा के संबंध में, पात्रता, पाठ्यक्रम, योजना और परीक्षा के पैटर्न के सन्दर्भ में समय-समय पर उठाए गए विभिन्न मुद्दों की व्यापक जांच हेतु किया गया। समिति ने अगस्त 2016 में अपनी रिपोर्ट यूपीएससी (UPSC) को सौंप दी।

मार्च 2017 में कार्मिक और प्रशिक्षण (DOPT) विभाग ने बांसवान समिति की रिपोर्ट, यूपीएससी की अनुशंसा के साथ प्राप्त की। हालांकि रिपोर्ट में निहित अनुशंसाओं पर अभी तक, सरकार द्वारा कोई निर्णय नहीं लिया गया है।

परीक्षा पद्धति (Scheme of Examination)

संघ लोक सेवा आयोग द्वारा अखिल भारतीय सेवाओं और उच्चतर केंद्रीय सेवाओं में सीधी भर्ती के लिए ली जाने वाली परीक्षा को 'लोक सेवा परीक्षा' के रूप में जाना जाता है। इस परीक्षा की विशेषताएँ इस प्रकार हैं:

1. **एकल परीक्षाः** लोक सेवा परीक्षा एकल एवं संयुक्त परीक्षा है, जिसके तहत भारतीय प्रशासनिक सेवा, भारतीय पुलिस सेवा, भारतीय विदेश सेवा और उच्चतर केंद्रीय सेवाओं (अर्थात् ग्रुप ए और ग्रुप बी) के लिए भर्ती परीक्षा आयोजित की जाती है। वर्ष 1979 से पहले तीन अलग-अलग परीक्षाएँ ली जाती थीं: भारतीय प्रशासनिक सेवा और भारतीय विदेश सेवा के लिए, भारतीय पुलिस सेवा और संघ शासित राज्यों में क्लास-II पुलिस सेवा और तीसरी केंद्रीय सेवाओं के लिए।
2. **राष्ट्रीयताः** भारतीय प्रशासनिक सेवा, भारतीय विदेश सेवा (IFS) और भारतीय पुलिस सेवा के लिए अभ्यर्थी को भारत का नागरिक होना चाहिए। अन्य सेवाओं के लिए अभ्यर्थी को या तो भारतीय नागरिक या नेपाल की प्रजा या भूटान की प्रजा या ऐसा तिब्बती शरणार्थी होना चाहिए, जो भारत में स्थापित होने के इरादे से वर्ष 1962 से पहले आया हो, या भारतीय मूल का वह व्यक्ति जो भारत में स्थायी रूप से बसने के इरादे से पाकिस्तान, बर्मा (म्यांमार), श्रीलंका, केन्या, युगांडा, तंजानिया, जांबिया, मलावी, जायरे, इथियोपिया और वियतनाम से भारत आया हो।
3. **आयु सीमाः** इस परीक्षा में शामिल होने वाले अभ्यर्थी को 21 वर्ष से कम और 30 वर्ष से अधिक आयु का नहीं होना चाहिए। अनुसूचित जाति/अनुसूचित जनजाति के अभ्यर्थियों के

लिए इस आयु सीमा में पाँच वर्ष की तथा अन्य पिछड़े वर्ग के अभ्यर्थियों के लिए तीन वर्ष की छूट है। उल्लेखनीय है कि, कोठारी समिति ने इस परीक्षा के लिए आयु सीमा 21-26 वर्ष होने की अनुशंसा की थी।

4. **शैक्षिक योग्यता:** इस परीक्षा में शामिल होने वाले अभ्यर्थी को केंद्रीय या राज्य के विधान के अधिनियम द्वारा स्थापित विश्वविद्यालय अथवा संसद के अधिनियम के तहत स्थापित अन्य शैक्षिक संस्थानों अथवा विश्वविद्यालय अनुदान आयोग अधिनियम, 1956 के तहत विश्वविद्यालय का दर्जा प्राप्त शैक्षिक संस्थानों से स्नातक की उपाधि अथवा समकक्ष योग्यता (व्यावसायिक या तकनीकी उपाधि) धारण किए हुए होना चाहिए।

5. **प्रयासों की संख्या:** सफल होने के लिए प्रत्येक अभ्यर्थी इस परीक्षा में 6 प्रयास कर सकता है। अन्य पिछड़े वर्ग के अभ्यर्थी 9 बार प्रयास कर सकते है। अनुसूचित जाति/अनुसूचित जनजाति वर्ग के अभ्यर्थियों के लिए प्रयास संख्या प्रतिबंधित नहीं है। इस प्रकार अनुसूचित जाति/अनुसूचित जनजाति वर्ग के अभ्यर्थी 21 से 37 वर्ष की आयु सीमा के भीतर जितनी बार चाहें, उतनी बार इस परीक्षा में शामिल हो सकते हैं। यहाँ उल्लेखनीय है कि कोठारी समिति ने सामान्य वर्ग और अनुसूचित/अनुसूचित जनजाति वर्ग दोनों के लिए केवल दो प्रयास की अनुमति देने की अनुशंसा की थी।

6. **परीक्षा योजना:** लोक सेवा परीक्षा दो चरणों में ली जाती है–प्रथम चरण में प्रारंभिक परीक्षा और द्वितीय चरण में मुख्य परीक्षा। प्रारंभिक परीक्षा के माध्यम से मुख्य परीक्षा के लिए अभ्यर्थियों का चयन किया जाता है, जबकि मुख्य परीक्षा विभिन्न सेवाओं और पदों पर अभ्यर्थियों के चयन के लिए ली जाती है।

7. **प्रारंभिक परीक्षा:** इस परीक्षा में दो प्रश्न-पत्र होते हैं, जो इस प्रकार हैं:

प्रश्न-पत्र I	सामान्य अध्ययन	200 अंक
प्रश्न-पत्र II	सामान्य अध्ययन	200 अंक
	योग	**400 अंक**

दोनों प्रश्न-पत्र बहुविकल्पीय (अर्थात् प्रश्नों के चार उत्तर के साथ) होते हैं। प्रश्न-पत्र हिंदी और अंग्रेजी दोनों भाषाओं में होते हैं। प्रत्येक प्रश्न-पत्र के लिए दो घंटे का समय निर्धारित है। इस परीक्षा में अर्जित अंकों की गिनती अभ्यर्थी के रैंक को अंतिम तौर पर निर्धारित करने के लिए नहीं की जाती है। यह (प्रारंभिक) परीक्षा अभ्यर्थियों की संख्या को कम करने के लिए स्क्रीनिंग टेस्ट के रूप में ली जाती है।

इसके अतिरिक्त, 2015 में प्रश्न-पत्र - II [लोकप्रिय रूप से सिविल सेवा योग्यता परीक्षा (CSAT) के रूप में जाना जाता है] को न्यूनतम 33 फीसदी अंक के साथ अर्हता प्रश्न-पत्र प्राप्त हुई।

8. **मुख्य परीक्षा:** इस परीक्षा के दो भाग हैं–लिखित परीक्षा और साक्षात्कार। लिखित परीक्षा में निम्नलिखित प्रश्न-पत्र होते हैं:

प्रश्न-पत्र -A	भारतीय भाषा	300 अंक
प्रश्न-पत्र - B	अंग्रेजी	300 अंक
प्रश्न-पत्र I	निबंध	250 अंक
प्रश्न-पत्र II	सामान्य अध्ययन - I	250 अंक
प्रश्न-पत्र III	सामान्य अध्ययन - II	250 अंक
प्रश्न-पत्र IV	सामान्य अध्ययन - III	250 अंक
प्रश्न-पत्र V	सामान्य अध्ययन - IV	250 अंक
प्रश्न-पत्र VI	वैकल्पिक विषय (प्रश्न-पत्र-1)	250 अंक
प्रश्न-पत्र VII	वैकल्पिक विषय (प्रश्न-पत्र-2)	250 अंक
	योग (लिखित परीक्षा)	2350 अंक
	साक्षात्कार परीक्षा (व्यक्तित्व परीक्षा)	270 अंक
	कुल योग	**2625 अंक**

उपर्युक्त प्रश्न-पत्रों में से भारतीय भाषा और अंग्रेजी के प्रश्न-पत्रों में अर्जित अंक को रैंक निर्धारित करने की दृष्टि से गणना में शामिल नहीं किया जाता है। इसके अतिरिक्त, पूर्वोत्तर राज्यों अरुणाचल प्रदेश, मणिपुर, मेघालय, मिजोरम, नागालैंड और सिक्किम के अभ्यर्थियों के लिए भारतीय भाषा का प्रश्न-पत्र अनिवार्य नहीं है। लिखित परीक्षा के लिए सभी विषयों के प्रश्न-पत्र निबंधात्मक होते हैं। प्रत्येक प्रश्न-पत्र तीन घंटे की अवधि का होता है। अभ्यर्थी, भाषा के प्रश्न-पत्र (प्रश्न-पत्र A और B) को छोड़कर सभी प्रश्न-पत्रों का उत्तर संविधान की आठवीं अनुसूची में उल्लिखित भाषाओं में से किसी एक भाषा में या अंग्रेज़ी भाषा में दे सकता है। भाषा के प्रश्न-पत्र I और II

को छोड़कर सभी प्रश्न-पत्र केवल हिंदी और अंग्रेज़ी में तैयार किए जाते हैं।

9. **साक्षात्कार परीक्षा:** इस परीक्षा का उद्देश्य लोक सेवा की दृष्टि से अभ्यर्थी की वैयक्तिक उपयुक्तता का आकलन करना है। साक्षात्कार परीक्षा के माध्यम से अभ्यर्थी की मानसिक सतर्कता, आत्मीकरण की विवेचनात्मक क्षमता, योग्यता, स्पष्ट एवं तर्कपूर्ण अभिव्यक्ति, निर्णय लेने की क्षमता, रुचि की विविधता और गहनता, सामाजिक लगाव और नेतृत्व क्षमता तथा बौद्धिक एवं नैतिक ईमानदारी का आकलन किया जाता है।

यहाँ यह नोट किया जाना चाहिए कि ए.डी. गोरेवाला ने (1951 में लोक प्रशासन पर अपनी रिपोर्ट में) भारत में उच्चतर लोक सेवाओं की भर्ती प्रणाली में मनोवैज्ञानिक परीक्षणों की आवश्यकता का समर्थन किया था।

10. **अभ्यर्थियों का चयन:** अभ्यर्थियों द्वारा लिखित परीक्षा (निबंध, सामान्य अध्ययन और वैकल्पिक प्रश्न-पत्र), जिनके कुल अंक 1750 होते हैं; तथा साक्षात्कार परीक्षा (275 अंक) में अर्जित अंकों के आधार पर उनका अंतिम परिणाम (रैंक निर्धारण) आधारित होता है। अभ्यर्थियों को मुख्य परीक्षा में उनके द्वारा प्राप्त रैंक को ध्यानागत रखते हुए विभिन्न सेवाएं आवंटित की जाती हैं। यद्यपि, अभ्यर्थियों द्वारा विभिन्न सेवाओं हेतु व्यक्त की गई वरीयता का भी ध्यान रखा जाता है।

कोठारी समिति ने प्रारंभिक और मुख्य परीक्षा के अतिरिक्त तीसरे स्तर पर अर्थात् प्रशिक्षण के बाद के परीक्षण की भी अनुशंसा की थी। समिति ने सुझाव दिया था कि मसूरी स्थित लाल बहादुर शास्त्री राष्ट्रीय प्रशासनिक अकादमी में प्रशिक्षण के बाद एक परीक्षा ली जानी चाहिए। अभ्यर्थियों को विभिन्न सेवाओं में नियुक्ति मुख्य परीक्षा और प्रशिक्षण के बाद की परीक्षा दोनों में अर्जित अंक के आधार पर की जानी चाहिए। सरकार ने इस अनुशंसा को इस आधार पर नहीं माना था कि इससे लाल बहादुर शास्त्री राष्ट्रीय प्रशासनिक अकादमी को पुनर्गठित करना पड़ेगा।

संघ लोक सेवा आयोग सफल अभ्यर्थियों की सूची योग्यताक्रम में तैयार कर उसे कार्मिक मंत्रालय को प्रस्तुत करता है। विदेश मंत्रालय को इन सफल अभ्यर्थियों में भारतीय विदेश सेवा के कोटे के अनुसार पद चुनने का अवसर मिलता है। इसके बाद, कार्मिक मंत्रालय भारतीय प्रशासनिक सेवा के लिए अभ्यर्थियों का चयन करता है। इसके बाद भारतीय पुलिस सेवा के लिए अभ्यर्थी गृह मंत्रालय द्वारा चुने जाते हैं तथा शेष बचे सफल अभ्यर्थियों को मंत्रालयों/विभागों में पद दिए जाते हैं।

यहाँ उल्लेखनीय है कि, उपर्युक्त संयुक्त परीक्षा में भारतीय वन सेवा शामिल नहीं है जो अखिल भारतीय स्तर का सेवा संवर्ग है। इसके लिए संघ लोक सेवा आयोग अलग से परीक्षा लेता है जिसमें लिखित परीक्षा और साक्षात्कार परीक्षा होती है। हालांकि, आईएफएस के लिए आवेदन करने वाले उम्मीदवारों को सिविल सेवा (प्रारंभिक) परीक्षा में उपस्थित होना एवं द्वितीय चरण में प्रवेश लेने हेतु सिविल सेवा (मुख्य) परीक्षा (लिखित और साक्षात्कार) में उत्तीर्ण होना अनिवार्य है। अन्य शब्दों में, यूपीएससी आईएफएस (मुख्य) परीक्षा के चयन हेतु सिविल सेवा (प्रारंभिक) परीक्षा के माध्यम से एक स्क्रीनिंग टेस्ट आयोजित करता है।

अप्रत्यक्ष भर्ती (Indirect Rectruitment)

इस सीधी भर्ती के अतिरिक्त पदोन्नति द्वारा भर्ती की प्रक्रिया भी अपनाई जाती है। अखिल भारतीय सेवा अधिनियम, 1951 में यह उल्लेख है कि, भारतीय प्रशासनिक सेवा, भारतीय पुलिस सेवा और भारतीय वन सेवा में कुल पदों की संख्या के अधिकतम $33\frac{1}{3}$ प्रतिशत के बराबर वरिष्ठ कार्यभार पदों को राज्य सेवाओं में तैनात अधिकारियों को पदोन्नति देकर भरा जाना चाहिए। ऐसी पदोन्नतियाँ, प्रत्येक राज्य में इस प्रयोजन से गठित 'चयन समिति' की अनुशंसा पर ही की जाती हैं। इन समितियों की अध्यक्षता संघ लोक सेवा आयोग का अध्यक्ष या कोई अन्य सदस्य करता है।

इस प्रकार, अखिल भारतीय स्तर की सर्वोच्च सेवा- भारतीय प्रशासनिक सेवा में अधिकारियों की भर्ती निम्नलिखित तीन पद्धतियों से होती है:

1. संयुक्त, खुली, प्रतियोगी लोक सेवा परीक्षा के माध्यम से सीधी भर्ती द्वारा।
2. राज्य लोक सेवाओं के अधिकारियों को पदोन्नति देकर अप्रत्यक्ष भर्ती द्वारा।
3. राज्य सरकारों के अंतर्गत राजपत्रित पदधारक अधिकारियों, जो राज्य प्रशासनिक सेवाओं के सदस्य नहीं है, में से विशेष चयन द्वारा।

अन्य भर्ती परीक्षाएं (Other Recruitment Examinations)

सिविल सेवा एवं आईएफएस परीक्षा के अतिरिक्त, यूपीएससी नियमित रूप से उच्च सेवाओं और पदों के लिए विभिन्न अन्य परीक्षाओं का, जो निम्नलिखित हैं:

1. इंजीनियरिंग सेवा परीक्षा
2. संयुक्त चिकित्सा सेवा परीक्षा
3. संयुक्त भू-वैज्ञानिक और भू-वैज्ञानिक परीक्षा
4. भारतीय आर्थिक सेवा / भारतीय सांख्यिकी सेवा परीक्षा
5. स्पेशल क्लास रेलवे अपरेंटिस परीक्षा; एकान्तरिक वर्ष में आयोजित (2016 से बंद)
6. संयुक्त रक्षा सेवा परीक्षा (वर्ष में दो बार आयोजित)
7. राष्ट्रीय रक्षा अकादमी और नौसेना अकादमी परीक्षा (वर्ष में दो बार आयोजित)
8. केंद्रीय सशस्त्र पुलिस बल (सहायक कमांडेंट) परीक्षा
9. अनुभाग अधिकारी/आशुलिपिक (ग्रेड-B/ग्रेड-I) सीमित विभागीय प्रतियोगी परीक्षा
10. केंद्रीय औद्योगिक सुरक्षा बल (सहायक कमांडेंट) (कार्यकारी) सीमित विभागीय प्रतियोगी परीक्षा

सिविल सेवकों का प्रशिक्षण (Training of Civil Servants)

35

भारतीय प्रशासनिक सेवकों का प्रशिक्षण (Training of IAS)

स्वतंत्रता प्राप्ति से पहले भारतीय लोक सेवा के परिवीक्षाकालीन सदस्यों को ऑक्सफोर्ड, कैंब्रिज, लंदन और डबलिन के चार विश्वविद्यालयों में एक या दो वर्ष का सामान्य प्रशिक्षण दिया जाता था। द्वितीय विश्व युद्ध के दौरान जब प्रशिक्षण देने में कठिनाई आई तो देहरादून में अस्थायी प्रशिक्षण कैंप लगाया गया।

स्वतंत्रता प्राप्ति के बाद आइसीएस का स्थान आई.ए.एस. ने ले लिया और वर्ष 1947 में दिल्ली स्थिति मेटकॉफ हाउस में आई.ए.एस. प्रशिक्षण स्कूल स्थापित किया गया। इसमें आई.ए.एस. परिवीक्षाधीन सदस्यों को एक वर्ष का बहु–उद्देशीय प्रशिक्षण दिया जाने लगा। वर्ष 1957 में शिमला में आई.ए.एस. स्टाफ कॉलेज की स्थापना 6 से 10 वर्ष की सेवा पूर्ण कर चुके वरिष्ठ आई.ए.एस अधिकारियों को पुनश्चर्या प्रशिक्षण देने के लिए की गई। वर्ष 1959 में दिल्ली और शिमला स्थित इन दोनों संस्थाओं को मिलाकर मसूरी में राष्ट्रीय प्रशासनिक अकादमी की स्थापना हुई। तब से अब तक यह अकादमी भारतीय लोक सेवा के परिवीक्षाधीन सदस्यों को प्रशिक्षण प्रदान करती आ रही है।

आई.ए.एस. के प्रशिक्षण कार्यक्रम में निम्नलिखित विषय शामिल हैं:

1.	आधारभूत प्रशिक्षण	4 माह
2.	व्यावसायिक प्रशिक्षण (प्रथम चरण)	5 माह
3.	राज्य में जिला प्रशिक्षण	12 माह
4.	व्यावसायिक प्रशिक्षण (द्वितीय चरण)	3 माह
	योग	**24 माह**

राष्ट्रीय अकादमी द्वारा आयोजित आधारात्मक प्रशिक्षण पाठ्यक्रम अखिल भारतीय सेवा में नवागंतुकों अर्थात् आई.ए.एस., आई.पी.एस. (भारतीय पुलिस सेवा) और आई.एफ.एस. (भारतीय वन सेवा) के परिवीक्षाधीन सदस्यों, केंद्रीय सेवा ग्रुप ए (भारतीय विदेश सेवा सहित), जिसमें केंद्रीय सचिवालय सेवा शामिल नहीं है, के लिए संयुक्त प्रशिक्षण पाठ्यक्रम होता है। अकादमी में यह संयुक्त प्रशिक्षण एक ही स्थान पर निम्नलिखित उद्देश्य से प्रदान किया जाता है:

1. उच्चतर लोक सेवा के सदस्यों में आपसी संबद्धता की भावना और समान तथा व्यापक दृष्टिकोण विकसित करने के लिए।
2. संवैधानिक, आर्थिक, सामाजिक, राजनीतिक, विधायी, प्रशासनिक, ऐतिहासिक और सांस्कृतिक संदर्भों की जानकारी देने के लिए, जिसमें प्रशासकों को कार्य करना और अपना योगदान देना होता है।
3. परिवीक्षाधीन सदस्यों में व्यावसायिक, प्रशासनिक तथा मानवीय मूल्यों को मन में बैठाने के लिए।

आधारात्मक प्रशिक्षण पूरा होने के बाद अन्य सेवाओं के अधिकारियों को व्यासायिक प्रशिक्षण के लिए संबद्ध प्रशिक्षण संस्थानों में भेज दिया जाता है, जबकि आई.ए.एस. के परिवीक्षाधीन सदस्यों को व्यावसायिक प्रशिक्षण (जिसे सांस्थानिक प्रशिक्षण भी कहते हैं) के लिए अकादमी में ही रोक लिया जाता है। वर्ष 1969 में, आई.ए.एस. के परिवीक्षाधीन सदस्यों के लिए व्यावसायिक प्रशिक्षण कार्यक्रम में प्रशासनिक सुधार आयोग की सिफारिश पर 'सैंडविच' नामक पाठ्यक्रम शामिल कर इस कार्यक्रम में बदलाव लाया गया था। तब से, परिवीक्षाधीन सदस्यों को अकादमी में व्यावसायिक प्रशिक्षण एक वर्ष के अंतराल पर दो चरणों में प्रदान किया जाता है। एक वर्ष के इस अंतराल का उपयोग राज्यों में जिला स्तर का प्रशिक्षण प्रदान करके किया जाता है जिसे कार्यक्षेत्र या व्यावहारिक प्रशिक्षण भी कहते हैं।

आई.ए.एस. के परिवीक्षाधीन सदस्य व्यावसायिक / सांस्थानिक प्रशिक्षण के प्रथम चरण में भारतीय प्रशासन, जिला प्रशासन, भारतीय दंड संहिता, आपराधिक प्रक्रिया संहिता, संवैधानिक और विधायी प्रणाली, आर्थिक नियोजन और अन्य से जुड़ी समस्याओं का विस्तृत अध्ययन करते हैं। इसके बाद उन्हें आवंटित राज्य में फील्ड ट्रेनिंग के लिए भेज दिया जाता है। आई.ए.एस. के परिवीक्षाधीन सदस्यों की तैनाती स्थल का निर्धारण राज्य सरकार का मुख्य सचिव करता है। इस प्रशिक्षण के विषय इस प्रकार हैं:

1. राज्य प्रशिक्षण स्कूल में सांस्थानिक प्रशिक्षण
2. कलेक्टर की देखरेख में जिले में व्यावहारिक प्रशिक्षण
3. राज्य सचिवालय में प्रशिक्षण

राज्य में एक वर्ष के इस प्रशिक्षण की समाप्ति के बाद परिवीक्षाधीन सदस्य पुन: राष्ट्रीय अकादमी आते हैं जहाँ उनको दूसरे चरण का व्यावसायिक प्रशिक्षण दिया जाता है। इस अवस्था पर परिवीक्षाधीन अपना ध्यान उन समस्याओं और प्रश्नों पर लगाते है जो उनके व्यावहारिक प्रशिक्षण के दौरान आई थीं या जिनका उन्होंने अनुभव किया था। इस चरण का प्रशिक्षण समस्या अभिमुख अधिक होता है। प्रशिक्षण के अंत में, परिवीक्षाधीन सदस्यों को संघ लोक सेवा आयोग द्वारा आयोजित एक परीक्षा उत्तीर्ण करनी होती है। इसके पश्चात् उन्हें एक अधिकारी के रूप में आवंटित राज्य में भेज दिया जाता है।

भारतीय पुलिस सेवा का प्रशिक्षण (Training of IPS)

आई.पी.एस. के प्रशिक्षण कार्यक्रम के विभिन्न घटक ये हैं:

1.	आधारात्मक प्रशिक्षण	4 माह
2.	व्यावसायिक प्रशिक्षण (प्रथम चरण)	12 माह
3.	राज्यों में जिला स्तर का प्रशिक्षण	8 माह
4.	व्यावसायिक प्रशिक्षण (द्वितीय चरण)	3 माह
	कुल	**27 माह**

भारतीय पुलिस सेवा के परिवीक्षाधीन सदस्यों को आचारात्मक प्रशिक्षण अखिल भारतीय सेवा के अन्य अधिकारियों / सदस्यों के साथ-साथ लाल बहादुर शास्त्री राष्ट्रीय प्रशासन अकादमी (मसूरी) में दिया जाता है।

संयुक्त आधारात्मक प्रशिक्षण पूरा होने के बाद, आई.पी. एस. प्रोबेशनरों को सरदार बल्लभ भाई पटेल राष्ट्रीय अकादमी (हैदराबाद) में व्यावसायिक प्रशिक्षण के लिए भेजा जाता है। पुलिस प्रशिक्षण से संबंधित गोरे समिति (1974) की सिफारिश पर आई पी.एस. प्रोबेशनरों के व्यासायिक प्रशिक्षण कार्यक्रम में 'सैंडविच' नाम से एक नया पाठ्यक्रम शामिल कर वर्ष 1986 में उसमें बदलाव लाया गया। यह नया पाठ्यक्रम आई.ए.एस. प्रोबेशनर के 'सैंडविच' पाठयक्रम की तर्ज पर ही है। इसलिए वर्ष 1986 से आई.पी.एस. प्रोबेशनरों को भी व्यावसायिक प्रशिक्षण दो चरणों में नेशनल पुलिस अकादमी (हैदराबाद) में 8 महीने के अंतराल (35 सप्ताह) पर लेना होता है। इस अंतराल का उपयोग राज्यों में जिला स्तर के (फील्ड ट्रेनिंग या प्रैक्टिक्ल ट्रेनिंग) प्रशिक्षण में किया जाता है।

भारतीय वन सेवा का प्रशिक्षण [Training of IFS (Forest)]

भारतीय वन सेवा के परिवीक्षाधीन अधिकारियों को 3 वर्षों के लिए प्रेरक प्रशिक्षण उपलब्ध कराया जाता है। इस प्रशिक्षण कार्यक्रम के विभिन्न घटक और उनकी अवधि नीचे दी गयी है:

1.	आधारभूत प्रशिक्षण	4 माह
2.	पेशेवर प्रशिक्षण	24 माह
3.	कैडर राज्यों में सेवाकालीन प्रशिक्षण	8 माह
	कुल	**36 माह**

आई.एफ.एस. अधिकारियों को आधारभूत प्रशिक्षण अखिल भारतीय एवं अन्य केंद्र सेवाओं के परिवीक्षाधिकारियों के साथ लाल बहादुर शास्त्री नेशनल एकेडमी ऑफ एडमिनिस्ट्रेशन (मसूरी) में प्रदान किया जाता है। इसके बाद उन्हें पेशेवर प्रशिक्षण के लिए इन्दिरा गाँधी नेशनल फॉरेस्ट अकेडमी (देहरादून) में भेज दिया जाता है।

भारतीय विदेश सेवा का प्रशिक्षण [Training of Indian Foreign Service]

आई.एफ.एस. परिवीक्षाधीनों को दिए जाने वाले प्रशिक्षण की अवधि तीन वर्ष है। प्रशिक्षण कार्यक्रम के विभिन्न घटक तथा उनकी अवधि इस प्रकार है:

1.	राष्ट्रीय प्रशासन अकादमी, मसूरी में (अखिल भारतीय सेवा और केंद्रीय सेवा के प्रोबेशनरों के साथ-साथ) आधारात्मक प्रशिक्षण	4 माह
2.	विदेश सेवा संस्थान, नई दिल्ली में व्यावसायिक प्रशिक्षण (सैन्य बल के साथ प्रशिक्षण और भारत दर्शन यात्रा सहित)	12 माह
3.	विदेश मंत्रालय से संबद्ध होकर आवश्यक प्रशिक्षण	6 माह
4.	विदेश स्थित किसी भारतीय मिशन में भाषा प्रशिक्षण	14 माह
	कुल	**36 माह**

आई.एफ.एस. के परिवीक्षाधीनों के लिए प्रारंभिक प्रशिक्षण की यह प्रणाली वर्ष 1987 से लागू है। इससे पहले सात चरणों की प्रशिक्षण प्रणाली थी जिसमें 6 माह का जिला स्तरीय प्रशिक्षण भी था। प्रोबेशनरों को 'इंडियन स्कूल ऑफ इंटरनेशनल स्टडीज, नई दिल्ली' में सांस्थानिक प्रशिक्षण दिया जाता था। बाद में इस संस्थान का नाम विदेश सेवा संस्थान रखा गया।

अन्य उच्च सेवाओं का प्रशिक्षण (Training for Other Higher Services)

मसूरी में 4 माह की अवधि का संयुक्त आधारात्मक प्रशिक्षण पूरा होने के बाद विभिन्न उच्च सिविल सेवाओं के परिवीक्षाधीनों (प्रोबेशनरों) को व्यावसायिक प्रशिक्षण के लिए संबद्ध प्रशिक्षण संस्थानों को भेज दिया जाता है। इस संदर्भ में निम्नलिखित बातें उल्लेखनीय हैं:

1. भारतीय लेखा और लेखा परीक्षा सेवा के परिवीक्षाधीनों को व्यावसायिक प्रशिक्षण 'भारतीय लेखा परीक्षा एवं लेखा सेवा कर्मचारी प्रशिक्षण कॉलेज' (इंडियन ऑडिट एंड एकाउंट्स सर्विस स्टाफ ट्रेनिंग कॉलेज), शिमला में दिया जाता है।
2. आयकर सेवा के प्रोबेशनरों को व्यावसायिक प्रशिक्षण 'भारतीय राजस्व सेवा प्रत्यक्ष कर प्रशिक्षण संस्थान, नागपुर' में दिया जाता है।
3. रेलवे सेवा के प्राबेशनरों को 'रेलवे स्टाफ कॉलेज, बड़ौदा (वड़ोदरा)' में प्रशिक्षित किया जाता है।
4. केंद्रीय सचिवालय सेवा के प्रोबेशनरों को आधारात्मक प्रशिक्षण और व्यावसायिक प्रशिक्षण दोनों 'सचिवालय प्रशिक्षण तथा प्रबंध संस्थान', नई दिल्ली में दिए जाते हैं। केंद्रीय सचिवालय सेवा के प्रोबेशनरों को मसूरी में 4 माह की अवधि के आधारात्मक प्रशिक्षण में शामिल नहीं होना होता है।
5. भारतीय डाक सेवा के प्रोबेशनरों को 'पोस्टल स्टाफ कॉलेज, गाजियाबाद' (उत्तर प्रदेश) में प्रशिक्षित किया जाता है।
6. भारतीय उत्पाद सीमा शुल्क सेवा के प्रोबेशनरों को 'कस्टम एंड सेंट्रल एक्साइज ट्रेनिंग स्कूल, नई दिल्ली' में प्रशिक्षित किया जाता है।
7. भारतीय सूचना सेवा के परिवीक्षाधीन अधिकारियों (प्रोबेशनरों) को व्यावसायिक प्रशिक्षण 'इंडियन इंस्टीट्यूट आफ मॉस कम्युनिकेशन, नई दिल्ली' में दिया जाता है।

विभिन्न उच्च लोक सेवाओं के प्रोबेशनरों को दिए जाने वाले दीर्घकालिक व्यावसायिक प्रशिक्षण के निम्नलिखित दो घटक हैं:

(i) संबद्ध प्रशिक्षण संस्थानों में सैद्धांतिक दिशा-निर्देशन।

(ii) वरिष्ठ अधिकारियों के मार्गदर्शन में फील्ड में व्यावहारिक प्रशिक्षण।

प्रशिक्षण संस्थान (Training Institutions)

1. **राष्ट्रीय प्रशासन अकादमी (National Academy of Administration):** यह हमारे देश का सर्वप्रमुख प्रशिक्षण संस्थान है। इसकी स्थापना उत्तराखण्ड के प्रसिद्ध पर्वतीय स्थल मसूरी में 1959 में हुई थी। 1972 में उसका नाम बदलकर लाल बहादुर शास्त्री राष्ट्रीय प्रशासन अकादमी कर दिया गया। वर्तमान में यह कार्मिक मंत्रालय के अंतर्गत है और निम्नलिखित प्रशिक्षण पाठ्यक्रम उपलब्ध करता है:

(i) अखिल भारतीय सेवाओं तथा ग्रुप-ए केंद्रीय सेवाओं (केंद्रीय सचिवालय सेवा के अतिरिक्त) के तमाम प्रोबेशनरों को चार महीने का मिश्रित आधारभूत पाठ्यक्रम।

(ii) आई.ए.एस. प्रोबेशनरों को व्यावसायिक प्रशिक्षण (दो चरणों में)।

(iii) अखिल भारतीय और केंद्रीय सेवाओं (ग्रुप-ए) के सभी अधिकारियों के लिए सेवाकालीन प्रशिक्षण पाठ्यक्रम। ये दो प्रकार के होते हैं:

(a) 11 से 16 वर्ष के सेवा काल वाले अधिकारियों के लिए 4 सप्ताह का प्रबंधन विकास कार्यक्रम।

(b) 6 से 10 वर्ष के सेवा काल वाले अधिकारियों के लिए 6 सप्ताह की अवधि का कार्यकारी विकास कार्यक्रम।

(iv) वरिष्ठ अधिकारियों के लिए 1 सप्ताह से 1 माह की अवधि तक के संक्षिप्त पाठ्यक्रम।

2. **राष्ट्रीय पुलिस अकादमी (National Police Academy):** केंद्रीय पुलिस प्रशिक्षण कॉलेज की स्थापना 1948 में माउंट आबू, (राजस्थान) में हुई थी। आंतरिक आपातकाल (1975-77) के दौरान इसको हैदराबाद स्थानांतरित कर दिया गया और कोहली कमेटी, 1966 की सिफारिश पर इसका नाम सरदार वल्लभभाई पटेल राष्ट्रीय पुलिस अकादमी रख दिया गया। यह निम्नलिखित प्रशिक्षण कार्यक्रम उपलब्ध कराता है:

(i) आई.पी.एस. प्रोबेशनरों के लिए व्यावसायिक (आधारभूत) प्रशिक्षण।

(ii) वरिष्ठ आई.पी.एस. अधिकारियों के लिए पुनश्चर्या (रिफ्रेशर) पाठ्यक्रम।

(iii) राज्य पुलिस सेवा के अधिकारियों को आई.पी.एस. में प्रोन्नत होने के बाद परिचयात्मक प्रशिक्षण।

(iv) राज्य पुलिस एवं अर्द्ध-सैनिक बलों के प्रशिक्षण संस्थानों के लिए प्रशिक्षकों एवं मार्ग-निर्देशकों को प्रशिक्षित करने के लिए विशेष पाठ्यक्रम।

यह अकादमी गृह मंत्रालय के प्रशासनिक नियंत्रणाधीन है। यह पुलिस से जुड़े विषयों पर शोध एवं अध्ययन को प्रोत्साहन भी देती है।

3. राष्ट्रीय वन अकादमी (National Forest Academy) : 1938 में इंडियन फॉरेस्ट कॉलेज की स्थापना देहरादून में की गयी थी। 1987 में इसका नाम बदलकर इंदिरा गांधी राष्ट्रीय वन अकादमी रख दिया गया। यह पर्यावरण एवं वन मंत्रालय के प्रशासनिक नियंत्रण में कार्य करती है। यह निम्नलिखित प्रशिक्षण पाठ्यक्रम उपलब्ध कराती है:

(i) भारतीय वन सेवा के प्रोबेशनरी के लिए व्यावसायिक (संस्थात्मक) प्रशिक्षण।

(ii) वरिष्ठ वन सेवा अधिकारियों के लिए सेवाकालीन प्रशिक्षण पाठ्यक्रम।

(iii) आई.एफ.एस. में प्रोन्नत होने वाले राज्य वन सेवा अधिकारियों के लिए प्रवेश प्रशिक्षण।

4. विदेश सेवा संस्थान (Foreign Service Institute): 1986 में भारतीय अंतर्राष्ट्रीय अध्ययन स्कूल, नई दिल्ली के स्थान पर विदेश सेवा संस्थान की स्थापना हुई। यह निम्नलिखित प्रशिक्षण पाठ्यक्रम उपलब्ध कराता है:

(i) आई.एफ.एस. प्रोबेशनरों के लिए व्यावसायिक प्रशिक्षण।

(ii) वरिष्ठ आई.एफ.एस. अधिकारियों के लिए रिफ्रेशर पाठ्यक्रम।

(iii) राजदूतावास प्रमुखों के लिए अनुकूलन कार्यक्रम।

(iv) विदेशी कूटनीतिज्ञों के लिए व्यावसायिक पाठ्यक्रम।

(v) विदेशी मंत्रालय के कर्मचारियों के लिए अल्पकालीन कार्यक्रम।

5. सचिवालय प्रशिक्षण एवं प्रबंधन संस्थान (Institute of Secretariat Training and Management): केंद्रीय सचिवालय प्रशिक्षण स्कूल की स्थापना 1948 में दिल्ली में हुई थी। 1971 में इसका नाम बदल कर सचिवालय प्रशिक्षण एवं प्रबंधन स्कूल कर दिया गया। इसमें निम्नलिखित प्रशिक्षण पाठ्यक्रम चलाए जाते हैं:

(i) केंद्रीय सचिवालय के नए प्रवेशकों के लिए आधारभूत पाठ्यक्रम और व्यावसायिक प्रशिक्षण।

(ii) केंद्रीय सचिवालय सेवा के वरिष्ठ सदस्यों के लिए रिफ्रेशर कोर्स।

(iii) सचिवालय प्रशासन के विभिन्न पक्षों पर विशेषज्ञता और प्रायोजित प्रशिक्षण पाठ्यक्रम।

6. भारतीय लोक प्रशासन संस्थान (Indian Institute of Public Administration): इसकी स्थापना 1954 में नई दिल्ली में भारतीय प्रशासन पर पॉल एच. एप्पलबी (1953) की रिपोर्ट की सिफारिश पर की गयी थी। इस अर्द्ध-सरकारी संस्था में निम्नलिखित गतिविधियाँ होती हैं–

(i) केंद्र सरकार, राज्य सरकारों और सार्वजनिक उपक्रमों के अधिकारियों के लिए रिफ्रेशर कोर्स आयोजित करना।

(ii) प्रशासनिक अनुसंधान।

(iii) *इंडियन जर्नल ऑफ पब्लिक एडमिनिस्ट्रेशन* का प्रकाशन।

(iv) यह 1975 से वरिष्ठ लोक सेवकों के लिए लोक प्रशासन में 9 महीने का उन्नत व्यावसायिक कार्यक्रम आयोजित कर रहा है।

(v) लोक प्रशासन के विश्वविद्यालय स्तर के अध्यापकों के लिए यह अल्पकालीन पाठ्यक्रम आयोजित करता है।

भारतीय लोक प्रशासन संस्थान के एक संघटक अंग भारतीय लोक प्रशासन स्कूल (1958 मे स्थापित) को 1968 में खत्म कर दिया गया।

7. भारतीय ग्रामीण विकास संस्थान (National Institute of Rural Development): 1958 में हैदराबाद में केंद्रीय सामुदायिक विकास अध्ययन एवं अनुसंधान संस्थान की स्थापना की गई थी। बीसवीं सदी के सातवें दशक से इसका नाम बदलकर भारतीय ग्रामीण विकास संस्थान कर दियां गया। यह निम्नलिखित गतिविधियों में संलग्न है:

(i) ग्रामीण विकास प्रशासन से जुड़े अधिकारियों के लिए 25 दिन का अल्पकालीन अभिमुखन पाठ्यक्रम।

(ii) ग्रामीण विकास में अनुसंधान।

(iii) ग्रामीण विकास संबंधी विषय सामग्री का प्रकाशन।

8. भारतीय प्रशासनिक स्टॉफ कॉलेज (Administrative Staff College of India): इसकी स्थापना अखिल भारतीय तकनीकी शिक्षा परिषद की सिफारिश पर 1957 में हैदराबाद में हुई थी। इसका विकास हेनले-ऑन-टेम्स पर स्थित ब्रिटिश एडमिनिस्ट्रेटिव स्टाफ कॉलेज की तर्ज पर किया गया था। यह सार्वजनिक तथा निजी दोनों सेवाओं, अर्थात् सरकार, सार्वजनिक

उपक्रम, उद्योग एवं व्यापार के वरिष्ठ प्रशासकों के लिए चार महीने का प्रशिक्षण पाठ्यक्रम उपलब्ध कराता है। यह अपना प्रशिक्षण अभिषद पद्धति, सामूहिक परिचर्चा जैसी भागीदारीपूर्ण विधियों से देता है। यह प्रशासनिक शोध भी संचालित करता है। यह एक स्वायत्त संस्था है।

9. सार्वजनिक नीति केंद्र (Centre for Public Policy): सार्वजनिक नीति एवं इसके प्रबन्धन में उच्च गुणवत्तापूर्ण प्रशिक्षण उपलब्ध कराने के दृष्टिकोण के साथ भारतीय प्रबन्धन संस्थान बंगलुरु में सार्वजनिक नीति केंद्र की स्थापना की गयी है। इसकी स्थापना कार्मिक एवं प्रशिक्षण विभाग तथा संयुक्त राष्ट्र विकास कार्यक्रम के सहयोग से की गई है। इसके उद्देश्य निम्नलिखित हैं:

(i) मध्य सेवाकालीन लोक सेवकों के लिए सार्वजनिक नीति एवं प्रबन्धन में विशेषज्ञ अर्हता की दिशा में एक वर्षीय प्रशिक्षण कार्यक्रम को संचालित करना, जो कि सार्वजनिक नीति एवं प्रबंधन में नीति-निर्माण एवं क्रियान्वयन दोनों के लिए गहन क्षमता का विकास करेगा।

(ii) सार्वजनिक नीति के क्षेत्र में अनुसंधान को संचालित करना। इस प्रकार, प्रमुख मुद्दों पर रणनीतिक दूरदृष्टि पैदा करने के लिए एक थिंक टैंक के रूप में कार्य करना तथा व्यावहारिक समस्याओं के लिए हल उपलब्ध कराना।

(iii) सरकार, नागरिक समाज और गैर-लाभकारी क्षेत्रों के भागीदारों के एक मिश्र समूह के लिए एक अल्पकालिक प्रशिक्षण कार्यक्रम संचालित करना।

(iv) वीडियो कॉन्फ्रेंसिंग, नीति वक्तव्य, सेमिनार, कार्यशालाओं एवं परिसंवादों के माध्यम से नीति निर्णयकर्ताओं के बीच नीतिगत संवाद हेतु एक मंच उपलब्ध कराना।

(v) परामर्श कार्यों के माध्यम से नीतिगत परामर्श सेवायें उपलब्ध कराना।

10. वी.वी. गिरि राष्ट्रीय श्रम संस्थान (V.V. Giri National Labour Institute): वी.वी. गिरि राष्ट्रीय श्रम संस्थान नोएडा, उत्तर प्रदेश में स्थित है। यह श्रम सम्बन्धी मामलों पर अनुसंधान, प्रशिक्षण, शिक्षा, प्रकाशन और परामर्श के लिए एक प्रमुख राष्ट्रीय संस्थान है। इस संस्थान की स्थापना श्रम मंत्रालय के एक स्वायत्त निकाय के रूप में 1974 में हुई थी। भारत के भूतपूर्व राष्ट्रपति स्व० वी.वी. गिरि के सम्मान में 1995 में इसका नया नामकरण किया गया। इसकी गतिविधियां निम्नलिखित हैं:

(i) एक भूमण्डलीय अर्थव्यवस्था में कार्य के विश्व के वैश्विक रूपान्तरण के मुद्दों पर विचार करना।

(ii) नीति-निर्माण के चिन्तनीय विषय के रूप में श्रमिक मुद्दों को सामने रखना।

(iii) परिवर्तन की चुनौती से निपटने के लिए सामाजिक कार्यकताओं को क्षमताओं से लैस करना।

(vi) आधुनिक भारत को आकार देने में श्रम की भूमिका को मुखर करना।

(v) श्रम से जुड़े मुद्दों पर सूचना का परिरक्षण एवं वितरण करना।

11. नेशनल इंस्टिट्यूट ऑफ स्मार्ट गवर्नमेंट (National Institute for Smart Government): एनआईएसजी (हैदराबाद) को 2002 में कम्पनी अधिनियम, 1956 के अधीन एक गैर-लाभकारी कम्पनी का दर्जा दिया गया है। इसका लक्ष्य निम्नलिखित क्षेत्रों में ई-प्रशासन के सार्वजनिक एवं निजी संसाधनों के अनुप्रयोग को बढ़ावा देना है:

(i) रणनीतिक नियोजन

(ii) परियोजना परामर्श

(iii) क्षमता निर्माण

(iv) शोध और नवाचार

एनआईएसजी की स्थापना सूचना-प्रौद्योगिकी एवं सॉफ्टवेयर विकास पर गठित राष्ट्रीय कार्यदल की सिफारिशों के आधार पर की गयी थी। यह परिकल्पना की गयी कि यह संस्थान देश या विदेश में उपलब्ध संसाधनों एवं अनुभव को चैनलीकृत करने में सहायता करेगा ताकि एक जीवक्षम सार्वजनिक-निजी भागीदारी कार्यतंत्र का निर्माण हो सके और इस कार्यतंत्र के द्वारा चुस्त प्रशासन के माध्यम से देश में तीव्र वृद्धि और विकास का मार्ग प्रशस्त हो सके।

12. अन्य प्रशिक्षण संस्थाएं (Other Training Institutions): उल्लिखित प्रमुख प्रशिक्षण संस्थाओं के अतिरिक्त, भारत में कई अन्य प्रशिक्षण संस्थान भी हैं। इनकी सूची नीचे दी गई है:

(i) सरकारी लेखा एवं वित्त संस्थान, नई दिल्ली

(ii) भारतीय वन प्रबंधन संस्थान, भोपाल

(iii) राष्ट्रीय अपराध विज्ञान एवं प्रमाण विज्ञान संस्थान, नई दिल्ली

(iv) राष्ट्रीय नागरिक सुरक्षा कॉलेज, नागपुर

(v) प्रतिरक्षा अध्ययन एवं विश्लेषण संस्थान, नई दिल्ली

(vi) राष्ट्रीय उन्नत अध्ययन संस्थान, बंगलुरु

(vii) राष्ट्रीय सूचना विज्ञान केन्द्र प्रशिक्षण संस्थान, नई दिल्ली

(viii) राष्ट्रीय वित्तीय प्रबंधन संस्थान, फरीदाबाद

(ix) राष्ट्रीय निधि वित्तालय, बंगलुरु

(x) राष्ट्रीय दूर संवेदन एजेंसी, हैदराबाद

(xi) डाक एवं टेलीग्राफ प्रशिक्षण केन्द्र, सहारनपुर

(xii) भारतीय प्रबंधन संस्थान, अहमदाबाद, बंगलुरु, कोलकाता, इंदौर, कोझीकोड़ और लखनऊ

(xiii) अखिल भारतीय स्थानीय स्वशासन संस्थान, मुंबई

(xiv) शिक्षा नियोजकों एवं प्रशासकों के लिए प्रशासनिक स्टाफ कॉलेज, नई दिल्ली

(xv) केंद्रीय आपात राहत प्रशिक्षण संस्थान, नागपुर

(xvi) सीमा शुल्क एवं उत्पाद शुल्क प्रशिक्षण स्कूल, नई दिल्ली

(xvii) परिवार नियोजन एवं शोध केंद्र, नई दिल्ली

(xviii) भारतीय विदेश व्यापार संस्थान, नई दिल्ली

(xix) भारतीय जन-संचार संस्थान, नई दिल्ली

(xx) भारतीय अनुप्रयुक्त जनशक्ति अनुसंधान संस्थान, नई दिल्ली

(xxi) राष्ट्रीय स्वास्थ्य प्रशासन एवं शिक्षण संस्थान, नई दिल्ली

(xxii) राष्ट्रीय औद्योगिक इंजीनियरिंग प्रशिक्षण संस्थान, मुम्बई

(xxiii) लघु उद्योग विस्तार प्रशिक्षण संस्थान, हैदराबाद

(xxiv) बैकुंठ मेहता राष्ट्रीय सहकारिता प्रबंधन संस्थान, पुणे

(xxv) मैनेजमेंट डेवलेपमेंट इंस्टीट्यूट, गुड़गाँव

(xxvi) राष्ट्रीय स्वास्थ्य एवं परिवार कल्याण संस्थान, नई दिल्ली

(xxvii) केंद्रीय श्रम संस्थान, मुंबई

(xxviii) राष्ट्रीय अग्निशमन सेवा कॉलेज, नागपुर

(xxix) प्रतिरक्षा कार्य अध्ययन संस्थान, मसूरी

(xxx) सामाजिक एवं आर्थिक परिवर्तन संस्थान, बंगलुरु

(xxxi) सतत् शिक्षा हेतु सार्वजनिक उपक्रम केन्द्र, नई दिल्ली

(xxxii) शहरी एवं पर्यावरणीय अध्ययन हेतु लोक उद्यम केन्द्र, कोलकाता, लखनऊ, हैदराबाद और मुंबई स्थित क्षेत्रीय केन्द्र

(xxxiii) शहरी एवं पर्यावरणीय अध्ययन केंद्र, नई दिल्ली

(xxxiv) भारतीय लेखा परीक्षण एवं लेखा सेवा कर्मचारी प्रशिक्षण कॉलेज, शिमला

(xxxv) भारतीय राजस्व सेवा (प्रत्यक्ष कर) प्रशिक्षण संस्थान, नागपुर

(xxxvi) रेलवे स्टाफ कॉलेज, वड़ोदरा

(xxxvii) पोस्टल स्टाफ कॉलेज, गाजियाबाद

(xxxviii) राष्ट्रीय वन अनुसंधान संस्थान, देहरादून

(xxxix) अन्तर्राष्ट्रीय जनसंख्या विज्ञान संस्थान, मुम्बई

(xxxx) राष्ट्रीय ग्रामीण प्रबंधन संस्थान (एनआईआरएम), आणन्द-गुजरात

(xxxxi) एडवांस लेवल टेलीकम्युनिकेशन सेंटर, गाजियाबाद

(xxxxii) इन्दिरा गाँधी विकास अनुसंधान संस्थान, मुम्बई

(xxxxiii) नेशनल एकेडमी ऑफ कस्टम्स, एक्साइज एण्ड नारकोटिक्स, फरीदाबाद

(xxxxiv) नेशनल जुडिशियल एकेडमी, भोपाल

सिविल सेवकों की शर्तें (Service Conditions of Civil Servants)

36

किसी सरकारी कर्मचारी की सेवा-शर्तों में सम्मिलित हैं–वेतन, भत्ते, समय-समय पर वेतन बढ़ोतरी, अवकाश, पदोन्नति, सेवा काल या सेवा से निष्कासन, स्थानांतरण, प्रति नियोजन, विभिन्न प्रकार के अधिकार, अनुशासनात्मक कार्यवाही, छुट्टियाँ, काम के घंटे तथा पेंशन, भविष्य निधि, उपदान जैसे सेवानिवृत्ति लाभ। इस प्रकार इनके अंतर्गत वर्गीकरण, भर्ती और प्रशिक्षण के अलावा कार्मिक प्रशासन का पूरा क्षेत्र आता है।

वेतन [Pay (Compensation)]

इसे पारिश्रमिक, पगार या तनख्वाह भी कहते हैं। आधुनिक राज्य में लोक सेवकों की कार्यकुशलता के लिए एक उचित और पर्याप्त पारिश्रमिक व्यवस्था अत्यंत आवश्यक है, लेकिन लोक सेवकों के वेतनमानों के निर्धारण के लिए कोई एक सिद्धांत नहीं है। वास्तव में वेतनमानों को तय करते समय अनेक सिद्धांतों पर विचार किया जाता है।

1. **समान कार्य के लिए समान वेतन:** लोक सेवकों के वेतनमान तय करने का यह सबसे महत्वपूर्ण सिद्धांत है। वेतन की दरें किसी व्यक्ति के प्रति पक्षपात पर आधारित नहीं होनी चाहिए। दूसरे शब्दों में, वेतनमान पद (काम) के लिए होने चाहिए न कि अलग-अलग लोगों के लिए। काम जितनी ऊँची कोटि का हो, उसका पारिश्रमिक उतना ही ऊँचा और निम्न कोटि के काम से अधिक होना चाहिए।

2. **बाहरी रोजगार से अनुरूपता:** सरकारी कर्मचारियों के वेतनमान निजी क्षेत्र के वेतनमानों के उचित रूप से तुलनात्मक हों। अर्थात्, सरकारी कर्मचारियों को वेतन उस दर से मिलने चाहिए जो उसी परिस्थिति में बाहरी रोजगार से मेल खाते हों अन्यथा समाज की प्रतिभा निजी क्षेत्र में चली जाएगी।

3. **निर्वाह व्यय:** सरकारी कर्मचारियों के वेतन पर्याप्त और औचित्यपूर्ण होने चाहिए। उनका संबंध निर्वाह व्यय से होना चाहिए। परंतु निर्वाह व्यय सारे देश में एक समान नहीं होता है अपितु यह एक क्षेत्र से दूसरे क्षेत्र में ज्यादा या कम होता है। कर्मचारियों के वेतनमान तय करते समय ऐसी क्षेत्रीय विभिन्नताओं का ध्यान रखना आवश्यक है। निर्वाह व्यय में परिवर्तनों के साथ वेतनमानों को बदलना और समायोजित करना चाहिए।

4. **देश की आर्थिक स्थिति:** सरकारी कर्मचारियों की वेतन योजना देश की प्रति व्यक्ति आय से जुड़ी होनी चाहिए। सरकार की वित्तीय स्थिति देश की आर्थिक स्थिति पर निर्भर है। संयुक्त राज्य अमेरिका, ब्रिटेन, फ्रांस और जर्मनी जैसे विकसित देशों के लोगों की कर भुगतान क्षमता भारत, ब्राज़ील जैसे विकासशील देशों के लोगों से कहीं अधिक है। स्पष्ट है कि विकासशील देशों की तुलना में विकसित देशों के लोक सेवकों के वेतनमान कहीं अधिक ऊंचे हैं।

5. **राज्य एक आदर्श नियोक्ता:** सरकारी कर्मचारियों के वेतनमान निर्धारित करते समय एक अन्य सिद्धांत का भी ध्यान रखना आवश्यक है कि राज्य को एक आदर्श नियोक्ता की तरह व्यवहार करना चाहिए। ब्रिटिश लोक सेवा पर टॉमलिन रॉयल कमीशन (1929-31) नें आदर्श नियोक्ता शब्द की तीन भिन्न-भिन्न व्याख्याओं का उल्लेख किया था:

(i) आदर्श नियोक्ता वह है, जो वेतन तथा अन्य सेवा-शर्तों के मामले में समाज के दूसरे नियोक्ताओं से आगे है।

(ii) समाज में राज्य को अग्रिम श्रेणी के नियोक्ताओं में से एक होना चाहिए, इसके लिए उसका सबसे आगे चलना जरूरी नहीं है।

(iii) यह अपने कर्मचारियों के प्रति राज्य के उत्तरदायित्व पर ही जोर देता है इसके परे और किसी पर नहीं।

'आदर्श नियोक्ता' शब्द की सामान्य व्याख्या बिंदु (i) में दी गयी है। अत: राज्य को चाहिए कि वह अपने कर्मचारियों के लिए ऐसे वेतनमान निर्धारित करे जो निजी क्षेत्र के नियोक्ताओं के लिए आदर्श का काम करें।

6. **प्रभावशीलता बनाए रखना:** सरकार को वेतनमानों का निर्धारण इस तरह करना चाहिए कि अपेक्षित योग्यताओं और क्षमता वाले कर्मचारी उसकी और आकर्षित हों और सरकारी सेवा में बने रहें। ब्रिटेन में राज्य कर्मचारियों के वेतन और सेवा-शर्तों के बारे में एंडरसन समिति (1923) ने इसी सिद्धांत पर जोर दिया था। इसने इस सिद्धांत का प्रतिपादन किया कि, "कुशल कर्मचारियों को, भर्ती करने और बनाए रखने के लिए सरकार को उतना (वेतन) देना चाहिए जितना आवश्यक है।" भारत में इस सिद्धांत को इस्लिंग्टन आयोग (1912) ने भी न्यायोचित बताया था।

7. **अन्य सिद्धांत:** वेतनमान तय करने में उपरोक्त के अलावा निम्नलिखित बातों का भी ध्यान रखना चाहिए:

1. सामाजिक सरोकार अर्थात् उच्चतम और न्यूनतम वेतनों के बीच अंतर कम-से-कम होना चाहिए।
2. सरकारी नीति, जो राजनीतिक विचारधारा और इसके आचरण पर आधारित होती है।
3. विधान जैसे कि न्यूनतम वेतन अधिनियम।
4. काम की जोखिमपूर्ण और खतरनाक प्रकृति।
5. कर्मचारी यूनियन, जो सामूहिक सौदेबाजी के अपने सिद्धांत से सरकार पर दबाव डालती है।

तालिका 36.1 भारत में अभी तक नियुक्त वेतन आयोग

क्र.सं.	नाम	नियुक्ति वर्ष	रिपोर्ट प्रस्तुति वर्ष	अध्यक्ष
1.	पहला वेतन आयोग	1946	1947	श्रीनिवास वर्दाचारियर
2.	दूसरा वेतन आयोग	1957	1959	जगन्नाथ दास
3.	तीसरा वेतन आयोग	1970	1973	रघुबीर दयाल
4.	चौथा वेतन आयोग	1983	1986	पी.एन. सिंघल
5.	पांचवां वेतन आयोग	1994	1997	रत्नवेल पांडियन
6.	छठा वेतन आयोग	2006	2008	बी.एन. श्रीकृष्ण
7.	सातवां वेतन आयोग	2014	2015	अशोक कुमार माथुर

भत्ते (Allowances)

वेतन के अतिरिक्त सरकारी कर्मचारी अनेक प्रकार के भत्तों के अधिकारी हैं। इनका विवरण निम्न है:

1. **महंगाई भत्ता (डी.ए.):** यह कीमतों और निर्वाह व्यय में बढ़ोतरी की प्रतिपूर्ति के लिए दिया जाता है।

2. **मकान किराया भत्ता (एच.आर.ए.):** यह शहरों में मकानों के बढ़ते हुए किरायों की प्रतिपूर्ति के लिए दिया जाता है।

3. **नगर प्रतिपूर्ति भत्ता:** यह बड़े शहरों में दैनिक जीवन आवश्यकताओं के लिए दिया जाता है, जहाँ छोटे शहरों और कस्बों के मुकाबले कीमतें अधिक होती हैं।

4. **यात्रा भत्ता (टी.ए.):** यह सरकारी काम पर यात्रा में आने वाले खर्चों को पूरा करने को दिया जाता है।

5. **दैनिक भत्ता (डी.ए.):** कार्य हेतु बाहर जाने पर यह भत्ता रहने, खाने तथा फुटकर खर्चों की पूर्ति के लिए दिया जाता है।

6. **वाहन भत्ता (सी.ए):** यह उस कर्मचारी को दिया जाता है जिसे बहुत अधिक या अपने मुख्यालय से छोटी दूरी के लिए यात्रा करना जरूरी होता है लेकिन जिसके लिए वह यात्रा भत्ते का दावा नहीं कर सकता।

7. **अवकाश यात्रा भत्ता (एल.टी.सी.):** यह सरकारी कर्मचारी तथा उसके परिवार वालों को 2 वर्ष में एक बार अपने गृहनगर जाने के लिए मिलता है।

8. **चिकित्सा भत्ता:** सरकारी कर्मचारी अपने परिवार सहित निःशुल्क चिकित्सा पाने का अधिकारी है।

9. **बाल शिक्षा सहायता:** इसके अंतर्गत सरकारी कर्मचारियों को निम्न सुविधाएँ प्राप्त हैं:

(i) बाल शिक्षा भत्ता,
(ii) शिक्षण शुल्कों की प्रतिपूर्ति, और;
(iii) छात्रावास आर्थिक सहायता।

10. **वर्दी भत्ता:** अपने सरकारी काम करते समय पुलिस, चपरासी जैसे कर्मचारियों के वर्गों को विशेष वस्त्र पहनने होते हैं। उनको विशेष वर्दी भत्ता दिया जाता है।

11. **प्रतिपूरक भत्ता:** इसमें अग्रलिखित भत्ते आते हैं–संयुक्त पर्वतीय प्रतिपूरक भत्ता, हानिकर जलवायु भत्ता, आदिवासी क्षेत्र और दूरस्थ स्थान/सीमा क्षेत्र/दुर्गम क्षेत्र/अशांत क्षेत्र भत्ता।

12. **अन्य भत्ते:** उल्लिखित भत्तों एवं लाभों के अतिरिक्त सरकारी कर्मचारियों को अन्य प्रकार के भत्ते, जैसे-परियोजना निर्माण भत्ता, जोखिम भत्ता, चक्रवात भत्ता, धुलाई भत्ता, अधिसमय (Overtime) भत्ता और अन्य, भी देय होते हैं।

अवकाश लाभ (Leave Benefits)

सरकारी कर्मचारियों को अनेक प्रकार के अवकाश लाभ भी प्राप्त हैं। परंतु छुट्टी का दावा अधिकार के रूप में नहीं किया जा सकता है। दूसरे शब्दों में, छुट्टी स्वीकृत करने वाला प्राधिकारी किसी भी छुट्टी को देने से इनकार कर सकता है और उसे वापस कर सकता है। लेकिन वह देय छुट्टी और जिसकी प्रार्थना की गई है उस छुट्टी को, कर्मचारी की प्रार्थना के सिवाय बदल नहीं सकता। इसके अलावा राष्ट्रपति की स्वीकृति के बिना किसी भी प्रकार की छुट्टी लगातार पाँच साल से अधिक के लिए नहीं दी जा सकती। विभिन्न प्रकार की छुट्टियों का स्पष्टीकरण नीचे किया गया है:

1. **आकस्मिक अवकाश:** मूलत: यह अप्रत्याशित ज़रूरतों को पूरा करने के लिए थोड़े समय के लिए दिया जाता है। आकस्मिक अवकाश पर गए कर्मचारी को ड्यूटी से अनुपस्थित नहीं माना जाता है। उसका वेतन रोका नहीं जाता।

2. **अर्जित अवकाश:** इसको विशेषाधिकार अवकाश भी कहा जाता है। यह कर्मचारी को कुछ समय के लिए विश्राम करने के उद्देश्य से दिया जाता है। अर्जित अवकाश संचित (accumulated) किया जा सकता है और सेवानिवृत्ति के समय उसका भुगतान किया जा सकता है।

3. **अर्द्ध-वेतन अवकाश:** यह अवकाश उस समय भी विकल्प के रूप में दिया जाता है जब अर्जित अवकाश जमा होता है। यह या तो मेडिकल प्रमाण-पत्र पर दी जाती है अथवा निजी मामलों पर। इसलिए इसे बीमारी की या निजी मामलों की छुट्टी भी कहते हैं।

4. **अध्ययन अवकाश:** यह उस कर्मचारी को स्वीकृत किया जाता है, जो उच्चतर सेवा का कोई विशेष कोर्स कर रहा होता है या ऐसा विशेषज्ञ व्यावसायिक अथवा तकनीकी प्रशिक्षण ले रहा हो, जिसका उसके कार्यभार से प्रत्यक्ष एवं निकट का रिश्ता है।

5. **प्रसूति अवकाश:** यह उन विवाहित अथवा अविवाहित महिला कर्मचारियों को दिया जाता है, जिनके दो से कम जीवित बच्चे होते हैं। इसमें पूरा वेतन दिया जाता है।

6. **पितृत्व अवकाश:** यह ऐसे पुरुष सरकारी सेवकों को उनकी पत्नी के प्रसव के दौरान 15 दिन के लिए दिया जाता है, जिनके जीवित बच्चे दो से कम होते हैं। इसमें पूरा वेतन दिया जाता है।

7. **आसाधारण अवकाश:** यह अवकाश तब दिया जाता है जब कोई और अवकाश स्वीकार्य नहीं हुआ हो अथवा कर्मचारी विशेष रूप से जब इसी अवकाश की प्रार्थना करता है। स्थायी अधिकारियों के मामले में यह पाँच वर्ष से अधिक का नहीं दिया जा सकता। परंतु वह किसी सवैतनिक अवकाश का अधिकारी नहीं होता है।

8. **अन्य अवकाश:** ऊपर उल्लिखित अवकाश के अतिरिक्त सरकारी कर्मचारी परिवर्तित अवकाश, विशेष अपंगता अवकाश, चिकित्सालय अवकाश, विशेष आकस्मिक तथा अन्य अवकाशों के भी अधिकारी हैं।

पदोन्नति (Promotion)

देश की पदोन्नति व्यवस्था में निम्नलिखित तथ्य महत्वपूर्ण हैं:

1. वरिष्ठता-सह-योग्यता निर्धारक सिद्धांत है।
2. विभागाध्यक्ष को पदोन्नति करने वाला प्राधिकारी माना जाता है तथापि उच्च पदों पर पदोन्नति लोक सेवा आयोग के साथ परामर्श से की जाती है।
3. विभागीय पदोन्नति समितियों का गठन पदोन्नति हेतु विभागीय स्तर पर अभ्यर्थियों का चयन करना होता है।
4. अखिल भारतीय सेवा अधिनियम, 1951 यह सुनिश्चित करता है कि भारतीय प्रशासनिक सेवा (IAS), भारतीय पुलिस सेवा (IPS) तथा भारतीय वन सेवा (IFS) में $33\frac{1}{3}$ प्रतिशत पद राज्य सेवाओं के अधिकारियों को पदोन्नत करके भरे जाएंगे। इस प्रकार की पदोन्नतियां प्रत्येक राज्य में इस उद्देश्य हेतु गठित चयन समिति के अनुमोदन के पश्चात् ही की जाएंगी। इस प्रकार की प्रत्येक समिति की

अध्यक्षता UPSC के अध्यक्ष अथवा एक सदस्य द्वारा की जाती है।

5. कर्मचारी को निम्नलिखित पांच श्रेणियों के अंतर्गत की गई रेटिंग के आधार पर पदोन्नति किया जाएगा:
   (i) असाधारण
   (ii) अति उत्तम
   (iii) संतोषजनक
   (iv) सामान्य
   (v) निकृष्ट
6. पदोन्नत किए गए किसी भी कर्मचारी को उसे नियुक्त अथवा पदोन्नत करने वाले प्राधिकारी के किसी अधीनस्थ प्राधिकारी द्वारा पद से हटाया नहीं जा सकता (अनुच्छेद 311)।
7. भारत में वरिष्ठता का सिद्धांत सर्वप्रथम 1669 में ईस्ट इंडिया कम्पनी द्वारा अपनाया गया था। 1793 के चार्टर अधिनियम में यह ज्यों-का-त्यों रहा। बाद में 1861 के भारतीय सिविल सेवा (ICS) अधिनियम के अंतर्गत इसमें योग्यता का सिद्धांत की जोड़ दिया गया।

सेवानिवृत्ति लाभ (Retirement Benefits)

सेवानिवृत्ति लाभ के लिए धन जुटाने के निम्न तीन उपाय हैं:

1. अंशदायी पद्धति में कर्मचारी का योगदान पूरा होता है (वेतन कटौतियों के द्वारा)।
2. आंशिक अंशदान पद्धति में सेवानिवृत्ति लाभ की लागत में कर्मचारी और सरकार दोनों भागीदार होते हैं।
3. गैर-अंशदायी पद्धति में सेवानिवृत्ति लाभों की लागत केवल सरकार उठाती है।

भारत में सेवानिवृत्ति के लाभों के निम्नलिखित रूप प्रचलन में हैं:

1. **पेंशन:** यह सेवानिवृत्त सरकारी कर्मचारी को उसके शेष जीवनकाल तक हर माह मिलने वाली धनराशि है। विभिन्न प्रकार की पेंशनें निम्न हैं:

(i) अधिवर्षिता पेंशन, उस सरकारी कर्मचारी को दी जाती है, जो अधिवर्षिता (superannuation) की निश्चित अवधि अर्थात् 58-60 वर्ष की आयु प्राप्त करने के बाद सेवानिवृत्त हुआ है।

(ii) सेवानिवृत्ति पेंशन, उस सरकारी कर्मचारी को दी जाती है जो सेवा की निश्चित अवधि को पूरा करने के बाद, परंतु अधिवर्षिता की आयु पूरी होने से पूर्व सेवानिवृत्त हुआ है (अर्थात् स्वैच्छिक अथवा समयपूर्व सेवानिवृत्ति)।

(iii) असमर्थता पेंशन, उस सरकारी कर्मचारी को दी जाती है जो शारीरिक अथवा मानसिक दुर्बलता के कारण सेवानिवृत्त हुआ हो और जिसके कारण सेवा करने के लिए वह स्थायी रूप से असमर्थ हो गया हो।

(iv) क्षतिपूर्ति पेंशन, उस कर्मचारी को दी जाती है जिसका स्थायी पद समाप्त हो गया हो और उसी पदस्थिति के वैकल्पिक रोजगार का प्रबंध संभव नहीं हो अथवा निचले पद का प्रस्ताव स्वीकार्य नहीं हो।

(v) अनिवार्य सेवानिवृत्ति पेंशन, उस सरकारी कर्मचारी को दी जाती है जिसे दंड के रूप में सेवा से अनिवार्य रूप से सेवानिवृत्त कर दिया गया हो।

(vi) अनुकंपा भत्ता, उस सरकारी कर्मचारी को दिया जाता है जिसको बुरे आचरण के लिए सेवा से हटा या निकाल दिया गया हो। इसको भी पेंशन माना जाता है परंतु यह धनराशि उस धनराशि के दो-तिहाई से अधिक स्वीकार्य नहीं होती जो उसे क्षतिपूर्ति पेंशन के रूप में सेवानिवृत्ति के बाद मिलती है।

(vii) क्षति पेंशन, उस सरकारी कर्मचारी को दी जाती है जिसको सरकारी कार्य के दौरान शारीरिक/मानसिक क्षति पहुँची है। इसको असमर्थता पेंशन भी कहा जाता है।

(viii) परिवार पेंशन, उस सरकारी कर्मचारी के परिवार को दी जाती है जिसकी सेवाकाल में या सेवानिवृत्ति के बाद मृत्यु हो गई है।

2. **भविष्य निधि:** यह सेवानिवृत्ति लाभ का एक अन्य रूप है जो कर्मचारी को एक साथ एकमुश्त दिया जाता है। सेवानिवृत्ति लाभ की इस आंशिक रूप से अंशदायी पद्धति में कर्मचारी और सरकार दोनों का योगदान होता है।

3. **उपदान:** कर्मचारी को उपदान (Gratuity) एकमुश्त में अदा किया जाता है। यह तरह-तरह की होती है, जैसे-सेवा उपदान, सेवानिवृत्ति उपदान, मृत्यु उपदान इत्यादि।

4. **छुट्टी भुनाना:** सेवानिवृत्त कर्मचारी अपनी संचित या अर्जित छुट्टियों को सेवानिवृत्त होने के समय भुना सकता है। अत: कर्मचारी को उसके अंतिम वेतन के बराबर एकमुश्त धनराशि दी जाती है।

5. **बीमा लाभ:** केंद्रीय सरकार कर्मचारी सामूहिक बीमा योजना (1980) में सेवा के दौरान कर्मचारी की मृत्यु हो जाने पर दोगुने लाभ वाली कम कीमत की अंशदायी बीमा सुरक्षा की व्यवस्था की गई है। इसके अतिरिक्त सेवानिवृत्ति पर उसके संसाधनों को बढ़ाने के लिए एकमुश्त भुगतान करने की भी व्यवस्था है।

लोक सेवकों के अधिकार (Rights of Civil Servants)

भारत में लोक सेवकों के अधिकार निम्नलिखित हैं:

1. **संगठन का अधिकार:** भारत के संविधान की धारा 19 सभी नागरिकों को भाषण, अभिव्यक्ति, सभा और संगठन का अधिकार प्रदान करती है। परंतु राज्य को यह अधिकार भी है कि राष्ट्रीय हित में वह इन अधिकारों पर उचित प्रतिबंध लगा सकता है।

इसके अतिरिक्त संविधान की धारा 309 विधायिका को सार्वजनिक सेवाओं और पद पर नियुक्त लोगों की भर्ती और उनकी सेवा-शर्तों को नियंत्रित करने का अधिकार देती है। इस प्रावधान के अंतर्गत बनाए गए आचरण नियम भी लोक सेवकों के मौलिक अधिकारों पर न्यायोचित प्रतिबंध लगाते हैं।

अत: भारत में स्थिति यह है कि लोक सेवक किसी ऐसे सेवा संगठन के सदस्य नहीं बन सकते जिसको सरकार की मान्यता प्राप्त नहीं है। अत: जो संगठन मान्यता प्राप्त नहीं है, उसका सदस्य बनना एक अनुशासनात्मक अपराध है।

2. **हड़ताल का अधिकार:** ब्रिटेन की तरह भारत में भी लोक सेवकों की हड़ताल पर रोक का कोई कानून नहीं है, परंतु आचरण संबंधी नियम लोक सेवक को किसी भी हड़ताल में भाग लेने से रोकते हैं। अत: लोक सेवकों की हड़ताल एक अनुशासनात्मक अपराध है। जगन्नाथ दास आयोग अर्थात् दूसरे वेतन आयोग ने कहा था कि लोक सेवकों को हड़ताल का अधिकार नहीं होना चाहिए। भारत के प्रशासनिक सुधार आयोग ने ऐसे भी आगे बढ़कर लोक सेवकों की सभी हड़तालों पर पूर्ण प्रतिबंध लगाने की सिफारिश की।

3. **राजनीतिक अधिकार:** संयुक्त राज्य अमेरिका की तरह भारत ने भी लोक सेवकों के राजनीतिक अधिकारों पर कड़े प्रतिबंध लगा रखे हैं। आचरण नियमों के अनुसार लोक सेवकों को:

(i) सक्रिय राजनीति में भाग नहीं लेना चाहिए।
(ii) किसी राजनीतिक दल में शामिल नहीं होना चाहिए।
(iii) किसी प्रत्याशी के पक्ष में प्रचार नहीं करना चाहिए।
(iv) लोकसभा या विधानसभा के चुनाव नहीं लड़ने चाहिए।
(v) किसी राजनीतिक आंदोलन को सहायता नहीं देनी चाहिए।

अत: मताधिकार के अतिरिक्त भारत में लोक सेवकों को कोई राजनीतिक अधिकार नहीं है परंतु कोई लोक सेवक सरकारी अनुमति से स्थानीय निकाय चुनाव लड़ सकता है।

4. **परामर्श हेतु तंत्र:** 1954 में पहले वेतन आयोग की सिफारिश पर सभी मंत्रालयों में स्टाफ समितियों का गठन किया गया था। 1957 में उनका नाम बदलकर कर्मचारी परिषद कर दिया गया। इन परिषदों के लक्ष्य एवं उद्देश्य थे:

(i) कर्मचारियों की शिकायतों से निपटने का तंत्र उपलब्ध कराना।
(ii) सरकार और कर्मचारियों के बीच सेवा-शर्तों से संबंधित विवादों पर बातचीत और उनको निपटाना।
(iii) सरकार एवं उसके कर्मचारियों के मध्य अधिकतम सहयोग सुनिश्चित करना।
(iv) लोक सेवा की दक्षता में सुधार लाना।
(v) कर्मचारी कल्याण को प्रोत्साहन।

प्रत्येक मंत्रालय में दो कर्मचारी परिषदें थीं–वरिष्ठ कर्मचारी परिषद वर्ग-दो और तीन के लिए तथा कनिष्ठ कर्मचारी परिषद वर्ग चार के लिए। अत: वर्ग एक के कर्मचारी इस व्यवस्था से बाहर रखे गए थे। वे केवल सलाहकार थे।

दूसरे वेतन आयोग ने पाया कि अपने लक्ष्यों और उद्देश्य को पूरा करने में ये परिषदें प्रभावशील नहीं रहीं।

अत: इसने निम्नलिखित उपायों की सिफारिश की:

(i) एक केंद्रीय संयुक्त परिषद का गठन किया जाए जो औद्योगिक एवं गैर-औद्योगिक लोक सेवकों के लिए हो।

(ii) एक अनिवार्य मध्यस्थता प्राधिकरण का गठन किया जाए जिसका कार्य वेतन, भत्तों, काम के घंटों तथा छुट्टियों के मामलों का निपटान करना हो।

(iii) कर्मचारी संबंधों से जुड़े मामलों में श्रम मंत्रालय को महत्वपूर्ण भूमिका अदा करनी चाहिए।

केंद्रीय सरकार के कर्मचारियों के लिए संयुक्त सलाहकार परिषद (जे.सी.एम.) का गठन करके उपरोक्त सिफारिशों को 1966 में लागू किया गया।

संयुक्त सलाहकार परिषद (जे.सी.एम.) ब्रिटेन की ह्विटले परिषद के नमूने पर बनी है। इसमें राष्ट्रीय परिषद, विभागीय परिषदें तथा स्थानीय परिषदें शामिल हैं। इसमें अधिकारियों और कर्मचारियों, दोनों के प्रतिनिधियों की संख्या बराबर होती है।

संयुवत सलाहकार परिषद (जे.सी.एम.) के निम्नलिखित उद्देश्य हैं:

(i) भर्ती, पदोन्नति और अनुशासन संबंधी सामान्य सिद्धांत।

(ii) सेवा-शर्तों से जुड़े सभी मामले।

(iii) लोक सेवा की प्रभावशीलता में सुधार।

(iv) कर्मचारियों का कल्याण।

इसमें व्यक्तिगत मामलों को नहीं उठाया जाता है।

जे.सी.एम. में निम्नलिखित के अलावा सभी कर्मचारी आते हैं:

(i) ग्रुप ए (वर्ग I) के अधिकारी

(ii) ग्रुप बी (वर्ग II) के अधिकारी, केंद्रीय सचिवालय सेवा को छोड़कर

(iii) औद्योगिक प्रतिष्ठानों में प्रबंधकीय या निरीक्षक स्तर पर सेवारत लोग

(iv) संघ-राज्य क्षेत्र के कर्मचारी

(v) पुलिस कर्मचारी

अधिकारी और कर्मचारी के बीच असहमति की स्थिति में अनिवार्य मध्यस्थता का भी प्रावधान है। इसके लिए श्रम मंत्रालय के अधीन मध्यस्थता बोर्ड गठित किया गया है। भारतीय संसद के अभिभावी अधिकार के अधीन बोर्ड के निर्णय अंतिम हैं।

अनुशासनिक कार्यवाही (Disciplinary Action)

यह कार्यवाही उस लोक सेवक के विरुद्ध की जाती है, जिसने अपने कार्य के दौरान आचरण संबंधी नियमों का उल्लंघन किया है। भारत में आचरण नियम निम्न हैं:

1. अखिल भारतीय सेवा (आचरण) नियम, 1968
2. केंद्रीय लोक सेवा (आचरण) नियम, 1964
3. रेलवे सेवा (आचरण) नियम, 1966

विधिवत अनुशासनिक कार्यवाही में छोटे तथा बड़े दंड देना शामिल हैं। लघु दंड निम्नलिखित हैं:

1. नियंत्रण (सेंसर) या डांट-फटकार
2. वेतन वृद्धि रोकना
3. पदोन्नति रोकना
4. आर्थिक नुकसान की वसूली

दीर्घ दंड निम्नलिखित हैं:

1. स्तर या पद घटाना
2. अनिवार्य सेवानिवृत्ति
3. सेवा से निष्कासन
4. सेवा से पदच्युत करना

निष्कासन और पदच्युति में अंतर यह है कि पहले वाली स्थिति कर्मचारी को भावी नौकरी के लिए अयोग्य नहीं बनाती है जबकि दूसरी स्थिति में वह भावी रोजगार के अयोग्य हो जाता है।

अनुशासनिक कार्यवाही की प्रक्रिया के विभिन्न चरण निम्न हैं:

1. जिस कर्मचारी के विरुद्ध आनुशासनिक कार्यवाही शुरू की गई है, उससे स्पष्टीकरण माँगना।
2. यदि स्पष्टीकरण संतोषप्रद नहीं, तो आरोप तय करना।
3. कर्मचारी को सेवा से निलंबित करना।

4. आरोपों की सुनवाई और कर्मचारी को अपने बचाव का अवसर देना।
5. निष्कर्ष और रिपोर्ट बनाना।
6. प्रस्तावित दंड के बारे में कर्मचारी को अपने बचाव का दूसरा अवसर देना।
7. दंड का आदेश।
8. अपील, यदि कोई है।

लोक सेवक के विरुद्ध अनुशासनिक कार्यवाही को संविधान के निम्नलिखित प्रावधान नियंत्रित करते हैं:

1. किसी लोक सेवक को उसे नियुक्त करने वाले प्राधिकारी के अधीनस्थ प्राधिकारी द्वारा हटाया या निष्कासित नहीं किया जा सकता (अनुच्छेद 311)।
2. जब तक कर्मचारी को अपने बचाव का अवसर नहीं दिया जाता है, न तो उसकी पदावनति की जा सकती है और न ही उसे हटाया या निष्कासित किया जा सकता है (अनुच्छेद 311)।

अखिल भारतीय सेवाओं, केन्द्रीय सेवाओं समूह क एवं कुछ समूह ख की सेवाओं के संबंध में अनुशासनात्मक कार्यवाही कराने का प्राधिकार भारत के राष्ट्रपति के पास है।

समूह ग और समूह घ की सेवाओं के कर्मचारियों के संबंध में अनुशासनात्मक कार्यवाही करने का प्राधिकार सम्बद्ध मंत्रालय के सचिव के पास होता है।

केंद्रीय कार्मिक मंत्रालय की भूमिका (Role of Union Personnel Ministry)

37

इस मंत्रालय का पूरा नाम कार्मिक, लोक शिकायत और पेंशन मंत्रालय है। यह देश के कार्मिक और प्रशासनिक सुधार मामलों की केंद्रीय एजेंसी है। इस मंत्रालय का राजनीतिक प्रमुख प्रधानमंत्री (जिनकी सहायता राज्यमंत्री करता है) तथा प्रशासनिक प्रमुख कार्मिक सचिव हैं।

क्रमागत उन्नति (Evolution)

इस मंत्रालय के गठन से संबंधित विभिन्न घटनाएँ कालक्रमानुसार इस प्रकार हैं:

1. वर्ष 1954 में, पी.एच. एप्पलबी रिपोर्ट 1953 की सिफारिश पर मंत्रिमंडल सचिवालय में संगठन एवं व्यवस्था प्रभाग की स्थापना हुई थी।
2. वर्ष 1964 में गृह मंत्रालय के अधीन एक नए विभाग प्रशासनिक सुधार विभाग की स्थापना हुई तथा संगठन और पद्धति प्रभाग को इस विभाग में शामिल कर लिया गया।
3. वर्ष 1970 में, भारत के प्रशासनिक सुधार आयोग (1966-70) की सिफारिश पर कैबिनेट सचिवालय में कार्मिक विभाग की स्थापना हुई। उस समय तक गृह मंत्रालय के सेवा स्कंध द्वारा किए जा रहे कार्यों को इस विभाग को सौंप दिया गया।
4. वर्ष 1973 में, प्रशासनिक सुधार विभाग को कार्मिक विभाग में शामिल कर कैबिनेट सचिवालय में कार्मिक और प्रशासनिक सुधार विभाग का गठन किया गया।
5. वर्ष 1977 में, कार्मिक और प्रशासनिक सुधार विभाग को कैबिनेट सचिवालय से अलग कर गृह मंत्रालय के अधीन कर दिया गया।
6. वर्ष 1985 में, कार्मिक, लोक शिकायत और पेंशन मंत्रालय के नाम से एक पूरा नया मंत्रालय गठित हुआ, जिसे तीन विभागों में विभक्त किया गया, यथा:
   (i) कार्मिक और प्रशिक्षण विभाग।
   (ii) प्रशासनिक सुधार और लोक शिकायत विभाग।
   (iii) पेंशन और पेंशनभोगी कल्याण विभाग।

अधीनस्थ अभिकरण (Subordinate Agencies)

इस मंत्रालय के प्रशासनिक नियंत्रण में कार्य करने वाली विभिन्न एजेंसियों के नाम इस प्रकार हैं:

1. संघ लोक सेवा आयोग (UPSC)
2. कर्मचारी चयन आयोग (SSC)
3. लोक उद्यम चयन बोर्ड (PESB)
4. केंद्रीय सतर्कता आयोग (CVC)
5. केंद्रीय अन्वेषण ब्यूरो (CBI)
6. केंद्रीय प्रशासनिक अधिकरण (CAT)
7. राष्ट्रीय प्रशासन अकादमी (NAA)
8. भारतीय लोक प्रशासन संस्थान (IIPA)
9. सचिवालय प्रशिक्षण और प्रबंध संस्थान (ISTM)
10. संयुक्त सलाहकार परिषद (JCM)
11. केन्द्रीय सूचना आयोग (CIC)
12. लोकपाल
13. राष्ट्रीय सुशासन केंद्र (NCGG)

कार्य (Functions)

कार्मिक, लोक शिकायत और पेंशन मंत्रालय, कार्मिक मामलों; विशेषत: भर्ती, प्रशिक्षण, जीविका वृत्ति विकास, कर्मचारी कल्याण और सेवानिवृत्ति उपरान्त छूट, इत्यादि; से जुड़े मामलों में केंद्र सरकार की समन्वयकारी एजेन्सी के रूप में कार्य करता है। यह मंत्रालय जवाबदेह, जन-अभिमुख एवं आधुनिक प्रशासन

के संवर्द्धन की दिशा में भी कार्य करता है। इस मंत्रालय के तीन विभागों के कार्य निम्नलिखित हैं:

1. **कार्मिक एवं प्रशिक्षण विभाग:** अपनी वृहद्तर केंद्रीय भूमिका में यह विभाग नीतियों के निर्माणकर्ता और सरकार के निगरानीकर्ता के रूप में कार्य करता है ताकि सभी मंत्रालयों/विभागों द्वारा भर्ती, सेवा-शर्तों, प्रतिनियुक्ति एवं अन्य सम्बद्ध मामलों में स्वीकृत मानकों एवं मानदण्डों का अनुपालन सुनिश्चित किया जा सके।

इस विभाग पर भारतीय प्रशासनिक सेवा (आईएएस) तथा केंद्रीय सचिवालय सेवा (Central Secretariat Service), केन्द्रीय सचिवालयी स्टेनोग्राफर्स (Central Secretariat Stenographer Service) और केन्द्रीय सचिवालय लिपिक सेवा (Central Secretariat Clerical Service) के लिए संवर्ग नियंत्रण का प्राधिकार प्रयुक्त करने की प्रत्यक्ष जिम्मेदारी भी है।

यह केंद्रीय कर्मचारी नियोजन का भी संचालन करता है, जिसके अन्तर्गत अखिल भारतीय सेवाओं तथा ग्रुप A की केंद्रीय सेवाओं में से उपयुक्त अधिकारियों को चयनित किया जाता है और उन्हें नियतकालिक प्रतिनियुक्ति के आधार पर उपसचिव, निदेशक और संयुक्त सचिव के स्तरों पर पद नियुक्ति दी जाती है।

यह विभाग विभिन्न सार्वजनिक क्षेत्र उपक्रमों, निगमों, बैंकों एवं वित्तीय संस्थानों के अध्यक्ष, प्रबन्ध निदेशक, पूर्णकालिक कार्यकारी निदेशकों/प्रबन्धन बोर्ड के सदस्यों की नियुक्ति के मामलों को देखता है।

इस विभाग के अन्तर्गत वर्तमान में 5 प्रभाग हैं:

(i) अवस्थापना अधिकारी का प्रभाग

(ii) सेवाएँ और सतर्कता प्रभाग

(iii) अवस्थापन प्रभाग

(iv) प्रशिक्षण प्रभाग

(v) प्रशासनिक प्रभाग

भारत सरकार के अधीन वरिष्ठ नियुक्तियों के सभी प्रस्तावों को कैबिनेट की नियुक्ति समिति [Appointments Committee of the Cabinet (ACC)] की मंजूरी आवश्यक होती है तथा इन प्रस्तावों को अवस्थापना अधिकारी द्वारा एसीसी के सचिव के रूप में संस्करित किया जाता है। इनमें केन्द्रीय सार्वजनिक क्षेत्र उपक्रमों की बोर्ड स्तरीय नियुक्तियां तथा मंत्रालयों / विभागों में संयुक्त सचिव, निदेशक एवं उप-सचिव की नियुक्तियाँ तक शामिल हैं। इसके अलावा प्रोन्नति द्वारा नियुक्तियों के भी एसीसी की मंजूरी आवश्यक होती है और इन नियुक्तियों को भी अवस्थापना अधिकारी के माध्यम से प्रसंस्करित किया जाता है।

अवस्थापना अधिकारी कैबिनेट सचिव की अध्यक्षता वाले लोक सेवा बोर्ड का पदेन सदस्य सचिव भी होता है। यह बोर्ड केंद्रीय कर्मचारी योजना के अन्तर्गत उपसचिव, निदेशक और संयुक्त सचिव के पदों के सम्बन्ध में नियुक्तियों के लिए सिफारिशें करता है। इसके अलावा यह बोर्ड संयुक्त सचिव उपयुक्तता सूची में अधिकारियों के नामों को शामिल करने के लिए एसीसी को अपनी सिफारिशें देता है।

अवस्थापना अधिकारी केंद्रीय अवस्थापना बोर्ड का सदस्य सचिव होता है तथा बोर्ड का अध्यक्ष कार्मिक सचिव होता है। यह बोर्ड विदेश में प्रशिक्षण हेतु अधिकारियों को प्रतिनियुक्त करने, मंत्रालयों/विभागों में उपसचिव एवं निदेशकों के पदों पर केंद्रीय सचिवालय सेवा के अधिकारियों को नियुक्त करने तथा संयुक्त सचिव श्रेणी से नीचे के अधिकारियों के सम्बन्ध में प्रासंगिक नियमों के अधीन समय पूर्व सेवानिवृत्ति के सम्बन्ध में अपनी सिफारिशें प्रस्तुत करता है।

सेवाएँ और सतर्कता स्कंध अखिल भारतीय सेवाओं के संबंध में सभी सेवा मामलों पर प्रशासन के नियमों से संबंधित मामलों को संभालती है और सतर्कता और भ्रष्टाचार विरोधी क्षेत्र में शीर्ष निकाय के रूप में कार्य करती है। यह स्कंध आरटीआई अधिनियम के कार्यान्वयन को नियंत्रित करने के अतिरिक्त प्रशासनिक न्यायाधिकरण और केंद्रीय सूचना आयोग से संबंधित प्रशासनिक मामले भी संभालती है। यह स्कंध अन्य केंद्रीय सेवाओं के क्षेत्र पुनर्गठन (cadre restructuring) भी संभालती है।

अवस्थापना स्कंध अखिल-भारतीय सेवा के अधिकारी के अलावा कर्मचारियों की सेवा शर्तों और केंद्र सरकार के कर्मचारियों की कार्मिक नीतियों के नियमों और विनियमों को तैयार और संशोधित करने का कार्य करती है। यह स्कंध सरकार, संयुक्त सलाहकार तंत्र और सिविल सेवा अधिकारी संस्थान (CSOI) के आरक्षण नीति से संबंधित कार्य भी संभालती है।

प्रशिक्षण स्कंध सरकारी अधिकारियों के प्रशिक्षण के लिए शीर्ष निकाय के रूप में कार्य करती है और प्रशिक्षण के संबंध में नीतियां तैयार करने का मुख्यतया कार्य करती है।

प्रशासन स्कंध केंद्रीय सचिवालय सेवा केंद्रीय सचिवालय आशुलिपिक सेवा और केंद्रीय सचिवालय लिपिक सेवा के कैडर प्रबंधन से संबंधित कार्य करती है। यह स्कंध सरकार के कर्मचारियों के लाभ हेतु सिविल सेवा अधिकारी संस्थान (CSOI) के अलावा राज्य पुनर्गठन, सरकार की आरक्षण नीति और कल्याणकारी गतिविधियों से संबंधित प्रशासनिक मामले संभालती है।

2. प्रशासनिक सुधार और लोक शिकायत विभाग: यह विभाग प्रशासनिक सुधारों के साथ-साथ राज्यों एवं केंद्र सरकारी अभिकरणों से जुड़ी लोक शिकायतों के उपचार के लिए भारत सरकार का केंद्रीय अभिकरण है।

यह विभाग दृश्य-श्रव्य संचार माध्यमों एवं प्रकाशनों के द्वारा सफल सुप्रशासन प्रथाओं का प्रसार करता है और उन्हें दस्तावेज के रूप में संरक्षित करता है। यह विभाग सार्वजनिक सेवा सुधारों के संवर्द्धन के लिए अन्तर्राष्ट्रीय विनियम और समन्वय के क्षेत्र में अपनी गतिविधियाँ चलाता है।

इस विभाग का मूल उद्देश्य विभिन्न केंद्रीय मंत्रालयों/विभागों, राज्यों/केंद्र शासित राज्यों के प्रशासन, संगठनों एवं व्यक्तियों के साथ परामर्श करके एक प्रोत्साहन के रूप में कार्य करना है और इसके लिए यह प्रक्रिया पुनर्अभियान्त्रिकी, संगठन एवं पद्धति तथा शिकायत निपटान के द्वारा सरकारी कार्यचालन को सुधारता है और आधुनिकीकरण, नागरिक अधिकार पत्र, पुरस्कार योजनाओं, ई-प्रशासन और सर्वोत्तम कार्य व्यवहार को प्रोत्साहित करता है।

वर्तमान में, इस विभाग में निम्नलिखित सात प्रभाग हैं:

(i) प्रशासनिक सुधार
(ii) लोक शिकायत
(iii) ई-प्रशासन
(iv) अन्तर्राष्ट्रीय विनियम एवं सहयोग
(v) अभिलेखीकरण और वितरण
(vi) प्रशासन और समन्वय
(vii) संगठन और पद्धतियाँ

यह विभाग निम्नलिखित विषयों से संबंधित है:

1. प्रशासनिक सुधार, जिसमें ई-गवर्नेंस और सर्वोत्तम प्रथाओं का प्रसार शामिल है।
2. संगठन और तरीके।
3. इनसे संबंधित मुद्दों की नीति, समन्वय और निगरानी:
   (i) सामान्य रूप से जनता की शिकायतों का निवारण, तथा;
   (ii) केंद्र सरकार की एजेंसियों से संबंधित शिकायतें।
4. (i) सार्वजनिक प्रबंधन में अनुसंधान, तथा;
   (ii) सार्वजनिक प्रबंधन के मामलों में राज्य सरकारों, पेशेवर संस्थानों आदि के साथ संपर्क।
5. कार्यालय प्रक्रिया के केंद्रीय सचिवालय नियमावली का प्रशासन।

इस विभाग द्वारा निम्नलिखित कार्य किए जाते हैं:

1. प्रशासनिक सुधारों से संबंधित मामले।
2. लोक सेवा दिवस का आयोजन तथा लोक प्रशासन में उत्कृष्टता हेतु प्रधानमंत्री का पुरस्कार।
3. ई-गवर्नेंस माध्यम से सुधार प्रदान करने हेतु क्षमता निर्माण, परिवर्तन प्रबंधन और सरकारी प्रक्रिया पुनः अभियांत्रिकरण।
4. ई-ऑफिस मिशन मोड परियोजना के तहत एनईजीपी (NeGP)।
5. ई-गवर्नेंस पर राष्ट्रीय सम्मेलन का आयोजन तथा ई-गवर्नेंस पर राष्ट्रीय पुरस्कार।
6. लोक शिकायत निवारण तंत्र का प्रबंधन।
7. अच्छे शासन अभ्यास का प्रलेखन और प्रसार - नवाचार, अनुकूलन प्रतिकृति।

3. पेंशन और पेंशनभोगी कल्याण विभाग: इस विभाग की स्थापना पूरे देश के केंद्रीय सिविल पेंशन प्राप्तकर्ताओं की देखभाल हेतु कार्मिक, लोक-शिकायत एवं पेंशन मंत्रालय के एक भाग के रूप में 1985 में की गयी थी। यह पेंशन की सामान्य नीति के निर्माण एवं सेवानिवृत्ति से जुड़े अन्य लाभों के सम्बन्ध में भारत सरकार की एक नोडल एजेंसी है। यह पेंशन और सेवानिवृत्ति लाभों से जुड़ी शिकायतों का निपटारा भी करता है।

इसने पेंशनरों के कल्याण एवं व्यापक सुविधा के लिए पेंशन प्रशासन प्रणाली को विकसित करने के लिए विगत कुछ वर्षों में कई कदम उठाये हैं। एक नई पहल के अन्तर्गत 2007 में एक पेंशनर पोर्टल की शुरूआत की गयी, जो कि राष्ट्रीय ई-शासन योजना के अधीन पेंशन पर एक मिशन आधारित परियोजना है। इसका प्राथमिक उद्देश्य पेंशनरों की शिकायतों को निपटाना और उन्हें पेंशन एवं सेवानिवृत्ति से जुड़े मामलों में सूचना एवं मार्गदर्शन उपलब्ध कराना है।

इस विभाग के कार्य इस प्रकार हैं:

1. पेंशन नीति का गठन।
2. केंद्र सरकार के कर्मचारियों हेतु पेंशन और अन्य सेवानिवृत्ति लाभों का समय पर और सुचारू भुगतान।
3. नियमों / दिशा-निर्देशों और प्रक्रिया का सरलीकरण और उनका प्रसार।
4. पेंशन संबंधी शिकायतों का त्वरित निवारण करना।
5. पेंशनरों के कल्याण को बढ़ावा देना।

यह विभाग निम्नलिखित नियमों और कृत्यों का प्रबंध करता है:

1. केंद्रीय सिविल सेवा (पेंशन) नियम, 1972
2. पेंशन अधिनियम, 1871
3. केंद्रीय सिविल सेवा (पेंशन का रूपांतरण) नियम, 1981
4. केंद्रीय सिविल सेवा (अतिरिक्त-साधारण पेंशन) नियम, 1939
5. सामान्य भविष्य निधि (केंद्रीय सेवा) नियम, 1960
6. अंशदायी/सहकारी भविष्य निधि (भारत) नियम, 1962
7. पेंशन के बकाया का भुगतान (नामांकन) नियम, 1983

हालांकि, रेलवे और रक्षा मंत्रालयों के पेंशनरों को उनके अपने स्वतंत्र प्रशासनिक व्यवस्था वाले पेंशन नियम द्वारा संचालित किया जाता है। उद्योगों में काम करने वाले वे कर्मचारी, जो उद्योगों/अन्य प्रतिष्ठानों/संस्थानों, के वर्ग से संबंधित प्रतिष्ठान/संस्थान कर्मचारी भविष्य निधि और विविध प्रावधान अधिनियम, 1950 [Employees Provident Fund (EPF) and Miscellaneous Provisions (MP) Act, 1950] में संलग्न श्रम मंत्रालय द्वारा प्रशासित कर्मचारी पेंशन योजना [Employee Pension Scheme (EPS)] योजना के अंतर्गत आते हैं। इसके अलावा, 1.1.2004 को या इसके बाद, जो लोग केंद्र सरकार में शामिल हुए उनके पेन्शन मामले राष्ट्रीय पेंशन प्रणाली के तहत वित्त मंत्रालय (वित्तीय सेवा विभाग) द्वारा संबोधित किए जाते हैं।

बजट की अवधारणा (Concept of Budget)

38

भारतीय प्रशासन का एक महत्वपूर्ण पक्ष है-वित्तीय प्रशासन। यह 'बजट' उपकरण के माध्यम से काम करता और संपूर्ण 'बजटीय चक्र' को घेरता है। इसका अर्थ है-बजट का निरूपण, बजट का अधिनियमन, बजट का क्रियान्वयन, लेखांकन और लेखा परीक्षण।

सी.पी. भाम्भरी के अनुसार, "वर्तमान अर्थ में इस शब्द का प्रयोग सर्वप्रथम 1773 में *ओपनिंग दि बजट* नामक व्यंग्य रचना में वालपोल की उस वर्ष की वित्तीय योजना के विरुद्ध किया गया था।"

अर्थ (Meaning)

बजट शब्द पुरानी अंग्रेजी के शब्द 'बोगेट' (bougett) से निकला है, जिसका अर्थ है-बोरा या थैला। आगामी वित्त वर्ष के लिए सरकार के वित्तीय कार्यक्रम को संसद में प्रस्तुत करने के लिए ब्रिटिश वित्त मंत्री अपने कागज़ात को एक चमड़े के थैले से निकालते थे। इस जुड़ाव के चलते थैले का प्रयोग कागजातों के लिए, विशेष रूप से वित्तीय प्रस्तावों वाले कागजातों के लिए, किया जाने लगा।

बजट किसी वित्तीय वर्ष के संदर्भ में सरकार की अनुमानित प्राप्तियों (राजस्व या आय) और व्यय का विवरण है अर्थात् बजट विधायिका को प्रस्तुत और विधायिका द्वारा स्वीकृत सरकार का वित्तीय दस्तावेज है।

संविधान बजट को 'वार्षिक वित्तीय विवरण' की तरह संदर्भित करता है। अन्य शब्दों में, संविधान में 'बजट' शब्द का प्रयोग कहीं नहीं किया गया था। यह 'वार्षिक वित्तीय विवरण' के लिए एक लोकप्रिय नाम है, जो संविधान के अनुच्छेद 112 में समाहित है।

प्राप्तियों के अनुमान और व्यय के अतिरिक्त, बजट में कुछ अन्य तत्व भी शामिल हैं। कुल मिलाकर, बजट में निम्नलिखित सम्मिलित है:

1. राजस्व और पूंजी प्राप्तियों का अनुमान।
2. राजस्व जुटाने के तरीके और साधन।
3. व्यय अनुमान।
4. वास्तविक प्राप्तियों का विवरण और सालाना वित्तीय खर्च का समापन तथा उस वर्ष में किसी भी कमी या अधिशेष के कारण।
5. आने वाले वर्ष की आर्थिक और वित्तीय नीति जैसे कराधान के प्रस्ताव, राजस्व, खर्च की संभावनाएं कार्यक्रम और नए वर्ष की शुरूआती योजनाएं/परियोजनाएं।

कार्य (Functions)

निम्नलिखित बिंदु बजट के कार्यों और उद्देश्यों को सामने लाते हैं:

1. यह विधायिका के प्रति कार्यपालिका की वित्तीय एवं न्यायिक जवाबदेही सुनिश्चित करता है।
2. प्रशासनिक पद सोपान तंत्र में यह वरिष्ठों के प्रति अधीनस्थों की जवाबदेही को सुनिश्चित करता है।
3. यह सामाजिक और आर्थिक नीति का उपकरण है जिसका कार्य निर्धारण, वितरण और स्थिरीकरण है।
4. यह सरकारी कार्यों और सेवाओं के कुशल कार्यान्वयन का रास्ता साफ करता है।
5. यह सरकारी विभागों की विभिन्न गतिविधियों को एक योजना के अधीन लाकर उनको एकीकृत करता है और इस प्रकार प्रशासनिक प्रबंधन एवं समन्वय को आसान बनाता है।

सिद्धांत (Principles)

सुदृढ़ बजट निर्माण के सिद्धांत निम्नलिखित हैं:

1. **वार्षिक आधार पर बजट:** इसका अर्थ यह है कि विधायिका को केवल एक वर्ष के लिए कार्यपालिका को धन देना चाहिए। बजट की वार्षिकता का यह सिद्धान्त आदर्श माना जाता है क्योंकि

(1) एक वर्ष का कार्यकाल वह अनुकूलतम अवधि होती है, जिसके लिए विधायिका कार्यपालिका को वित्तीय प्राधिकार देना वहन कर सकती है। (2) एक वर्ष की यह अवधि बजट को प्रभावी रूप से लागू करने के लिए कार्यपालिका को उपलब्ध आवश्यक न्यूनतम अवधि होती है। (3) एक वर्ष मानवीय अनुमान के प्रथागत मापन के सुसंगत होता है। वर्तमान में भारत में वित्तीय वर्ष 1 अप्रैल से आरम्भ होकर 31 मार्च को समाप्त होता है। फिर भी भारतीय प्रथम प्रशासनिक सुधार आयोग ने यह सिफारिश की है कि वित्तीय वर्ष 1 नवम्बर से 31 अक्टूबर तक होना चाहिए।

2. **विभागीय आधार पर आकलन:** इसका अर्थ यह है कि, बजट के व्यय और राजस्व अनुमान प्रत्यक्ष रूप से सम्बन्धित विभाग द्वारा तैयार किये जाने चाहिए। साथ ही इस तथ्य से इसका कोई सम्बन्ध नहीं होना चाहिए कि ऐसे खर्च या राजस्व किसी दूसरे विभाग के कारण हैं। इस सिद्धान्त के अनुपालन की सलाह इसलिए दी जाती है क्योंकि (1) यह प्रत्येक विभाग को कार्यक्रमों और गतिविधियों का एक स्पष्ट चित्र प्रदान करता है और (2) यह प्रत्येक विभाग की वित्तीय हैसियत को सुनिश्चित करता है। फिर भी इस सम्बन्ध में किसी भी भ्रम से बचने के लिए अनुमान तैयार करने वाले विभाग को ऐसी पाद टिप्पणियाँ देनी चाहिए जो उस विभाग के व्यय और आय को किसी दूसरे विभाग द्वारा नियंत्रित करने का संकेत देती हों।

3. **बजट संतुलित हो:** इसका अर्थ है कि अनुमानित व्यय अनुमानित आय से अधिक नहीं होना चाहिए या यूँ कहा जाए कि 'संतुलित बजट' वह बजट है जिसमें अनुमानित व्यय अनुमानित आय से मेल खाते हैं। अगर अनुमानित आय अनुमानित व्यय से अधिक है इसे 'बचत का बजट' कहतें है और यदि अनुमानित आय अनुमानित व्यय से कम है तो इसे 'घाटे का बजट' कहा जाता है।

4. **नकद आधार पर आकलन हो:** इसका अर्थ है कि व्यय और आय का अनुमान तैयार करने का आधार यह हो कि वित्त वर्ष के दौरान वास्तव में कितना व्यय और कितनी आय होने की आशा है। 'रोकड़ बजटिंग' के विपरीत होती है–'राजस्व बजटिंग'। इसके अंतर्गत बजट अनुमान मांग और देयता के आधार पर तैयार किए जाते हैं। अर्थात् वित्तीय वर्ष के बजट में एक वित्तीय वर्ष के व्यय और आय को उसका ख्याल रखे बिना जोड़ा जाता है कि उस वित्तीय वर्ष में वास्तव में खर्चे प्राप्त होंगे या नहीं। संयुक्त राज्य अमेरिका, ब्रिटेन और भारत में 'रोकड़ बजटिंग' प्रचलित है, जबकि फ्रांस और यूरोप के कुछ अन्य देशों में 'राजस्व बजटिंग'।

राजस्व बजटिंग की अपेक्षा रोकड़ बजटिंग में सार्वजनिक खातों का समापन जल्दी करना आसान होता है। देरी होने से वित्तीय वर्ष के लिए उनका महत्व काफी कम हो जाता है।

5. **सभी वित्तीय लेन-देन के लिए एक बजट:** इसका अर्थ है कि सरकार को अपने सारे राजस्व और व्यय (सभी विभागों के) एक ही बजट में शामिल करने चाहिए। 'एक बजट' के विपरीत है 'बहु बजट' जिसमें अलग-अलग विभागों के अलग-अलग बजट तैयार किए जाते हैं। 'एक बजट' प्रणाली सरकार की संपूर्ण वित्तीय स्थिति अर्थात् संपूर्ण बचत या घाटे को प्रकट करती है। संयुक्त राज्य अमेरिका और ब्रिटेन में 'एक बजट' प्रणाली प्रचलित है, जबकि फ्रांस, स्विट्ज़रलैंड और जर्मनी में 'बहु बजट'। वर्ष 2017 तक, भारत में दो बजट थे-आम बजट और रेलवे बजट।

2017 में, केंद्र सरकार रेलवे बजट को आम बजट के साथ विलय कर दिया। इसलिए, भारत सरकार के लिए अब केवल एक ही बजट यानी मात्र संघीय (यूनियन) बजट ही है।

6. **बजट प्रक्रिया सरल होनी चाहिए शुद्ध नहीं:** इसका अर्थ है कि बजट में सरकार की प्राप्तियों और व्ययों के तमाम लेन-देन को पूर्णतः और अलग-अलग प्रदर्शित होना चाहिए, केवल वह स्थितियाँ नहीं जो इनके परिणामस्वरूप पैदा होती हैं। प्राप्तियों को व्यय से घटाने या इससे उल्टा करने और बजट को शुद्ध प्राप्तियों या खर्चों के लिए तैयारं करने की पद्धति बजटिंग का स्वस्थ सिद्धांत नहीं। कारण यह है कि अधूरे लेखा के चलते इसके वित्त पर विधायिका का नियंत्रण कम हो जाता है।

7. **अनुमान ठोस होने चाहिए:** इसका अर्थ यह है कि अनुमानों को यथासंभव सटीक होना चाहिए। कारण यह है कि अनुमान अधिक होने से कराधान अधिक होता है और अनुमान कम होने से बजट का क्रियान्वयन अप्रभावी होता है। 'ठोस बजटिंग' का अर्थ यह भी है कि खर्चों की खास मदों को स्पष्ट होना चाहिए और कोई एक मुश्त अनुदान की माँग नहीं होनी चाहिए।

8. **कालातीत का नियम:** बजट वार्षिक आधार पर होना चाहिए अर्थात् विधायिका द्वारा कार्यपालिका को धन एक वित्तीय वर्ष के लिए दिया जाना चाहिए। अगर स्वीकृत धन वित्तीय वर्ष के अंत तक खर्च नहीं होता तब शेष धनराशि को समाप्त हो जाना

चाहिए और इसे कोषागार को लौटा देना चाहिए। इस परिपाटी को 'कालातीत का नियम' (Rule of Lapse) कहते हैं। भारत और इंग्लैंड में वित्तीय वर्ष 1 अप्रैल से 31 मार्च तक का होता है जबकि संयुक्त राज्य अमेरिका में 1 जुलाई से 30 जून तक और फ्रांस में 1 जनवरी से 31 दिसंबर तक वित्तीय वर्ष होता है।

कालातीत के नियम से विधायिका के वित्तीय नियंत्रण का रास्ता आसान हो जाता है क्योंकि आरक्षित कोष का निर्माण इसकी अनुमति के बिना नहीं किया जा सकता है। परंतु इस नियम के पालन से वित्तीय वर्ष के अंत की ओर खर्चों की भारी भीड़ लग जाती है। भारत में इसे आमतौर पर 'मार्च की हड़बड़ी' कहते हैं।

9. **राजस्व और पूंजी भाग पृथक् हों:** इसका अर्थ है कि सरकार के चालू वित्तीय लेन देन पूँजीगत लेन-देन से अलग होने चाहिए और दोनों को बजट के अलग-अलग हिस्सों में राजस्व बजट और पूँजीगत बजट प्रदर्शित किया जाना चाहिए। इससे प्रचालन व्यय को निवेश व्यय से पृथक् करना आवश्यक हो जाता है। वित्तीय मामले में राजस्व बजट को चालू राजस्व से और पूँजीगत बजट को बचतों तथा उधारियों से काट दिया जाता है।

10. **अनुमानों के रूप लेखा रूप के अनुरूप हों:** इसका अर्थ है कि बजट संबंधी अनुमानों के रूप लेखा के रूपों के अनुरूप होने चाहिए जिससे कि वित्तीय नियंत्रण को कारगर किया जा सके। उदाहरण के लिए, भारत में बजट संबंधी शीर्ष और लेखा शीर्ष अर्थात् प्रमुख शीर्ष, गौण शीर्ष, उपशीर्ष और विवरण शीर्ष समान होते हैं।

रूप या प्रणालियाँ (Forms or Systems)

बजट निर्माणकारी जिन पद्धतियों का विकास इतिहास के लंबे दौर में हुआ है, उनके बारे में नीचे बताया जा रहा है:

1. **मद क्रम बजट निर्माण (Line-item Budgeting):** इसको परंपरागत या रूढ़िगत बजट निर्माण भी कहा जाता है। बजटिंग की इस प्रणाली का विकास 18वीं और 19वीं शताब्दी में हुआ। इसमें खर्चों के उद्देश्य को सामने लाए बिना उनकी मदों पर जोर दिया जाता है और बजट की कल्पना वित्तीय अर्थों में की जाती है। अर्थात्, बजट को मद-क्रम वर्गीकरण के अर्थों में प्रस्तुत किया जाता है। उस प्रणाली के अंतर्गत विधायिका द्वारा मद विशेष पर स्वीकृत धनराशि का उपयोग इस मद पर ही किया जा सकता है। इस प्रकार की बजटिंग का उद्देश्य, विधायिका द्वारा कार्यपालिका को स्वीकृत धन की बर्बादी, आय-व्यय तथा दुरुपयोग को रोकना है। बजटिंग की यह प्रणाली सार्वजनिक व्ययों पर अधिकतम नियंत्रण का मार्ग प्रस्तुत करती है। वास्तव में मद-क्रम (Line-items) बजटिंग प्रणाली का एकमात्र उद्देश्य धन की जवाबदेही, अर्थात् खर्चों की वैधानिकता तथा नियमितता को सुनिश्चित करना रहा है। उस प्रणाली को 'वर्द्धनशील बजटिंग' भी कहा जाता है क्योकि इसमें धन का आवंटन विद्यमान आधार की पहचान करने के बाद वर्द्धनशील (incremental) आधार पर किया जाता है।

2. **निष्पादन बजट निर्माण (Performance Budgeting):** इस प्रणाली का जन्म संयुक्त राज्य अमेरिका में हुआ और पहले उसे क्रियाशील (functional) या कार्यकलाप (activity) बजटिंग कहा जाता था। 'निष्पादन बजट' शब्द को पहले हूवर आयोग (1949) ने गढ़ा था। इसने संयुक्त राज्य अमेरिका में निष्पादन बजट अपनाने की सिफारिश की थी जिससे कि बजट निर्गाण के प्रति कुशल प्रबंधन का दृष्टिकोण बनाया जा सके। तद्नुसार राष्ट्रपति ट्रूमैन द्वारा इसको 1950 में लागू किया गया।

मद-क्रम बजटिंग के विपरीत निष्पादन बजटिंग खर्चे के बजाए खर्चे के उद्देश्य पर जोर देती है। यह बजट को कार्यकलापों, कार्यक्रमों, क्रियाशीलताओं और परियोजनाओं के अर्थों में प्रस्तुत करती है। यह प्रत्येक कार्यक्रम और गतिविधि के वास्तविक (निष्पादन या उत्पादन) और वित्तीय (निवेश) पक्षों के बीच संबंध स्थापित करती है। अतः यह बजट के क्रियाशील वर्गीकरण को आवश्यक कर देती है।

भारत में निष्पादन बजट की सिफारिश सर्वप्रथम संसदीय आकलन समिति ने 1956 में की थी। भारत में बजट बनाने की इस प्रणाली की उपयुक्तता और व्यवहार्यता का अध्ययन करने के लिए सरकार ने 1964 में अमरीकी विशेषज्ञ फ्रेंक डब्ल्यू. क्राउस को आमंत्रित किया। अंततः निष्पादन बजटिंग को प्रशासनिक सुधार आयोग की सिफारिश पर 1968 में लागू किया गया। उस आयोग के अनुसार निष्पादन बजट प्रणाली के लाभ/उद्देश्य निम्न हैं:

(i) विधायिका संसद से जिन उद्देश्यों एवं लक्ष्यों के लिए धन की माँग करती है, उनको यह अधिक स्पष्टता से सामने लाती है।

(ii) यह कार्यक्रमों और उपलब्धियों को वित्तीय और वास्तविक अर्थों में सामने लाती है।

(iii) संसद इस बजट को बेहतर ढंग से समझ सकती है और उसकी बेहतर समीक्षा कर सकती है।

(iv) इससे बजट निरूपण में सुधार आता है।

(v) इससे सरकार के सभी स्तरों पर निर्णय निर्माण प्रक्रिया आसान हो जाती है।

(vi) इससे प्रबंधन के उत्तरदायित्व में वृद्धि होती है।

(vii) यह वित्तीय कार्यकलापों के प्रबंध नियंत्रण के अतिरिक्त उपकरण उपलब्ध कराता है।

(viii) यह निष्पादन लेखा-परीक्षा को अधिक उद्देश्यपूर्ण और कारगर बनाता है।

1968 में निष्पादन बजट को भारत सरकार के चार मंत्रालयों में शुरू किया गया था। बाद में, 1977-78 में इसका विस्तार 32 विकासात्मक विभागों में कर दिया गया।

3. कार्यक्रम बजट निर्माण (Programme Budgeting): निष्पादन बजटिंग की तरह ही कार्यक्रम बजटिंग (अथवा, नियोजन कार्यक्रम बजटिंग पद्धति (PPBS) की उत्पत्ति भी संयुक्त राज्य अमेरिका में हुई। इसका सूत्रपात 1965 में राष्ट्रपति जॉनसन ने किया। परंतु 1971 में उसे छोड़ दिया गया। बजटिंग की इस प्रणाली में नियोजन कार्यक्रम निर्माण और बजटिंग के कार्यों को एक कर दिया जाता है। के.एल. हांडा के शब्दों में, "कार्यक्रम बजटिंग या पीपीबीएस बजटिंग के नियोजक पक्ष पर बल देते हैं, जिसका उद्देश्य अनेक उपलब्ध कार्यक्रमों में से सर्वश्रेष्ठ का चुनाव करना तथा बजट में धन का आवंटन करते समय आर्थिक अर्थों में सर्वश्रेष्ठ को चुनना है... यह मानता है कि बजट प्रतिद्वंदी दावों के बीच आवंटन करने की प्रक्रिया है जो नियोजन के प्रासंगिक उपायों का प्रयोग करके चलाई जाती है।"

4. शून्य आधारित बजट निर्माण (Zero-based Budgeting): इसका भी जन्म और विकास अमेरिका में हुआ। इसका निर्माण निजी उद्योग के एक प्रबंधक पीटर ए. पियर ने 1969 में किया। अमेरिका में इसको राष्ट्रपति जिमी कार्टर ने 1978 में लागू किया।

निष्पादन बजटिंग की तरह जेड.बी.बी. भी बजटिंग की एक तर्कसंगत पद्धति है। इसके अंतर्गत बजट में सम्मिलित किए जाने से पहले प्रत्येक कार्यक्रम/योजना की आलोचनात्मक समीक्षा की जानी चाहिए और शून्य से प्रारंभ कर संपूर्णतया दोबारा सही सिद्ध करना चाहिए। अत: शून्य आधारित बजटिंग में बजटिंग के वर्द्धनशील दृष्टिकोण का (जो हालिया खर्च के आकलन से शुरू होता है) अनुसरण करने के स्थान पर सभी योजनाओं की शुरू से (अर्थात् शून्य से) पुन: परीक्षा करना शामिल है। के.एल. हांडा के शब्दों में, "शून्य आधारित बजट प्रणाली की मूल विशिष्टता यह है कि अपना बजट तैयार करते समय विभागों को किसी चीज को पहले मानकर नहीं चलना चाहिए और इसलिए उनको कोरे कागज से शुरूआत करनी चाहिए। आगामी वर्ष के बजट निर्माण की प्रक्रिया शून्य से शुरू होनी चाहिए न कि मौजूदा बजट को आधार या प्रारंभिक बिंदु के रूप में मानकर।"

शून्य आधारित बजट पद्धति के लाभ इस प्रकार हैं:

(i) यह निचली वरीयता के कार्यक्रमों को हटाती या न्यूनतम कर देती है।

(ii) यह कार्यक्रम की प्रभावशीलता को एकाएक बढ़ा देती है।

(iii) इसमें अधिक प्रभावी कार्यक्रमों को अधिक धन मिलता है।

(iv) इससे कर वृद्धि में कमी आती है।

(v) यह लागत प्रभाविता (cost effectiveness) और लागत लाभ (cost benefits) के अर्थों में योजनाओं की आलोचनात्मक समीक्षा को आसान बनाती है।

(vi) इससे वर्ष के दौरान बजट समायोजन शीघ्र होता है।

(vii) यह पर्याप्त संसाधनों का सुसंगत आवंटन करता है।

(viii) बजट की तैयारी में यह संबद्ध कार्मिकों की भागीदारी बढ़ाती है।

भारत में शून्य आधारित बजटिंग को सबसे पहले 1983 में विज्ञान एवं प्रौद्योगिकी विभाग में और तत्पश्चात् 1986-87 के वित्त वर्ष के दौरान सभी मंत्रालयों में लागू किया गया था।

5. सूर्यास्त विधायन (Sunset Legislation): यह अवांछित, पुराने, बेकार और अनुपयोगी कार्यक्रमों को समाप्त करने के लिए नीति समीक्षा की औपचारिक प्रक्रिया है। के.एल. हांडा के शब्दों में, "यह कार्यक्रम के वैधानिक प्राधिकार की समाप्ति की व्यवस्था करके सेवानिवृत्त हो जाने वाले सरकारी कार्यक्रमों की अवधारणा को साकार करता है। इसके लिए सरकारी कार्यक्रमों पर विधायी अधिनियमों में दी गयी समय सीमा तय कर दी जाती है और ऐसी व्यवस्था की जाती है कि जब तक एक विस्तृत पुनरावलोकन के बाद विधायिका द्वारा उनको मजबूती से दोबारा जीवित न किया जाए, वे अपने आप समाप्त हो जाते हैं।"

सूर्यास्त विधान के लाभ इस प्रकार हैं:

(i) यह सरकारी खर्चों में मितव्ययता को सुनिश्चित करता है।

(ii) यह सरकारी गतिविधियों के अनावश्यक फैलाव को रोकता है।

(iii) यह नए कार्यक्रमों के लिए वित्तीय संसाधन उपलब्ध कराता है।

(iv) अविराम आधार पर सीमित धन के आवंटन का मार्ग प्रशस्त करके यह प्रशासनिक सुसंगतता को सुनिश्चित करता है।

(v) चल रहे कार्यक्रमों के मूल्यांकन की मुख्य जिम्मेदारी विधायिका पर डालकर यह उनको समाप्त करने के मामले में कार्यपालिका के प्रतिरोध पर काबू पाने में सहायक होता है।

6. **शीर्ष-आधार बजट प्रक्रिया (Top-Down Budgeting):** शीर्ष-आधार बजट प्रणाली की शुरूआत रीगन काल के दौरान 1981 में संयुक्त राज्य अमेरिका में हुई थी। इसे लक्ष्य आधारित बजट प्रणाली के रूप में भी जाना जाता है। इसमें निष्पादन बजट, पीपीबीएस, उद्देश्यों द्वारा प्रबन्धन (एम.बी.ओ.), जेड.बी.बी. और सूर्यास्त विधायन जैसी बजट प्रणालियों के तत्व निहित होते हैं।

निकोलस हेनरी ने शीर्ष-आधार बजट प्रणाली को इस प्रकार परिभाषित किया है, "यह सार्वजनिक राजस्व को एजेन्सियों के बीच वितरित करने की एक पद्धति है जिसमें एजेन्सी के खर्च की सीमायें (प्राय: एजेन्सी के लक्ष्य भी) सरकार के मुख्य कार्यकारी अधिकारी द्वारा तय की जाती हैं, जबकि एजेन्सी के मुखियाओं को अपने लक्ष्यों को इस प्रकार से पूरा करने की अनुमति होती है कि वे केंद्रीय रूप से तय खर्च सीमाओं के भीतर भी सर्वाधिक प्रभावी दिखाई दें।" वह आगे कहते हैं कि, "शीर्ष-आधार बजट प्रणाली स्पष्ट रूप से व्यय और कार्यक्रम लक्ष्यों को तय करने की शक्ति केंद्रीय प्रशासन को प्रदान करती है। इसलिए यह शासन में परम्परागत बजट प्रक्रिया के पूर्णत: उलट है जो कि आधार-शीर्ष होती है। वर्तमान में बजट की वास्तविक प्रणाली शीर्ष से आधार की ओर होती है।"

7. **परिणाम आधारित बजट प्रक्रिया (Outcome Budgeting):** निर्धारित किए गए लक्ष्यों/ उद्देश्यों के प्रदर्शन का आकलन करने हेतु, सन 1968 में विकासात्मक कार्यक्रमों को संभालने वाले मंत्रालयों द्वारा, बजट की प्रणाली को प्रस्तुत किया गया। हालांकि प्रदर्शन बजट दस्तावेज में कुछ समय से आई कुछ विशेष कमजोरियां, जैसे-वित्तीय बजट और प्रदर्शन बजट के बीच एक के प्रति एक के संबंध में स्पष्टता की कमी तथा आगामी वर्ष हेतु, भौतिक रूप में लक्ष्य की अपर्याप्त सेटिंग, को संबोधित करने की आवश्यकता महसूस की जा रही थी। इसके अलावा, वहाँ केवल उन सरलता से मापे जा सकने वाले भौतिक 'परिणामों' का पता लगाने की बढ़ती हुई चिंता ही नहीं थी, बल्कि उन 'परिणामों' की भी थी, जो कि कार्यक्रमों के अंतिम उद्देश्य हैं।

अत: 2005- 2006 में निष्पादन बजट निर्धारण के साथ परिणाम बजट निर्धारण को भी जोड़ा गया। वर्ष 2007-2008 से 'परिणाम बजट' और 'निष्पादन बजट' को मिलाकर एक कर दिया गया है और संसद में इसे एक संयुक्त दस्तावेज अर्थात् 'परिणाम बजट' के रूप में प्रस्तुत किया जाता है। परिणामस्वरूप बजट दस्तावेज में इंगित किए जा रहे मंत्रालयों के वित्तीय व्यय के कार्यक्रमों के साथ ही एक समेकित 'परिणाम बजट' दस्तावेज में कार्यक्रमों के अनुमानित परिणामों तथा उत्पादों को बजट के साथ संसद में/को प्रस्तुत किया जा रहा है। ये परिणाम उत्पाद/उपज और 'व्यय' मापे जा सकने वाले शब्दों में संसद को प्रस्तुत किए जा रहे हैं, जिससे सरकारी कार्यक्रमों/परियोजनाओं/योजनाओं के निष्पादन में सम्मिलित एजेंसियों की जवाबदेही और अधिक बढ़ रही है। इससे सरकार की विकासात्मक कार्यसूची की पारदर्शिता, पूर्वानुमानशीलता तथा सहजता से समझने में महत्वपूर्ण वृद्धि होगी।

परिणाम बजट में 'व्यय' वह राशि है जो कि बजट में किसी कार्यक्रम/परियोजना/योजना हेतु प्रदानित है, जबकि 'उपज/ उत्पाद' कार्यक्रम की गतिविधियों के सीधे और मापे जा सकने वाले उत्पाद की ओर इंगित करता है, जिसे अधिकतर भौतिक शब्दों या इकाइयों में अभिव्यक्त किया जाता है। इन सेवाओं को प्रदान करने में लाए गए गुणात्मक सुधार और सामूहिक नतीजों को परिणाम कहा जाता है।

8. **लिंग बजट निर्धारण (Gender Budgeting):** महिलाओं द्वारा सामना की जाने वाली विभिन्न चुनौतियों का समाधान करने और लैंगिक मुद्दों को मुख्यधारा में लाकर आगे बढ़ाने, यह सुनिश्चित करने कि विकास की बाधाओं को पहचाना जाये और नीति तथा बजट के हस्तक्षेप द्वारा इसका संबोधन हो सके, भारत ने 2005-06 में लिंग बजट निर्धारण को एक सशक्त माध्यम के

रूप में अपनाया। यह इस मान्यता के साथ आया कि, सरकार द्वारा संसाधनों के आवंटन के तरीके में लैंगिक असमानता को सुधारने की क्षमता है। तब से, महिलाओं और लड़कियों के लिए लिंग बजट निर्धारण, सार्वजनिक निवेश के बेहतर परिणामों में अनुवादित होने की सुनिश्चितता की रणनीति के रूप में उभर कर आया है। योजना और बजट चक्र में हस्तक्षेप के द्वारा लिंग बजट निर्धारण पहल योजना, बजट निर्धारण और लिंग समानता के लक्ष्यों के बीच सामंजस्य स्थापित करती है।

लिंग बजट निर्धारण एक लेखांकन कवायद नहीं है, बल्कि यह सुनिश्चित करने के लिए एक सतत् प्रक्रिया है कि विकास के लाभ की पहुंच, महिलाओं और पुरुषों में सामान हो। वास्तव में, एक दृष्टिकोण के रूप में, लिंग बजट मात्र बजट तक ही सीमित नहीं है; बल्कि यह लिंग के परिप्रेक्ष्य में, विभिन्न आर्थिक नीतियों के विश्लेषण को भी सम्मिलित करता है।

लिंग बजट निर्धारण, विभिन्न चरणों में लैंगिक दृष्टिकोण को बनाए रखने पर बल देता है, जैसे-कार्यक्रम / नीति प्रतिपादन, लक्षित समूहों की आवश्यकताओं का आकलन, मौजूदा नीतियों तथा दिशा-निर्देशों की समीक्षा तथा संसाधनों का आवंटन, कार्यक्रमों का कार्यान्वयन, प्रभाव मूल्यांकन, संसाधनों की पुन: प्राथमिकता, आदि। लिंग प्रतिक्रियाशील बजट इस प्रक्रिया की परिणति है।

ऐतिहासिक परिदृश्य (Historical Perspective)

ब्रिटिश शासन की अवधि के दौरान भारत में वित्तीय प्रशासन संस्थाएं उत्पन्न और विकसित हुई। इस संदर्भ में निम्नलिखित तथ्य उल्लेखनीय हैं:

(i) वर्ष 1753 में भारतीय लेखा परीक्षा व लेखा विभाग का गठन किया गया।

(ii) वर्ष 1860 में बजट प्रणाली की शुरुआत हुई।

(iii) वर्ष 1870 में लॉर्ड मेयो ने वित्तीय प्रशासन का विकेंद्रीकरण किया जिसके फलस्वरूप प्रांतीय सरकारों को स्थानीय वित्तीय प्रबंधन के लिए उत्तरदायी बनाया गया था।

(iv) वर्ष 1924 में, रेल बजट को आम बजट से वर्ष 1921 की एसवर्थ कमेटी रिपोर्ट की सिफारिश पर अलग कर दिया गया था।

(v) वर्ष 1921 में केंद्र में लोक लेखा समिति का गठन हुआ।

(vi) वर्ष 1935 में केंद्रीय अधिनियम द्वारा भारतीय रिज़र्व बैंक की स्थापना हुई।

बजट का निरुपण एवं निष्पादन (Formulation and Execution of Budget)

39

बजट का निर्माण (Formulation of Budget)

'बजट निर्माण' का अर्थ है-बजट अनुमानों, अर्थात् प्रत्येक वित्त वर्ष के संबंध में भारत सरकार के व्यय और प्राप्तियों (आय) के अनुमान, का विवरण तैयार करना। भारत में वित्त वर्ष 1 अप्रैल से 31 मार्च तक होता है।

एजेंसियाँ (Agencies)

बजट निर्माण करने में निम्नलिखित तीन अलग-अलग अंग शामिल हैं:

1. **वित्त मंत्रालय:** बजट बनाने की पूरी जिम्मेदारी इसकी है और यह अपेक्षित नेतृत्व एवं दिशा प्रदान करता है।
2. **प्रशासनिक मंत्रालय:** इनको प्रशासनिक आवश्यकताओं का विस्तृत ज्ञान होता है।
3. **नियंत्रक और महालेखा परीक्षक:** यह बजट अनुमानों के निर्माण के लिए आवश्यक लेखा विधि कौशल उपलब्ध कराता है।

चरण/प्रक्रिया (Stages/Process)

बजट निर्माण के विभिन्न चरण निम्न हैं:

1. **आहरण एवं संवितरण (Drawing & Disbursing) अधिकारियों द्वारा अनुमोदन की तैयारी:** वित्त वर्ष प्रारंभ होने से 5-6 महीने पहले अर्थात् सितंबर-अक्टूबर में वित्त मंत्रालय प्रशासनिक मंत्रालय को परिपत्र और प्रपत्र भेजकर उससे आगामी वित्त वर्ष के खर्चों के अनुमान माँगता है। प्रशासनिक मंत्रालय इन प्रपत्रों को अपनी ओर से स्थानीय/क्षेत्रीय अधिकारियों अर्थात् संवितरण अधिकारियों को भेज देते हैं। इन प्रपत्रों में अनुमान तथा अन्य अपेक्षित सूचनाएँ भरनी होती हैं और इनमें से प्रत्येक में निम्नलिखित स्तंभ होते हैं:
   1. पिछले वर्ष के वास्तविक आँकड़े
   2. चालू वर्ष के लिए स्वीकृत बजट अनुमान
   3. चालू वर्ष के संशोधित अनुमान
   4. अगले वर्ष के प्रस्तावित अनुमान (किसी बढ़ोतरी या कमी के कारण सहित)
   5. चालू वर्ष के लिए उपलब्ध वास्तविक आँकड़े (अनुमान तैयार करते समय)
   6. पिछले वर्ष की संगत समयावधि के वास्तविक आँकड़े
2. **विभागों द्वारा मंत्रियों एवं संवीक्षा एवं समेकन:** संवितरण अधिकारियों से अनुमान प्राप्त करने के बाद विभागीय प्रमुख संपूर्ण विभाग के लिए इनकी संवीक्षा और समेकन करते तथा प्रशासनिक मंत्रालय को प्रस्तुत कर देते हैं।

   प्रशासनिक मंत्रालय अपनी साझा नीति के प्रकाश में इन अनुमानों की संवीक्षा और पूरे मंत्रालय के लिए इनका समेकन करता है तथा वित्त मंत्रालय (आर्थिक मामले के विभाग के बजट प्रभाग) को प्रस्तुत कर देता है।
3. **वित्त मंत्रालय द्वारा संवीक्षा:** प्रशासनिक मंत्रालय से प्राप्त अनुमानों की संवीक्षा व्यय की मितव्ययता और आय की उपलब्धता के दृष्टिकोण से वित्त मंत्रालय द्वारा की जाती है। 'स्थायी परिव्ययों' के मामले में यह संवीक्षा नाममात्र की, किंतु व्यय की नई मदों के मामले में अधिक कड़ी होती है।
4. **विवादों का समाधान:** बजट अनुमानों में किसी योजना को शामिल करने के प्रश्न पर यदि प्रशासनिक मंत्रालय और वित्त मंत्रालय के बीच मतभेद होता है तो प्रशासनिक मंत्रालय ऐसी योजना को केंद्रीय मंत्रिमंडल के सामने रख सकता है, जिसका निर्णय इस मामले में अंतिम होता है।
5. **वित्त मंत्रालय द्वारा समेकन:** इसके पश्चात् वित्त मंत्रालय व्यय पक्ष के बजट अनुमानों को समेकित करता है। फिर अनुमानित व्ययों के आधार पर वह केंद्रीय प्रत्यक्ष कर बोर्ड और केंद्रीय अप्रत्यक्ष बोर्ड के परामर्श से राजस्व अनुमान तैयार करता है। इस

संबंध में वित्त मंत्रालय की सहायता आयकर विभाग तथा केंद्रीय उत्पाद शुल्क एवं सीमा शुल्क विभाग करते हैं।

6. **मंत्रिमंडल द्वारा अनुमोदन:** वित्त मंत्रालय समेकित बजट को मंत्रिमंडल के सामने रखता है। मंत्रिमंडल के अनुमोदन के बाद ऐसे बजट को संसद में रखा जा सकता है। यहाँ यह बताना जरूरी है कि बजट गोपनीय दस्तावेज़ है और संसद में प्रस्तुत होने से पहले इसे बाहर नहीं आना चाहिए।

'बजट अधिनियमन' का अर्थ है-संसद द्वारा पारित और राष्ट्रपति द्वारा अभिपुष्ट बजट की स्वीकृति अर्थात् प्रत्येक वित्त वर्ष के संबंध में भारत सरकार की अनुमानित प्राप्तियों और खर्चों के वार्षिक वित्तीय विवरण की स्वीकृति। इससे सरकारी प्राप्तियों और खर्चों को वैधानिकता मिल जाती है। इसका अर्थ है कि, बजट के अधिनियम के बिना सरकार न तो धन एकत्र कर सकती है और न ही खर्च।

बजट निष्पादन (Execution of Budget)

'बजट निष्पादन' का अर्थ है संसद द्वारा बजट के पारित हो जाने के बाद इसको लागू या कार्यान्वित करना। दूसरे शब्दों में, इसका अर्थ है-विनियोग विधेयक (व्यय संबंधित) और वित्त विधेयक (आय संबंधित) लागू करना।

बजट का निष्पादन वित्त मंत्रालय के नियंत्रण तथा निर्देश में विभिन्न प्रशासनिक मंत्रालयों/विभागों द्वारा किया जाता है अर्थात् बजट निष्पादन के संबंध में पूरी जिम्मेदारी वित्त मंत्रालय की होती है, जो भारत सरकार की केंद्रीय वित्तीय एजेंसी है।

व्यय भाग (Expenditure Part)

वित्त मंत्रालय में वित्तीय अधिकारों के अत्यधिक समेकित रूप ने वित्तीय नियंत्रण को बहुत सख्त बना दिया है। परंतु शक्तियों के प्रत्यायोजन की विभिन्न योजनाओं के द्वारा समय के साथ नियंत्रण कुछ ढीला पड़ा है। इन योजनाओं द्वारा अपने खर्चों के प्रबंधन के मामले में प्रशासनिक मंत्रालय को कुछ ढील और कुछ प्रचालन स्वतंत्रता दी गई है।

प्रशासनिक मंत्रालयों/विभागों के खर्चों पर वित्त मंत्रालय अपना नियंत्रण निम्न उपायों से लागू करता है:

(i) नीतियों और कार्यक्रमों का सैद्धांतिक अनुमोदन।
(ii) बजट अनुमानों में प्रावधान की स्वीकृति।
(iii) व्ययकर्ता प्राधिकरणों अर्थात् मंत्रालयों को प्रदत्त शक्तियों के अधीन खर्चों की संस्वीकृति।
(iv) एकीकृत वित्तीय सलाहकार के माध्यम से वित्तीय सलाह उपलब्ध कराना।
(v) अनुदानों का पुनर्विनियोग अर्थात् एक उपशीर्ष से दूसरे उपशीर्ष में धन का हस्तांतरण।
(vi) आंतरिक लेखा-परीक्षा प्रणाली।
(vii) व्ययकर्ता प्राधिकरणों द्वारा पालन की जाने वाली वित्तीय संहिता का निर्धारण।

अपने उत्तरदायित्वों को पूरा करने के लिए सरकार के द्वारा निर्मित तंत्र की संरचना इस प्रकार है:

(i) नियंत्रण अधिकारियों की प्रणाली, जो आमतौर पर मंत्रालय/विभाग प्रमुख होते हैं।
(ii) सक्षम प्राधिकारियों की प्रणाली, जो वित्तीय संस्वीकृतियाँ देते हैं।
(iii) आहरण एवं संवितरण (drawing and disbursing) अधिकारियों की प्रणाली।
(iv) भुगतान एवं लेखा प्रणाली (भुगतान करने और लेखा संकलन के लिए केंद्र सरकार के विभिन्न विभागों में भुगतान एवं लेखा कार्यालय स्थापित किए जाते हैं)।

पुनर्विनियोग (Reappropriation) एक कार्यकारी कार्य है। इसके लिए वित्त मंत्रालय या उस प्रशासनिक मंत्रालय/विभाग की औपचारिक स्वीकृति लेनी पड़ती है, जिसको अपेक्षित शक्तियाँ सौंपी गई हैं। पुनर्विनियोग की अनुमति केवल उसी अनुदान के अंतर्गत है और यह अनुमति निम्नलिखित मामलों में नहीं दी जा सकती है:

(i) खर्चों की दत्तमत और प्रभारित मदों (Voted and charged items) के बीच।
(ii) उस नई सेवा पर खर्च की पूर्ति के लिए, जिसकी व्यवस्था बजट में नहीं की गई है।
(iii) लोकसभा द्वारा दत्तमत विभिन्न अनुदानों के बीच।
(iv) उस किसी खर्च की पूर्ति के लिए, जिसे लोकसभा या किसी अन्य सक्षम प्राधिकारी ने संस्वीकार नहीं किया है।

(v) उस किसी खर्च की पूर्ति के लिए जिसका परिव्यय किसी भावी वित्त वर्ष में होता हो (आकस्मिक खर्च के अलावा)।

(vi) बजट के राजस्व और पूँजी भागों के बीच।

एकीकृत वित्तीय सलाहकार योजना 1974 में सबसे पहले जहाजरानी एवं परिवहन मंत्रालय में प्रयोग के तौर पर लागू की गई थी और 1975-76 के दौरान इसका विस्तार केंद्र सरकार के सभी मंत्रालयों में कर दिया गया। इसके अंतर्गत प्रशासनिक मंत्रालयों में एकीकृत वित्तीय सलाहकार नियुक्त किए जाते हैं।

एकीकृत वित्तीय सलाहकार संयुक्त या अतिरिक्त सचिव की श्रेणी का होता है। उसका चयन प्रशासनिक मंत्रालय तथा वित्त मंत्रालय द्वारा संयुक्त रूप से किया जाता है और उसकी गोपनीय रिपोर्ट संयुक्त रूप से दोनों मंत्रालयों द्वारा लिखी जाती है। वह दोनों मंत्रालयों के दोहरे नियंत्रण में रहता है और दोनों के प्रति जवाबदेह होता है। बढ़े हुए प्रत्यायोजित वित्तीय अधिकारों को लागू करने में वह प्रशासनिक मंत्रालय की सहायता करता है, परंतु, प्रत्यायोजित अधिकारों एवं कार्यों के संबंध में मंत्रालय सचिव द्वारा उसकी सलाह को अस्वीकार किया जा सकता है। लेकिन प्रत्यायोजित शक्तियों के क्षेत्र के बाहर वह वित्त मंत्रालय के सामान्य निर्देश के अधीन काम करता है और वित्त सचिव तक उसकी सीधी पहुँच होती है। उसकी शक्तियाँ/अधिकार और कार्य निम्नलिखित हैं:

(i) बजट तैयार करना।

(ii) वित्त मंत्रालय की संस्वीकृति के लिए परियोजनाओं एवं कार्यक्रमों की समीक्षा।

(iii) बजट-पश्चात् की सतर्कता।

(iv) मंत्रालय के लिए परिणाम आधारित बजट का निरूपण और योजनाओं की प्राप्ति की निगरानी करना।

(v) सचिव, जो मंत्रालय का मुख्य लेखा प्राधिकारी होता है, को उत्तरदायित्व का पालन करने में अपनी सहायता करना।

राजस्व/आय भाग
(Revenue Part)

राजस्व पक्ष में बजट निष्पादन के अंतर्गत आते हैं-(अ) राजस्वों का संग्रह, (ब) संगृहीत धनराशियों की रक्षा, और; (स) धनराशियों का वितरण।

राजस्व संग्रह निम्न चरणों में होता है:

(i) कर प्रशासन के लिए उपयुक्त तंत्र का निर्माण और कार्यविधि का निर्धारण।

(ii) कर निर्धारण अर्थात् उन लोगों की सूची तैयार करना जो कर के लिए देय है और उनके द्वारा अदा की जाने वाली राशि तय करना।

(iii) आपत्तियों तथा अपीलों की सुनवाई की व्यवस्था करना।

(iv) संग्रह अर्थात् विभिन्न निर्धारित रीतियों से देय राशि की वसूली।

(v) बकाया राशियों की नकद सिद्धि करना अर्थात् बकायदारों से निपटना।

कर संग्रह का प्रभारी तंत्र पूरी तरह से वित्त मंत्रालय के राजस्व विभाग के नियंत्रण और देखरेख में काम करता है। करों का संग्रह केंद्रीय प्रत्यक्ष कर बोर्ड और केंद्रीय अप्रत्यक्ष कर एवं सीमा शुल्क बोर्ड के माध्यम से किया जाता है।

राशियों के आहरण और वितरण (custody and distribution) में भारतीय रिजर्व बैंक के साथ भारतीय स्टेट बैंक, जिला कोषागार (लगभग 300)और उप-कोषागार (लगभग 1200) संलग्न हैं। भारत का संविधान केंद्र सरकार के लिए तीन प्रकार की राशियों/निधियों की व्यवस्था करता है:

(i) भारत की संचित निधि (धारा 266)

(ii) भारत का सार्वजनिक लेखा (धारा 266)

(iii) भारत की आकस्मिकता निधि (धारा 267)

लेखा और लेखा परीक्षा (Accounts and Audit)

40

अर्थ (Meaning)

1. **लेखांकन का अर्थ (Meaning of Accounts):** 'लेखा' शब्द की व्याख्या इस रूप में की गई है कि यह "मौद्रिक मूल्य रखने वाले धन या वस्तुओं से संबंधित तथ्यों का विवरण है।" जिन तथ्यों को लेखा के अभिलेखों में शामिल किया जाता है उनको 'लेन-देन' कहते हैं। अत: लेखा विधि का अर्थ है-वित्तीय लेन-देन का व्यवस्थित अभिलेख रखना। इसके अंतर्गत वित्तीय प्रकृति के लेन-देन का एकत्रण, अंकन, वर्गीकरण तथा सार प्रस्तुतीकरण और उनके परिणामों का अर्थ लगाना शामिल है।

लेखा विधि के तीन उद्देश्य हैं–(i) कोष सँभालने वालों की विश्वसनीयता का निर्धारण; (ii) नीति निर्धारण एवं प्रशासनिक उद्देश्यों के लिए वित्तीय स्थितियों तथा कार्यों से संबंधित सूचनाएँ प्रदान करना, और; (iii) व्यय को बजटीय प्रावधानों एवं सीमाओं के भीतर रखना।

2. **लोक परीक्षा का अर्थ (Meaning of Audit):** वित्तीय प्रशासन पर विधायी नियंत्रण का एक महत्वपूर्ण साधन है-लेखा परीक्षा। यह विधायिका के प्रति प्रशासन की जवाबदेही का लागू करने का एक उपकरण है। यह प्रशासन पर बाहरी नियंत्रण का अंग है।

लेखा परीक्षा लेखा की छानबीन है, जिसका उद्देश्य यह पता लगाना और विधायिका को रिपोर्ट करना है कि प्रशासन की ओर से कौन-कौन से अनाधिकृत, अवैधानिक या अनियमित खर्चे किए गए हैं और उसके कौन-से वित्तीय कार्य उचित नहीं हैं। इसका उद्देश्य यह देखना है कि खर्चे सक्षम प्राधिकारी की स्वीकृतियों से और उन्हीं कार्यों के लिए किए गए हैं, जिनके लिए इनको विधायिका ने स्वीकृत किया था।

लेखा परीक्षा या तो उत्तर लेखा परीक्षा हो सकती है अथवा पूर्व लेखा परीक्षा। अगर लेखा परीक्षा धन व्यय होने के बाद होती है तो इसे उत्तर लेखा परीक्षा कहते हैं और यदि धन खर्च होने से पहले होती है तो पूर्व लेखा परीक्षा कहलाती है। दूसरी ओर यदि लेखा परीक्षा खर्च की प्रक्रिया के दौरान होती है तो इसे समवर्ती लेखा परीक्षा कहा जाता है।

लेखा परीक्षा की भूमिका (Role of Audit)

भारत में लेखा परीक्षा की भूमिका को निम्नलिखित बिंदु स्पष्ट करते हैं:

1. **नियामक (Regulatory) लेखा परीक्षा:** इसका सरोकार प्रशासन द्वारा किए गए खर्चों के वैधानिक एवं तकनीकी पक्षों से है। यह सुनिश्चित करती है कि खर्च कानून, नियमों और विनियमों के अनुसार किए गए हैं और यह देखती है, इसकी पुष्टि के लिए पर्याप्त वाउचर हैं या नहीं। अत: इसको विधिक लेखा परीक्षा भी कहते हैं।

2. **औचित्य (Propriety) लेखा परीक्षा:** इसका संबंध खर्चा करने की बुद्धिमानी, निष्ठा और मितव्ययता से है। यह अपव्यय और बर्बादी के मामलों की उस स्थिति में भी खोज करती है, जब खर्चे कानून, नियम और विनियम के अनुसार किए गए हों।

3. **निष्पादन (Performance) लेखा परीक्षा:** इसका संबंध उपलब्धियों के मूल्यांकन से है। यह खर्चों के बदले में प्रशासन के कार्यों का मापन करता है। अत: इसको कुशलतापरक लेखा परीक्षा भी कहते हैं।

लेखा परीक्षा से लेखा का पृथक्करण (Separation of Accounts from Audit)

1976 तक लेखाविधि और लेखा परीक्षण कार्य भारत के नियंत्रक एवं महालेखा परीक्षक के पद से जुड़े थे। दूसरे शब्दों में, वह लेखा के संग्रहण तथा रख-रखाव के साथ उनका लेखा परीक्षण भी करता था। ये दोनों काम वह केंद्र सरकार के लिए ही नहीं, राज्य सरकारों के लिए भी करता था। यह मिली-जुली व्यवस्था ब्रिटिशराज का अवशेष थी और इसकी आलोचना हुई। अत: इंचकेप समिति (1923), मुड्डीमैन समिति (1924), साइमन समिति (1929), सार्वजनिक लेखा समिति और आकलन समिति

ने निम्नलिखित आधारों पर लेखा को लेखा परीक्षा से अलग करने की सिफारिश की:

(i) पृथक्करण से लेखा परीक्षा विभाग की कुशलता बढ़ेगी क्योंकि लेखाविधि के उत्तरदायित्वों से मुक्त होकर यह केवल लेखा परीक्षा पर ध्यान केंद्रित कर सकेगा।

(ii) सम्मिलित व्यवस्था में धोखाधड़ी और गबन, तथा इनको प्रकट होने से रोकने के खतरे अंतर्निहित हैं।

(iii) एक ही पद के साथ इन दोनों कार्यों का पद के साथ उचित नहीं है क्योंकि लेखा एक कार्यपालक कार्य है जबकि लेखा परीक्षा एक अर्द्ध-संसदीय कार्य है।

(iv) सम्मिलित प्रणाली, नियंत्रक एवं महालेखा परीक्षक से उसी लेखा की लेखा परीक्षा करने की अपेक्षा करती है, जिसको स्वयं उसने संगृहीत किया है। इससे वह अत्यंत उलझन की स्थिति में पड़ जाते हैं। यह आधुनिक सरकारों की कार्यपद्धति के विरुद्ध भी है, जिनमें ये दोनों काम अलग-अलग होते हैं।

(v) पृथक्करण के फलस्वरूप विभागों के खर्चे संसद द्वारा स्वीकृत विनियोगों से अधिक नहीं हो सकते क्योंकि उन पर लेखापालन की जिम्मेदारी आ जाती है।

(vi) पृथक्करण के फलस्वरूप लेखा परीक्षण की स्वाधीनता बढ़ती है क्योंकि सम्मिलित व्यवस्था लेखा परीक्षा के सिद्धांत के विपरीत होती है।

(vii) लेखापालन के उत्तरदायित्व विभागों को सौंपने से न केवल लेखा पालन की प्रणाली में सुधार आएगा बल्कि इससे वे अधिक उत्तरदायी भी बनेंगे।

(viii) लेखापालन का उत्तरदायित्व कार्यपालक विभागों को सौंपे जाने से दोनों कार्य अलग हो जाएँगे और इससे न केवल बजट निर्माण को गोपनीय रखना आसान होगा बल्कि विभागों द्वारा संशोधित आकलनों को आसानी से अधिक कारगर ढंग से सूत्रबद्ध किया जा सकेगा।

(ix) पृथक्करण से निर्णय-निर्माण और वित्तीय प्रबंधन में लेखा विधि के उपयोग का रास्ता खुलता है।

लेखा का विभागीकरण (Departmentalisation of Accounts)

1976 में लेखा के विभागीयकरण की नई योजना लागू करके केंद्र सरकार ने लेखा को लेखा परीक्षा से अलग कर दिया। विभागीय प्रबंधन लेखा विधि प्रणाली की योजना की प्रमुख विशेषताएँ निम्न हैं:

(i) भारत के नियंत्रक और महालेखा परीक्षक को केंद्र सरकार के लेखा संगृहीत करने तथा उनके रख-रखाव के उत्तरदायित्व से मुक्त कर दिया गया और अब उसका सरोकार उनके लेखा परीक्षण मात्र से है। परंतु उन राज्यों के लेखा संग्रह और उसके रख-रखाव का उत्तरदायित्व अब भी उस पर है, जिन्होंने लेखा को लेखा परीक्षा से अलग नहीं किया है।

(ii) प्रशासनिक विभागों ने भुगतान एवं प्राप्तियों के अधिकांश कार्य कोषागारों से ले लिए हैं। दूसरे शब्दों में भुगतान करने और उनका हिसाब रखने की जिम्मेदारी विभागों ने खुद ले ली है।

(iii) मंत्रालय तथा उससे संलग्न तथा अधीनस्थ कार्यालयों के तमाम लेन-देन के लिए मुख्य लेखा प्राधिकारी के रूप में मंत्रालय सचिव को नामित किया गया है। भुगतान तथा लेखा पालन व्यवस्था की कार्यपद्धति का पूरा दायित्व उसी पर है। मासिक लेखा के प्रमाणीकरण के लिए भी वह ही उत्तरदायी है। वह अपना उत्तरदायित्व मंत्रालय के एकीकृत वित्त सलाहकार के द्वारा और उसकी सहायता से पूरा करता है।

(iv) एकीकृत वित्तीय सलाहकार मंत्रालय के लेखा संगठन और भुगतान का प्रधान होता है। मंत्रालय सचिव अर्थात् मुख्य लेखा प्राधिकारी की ओर से वह निम्नलिखित के लिए उत्तरदायी होता है:

  (a) मंत्रालय और इसके विभागों के बजट का निर्माण

  (b) व्यय पर नियंत्रण

  (c) मंत्रालय द्वारा स्वीकृत भुगतानों का व्यवस्थापन

  (d) संपूर्ण मंत्रालय के लेखा का समेकन

  (e) मंत्रालय द्वारा नियंत्रित अनुदानों के लिए विनियोग लेखा को तैयार करना

(f) प्रबंधन की ऐसी कुशल प्रणाली को लागू करना, जो मंत्रालय तथा इसके विभागों के लिए सबसे उपयुक्त हो।

(g) भुगतानों एवं लेखा की आंतरिक लेखा परीक्षा

(h) लेखा की सटीकता और कार्य संचालन की कुशलता सुनिश्चित करना

उपरोक्त कार्यभारों के निष्पादन के लिए एकीकृत वित्तीय सलाहकार की सहायता निम्न अधिकारी करते हैं–प्रधान लेखा अधिकारी, भुगतान एवं लेखा कार्यालयों के प्रमुख, मुख्य लेखा नियंत्रक और लेखा नियंत्रक।

महालेखा नियंत्रक (Controller General of Accounts)

वित्त मंत्रालय के व्यय विभाग के एक अंग के रूप में 1976 में महालेखा नियंत्रक के एक नए पद की स्थापना की गई। उसका काम केंद्र सरकार के लेखा विभागीयकरण से संबंधित मामलों का संचालन करना है। वह केंद्र सरकार की नई लेखा प्रणाली का मुख्य तकनीकी प्राधिकारी है। उसके निम्नलिखित कार्य हैं:

(i) वह केंद्र व राज्य सरकारों को लेखा के सामान्य सिद्धान्त एवं रूप सुझाता है और इनसे सम्बन्धित नियमों एवं विनियमों की रूपरेखा बनाता है।

(ii) वह केंद्रीय सरकार के लिए बजट नियंत्रण, भुगतान, प्राप्ति, संग्रह और लेखा कार्य सम्पन्न करता है।

(iii) वह वित्त मंत्री और अन्य मंत्रियों को सरकारी वित्त की स्थिति के विषय में नियमित रूप से आवश्यक जानकारी देता है।

(iv) वह विभिन्न लेखा मामलों पर सभी नागरिक मंत्रालयों एवं विभागों को तकनीकी परामर्श उपलब्ध कराता है। उसका परामर्श इनके लिए बाध्यकारी होता है।

(v) वह सभी नागरिक मंत्रालयों से सेवानिवृत्त होने वाली सरकारी कर्मचारियों को पेंशन भुगतानों के संवितरण और लेखांकन के लिए उत्तरदायी है।

(vi) वह वित्तीय अनियमितताओं को प्रकाश में लाने के लिए केंद्रीय सरकार के विभिन्न मंत्रालयों एवं विभागों द्वारा किये जाने वाले खर्च का आन्तरिक लेखा परीक्षण करता है।

(vii) वह केंद्रीय सरकार के विभिन्न सार्वजनिक क्षेत्र उपक्रमों के पूँजीगत पुनर्निर्माण और विनिवेश से सम्बन्धित प्रस्तावों के मूल्यांकन एवं प्रसंस्करण हेतु उत्तरदायी है। यह कार्य उसे 1989 में सौंपा गया था।

(viii) वह नागरिक मंत्रालयों में तैनात सभी लेखा कार्मिकों और भारतीय लोक लेखा सेवा के संवर्ग का प्रबन्धन करता है और वह उनके सम्बन्ध में कार्मिक प्रबन्धन के सम्पूर्ण परास हेतु उत्तरदायी है।

(ix) वह केंद्रीय सरकार के मासिक और वार्षिक लेखों का समेकन करता है।

(x) संविधान की धारा 283 के अधीन नियमों को लागू करना। इस धारा का संबंध संचित निधि के संरक्षण और उसके अन्य पक्षों से तथा आकस्मिकता निधि और सार्वजनिक लेखा में जमा राशियों से है।

(xi) वह केंद्र सरकार के विनियोग लेखा और वित्त लेखा का एक संक्षिप्त प्रपत्र तैयार करता है। भारत के नियंत्रण एवं महालेखा परीक्षक द्वारा लेखा परीक्षण के बाद इनको राष्ट्रपति द्वारा संसद के समक्ष प्रस्तुत किया जाता है।

विनियोग लेखा का काम विभिन्न अनुदानों के अंतर्गत हुए वास्तविक खर्चे की तुलना पारित अनुदानों की राशि से करना है जैसा कि संसद द्वारा पारित विनियोग अधिनियम में निर्दिष्ट है। दूसरी ओर, वित्तीय लेखा (संबंधित शीर्षों के अंतर्गत) केंद्र सरकार के लिए वार्षिक प्राप्तियों तथा संवितरणों को प्रदर्शित करता है।

लेखा का ढांचा (Structure of Accounts)

संविधान की धारा 150 के अनुसार केंद्र एवं राज्य सरकारों के लेखा के प्रपत्रों का निर्धारण नियंत्रक एवं महालेखा परीक्षक की सलाह पर भारत के राष्ट्रपति द्वारा किया जाता है। लोकसभा की नियम संख्या 204 में कहा गया है कि लोकसभा में बजट वित्त मंत्रालय द्वारा निर्धारित प्रपत्र गें (आकलन समिति के सुझावों, यदि कोई हों, पर विचार करके) प्रस्तुत किया जाएगा। व्यवहार में बजट का प्रपत्र लेखा के प्रपत्र से मेल खाने वाला होता है।

प्रबंधन के उद्देश्यों और वित्तीय नियंत्रण और जवाबदेही की आवश्यकता को पूरा करने के लिए केंद्र सरकार द्वारा खातों के निम्नलिखित पांच स्तरीय वर्गीकरण को अपनाया गया है:

1. मंडलीय (Sectoral)
2. प्रमुख शीर्ष (Major Head)
3. गौण शीर्ष (Minor Head)
4. उप-शीर्ष (Subhead)
5. विस्तृत शीर्ष (Detailed Head)

मंडलीय वर्गीकरण ने सरकारी कार्यकलापों को तीन मंडलों में बाँट दिया है–सामान्य सेवाएँ (छह उप-मंडलों सहित), सामाजिक एवं सामुदायिक सेवाएँ और आर्थिक सेवाएँ (सात उप-मंडलों सहित)। इसके अतिरिक्त एक चौथा मंडल भी है– सहायता अनुदान और अंशदान।

लेखा का प्रमुख शीर्ष सरकार के कार्यकलाप (जैसे-कृषि) को इंगित करता है जबकि गौण शीर्ष किसी कार्यक्रम (जैसे कि कृषि खेत) का संकेतक है। उपशीर्ष किसी कार्यक्रम के अंतर्गत योजना को सूचित करता है जबकि विस्तृत शीर्ष उस खर्चे का प्रतिनिधित्व करता है, जो वेतनों, निवेशों आदि के रूप में उस योजना पर हुए हैं।

प्रमुख शीर्ष में किसी भी परिवर्तन के लिए भारत के नियंत्रक एवं महालेखा परीक्षक की स्वीकृति आवश्यक है।

केंद्रीय वित्त मंत्रालय की भूमिका (Role of Union Finance Ministry)

41

मंत्रालय का अवलोकन (Overview of the Ministry)

वित्त मंत्रालय भारत सरकार के सबसे पुराने मंत्रालयों में से एक है। यह भारत सरकार की 'केंद्रीय वित्तीय एजेंसी' है। इसका नेतृत्व राजनीतिक रूप से एक वरिष्ठ कैबिनेट मंत्री और प्रशासनिक रूप से वित्त सचिव द्वारा किया जाता है। कैबिनेट मंत्री को राज्य के एक या दो मंत्री द्वारा सहायता प्रदान की जाती है।

वित्त मंत्रालय, केंद्र सरकार के वित्त के प्रशासन हेतु जिम्मेदार है। यह समग्र रूप से देश पर प्रभाव डालने वाले सभी आर्थिक तथा वित्तीय मामलों से संबंधित है, जिसमें विकास हेतु संसाधनों की गतिशीलता समाविष्ट है। यह राज्यों को संसाधनों के हस्तांतरण को सम्मिलित करते हुए केंद्र सरकार के व्यय का नियमन करता है।

वित्त का मंत्रालय वर्ग 'ए' केंद्रीय सेवाओं के निम्नलिखित वर्ग को नियंत्रित करने वाला संवर्ग प्राधिकरण भी है:

1. भारतीय राजस्व सेवा (सीमा शुल्क और केंद्रीय उत्पाद शुल्क)
2. भारतीय राजस्व सेवा (आय कर)
3. भारतीय लोक लेखा सेवा
4. भारतीय आर्थिक/अर्थव्यवस्था सेवा
5. भारतीय लागत लेखा सेवा

वर्तमान में, वित्त मंत्रालय पांच विभागों से युक्त है:

1. आर्थिक मामलों का विभाग
2. व्यय विभाग
3. राजस्व विभाग
4. निवेश और सार्वजनिक संपत्ति प्रबंधन विभाग
5. वित्तीय सेवा विभाग

इन विभागों द्वारा किए गए विभिन्न कार्य निम्नानुसार वर्णित हैं।

आर्थिक कार्य विभाग (Department of Economic Affairs)

यह विभाग उन आर्थिक मुद्दों पर सलाह के लिए जिम्मेदार है जो भारतीय अर्थव्यवस्था के आंतरिक एवं बाहरी पक्षों पर प्रभाव डालते हैं जिनमें मुद्रास्फीति/महंगाई, मूल्य नियंत्रण, विदेशी मुद्रा प्रबंधन, आधिकारिक विकासात्मक सहायता, घरेलू वित्त और केंद्रीय बजट की तैयारी अंतर्राष्ट्रीय वित्तीय संस्थानों तथा अन्य राष्ट्रों देशों के साथ द्विपक्षीय एवं बहुपक्षीय जुड़ाव समाविष्ट हैं। यह भारतीय आर्थिक सेवा के कैडर को बनाए रखता है।

इस विभाग का मिशन देश के आर्थिक संसाधनों के स्थायी, उचित और कुशल उपयोग के माध्यम से ध्वनि सार्वजनिक वित्त को बनाए रखने में केंद्र सरकार की सहायता करना; मजबूत आर्थिक नीतियों के विकास और भविष्य की आर्थिक चुनौतियों तथा अवसरों की तैयारियों के द्वारा उस तरह के हालातों को बढ़ावा देना जो सतत् आर्थिक विकास को गति प्रदान करें; और भारत के द्विपक्षीय और बहुपक्षीय आर्थिक और वित्तीय कार्यों का नेतृत्व करना है।

यह विभाग सोलह कार्यात्मक प्रभागों में विभाजित है। ये नीचे उल्लिखित हैं:

1. सहायता/अनुदान, लेखा और लेखा परीक्षा प्रभाग
2. प्रशासन और समन्वय विभाग
3. द्विपक्षीय सहयोग प्रभाग
4. बजट प्रभाग
5. वित्तीय बाजार प्रभाग
6. मुद्रा और सिक्का प्रभाग
7. आर्थिक विभाजन
8. भारतीय आर्थिक सेवा कैडर प्रभाग
9. बुनियादी संरचना नीति और वित्त प्रभाग
10. निवेश प्रभाग

11. एकीकृत वित्त प्रभाग
12. सार्वजनिक ऋण प्रबंधन सेल
13. धन कोष निधि बैंक और एडीबी प्रभाग
14. अंतर्राष्ट्रीय आर्थिक संबंध प्रभाग
15. प्रेस संबंध सूचना प्रभाग
16. मुख्य लेखा नियंत्रक का कार्यालय

व्यय विभाग (Department of Expenditure)

यह विभाग केंद्र सरकार में सार्वजनिक वित्तीय प्रबंधन प्रणाली की देखरेख करने और राज्य वित्त से जुड़े मामलों के लिए नोडल विभाग है। यह वित्त आयोग और केंद्रीय वेतन आयोग की अनुशंसा को लागू करने, लेखा परीक्षा की टिप्पणियों/अवलोकनों की निगरानी से संबंधित है। यह सार्वजनिक सेवाओं की लागत और कीमतों को नियंत्रित करने के लिए केंद्रीय मंत्रालयों/विभागों के आउटपुट और सार्वजनिक व्यय के परिणामों का अनुकूलन करने के लिए प्रणाली और प्रक्रिया की पुन: अवलोकन करने में सहायता करता है।

इस विभाग की प्रमुख गतिविधियों में वित्तीय सलाहकारों के अंतर पृष्ठ इंटरफेस के माध्यम से केंद्रीय मंत्रालयों विभागों में व्यय के प्रबंधन की निगरानी, और वित्तीय नियमों/विनियमों/आदेशों पहले से स्वीकृत मुख्य योजनाओं/परियोजनाओं का पूर्व-अनुमोदन मूल्यांकन, थोक संभालना शामिल है। राज्यों को हस्तांतरित केंद्रीय बजटीय संसाधनों की संभाल समाविष्ट है।

यह विभाग आठ कार्यात्मक प्रभागों में विभाजित है। ये इस प्रकार हैं:

1. व्यक्तिगत विभाजन
2. सार्वजनिक वित्त-राज्य प्रभाग
3. सार्वजनिक वित्त-केंद्रीय प्रभाग
4. सार्वजनिक अधिप्राप्ति प्रभाग
5. एकीकृत वित्त इकाई
6. मुख्य सलाहकार लागत का कार्यालय
7. लेखा महानियंत्रक कार्यालय
8. केंद्रीय पेंशन लेखा कार्यालय

राष्ट्रीय वित्तीय प्रबंधन संस्थान, फरीदाबाद, जो एक स्वायत्त निकाय है, वह भी इस विभाग के प्रबंधकीय नियंत्रण के आधीन है।

राजस्व विभाग (Department of Revenue)

यह विभाग उन राजस्व मामलों के संदर्भ में अपना नियंत्रण रखता है जो दो वैधानिक बोर्डों, नामित केंद्रीय प्रत्यक्ष कर बोर्ड (सीबीडीटी) और केंद्रीय अप्रत्यक्ष कर और सीमा शुल्क बोर्ड (सीबीआईसी) के माध्यम से प्रत्यक्ष और अप्रत्यक्ष केंद्रीय करों से संबंधित हैं। प्रत्येक बोर्ड की अध्यक्षता एक अध्यक्ष द्वारा की जाती है जो कि भारत सरकार के प्रति पूर्व पदेन विशेष सचिव भी होता है। सभी प्रत्यक्ष करों के लगान और उपनिवेश से संबंधित मामलों की देखभाल केंद्रीय प्रत्यक्ष कर बोर्ड द्वारा की जाती है, जबकि वस्तु एवं सेवा कर (जीएसटी), सीमा शुल्क और केंद्रीय उत्पाद शुल्क, सेवा कर तथा अन्य अप्रत्यक्ष कर केंद्रीय अप्रत्यक्ष कर और सीमा शुल्क बोर्ड के दायरे के अंतर्गत आते हैं। केंद्रीय राजस्व बोर्ड अधिनियम, 1963 के अंतर्गत 2 बोर्डों का गठन किया गया।। प्रत्येक बोर्ड ने छह सदस्यों की संख्या को मंजूरी दी।

यह विभाग निम्नलिखित कार्यों के लिए जिम्मेदार है:

1. प्रत्यक्ष कर से संबंधित लगान और संग्रहण से संबंधित सभी मामले।
2. अप्रत्यक्ष कर के लगान और संग्रहण से संबंधित सभी मामले।
3. आर्थिक अपराधों और अर्थशास्त्र कानूनों के प्रवर्तन/ लागू करने में जांच।
4. नारकोटिक दवाओं और मनोदैहिक उपचारात्मक पदार्थों के दुरुपयोग तथा उसके अवैध तस्करी की रोकथाम और मुकाबला करना।
5. विदेशी मुद्रा प्रबंधन अधिनियम, 1999 (एफईएमए) का प्रवर्तन और विदेशी मुद्रा के संरक्षण और तस्करी गतिविधियों की रोकथाम अधिनियम, 1974 (सीओएफएपीओएसए) के तहत जेल की अनुशंसा।
6. स्मगलर एंड फॉरेन एक्सचेंज मैनिपुलेटर्स (संपत्ति का त्याग) अधिनियम, 1976 तथा नारकोटिक्स ड्रग्स एंड साइकोट्रॉपिक सब्सटेंस एक्ट, 1985 के तहत, संपत्ति को जब्त करने से संबंधित कार्य।
7. अंतर-राज्यीय व्यापार या वाणिज्य के दौरान बिक्री पर करों की उगाही।

8. भारतीय स्टाम्प अधिनियम, 1899 के तहत स्टांप शुल्क के भुगतान से समेकन/पुनर्वसन/छूट से संबंधित मामले।
9. सोना नियंत्रण का अवशिष्ट कार्य।
10. सीमा शुल्क, उत्पाद शुल्क और सेवा कर अपीलीय न्यायाधिकरण (सीईएसटीएटी) से संबंधित मामले।
11. भारतीय राजस्व सेवा (आईआरएस) (आयकर) (समूह ए) और आईआरएस (सीमा शुल्क और केंद्रीय उत्पाद शुल्क) (समूह ए) का कैडर नियंत्रण।

निवेश एवं सार्वजनिक परिसंपत्ति प्रबंधन विभाग (Department of Investment and Public Asset Management)

निवेश और सार्वजनिक संपत्ति प्रबंधन विभाग (डीआईपीएएम) के विकास में विभिन्न उपलब्धियों को नीचे क्रमवार तरीके से उल्लिखित किया गया है:

1. 1999 में विनिवेश विभाग को एक अलग विभाग के रूप में स्थापित किया गया था। बाद में, वर्ष 2001 में, इसका नाम बदलकर विनिवेश मंत्रालय कर दिया गया।
2. 2004 से, वित्त मंत्रालय के अंतर्गत आने वाले विभागों में से विनिवेश विभाग भी एक विभाग है।
3. सरकार ने सीपीएसई के विनिवेश विभाग के अधिकार पत्र में बदलाव किया और इसे वर्ष 2016 में 'निवेश प्रबंधन हेतु विनिवेश' का नाम दिया। नतीजतन, विभाग का नाम बदलकर निवेश और सार्वजनिक संपत्ति प्रबंधन विभाग कर दिया गया है।

इस विभाग द्वारा किए जाने वाले कार्य निम्नानुसार हैं:

1. केंद्रीय सार्वजनिक क्षेत्र के उपक्रमों में इक्विटी के विनिवेश को सम्मिलित करते हुए इक्विटी में केंद्र सरकार के निवेश के प्रबंधन से संबंधित सभी मामले।
2. बिक्री के प्रस्ताव या निजी स्थापन या पूर्ववर्ती केंद्रीय सार्वजनिक क्षेत्र उपक्रमों के कोई अन्य मोड के माध्यम से, सरकार की इक्विटी की बिक्री से संबंधित सभी मामले।
3. रणनीतिक विनिवेश को सम्मिलित करते हुए विनिवेश हेतु प्रशासनिक/ प्रबंधकीय मंत्रालयों, नीति आयोग की अनुशंसा पर निर्णय।
4. विनिवेश और सार्वजनिक परिसंपत्ति प्रबंधन के लिए स्वतंत्र बाहरी निरीक्षक (निरीक्षकों) से संबंधित सभी मामले।
5. पूंजी पुनर्गठन, बोनस, लाभांशों, सरकारी इक्विटी का विनिवेश और अन्य संबंधित मुद्दों के इक्विटी में सरकारी निवेश के लक्ष्य हेतु सार्वजनिक क्षेत्रों के उपक्रमों से संबंधित मामलों में निर्णय।
6. केंद्रीय सार्वजनिक क्षेत्रों के उद्यमों के वित्तीय प्रतिबंध और पूंजी बाजार के माध्यम से उक्त उद्यमों में निवेश को आकर्षित करने हेतु सरकार को सलाह देना।
7. यूनिट ट्रस्ट ऑफ इंडिया अधिनियम, 1963 के साथ-साथ यूनिट ट्रस्ट ऑफ इंडिया के निर्दिष्ट उपक्रमों से संबंधित विषय।

वित्तीय सेवा विभाग (Department of Financial Services)

इस विभाग के अधिकार-पत्र में बैंकों, वित्तीय संस्थानों, बीमा कंपनियों और राष्ट्रीय पेंशन प्रणाली के कामकाज को समाविष्ट किया गया है। यह भारत में बैंकिंग क्षेत्र, बीमा क्षेत्र और पेंशन क्षेत्र से संबंधित सरकार के कई प्रमुख कार्यक्रमों/पहलों और सुधारों की देखरेख करता है।

जोखिम हस्तांतरण तंत्र के रूप में वित्तीय समावेशन, सामाजिक सुरक्षा और बीमा से संबंधित पहल और सुधार; अर्थव्यवस्था/किसानों/आम आदमी के प्रमुख क्षेत्रों के लिए ऋण प्रवाह इस विभाग द्वारा निपटाए जाने वाले कुछ प्रमुख क्षेत्र हैं।

वर्तमान में, इस विभाग द्वारा चलाई/प्रबंध की जा रही प्रमुख योजनाएं निम्नलिखित को समाविष्ट करती हैं:

1. प्रधानमंत्री जन-धन योजना
2. प्रधानमंत्री सुरक्षा बीमा योजना
3. प्रधानमंत्री जीवन ज्योति बीमा योजना
4. प्रधानमंत्री मुद्रा योजना
5. अटल पेंशन योजना
6. प्रधानमंत्री व्यय वंदना योजना
7. स्टैंड-अप इंडिया योजना

यह विभाग सार्वजनिक क्षेत्र के बैंकों (Public Sector Banks), सार्वजनिक क्षेत्र की बीमा कंपनियों (Public Sector Insurance Companies) और विकास वित्तीय संस्थानों (Development Financial Institutions) को राष्ट्रीय कृषि और ग्रामीण विकास के लिए राष्ट्रीय लघु उद्योग विकास बैंक, भारत इन्फ्रास्ट्रक्चर फाइनेंस कंपनी लिमिटेड, नेशनल हाउसिंग बैंक, एक्सपोर्ट-इम्पोर्ट बैंक ऑफ इंडिया, इंडस्ट्रियल फाइनेंस कॉर्पोरेशन ऑफ इंडिया को नीति सहायता एवं सरकारी सहायता प्रदान करता है। यह सार्वजनिक क्षेत्र के बैंकों, सार्वजनिक क्षेत्र की बीमा कंपनियों और विकास वित्तीय संस्थानों के प्रदर्शन पर भी नजर रखता है और भारत में बैंकिंग और बीमा क्षेत्र के संबंध में नीति निर्धारण करता है।

यह विभाग संबंधित नियामक संस्थाओं, अर्थात् भारतीय रिजर्व बैंक (Reserve Bank of India), भारतीय बीमा विनियामक और विकास प्राधिकरण (Insurance Regulatory and Development Authority of India) और पेंशन धन कोष नियामक और विकास प्राधिकरण (Pension Fund Regulatory and Development Authority of India) से संबंधित विधायी और नीतिगत मुद्दों से संबंधित है।

यह विभाग ऋण वसूली से संबंधित कानूनी ढांचे और अंतर्राष्ट्रीय बैंक संबंधों से संबंधित मामलों से भी संबंधित है।

उपरोक्त नीति के अतिरिक्त, यह विभाग नियामक निकायों पीआरबीआई, आईआरडीएआई और पीएफआरडीए, सार्वजनिक क्षेत्र के बैंकों, सार्वजनिक क्षेत्र की बीमा कंपनियों और वित्तीय संस्थानों से संबंधित कुछ कार्यात्मक मुद्दों के लिए भी जिम्मेदार है। इन कार्यात्मक मुद्दों में सबसे प्रमुख हैं, सार्वजनिक क्षेत्र के बैंक, इंश्योरेंस कंपनियां अन्य वित्तीय संस्थान भारतीय रिजर्व बैंक के गवर्नर/उप-गवर्नर, भारतीय बीमा विनियामक और विकास प्राधिकरण के अध्यक्ष/सदस्य और पेंशन धन कोष नियामक और विकास प्राधिकरण के अध्यक्ष/सदस्य, अध्यक्ष/प्रबंध निदेशक और मुख्य कार्यकारी अधिकारी, कार्यकारी निदेशक, अध्यक्ष सह-प्रबंध निदेशक आदि।

केन्द्रीय गृह मंत्रालय की भूमिका (Role of Union Home Ministry)

42

गृह मामलों का मंत्रालय (एमएचए) बहुत सारी जिम्मेदारियाँ निभाता है, जिनमें आन्तरिक सुरक्षा, अर्द्ध-सैनिक बलों का प्रबंधन, सीमा प्रबंधन, केंद्र-राज्य सम्बंध, संघशासित प्रदशों का प्रशासन, आपदा प्रबंधन इत्यादि शामिल हैं।

भारतीय संविधान की सातवीं अनुसूची के अन्तर्गत लोक व्यवस्था एवं पुलिस राज्य सूची के विषय हैं। फिर भी, संविधान का अनुच्छेद 355 संघ को यह अधिकार देता है कि वह बाहरी आक्रमण एवं आन्तरिक उपद्रव के विरुद्ध प्रत्येक राज्य को सुरक्षा प्रदान करे और यह सुनिश्चित करे कि प्रत्येक राज्य में सरकार संविधान के प्रावधानों के अनुरूप कार्य करे। इन अनुबद्धताओं के अनुसरण में गृह मामलों का मंत्रालय निरन्तर स्थिति की निगरानी करता है, उपर्युक्त परामर्श जारी करता है, मानव शक्ति और वित्तीय समर्थन का विस्तार करता है तथा राज्यों के संवैधानिक अधिकारों का अतिक्रमण किये बिना सुरक्षा, शान्ति और सद्भाव बनाये रखने के लिए राज्य सरकारों को दिशा-निर्देशन प्रदान करता है।

मंत्रालय के विभाग (Departments of the Ministry)

गृह मामलों के मंत्रालय के निम्नलिखित 6 संघटक विभाग हैं:

1. **आन्तरिक सुरक्षा विभागः** यह भारतीय पुलिस सेवा, केंद्रीय पुलिस बल, आन्तरिक सुरक्षा एवं कानून व्यवस्था, विप्लव, आतंकवाद, नक्सलवाद, शत्रुदेशी अभिकरणों की गतिविधियाँ, पुनर्वास, वीजा की अनुमति एवं अप्रवास मामले, सुरक्षा निर्बाधन इत्यादि से जुड़े मामलों को देखता है।

2. **राज्यों का विभागः** यह केंद्र-राज्य संबंधों, अन्तर्राज्यीय सम्बन्धों, संघशासित प्रदेशों के प्रशासन, स्वतंत्रता सेनानियों की पेंशन, मानवाधिकार, बंदीगृह सुधार, पुलिस सुधार इत्यादि मामलों को देखता है।

3. **गृह विभागः** यह राष्ट्रपति एवं उप-राष्ट्रपति की अधिसूचना, प्रधानमंत्री, मंत्रियों, राज्यपालों की नियुक्ति एवं त्याग-पत्र, राज्य सभा/लोक सभा के लिए नामांकन, जनगणना, मृत्यु एवं जन्म पंजीकरण इत्यादि के अधिसूचनाओं से जुड़े मामलों को देखता है।

4. **जम्मू और कश्मीर व लद्दाख मामलों का विभागः** यह जम्मू और कश्मीर और लद्दाख के केंद्र शासित प्रदेशों, सशस्त्र विशेष अधिकार अधिनियम, 1990 के प्रबंधन तथा जम्मू और कश्मीर और लद्दाख के केंद्र शासित प्रदेशों से संबंधित सभी मामलों, जिनमें आतंकवाद-निरोध भी सम्मिलित है तथा विशेष रूप से किसी भी अन्य मंत्रालय/विभाग को आवंटित किए गए विषयों/मामलों, जैसे-भारत और पाकिस्तान के बीच नियंत्रण रेखा के प्रबंधन के संबंध में समन्वय करता है। परंतु इसमें वे मामले सम्मिलित नहीं हैं, जो विदेश मामलों के मंत्रालयों से संबंधित हैं। यह विभिन्न मंत्रालयों/विभागों के साथ समन्वय करता है, जो मुख्यतः जम्मू और कश्मीर तथा लद्दाख में विकास और कल्याण गतिविधियों से संबंधित है।

5. **सीमा प्रबंधन विभागः** यह अन्तर्राष्ट्रीय सीमाओं, तटीय सीमाओं, सीमा-रक्षण की मजबूती एवं सम्बन्धित अवसंरचना का निर्माण, सीमा क्षेत्रों का विकास इत्यादि विषयों को देखता है।

6. **राजभाषा विभागः** यह राजभाषा से जुड़े संवैधानिक प्रावधानों तथा राजभाषा अधिनियम, 1963 के प्रावधानों के क्रियान्वयन को देखता है।

मंत्रालय के प्रभाग (Divisions of the Ministry)

गृह मामलों के मंत्रालय के अलग-अलग प्रभाग तथा उनकी जिम्मेदारी के प्रमुख क्षेत्रों का उल्लेख नीचे किया गया है।

1. प्रशासन प्रभागः यह सभी प्रशासनिक मामलों के प्रबंधन, मंत्रालय के विभिन्न प्रभागों के बीच कार्य आवंटन, सूचना अधिकार अधिनियम, 2005 के अन्तर्गत निगरानी कार्य और सचिवालय सुरक्षा संगठन से जुड़े मामले के लिए उत्तरदायी है।

2. **सीमा प्रबंधन-I प्रभाग:** यह अन्तर्राष्ट्रीय भूमि सीमाओं को मजबूत करने, उनकी पुलिस निगरानी, गश्त लगाकर पहरा और रक्षा तथा रख-रखाव से संबंधित मुद्दों को संचालित करता है, जो सीमावर्ती बाड़, सीमा सड़क, सीमा बाढ़ प्रकाश व्यवस्था, तथा भारत-पाकिस्तान, भारत-बांग्लादेश, भारत-चीन, भारत-नेपाल, भारत-भूटान और भारत-म्यांमार की सीमाओं पर सुरक्षा बलों के सीमा चौकी के बुनियादी ढांचे के सृजन और सुधार के द्वारा भूमि सीमाओं के प्रबंधन को संबोधित करता है। यह बॉर्डर के आधारभूत ढांचे पर सशक्त/ अधिकार युक्त समिति से संबंधित मामलों को भी संबोधित करता है।

3. **सीमा प्रबंधन-II प्रभाग:** यह सीमा क्षेत्र विकास कार्यक्रम (BADP), तटीय सुरक्षा योजना (CSS) और भारतीय भूमि बंदरगाह प्राधिकरण (LPAI) से संबंधित मामलों को संबोधित करता है। बीएडीपी (BADP) एक प्रमुख केंद्र प्रायोजित योजना है जिसे राज्य सरकारों के माध्यम से सीमा प्रबंधन हेतु एक व्यापक दृष्टिकोण के भाग के रूप में लागू किया जा रहा है। तटीय राज्यों/ केंद्र शासित प्रदेशों में तटीय सुरक्षा से संबंधित बुनियादी ढांचे के निर्माण के लिए वित्तीय सहायता प्रदान करने हेतु तटीय सुरक्षा योजना को चरणों में लागू किया गया है। यह प्रभार एलपीएआई (LPAI) के स्थापना मामलों के लिए भी जिम्मेदार है, जिसे देश की भूमि सीमाओं पर एकीकृत चेक पोस्ट (ICPs) के निर्माण, विकास और रख-रखाव के लिए कार्य सौंपा गया है और ICPs के विकास हेतु विभिन्न हितधारकों के साथ इसका समन्वय किया गया है।

4. **समन्वय और अंतर्राष्ट्रीय सहयोग प्रभाग:** यह अन्तरमंत्रालयी समन्वय कार्य, संसदीय मामले, लोक शिकायतें, मंत्रालय की वार्षिक रिपोर्ट का प्रकाशन, अभिलेख प्रतिधारण समय-सारिणी, मंत्रालय के वर्गीकृत एवं अवर्गीकृत अभिलेखों की संरक्षा, आन्तरिक कार्य अध्ययन तथा कार्मिक एवं प्रशिक्षण विभाग को अनुसूचित जातियों/जनजातियों एवं विकलांग व्यक्तियों के रोजगार से जुड़े मामलों पर विभिन्न रिपोर्टों का सम्प्रेषण इत्यादि मामलों को देखता है।

यह प्रभाग उन सभी समझौतों/संधियों को अंतिम रूप देने/ तय करने के लिए एक केंद्रीय प्रभाग है, जो मादक पदार्थों की अवैध तस्करी और द्विपक्षीय पारस्परिक कानूनी सहायता संधियों (MLT) से संबंधित हैं। साथ ही यह दक्षिण एशियाई क्षेत्रीय सहयोग संघ (SAARC), बंगाल की खाड़ी बहु-क्षेत्रीय तकनीकी और आर्थिक सहयोग उपक्रम (BIMSTEC), दक्षिण पूर्वी एशियाई राष्ट्रों का संगठन (ASEAN), शंघाई सहयोग संगठन (SCO) आदि के संबंध में कार्य गृह मंत्रालय में केंद्र बिंदु भी है। इसके अलावा, यह विदेशी राष्ट्रों और द्विपक्षीय वार्ताओं / बैठकों में हस्ताक्षर किए गए सभी समझौता ज्ञापनों (MoUs) /समझौतों के संबंध में सुरक्षा मंजूरी हेतु गृह मंत्री और गृह सचिव स्तर पर समन्वय करता है।

5. **केंद्र-राज्य प्रभाग:** यह केंद्र-राज्य सम्बन्धों से जुड़े मामलों को देखता है, जिनमें केंद्र-राज्य सम्बन्धों को प्रशासित करने वाले संवैधानिक प्रावधानों का कार्यचालन, राज्यपालों की नियुक्ति, नये राज्यों का गठन, राज्य सभा/लोक सभा के लिए नामांकन, अन्तर्राज्यीय सीमा विवाद, राज्यों में अपराध स्थिति का अधिवीक्षण, राष्ट्रपति शासन अधिरोपण इत्यादि शामिल हैं।

भारतीय दंड संहिता आईपीसी, आपराधिक प्रक्रिया संहिता (CrPC) और साथ ही जांच आयोग अधिनियम, कमीशन ऑफ इन्क्वायरी एक्ट के विधायी पहलुओं से संबंधित सभी मामलों को संबोधित करता है। यह राज्य विधानों से संबंधित मामलों जिन्हें संविधान के तहत भारत के राष्ट्रपति की सहमति की आवश्यकता होती है, स्वतंत्रता पूर्व तत्कालीन शासकों को राजनीतिक पेंशन और भारत के संविधान के अनुच्छेद 72 के तहत दया याचिकाओं को भी संबोधित करता है।

इसके अलावा प्रभाग, भारत रत्न पुरस्कार, पद्म पुरस्कार, पूर्वता-अधिपत्र, अशोक चक्र श्रृंखला के वीरता पुरस्कार, जीवन रक्षा पदक, राष्ट्रीय ध्वज, राष्ट्रीय गान, भारत के प्रतीक चिन्ह आदि से संबंधित कार्यों की देखरेख करता है।

6. **आपदा प्रबंधन प्रभाग:** यह प्राकृतिक आपदाओं एवं मानव निर्मित आपदाओं (सूखा एवं महामारी को छोड़कर) के लिए विधायन, नीति, क्षमता निर्माण, रोकथाम, प्रशासन, दीर्घकालीन पुनर्वास, अनुक्रिया, राहत एवं तैयारी के लिए जिम्मेदार है।

7. **साइबर और सूचना सुरक्षा प्रभाग:** इस प्रभाग का सृजन अक्टूबर 2017 में , देश में साइबर सुरक्षा और साइबर अपराध की बढ़ती चिंताओं के मुद्दे को संबोधित करने हेतु किया गया था। यह सभी सरकारी मंत्रालयों और विभागों द्वारा राष्ट्रीय सूचना सुरक्षा नीति और दिशा-निर्देश (NISPG) के कार्यान्वयन, विभिन्न सरकारी मंत्रालयों / विभागों / संगठनों के आईटी बुनियादी ढांचों

के साइबर सुरक्षा और जोखिम मूल्यांकन, देश को संभालने में समन्वय, महिलाओं और बच्चों के विरुद्ध साइबर अपराधों के रोकथाम पर योजना, भारतीय साइबर अपराध समन्वय केंद्र (I4C) योजना, साइबर फोरेंसिक प्रयोगशालाओं की स्थापना, नियमित सूचना सुरक्षा ऑडिट, साइबर सुरक्षा और साइबर अपराध पर अन्तर्राष्ट्रीय सम्मेलन कानून सम्मत अवरोधन और NATGRID से संबंधित मामलों की देखरेख करता है।

8. **आतंकवाद रोधी एवं कट्टरवाद रोधी प्रभागः** यह आतंकवाद, कट्टरवाद रोधी/ कट्टरवाद मुक्ति पर नीति और परिचालन मुद्दों से संबंधित मामलों, आतंकवाद और आतंकवाद के वित्त पोषण तथा राष्ट्रीय अंन्वेषण अभिकरण (NIA) के प्रशासनिक, वित्तीय और वैधानिक मामलों से संबंधित विषयों को संबोधित करता है।

9. **वित्त प्रभागः** यह एकीकृत वित्तीय योजना के अन्तर्गत मंत्रालय के बजट के निर्माण, प्रचालन एवं नियंत्रण के लिए जिम्मेदार है और यह व्यय नियंत्रण, निगरानी एवं वित्तीय परामर्श से जुड़े मामलों को देखता है।

10. **विदेशी प्रभागः** यह वीजा, प्रॉटेक्शन एरिया परमिट रेस्टिक्टिड एरिया परमिट व्यवस्थाओं, अप्रवास, नागरिकता, भारत की अप्रवासी नागरिकता, विदेशी अंशदान एवं आतिथ्य सत्कार का स्वीकरण इत्यादि से जुड़े मामलों को देखता है।

11. **स्वतंत्रता सेनानी एवं पुनर्वास प्रभागः** यह स्वतंत्रता सेनानी पेंशन योजना तथा पूर्ववर्ती पश्चिमी पाकिस्तान/पूर्वी पाकिस्तान से आने वाले प्रवासियों के लिए पुनर्वास योजनाओं तथा श्रीलंका एवं तिब्बती शरणार्थियों को राहत प्रदान करने वाले प्रावधानों के निर्माण एवं क्रियान्वयन के लिए उत्तरदायी है।

12. **आन्तरिक सुरक्षा-I प्रभागः** यह आंतरिक सुरक्षा, कानून और व्यवस्था, पंजाब; मानव अधिकारों की सुरक्षा; राष्ट्रीय एकता, सांप्रदायिक सद्भाव, अयोध्या, राष्ट्रीय एकता दिवस का पालन; हथियार और विस्फोटक; व्यक्तियों और महत्वपूर्ण प्रतिष्ठानों की सुरक्षा; परियोजनाओं और प्रस्तावों की सुरक्षा मंजूरी; BPR&D से संबंधित मामले और राष्ट्रीय पुलिस विश्वविद्यालय की स्थापना से संबंधित मामलों को संबोधित करता है।

13. **आंतरिक सुरक्षा-II प्रभागः** यह प्रत्यर्पण, आपसी कानूनी सहायता, इंटरपोल, ड्रग कानून प्रवर्तन और नारकोटिक्स नियंत्रण ब्यूरो (NCBI), राष्ट्रीय सुरक्षा अधिनियम एवं भारतीय क्षेत्र पर आतंकवादी/सांप्रदायिक/LWE हिंसा और सीमा पार से गोलीबारी और खान/IED विस्फोट, के शिकार नागरिक पीड़ित/ परिवारों की सहायता हेतु केंद्रीय योजना से संबंधित मामलों से संबंधित है।

14. **जम्मू और कश्मीर एवं लद्दाख प्रभागः** यह जम्मू और कश्मीर और लद्दाख के केंद्र शासित प्रदेशों के संबंध में सभी मामलों से संबंधित है, जिसमें आतंकवाद/उग्रवाद सम्मिलित हैं। यह जम्मू और कश्मीर और लद्दाख के केंद्र शासित प्रदेशों हेतु प्रधानमंत्री के पैकेज/संकुल के लिए जिम्मेदार हैं।

15. **वामपंथी अतिवाद प्रभाग (एलडब्ल्यूई):** यह प्रभावित राज्यों द्वारा तैयार की गई, स्थान विशेष कार्य योजनाओं के अनुसार जमीनी स्तर की पुलिस निगरानी और विकास की प्रतिक्रिया में सुधार के उद्देश्य से प्रभावित राज्यों की एलडब्ल्यूई (LWE) स्थिति तथा उनके द्वारा किये जा रहे जवाबी उपायों की निगरानी करता है। यह एलडब्ल्यूई (LWE) प्रभावित क्षेत्रों में संबंधित मंत्रालयों / विभागों के विभिन्न विकासात्मक योजनाओं के समुचित क्रियान्वयन और ऐसी योजनाओं के तहत जारी धन के ईष्टतम उपयोग की भी समीक्षा करता है।

16. **उत्तर-पूर्वी प्रभागः** यह आन्तरिक विप्लव से जुड़े सभी मामलों तथा उत्तरी-पूर्वी क्षेत्र में विभिन्न अतिवादी समूहों के साथ वार्ता सहित उत्तर-पूर्वी राज्यों में आन्तरिक सुरक्षा एवं कानून व्यवस्था से जुड़े मामले देखता है।

17. **पुलिस-I प्रभागः** यह भारतीय पुलिस सेवा के संदर्भ में संवर्ग नियंत्रक प्राधिकरण के रूप में कार्य करता है तथा पुलिस कार्मिकों के प्रशिक्षण और विलक्षण सेवा एवं वीरता के लिए राष्ट्रपति पुलिस पदक जैसे सभी मामलों को देखता है।

18. **पुलिस-II प्रभागः** यह केंद्रीय पुलिस बलों तथा उनकी तैनाती से जुड़े सभी मामलों को देखता है।

19. **पुलिस आधुनिकीकरण प्रभागः** यह राज्य पुलिस बलों के आधुनिकीकरण से जुड़े सभी कार्य मदों, केंद्रीय पुलिस बलों के आधुनिकीकरण हेतु विभिन्न मदों की उपलब्धि एवं प्रावधान, पुलिस सुधार, पुलिस संचार, इत्यादि के मामलों को देखता है।

20. **संघशासित प्रदेश प्रभागः** यह राष्ट्रीय राजधानी क्षेत्र दिल्ली सहित संघशासित प्रदेशों से जुड़े सभी वैधानिक एवं संवैधानिक मामलों को देखता है। यह भारतीय प्रशासनिक सेवा/भारतीय पुलिस

सेवा के अरुणाचल प्रदेश, गोवा, मिजोरम एवं संघशासित प्रदेश संवर्ग (एजीएमयूटी) तथा दिल्ली-अण्डमान निकोबार द्वीप समूह सिविल सेवा (डेनिक्स)/दिल्ली-अण्डमान निकोबार द्वीप समूह पुलिस सेवा (डेनिप्स) के सम्बन्ध में संवर्ग नियंत्रक प्राधिकरण के रूप में कार्य करता है। इसके अलावा यह संघशासित प्रदेशों में अपराध एवं कानून व्यवस्था की स्थिति के अधिवीक्षण हेतु भी जिम्मेदार है।

21. **महिला सुरक्षा प्रभाग:** मई, 2018 में इस प्रभाग की स्थापना की गई। देश में महिलाओं की सुरक्षा के उपायों को मजबूत करने और समग्र रूप में, न्याय के त्वरित तथा कुशल प्रशासन के माध्यम से महिलाओं हेतु एक सुरक्षित वातावरण प्रदान करके, महिलाओं में सुरक्षा की और अधिक भावना जगाने के लिए, यह राज्यों/केंद्रशासित प्रदेशों की सहायता हेतु नीति निरूपण, योजना, समन्वय, निरूपण और कार्यान्वयन के लिए जिम्मेदार है। इसमें आपराधिक न्याय प्रणाली में सूचना प्रौद्योगिकी और प्रौद्योगिकी के बढ़ते उपयोग भी शामिल हैं, जो फोरेंसिक विज्ञान, अपराध और आपराधिक अभिलेखों को एक सहायक पारिस्थितिकी तंत्र प्रदान करते हैं।

केंद्रीय एजेंसियों की भूमिका (Role of Central Agencies)

43

केंद्रीय पुलिस बल (Central Police Forces)

वर्तमान में 8 केंद्रीय पुलिस बल (सीपीएफ) हैं, जिनके नाम है–असम राइफल्स (एआर), सीमा सुरक्षा बल (बीएसएफ), केंद्रीय औद्योगिक सुरक्षा बल (सीआईएसएफ), केंद्रीय रिजर्व पुलिस बल (सीआरपीएफ), इण्डो-तिब्बत सीमा पुलिस (आईटीबीपी), राष्ट्रीय सुरक्षा गार्ड (एनएसजी), सशस्त्र सीमा बल (एसएसबी) तथा रेलवे सुरक्षा बल (आरपीएफ)। ये बल केंद्रीय अर्द्ध-सैनिक बलों (सीपीएमएफ) के रूप में भी जाने जाते हैं।

एआर, बीएसएफ, आईटीबीपी और एसएसबी सीमाओं की रक्षा करने वाले बल हैं, जबकि सीआरपीएफ राज्यों को कानून व्यवस्था से जुड़े मामलों में सहायता प्रदान करता है और इसे आन्तरिक सुरक्षा प्रबन्धन के लिए प्रशिक्षित और सुसज्जित किया गया है।

त्वरित कार्य बल (आरएएफ) तथा कमाण्डो बटालियन फॉर रिजॉल्यूट एक्शन (कोबरा), सीआरपीएफ के विशेषीकृत स्कन्ध हैं, जो क्रमश: दंगों तथा वामपंथी उग्रवादियों से निबटने का कार्य करते हैं।

सीआईएसएफ महत्वपूर्ण अवस्थापनों, सार्वजनिक क्षेत्र के उपक्रमों, विमानपत्तनों, औद्योगिक इमारतों, संग्रहालयों और सरकारी इमारतों को सुरक्षा और संरक्षण उपलब्ध कराता है।

एनएसजी आतंकवाद पर जवाबी हमले और विमान अपहरण जैसी गतिविधियों से निबटने के लिए एक विशेषीकृत बल है। यह अति जोखिम वाले अति विशिष्ट व्यक्तियों की सुरक्षा का कार्य भी करता है।

आरपीएफ रेलवे तथा उसके यात्रियों एवं उत्पादों को सुरक्षा एवं देखभाल उपलब्ध कराता है।

1. **असम राइफल्स (एआर):** इसे पर्वतीय लोगों के मित्र के रूप में जाना जाता है। 1835 में कछार लेवी के रूप में इसका उत्थान हुआ और यह देश का सबसे पुराना पुलिस बल है, जिसका मुख्यालय शिलांग में है।

   ए.आर. उत्तर-पूर्वी राज्यों में आन्तरिक सुरक्षा बनाये रखने तथा भारत-म्यांमार सीमा का रक्षण करने की दोहरी भूमिका निभाता है।

2. **सीमा सुरक्षा बल (बीएसएफ):** बीएसएफ का गठन 1965 में पड़ोसी देशों से लगी भारतीय सीमाओं के रक्षण हेतु राज्य बलों का स्थान लेने के लिए किया गया है।

   बीएसएफ की कार्य प्रचालन जिम्मेदारी पाकिस्तान एवं बांग्लादेश की अन्तर्राष्ट्रीय सीमा पर फैली है। यह जम्मू-कश्मीर में नियंत्रण रेखा पर भी तैनात है।

3 **केंद्रीय औद्योगिक सुरक्षा बल (सीआईएसएफ):** 1969 में गठित सीआईएसएफ का कार्य आतंकवाद एवं नक्सल प्रभावित क्षेत्रों सहित देश के विभिन्न भागों में प्रमुख संक्रातिक अवसंरचना अवस्थापनों को सुरक्षा उपलब्ध कराना है। वर्तमान में यह 345 इकाइयों को सुरक्षा उपलब्ध कराता है, जिनमें परमाणु शक्ति संयंत्र, अन्तरिक्ष संस्थापन, भारी इंजीनियरिंग इस्पात संयंत्र, उर्वरक इकाइयाँ, हवाई अड्डे, जल विद्युत/तापीय शक्ति संयंत्र इत्यादि शामिल हैं।

   सीआईएसएफ देश के सबसे बड़े अग्नि सुरक्षा सेवा प्रदाताओं में से एक है। यह 102 औद्योगिक उपक्रमों को अग्नि सुरक्षा कवच उपलब्ध कराता है।

   सीआईएसएफ अधिनियम को संशोधित किया गया था ताकि यह बल भुगतान के आधार पर निजी/संयुक्त औद्योगिक उपक्रमों को सुरक्षा उपलब्ध करा सके जो कि देश की अर्थव्यवस्था और सुरक्षा के लिए महत्वपूर्ण हैं।

4 **केंद्रीय रिजर्व पुलिस बल (सीआरपीएफ):** शुरूआत में इसका गठन 1939 में क्राऊन रिप्रेंजेंटेटिव पुलिस के रूप में नीमच (मध्य प्रदेश) में किया गया था। स्वतंत्रता के बाद इसे केंद्रीय रिजर्व पुलिस बल का नाम दिया गया। तब से अब तक इस बल ने शक्ति और क्षमताओं में उल्लेखनीय वृद्धि हासिल की है। यह देश का सबसे बड़ा केंद्रीय अर्द्ध-सैनिक बल बन चुका है।

वर्तमान में सीआरपीएफ कानून व्यवस्था एवं विप्लव निरोध, सैन्य विद्रोह एवं आतंकवाद के प्रति जवाबी कार्यवाहियों जैसे क्षेत्रों को शामिल करते हुए कर्तव्यों की एक व्यापक श्रृंखला का निर्वहन करता है। यह कानून व्यवस्था को बनाये रखने तथा अतिवादी समूहों की विध्वंसक गतिविधियों से निबटने में राज्यों को सहायता प्रदान करता है। यह राज्यों में एवं केंद्रीय स्तर पर चुनावों के शान्तिपूर्ण संचालन में महत्वपूर्ण भूमिका निभाता है।

सीआरपीएफ कर्मी विभिन्न संवेदी क्षेत्रों में निरन्तर निगरानी रखते हैं। वे धार्मिक महत्व की इमारतों एवं महत्वपूर्ण अधिष्ठापनों की रक्षा का कार्य भी निष्पादित कर रहे हैं। इसके अलावा जम्मू-कश्मीर में वार्षिक अमरनाथ यात्रा के लिए की जाने वाली व्यवस्थाओं में वे महत्वपूर्ण भूमिका निभाते हैं।

(i) **रैपिड एक्शन फोर्स (आरएएफ):** 1992 में सीआरपीएफ की कुछ बटालियनों को पुनर्गठित करके आरएएफ के रूप में परिवर्तित किया गया। आरएएफ में कार्मिकों को साम्प्रदायिक दंगों या ऐसी अन्य स्थितियों में प्रभावी कार्यवाही के लिए प्रशिक्षित और सज्जित किया जाता है। ये बटालियन देशभर में साम्प्रदायिक रूप से संवेदनशील स्थानों पर तैनात की जाती हैं ताकि सामुदायिक दंगों जैसी घटनाओं में त्वरित कार्यवाही को अंजाम दिया जा सके।

(ii) **कमांडो बटालियंस फॉर रिज़ॉल्यूट एक्शन (कोबरा):** 2008 में सरकार ने सीआरपीएफ में 'कोबरा' नामक एक विशेषीकृत बल के गठन को मंजूरी प्रदान की। कोबरा बटालियनों को कमांडो एवं छापामार/जंगल युद्ध के लिए प्रशिक्षित और सज्जित किया जाता है और इनके ऑपरेशन अल्पकालीन और आसूचना आधारित होते हैं। इनको वामपंथी अतिवादियों द्वारा प्रभावित क्षेत्रों में तैनात किया गया है।

5. **भारत-तिब्बत सीमा पुलिस बल (आईटीबीपी):** आईटीबीपी का गठन 1962 में भारत-चीन संघर्ष के परिप्रेक्ष्य में किया गया था। इसे भारत, चीन और म्यांमार के मिलन क्षेत्र से लेकर उत्तर-पश्चिम भारत-चीन सीमा तक तैनात किया गया है।

आईटीबीपी 1981 से कैलाश मानसरोवर यात्रा के यात्रियों को सुरक्षा कवच उपलब्ध करा रहा है। इसे हिमालय क्षेत्र में आपदा प्रबन्धन ऑपरेशनों के लिए प्रथम अनुकर्ता के रूप में तैयार किया गया है।

6. **राष्ट्रीय सुरक्षा गार्ड (एनएसजी):** एनएसजी का गठन 1984 में राज्यों को आंतरिक गड़बड़ियों से सुरक्षित रखने के दृष्टिकोण के साथ आतंकवादी गतिविधियों से लड़ने के लिए एक संघीय आकस्मिक तैनाती बल के रूप में किया गया था। यह एक कार्य अभिमुख बल है, जिसके दो अनुपूरक तत्व हैं—स्पेशल एक्शन ग्रुप (एसएजी), जिसमें सैन्य कार्मिक शामिल होते हैं तथा स्पेशल रेंजर्स ग्रुप (एसआरजी), जिसमें केंद्रीय पुलिस/राज्य पुलिस बलों के कार्मिक लिए जाते हैं।

एनएसजी कमांडो को विमान अपहरण तथा आतंकवाद से लड़ने जैसे उच्च जोखिम वाले कार्यों को सम्पन्न करने के लिए प्रशिक्षित किया जाता है। इन्हें अत्यधिक खतरे का सामना करने वाले अतिविशिष्ट व्यक्तियों की सचल सुरक्षा का कार्य भी सौंपा जाता है। एनएसजी कमांडो को गणतंत्र दिवस, संसदीय सत्र, स्वतंत्रता दिवस, अति विशिष्ट व्यक्तियों के भ्रमण तथा राष्ट्रीय महत्व की कार्यशालाओं एवं सम्मेलनों के आयोजन जैसे महत्वपूर्ण अवसरों के दौरान सुरक्षा कवच उपलब्ध कराने के लिए भी तैनात किया जाता है। इसके अलावा वे घरेलू एवं अन्तर्राष्ट्रीय उड़ानों में स्काई

मार्शल के रूप में अपने कर्तव्यों का निर्वाह भी करते हैं।

7. **सशस्त्र सीमा बल (एसएसबी):** स्पेशल सर्विस ब्यूरो (एसएसबी) का गठन 1963 में भारत-चीन संघर्ष के परिणामस्वरूप हुआ था। इसका उद्देश्य सीमा पार से होने वाली घुसपैठ, विध्वंस एवं अतिक्रमण की चुनौतियों के विरुद्ध सीमावर्ती जनसंख्या में मनोबल एवं क्षमता का निर्माण करना था। यह 2001 में एक सीमा सुरक्षा बल बन गया और इसे सशस्त्र सीमा बल नाम दिया गया।

एसएसबी भारत-नेपाल एवं भारत-भूटान सीमा के रक्षण की जिम्मेदारी निभाता है। इसकी बटालियनों को नक्सल प्रभावित क्षेत्रों में आन्तरिक सुरक्षा बनाये रखने के लिए भी तैनात किया गया है।

8. **रेलवे सुरक्षा बल (आरपीएफ):** आरपीएफ का गठन रेलवे सुरक्षा बल अधिनियम 1957 के अन्तर्गत रेलवे सम्पत्ति और रेलमार्गों के बेहतर संरक्षण के लिए तथा माल एवं यात्रियों सहज संचरण को सुनिश्चित करने के लिए किया गया था। इसने ब्रिटिशकालीन रेलवे वॉच एंड वार्ड स्टाफ का स्थान लिया था।

आरपीएफ रेलवे पुलिस/राजकीय रेलवे पुलिस (जीआरपी) से अलग है। जीआरपी राज्य पुलिस की एक विशेष शाखा होती है जो कि रेलवे परिसरों के भीतर या रेल मार्गों पर होने वाले अपराधों की जाँच एवं रोकथाम के लिए जिम्मेदार होती है। दूसरी ओर आरपीएफ एक पृथक् सशस्त्र पुलिस बल है, जो कि केंद्रीय रेलवे मंत्रालय के नियंत्रण में कार्य करता है।

केंद्रीय पुलिस संगठन (Central Police Organisations)

1. **पुलिस अनुसंधान एवं विकास ब्यूरो (BPRD):** बीपीआरडी की स्थापना 1970 में देश में पुलिस की जरूरतों एवं समस्याओं को पहचानने तथा उपयुक्त शोध परियोजनाओं एवं अध्ययनों को हाथ में लेने और तत्सम्बन्धित सुधारों को सुझाने के उद्देश्य से की गयी थी। इसे पुलिस कार्य में उपयुक्त तकनीक के प्रयोग को प्रोत्साहित करने के दृष्टिकोण के साथ भारत एवं विदेश दोनों में विज्ञान एवं प्रौद्योगिकी के क्षेत्र में अद्यतन विकास से जुड़े रहने का कार्य भी सौंपा गया था।

पिछले कुछ वर्षों में यह संगठन राज्यों एवं केंद्र सरकार में प्रशिक्षण की जरूरतों एवं प्रशिक्षण की गुणवत्ता की निगरानी करने का कार्य भी कर रहा है और पुलिस बलों के आधुनिकीकरण तथा सुधारात्मक प्रशासन में राज्यों को सहायता प्रदान कर रहा है।

2. **राष्ट्रीय अपराध अभिलेख ब्यूरो (NCRB):** एनसीआरबी का गठन 1986 में राष्ट्रीय एवं अन्तर्राष्ट्रीय स्तर पर होने वाले अपराध और आपराधिक गतिविधियों पर सूचना के एक समाशोधन गृह के रूप में कार्य करने के लिए किया गया था। यह अपराध आँकड़ों एवं फिंगर प्रिंटों के संग्रह एवं प्रसंस्करण द्वारा जाँचकर्ताओं एवं अन्य लोगों को सहायता प्रदान करता है। यह राज्य अपराध अभिलेख ब्यूरो को सहायता एवं दिशा-निर्देशन देता है और पुलिस अधिकारियों को पुलिस प्रशिक्षण प्रदान करता है।

एनसीआरबी भारतीय पुलिस को सूचना तकनीक और आपराधिक आसूचना से लैस करके उन्हें कानून को प्रभावी और दक्षतापूर्ण ढंग से लागू करने तथा लोक सेवा आपूर्ति को सुधारने की क्षमता प्रदान करता है। यह राष्ट्रीय एवं अन्तर्राष्ट्रीय स्तरों पर पुलिस बलों के समन्वय, अपराध विश्लेषण तकनीक के उन्नयन तथा सूचना तकनीक क्षमता एवं सूचना तकनीक आधारित समाधानों के विकास के माध्यम से हासिल किया जाता है।

3. **केंद्रीय फिंगर प्रिंट ब्यूरो (CFPB):** सीएफपीबी देश में एक शीर्ष निकाय है, जो राज्य फिंगर प्रिंट ब्यूरो के साथ-साथ जाँच एजेन्सियों एवं अन्तर्राष्ट्रीय संगठनों को फिंगर प्रिंट विज्ञान से जुड़े मामलों में समन्वय, दिशा-निर्देश, निगरानी एवं तकनीकी समर्थन जैसी सेवाएँ प्रदान करता है। यह विभिन्न अभिकरणों से प्राप्त संदर्भों पर विशेषज्ञ विचार उपलब्ध कराता है।

सीएफपीबी ने राष्ट्रीय स्तर पर ऑटोमेटिड फिंगर प्रिंट आइडेंटीफिकेशन सिस्टम (एएफआईएस) का प्रयोग करके फिंगर प्रिंटों के ऑटोमेशन में अग्रणी कार्य किया है। एएफआईएस रिज-करैक्टरिस्टिक्स के आधार पर फिंगर प्रिंटों के सुमेलन की एक कम्प्यूटरीकृत प्रणाली है।

4. **फोरेंसिक विज्ञान सेवा निदेशालय (DFSS):** देश में यह फोरेंसिक विज्ञान के प्रचार और विकास विज्ञान की नोडल एजेंसी है। यह उच्चतम स्तर की अखंडता, निष्पक्षता और व्यावसायिकता रखते हुए अत्याधुनिक वैज्ञानिक विश्लेषण और जांच सेवाओं

के वितरण के लिए प्रतिबद्ध है। इसके प्रशासनिक नियंत्रण में छह केंद्रीय फोरेंसिक विज्ञान प्रयोगशालाएँ (CFSLs) हैं। इसके निम्नलिखित कर्तव्य हैं:

(i) क्षमता निर्माण कर केंद्रीय स्तर पर आपराधिक न्याय हेतु उच्च गुणवत्ता और समय पर फोरेंसिक सेवाएं वितरण प्रणाली प्रदान करना तथा राज्यों और संघ प्रदेशों की फोरेंसिक संस्थाओं को तकनीकी और वित्तीय सहायता प्रदान करना।

(ii) आपराधिक न्याय की सहायता के लिए फोरेंसिक विज्ञान में नई तकनीकों को विकसित करना।

सभी केंद्र सरकार की एजेंसियों, न्यायालयों तथा स्वायत्त निकाय, सार्वजनिक उपक्रम, बैंक और राज्यों / केंद्र शासित प्रदेशों द्वारा प्राप्त निर्दिष्ट मामलों में सहायता करना केंद्रीय फोरेंसिक विज्ञान प्रयोगशालाएँ के लिए अनिवार्य है। वे कोलकाता, हैदराबाद, चंडीगढ़, भोपाल, पुणे और कामरूप (असम) में स्थित हैं।

5. **राष्ट्रीय अपराध विज्ञान एवं फोरेंसिक विज्ञान संस्थान (NICFS):** एनआईसीएफएस प्रशिक्षण और शोध के माध्यम से अपराध विज्ञान एवं फोरेंसिक विज्ञान के उन्नयन हेतु एक अग्रणी संस्थान है, जिसकी स्थापना 1972 में की गयी थी। इसे 2003 में "लोकनायक जयप्रकाश नारायण नेशनल इंस्टीट्यूट ऑफ क्रिमिनोलॉजी एंड फोरेंसिक साइंस" नाम दिया गया।

एनआईसीएफएस अपराध विज्ञान एवं फोरेंसिक विज्ञान के साथ-साथ इन क्षेत्रों से जुड़े शोध के क्षेत्रों में आपराधिक न्याय प्रणाली के वरिष्ठ कार्य प्रचालनकर्ताओं के प्रशिक्षण हेतु एक प्रमुख संस्थान है। यह अपराध विज्ञान और फोरेंसिक विज्ञान में एमए/एमएससी कार्यक्रमों को भी संचालित करता है।

6. **केंद्रीय फोरेंसिक विज्ञान प्रयोगशाला (CFSL):** सीएफएसएल एक वैज्ञनिक विभाग है, जो कि सीबीआई के प्रशासनिक नियंत्रण तथा गृह मंत्रालय के समग्र नियंत्रण में कार्य करता है। यह सीबीआई, दिल्ली पुलिस, मंत्रालयों व उपक्रमों के न्यायिक व सतर्कता विभागों तथा राज्य/केंद्र सरकार के विभागों द्वारा न्यायालय में प्रस्तुत किये जाने वाले आपराधिक साक्ष्यों के वैज्ञानिक विश्लेषण का कार्य करता है।

सीएफएसएल के विशेषज्ञ जाँच एजेन्सियों द्वारा अग्रसारित किये गये आपराधिक साक्ष्यों का परीक्षण करते हैं और अपना विशेषज्ञ मत प्रस्तुत करते हैं तथा अदालती प्रमाण एवं साक्ष्यों के माध्यम से कानूनी अदालत में अपने मत को सही साबित करते हैं। इस प्रयोगशाला के वैज्ञानिक विशेषज्ञों की सेवाओं का उपयोग भौतिक सुरागों की पहचान के लिए सीबीआई द्वारा पूरे भारत के आपराधिक परिदृश्य में किया जाता है।

सीएफएसएल सीबीआई जाँच अधिकारियों तथा फोरेंसिक विज्ञान के अन्य प्रशिक्षणार्थियों को प्रशिक्षण प्रदान करता है। यह फोरेंसिक विज्ञान में कला एवं कौशल विकास से जुड़े शोध एवं विकास कार्य को भी हाथ में लेता है।

7. **डायरेक्टरेट ऑफ कॉर्डिनेशन, पुलिस वायरलैस (DCPW):** डीसीपीडब्ल्यू देश में विभिन्न पुलिस संचार सेवाओं को समन्वित करने के लिए एक नोडल एजेंसी है। यह पुलिस संचार से जुड़े सभी मामलों में गृह मंत्रालय तथा राज्य/केंद्रीय पुलिस संगठनों को तकनीकी परामर्श देने के साथ-साथ सभी राज्यों एवं संघशासित राजधानियों में अपने कार्यालयों के माध्यम से अन्तर्राज्यीय पुलिस वायरलैस नेटवर्क का संचालन भी करती है।

अन्तर्राज्यीय एवं अन्तर्संगठनात्मक जरूरतों के लिए पुलिस वायरलैस सेवायें उपलब्ध कराने के अलावा एक उपग्रह आधारित अखिल भारतीय पुलिस दूरसंचार नेटवर्क (पोलनेट-पुलिस नेटवर्क) भी स्थापित किया गया है। पोलनेट सभी जिलों, राज्य मुख्यालयों एवं राष्ट्रीय राजधानी को संचार सेवाओं से आपस में जोड़ता है। यह पूरे देश में फैले बहुत छोटे अपर्चर टर्मिनल [Very Small Aperture Terminal (VSAT)] का एक व्यापक नेटवर्क है।

यह निदेशालय पुलिस दूरसंचार को आधुनिकीकृत करने, पुलिस रेडियो फ्रिक्वेंसी वितरण का प्रशिक्षण देने, संचार उपकरणों के लिए तकनीकी निर्देशों का निर्माण करने, अधिष्ठापन हेतु उपकरणों का परीक्षण/मूल्यांकन करने जैसी जिम्मेदारियाँ भी उठाता है।

डीसीपीडब्ल्यू गृह मंत्रालय द्वारा नियुक्त केंद्रीय वितरण प्राधिकरण है, जिसका उद्देश्य राज्य पुलिस रेडियो संगठनों एवं अन्तर्राज्यीय पुलिस द्वारा प्रयुक्त की जा रही युक्तियों/दस्तावेजों को शून्य तक पहुँचाना है।

8. **नारकोटिक्स कंट्रोल ब्यूरो (NCB):** एनसीबी नारकोटिक्स ड्रग्स एंड साइकोट्रॉपिक सबस्टेंसेज एक्ट 1985 के अन्तर्गत निर्मित की गयी एक राष्ट्रीय नोडल एजेंसी है, जो मादक द्रव्यों तथा मनोलाक्षणिक पदार्थों के गैर-कानूनी व्यापार से लड़ती है। यह

विभिन्न मंत्रालयों, अन्य कार्यालयों तथा राज्य/केंद्रीय क्रियान्वयन एजेन्सियों के बीच समन्वय के लिए उत्तरदायी है।

एनसीबी मादक द्रव्यों एवं मनोलाक्षणिक पदार्थों के गैर-कानूनी व्यापार के विरुद्ध विभिन्न संयुक्त राष्ट्र समझौतों (1961, 1971, 1988 जिनमें भारत एक हस्ताक्षरकर्ता है) के अन्तर्गत अन्तर्राष्ट्रीय अनुबद्धताओं के क्रियान्वयन के लिए भी जिम्मेदार है। यह विभिन्न देशों में सम्बद्ध प्राधिकारियों को सहायता उपलब्ध कराती है ताकि मादक द्रव्यों एवं मनोलाक्षणिक पदार्थों के अनैतिक व्यापार को रोकने एवं समाप्त करने के लिए वैश्विक कार्यवाही को बढ़ावा दिया जा सके।

औषध कानून लागू करने के लिए राष्ट्रीय नोडल एजेन्सी होने के कारण एनसीबी राज्य सरकारों को केंद्रीय सहायता उपलब्ध कराती है। यह राज्य सरकारों को मादक द्रव्यों की तस्करी से लड़ने के लिए उनकी क्षमताओं को सुधारने हेतु आवश्यक आधार संरचना एवं उपकरण उपलब्ध कराने में सहायता प्रदान करती है।

9. सरदार वल्लभभाई पटेल राष्ट्रीय पुलिस अकादमी (SVPNPA): एसवीपीएमपीए की स्थापना 1948 में माउंट आबू में की गयी थी और इसे 1975 में हैदराबाद विस्थापित किया गया। यह देश में पुलिस प्रशिक्षण का प्रमुख संस्थान है और वर्तमान में उत्कृष्टता के एक केंद्र के रूप में कार्य करता है।

यह अकादमी आईपीएस अधिकारियों के लिए विभिन्न स्तरों पर मूलभूत एवं सेवाधीन दोनों पाठ्यक्रम संचालित करती है। इसके अलावा यह राज्य पुलिस सेवा के अधिकारियों के लिए उनके आईपीएस में प्रवेश के समय आगमन प्रशिक्षण भी संचालित करती है।

अकादमी राज्य तथा केंद्रीय पुलिस बलों की पुलिस प्रशिक्षण संस्थाओं के प्रशिक्षकों को प्रशिक्षित करने के लिए भी अल्पावधिक पाठ्यक्रम संचालित करती है।

अकादमी द्वारा भारतीय प्रशासनिक सेवा (आईएएस), भारतीय राजस्व सेवा (आईआरएस), भारतीय ऑडिट और एकाउंट सेवा (आईए और एएस), भारतीय वन सेवा (आईएफएस) के अधिकारियों तथा न्यायिक परिवीक्षा एवं कारागार विभाग, सार्वजनिक क्षेत्र के उपक्रमों, बैंकों एवं बीमा कम्पनियों के अधिकारियों के लिए भी अल्प-अवधि के पाठ्यक्रम संचालित करती है।

10. उत्तर-पूर्वी पुलिस अकादमी (NEPA): एनईपीए की स्थापना शिलांग के निकट बारापानी में 1977 में उत्तर-पूर्वी राज्यों की पुलिस प्रशिक्षण जरूरतों को पूरा करने के लिए क्षेत्रीय पुलिस प्रशिक्षण कॉलेज के रूप में की गयी थी। इसे 1980 में उत्तर-पूर्वी पुलिस अकादमी का नाम दिया गया।

यह अकादमी उत्तर-पूर्वी राज्यों के पुलिस कार्मिकों के लिए विभिन्न स्तरों पर प्रवेशात्मक और सेवाकालीन पाठ्यक्रम का संचालन करती है। यह क्षेत्र में पुलिस के लिए प्रासंगिक विषयों पर कार्यशालाओं एवं संगोष्ठियों का आयोजन भी करती है।

यह एक अत्याधुनिक संस्थान है जो कि उत्तर-पूर्वी राज्यों की शिक्षण जरूरतों को पूरा करने के अलावा पुलिस एवं आन्तरिक सुरक्षा से जुड़े उत्तर-पूर्व के विशिष्ट मुद्दों से सम्बन्धित सूचना भंडार के रूप में भी कार्य करता है।

11. **सुधारक प्रशासन संस्थान**: भारत सरकार ने जेल कर्मियों को प्रशिक्षण प्रदान करने हेतु केंद्र से पूर्ण वित्तीय सहायता के साथ 1989 में चंडीगढ़ में सुधारक प्रशासन संस्थान की स्थापना की।

संस्थान पूरे भारत के जेल कर्मियों को प्रशिक्षण प्रदान करता है, विशेष रूप से पड़ोसी राज्यों के कार्मिकों, जैसे-हिमाचल प्रदेश, पंजाब, हरियाणा, राजस्थान और चंडीगढ़ के केंद्र शासित प्रदेश आदि को। संस्थान जेलों और जेलों में रहने वाले कैदियों से संबंधित विशिष्ट मुद्दों पर विभिन्न राज्यों के लिए आउटरीच/ आगे बढ़ने के कार्यक्रम भी आयोजित करता है।

संस्थान ने राज्य सरकारों के अनुरोधानुसार पड़ोसी राज्यों के जेल कर्मियों और अन्य विषयों और मॉड्यूलों के लिए कई प्रशिक्षण कार्यक्रम आयोजित किए हैं। संस्थान ने पुलिस अनुसंधान और विकास ब्यूरो [ब्यूरो ऑफ पुलिस रिसर्च एंड डेवलपमेंट (BPRD)] के सहयोग से राज्य सरकारों द्वारा आयोजित कार्यक्रमों में भी भाग लिया है, जिसमें महिला कैदियों और जेल कैदियों के स्वास्थ्य संबंधी मुद्दों आदि पर ध्यान केंद्रित किया गया है।

12. **सचिवालय सुरक्षा संस्थान (SSO):** यह SSO गृह मंत्रालय के सुरक्षा कवर के तहत सरकारी भवनों की सुरक्षा हेतु एक केंद्रीय एजेंसी है। वर्तमान में, भारत सरकार के विभिन्न मंत्रालयों / विभागों के पास MHA सुरक्षा कवर आवास कार्यालयों के तहत 54 इमारतें हैं। ये इमारतें दिल्ली में विभिन्न स्थानों पर लगभग 16 किमी के दायरे में स्थित हैं।

एसएसओ (SSO) एमएचए (MHA) सुरक्षा कवर के तहत सरकारी भवनों की सुरक्षा और प्रवेश के नियंत्रण से संबंधित

नीतियों के निर्माण और निष्पादन के लिए जिम्मेदार है। वर्तमान में केंद्रीय औद्योगिक सुरक्षा बल (CISF) के साथ-साथ सचिवालय सुरक्षा बल (SSF) के सुरक्षाकर्मी सरकारी भवनों की सुरक्षा के लिए तैनात हैं। सरकारी भवनों के वर्गीकरण के आधार पर, इन भवनों की सुरक्षा के लिए CISF या SSF के सुरक्षाकर्मी तैनात किए जाते हैं।

केंद्रीय आसूचना एजेन्सियाँ (Central Intelligence Agencies)

1. **आसूचना आयोग (IB):** आसूचना आयोग देश की आन्तरिक आसूचना एजेन्सी है। इसे केंद्रीय गृह मंत्रालय के नियंत्रण के अधीन रखा गया है। यह आन्तरिक आसूचना के संग्रहण, परितुलन, प्रसंस्करण और वितरण के लिए उत्तरदायी है। इसकी शाखायें सभी राज्यों की राजधानियों तथा देश के महत्वपूर्ण शहरों में स्थित है।

आसूचना आयोग की मुख्य भूमिका आतंकवाद और विध्वंसक गतिविधियों के बारे में गोपनीय सूचनायें एकत्रित करना तथा देश की आन्तरिक सुरक्षा के समक्ष आने वाली चुनौतियों से निबटने के लिए रणनीतियाँ तैयार करना है। इसकी सलाह एवं निर्देशन को सामान्यत: सभी सुरक्षा मामलों में राज्यों द्वारा स्वीकार किया जाता है।

आईबी ब्रिटिश शासन की एक विरासत है, जिसकी स्थापना 1887 में की गयी थी। इस प्रकार यह 120 वर्ष से अधिक पुरानी और संभवत: विश्व की सबसे पुरानी इंटेलिजेंस एजेन्सी है।

2. **अनुसंधान और विश्लेषण स्कंध (RAW):** रॉ देश की बाहरी आसूचना एजेन्सी है। यह केंद्रीय मंत्रिमंडल सचिवालय के अधीन कार्य करती है। यह बाहरी गुप्त सूचनाओं के संग्रहण तथा गोपनीय ऑपरेशनों के संचालन के लिए उत्तरदायी है। यह बाहरी देशों, विशेषत: पड़ोसी देशों में राजनीतिक सैन्य विकासों का एक मूल्यांकन भी उपलब्ध कराती है और इस प्रकार प्राधिकारियों को आवश्यक कार्यवाही करने की क्षमता प्रदान करती है।

रॉ की स्थापना 1968 में की गयी थी। इसकी स्थापना से पहले आईबी द्वारा आन्तरिक एवं बाहरी, दोनों प्रकार की आसूचना का कार्य किया जाता था। तथापि, 1962 के भारत-चीन युद्ध एवं 1965 के भारत-पाकिस्तान युद्ध के फलस्वरूप इन दोनों आसूचना ऑपरेशनों के पृथक्करण की जरूरत महसूस की गयी। इसलिए 1968 में आईबी का विभाजन करके बाहरी आसूचना का कार्य नवगठित रॉ को सौंप दिया गया।

3. **केंद्रीय आर्थिक आसूचना ब्यूरो (CEIB):** सीईआईबी आर्थिक आसूचना के सम्बन्ध में नोडल एजेन्सी का कार्य करता है। इसकी स्थापना 1985 में आसूचना एकत्रण गतिविधियों को समन्वित करने एवं उन्हें मजबूती प्रदान करने के लिए की गयी थी। यह आर्थिक अपराधों में जाँच के साथ विभिन्न सम्बन्धित एजेन्सियों द्वारा की जाने वाली कार्यवाही तथा आर्थिक कानूनों को लागू करने का कार्य करता है।

सीईआईबी आर्थिक आसूचना परिषद (ईआईसी) के लिए सचिवालय के रूप में कार्य करता है तथा आर्थिक आसूचना के समन्वयकर्ता और संग्रहकर्ता के रूप में भी अपनी भूमिका निभाता है। यह फील्ड स्तर पर समन्वय के लिए नोडल एजेन्सियों के रूप में कार्य करने वाली क्षेत्रीय आर्थिक आसूचना परिषदों के कार्यचालन का अधिवीक्षण और निगरानी करता है। इन परिषदों की स्थापना आर्थिक अपराधों से निबटने वाली विभिन्न क्रियान्वयन एवं जाँच एजेन्सियों के बीच से की गयी है।

4. **जीएसटी आसूचना महानिदेशालय (DGGI):** 2017 में, पूर्ववर्ती महानिदेशालय सेंट्रल एक्साइज इंटेलिजेंस (DGCEI) का नाम बदलकर GST इंटेलिजेंस महानिदेशालय (DGGI) कर दिया गया। यह एक सर्वोच्च खुफिया संगठन है जिसे अखिल भारतीय स्तर पर वस्तु एवं सेवा कर (जीएसटी) और केंद्रीय उत्पाद शुल्क और सेवा कर के उल्लंघन/चोरी के आधार पर शुल्क जमा करने से संबंधित खुफिया जानकारी के संग्रहण एकत्रीकरण और प्रसार का काम सौंपा गया है। इसे पहले एंटी इवेशन (DGAE) चोरी विरोध महानिदेशालय के रूप में जाना जाता था।

ड्यूटी चोरी के खतरे से निपटने में महानिदेशालय की भूमिका कई गुना है। यह देशभर में अपने खुफिया नेटवर्क के माध्यम से विशेष रूप से कर चोरी के नए क्षेत्रों में खुफिया समझ को विकसित करता है और कर्तव्य के नवीनतम रुझानों के बारे में क्षेत्र के स्वरूपों को संवेदनशील बनाने के लिए कार्य प्रणाली सर्कुलर और चेतावनी सर्कुलर जारी करके ऐसी जानकारी का प्रसार करता है। जहाँ भी आवश्यक पाया गया, यह महानिदेशालय स्वयं संज्ञान लेकर या क्षेत्र निर्माणों के साथ समन्वय में, जीएसटी, केंद्रीय उत्पाद शुल्क और सेवा कर की चोरी का पता लगाने के लिए संचालनों का आयोजन करता है।

5. **राजस्व आसूचना निदेशालय (DRI):** डीआरआई के कार्य निम्नलिखित है:

1. तस्करी के बारे में आसूचना का अध्ययन एवं वितरण करना।
2. तस्करों के संगठित गिरोहों तथा तस्करी के भेद्यनीय क्षेत्रों की पहचान करना और तस्करों तथा उनके समूहीकरण के विरुद्ध आसूचना का संग्रहण करना।
3. आसूचना के संग्रह हेतु भारत तथा विदेश में आसूचना एवं क्रियान्वयन एजेन्सियों के साथ सम्पर्क बनाये रखना और अन्तर्संभागीय एवं अन्तर्राष्ट्रीय प्रशासन वाले महत्वपूर्ण मामलों में गहन जाँच करना।
4. संदिग्ध एवं वर्जित माल के अन्तररोधन के लिए क्षेत्रीय इकाइयों को सचेत करना तथा तस्करी में मौजूदा एवं संभावित प्रवृत्तियों का मूल्यांकन करना।

6. **वित्तीय आसूचना इकाई (FIU):** एफआईयू की स्थापना 2004 में धन के अवैध प्रवाह तथा उससे जुड़े अपराधों से लड़ने के लिए प्रभावी राष्ट्रीय, क्षेत्रीय एवं वैश्विक नेटवर्क के माध्यम से वित्तीय आसूचना के संग्रहण एवं सहभागिता को समन्वित करने एवं मजबूत बनाने के लिए की गयी थी।

एफआईयू संदिग्ध वित्तीय लेन-देनों से जुड़ी सूचना की प्राप्ति, प्रसंस्करण, विश्लेषण और वितरण के लिए उत्तरदायी केंद्रीय राष्ट्रीय एजेन्सी है। यह मनी लॉड्रिंग निवारक अधिनियम, 2002 (पीएमएलए) के अधीन वित्तीय क्षेत्र में विभिन्न संस्थाओं से विहित सूचनायें प्राप्त करती है और उपयुक्त मामलों में सम्बन्धित आसूचना/क्रियान्वयन एजेन्सियों को सूचनायें प्रेषित करती है।

7. **राष्ट्रीय तकनीकी शोध संगठन (NTRO):** एनटीआरओ को देश में महत्वपूर्ण तकनीकी सुविधाओं के नियोजन, डिजायन, स्थापन एवं कार्यचालन का कार्य सौंपा गया है। यह सुरक्षात्मक और आक्रामक साइबर ऑपरेशनों की निगरानी एवं संचालन के लिए भी उत्तरदायी है।

एनटीआरओ का गठन 2004 में किया गया था। इसे राष्ट्रीय सुरक्षा सलाहकार (एनएसए) के प्रत्यक्ष नियंत्रण में रखा गया है।

एनटीआरओ (NTRO) भारत की तकनीकी खुफिया जानकारी एकत्र करने वाली एजेंसी है। नेशनल क्रिटिकल इंफॉर्मेशन इंफ्रास्ट्रक्चर प्रोटेक्शन सेंटर (NCIIPC) NTRO की एक इकाई है।

2017 में, एनटीआरओ को इंटेलिजेंस ऑर्गनाइजेशन (अधिकारों का प्रतिबंध) अधिनियम, 1985 के तहत शामिल किया गया था। नतीजतन, एनटीआरओ में आईबी और रॉ के समान ही 'आचरण के मानदंड' हैं।

8. **आयकर महानिदेशालय (खुफिया और आपराधिक जांच):** 1975 में, कर डेटा-आधार को मजबूत करने के लिए आयकर विभाग ने केंद्रीय सूचना शाखा (CIB) का गठन किया। प्रारंभ में CIB, DGIT जांच की देख-रेख में संचालित होता था। यह बाद में 2007 में आयकर निदेशालय (खुफिया) के तहत लाया गया था। 2011 में, आयकर महानिदेशालय (खुफिया और आपराधिक जांच) के रूप में नामित एक नया निदेशालय सेटअप किया गया था जिसमें पूर्ववर्ती खुफिया सेटअप और CIB सेटअप शामिल थे।

कर डेटा आधार को मजबूत करने के लिए महानिदेशालय आयकर विभाग की एक प्रमुख एजेंसी है। इसके प्रमुख कार्य क्षेत्र हैं:

(i) स्टॉप फाइलरों (जिन्होंने इस वर्ष से कर भरना बंद कर दिया है) और गैर-फाइलरों की पहचान के माध्यम से कर आधार का चौड़ीकरण।
(ii) छानबीन के आकलन के लिए मामलों के उचित चयन की जानकारी प्रदान करके कर आधार को गहरा करना।
(iii) आंतरिक और बाहरी स्रोतों से सूचनाओं के एकत्रीकरण, संग्रह तथा सूचनाओं का मूल्यांकन करने वाले अधिकारियों (AOs) और आयकर विभाग में अन्य उपयोगकर्ताओं के प्रति इसका प्रसार।

यह वित्तीय लेन-देन से संबंधित जानकारी, जैसे-निवेश, खर्च, करों का भुगतान, आदि और कुछ निर्दिष्ट गतिविधियों में शामिल व्यक्तियों के विवरणों को भी एकत्र करता है। आपराधिक मामलों से उत्पन्न होने वाले कर उल्लंघन के मामलों जिनका किसी भी प्रत्यक्ष कर कानून के तहत कोई भी वित्तीय निहितार्थ के रूप में दंडनीय हो, यह जनादेश उन की पहचान तथा जाँच के लिए भी प्रदान करता है।

केंद्रीय जाँच एजेन्सियाँ (Central Investigation Agencies)

1. **राष्ट्रीय जाँच एजेन्सी (NIA):** एनआईए का गठन राष्ट्रीय जाँच एजेन्सी अधिनियम, 2008 के अनुसरण में किया गया है। यह राष्ट्रीय स्तर पर देश की संप्रभुता सुरक्षा और अखंडता

को प्रभावित करने वाले अपराधों की जाँच एवं अभियोजन का कार्य करती है। अन्तर्राष्ट्रीय स्तर पर यह विदेशी राज्यों के साथ मित्रतापूर्ण सम्बन्धों को प्रभावित करने वाले अपराधों तथा अन्तर्राष्ट्रीय सन्धियों, समझौतों, सम्मेलनों और संयुक्त राष्ट्र एवं अन्य अन्तर्राष्ट्रीय संगठनों के प्रस्तावों और सन्धियों को लागू करने के लिए बनाये गये अधिनियमों के अधीन आने वाले अपराधों की जाँच एवं अभियोजन करती है।

इसलिए संसद द्वारा एक राष्ट्रीय पैमाने पर भारत में आतंकवाद सम्बन्धित घटनाओं की पहचान, रोकथाम, जाँच और अभियोजन के लिए एनआईए का गठन किया गया था। यह भारत की एकमात्र विशिष्ट आतंकवाद प्रतिरोधी एजेन्सी है। यह एक कानून लागू करने वाली एजेन्सी है जो कि भारत में किसी भी समय पर और कहीं भी होने वाली आतंकी गतिविधियों से लड़ने के लिए समर्पित है। यह केवल घटना के बाद जाँच करने वाली एजेन्सी नहीं है बल्कि यह एक घटना से पहले ही विदारण करने वाली एजेन्सी है।

2009 में देश में आतंकवाद से लड़ने के लिए कानूनी ढाँचे की व्याख्या करने हेतु गृह मंत्रालय द्वारा एनआईए पर एक कार्यशाला का आयोजन किया गया था। इसमें यह सुझाव दिया गया कि एनआईए को जाँच एवं अभियोजन के अधीन आने वाले केसों की स्थिति, शरणार्थियों एवं आपसी सहयोग से जुड़े अन्य मुद्दों तथा आपराधिक जाँच में सहायता इत्यादि के बारे में विचार-विमर्श करने के लिए राज्य पुलिस एवं संघशासित पुलिस बलों के साथ क्षेत्रीय त्रैमासिक बैठकें आयोजित करनी चाहिए। इस निर्णय का अनुसरण करते हुए राज्यों ने नोडल अधिकारी नामित किए हैं और उपरोक्त मुद्दों पर विचार करने के लिए क्षेत्रवार त्रैमासिक समन्वय बैठकें आयोजित की जाती हैं।

2. केंद्रीय जाँच ब्यूरो (CBI): सीबीआई की स्थापना एक प्रस्ताव द्वारा 1963 में की गयी थी। वर्तमान में इसके निम्नलिखित प्रभाग हैं:

(i) भ्रष्टाचाररोधी प्रभाग
(ii) आर्थिक अपराध प्रभाग
(iii) विशेष अपराध प्रभाग
(iv) नीति और समन्वय प्रभाग
(v) प्रशासन प्रभाग
(vi) अभियोजन निदेशालय
(vii) केंद्रीय फॉरेंसिक विज्ञान प्रयोगशाला

सीबीआई भारत सरकार की एक बहु-अनुशासनात्मक जाँच एजेन्सी है। यह भ्रष्टाचार से जुड़े मामलों, आर्थिक अपराधों और परम्परागत अपराध के मामलों की जाँच का कार्य करती है।

सीबीआई सामान्य रूप से अपनी गतिविधियों को केंद्र सरकार और संघशासित प्रदेशों तथा उनके सार्वजनिक क्षेत्र के उपक्रमों, कर्मचारियों के द्वारा किये जाने वाले भ्रष्टाचार सम्बन्धी अपराधों तक सीमित रखती है।

सीबीआई राज्य सरकारों द्वारा सौंपे जाने पर या उच्चतम न्यायालय/उच्च न्यायालयों के द्वारा निर्देशित किये जाने पर हत्या, अपहरण और बलात्कार जैसे परम्परागत अपराधों की जाँच भी करती है।

सीबीआई भारत में इंटरपोल के राष्ट्रीय केंद्रीय ब्यूरो के रूप में कार्य करती है। सीबीआई का इंटरपोल स्कन्ध भारतीय विधि क्रियान्वयन एजेन्सियों तथा इंटरपोल के सदस्य देशों से जुड़ी जाँच सम्बन्धी गतिविधियों के लिए प्रत्यावेदनों का समन्वय करता है।

3. प्रवर्तन निदेशालय (DE): प्रवर्तन निदेशालय की स्थापना 1960 में हुई थी। यह दो कानूनों-विदेशी विनिमय प्रबन्धन अधिनियम, 1999 (फेमा) तथा मनी लॉण्ड्रिंग निवारक अधिनियम, 2002 (पीएमएलए)-को लागू करने की जिम्मेदारी निभा रहा है। यह विदेशी विनिमय परिरक्षण तथा अवैध व्यापार गतिविधि निवारक अधिनियम, 1975 (कोफेपोसा) के अन्तर्गत अपराधियों की निवारक पहचान हेतु वादों का प्रसंस्करण एवं अनुशंसा करता है। इसके अलावा यह फेरा, 1973 से जुड़े अवशिष्ट कार्यों, जैसे कि न्याय निर्णयाधीन वाद, लम्बित अर्थदंड से जुड़े कार्य इत्यादि, को भी देखता है।

यह निदेशालय फेमा के उपबंधों को लागू करता है। फेमा के उपबंधों के संदिग्ध उल्लंघन के मामलों की पहचान और जाँच की जाती है और इसके बाद अधिनिर्णयन की प्रक्रियाएँ शुरू की जाती हैं जो कि अर्द्ध-न्यायिक प्रकृति की होती हैं। इनके द्वारा अपराधियों पर आर्थिक दंड आरोपित किया जाता है और साथ ही अपराधों में निहित निधियों को जब्त करने का आदेश दिया जाता है।

यह (i) निदेशालय धन के अवैध प्रवाह के अपराध से जुड़े मामलों की जाँच करने, (ii) धन के अवैध प्रवाह में निहित सम्पत्ति को जब्त करने तथा (iii) धन के अवैध प्रवाह के अपराध हेतु आरोपित लोगों पर अभियोग दर्ज करने के लिए उत्तरदायी है।

4. केंद्रीय नारकोटिक्स ब्यूरो (CBN): भारत मादक द्रव्यों पर एकल समझौता, 1961; मनोलाक्षणिक पदार्थों पर समझौता,

1971 तथा मादक द्रव्यों एवं मनोलाक्षणिक पदार्थों के अनैतिक व्यापार के विरुद्ध संयुक्त राष्ट्र समझौता, 1988 पर हस्ताक्षर करने वाला देश है।

भारत में नारकोटिक्स ड्रग एंड साइकोट्रॉपिक सब्स्टेंसेज़ एक्ट 1985 के माध्यम से मादक द्रव्यों, मनोलाक्षणिक पदार्थों एवं पूर्वगामी रसायनों पर नियंत्रण लागू किया जाता है।

सीबीएन मादक द्रव्यों एवं मनोलाक्षणिक पदार्थों के गैर-कानूनी व्यापार को रोकने के लिए कार्यवाही करता है। यह मादक द्रव्य सम्बन्धी अपराधों की जाँच एवं अभियोजन का कार्य भी करता है तथा मादक द्रव्य तस्कारों द्वारा अर्जित की गयी अवैध सम्पत्ति का पता लगाने एवं उसे जब्त करने का कार्य करता है।

5. गंभीर धोखाधड़ी जांच कार्यालय (SFIO): SFIO की स्थापना 2003 में केंद्र सरकार के एक कार्यकारी संकल्प द्वारा कॉर्पोरेट धोखाधड़ी से जुड़े मामलों की जांच हेतु की। इसके पश्चात्, एसएफआईओ (SFIO) को कंपनी अधिनियम, 2013 के तहत वैधानिक दर्जा दिया गया।

एसएफआईओ (SFIO) एक बहु-अनुशासनात्मक संगठन है जिसमें अभियोजन पक्ष के सफेदपोश अपराधियों या जालसाजों का पता लगाने, उनकी पहचान कर उन पर मुकदमा चलाने और मुकदमे हेतु उनकी सिफारिश करने के लिए लेखांकन, फोरेंसिक ऑडिटिंग, कानून, सूचना प्रौद्योगिकी, जांच, कंपनी कानून, पूंजी बाजार और कराधान के क्षेत्र से जुड़े विशेषज्ञ हैं।

एसएफआईओ (SFIO) आमतौर पर केवल ऐसे मामलों की जांच के लिए उठाएगा, जिनकी विशेषताएं है:

(i) जटिलता और अंतर-विभागीय और बहु-अनुशासनात्मक प्रभाव;
(ii) आकार के आधार पर या तो मौद्रिक दुरुपयोग के संदर्भ में या प्रभावित व्यक्तियों के संदर्भ में सार्वजनिक हित की पर्याप्त भागीदारी, तथा;
(iii) व्यवस्था, कानून या प्रक्रियाओं में एक स्पष्ट सुधार की दिशा में जांच करने या योगदान की संभावना।

किसी कंपनी के मामलों की जाँच SFIO को सौंपी जाती है, जहाँ सरकार की राय है कि कंपनी के मामलों की जाँच करना आवश्यक है:

(i) रजिस्ट्रार या निरीक्षक की एक रिपोर्ट प्राप्त होने पर;
(ii) एक कंपनी द्वारा पारित एक विशेष प्रस्ताव की सूचना पर जो बताता है कि उसके मामलों की जांच करने की आवश्यकता है;
(iii) जनहित में;
(iv) केंद्र सरकार या राज्य सरकार के किसी भी विभाग के अनुरोध पर, तथा;
(v) न्यायिक आदेशों के आधार पर।

राज्य पुलिस प्रशासन (State Police Administration)

44

भारत के संविधान के अन्तर्गत 'लोक व्यवस्था' तथा 'पुलिस' राज्य सूची के विषयों में शामिल हैं। इसलिए राज्य सरकारें अपने अधिकार क्षेत्रों के भीतर होने वाले अपराधों की पहचान एवं रोकथाम तथा लोक व्यवस्था को कायम रखने के लिए प्रमुख रूप से जिम्मेदार होती हैं। इस उद्देश्य के लिए प्रत्येक राज्य के अपने खुद के पुलिस संगठन होते हैं।

राज्य पुलिस बलों की संरचना एवं कार्यचालन भारतीय पुलिस अधिनियम, 1861 द्वारा प्रशासित होते हैं। बाद में कुछ राज्यों ने अपने पृथक् राज्य पुलिस अधिनियम भी पारित कर लिये हैं, जो कि अधिकांशत: 1861 के अधिनियम के प्रावधानों पर आधारित है। इसके अलावा भारतीय दंड संहिता (1862), भारतीय साक्ष्य अधिनियम (1872) तथा आपराधिक प्रक्रिया संहिता (1973) द्वारा भी राज्य पुलिस बलों का कार्यचालन प्रशासित होता है।

एक राज्य सरकार का गृह विभाग उस राज्य में पुलिस प्रशासन से जुड़े नीतिगत मामलों तथा कानून व्यवस्था के लिए उत्तरदायी होता है। इसका मुखिया राजनीतिक रूप से गृहमंत्री तथा प्रशासनिक रूप से गृह सचिव होता है। यह राज्य पुलिस संगठन (कार्यकारी संगठन), जिसे राज्य पुलिस विभाग कहा जाता है, पर प्रशासनिक नियंत्रण लागू करता है।

राज्य पुलिस का संगठन (Organisation of State Police)

पुलिस महानिदेशक (डीजीपी) राज्य पुलिस विभाग का कार्यकारी/प्रशासनिक मुखिया होता है। वह प्रशासनिक एवं कार्यात्मक दोनों प्रकार के पुलिस मामलों पर राज्य सरकार को परामर्श देता है। वह राज्य में पुलिस बल के प्रशासन के लिए राज्य सरकार के प्रति उत्तरदायी होता है।

पुलिस प्रशासन के उद्देश्य से एक राज्य को कई पुलिस परिक्षेत्रों में बाँटा जाता है। एक पुलिस परिक्षेत्र या रेंज में जिलों का एक समूह होता है। इस प्रकार एक पुलिस परिक्षेत्र राज्य स्तर से नीचे होता है परन्तु जिला स्तर से ऊपर होता है। प्रत्येक पुलिस परिक्षेत्र का मुखिया पुलिस उप-महानिरीक्षक (डीआईजी) होता है।

कुछ राज्यों में पुलिस जोनों का निर्माण किया गया है, जिनमें दो या अधिक पुलिस परिक्षेत्र शामिल होते हैं। दूसरे शब्दों में, एक पुलिस जोन राज्य और पुलिस परिक्षेत्रों के बीच एक मध्यवर्ती के रूप में मौजूद होता है। प्रत्येक पुलिस जोन का मुखिया पुलिस महानिरीक्षक (आईजीपी) होता है।

राज्य में पुलिस प्रशासन की सबसे महत्वपूर्ण इकाई एक जिला होती है। जिला पुलिस बल को जिला पुलिस अधीक्षक (एसपी) के अधिभार के अन्तर्गत रखा जाता है। भारतीय पुलिस अधिनियम 1861 के अनुसार एक जिले में पुलिस का प्रशासन एस.पी. में निहित होता है किन्तु यह जिला मजिस्ट्रेट (अर्थात् जिला कलेक्टर) के सामान्य निर्देशन एवं नियंत्रण के अधीन होता है। इस प्रकार जिले में कानून व्यवस्था के नियंत्रण की एक दोहरी प्रणाली होती है, जो कि जिलाधिकारी तथा डीजीपी के नेतृत्व वाली विभागीय रेखा द्वारा नियंत्रित होती है।

एक जिले को कई पुलिस उप-संभागों में बाँटा जाता है। प्रत्येक पुलिस उप-संभाग को सहायक पुलिस अधीक्षक (एएसपी) के अधीन रखा जाता है।

एक पुलिस उप-संभाग को आगे चलकर कई पुलिस स्टेशनों में बाँटा जाता है और प्रत्येक पुलिस स्टेशन का अधिभार एक पुलिस उप-निरीक्षक (एसआई) को सौंपा जाता है।

कुछ राज्यों में पुलिस सर्किलों का निर्माण भी किया गया है और प्रत्येक सर्किल में तीन से छह पुलिस स्टेशन होते हैं। प्रत्येक पुलिस सर्किल का मुखिया एक सर्किल इंस्पेक्टर (सी.आई.) या सर्किल ऑफिसर (सी.ओ.) होता है।

राज्य पुलिस संगठन में पुलिस स्टेशन सबसे निचले पायदान पर होता है और यह राज्य में पुलिस प्रशासन की मूलभूत एवं प्राथमिक इकाई भी है। सहायक पुलिस उप-निरीक्षक (एएसआई), पुलिस हैड कांस्टेबल (एचसी) तथा पुलिस कांस्टेबल (पीसी) द्वारा सब-इंस्पेक्टर या इंस्पेक्टर को सहायता प्रदान की जाती है, जिसे स्टेशन हाउस ऑफिसर (एसएचओ) भी कहा जाता है।

राज्य में राज्य पुलिस की सम्पूर्ण संगठनात्मक संरचना को नीचे दर्शाया गया है:

पुलिस अधिकारी		अधिभार क्षेत्र
पुलिस महानिदेशक	⟷	राज्य पुलिस बल
↓		↓
पुलिस महानिरीक्षक	⟷	पुलिस जोन
↓		↓
पुलिस उप-महानिरीक्षक	⟷	पुलिस रेंज
↓		↓
पुलिस अधीक्षक	⟷	जिला पुलिस बल
↓		↓
सहायक पुलिस अधीक्षक	⟷	पुलिस उप-संभाग
↓		↓
पुलिस सर्किल इंस्पेक्टर	⟷	पुलिस सर्किल
↓		↓
पुलिस उप-निरीक्षक	⟷	पुलिस स्टेशन

एक पुलिस स्टेशन में पुलिस कर्मचारियों का पदानुक्रम नीचे दर्शाया गया है:

पुलिस उप-निरीक्षक
↓
सहायक पुलिस उप-निरीक्षक
↓
पुलिस मुख्य आरक्षी
↓
पुलिस आरक्षी

राज्य पुलिस के कार्य (Functions of State Police)

राज्य पुलिस अधिनियम, 1861 के अंतर्गत राज्य पुलिस के कार्यों में निम्नलिखित शामिल हैं:

1. किसी भी सक्षम प्राधिकारी द्वारा उसे जारी किये गये वॉरंटों तथा सभी आदेशों का अनुपालन एवं क्रियान्वयन करना।
2. सार्वजनिक शांति को प्रभावित करने वाली आसूचना का संग्रह एवं संचार करना।
3. अपराधों के आचरण एवं लोक उपद्रवों को रोकना।
4. अपराधियों की पहचान करना तथा उन्हें न्यायिक कार्यवाही के अन्तर्गत लाना।
5. ऐसे सभी लोगों को गिरफ्तार करना, जिन्हें गिरफ्तार करने के लिए उसे वैधानिक रूप से अधिकृत किया गया है और जिनकी गिरफ्तारी के लिए पर्याप्त आधार मौजूद है।
6. किसी भी मदिरा की दुकान, जुआ घर या शिथिल एवं अव्यवस्था वाले किसी भी अन्य स्थान में प्रवेश करना तथा उसका निरीक्षण करना।

राष्ट्रीय पुलिस आयोग (1977-1980) ने राज्य पुलिस के लिए निम्नलिखित कार्यों का सुझाव दिया था:

1. सार्वजनिक व्यवस्था को संवर्द्धित एवं परिरक्षित करना।
2. अपराधों की जाँच करना, जहाँ उचित हो वहाँ अपराधियों को गिरफ्तार करना तथा उनसे जुड़ी परिवर्ती वैधानिक कार्यवाही में भाग लेना।
3. ऐसी समस्याओं एवं स्थितियों की पहचान करना, जिनके परिणामस्वरूप अपराधों के आचरण की संभावना हो।
4. निवारक गश्त एवं अन्य उपयुक्त पुलिस उपायों द्वारा अपराधों के घटित होने के अवसरों को घटाना।
5. अपराधों की रोकथाम हेतु उपयुक्त उपायों को लागू करने में अन्य संबंधित एजेन्सियों को सहायता प्रदान करना तथा उनके साथ सहयोग करना।
6. शारीरिक क्षति के खतरे में आने वाले व्यक्तियों को सहायता प्रदान करना।

7. समुदाय में सुरक्षा की भावना का निर्माण करना एवं उसे बनाये रखना।
8. लोगों और वाहनों के व्यवस्थित संचालन को बढ़ावा देना।
9. विवादों को सुलझाना और आपसी सद्भाव को बढ़ावा देना।
10. तनावपूर्ण स्थितियों में लोगों को उपयुक्त सेवायें उपलब्ध कराना और उन्हें राहत प्रदान करना।
11. सामाजिक एवं आर्थिक अपराधों, राष्ट्रीय अखण्डता एवं सुरक्षा सहित सामान्य अपराधों तथा सार्वजनिक शान्ति को प्रभावित करने वाले मामलों के सम्बन्ध में आसूचना का संग्रह करना।
12. कानूनों द्वारा सौंपे गये अन्य कर्तव्यों का निर्वहन करना।

भारत के द्वितीय प्रशासनिक सुधार आयोग (2005-2009) ने राज्य पुलिस के कार्यों को निम्नलिखित श्रेणियों में वर्गीकृत किया है:

1. गोपनीय सूचनायें जुटाने के साथ-साथ अपराधों की रोकथाम करना।
2. अपराधों की जाँच करना।
3. सार्वजनिक व्यवस्था को बनाये रखना।
4. आपराधिक मुकद्मों में सहायता प्रदान करना।
5. महत्वपूर्ण संस्थापनों एवं विशिष्ट व्यक्तियों को सुरक्षा उपलब्ध कराना।
6. सेवोन्मुख कार्य:
   (i) प्राकृतिक आपदाओं के दौरान आपातकालीन कर्तव्य।
   (ii) अन्य एजेन्सियों को सहायता उपलब्ध कराना।
   (iii) चुनाव संचालन में सहायता।
   (iv) यातायात नियंत्रण।
   (v) पूर्ववर्तियों का सत्यापन।
   (vi) कानूनों के प्रवर्तन में सहायता करना।

नगर पुलिस प्रशासन
(City Police Administration)

आयुक्त प्रणाली
(Commissionerate System)

महानगरों एवं अन्य बड़े शहरों में पुलिस की आयुक्त प्रणाली को अपनाया गया है। इस प्रणाली के अन्तर्गत पुलिस आयुक्त को नगर पुलिस प्रशासन के लिए उत्तरदायी बनाया गया है और उसके अधिभार में सम्पूर्ण पुलिस बल को रखा गया है।

जिला पुलिस अधीक्षक के विपरीत जो कि जिला मजिस्ट्रेट के सामान्य नियंत्रण एवं निर्देशन में कार्य करता है, पुलिस आयुक्त जिला मजिस्ट्रेट से स्वतंत्र होकर पुलिस कार्य करता है। पुलिस आयुक्त को वे दंडाधिकारीय शक्तियाँ सौंपी जाती हैं जिन्हें सामान्यत: एक जिले में जिला मजिस्ट्रेट द्वारा प्रयुक्त किया जाता है। इसका अर्थ यह है कि नगर पुलिस प्रशासन में जिला मजिस्ट्रेट की कोई भूमिका नहीं होती है।

पुलिस आयुक्त को अपना कार्य करने में कई अतिरिक्त पुलिस आयुक्तों, संयुक्त पुलिस आयुक्तों, पुलिस उपायुक्तों, सहायक पुलिस आयुक्तों, पुलिस इंस्पेक्टरों, पुलिस सब-इंस्पेक्टरों तथा अन्य निचली श्रेणी के पुलिस कर्मचारियों द्वारा सहायता दी जाती है।

आरम्भ में पुलिस की आयुक्त प्रणाली केवल चार नगरों में मौजूद थी। स्वतंत्रता प्राप्ति के बाद इस प्रणाली को कई अन्य शहरों में विस्तारित किया गया।

आयुक्त के कार्य
(Functions of Commissioner)

पुलिस आयुक्त को निम्नलिखित कर्तव्य एवं जिम्मेदारियाँ सौंपी गयी हैं:

1. कानून एवं व्यवस्था को बनाये रखने तथा अपराधों की पहचान एवं रोकथाम के लिए पुलिस नीति का निर्माण करना तथा उभरते हुए मुद्दों का निरन्तर मूल्यांकन करना।
2. नगर पुलिस के विभिन्न स्कन्धों के बीच प्रभावी समन्वय स्थापित करना।
3. कानून व्यवस्था को बनाये रखने तथा अपराधों की रोकथाम एवं पहचान करने के लिए एक प्रभावी पुलिस-पब्लिक सम्बन्ध कार्यतंत्र के निर्माण हेतु समुदाय-पुलिस प्रणाली का संगठन करना।
4. पुलिस बीटों, गश्तों एवं निगरानी का संगठन एवं क्रियान्वयन।
5. अपराध एवं आपराधिक सूचना प्रणाली का निर्माण एवं उन्नयन।
6. आचार संहिता को लागू करने के लिए आन्तरिक निगरानी को सुनिश्चित करना।

7. कार्य प्रशिक्षण पाठ्यक्रमों को नियमित रूप से व्यवस्थित करना तथा उनकी प्रगति और प्रभाव का मूल्यांकन करना।
8. एक राज्य में नगर पुलिस के सभी सदस्यों को उच्च दक्षता एवं मनोदशा की अवस्था में बनाये रखना।
9. साम्प्रदायिक, आतंकवादी एवं विध्वंसक गतिविधियों की निगरानी एवं नियंत्रण के लिए प्रभावी आसूचना कार्यतंत्र का निर्माण करना।
10. यातायात शिक्षा को उच्च प्राथमिकता एवं ध्यानाकर्षण देना तथा यातायात कार्मिकों के प्रशिक्षण हेतु आवश्यक पहल करना।
11. नगर में रिजर्व पुलिस को बनाये रखना जो कि जरूरत के समय एक प्रभावी कार्यबल के रूप में पूर्ण प्रशिक्षित और तैयार हो।
12. अपने अधिभार के अन्तर्गत आने वाली विभिन्न इकाइयों में भ्रमण एवं निरीक्षण करना तथा अतिरिक्त/संयुक्त/उप/सहायक आयुक्तों द्वारा आवधिक निरीक्षण की व्यवस्था करना।

होमगार्ड की भूमिका (Role of Home Guards)

1. **उदय (Emergence):** होमगार्ड एक स्वैच्छिक बल है, जो कि भारत में पहली बार 1946 में अस्तित्व में आया था। इसका उद्देश्य नागरिक उपद्रव एवं साम्प्रदायिक दंगों को नियंत्रित करने में पुलिस की सहायता करना था। परिणामस्वरूप कई राज्यों द्वारा स्वैच्छिक नागरिक बल की अवधारणा को स्वीकार किया गया। 1962 में चीनी आक्रमण के बाद केंद्र ने राज्यों एवं संघशासित प्रदेशों को यह परामर्श दिया कि वे अपने मौजूदा स्वैच्छिक संगठनों को एक एकीकृत स्वैच्छिक बल में विलय कर दें जिसे होमगार्ड्स के रूप में जाना गया।

2. **कार्य (Functions):** होमगार्ड्स या गृहरक्षकों के कार्य निम्नलिखित हैं:

1. कानून व्यवस्था एवं आन्तरिक सुरक्षा स्थितियों को बनाये रखने में पुलिस को एक सहायक के रूप में सेवायें प्रदान करना।
2. हवाई आक्रमण, अग्निकांड, चक्रवात, भूकम्प, महामारी जैसी आपातकालीन स्थितियों में समुदाय की सहायता करना।
3. आवश्यक सेवाओं को बनाये रखने में सहायता करना।
4. सामुदायिक सद्भाव को संवर्द्धित करना तथा कमजोर वर्गों के संरक्षण में प्रशासन को सहायता प्रदान करना।
5. सामाजिक-आर्थिक एवं कल्याणकारी गतिविधियों में भागीदारी करना।
6. नागरिक रक्षा कर्तव्यों को निष्पादित करना।

3. **संख्या बल (Strength):** होमगार्ड दो प्रकार के होते हैं- ग्रामीण एवं शहरी। सीमावर्ती राज्यों में बॉर्डर विंग होमगार्ड्स बटालियनों का गठन भी किया गया है जो कि सीमा सुरक्षा बल को सहायता प्रदान करती हैं। देश में होमगार्डों की अनुमानित संख्या 5.74 लाख है, जबकि उत्थित संख्या 4.43 लाख है। यह संगठन केरल को छोड़कर अन्य सभी राज्यों एवं संघशासित प्रदेशों में फैला हुआ है।

4. **भर्ती (Recruitment):** होमगार्डों को राज्य एवं संघशासित प्रदेशों के होमगार्ड कानूनों एवं नियमों के अधीन एकत्रित किया जाता है। इन्हें चिकित्सकों, इंजीनियरों, वकीलों, निजी क्षेत्र के संगठनों, कॉलेज व विश्वविद्यालय के छात्रों, कृषि एवं औद्योगिक श्रमिकों इत्यादि जैसे लोगों के विभिन्न वर्गों में से भर्ती किया जाता है। ये अपना खाली समय समुदाय की बेहतरी के लिए संगठन को प्रदान करते हैं। भारत के सभी नागरिक, जो कि 18-50 के आयु समूह में हों, होमगार्ड का सदस्य बनने के योग्य होते हैं। होमगार्ड में सदस्यता का सामान्य कार्यकाल 3 से 5 वर्ष का होता है।

5. **सुविधाएं (Facilities):** होमगार्डों को प्रदान की जाने वाली सुविधाओं में निःशुल्क वर्दी, ड्यूटी भत्ता तथा वीरता, विलक्षण सेवाओं के लिए पुरस्कार इत्यादि शामिल हैं। एक होमगार्ड को ड्यूटी या प्रशिक्षण पर बुलाये जाने पर जेब खर्च के लिए निर्धारित दरों पर ड्यूटी या प्रशिक्षण भत्ते का भुगतान किया जाता है।

6. **प्रशिक्षण (Training):** संगठन में तीन वर्ष की सेवायें प्रदान करने वाले सदस्यों को पुलिस द्वारा कानून व्यवस्था बनाये रखने, अपराध रोकथाम, लूटपाटरोधी उपाय, सीमा-गश्त, निषेध, बाढ़ राहत, फायर फाइटिंग, चुनाव ड्यूटी तथा सामाजिक कल्याण गतिविधियों के बारे में प्रशिक्षित किया जाता है। राष्ट्रीय आपदा के समय नागरिक सुरक्षा कार्य का कुछ भाग होमगार्ड को भी सौंपा जाता है।

7. **केंद्र-राज्य समन्वय (Centre-State Co-ordination):** केंद्रीय गृह मंत्रालय होमगार्ड संगठन की भूमिका, एकत्रण, प्रशिक्षण, साज-सज्जा, अवस्थापन एवं अन्य महत्वपूर्ण मामलों

के सम्बन्ध में नीतियों का निर्माण करता है। होमगार्ड के उत्थान, प्रशिक्षण, एवं सुसज्जा पर होने वाले खर्च का 25% केंद्र द्वारा और 75% राज्य सरकारों द्वारा वहन किया जाता है। उत्तरी-पूर्वी राज्यों के सम्बन्ध में अंशभागिता का प्रतिरूप केंद्र और राज्यों के बीच 50:50 के अनुपात में होता है।

नागरिक प्रतिरक्षा संगठन (Civil Defence Organisation)

1. अर्थ (Meaning): नागरिक प्रतिरक्षा के तहत ऐसे सभी सुरक्षोपायों को शामिल किया जाता है जो भारत में किसी भी व्यक्ति, सम्पत्ति, स्थान या वस्तु की वायु, भूमि, समुद्र या अन्य स्थानों से किये जाने वाले किसी भी सत्यतापूर्ण आक्रमण से रक्षा करने के लिए किये जाते हैं या ऐसे किसी आक्रमण के प्रभाव से बचने या उसके प्रशमन हेतु किये जाते हैं। ऐसे सुरक्षोपाय इस प्रकार के आक्रमण के पहले, आक्रमण के दौरान या आक्रमण के बाद किये जाते हैं। इसे देश की प्रतिरक्षा के एक एकीकृत भाग के रूप में संगठित किया जाना है।

2. **कार्य (Functions):** युद्ध और आपातकाल के दौरान नागरिक प्रतिरक्षा संगठन पश्च: प्रदेशों की रक्षा करने, सशस्त्र बलों को समर्थन देने तथा नागरिकों को एकत्रित करने में महत्वपूर्ण भूमिका निभाता है। यह निम्नलिखित कार्यों में नागरिक प्रशासन की सहायता करता है:

1. जीवन और सम्पत्ति को बचाने में;
2. क्षति को न्यूनतम करने में;
3. उत्पादन केंद्रों में निरन्तरता बनाये रखने में, और;
4. जनता का मनोबल बढ़ाये रखने में।

पिछले वर्षों के दौरान नागरिक प्रतिरक्षा की अवधारणा परम्परागत हथियारों के द्वारा होने वाली क्षति के प्रबंधन से हटकर नाभिकीय हथियारों, जैविकी एवं रासायनिक युद्धों तथा प्राकृतिक आपदाओं के विरुद्ध चुनौतियों के बोध पर केन्द्रित हो गयी है।

3. नीति (Policy): नागरिक प्रतिरक्षा अधिनियम, 1968 पूरे देश में लागू होता है किन्तु नागरिक प्रतिरक्षा संगठन को केवल ऐसे क्षेत्रों और जोनों में खड़ा किया गया है, जो कि शत्रु आक्रमणों के लिए सुभेद्य माने जाते हैं। वर्गीकृत नागरिक प्रतिरक्षा शहरों का पुनरीक्षण एवं नवीनीकरण नियमित अन्तराल पर किया जाता है। महत्वपूर्ण संस्थापनों पर राष्ट्र विरोधी तत्वों या आतंकवादियों द्वारा किये जाने वाले बाहरी आक्रमण या शत्रुतापूर्ण आक्रमणों के सम्बन्ध में अनुभव की जाने वाली चुनौतियों के स्तर को वर्गीकरण के लिए मूलभूत कसौटी माना गया है। वर्तमान में नागरिक प्रतिरक्षा गतिविधियाँ राज्यों/केंद्रशासित प्रदेशों में फैले लगभग 225 वर्गीकृत कस्बों तक सीमित हैं।

4. संख्या बल (Strength): नागरिक प्रतिरक्षा को स्वैच्छिक आधार पर संगठित किया जाता है। इसका एक छोटा-सा स्थायी स्टाफ और संस्थापन होता है, जो कि आपातकाल के दौरान विस्तारित हो जाता है। नागरिक प्रतिरक्षा का वर्तमान लक्ष्य 14.11 लाख स्वयंसेवकों का है, जिनमें से 5.38 लाख स्वयंसेवकों को पहले ही खड़ा किया जा चुका है। इन स्वयंसेवकों को डिप्टी कंट्रोलर, मेडिकल ऑफिसर एवं सिविल डिफेंस इंस्ट्रक्टर जैसे स्थायी पद धारकों द्वारा अधिवीक्षित और प्रशिक्षित किया जाता है।

5. **प्रशिक्षण (Training):** शान्तिकाल के दौरान नागरिक प्रतिरक्षा उपायों के पूर्वाभ्यास/प्रदर्शन तथा प्रशिक्षण के अलावा नागरिक प्रतिरक्षा स्वयंसेवकों को विभिन्न रचनात्मक एवं राष्ट्र निर्माण गतिविधियों में स्वैच्छिक आधार पर तैनात किया जाता है। इन गतिविधियों में सामाजिक एवं कल्याणकारी सेवाओं की पूर्ति, प्राकृतिक एवं मानवजनित आपदाओं की रोकथाम एवं प्रशमन तथा आपदा के बाद अनुक्रियात्मक एवं राहत कार्यों में प्रशासन को सहायता उपलब्ध कराना शामिल है। नागरिक प्रतिरक्षा प्रशिक्षण राज्य सरकारों/संघशासित प्रशासनों द्वारा तीन स्तरों-स्थानीय/नगर स्तर, राज्य स्तर और राष्ट्रीय स्तर-पर संचालित किया जाता है।

6. कानून और व्यवस्था में भूमिका (Role in Law and Order): देश में नागरिक प्रतिरक्षा को पुनर्जीवित करने की योजना 2009 में आरम्भ की गयी। यह निम्नलिखित क्षेत्रों में नागरिक प्रतिरक्षा स्वयंसेवकों के प्रशिक्षण पर ध्यान केन्द्रित करती है:

1. आसूचना एकत्रण, सामुदायिक सद्भाव कायम रखना, अफवाहों की रोकथाम, संदिग्ध गतिविधियों की रिपोर्टिंग और अपने कार्यचालन क्षेत्र में सामान्य सतर्कता बनाये रखना।
2. कानून एवं व्यवस्था स्थितियों में पुलिस को सहायता प्रदान करना।
3. मानव जनित आपदाओं के दौरान बचाव एवं राहत कार्य।
4. शवों का रिक्तिकरण तथा प्राथमिक चिकित्सा उपलब्ध कराना।

राष्ट्रीय महिला आयोग (National Commission for Women)

45

स्थापना (Establishment)

भारत में महिलाओं की स्थिति पर 1974 में भारत सरकार द्वारा एक समिति गठित की गयी, जिसने महिलाओं के समाजार्थिक विकास को गति देने और शिकायतों के निपटारे को बढ़ावा देने तथा निगरानी कार्यों को पूरा करने के लिए एक राष्ट्रीय आयोग के गठन की सिफारिश की थी। इसके बाद गठित की गयी कई महिला सम्बन्धी समितियों, आयोगों और योजनाओं (महिलाओं के लिए राष्ट्रीय परिप्रेक्ष्य योजना, 1988 सहित) द्वारा भी महिलाओं के लिए इस प्रकार के एक शीर्ष निकाय के गठन की सिफारिश की गयी। तद्नुसार 1992 में महिलाओं के हितों एवं अधिकारों के संरक्षण व संवर्द्धन हेतु महिलाओं के लिए राष्ट्रीय आयोग की स्थापना की गयी।

राष्ट्रीय महिला आयोग एक स्वायत्त वैधानिक (न कि एक संवैधानिक) निकाय है। इसका गठन महिलाओं के लिए राष्ट्रीय आयोग अधिनियम, 1990 के अधीन किया गया है। भारत सरकार का महिला एवं बाल विकास मंत्रालय आयोग का नोडल मंत्रालय है।

आयोग महिलाओं के विकास एवं सशक्तिकरण के लगभग सभी पहलुओं को अपने अधिकार क्षेत्र में शामिल करता है। इसके निर्दिष्ट उद्देश्य इस प्रकार हैं:

(i) महिलाओं के लिए संवैधानिक एवं वैधानिक सुरक्षोपायों की समीक्षा करना

(ii) उपचारात्मक वैधानिक उपायों की सिफारिश करना

(iii) शिकायतों के समाधान को बढ़ावा देना

(iv) महिलाओं को प्रभावित करने वाले सभी नीतिगत मामलों पर सरकार को परामर्श देना

संरचना (Composition)

आयोग एक बहुसदस्यीय निकाय है, जिसमें एक अध्यक्ष, पाँच सदस्य और एक सदस्य-सचिव शामिल होते हैं। आयोग का अध्यक्ष महिलाओं के हितों के लिए प्रतिबद्ध व्यक्ति को बनाया जाना चाहिए। पाँच सदस्यों का चयन योग्यता व सत्यनिष्ठा के अलावा कानून या विधायन, ट्रेड यूनियनवाद, महिलाओं की रोजगार संभावना बढ़ाने वाले उद्योग या संगठन के प्रबंधन, महिलाओं के गैर-सरकारी संगठनों (महिला सक्रिय कार्यकर्ताओं सहित), प्रशासन, आर्थिक विकास, स्वास्थ्य, शिक्षा या सामाजिक कल्याण से जुड़े अनुभवों के आधार पर किया जाता है। अनुसूचित जाति और अनुसूचित जनजाति से जुड़ा एक-एक सदस्य भी आयोग में होना चाहिए।

सदस्य-सचिव प्रबंधन, (i) संगठनात्मक संरचना या सामाजिक आन्दोलन के क्षेत्र में एक विशेषज्ञ होना चाहिए या (ii) केंद्र की सिविल सेवा या अखिल भारतीय सेवा का एक अधिकारी होना चाहिए।

अध्यक्ष, सदस्य और सदस्य-सचिव का नामांकन केंद्र सरकार (महिला एवं बाल विकास मंत्रालय) द्वारा किया जाता है। उनके वेतन, भत्ते और अन्य सेवा शर्तें भी केंद्र सरकार द्वारा निर्धारित होती हैं।

अध्यक्ष व सदस्यों का कार्यकाल तीन वर्ष का होता है फिर भी वे अपना पद किसी भी समय केंद्र सरकार को अपना त्याग-पत्र भेजकर छोड़ सकते हैं।

इसके अलावा केंद्र सरकार निम्नलिखित परिस्थितियों में अध्यक्ष या किसी सदस्य को उसका कार्यकाल पूरा होने से पहले ही हटा सकती है:

1. यदि उसे दिवालिया घोषित किया गया है;
2. यदि उसे किसी ऐसे अपराध के लिए दोषी सिद्ध किया गया है और सजा दी गयी है जो केंद्र सरकार की दृष्टि में नैतिक कदाचार माना जाता है;
3. यदि उसे एक सक्षम अदालत द्वारा मानसिक रूप से अस्वस्थ घोषित किया गया है;
4. यदि वह कार्य करने से मना करता है या कार्य करने में अक्षम हो जाता है;
5. यदि वह आयोग की लगातार तीन बैठकों में अनुपस्थित रहता है, अथवा;
6. यदि वह अपने सरकारी पद का दुरुपयोग करता है और केंद्र सरकार की दृष्टि में उसका पद पर बने रहना सार्वजनिक हित के लिए हानिकर मान लिया जाता है।

फिर भी अध्यक्ष या सदस्य को तब तक उसके पद से नहीं हटाया जा सकता जब तक कि उसे सुनवाई का एक उचित अवसर न दिया जाये।

कार्य (Functions)

आयोग को एक 14 बिन्दुओं का अधिदेश उपलब्ध कराया गया है:

1. संविधान एवं अन्य कानूनों के अधीन महिलाओं को उपलब्ध कराये गये सुरक्षोपायों से जुड़े सभी मामलों की जाँच एवं परीक्षण करना।
2. इन सुरक्षोपायों के कार्यचालन के सम्बन्ध में केंद्र सरकार को वार्षिक या अन्य अनुकूल समय पर रिपोर्ट प्रेषित करना।
3. केंद्र या किसी राज्य द्वारा महिलाओं की दशा सुधारने के लिए इन सुरक्षापायों के प्रभावी क्रियान्वयन हेतु सिफारिशें देना।
4. महिलाओं को प्रभावित करने वाले संविधान के मौजूदा उपबंधों और अन्य कानूनों की समीक्षा करना तथा इस प्रकार के कानूनों में किसी भी प्रकार की कमी को पूरा करने के लिए संशोधनों का सुझाव देना।
5. महिलाओं से जुड़े संविधान के उपबंधों एवं अन्य कानूनों के उल्लंघन के मामलों को हाथ में लेना।
6. निम्नलिखित से जुड़े मामलों में शिकायतों को देखना और खुद की पहल पर ध्यान देना:
   (i) महिलाओं के अधिकारों का वंचन
   (ii) महिलाओं को संरक्षण उपलब्ध कराने के लिए बनाये गये कानूनों का गैर-क्रियान्वयन तथा समानता और विकास के उद्देश्य की उपलब्धि
   (iii) महिलाओं की कठिनाइयों को दूर करने हेतु लिये गये नीतिगत निर्णयों और निर्देशों का गैर-अनुपालन एवं महिलाओं के लिए राहत एवं कल्याण सुनिश्चित करना
7. महिलाओं के विरुद्ध भेदभाव और उत्पीड़न से पैदा होने वाली विशेष समस्याओं या स्थितियों में विशेष अध्ययनों और जाँच का आह्वान करना तथा इन समस्याओं के समाधान हेतु अनुमोदित की गयी रणनीतियों के समक्ष आने वाली बाधाओं की पहचान करना।
8. संवर्द्धनशील एवं शैक्षिक शोध को हाथ में लेना ताकि सभी क्षेत्रों में महिलाओं के अपेक्षित प्रतिनिधित्व को सुनिश्चित करने के तरीके सुझाये जा सकें और उनकी उन्नति में बाधक बनने वाले कारकों, जैसे कि आवास और मूलभूत सुविधाओं तक पहुँच का अभाव तथा उनकी उत्पादकता बढ़ाने, नीरस कार्यों एवं पेशेवर स्वास्थ्य संकटों को घटाने के लिए अपर्याप्त समर्थन सेवायें एवं तकनीकों की पहचान करना।
9. महिलाओं के सामाजिक-आर्थिक विकास की नियोजन प्रक्रिया पर परामर्श देना और उसमें भागीदारी करना।
10. संघ और किसी भी राज्य के अधीन महिलाओं के विकास की प्रगति का मूल्यांकन करना।
11. किसी भी कारागार, पूछताछ गृह, महिलाओं की संस्था या अन्य ऐसे स्थान का निरीक्षण करना जहाँ महिलाओं को बंदी या अन्य रूप में रखा जाता है। ऐसे स्थानों पर महिलाओं के सम्बन्ध में उपचारात्मक कार्यवाही हेतु संबंधित प्राधिकारियों को निर्देशित करना।
12. किसी भी ऐसे मुकद्मे को वित्त उपलब्ध कराना जिसमें महिलाओं के एक बड़े हिस्से को प्रभावित करने वाले मुद्दे निहित हैं।
13. महिलाओं से जुड़े किसी भी मामले या महिलाओं के समक्ष आने वाली विभिन्न कठिनाइयों से जुड़े मामलों पर सरकार को समय-समय पर रिपोर्ट प्रेषित करना।

14. केंद्र सरकार द्वारा इसे सौंपे गये किसी अन्य मामले को देखना।

आयोग केंद्र सरकार को एक वार्षिक रिपोर्ट भेजता है। यह आवश्यक समझे जाने पर बीच के समय में भी अपनी रिपोर्ट भेज सकता है।

केंद्र सरकार इस प्रकार की सभी रिपोर्टों को आयोग की सिफारिशों पर की गयी कार्यवाही के लिए एक स्मरण-पत्र के साथ संसद के प्रत्येक सदन के समक्ष रखती है। इस स्मरण-पत्र में ऐसी किसी भी सिफारिश को अस्वीकार करने के कारणों का उल्लेख भी आवश्यक होता है।

यदि ऐसी कोई भी रिपोर्ट किसी भी राज्य सरकार से जुड़े मामले से संबंधित है तो आयोग इस रिपोर्ट की एक प्रतिलिपि संबंधित राज्य सरकार को अग्रसरित करता है। राज्य सरकार इसे राज्य विधानमंडल के समक्ष एक स्मरण-पत्र के रूप में रखती है। इस स्मरण-पत्र में आयोग की सिफारिशों पर की गयी कार्यवाहियों का विश्लेषण होता है और ऐसी किसी भी सिफारिश को अस्वीकार करने के कारणों का उल्लेख होता है।

शक्तियाँ (Powers)

आयोग अपने द्वारा समय-समय पर हाथ में लिये गये विशेष मामलों को निपटाने के लिए आवश्यकतानुरूप समितियों की नियुक्ति कर सकता है। आयोग को ऐसी किसी भी समिति के सदस्य के रूप में आयोग से बाहर के व्यक्तियों को भी नियुक्त करने की शक्ति प्राप्त है। ऐसे बाहरी सदस्य समिति की बैठकों और प्रक्रियाओं में भाग ले सकते हैं किन्तु इन्हें मतदान का अधिकार नहीं होता है।

आयोग अपनी प्रक्रियाएँ खुद विनियमित करता है और अपनी समिति की प्रक्रियाओं को भी निर्धारित करता है।

किसी भी शिकायत की जाँच-पड़ताल या किसी मामले की जाँच करते समय आयोग को एक सिविल अदालत की सभी शक्तियाँ विशेषत: निम्नलिखित मामलों में प्राप्त होती हैं:

1. भारत के किसी भी भाग से किसी भी व्यक्ति को उपस्थित होने के लिए बाध्य करना और उसका शपथ के आधार पर परीक्षण करना।
2. किसी भी दस्तावेज की खोज और उत्पादन की माँग करना।
3. शपथ-पत्रों पर साक्ष्य प्राप्त करना।
4. किसी भी अदालत या कार्यालय से किसी सार्वजनिक अभिलेख की माँग करना।
5. गवाहों और दस्तावेजों के परीक्षण हेतु सम्मन जारी करना।
6. केंद्र सरकार द्वारा सौंपे गये किसी अन्य मुद्दे को निपटाना।

केंद्र सरकार महिलाओं को प्रभावित करने वाले सभी प्रमुख नीतिगत मामलों पर आयोग के साथ परामर्श करती है।

कार्यचालन (Working)

आयोग मौखिक या लिखित रूप में प्राप्त शिकायतों पर कार्यवाही करता है। यह महिलाओं से जुड़े मामलों में खुद की पहल पर भी कार्यवाही करता है।

महिलाओं के विरुद्ध अपराधों की विभिन्न श्रेणियों से जुड़ी शिकायतें आयोग द्वारा प्राप्त की जाती हैं, जैसे कि- घरेलू हिंसा, उत्पीड़न, दहेज, शारीरिक यातना, हत्या, अपहरण, एनआरआई विवाहों के विरुद्ध शिकायतें, बलात्कार, अभित्यजन, द्वि-विवाह, पुलिस उत्पीड़न/क्रूरता, पति द्वारा क्रूरता, अधिकारों का वंचन, लैंगिक भेदभाव, कार्यस्थल पर यौन उत्पीड़न इत्यादि।

शिकायतों पर निम्नलिखित तरीके से कार्यवाही की जाती है:

1. पुलिस की उदासीनता से जुड़े मामलों को जाँच के लिए पुलिस प्राधिकारियों के पास भेजा जाता है और इन मुकद्मों पर निगरानी रखी जाती है।
2. पारिवारिक विवादों को परामर्श या समझौते के माध्यम से हल किया जाता है।
3. कार्यवाही को तेज गति देने के लिए विभिन्न राज्य प्राधिकारियों को आँकड़े उपलब्ध कराये जाते हैं।
4. यौन उत्पीड़न की शिकायतों के बारे में सम्बन्धित संगठनों को त्वरित कार्यवाही और मुकद्मों को तेजी से निपटाने के लिए प्रेरित किया जाता है और निपटारे पर निगरानी रखी जाती है।
5. गंभीर अपराधों के लिए आयोग एक जाँच समिति गठित करता है जो कि हिंसा और उत्पीड़न के शिकार लोगों को त्वरित राहत और न्याय उपलब्ध कराती है।

अपने अधिदेश को ध्यान में रखते हुए आयोग ने महिलाओं के दर्जे और महिलाओं के विकास को सुधारने के लिए निम्नलिखित रणनीतियाँ विकसित की हैं:

1. कौशल निर्माण के माध्यम से आर्थिक सशक्तिकरण और लाभपूर्ण रोजगार तक पहुँच सुनिश्चित करना।
2. सभी मंचों पर समानतापूर्ण प्रतिनिधित्व के लिए जागरूकता, प्रशिक्षण और समूहीकरण के माध्यम से राजनीतिक सशक्तिकरण।
3. वैधानिक सुधार और संवेदी क्रियान्वयन के माध्यम से घर के भीतर या बाहर महिलाओं के विरुद्ध होने वाले भेदभाव और हिंसा की रोकथाम।
4. वंचित महिलाओं की दशा में सुधार। वंचित महिलाओं में शामिल हैं:
   (i) शारीरिक रूप से विकलांग महिलायें, जिनमें मानसिक रूप से प्रभावित और दृष्टिहीन महिलाएँ मुख्य रूप से शामिल हैं।
   (ii) सामाजिक रूप से चुनौतियों का सामना करने वाली महिलायें, जिनमें मुस्लिम महिलायें, अनुसूचित जाति और जनजाति की महिलायें, विधवायें और वेश्यायें आदि शामिल हैं।
5. वैधानिक और सामाजिक प्रतिबंधों के माध्यम से मीडिया में महिलाओं के अशिष्ट प्रदर्शन पर रोक।

पारिवारिक महिला लोक अदालत (Parivarik Mahila Lok Adalat)

आयोग ने पारिवारिक महिला लोक अदालत (PMLA) की अवधारणा कर एक नवोन्मेष विकसित किया है, जो शादी तथा विभिन्न न्यायालयों में लंबित परिवार सम्बन्धी मामलों का त्वरित निधान कर सके और जो जिला विधिक सेवा निवारण के प्रयासों का पूरक है।

पारिवारिक महिला लोक अदालत लोक अदालत के तंत्र पर कार्य करता है। यह आयोग गैर-सरकारी संगठनों या राज्य महिला आयोगों या राज्य विधिक सेवा प्राधिकरण को पारिवारिक महिला लोक अदालत व्यवस्थित करने हेतु वित्तीय सहायता प्रदान करता है।

पारिवारिक महिला लोक अदालत के उद्देश्य इस प्रकार हैं:

1. महिलाओं के न्याय हेतु शीघ्र और लागत रहित वितरण प्रदान करना।
2. जनता के बीच विवाद निपटान के साधनों हेतु जागरूकता पैदा करना।
3. लोक अदालतों के आयोजन की प्रक्रिया को गति देना तथा जनता को अपने औपचारिक दायरे के बहार विवादों के निराकरण हेतु प्रोत्साहित करना।
4. जनता को, विशेष रूप से महिलाओं को न्याय वितरण तंत्र में भाग लेने के लिए सशक्त बनाना।

राष्ट्रीय बाल अधिकार संरक्षण आयोग (National Commission for Protection of Child Rights)

46

स्थापना (Establishment)

राष्ट्रीय बाल अधिकार संरक्षण आयोग एक वैधानिक (और संवैधानिक नहीं) निकाय है। इसे 2007 में संसद द्वारा बनाए गए बालक अधिकार संरक्षण आयोग अधिनियम, 2005 नामक एक कानून के तहत स्थापित किया गया था।

यह आयोग देश में बाल अधिकारों का संरक्षण, संवर्द्धन और प्रतिरक्षण करता है। अधिनियम के अन्तर्गत बाल अधिकारों में बाल अधिकारों पर संयुक्त राष्ट्र समझौता (20 नवम्बर, 1989) द्वारा अंगीकृत बच्चों के अधिकारों को शामिल किया गया है। भारत सरकार द्वारा 11 दिसम्बर, 1992 को इस समझौते का अनुमोदन किया गया था। इस समझौते के अन्तर्गत एक बच्चे को 18 वर्ष से कम आयु के एक व्यक्ति के रूप में परिभाषित किया गया है।

आयोग बच्चों से जुड़े कानूनों एवं कार्यक्रमों के प्रभावी क्रियान्वयन की जिम्मेदारी निभाता है।

सरंचना (Composition)

राष्ट्रीय बाल अधिकार संरक्षण आयोग एक बहुसदस्यीय निकाय है, जिसमें 1 अध्यक्ष और 6 सदस्य होते हैं। 6 सदस्यों में से 2 सदस्यों का महिला होना अनिवार्य है।

आयोग का अध्यक्ष ऐसे व्यक्ति को बनाया जाता है, जिसने बच्चों के कल्याण को प्रोत्साहित करने के लिए उल्लेखनीय कार्य किया हो। 6 सदस्यों का चयन ऐसे व्यक्तियों में से किया जाता है, जिनमें श्रेष्ठ गुण, योग्यता, सत्यनिष्ठा, स्थिरता के अलावा निम्नलिखित क्षेत्रों में अनुभव होना चाहिए:

1. शिक्षा
2. बाल स्वास्थ्य देखभाल, बाल विकास या कल्याण
3. किशोर न्याय या उपेक्षित व विकलांग बच्चों के मामले
4. बाल श्रम का उन्मूलन या बच्चों के लिए तनावपूर्ण स्थितियों का उन्मूलन
5. बाल मनोविज्ञान या समाजशास्त्र
6. बच्चों से जुड़े कानून

अध्यक्ष व अन्य सदस्यों की नियुक्ति केन्द्र सरकार द्वारा की जाती है। फिर भी अध्यक्ष की नियुक्ति केन्द्र सरकार द्वारा गठित एक 3 सदस्यीय चयन समिति की सिफारिश पर की जाती है। इस समिति का अध्यक्ष महिला एवं बाल विकास विभाग का मंत्री होता है।

अध्यक्ष और सदस्यों के वेतन, भत्ते व अन्य सेवा शर्तों का निर्धारण केन्द्र सरकार करती है फिर भी नियुक्ति के बाद इनमें गैर-लाभकारी बदलाव नहीं किया जा सकते।

अध्यक्ष और सदस्यों का कार्यकाल 3 वर्ष का होता है। इन्हें 2 से अधिक कार्यकाल के लिए नियुक्त नहीं किया जा सकता है। इसके अलावा पद के लिए ऊपरी आयु सीमा निम्नलिखित प्रकार से हैं:

1. अध्यक्ष के सम्बन्ध में यह 65 वर्ष है, और;
2. सदस्यों के सम्बन्ध में यह 60 वर्ष है।

अध्यक्ष या कोई सदस्य केन्द्र सरकार को संबोधित अपने त्याग-पत्र द्वारा किसी भी समय अपना पद छोड़ सकता है।

केन्द्र सरकार अध्यक्ष को कदाचार या अक्षमता के आधार पर पद से हटा सकती है। इसके अलावा यह निम्नलिखित परिस्थितियों में अध्यक्ष या किसी भी सदस्य को उसके पद से हटा सकती है:

1. यदि उसके दिवालिया घोषित किया गया हो।
2. यदि वह अपने कार्यकाल के दौरान अपने पद दायित्वों के बाहर किसी भुगतान योग्य रोजगार में संलग्न हो।
3. यदि वह काम करने से मना करता हो या काम करने में अक्षम हो।

4. यदि उसे एक सक्षम अदालत द्वारा मानसिक रूप से अस्वस्थ घोषित किया गया हो।
5. यदि उसने अपने पद का दुरुपयोग किया हो और उसका पद पर बने रहना सार्वजनिक हित के लिए हानिकर प्रतीत हो।
6. यदि उसे ऐसे अपराध के लिए दोषी सिद्ध किया गया हो और ज़ेल की सजा दी गयी हो, जो केन्द्र सरकार की दृष्टि में नैतिक भ्रष्टाचार के अन्तर्गत आता है।
7. यदि वह आयोग की लगातार तीन बैठकों में अनुपस्थित रहता है।

फिर भी अध्यक्ष या सदस्य को तब तक पद से नहीं हटाया जा सकता जब तक कि उसे सुनवाई का एक अवसर प्रदान न किया जाये।

कार्य (Functions)

आयोग के कार्य निम्नलिखित हैं:

1. बाल अधिकारों के संरक्षण हेतु विभिन्न कानूनों द्वारा उपलब्ध कराये गये सुरक्षोपायों का परीक्षण एवं पुनरीक्षण करना तथा उनके प्रभावी क्रियान्वयन हेतु उपायों की सिफारिश करना।
2. केन्द्र सरकार को इन सुरक्षोपायों के कार्यचालन पर वार्षिक या अन्य समयान्तरालों पर रिपोर्ट प्रेषित करना।
3. बाल अधिकारों के उल्लंघन की जाँच करना और ऐसे मामलों में कार्यवाही की पहल करना।
4. आतंकवाद, साम्प्रदायिक दंगों, प्राकृतिक आपदा, घरेलू हिंसा, एचआईवी/एड्स, अनैतिक व्यापार, शोषण और वेश्यावृत्ति जैसे कारकों का परीक्षण करना जो बच्चों के अधिकारों के उपभोग को बाधित करते हैं और उपचारात्मक उपायों की सिफारिश करना।
5. विशेष देखभाल की जरूरत वाले बच्चों से जुड़े मामलों को देखना और उपचारात्मक उपाय सुझाना। इन बच्चों में तनावग्रस्त बच्चे, सीमान्त बच्चे, किशोर अपराधी, कानूनी लड़ाई में फँसे बच्चे, परिवारहीन बच्चे, कैदियों के बच्चे इत्यादि शामिल हैं।
6. संधियों एवं अन्य अंतर्राष्ट्रीय औजारों का अध्ययन करना तथा बाल अधिकारों पर मौजूदा नीतियों, कार्यक्रमों एवं अन्य गतिविधियों की समय-समय पर समीक्षा करना तथा उनके प्रभावी क्रियान्वयन हेतु सिफारिशें करना।
7. बाल अधिकारों के क्षेत्र में शोध कार्य हाथ में लेना और उसे प्रोत्साहित करना।
8. समाज के विभिन्न वर्गों के बीच बाल अधिकार साक्षरता को फैलाना और इन अधिकारों के संरक्षण हेतु उपलब्ध सुरक्षोपायों के बारे में जागरूकता को प्रोत्साहित करना।
9. किसी किशोर संरक्षण गृह या किसी भी अन्य आवास या संस्था (केन्द्र सरकार या किसी राज्य सरकार या किसी अन्य प्राधिकरण के अधीन या सामाजिक संगठन द्वारा संचालित) का निरीक्षण करना जहाँ बच्चों को उपचार, सुधार और संरक्षण के उद्देश्य से रखा जाता है।
10. आयोग निम्नलिखित से जुड़े मामलों में शिकायतों की जाँच कर सकता है और अपनी पहल पर इन मामलों को संज्ञान में ले सकता है:
    (i) बाल अधिकारों का वंचन और उल्लंघन।
    (ii) बच्चों के संरक्षण और विकास के लिए उपलब्ध कराये गये कानूनों का गैर-क्रियान्वयन।
    (iii) बच्चों की कठिनाइयाँ समाप्त करने और उनके लिए कल्याण और राहत सुनिश्चित करने हेतु लिये गये नीतिगत निर्णयों या निर्देशों का गैर-अनुपालन।
11. ऐसे अन्य कार्यों को निष्पादित करना जो बाल अधिकारों के संवर्द्धन हेतु आवश्यक समझे जायें।

यहाँ यह उल्लेखनीय है कि, आयोग ऐसे किसी मामले की जाँच नहीं कर सकता जो बाल अधिकारों के संरक्षण हेतु राज्य आयोग या किसी अन्य वैधानिक आयोग के समक्ष लंबित हो।

शक्तियाँ (Powers)

किसी मामले की जाँच करते समय आयोग के पास निम्नलिखित मामलों में एक सिविल अदालत की सभी शक्तियाँ होती हैं:

1. किसी भी व्यक्ति को उपस्थित होने के लिए सम्मन जारी करना और उसका शपथ परीक्षण करना।
2. किसी भी दस्तावेज की खोज और उत्पादन की माँग करना।
3. शपथ-पत्रों पर साक्ष्य प्राप्त करना।
4. किसी अदालत या कार्यालय से सार्वजनिक अभिलेख की माँग करना।
5. गवाहों या दस्तावेजों के परीक्षण हेतु सम्मन जारी करना।

कार्यचालन (Working)

आयोग जाँच पूरी होने के बाद निम्नलिखित में से कोई भी कदम उठा सकता है:

1. यह संबंधित सरकार या प्राधिकारी से आरोप प्रक्रिया या संबंधित व्यक्ति के विरुद्ध किसी अन्य उपयुक्त कार्यवाही शुरू करने की अनुशंसा कर सकता है।
2. यह आवश्यक निर्देशों, आदेशों या परमादेशों के लिए उच्चतम न्यायालय या सम्बद्ध उच्च न्यायालय का दरवाजा खटखटा सकता है।
3. यह संबंधित सरकार या प्राधिकारी से पीड़ित को आवश्यक अन्तरिम राहत देने की सिफारिश कर सकता है।

आयोग केन्द्र सरकार या संबंधित राज्य सरकार को अपनी वार्षिक या विशेष रिपोर्टें प्रेषित करता है। इन रिपोर्टों को एक वर्ष के भीतर आयोग द्वारा की गयी सिफारिशों पर होने वाली कार्यवाही के एक स्मरण-पत्र के साथ सम्बन्धित विधानमंडलों के समक्ष रखा जाता है। इस स्मरण-पत्र में ऐसी किसी सिफारिश को अस्वीकार करने के कारणों का उल्लेख भी किया जाता है।

अन्य अधिनियम के तहत कार्य (Functions Under Other Acts)

उपरोक्त कार्यों के अलावा, आयोग को बच्चों से संबंधित तीन अधिनियमों के तहत अतिरिक्त कार्य सौंपे गए हैं। यह निम्नानुसार हैं:

1. **बच्चों को मुफ्त और अनिवार्य शिक्षा का अधिकार (आरटीई) अधिनियम, 2009:** इस अधिनियम के अनुसार, आयोग को निम्नलिखित कार्य करने हैं:
   (i) इस अधिनियम के तहत या उसके द्वारा प्रदत्त अधिकारों के लिए सुरक्षा उपायों की जांच और समीक्षा करना और उनके प्रभावी कार्यान्वयन के लिए उपायों की सिफारिश करना।
   (ii) बच्चों को मुफ्त और अनिवार्य शिक्षा के अधिकार से संबंधित शिकायतों की जांच करना।
   (iii) जाँच पूरी होने के बाद आवश्यक कदम उठाना।

इसके अलावा, आयोग के पास किसी भी बच्चे को मुफ्त और अनिवार्य शिक्षा के अधिकार से संबंधित किसी भी मामले में पूछताछ करने के लिए, बाल अधिकारों के संरक्षण अधिनियम, 2005 के तहत आयोगों को सौंपी गई शक्तियों के समान होगा।

2. **यौन अपराधों से बच्चों का संरक्षण (पीओएससीओ) अधिनियम, 2012:** यह अधिनियम आयोग के अतिरिक्त कार्यों के संबंध में निम्नलिखित प्रावधान करता है:
   (i) आयोग इस अधिनियम के उपबंधों के कार्यान्वयन की निगरानी इस प्रकार करेगा, जैसा कि इसे निर्धारित किया जा सकता है।
   (ii) आयोग इस अधिनियम के तहत किसी भी अपराध से संबंधित किसी भी मामले में पूछताछ कर सकता है। इसके लिए उसके पास वैसी ही शक्तियां निहित होंगी, जैसी कि बाल अधिकार संरक्षण अधिनियम, 2005 के तहत आयोगों में निहित हैं।
   (iii) आयोग बाल अधिकार संरक्षण अधिनियम, 2005 के लिए आयोगों में उल्लिखित वार्षिक रिपोर्ट में इस अधिनियम के तहत अपनी गतिविधियों को भी शामिल करेगा।

3. **किशोर न्याय (देखभाल और संरक्षण) अधिनियम, 2015:** इस अधिनियम में आयोग के अतिरिक्त कार्यों के संबंध में निम्नलिखित प्रावधान निहित हैं:
   (i) आयोग इस अधिनियम के उपबंधों के कार्यान्वयन की निगरानी इस प्रकार करेगा, जैसा कि इसे निर्धारित किया जा सकता है।
   (ii) आयोग इस अधिनियम के तहत किसी भी अपराध से संबंधित किसी भी मामले में पूछताछ कर सकता है। इसके लिए उसके पास वैसी ही शक्तियां निहित होंगी, जैसी कि बाल अधिकार संरक्षण अधिनियम, 2005 के तहत आयोगों में निहित हैं।
   (iii) आयोग बाल अधिकार संरक्षण अधिनियम, 2005 के लिए आयोगों में उल्लिखित वार्षिक रिपोर्ट में इस अधिनियम के तहत अपनी गतिविधियों को भी शामिल करेगा।

राष्ट्रीय अल्पसंख्यक आयोग (National Commission for Minorities)

47

स्थापना (Establishment)

1978 में अल्पसंख्यकों के हितों की रक्षा के लिए भारत सरकार ने एक कार्यकारी प्रस्ताव के माध्यम से एक अल्पसंख्यक आयोग का गठन किया। इस प्रस्ताव में अल्पसंख्यक आयोग के गठन हेतु उत्तरदायी कारणों की व्याख्या निम्न प्रकार से की गई थी:

"संविधान एवं कानूनों में उपलब्ध कराये गये सुरक्षोपायों के बावजूद अल्पसंख्यकों के बीच असमानता और भेदभाव की एक भावना मौजूद है। पंथ निरपेक्ष परम्पराओं को बनाये रखने तथा राष्ट्रीय एकीकरण को संवर्द्धित करने के लिए भारत सरकार ने अल्पसंख्यकों के लिए उपलब्ध सुरक्षोपायों के क्रियान्वयन को उच्चतम महत्व दिया है और उसका दृढ़ मत है कि संविधान, केंद्र एवं राज्य कानूनों, सरकारी नीतियों एवं समय-समय पर तैयार की जाने वाली प्रशासनिक योजनाओं में अल्पसंख्यकों के लिए उपलब्ध कराये गये सभी सुरक्षोपायों के क्रियान्वयन के लिए प्रभावी संस्थात्मक व्यवस्थापनों की अतिशीघ्र आवश्यकता है।"

बाद में यह अनुभव किया गया कि अल्पसंख्यक आयोग को वैधानिक दर्जा प्रदान किया जाये ताकि यह आयोग के कार्यचालन एवं प्रभावशीलता के बारे में अल्पसंख्यकों के बीच विश्वास को बढ़ा सके। इससे यह आयोग राज्य सरकारों, संघशासित प्रशासनों एवं मंत्रालयों, केंद्र सरकार के विभागों एवं अन्य संगठनों के साथ मिलकर कार्य कर सकेगा।

अल्पसंख्यकों के लिए राष्ट्रीय आयोग अधिनियम (1992) के पारित होने के साथ ही अल्पसंख्यक आयोग एक वैधानिक निकाय बन गया और इसे अल्पसंख्यकों के लिए राष्ट्रीय आयोग का नाम दिया गया। पहले वैधानिक आयोग का गठन 1993 में हुआ।

यह अधिनियम "अल्पसंख्यक" शब्द को परिभाषित नहीं करता है किन्तु यह अधिनियम के उद्देश्यों के लिए केंद्र सरकार को यह शक्ति देता है कि वह "अल्पसंख्यकों" को अधिसूचित कर सके। तद्नुसार केंद्र ने 1993 में 5 धार्मिक समुदायों-मुस्लिम, ईसाई, सिख, बौद्ध और पारसी-को अल्पसंख्यक समुदाय के रूप में अधिसूचित किया था। जनवरी 2014 में जैन समुदाय को इस सूची में जोड़ा गया।

सरंचना (Composition)

आयोग एक बहुसदस्यीय निकाय है, जिसमें एक अध्यक्ष, एक उपाध्यक्ष और पाँच सदस्य शामिल होते हैं। केंद्र सरकार द्वारा श्रेष्ठ गुणों, योग्यता और सत्यनिष्ठा के आधार पर सदस्यों का नामांकन किया जाता है। फिर भी अध्यक्ष सहित पाँच सदस्यों का अल्पसंख्यक समुदायों के बीच से होना आवश्यक है।

अध्यक्ष और सदस्यों के वेतन, भत्ते और सेवा-शर्तें केंद्र सरकार (अल्पसंख्यक मामलों का मंत्रालय) द्वारा निर्धारित किये जाते हैं। उल्लेखनीय है कि सदस्यों में उपाध्यक्ष भी शामिल है।

अध्यक्ष और सदस्य तीन वर्ष के लिए पद धारण करते हैं। फिर भी केंद्र सरकार को सम्बोधित अपने त्याग-पत्र द्वारा वे किसी भी समय अपना पद छोड़ सकते हैं।

इसके अलावा, केंद्र सरकार निम्नलिखित परिस्थितियों में अध्यक्ष या किसी सदस्य को उसका कार्यकाल पूरा होने से पहले ही पद से हटा सकती है:

1. यदि वह दिवालिया हो जाता है।
2. यदि वह किसी ऐसे अपराध के लिए दोषी सिद्ध या दंडित होता है जो केंद्र सरकार की दृष्टि में नैतिक भ्रष्टाचार के अन्तर्गत आता है।
3. यदि उसे एक सक्षम न्यायालय द्वारा मानसिक रूप से अस्वस्थ घोषित किया जाता है।
4. यदि वह कार्य करने से इंकार करता है या कार्य करने में अक्षम हो जाता है।
5. यदि वह आयोग की लगातार तीन बैठकों में अनुपस्थित रहता है।

6. यदि वह अपने पद का इस प्रकार दुरुपयोग करता है कि केंद्र सरकार की दृष्टि में उसका पद पर बने रहना अल्पसंख्यकों के हितों या सार्वजनिक हित के लिए हानिकर माना जाता है।

फिर भी किसी अध्यक्ष या सदस्य को तब तक उसके पद से नहीं हटाया जा सकता जब तक कि उसे सुनवाई का एक उचित अवसर प्रदान न किया जाये।

कार्य
(Functions)

आयोग को एक 9 सूत्रीय अधिदेश उपलब्ध कराया गया है:

1. संघ एवं राज्यों में अल्पसंख्यकों के विकास की प्रगति का मूल्यांकन करना।
2. संसद एवं राज्य विधानमंडलों द्वारा निर्मित कानूनों और संविधान में अल्पसंख्यकों के लिए उपलब्ध कराये गये सुरक्षोपायों के कार्यचालन की निगरानी करना।
3. केंद्र सरकार या राज्य सरकारों द्वारा अल्पसंख्यकों के हितों के संरक्षण हेतु सुरक्षोपायों के प्रभावी क्रियान्वयन हेतु अपनी सिफारिशें देना।
4. अल्पसंख्यकों के अधिकारों और सुरक्षोपायों के वंचन से जुड़ी शिकायतें देखना तथा ऐसे मामलों को उपयुक्त प्राधिकारियों के समक्ष रखना।
5. अल्पसंख्यकों के विरुद्ध किसी भी प्रकार के भेदभाव से पैदा होने वाली समस्याओं का अध्ययन करना तथा उनके समाधान हेतु उपायों की अनुशंसा करना।
6. अल्पसंख्यकों के सामाजिक-आर्थिक एवं शैक्षिक विकास से जुड़े मुद्दों पर अध्ययनों, शोध और विश्लेषण कार्यों का संचालन करना।
7. केंद्र सरकार या राज्य सरकारों के अन्तर्गत आने वाले किसी भी अल्पसंख्यक समुदाय के सम्बन्ध में उपयुक्त उपाय सुझाना।
8. अल्पसंख्यकों से जुड़े किसी भी मामले या उनके समक्ष आने वाली कठिनाइयों के बारे में केंद्र सरकार को आवधिक या विशेष रिपोर्टें सौंपना।
9. केंद्र सरकार द्वारा आयोग को सौंपे गये किसी अन्य मामले को देखना

शक्तियाँ
(Powers)

किसी भी शिकायत की जाँच-पड़ताल या किसी मामले की निगरानी, मूल्यांकन करते समय आयोग के पास एक सिविल अदालत की सभी शक्तियाँ होती हैं, जो विशेष रूप से निम्नलिखित मामलों में प्रभावी होती हैं:

1. भारत के किसी भी भाग से किसी भी व्यक्ति को अपने समक्ष उपस्थित होने के लिए सम्मन जारी करना तथा उसका शपथ परीक्षण करना।
2. किसी दस्तावेज की खोज या उत्पादन की माँग करना।
3. शपथ-पत्रों पर साक्ष्य प्राप्त करना।
4. किसी अदालत या कार्यालय से सार्वजनिक अभिलेख माँगना।
5. गवाहों और दस्तावेजों के परीक्षण हेतु सम्मन ज़ारी करना।
6. केंद्र सरकार द्वारा इसे सौंपा गया कोई अन्य मामला।

रिपोर्ट
(Report)

आयोग केंद्र सरकार को एक वार्षिक रिपोर्ट भेजता है। यह आवश्यकता पड़ने पर अन्य विशेष रिपोर्टें भी प्रेषित कर सकता है।

केंद्र सरकार ऐसी सभी रिपोर्टों को आयोग द्वारा की गयी सिफारिशों पर होने वाली कार्यवाही के विस्तृत स्मरण-पत्र के साथ संसद के प्रत्येक सदन के समक्ष रखती है। इस स्मरण-पत्र में ऐसी किसी भी सिफारिश को अस्वीकार करने के कारणों का उल्लेख भी होता है।

यदि ऐसी किसी भी रिपोर्ट का सम्बन्ध राज्य सरकार से जुड़े किसी मामले से होता है तो आयोग ऐसी रिपोर्ट की एक प्रतिलिपि उस राज्य सरकार को भी अग्रसारित करता है। वह राज्य सरकार उस रिपोर्ट को आयोग की सिफारिशों पर की गयी कार्यवाही के स्मरण-पत्र के साथ विधानमंडल के समक्ष रखती है। इस स्मरण-पत्र में ऐसी किसी भी सिफारिश को अस्वीकार करने के कारणों का उल्लेख किया जाना भी आवश्यक होता है।

विकलांग व्यक्तियों के लिए केन्द्रीय आयुक्त (Central Commissioner for Disabled Persons)

48

स्थापना (Establishment)

विकलांग व्यक्तियों के लिए केन्द्रीय आयुक्त (अथवा आधिकारिक रूप से, विकलांग व्यक्तियों के लिए मुख्य आयुक्त) का पद विकलांग व्यक्ति (समान अवसर, अधिकार संरक्षण व पूर्ण भागीदारी) अधिनियम (1995) के अन्तर्गत गठित किया गया था और यह वर्तमान विकलांग व्यक्तियों के अधिकार विधेयक, 2016 के अंतर्गत कार्य करना है।

नया अधिनियम विकलांग व्यक्तियों के लिए मुख्य आयुक्त कार्यालय के सुदृढ़ीकरण के साथ-साथ विकलांग व्यक्तियों हेतु राज्य आयुक्तों के कार्यालयों के लिए प्रदान किया गया। मुख्य आयुक्त को अब दो आयुक्तों और एक सलाहकार समिति द्वारा सहायता प्रदान की जाएगी।

इसी प्रकार, राज्य आयुक्तों को अब अलग सलाहकार समितियों द्वारा सहायता प्रदान की जाएगी। मुख्य आयुक्त और राज्य आयुक्त नियामक निकायों और शिकायत निवारण एजेंसियों के रूप में कार्य करेंगे और अधिनियम के कार्यान्वयन की निगरानी भी करेंगे।

नया अधिनियम विकलांग व्यक्तियों के लिए विभिन्न अधिकार और पात्रता प्रदान करता है। इन अधिकारों और पात्रताओं में समानता और बिना कोई भेदभाव, सामुदायिक जीवन, क्रूरता और अमानवीय व्यवहार के खिलाफ सुरक्षा, न्याय प्राप्त करना, कानूनी क्षमता आदि शामिल हैं।

इस नए अधिनियम में केंद्र और राज्य सरकारों को सामाजिक सुरक्षा, स्वास्थ्य, पुनर्वास, मनोरंजन, कौशल विकास आदि के क्षेत्र में योजनाओं और कार्यक्रमों को प्रभावी सशक्तिकरण और विकलांग व्यक्तियों को शामिल करने के लिए बाध्य किया गया है। इसमें, इसके प्रभावी कार्यान्वयन को सुनिश्चित करने के लिए दंडात्मक प्रावधान हैं।

नियुक्ति (Appointment)

1. केन्द्र सरकार अधिसूचना के द्वारा अधिनियम के उद्देश्यों की पूर्ति हेतु विकलांग व्यक्तियों के लिए एक मुख्य आयुक्त नियुक्त कर सकती है।
2. केंद्र सरकार, अधिसूचना द्वारा मुख्य आयुक्त की सहायता के लिए दो आयुक्तों की नियुक्ति कर सकती है, जिनमें से एक आयुक्त विकलांग व्यक्ति होगा।
3. पुनर्वास से जुड़े मामलों में विशेष ज्ञान या व्यावहारिक अनुभव रखने वाले व्यक्ति को ही मुख्य आयुक्त या आयुक्त के रूप में नियुक्ति का पात्र समझा जायेगा।
4. मुख्य आयुक्त और आयुक्तों का वेतन, भत्ते व अन्य सेवा-शर्तें (पेंशन, ग्रेच्युटी एवं अन्य सेवानिवृत्ति लाभों सहित) केन्द्र सरकार द्वारा निर्धारित की जायेंगी।
5. केन्द्र सरकार मुख्य आयुक्त को उसके कार्यों के निष्पादन में सहायता देने के लिए आवश्यक अधिकारियों एवं अन्य कर्मचारियों की प्रकृतियों एवं श्रेणियों का निर्धारण करेगी और इस प्रकार के उपयुक्त अधिकारी एवं कर्मचारी मुख्य आयुक्त के लिए उपलब्ध करायेगी।
6. मुख्य आयुक्त के लिए उपलब्ध कराये गये कर्मचारी एवं अधिकारी मुख्य आयुक्त के सामान्य अधिवीक्षण और नियंत्रण के अन्तर्गत अपने कार्य निष्पादित करेंगे।
7. मुख्य आयुक्त को उपलब्ध कराये गये अधिकारियों एवं कर्मचारियों के वेतन, भत्ते और अन्य सेवा-शर्तों का निर्धारण केन्द्र सरकार द्वारा किया जायेगा।
8. मुख्य आयुक्त को एक सलाहकार समिति द्वारा सहायता प्रदान की जाएगी, जिसमें विभिन्न विकलांग विशेषज्ञों द्वारा तैयार ग्यारह से अधिक सदस्य नहीं होंगे, जो केंद्र सरकार द्वारा निर्धारित किए जा सकते हैं।

कार्य
(Functions)

मुख्य आयुक्त निम्नलिखित कार्यों के प्रति दायबद्ध होगा:

1. पहचान, सुओ मोटू या अन्यथा, किसी भी कानून या नीति, कार्यक्रम और प्रक्रियाओं के प्रावधान, जो इस अधिनियम के साथ असंगत हैं और आवश्यक सुधारात्मक कदमों की सिफारिश करते हैं।
2. पूछताछ, सुओ मोटो या अन्यथा, उन विकलांग व्यक्तियों को उनके अधिकारों से वंचित करना, जो ऐसे मामलों के संबंध में उपलब्ध हैं, जिनके लिए केंद्र सरकार उपयुक्त सरकार है और सुधारात्मक कार्रवाई के लिए उपयुक्त अधिकारियों के साथ मामला उठाती है।
3. विकलांग व्यक्तियों के अधिकारों के संरक्षण के लिए और उनके प्रभावी कार्यान्वयन के उपायों के लिए इस अधिनियम या किसी अन्य कानून के तहत प्रदान किए गए सुरक्षा उपायों की समीक्षा करना।
4. उन कारकों की समीक्षा करना जो विकलांग व्यक्तियों के अधिकारों को प्राप्त करने से रोकते हैं और उचित उपचारात्मक उपायों की सिफारिश करते हैं।
5. विकलांग व्यक्तियों के अधिकारों पर अध्ययन समझौते और अन्य अंतर्राष्ट्रीय उपकरणों और उनके प्रभावी कार्यान्वयन के लिए सिफारिशें करना।
6. विकलांग व्यक्तियों के अधिकारों के क्षेत्र में अनुसंधान को आरंभ करना और उसे बढ़ावा देना।
7. विकलांग व्यक्तियों के अधिकारों और उनकी सुरक्षा के लिए उपलब्ध सुरक्षा उपायों के बारे में जागरूकता को बढ़ावा देना।
8. इस अधिनियम के प्रावधानों और विकलांग व्यक्तियों के लिए योजनाओं और स्कीम के कार्यान्वयन की निगरानी करना।
9. विकलांग व्यक्तियों के लाभ के लिए केंद्र सरकार द्वारा वितरित धन के उपयोग की निगरानी करना।
10. केंद्र सरकार द्वारा निर्धारित दूसरे कार्य करना।

मुख्य आयुक्त इस अधिनियम के तहत अपने कार्यों का निर्वहन करते हुए किसी भी मामले पर आयुक्तों से सलाह लेंगे।

जब भी मुख्य आयुक्त इस अधिनियम के प्रावधानों का पालन करने के लिए प्राधिकरण को एक सिफारिश करता है, तो वह प्राधिकरण उस पर आवश्यक कार्रवाई करेगा, और तीन महीने के भीतर कार्रवाई के मुख्य आयुक्त को सूचित करेगा। लेकिन, जहां प्राधिकरण एक सिफारिश को स्वीकार नहीं करता है, वह तीन महीने के भीतर मुख्य आयुक्त को गैर-स्वीकृति के कारणों को बताएगा और पीड़ित व्यक्ति को भी सूचित करेगा।

शक्तियाँ
(Powers)

अधिनियम के अधीन अपने कार्यों का निष्पादन करने के उद्देश्य से मुख्य आयुक्त को निम्नलिखित मामलों में सिविल प्रक्रिया संहिता, 1908 के अन्तर्गत एक अदालत की शक्तियाँ प्राप्त होंगी:

1. गवाहों की उपस्थिति के लिए सम्मन जारी करना।
2. किसी दस्तावेज की खोज या उत्पादन की माँग करना।
3. किसी अदालत या कार्यालय से सार्वजनिक अभिलेख की माँग करना।
4. शपथ-पत्रों पर साक्ष्य प्राप्त करना।
5. गवाहों या दस्तावेजों के परीक्षण हेतु विशेष आदेश जारी करना।

मुख्य आयुक्त के समक्ष होने वाली कोई भी प्रक्रिया या कार्यवाही भारतीय दंड संहिता, 1860 के अधीन एक न्यायिक प्रक्रिया या कार्यवाही होगी। मुख्य आयुक्त को अपराध प्रक्रिया संहिता 1973 के उद्देश्य के लिए भी एक सिविल अदालत के रूप में देखा जायेगा।

रिपोर्ट
(Report)

मुख्य आयुक्त पिछले वर्ष की अपनी गतिविधियों के पूर्ण विवरण सहित एक वार्षिक रिपोर्ट केन्द्र सरकार को प्रेषित करेगा।

वार्षिक रिपोर्ट में निम्नलिखित मामलों से जुड़ी सूचनायें शामिल होंगी:

1. अधिकारियों के नाम, कार्यालय के कर्मचारी और संगठनात्मक संरचना को दर्शाने वाला एक चार्ट।
2. अधिनियम के अधीन मुख्य आयुक्त द्वारा निष्पादित किये गये कार्य और इस सम्बन्ध में उसके कार्य निष्पादन की जानकारी।

3. मुख्य आयुक्त द्वारा की गयी मुख्य अनुशंसाएं।
4. अधिनियम के क्रियान्वयन में होने वाली राज्यवार प्रगति।
5. समय-समय पर केन्द्र सरकार द्वारा निर्दिष्ट अथवा मुख्य आयुक्त द्वारा उपयुक्त समझा गया कोई अन्य विषय।

केन्द्र सरकार मुख्य आयुक्त द्वारा की गयी सिफारिशों पर होने वाली कार्यवाही के एक स्मरण-पत्र के साथ उसकी रिपोर्ट को संसद के प्रत्येक सदन के समक्ष रखती है। इस स्मरण-पत्र में ऐसी किसी भी सिफारिश को अस्वीकार करने के कारणों का उल्लेख होना भी आवश्यक होता है।

भारत का परिसीमन आयोग (Delimitation Commission of India)

49

परिसीमन (डीलिमिटेशन) शब्द का आशय एक विधायी निकाय वाले किसी देश या प्रांत में प्रादेशिक चुनाव क्षेत्रों की सीमाओं को सुनिश्चित करने की प्रक्रिया या कार्यवाही से है। परिसीमन का कार्य एक उच्च शक्ति प्राप्त निकाय को सौंपा जाता है। इस प्रकार के निकाय को परिसीमन आयोग या सीमा आयोग के नाम से जाना जाता है।

अब तक स्थापित किये गये आयोग (Commissions Established So Far)

भारत का परिसीमन आयोग एक वैधानिक (न कि संवैधानिक) निकाय है। इसकी स्थापना संसद द्वारा बनाये गये कानून के उपबंधों के अधीन केंद्रीय सरकार द्वारा की जाती है। इसका कार्य देश में संसदीय एवं विधानसभा क्षेत्रों की सीमाओं को विभाजित करना है।

आयोग एक शक्तिशाली निकाय है। इसके आदेशों को कानूनी शक्ति प्राप्त होती है और इन्हें किसी भी अदालत में चुनौती नहीं दी जा सकती। इसके आदेश राष्ट्रपति द्वारा निर्दिष्ट एक तारीख को लागू होते हैं। इन्हें लोक सभा और संबंधित राज्य विधानसभा के समक्ष रखा जाता है किन्तु इनमें संशोधन नहीं किया जा सकता है।

अब तक इस प्रकार के चार आयोग गठित किए जा चुके हैं। **तालिका 49.1** में इन आयोगों के नाम, उनकी स्थापना के वर्ष और उनके स्रोत अधिनियमों का उल्लेख किया गया है।

तालिका 49.1 अब तक गठित किये गये परिसीमन आयोग

परिसीमन आयोग	स्थापना वर्ष	स्रोत अधिनियम
पहला	1952	परिसीमन आयोग अधिनियम, 1952
दूसरा	1963	परिसीमन आयोग अधिनियम, 1962
तीसरा	1973	परिसीमन अधिनियम, 1972
चौथा	2002	परिसीमन अधिनियम, 2002

संवैधानिक उपबंध (Constitutional Provisions)

भारतीय संविधान के अनुच्छेद 81, 82, 170, 330 और 332 का संबंध संसदीय एवं विधानसभा क्षेत्रों के परिसीमन से है। इन अनुच्छेदों को 84वें संविधान संशोधन अधिनियम, 2001 और 87वें संविधान संशोधन अधिनियम, 2003 के द्वारा संशोधित किया गया था। इन दो संवैधानिक संशोधनों का संचयी प्रभाव इस प्रकार है:

(i) 1971 की जनगणना के आधार पर लोक सभा में विभिन्न राज्यों के लिए आवंटित वर्तमान सीटों की कुल संख्या वर्ष 2026 के बाद की जाने वाली पहली जनगणना तक अपरिवर्तित बनी रहेगी।

(ii) 1971 की जनगणना के आधार पर सभी राज्यों में विधानसभा सीटों की मौजूदा कुल संख्या 2026 के बाद होने वाली पहली जनगणना तक अपरिवर्तित बनी रहेगी।

(iii) लोक सभा और राज्य विधानसभाओं में अनुसूचित जातियों एवं अनुसूचित जनजातियों के लिए आरक्षित सीटों की संख्या 2001 की जनगणना के आधार पर पुन: निश्चित की जायेगी।

(iv) प्रत्येक राज्य में 2001 की जनगणना के आधार पर संसदीय एवं विधानसभा क्षेत्रों का पुन: परिसीमन किया जायेगा और अब परिसीमित होने वाले ऐसे चुनाव क्षेत्रों का विस्तार वर्ष 2026 के बाद होने वाली पहली जनगणना तक यथावत् बना रहेगा।

(v) चुनाव क्षेत्रों का इस प्रकार से पुन: परिसीमन किया जायेगा कि एक राज्य में प्रत्येक संसदीय और विधानसभा क्षेत्र की जनसंख्या (2001 की जनगणना के आधार पर), जहाँ तक व्यावहारिक हो सके, पूरे राज्य में समान होगी।

चौथा परिसीमन आयोग (Fourth Delimitation Commission)

संविधान के उपरोक्त उल्लिखित उपबंधों के अनुसरण में संसद ने परिसीमन अधिनियम, 2002 पारित किया और तद्नुरूप एक परिसीमन आयोग का गठन किया गया। इस आयोग का कार्य संविधान और परिसीमन अधिनियम, 2002 के अन्तर्गत भारत के सभी राज्यों में (पूर्ववर्ती जम्मू और कश्मीर राज्य को छोड़कर) 2001 की जनगणना के आधार पर संसदीय एवं विधानसभा क्षेत्रों का पुन: व्यवस्थापन करना था।

चौथा परिसीमन आयोग एक 3 सदस्यीय निकाय था। इसमें निम्नलिखित शामिल थे:

(i) अध्यक्ष, जो उच्चतम न्यायालय का सेवारत् या सेवानिवृत्त न्यायाधीश था।

(ii) मुख्य चुनाव आयुक्त या मुख्य चुनाव आयुक्त द्वारा नामित एक चुनाव आयुक्त जो कि पदेन सदस्य था।

(iii) संबंधित राज्य या संघशासित प्रदेश का राज्य चुनाव आयुक्त जो कि दूसरा पदेन सदस्य था।

इसके अलावा आयोग में प्रत्येक राज्य के सम्बन्ध में 10 सहायक सदस्य भी शामिल थे। इनमें से 5 सदस्य उस राज्य से चुने गये लोक सभा सदस्य थे और अन्य 5 सदस्य राज्य विधानसभा के सदस्य थे। जहाँ एक राज्य में लोक सभा सदस्यों की संख्या 5 से कम थी वहाँ सभी लोक सभा सदस्य उस राज्य के संबंध में सहायक सदस्य थे। ये सहायक सदस्य लोक सभा अध्यक्ष तथा संबंधित राज्य विधानसभा अध्यक्ष द्वारा नामित किये गये थे। फिर भी इन सहायक सदस्यों को मतदान करने या आयोग के किसी भी आदेश पर हस्ताक्षर करने का अधिकार नहीं था।

उच्चतम न्यायालय के सेवानिवृत्त न्यायाधीश, न्यायमूर्ति कुलदीप सिंह, को आयोग के अध्यक्ष के रूप में नियुक्त किया गया।

सिफारिशों का क्रियान्वयन (Implementation of the Recommendations)

आयोग की सिफारिशें 2007 में सरकार को प्रस्तुत की गयीं। भारत के राष्ट्रपति ने 2008 में आयोग की सिफारिशों को क्रियान्वित करने के लिए अधिसूचना पर हस्ताक्षर किये और इस प्रकार संसदीय एवं विधानसभा क्षेत्रों का पुन: परिसीमन लागू हुआ।

आयोग की सिफारिशें 5 राज्यों-असम, अरुणाचल प्रदेश, मणिपुर, नागालैंड और झारखंड पर लागू नहीं होती हैं। भारत सरकार ने चार उत्तर-पूर्वी राज्यों में परिसीमन की कार्यवाही को स्थगित कर दिया था और झारखंड राज्य के संबंध में आयोग के अन्तिम आदेश को रद्द कर दिया था।

सभी राज्यों, राष्ट्रीय राजधानी क्षेत्र दिल्ली तथा पुडुचेरी (असम, अरुणाचल प्रदेश, मणिपुर, नागालैंड, झारखंड और पूर्ववर्ती जम्मू-कश्मीर को छोड़कर) में 2009 के आम चुनाव 543 में से 499 संसदीय चुनाव क्षेत्रों में नये परिसीमित चुनाव क्षेत्रों के आधार पर सम्पन्न हुए थे।

उत्तर–पूर्वी परिषद् (North-Eastern Council)

50

स्थापना (Establishment)

उत्तर-पूर्वी परिषद एक वैधानिक (न कि संवैधानिक) परामर्शी निकाय है। इसकी स्थापना 1972 में संसद के एक अधिनियम, उत्तर-पूर्वी परिषद् अधिनियम, 1971, के माध्यम से की गयी थी।

परिषद में उत्तर-पूर्वी क्षेत्र के 8 सदस्य राज्य-अरुणाचल प्रदेश, असम, मणिपुर, मेघालय, मिजोरम, नागालैंड, सिक्किम और त्रिपुरा शामिल हैं। 2002 में सिक्किम परिषद का 8वां सदस्य राज्य बना था। इस परिषद का सचिवालय (मुख्यालय) शिलांग (मेघालय) में स्थित है।

परिषद की स्थापना उत्तर-पूर्वी क्षेत्र के संतुलित विकास को सुनिश्चित करने के लिए, बेहतर अन्तर्राज्यीय समन्वय को प्रभावी बनाने के लिए तथा क्षेत्र में सुरक्षा और लोक व्यवस्था को बनाये रखने के लिए की गयी थी। 2002 के संशोधन के द्वारा परिषद को उत्तर-पूर्वी क्षेत्र के लिए क्षेत्रीय नियोजन निकाय बनाया गया है।

यह परिषद उत्तर-पूर्वी क्षेत्र के विकास (डीओएनईआर) हेतु संघीय मंत्रालय के प्रशासनिक नियंत्रण में कार्य करती है।

सरंचना (Composition)

परिषद में निम्नलिखित सदस्य शामिल होते हैं:

1. आठ सदस्य राज्यों के राज्यपाल।
2. आठ सदस्य राज्यों के मुख्यमंत्री, फिर भी इन आठ राज्यों में से किसी में भी मंत्रिपरिषद न होने पर राष्ट्रपति परिषद में उस राज्य के प्रतिनिधित्व के लिए एक व्यक्ति को तब तक के लिए नामित कर सकता है जब तक उस राज्य में मंत्रिपरिषद का गठन न हो जाये।
3. भारत के राष्ट्रपति द्वारा नामित तीन सदस्य।
4. भारत का राष्ट्रपति आवश्यक होने पर किसी संघीय मंत्री को परिषद का सदस्य नामित कर सकता है।
5. भारत का राष्ट्रपति परिषद के अध्यक्ष को नामित करता है।
6. भारत का राष्ट्रपति आवश्यक समझे जाने पर परिषद के किसी अन्य सदस्य को उपाध्यक्ष के रूप में नामित कर सकता है।

जुलाई 2018 से केंद्रीय गृह मंत्री पदेन अध्यक्ष हैं तथा राज्य मंत्री (प्रभारी), डीओएनईआर मंत्रालय परिषद के पदेन उपाध्यक्ष हैं।

कार्य (Functions)

परिषद के कार्य निम्नलिखित हैं:

1. परिषद उत्तर-पूर्वी क्षेत्र के लिए एक क्षेत्रीय नियोजन निकाय के रूप में कार्य करेगी।
2. उत्तर-पूर्वी क्षेत्र के लिए क्षेत्रीय योजनाएँ बनाते समय परिषद ऐसी योजनाओं और परियोजनाओं को प्राथमिकता देगी, जिनसे दो या अधिक राज्यों को लाभ मिलता हो। फिर भी सिक्किम के सम्बन्ध में परिषद ऐसी विशेष परियोजनाओं और योजनाओं का निर्माण करेगी जिनके क्रियान्वयन की समीक्षा की जा सके।
3. परिषद समय-समय पर क्षेत्रीय योजना में शामिल परियोजनाओं एवं योजनाओं के क्रियान्वयन की समीक्षा करेगी और इनके क्रियान्वयन के मामले में सम्बन्धित राज्य सरकारों के बीच प्रभावी समन्वय हेतु उपायों की सिफारिश करेगी।
4. जहाँ एक परियोजना या योजना द्वारा दो या अधिक राज्यों को लाभ मिलता हो वहाँ परिषद ऐसे तरीकों की सिफारिश करेगी, जिनके द्वारा:
   (i) ऐसी परियोजनायें या योजनायें क्रियान्वित, प्रबन्धित या परिचालित की जा सकें।

(ii) उनके लाभों को सह-भागित किया जा सके अथवा

(iii) उन पर होने वाले खर्च को उपगत किया जा सके

5. परिषद समय-समय पर क्षेत्र में सुरक्षा और लोक व्यवस्था बनाये रखने के लिए सदस्य राज्यों द्वारा उठाये जाने वाले कदमों की समीक्षा करेगी और इस सम्बन्ध में आवश्यक समझे जाने वाले उपायों की सिफारिश करेगी।
6. परिषद के पास इस प्रकार की शक्ति होगी जो कि उसे केंद्र सरकार द्वारा प्रत्यायोजित की जा सके।

पुनर्जीवनीकरण (Revitalisation)

2003 में उत्तर-पूर्वी क्षेत्रों के विकास हेतु मंत्रालय (डीओएनईआर) द्वारा 2002 के संशोधन के अनुसरण में उत्तर-पूर्वी परिषद पुनर्जीवीकरण समिति का गठन किया गया ताकि एक क्षेत्रीय नियोजन निकाय के रूप में उत्तर-पूर्वी परिषद के पुनरीक्षित कार्यादेश को प्रभावी बनाने के लिए सुझाव दिये जा सकें। समिति ने अपनी रिपोर्ट 2004 में सरकार को सौंपी।

समिति की सिफारिशें निम्नलिखित मामलों से जुड़ी थीं:

1. उत्तर-पूर्वी परिषद की संरचना
2. उत्तर-पूर्वी परिषद के सचिवालय की संगठनात्मक पुनर्संरचना एवं सुदृढ़ीकरण
3. क्षेत्रीय सशक्तिकरण समितियों का गठन
4. संवहनीय वृद्धि एवं विकास हेतु क्षेत्रीय नियोजन के लिए उपाय
5. एनएलसीपीआर (संसाधनों के गैर-व्ययगमनीय केंद्रीय पूल) के स्थान पर जीबीएस (सकल बजटीय समर्थन) के द्वारा क्षेत्रीय योजना का वित्त पोषण
6. क्षेत्रीय योजना के क्रियान्वयन हेतु उपाय
7. विकासात्मक परियोजनाओं की निगरानी एवं मूल्यांकन
8. सीमा व्यापार में उत्तर-पूर्वी परिषद की भूमिका
9. सुरक्षा और लोक व्यवस्था के सम्बन्ध में उत्तर-पूर्वी परिषद के कार्यादेश को प्रभावी बनाना

भारत का विधि आयोग (Law Commission of India)

51

भारत का विधि आयोग एक गैर-वैधानिक परामर्शी निकाय है। इसका गठन समय-समय पर केन्द्र सरकार के एक आदेश द्वारा एक निश्चित कार्यकाल के लिए किया जाता है। इसका कार्य कानूनों के समेकन और संहिताकरण के उद्देश्य से विधायी उपायों की अनुशंसा करना है। फिर भी इसकी सिफारिशें सरकार पर बाध्यकारी नहीं होती हैं।

ऐतिहासिक पृष्ठभूमि (Historical Background)

अंग्रेजी शासन के दौरान 19वीं शताब्दी में 4 विधि आयोग गठित किये गये थे। इन आयोगों ने भारतीय विधान पुस्तिका की समृद्धि में महत्वपूर्ण योगदान दिया था। इन्होंने तत्कालीन अंग्रेजी कानूनों के प्रतिरूप के आधार पर भारतीय परिस्थितियों में अपनाये जाने वाले कई प्रकार के कानूनों की सिफारिश की थी। भारतीय दंड संहिता, आपराधिक प्रक्रिया संहिता, सिविल प्रक्रिया संहिता, भारतीय संविदा अधिनियम, भारतीय साक्ष्य अधिनियम, सम्पत्ति का हस्तान्तरण अधिनियम और अन्य कई कानून इन चार आयोगों की सिफारिशों का ही परिणाम थे।

तालिका 51.1 में इन आयोगों के नाम, स्थापना वर्ष और उनके अध्यक्ष के नाम दिये गये हैं।

तालिका 51.1 आजादी से पहले के विधि आयोग

नाम	स्थापना वर्ष	अध्यक्ष
पहला विधि आयोग	1834	लॉर्ड मैकाले
दूसरा विधि आयोग	1853	सर जॉन रोमिली
तीसरा विधि आयोग	1861	सर जॉन रोमिली
चौथा विधि आयोग	1879	डॉ. व्हिटनी स्टोक्स

अब तक गठित किये गये आयोग (Commissions Constituted So Far)

स्वंत्रतता के बाद, मूल अधिकारों एवं राज्य के नीति-निदेशक सिद्धान्तों के पृथक् अध्याय के साथ भारतीय संविधान ने देश में कानून सुधार को एक नयी दिशा प्रदान की। संविधान का अनुच्छेद 372 यह प्रावधान करता है कि संविधान से पहले के कानून तब तक लागू बने रहेंगे जब तक कि उन्हें संशोधित या निरसित न किया जाये। फिर भी संसद में एवं उसके बाहर एक नये विधि आयोग के गठन की माँग उठायी जाती रही जो कि देश की बदलती जरूरतों को पूरा करने के लिए पुराने एवं अप्रचलित कानूनों को पुनरीक्षित और अद्यतन बनाने की सिफारिश कर सके। सरकार ने इस माँग को स्वीकार करते हुए 1955 में स्वतंत्र भारत के पहले विधि आयोग का गठन किया। इस आयोग का कार्यकाल 3 वर्ष का था और इसके अध्यक्ष एम.सी. शीतलवाड थे, जो कि भारत के तत्कालीन अटॉर्नी जनरल थे।

तब (1955), से अब तक 21 और विधि आयोग गठित किये जा चुके हैं, जिनमें प्रत्येक का कार्यकाल 3 वर्ष का था और जिनके अलग-अलग संदर्भित विषय थे। इन आयोगों के नाम, उनका कार्यकाल और उनके अध्यक्षों का नाम **तालिका 51.2** में दिया गया है।

तालिका 51.2 अब तक नियुक्त किये गये विधि आयोग

विधि आयोग	कार्यकाल	अध्यक्ष
पहला	1955-1958	एम.सी. शीतलवाड, भारत के पूर्व अटॉर्नी जनरल
दूसरा	1958-1961	न्यायमूर्ति टी.वी. वेंकटरामा अय्यर
तीसरा	1961-1964	न्यायमूर्ति जे.एल. कपूर
चौथा	1964-1968	न्यायमूर्ति जे.एल. कपूर
पाँचवां	1968-1971	के.वी.के. सुन्दरम्, आई.सी.एस.
छठा	1971-1974	न्यायमूर्ति पी.वी. गजेन्द्रगड़कर
सातवां	1974-1977	न्यायमूर्ति पी.वी. गजेन्द्रगड़कर
आठवां	1977-1979	न्यायमूर्ति एच.आर. खन्ना
नौवां	1979-1980	न्यायमूर्ति पी.वी. दीक्षित
दसवां	1981-1985	न्यायमूर्ति के.के. मैथ्यू
ग्यारहवां	1985-1988	न्यायमूर्ति डी.ए. देसाई
बारहवां	1988-1991	न्यायमूर्ति एम.पी. ठक्कर
तेरहवां	1991-1994	न्यायमूर्ति के.एन. सिंह
चौदहवां	1995-1997	न्यायमूर्ति के. जयचन्द्र रेड्डी
पन्द्रहवां	1997-2000	न्यायमूर्ति वी.पी. जीवन रेड्डी
सोलहवां	2000-2003	न्यायमूर्ति वी.पी. जीवन रेड्डी (2000-2001), न्यायमूर्ति एम. जगन्नाथ राव (2002-2003)
सत्रहवां	2003-2006	न्यायमूर्ति एम. जगन्नाथ राव
अठारहवां	2006-2009	न्यायमूर्ति ए.आर. लक्ष्मणन
उन्नीसवाँ	2009-2012	न्यायमूर्ति पी. वेंकटरामा रेड्डी
बीसवाँ	2012-15	न्यायमूर्ति डी.के. जैन (2012-13), न्यायमूर्ति ए.पी. शाह (2013-15)
इक्कीसवाँ	2015-18	न्यायमूर्ति बी.एस. चौहान
बाईसवाँ	2020-23	-

संरचना (Composition)

आयोग की सरचना सुनिश्चित नहीं है। यह प्रत्येक आयोग के लिए भिन्न-भिन्न होती है। सामान्यत: इसमें एक अध्यक्ष, कुछ पूर्णकालिक सदस्य, एक सदस्य सचिव और आयोग को विचार हेतु सौंपे गये विषय की प्रकृति के आधार पर कुछ अल्पकालिक सदस्य शामिल होते हैं।

अध्यक्ष और पूर्णकालिक सदस्य उच्चतम न्यायालय या उच्च न्यायालय के सेवारत् या सेवानिवृत्त न्यायाधीश, वैधानिक विशेषज्ञ या किसी भारतीय विश्वविद्यालय में कानून के प्रोफ़ेसर होते हैं।

सदस्य सचिव भारतीय विधिक सेवा से सम्बन्ध रखता है और भारत सरकार के अतिरिक्त सचिव या सचिव के समकक्ष होता है।

अल्पकालिक सदस्यों की नियुक्ति बार के उत्कृष्ट सदस्यों, शैक्षिक क्षेत्र में श्रेष्ठ अध्येताओं या कानून की किसी विशेष शाखा में विशेषीकृत ज्ञान रखने वाले व्यक्तियों में से की जाती है।

आयोग के नियमित स्टाफ में विभिन्न पद श्रेणियों एवं अनुभव वाले लगभग 1 दर्जन शोध कार्मिक शामिल होते हैं। सचिवालय स्टाफ का एक छोटा-सा समूह आयोग के प्रशासनिक कार्यचालन को देखता है।

कार्य (Functions)

आयोग के कार्य इस प्रकार हैं:

1. ऐसे कानूनों की पहचान करना जो अब अनावश्यक या प्रासंगिक नहीं हैं और जिनको तत्कालीन प्रभाव से निरस्त किया जा सकता है।
2. राज्य नीति के निदेशक सिद्धांतों के सन्दर्भ में मौजूदा कानूनों की जांच करना तथा सुधार और दोषनिवृत्ति के तरीके सुझाना तथा ऐसे विधानों के सुझाव देना जो निदेशक सिद्धांतों को लागू करने में आवश्यक हो सकते हैं एवं संविधान की प्रस्तावना (Preamble of Constitution) में निर्धारित उद्देश्यों को प्राप्त करने में सहायक हों।
3. सरकार तक कानून और न्यायिक प्रशासन सम्बंधित किसी भी विषय पर अपने विचार पहुंचाना, जो विशेष रूप से सरकार द्वारा संदर्भित किये जा सकते हैं।
4. किसी भी विदेशी देश को अनुसंधान अनुरोधों पर विचार करना, जो विशेष रूप से सरकार द्वारा संदर्भित किये जा सकते हैं।
5. ऐसे उपयोगी उपाय करना जो गरीबों की सेवा के लिए कानून और कानूनी प्रक्रिया को उपयोग में लाना विदोहन करने हेतु आवश्यक हों।
6. सामान्य महत्व के केंद्रीय अधिनियमों को सरल बनाने तथा विसंगतियों, अस्पष्टता और अन्याय को दूर करने हेतु संशोधित करना।

कार्यचालन (Working)

आयोग का कार्यचालन निम्नलिखित चरणों में होता है:

1. आयोग द्वारा हाथ में ली जाने वाली परियोजनाओं पर पहल इसकी बैठकों में शुरू की जाती है।
2. पहले प्राथमिकताओं पर विचार-विमर्श किया जाता है, विषयों की पहचान की जाती है और सदस्यों को प्रारम्भिक कार्य सौंपा जाता है।
3. प्रस्तावित सुधार के क्षेत्र को ध्यान में रखकर आँकड़ों के संग्रह एवं अनुसंधान हेतु अलग-अलग पद्धतियाँ अपनाई जाती हैं।
4. परिणामस्वरूप एक कार्यचालन पत्र सामने आता है जिसमें समस्या को रेखांकित किया जाता है और सुधार की जरूरतों वाले मामले सुझाये जाते हैं।
5. यह पत्र जनता और सम्बन्धित हित समूहों में प्रसारित किया जाता है ताकि प्रतिक्रियायें और सुझाव स्पष्ट हो सकें।
6. प्रतिक्रियाओं का मूल्यांकन किया जाता है और रिपोर्ट में समुचित संकलन के लिए सूचना को संगठित किया जाता है।
7. रिपोर्ट की गहन जाँच पड़ताल पूर्ण आयोग की लम्बी बैठकों में की जाती है और इसके बाद इसे अन्तिम रूप दिया जाता है।
8. अन्तिम रिपोर्ट सरकार (कानून एवं न्याय मंत्रालय) को अग्रसारित की जाती है।

आयोगों की रिपोर्टों पर कानून एवं न्याय मंत्रालय संबंधित प्रशासनिक मंत्रालयों के परामर्श के साथ विचार-विमर्श करता है और इन्हें समय-समय पर संसद में पेश किया जाता है।

आयोग ने अब तक विभिन्न विषयों पर 277 रिपोर्ट पेश की हैं।

भूमिका (Role)

निम्नलिखित बिंदु आयोग की भूमिका पर प्रकाश डालते हैं:

1. सरकार को कानून के विभिन्न पहलुओं पर एक विशेष से अनुशंसा का लाभ मिलता है, जो आयोग को उनकी संदर्भ की शर्तों के अनुसार अध्ययन और अनुशंसा के लिए सौंपे जाते हैं।
2. केंद्र सरकार द्वारा या स्व:प्रेरित संदर्भ में, सुधार करने और नए विधान अधिनियमित करने हेतु आयोग कानून में अनुसंधान करता है और भारत में मौजूदा कानूनों की समीक्षा करता है।
3. न्याय वितरण प्रणाली में प्रक्रियाओं में विलंब, मामलों का शीघ्र समाधान, मुकदमेबाजी की लागत में कमी, आदि के

उन्मूलन और इनमें सुधार करने के लिए आयोग अध्ययन और अनुसंधान करता है।

4. देश के कानून के उत्तरोत्तर विकास और संहिताकरण में विभिन्न आयोग महत्वपूर्ण योगदान देने में सक्षम रहे हैं।

22वाँ भारतीय विधि आयोग गठित (22nd Law Commission Constituted)

फरवरी 2020 में भारत सरकार (कानून और न्याय मंत्रालय) द्वारा भारत के 22वें विधि आयोग का गठन तीन वर्ष की कार्यकाल अवधि के लिए किया। इसमें निम्न शामिल हैं:

1. एक पूर्णकालिक अध्यक्ष
2. चार पूर्णकालिक सदस्य (सदस्य-सचिव सहित)
3. सचिव, पदेन सदस्य के रूप में विधि-कार्य विभाग
4. सचिव, पदेन सदस्य के रूप में विधायी विभाग
5. पांच अंशकालिक सदस्यों से अधिक नहीं

बाईसवें भारतीय विधि आयोग के संदर्भ की शर्तें इस प्रकार हैं:

1. **अप्रचलित कानूनों की समीक्षा/निरसन**
   - (i) ऐसे कानूनों की पहचान करना जो अब अनावश्यक हैं या प्रासंगिक नहीं हैं और जिनके तत्कालीन रूप से निरस्त किया जा सकता है।
   - (ii) ऐसे कानूनों की पहचान करना, जो मौजूदा आर्थिक उदारीकरण (Economic liberalisation) की स्थिति के साथ सामंजस्य में नहीं हैं और जिन्हें बदलाव की आवश्यकता है।
   - (iii) ऐसे कानूनों की पहचान करना जिन्हें अन्यथा बदलाव या संशोधन की आवश्यकता है और उनके संशोधन के लिए सुझाव देना।
   - (iv) व्यापक परिप्रेक्ष्य में कानूनों के समन्वय और सामंजस्य हेतु संशोधन (revision) के लिए सुझाव/विभिन्न मंत्रालयों/विभागों में विशेषज्ञ समूह द्वारा सुझावित संशोधन (Amendment)।
   - (v) जो विधान एक से अधिक मंत्रालय/विभाग के काम पर असर डालते हैं, उनके लिए मंत्रालयों/विभागों द्वारा दिए गए सन्दर्भों पर विचार करना।
   - (vi) कानून के क्षेत्र में नागरिकों की शिकायतों के त्वरित निवारण के लिए उपयुक्त उपाय सुझाना।
2. **कानून और दरिद्रता**
   - (i) उन कानूनों की जांच करना जो निर्धनों को प्रभावित करते हैं और सामाजिक-आर्थिक विधानों के लिए उनका उत्तर-लेखा परीक्षा करवाना।
   - (ii) ऐसे उपयोगी उपाय करना जो गरीबों की सेवा के लिए कानून और कानूनी प्रक्रिया को उपयोग में लाना विदोहन करने हेतु आवश्यक हों।
3. प्रशासन यह सुनिश्चित करने के लिए कि न्यायिक प्रणाली उचित मांगों के लिए उत्तरदायी है और विशेष रूप से निम्न को सुरक्षित करने के लिए न्यायिक प्रणाली की समीक्षा करते रहें:
   - (i) उचित और निष्पक्ष निर्णय के महत्वपूर्ण सिद्धांत को बिना प्रभावित किए मामलों के त्वरित और किफायती समाधान की सुरक्षा के लिए विलम्ब का उन्मूलन, शेष राशि और कटौती की शीघ्र मंजूरी देना।
   - (ii) विलम्ब के उपकरण और तकनीक को कम करने और उसके उन्मूलन के लिए प्रक्रिया का सरलीकरण करना, ताकि न्यायिक साधन के रूप में संचालित हो सके।
   - (iii) न्याय प्रशासन के साथ सभी मानकों में सुधार।
4. राज्य नीति के निदेशक सिद्धांतों के सन्दर्भ में मौजूदा कानूनों की जांच करना तथा सुधार और दोषनिवृत्ति के तरीके सुझाना तथा ऐसे विधानों के सुझाव देना जो निदेशक सिद्धांतों को लागू करने में आवश्यक हो सकते हैं एवं संविधान की प्रस्तावना (Preamble of Constitution) में निर्धारित उद्देश्यों को प्राप्त करने में सहायक हों।
5. मौजूदा कानूनों को लैंगिक समानता को बढ़ावा और संशोधन सुझाने की दृष्टि से देखें।
6. सामान्य महत्व के केंद्रीय अधिनियमों को सरल बनाने तथा विसंगतियों, अस्पष्टता और अन्याय को दूर करने हेतु संशोधित करना।
7. अप्रचलित कानूनों को निरस्त करके और अधिनियमितियाँ या उसके कुछ भाग की उपयोगिता को रेखांकित कर

कानून-बही (Statute book) का अद्यतन करके सरकार को उपाय सुझाना।

8. सरकार तक कानून और न्यायिक प्रशासन सम्बंधित किसी भी विषय पर अपने विचार पहुंचना, जो विशेष रूप से सरकार द्वारा कानून और न्याय मंत्रालय के माध्यम से संदर्भित किये जा सकते हैं।

9. किसी भी अन्य देश को अनुसंधान अनुरोधों पर विचार करना, जो विशेष रूप से सरकार द्वारा कानून और न्याय मंत्रालय के माध्यम से संदर्भित किये जा सकते हैं।

10. गरीबों के हितों की सुरक्षा के लिए उपाय देने हेतु खाद्य सुरक्षा, बेरोजगारी पर वैश्वीकरण के प्रभाव का परीक्षण करें।

कर्मचारी चयन आयोग (Staff Selection Commission)

52

संघ लोक सेवा आयोग (यूपीएससी) तथा कर्मचारी चयन आयोग (एसएससी) केन्द्र सरकार की दो मुख्य भर्ती एजेन्सियाँ हैं। यूपीएससी उच्चतर सेवाओं के लिए तथा एसएससी मध्यवर्ती और निचली सेवाओं के लिए भर्ती करते हैं। इसके अलावा यूपीएससी एक संवैधानिक निकाय है जबकि एसएससी एक गैर-संवैधानिक निकाय है।

स्थापना (Establishment)

संविधान के अधीन केन्द्र सरकार के सभी पदों और सेवाओं के लिए भर्ती परीक्षाओं का आयोजन यूपीएससी द्वारा अपेक्षित किया गया है। फिर भी 1968 में संसद की आकलन समिति ने यूपीएससी से पदों की निचली श्रेणी हेतु की जाने वाली भर्ती के कार्य को लेने के लिए एक सेवा चयन आयोग की स्थापना की सिफारिश की थी। इसके अनुसरण में एक अंतरिम उपाय के रूप में सचिवालय प्रशिक्षण एवं प्रबंधन संस्थान, नई दिल्ली में एक परीक्षा विंग गठित की गयी।

इसके पश्चात् भारत के प्रथम प्रशासनिक सुधार आयोग ने 1969 में यह देखा कि केन्द्र सरकार के स्टाफ का एक बहुत बड़ा भाग समूह 'ग' और समूह 'घ' श्रेणियों से संबन्धित है। इसने विभिन्न कार्यालयों में इस प्रकार के पदों पर भर्ती के लिए नियत की गयी योग्यताओं की तद्नुरूप प्रकृति को भी मान्यता दी। इस प्रकार इसने विभिन्न विभागों द्वारा गैर-तकनीकी पदों की जरूरतों के समूहन की वकालत की और संयुक्त भर्ती या एक भर्ती बोर्ड के माध्यम से कर्मचारियों के चयन का सुझाव दिया। भारत सरकार द्वारा इस सिफारिश को स्वीकार कर लिया गया।

तद्नुसार केन्द्र सरकार के एक कार्यकारी प्रस्ताव द्वारा 1975 में अधीनस्थ सेवा आयोग की स्थापना की गयी। बाद में 1977 में इस आयोग का नाम बदलकर कर्मचारी चयन आयोग (एसएससी) कर दिया गया।

एसएससी को कार्मिक एवं प्रशिक्षण विभाग [Department of Personnel and Training (DoPT)] के एक संलग्न कार्यालय का दर्जा प्राप्त है और यह एक परामर्शी निकाय के रूप में कार्य करता है।

कार्य (Functions)

एसएससी के कार्य समय के अनुसार बढ़ते रहे हैं। वर्तमान में केन्द्र सरकार के विभिन्न मंत्रालयों तथा विभागों और उनके संलग्न एवं अधीनस्थ कार्यालयों (उन कार्यालयों को छोड़कर जिनमें भर्ती, रेलवे भर्ती बोर्डों और औद्योगिक अवसंचनाओं के द्वारा की जाती है) में समूह 'ग' (गैर-तकनीकी) और समूह 'ख' (अराजपत्रित-तकनीकी और गैर-तकनीकी दोनों) के पदों हेतु भर्ती एसएससी द्वारा की जाती है। इस प्रकार केन्द्र सरकार की निचली और मध्यवर्ती सेवाओं के लिए कर्मचारियों की भर्ती करने वाला एसएससी एक केन्द्रीय अभिकरण है।

इसके अलावा, वर्ष 2016 में एसएससी को एक अतिरिक्त जिम्मेदारी सौंपी गयी। भारत के नियंत्रक और महालेखा परीक्षक के कार्यालय में भारतीय लेखा परीक्षा और लेखा विभाग के लिए समूह 'बी' (राजपत्रित) सहायक लेखा अधिकारी और सहायक लेखा परीक्षा अधिकारी की भर्ती करना।

अधिक विस्तृत रूप में एसएससी के कार्य निम्नलिखित हैं:

1. भर्ती कार्य:
   - (i) भारत सरकार के विभिन्न मंत्रालयों/विभागों तथा उनके संलग्न एवं अधीनस्थ कार्यालयों में समूह 'ख' के सभी अराजपत्रित पदों पर भर्ती करना।
   - (ii) भारत सरकार के विभिन्न मंत्रालयों एवं विभागों तथा उनके संलग्न एवं अधीनस्थ कार्यालयों (केवल उन पदों को छोड़कर जो इसके कार्यक्षेत्र से निर्दिष्ट रूप से बाहर रखे गए हैं) में समूह 'ग' के सभी गैर-तकनीकी पदों पर भर्ती करना।

2. अपने कार्यक्षेत्र के भीतर पदों पर भर्ती के लिए परीक्षाओं और साक्षात्कारों का संचालन करना।
3. विशेष रूप से निम्न पदों पर भर्ती के लिए प्रतियोगी परीक्षाओं का आयोजन करना:
   (i) भारत सरकार के विभिन्न मंत्रालयों, विभागों, संलग्न एवं अधीनस्थ कार्यालयों में अवर श्रेणी लिपिक [Lower Division Clerks (LDCs)] के पद। इनमें केन्द्रीय सचिवालय, लिपिक सेवा, भारतीय विदेश सेवा (बी), रेलवे बोर्ड सचिवालय लिपिक सेवा और सशस्त्र सेना मुख्यालय लिपिक सेवा में भाग लेने वाले पद भी शामिल हैं।
   (ii) केन्द्रीय सचिवालय स्टेनोग्राफर सेवा के समूह 'ग' और 'घ' के स्टेनोग्राफर के पद और भारतीय विदेश सेवा (बी)/रेलवे बोर्ड सचिवालय स्टेनोग्राफर सेवा/सशस्त्र सेना मुख्यालय स्टेनोग्राफर सेवा और अन्य विभागों में स्टेनोग्राफर के पद, जिनमें पूर्व उल्लिखित सेवाओं में भाग न लेने वाले भारत सरकार के संलग्न एवं अधीनस्थ कार्यालय भी शामिल हैं।
   (iii) केन्द्र सरकार के विभिन्न मंत्रालयों/विभागों और उनके संलग्न एवं अधीनस्थ कार्यालयों में सहायकों के पद। इनमें वे पद भी शामिल हैं, जो केन्द्रीय सचिवालय सेवा/भारतीय विदेश सेवा (बी) रेलवे बोर्ड सचिवालय सेवा/सशस्त्र बल मुख्यालय सिविल सेवा के अन्तर्गत आते हैं।
   (iv) केन्द्रीय उत्पाद शुल्क के विभिन्न कलेक्ट्रेटों में केन्द्रीय उत्पाद शुल्क निरीक्षक, आयकर के आयुक्तों के विभिन्न अधिभारों में आयकर निरीक्षक, विभिन्न सीमा शुल्क गृहों में निवारक अधिकारियों और परीक्षकों तथा प्रवर्तन निदेशालय में सहायक प्रवर्तन अधिकारियों के पद।
   (v) केन्द्रीय अन्वेषण ब्यूरो (CBI) तथा केन्द्रीय पुलिस संगठनों में उप-निरीक्षक के पद।
   (vi) भारत सरकार के नियंत्रक एवं महालेखा परीक्षक के अन्तर्गत विभागीय लेखपालों (Accountants) एवं लेखा परीक्षक (Auditors) के पद तथा अन्य लेखपाल विभागों में विभागीय लेखपालों के पद और भारत सरकार के संलग्न एवं अधीनस्थ कार्यालयों में उच्च श्रेणी लिपिक (UDC) के पद।
   (vii) भारत सरकार में कनिष्ठ हिन्दी अनुवादकों और कनिष्ठ अनुवादकों के पद।
   (viii) भारत सरकार के नियंत्रक एवं महालेखा परीक्षक के अधीन अनुभाग अधिकारी (वाणिज्यिक लेखा परीक्षा) के पद।
   (ix) भारत सरकार में अनुभाग अधिकारी (लेखा परीक्षा) के पद।
   (x) भारत सरकार में अन्वेषकों के पद।
   (xi) भारत सरकार के केन्द्रीय सार्वजनिक निर्माण कार्य विभाग (सीपीडब्ल्यूडी) में जूनियर इंजीनियरों (सिविल और इलैक्ट्रीकल) के पद।
   (xii) आयकर/केन्द्रीय उत्पाद शुल्क के आयुक्त के विभिन्न अधिक्षेत्रों में कर सहायकों के पद।
4. निम्नलिखित के लिए विभागीय परीक्षाएँ आयोजित करना:
   (i) समूह घ से केन्द्रीय सचिवालय लिपिकीय सेवा और समकक्ष श्रेणियों में भारतीय विदेश सेवा (बी)/ रेलवे बोर्ड सचिवालय लिपिकीय सेवा/सशस्त्र बल मुख्यालय लिपिकीय सेवा के लोअर डिवीजन क्लर्क ग्रेड में पदोन्नति हेतु।
   (ii) लोअर डिवीजन क्लर्क से केन्द्रीय सचिवालय लिपिकीय सेवा के अपर डिवीजन क्लर्क और भारतीय विदेश सेवा (बी)/रेलवे बोर्ड सचिवालय लिपिकीय सेवा/सशस्त्र बल मुख्यालय लिपिकीय सेवा के समकक्ष पदों पर पदोन्नति हेतु।
   (iii) समूह घ के स्टेनोग्राफर पद से केन्द्रीय सचिवालय स्टेनोग्राफर सेवा के समूह ग स्टेनोग्राफर पद तथा भारतीय विदेश सेवा

(बी)/रेलवे बोर्ड सचिवालय स्टेनोग्राफर सेवा/सशस्त्र सेना मुख्यालय स्टेनोग्राफर सेवा के समकक्ष पदों पर पदोन्नति हेतु।

5. अंग्रेजी और हिन्दी में नियमित रूप से टंकण परीक्षायें संचालित करना।
6. लोअर डिवीजन क्लर्क/अपर डिवीजन क्लर्क से स्टेनोग्राफर समूह घ में पदोन्नति हेतु नियतकालिक स्टेनोग्राफी परीक्षा संचालित करना।
7. भारतीय लेखा परीक्षा और लेखा विभाग के लिए समूह 'बी' (राजपत्रित) में सहायक लेखा अधिकारी और सहायक लेखा परीक्षा अधिकारी के पदों की भर्ती करना।
8. केन्द्र सरकार द्वारा समय-समय पर सौंपे जाने वाले अन्य कार्यों को निष्पादित करना।

संचालित परीक्षाएं (Examinations Conducted)

कर्मचारी चयन आयोग द्वारा आयोजित विभिन्न परीक्षाओं को निम्नलिखित श्रेणियों में वर्गीकृत किया जा सकता है:

1. **अनिवार्य परीक्षाएं (Mandated Examinations):** एसएससी के लिए निम्न आठ अखिल भारतीय प्रतियोगी परीक्षाएं संचालित करना अनिवार्य है:

(i) संयुक्त स्नातक स्तरीय परीक्षा
(ii) संयुक्त उच्चतर माध्यमिक (10 + 2) स्तर की परीक्षा
(iii) कनिष्ठ अभियंता (junior engineer) सिविल, यांत्रिकी (mechanical), विद्युत और मात्रा सर्वेक्षण और संविदा परीक्षा
(iv) दिल्ली पुलिस में उप-निरीक्षक (sub-inspector), केंद्रीय रिजर्व पुलिस बलों [Central Armed Police Forces (CRPF)] में सब उप-निरीक्षक और केन्द्रीय औद्योगिक सुरक्षा बल [Central Industrial Security Force (CISF)] परीक्षा में सहायक उप-निरीक्षक
(v) कनिष्ठ हिंदी अनुवादक (Junior Hindi Translator), वरिष्ठ हिंदी अनुवादक (Senior Hindi Translator), और हिंदी प्राध्यापक परीक्षा
(vi) कनिष्ठ अनुवादक (Junior Translators) परीक्षा
(vii) बहु-कार्यण (गैर-तकनीकी) कर्मचारी (multi-tasking staff) परीक्षा
(viii) आशुलिपिक ग्रेड़ 'सी' और 'डी' परीक्षा

2. **गैर-अनिवार्य परीक्षाएं (Non-mandated Examinations):** उपरोक्त के अतिरिक्त, सरकार के विशिष्ट निर्देश पर एसएससी गैर-अनिवार्य परीक्षाएं भी आयोजित करता है। इनका आयोजन परस्पर सहमति ज्ञापन (MoU) के अनुसार किया जाता है। वर्ष 2018-2019 के दौरान, एसएससी ने सीएपीएफ में सिपाही (सामान्य कर्तव्य) [Constable & General Duty (GD)], राष्ट्रीय अन्वेषण अभिकरण [National Investigation Agency (NIA)], सचिवालय सुरक्षा बल [Secretariat Security Force (SSF)] और असम राइफल परीक्षा, 2018 में राइफलमैन (GD) हेतु परीक्षाओं का आयोजन किया।

3. **विभागीय परीक्षाएं (Departmental Examinations):** इनके अतिरिक्त, पदोन्नति के लिए वार्षिक रूप से एसएससी तीन सीमित विभागीय प्रतियोगी परीक्षाओं [Limited Departmental Competitive Examinations (LDCE)] का भी संचालन करता है:

(i) बहु-कार्यण कर्मचारी (multi-tasking staff) से एलडीसी ग्रेड
(ii) एलडीसी से यूडीसी ग्रेड हेतु
(iii) आशुलिपिक (Stenographer) ग्रेड 'डी' से आशुलिपिक ग्रेड 'सी' हेतु

4. **चयन पद (Selection Posts):** एसएससी चयन पदों के लिए भी भर्ती करता है। चयन पद, भारत सरकार के विभिन्न मंत्रालयों/विभागों और उनके संलग्न और अधीनस्थ कार्यालय के समूह 'बी' (अराजपत्रित) (Non-gazetted) और समूह 'सी' (गैर-तकनीकी) (Non-technical) से पृथक् पद होते हैं, जो आयोजित प्रतियोगी परीक्षा के अंतर्गत नहीं आते। ये पद पहले केवल साक्षात्कार के माध्यम से भरे जाते थे। के रूप में के साथ भेज दिया गया है। 2016 में भारत सरकार ने साक्षात्कार को समाप्त कर दिया, अब लिखित परीक्षा के माध्यम से भरे जा रहे हैं, जो उद्देश्य प्रकार बहुविकल्पीय प्रश्न, कंप्यूटर आधारित मोड के प्रारूप में आयोजित किये जाती हैं।

5. **वार्षिक कौशल परीक्षण (Annual Skill Tests):** सरकार के सेवारत कर्मचारियों हेतु उनके पुष्टीकरण/वेतन वृद्धि के भुगतान या किसी अन्य विशिष्ट आवश्यकता हेतु एसएससी

वार्षिक कौशल परीक्षा आयोजित करता है। यह प्रवीणता परीक्षण भी आयोजित करता है। यह भारत सरकार के अधीनस्थ कार्यालयों के आशुलिपिकों (साधारण ग्रेड) की अग्रिम वेतन वृद्धि के अनुदान के लिए प्रवीणता परीक्षण (Proficiency Tests) भी आयोजित करता है।

संगठन (Organisation)

एसएससी में एक अध्यक्ष, दो सदस्य और एक सचिव (परीक्षा नियंत्रक) शामिल होता है। इनकी नियुक्ति केन्द्र सरकार द्वारा की जाती है तथा इनकी सेवा शर्तें भी केन्द्र सरकार द्वारा निर्धारित की जाती हैं।

एसएससी का मुख्यालय नई दिल्ली में है और इसका अपना एक क्षेत्रीय नेटवर्क है। वर्तमान में इसके 7 क्षेत्रीय कार्यालय तथा 2 उप-क्षेत्रीय कार्यालय देश के अलग-अलग भागों में मौजूद हैं। कार्मिक एवं प्रशिक्षण विभाग की मंजूरी प्राप्त करके ही यह नये क्षेत्रीय या उप-क्षेत्रीय कार्यालय खोल सकता है।

क्षेत्रीय/उप-क्षेत्रीय कार्यालय मुख्यालय में निर्मित नीतियों एवं कार्यक्रमों को क्रियान्वित करते हैं। ये कार्यालय राज्य सरकार के प्राधिकारियों की सहायता से देश के विभिन्न केन्द्रों पर परीक्षाओं का आयोजन करते हैं। ये क्षेत्रों में साक्षात्कारों का संचालन करते हैं और प्रयोक्ता विभागों को चयनित अभ्यर्थियों के नाम भेजते हैं। इस प्रकार ये क्षेत्रीय कार्यालय मुख्यालय को उसके कर्तव्यों और जिम्मेदारियों के निर्वहन् में प्रशासनिक समर्थन उपलब्ध कराते हैं।

नीचे **तालिका 52.1** में क्षेत्रों/उप-क्षेत्रों के नाम, उनके कार्यालयों की अवस्थिति, उनके स्थापना वर्ष और उनके कार्यात्मक अधिकार क्षेत्र का उल्लेख किया गया है।

तालिका 52.1 एसएससी के क्षेत्रीय और उप-क्षेत्रीय कार्यालय

	नाम	अवस्थिति	स्थापना वर्ष	अधिकार क्षेत्र
I.	**क्षेत्रीय कार्यालय**			
1.	उत्तरी क्षेत्र	नई दिल्ली	1976	राजस्थान, उत्तराखंड, दिल्ली
2.	केन्द्रीय क्षेत्र	प्रयागराज	1977	उत्तर प्रदेश, बिहार
3.	पूर्वी क्षेत्र	कोलकाता	1977	ओड़ीशा पश्चिम बंगाल, झारखंड, सिक्किम, अंडमान और निकोबार द्वीप समूह
4.	उत्तरी-पूर्वी क्षेत्र	गुवहाटी	1981	अरुणाचल प्रदेश, असम, मणिपुर, मेघालय, मिजोरम, नागालैंड, त्रिपुरा
5.	पश्चिमी क्षेत्र	मुम्बई	1978	गुजरात, महाराष्ट्र, गोवा, दमन और दीव तथा दादरा व नागर हवेली
6.	दक्षिणी क्षेत्र	चेन्नई	1977	आंध्र प्रदेश, तेलंगाना, तमिलनाडु और पुडुचेरी
7.	कर्नाटक-केरल क्षेत्र	बंगलुरु	1990	कर्नाटक, केरल और लक्षद्वीप
II.	**उप-क्षेत्रीय कार्यालय**			
1.	मध्य प्रदेश उप-क्षेत्र	रायपुर	1980	मध्य प्रदेश और छत्तीसगढ़
2.	उत्तर-पश्चिमी उप-क्षेत्र	चंडीगढ़	1996	हिमाचल प्रदेश, हरियाणा, पंजाब, चंडीगढ़, जम्मू और कश्मीर एवं लद्दाख

राष्ट्रीय सुरक्षा परिषद (National Security Council)

53

स्थापना (Establishment)

राष्ट्रीय सुरक्षा परिषद (NSC) न तो संवैधानिक निकाय है और न ही वैधानिक निकाय। यह एक गैर-वैधानिक निकाय है। यह 1999 में भारत सरकार के एक कार्यकारी संकल्प द्वारा बनाया गया था।

अप्रैल 1998 में अटल बिहारी वाजपेयी सरकार ने के.सी. पंत की अध्यक्षता में राष्ट्रीय सुरक्षा परिषद के संविधान, भूमिका और कार्य के क्रियान्वयन हेतु एक कार्य दल का निर्माण किया। कार्य दल की अनुशंसाओं को मान कर केंद्र सरकार ने राष्ट्रीय सुरक्षा परिषद को गठित करने का संकल्प लिया। तद्नुसार, 16 अप्रैल, 1999 को कैबिनेट सचिवालय द्वारा एक संकल्प की उद्घोषणा हुई।

यह एक उच्च शक्ति प्राप्त बहु-सदस्यीय निकाय है। इसकी अध्यक्षता प्रधानमंत्री करते हैं और सदस्यों के रूप में गृह मंत्रालय, रक्षा मंत्रालय, विदेश मंत्रालय और वित्त मंत्रालय के केंद्रीय मंत्री शामिल हैं।

मूलत: तत्कालीन योजना आयोग के उपाध्यक्ष भी एक एनएससी के सदस्य थे। परन्तु, संयुक्त प्रगतिशील गठबंधन सरकार [United Progressive Alliance (UPA)] ने एनएससी का पुनर्गठन किया और एनएससी में तत्कालीन योजना आयोग के उपाध्यक्ष की सदस्यता को समाप्त कर दिया।

एनएससी, आवश्यकतानुसार, अन्य केंद्रीय मंत्रियों को बैठकों में शामिल होने के लिए आमंत्रित कर सकता है। परामर्श के लिए यह विशेषज्ञों को भी बैठकों में आमंत्रित कर सकता है।

इसके अतिरिक्त, एनएससी के पास एक राष्ट्रीय सुरक्षा सलाहकार [National Security Advisor (NSA)] है, जो एनएससी की सेवा के लिए एक माध्यम (Channel) के रूप में कार्य करता है। राष्ट्रीय सुरक्षा सलाहकार की सहायता दो उप-राष्ट्रीय सुरक्षा सलाहकारों (Deputy NSAs) द्वारा की जाती है।

कार्य एवं भूमिका (Role and Functions)

एनएससी एक शीर्ष निकाय है, जो राष्ट्र के राजनीतिक, आर्थिक, ऊर्जा और रणनीतिक सुरक्षा सरोकारों को देखता है। यह राष्ट्र सुरक्षा नीति के निर्माण एवं क्रियान्वयन में केंद्रीय सरकार को कार्यात्मक समर्थन उपलब्ध कराता है।

केंद्र सरकार यह मान्य करती है कि राष्ट्रीय सुरक्षा प्रबंधन को सुरक्षा लक्ष्य और उद्देश्य की सुरक्षा और प्रोत्साहन हेतु एकीकृत सोच और राष्ट्र के राजनीतिक, सैन्य, राजनयिक, वैज्ञानिक और तकनीकी संसाधनों के समन्वित अनुप्रयोग की आवश्यकता है। राष्ट्र के संदर्भ में राष्ट्रीय सुरक्षा न केवल सैन्य दृष्टि से, अपितु आंतरिक सुरक्षा, आर्थिक सुरक्षा, तकनीकी बल और विदेशी नीति के संदर्भ में भी देखा जाना चाहिए। एनएससी की भूमिका केंद्र सरकार को उक्त मामलों पर सलाह देने की है।

अपनी भूमिका को पूरा करने की दृष्टि से, एनएससी निम्नलिखित व्यापक क्षेत्रों से संबंधित है:

1. बाहरी सुरक्षा वातावरण और खतरा परिदृश्य।
2. परमाणु ऊर्जा, अंतरिक्ष और उच्च प्रौद्योगिकी से जुड़े सुरक्षा खतरे।
3. विश्व अर्थव्यवस्था की प्रवृत्ति तथा ऊर्जा, विदेश व्यापार, भोजन, वित्त और पारिस्थितिकी क्षेत्रों में आर्थिक सुरक्षा के खतरे।
4. आंतरिक सुरक्षा, जिसमें विद्रोह-विरोधी, आतंकवाद-विरोधी और आसूचना-विरोधी गतिविधियां शामिल हैं।
5. देश में उभरते अलगाव प्रतिरूप, विशेषत: सामाजिक, सांप्रदायिक या क्षेत्रीय आयाम।

6. सीमा पार से उत्पन्न सुरक्षा खतरे, जैसे-तस्करी, हथियारों, दवाओं और नशीले पदार्थों का आवागमन।
7. आसूचना संग्रह और आसूचना एजेंसियों के कार्यों में समन्वय, ताकि यह सुनिश्चित किया जा सके कि आसूचना राष्ट्र के सुरक्षा सरोकारों पर केंद्रित है।

संगठन (Organisation)

एनएससी को उसके कार्यों को निष्पादित करने में एक त्रिस्तरीय संगठन द्वारा सहायता प्रदान की जाती है। इस संगठन में निम्नलिखित संरचनायें होती हैं:

1. सामरिक नीति समूह [Strategic Policy Group (SPG)]: एसपीजी राष्ट्रीय सुरक्षा परिषद के त्रिस्तरीय संगठन का पहला स्तर है-यह एनएससी की निर्णय निर्माण प्रक्रिया में महत्वपूर्ण भूमिका निभाता है। यह सुरक्षा मामलों के सम्बन्ध में अन्तर-मंत्रालयी समन्वय हेतु उत्तरदायी होता है। यह सामरिक सुरक्षा एवं प्रतिरक्षा समीक्षा के कार्य को हाथ में लेता है और अल्पकालीन एवं दीर्घकालीन सुरक्षा चुनौतियों का एक ब्लूप्रिंट तैयार करता है। यह प्राथमिकता के आधार पर संभावित नीतिगत विकल्पों पर सुझाव देता है।

एसपीजी एक नौकरशाही निकाय है, जिसका अध्यक्ष या तो मंत्रिमण्डलीय सचिव या राष्ट्रीय सुरक्षा सलाहकार होता है। इसके सदस्यों में निम्नलिखित शामिल होते हैं:

(i) गृह, रक्षा, विदेश, वित्त जैसे महत्वपूर्ण मंत्रालयों के सचिव
(ii) भारतीय रिजर्व बैंक का गवर्नर
(iii) रक्षा मंत्री के वैज्ञानिक सलाहकार
(iv) थल सेना, नौ सेना और वायु सेना के प्रमुख
(v) राष्ट्रीय सुरक्षा परिषद सचिवालय (NSCS) के सचिव
(vi) आसूचना ब्यूरो का निदेशक
(vii) अनुसंधान और विश्लेषण स्कंध [Research and Analysis Wing (RAW)] का मुखिया

2. राष्ट्रीय सुरक्षा सलाहकार बोर्ड [National Security Advisory Board (NSAB)]: एनएसएबी में आन्तरिक सुरक्षा, वायु सुरक्षा, विदेशी मामले, सामरिक विश्लेषण, प्रतिरक्षा, अर्थशास्त्र एवं विज्ञान-प्रौद्योगिकी जैसे विभिन्न क्षेत्रों से श्रेष्ठ और विशेषज्ञ व्यक्तियों को शामिल किया जाता है। इसके अध्यक्ष की नियुक्ति प्रधानमंत्री द्वारा की जाती है। इसमें 20 से लेकर 30 सदस्य तक होते हैं। यह एनएससी को दीर्घकालीन पूर्वानुमान एवं विश्लेषण उपलब्ध कराता है तथा एनएससी द्वारा सुरक्षा मुद्दों पर निर्णय निर्माण को गति देने के लिए समाधानों की सिफारिश करता है। इसके अलावा यह एनएससी द्वारा इसे सौंपे गये नीतिगत मामलों पर भी विचार-विमर्श करता है।

3. राष्ट्रीय सुरक्षा परिषद सचिवालय [National Security Council Secretariat (NSCS)]: एनएससी का एक अलग सचिवालय है। मौजूदा संयुक्त आसूचना समिति [Joint Intelligence Committee (JIC)] का पुनर्गठन कर एनएससीएस नाम दिया गया। पूर्ववर्ती जेआईसी के आसूचना विश्लेषण और मूल्यांकन से संबंधित कार्य एनएससीएस द्वारा निरंतर किए जाते रहे हैं। एनएससीएस एसपीजी और एनएसएबी भी सेवा प्रदान करता है। सभी मंत्रालयों/विभागों हेतु राष्ट्रीय सुरक्षा पर एनएससीएस से परामर्श लेना आवश्यक है। एसपीजी या एनएससी के अध्ययन के लिए एनएससी कागजात तैयार करता है या उन्हें तैयार करने के कारण बनता है। भारत सरकार के सचिव के स्तर के अधिकारी, एनएससीएस के सचिव पद पर नियुक्त होकर एनएससीएस के प्रमुख के रूप में कार्य करते हैं। प्रारंभ में, एनएससीएस कैबिनेट सचिवालय में स्थित था। परन्तु, मार्च 2002 में, एनएससीएस को प्रधानमंत्री कार्यालय में स्थानांतरित कर दिया गया था। अगस्त 2019 में, एनएससीएस को भारत सरकार (व्यवसाय का आवंटन) नियम, 1961 में शामिल किया गया था।

राष्ट्रीय सुरक्षा सलाहकार की भूमिका (Role of NSA)

राष्ट्रीय सुरक्षा सलाहकार (एनएसए) की भूमिका एवं कार्य निम्नलिखित बिन्दुओं द्वारा स्पष्ट होते हैं:

1. राष्ट्रीय सुरक्षा सलाहकार (एनएसए) का चयन प्रधानमंत्री द्वारा किया जाता है। वह एक श्रेष्ठ व्यक्ति होता है, जिसे प्रधानमंत्री का विश्वास हासिल होता है।
2. वह आन्तरिक एवं बाहरी सुरक्षा मामलों पर प्रधानमंत्री, केन्द्रीय मंत्रिमंडल एवं एनएससी का प्रमुख सलाहकार होता है।

3. वह आन्तरिक एवं सुरक्षा चुनौतियों तथा विदेशी सामरिक मुद्दों पर प्रधानमंत्री को नियमित रूप से सलाह देता है।
4. वह एनएससी के प्रभावी कार्यचालन हेतु एक चैनल के रूप में कार्य करता है।
5. वह आईबी, रॉ एवं अन्य एजेन्सियों से आसूचना रिपोर्टें प्राप्त करता है और उन्हें समन्वित करके प्रधानमंत्री तथा एनएससी के समक्ष पेश करता है।
6. वह पाकिस्तान तथा चीन से जुड़े सीमा सम्बन्धी मुद्दों तथा कश्मीर एवं उत्तरी-पूर्वी राज्यों में पैदा होने वाली संकटकालीन स्थितियों में प्रधानमंत्री के विशेष सलाहकार के रूप में सेवायें प्रदान करता है।
7. वह विदेश यात्राओं तथा अन्तर्राष्ट्रीय सम्मेलनों में भागीदारी के दौरान सामान्यत: प्रधानमंत्री का साथ निभाता है।
8. वह राष्ट्रीय आसूचना बोर्ड का अध्यक्ष होता है। इस बोर्ड का गठन वर्ष 2002 में आसूचना कार्यवाहियों के बेहतर समन्वय तथा प्रभावी प्रबन्धन हेतु किया गया था।
9. वह राष्ट्रीय तकनीकी शोध संगठन (एनटीआरओ) पर प्रत्यक्ष नियंत्रण रखता है। एनटीआरओ की स्थापना 2004 में की गयी थी।

नियामक निकाय (Regulatory Bodies)

54

बीमा नियामक एवं विकास प्राधिकरण (Insurance Regulatory and Development Authority)

बीमा प्राधिकरण एवं विकास प्राधिकरण (आईआरडीए) का गठन बीमा नियामक एवं विकास प्राधिकरण अधिनियम, 1999 के अन्तर्गत किया गया था। इसके कार्यों में शामिल हैं:

(i) बीमाकर्ताओं एवं बीमा मध्यवर्तियों को लाइसेंस जारी करना।

(ii) वित्तीय एवं नियामक अधिवीक्षण।

(iii) पॉलिसी धारकों के हितों का संरक्षण इत्यादि।

बीमा क्षेत्र के विकास को गति देने के दृष्टिकोण के साथ आईआरडीए ने पॉलिसी धारकों के हितों के संरक्षण, ग्रामीण एवं सामाजिक क्षेत्र के प्रति प्रतिबद्धताओं, सूक्ष्म बीमा और अभिकर्ताओं, निगमित एजेंटों, ब्रोकरों तथा तीसरे पक्ष के प्रशासकों की लाइसेंसिंग के सम्बंध में विनियम जारी किए हैं। इसके अलावा बीमा कम्पनियों के पंजीकरण, हैसियत लाभ के रख-रखाव, निवेश तथा वित्तीय रिपोर्टिंग की जरूरतों इत्यादि के लिए नियामक ढाँचे को उपलब्ध कराया गया है।

भारतीय प्रतिभूति एवं विनिमय बोर्ड (सेबी) (Securities and Exchange Board of India)

भारतीय प्रतिभूति एवं विनिमय बोर्ड (सेबी) का गठन सिक्योरिटीज एंड एक्सचेंज बोर्ड ऑफ इंडिया एक्ट, 1992 के अधीन किया गया था। इसका उद्देश्य प्रतिभूतियों में निवेशकों के हितों की रक्षा करना तथा प्रतिभूति बाजार के विकास को बढ़ावा देना और उसे विनियमित करना है। इसके कार्य निम्नलिखित हैं:

(i) स्टॉक एक्सचेंजों तथा अन्य प्रतिभूति बाजारों में व्यापार को विनियमित करना।

(ii) प्रतिभूति बाजारों के साथ किसी भी रूप में जुड़े मध्यवर्तियों के कार्यों को विनियमित करना तथा उनका पंजीकरण करना।

(iii) म्युचुअल फंड सहित सामूहिक निवेश योजनाओं तथा वेंचर कैपीटल फंडों के कार्यचालन को विनियमित एवं पंजीकृत करना।

(iv) स्वनियामक संगठनों को संवर्द्धित एवं विनियमित करना।

(v) प्रतिभूति बाजारों से जुड़े धोखाधड़ी एवं कपटपूर्ण व्यापार व्यवहार को निषेधित करना।

कमोडिटी वायदा बाजार के विनियमन को मजबूत करने हेतु 2015 में फॉरवर्ड मार्केट कमीशन यानी वायदा बाजार आयोग (एफएमसी) का सेबी के साथ विलय कर दिया गया। वस्तुओं और पूंजी बाजारों हेतु एक एकीकृत नियामक से वस्तु वायदा कारोबार की निगरानी को सरल बनाने तथा निराधार अटकलों पर अंकुश लगाने में मदद मिलेगी।

भारतीय प्रतिस्पर्द्धा आयोग (Competition Commission of India)

भारतीय प्रतिस्पर्द्धा आयोग (सीसीआई) का गठन प्रतिस्पर्द्धा अधिनियम, 2002 के अधीन किया गया था। इसके निम्नलिखित कार्य हैं:

(i) प्रतिस्पर्द्धा पर हानिप्रद प्रभाव डालने वाले कार्य व्यवहारों को रोकना।

(ii) बाजारों में प्रतिस्पर्द्धा को बढ़ावा देना और उसे बनाये रखना।

(iii) उपभोक्ताओं के हितों की रक्षा करना।

(iv) बाजारों में व्यापार की स्वतंत्रता को सुनिश्चित करना।

CCI में विलय या संयोजनों को विनियमित करने, और विपरीत करने या संयोजन करने की शक्तियां हैं, अगर यह राय है कि ऐसे विलय या संयोजन, भारत में प्रतिस्पर्द्धा पर एक सराहनीय प्रतिकूल प्रभाव पड़ने या होने की संभावना है।

प्रतियोगिता अधिनियम, 2002 भी CCI के आदेशों के खिलाफ अपील सुनने के लिए एक प्रतियोगिता अपील अधिकरण (COMPAT) की स्थापना के लिए प्रदान किया गया। लेकिन, वित्त अधिनियम, 2017 द्वारा प्रतिस्पर्द्धा अधिनियम, 2002 के

संशोधन के अनुसरण में COMPAT का कार्य राष्ट्रीय कंपनी कानून अपीलीय न्यायाधिकरण (NCLAT) के साथ विलय कर दिया गया है। इस प्रकार, COMPAT का अस्तित्व समाप्त हो गया है और अब यह CCI के आदेशों के खिलाफ सभी अपील NCLAT के समक्ष प्रस्तुत की जाती है।

भारतीय दूरसंचार नियामक प्राधिकरण (Telecom Regulatory Authority of India)

भारतीय दूरसंचार नियामक प्राधिकरण (ट्राई) का गठन टेलीकॉम रेग्युलेटरी अथॉरिटी ऑफ इंडिया एक्ट 1997 के अंतर्गत किया गया था ताकि दूरसंचार सेवाओं को विनियमित किया जा सके। दूरसंचार क्षेत्र में उदारीकरण तथा निजी क्षेत्र की भागीदारी के संदर्भ में इसके गठन को अनिवार्य समझा गया था और इसके द्वारा सभी ऑपरेटरों के लिए एक समतल खेल का मैदान उपलब्ध कराया गया।

वर्ष 2000 में ट्राई एक्ट में कुछ संशोधनों द्वारा सम्पूर्ण दूरसंचार नियामक ढाँचे तथा विवाद समाधान तंत्र को मजबूत बनाया गया। ट्राई के कार्यों एवं भूमिका में स्पष्टता लाने के अलावा इसे कुछ अतिरिक्त कार्य भी सौंपे गये थे। विवादों के त्वरित समाधान के लिए दूरसंचार विवाद समाधान एवं अपीलीय अधिकरण (टीडीसैट) नामक एक पृथक् विवाद समाधान निकाय का गठन भी किया गया।

ट्राई दूरसंचार सेवाओं के प्रचालन में प्रतिस्पर्द्धा और दक्षता को बढ़ाने के उपाय सुझाता है ताकि ऐसी सेवाओं में वृद्धि को तेज किया जा सके। यह सेवा प्रदाताओं द्वारा उपलब्ध कराई जाने वाली सेवा की गुणवत्ता के मानकों का निर्धारण भी करता है।

पेट्रोलियम एवं प्राकृतिक गैस नियामक बोर्ड (Petroleum and Natural Gas Regulatory Board)

पेट्रोलियम एवं प्राकृतिक गैस नियामक बोर्ड (पीएनजीआरबी) का गठन पेट्रोलियम एवं प्राकृतिक गैस नियामक बोर्ड अधिनियम 2006 के प्रावधानों के अन्तर्गत किया गया था। इसके कार्य इस प्रकार हैं:

(i) पेट्रोलियम, पेट्रोलियम उत्पादों एवं प्राकृतिक गैस के परिशोधन, प्रसंस्करण, भंडारण, परिवहन, वितरण, विपणन एवं बिक्री को विनियमित करना।

(ii) देश के सभी भागों में पेट्रोलियम, पेट्रोलियम उत्पादों, प्राकृतिक गैस की अबाधित एवं पर्याप्त आपूर्ति सुनिश्चित करना।

(iii) आवश्यक आधार संरचना का विकास तथा इसके अनुकूलतम उपयोग को सुनिश्चित करना।

(iv) इस क्षेत्र में कार्य करने वाले सभी व्यक्तियों एवं संस्थाओं तथा उपभोक्ताओं के हितों की रक्षा करना।

(v) एक प्रतिस्पर्द्धी बाजार को प्रोत्साहन एवं गतिशीलता देना।

(vi) वृहद् स्तर पर निवेश के प्रवाह को सुनिश्चित करने के लिए एक समतल खेल मैदान उपलब्ध कराना।

केन्द्रीय विद्युत नियामक आयोग (Central Electricity Regulatory Commission)

केन्द्रीय विद्युत नियामक आयोग (सीईआरसी) एक वैधानिक निकाय है जो कि विद्युत अधिनियम, 2003 के अन्तर्गत कार्य करता है। इसका आरंभिक गठन विद्युत नियामक आयोग अधिनियम, 1998 के अधीन किया गया था।

सीईआरसी का उद्देश्य विशाल बिजली बाजारों में प्रतिस्पपर्द्धा , दक्षता और बचत को प्रोत्साहित करना, आपूर्ति की गुणवत्ता को सुधारना, निवेशों को प्रोत्साहन देना, माँग और आपूर्ति के अंतर को भरने के लिए संस्थात्मक अवरोधों को हटाने हेतु सरकार को परामर्श देना और इस प्रकार उपभोक्ताओं के हितों का पोषण करना है। इसके निम्नलिखित कार्य हैं:

(i) केन्द्र सरकार के स्वामित्व या नियंत्रण वाली कम्पनियों द्वारा पैदा किए जाने वाले प्रशुल्क को विनियमित करना।

(ii) केन्द्र सरकार के स्वामित्व और नियंत्रण से बाहर वाली कम्पनियों द्वारा जनित प्रशुल्क को विनियमित करना।

(iii) विद्युत के अंतर्राज्यीय पारेषण को विनियमित करना।

(iv) विद्युत के अन्तर्राज्यीय पारेषण हेतु प्रशुल्क का निर्धारण करना।

(v) पारेषण लाइसेंसधारक तथा विद्युत व्यापारी के रूप में कार्य करने वाले व्यक्तियों को उनके अन्तर्राज्यीय कार्यचालनों के संबंध में लाइसेंस जारी करना।

परमाणु ऊर्जा नियामक बोर्ड (Atomic Energy Regulatory Board)

परमाणु ऊर्जा नियामक बोर्ड (एईआरबी) का गठन, 1983 में परमाणु ऊर्जा अधिनियम, 1962 के अंतर्गत सुनिश्चित नियामक एवं सुरक्षा कार्यों को अपनाने के लिए किया गया था। इसका

नियामक प्राधिकार परमाणु ऊर्जा अधिनियम, 1962 तथा पर्यावरण संरक्षण अधिनियम, 1986 के अंतर्गत प्रवर्तित नियमों तथा अधिसूचनाओं से प्राप्त किया गया है।

एईआरबी का उद्‌देश्य यह सुनिश्चित करना है कि भारत में आयनीकृत विकिरण और नाभिकीय ऊर्जा के प्रयोग के कारण स्वास्थ्य एवं पर्यावरण के लिए कोई अनुचित जोखिम पैदा न हो।

एईआरबी ने कई परामर्श समितियों का गठन किया है, जो कि नाभिकीय सुरक्षा, रेडियोधर्मी सुरक्षा, औद्योगिक एवं अग्नि सुरक्षा तथा पेशेवर स्वास्थ्य से जुड़े मामलों को देखती हैं। इसके अलावा एईआरबी को उसके सुरक्षा दस्तावेज विकास कार्य में सहायता देने के लिए तथा विभिन्न परियोजनाओं की सुरक्षा संबंधी समीक्षा के लिए भी कई परामर्शी समितियाँ मौजूद हैं। 1985 में नाभिकीय सुरक्षा पर परामर्शी समिति (एसीएनएस) का गठन किया गया था। यह स्थल चयन, डिजायन, निर्माण, प्रचालन, परियोजन एवं वियोजन सहित नाभिकीय अवस्थापनों की सुरक्षा को प्रभावित करने वाले सामान्य मुद्दों पर एईआरबी को सलाह देती है।

केन्द्रीय प्रदूषण नियंत्रण बोर्ड (Central Pollution Control Board)

केन्द्रीय प्रदूषण नियंत्रण बोर्ड (सीपीसीबी) का गठन 1974 में जल (प्रदूषण रोकथाम एवं नियंत्रण) अधिनियम, 1974 के अधीन किया गया था। बाद में इसे वायु (प्रदूषण नियंत्रण एवं निवारण) अधिनियम, 1981 के अंतर्गत आने वाली शक्तियाँ और कार्य भी सौंप दिये गए। इसके कार्य निम्नलिखित हैं:

(i) जल प्रदूषण के निवारण, नियंत्रण और उपशमन द्वारा राज्यों के अलग-अलग क्षेत्रों में जलधाराओं और कुँओं की साफ-सफाई को प्रोत्साहित करना।

(ii) देश में वायु प्रदूषण का निवारण, नियंत्रण और उपशमन करना तथा वायु की गुणवत्ता को सुधारना।

(iii) राज्य प्रदूषण नियंत्रण बोर्डों की गतिविधियों को समन्वित करना तथा उनके बीच पैदा होने वाले विवादों का समाधान करना।

(iv) जलधाराओं या कुँओं की साफ-सफाई के संबंध में तथा वायु की गुणवत्ता हेतु मानकों का निर्धारण करना तथा इन मानकों के बारे में संबंधित राज्य सरकारों के साथ परामर्श करना।

समुद्रतटीय जलजीव संवर्द्धन प्राधिकरण (Coastal Aquaculture Authority)

समुद्रतटीय जलजीव संवर्द्धन प्राधिकरण (सीएए) का गठन कोस्टल एक्वाकल्चर अथॉरिटी एक्ट 2005 के प्रावधानों के अधीन किया गया था। इसका उद्‌देश्य समुद्रतटीय क्षेत्रों में तटीय जलजीव संवर्द्धन से जुड़ी गतिविधियों को विनियमित करना है। यह समुद्रतटीय जलजीव संवर्द्धन के विनियमन हेतु उपाय करता है ताकि यह सुनिश्चित हो सके कि तटीय जलजीव संवर्द्धन के द्वारा तटीय पर्यावरण पर कोई हानिकारक प्रभाव नहीं पड़ेगा। इसके द्वारा जारी दिशा-निर्देशों में उत्तरदायी तटीय जलजीव संवर्द्धन की अवधारणा को शामिल किया गया है। इस दिशा-निर्देशों का अनुसरण करके तटीय जलजीव संवर्द्धन गतिविधियों को विनियमित किया जाता है ताकि समुद्र तटीय इलाकों में रहने वाले लोगों के विभिन्न वर्गों की जीविका का संरक्षण किया जा सके।

प्रमाणक प्राधिकारियों का नियंत्रक (Controller of Certifying Authorities)

सूचना तकनीक अधिनियम 2000 ने विषम कूट प्रणालियों पर आधारित डिजिटल हस्ताक्षरों को वैधानिक मंजूरी उपलब्ध कराई है। डिजिटल हस्ताक्षरों को अब हस्तलिखित हस्ताक्षरों के समकक्ष रूप में स्वीकार किया जाता है तथा डिजिटल हस्ताक्षर वाले इलेक्ट्रॉनिक दस्तावेजों को कागजी दस्तावेजों के समान समझा जाता है।

सूचना तकनीक अधिनियम द्वारा प्रमाणक प्राधिकारियों के नियंत्रक (सीसीए) का प्रावधान किया गया है जो कि प्रमाणक प्राधिकारियों के कार्यचालन को विनियमित करता है और उन्हें लाइसेंस प्रदान करता है। ये प्रमाणक प्राधिकारी (सीए) प्रयोक्ताओं के इलेक्ट्रॉनिक प्रमाणीकरण हेतु डिजिटल हस्ताक्षरयुक्त प्रमाण-पत्र जारी करते हैं।

सीसीए अपनी खुद की निजी कुञ्जी प्रयोग करने वाले प्रमाणक प्राधिकारियों की सार्वजनिक कुञ्जियों को प्रमाणित करता है, जिससे साइबर स्पेस में मौजूद प्रयोक्ता यह सत्यापित कर लेते हैं कि उन्हें दिया गया प्रमाण-पत्र एक लाइसेंस प्राप्त सीसीए द्वारा जारी किया गया है। इस उद्‌देश्य के लिए सीसीए द्वारा भारतीय मूल प्रमाणक प्राधिकरण (आरसीएआई) का प्रचालन किया जाता है। सीसीए राष्ट्रीय डिजिटल प्रमाण-पत्र भंडार (एनआरडीसी)

का रख-रखाव भी करता है, जिसमें देश के सभी प्रमाणक प्राधिकारियों द्वारा जारी प्रमाण-पत्रों को रखा जाता है।

राष्ट्रीय चिकित्सा आयोग (National Medical Commission)

राष्ट्रीय चिकित्सा आयोग (NMC) देश में नवीन चिकित्सा शिक्षा नियामक है। इसने पहले के मेडिकल काउंसिल ऑफ इंडिया यानी भारतीय चिकित्सा परिषद एम सी आई (MCI) का स्थान ले लिया है। यह राष्ट्रीय चिकित्सा आयोग अधिनियम, 2019 के प्रावधानों के तहत स्थापित एक वैधानिक निकाय है। यह निम्नलिखित कार्य करता है:

1. चिकित्सा शिक्षा में उच्च गुणवत्ता और उच्च मानकों को बनाए रखने के लिए नीतियां बनाना।
2. चिकित्सा संस्थानों, चिकित्सीय अनुसंधानों और चिकित्सा पेशेवरों को विनियमित करने के लिए नीतियां बनाना।
3. मानव संसाधन को समाविष्ट करते हुए स्वास्थ्य तथा स्वास्थ्य के बुनियादी ढांचे हेतु स्वास्थ्य सेवा में आवश्यकता का आकलन करना।
4. आयोग, स्वायत्त बोर्डों और राज्य चिकित्सा परिषदों के समुचित कार्यशीलता हेतु आवश्यक नीतियों का सर्जन तथा दिशा-निर्देशों को बढ़ावा उनका संबंध में और उसके ढांचे का निर्माण करना।
5. चिकित्सा पेशे में पेशेवर नैतिकता के पालन को सुनिश्चित करने के लिए नीतियों और नियमावलियों को निर्धारित करना।
6. निजी चिकित्सा संस्थानों और मान्य विश्वविद्यालयों में पचास प्रतिशत सीटों के संबंध में फीस और अन्य शुल्कों के निर्धारण के लिए दिशा-निर्देशों की संरचना करना।

भारतीय औषध निर्माण विज्ञान परिषद (Pharmacy Council of India)

भारतीय फार्मेसी परिषद (पीसीआई) एक वैधानिक निकाय है जिसका गठन फार्मेसी अधिनियम, 1948 के अधीन किया गया था। यह निम्न कार्यों के लिए उत्तरदायी है:

(i) फार्मेसी एक्ट के अधीन एक औषध विक्रेता के रूप में पंजीकरण के उद्देश्य से देश में फार्मेसी शिक्षा का विनियमन।

(ii) फार्मेसी के व्यवसाय एवं व्यवहार का विनियमन।

(iii) फार्मेसी एक्ट के अधीन अनुमोदन माँगने वाली फार्मेसी संस्थाओं का निरीक्षण।

(iv) औषध विक्रेताओं के केन्द्रीय रजिस्टर का रख-रखाव।

भारतीय दंत चिकित्सा परिषद (Dental Council of India)

भारतीय दंत चिकित्सा परिषद (डीसीआई) दंत चिकित्सक अधिनियम, 1948 के अधीन गठित एक वैधानिक निकाय है। इसका प्राथमिक उद्देश्य देश में दंत चिकित्सा की शिक्षा, व्यवसाय एवं इसकी आचार नीतियों को विनियमित करना है। यह प्रशिक्षण सुविधाओं की पर्याप्तता को सुनिश्चित करने के लिए दंत चिकित्सा संस्थानों का समय-समय पर निरीक्षण करती है।

भारतीय पशु चिकित्सा परिषद (Veterinary Council of India)

भारतीय पशु चिकित्सा परिषद (वीसीआई) एक वैधानिक निकाय है, जिसका गठन भारतीय पशु चिकित्सा परिषद अधिनियम, 1984 के अंतर्गत किया गया था। इसके कार्य निम्नलिखित हैं:

(i) भारतीय पशु चिकित्सकों के रजिस्टर को तैयार करना एवं उसका रख-रखाव करना।

(ii) पशु चिकित्सा शिक्षा के न्यूनतम मानकों को निर्धारित करना।

(iii) पशु चिकित्सा अर्हताओं की मान्यता या मान्यता वापसी की सिफारिश करना।

(iv) पेशेवर आचरण, शिष्टता एवं आचार संहिता के मानकों को निर्धारित करना।

(v) देश में पशु चिकित्सा व्यवहार को विनियमित करना।

(vi) पशु चिकित्सा व्यवहार एवं शिक्षा से जुड़े सभी नियामक मामलों पर केन्द्र एवं राज्य सरकार को परामर्श देना।

भारतीय केंद्रीय चिकित्सा परिषद (Central Council of Indian Medicine)

भारतीय केन्द्रीय चिकित्सा परिषद (सीसीआईएम) एक वैधानिक निकाय है जिसे इंडियन मेडिसिन सेंट्रल काउंसिल एक्ट, 1970

के अंतर्गत गठित किया गया था। इसके कार्य निम्नलिखित हैं:

(i) चिकित्सा की भारतीय पद्धतियों, जैसे–आयुर्वेद, सिद्ध, यूनानी तिबिया और सोवा रिग्पा इत्यादि में शिक्षा के न्यूनतम मानदंडों को निर्धारित करना।

(ii) चिकित्सकीय अर्हता की मान्यता को देने या वापस लेने के संबंध में केन्द्र सरकार को परामर्श देना।

(iii) भारतीय चिकित्सा पर केन्द्रीय रख-रखाव करना तथा समय-समय पर उसका पुनरीक्षण करना।

(iv) चिकित्सकों द्वारा पालन किये जाने वाले पेशेवर आचरण, शिष्टाचार और आचार संहिता के मानकों का निर्धारण करना।

भारतीय नर्सिंग परिषद (Indian Nursing Council)

भारतीय नर्सिंग परिषद (आईएनसी) का गठन भारतीय नर्सिंग परिषद अधिनियम, 1947 के अन्तर्गत किया गया था। इसके कार्य निम्नलिखित हैं:

(i) संस्थानों के नियमित निरीक्षण द्वारा नर्सों, दाइयों, सहायक नर्सों एवं दाइयों तथा स्वास्थ्य निरीक्षणकर्ताओं के लिए नर्सिंग की शिक्षा के एकरूप मानक स्थापित करना एवं उसकी निगरानी करना।

(ii) भारत तथा विदेश में पंजीकरण एवं रोजगार के प्रयोजन से अर्हताओं को मान्यता देना।

(iii) नर्सिंग कार्यक्रमों के लिए पाठ्यक्रम एवं विनियमों को तैयार करना।

(iv) मानकों का पालन करने में विफल रहने वाले संस्थानों के संबंध में अर्हता की मान्यता को वापस लेना।

केन्द्रीय होम्योपैथी परिषद (Central Council of Homoeopathy)

केंद्रीय होम्योपैथी परिषद (सीसीएच) का गठन होम्योपैथी सेंट्रल काउंसिल एक्ट, 1973 के अन्तर्गत होम्योपैथी में शिक्षा के एकरूप मानकों का विकास करने तथा होम्योपैथी के चिकित्सकों का पंजीकरण करने के लिए किया गया था। केंद्रीय होम्योपैथी रजिस्टर में चिकित्सकों का पंजीकरण यह सुनिश्चित करेगा कि इस पद्धति में अर्हता प्राप्त न करने वाले लोगों द्वारा यह चिकित्सा न की जा सके और जो इसकी चिकित्सा करते हैं वे अपने पेशे में एक आचार संहिता का पालन करें।

केंद्रीय भू-जल प्राधिकरण (Central Ground Water Authority)

केंद्रीय भू-जल प्राधिकरण (सीजीडब्ल्यूए) का गठन पर्यावरण संरक्षण अधिनियम, 1986 के अंतर्गत देश में भू-जल विकास एवं प्रबंधन के विनियमन एवं नियंत्रण के उद्देश्य से किया गया था।

सीजीडब्ल्यूए भू-जल विकास के विनियम से जुड़ी विभिन्न गतिविधियों में संलग्न है ताकि भू-जल की दीर्घकालीन संवहनीयता सुनिश्चित की जा सके। इनमें ऐसे प्रस्तावों के समाशोधन के द्वारा अतिदोहित, अर्द्ध-संक्रांतिक एवं संक्रांतिक ब्लॉकों/तालुकाओं/मंडलों/जिलों में उद्योगों/परियोजनाओं द्वारा भू-जल की निकासी को निविनियमित करना शामिल है। यह भू-जल प्रबंधन में जागरूकता एवं क्षमता निर्माण हेतु अग्रिम उपायों के रूप में पूरे देश में जनजागरूकता एवं जल प्रबंधन प्रशिक्षण कार्यक्रमों का संचालन भी करता है।

नागरिक उड्डयन महानिदेशालय (Directorate General of Civil Aviation)

नागरिक उड्डयन महानिदेशालय (डीजीसीए) नागरिक उड्डयन के क्षेत्र में एक नियामक निकाय है। यह निम्न कार्यों के लिए उत्तरदायी है:

(i) भारत के भीतर और भारत से या भारत को प्रदान की जाने वाली वायु परिवहन सेवाओं का विनियमन।

(ii) पायलटों तथा विमानों का रख-रखाव करने वाले इंजीनियरों को लाइसेंस प्रदान करना तथा उड़ान दल के मानकों की निगरानी करना।

(iii) नागरिक विमानों का पंजीकरण।

(iv) भारत में पंजीकृत नागरिक विमानों के लिए अनिवार्य उड़न योग्यताएँ निर्धारित करना तथा ऐसे विमानों को उड़न योग्यता का प्रमाण-पत्र देना।

(v) एयरोड्रमों एवं एयरोकैरियरों को लाइसेंस प्रदान करना।

(vi) हवाई अड्डों तथा वायुयान वाहकों का सुरक्षा अधिवीक्षण एवं निगरानी करना।

भारतीय विमानपत्तन आर्थिक नियामक प्राधिकरण (Airports Economic Regulatory Authority of India)

भारतीय विमानपत्तन आर्थिक नियामक प्राधिकरण (एईआरए) का उद्देश्य भारत में प्रमुख विमान पत्तनों पर वैमानिक सेवाओं को प्रदान करने के लिए प्रशुल्क विनियमित करना, अन्य विमान पत्तन अधिभारों को निर्धारित करना तथा ऐसे विमान पत्तनों के निष्पादन मानदंडों की निगरानी करना है। इसकी स्थापना विमानपत्तन सुविधाओं में निवेश को प्रोत्साहित करने तथा सभी प्रमुख विमान पत्तनों के बीच स्वस्थ प्रतिस्पर्द्धा को बढ़ावा देने के लिए एक समतल खेल मैदान का निर्माण करने के लिए की गयी है।

पेंशन निधि नियामक एवं विकास प्राधिकरण (Pension Fund Regulatory and Development Authority)

पेंशन निधि नियामक एवं विकास प्राधिकरण (पीएफआरडीए) का गठन 2003 में किया गया था। इसका उद्देश्य भारत में पेंशन क्षेत्र का विकास एवं विनियमन करना है।

पीएफआरडीए ने भारतीय न्यास अधिनियम, 1882 के अंतर्गत एक ट्रस्ट का गठन किया है जो पेंशन निधि प्रबंधकों (पीएफएम) के कार्यों पर निगरानी रखता है। नया पेंशन प्रणाली (एनपीएस) ट्रस्ट विभिन्न क्षेत्रों का प्रतिनिधित्व करने वाले सदस्यों द्वारा संघटित है और यह प्रतिभा की व्यापकशृंखला को नियामक ढाँचे में लाता है।

पीएफआरडीए के प्रयास भारत में एक संवहनीय, दक्ष तथा स्वैच्छिक रूप से परिभाषित अंशदान पर आधारित पेंशन प्रणाली के विकास में महत्वपूर्ण मील का पत्थर साबित हुए हैं।

भारत का खाद्य सुरक्षा एवं मानक प्राधिकरण (Food Safety and Standards Authority of India)

भारत का खाद्य सुरक्षा एवं मानक प्राधिकरण (एफएसएसएआई) एक स्वायत्त वैधानिक निकाय है जिसका गठन खाद्य सुरक्षा एवं मानक अधिनियम, 2006 के अंतर्गत किया गया था। यह खाद्य वस्तुओं तथा उनके विनिर्माण, भंडारण, वितरण, बिक्री एवं आयात के संबंध में विज्ञान आधारित मानकों का निर्धारण करता है ताकि मानवीय उपभोग हेतु सुरक्षित एवं स्वास्थ्यवर्द्धक खाद्य की उपलब्धता सुनिश्चित हो सके। इस अधिनियम का लक्ष्य बहुस्तरीय, बहुविभागीय नियंत्रण से आगे बढ़कर निर्देश की एक एकल रेखा द्वारा खाद्य सुरक्षा एवं मानकों से जुड़े सभी मामलों हेतु एक एकल संदर्भ बिन्दु स्थापित करना है।

भारतीय विधिज्ञ परिषद (Bar Council of India)

अधिवक्ता अधिनियम, 1961 के तहत गठित भारतीय विधिज्ञ परिषद का कार्य भारतीय विधिज्ञ को विनियमित करना और उसका प्रतिनिधित्व करना है। इसके मुख्य कार्य इस प्रकार हैं:

1. अधिवक्ताओं के लिए पेशेवर आचरण और शिष्टाचार के मानकों को पूरा करना।
2. अधिवक्ताओं के अधिकारों, विशेषाधिकारों और हितों की रक्षा करना।
3. कानून सुधार को बढ़ावा देना और समर्थन करना।
4. कानूनी शिक्षा को बढ़ावा देना और कानूनी शिक्षा के मानकों को पूरा करना।
5. ऐसे विश्वविद्यालयों को मान्यता देना जिनकी कानून में डिग्री एक वकील के रूप में नामांकन के लिए योग्यता होगी।
6. गरीबों को कानूनी सहायता प्रदान करना।
7. भारत में एक वकील के रूप में प्रवेश के उद्देश्य से भारत के बाहर से कानून में विदेशी योग्यता की पारस्परिक आधार पर पहचान करना।

भारतीय विधिज्ञ परिषद के सदस्य हैं प्रत्येक राज्य विधिज्ञ परिषद और भारत के महान्यायवादी (Attorney General) और भारत के सॉलिसिटर जनरल द्वारा चयनित हैं, जो पदेन सदस्य होते हैं। राज्य विधिज्ञ परिषद के सदस्यों का चुनाव 5 वर्षों के लिए होता है।

परिषद अपने सदस्यों के बीच से दो साल की अवधि के लिए स्वयं के अध्यक्ष और उपाध्यक्ष का चुनाव करती है।

विश्वविद्यालय अनुदान आयोग (University Grants Commission)

विश्वविद्यालय अनुदान आयोग (यूजीसी), विश्वविद्यालय अनुदान आयोग अधिनियम, 1956 के तहत स्थापित एक वैधानिक निकाय है।

विश्वविद्यालय अनुदान आयोग को देश में एकमात्र अनुदान देने वाली एजेंसी होने का अनूठा गौरव प्राप्त है, जिसे दो

जिम्मेदारियों के साथ निहित किया गया है, वे हैं–धन मुहैया कराना और उच्च शिक्षा के संस्थानों में मानकों के समन्वय, निर्धारण और रख-रखाव करना।

विश्वविद्यालय अनुदान आयोग के जनादेश में यह सब शामिल हैं:

1. विश्वविद्यालय शिक्षा को बढ़ावा देना और समन्वय स्थापित करना।
2. विश्वविद्यालयों में शिक्षण, परीक्षा और अनुसंधान के मानकों का निर्धारण और रख-रखाव करना।
3. शिक्षा के न्यूनतम मानकों पर नियमों का निर्धारण करना।
4. महाविद्यालय और विश्वविद्यालय शिक्षा के क्षेत्र में विकास की निगरानी; विश्वविद्यालयों और महाविद्यालयों को अनुदान प्रदान करना।
5. केंद्र सरकार और राज्य सरकारों और उच्च शिक्षा संस्थानों के बीच एक महत्वपूर्ण कड़ी के रूप में कार्य करना।
6. विश्वविद्यालय शिक्षा में सुधार के लिए आवश्यक उपायों पर केंद्र सरकार और राज्य सरकारों को सलाह देना।

वित्तीय स्थिरता और विकास परिषद (Financial Stability and Development Council)

वित्तीय स्थिरता और विकास को बनाए रखने के लिए तंत्र को मजबूत करने और संस्थागत बनाने की दृष्टि से, वित्तीय स्थिरता और विकास परिषद की स्थापना 2010 में शीर्ष स्तर के मंच के रूप में की गई थी। इस परिषद का अध्यक्ष वित्त मंत्री होता है और इसके सदस्यों में वित्तीय क्षेत्र नियामक (भारतीय रिजर्व बैंक, सेबी, पेंशन निधि विनियामक और विकास प्राधिकरण, बीमा विनियामक और विकास प्राधिकरण और वायदा बाजार आयोग) के प्रमुख; वित्त सचिव और/या सचिव, आर्थिक मामलों के विभाग; सचिव, वित्तीय सेवा विभाग; और मुख्य आर्थिक सलाहकार शामिल होते हैं।

नियामकों की स्वायत्तता के पक्षपात के बिना, परिषद निम्नलिखित से संबंधित समस्याओं का समाधान प्रस्तुत करती है:

1. वित्तीय स्थिरता
2. वित्तीय क्षेत्र का विकास
3. अंतर-नियामक समन्वय
4. वित्तीय साक्षरता
5. वित्तीय समावेशन
6. बड़े वित्तीय समूह के कामकाज सहित अर्थव्यवस्था का मैक्रो प्रुडेंशियल पर्यवेक्षण
7. वित्तीय कार्रवाई कार्य बल, वित्तीय स्थिरता बोर्ड और किसी भी अन्य निकाय जैसे वित्तीय क्षेत्र निकायों के साथ भारत के अंतर्राष्ट्रीय इंटरफेस का समन्वय
8. वित्तीय क्षेत्र की स्थिरता और विकास से संबंधित कोई अन्य मामला

अखिल भारतीय तकनीकी शिक्षा परिषद (All India Council for Technical Education)

अखिल भारतीय तकनीकी शिक्षा परिषद (एआईसीटीई) की स्थापना वर्ष 1945 में एक सलाहकार निकाय के रूप में की गई थी और आगे चलकर इसे वर्ष 1987 में संसद के एक अधिनियम द्वारा वैधानिक दर्जा प्रदान किया गया था। अखिल भारतीय तकनीकी शिक्षा परिषद नए तकनीकी संस्थानों को शुरू करने, नए पाठ्यक्रमों की शुरुआत और तकनीकी संस्थानों में सेवन क्षमता में बदलाव के लिए मंजूरी देता है। यह ऐसे संस्थानों के लिए मानदंडों और मानकों को निर्धारित करता है। यह तकनीकी संस्थानों या कार्यक्रमों की मान्यता के माध्यम से तकनीकी शिक्षा के गुणवत्ता विकास को भी सुनिश्चित करता है।

अपनी नियामक भूमिका के अलावा, अखिल भारतीय तकनीकी शिक्षा परिषद की एक प्रचार भूमिका भी है, जो तकनीकी संस्थानों को अनुदान देते हुए नवाचारों, संकायों, अनुसंधान और विकास को बढ़ावा देने वाली महिलाओं, विकलांगों और समाज के कमजोर वर्ग के लिए तकनीकी शिक्षा को बढ़ावा देने के लिए योजनाओं के माध्यम से लागू करती है।

अखिल भारतीय तकनीकी शिक्षा परिषद के तहत तकनीकी संस्थानों में इंजीनियरिंग / प्रौद्योगिकी, फार्मेसी, वास्तुकला, होटल प्रबंधन और खानपान प्रौद्योगिकी, प्रबंधन अध्ययन, कंप्यूटर अनुप्रयोग और लागू कला और शिल्प को शामिल करने वाले तकनीकी शिक्षा के पूरे स्पेक्ट्रम में पोस्ट-ग्रेजुएट, अंडर-ग्रेजुएट और डिप्लोमा शामिल हैं।

भारतीय दिवाला और शोधन अक्षमता बोर्ड (Insolvency and Bankruptcy Board of India)

इंसॉल्वेंसी एंड बैंकरप्सी बोर्ड ऑफ इंडिया अर्थात् भारतीय दिवाला और शोधन अक्षमता बोर्ड (IBBI) की स्थापना 2016 में दिवाला एवं दिवालिया संहिता, 2016 के तहत की गई थी। यह संहिता के कार्यान्वयन के लिए जिम्मेदार पारिस्थितिकी तंत्र का एक प्रमुख स्तंभ है जो एक समयबद्ध तरीके से उद्यमशीलता को बढ़ावा देने, ऋण की उपलब्धता और सभी हितधारकों के हितों को संतुलित करने हेतु ऐसे व्यक्तियों की संपत्ति के मूल्य को अधिकतम करने के लिए कॉर्पोरेट व्यक्तियों, साझेदारी फर्मों और व्यक्तियों के पुनर्गठन और दिवाला संकल्प से संबंधित कानूनों को समेकित और संशोधित करता है।

IBBI एक अद्वितीय नियामक है-एक पेशे के साथ ही प्रक्रियाओं को भी नियंत्रित करता है। इस के पास, दीवाला पेशेवर, दीवाला पेशेवर एजेंसियों, दीवाला पेशेवर एंटिटीज एंड इंफॉर्मेशन यूटिलिटीज पर नियामक निगरानी है। यह प्रक्रियाओं के लिए संहिता के तहत नियमों को लिखता और लागू करता है, जैसे कि कॉर्पोरेट दिवालियापन समाधान (corporate insolvency resolution), कॉर्पोरेट परिसमापन (corporate liquidation), व्यक्तिगत दिवालियापन समाधान (individual insolvency resolution) और व्यक्तिगत दिवालियापन (individual bankruptcy)।

IBBI को संहिता के प्रयोजनों के लिए, दीवाला पेशेवरों, दीवाला पेशेवर एजेंसियों और सूचना उपयोगिताओं और अन्य संस्थानों के कामकाज और प्रथाओं के विकास को बढ़ावा देने और विनियमित करने का काम सौंपा गया है। इसे देश में मूल्यांकन करने वालों के पेशे के नियमन और विकास हेतु कंपनी (रजिस्टर्ड वैल्यूर्स एंड वैल्यूएशन रूल्स), 2017 के तहत 'अथॉरिटी' के रूप में नामित किया गया है।

राष्ट्रीय वित्तीय रिपोर्टिंग प्राधिकरण (National Financial Reporting Authority)

कंपनी अधिनियम, 2013 के प्रावधानों के तहत भारत सरकार द्वारा 2018 में राष्ट्रीय वित्तीय रिपोर्टिंग प्राधिकरण (NFRA) का गठन किया गया था। NFRA के कर्तव्य निम्नलिखित हैं:

1. केंद्र सरकार द्वारा अनुमोदन के लिए कंपनियों द्वारा अपनाई जाने वाली लेखा-परीक्षण के मानकों की नीतियां और गुणवत्ता अनुशंसा करना;
2. लेखा मानकों और ऑडिटिंग/ लेखा परीक्षा मानकों के अनुपालन की निगरानी और उन्हें लागू करना;
3. इस तरह के मानकों का अनुपालन सुनिश्चित करने से जुड़े व्यवसायों की सेवा की गुणवत्ता तथा इनमें सुधार के उपाय सुझाना, और;
4. इस तरह के अन्य कार्यों और कर्तव्यों का पालन करें जो उपरोक्त कार्यों और कर्तव्यों के लिए आवश्यक या आकस्मिक हो सकते हैं।

NFRA (एनएफआरए) सार्वजनिक हित और निवेशकों, लेनदारों और कंपनियों या कॉर्पोरेट निकायों से संबंध रखने वालों के लेखांकन और लेखा परीक्षा के उच्च गुणवत्ता मानकों की स्थापना करके तथा कंपनियों और कॉरपोरेट निकायों द्वारा प्रदर्शित लेखांकन कार्य तथा लेखा परीक्षकों द्वारा लेखा परीक्षण कार्य के प्रभावशाली निगरानी द्वारा हितों की रक्षा करता है।

क्वासी – न्यायिक निकाय (Quasi–Judicial Bodies)

55

राष्ट्रीय हरित न्यायाधिकरण (National Green Tribunal)

राष्ट्रीय हरित न्यायाधिकरण की स्थापना वर्ष 2010 में राष्ट्रीय हरित न्यायाधिकरण अधिनियम, 2010 के तहत की गई थी, जो कि वनों और अन्य प्राकृतिक संसाधनों के पर्यावरण संरक्षण और संरक्षण से संबंधित मामलों को प्रभावी ढंग से और तुरंत निपटान के लिए है। यह पर्यावरण से संबंधित किसी भी कानूनी अधिकार के प्रवर्तन से संबंधित मामलों और व्यक्तियों और संपत्ति को नुकसान के लिए राहत और मुआवजा देने से संबंधित है।

न्यायाधिकरण एक विशेष निकाय है, जो बहु–अनुशासनात्मक मुद्दों से जुड़े पर्यावरणीय विवादों को संभालने के लिए आवश्यक विशेषज्ञता से लैस होता है। यह नागरिक प्रक्रिया संहिता, 1908 के तहत निर्धारित प्रक्रिया से बाध्य नहीं है, बल्कि यह प्राकृतिक न्याय के सिद्धांतों द्वारा निर्देशित है।

प्रारंभ में, न्यायाधिकरण को अधिवेशन के पांच स्थानों पर स्थापित करने का प्रस्ताव है और खुद को अधिक सुलभ बनाने के लिए यह सर्किट प्रक्रिया का पालन करेगा। नई दिल्ली न्यायाधिकरण के अधिवेशन का प्रमुख स्थान है और इसके साथ अधिवेशन के अन्य चार स्थान भोपाल, पुणे, कोलकाता और चेन्नई हैं। न्यायाधिकरण में अध्यक्ष के अलावा, न्यायिक सदस्य और विशेषज्ञ सदस्य होते हैं।

न्यायाधिकरण का समर्पित क्षेत्राधिकार पर्यावरण मामलों में तेजी से पर्यावरण संबंधी न्याय प्रदान करेगा और उच्च न्यायालयों में मुकदमेबाजी के बोझ को कम करने में मदद करेगा। मुकदमा दाखिल करने के छह महीने के भीतर आवेदन या अपील के निपटान के लिए प्रयास करना अनिवार्य है।

न्यायाधिकरण सतत् विकास, एहतियाती सिद्धांत और 'प्रदूषण करने वाला भुगतान करने के सिद्धांतों को लागू करता है।

यदि न्यायाधिकरण के निर्णय से कोई भी व्यक्ति असंतुष्ट है, तो वह नब्बे दिनों के भीतर उच्चतम न्यायालय के समक्ष अपील दायर कर सकता है।

न्यायाधिकरण के आदेश या पुरस्कार या निर्णय का पालन नहीं करने पर, व्यक्ति को तीन साल तक कारावास, या 10 करोड़ तक का जुर्माना या दोनों के साथ दंड प्रदान किया जाता है। यदि पालन नहीं करना या उल्लंघन करना जारी रहता है, तो पहली ऐसी विफलता के लिए मिली सजा के बाद हर दिन के लिए 25,000 रुपये का अतिरिक्त जुर्माना लगाया जाता है। किसी कंपनी के मामले में, यह 25 करोड़ रुपये तक है और निरंतर उल्लंघन के लिए, अतिरिक्त जुर्माना 1.00 लाख रुपये प्रतिदिन तक हो सकता है।

आयकर अपीलीय अधिकरण (Income-Tax Appellate Tribunal)

आयकर अधिनियम, 1961 के तहत केंद्र सरकार उक्त अधिनियम की शक्तियों का और कार्य का निर्वहन् करने हेतु एक अपीलीय अधिकरण का गठन करेगी, जिसके उचित संख्या में न्यायिक और लेखाकार सदस्य होंगे। भारतीय आयकर अधिनियम, 1922 के अनुसरण में आयकर अपीलीय अधिकरण की स्थापना 1941 में हुई।

63 बेंचों के लिए वर्तमान में 126 अधिकरण सदस्यों की स्वीकृति है, जो पूरे देश में 27 से अधिक शहरों में मौजूद हैं।

वर्तमान में अधिकरण की अध्यक्षता राष्ट्रपति वरिष्ठ उप-राष्ट्रपति और नौ उपाध्यक्षों की सहायता से कर रहे हैं।

मुख्य रूप से, आयकर अधिनियम के तहत उत्पन्न होने वाले मूल्यांकन की अपीलों के व्यवस्थित करने हेतु स्थापित किया गया था। जब अन्य प्रत्यक्ष करों, अर्थात् अतिरिक्त अधिलाभ कर, व्यवसाय लाभ कर, संपत्ति अधिनियम, उपहार कर अधिनियम, व्यय कर अधिनियम, सुपर अधिलाभ कर अधिनियम को सामयिक रूप से परिचित कराये गए, तब इन सभी अधिनियमों के तहत अपीलीय सहायक आयुक्त के आदेश पर अधिकरण के प्रति अपीलीय बनाया गया। संपदा शुल्क अपील-नियंत्रक (Appellate Controller of Estate Duty) से पारित आदेश

भी अभिकरण के लिए अपील योग्य हैं। पुनरीक्षण क्षेत्राधिकार (Revisional Jurisdiction) के अभ्यास में आयुक्त द्वारा पारित किए गए पूर्वाग्रही आदेश भी अधिकरण में अपील के योग्य हैं। इस प्रकार वर्तमान में यह अधिकरण संपदा शुल्क (Estate Duty) सहित सभी प्रत्यक्ष करों का अपीलीय न्यायाधिकरण के रूप में कार्य कर रहा है।

आयकर समझौता आयोग (Income Tax Settlement Commission)

आयकर समझौता आयोग प्रत्यक्ष करों से सम्बंधित विवादों को हल करने के लिए एक महत्वपूर्ण वैकल्पिक विवाद समाधान तंत्र। वर्तमान में, आयोग की चार बेंच क्रमश: नई दिल्ली, मुंबई, कोलकाता और चेन्नई में कार्यरत हैं।

वांचू समिति, 1971 की सिफारिश पर, 1976 में आयोग का गठन किया गया। वन-टाइम टैक्स वंचक और अनजान दोषियों के लिए समाधान और समझौते के लिए सुगमता प्रदान करने के उद्देश्य से इस समिति की परिकल्पना हुई। आयोग द्वारा किया गया एक 'केस' का निवारण, एक आवेदक के संबंध में मूल्यांकन, दंड, अभियोजन, कर संग्रह, आदि की कार्यवाहीं से संबंधित कई वर्षों तक चलने वाली मुकदमेबाजी को कम कर देता है। आयकर विभाग मूल्यांकन अधिकारी के सामने हुई प्रत्येक ऐसी कार्यवाही आयुक्त (अपील) के लिए अपीलीय है और बाद में आयकर अपीलीय अधिकरण के समक्ष और जहाँ ये उच्च न्यायालय और सर्वोच्च न्यायलय तक के समक्ष कानून पर सवाल उठता है।

बाद में 1996 में, न्यायमूर्ति दुग्गल के नेतृत्व में इस आयोग तंत्र की समीक्षा एक समिति द्वारा की गयी, जिसमें पाया गया कि आयोग जिन निर्धारित लक्ष्यों के लिए स्थापित हुआ था, वह उन्हें पाने में काफी हद तक सफल रहा है। यह भी स्वीकार किया गया कि राजस्व में आयोग ने संघर्ष को आम सहमति तक बढ़ाने के दृष्टिकोण में योगदान दिया है।

2009 में, सुप्रीम कोर्ट ने देखा कि यह आयोग बोर्ड के राजस्व को संदिग्ध लाभ जैसे जटिल मामलों के समाधान में भी लाभदायक है।

प्रत्येक बेंच में एक पीठासीन अधिकारी (अध्यक्ष/उपाध्यक्ष) और दो सदस्य होते हैं, जो सेवानिवृत्त आईआरएस अधिकारी हैं। आयोग की प्रत्येक बेंच, संयुक्त सचिव स्तर के दो वरिष्ठ आंतरिक राजस्व सेवा (आईआरएस) अधिकारियों अर्थात् एक सचिव और एक निदेशक (जांच) द्वारा समर्थित होती है। समझौता आवेदनों के निर्णय लेने में सचिव प्रशासनिक सहायता प्रदान करता है, जबकि निदेशक (जांच) और अतिरिक्त निदेशक (जांच) आयोग को सहायता तकनीकी प्रदान करते हैं।

बौद्धिक संपदा अपीलीय बोर्ड (Intellectual Property Appellate Board)

2003 में बौद्धिक संपदा अपीलीय बोर्ड का गठन रजिस्ट्रार के ट्रेडमार्क, भौगोलिक संकेत और पेटेंट के नियंत्रक फैसलों के खिलाफ की गयी अपीलों की सुनवाई के लिए किया गया।

बोर्ड का मुख्यालय चेन्नई में है और चेन्नई, मुंबई दिल्ली, कोलकाता और अहमदाबाद में बैठकें हैं।

ट्रेड मार्क अधिनियम, 1999 बोर्ड की स्थापना के लिए आधार प्रदान करता है। बोर्ड के गठन का उद्देश्य ट्रेडमार्क पर रजिस्ट्रार के आदेश या निर्णय पर की गयी अपीलों, जो अब तक उच्च न्यायालयों के अधिकार क्षेत्र के तहत थीं, को सुनना और फैसला करना है।

उपरोक्त अधिनियम के तहत, यह बोर्ड ट्रेडमार्क के रजिस्टार के सुधार के लिए किये गए मूल अनुप्रयोगों को भी स्वीकारता है।

ट्रेडमार्क नियम, 2002 के तहत रजिस्ट्रार के आदेश या निर्णय पर हुई अपील को भी इस आयोग द्वारा सुना जाएगा।

माल का भौगोलिक उपदर्शन (रजिस्ट्रीकरण और संरक्षण) अधिनियम, 1999 [Geographical Indications of Goods (Registration and Protection) Act, 1999] के तहत उत्पन्न सामान मामलों को भी इस आयोग द्वारा सुना जाएगा।

बौद्धिक संपदा अपीलीय बोर्ड से सम्बंधित पेटेंट के प्रावधान संशोधन अधिनियम, 2002 और पेटेंट संशोधन अधिनियम, 2005, को 2007 में क्रियान्वित किया गया। इस प्रकार, उच्च न्यायालयों के समक्ष लंबित सभी विभिन्न अपील को बौद्धिक संपदा अपीलीय बोर्ड में हस्तांतरित किया जाएगा। इसी तरह, पेटेंट अधिनियम, 1970 के तहत नए सुधार आवेदन को इस आयोग के अंतर्गत दायर किया जाएगा।

2017 में, प्रतिलिप्याधिकार बोर्ड (copyright board) को बौद्धिक संपदा अपीलीय बोर्ड के साथ विलय कर दिया गया था इससे पहले, प्रतिलिप्याधिकार अधिनियम (Copyright Act), 1957 के तहत इस बोर्ड की स्थापना की गई थी।

सीमा शुल्क, केंद्रीय उत्पाद शुल्क और सेवा कर अपीलीय अभिकरण (Customs, Excise and Service Tax Appellate Tribunal)

सीमा शुल्क, उत्पाद शुल्क और सेवा कर अपीलीय अधिकरण [Customs, Excise and Service Tax Appellate Tribunal (CESTAT)] को पहले सीमा शुल्क, उत्पाद शुल्क और सोना (नियंत्रण) अपीलीय अधिकरण कहा जाता था। विधान अधिनियम, 1962 के तहत सीमा शुल्क और उत्पाद शुल्क, केंद्रीय उत्पाद शुल्क अधिनियम, 1944 और सोना (नियंत्रण) अधिनियम, 1968 के आयुक्तों द्वारा पारित आदेशों और निर्णयों के खिलाफ दायर अपीलों को सुनने के लिए एक स्वतंत्र मंच के रूप में 1982 में बनाया गया था। सोना (नियंत्रण) अधिनियम 1968 को अब निरस्त कर दिया गया है। वर्तमान में, सेवा कर की अपील भी शामिल की गई हैं।

अभिकरण के पास एंटी-डंपिंग मामलों में अपीलीय अधिकार क्षेत्र और सीईएसटीएटी के अध्यक्ष की अध्यक्षता में विशेष बेंच, वाणिज्य मंत्रालय के नामित प्राधिकारी द्वारा पारित आदेशों के विरुद्ध अपील सुनता है।

इसका मुख्यालय और प्रधान बेंच दिल्ली में स्थित है और अन्य क्षेत्रीय बेंच मुंबई, कोलकाता, चेन्नई, बंगलुरू और अहमदाबाद में स्थित हैं। प्रत्येक बेंच में एक न्यायिक सदस्य और एक तकनीकी सदस्य होता है।

दस लाख तक वित्तीय दांव वाले छोटे मामलों के तेजी से समाधान हेतु एक सदस्य बेंच भी गठित है।

यह अभिकरण वर्गीकरण और मूल्यांकन के मामलों में अपीलीय प्राधिकारी है। अभिकरण के आदेश के खिलाफ अपील सर्वोच्च न्यायलय के तहत निहित है।

वित्त अधिनियम, 1995 के संशोधन के परिणामस्वरूप विशेष बेंच और अन्य बेंच के बीच का अंतर को दूर कर दिया गया था। अब, दो या दो से अधिक सदस्य की कोई भी बेंच उन सभी मामलों को सुनने के लिए सक्षम हैं, जो पहले एंटी-डंपिंग मामलों को छोड़कर दिल्ली में सुने जा रहे थे।

अभिकरण के अध्यक्ष भारत के राष्ट्रपति हैं। दो पद उपाध्यक्षों के और 18 पद सदस्यों (न्यायिक) और सदस्यों (तकनीक) के हैं।

सीमा शुल्क, केंद्रीय उत्पाद शुल्क और सेवा कर निपटान आयोग (Customs, Central Excise and Service Tax Settlement Commission)

सीमा शुल्क, केंद्रीय उत्पाद शुल्क और सेवा कर निपटान आयोग की स्थापना 1999 में केंद्रीय उत्पाद शुल्क अधिनियम, 1944 के प्रावधानों के तहत की गई थी। आयोग की नई दिल्ली में प्रधान पीठ और चेन्नई, कोलकाता और मुंबई में तीन अतिरिक्त पीठे हैं। आयोग में नई दिल्ली की प्रधान पीठ में एक अध्यक्ष और दो सदस्य होते हैं और तीन अतिरिक्त पीठों में से प्रत्येक में एक उपाध्यक्ष और दो सदस्य होते हैं।

आयोग की स्थापना का मूल उद्देश्य सीमा शुल्क, उत्पाद शुल्क और सेवा कर के विवादों में अटकी महंगी और समय लेने वाली मुकदमेबाजी की प्रक्रिया को दर- किनार करते हुए भुगतानों में तेजी लाने के लिए है और उन दाताओं को साफ छवि हेतु अवसर देने के लिए है जिन्होंने देयताओं के भुगतान का उल्लंघन किया हो। आकलनकर्ताओं को उनके मामलों के निपटान के लिए आवेदन हेतु उनकी देनदारियों के सही और पूर्ण प्रकटीकरण के आधार पर यह एक मंच प्रदान करता है।

इसलिए आयोग को एक स्वतंत्र निकाय के रूप में स्थापित किया गया है, जो 'अखंडता और उत्कृष्ट क्षमता' के अनुभवी कर अधिकारियों द्वारा संचालित है, जो व्यापार और उद्योग में आत्म-विश्वास की प्रेरणा जागृत करने में सक्षम है और जिन्हें 'राजस्व हित' को परिभाषित करने और सुरक्षित रखने की जिम्मेदारी सौंपी गई है।

आयोग को दंड से और अभियोजन से प्रतिरक्षा प्रदान करने का अधिकार दिया गया है, इस प्रकार यह करदाताओं को विवादों को तेजी से निपटाने का अवसर प्रदान कर रहा है। आयोग के समक्ष की कार्यवाही को भारतीय दंड संहिता के अर्थ के भीतर न्यायिक कार्यवाही माना जाता है।

आयोग का आदेश उसमें निहित मामलों के साथ निर्णायक है। आयोग के आदेश में समाहित मामला फिर से नहीं खोला जा सकता है। वर्तमान में जीएसटी मामलों से संबंधित मामलों के निपटारे के लिए कोई प्रावधान नहीं है।

बिजली अपीलीय अभिकरण (Appellate Tribunal for Electricity)

विद्युत अधिनियम, 2003 के प्रावधानों के तहत, बिजली के लिए एक अपीलीय अभिकरण का गठन हुआ, जिसका अधिकार क्षेत्र पूरे राष्ट्र में है। अधिनियम के तहत गठित सहायक अधिकारी, केंद्रीय नियामक आयोग या राज्य नियामक आयोग या संयुक्त आयोग के आदेशों के खिलाफ अपील या मूल याचिकाओं को सुनने के लिए स्थापित किया गया है।

अभिकरण को अधिनियम के तहत दायर याचिकाओं सुनने और किसी उपयुक्त आयोग को अपने वैधानिक प्रदर्शन हेतु निर्देश जारी करने के लिए एक मूल अधिकार क्षेत्र से सम्मानित किया गया है।

2004 में भारत सरकार के विद्युत मंत्रालय द्वारा इस अभिकरण को स्थापित किया गया। यह अधिकरण दिल्ली में स्थापित रहेगा।

अधिकरण में एक अध्यक्ष और तीन अन्य सदस्य शामिल हैं। अध्यक्ष द्वारा गठित प्रत्येक बेंच में न्यूनतम एक न्यायिक और एक तकनीकी सदस्य को शामिल किया जाएगा।

विद्युत अधिनियम, 2003 बिजली की उत्पन्नता, पारेषण, वितरण, व्यापार और उपयोग से संबंधित कानून को समेकित करना चाहता है। बिजली उद्योग के अनुकूल विकास के लिए उपाय होते हैं, प्रतिस्पर्धा को बढ़ावा देना, उपभोक्ताओं की रुचि की सुरक्षा करना और सभी क्षेत्रों बिजली प्रशुल्क (tariff) का युक्तिकरण, पारदर्शी नीतियों को सुनिश्चित करना, अनुवृत्ति (subsidy) के लिए पारदर्शी नीति तथा कुशल और पर्यावरण सौम्य नीतियों का प्रचार के लिए बिजली की आपूर्ति करना। यह केंद्रीय विद्युत प्राधिकरण और नियामक आयोग के संगठन और अपीलीय न्यायाधिकरण की स्थापना के लिए सहायता प्रदान करता है।

रेल दावा अधिकरण (Railway Claims Tribunal)

1890 में, ब्रिटिश संसद द्वारा भारतीय रेल अधिनियम एक अधिनियमन के रूप में बनाया और पारित किया गया था। इस विधान का उद्देश्य रेल से संबंधित विभिन्न मामलों से था। स्वतंत्रता के बाद, यह महसूस किया गया था कि वर्तमान समय में लोगों की जरूरतों को पूरा करने के लिए अधिनियम में बदलाव लाने चाहिए। इसलिए 1890 के अधिनियम के कुछ प्रावधान बनाए रखे, कुछ निरर्थक प्रावधानों को प्रतिपादित कर नए प्रावधानों को शामिल किया गया और एक नया रेलवे अधिनियम, 1989 लागू किया गया था।

इस अधिनियम की व्यापक विशेषता यह है कि रेल के प्रत्येक अंचल के लिए एक महाप्रबंधक नियुक्त कर आंचलिक रूप से पुनर्गठित किया गया। केंद्र सरकार के पास यात्रियों और माल की ढोने की दरें तय करने का अधिकार था। रेल द्वारा मुआवजे के प्रावधान थे- नुकसान के कारण, माल का नुकसान और आकस्मिक मौतों और चोट के कारण। रेल की मौद्रिक देयता, जैसे-माल के वाहक, आदि के सम्बन्ध में विशेष प्रावधान परिचित हुए।

रेल दावा अधिकरण अधिनियम, 1987 को रेल प्रशासन के खिलाफ दावों का शीघ्र निपटान प्रदान करने के लिए अधिनियमित किया गया था। हालांकि रेल प्रशासन ने पारेषक/परेषिती और जानमाल इत्यादि की हानि को क्षतिपूर्ति के दायरे में रखा था, परन्तु लोग संतुष्ट नहीं थे और अकसर अदालतों में याचिका दायर करते थे जिनके दावों के निर्णय में अनिश्चित समय लगता था और मुकदमे चलते रहते थे। इसलिए दावों के त्वरित निदान की आवश्यकता महसूस हुई, जिसके परिणामस्वरूप दावा अधिकरण की स्थापना हुई जिसका कार्य विशेष रूप से ऐसे दावों का शीघ्र समाधान करना था। परिणामस्वरूप, न्यायालयों का कार्यभार कम हुआ और शीघ्र राहत उपलब्ध कराई गयी। यहां तक कि किराए और भाड़े के प्रतिदाय को भी अधिकरण के दायरे में लाया गया।

आरसीटी अधिनियम के मुख्य उद्देश्य हैं-रेलव दावा अधिकरण की स्थापना के लिए रेल क्षति प्रशासन के खिलाफ पूछताछ करना और दावों का निर्धारण करना, विनाश, क्षति, जानवरों या वस्तुओं को क्षय या गैर-प्रतिपादन या किराया या माल ढुलाई की राशि का प्रतिपादन या मौत के मुआवजे या रेल दुर्घटनाओं या अप्रिय घटनाओं के परिणामस्वरूप यात्रियों को चोट जैसे मामलों का निर्धारण करना।

अधिनियम की योजना से पता चलता है कि यह अधिकरण की स्थापना, इसके बेंच, अधिकारी और कर्मचारी, उनका

कार्यकाल, पात्रता, अधिकार क्षेत्र, अभिकरण की शक्तियाँ और अधिकार, अपनी प्रक्रिया, आदेशों और अपीलों का निष्पादन करता है। यह अधिनियम एक स्व-निहित अधिनियम है।

2017 में, रेल दर अधिकरण रेल, रेल दावा अधिकरण में विलय हो गया। इससे पहले, यह अधिकरण रेल अधिनियम, 1989 के तहत स्थापित किया गया था।

भारतीय प्रेस परिषद (Press Council of India)

प्रेस की स्वतंत्रता को संरक्षित करने और भारत में प्रेस के मानकों को बनाए रखने और सुधारने के उद्देश्य के साथ पहली प्रेस आयोग की सिफारिशों पर संसद द्वारा वर्ष 1966 में भारतीय प्रेस परिषद की स्थापना की गई थी।

वर्तमान परिषद, प्रेस परिषद अधिनियम, 1978 के तहत कार्य करती है। यह एक वैधानिक, अर्द्ध-न्यायिक निकाय है, जो प्रेस के प्रहरी के रूप में कार्य करता है। यह नैतिकता के उल्लंघन के लिए और प्रेस की स्वतंत्रता के उल्लंघन के लिए क्रमश: प्रेस के खिलाफ और प्रेस के द्वारा होने वाली शिकायतों के प्रति निर्णय प्रदान करता है।

परिषद का प्रमुख एक अध्यक्ष होता है, जिसके अधिवेशन में भारत के सर्वोच्च न्यायालय के सेवानिवृत्त न्यायाधीश होते हैं। परिषद में 28 अन्य सदस्य होते हैं, जिनमें से 20 प्रेस का प्रतिनिधित्व करते हैं और परिषद द्वारा मान्यता प्राप्त और अधिसूचित प्रेस संगठनों/समाचार एजेंसियों द्वारा नामित किए जाते हैं, जैसे कि संपादकों, कामकाजी पत्रकारों और समाचार-पत्रों और समाचार एजेंसियों के मालिकों और प्रबंधकों जैसी श्रेणियों के अखिल भारतीय निकाय, पांच सदस्यों को संसद के दो सदनों से नामित किया जाता है और तीन सांस्कृतिक, साहित्यिक और कानूनी क्षेत्रों में साहित्य अकादमी, विश्वविद्यालय अनुदान आयोग और भारतीय विधिज्ञ परिषद के प्रत्याशियों के रूप में प्रतिनिधित्व करते हैं।

परिषद अपने कार्यों को मुख्य रूप से इसके द्वारा प्राप्त शिकायतों के मामलों में निर्णयों के माध्यम से करती है और यह शिकायतें या तो प्रेस के खिलाफ पत्रकारिता नैतिकता के उल्लंघन के लिए या प्रेस द्वारा अपनी स्वतंत्रता के साथ हस्तक्षेप के लिए हो सकती है। जहां परिषद जांच के बाद संतुष्ट होती है कि किसी समाचार-पत्र या समाचार एजेंसी ने पत्रकार नैतिकता या सार्वजनिक स्वाद के मानकों के खिलाफ या किसी संपादक या कामकाजी पत्रकार ने कोई पेशेवर दुराचार किया है, तो परिषद उन्हें चेतावनी दे सकती है, उन्हें सावधान कर सकती है या उन्हें हटा सकती है या उन्हें अपराधी करार दे सकती है या उनके आचरण को अस्वीकार कर सकती है।

परिषद को ऐसी अवलोकन बनाने का भी अधिकार है क्योंकि यह प्रेस की स्वतंत्रता के साथ हस्तक्षेप करने के लिए सरकार सहित किसी भी प्राधिकरण के आचरण के संबंध में उपयुक्त हो सकती है। परिषद के निर्णय अंतिम होते हैं और किसी भी अदालत में इसकी पूछताछ नहीं की जा सकती।

परिषद को संसद द्वारा प्रेस और पंजीकरण अधिनियम, 1867 के तहत अपीलीय प्राधिकरण के रूप में कामकाज की अतिरिक्त जिम्मेदारी सौंपी गई है और अपीलीय बोर्ड में परिषद के अध्यक्ष और परिषद के सदस्य शामिल होते हैं। बोर्ड नियमित रूप से बैठक करता है और उसके समक्ष रखी गई अपीलों का फैसला करता है।

ज्योतिष विज्ञापन के संबंध में विधि आयोग से प्राप्त संदर्भों पर परिषद ने अपनी राय दी। भुगतान के जरिए होने वाली खबरों को स्थगित करने के लिए कुछ ठोस मापदंड प्रदान करने के लिए भारत निर्वाचन आयोग ने भी परिषद से संपर्क किया।

दूरसंचार विवादों का निपटारा और अपीलीय न्यायाधिकरण (Telecom Disputes Settlement and Appellate Tribunal)

भारतीय दूरसंचार नियामक प्राधिकरण (ट्राई) अधिनियम, 1997 (संशोधित) के तहत ट्राई और दूरसंचार विवाद निपटान और अपीलीय न्यायाधिकरण (टीडीसैट) की स्थापना दूरसंचार सेवाओं को विनियमित करने, विवादों को निपटाने, अपील को निपटाने और हितों की रक्षा प्रदान करने के लिए और दूरसंचार क्षेत्र के सेवा प्रदाताओं और उपभोक्ताओं के हितों की रक्षा के लिए, दूरसंचार क्षेत्र के क्रमिक विकास को बढ़ावा देना और सुनिश्चित करने के उद्देश्य से हुई है।

दूरसंचार विवाद निपटान और अपीलीय न्यायाधिकरण को वर्ष 2000 में ट्राई अधिनियम, 1997 के तहत बनाया गया था, ताकि लाइसेंस प्रदान करने वाले और लाइसेंस प्राप्त करने वाले, सेवा प्रदाताओं के बीच और उपभोक्ताओं और सेवा प्रदाताओं के समूह के बीच के विवादों का निपटारा किया जा सके वर्ष 2004 में, दूरसंचार विवाद निपटान और अपीलीय न्यायाधिकरण के

अधिकार क्षेत्र को दूरसंचार सेवाओं के अलावा प्रसारण और केबल सेवाओं को शामिल करने के लिए बढ़ाया गया था। दूरसंचार विवाद निपटान और अपीलीय न्यायाधिकरण ट्राई के नियमों, निर्धारणों, आदेशों और निर्देशों पर अपील क्षेत्राधिकार का प्रयोग करता है।

दूरसंचार विवाद निपटान और अपीलीय न्यायाधिकरण का क्षेत्राधिकार एकमात्र है और इसके आदेशों को केवल कानून के बिंदुओं पर भारत के सर्वोच्च न्यायालय के समक्ष चुनौती दी जा सकती है। वैधानिक अपील दूरसंचार विवाद निपटान और अपीलीय न्यायाधिकरण के अंतरिम आदेशों के खिलाफ नहीं होती है। दूरसंचार विवाद निपटान और अपीलीय न्यायाधिकरण एक विशेषज्ञ निकाय है और इसमें एक अध्यक्ष और दो सदस्य होते हैं। इसका अध्यक्ष भारत के सर्वोच्च न्यायालय के एक सेवानिवृत्त न्यायाधीश होते हैं, जबकि दो सदस्य प्रशासन/दूरसंचार के क्षेत्र में विशेषज्ञ होते हैं।

दूरसंचार विवाद निपटान और अपीलीय न्यायाधिकरण सिविल प्रक्रिया संहिता के प्रावधानों से बाध्य नहीं है। इसने अपनी ऐसी प्रक्रिया (दूरसंचार विवाद निपटान और अपीलीय न्यायाधिकरण प्रक्रिया, 2005) तैयार की है जो सरल है और प्राकृतिक न्याय के सिद्धांतों पर आधारित है।

दूरसंचार और प्रसारण क्षेत्र के विवादों का विश्व नियामक या सामान्य न्यायालयों द्वारा समाधान किया जाता है। हालांकि, भारत में दूरसंचार विवाद निपटान और अपीलीय न्यायाधिकरण के रूप में अद्वितीय संस्थान दूरसंचार और प्रसारण क्षेत्र पर विवादों के त्वरित निपटान और स्थगन के लिए मौजूद हैं। इसी तरह, भारत में विवाद समाधान दूरसंचार नियामक के दायरे से बाहर है।

2017 में, साइबर अपीलीय न्यायाधिकरण और विमानपत्तन आर्थिक विनियामक प्राधिकरण अपीलीय ट्रिब्यूनल (एईआरएएटी) का TDSAT के साथ विलय कर दिया गया। इससे पहले, साइबर अपीलीय सूचना प्रौद्योगिकी अधिनियम, 2000 के तहत अभिकरण की स्थापना की गई थी और एईआरएएटी को भारतीय नियामक अधिनियम, 2008 के तहत स्थापित किया गया था।

जब्त संपत्ति के लिए अपीलीय प्राधिकरण (Appellate Tribunal for Forfeited Property)

1977 में जब्ती संपत्ति (ATFP) हेतु अपीलीय प्राधिकरण का गठन स्मगलर्स एंड फॉरेन एक्सचेंज मैनिपुलेटर्स (संपत्ति का जमानत) यानि तस्कर एवं विदेशी मुद्रा हेरफेर (संपत्ति का जब्तीकरण) अधिनियम, 1976 (SAFEMA) के प्रावधानों के तहत किया गया था।

2017 में, विदेशी मुद्रा अपीलीय न्यायाधिकरण को ए.टी.ई.पी. (ATEP) के साथ मिला दिया गया। इससे पहले, इस अपीलीय न्यायाधिकरण की स्थापना वर्ष 2000 में विदेशी मुद्रा प्रबंधन अधिनियम, 1999 (फेमा) के तहत की गई थी।

एटीईपी, एसएएफईएमए, 1976 (ATEP, SAFEMA, 1976) के तहत नारकोटिक ड्रग्स एंड साइकोट्रॉपिक पदार्थ अधिनियम, 1985 और मनी लॉण्ड्रिंग निरोधक अधिनियम, 2002 (PMLA)] FEMA] 1999 और बेनामी संपत्ति लेनदेन के निषेध अधिनियम, 1998 (PBPTA) के अंतर्गत सक्षम प्राधिकारी के आदेश सहायक प्राधिकरण के आदेश के विरुद्ध दायर की गई अपीलों को सुनता है।

ATFP नई दिल्ली में स्थित है। इसमें एक अध्यक्ष होता है (जो उच्चतम न्यायालय या उच्च न्यायालय का न्यायाधीश होने के लिए योग्य होता है या होता है) और इसमें चार सदस्य होते हैं। अन्य चार सदस्यों को केंद्र सरकार के अधिकारियों, जो भारत सरकार के संयुक्त सचिव के स्तर से नीचे नहीं हैं, के मध्य से नियुक्त किया जाता है।

तस्करों और विदेशी मुद्रा हेर-फेर (सम्पत्ति की जब्ती) (फॉरफीचर ऑफ प्रॉपर्टी एक्ट, 1976) (SAFEMA), अवैध रूप से अर्जित उन व्यक्तियों की संपत्ति को जब्त करने का प्रावधान करता है जिन्हें सागर सीमा शुल्क अधिनियम, 1878, सीमा शुल्क अधिनियम, 1962 और विदेशी मुद्रा विनियमन अधिनियम, 1947 और विदेशी मुद्रा अधिनियम, 1947 के तहत दोषी पाया गया हो तथा उन व्यक्तियों, जिन्हें विदेशी मुद्रा संरक्षण अधिनियम और तस्करी गतिविधियों की रोकथाम अधिनियम, 1974 के तहत हिरासत में लिया गया हो।

नार्कोटिक ड्रग्स एंड साइकोट्रॉपिक सबस्टेंस एक्ट, 1985 (NDPSA) उन व्यक्तियों की अवैध रूप से अर्जित संपत्ति का पता लगाने, फ्रीजिंग और जब्ती करने का प्रावधान करता है जिन्हें उस अधिनियम के तहत दोषी ठहराया गया हो या कोई विदेशी राष्ट्र अनुसार विदेशी कानून के तहत और उन्हें जिन्हें प्रिवेंशन ऑफ इलिसिट ट्रैफिक इन नारकोटिक ड्रग्स एंड साइकॉट्रॉपिक सब्सटेंसस एक्ट, 1988 और जम्मू एंड कश्मीर प्रिवेंशन ऑफ इलिसिट ट्रैफिक इन नारकोटिक ड्रग्स एंड साइकॉट्रॉपिक सब्सटेंसस एक्ट, 1988, के अंतर्गत हिरासत में लिया गया हो।

SAFEMA और NDPS (एन.डी.पी.एस.) अधिनियम, अवैध रूप से अर्जित संपत्तियों के जब्ती के लिए सक्षम अधिकारियों की नियुक्ति का प्रावधान करती है। वर्तमान में, सक्षम अधिकारियों के कार्यालय कोलकाता, चेन्नई, दिल्ली एवं मुंबई में स्थित हैं और एक इकाई अहमदाबाद में है।

SAFEMA/NDPSA अधिनियम के तहत सक्षम प्राधिकारी के आदेशों के विरुद्ध दायर अपीलों को सुनने हेतु SAFEMA एक अपीलीय फोरम नामित जब्ती संपत्ति हेतु अपीलीय संपत्ति के लिए अपीलीय प्राधिकरण (अपैलैट ट्रिब्यूनल फार फर्टिफाइड प्रॉपर्टी) की स्थापना की परिकल्पना करता है।

नेशनल कंपनी लॉ ट्रिब्यूनल (National Company Law Tribunal)

नेशनल कंपनी लॉ ट्रिब्यूनल (NCLT) कंपनी अधिनियम, 2013 के प्रावधानों के तहत 2016 में स्थापित एक अर्द्ध-न्यायिक प्राधिकरण है। यह कॉरपोरेट विवादों के तेजी से समाधान के लिए गठित किया गया है और एजेंसियों की बहुलता को कम करने हेतु जिससे देश में व्यवसाय करने में सरलता को बढ़ावा प्राप्त होता है। एनसीएलटी (NCLT) के गठन के साथ, कंपनी लॉ बोर्ड (सीएलबी) भंग हो गया और सीएलबी के साथ लंबित मामलों को एनसीएलटी में स्थानांतरित कर दिया गया।

एनसीएलटी (NCLT) में एक अध्यक्ष और इस प्रकार की संख्या में न्यायिक और तकनीकी सदस्य होते हैं, क्योंकि केंद्र सरकार आवश्यक हो सकती है। भारत के मुख्य न्यायाधीश के साथ संविधान के बाद राष्ट्रपति की नियुक्ति केंद्र सरकार द्वारा की जाती है। इसके दूसरी ओर, सदस्य (न्यायिक और तकनीकी दोनों), भारत के मुख्य न्यायाधीश की अध्यक्षता वाली बहु-सदस्यीय चयन समिति की सिफारिश पर केंद्र सरकार द्वारा नियुक्त किए जाते हैं।

एनसीएलटी (NCLT) की शक्तियों का प्रयोग इसकी पीठों द्वारा किया जाता है। गठित की जाने वाली पीठों की संख्या केंद्र सरकार द्वारा निर्दिष्ट की जाती है। एनसीएलटी की मुख्य पीठ नई दिल्ली में स्थित है। इसकी अध्यक्षता NCLT के अध्यक्ष द्वारा की जाती है। जबकि NCLT की अन्य पीठ में दो सदस्य होते हैं, जिनमें से एक न्यायिक सदस्य और दूसरा तकनीकी सदस्य होता है।

पहले चरण में, एनसीएलटी की ग्यारह पीठों की स्थापना की गई है। इनमें नई दिल्ली में एक मुख्य पीठ और नई दिल्ली, अहमदाबाद, इलाहाबाद, बेंगलुरु, चंडीगढ़, चेन्नई, गुवाहाटी, हैदराबाद, कोलकाता और मुंबई में दस पीठें सम्मिलित हैं। तद्नंदर, कटक, जयपुर, कोच्चि, अमरावती और इंदौर में पांच और पीठें स्थापित की गई हैं।

2016 में, केंद्र सरकार ने दिवाला और दिवालियापन अक्षमता संहिता, 2016 और SICA (एसआईसीए) निरस्त अधिनियम, 2003 को अधिसूचित किया है। इसके साथ, औद्योगिक और वित्तीय पुनर्निर्माण बोर्ड (BIFR) और औद्योगिक एवं वित्तीय पुनर्निर्माण के लिए अपीलीय प्राधिकरण को भंग कर दिया गया है तथा एनसीएलटी की पीठों को इनसॉल्वेंसी एंड बैंकरप्सी कोड, 2016 के अंतर्गत प्रदत्त प्राधिकारी के अधिकार क्षेत्र और शक्तियों के प्रयोग हेतु निर्माण किया गया है।

इसके अलावा, 2016 में, केंद्र सरकार ने मध्यस्थता, समझौता, व्यवस्था तथा और पुनर्निर्माण से संबंधित कार्यवाही को NCLT के पीठों को हस्तांतरित करने के प्रावधान को भी अधिसूचित किया है। समापन संबंधी उच्च न्यायालयों के समक्ष लंबित आवेदनों को संबंधित उच्च न्यायालयों द्वारा निपटाया जाएगा और नए आवेदनों को एनसीएलटी के समक्ष दायर किए जाने की आवश्यकता है।

एनसीएलटी तथ्यों को उद्देश्यपूर्ण रूप से निर्धारित करने के लिए बाध्य है, प्राकृतिक न्याय के सिद्धांतों के अनुसार मामलों का फैसला करता है और आदेश के रूप में उनसे निष्कर्ष निकालता है। इस तरह के आदेश एक स्थिति का उपाय कर सकते हैं, गलत कानूनी दंड/लागत को को सही कर सकते हैं या कानूनी दंड/लागत को लागू कर सकते हैं और विशिष्ट पक्षों के कानूनी अधिकारों, कर्तव्यों या विशेषाधिकारों को प्रभावित कर सकते हैं।

राष्ट्रीय कंपनी कानून अपीलीय न्यायाधिकरण (National Company Law Appellate Tribunal)

राष्ट्रीय कंपनी कानून अपीलीय न्यायाधिकरण (एनसीएलएटी) की स्थापना 2016 में कंपनी अधिनियम, 2013 के प्रावधानों के तहत की गई थी। इसका गठन राष्ट्रीय कंपनी कानून अपीलीय न्यायाधिकरण के आदेशों के खिलाफ अपील की सुनवाई के उद्देश्य से किया गया था।

एनसीएलएटी में एक अध्यक्ष और अधिकतम ग्यारह सदस्य होते हैं, जिसमें न्यायिक सदस्य और तकनीकी सदस्य भी समाविष्ट हैं। अध्यक्ष और न्यायिक सदस्यों की नियुक्ति केंद्र सरकार द्वारा भारत के मुख्य न्यायाधीश से परामर्श के बाद की जाती है।

दूसरी ओर, तकनीकी सदस्यों को भारत के मुख्य न्यायाधीश की अध्यक्षता वाली बहु-सदस्यीय चयन समिति की सिफारिश पर केंद्र सरकार द्वारा नियुक्त किया जाता है।

एनसीएलएटी का मुख्यालय नई दिल्ली में है। सर्वोच्च न्यायालय के फैसले के अनुसरण में, केंद्र सरकार ने मार्च 2020 में दक्षिणी राज्यों से उत्पन्न होने वाले मामलों को संभालने के लिए चेन्नई में एनसीएलएटी (एनसीएलएटी) की खंडपीठ का गठन किया है। चेन्नई स्थित खंडपीठ कर्नाटक, तमिलनाडु, केरल, आंध्र प्रदेश, तेलंगाना, लक्षद्वीप और पुडुचेरी के क्षेत्राधिकार वाले एनसीएलटी के खंडपीठों के आदेश के खिलाफ अपील पर सुनवाई करेगी। नई दिल्ली में एनसीएलएटी की खंडपीठ को एनसीएलएटी की प्रधान पीठ के रूप में जाना जाएगा। यह एनसीएलएटी के चेन्नई बीच के क्षेत्राधिकार के अलावा अन्य अपीलों को सुनना जारी रखेगा।

कंपनी अधिनियम, 2013 के प्रावधानों के तहत एनसीएलटी की बेंच द्वारा पारित आदेशों से उत्पन्न होने वाली अपीलों से निपटने के अलावा, एनसीएलएटी के अधिकार क्षेत्र में निम्नलिखित मामले भी समाविष्ट हैं:

1. एनसीएलएटी इनसॉल्वेंसी एंड बैंकरप्सी कोड, 2016 के प्रावधानों के तहत खंडपीठ बेंचों द्वारा दिए गए आदेशों के खिलाफ अपील की सुनवाई के लिए अपीलीय न्यायाधिकरण है।
2. एनसीएलएटी इंसॉल्वेंसी एंड बैंकरप्सी बोर्ड ऑफ इंडिया द्वारा इंसॉल्वेंसी एंड बैंकरप्सी कोड, 2016 के प्रावधानों के तहत पारित आदेशों के खिलाफ अपील की सुनवाई के लिए एनसीएलएटी (एनसीएलएटी) अपीलीय न्यायाधिकरण है।
3. प्रतिस्पर्धा अधिनियम, 2002 के प्रावधानों के तहत भारतीय प्रतिस्पर्धा आयोग (CCI) द्वारा जारी या दिए गए किसी भी दिशा-निर्देश या आदेश के खिलाफ अपील सुनने और हटाने के लिए एनसीएलएटी अपीलीय न्यायाधिकरण है।

इससे पहले, प्रतिस्पर्द्धा अपीलीय प्राधिकरण (COMPAT) की स्थापना 2003 में प्रतिस्पर्द्धा अधिनियम, 2002 के प्रावधानों के तहत की गई, जिसमें सीसीआई के दिशा-निर्देशों या निर्णयों या आदेशों के खिलाफ अपील करने की शक्तियों के सम्मान करने के साथ ही, सीसीआई के खोज पर आधारित मुआवजे के दावों पर अधिनिर्णय हेतु की गई। लेकिन, वित्त अधिनियम, 2017 द्वारा प्रतिस्पर्द्धा अधिनियम, 2002 के संशोधन के अनुसरण में COMPAT के कार्य को एनसीएलएटी में मिला दिया गया है। इस प्रकार, कॉम्पैट् का अस्तित्व समाप्त हो गया है और प्रतिस्पर्द्धा अधिनियम, 2002 के तहत अपीलीय कार्य अब एनसीएलएटी को प्रदान किया गया है।

एनसीएलटी के एक आदेश से दुखी कोई भी व्यक्ति एनसीएलएटी में अपील को वरीयता दे सकता है। हालाँकि, पार्टियों की सहमति से किए गए एनसीलटी के आदेश से एनसीएलएटी को कोई अपील प्रस्तुत नहीं जाएगी। इसके अलावा, एनसीएलएटी के किसी भी आदेश से प्रभावित कोई भी व्यक्ति इस तरह के आदेश से उत्पन्न कानून के किसी भी प्रश्न पर उच्चतम न्यायालय में अपील दायर कर सकता है।

सलाहकार निकाय (Advisory Bodies)

56

राष्ट्रीय जल संसाधन परिषद (National Water Resources Council)

राष्ट्रीय जल संसाधन परिषद (एनडब्ल्यूआरसी) का गठन भारत सरकार द्वारा 1983 में किया गया था। प्रधानमंत्री इसका अध्यक्ष तथा केंद्रीय जल संसाधन मंत्री इसका उपाध्यक्ष होता है। केंद्रीय जल संसाधन राज्य मंत्री, संबंधित केंद्रीय/राज्य मंत्री, सभी राज्यों के मुख्यमंत्री तथा संघशासित प्रदेशों के उप-राज्यपाल/प्रशासक इस परिषद के सदस्य होते हैं। जल संसाधन मंत्रालय का सचिव इस परिषद का सचिव होता है।

भारत सरकार ने 1990 में जल संसाधन मंत्रालय के सचिव की अध्यक्षता में एक राष्ट्रीय जल बोर्ड (एनडब्ल्यूबी) का गठन किया था। यह बोर्ड राष्ट्रीय जल नीति के क्रियान्वयन में होने वाली प्रगति की समीक्षा करता है और इस प्रगति के बारे में समय-समय पर राष्ट्रीय जल संसाधन परिषद को अपनी रिपोर्ट देता है। कृषि, ग्रामीण विकास, शहरी विकास, भूतल परिवहन, पर्यावरण एवं वन, नियोजन और विज्ञान एवं प्रौद्योगिकी के संघीय मंत्रालयों के सचिव, केंद्रीय जल आयोग का अध्यक्ष, सभी राज्यों, संघशासित प्रदेशों के मुख्य सचिव इसके सदस्य होते हैं। केंद्रीय जल आयोग का एक सदस्य (जल नियोजन एवं परियोजनायें) इस बोर्ड का सदस्य सचिव होता है।

केंद्रीय जल आयोग (सीडब्ल्यूसी) जल संसाधन के क्षेत्र में भारत का एक प्रमुख तकनीकी संगठन है जो कि 1945 से ही कार्य कर रहा है। इस आयोग को पूरे देश में जल संसाधनों के नियंत्रण, संरक्षण और उपयोग हेतु योजनाओं को शुरू करने, समन्वित करने और आगे बढ़ाने की सामान्य जिम्मेदारियाँ सौंपी गयी हैं ताकि बाढ़ नियंत्रण, सिंचाई, नौचालन, पेयजल आपूर्ति और जल विद्युत शक्ति विकास के उद्देश्यों को पूरा किया जा सके। यह आयोग आवश्यकता पड़ने पर ऐसी किसी भी योजना की जाँच, निर्माण एवं क्रियान्वयन का कार्य भी हाथ में लेता है।

राष्ट्रीय कौशल विकास मिशन का शासन परिषद (Governing Council of NSDM)

राष्ट्रीय कौशल विकास मिशन (NSDM) को जुलाई 2015 में कौशल विकास और उद्यमिता के लिए राष्ट्रीय नीति में निर्धारित उद्देश्यों के प्रति देश में सभी कुशल प्रयासों के क्रियान्वयन और समन्वय के लिए शुरू किया गया था। मिशन में केंद्रीय स्तर पर त्रि-स्तरीय संस्थागत ढांचा सम्मिलित है। ये हैं–नीति दिशा निर्देशन को समग्र रूप से प्रदान करने के लिए एक गवर्निंग/ शासन परिषद; लक्ष्यों को निर्धारित करने तथा समग्र प्रगति की समीक्षा हेतु संचालन समिति तथा मिशन के अंतर्गत गतिविधियों की निगरानी और उनके क्रियान्वयन हेतु मिशन निदेशालय। मार्गदर्शन और नीति दिशा; लक्ष्य निर्धारित करने और समग्र प्रगति की समीक्षा करने के लिए एक संचालन समिति; और मिशन के तहत गतिविधियों को लागू करने और निगरानी करने के लिए एक मिशन निदेशालय।

शासन परिषद प्रधानमंत्री की अध्यक्षता में होती है और इसमें निम्नलिखित सदस्य होते हैं:

1. केंद्रीय वित्त मंत्री, कौशल विकास और उद्यमिता, शिक्षा, ग्रामीण विकास, श्रम और रोजगार, सूक्ष्म, लघु और मध्यम उद्यम, कृषि, प्रवासी मामले, सूचना प्रौद्योगिकी और आवास और शहरी मामलों के मंत्री।
2. नीति आयोग के उपाध्यक्ष।
3. प्रधानमंत्री के प्रधान सचिव।
4. कैबिनेट सचिव।
5. कौशल विकास और उद्यमिता मंत्रालय के सचिव (सदस्य सचिव के रूप में)।
6. शासन परिषद द्वारा निर्धारित उद्योग/शिक्षा/शोध के क्षेत्र से तीन सदस्य।

7. शासन परिषद द्वारा निर्धारित किए गये क्रमावर्तन आधार पर तीन राज्य मुख्यमंत्री।

संचालन समिति का नेतृत्व केंद्रीय कौशल विकास और उद्यमिता मंत्री करते हैं जबकि मिशन निदेशालय (कार्यकारी समिति) की अध्यक्षता कौशल विकास और उद्यमिता मंत्रालय के सचिव करते हैं।

मिशन निदेशालय को तीन अन्य संस्थानों का समर्थन प्राप्त है-राष्ट्रीय कौशल विकास एजेंसी (NSDA), राष्ट्रीय कौशल विकास निगम (NSDC) और प्रशिक्षण महानिदेशालय (DGT)।

राज्य स्तर पर, राज्यों को संचालन समिति और मिशन निदेशालय के साथ NSDM की तर्ज पर राज्य कौशल विकास मिशन (SSDMs) बनाने के लिए प्रोत्साहित किया जाता है। बदले में, राज्य कार्यात्मक श्रेणी पर जिला समितियों द्वारा समर्थित हैं।

केंद्रीय शिक्षा सलाहकार बोर्ड (Central Advisory Board of Education)

केंद्रीय शिक्षा सलाहकार बोर्ड (सीएबीई) शिक्षा के क्षेत्र में केंद्र एवं राज्य सरकारों को परामर्श देने के लिए उच्चतम निकाय है। सबसे पहले इसकी स्थापना 1920 में की गयी थी और 1923 में इसे बचत के एक उपाय के रूप में विघटित कर दिया गया था। इसे 1935 में पुनर्जीवित किया गया और यह 1994 तक अस्तित्व में रहा था।

भूतकाल में सीएबीई की सलाह पर कई महत्वपूर्ण निर्णय लिये गये थे और इसने सांस्कृतिक एवं शैक्षिक विकास से जुड़े मुद्दों के व्यापक परामर्शन एवं परीक्षण हेतु एक मंच उपलब्ध कराया था। इस तथ्य के बावजूद 1994 में इसके विस्तारित कार्यकाल के समाप्त होने के बाद इसे पुनर्गठित न करना दुर्भाग्यपूर्ण था।

1986 की पहले की राष्ट्रीय शिक्षा नीति (1992 में संशोधित) यह अभिकल्पित करती थी कि सीएबीई प्रणाली को सुधारने के लिए आवश्यक बदलावों को निर्धारित करने, शैक्षिक विकास का पुनरीक्षण करने और क्रियान्वयन की निगरानी करने में एक धुरी भूमिका निभायेगा तथा मानव संसाधन विकास के विभिन्न क्षेत्रों के बीच सम्पर्क और समन्वय को सुनिश्चित करके उपयुक्त कार्यतंत्रों के माध्यम से कार्य करेगा। तदनुसार सीएबीई को 2004 में सरकार द्वारा पुनर्गठित किया गया है।

नई राष्ट्रीय शिक्षा नीति, 2020 सीएबीई (CABE) को मजबूत और सशक्त बनाने की सिफारिश करती है, जिससे केवल शैक्षिक और सांस्कृतिक विकास से संबंधित मुद्दों के व्यापक परामर्श और परीक्षा के लिए एक मंच ही नहीं वरन और अधिक जनादेश होगा। शिक्षा के मंत्रालय (केंद्र सरकार) और राज्यों के संबंधित शीर्ष निकायों के साथ मिलकर, नियमित आधार पर देश में शिक्षा की दृष्टि के विकास, कलाकारी, मूल्यांकन और पुनरीक्षण के लिए फिर से तैयार करना, कायाकल्प किया जाना भी जिम्मेदार होगा। यह संस्थागत ढाँचों का सृजन और निरंतर समीक्षा भी करेगा जो इस दृष्टि को प्राप्त करने में सहायता करेगा।

सीएबीई में लोकसभा और राज्यसभा के निर्वाचित सदस्यों, भारत सरकार, राज्य सरकार और संघशासित प्रदेशों के प्रतिनिधियों के अलावा विभिन्न हितों का प्रतिनिधित्व करने वाले नामित सदस्य शामिल होते हैं।

केंद्रीय शिक्षा मंत्री सीएबीई के अध्यक्ष हैं तथा शिक्षा राज्य मंत्री उपाध्यक्ष हैं। शिक्षा मंत्रालय में उच्च शिक्षा विभाग के सचिव सीएबीई के सदस्य-सचिव हैं।

राष्ट्रीय जनसंख्या आयोग (National Commission on Population)

राष्ट्रीय जनसंख्या आयोग का गठन मई 2000 में राष्ट्रीय जनसंख्या नीति (एनपीपी), 2000 के क्रियान्वयन हेतु समीक्षा, निगरानी एवं निर्देशन देने के लिए किया गया था ताकि नीति में निर्धारित लक्ष्यों को पूरा किया जा सके। यह आयोग अंतर्क्षेत्रीय समन्वय को प्रोत्साहित करता है, नियोजन और क्रियान्वयन में नागरिक समाज को सम्मिलित करता है, देश में जनसांख्यिकीय रूप से कमजोर राज्यों में निष्पादन को सुधारने की पहल को बढ़ावा देता है तथा राष्ट्रीय जनसंख्या नीति में निर्धारित लक्ष्यों के समर्थन में अंतर्राष्ट्रीय सहयोग की संभावनाओं को खोजता है।

आयोग की प्रथम बैठक में तत्कालीन प्रधानमंत्री ने केंद्रीय स्वास्थ्य एवं परिवार कल्याण मंत्रालय के भीतर एक सशक्त कार्यवाही दल के गठन की घोषणा की थी। यह दल निम्न राष्ट्रीय सामाजिक-जनसांख्यिकीय सूचकांकों वाले राज्यों पर विशेष ध्यान देगा। इसी के साथ-साथ जनसंख्या स्थिरीकरण में योगदान करने के लिए विशेष रूप से सहायता प्राप्त परियोजनाएं राष्ट्रीय स्वैच्छिक स्रोतों से पूँजी प्रवाह की एक खिड़की उपलब्ध कराने हेतु राष्ट्रीय जनसंख्या स्थिरीकरण कोष के गठन की घोषणा भी की गई।

जनसंख्या आयोग को अप्रैल 2005 में 40 सदस्यों के साथ पुनर्गठित किया गया और प्रधानमंत्री को इसका अध्यक्ष बनाया गया। स्वास्थ्य एवं परिवार कल्याण मंत्री तथा नीति आयोग का उपाध्यक्ष जनसंख्या आयोग के उपाध्यक्ष होते हैं। वर्तमान सदस्यता में उत्तर प्रदेश, मध्य प्रदेश, राजस्थान, बिहार, झारखंड, केरल और तमिलनाडु के मुख्यमंत्रियों को भी शामिल किया गया है।

कई केंद्रीय मंत्रालयों, जैसे-महिला और बाल विकास मंत्रालय, पंचायती राज मंत्रालय, शिक्षा मंत्रालय के साथ-साथ स्वास्थ्य और परिवार कल्याण मंत्रालय के भीतर भी अंतर-क्षेत्रीय समन्वय के साथ कई कार्यक्रम संबंधी हस्तक्षेप आयोग की बैठकों में सुझाए गए हैं।

स्टाफ निरीक्षण इकाई (Staff Inspection Unit)

स्टाफ निरीक्षण इकाई (एसआईयू) का गठन वर्ष 1964 में प्रशासनिक दक्षता तथा निष्पादन मानकों तथा कार्य मानदंडों के विकास के अनुरूप सरकारी संगठनों की स्टाफिंग में बचत को लागू करने के उद्देश्य से किया गया था। एसआईयू वित्त मंत्रालय में व्यय विभाग के अंतर्गत कार्य करता है।

वैज्ञानिक एवं तकनीकी संगठनों को एसआईयू के कार्यक्षेत्र के भीतर नहीं रखा जाता है लेकिन संबंधित विभाग के प्रमुख द्वारा गठित एक समिति, जिसमें कोर सदस्य के रूप में एसआईयू का एक प्रतिनिधि भी शामिल होता है, ऐसे संगठनों का अध्ययन करती है।

बदलते हुए परिदृश्य में तथा बेहतर प्रशासन एवं सेवाओं की बेहतर आपूर्ति पर सरकार के जोर को दृष्टि में रखते हुए एसआईयू की भूमिका को पुनः परिभाषित किया गया है। एसआईयू रेखा मंत्रालयों एवं स्वायत्त संगठनों को उनकी संगठनात्मक प्रभाविता को सुधारने में सहायता देने के लिए एक उत्प्रेरक की भूमिका निभाता है।

विस्तारित अधिदेश के अनुसार अपनी मौजूदा भूमिका के अलावा एसआईयू अब संगठनात्मक विश्लेषण का कार्य भी करेगा, जिसमें संगठनात्मक प्रणालियों, वित्तीय प्रबंधन प्रणालियों, आपूर्ति प्रणालियों, उपभोक्ता संतुष्टि, नियोजकों के सरोकार इत्यादि के क्षेत्र भी प्राथमिक रूप से शामिल होंगे। यह उपयुक्त संगठनात्मक संरचना प्रक्रियाओं की पुनर्अभियांत्रिकी, संसाधनों के अनुकूलतम उपयोग को सुनिश्चित करने वाले उपायों, कार्य विलम्ब को कम करने के अलावा कुछ गतिविधियों की आउटसोर्सिंग की संभावना को खोजने के लिए भी सुझाव देगा ताकि न्यूनतम अनिवार्य खर्च के साथ निर्गत/प्रभाविता की वृद्धि को हासिल किया जा सके।

मुख्य लागत सलाहकार का कार्यालय (Office of the Chief Adviser Cost)

मुख्य लागत सलाहकार (सीएसी) का कार्यालय वित्त मंत्रालय के व्यय विभाग में कार्य करने वाले प्रभागों में से एक है। यह कार्यालय लागत लेखा मामलों पर मंत्रालयों एवं सरकारी उपक्रमों को परामर्श देने तथा उनकी ओर से लागत जाँच कार्य को हाथ में लेने के लिए उत्तरदायी है। यह एक पेशेवर एजेंसी है, जिसमें लागत लेखाकारों/चार्टर्ड एकाउंटेंटों को स्टाफ में रखा जाता है।

यह कार्यालय लागत एवं मूल्य निर्धारण से जुड़े मामलों, निष्पक्ष मूल्यों के निर्धारण हेतु उद्योग स्तरीय अध्ययनों, प्रयोक्ता अधिभारों पर अध्ययन, केंद्रीय उत्पाद शुल्क-शमन से जुड़े मामलों, परियोजनाओं के लागत-लाभ विश्लेषण, लागत कटौती पर अध्ययन, लागत प्रभाविता, पूँजी गहन परियोजनाओं का मूल्यांकन, लाभप्रदाता विश्लेषण तथा भारत सरकार के मंत्रालयों/विभागों के लिए लागत, वाणिज्यिक-वित्तीय लेखांकन के विकास तथा आधुनिक प्रबंधन औजारों के अनुप्रयोग से जुड़े मामलों को देखता है।

इस कार्यालय का गठन केंद्र सरकार की एक स्वतंत्र एजेंसी के रूप में उत्पादन की लागत को सत्यापित करने तथा रक्षा खरीदों सहित सरकारी विभागों के लिए निष्पक्ष विक्रय मूल्य निर्धारित करने हेतु किया गया था। इस कार्यालय की भूमिका को बाद में और विस्तारित कर दिया गया तथा इसे प्रशासित मूल्य कार्यतंत्र (एपीएम) के अधीन अनिवार्य वस्तु अधिनियम के अंतर्गत आने वाले उत्पादों, जैसे-पेट्रोलियम, इस्पात, कोयला, सीमेंट इत्यादि के मूल्यों को स्थिर करने का कार्य भी सौंपा गया है।

यह कार्यालय भारतीय लागत लेखा सेवा (आईसीओएएस) के लिए एक संवर्ग नियंत्रक कार्यालय भी है और यह अधिकारियों के ज्ञान एवं कौशल के निरंतर उन्नयन हेतु प्रशिक्षण जरूरतों को भी पूरा करता है।

प्रमुख वैज्ञानिक सलाहकार का कार्यालय (Office of the Principal Scientific Adviser)

भारत सरकार का प्रमुख वैज्ञानिक सलाहकार (पीएसए टू जीओआई) प्रमुख रूप से निम्नलिखित कार्यों के लिए जिम्मेदार है:

1. नवाचार की उत्पत्ति के लिए नीतियों, रणनीतियों एवं लक्ष्यों को विकसित करना तथा बहुल अनुप्रयोगों के लिए समर्थन प्रणालियों का विकास करना।
2. सरकारी विभागों, संस्थानों एवं उद्योगों की भागीदारी के साथ सामरिक-आर्थिक एवं सामाजिक क्षेत्रों में विज्ञान एवं प्रौद्योगिकी कार्यों को उत्पन्न करना।

प्रमुख वैज्ञानिक सलाहकार के कार्यालय द्वारा सामरिक, तकनीकी तथा आर्थिक/सामाजिक प्रासंगिकता के अन्य क्षेत्रों में बहु-विभागीय, बहु-संस्थात्मक परियोजनाओं को संचालित किया जाता है और लक्ष्यों का निर्माण किया जाता है।

पीएसए का कार्यालय सरकारी विभागों, शैक्षिक संस्थानों एवं उद्योग के बीच सहक्रियाशीलता स्थापित करने का प्रयास करता है। यह सह-क्रियाशीलता इसलिए आवश्यक होती है क्योंकि सरकार के वैज्ञानिक उद्यम विभिन्न विभागों में बँटे होते हैं और इनमें से कुछ क्षेत्र किसी के भी कार्यक्षेत्र में नहीं आते हैं, जबकि कुछ क्षेत्र अनेक मंत्रालयों/विभागों के कार्यक्षेत्र में आ जाते हैं।

भारत सरकार का प्रमुख वैज्ञानिक सलाहकार कैबिनेट की वैज्ञानिक सलाहकार समिति (एसएसी-सी) का पदेन अध्यक्ष भी होता है और इस प्रकार प्रमुख वैज्ञानिक सलाहकार का कार्यालय कैबिनेट की वैज्ञानिक सलाहकार समिति के सचिवालय के रूप में भी सेवायें प्रदान करता है।

कार्यकारी एवं विकास निकाय (Executive and Development Bodies)

57

खादी एवं ग्रामोद्योग आयोग (Khadi and Village Industries Commission)

खादी एवं ग्रामोद्योग आयोग (केवीआईसी) एक वैधानिक निकाय है जिसकी स्थापना 1957 में एक संसदीय अधिनियम द्वारा की गयी थी। इसने पूर्ववर्ती अखिल भारतीय खादी एवं ग्रामोद्योग बोर्ड का स्थान लिया था।

केवीआईसी के निम्नलिखित उद्देश्य हैं:

1. रोजगार उपलब्ध कराने का सामाजिक उद्देश्य।
2. बिक्री योग्य वस्तुओं को उत्पादित करने का आर्थिक उद्देश्य।
3. गरीब लोगों के बीच आत्म-निर्भरता पैदा करने तथा ग्रामीण समुदाय तथा एक मजबूत ग्रामीण सामुदायिक भावना निर्मित करने का व्यापक उद्देश्य।

केवीआईसी को ग्रामीण विकास में संलग्न अन्य एजेंसियों के साथ समन्वय स्थापित करते हुए ग्रामीण क्षेत्रों में खादी एवं अन्य ग्रामोद्योगों के विकास हेतु कार्यक्रमों के नियोजन, संवर्द्धन, संगठन और क्रियान्वयन का भार सौंपा गया है।

केवीआईसी के कार्यों में कच्चे माल के भंडार का निर्माण करना, उत्पादकों को कच्चे माल की आपूर्ति सुनिश्चित करना, अर्द्ध-तैयार माल के रूप में कच्चे माल के प्रसंस्करण हेतु साझा सेवा सुविधाओं का निर्माण करना, केवीआई उत्पादों के विपणन हेतु सुविधाओं का प्रबंध करना तथा इन उद्योगों में संलग्न कारीगरों के प्रशिक्षण का संगठन करना तथा इन कारीगरों के बीच सहकारिता प्रयासों को बढ़ावा देना शामिल है। ग्रामोद्योग या हस्तशिल्प उत्पादों तथा खादी की बिक्री एवं विपणन को बढ़ावा देने के लिए केवीआईसी स्थापित विपणन एजेंसियों के साथ सम्पर्क स्थापित करता है।

केंद्रीय रेशम बोर्ड (Central Silk Board)

केंद्रीय रेशम बोर्ड (सीएसबी) का गठन सेंट्रल सिल्क बोर्ड एक्ट 1948 के अन्तर्गत रेशम कीट पालन तथा रेशम उद्योग समग्र विकास हेतु किया गया था। इसके निम्नलिखित कार्य हैं:

1. रेशम क्षेत्र में वैज्ञानिक, तकनीकी और आर्थिक शोध को सहायता एवं प्रोत्साहन देना।
2. रेशम कीट मेजबान पौधों की खेती को उन्नत बनाने के लिए नवीन युक्तियों का विकास करना।
3. कच्चे रेशम के उत्पादन तथा गुणवत्ता को सुधारना तथा रेशम का विपणन करना।
4. रेशम कीट बीज उत्पादन, बहुगुणन एवं बिक्री को विनियमित करना ताकि गुणवत्तापूर्ण रेशम कीट बीज की आपूर्ति सुनिश्चित हो सके।
5. देश में बीमारी के संचरण को रोकने के लिए रेशम कीट के आयात एवं निर्यात को विनियमित करना।

राष्ट्रीय वर्षापोषित क्षेत्र प्राधिकरण (National Rain-fed Area Authority)

राष्ट्रीय वर्षापोषित क्षेत्र प्राधिकरण (एनआरएए) का गठन 2006 में देश के वर्षापोषित क्षेत्रों की समस्याओं पर ध्यान केंद्रित करने के लिए किया गया था। यह एक परामर्शी, नीति निर्माणकारी एवं निगरानी निकाय है, जो कि विभिन्न मौजूदा योजनाओं में दिशा-निर्देशों का परीक्षण करने तथा इस क्षेत्र में बाहरी सहायता प्राप्त परियोजनाओं सहित नई योजनाओं के निर्माण में अपनी भूमिका निभाता है। इसका उद्देश्य केवल जल संरक्षण तक ही सीमित नहीं है बल्कि यह वर्षापोषित क्षेत्रों के संवहनीय एवं समग्र विकास के सभी पहलुओं को समाहित करता है।

एनआरएए के कार्य हैं:

1. वर्षा आधारित कृषि क्षेत्रों के समग्र और संधारणीय विकास के लिए एक परिप्रेक्ष्य योजना, राष्ट्रीय रणनीति और क्रियान्वयन रूपरेखा तैयार करना
2. वर्षा आधारित/शुष्क भूमि कृषि प्रणालियों के विकास के लिए बाह्य सहायता प्राप्त परियोजनाओं सहित विभिन्न मंत्रालयों की सभी योजनाओं के लिए सामान्य दिशानिर्देशों को विकसित करना।
3. देश के वर्षा आधारित क्षेत्रें में कृषि और बंजर भूमि विकास कार्यक्रमों के भीतर और बीच में अभिसरण को समन्वित करना।
4. विभिन्न राज्यों में वर्षा आधारित क्षेत्रों की पहचान करना, जिन्हें प्राथमिकता पर ध्यान देने की आवश्यकता है और एकीकृत राष्ट्रीय संसाधन प्रबंधन के लिए जलविभाजन विकास कार्यक्रम तैयार करना।

भारतीय अंतर्देशीय जलमार्ग प्राधिकरण (Inland Waterways Authority of India)

भारतीय अंतर्देशीय जलमार्ग प्राधिकरण (आईडब्ल्यूएआई) का गठन 1986 में जहाजरानी तथा नौचालन हेतु अंतर्राज्यीय जलमार्गों के विकास एवं विनियमन के लिए किया गया था। यह मुख्य रूप से राष्ट्रीय जलमार्गों पर अंतर्देशीय जल परिवहन आधार संरचना के विकास एवं रख-रखाव हेतु परियोजनाओं को हाथ में लेता है।

राष्ट्रीय जलमार्ग के संबंध में आईडब्ल्यूएआई के कार्य हैं:

1. सर्वेक्षण (Survey)
2. पथ प्रदर्शन, आधारिक संरचना और पंजीकरण (Navigation, infrastructure and regulations)
3. निष्पक्ष विकास (Fairway development)
4. मार्गदर्शन (Pilotage)
5. अन्य साधनों के साथ अंतर्देशीय जल परिवहन (Inland Water Transport)का समन्वय

आईडब्ल्यूएआई के सामान्य कार्य इस प्रकार हैं:

1. केंद्र सरकार को सलाह
2. जलराशिक सर्वेक्षण (Hydrographic Surveys) करना
3. राज्य सरकारों की सहायता
4. परामर्श सेवाओं का विकसित
5. अनुसंधान और विकास
6. जलमार्गों का वर्गीकरण
7. मानक और सुरक्षा

भारत के लिए शत्रु सम्पत्ति का अभिरक्षक (Custodian of Enemy Property for India)

शत्रु सम्पत्ति से जुड़ा कार्य पहले वाणिज्य मंत्रालय के अधीन था जिसे वर्ष 2007 में गृह मंत्रालय को स्थानान्तरित कर दिया गया।

भारत के लिए शत्रु सम्पत्ति के अभिरक्षक का कार्यालय वर्तमान में शत्रु सम्पत्ति अधिनियम, 1968 में शामिल प्रावधानों के अन्तर्गत कार्य करता है। यह अधिनियम भारत के लिए शत्रु सम्पत्ति के अभिरक्षक को शत्रु सम्पत्ति के परिरक्षण एवं प्रबंधन की शक्ति प्रदान करने के लिए पारित किया गया था। इस अधिनियम के अधीन पूरे भारत में मौजूद ऐसी सभी अचल और चल सम्पत्तियों, जो कि 10 सितम्बर, 1965 से लेकर 26 सितम्बर, 1977 की अवधि के बीच पाकिस्तान के नागरिकों के नाम पर प्रबंधित और धारित की जाती थीं, को भारत के शत्रु सम्पत्ति के अभिरक्षक में विहित करता है।

भारत के शत्रु सम्पत्ति के अभिरक्षक का कार्यालय मुम्बई में स्थित है तथा इसकी एक शाखा कोलकाता में भी है। वर्तमान में अभिरक्षक द्वारा भूमि, इमारतों इत्यादि के रूप में 2049 अचल सम्पत्तियों तथा प्रतिभूति, शेयर, डिबेंचर, बैंक जमा, फिक्स डिपॉजिट, भविष्य निधि जमा और शत्रु राष्ट्रीय बैंक खातों में जमा अन्य राशियों जैसी सचल सम्पत्ति का प्रबंधन किया जा रहा है। इसके अलावा अभिरक्षक हबीब बैंक और नेशनल बैंक ऑफ पाकिस्तान जैसे दो बैंकों का भी प्रबंधन करता है।

भारत का महापंजीयक एवं जनगणना आयुक्त (Registrar General and Census Commissioner of India)

भारत के महापंजीयक एवं जनगणना आयुक्त का कार्यालय (ओआरजी एंड सीसीआई) जनगणना अधिनियम, 1948 तथा जनगणना (संशोधन) अधिनियम, 1993 के अधीन दशकीय आवास एवं जनसंख्या गणना के नियोजन, क्रियान्वयन एवं अधिवीक्षण तथा जनगणना परिणामों के सारणीकरण, संकलन और वितरण का कार्य करता है। इसके अलावा यह कार्यालय जन्म एवं मृत्यु पंजीकरण अधिनियम, 1969 के समग्र क्रियान्वयन

के लिए भी उत्तरदायी है। यह देशभर में जन्म और मृत्यु से जुड़े सांख्यिकीय आंकड़ों का संकलन करता है।

ओआरजी और सीसीआई पृथक् रूप से नमूना पंजीकरण प्रणाली (एसआरएस) के अंतर्गत एक सुप्रदर्शित नमूने के द्वारा राष्ट्रीय एवं राज्य स्तर पर मृत्यु दर एवं जन्म दर का अनुमान लगाते हैं।

2003 से ओआरजी और सीसीआई द्वारा नागरिकता (संशोधन) अधिनियम, 2003 के अंतर्गत नागरिक पंजीकरण के महापंजीयक एवं राष्ट्रीय पंजीकरण प्राधिकरण के रूप में भी कार्य किया जा रहा है।

ओआरजी और सीसीआई को अब जिला स्तर पर मूलभूत स्वास्थ्य सूचकांकों की प्राप्ति के लिए स्वास्थ्य एवं परिवार कल्याण मंत्रालय की ओर से वार्षिक स्वास्थ्य सर्वेक्षण (एएचएस) का अतिरिक्त कार्य भी सौंपा गया है।

यह ऐतिहासिक रुचि का विषय हो सकता है कि भारत में जनगणना के एक प्रमुख प्रशासनिक कार्य होने के बावजूद जनगणना संगठन का गठन 1951 की जनगणना होने तक प्रत्येक जनगणना के लिए तदर्थ आधार पर किया जाता था। 1948 में जनगणना अधिकारियों के कर्तव्यों और जिम्मेदारियों के साथ जनगणना को संचालित करने की योजना उपलब्ध कराने के लिए जनगणना अधिनियम पारित किया गया। भारत सरकार ने 1949 में जनसंख्या के आकार, इसकी संवृद्धि के संबंध में सांख्यिकीय आँकड़ों के व्यवस्थित संग्रहण को विकसित करने के लिए पहलकारी कदम उठाने का निर्णय लिया और भारत के महापंजीयक और जनगणना आयुक्त के अधीन गृह मंत्रालय में एक संगठन की स्थापना की।

भारतीय राष्ट्रीय राजमार्ग प्राधिकरण (NHAI) (National Highway Authority of India)

भारतीय राष्ट्रीय राजमार्ग प्राधिकरण (NHAI) की स्थापना NHAI अधिनियम, 1988 के तहत की गई थी। इसे राष्ट्रीय राजमार्ग विकास परियोजना (NHDP) के सुपुर्द किया गया है। इसके कार्यों में निम्नलिखित शामिल हैं:

1. इसमें निहित राष्ट्रीय राजमार्गों का विकास, रख-रखाव और प्रबंधन करना।
2. राष्ट्रीय राजमार्गों पर शुल्क एकत्र करना, इसके समुचित प्रबंधन हेतु वाहनों के आने-जाने पर नियंत्रण और नियमित करना।
3. भारत और विदेशों में परामर्श और निर्माण सेवाओं को विकसित करना।
4. राजमार्गों आदि के विकास, रख-रखाव और प्रबंधन के संबंध में अनुसंधान गतिविधियों को आगे बढ़ाना।

कॉयर बोर्ड (Coir Board)

कॉयर बोर्ड एक सांविधिक निकाय है जिसे कॉयर उद्योग के समग्र विकास को बढ़ावा देने और इस पारंपरिक उद्योग में लगे श्रमिकों की जीवन स्थितियों में सुधार हेतु कॉयर उद्योग अधिनियम, 1953 के तहत स्थापित किया गया है। कॉयर उद्योग के विकास के लिए बोर्ड के कार्यों में निम्नलिखित सम्मिलित हैं:

1. वैज्ञानिक, तकनीकी और आर्थिक अनुसंधान और विकास गतिविधियों का दायित्व।
2. कॉयर और कॉयर उत्पादों के निर्यात और आंतरिक खपत से संबंधित आंकड़ों का संग्रह।
3. नए उत्पादों और डिजाइनों का विकास।
4. निर्यात और आंतरिक बिक्री को बढ़ावा देने के लिए प्रचार।
5. भूसी, कॉयर फाइबर, कॉयर यार्न तथा कॉयर उत्पादों के उत्पादकों के बीच सहकारी संगठनों को बढ़ावा देना।

राष्ट्रीय नदी संरक्षण निदेशालय (National River Conservation Directorate)

जून 2019 में, राष्ट्रीय नदी संरक्षण निदेशालय (NRCD) को पर्यावरण और वन मंत्रालय से जल मंत्रालय में स्थानांतरित कर दिया गया था। पिछली व्यवस्थाओं में जहां गंगा और उसकी सहायक नदियाँ जल संसाधन मंत्रालय (जल शक्ति) की जिम्मेदारी थी तथा अन्य नदियों की देखरेख का काम पर्यावरण और वन विभाग के अंतर्गत किया जाता था, यह कदम इसके विपरीत अब सभी नदियों के संरक्षण, विकास, प्रबंधन और प्रदूषण के उपशमन के मुद्दों को एक मंत्रालय के अंतर्गत लाने के उद्देश्य से उठाया है।

एनआरसीडी देश में नदियों, झीलों और तरल भूमि के संरक्षण हेतु राष्ट्रीय नदी संरक्षण योजना (एनआरसीपी) और जलीय पारिस्थितिकी तंत्रों के संरक्षण की राष्ट्रीय योजनाओं के लिए केंद्र प्रायोजित योजनाओं को लागू कर रहा है। इसके अधिकार क्षेत्र में गंगा नदी और इसकी सहायक नदियों को छोड़कर पूरे देश की सभी नदियाँ सम्मिलित हैं, जिनकी देखभाल राष्ट्रीय मिशन क्लीन गंगा (NMCG) द्वारा की जा रही है।

एनआरसीपी (NRCP) की शुरुआत 1995 में देश के प्रमुख जल स्रोत नदियों के जल की गुणवत्ता में सुधार के उद्देश्य से की गई थी, जो कि नदियों के चिन्हित प्रदूषित हिस्सों के साथ विभिन्न शहरों में प्रदूषण उन्मूलन कार्यों के कार्यान्वयन के माध्यम से पूर्ण किया जाना था। इन कार्यों में शामिल हैं:

1. प्रारंभ और पंथातर कार्यों के लिए / खुले नालों के माध्यम से नदियों में बहने वाले कच्चे मैल को पकड़ने और उपचार के लिए पंथातर करने हेतु।
2. पंथातरित सीवेज के उपचार के लिए मैला उपचार संयंत्रों की स्थापना।
3. नदी के किनारों पर खुले में शौच को रोकने के लिए कम लागत वाले स्वच्छता शौचालयों का निर्माण।
4. लकड़ी के उपयोग को संरक्षित करने के लिए विद्युतीय शवदाह गृह और बेहतर लकड़ी शवदाह गृह का निर्माण।
5. नदी तट के अग्र के विकास कार्य, जैसे-स्नान घाटों का सुधार।
6. जन-सहभागिता और जागरूकता और क्षमता निर्माण इत्यादि।

आव्रजन ब्यूरो (Bureau of Immigration)

गृह मंत्रालय आव्रजन, वीजा, विदेशी योगदान और नागरिकता संबंधी मामलों के लिए जिम्मेदार है। भारत में विदेशियों के प्रवेश, निकासी की व्यवस्था को ब्यूरो ऑफ इमीग्रेशन यानी आव्रजन ब्यूरो (BOI) और राज्य सरकारों / केंद्र शासित प्रदेशों के माध्यम से विनियमित किया जाता है।

भारत में विदेशियों का प्रवेश, रहना और बाहर निकलना विदेशी अधिनियम, 1946 और पासपोर्ट (भारत में प्रवेश) अधिनियम, 1920 द्वारा शासित है, जबकि विदेशियों को भारतीय वीजा विदेश में स्थित भारतीय मिशनों/पोस्ट के साथ ही बीओआई के द्वारा भी प्रदान किया जाता है। भारत में विदेशियों के प्रवास और उनके निकास को बीओआई और राज्य सरकारों / केंद्र शासित प्रदेशों के प्रशासनों द्वारा विशेष रूप से विनियमित किया जाता है।

ब्यूरो ऑफ इमिग्रेशन (BOI) की स्थापना 1971 में भारत सरकार द्वारा देश में आव्रजन कार्य करने के लिए की गई। BOI का नेतृत्व आप्रवासन आयुक्त द्वारा किया जाता है तथा हवाई अड्डों पर आव्रजन सुविधा सेवा हेतु विभिन्न अधिनियमों और नियमों के अंतर्गत विदेशियों के पंजीकरण से संबंधित कार्य के लिए FRROs द्वारा BOI को सहायता प्रदान की जाती है। कुल मिलाकर, पूरे भारत में 86 आव्रजन चेक पोस्ट हैं, जो अन्तर्राष्ट्रीय यातायात के लिए हैं। इनमें से 37 आईसीपी BOI के तहत काम कर रहे हैं, जबकि शेष संबंधित राज्य सरकारों द्वारा प्रबंधित किए जा रहे हैं। वर्तमान में, प्रमुख शहरों यानी दिल्ली, मुंबई कोलकाता, चेन्नई, अमृतसर, बेंगलुरु, हैदराबाद, कोझीकोड़, कोच्चि, त्रिवेंद्रम, लखनऊ और अहमदाबाद में 12 एफआरआरओ हैं। इसके अलावा, शहरों में 12 मुख्य आव्रजन अधिकारी हैं, जैसे-गोवा, जयपुर, गया, वाराणसी, नागपुर, पुणे, मैंगलोर, त्रिची, कोयंबटूर, बागडोगरा, चंडीगढ़ और गुवाहाटी। शेष स्थानों पर जिला पुलिस अधीक्षक (एसपी) या निर्धारित प्राधिकारी विदेशियों की सुविधा के लिए एफआरओ के रूप में कार्यरत हैं।

ग्रामीण विकास हेतु सरकारी हस्तक्षेप (1) [Government Interventions for Rural Development (1)]

58

महात्मा गांधी राष्ट्रीय ग्रामीण रोजगार गारंटी अधिनियम (Mahatma Gandhi National Rural Employment Guarantee Act)

ग्रामीण विकास मंत्रालय महात्मा गांधी राष्ट्रीय ग्रामीण कर्मचारी गारंटी अधिनियम (मनरेगा) को लागू करने के लिए नोडल मंत्रालय है। भारत सरकार का यह फ्लैगशिप कार्यक्रम ग्रामीण गरीबों के जीवन को स्पर्श करता है और समावेशी विकास को बढ़ावा देता है।

उद्देश्य (Objectives)

अपने कानूनी ढांचे और अधिकारों पर आधारित दृष्टिकोण के साथ मनरेगा को वर्ष 2005 में अधिसूचित किया गया था। इसका उद्देश्य हर उस ग्रामीण परिवार को, जिनके वयस्क सदस्य स्वेच्छा से अकुशल करना चाहते हैं, उन्हें वित्तीय वर्ष में कम-से-कम 100 दिन की गारंटी वाला रोजगार प्रदान करके आजीविका सुरक्षा को बढ़ाना है। अधिनियम ने अपने पहले चरण में 200 जिलों को कवर किया, और इसे देश के सभी ग्रामीण जिलों में चरणों में बढ़ाया गया।

मनरेगा अंतर्राष्ट्रीय स्तर पर पहला ऐसा कानून है, जो एक अभूतपूर्व पैमाने पर मजदूरी रोजगार की गारंटी देता है। अधिनियम का प्राथमिक उद्देश्य ग्रामीण क्षेत्रों में मजदूरी रोजगार की मांग को पूरा करना है। अधिनियम के तहत सूखे, वनों की कटाई और मिट्टी के कटाव जैसी दीर्घकालीन गरीबी के कारणों के लिए अनुमति दी गई है, ताकि रोजगार का सतत् सृजन हो सके। यह अधिनियम विकेंद्रीकरण को बल प्रदान करने तथा स्थानीय प्रशासन निकायों, अर्थात् पंचायती राज संस्थाओं को एक महत्वपूर्ण भूमिका प्रदान करके लोकतंत्र की प्रणालियों को गहरा करने हेतु एक महत्वपूर्ण वाहन भी है।

अधिनियम के उद्देश्य निम्नलिखित हैं:

1. एक वित्तीय वर्ष में मांग के अनुसार ग्रामीण क्षेत्रों में हर घर में गारंटीकृत मजदूरी रोजगार के रूप में अकुशल मजदूरी या शारीरिक श्रम के काम को एक सौ दिनों से कम नहीं प्रदान करना, जिसके परिणामस्वरूप निर्धारित गुणवत्ता और स्थायित्व की उत्पादक संपत्ति का सृजन होता है;
2. गरीबों के आजीविका संसाधन आधार को मजबूत करना;
3. सक्रिय होकर सामाजिक समावेश को सुनिश्चित करना, तथा;
4. पंचायती राज संस्थाओं को मजबूत बनाना।

मार्गदर्शक सिद्धांतों या महात्मा गांधी राष्ट्रीय ग्रामीण रोजगार गारंटी अधिनियम के संस्थापक स्तंभों में निम्नलिखित सम्मिलित हैं:

1. सामाजिक समावेश;
2. लिंग समता;
3. सामाजिक सुरक्षा, तथा;
4. समान विकास।

इस प्रकार, महात्मा गांधी राष्ट्रीय ग्रामीण रोजगार गारंटी अधिनियम (मनरेगा) सामाजिक सुरक्षा, आजीविका सुरक्षा और लोकतांत्रिक सशक्तीकरण पर इसके प्रभाव के द्वारा ग्रामीण भारत में समावेशी विकास सुनिश्चित करने हेतु शक्तिशाली साधन है।

विशेषताएं (Features)

अधिनियम की मुख्य विशेषताएं इस प्रकार हैं:

1. **अधिकार आधारित ढांचा:** ग्रामीण घरों के वयस्क सदस्यों हेतु जो अकुशल हस्त कर्मकार के कार्य करने के इच्छुक हैं।
2. **समयबद्ध गारंटी:** रोजगार के प्रावधान के लिए पंद्रह दिन, अन्यथा बेरोजगारी भत्ते का देय/भुगतान दिया जाना चाहिए।
3. **रोजगार की गारंटी:** एक वित्तीय वर्ष में प्रत्येक घर में वास्तविक मांग के आधार पर 100 दिनों तक गारंटीकृत वेतन रोजगार।

4. **श्रम-प्रधान कार्य:** 60:40 वेतन और सामग्री अनुपात जिला स्तर पर बनाए रखा जाना चाहिए, कोई ठेकेदार / मशीनरी नहीं होनी चाहिए।
5. **विकेंद्रीकृत योजना:** इस संदर्भ में, निम्नलिखित बातों पर ध्यान दिया जा सकता है:
   (i) कार्यों की अनुशंसा करने हेतु ग्राम सभाएँ
   (ii) ग्राम पंचायतों द्वारा कार्यान्वयन हेतु कम-से-कम 50 प्रतिशत कार्य
   (iii) योजना, कार्यान्वयन और निगरानी में पंचायती राज संस्थाओं की प्रधान भूमिका।
6. **कार्य-स्थल की सुविधाएँ:** कार्य स्थलों पर पीने का पानी, प्राथमिक चिकित्सा और छाया की सुविधा।
7. **महिला सशक्तिकरण:** लाभार्थियों में से कम-से-कम एक तिहाई महिलाएँ होनी चाहिए।
8. **पारदर्शिता और जवाबदेही:** दीवार पर लेखन, नागरिक सूचना बोर्ड एवं प्रबंधन सूचना प्रणाली [Management Information System (MIS)] तथा सामाजिक लेखा परीक्षा के माध्यम से सक्रिय प्रकटीकरण।
9. **वित्त पोषण:** अकुशल मजदूरी की ओर सौ प्रतिशत और कुशल, अर्द्ध-कुशल और सामग्री का और 75 प्रतिशत केंद्रीय सरकार द्वारा वहन किया जाता है और 25 प्रतिशत कुशल, अर्द्ध-कुशल तथा भौतिक लागत का राज्यों द्वारा योगदान दिया जाता है। इसके अलावा, प्रशासनिक व्यय अधिनियम के प्रभावी कार्यान्वयन हेतु, 6 प्रतिशत केंद्र द्वारा वहन किया जाता है।
10. कार्यक्रम का केंद्र निम्नलिखित श्रेणीगत कार्यों के अनुसार होना चाहिए:
    (i) राष्ट्रीय संसाधन प्रबंधन जैसे कि जल संरक्षण, वॉटरशेड प्रबंधन वनीकरण, भूमि विकास इत्यादि से संबंधित सार्वजनिक कार्य।
    (ii) कमजोर वर्ग के लिए सामुदायिक संपत्ति या व्यक्तिगत संपत्ति।
    (iii) राष्ट्रीय ग्रामीण आजीविका मिशन [National Rural Livelihoods Mission (NRLM)] के सहित सामान्य अवसरंचना जैसे कृषि उत्पादकता को बढ़ावा देने के लिए कार्य और स्वयं सहायता समूह [Self Help Groups (SHGs)] की आजीविका गतिविधियों का अनुपालन।
    (iv) स्वच्छता, सड़कें, खेल मैदान, सार्वजनिक भवन इत्यादि जैसे ग्रामीण बुनियादी ढाँचे।
11. लागत के लिहाज से जिले में किए जाने वाले अंतिम 60 प्रतिशत कार्यों को जमीन, पानी और पेड़ों के विकास के माध्यम से सीधे कृषि और संबद्ध गतिविधियों से जुड़ी उत्पादक परिसंपत्तियों के निर्माण के लिए होना चाहिए।
12. वे कार्य जो गैर-मूर्त हैं, जिन्हें मापा नहीं जा सकता हैं, पुनरावृत्त हैं जैसे कि घास, कंकड़ को निकालना, कृषि कार्यों को नहीं लिया जाना चाहिए।
13. परिसंपत्तियों का सृजन करने वाले कार्यों को अनुसूचित जातियों, अनुसूचित जनजातियों, घुमंतू जनजातियों, निरंकुश जनजातियों, बीपीएल परिवारों, महिलाओं के गर्म घरों और अन्य कमजोर वर्गों से संबंधित परिवारों के स्वामित्व वाली भूमि या गृहस्थी पर वरीयता दी जानी चाहिए।
14. उपरोक्त श्रेणियों के तहत पात्र लाभार्थियों के लिए कार्य समाप्त करने के बाद, छोटे या सीमांत किसानों की भूमि पर काम किया जा सकता है। लेकिन, इस शर्त के अधीन कि ऐसे परिवारों के पास जॉब कार्ड हो, और साथ ही कम-से-कम एक सदस्य को जो अपनी या घर की जमीन पर ली गई परियोजना पर काम करने को तैयार होना चाहिए।

चुनौतियां (Challenges)

मनरेगा के कार्यान्वयन में अनुभव की जाने वाली विभिन्न चुनौतियाँ या बाधाएँ इस प्रकार हैं:

1. ग्राम पंचायत स्तर पर गैर-यथार्थवादी और अनुचित योजना।
2. मजदूरी भुगतान में देरी।
3. कोष की कमी।
4. संपत्ति की गुणवत्ता, स्थायित्व और उपयोगिता।
5. कार्यक्रम की कम जागरूकता और कम सार्वजनिक भागीदारी।
6. परिणाम आधारित निगरानी की कमी।
7. रिकॉर्ड का खराब रख-रखाव।
8. कुछ राज्यों में विकलांग व्यक्तियों और महिलाओं की अपर्याप्त कवरेज।
9. पारदर्शिता और जवाबदेही प्रावधानों के साथ गैर-अनुपालन।

10. सूचना एवं संचार प्रौद्योगिकी इंफ्रास्ट्रक्चर की कमी।
11. कार्यकारियों की अपर्याप्त क्षमता।
12. पर्याप्त संख्या में तकनीकी कर्मचारियों की कमी।

हाल की पहल (Recent Initiatives)

पिछले कुछ वर्षों में, क्षेत्र के रिपोर्ट और कार्यान्वयन मुद्दों अनुसंधान रिपोर्ट तथा चुनौतियों के आधार पर मंत्रालय ने जमीनी स्तर पर कार्यक्रम कार्यान्वयन को मजबूत करने के लिए निम्नलिखित पहल की हैं:

1. **जियोमनरेगा (GeoMGNREGA):** मनरेगा परिसंपत्तियों के जियोटैगिंग के लिए अंतरिक्ष तकनीक के उपयोग से एक नवीन पहल, एक बेहतर कार्य योजना, प्रभावशाली निगरानी और बेहतर पारदर्शिता के लिए 2016-17 में लांच किया गया। आसान पहुंच सुनिश्चित करने के हेतु जनमनरेगा के नाम से एक एंड्रॉयड आधारित एप्लीकेशन 2017-18 में आरंभ किया गया।

2. **जीआईएस आधारित योजना:** मंत्रालय ने मनरेगा के तहत भौगोलिक सूचना प्रणाली [Geographical Information System (GIS)] उपकरणों का उपयोग करके एकीकृत प्राकृतिक संसाधन प्रबंधन भारतीय राष्ट्रीय रिमोट प्रबंधन कार्यों की योजना शुरू की है। जीआईएस और रिमोट सेंसिंग प्रौद्योगिकियों ने भूमि पर बढ़े हुए प्रभाव वाले परिसंपत्तियों के निर्माण के लिए निर्णय सहायक प्रणालियों के विकास का नेतृत्व किया है।

3. **मिशन जल संरक्षण:** 2016-17 में जारी मिशन जल संरक्षण ढांचा महात्मा गांधी राष्ट्रीय ग्रामीण रोजगार गारंटी अधिनियम, प्रधानमंत्री कृषि सिचाई योजना, एकीकृत जल प्रबंधन कार्यक्रम और कमांड क्षेत्र विकास एवं जल प्रबंधन कार्यक्रमों के बीच उनके सामान्य उद्देश्यों के आधार पर तालमेल के उत्तोलन करने का प्रयास करता है।

4. **नेशनल इलेक्ट्रॉनिक फंड मैनेजमेंट सिस्टम (एनईएमएस)/ प्रत्यक्ष लाभ अंतरण (NeFMS)/[Direct Benefit Transfer (DBT)]:** कोष में बहाव हेतु प्रणाली को सरल एवं कारगर बनाने के लिए, मंत्रालय ने 2016 से नेशनल इलेक्ट्रॉनिक फंड मैनेजमेंट सिस्टम की शुरुआत की है। इसके तहत, अब लगभग 99% मजदूरी भुगतान इलेक्ट्रॉनिक रूप से श्रमिक के बैंक खातों में प्रत्यक्ष लाभ अंतरण द्वारा जमा किए जा रहे हैं।

5. **SECURE:** SECURE एक ऑनलाइन एप्लीकेशन है जिसे विशेष रूप से मनरेगा कार्यों के लिए अनुमानित गणना हेतु बनाया और विकसित किया गया है। मनरेगा से संबंधित कार्य हेतु आकलन राज्य/जिला या ब्लॉक हेतु दर्ज की गई वस्तुओं के मानक दरों पर आधारित हैं। उत्पन्न आकलनों को ऑनलाइन तकनीकी और प्रशासनिक स्वीकृति भी दी है। SECURE को 2018 में लॉन्च किया गया था।

6. **सुशासन की पहल:** हाल के दिनों में, मंत्रालय ने विभिन्न सुशासन पहलों के माध्यम से कार्यक्रम के कार्यान्वयन को सरल बनाने के लिए कदम उठाए हैं:
   (i) जॉब कार्ड डिजाइन, सत्यापन तथा अद्यतन
   (ii) केस रिकॉर्ड्स/कार्य फाइलों का रख-रखाव
   (iii) 7 रजिस्टरों का रख-रखाव और अद्यतन
   (iv) नागरिक सूचना बोर्डों का डिजाइन और स्थायित्व

7. **आंतरिक लेखा परीक्षण तथा सामाजिक लेखा परीक्षण पर जोर:** सामाजिक लेखा परीक्षण और आंतरिक लेखा परीक्षण की प्रणाली को मजबूत किया जा रहा है। लेखा नियंत्रक एवं महालेखा परीक्षक के कार्यालय के सहयोग से, लेखा परीक्षण मानकों को अंतिम रूप दिया गया है और उसी का कार्यान्वयन शुरू हो गया है। राज्यों में स्वतंत्र सामाजिक लेखा परीक्षण इकाइयाँ स्थापित की गई हैं।

8. **कौशल विकास:** मनरेगा मजदूरों को कौशल की सीढ़ी पर आगे बढ़ाने के लिए अभी हाल ही की पहल जैसे कि बेयरफुट टेक्नीशियन (बीएफटी) के तहत प्रशिक्षित किया जा रहा है। इसके अलावा, मंत्रालय ने मनरेगा के तहत प्राकृतिक संसाधनों के प्रबंध कार्यों की भौगोलिक सूचना प्रणाली आधारित योजना के उपयोग की गुणवत्ता और प्रभावशीलता में सुधार के लिए राज्यों/केंद्रशासित प्रदेशों में SAKSHAM क्षमता निर्माण और प्रशिक्षण कार्यक्रम शुरू किया है।

9. **सामाजिक-आर्थिक जाति जनगणना 2011 से भूमिहीन परिवारों को शामिल करना [Inclusion of landless households from Socio-Economic and Caste Census, 2011]:** सभी 5.50 करोड़ कमजोर ग्रामीण परिवारों के लिए मनरेगा जॉब कार्ड के साथ समाजिक-आर्थिक जाति जनगणना टिन नंबरों को मैप करने के लिए सर्वेक्षण अभ्यास, पूरे देश में आकस्मिक मजदूर श्रम पर निर्भर है।

10. **जल शक्ति अभियान:** जल संबंधी कार्यों पर बल देने हेतु, जल शक्ति अभियान के तहत विशेष अभियान चलाया गया और 2019 में एक परियोजना रूप में जल संरक्षण के लिए 1,220 जल की कमी से जूझ रहे ब्लॉकों को लक्षित किया गया।

11. **जिला स्तर पर मजदूरी सामग्री अनुपात:** पंचायत स्तर पर 60: 40 मजदूरी और सामग्री अनुपात को अधिकार पत्र दे दिया

गया था, जो अधिकतर गैर-उत्पादक परिसंपत्तियों के लिए अग्रणी था, क्योंकि ग्राम पंचायत में अकुशल मजदूरी पर 60% खर्च करना पड़ता था। इसे संबोधित करने के लिए, 60:40 सिद्धांत को कमजोर किए बिना, मजदूरी और सामग्री अनुपात 60:40 को जीपी स्तर के बजाय जिला स्तर में अनुमति दी गई थी। यह लचीलापन केवल उन परिसंपत्तियों का उत्तरदायित्व लेने के लिए अनुमति देता है जो टिकाऊ और उत्पादक हैं।

12. **अतिरिक्त 50 दिनों का कार्य:** सूखा, बाढ़, चक्रवात आदि जैसी प्राकृतिक आपदाओं के दौरान, कृषि से होने वाली सामान्य आजीविका पर प्रतिकूल प्रभाव पड़ता है और इसके परिणामस्वरूप मनरेगा के तहत कामों की मांग में बढ़ोतरी होती है, कृषि मंत्रालय के परामर्श से, ग्रामीण विकास मंत्रालय ने राज्यों के अधिसूचित सूखा प्रभावित क्षेत्रों में जॉब कार्ड धारकों को मनरेगा में सुनिश्चित किए गए 100 दिनों के काम के अलावा, 50 दिनों के अतिरिक्त अकुशल मजदूरी कार्य प्रदान किए हैं।

दीनदयाल अंत्योदय योजना – राष्ट्रीय ग्रामीण आजीविका मिशन (Deendayal Antyodaya Yojana – National Rural Livelihoods Mission)

स्वर्ण जयंती ग्राम स्वरोजगार योजना (एसजीएसवाई) का प्रारम्भ 1999 में, ग्रामीण गरीबों के स्वरोजगार हेतु एक एकीकृत कार्यक्रम के रूप में किया गया। इसके पश्चात्, स्वर्णजयंती ग्राम स्वरोजगार योजना को राष्ट्रीय ग्रामीण आजीविका मिशन के रूप में पुनर्गठित किया गया, जिसे बाद में देशभर में एक मिशन मोड में लागू करने के लिए 'आजीविका' नाम दिया गया। कार्यक्रम औपचारिक रूप से 2011 में शुरू किया गया था।

नवंबर 2015 में, कार्यक्रम का नाम बदलकर दीनदयाल अंत्योदय योजना [(DAY)-NRLM] कर दिया गया।

दीनदयाल अंत्योदय योजना - राष्ट्रीय ग्रामीण आजीविका मिशन का उद्देश्य गरीबों की पहुंच को लाभ प्राप्ति वाले स्वरोजगार और कुशल मजदूरी रोजगार के अवसरों तक पहुंचाने में सक्षम करना है। इससे गरीबों के मजबूत और जमीनी स्तर के संस्थानों के निर्माण के माध्यम से सतत् रूप से उनकी आजीविका में सराहनीय सुधार हो सकता है।

दीनदयाल अंत्योदय योजना - राष्ट्रीय ग्रामीण आजीविका मिशन कार्यान्वयन एक मिशन मोड में है। (i) यह वर्तमान आवंटन आधारित रणनीति से मांग-संचालित रणनीति में बदलाव को सक्षम बनाता है, जिससे राज्यों अपनी आजीविका-आधारित गरीबी घटाने की कार्ययोजना तैयार करने में सक्षम बनते हैं (ii) यह लक्ष्य, परिणाम और समयबद्ध वितरण पर ध्यान केंद्रित करता है, (iii) निरंतर क्षमता निर्माण, अपेक्षित कौशल प्रदान करना तथा संगठित क्षेत्र में उभरने वाले लोगों को समाविष्ट करते हुए गरीबों हेतु आजीविका के अवसरों के लिए कड़ी का सृजन, (iv) गरीबी परिणामों के लक्ष्य/पीड़ितों के विरुद्ध निगरानी करना।

दीनदयाल अंत्योदय योजना - राष्ट्रीय ग्रामीण आजीविका मिशन की मुख्य विशेषताएं नीचे उल्लिखित हैं:

1. **सार्वभौमिक सामाजिक गतिशीलता:** दीनदयाल अंत्योदय योजना - राष्ट्रीय ग्रामीण आजीविका मिशन यह इस बात को सुनिश्चित करके हर चिन्हित ग्रामीण गरीब घर से समयबद्ध सीमा के भीतर कम-से-कम 1 महिला सदस्य को स्वयं सहायता समूह नेटवर्क के अंतर्गत लाया जाए इस संतृप्ति दृष्टिकोण का पालन करता है। समाज के गरीबी रेखा के नीचे वाले वर्गों के अंतिम लक्ष्य 100 प्रतिशत को ध्यान में रखते हुए यह समाज के कमजोर भागों का पर्याप्त कवरेज इस प्रकार सुनिश्चित करता है कि 50 प्रतिशत लाभार्थी अनुसूचित जाति/अनुसूचित जनजाति, 15 प्रतिशत अल्पसंख्यक और 3 प्रतिशत विकलांग व्यक्ति हों।

2. **गरीबों के संस्थानों का संवर्द्धन:** गरीबों के मजबूत गुणवत्ता वाले संस्थान जैसे कि स्वयं सहायता समूहों और उनके संघ प्राथमिकता पर स्थापित किए जाते हैं। वे गरीबों को सशक्त करते हैं और ज्ञान और प्रौद्योगिकी प्रसार और उत्पादन, संग्रहण और वाणिज्य हेतु उपकरणों के रूप में कार्य करते हैं।

3. **प्रशिक्षण, क्षमता निर्माण और कौशल निर्माण:** गरीबों को उनके संस्थानों के प्रबंधन, बाजारों के साथ जुड़ने, उनकी मौजूदा आजीविका का प्रबंधन करने हेतु उनकी ऋण अवशोषण क्षमता और ऋण अवशोषण क्षमता और योग्यता बढ़ाने के लिए अपेक्षित कौशल प्रदान किया जाता है। लक्षित परिवारों, स्वयं सहायता समूहों, उनके संघों, सरकारी अधिकारियों, बैंकरों, गैर-सरकारी संगठनों (एनजीओ) और अन्य प्रमुख हितधारकों की निरंतर क्षमता निर्माण प्रदान करने के लिए एक बहु-आयामी दृष्टिकोण अपनाया जाता है।

4. **परिक्रामी धन कोष/निधि और कैपिटल सब्सिडी:** सबसिडी को परिक्रामी धन कोष/निधि और पूंजी धनकोष के रूप में उपलब्ध कराया जा रहा है। परिक्रामी धन कोष/निधि को एक प्रोत्साहन के रूप में बचत की आदत को डालने में और उनके स्वयं के धन कोष को दीर्घ अवधि में उनके दिन की आवश्यकताओं को पूरा करने और लघु अवधि में उनके त्वरित उपयोग के लिए स्वयं

सहायता समूहों को प्रदान किया जा रहा है (जहां 70 प्रतिशत से ज्यादा सदस्य गरीबी रेखा से नीचे वाले परिवारों से हैं)।

5. **सार्वभौमिक वित्तीय समावेश:** दीनदयाल अंत्योदय योजना - राष्ट्रीय ग्रामीण आजीविका मिशन वित्तीय समावेशन की मांग और आपूर्ति दोनों पर काम करता है। मांग पक्ष पर, यह गरीबों के बीच वित्तीय साक्षरता को बढ़ावा देता है और स्वयं सहायता समूहों और उनके संघों को उत्प्रेरक पूंजी प्रदान करता है। आपूर्ति पक्ष में, यह वित्तीय क्षेत्र के साथ समन्वय करता है और सूचना एवं संचार प्रौद्योगिकी आधारित वित्तीय प्रौद्योगिकियों, व्यापार संवाददाताओं और 'बैंक मित्र' जैसे सामुदायिक सुविधा के उपयोग को प्रोत्साहित करता है।

6. **ब्याज सब्सिडी का प्रावधान:** सभी योग्य स्वयं सहायता समूहों के लिए, जिन्होंने त्वरित ऋण पुनः भुगतान आधार पर मुख्यधारा वित्तीय संस्थानों से ऋण लिए हैं, उनके लिए दीनदयाल अंत्योदय योजना - राष्ट्रीय ग्रामीण आजीविका मिशन ने 7 प्रतिशत प्रतिवर्ष से ऊपर सब्सिडी का प्रावधान किया है जिसे गरीब ग्रामीण हेतु, पहुंच के भीतर सस्ता ऋण, सुनिश्चित हो सके।

7. **आधारभूत सृजन एवं विपणन सहायता:** दीनदयाल अंत्योदय योजना - राष्ट्रीय ग्रामीण आजीविका मिशन यह सुनिश्चित करता है कि गरीबों की प्रमुख आजीविका गतिविधियों के लिए बुनियादी सुविधाओं की जरूरत पूरी हो। यह गरीबों के संस्थानों को विपणन हेतु सहायता प्रदान करता है।

8. **स्टार्टअप ग्राम उद्यमिता कार्यक्रम [Start-up Village Entrepreneurship Programme (SVEP)]:** दीनदयाल अंत्योदय योजना - राष्ट्रीय ग्रामीण आजीविका मिशन के तहत यह उप-योजना ग्रामीण क्षेत्रों में छोटे व्यवसायों के समर्थन के लिए एक पारिस्थितिकी तंत्र प्रदान करती है। पारिस्थितिकी तंत्र में व्यावसायिक सहायता सेवाएं, मेन्यूअरशिप, बीज पूंजी प्रशिक्षण, और क्षमता निर्माण व्यापार और तकनीकी विपणन सहायता हेतु घटकों को प्रदान करता है। स्टार्ट-अप ग्रामीण एंटरप्रेन्योरशिप प्रोग्राम छोटे व्यवसाय के समर्थन के लिए इन सेवाओं के साथ एक खंड को संतृप्त करता है।

9. **ग्रामीण स्वरोजगार प्रशिक्षण संस्थान [Rural Self-Employment Training Institutes (RSETIs)]:** दीनदयाल अंत्योदय योजना - राष्ट्रीय ग्रामीण आजीविका मिशन सार्वजनिक क्षेत्र के बैंकों को देश के सभी जिलों में ग्रामीण स्वरोजगार प्रशिक्षण संस्थानों को स्थापित करने के लिए प्रोत्साहित करता है। आवश्यकता आधारित अनुभवात्मक प्रशिक्षण कार्यक्रम के माध्यम से, जो कि सहायता, समर्थन तथा बैंकों से जुड़ने के द्वारा, ग्रामीण स्वरोजगार प्रशिक्षण संस्थान जिले में बेरोजगार ग्रामीण युवाओं को व्यवस्थित आत्मनिर्भर सहायता और बैंक लिंकेज द्वारा आत्मविश्वासी स्व-रोजगार उद्यमियों में परिवर्तित करता है।

10. **धन कोष आकृति [Funding Pattern]:** दीनदयाल अंत्योदय योजना - राष्ट्रीय ग्रामीण आजीविका मिशन एक केंद्रीय प्रायोजित योजना है तथा कार्यक्रम के वित्त को केंद्र और राज्य के बीच 75 : 25 के अनुपात में (उत्तर पूर्वी राज्यों, जिनमें सिक्किम समाविष्ट है, के मामलों में 90 : 10 के अनुपात में और केंद्र शासित प्रदेश के मामले में पूर्णतया) साझा किया जाएगा।

11. **महिला किसान सशक्तिकरण परियोजना (एमकेएसपी):** महिला किसान सशक्तिकरण परियोजना, दीनदयाल अंत्योदय योजना - राष्ट्रीय ग्रामीण आजीविका मिशन का एक उप-घटक है। इसका उद्देश्य कृषि में महिलाओं की वर्तमान स्थिति में सुधार करना और उनके सशक्तिकरण के अवसरों को बढ़ाना है। महिला किसान सशक्तिकरण परियोजना को देशभर में आजीविका वृद्धि और कमजोर कमी के हस्तक्षेप के लिए प्रारंभ किया गया था। महिला किसान सशक्तिकरण परियोजना कृषि में महिलाओं की केंद्रीयता को मान्यता देती है और अतः उन्हें सतत् कृषि उत्पादन को प्राप्त करने हेतु प्रत्यक्ष और अप्रत्यक्ष समर्थन प्रदान करने का लक्ष्य रखती है।

12. **आजीविका ग्रामीण एक्सप्रेस योजना (एजीईवाई):** दीनदयाल अंत्योदय योजना-राष्ट्रीय ग्रामीण आजीविका मिशन के अंतर्गत आजीविका ग्रामीण एक्सप्रेस योजना एक नई उप-योजना है और इसे 2017-18 में प्रस्तुत किया गया था। यह ग्रामीण क्षेत्रों को सुरक्षित, सस्ती और सामुदायिक निगरानी वाली परिवहन सेवाएं प्रदान करने का कार्यक्रम है। वाहनों का स्वामित्व और संचालन स्वयं सहायता समूह नेटवर्क के सदस्यों द्वारा उन क्षेत्रों में किया जाता है जहाँ नियमित परिवहन सेवाओं द्वारा सेवा प्रदान नहीं की जाती है।

13. **राष्ट्रीय ग्रामीण आर्थिक परिवर्तन परियोजना (एनआरईटीपी):** राष्ट्रीय ग्रामीण आर्थिक परिवर्तन परियोजना, जुलाई 2011 से जून 2018 तक लागू की गई थी। 13 उच्च गरीबी वाले राज्यों में दीनदयाल अंत्योदय योजना - राष्ट्रीय ग्रामीण आजीविका मिशन 'अवधारणा का प्रमाण' स्थापित करने में सफल रही है। परियोजना ने कार्यान्वयन प्रणाली, सामाजिक गतिशीलता, क्षमता निर्माण, प्रारंभिक पूंजीकरण और सामुदायिक संस्थानों के क्रेडिट कड़ी की स्थापना में राज्य के ध्येय की मदद की। राष्ट्रीय ग्रामीण आर्थिक परिवर्तन परियोजना अप्रैल 2019 में प्रभावी घोषित की गई थी और यह जून 2023 तक संचालित हो जाएगी।

दीनदयाल उपाध्याय ग्रामीण कौशल योजना (Deendayal Upadhyaya Grameen Kaushalya Yojana)

मजदूरी संबंधी कार्यक्रमों को वैश्विक स्तर के मानदंडों पर रखने के महत्वकांक्षी कार्यसूची के साथ ग्रामीण विकास मंत्रालय ने राष्ट्रीय ग्रामीण आजीविका मिशन के अंतर्गत स्थापन संबंधी कार्यक्रम को सितंबर 2014 में दीनदयाल उपाध्याय ग्रामीण कौशल योजना (डीडीयू-जीकेवाई) नाम से पुनर्निर्मित किया।

1999 से, ग्रामीण विकास मंत्रालय कौशल और स्थापन की पहल को कार्यान्वित कर रहा है, जो कि स्थापन संबंधी मजदूरी और स्व-रोजगार कार्यक्रम के रूप में स्वर्ण जयंती ग्राम स्व-रोजगार योजना (एसजीएसवाई) के साथ शुरू हुआ। 18 से 35 वर्ष के ग्रामीण युवा हेतु स्थापन केंद्रित मजदूरी रोजगार पर संशोधित ध्यान देने और न्यूनतम मजदूरी से कम वेतन नहीं की अपरिहार्यता के साथ, तब इसे सितंबर 2013 में 'आजीविका कौशल' के रूप में फिर से रचा और आरम्भ किया गया।

दीनदयाल उपाध्याय ग्रामीण कौशल योजना राष्ट्रीय कौशल विकास नीति का एक महत्वपूर्ण घटक है जिसमें ग्रामीण गरीब युवाओं पर विशेष ध्यान दिया गया है। यह अब भारत सरकार की एक मांग पर आधारित स्थापन संबंधित कौशल की पहल है। यह गरीब ग्रामीण युवाओं को कार्य करने वालों की जनसंख्या में वैश्विक घाटे के कारण पैदा होने वाले अंतर्राष्ट्रीय अवसरों से लाभान्वित करने में सक्षम बनाता है, जिससे यह ग्रामीण भारत को संपूर्ण विश्व के लिए पसंदीदा कुशल संसाधन कुंड बना देता है।

दीनदयाल उपाध्याय ग्रामीण कौशल योजना ग्रामीण गरीबों की आय में विविधता लाने और ग्रामीण युवाओं की व्यावसायिक आकांक्षाओं को पूरा करने की आवश्यकता से विकसित हुई है। कौशल विकसित करने का पाठ्यक्रम सार्वजनिक-निजी साझेदारी [Public Private Partnership (PPP)] रूप में परियोजना कार्यान्वयन एजेंसी [Project Implementing Agency (PIA)] द्वारा किया जाता है। प्रत्येक परियोजना कार्यान्वयन एजेंसी को 70 प्रतिशत प्रशिक्षित उम्मीदवारों को स्थापन करना अनिवार्य है।

दीनदयाल उपाध्याय ग्रामीण कौशल योजना परियोजनाओं को केंद्र और राज्य सरकार द्वारा सभी राज्यों में 60: 40 के अनुपात में वित्त पोषित किया गया है, जिसमें पूर्वोत्तर राज्यों और हिमालयी राज्यों को छोड़कर जहां वित्तपोषण अनुपात 90: 10 है। हिमायत-जम्मू और कश्मीर के लिए एक विशेष योजना केंद्र सरकार द्वारा 100% वित्त पोषण प्रदान करती है।

दीनदयाल उपाध्याय ग्रामीण कौशल योजना ग्रामीण विकास मंत्रालय, भारत सरकार द्वारा वित्त पोषित एक राष्ट्रव्यापी स्थापन संबंधित-कौशल प्रशिक्षण कार्यक्रम है। इसका उद्देश्य प्रधान मंत्री के 'मेक इन इंडिया' अभियान में भारत को विश्व स्तर पर पसंदीदा विनिर्माण केंद्र के रूप में योगदान देना है, जबकि राष्ट्र के अन्य प्रमुख कार्यक्रमों में महत्वपूर्ण योगदान देने के लिए अपने क्रमआवेशन में प्रयासों को पूर्ण करना है।

दीनदयाल उपाध्याय ग्रामीण कौशल योजना राष्ट्रीय कौशल कार्य सूची और 15-35 वर्ष की आयु के देश में 430 मिलियन (जनगणना 2011) के युवा, जिनमें से लगभग 70 प्रतिशत ग्रामीण क्षेत्रों में रहते हैं, हेतु महत्वपूर्ण है। दीनदयाल उपाध्याय ग्रामीण कौशल योजना में ग्रामीण युवाओं की उत्पादक क्षमताओं के निर्माण के माध्यम से देश के जनसांख्यिकीय अधिशेष को अत्यंत आवश्यक 'जनसांख्यिकीय लाभांश' में बदलने की क्षमता है।

लक्ष्य (Mission)

गरीब परिवारों को लाभदायक स्वरोजगार और कुशल मजदूरी रोजगार के अवसरों तक पहुंच बनाने के लिए, जिसके परिणामस्वरूप गरीबों के मजबूत जमीनी स्तर के संस्थानों के माध्यम से सतत् रूप से उनकी आजीविका में सराहनीय सुधार हो सके।

मार्गदर्शक सिद्धांत (Guiding Principles)

1. गरीबों में गरीबी से बाहर आने की तीव्र इच्छा है और उनके पास जन्मजात क्षमताएं हैं।
2. गरीबों की जन्मजात क्षमताओं को उजागर हेतु गरीबों की सामाजिक गतिशीलता और मजबूत संस्थानों का निर्माण महत्वपूर्ण है।
3. सामाजिक लामबंदी, संस्था निर्माण और सशक्तिकरण प्रक्रिया को प्रेरित करने हेतु बाहरी समर्पित और संवेदनशील समर्थन संरचना की आवश्यकता है।

मूल्य (Values)

1. सभी प्रक्रियाओं में सर्वाधिक गरीबों का समावेश और सबसे गरीब के प्रति अर्थपूर्ण भूमिका।
2. सभी प्रक्रियाओं और संस्थानों की पारदर्शिता और जवाबदेही।

3. सभी चरणों, योजना, कार्यान्वयन और निगरानी, में गरीबों और उनके संस्थानों के स्वामित्व और महत्वपूर्ण भूमिका।
4. ज्ञान प्रसार, कौशल निर्माण, ऋण तक पहुंच, विपणन तक पहुंच, और अन्य आजीविका सेवाओं तक पहुंच को बढ़ावा देना इस ऊर्ध्वगामी गतिशीलता को एक नया आधार प्रदान करता है।

विशेषताएं
(Features)

1. सार्वजनिक-निजी साझेदारी (पीपीपी) विधि में ग्रामीण युवाओं के लिए बाजार के नेतृत्व में, स्थापन संब्रंधित प्रशिक्षण कार्यक्रम।
2. अनिवार्य रूप से प्रशिक्षित उम्मीदवारों को 70 प्रतिशत के लिए अनिवार्य आश्वासन।
3. 15 से 35 वर्ष की आयु के गरीब परिवारों के उन ग्रामीण युवाओं पर ध्यान केंद्रीय करता है, जो कि इन से संबंधित है:
   (i) मनरेगा मजदूर परिवार अगर घर का कोई भी व्यक्ति 15 दिन का काम पूर्ण कर लेता है,
   (ii) राष्ट्रीय स्वास्थ्य बीमा योजना कुटुंब,
   (iii) अंत्योदय अन्न योजना कार्ड कुटुंब,
   (iv) बीपीएल पीडीएस कार्ड कुटुंब,
   (v) राष्ट्रीय ग्रामीण आजीविका मिशन-स्वयं सहायता समूह कुटुंब,
   (vi) समाजिक-आर्थिक जाति जनगणना 2011 के स्वतः समावेशन मापदंडों के तहत कवर किए गए कुटुंब,
   (vii) सामाजिक रूप से वंचित समूहों के अनिवार्य कवरेज के माध्यम से उम्मीदवारों का सामाजिक समावेश, अर्थात् अनुसूचित जाति/अनुसूचित जनजाति हेतु-50% के, अल्पसंख्यक हेतु-15% और महिलाओं हेतु-33%।
4. रखे गए उम्मीदवारों को वेतन न्यूनतम मजदूरी या उससे अधिक के अनुसार दिया जाता है।
5. उम्मीदवारों को स्थापन पश्चात् समर्थन।
6. प्रशिक्षण भागीदारों के लिए कैरियर की प्रगति का समर्थन।
7. कौशल परियोजनाओं के आवंटन में, प्रशिक्षण भागीदारों को दी गई प्रधानता, जो विदेशी स्थापन कैप्टिव स्थापन को प्रशिक्षित और समर्थन कर सकते हैं।
8. SAGARMALA पहल के माध्यम से तटीय और बंदरगाह क्षेत्रों में कौशल विकास प्रदान करने हेतु पत्तन, पोत परिवहन और जलमार्ग मंत्रालय के साथ भागीदारी। परियोजना को दो चरणों में लागू किया गया है।

हिमायत नामक जम्मू और कश्मीर के युवाओं के लिए एक विशेष उप-योजना के माध्यम से उम्मीदवारों का क्षेत्रीय समावेश सक्षम है। 5 साल की अवधि में जम्मू और कश्मीर में एक लाख युवाओं को प्रशिक्षण और प्लेसमेंट देने के लिए इसे 2011 में लॉन्च किया गया था। जम्मू-कश्मीर में मजदूरी-रोजगार से जुड़े कौशल पाठ्यक्रमों के सफल कार्यान्वयन को ध्यान में रखते हुए, सरकार ने मांग आधारित आवंटन और लक्ष्य के साथ हिमायत के लिए परिव्यय में वृद्धि की है, और कार्यक्रम के लिए 100 प्रतिशत केंद्रीय धन जारी रखने के लिए।

नौ राज्यों में 27 सबसे अधिक प्रभावित वामपंथी अतिवाद [Left-Wing Extremist (LWE)] जिलों में गरीब परिवारों के ग्रामीण युवाओं के लिए रोशनी नामक एक विशेष पहल, इसे ग्रामीण विकास मंत्रालय ने 2013 में प्रक्षेपित किया था।

प्रधानमंत्री आवास योजना – ग्रामीण
(Pradhan Mantri Awaas Yojana–Gramin)

अप्रैल 2016 में, इंदिरा आवास योजना को ग्रामीण आवास योजना, 2022 तक 'सभी के लिए आवास' प्रदान करने की सरकार की प्रतिबद्धता के मद्देनजर, और योजनाओं में स्थित कमियों संबोधित करने के लिए प्रधानमंत्री आवास योजना - ग्रामीण में फिर से पुनर्गठित किया गया था। योजना में मौजूद अंतराल/कर्मियों को संबोधित करने के लिए। प्रधानमंत्री आवास योजना - ग्रामीण का उद्देश्य 2022 तक ग्रामीण क्षेत्रों में सभी आवासहीन और कुटुंब कच्चे/जीर्ण शीर्ण घरों में रहने वाले घरों में बुनियादी सुविधाओं के साथ एक पक्का घर प्रदान करना है।

वर्ष 2021-22 तक निर्मित किए जाने वाले मकानों की लक्ष्य संख्या 'सभी के लिए आवास' के उद्देश्य को प्राप्त करने के लिए 2.95 करोड़ है। लक्ष्य को चरणों में प्राप्त किया जाना है और प्रथम चरण में 1.00 करोड़ घरों को 3 साल में, यानी 2016-17 से 2018-19 में निर्माण के लिए लिया गया है। द्वितीय चरण में 2019-20 से 2021-22 तक 3 वर्षों में 1.95 करोड़ घरों को निर्माण के लिए लिया जा रहा है।

प्रधानमंत्री आवास योजना - ग्रामीण के तहत, लाभार्थियों की पहचान सामाजिक-आर्थिक जाति जनगणना-2011 के अनुसार आवास की कमी के मापदंडों पर आधारित है। प्रधानमंत्री आवास योजना - ग्रामीण के अनुसार सभी ग्रामीण कुटुंब और आवासहीन जो शून्य, एक या दो कमरे वाले घरों में रह रहे हैं, सामाजिक-आर्थिक जाति जनगणना -2011 के अनुसार बहिष्करण प्रक्रिया के अधीन और ग्राम सभा द्वारा विधिवत सत्यापित हैं उन्हें घरों के निर्माण के लिए सहायता प्रदान की जाती है।

प्रधानमंत्री आवास योजना - ग्रामीण सामाजिक आर्थिक और जाति जनगणना-2011 से वस्तुगत मापदंडों के आधार पर लाभार्थियों की पहचान के माध्यम से, आवास सॉफ्ट-पीईएमएस मंच और निर्माण के पूर्व दौरान तथा पश्चात् लिए गए भू-संदर्भित, तारीख और समय की मुहर लगी तस्वीरों के माध्यम से घर के निर्माण की निगरानी के द्वारा, सबूत के आधार पर लाभार्थियों के बैंक खातों में इलेक्ट्रॉनिक सहायता के सीधे हस्तांतरण के कार्यान्वयन में पारदर्शिता की उप-कल्पना करता है।

गुणवत्ता और समय पर निर्माण को पूरा करने पर विशेष जोर देने के साथ प्रधानमंत्री आवास योजना - ग्रामीण की योजना में मजबूत निगरानी तंत्र को शामिल किया गया था। भौतिक और वित्तीय प्रगति की निगरानी इलेक्ट्रॉनिक रूप से दोनों, यानी एमआईएस-आवास सॉफ्ट तथा राष्ट्रीय स्तर निरीक्षकों, मंत्रालय के क्षेत्र अधिकारी और राज्य, जिला तथा ब्लॉक स्तर पर स्थित परियोजना प्रबंधन इकाई के अधिकारी के निरीक्षण दौरों द्वारा सूक्ष्मता से निकटता से की जाती है। योजना के सभी पहलुओं की अनिवार्य समीक्षा को भागीदार बनाते हुए सामाजिक लेखा परीक्षण की शुरुआत भी की गई है।

प्रधानमंत्री आवास योजना - ग्रामीण के तहत, एक विधवा/अविवाहित/अलग हुए व्यक्ति के मामले के अलावा पति और पत्नी के संयुक्त नाम पर से घर का आवंटन किया जाएगा। मकान को पूर्ण रूप से महिला के नाम पर भी आवंटित किया जा सकता है। घर का निर्माण लाभार्थी द्वारा खुद प्रधानमंत्री आवास योजना - ग्रामीण के तहत किया जाएगा या वह उसके/उसकी देखरेख में घर का निर्माण करा सकेगा।

प्रधानमंत्री आवास योजना - ग्रामीण का लक्ष्य और ध्यान क्षेत्र एक मजबूत टिकाऊ तथा आपदारोधी घर के निर्माण का है। इसी परिप्रेक्ष्य में ग्रामीण राजमिस्त्री प्रशिक्षण और प्रमाण पत्रण पर प्रधानमंत्री आवास योजना - ग्रामीण के अंतर्गत विशेष ध्यान दिया गया है। इस से न सिर्फ प्रधानमंत्री आवास योजना - ग्रामीण के अंतर्गत निर्मित घर एक अच्छे स्तर की गुणवत्ता सुनिश्चित हुई बल्कि प्रशिक्षण प्राप्त व्यक्तियों को आजीविका के अवसर भी प्रदानित हुए। इसके अलावा, प्रधानमंत्री आवास योजना - ग्रामीण के लाभार्थियों को उनके आवास के क्षेत्र के लिए उपयुक्त घर के डिजाइन के और प्रौद्योगिकी के अनेक विकल्पों को प्रदान किया जाना है। इस दिशा में, ग्रामीण विकास मंत्रालय ने यूएनडीपी और आईआईटी के साथ मिलकर दिल्ली में घरों के विविध डिजाइनों की पहचान की थी जो देश में विभिन्न राज्यों के अलग-अलग आवास हेतु उपयुक्त हैं।

प्रधानमंत्री आवास योजना - ग्रामीण के तहत, राष्ट्रीय स्तर पर, अनुसूचित जाति और अनुसूचित जनजाति के लिए 60% लक्ष्य निर्धारित किया जाना है। इसे बनाए रखने के लिए, प्रत्येक राज्य/केंद्रशासित प्रदेश को आवंटित लक्ष्य का 60% अनुसूचित जाति/अनुसूचित जनजाति के लिए निर्धारित किया जाना चाहिए जो ग्राम सभा द्वारा सत्यापित समाजिक-आर्थिक जाति जनगणना 2011 के अनुसार पात्र प्रधानमंत्री आवास योजना - ग्रामीण लाभार्थियों की उपलब्धता के अधीन हो। इसके अलावा, जहां तक संभव हो, राष्ट्रीय स्तर पर कुल धनराशि का 15% अल्पसंख्यकों के लिए रखा जाएगा। इसके अलावा, राज्य संभव सीमा तक, यह सुनिश्चित कर सकते हैं कि राज्य स्तर पर 5% लाभार्थी दिव्यांग व्यक्तियों में से हैं।

प्रमुख विशेषताएं
(Salient Features)

1. प्रधानमंत्री आवास योजना - ग्रामीण के अंतर्गत, दी गई वित्तीय सहायता इस प्रकार है:
   - (i) मैदानी इलाकों में 1.20 लाख रुपये की इकाई सहायता और पहाड़ी राज्यों, कठिन क्षेत्रों और एकीकृत कार्य योजना (आईएपी) जिलों में रुपये 1.30 लाख, की इकाई सहायता।
   - (ii) इसके अलावा, लाभार्थी को रुपये 12,000 स्वच्छ भारत मिशन (जी), मनरेगा या किसी अन्य समर्पित वित्तपोषण स्रोत के तहत शौचालय के निर्माण हेतु सहायता के रूप में तथा मैदानी क्षेत्रों में 90 व्यक्ति दिन और पहाड़ी राज्यों में 95 व्यक्ति दिनों का समर्थन, मनरेगा के तहत कठिन क्षेत्रों और एकीकृत कार्य योजना जिलों में अभिसरण के माध्यम से प्राप्त होगी।
   - (iii) घर का यूनिट आकार न्यूनतम 25 वर्गमीटर होना चाहिए।

2. प्रधानमंत्री आवास योजना – ग्रामीण की लागत को भारत सरकार और राज्य सरकारों के बीच मैदानी क्षेत्रों में 60:40 के अनुपात में साझा किया जाएगा। पूर्वोत्तर, 2 हिमालयन राज्यों (हिमाचल प्रदेश और उत्तराखंड) और केंद्र शासित प्रदेश जम्मू और कश्मीर के मामले में, राशि साझा करने का रूप 90: 10 के अनुपात में है। केंद्र शासित प्रदेशों के संबंध में, भारत सरकार द्वारा 100% सहायता खर्च वहन किया जाता है।
3. प्रधानमंत्री आवास योजना – ग्रामीण के तहत जारी निधियों का 2% तक का उपयोग योजना के प्रबंधन/संचालन हेतु किया जा सकता है। लाभार्थियों को संवेदनशील बनाने, योजना के क्रियान्वयन की निगरानी और निगरानी की लागत, पीएमयू की स्थापना और संचालन की लागत, राजमिस्त्री के प्रशिक्षण और प्रमाणन आदि के प्रति लागत, प्रशासनिक खर्चों के अंतर्गत खर्च की कुछ योग्य/स्वीकृत मदें हैं।
4. प्रधानमंत्री आवास योजना – ग्रामीण संतृप्ति दृष्टिकोण पर केंद्रित है – राज्यों को सलाह दी जाती है कि वे एक इकाई के रूप में ग्राम पंचायत, ब्लॉक या जिले का उपयोग करके संतृप्ति दृष्टिकोण का पालन करें। सांसद आदर्श ग्राम योजना ग्राम पंचायतों, पगड़ी समूहों, खुले में शौच मुक्त ग्राम पंचायतों, महिलाओं के दीनदयाल अंत्योदय योजना-राष्ट्रीय ग्रामीण आजीविका मिशन स्व-सहायता समूहों के द्वारा मजबूत सामाजिक पूंजी वाले ग्राम पंचायत को कला-अजार गांवों वाली ग्राम पंचायतों को प्राथमिकता दी जाएगी।
5. प्रधानमंत्री आवास योजना – ग्रामीण के लिए वार्षिक बजटीय अनुदान से, प्रधानमंत्री आवास योजना – ग्रामीण के अंतर्गत नए घरों के निर्माण के लिए राज्यों/संघ शासित प्रदेशों को 95% धनराशि जारी की जाती है। इसमें प्रशासनिक खर्चों के लिए 2% आवंटन भी समाविष्ट है। केंद्रीय स्तर पर विशेष परियोजनाओं हेतु बजटीय अनुदान का 5% आरक्षित निधि/धन कोष के रूप में रखा जाता है।

विशेष परियोजना के लिए, राज्य निम्नलिखित के संबंध में प्रस्ताव प्रस्तुत कर सकते हैं:

(i) जिन परिवारों के घर पूरी तरह/एक बड़ी मात्रा में क्षतिग्रस्त हो गए हैं, उनके पुनर्वास/पुनर्वासन के आधार पर:
   (a) राष्ट्रीय आपदा प्रबंधन प्राधिकरण के मौजूदा राष्ट्रीय आपदा प्रबंधन योजना में वर्गीकृत किए गए प्राकृतिक खतरे – बाढ़, भूकंप, आग आदि।
   (b) कानून और व्यवस्था की समस्याएं।

(ii) इनके कारण प्रभावित/लाभ प्राप्त करने वाले परिवारों का निपटान:
   (a) अंतर्राष्ट्रीय सीमा मुद्दे
   (b) अनुसूचित जनजाति और अन्य पारंपरिक वन निवासी (वन अधिकारों की मान्यता) अधिनियम, 2006
   (c) सिलिकायतता, अभ्रक जैसे व्यावसायिक कार्य से होने वाले रोग, कीटनाशकों के अति प्रयोग से प्रभावित लोग

(iii) आत्म-समर्पित आतंकवादियों और उनके परिवारों का निपटान।

(iv) नई प्रौद्योगिकी प्रदर्शन के साथ विशेष रूप से खरीद की पहुंच वाली सस्ती और हरित प्रौद्योगिकियों पर ध्यान केंद्रित करने और स्थानीय रूप से उपलब्ध सामग्रियों का उपयोग करने के लिए।

ग्रामीण विकास हेतु सरकारी हस्तक्षेप (2) [Government Interventions for Rural Development (2)]

59

प्रधानमंत्री ग्राम सड़क योजना (Pradhan Mantri Gram Sadak Yojana)

गरीबी हटाने की रणनीति के एक भाग के रूप में, भारत सरकार ने वर्ष 2000 में प्रधानमंत्री ग्राम सड़क योजना (पीएमजीएसवाई) का प्रारंभ राज्यों की सहायता करने हेतु केंद्रीय प्रायोजित योजना (सीएसएस) के रूप में किया, हालांकि भारतीय संविधान के अंतर्गत, ग्रामीण सड़कें राज्यों की सूची में हैं।

कार्यक्रम का प्राथमिक उद्देश्य मूल संजाल (core network) में 500 से अधिक जनसंख्या (जनगणना-2001) वाली सभी पात्र असंबद्ध बस्तियों के लिए हर मौसम में संयोजकता (connectivity) प्रदान करना है। पहाड़ी क्षेत्रों, रेगिस्तानी इलाकों, आदिवासी क्षेत्रों और एकीकृत कार्य योजना के अंतर्गत आने वाले चयनित आदिवासी तथा पिछड़े जिलों के संदर्भ में, 250 की जनसंख्या (जनगणना 2001) और इससे ऊपर वाले आवासों को जोड़ना इसका लक्ष्य है। यह कार्यक्रम एकल- सर्व मौसम संपर्क की परिकल्पना करता है।

पूर्ण खेत से बाजार संपर्क को सुनिश्चित करने की उद्देश्य से यह कार्यक्रम मौजूदा रास्तों और प्रमुख ग्रामीण जुड़ाव का अद्यतन निर्धारित मानदंडों की अनुरूप करता है हालांकि यह कार्यक्रम के लिए केंद्र नहीं है।

प्रधानमंत्री ग्रामीण सड़क योजना की प्रमुख विशेषताएं नीचे उल्लिखित हैं:

1. **विकेंद्रीकृत योजना (Decentralised Planning):** यह कार्यक्रम ग्रामीण सड़कों के लिए विकेंद्रीकृत नेटवर्क योजना पर आधारित है। प्रत्येक लक्षित निवास हेतु कम-से-कम एक संपर्क को प्रदान करने के लिए जिला ग्रामीण सड़क योजनाओं [District Rural Roads Plans (DRRPs)] केंद्र नेटवर्क लिया गया है।

2. **मानक और विनिर्देश (Standards and Specifications):** ग्रामीण विकास मंत्रालय के विशेष हस्तक्षेप द्वारा भारतीय सड़क कांग्रेस ने ग्रामीण सड़कों के ज्यामिति, मानदंडों, डिजाइन निर्माण और रख-रखाव पर एक नियमावली प्रकाशित की।

3. **विस्तृत परियोजना विवरण तथा जांच [Detailed Project Reports (DPRs) and Scrutiny]:** कार्यक्रम के अंतर्गत प्रत्येक सड़क हेतु गुणवत्ता उत्पाद प्राप्त करने के एक महत्वपूर्ण कदम के रूप में उचित जांच और सर्वेक्षण निर्धारित है। परियोजना की मंजूरी हेतु विस्तृत परियोजना रिपोर्ट पूर्व आवश्यकता है। एक परियोजना की तैयारी और निर्माण की पर्याप्तता को सुनिश्चित करने के लिए परियोजना प्रस्तावों की स्वतंत्र जांच आवश्यक है।

4. **संस्थागत व्यवस्थाएं (Institutional Arrangements):** केंद्रीय स्तर पर कार्यक्रमों के कार्यान्वयन हेतु ग्रामीण विकास मंत्रालय एक केंद्र मंत्रालय है। केंद्रीय स्तर पर कार्यक्रम के कार्यान्वयन हेतु तकनीकी और प्रबंधकीय समर्थन प्रदान करने के लिए राष्ट्रीय ग्रामीण सड़क विकास एजेंसी का गठन किया गया है। राज्य सरकारों ने राज्य केंद्र विभाग को चिन्हित किया है तथा राज्य स्तर पर कार्यक्रम के कार्यान्वयन हेतु राज्य ग्रामीण सड़क विकास एजेंसियों का गठन किया गया है। कार्यभार के अनुसार राज्यों द्वारा प्रत्येक जिले के लिए कार्यक्रम कार्यान्वयन इकाइयां गठित की गई हैं।

5. **प्रबंध प्रणाली (Procurement Process):** प्रधानमंत्री ग्रामीण सड़क योजना के अंतर्गत कार्यों के प्रबंध हेतु राष्ट्रीय और अंतर्राष्ट्रीय प्रथाओं के आधार पर मानक बोली दस्तावेज [Standard Bidding Document (SBD)] विकसित किया गया है। कार्यक्रम के अंतर्गत सभी कार्यों को मानक बोली दस्तावेज के प्रावधानों के आधार पर खरीदा और प्रबंधित किया जा रहा है। पारदर्शिता की सुनिश्चितता तथा विद्युतीय टेंडरिंग के विभिन्न लाभों का दोहन करने के उद्देश्य से, कार्यक्रम के अंतर्गत कार्यों के खरीद के लिए संपूर्ण बोली लगाने का कार्य केवल ई-खरीद के माध्यम से किया जा रहा है।

6. **गुणवत्ता आश्वासन (Quality Assurance):** गुणवत्ता इस कार्यक्रम का सार है, उसी रूप में, प्रधानमंत्री ग्राम सड़क योजना के अंतर्गत त्रिस्तरीय गुणवत्ता प्रबंधन तंत्र को संस्थागत किया गया है।

7. **रख-रखाव (Maintenance):** कार्यक्रम के अंतर्गत निर्मित सड़क परिसंपत्तियों की स्थिरता को सुनिश्चित करने की दृष्टि से कार्यक्रम के अंतर्गत प्रत्येक अनुबंध 5 साल के लिए कमी देयता के साथ, उसी ठेकेदार द्वारा प्रदत्त नियमित रख-रखाव का प्रावधान करता है।

8. **ऑनलाइन निगरानी प्रबंधन तथा लेखा प्रणाली [Online Monitoring, Management and Accounting System (OMMAS)]:** कार्यक्रम के कार्यान्वयन के विभिन्न पहलुओं में पारदर्शिता दृष्टि से कार्यक्रम हेतु एक वेब आधारित ऑनलाइन निगरानी प्रबंधन तथा लेखा प्रणाली विकसित की गई है।

9. **संचालन नियमावली और कार्यक्रम निगरानी (Operations Manual and Programme Monitoring):** कार्यक्रम के अंतर्गत सभी संचालकों को व्यवस्थित रूप से संचालन नियमावली में दर्शाया गया है। यह नियमावली संस्थागत संरचना योजना, रचना, परियोजना की तैयारी खरीद, गुणवत्ता, तकनीकी एजेंसियों की निगरानी, सड़क सुरक्षा, रख-रखाव का प्रबंधन आदि के प्रणालियों के विवरण को प्रदान करता है।

10. **धन कोष आकृति (Funding Pattern):** प्रधानमंत्री ग्राम सड़क योजना का प्रारंभ 100 प्रतिशत केंद्र प्रायोजित योजना के रूप में किया गया था। हालांकि, बाद में सभी राज्यों, के लिए केंद्र और राज्यों के बीच प्रधानमंत्री ग्राम सड़क योजना के धन कोष के सहभाजन की आकृति, 8 उत्तर-पूर्वी और 3 हिमालयी राज्यों जिनके लिए यह 2015-16 से 90 : 10 के अनुपात में है, उन्हें छोड़कर बाकियों के लिए 60 : 40 के अनुपात में बदल दिया गया।

राष्ट्रीय सामाजिक सहायता कार्यक्रम (National Social Assistance Programme)

भारत के संविधान में राज्य नीति के निदेशक सिद्धांत, राज्य की क्षमता के भीतर अनेक कल्याण उपायों का प्रारंभ करने की आज्ञा देते हैं। विशेष रूप से भारत के संविधान का अनुच्छेद 41 राज्य को बेरोजगारी, बुढ़ापे, बीमारी और विकलांगता के मामले में अपने नागरिकों को सार्वजनिक सहायता प्रदान करने, अवांछनीय मांगों के अन्य मामलों में उसकी आर्थिक क्षमता और विकास की परिधि के भीतर पूरा करने का निर्देश देता है। यह इन महान सिद्धांतों के साथ अनुरूपता में है कि भारत सरकार ने 1995 में राष्ट्रीय सामाजिक सहायता कार्यक्रम (एनएसएपी) का प्रारंभ किया।

राष्ट्रीय सामाजिक सहायता कार्यक्रम तब राष्ट्रीय वृद्धावस्था पेंशन योजना (एनओएपीएस), राष्ट्रीय पारिवारिक लाभ योजना (एनएफबीएस) और राष्ट्रीय मातृत्व लाभ योजना (एनएमबीएस) से युक्त थी। ये कार्यक्रम वृद्धों को सामाजिक सहायता लाभ प्रदान करने के लिए थे, गरीबी रेखा से नीचे (बीपीएल) घरों में मुख्य काम आने वाले की मृत्यु के मामले में और मातृत्व हेतु सामाजिक सहायता प्रदान करने के लिए बनाए गए थे। इन कार्यक्रमों का उद्देश्य उन लाभों के अतिरिक्त न्यूनतम राष्ट्रीय मानकों को सुनिश्चित करना था जो राज्यों को तब प्रदान किए जा रहे थे या वे भविष्य में प्रदान किए जाएंगे।

राष्ट्रीय मातृत्व लाभ योजना को 2001 में स्वास्थ्य और परिवार कल्याण मंत्रालय में स्थानांतरित कर दिया गया और जननी सुरक्षा योजना में एक नियम के अंतर्गत सम्मिलित कर लिया गया। वर्ष 2000 में, अन्नपूर्णा योजना के नाम से एक नई योजना का प्रारंभ किया गया। 2009 में, राष्ट्रीय सामाजिक सहायता कार्यक्रम के तहत दो नई योजनाओं, नामित इंदिरा गांधी राष्ट्रीय विधवा पेंशन योजना (आईजीएनडब्ल्यूपीएस) और इंदिरा गांधी राष्ट्रीय विकलांगता पेंशन योजना (आईजीएनडीपीएस) का प्रारंभ किया गया।

अत: वर्तमान में, राष्ट्रीय सामाजिक सहायता कार्यक्रम निम्नलिखित पाँच उप-योजनाओं से युक्त है :

1. **इंदिरा गांधी राष्ट्रीय वृद्धावस्था पेंशन योजना [Indira Gandhi National Old Age Pension Scheme (IGNOAPS)]:** वर्ष 2007 में भारत सरकार ने वृद्धावस्था पेंशन योजना की योग्यता में संशोधन करके इसे 65 वर्ष या उससे अधिक आयु वर्ग के व्यक्तियों और गरीबी रेखा से नीचे के स्तर वालों के लिए कर दिया। इस संशोधन के साथ राष्ट्रीय वृद्धावस्था पेंशन योजना का नाम बदलकर इंदिरा गांधी राष्ट्रीय वृद्धावस्था पेंशन योजना कर दिया गया।

इंदिरा गांधी राष्ट्रीय वृद्धावस्था पेंशन योजना के अंतर्गत, वर्ष 2007 के बाद से, 65 वर्ष या इससे अधिक आयु के व्यक्तियों को प्रति माह 200 रुपये वृद्धावस्था पेंशन प्रदान की जा रही थी।

2011 में, इंदिरा गांधी राष्ट्रीय वृद्धावस्था पेंशन योजना के अंतर्गत, वृद्धावस्था पेंशन की योग्यता 65 वर्ष से घटाकर 60 वर्ष कर दी गई है और 80 वर्ष या उससे अधिक उम्र वालों के लिए

पेंशन की रकम को 200 रुपये से बढ़ाकर 500 रुपये प्रतिमाह कर दिया गया है।

इसलिए, इंदिरा गांधी राष्ट्रीय वृद्धावस्था पेंशन योजना के तहत, 60-79 वर्ष के आयु वर्ग के गरीबी रेखा से नीचे व्यक्तियों को रुपये 200 की मासिक पेंशन और 80 वर्ष और उससे अधिक की उम्र के गरीबी रेखा से नीचे व्यक्तियों को 500 रुपये की मासिक पेंशन प्राप्त करने का अधिकार है।

2. **नामित इंदिरा गांधी राष्ट्रीय विधवा पेंशन योजना (IGNWPS):** वर्ष 2009 में, भारत सरकार ने 40-64 वर्ष के आयु वर्ग में की गरीबी रेखा से नीचे वाली विधवाओं को 200 रुपये प्रति माह पेंशन की स्वीकृति दी है। इंदिरा गांधी राष्ट्रीय वृद्धावस्था पेंशन योजना के अंतर्गत आयु कम करने के फलस्वरूप नामित इंदिरा गांधी राष्ट्रीय विधवा पेंशन योजना के तहत ऊपरी आयु सीमा 64 वर्ष से घटाकर 59 वर्ष कर दी गई है।

वर्ष 2012 में, नामित इंदिरा गांधी राष्ट्रीय विधवा पेंशन योजना के अंतर्गत पेंशन की राशि बढ़ाकर 300 रुपये प्रतिमाह और ऊपरी आयु सीमा बढ़ाकर 79 वर्ष कर दिया गया है। नामित इंदिरा गांधी राष्ट्रीय विधवा पेंशन योजना 40-79 वर्ष की आयु वर्ग की ऐसी विधवाओं के लिए योग्य है जो गरीबी रेखा से नीचे जीवन यापन करने वाले परिवार की सदस्य हों।

3. **इंदिरा गांधी राष्ट्रीय विकलांगता पेंशन योजना (IGNDPS):** 2009 में, भारत सरकार ने गंभीर या अनेक विकलांगताओं से ग्रसित 18-64 वर्ष की आयु वर्गों के बीच व्यक्तियों को इंदिरा गांधी राष्ट्रीय वृद्धावस्था पेंशन योजना के अंतर्गत 200 रुपये प्रति माह प्रति लाभार्थी देने की स्वीकृति प्रदान की है। इंदिरा गांधी राष्ट्रीय वृद्धावस्था पेंशन योजना के अंतर्गत आयु को कम करने के फलस्वरूप, इंदिरा गांधी राष्ट्रीय विकलांगता पेंशन योजना के तहत ऊपरी आयु सीमा 64 वर्ष से घटाकर 59 वर्ष कर दी गई है।

2012 में, इंदिरा गांधी राष्ट्रीय विकलांगता पेंशन योजना के तहत पेंशन की राशि बढ़ाकर 300 रुपये प्रतिमाह कर दी गई है और ऊपरी आयु सीमा को बढ़ाकर 79 वर्ष कर दिया गया है। अत:, इंदिरा गांधी राष्ट्रीय विकलांगता पेंशन योजना 18-79 वर्ष की आयु के बीच गंभीर या अनेक प्रकार की विकलांगताओं से ग्रसित व्यक्तियों और गरीबी रेखा से नीचे रहने वाले परिवारों से संबंधित है।

4. **राष्ट्रीय मातृत्व लाभ योजना (NFBS):** योजना के प्रारंभ में, प्राकृतिक कारणों से मृत्यु के मामले में 5,000 रुपये का अनुदान और परिवार में मुख्य कमाने वाले की आकस्मिक मृत्यु के मामले में 10,000 रुपये को शोक संतृप्त परिवार को प्रदान करने का प्रावधान इस योजना के अंतर्गत किया गया था। योजना में निर्दिष्ट मुख्य कमाने वाला चाहे वह पुरुष हो या महिला, को घर का वह सदस्य होना चाहिए था, जिनकी कमाई घर की आय के कुल योग में महत्वपूर्ण योगदान देती हो। इस प्रकार के मुख्य कमाने वाले की मृत्यु, उस समय जब वह 18-64 वर्ष की आयु के समूह में हो, यानी 18 वर्ष से अधिक आयु और 65 वर्ष से कम आयु का हो, तब योजना के अंतर्गत परिवार को अनुदान प्राप्त करने के योग्य माना जाएगा।

1998 में, प्राकृतिक कारणों के साथ ही आकस्मिक कारणों से मृत्यु के मामले में भी, राष्ट्रीय मातृत्व लाभ योजना के अंतर्गत लाभ की राशि 10,000 रुपये तक बढ़ा दी गई थी।

वर्ष 2012 में, राष्ट्रीय मातृत्व लाभ योजना की सहायता राशि को बढ़ाकर 20,000 रुपये कर दिया गया है और परिवार के मुख्य कमाने वाले की मृत्यु की ऊपरी आयु सीमा 59 वर्ष कर दी गई है। इसलिए, 18-59 वर्ष की आयु समूह में मुख्य कमाने वाले की मृत्यु के मामले में राष्ट्रीय मातृत्व लाभ योजना लागू होता है।

5. **अन्नपूर्णा योजना (Annapurna Scheme):** यह योजना उन वरिष्ठ नागरिकों की खाद्य सुरक्षा आवश्यकता को पूरा करने के लिए लक्षित है, जिन्हें योग्य होने के बावजूद भी इंदिरा गांधी राष्ट्रीय वृद्धावस्था पेंशन योजना के तहत सम्मिलित नहीं किया गया था। इस योजना के अंतर्गत, लाभार्थी को प्रति माह 10 किलो अनाज मुफ्त प्रदान किया जाता है।

डिजिटल इंडिया भूमि आधुनिकीकरण कार्यक्रम (Digital India Land Records Modernisation Programme)

राष्ट्रीय भूमि रिकॉर्ड आधुनिकीकरण कार्यक्रम (एनएलआरएमपी), जिसे 2008 में एक केंद्र प्रायोजित योजना के रूप में मंजूरी दी गई थी, को तब से अब डिजिटल इंडिया लैंड रिकॉर्ड आधुनिकीकरण कार्यक्रम (डीआईएलआरएमपी) के रूप में फिर से शुरू किया गया है, जो कि केंद्रीय क्षेत्र की योजना है, जिसका शत प्रतिशत वित्त पोषण अप्रैल 2016 से केंद्र समर्थित है। यह धन कोष की आकृति में बदलाव के साथ 31.03.2017 से ऊपर 31.03.2020 तक बढ़ाया गया है।

नए धन कोष आकृति में, 2018-19 के दौरान पहली किस्त और प्रतिपूर्ति के आधार पर बाद में किस्त के रूप में 30% तक की एक अग्रिम जुटाने की अनुमति दी गई थी। 2019-20 के दौरान धन कोष को जारी करने की अनुमति केवल प्रतिपूर्ति के आधार पर दी जाती है।

योजना के विस्तार से पहले, निम्नलिखित घटकों को कार्यक्रम में शामिल किया गया था:

(i) भूमि अभिलेखों का कम्प्यूटरीकरण;

(ii) सर्वेक्षण/पुन: सर्वेक्षण और सर्वेक्षण का अद्यतन तथा निपटान रिकॉर्ड (केवल अभी चालू वाले);

(iii) पंजीकरण का कम्प्यूटरीकरण;

(iv) तहसील/तालुक/सर्कल/ब्लॉक स्तर पर मॉडम रिकॉर्ड रूम/भूमि रिकॉर्ड प्रबंधन केंद्र;

(v) प्रशिक्षण और क्षमता निर्माण;

(vi) कोर भौगोलिक सूचना प्रणाली;

(vii) कानूनी परिवर्तन;

(viii) कार्यक्रम प्रबंधन।

डिजिटल इंडिया लैंड रिकॉर्ड आधुनिकीकरण कार्यक्रम वर्तमान में देशभर में एक उपयुक्त एकीकृत भूमि सूचना प्रबंधन प्रणाली विकसित करने के लिए विभिन्न राज्यों में भूमि अभिलेखों के क्षेत्र में मौजूद समानताओं पर निर्माण करने का प्रयास करता है, जिस पर विभिन्न राज्य भी उनके द्वारा प्रासंगिक और उचित समझे जाने वाली उनकी राज्य-विशिष्ट आवश्यकताओं को जोड़ सकते हैं।

इस कार्यक्रम का कार्यान्वयन एक जटिल, संवेदनशील और भारी-भरकम कार्य है, जिसमें बोझिल और समय लेने वाली प्रक्रियाएं समाविष्ट हैं। इस कार्यक्रम की विभिन्न गतिविधियों/घटकों के पूरा होने की अवधि अन्य योजनाओं की तुलना में अपेक्षाकृत अधिक है। कार्यक्रम के अधिकांश घटकों में पर्याप्त प्रगति हासिल की गई है।

डिजिटल इंडिया लैंड रिकॉर्ड आधुनिकीकरण कार्यक्रम के तहत निम्नलिखित नवाचार पहलें की गई हैं:

(i) **राष्ट्रीय सामान्य दस्तावेज पंजीकरण प्रणाली (National Generic Document Registration System):** इस सॉफ्टवेयर एप्लीकेशन को सभी राज्यों में पंजीकरण प्रक्रिया के सरलीकरण और मानकीकरण के लिए डिजिटल इंडिया लैंड रिकॉर्ड आधुनिकीकरण कार्यक्रम के तहत राष्ट्रीय सूचना विज्ञान केंद्र [National Informatics Centre (NIC)] के माध्यम से विकसित किया गया है। अन्य बातों के साथ यह एप्लिकेशन, किसानों की आय को दोगुना करने, कारोबार करने में आसानी/आमदनी/किसानों द्वारा ऋण आदानों का लाभ उठाने में आसानी; न्यूनतम इंटरफेस, एसपीडी की ओर जाने को कम करने और ऑनलाइन प्रश्नों तथा उत्तरों को अनुमति प्रदान करने के अंतर्गत आधारभूत संरचना समर्थन का लाभ प्रदान करने में सक्षम बनाता है।

(ii) **एकीकृत भूमि प्रबंधन सूचना प्रणाली (Integrated Land Management Information System):** डिजिटल भारत भूमि रिकॉर्ड आधुनिकीकरण कार्यक्रम के तत्वावधान में एक एकीकृत भूमि सूचना प्रबंधन प्रणाली विकसित करने के लिए विभाग प्रयासरत है, जो भूस्वामी, संबंधित अधिकारियों/एजेंसियों और इच्छुक व्यक्तियों/उद्यमियों, आदि को भूमि के किसी भी भूखंड की उचित व्यापक स्थिति की जानकारी देने के लिए सभी उपलब्ध, प्रासंगिक जानकारी तक पहुंच के लिए एक नज़र में ऑनलाइन एकल खिड़की प्रदान करेगा। यह भूमि विवादों को कम करने में सक्षम होगा। निम्नलिखित गतिविधियाँ जारी हैं:

(a) भूमि रिकॉर्ड/पंजीकरण के साथ सभी बैंकों और वित्तीय संस्थानों के डेटा का एकीकरण;

(b) भूमि रिकॉर्ड के साथ सहमति आधारित आधार संख्या का एकीकरण, और;

(c) विशिष्ट भूमि पार्सल पहचान संख्या

प्रधानमंत्री कृषि सिंचाई योजना के वॉटरशेड विकास घटक (Watershed Development Component of Pradhan Mantri Krishi Sinchayee Yojana)

प्रधानमंत्री कृषि सिंचाई योजना (पीएमकेएसवाई) को 2015-16 में निम्नलिखित तीन मंत्रालयों की चल रही योजनाओं को मिला कर करके शुरू किया गया था:

1. पूर्ववर्ती जल संसाधन, नदी विकास और गंगा कायाकल्प, जो अब जल शक्ति मंत्रालय है, के तीव्र गति से सिंचाई लाभ कार्यक्रम (एआईबीपी);

2. ग्रामीण विकास मंत्रालय, भूमि संसाधन विभाग (डीओएलआर) का एकीकृत जलग्रहण प्रबंधन कार्यक्रम (आईडब्ल्यूएमपी), तथा;
3. कृषि और किसान कल्याण मंत्रालय के सतत् कृषि पर राष्ट्रीय मिशन के खेत जल प्रबंधन के सूक्ष्म सिंचाई घटक।

पूर्ववर्ती एकीकृत जलग्रहण प्रबंधन कार्यक्रम के अंतर्गत 8,214 वॉटरशेड विकासात्मक परियोजनाएं पूर्ववर्ती 28 राज्यों (गोवा को छोड़कर) (अब 27 राज्य तथा जम्मू और कश्मीर तथा लद्दाख केंद्र शासित प्रदेश) में 2009-10 से 2014-15 तक 39. 07 मिलियन हेक्टेयर को समाविष्ट करते हुए प्रमुख दया निबंध खेती वाले क्षेत्र के वर्षा सिंचित भागों और खेती योग्य बंजर भूमि के विकास हेतु मंजूर की गईं। वर्तमान में ये योजनाएं गोवा तथा केंद्र शासित प्रदेशों (अभी जम्मू एवं कश्मीर एवं लद्दाख के केंद्र शासित प्रदेशों को छोड़कर) में संचालित नहीं हैं।

अन्य विषयों के साथ आरंभ की हुई गतिविधियों में पहाड़ी क्षेत्र उपचार, जल निकासी मार्ग उपचार, मिट्टी तथा नमी संरक्षण संरक्षण, वर्षा जल संचयन, पौधशाला बढ़ोतरी, वनीकरण, बागवानी, चारागाह विकास, परिसंपत्ति हीन व्यक्तियों हेतु आजीविका आदि सम्मिलित हैं।

2015-16 में एकीकृत जलग्रहण प्रबंधन कार्यक्रम को प्रधानमंत्री कृषि सिंचाई योजना वॉटरशेड विकास घटक (डब्ल्यूडीसी) के साथ मिला दिया गया। सभी चालू परियोजनाओं के पूर्ण होने पर ध्यान केंद्रित करते हुए प्रधानमंत्री कृषि सिंचाई योजना के अंतर्गत 2015-16 से किसी नई योजना को स्वीकृत नहीं किया गया है।

वॉटरशेड विकास घटक – प्रधानमंत्री कृषि सिंचाई योजना की विशेषताएं (Features of WDC-PMKSY)

1. **चरणबद्ध कार्यान्वयन (Phased implementation):** कार्यान्वयन को तीन व्यापक चरणों में वितरित किया गया है। प्रारंभिक चरण (1 से 2 वर्षों) में विस्तृत परियोजना रिपोर्ट की तैयारी, प्रवेश बिंदु गतिविधियां तथा संस्थान एवं क्षमता निर्माण सम्मिलित हैं। कार्य चरण (2-3 वर्ष) में वॉटरशेड विकासात्मक कार्य परिसंपत्तियों सहित व्यक्तियों के लिए आजीविका गतिविधियां और उत्पादक प्रणालियां एवं सूक्ष्म उद्यम सम्मिलित हैं। समेकन एवं निकासी चरण (1 से 2 वर्ष) यह चरण गतिविधियों को समापन की ओर समेटने तथा स्थानीय निकाय को परिसंपत्तियों के सौंपने का समावेशन करता है।

2. **लागत सहभाजन (Cost Sharing):** लागत प्रतिमान पहाड़ी और दुर्गम क्षेत्रों हेतु रुपये 15000 प्रति हेक्टर, अन्य क्षेत्रों हेतु रुपये 12000 तथा जिलों में एकीकृत कार्य योजना (आईएपी) के अंतर्गत वॉटरशेड परियोजनाओं हेतु 15000 रुपये प्रति हेक्टर तक है। 30 -03-2015 तक केंद्र तथा राज्यों के बीच धन कोष आकृति 90 : 10 के अनुपात में थी। उत्तर पूर्वी क्षेत्र राज्यों और हिमाचल प्रदेश के पहाड़ी इलाकों, पूर्ववर्ती जम्मू और कश्मीर तथा उत्तराखंड में 90 : 10 में जारी रहने के साथ, 2015-16 से केंद्र एवं राज्य के बीच धन कोष आकृति 60 : 40 के अनुपात में है। कार्यक्रम के अंतर्गत परियोजनाओं को वर्षा सिंचित/खराब क्षेत्रों के लगभग 5000 हेक्टेयर के सूक्ष्म वॉटरशेड से निर्मित किया गया है, जिनके पास कोई सुनिश्चित सिंचाई उपलब्ध नहीं है।

3. **कार्यान्वयन हेतु संस्थागत व्यवस्था/स्थापना (Institutional set up for Implementation):** कार्यक्रम के कार्यान्वयन के लिए केंद्र, राज्य एवं जिला स्तर पर समर्पित संस्थाएं प्रदान की जा रही है:

(i) **मंत्रालय स्तर:** भूमि संसाधनों के विभाग के पास वॉटरशेड परियोजनाओं हेतु बहु-क्षेत्रक बहु-अनुशासनात्मक परिचालन आयोग के रूप में एक प्रभावशाली और पेशेवर प्रबंधन, संस्थागत तंत्र है। इसकी अध्यक्षता सचिव, भूमि संसाधन विभाग द्वारा की जाती है।

(ii) **राज्य स्तर:** राज्य में वॉटरशेड विकास घटक - प्रधानमंत्री कृषि सिंचाई योजना के कार्यान्वयन हेतु पेशेवर कुशलता के साथ राज्य स्तरीय केंद्रीय एजेंसी एक समर्पित संस्थान है।

(iii) **जिला स्तर:** जिले में वॉटरशेड विकास घटक - प्रधानमंत्री कृषि सिंचाई योजना परियोजनाओं का निरीक्षण और समन्वय करने के लिए वॉटरशेड सेल-कम-डाटा सेंटर (डब्ल्यूसीडीसी) जिला स्तर पर एक संस्थान है। वॉटरशेड सेल कम-डाटा-सेंटर को राज्य सरकारों की अपनी बुद्धिमत्ता के अनुसार

जिला ग्रामीण विकास एजेंसी/जिला परिषद/जिला स्तर कार्यान्वयन एजेंसी/विभाग में स्थापित किया जाता है।

(iv) **परियोजना स्तर:** परियोजना कार्यान्वयन का निरीक्षण परियोजना कार्यान्वयन करने वाली एजेंसी (पीआईए) द्वारा किया जाता है। वॉटरशेड परियोजना, 2008 (संशोधित 2011) के सामान्य दिशा-निर्देशों के अनुसार सरकारी तथा गैर-सरकारी एजेंसियों और पंचायतों को परियोजना कार्यान्वयन करने वाली एजेंसी के रूप में कार्य करने हेतु राज्यों द्वारा चयनित किया जा सकता है।

(v) **ग्राम स्तर:** वॉटरशेड कमेटी का गठन ग्राम सभा द्वारा परियोजनाओं को क्षेत्र स्तर पर कार्यान्वित करने हेतु किया गया है। यह कम-से-कम 10 सदस्यों से बना हुआ है जिसमें से आधे स्वयं-सेवा समूहों तथा उपभोक्ता समूहों (यूजी), अनुसूचित जाति/अनुसूचित जनजातियों, महिलाओं और भूमिहीनों के प्रतिनिधि हैं।

4. **फ्लेक्सी लागत प्रतिमान (Flexi Cost Norms):** विभिन्न घटकों को सामान्य दिशा-निर्देशों के तहत परियोजना की कुल प्रति हेक्टेयर लागत का एक प्रतिशत आवंटित किया गया था जिसे बाद में 25% तक के फ्लेक्सी कोष का प्रावधान करने के लिए संशोधित किया गया था।

5. **निगरानी (Monitoring):** परियोजनाओं की प्रगति की निगरानी के लिए राष्ट्रीय रिमोट सेंसिंग सेंटर की सहायता से वर्ष 2015 में एक भू-स्थानिक पोर्टल SRISHTI को विकसित किया गया है। असल समय के लगभग समय के आधार पर भू-कोडित और समय-मुद्रांकित तस्वीरें SRISHTI पोर्टल पर अपलोड की जाती हैं, जो विशेष रूप से इस उद्देश्य के लिए विकसित एक मोबाइल एप्लिकेशन DRISHTI का उपयोग करता है।

6. **समापन क्रमाचार (Closure Protocol):** एक सुनियोजित सुधार के रूप में वॉटरशेड विकास घटक - प्रधानमंत्री कृषि सिंचाई योजना परियोजना के औपचारिक पूर्णता और समापन हेतु भूमि संसाधन विकास विभाग द्वारा क्रमाचार को प्रतिपादित किया गया है। अन्य बातों के अलावा, यह क्रमाचार निम्नलिखित को सुनिश्चित करने के लिए परिकल्पना करता है-(i) अपूर्ण कार्यों (यदि कोई हों), (ii) रख-रखाव, (iii) सुरक्षा और (iv) वॉटरशेड विकास परियोजनाओं की स्थिरता सुनिश्चित करने की परिकल्पना करता है। इसमें एम एवं ई घटक के लिए अनुमोदित लागत मानदंड के भीतर परियोजना/परियोजनाओं का एक उपयुक्त, त्वरित और कम लागत/लागत प्रभावी रेखा के अंत में मूल्यांकन सम्मिलित है।

ग्रामीण विकास हेतु सरकारी हस्तक्षेप (3) [Government Interventions for Rural Development (3)]

60

जल जीवन मिशन (Jal Jeevan Mission)

अगस्त 2019 में, पूर्ववर्ती राष्ट्रीय ग्रामीण पेयजल कार्यक्रम (NRDWP), 2024 तक हर ग्रामीण परिवार को हर घर जल यानी, हर घर को कार्यात्मक घरेलू नल कनेक्शन (FHTC) प्रदान करने के लिए जल जीवन मिशन (JJM) के अंतर्गत लाया और पुनर्गठित किया गया।

जल जीवन मिशन से ग्रामीण भारत के सभी घरों में 2024 तक व्यक्तिगत घरेलू नल कनेक्शन के माध्यम से सुरक्षित और पर्याप्त पेयजल उपलब्ध कराने की परिकल्पना की गई है। कार्यक्रम स्रोत स्थिरता उपायों को अनिवार्य तत्वों के रूप में लागू करता है, जैसे कि धूसर जल प्रबंधन के माध्यम से पुनर्भरण और पुन: उपयोग, जल संरक्षण, वर्षा जल संचयन।

जल जीवन मिशन पानी के लिए एक सामुदायिक दृष्टिकोण पर आधारित है और इसमें मिशन के प्रमुख घटक के रूप में व्यापक सूचना, शिक्षा और संचार सम्मिलित हैं। जल जीवन मिशन पानी के लिए एक जनांदोलन बनाता है, जिससे यह हर किसी की प्राथमिकता बनता है।

दृष्टि (Vision)

प्रत्येक ग्रामीण परिवार को नियमित सेवा और लंबी अवधि के लिए, सेवा प्रदान करने की सस्ती दर के आधार पर, निर्धारित गुणवत्ता में पर्याप्त मात्रा में पीने के पानी की आपूर्ति हो, जिससे ग्रामीण समुदायों के जीवन स्तर में सुधार हो सके।

लक्ष्य (Mission)

जल जीवन मिशन का लक्ष्य सहायता करना सशक्त और सुगम बनाना है:

1. राज्यों/केंद्रशासित प्रदेशों में हर ग्रामीण घरेलू और सार्वजनिक संस्थान, यथा-जी.पी. भवन, विद्यालय, आंगनवाडी केंद्र, स्वास्थ्य केंद्र, कल्याण केंद्र आदि, के लिए दीर्घकालिक आधार पर पीने के पानी की सुरक्षा सुनिश्चित करने के लिए भागीदारी ग्रामीण जल आपूर्ति रणनीति की योजना तैयार कर रही है।
2. जल आपूर्ति के बुनियादी ढांचे के निर्माण के लिए राज्य/केंद्रशासित प्रदेश, ताकि 2024 तक हर ग्रामीण घर में कार्यात्मक नल कनेक्शन (FHTC) हो और पर्याप्त मात्रा में निर्धारित गुणवत्ता वाला पानी नियमित रूप से उपलब्ध हो सके।
3. राज्यों/केंद्रशासित प्रदेशों को उनकी पेयजल सुरक्षा की योजना बनाना।
4. ग्राम पंचायतों/ग्रामीण समुदायों को गाँव की जल आपूर्ति प्रणालियों के लिए उन के स्वयं द्वारा योजना बनाने, कार्यान्वित करने, प्रबंधन करने, संचालित करने और बनाए रखने के लिए कार्य करना।
5. उपयोगिता दृष्टिकोण को बढ़ावा देकर क्षेत्र के सेवा वितरण और वित्तीय स्थिरता पर ध्यान केंद्रित करने वाले मजबूत संस्थानों को विकसित करने के लिए राज्य/संघ राज्य क्षेत्र/केंद्रीय शासित प्रदेश।

6. हितधारकों की क्षमता का निर्माण और जीवन की गुणवत्ता में सुधार के लिए पानी के महत्व पर समुदाय में जागरूकता पैदा करना।
7. मिशन के कार्यान्वयन के लिए राज्यों/संघ राज्य क्षेत्रों/केंद्रीय शासित प्रदेशों को वित्तीय सहायता का प्रावधान बनाने और जुटाने में।

उद्देश्य (Objectives)

मिशन के व्यापक उद्देश्य हैं:

1. प्रत्येक ग्रामीण परिवार को कार्यात्मक घरेलू नल कनेक्शन प्रदान करना।
2. गुणवत्ता प्रभावित क्षेत्रों, सूखे की ओर प्रवृत्त और रेगिस्तानी क्षेत्रों में गांवों, संसद आदर्श ग्राम योजना (SAGY) गांवों, आदि में कार्यात्मक घरेलू नल कनेक्शन के प्रावधान को प्राथमिकता देना।
3. स्कूलों, आंगनवाड़ी केंद्रों, ग्राम पंचायत भवनों, स्वास्थ्य केंद्रों, कल्याण केंद्रों और सामुदायिक भवनों को कार्यात्मक नल कनेक्शन प्रदान करना।
4. नल कनेक्शन की कार्यक्षमता की निगरानी करना।
5. नकद, वस्तु और/या श्रम और स्वैच्छिक श्रम (श्रमदान) के योगदान के माध्यम से स्थानीय समुदाय के बीच स्वैच्छिक स्वामित्व को बढ़ावा देना और इसे सुनिश्चित करना।
6. जल आपूर्ति प्रणाली, अर्थात् जल स्रोत, जल आपूर्ति के बुनियादी ढांचे और नियमित संचालन और रख-रखाव के लिए धन कोष की स्थिरता सुनिश्चित करने में सहायता करना।
7. क्षेत्र, जैसे-निर्माण, नल कर्म, विद्युत, जल गुणवत्ता प्रबंधन, जल उपचार, जलग्रहण संरक्षण, संचालन और रख-रखाव इत्यादि में मानव संसाधन को सशक्त और विकसित करना ताकि अल्पकालिक और दीर्घकालिक अवधि में इन क्षेत्रों की मांगों पर ध्यान दिया जा सके।
8. सुरक्षित पेयजल के विभिन्न पहलुओं और महत्व के बारे में जागरूकता लाना और हितधारकों की भागीदारी को इस तरह सम्मिलित करना कि जल से हर किसी का सरोकार बन सके।

घटक (Components)

जल जीवन मिशन के अंतर्गत निम्नलिखित घटक समर्थित हैं:

1. प्रत्येक ग्रामीण घर में, नल से जल कनेक्शन उपलब्ध कराने के लिए ग्राम के भीतर ही पाइप से जल आपूर्ति बुनियादी ढांचे का विकास।
2. जल आपूर्ति प्रणाली को दीर्घकालिक स्थिरता प्रदान करने के लिए विश्वसनीय पेयजल स्रोतों का विकास और/या मौजूदा स्रोतों का संवर्द्धन।
3. जहां भी आवश्यक हो, थोक जल अंतरण, उपचार संयंत्रों और वितरण नेटवर्क/प्रसार को हर ग्रामीण घर की आवश्यकता का ध्यान रखना।
4. जहां पानी की गुणवत्ता एक मुद्दा है, वहां से प्रदूषण को हटाने के लिए तकनीकी हस्तक्षेप।
5. 55lpcd की न्यूनतम सेवा स्तर पर कार्यात्मक घरेलू नल कनेक्शन प्रदान करने के लिए पूर्ण और चल रही योजनाओं में पुन: संयोजन।
6. धूसर जल प्रबंधन।
7. समर्थन गतिविधियाँ, यानि आईसी, एचआरडी, प्रशिक्षण, उपयोगिताओं का विकास, जल गुणवत्ता प्रयोगशालाएँ, जल गुणवत्ता परीक्षण और निगरानी, अनुसंधान एवं विकास, ज्ञान केंद्र, समुदायों की क्षमता निर्माण इत्यादि।
8. प्राकृतिक आपदाओं/विपत्तियों के कारण उभर रही कोई भी अन्य अप्रत्याशित चुनौतियाँ/मुद्दे जो 2024 तक हर घर में कार्यात्मक नल कनेक्शन के लक्ष्य को प्रभावित करते हैं।

स्वच्छ भारत अभियान (ग्रामीण) [Swachh Bharat Mission (Grameen) (SBMG)]

सार्वभौमिक स्वच्छता कवरेज प्राप्त करने और स्वच्छता पर ध्यान केंद्रित करने के प्रयासों में तेजी लाने के उद्देश्य से, भारत के प्रधानमंत्री ने 2 अक्टूबर, 2014 को स्वच्छ भारत अभियान की शुरुआत की। इस मिशन को राष्ट्रव्यापी अभियान/जनान्दोलन के रूप में लागू किया गया था, जिसका उद्देश्य 2014 से 2019 के दौरान व्यवहार परिवर्तन, घरेलू स्वामित्व वाले और सामुदायिक स्वामित्व वाले शौचालयों का निर्माण और उपयोग की निगरानी के

लिए तंत्र स्थापित करने के माध्यम से ग्रामीण क्षेत्रों में बड़े पैमाने पर खुले में शौच को खत्म करना था।

मिशन के अंतर्गत, भारत के सभी गाँवों, ग्राम पंचायतों, जिलों, राज्यों और केंद्र शासित प्रदेशों ने 2 अक्टूबर, 2019 तक, महात्मा गांधी की 150वीं जन्म जयंती पर, भारतीय ग्रामीण इलाकों में 100 मिलियन से अधिक शौचालयों का निर्माण कर उन्हें 'खुले में शौच से मुक्त' ['open-defecation free' (ODF)] घोषित कर दिया।

यह सुनिश्चित करने के लिए कि खुले में शौच मुक्त व्यवहार सतत् है, कोई भी पीछे नहीं है, और ठोस और तरल अपशिष्ट प्रबंधन सुविधाएं सुलभ हैं, मिशन स्वच्छ भारत अभियान ग्रामीण के अगले चरण यानी ओडीएफ-प्लस की ओर बढ़ रहा है। स्वच्छ भारत मिशन (ग्रामीण) के दूसरे चरण-II के तहत ओडीएफ-प्लस गतिविधियां ओडीएफ व्यवहार को सुदृढ़ करेंगी और गांवों में ठोस और तरल कचरे के सुरक्षित प्रबंधन के लिए हस्तक्षेप / मध्यस्थता करने पर ध्यान केंद्रित करेंगी।

दृष्टि (Vision)

स्वच्छ भारत मिशन (ग्रामीण) चरण-II का उद्देश्य खुले में शौच मुक्त व्यवहार सुनिश्चित करना है।

उद्देश्य (Objectives)

1. खुले में शौच मुक्त व्यवहार सतत् है और कोई भी पीछे नहीं रहा है।
2. ठोस और तरल अपशिष्ट प्रबंधन सुविधाएं सुलभ और सुदृढ़ हैं। खुले में शौच से मुक्त व्यवहार को पुन: प्रबलता पूर्वक लागू करना गांवों में ठोस और तरल कचरे के सुरक्षित प्रबंधन के लिए हस्तक्षेप प्रदान करने पर ध्यान केंद्रित करना।
3. पारिस्थितिकी रूप से सुरक्षित और सतत् स्वच्छता हेतु लागत प्रभावी और उपयुक्त प्रौद्योगिकी को प्रोत्साहित करना।
4. जहाँ कहीं भी आवश्यक हो, समुदाय प्रबंधित स्वच्छता प्रणाली, जो कि वैज्ञानिक ठोस एवं तरल अपशिष्ट प्रबंधन केंद्रित है, का समग्र विकास।
5. लिंग पर महत्वपूर्ण सकारात्मक प्रभाव का निर्माण और स्वच्छता में सुधार करके विशेषकर सीमांत समुदायों में सुधार करके सामाजिक समावेशन को बढ़ावा देना।

विशेषताएं (Features)

स्वच्छ भारत मिशन ग्रामीण चरण-II की विशेषताएं इस प्रकार हैं:

1. **कार्यनीति (Strategy):** क्योंकि स्वच्छता एक राज्य का विषय है राज्य विशेष की विशिष्ट आवश्यकताओं को ध्यान में रखते हुए उनकी कार्यान्वयन नीति धन और तंत्र के उपयोग खाते में निर्णय लेने हेतु राज्य सरकारों को लचीलापन प्रदान करते हुए स्वच्छ भारत की ओर बढ़ना कार्यनीति का केंद्र है। भारत सरकार की भूमिका प्रमुख तथा केंद्रीय कार्यक्रमों को मिशन का दर्जा दिए जाने के द्वारा देश के लिए इसकी सख्त आवश्यकता को पहचान कर राज्य के प्रयास को सम्मान देना है। कार्यनीति के प्रमुख तत्वों में समाविष्ट हैं:
   - (a) जमीनी स्तर पर गहन व्यापार बदलाव गतिविधियों को लेने हेतु जिलों की संस्थागत क्षमताओं का परिवर्द्धन करना है।
   - (b) कार्यक्रम को समयबद्ध और संगठित परिणामों को मापने हेतु क्रियान्वयन एजेंसियों की क्षमताओं पर बल देना।
   - (c) समुदाय में व्यवहार संबंधी बदलाव हेतु राज्यस्तरीय संस्थाओं के प्रदर्शन को प्रोत्साहन देना।
2. **व्यवहार परिवर्तन पर ध्यान (Focus on Behaviour Change):** व्यवहार परिवर्तन स्वच्छ भारत मिशन का एक प्रमुख विधेयक है और अंत: व्यवहार परिवर्तन बातचीत/संवाद (बीसीसी) पर बल दिया गया है। की जाने वाली गतिविधियों में, बीसीसी एकमात्र अलग गतिविधि नहीं है जिसे स्वच्छ भारत मिशन-ग्रामीण के घटक के रूप में किया गया है पर यह बीसीसी द्वारा समुदायों को सुरक्षित और सतत् स्वच्छता आदतों को अपनाने में आगे ले जाने हेतु है।

   जागरूकता उत्पन्न करने ठोस और तरल मल प्रबंधन गतिविधियों को सामुदायिक एकत्रीकरण के स्थानों पर, आंगनवाड़ियों का, विद्यालयों का, घरों में स्वच्छता

सुविधाओं की मांग उत्पन्न करने, सामुदायिक व्यवहार परिवर्तन के लिए मनोदशा बदलने और जागरूकता उत्पन्न करने पर बल दिया गया है क्योंकि खुले में शौच मुक्त गांवों के लक्ष्य के लिए सभी कुटुंब और व्यक्ति प्रति दिन और हर समय शौचालय के व्यवहार के लिए वांछित व्यवहार हेतु हामी भरे ऐसा पूर्णतया संभव नहीं है, इसलिए सामुदायिक कार्रवाई और बाहरी लोगों पर सहकर्मी दबाव उत्पन्न करना इसकी प्रमुख चाबी है।

3. **स्वच्छ भारत के लिए पैदल सैनिक (Foot Soldiers of Swachh Bharat):** ग्राम पंचायत स्तर पर एक समर्पित प्रशिक्षित और उचित तरीके से प्रोत्साहन दिए हुए स्वच्छता कार्य दल की आवश्यकता है। पैदल सैनिकों की सेना या स्वच्छता आग्रहियों जिन्हें पहले स्वच्छता दूतों के नाम से जाना जाता था, को वर्तमान व्यवस्था, जैसे-पंचायती राज्य संस्थान, सहकारी समितियों, आशाओं, आंगनवाड़ी कार्यकर्ताओं, महिला समूहों, समुदाय आधारित संगठनों, स्वयंसेवी समूहों, जल लाइनमैन/पंप संचालक आदि जो कि ग्राम पंचायत में कार्यरत हैं या स्वच्छ गिरियों को विशेष रूप से लक्ष्य हेतु कार्य में प्रयुक्त करने के माध्यम से कार्य में संलग्न और विकसित किया जाता है। लाइन विभाग के वर्तमान कर्मचारी यदि उपयोग में लिए जा चुके हों तब मूल लाइन विभाग स्वच्छ भारत मिशन के अंतर्गत उनकी गतिविधियों की भूमिका को समाविष्ट करने के लिए स्पष्ट रूप से अनुबंध में बंधा है।

4. **स्वच्छता तकनीक (Sanitation Technologies):** शौचालय के निर्माण और बैठाने में वित्तीय या किसी अन्य प्रकार से लाभ प्राप्त करने वाले समुदायों की उपयुक्त भागीदारी का घर और समुदाय दोनों स्तर पर स्वामित्व बढ़ाने और उपयोग की सलाह दी जाती है। मैन्यू के विकल्पों में अंतर्निहित सुरक्षा गरीब और वंचित परिवारों के तदनुसार उनकी आवश्यकता और वित्तीय स्तर को देखते हुए उन्हें उनके शौचालय अद्यतन करने के अवसर को देने और यह सुनिश्चित करने के लिए कि स्वच्छ शौचालय निर्मित हो जो परिरोधी हो और मल के निपटान को सुनिश्चित करता हो। लागत क्रियान्वयन के साथ तकनीकी विकल्पों की एक चित्र में सूची को उपयोगकर्ता के चुनाव और ठिकाने-विशिष्ट जरूरतों को पूरा करने के लिए दिया गया है, जबकि सरकार क्षेत्र के टोपोग्राफी मिट्टी की दिशा आदि को ध्यान में रखते हुए शौचालय तकनीक के चुनाव हेतु लचीलापन प्रदान करती है, ठीक से निर्मित जुड़वां गड्ढे सर्वाधिक पसंदीदा तकनीक है।

5. **राज्यों को लचीलापन (Flexibility to States):** राज्यों के पास व्यक्तिगत पारिवारिक शौचालय प्रोत्साहन के उपयोग हेतु लचीलापन है। व्यापक प्रेरणा और व्यवहारगत बदलाव हस्तक्षेप के अलावा (आईईसी घटक से) ग्रामीण घरों के लिए व्यक्तिगत पारिवारिक शौचालय हेतु प्रोत्साहन का प्रावधान राज्यों के पास उपलब्ध है (व्यक्तिगत पारिवारिक शौचालय घटक से) इसका उपयोग सामुदायिक परिणामों को प्राप्त करने के लिए कवरेज को अधिकतम करने के लिए भी किया जाता है।

6. **निगरानी तंत्र (Monitoring Mechanisms):** एक गाँव की खुले में शौच मुक्त स्थिति, ठोस और तरल अपशिष्ट प्रबंधन परियोजनाओं के कार्यान्वयन के साथ-साथ घरेलू शौचालयों, स्कूल और आंगनवाड़ी शौचालयों और सामुदायिक स्वच्छता परिसरों के निर्माण और उपयोग की निगरानी के लिए एक मजबूत निगरानी व्यवस्था की गई है। निगरानी एक मजबूत समुदाय के नेतृत्व वाली प्रणाली का उपयोग करती है, जैसे-सामाजिक लेखा परीक्षा, समुदाय आधारित निगरानी और सतर्कता समितियां सहकर्मी दबाव बनाने में मदद करेंगी। राज्यों ने सामुदायिक जरूरतों को पूरा करने के लिए अपनाए जाने वाले वितरण तंत्र को तय किया।

7. **ओडीएफ समुदायों का सत्यापन (Verification of ODF Communities):** 'ओडीएफ' शब्द को गोल द्वारा परिभाषित किया गया है और उसी के लिए संकेतक विकसित किए गए हैं। इन संकेतकों के खिलाफ गांवों को सत्यापित करने के लिए विश्वसनीय प्रक्रिया स्थापित करने के लिए, एक प्रभावी सत्यापन तंत्र आवश्यक है। चूंकि स्वच्छता एक राज्य का विषय है और कार्यक्रम के कार्यान्वयन में राज्य प्रमुख संस्थाएँ हैं, ओडीएफ सत्यापन के लिए तंत्र राज्यों द्वारा स्वयं विकसित किए जाते हैं। केंद्र की भूमिका विभिन्न राज्यों द्वारा अपनाई गई प्रक्रियाओं को साझा करने और राज्यों द्वारा ओडीएफ घोषित किए गए ग्राम पंचायतों/गांवों के एक छोटे प्रतिशत को मान्य करने के लिए एक तंत्र विकसित करने और उन राज्यों को

आगे बढ़ाने और निर्देशित करने की है जहां केंद्र/राज्य के मूल्यांकन में बड़ा अंतर है।

8. **ओडीएफ समुदायों को सतत् बनाए रखना (Sustaining ODF Communities):** ओडीएफ की उपलब्धि में बहुत हद तक व्यवहार परिवर्तन पर काम करना शामिल है, जिसके सततृता के निर्वाह हेतु समुदाय द्वारा ठोस प्रयासों की आवश्यकता होती है। कई जिलों और राज्यों ने ओडीएफ की स्थिरता बनाए रखने के लिए पैरामीटर विकसित किए हैं।

श्यामा प्रसाद मुरवर्जी रूर्बन मिशन (Shyama Prasad Mukherji Rurban Mission)

श्यामा प्रसाद मुखर्जी रूर्बन मिशन का आरंभ भारत के प्रधानमंत्री द्वारा फरवरी 2016 में रुपये 5142.08 करोड़ परिव्यय के साथ किया गया था। यह एक अनूठा कार्यक्रम है, जिसे विकास की दहलीज पर ग्रामीण क्षेत्रों में उत्प्रेरक हस्तक्षेप प्रदान करने के लिए निर्मित किया गया है।

इस मिशन के तहत पूरे देश में विषयगत आर्थिक विकास के बिंदुओं के साथ 300 रुर्बन क्लस्टर विकसित किए जा रहे हैं, जिसमें क्रिटिकल गैप फंडिंग (CGF) के रूप में दिए गए प्रत्येक रूर्बन क्लस्टर के लिए अनुमानित निवेश का 30% तक का वित्त पोषण समर्थन है, जबकि 70% धन, राज्य और केंद्रीय कार्यक्रमों के तालमेल के साथ निजी निवेश और संस्थागत वित्त पोषण के माध्यम से राज्यों द्वारा जुटाया जाता है।

केंद्र प्रायोजित योजना के रूप में फिर से वर्गीकृत किए जाने पर, क्रिटिकल गैप फंडिंग को अब केंद्र और राज्य के बीच पहाड़ी क्षेत्रों के राज्यों के लिए 60: 40 और हिमालयी और पूर्वोत्तर राज्यों के लिए 90: 10 के अनुपात में साझा किया गया है।

मिशन की प्रगति (Progress of the Mission)

निम्नलिखित बिंदु राष्ट्रीय स्तर पर मिशन की प्रगति को दर्शाते हैं:

1. मिशन ने 2016 में प्रारंभ होने के बाद से ही तेज गति से प्रगति की है, सीजीएफ के केंद्रीय भाग के रु. 1663 करोड़, रु. 749 करोड़ क्रिटिकल गैप फंडिंग के राज्यों का भाग और प्रशासनिक अनुदान के रुपये 103.25 करोड़ को पिछले पांच वित्तीय वर्षों में 28 राज्यों और 8 केंद्र शासित प्रदेशों को जारी किया गया।
2. अब तक, जनादेश के 300 समूहों में से, 296 समूहों की देशभर में पहचान की गई है और इसे अनुमोदित किया गया है। इसके अलावा, राज्यों के साथ गहन जुड़ाव के माध्यम से, 287 एकीकृत क्लस्टर एक्शन प्लान (आईसीएपी), जो प्रत्येक समूह के लिए निवेश के नीले प्रिंट हैं, को 28 राज्यों और 6 केंद्रीय शासित प्रदेशों के लिए अनुमोदित किये गए है।
3. 287 एकीकृत क्लस्टर एक्शन प्लान में रुपये 27, 846 करोड़ के निवेश के स्वीकृत होने का अनुमान लगाया गया है, जिसे समेकन के माध्यम से जुटाई गई धनराशि के साथ क्रिटिकल गैप फंडिंग के केंद्र और राज्य के हिस्से से भी भरा जाना है। अब तक के कामों पर रिपोर्ट व्यय रुपये 6,608 करोड़, जिसमें से क्रिटिकल गैप फंडिंग रुपये 1,069 करोड़ की है और रुपये 5, 539 करोड़ समेकन के तहत है।
4. प्रस्तावित कुल निवेश में से लगभग 79% आर्थिक और बुनियादी सुविधाओं की संतृप्ति की ओर लक्षित है। लघु और मध्यम पैमाने के उद्यमों और पर्यटन को बढ़ावा देने के लिए कौशल विकास के बाद कृषि सेवाओं के विकास और प्रसंस्करण जैसी आर्थिक सुविधाओं की संतृप्ति के लिए विभिन्न विषय गत क्षेत्रों की पहचान की गई है।

आयोजित गतिविधियाँ (Activities Undertaken)

मिशन के कार्यान्वयन में तेजी लाने हेतु की गई प्रमुख गतिविधियाँ इस प्रकार हैं:

1. क्लस्टर योजना क्षेत्रों में मॉडल/आदर्श स्थान संबंधी नियोजन दिशा-निर्देशों और सेवा स्तर बेंचमार्क का प्रसार।
2. वास्तविक समय के आधार पर प्रगति को ट्रैक करने के लिए रूर्बन सॉफ्ट एमआईएस पोर्टल विकसित किया गया है।
3. प्रबंधन सूचना प्रणाली [Management Information System (MIS)] पोर्टल के साथ सार्वजनिक वित्त प्रबंधन प्रणाली [Public Finance Management System (PFMS)] एकीकरण विक्रेताओं को भुगतान के लिए भुगतान प्रवाह तंत्र का सरलीकरण।

राष्ट्रीय ग्राम स्वराज अभियान (Rashtriya Gram Swaraj Abhiyan)

2016-2017 में वित्त मंत्री के बजट भाषण के संदर्भ में, 21/04/2018 को सरकार ने राष्ट्रीय ग्राम स्वराज अभियान (आरजीएसए) की पुनर्गठित केंद्र प्रायोजित योजना (सीएसएस) को मंजूरी दी, जिसे वित्तीय वर्ष 2018-19 से मिशन अंत्योदय के साथ समेकन पर मुख्य जोर के साथ पंचायती राज संस्थाओं को सतत् विकासात्मक लक्ष्य को प्राप्त करने हेतु मजबूती प्रदान करने तथा 117 आकांक्षी जिलों में पंचायती राज संस्थाओं को बल देने के प्राथमिक उद्देश्य से लागू किया गया।

इस योजना को राष्ट्रीय पंचायती राज दिवस के अवसर पर 24.04.2018 को प्रधानमंत्री द्वारा शुरू किया गया था। योजना को 01.04.2018 से 31.03.2022 तक कार्यान्वयन के लिए अनुमोदित किया गया है, जिसमें कुल बजट परिव्यय 7255.50 करोड़ रुपये है, जिसमें से राज्य का हिस्सा 2755.50 करोड़ रुपये और केंद्रीय भाग 4500.00 करोड़ रुपये होगा। यह योजना भाग IX क्षेत्रों सहित सभी राज्यों और केंद्र शासित प्रदेशों तक फैली हुई है, जिसमें लगभग 2.53 लाख ग्राम पंचायतें और गैर-स्थानीय IX क्षेत्रों में ग्रामीण स्थानीय सरकार के संस्थान शामिल हैं, जहां पंचायतें मौजूद नहीं हैं। राज्य घटक के लिए साझाकरण पैटर्न 60: 40 के अनुपात में है, जिसमें पूर्वोत्तर, पहाड़ी राज्यों और केंद्र शासित प्रदेशों जम्मू और कश्मीर को छोड़कर, जहां केंद्र और राज्य साझाकरण 90: 10 के अनुपात में है। अन्य सभी केंद्रीय शासित प्रदेशों के लिए, केंद्रीय भाग 100% है।

घटक (Components)

इस योजना में केंद्रीय और राज्य घटक सम्मिलित हैं। केंद्रीय घटक में समाविष्ट हैं:

1. राष्ट्रीय स्तर की गतिविधियाँ: राष्ट्रीय स्मार्ट ग्रिड मिशन परियोजना प्रबंधन यूनिट को सम्मिलित करते हुए राष्ट्रीय स्तर की गतिविधियां, जैसे-प्रौद्योगिकी सहायता के लिए राष्ट्रीय योजना, पंचायती राज संस्थान एवं क्षमता निर्माण और प्रशिक्षण की अनेक गतिविधियों जिनमें राष्ट्रीय ग्रामीण विकास एवं पंचायती राज संस्थान हैदराबाद सम्मिलित हैं, के साथ सहकार्यता।
2. ई-पंचायत पर मिशन मोड परियोजना (एमएमपी), तथा;
3. पंचायतों का प्रोत्साहन।

राज्य घटक पंचायतों की क्षमता बढ़ाने के लिए क्षमता निर्माण और प्रशिक्षण के लिए राज्य सरकारों द्वारा की जाने वाली गतिविधियों से संबंधित है यानी क्षमता निर्माण और प्रशिक्षण बुनियादी ढाँचा और प्रशिक्षण के लिए मानव संसाधन सहायता, पेसा क्षेत्रों में ग्राम सभाओं का सुदृढ़ीकरण, SATCOM के माध्यम से दूरस्थ शिक्षा सुविधा, नवाचारों के लिए सहायता, पंचायती राज संस्थान को वित्तीय सहायता, वित्तीय डेटा और विश्लेषण सेल, पंचायत भवन, पंचायतों की ई-सक्षमता, आर्थिक विकास और आय बढ़ाने के लिए परियोजना आधारित वित्त पोषण, सूचना शिक्षा और संचार [Information, Education and Communication (IEC)] और परियोजना प्रबंधन ईकाई [Project Management Unit (PMU)]।

उद्देश्य (Objectives)

1. सतत् विकास लक्ष्य पर प्रदत्त करने के पंचायती राज संस्थाओं की शासन क्षमताओं का विकास करना।
2. राष्ट्रीय स्तर के महत्व के मुद्दों को संबोधित करने हेतु राष्ट्रीय शासन का समावेश करने के लिए पंचायतों की क्षमताओं को बढ़ाने के लिए उपलब्ध संसाधनों के ईष्टतम उपयोग और अन्य योजनाओं के साथ समेकन।
3. राजस्व के अपने स्रोतों को बढ़ाने के लिए पंचायतों की क्षमताओं को बढ़ाना।
4. पंचायत प्रणाली के भीतर लोगों की भागीदारी, पारदर्शिता और जवाबदेही के बुनियादी मंच के रूप में प्रभावी ढंग से कार्य करने के लिए ग्राम सभाओं को मजबूत करना।
5. संविधान और पंचायत का अनुसूचित क्षेत्रों पर विस्तार (PESA) अधिनियम 1996 की भावना के अनुसार पंचायतों को शक्तियों और जिम्मेदारियों के विकास को बढ़ावा देना।
6. पंचायती राज संस्थानों के लिए क्षमता निर्माण और निरंतर आश्वासन और मदद का समर्थन करने के लिए उत्कृष्टता संस्थानों के एक नेटवर्क का विकास करना।

7. विभिन्न स्तरों पर पंचायती राज संस्थाओं की क्षमता बढ़ाने के लिए संस्थानों को मजबूत करना और उन्हें बुनियादी ढांचे, सुविधाओं, मानव संसाधनों और परिणाम आधारित प्रशिक्षण में पर्याप्त गुणवत्ता मानकों को प्राप्त करने में सक्षम बनाना।
8. प्रशासनिक दक्षता और अन्य बेहतर सेवा प्रदान करने हेतु पंचायतों में सुशासन को सक्षम करने के लिए ई-शासन और अन्य प्रौद्योगिकी संचालित समाधानों को बढ़ावा देना।
9. प्रदर्शन के आधार पर पंचायती राज संस्थानों की पहचान और प्रोत्साहन प्रदान करना।

विशेषताएं
(Features)

1. यह योजना गैर-भाग IX क्षेत्रों (मेघालय, मिजोरम, नागालैंड और मणिपुर के पहाड़ी क्षेत्रों के कुछ हिस्सों, पश्चिम बंगाल के दार्जिलिंग के पहाड़ी जिले, असम और त्रिपुरा के कुछ हिस्सों) को भी कवर करती है।
2. योजना स्वयं-सहायता समूहों और उनके संघों को मजबूत करेगी, क्योंकि गरीबों के संस्थाओं की आर्थिक विकास और सामाजिक न्याय के हस्तक्षेप की योजनाओं और कार्यान्वयन के लिए प्रमुख भूमिका है। राष्ट्रीय ग्रामीण आजीविका मिशन ढांचे में सूचीबद्ध स्वयं-सहायता समूह नेटवर्क की जिम्मेदारियों में ग्राम सभाओं और पंचायतों के अन्य मंचों में सक्रिय रूप से भाग लेना, समुदाय आधारित निगरानी के माध्यम से प्रतिक्रिया प्रदान करना और उनके विकास की पहल और योजना अभ्यास में ग्राम पंचायतों का समर्थन करना सम्मिलित है। राष्ट्रीय ग्राम स्वराज अभियान का उद्देश्य संबंधित पंचायतों द्वारा कवर किए गए क्षेत्रों के समग्र विकास के लिए समग्र ग्राम पंचायत विकास योजना तैयार करने के लिए क्षमता निर्माण और प्रशिक्षण के माध्यम से पंचायती राज संस्थान को क्षमतावान और मजबूत करना है।
3. यह योजना क्षमता निर्माण और प्रशिक्षण के लिए पंचायत प्रभावशीलता में अंतराल, दूरस्थ शिक्षा के लिए आईटी का उपयोग और पंचायतों की ई-सक्षमता, ग्राम पंचायत बुनियादी ढांचे, नवाचारों के लिए संस्थागत समर्थन, आर्थिक विकास के लिए अंतर भरने का समर्थन और मानव संसाधन (HR) सहित सुभाष चंद्र बोस समिति की अनुशंसा के आधार पर तकनीकी सहायता के लिए हस्तक्षेप प्रदान करती है।
4. चुनाव के छह महीने के भीतर पंचायतों के निर्वाचित प्रतिनिधियों के लिए बुनियादी अनुस्थापन प्रशिक्षण सुनिश्चित करने के लिए चरणबद्ध संतृप्ति मोड के लिए प्रोग्रामेटिक ध्यान का केंद्र होगा। 2 वर्ष के भीतर रिफ्रेशर प्रशिक्षण सुनिश्चित किया जाना चाहिए।
5. आरजीएसए में परिकल्पना के अनुसार ग्राम पंचायत विकास योजना (जीपीडीपी) पर संशोधित दिशा-निर्देशों का निरूपण, गांवों के समग्र विकास हेतु उभरती जरूरतों के अनुरूप किया गया है और अनुमोदन के बाद राज्यों को प्रेषित किया गया है। शैक्षणिक संस्थानों/उत्कृष्टता संस्थानों द्वारा ग्राम पंचायत विकास योजना निर्माण के लिए पंचायतों के निरंतर आश्वासन और मदद के लिए प्रोग्रामेटिक समर्थन का भी प्रावधान है।
6. यह योजना पंचायतों को ई-सक्षम करने के लिए राज्य और जिला स्तरों पर समर्पित प्रबंधन और तकनीकी सहायता समूहों का समर्थन करती है।
7. यह योजना 14वीं वित्त आयोग के संसाधनों के लिए ग्राम पंचायतों में परिसंपत्तियों की गुणवत्ता में सुधार और जवाबदेही के लिए इलेक्ट्रॉनिक फंड ट्रांसफर (ईएफटी), पब्लिक फाइनेंस मैनेजमेंट सिस्टम (पीएफएमएस) का उपयोग और भू-टैगिंग की सुविधा प्रदान करती है।
8. यह योजना नागरिकों के लिए सेवा प्रदान करने में आसानी सुनिश्चित करने के लिए पंचायत भवन में सामान्य सेवा केंद्रों के सह-स्थान के लिए ग्राम पंचायत भवन में अतिरिक्त कमरे के लिए सहायता प्रदान करती है।
9. यह योजना संविधान की परिकल्पना अनुसार पंचायतों द्वारा आर्थिक विकास और आय बढ़ाने के लिए सूक्ष्म परियोजनाओं के लिए गैप फंडिंग प्रदान करती है।
10. इस योजना में एनआईआरडी और पीआर और अन्य शैक्षणिक संस्थानों/संस्थानों के सहयोग से क्रम आचार स्थापित करने और क्षमता निर्माण के लिए एक राष्ट्रीय घटक सम्मिलित है।
11. योजनाओं के कार्यान्वयन में ग्राम सभा के सम्मिलित होने पर अधिक बल और हित धारकों के क्षमता निर्माण

और समेकित योजनाओं के लिए विशेष ग्राम सभाओं के आयोज़न की वकालत।

सासंद आदर्श ग्राम योजना [Saansad Adarsh Gram Yojana (SAGY)]

ससंद आदर्श ग्राम योजना (SAGY) ग्रामीण विकास मंत्रालय की एक अनूठी योजना है, जिसमें पहली बार, ग्राम पंचायत स्तर पर विकास के लिए संसद सदस्यों के नेतृत्व, क्षमता, प्रतिबद्धता और ऊर्जा का सीधा लाभ उठाया जा रहा है।

ससंद आदर्श ग्राम योजना अक्टूबर 2014 में देशभर में समग्र रूप से विकसित मॉडल ग्राम पंचायतों के निर्माण के उद्देश्य से शुरू किया गया था। मुख्य रूप से, मार्च 2019 तक तीन आदर्श ग्राम विकसित करने का लक्ष्य है, जिनमें से एक को 2016 तक हासिल किया जाएगा। इसके बाद, 2024 तक पांच ऐसे आदर्श ग्राम (प्रति वर्ष) चुने जाएंगे और विकसित किए जाएंगे। ये 'आदर्श ग्राम' के रूप में कार्य करते हैं। ग्राम समुदाय के भीतर स्वास्थ्य, स्वच्छता, हरियाली और सौहार्द का केंद्र, और स्थानीय विकास और प्रशासन के स्कूल बनते हुए, पड़ोसी ग्राम पंचायतों को प्रेरित करते हैं।

संसद के सदस्यों की भूमिका एक उत्प्रेरक की है। वे आदर्श ग्राम पंचायत के रूप में विकसित होने वाली ग्राम पंचायत की पहचान करते हैं, समुदाय के साथ जुड़ते हैं, योजना के मूल्यों का प्रचार-प्रसार करने में मदद करते हैं, सही वातावरण के निर्माण और योजना प्रक्रिया को सुविधाजनक बनाने के लिए स्टार्ट-अप गतिविधियों की शुरूआत में सक्षम होते हैं। ससंद आदर्श ग्राम योजना को लागू करने के लिए जिला कलेक्टर नोडल अधिकारी है। जिला कलेक्टर भाग लेने वाले लाइन विभागों के प्रतिनिधियों के साथ एक मासिक समीक्षा बैठक आयोजित कहते हैं। संसद सदस्यों द्वारा संबंधित बैठकों की अध्यक्षता की जाती है। इन मासिक बैठकों के लिए संबंधित ग्राम पंचायतों के प्रमुखों को भी आमंत्रित किया जाता है।

दृष्टिकोण (Approach)

ससंद आदर्श ग्राम योजना निम्नलिखित दृष्टिकोण द्वारा निर्देशित है:

1. आदर्श ग्राम पंचायतों को विकसित करने के लिए संसद सदस्यों (सांसद) के नेतृत्व, क्षमता, प्रतिबद्धता और ऊर्जा का उत्तोलन करना।
2. सहभागी स्थानीय स्तर के विकास के लिए समुदाय के साथ जुड़ना और जुटाना।
3. लोगों की आकांक्षाओं और स्थानीय क्षमता के अनुरूप व्यापक विकास को प्राप्त करने के लिए विभिन्न सरकारी कार्यक्रमों और निजी और स्वैच्छिक पहलों को परिवर्तित करना।
4. स्वैच्छिक-संगठनों, सहकारी समितियों और शैक्षणिक और अनुसंधान संस्थानों के साथ साझेदारी करना।
5. परिणामों और स्थिरता पर ध्यान केंद्रित करना।

कार्यक्रम मुख्य रूप से लोगों की शक्ति को उजागर करने, मौजूदा सरकारी योजनाओं/कार्यक्रमों को समेकित करने और लागू करने और योजना तथा निष्पादन में नीचे से ऊपर के दृष्टिकोण को अपनाने के बारे में है, जबकि संसद सदस्य पहल का मार्गदर्शन एवं नेतृत्व करेंगे, जिला स्तर पर कार्यक्रम के लिए जिला कलेक्टर/मजिस्ट्रेट नोडल अधिकारी होंगे। इसका उद्देश्य पूरे देश में ग्राम पंचायतों के सतत् और प्रतिरूप बनाने योग्य मॉडल बनाना है।

ग्राम पंचायत की पहचान (Identification of Gram Panchayat)

1. एक ग्राम पंचायत मूल इकाई होगी। मैदानी क्षेत्रों में इसकी आबादी 3,000-5,000 और पहाड़ी, आदिवासी और कठिन जिलों में 1,000-3,000 होगी। जिन जिलों में औसत इकाई का आकार बड़ा है, वहाँ वांछनीय जनसंख्या आकार का अनुमान लगाने वाली ग्राम पंचायतों को चुना जा सकता है। इस से अधिक, ग्राम पंचायत वाले जिलों के लिए जहां औसत इकाई का आकार छोटा है, वांछनीय जनसंख्या का अनुमान लगाकर दो से तीन पड़ोसी ग्राम पंचायतों को को एक इकाई के रूप में अपनाया जा सकता है।
2. सांसद आदर्श ग्राम के रूप में विकसित होने के लिए एक उपयुक्त ग्राम पंचायत की पहचान करने के लिए स्वतंत्र होगा, जो कि उसके अपने गाँव या उसके जीवनसाथी के गांव से अलग हो।
3. लोकसभा सांसद को अपने निर्वाचन क्षेत्र के भीतर से एक ग्राम पंचायत का चयनित करना होगा।

4. राज्यसभा सांसद राज्य में अपनी पसंद के एक जिले के ग्रामीण क्षेत्र से ग्राम पंचायत का चयन कर सकता है/सकती है, जहाँ से वह निर्वाचित हुआ/हुई है।
5. नामांकित सांसद देश के किसी भी जिले के ग्रामीण क्षेत्र से एक ग्राम पंचायत चुन सकते हैं।
6. शहरी निर्वाचन क्षेत्रों (जहां कोई ग्राम पंचायत नहीं हैं) के मामले में, सांसद पास के ग्रामीण निर्वाचन क्षेत्र से एक ग्राम पंचायत की पहचान करेगा।

मूल्य
(Values)

1. गाँव के जीवन से संबंधित सभी पहलुओं में समाज के सभी वर्गों की भागीदारी विशेष रूप से शासन से संबंधित निर्णय लेने में सुनिश्चित करना।
2. अंत्योदय का पालन-कल्याण हेतु सबसे गरीब और सबसे कमजोर व्यक्ति को सक्षम बनाना।
3. लैंगिक समानता की पुष्टि करना और महिलाओं के लिए सम्मान सुनिश्चित करना।
4. सामाजिक न्याय की गारंटी सुनिश्चित करना।
5. श्रम की गरिमा को बढ़ावा देना और सामुदायिक सेवा और स्वैच्छिकता की भावना की स्थापना करना।
6. स्वच्छता की संस्कृति को बढ़ावा देना प्रकृति के अनुरूप/तालमेल में जीवनयापन, विकास और पारिस्थितिकी/पर्यावरण के बीच संतुलन सुनिश्चित करना।
7. स्थानीय सांस्कृतिक विरासत का संरक्षण और संवर्द्धन।
8. आपसी सहयोग, स्व-सहायता और आत्मनिर्भरता को बढ़ाना और गांव समुदाय में शांति और सद्भाव को बढ़ावा देना।
9. सार्वजनिक जीवन में पारदर्शिता, जवाबदेही और सत्य निष्ठा को लाना और स्थानीय स्वशासन का पोषण करना।

विकास के पहलू
(Aspects of Development)

1. **व्यक्तिगत विकास:** नैतिक मूल्य, स्वास्थ्यकर व्यवहार, दैनिक व्यायाम, शराब से मुक्त, श्रम की गरिमा और स्वयंसेवी को बढ़ावा देना, महिलाओं के प्रति सम्मान।

2. **मानव विकास:** स्वास्थ्य के लिए सार्वभौमिक पहुंच, संतुलित लिंगानुपात, कोई कुपोषण नहीं, सूचना एवं प्रौद्योगिकी सक्षम कक्षा, ई-लाइब्रेरी, ई-साक्षरता।

3. **सामाजिक विकास:** स्वयंसेवी, गाँव के बुजुर्गों, गाँव के स्वतंत्रता सेनानियों, हिंसा और अपराध मुक्त गाँव को सम्मानित करना, सामाजिक रूप से बहिष्कृत समूहों, जैसे-अनुसूचित जाति/अनुसूचित जनजाति को एकीकृत करना।

4. **आर्थिक विकास:** विविध कृषि, डेयरी और पशुधन, जैविक खेती, मृदा स्वास्थ्य कार्ड, सूक्ष्म सिंचाई।

5. **पर्यावरण स्थिरता:** वृक्षारोपण, वर्षा जल संचयन, वाटरशेड विकास, प्रत्येक घर में शौचालय।

6. **बुनियादी सुविधाएं:** पाइप से साफ पीने का पानी, मुख्य सडक से सड़क संपर्क, 24/7 बिजली, ब्रॉडबैंड कनेक्टिविटी, एटीएम के साथ मिनी बैंक से लेकर सभी घरों में बिजली का कनेक्शन।

7. **सामाजिक सुरक्षा:** सभी पात्र परिवारों के लिए पेंशन-वृद्धावस्था, विकलांगता और विधवा, आम आदमी बीमा योजना और स्वास्थ्य बीमा-आरएसबीवाई जैसी बीमा योजनाएं।

8. **सुशासन:** ई-गवर्नेंस, ऑनलाइन प्रमाण-पत्र।

साधन
(Resources)

योजना के तहत विकास के लिए समर्पित धन का कोई प्रावधान नहीं है। यह मुख्य रूप से उन लोगों की शक्ति को उजागर करने के बारे में है जो गाँव में गर्व करने के लिए अपेक्षित हैं, सामाजिक परिवर्तन/व्यवहार परिवर्तन को प्रोत्साहित करते हैं, सामूहिक जिम्मेदारी लेते हैं और लोग परियोजनाएँ शुरू करते हैं। अतिरिक्त ग्राम आवंटित किए बिना, मौजूदा ग्राम पंचायत का विकास मौजूदा सरकारी योजनाओं और कार्यक्रमों के अभिसरण और कार्यान्वयन के माध्यम से किया जाता है।

इस उद्देश्य के साथ, केंद्र सरकार के संबंधित मंत्रालयों/विभागों से अनुरोध किया गया है कि उपयुक्त, जहाँ भी उपयुक्त हो, अपने संबंधित केंद्रीय क्षेत्र और केंद्र प्रायोजित योजनाओं/कार्यक्रमों के दिशा-निर्देशों में सांसद आदर्श ग्राम योजना के लिए चयनित ग्राम पंचायतों को प्राथमिकता दी जाए। अब तक, भारत सरकार के विभिन्न विभागों की 21 योजनाओं में संशोधन किया गया है। संबंधित योजनाओं में सांसद आदर्श ग्राम

योजना को प्राथमिकता देने के लिए उचित सलाह जारी की गई थी।

यह सुनिश्चित करने के लिए कि कार्यक्रम का लाभ ग्रामीण गरीबों तक पूरी तरह से पहुंचे और योजना के उद्देश्य प्राप्त हों, मंत्रालय ने विभिन्न स्तरों पर अपने कार्यक्रमों के कार्यान्वयन की निगरानी और मूल्यांकन के लिए एक व्यापक बहुस्तरीय और बहु-उपकरण प्रणाली विकसित की है। समवर्ती निगरानी तंत्र में ग्राम पंचायतों की पहचान, ग्राम विकास योजनाओं की प्रगति पर नजर रखने और पंचायत दर्पण संकेतकों के लिए रिपोर्ट की प्रगति के बारे में सांसद आदर्श ग्राम योजना वेबसाइट के माध्यम से राज्यों/जिलों द्वारा अद्यतन प्रगति शामिल है।

उपलब्धियां
(Achievements)

1. **ग्राम पंचायतों की पहचान (Identification of Gram Panchayats):** सांसदों ने सांसद आदर्श ग्राम योजना-2 (2019-24) के तहत 228 ग्राम पंचायतों को अपनाया। इसके अलावा, सांसद आदर्श ग्राम योजना चरण-1 के तहत देशभर में 703 ग्राम पंचायतों को अपनाया गया। इसके अलावा, चरण-2 के तहत 499 ग्राम पंचायतों को और चरण-3 के तहत 293 ग्राम पंचायतों को दिसंबर 2019 में सांसद आदर्श ग्राम योजना के अंतर्गत विकास के लिए लिया गया है।
2. **ग्राम विकास योजना (VDP):** सांसद आदर्श ग्राम योजना के तहत अपनाई गई ग्राम पंचायतें संसाधनों के अभिसरण के माध्यम से समग्र रूप से गाँव की प्रगति को प्राप्त करने के लिए प्राथमिकता वाली समयबद्ध गतिविधियों से युक्त ग्राम विकास योजनाएँ तैयार करती हैं। सांसद आदर्श ग्राम योजना के तहत, ग्राम विकास योजनाओं को 1234 ग्राम पंचायतों के लिए तैयार किया गया है और कार्य प्रगति पर है। वीडीपी में सूचीबद्ध परियोजनाओं की प्रगति पर नजर रखने के लिए, एक ट्रैकिंग/खोज निरीक्षण साँचा विकसित किया गया है और प्रगति की ऑनलाइन निगरानी की जाती है।
3. **परियोजना पश्चात् मूल्यांकन (Post-project Evaluation):** सांसद आदर्श ग्राम योजना के चरण-1 के दौरान पहचानी गई ग्राम पंचायतों का परियोजना पश्चात् मूल्यांकन देशभर के आठ विश्वविद्यालयों द्वारा किया गया है। उस्मानिया विश्वविद्यालय द्वारा तेलंगाना, आंध्र प्रदेश और केरल में सांसद आदर्श ग्राम योजना परियोजना पश्चात् मूल्यांकन अध्ययन पर मसौदा रिपोर्ट के अनुसार, सांसद आदर्श ग्राम योजना के तहत आने वाले घटक और प्रस्तावित गतिविधियां गांवों के समग्र विकास में बहुत प्रासंगिक थीं। इसके अलावा, यह योजना ग्राम पंचायत और ग्राम स्तरों पर बुनियादी सुविधाओं/संस्थानों तक पहुँच में सुधार लाने में सफल रही है।
4. **निरीक्षण (Observations):** राष्ट्रीय स्तर के निरीक्षणकर्ताओं द्वारा यह अवलोकन किया गया, जिसमें जागरूकता पैदा करने और समुदाय को संगठित करने के माध्यम से लोगों की भागीदारी को सुविधाजनक बनाने के लिए, कई गतिविधियों को अपनाया गया, जैसे-सांसद आदर्श ग्राम योजना ग्राम पंचायतों के 89% ने अपने क्षेत्रों में स्वास्थ्य शिविरों का आयोजन किया है, 89% सांसद आदर्श ग्राम योजना ग्राम पंचायतों में सफाई अभियान भी चलाया गया है, 77% ग्राम पंचायतों में महिला सभाओं का आयोजन किया गया, 86% ग्राम पंचायतों में वृक्षारोपण अभियान चलाया गया।

शहरी विकास हेतु सरकारी हस्तक्षेप (Government Interventions for Urban Development)

61

पुनरुद्धार और शहरी परिवर्तन के लिए अटल मिशन (अमृत) (Atal Mission for Rejuvenation and Urban Transformation)

भारत सरकार सब के लिए, और विशेषकर 500 शहरों के गरीबों और वंचितों के जीवन की गुणवत्ता में सुधार हेतु पानी की आपूर्ति, सीवरेज, शहरी परिवहन, पार्को जैसी बुनियादी नागरिक सुविधाएं प्रदान करने के उद्देश्य को लेकर कायाकल्प और शहरी परिवर्तन के लिए अटल मिशन (अमृत) को लागू कर रही है। मिशन का ध्यान केंद्र बुनियादी ढांचे के निर्माण पर है, जिसका सीधा संबंध नागरिकों के लिए बेहतर सेवाओं के प्रावधान से है।

पुनरुद्धार और शहरी परिवर्तन के लिए अटल मिशन का प्रारंभ जून 2015 में 500 शहरों में किया गया था। 2011 की जनगणना के अनुसार, एक लाख या अधिक की आबादी वाले सभी यूएलबी, राज्यों/केंद्रशासित प्रदेशों के अन्य सभी राजधानियाँ, सभी विरासत शहर विकास और विस्तार योजना शहरों, मुख्य नदियों के किनारे पर बसे शहरों, पहाड़ी राज्यों से, द्वीपों और पर्यटन स्थलों को मिशन शहरों के रूप में समाविष्ट किया गया। देश में लगभग 60% शहरी आबादी अमृत (AMRUT) के अंतर्गत समाविष्ट है।

अमृत (AMRUT) मिशन एक केंद्रीय प्रायोजित योजना है, जिसमें कुल सहायता राशि एक लाख करोड रुपये है तथा जिसमें 5 वर्षों में यानी 2015-2016 से 2019-2020 तक 50,000 करोड़ रुपये की केंद्रीय सहायता राशि भी सम्मलित है। शेष राशि 50,000 करोड़ रुपये का भाग राज्यों और शहरी स्थानीय निकाय से आने हैं।

घटक (Components)

मिशन मुख्य आक्रमक क्षेत्रों में पानी की आपूर्ति, नालियां और सीवरेज प्रबंधन, तूफान जल निकासी, हरित स्थान और पार्क, गैर-मोटर चालित शहरी परिवहन और क्षमता निर्माण हैं।

अभियान निम्नलिखित अपेक्षित परिणामों के साथ मिशन शहरों में बुनियादी शहरी आधारभूत ढांचे के विकास पर केंद्रित है:

1. मिशन शहरों में हर घर के लिए पीने योग्य पानी तक पहुंच के लिए सार्वभौमिक कवरेज;
2. नालियों की कवरेज और उपचार क्षमताओं में पर्याप्त सुधार;
3. शहर के पार्कों को विकसित करने के लिए;
4. सुधार लागू करने, और;
5. क्षमता निर्माण हेतु।

अन्य बातों के अलावा जल आपूर्ति घटक, पुराने जल आपूर्ति प्रणालियों के पुनर्स्थापन, जिसमें संयंत्र उपचार और जल निकायों का कायाकल्प विशेष रूप से पेयजल आपूर्ति और भूजल के पुनर्भरण के लिए प्रदान है। बेकार/अपशिष्ट जल का पुनर्चक्रण/पुनः उपयोग, गैर-राजस्व पानी में कमी करना और टपका प्रबंधन के लिए संभावनाएं तलाशना, कुछ महत्वपूर्ण विशेषताएं हैं।

सीवरेज और टपका प्रबंधन घटक, विकेंद्रीकृत भूमिगत जल तंत्र वाली सीवरेज प्रणालियां, जिनमें वर्तमान की सीवरेज प्रणालियों और सीवेज उपचार संयंत्र को बढ़ाने, पुराने सीवरेज प्रणालियों और संयंत्र उपचारों का पुनर्वासन, लाभकारी उद्देश्यों के लिए पानी का पुनर्चक्रण और बर्बाद/अपशिष्ट जल का पुनः उपयोग; विष्ठा संबंधी कीचड़ प्रबंधन-लागत प्रभावी तरीके से सफाई, परिवहन और उपचार; और सीवर और सेप्टिक टैंक की यांत्रिक और जैविक सफाई सम्मिलित हैं।

अमृत की शुरुआत से ही, पानी की आपूर्ति का कवरेज 64% था और सीवरेज नेटवर्क का कवरेज 31% था। अभियान के तहत पानी की आपूर्ति और सीवरेज का सार्वभौमिक कवरेज/समावेशन प्राथमिकता क्षेत्र हैं। अभियान के अंत तक, यह 100% घरों को कवर करने और 500 चयनित शहरों में सीवरेज नेटवर्क कवरेज को 62% तक बढ़ाने के लिए परिकल्पना करता है।

पूरे अभियान अवधि के लिए सभी राज्यों/केंद्र शासित प्रदेशों की राज्य वार्षिक कार्य योजना [State Annual Action Plans (SAAPs)], जिनकी केंद्रीय सहायता 36,990 करोड़ सहित कुल योग 77,640 करोड़ रुपये है, तीन चरणों में अनुमोदित किए गए हैं जो कि राज्य वार्षिक कार्य योजना I, II और III हैं।

प्रगति
(Progress)

1. जल आपूर्ति क्षेत्र में, 1,244 रुपये की परियोजनाओं के लिए अनुबंध पत्र तैयार किया गया है, जिसका मूल्य 38,254.44 करोड़ रुपये है, जिसमें से 3,903.83. करोड़ रुपये की परियोजनाओं को पूर्ण कर लिया गया है। रुपये 3,974.23 मूल्य की 59 परियोजनाओं के लिए निविदा आमंत्रण सूचना जारी किए गए हैं और रुपये 1,826.94 करोड़ राशि मूल्य की 26 परियोजनाओं के लिए डी.पी. आर. को स्वीकृत किया गया है।
2. सीवरेज और संतरी प्रबंधन क्षेत्र में, 697 परियोजनाओं के लिए 29,054.10 करोड़ का अनुबंध तय किया गया है, जिसमें से 2112.57 करोड़ रुपये राशि मूल्य की 156 परियोजनाएँ पूर्ण हो चुकी हैं। 1,788.57 करोड़ रुपये राशि की लागत वाली 91 परियोजनाओं के लिए निविदा आमंत्रण सूचना जारी किए गए हैं। 49 परियोजनाओं, जिनका राशि मूल्य 2,231.65 करोड़ है, के लिए डी.पी. आर. स्वीकृत किए गए हैं।
3. तूफान जल निकासी क्षेत्र में, 761 परियोजनाओं हेतु 2,688.95 करोड़ रुपये की राशि तय की गई है, जिनमें से 418.28 करोड़ राशि मूल्य की 296 परियोजनाएं पूर्ण हो चुकी हैं। 112.38 करोड़ रुपये की लागत वाली 18 परियोजनाओं के लिए निविदा आमंत्रण सूचना जारी किए गए हैं। तथा 11 परियोजनाएं मूल्य 23.56 करोड़ रुपये के डी.पी.आर.एस. स्वीकृत किए गए हैं।
4. गैर-मोटर चालित शहरी परिवहन क्षेत्र में, 322 परियोजनाओं के लिए 971.91 करोड़ रुपये मूल्य का अनुबंध किया गया है, जिसमें से 120.13 रुपये राशि मूल्य की 94 परियोजनाओं को पूर्ण कर लिया गया है। 77.21 करोड़ राशि की 16 परियोजनाओं के लिए निविदा आमंत्रण सूचना जारी किया गया है और रुपये 55.85 करोड़ राशि मूल्य की 17 परियोजनाओं के लिए डी.पी.आर. को स्वीकृत किया गया है।
5. हरित स्थानों और पार्कों के क्षेत्र में, 2280 परियोजनाओं के लिए 1449.42 करोड़ रुपये मूल्य का अनुबंध किया गया है, जिसमें से 758.36 करोड़ रुपये राशि मूल्य की 1413 परियोजनाओं को पूर्ण कर लिया गया है। 58.21 करोड़ राशि मूल्य की 120 परियोजनाओं के लिए निविदा आमंत्रण सूचना जारी किया गया है और रुपये 34.92 करोड़ राशि मूल्य की 50 परियोजनाओं के लिए डी.पी. आर. को स्वीकृत किया गया है।
6. सार्वभौमिक कवरेज प्राप्त करने के लिए 139 लाख पानी के नल कनेक्शन देने और पर्याप्त सीवरेज नेटवर्क कवरेज बढ़ाने के लिए 145 लाख सीवर कनेक्शन उपलब्ध कराने का लक्ष्य है। अब तक 64.99 लाख नल कनेक्शन और 41.8 लाख सीवर कनेक्शन प्रदान किए गए हैं, इसमें से 16.41 लाख नल कनेक्शन और 6.93 लाख सीवर कनेक्शन वर्ष 2019 में प्रदान किए गए हैं।
7. 77,640 करोड़ रुपये के कुल राज्य वार्षिक कार्य योजना आकार में से 31.12.2019 तक, 2,338 परियोजनाओं, जिनका मूल्य 7,313.17 करोड़ रुपये था, का कार्य पूर्ण हो गया है, और 65,105.70 करोड़ रुपये की 2,966 परियोजनाओं हेतु अनुबंध किया गया है तथा कार्य प्रगति पर है। 6010.90 करोड़ रुपये के 304 परियोजनाओं की निविदा चल रही है और 4172.92 करोड़ रुपये के 153 डी.पी.आर. की वैध निविदा करनी है।

उपरोक्त आधारभूत सुविधाओं के लिए आधारभूत संरचना तैयार करने के अलावा, अभियान में सुधार की एक कार्य सूची है, जिसमें 54 भागों में उपलब्धियों को समाविष्ट करते हुए 11 सुधारों का एक समूह है, जिसे राज्यों/केंद्रशासित प्रदेशों द्वारा चार वर्षों की अवधि में हासिल किया जाना है। ये सुधार, नागरिकों के प्रति ऑनलाइन सेवाओं के प्रस्ताव, सभी स्वीकृतियों के लिए एकल खिड़की की स्थापना, नगरपालिका संवर्ग की स्थापना, करों/उपयोगकर्ता शुल्कों की कम-से-कम 90% बिलिंग और संग्रह, प्रति वर्ष बच्चों के लिए कम-से-कम एक पार्क विकसित करना, पार्कों और खेल के मैदानों के रख-रखाव प्रणाली की स्थापना करना और क्रेडिट रेटिंग को लागू करना, आदर्श निर्मित करने वाले उप-नियमों का क्रियान्वयन आदि को व्यापक रूप से कवर करते हैं।

प्रधानमंत्री आवास योजना – शहरी
(Pradhan Mantri Awas Yojana–Urban)

प्रधानमंत्री आवास योजना-शहरी (पीएमएवाई-यू), जून 2015 में प्रारंभ किया गया भारत सरकार का एक प्रमुख मिशन है, जो आवास और शहरी मामलों के मंत्रालय (एमओएचयूए) द्वारा कार्यान्वित किया जा रहा है। अभियान 2022 तक यानि जब राष्ट्र अपनी आजादी के 75 साल पूरे करेगा तब तक आर्थिक रूप से कमजोर वर्ग/आर्थिक पिछड़ा वर्ग और झुग्गीवासियों सहित मध्यम आय वर्ग श्रेणियों में शहरी आवास की कमी को, सभी योग्य शहरी परिवारों हेतु पक्के मकान सुनिश्चित करके, इसे संबोधित करेगा।

प्रधानमंत्री आवास योजना (शहरी) एक मांग आधारित दृष्टिकोण अपनाते हैं जहां घर की कमी का निर्णय राज्यों/केंद्र शासित प्रदेशों के मांग पर आधारित आकलन के आधार पर किया जाता है। राज्य स्तरीय नोडल एजेंसियां (एसएलएनए), शहरी स्थानीय निकाय (यूएलबी)/कार्यान्वयन एजेंसियां (आईएएस), केंद्रीय शीर्ष निकाय [Central Nodal Agencies (CNAs)] और प्राथमिक ऋण संस्थान [Primary Lending Institutions (PLIs)] मुख्य हितधारक हैं जो प्रधानमंत्री आवास योजना (शहरी) के कार्यान्वयन और सफलता में महत्वपूर्ण भूमिका निभाते हैं।

मिशन में पूरे शहरी क्षेत्र को शामिल किया गया है, जिसमें वैधानिक नगर, अधिसूचित योजना क्षेत्र, विकास प्राधिकरण, विशेष क्षेत्र विकास प्राधिकरण, औद्योगिक विकास प्राधिकरण या राज्य कानून के तहत कोई भी ऐसा प्राधिकारी समाविष्ट जिसे शहरी नियोजन और विनियमों के कार्य सौंपे गए हैं। प्रधानमंत्री आवास योजना (शहरी) के तहत सभी घरों में शौचालय, पानी की आपूर्ति, बिजली और रसोई जैसी बुनियादी सुविधाएं हैं।

मिशन महिला सदस्य के नाम पर या संयुक्त नाम से घरों का स्वामित्व प्रदान करके महिला सशक्तीकरण को बढ़ावा देता है। दिव्यांग व्यक्तियों, वरिष्ठ नागरिकों, अनुसूचित जातियों, अनुसूचित जनजातियों, अन्य पिछड़ा वर्ग, अल्पसंख्यक, एकल महिलाओं, ट्रांसजेंडर और समाज के अन्य कमजोर और कमजोर वर्गों को भी वरीयता दी जाती है। एक प्रधानमंत्री आवास योजना (शहरी) घर सुरक्षा के साथ-साथ लाभार्थियों को स्वामित्व के गौरव के साथ-साथ सम्मानजनक जीवन सुनिश्चित करता है।

1. **घटक:** प्रधानमंत्री आवास योजना (शहरी) भौगोलिक परिस्थितियों, स्थलाकृति, आर्थिक स्थितियों, भूमि की उपलब्धता, बुनियादी ढांचे आदि के आधार पर व्यक्तियों की आवश्यकताओं के अनुरूप एक कैफेटेरिया दृष्टिकोण को अपनाता है। इस योजना को इसलिए नीचे दिए गए अनुसार चार ऊर्ध्वाधर में विभाजित किया गया है:

(i) **इन-सीटू स्लम पुनर्विकास (आईएसएसआर):** निजी डेवलपर्स की भागीदारी के साथ संसाधन के रूप में भूमि का उपयोग करके इन-सीटू स्लम पुनर्विकास के घटक के तहत योग्य झुग्गी निवासियों के लिए बनाए गए सभी घरों के लिए 1 लाख रुपये प्रति घर की केंद्रीय सहायता स्वीकार करने योग्य है। पुनर्विकास के बाद, दिशा-निर्देशों के तहत राज्य/केंद्रशासित प्रदेश सरकार द्वारा मलिन बस्तियों को हटाने की सिफारिश की जाती है।

अन्य झुग्गियों के पुनर्विकास के लिए इस केंद्रीय सहायता को तैनात करने के लिए राज्यों/शहरों को लचीलापन दिया जाता है। राज्य/शहर परियोजनाओं को वित्तीय रूप से व्यवहार्य बनाने के लिए अतिरिक्त फ्लोर स्पेस इंडेक्स/फ्लोर एरिया रेश्यो या टीडीआर प्रदान करते हैं। निजी स्वामित्व वाली भूमि पर मलिन बस्तियों के लिए, राज्य/शहर अपनी नीति के अनुसार भूमि स्वामी को अतिरिक्त फ्लोर स्पेस इंडेक्स/फ्लोर या टीडीआर प्रदान करते हैं। इस प्रकार के मामलों में कोई केंद्रीय सहायता में स्वीकार्य नहीं है।

(ii) **क्रेडिट लिंक्ड सब्सिडी योजना (सीएलएसएस):** आर्थिक रूप से कमजोर वर्ग (ईडब्ल्यूएस)/ निम्न आय वर्ग (एलआईजी), मध्य आय वर्ग (एमआईजी)-I और मध्य आय समूह (एमआईजी)-11 के लाभार्थी, जो घरों का अधिग्रहण, नये निर्माण या संवर्द्धन हेतु बैंकों, हाउसिंग फाइनेंस कंपनियों और ऐसे अन्य संस्थानों से आवास ऋण की मांग कर रहे हैं वे 6 लाख रुपए, 9 लाख रुपये और 12 लाख रुपये तक की ऋण राशि पर क्रमश: 6.5%, 4% और 3% ब्याज अनुदान के पात्र हैं। मंत्रालय ने आवास और शहरी विकास निगम (हुडको), नेशनल हाउसिंग बैंक (NHB) और स्टेट बैंक ऑफ इंडिया (SBI) को केंद्रीय नोडल एजेंसियों (CNAs) के रूप में नामित किया है, जिससे वे इस सब्सिडी को ऋण देने वाले संस्थानों के माध्यम से लाभार्थियों तक पहुंचा सके और प्रगति की निगरानी कर सकें। मध्य आय वर्ग श्रेणी हेतु योजना को 31 मार्च, 2021 तक बढ़ाया गया है।

CLAP पोर्टल ने क्रेडिट लिंक्ड सब्सिडी स्कीम वर्टिकल के तहत प्रक्रियाओं को सुव्यवस्थित करने में महत्वपूर्ण योगदान दिया है जिससे मंत्रालय को शिकायतों को कम करने में भी सुविधा हुई है।

(iii) **साझेदारी में किफायती/सस्ते आवास (AHP):** AHP के तहत, 1.5 लाख रुपये की केंद्रीय सहायता प्रति आर्थिक रूप से कमजोर वर्ग घर को भारत सरकार द्वारा प्रदान किया जाता है। एक किफायती आवास परियोजना विभिन्न श्रेणियों के लिए घरों का मिश्रण हो सकती है, लेकिन यह केंद्रीय सहायता

के लिए योग्य तभी मानी जाएगी जब, परियोजना में कम-से-कम 35% घर आर्थिक रूप से कमजोर वर्ग श्रेणी के हों। राज्यों/संघ शासित प्रदेशों आर्थिक रूप से कमजोर वर्ग घरों के बिक्री मूल्य की ऊपरी सीमा का निर्धारण लाभार्थियों की सस्ते और सुलभ घरों तक पहुंच सुनिश्चित करने के उद्देश्य से करते हैं। राज्य और शहर भी अन्य रियायतों जैसे कि उनके राज्य का हिस्सा, सस्ती कीमत पर जमीन, स्टांप शुल्क में छूट आदि का विस्तार करते हैं।

(iv) **लाभार्थी नेतृत्व निर्माण [Beneficiary Led Construction (BLC)]:** व्यक्तिगत घर के निर्माण/वृद्धि के लिए आर्थिक रूप से कमजोर वर्ग श्रेणियों से संबंधित योग्य परिवारों को 1.5 लाख रुपये प्रति ईडब्ल्यूएस घर की केंद्रीय सहायता प्रदान किया जाता है। शहरी स्थानीय निकाय लाभार्थी द्वारा प्रस्तुत सूचना और निर्माण योजना को मान्य करते हैं ताकि भूमि के स्वामित्व और अन्य विवरणों, जैसे-आर्थिक स्थिति और पात्रता आदि का पता लगाया जा सके। राज्यों/केंद्र शासित प्रदेशों/ शहरी स्थानीय निकाय शेयर (यदि कोई हो) के साथ केंद्रीय सहायता को लाभार्थी के बैंक खाते में राज्यों द्वारा प्रत्यक्ष लाभ अंतरण (डीबीटी) के द्वारा जारी किया जाता है।

2. **प्रवासी श्रमिकों/शहरी गरीबों के लिए अफोर्डेबल रेंटल हाउसिंग कॉम्प्लेक्स (ARHCs):** कोविड-19 महामारी के परिणामस्वरूप देश में शहरी प्रवासियों/गरीबों का उल्टा प्रवास हुआ है। शहरी प्रवासी आवासों पर लागत बचाने के लिए झुग्गी/अनौपचारिक बस्तियों/अनधिकृत कॉलोनियों/पेरी-शहरी क्षेत्रों में रहते हैं। उन्हें अपने कार्य स्थलों पर वहनीय सस्ती दर पर संतोषजनक किराये के आवास की आवश्यकता है। इस आवश्यकता को पूरा करने के लिए, आवास और शहरी मामलों के मंत्रालय ने सस्ती किराया आवास परिसरों (ARHCs), प्रधानमंत्री आवास योजना-शहरी (PMAY-U) के तहत एक उप-योजना शुरू की है। यह औद्योगिक क्षेत्र के साथ-साथ गैर-औपचारिक शहरी अर्थव्यवस्था में शहरी प्रवासियों/गरीबों को रहने का सुगमता प्रदान करेगा, ताकि उन्हें, उनके कार्यस्थल के समीप गरिमापूर्ण किफायती किराये के आवास तक पहुँच प्राप्त हो सके। अफोर्डेबल रेंटल हाउसिंग कॉम्प्लेक्स योजना दो मॉडलों के माध्यम से कार्यान्वित की जाएगी:

(i) मौजूदा सरकारी वित्त पोषित खाली घरों को सार्वजनिक निजी भागीदारी के माध्यम से या सार्वजनिक एजेंसियों के माध्यम से अफोर्डेबल रेंटल हाउसिंग कॉम्प्लेक्स में परिवर्तित करने के लिए उपयोग,

(ii) सार्वजनिक/निजी संस्थाओं द्वारा उनकी खाली पड़ी जमीन पर अफोर्डेबल रेंटल हाउसिंग कॉम्प्लेक्स का निर्माण, संचालन और रख-रखाव।

अफोर्डेबल रेंटल हाउसिंग कॉम्प्लेक्स के विकास और संचालन के लिए केंद्र/राज्य सरकार द्वारा सार्वजनिक/निजी संस्थाओं को प्रोत्साहन प्रदान किया जाएगा, जिसमें अतिरिक्त एफएआर/एफएसआई, आयकर और जीएसटी छूट, 30 दिनों के भीतर एकल खिड़की अनुमोदन, कम ब्याज दर पर परियोजना वित्त, त्रिमूर्ति बुनियादी ढांचा परियोजना स्थल तक, आवासीय दरों पर नगरपालिका सेवाएं और रिक्त भूमि हेतु घरों के लिए अनुमति परिवर्तन का उपयोग करने वाले सम्मिलित होंगे।

अफोर्डेबल रेंटल हाउसिंग कॉम्प्लेक्स के लिए लाभार्थी आर्थिक रूप से कमजोर वर्ग/आर्थिक पिछड़ा वर्ग श्रेणियों के शहरी प्रवासी/गरीब हैं, जिनमें सड़क विक्रेता, रिक्शा चालक और अन्य सेवा प्रदाता, औद्योगिक कर्मचारी सम्मिलित हैं, जो बाजार/व्यापार संघों, शैक्षिक/स्वास्थ्य संस्थानों, अस्पताल क्षेत्र, दीर्घकालिक पर्यटकों/आगंतुकों के साथ काम करने वाले प्रवासियों के साथ हैं।, छात्रों या किसी अन्य श्रेणी अंतर्गत आते हैं। अफोर्डेबल रेंटल हाउसिंग कॉम्प्लेक्स सभी सामान्य सुविधाओं सहित सिंगल/डबल बेडरूम आवास गृह इकाईयां और 4/6 बिस्तरों वाले छात्रावास का मिश्रण होंगे जिनमें सभी सामान्य सुविधाएं सम्मिलित होंगी और इसका उपयोग न्यूनतम 25 वर्षों के लिए किराये के आवास के लिए किया जाएगा।

आवास और शहरी मामलों के मंत्रालय ने परियोजना के लिए टेक्नोलॉजी सब मिशन (TSM) के अंतर्गत टेक्नोलॉजी इनोवेशन ग्रांट (TIG) के रूप में एक अतिरिक्त अनुदान का प्रावधान किया है, जो तेज, टिकाऊ, संसाधन कुशल और आपदारोधी निर्माण के लिए नवीन और वैकल्पिक प्रौद्योगिकी का उपयोग कर रहा है। बेडरूम डबल बेडरूम (60 वर्गमीटर carpet क्षेत्र तक) के लिए TIG 1,00,000 रुपए, सिंगल बेडरूम के मामले में 60,000 रुपये प्रति डवेलिंग यूनिट (30 वर्गमीटर कारपेट क्षेत्र तक) और रुपये 20,000 प्रति डॉरमिटरी बेड (10 वर्गमीटर कारपेट तक का क्षेत्र) आवास और शहरी मामलों के मंत्रालय को निर्माण सामग्री एवं प्रौद्योगिकी संवर्द्धन परिषद के माध्यम से संस्थाओं को जारी

किया जाएगा। टीआईजी केवल नवीन और वैकल्पिक तकनीकों का उपयोग करने वाली परियोजनाओं के लिए लागू होगा और प्रधानमंत्री आवास योजना (शहरी) अभियान अवधि (मार्च 2022) के दौरान स्वीकृत और सभी वैधानिक अनुमोदन प्राप्त करने के बाद 18 महीनों के भीतर पूरा किया जाएगा।

अफोर्डेबल रेंटल हाउसिंग कॉम्प्लेक्स शहरी प्रवासियों/गरीबों के लिए एक सम्मानजनक वातावरण सुनिश्चित करेंगे जो वहन करने लायक सस्ती दरों पर उनके कार्यस्थलों के करीब होंगे। यह मौजूदा खाली आवास स्टॉक को अनलॉक करेगा और उन्हें शहरी स्थान में उपलब्ध कराएगा। यह नए निवेश के अवसरों को बढ़ावा देगा और सार्वजनिक/निजी संस्थाओं को अफोर्डेबल रेंटल हाउसिंग कॉम्प्लेक्स के विकास के लिए उपलब्ध अपनी खाली भूमि का कुशलतापूर्वक उपयोग करने के लिए प्रोत्साहित करके किराये के आवास क्षेत्र में उद्यमशीलता को बढ़ावा देगा।

3. **शक्तिशाली मैनेजमेंट सूचना तकनीक (MIS):** शक्तिशाली एमआईएस सिस्टम एक व्यापक और रोबस्ट एमआईएस सिस्टम है, जो सभी हितधारकों को भौतिक और वित्तीय प्रगति से संबंधित सूचनाओं का निर्बाध रूप से प्रबंधन करने में मदद करता है। एमआईएस ट्रैकिंग सुविधा के साथ ऑनलाइन मांग सर्वेक्षण प्रस्तुत करने की अनुमति देता है और डिजिटलीकरण, जैसे-सर्वेक्षण, परियोजना की जानकारी, लाभार्थी विवरण, निधि उपयोग आदि के माध्यम से विभिन्न रिकॉर्डों की हाउसकीपिंग में मदद करता है। एमआईएस भू-टैगिंग विशेषताओं से सुसज्जित है और BHUVAN पोर्टल ऑफ नेशनल रिमोट सेंसिंग सेंटर (एनआरएससी) तथा नेशनल इन्फॉर्मेटिक्स सेंटर (एनआईसी) का भारत मैप से एकीकृत है जिससे साझेदारी में किफायती आवास और इन-सीटू स्लम पुनर्विकास वर्टिकल्स के अंतर्गत बीएलसी और परियोजनाओं के तहत घरों के निर्माण की प्रगति की निगरानी की जा सके। सूचना के प्रसार के लिए MIS को UMANG मोबाइल ऐप, नीति आयोग डैशबोर्ड और DBT भारत पोर्टल के साथ भी सूचना के प्रसार हेतु एकीकृत किया गया है।

प्रत्यक्ष लाभ अंतरण (DBT): मिशन के बीएलसी वर्टिकल के लाभार्थियों को केंद्रीय सहायता और राज्य/शहरी स्थानीय निकाय शेयर का हस्तांतरण राज्यों/शहरी स्थानीय निकाय द्वारा DBT मोड के माध्यम से किया जा रहा है जहाँ निर्माण चरण की पूर्णता के आधार और भू-टैग किया गए निर्माण के आधार पर किस्तें सीधे लाभार्थी के बैंक खाते में जमा की जाती हैं।

क्रेडिट लिंक्ड सब्सिडी स्कीम अवास पोर्टल (CLAP): एक वेब आधारित निगरानी प्रणाली, क्रेडिट लिंक्ड सब्सिडी स्कीम अवास पोर्टल (CLAP) एक सामान्य मंच है जहाँ सभी हितधारक अर्थात् आवास और शहरी मामलों के मंत्रालय, केंद्रीय नोडल एजेंसियां, प्राथमिक उधार देने वाले संस्थान, लाभार्थी और नागरिक वास्तविक समय के वातावरण में एकीकृत होते हैं। पोर्टल लाभार्थियों द्वारा सब्सिडी की स्थिति पर नजर रखने के साथ-साथ आवेदनों के प्रसंस्करण की सुविधा प्रदान करता है। क्रेडिट लिंक्ड सब्सिडी स्कीम ट्रैकर को PMAY (U) मोबाइल ऐप और UMANG प्लेटफॉर्म में भी समाविष्ट किया गया है।

4. **प्रधानमंत्री आवास योजना (शहरी) के अंतर्गत क्षमता निर्माण:** प्रधानमंत्री आवास योजना (शहरी) के तहत आवंटन का कुल 5% क्षमता निर्माण, सूचना शिक्षा और संचार (IEC) और प्रशासनिक और अन्य व्यय (A&OE) के लिए निर्धारित किया गया है। मिशन के प्रभावी कार्यान्वयन के लिए आवश्यक विभिन्न गतिविधियों को पूरा करने के लिए क्षमता निर्माण मद के तहत उपलब्ध आवंटन का उपयोग किया जा रहा है। क्षमता निर्माण मद के अंतर्गत चित्रण गतिविधियों में निम्नलिखित दस घटक सम्मिलित हैं:

1. सभी कार्य योजना के लिए आवास (HFAPoA)
2. राज्य स्तरीय तकनीकी प्रकोष्ठों (एसएलटीसी) और शहर स्तरीय तकनीकी प्रकोष्ठों (सीएलटीसी) की स्थापना
3. प्रशिक्षण और कार्यशालाएं (Trainings and Workshops)
4. प्रलेखन और अनुसंधान (Documentation and Research)
5. एक्सपोजर और हैंडहोल्डिंग विजिट (Exposure and Hand-holding Visits)
6. सूचना, शिक्षा और संचार (IEC)
7. सामाजिक लेखा परीक्षण (Social Audit)
8. तृतीय पक्ष गुणवत्ता निगरानी (TPQM)
9. भू-टैगिंग (Geo-tagging)
10. प्रशासनिक और अन्य व्यय (A&OE)

5. **ANGIKAAR-परिवर्तन प्रबंधन के लिए एक अभियान:** पक्के मकानों में जाने के बाद जीवन परिवर्तन से उत्पन्न होने वाली समस्याओं के समाधान के लिए प्रधानमंत्री के दृष्टिकोण की अनुरूपता में, ANGIKAAR-परिवर्तन प्रबंधन के लिए अभियान को अगस्त 2019 में शुरू किया गया। यह अभियान पी. एम. ओ. यू. के लाभार्थियों के लिए जल और ऊर्जा संरक्षण, अपशिष्ट प्रबंधन, स्वास्थ्य, स्वच्छता और स्वास्थ्य विज्ञान जैसी सर्वोत्तम प्रथाओं को सामुदायिक सहयोग और आई.

सी. गतिविधियों के माध्यम से अपनाने पर केंद्रित है, प्रधानमंत्री आवास योजना (शहरी) ने आवास और शहरी मामलों के मंत्रालय के विभिन्न शहरी मिशनों और स्वास्थ्य और परिवार कल्याण, जल शक्ति, पर्यावरण वन और जलवायु परिवर्तन, नई और नवीकरणीय ऊर्जा, पेट्रोलियम और प्राकृतिक गैस, बिजली, युवा मामलों और खेल, महिला एवं बाल विकास जैसे अन्य केंद्रीय मंत्रालयों की योजनाओं के साथ मेल किया था।

महात्मा गांधी को 150वीं शृंद्धांजलि स्वरूप इस अभियान को औपचारिक रूप से 2 अक्टूबर, 2019 से 4,000 से अधिक शहरों में प्रारंभ किया गया, जिसमें बदलाव के प्रबंधन के लिए घर-घर जाकर जागरूकता के लिए आवश्यकता आकलन किया जाता है। तत्पश्चात् यह लगातार और नियमित वार्ड स्तर पर राज्य या केंद्र शासित प्रदेशों में जारी रखा जाता है, जिनमें क्रमशः खेल से संबंधित व्यक्तियों या हस्तियों, युवाओं के क्लब, शैक्षणिक संस्थाएं, फिट इंडिया ब्लॉगिंग ईवेंट्स, अनु-स्थापन जागरूकता अभियान/स्वास्थ्य कैंप की क्रियाशील भागीदारी के साथ ही युवा और खेल मंत्रालय के फिट इंडिया, महिला एवं बाल विकास मंत्रालय के पोषण अभियान के प्रमुख संदेशों को सम्मिलित किया जाता है।

6. **प्रौद्योगिकी उप-मिशन (टीएसएम):** उभरती हुई और सिद्ध निर्माण सामग्री और प्रौद्योगिकियों के उनके मानकीकरण, विशिष्टता, कार्य संहिता को उभारने निविदा की आवश्यक प्रक्रिया को विकसित करने क्षमता निर्माण और उपयुक्त वितरण तंत्र के सृजन के लिए एक व्यापक तकनीकी और वित्तीय मूल्यांकन, के एकीकृत दृष्टिकोण हेतु आवास और शहरी मामलों के मंत्रालय ने प्रधानमंत्री आवास योजना-(शहरी) के अंतर्गत 'देश के भू-जलवायु और जोखिम परिस्थितियों के अनुकूल घरों के त्वरित एवं लागत प्रभावी निर्माण हेतु टिकाऊ प्रौद्योगिकी समाधान' के अभियान वक्तव्य के साथ एक प्रौद्योगिकी उप-अभियान आरंभ किया है।

प्रौद्योगिकी उप-मिशन, घरों के तेजी से और गुणवत्ता वाले निर्माण के लिए आधुनिक, नवीन और हरित प्रौद्योगिकियों और निर्माण सामग्री को अपनाने की सुविधा प्रदान करता है। प्रौद्योगिकी उप-मिशन विभिन्न भू-जलवायु क्षेत्रों के लिए उपयुक्त लेआउट डिजाइन और निर्माण योजनाओं को तैयार करने और अपनाने की सुविधा प्रदान करता है। यह राज्यों/शहरों को आपदा प्रतिरोधी और पर्यावरण के अनुकूल प्रौद्योगिकियों को तैनात करने में सहायता करता है। कुल 33 वैकल्पिक प्रौद्योगिकियों की पहचान की गई है। लगभग पूरे भारत वर्ष में लगभग 15 लाख घरों का निर्माण वैकल्पिक प्रौद्योगिकी के उपयोग से किया जा रहा है।

7. **वैश्विक आवासीय प्रौद्योगिकी चुनौती-भारत:** आवास और शहरी मामलों के मंत्रालय ने वैश्विक आवासीय प्रौद्योगिकी चुनौती भारत (GHTC भारत) की शुरुआत की है, जिसका उद्देश्य आवास निर्माण क्षेत्र में, दुनिया भर से अभिनव निर्माण प्रौद्योगिकियों की पहचान करना और उन्हें मुख्यधारा में लाना है जो टिकाऊ, पर्यावरण के अनुकूल और आपदा-अनुकूल हों। विभिन्न भू-जलवायु परिस्थितियों और वांछित कार्यात्मक जरूरतों को पूरा करते हुए, घरों की गुणवत्ता के निर्माण को सक्षम करते हुए उन्हें लागत प्रभावी और तेज होना चाहिए। देश में अनुसंधान और विकास के वातावरण को बढ़ावा देने के लिए भविष्य की प्रौद्योगिकियों का भी समर्थन किया जाएगा। वैश्विक आवासीय प्रौद्योगिकी चुनौती-भारत आवास निर्माण क्षेत्र की तकनीकी चुनौतियों को समग्र रूप से वितरित करने के लिए एक पारिस्थितिकी तंत्र विकसित करने की इच्छा रखता है।

अफोर्डेबल संस्टेनेबल हाउसिंग एक्सेलेरेटर्स-इंडिया (आशा-भारत) की पहल के तहत, संभावित भविष्य की तकनीकों के लिए ऊष्मायन और त्वरण समर्थन प्रदान किया जाता है जो अभी तक बाजार के लिए तैयार नहीं हैं (पूर्व-प्रोटोटाइप आवेदक) या उन तकनीकों के लिए जो बाजार के लिए तैयार हैं (पोस्ट प्रोटोटाइप आवेदक)। आशा इंडिया सेंटर क्षेत्र में ऐसी तकनीकों के प्रभावी उपयोग के लिए प्रासंगिक डिजाइन दिशा-निर्देश, निर्माण नियमावली और अन्य आवश्यक दिशा-निर्देश विकसित करने में भी मदद करेगा। अफोर्डेबल संस्टेनेबल हाउसिंग एक्सेलेरेटर्स-भारत केंद्रों को पांच मेजबान संस्थानों में स्थापित किया जाना है-IIT बॉम्बे, IIT खड़गपुर, IIT मद्रास, IIT रुड़की और CSIR&NEIST, जोरहाट। 72 संभावित भविष्य की तकनीकों (घरेलू) को चुनौती के बीच पहचाना गया है, जिन्हें आशा-भारत के तहत सहायता प्रदान करने हेतु चुना जाएगा।

8. **वैश्विक आवासीय प्रौद्योगिकी चुनौती-भारत के तहत लाइट हाउस परियोजनाएं:** लाइट हाउस परियोजनाएं (एलएचपी), जिसे वैश्विक आवासीय प्रौद्योगिकी चुनौती-भारत के तहत विकसित किया जाना है, तकनीक के हस्तांतरण के विभिन्न पहलुओं हेतु लाइव प्रयोगशालाओं के रूप में काम करेगा। इसमें आईआईटी/एनआईटी/इंजीनियरिंग कॉलेज/नियोजन और वास्तुकला कॉलेजों, बिल्डरों, निजी और सार्वजनिक क्षेत्रों के पेशेवरों और अन्य संबंधित हितधारकों के संकाय और छात्रों दोनों

के लिए नियोजन, डिजाइन, घटकों के निर्माण, निर्माण प्रथाओं और परीक्षण समाविष्ट हैं। वैश्विक आवासीय प्रौद्योगिकी चुनौती भारत ने आवास निर्माण के पारिस्थितिकी तंत्र को बदलने के लिए निर्माण तकनीक में प्रतिमान बदलाव की शुरुआत की।

निर्माण में नवीन प्रौद्योगिकी के उपयोग के लिए, मंत्रालय ने लाइट हाउस परियोजनाओं के लिए प्रधानमंत्री आवास योजना (शहरी) के तहत प्रति घर 1.5 लाख रुपये की मौजूदा हिस्सेदारी के ऊपर प्रौद्योगिकी नवाचार अनुदान को 4 लाख रुपये के अतिरिक्त अनुदान के रूप में समाविष्ट किया है।

लाइट हाउस परियोजनाएं का उन नवाचार निर्माण प्रौद्योगिकियों को प्रदर्शित करने के लिए गुजरात, झारखंड, मध्य प्रदेश, तमिलनाडु, त्रिपुरा और उत्तर प्रदेश में क्रियान्वयन किया जा रहा है, जो लागत प्रभावी, हरित और टिकाऊ हैं।

9. **प्रदर्शनकारी आवासीय परियोजनाएं [Demonstration Housing Projects (DHPs)]:** नई उभरती प्रौद्योगिकियों के क्षेत्र अनुप्रयोग का प्रदर्शन करने के लिए, आवास और शहरी मामलों के मंत्रालय ने भवन निर्माण सामग्री और प्रौद्योगिकी संवर्द्धन परिषद (BMTPC) के माध्यम से प्रदर्शन हाउसिंग का निर्माण करने की पहल की है। एक प्रदर्शनकारी आवासीय परियोजनाएं वैकल्पिक प्रौद्योगिकी के उपयोग और उपयोग पर ज्ञान के साथ आवास क्षेत्र में चिकित्सकों को साइट पर दिशा-निर्देश प्रदान करता है। प्रत्येक डी.एच.पी. में क्षेत्र के भू-जलवायु और खतरनाक स्थितियों के लिए उपयुक्त टिकाऊ, लागत और समय प्रभावी उभरती हुई वैकल्पिक आवास निर्माण तकनीक वाले 40 घर शामिल हैं। ऐसे प्रदर्शनकारी आवासीय परियोजनाएं भुवनेश्वर, बिहार शरीफ, हैदराबाद, लखनऊ और नेल्लोर में पूरे किए जा चुके हैं और अगरतला, पंचकुला, गोवा और हैदराबाद में कार्य के चरणों में हैं।

दीनदयाल अन्त्योदय योजना–राष्ट्रीय शहरी आजीविका मिशन (Deendayal Antyodaya Yojana –National Urban Livelihoods Mission)

वर्ष 2013 में स्वर्ण जयंती शहरी रोजगार योजना (SJSRY) का पुनर्गठन हुआ और इसका नाम बदल कर राष्ट्रीय शहरी आजीविका मिशन (NULM) रखा गया । वर्ष 1997 में स्वर्ण जयंती शहरी रोजगार योजना का प्रक्षेपण किया गया, जिसका कार्य शहरी और गरीब बेरोजगार को लाभकारी रोजगार प्रदान करना था।

फरवरी 2016 में, कार्यक्रम का नाम बदलकर दीनदयाल अंत्योदय योजना-राष्ट्रीय शहरी आजीविका मिशन (DAY-NULM) रखा गया।

दीनदयाल अंत्योदय योजना-राष्ट्रीय शहरी आजीविका मिशन का उद्देश्य शहरी गरीब घरों हेतु कुशल स्वरोजगार एवं कुशल मजदूरी के अवसर प्रदान कर गरीबी और भेद्यता कम करना है। आधार स्तर पर गरीबों हेतु शक्तिशाली संस्थानों का निर्माण करने से उनकी धारणीय आजीविका में प्रशंसनीय सुधार होगा। इस मिशन का उद्देश्य शहरी बेघरों को चरणबद्ध तरीके से आवश्यक सेवाओं से सुसज्जित आश्रय प्रदान करना भी है। इसके अतिरिक्त, यह मिशन शहरी सड़क विक्रेताओं की आजीविका को भी संबोधित करता है।

दीनदयाल अंत्योदय योजना-राष्ट्रीय शहरी आजीविका मिशन देश के सभी वैधानिक शहरों को कवर करती है, इसे स्थानीय खरपतवार और क्षमता के अनुसार राज्य द्वारा तय किया जाना है। दीनदयाल अंत्योदय योजना-राष्ट्रीय शहरी आजीविका मिशन का लक्ष्य शहरी गरीब है, जिसमें शहरी बेघर सम्मिलित हैं।

मिशन के वित्तपोषण को केंद्र और राज्यों/केंद्रशासित प्रदेशों के बीच 75: 25 के अनुपात में साझा किया जाता है, तथा उत्तर-पूर्वी एवं विशेष श्रेणी के राज्यों में यह अनुपात 90 : 10 है।

DAY–NULM के निम्नलिखित घटक हैं:

1. **सामाजिक लामबंदी एवं संस्था का विकास:** DAY-NULM की परिकल्पना स्वयं-सहायता समूह (SHGs) और उनके संघों में शहरी गरीब को सार्वभौमिक सामाजिक लामबंदी है। प्रत्येक शहरी गरीब परिवार से न्यूनतम एक सदस्य, अधिमानतः एक महिला, समयबद्ध तरीके से स्वयं-सहायता समूह में शामिल किया जाना चाहिए। ये समूह गरीबों की वित्तीय एवं सामाजिक आवश्यकताओं हेतु एक सहायता प्रणाली के रूप में कार्य करेंगे।
2. **क्षमता निर्माण एवं प्रशिक्षण:** इस घटक का उद्देश्य DAY-NULM को प्रक्षेपित एवं लागू करने हेतु केंद्रीय, राज्य और शहरी स्तर पर समय पर उच्च्व गुणवत्ता एवं तकनीकी सहायता स्थापित करना है। केंद्र पर एक राष्ट्रीय मिशन प्रबंधन इकाई स्थापित की गयी है। इसके अतिरिक्त, राज्य मिशन प्रबंधन इकाई एवं शहर मिशन प्रबंधन इकाई की स्थापना हेतु सहायता प्रदान की जाती है।

3. **कौशल प्रशिक्षण एवं नौकरी द्वारा रोजगारः** यह घटक का उद्देश्य शहरी गरीबों में स्वरोजगार और वेतनभोगी रोजगार के लिए उनकी क्षमता बढ़ाने के लिए उनके कौशल के विकास/उन्नयन में सहायता पर ध्यान केंद्रित करना है।
4. **स्वरोजगार कार्यक्रमः** यह घटक वित्तीय सहायता पर शहरी के व्यक्तियों/गरीब समूहों को उनके कौशल, प्रशिक्षण, योग्यता और स्थानीय स्थिति के अनुकूल लाभकारी उपक्रम/सूक्ष्म उद्यमों, स्वरोजगार स्थापित करने हेतु सहायता करने पर केंद्रित है।
5. **शहरी सड़क विक्रेताओं को सहायताः** इस घटक का लक्ष्य है-सड़क विक्रेताओं का प्रशिक्षण, लघु उद्योग की सहायता, ऋण सक्षमता और शहरी विकास के निर्माण की योजना बनाना तथा कमजोर वर्गों के सामाजिक सुरक्षा विकल्पों का समर्थन करना, जैसे-महिलाएं, अनुसूचित जाति/जनजाति और अल्पसंख्यक।
6. **शहरी बेघरों हेतु आश्रय की योजनाः** इस योजना का उद्देश्य शहर के सबसे गरीब वर्ग को एवं अन्य सभी आवश्यकताएं प्रदान करना है। शहरी बेघर हेतु आश्रय स्थायी होना चाहिए।
7. **अभिनव और विशेष परियोजनाएंः** यह घटक का उद्देश्य अभिनव परियोजनाओं के रूप में नवीन पहल के प्रचार पर केंद्रित है। ये पहल अग्रगामी प्रकृति के हो सकते हैं, जिनका प्रयास सार्वजनिक, निजी, समुदाय साझेदारी (पी-पी-सीपी) के माध्यम से शहरी आजीविका हेतु स्थायी धारणीय दृष्टिकोण को उत्प्रेरित करना है। यह मापनीय पहल के माध्यम से एक आशाजनक कार्यप्रणाली या शहरी गरीबी पर एक विशिष्ट प्रभाव का प्रदर्शन करता है।

स्वच्छ भारत अभियान (शहरी) [Swachh Bharat Mission (Urban)]

स्वच्छ भारत अभियान (शहरी) में कार्यान्वयन के दो प्राथमिक घटक हैं-देश के सभी वैधानिक शहरों में-100% खुले में शौच मुक्त स्थिति, और ठोस कचरे का 100% वैज्ञानिक प्रसंस्करण।

अभियान प्रगति (Mission Progress)

1. स्वच्छता (Sanitation)

(i) 31.12.2019 तक, 35 राज्यों और केंद्रशासित प्रदेशों (पश्चिम बंगाल के 52 यूएलबी को छोड़कर) के शहरी क्षेत्र खुले में शौच मुक्त हो गए हैं।

(ii) कुल 4,320 शहरों (4,372 में से) ने खुद को ओडीएफ घोषित किया है, जिनमें से 4,170 शहरों/शहरी स्थानीय निकाय को तीसरे पक्ष के प्रमाणीकरण के बाद खुले में शौच मुक्त (ओडीएफ) के रूप में प्रमाणित किया गया है।

(iii) ऐसा करने के लिए, 31.12.2019 तक

(a) व्यक्तिगत घरेलू शौचालयों (IHHL) की 65.91 लाख इकाइयों का निर्माण किया गया है और/या निर्माणाधीन है (यानी 58.99 लाख के लक्ष्य के खिलाफ 111% प्रगति);

(b) सामुदायिक और सार्वजनिक शौचालय सीटों (सीटी/पीटी) की 6.13 लाख सीटों का निर्माण और/या निर्माणाधीन हैं (यानी 5.07 लाख के लक्ष्य के विरुद्ध 121% प्रगति)।

(iv) इसके अतिरिक्त, 31 दिसंबर, 2019 तक, 937 शहरों को ODF++ प्रमाणित किया गया है और 328 शहरों को इस रूप में प्रमाणित किया गया है।

2. ठोस कचरा/मैला प्रबंधन (Solid Waste Management)

(i) 31.12.2019 तक, 81,073 वार्ड (कुल 84,475 वार्डों में से, यानी 965) 100% घर संग्रह द्वारा कवर किए गए हैं। वर्तमान में उत्पन्न कुल कचरे का 60% संसाधित किया जा रहा है, और 74% वार्ड स्रोत छँटाई/पृथक् करने का अभ्यास कर रहे हैं।

(ii) वर्तमान में, 106636 टन प्रति दिन कचरे को संसाधित करने की क्षमता वाले 1531 कार्यात्मक खाद संयंत्र (केंद्रीकृत) हैं, और लगभग 566 संयंत्र निर्माणाधीन हैं जिनकी 62,823 टन प्रति दिन की इनपुट क्षमता है। इसके अतिरिक्त, प्रति दिन लगभग 1621 टन की इनपुट क्षमता वाले 4 कार्यात्मक आरडीएफ संयंत्र हैं, 37 जैव गैस संयंत्र, जिसमें 1861 टन प्रति दिन इनपुट क्षमता के साथ 26 अपशिष्ट ऊर्जा संयंत्र प्रति दिन 22541 टन से अधिक

की इनपुट क्षमता के साथ निर्माणाधीन हैं। वर्तमान में 6 कार्यात्मक C&D संयंत्र हैं।

अभियान की निगरानी (Mission Monitoring)

1. आवास और शहरी मामलों के मंत्रालय (MoHUA) ने जो स्वच्छ सर्वेक्षण शुरू किया है, उसने सबसे स्वच्छ शहर बनने की दौड़ में शहरों के बीच स्वस्थ प्रतिस्पर्द्धा की भावना को जन्म दिया है। स्वच्छ सर्वेक्षण में जो चीज अलग करती है, वह यह है कि उनके शहरों में स्वच्छता की स्थिति के बारे में नागरिक प्रतिक्रिया भी एकत्र की जाती है, और यह डेटा शहरों की रैंकिंग के लिए एक अभिन्न इनपुट बन जाता है। पहला सर्वेक्षण 73 शहरों में से किया गया था, जबकि सर्वेक्षण का दूसरा दौर 434 शहरों के बीच आयोजित किया गया था। स्वच्छ सर्वेक्षण 2018 में 4,203 शहरों को समाविष्ट किया गया, जबकि स्वच्छ सर्वेक्षण 2019 में 4237 शहरों को सम्मिलित किया गया। स्वच्छ सर्वेक्षण को 2020 जनवरी में आयोजित किया गया था और इसमें देश के सभी यूएलबी को कवर किया गया।
2. आवास और शहरी मामलों के मंत्रालय ने जून 2020 में स्वच्छ सर्वेक्षण लीग (एसएस लीग 2020) की शुरुआत की, जिसका उद्देश्य स्वच्छता के मामले में शहरों के जमीनी प्रदर्शन की सततृता की निरंतर निगरानी के साथ शहरों के सेवा स्तर प्रदर्शन को बनाए रखना है। एसएस लीग 2020 का आयोजन 3 तिमाहियों में किया गया था, अर्थात् अप्रैल-जून, जुलाई-सितंबर और अक्टूबर-दिसंबर 2019 और आउटबाउंड कॉल के माध्यम से 12 सेवा स्तरीय प्रगति संकेतकों पर नागरिकों की मान्यता के साथ शहरों द्वारा एसबीएम-यू ऑनलाइन एमआईएस के मासिक अपडेशन के आधार पर मूल्यांकन करने के लिए प्रत्येक तिमाही के लिए 2000 अंकों का बल भार था।
3. आवास और शहरी मामलों के मंत्रालय ने शहरों को कचरा मुक्त स्थिति के लिए प्रेरित करने के लिए 'कचरा मुक्त शहरों के लिए स्टार रेटिंग प्रोटोकॉल' लॉन्च किया है। शहरों का मूल्यांकन एक स्वतंत्र एजेंसी द्वारा किया जाता है। उनकी कचरा मुक्त स्थिति का आकलन करने के लिए डिजाइन किए गए क्रमाचार पर उनके द्वारा प्राप्त स्टार रेटिंग के आधार पर ऐसा किया जाता है। कचरा मुक्त शहरों की स्टार रेटिंग क्रमाचार 12 मूल्यांकन मापदंडों पर आधारित है, जिसमें नालियों और जल निकायों की सफाई, प्लास्टिक अपशिष्ट प्रबंधन, निर्माण और विध्वंस कचरे का प्रबंधन आदि शामिल हैं।
4. आवास और शहरी मामलों के मंत्रालय ने ओडीएफ+ और ओडीएफ++ क्रमाचार प्रारंभ किए हैं, जिसमें खुले में शौच से मुक्त परिणामों को बनाए रखने और समग्र स्वच्छता प्राप्त करने पर ध्यान केंद्रित किया गया है। जबकि ओडीएफ+/क्रमाचार अपने निरंतर उपयोग के लिए CT/Puts की कार्यक्षमता और उचित रख-रखाव सुनिश्चित करके समुदाय/सार्वजनिक शौचालयों के ओ एंड एम पर ध्यान केंद्रित करता है, वहीं ओडीएफ++ शौचालयों से मल कीचड़ के सुरक्षित प्रबंधन को संबोधित करने पर ध्यान केंद्रित करता है, और यह सुनिश्चित करता है कि खुले नालों, जल निकायों या खुले में कोई अनुपचारित कीचड़ को छोड़ा नहीं जा रहा है। स्वतंत्र तृतीय पक्ष के माध्यम से शहरों को ओडीएफ+ और ओडीएफ++ के रूप में प्रमाणित किया जाने लगा है।
5. आवास और शहरी मामलों के मंत्रालय ने अगस्त 2019 में जल+ (water +) क्रमाचार प्रारंभ किया है ताकि यह सुनिश्चित किया जा सके कि किसी भी अनुपयोगी अपशिष्ट को खुले वातावरण में नहीं उतारा जाए जिससे स्वच्छता मूल्य शृंखला की स्थिरता सुनिश्चित हो सके।
6. स्वच्छ भारत मिशन (शहरी) की प्रगति की निगरानी करने के लिए, एक राज्य/शहरी स्थानीय निकाय स्तर एमआईएस विकसित किया गया है, जो देशभर में 4000 से अधिक शहरी स्थानीय निकायों की भौतिक और वित्तीय प्रगति दोनों को ग्रहण करता है, और जो सभी राज्यों के कुलपतियों के साथ मासिक समीक्षा का आधार बनाता है।

प्रौद्योगिकी सक्षमता (Technology Enablement)

1. स्वच्छ भारत मिशन के आसपास के नागरिकों से पूछताछ के लिए एक राष्ट्रीय हेल्पलाइन नंबर-1969 शुरू किया गया है।
2. स्वच्छता से संबंधित नागरिकों की किसी भी शिकायत के लिए स्वच्छता ऐप को शिकायत निवारण मंच के रूप में लॉन्च किया गया है।

3. आवास और शहरी मामलों के मंत्रालय ने गूगल के साथ गूगल मैप पर सभी सार्वजनिक/सामुदायिक शौचालयों का खाका प्राप्त करने के लिए गूगल के साथ साझेदारी की है, साथ ही सभी सार्वजनिक/सामुदायिक शौचालयों को विशिष्ट आईडी दी जा रही है।
4. आवास और शहरी मामलों के मंत्रालय ने 'स्वच्छ मंच' भी शुरू किया है, जो एक ऑनलाइन ज्ञान प्रबंधन और हितधारक के साथ कार्य पोर्टल स्वच्छ भारत मिशन को एक सच्चे 'जन-आंदोलन' में बदलने के लिए प्रेरित करने के लिए है।
5. आवास और शहरी मामलों के मंत्रालय ने स्वच्छ नगर-एक एकीकृत संग्रह और परिवहन ऐप लॉन्च किया है जो शहरों को उनके अलग-अलग कचरा संग्रह प्रक्रिया को व्यवस्थित करने में मदद करने हेतु विकसित किया गया है।

व्यवहार परिवर्तन पहल
(Behavior Change Initatives)

1. स्वच्छ सर्वेक्षण 2019 (SS 2019) के लिए, टीवी और रेडियो विज्ञापनों की एक श्रृंखला को आवास और शहरी मामलों के मंत्रालय द्वारा लाया गया है, जिसमें शीर्ष हस्तियों (फिल्म और खेल जगत की हस्तियों) को दर्शाया गया है। आवास और शहरी मामलों के मंत्रालय ने एसएस 2019 के विजेता शहरों से सर्वश्रेष्ठ प्रथाओं को ग्रहण के लिए फिल्मों की एक श्रृंखला भी विकसित की है।
2. इसके अतिरिक्त, स्वच्छ सर्वेक्षण 2020 का एक विषय गीत, जिसका शीर्षक 'स्वच्छ भारत अभियान है' अगस्त 2019 में जारी किया गया था।
3. आवास और शहरी मामलों के मंत्रालय ने नागरिकों के बीच स्वच्छ सर्वेक्षण 2020 को बढ़ावा देने हेतु दिसंबर 2019 में स्वच्छता हीरो शीर्षक युक्त एक समर्पित अभियान भी चलाया है। इसके अतिरिक्त, आवास और शहरी मामलों के मंत्रालय ने दिसंबर 2019 में 'न्यू इंडिया श्रृंखला' नामक एक दूरदर्शन कार्यक्रम में देशभर से चयनित स्वच्छाग्रहियों को भी दर्शाया है।
4. आवास और शहरी मामलों के मंत्रालय ने, 'स्वच्छता सेल्फी' नाम से एक रेडियो श्रृखला की शुरुआत भी की है, जहां हर सोमवार, देशभर से अच्छी प्रथाओं को आकाशवाणी चैनलों पर एक फोन-इन कार्यक्रम के साथ प्रसारित किया जाता है, जिसके द्वारा नागरिक उनके शहरों में समग्र स्वच्छता पर उनकी प्रतिक्रिया दे सकते हैं या विषय से संबंधित प्रश्न कर सकते हैं।
5. आवास और शहरी मामलों के मंत्रालय ने विश्व पर्यावरण दिवस, स्वतंत्रता दिवस, विश्व शौचालय दिवस आदि जैसे महत्वपूर्ण दिनों पर केंद्रित कई लक्षित विषयगत अभियान शुरू किए हैं।
6. आवास और शहरी मामलों के मंत्रालय अपने हितधारकों के बीच *'स्वछता संदेश'* नामक एक मासिक समाचार-पत्र का विकास और प्रसार भी करता है।
7. स्वछता हाई सेवा (SHS) 2019 के भाग के रूप में, आवास और शहरी मामलों के मंत्रालय ने कई समतलीकरण विकसित किए और उसका प्रचार sates और शहरों में, एकल उपयोग प्लास्टिक के खतरे पर जागरूकता फैलाने और शहरों के अपनाने योग्य एक व्यवहार्य विकल्प प्रदान करने हेतु किया गया।
8. आवास और शहरी मामलों के मंत्रालय द्वारा 'स्वच्छ पड़ोसी' गाइडलाइन दस्तावेज लॉन्च किया गया है ताकि भागीदारों को उनके पड़ोस को साफ रखने और दायित्व का स्वामित्व लेने हेतु प्रोत्साहित किया जा सके।
9. आवास और शहरी मामलों के मंत्रालय, राष्ट्रीय शहरी आजीविका मिशन और राष्ट्रीय शहरी स्वास्थ्य मिशन के साथ अभिसरण में, दोनों मिशनों के लाइन अधिकारियों का उत्तोलन की शक्ति का लाभ उठा रहा है, अर्थात् स्वयं सहायता समूहों, आशा कार्यकर्ता, एमएएस कार्यकर्ता, नागरिकों में स्वछता के संदेश को फैलाने में मदद करते हैं।

स्मार्ट सिटी मिशन
[Smart Cities Mission (SCM)]

भारत में शहरीकरण की चुनौती बढ़े हुए न्यूनतम मानकों पर सेवा वितरण सुनिश्चित करना है जो योजना बनाते समय आवश्यक हैं। इस शहरी विकास को बनाए रखने के लिए भौतिक, संस्थागत, सामाजिक और आर्थिक बुनियादी ढांचे का व्यापक विकास आवश्यक है। अत: स्मार्ट सिटी मिशन के विकास का उद्देश्य उन शहरों को बढ़ावा देना है जो मुख्य शहरी आधारभूत संरचना प्रदान करते हैं और अपने नागरिकों को जीवन की एक सभ्य गुणवत्ता प्रदान करते हैं, एक स्वच्छ और टिकाऊ वातावरण और अपने नागरिकों के जीवन की गुणवत्ता में सुधार करने के लिए 'स्मार्ट

सॉल्यूशंस' के अनुप्रयोगों और इसके विकास और विकास के लिए शहरों में लोगों और निवेशों को आकर्षित करना।

तत्व
(Elements)

स्मार्ट सिटीज मिशन (SCM) को जून 2015 में 5 साल की अवधि के लिए लॉन्च किया गया था। स्मार्ट शहर में मुख्य बुनियादी ढांचे के तत्वों में शामिल थे:

1. पर्याप्त पानी की आपूर्ति,
2. सुनिश्चित बिजली की आपूर्ति,
3. ठोस अपशिष्ट प्रबंधन सहित स्वच्छता,
4. कुशल शहरी गतिशीलता और सार्वजनिक परिवहन,
5. किफायती आवास, विशेष रूप से गरीबों के लिए,
6. मजबूत आईटी कनेक्टिविटी और डिजिटलाइजेशन,
7. सुशासन, विशेष रूप से ई-शासन और नागरिक भागीदारी,
8. स्थायी पर्यावरण,
9. नागरिकों, विशेषकर महिलाओं, बच्चों और बुजुर्गों की सुरक्षा और सुरक्षा, और;
10. स्वास्थ्य और शिक्षा।

विशेषताएं
(Features)

स्मार्ट शहरों में व्यापक विकास की विशिष्ट विशेषताएं नीचे वर्णित हैं:

1. 'अनियोजित क्षेत्रों' के लिए क्षेत्र आधारित विकास-योजना में मिश्रित भूमि उपयोग को बढ़ावा देना, जिसमें संगत गतिविधियां होती हैं और भूमि उपयोग को और अधिक कुशल बनाने के लिए भूमि एक-दूसरे के करीब आती है। राज्य भूमि उपयोग में कुछ लचीलेपन और परिवर्तन के अनुकूल होने के लिए उप-कानूनों का निर्माण करने में सक्षम होंगे;
2. आवास और समावेशिता-सभी के लिए आवास के अवसरों का विस्तार;
3. चलने योग्य इलाकों का निर्माण-भीड़, वायु प्रदूषण और संसाधन की कमी को कम करना, स्थानीय अर्थव्यवस्था को बढ़ावा देना, बातचीत को बढ़ावा देना और सुरक्षा सुनिश्चित करना। न केवल वाहनों और सार्वजनिक परिवहन के लिए, बल्कि पैदल चलने वालों और साइकिल चालकों के लिए भी सड़क नेटवर्क का निर्माण या नवीनीकरण किया जाता है और आवश्यक प्रशासनिक सेवाओं को पैदल या साइकिल से दूरी के भीतर पेश किया जाता है;
4. खुले स्थानों का संरक्षण और विकास-पार्कों, खेल के मैदानों और नागरिकों के जीवन की गुणवत्ता को बढ़ाने के लिए मनोरंजक स्थान, क्षेत्रों में शहरी गर्मी के प्रभाव को कम करना और साधारण रूप से पर्यावरण-संतुलन को बढ़ावा देना;
5. विभिन्न प्रकार के परिवहन विकल्पों को बढ़ावा देना-ट्रांजिट ओरिएंटेड डेवलपमेंट (टीओडी), सार्वजनिक परिवहन और अंतिम मील पैरा-ट्रांसपोर्ट कनेक्टिविटी;
6. शासन को नागरिक अनुकूल तथा लागत प्रभावी बनाना-जवाबदेही और पारदर्शिता लाने के लिए ऑनलाइन सेवाओं पर अधिक तीव्रता से विश्वास करना, नगरपालिका कार्यालयों में जाने की आवश्यकता के बिना सेवाओं की लागत को कम करने और सेवाएं प्रदान करने के लिए विशेष रूप से, मोबाइल का प्रयोग करना। लोगों को सुनने और प्रतिक्रिया प्राप्त करने हेतु के लिए ई-समूह का निर्माण करना और साइबर टूर वर्क साइटों के उपयोग से कार्यक्रमों और गतिविधियों की ऑनलाइन निगरानी का उपयोग करना;
7. शहर को एक पहचान देना-इसकी मुख्य आर्थिक गतिविधि, जैसे-स्थानीय भोजन, स्वास्थ्य, शिक्षा, कला और शिल्प, संस्कृति, खेल की वस्तुएं, फर्नीचर, हौजरी, कपड़ा, डेयरी, आदि के आधार पर;
8. क्षेत्र-आधारित विकास में, उन्हें पहले से बेहतर बनाने हेतु बुनियादी ढांचे और सेवाओं के लिए स्मार्ट समाधान लागू करना। उदाहरण के लिए, आपदाओं हेतु क्षेत्रों को कम संवेदनशील बनाना, कम संसाधनों का उपयोग करना, और सस्ती सेवाएं प्रदान करना।

संसाधन
(Resources)

मिशन को केंद्र प्रायोजित योजना के रूप में संचालित किया जाता है और केंद्र सरकार ने मिशन को 5 वर्षों में अर्थात् 100 करोड़ रुपये प्रत्येक शहर प्रत्येक वर्ष के औसत से 48000 करोड़

रुपये की आर्थिक सहायता देने का प्रस्ताव किया है। मिलान के आधार पर एक समान राशि का राज्य/शहरी स्थानीय निकाय द्वारा योगदान किया जाना है। इसलिए, स्मार्ट शहरों के विकास के लिए सरकार/शहरी स्थानीय निकाय धन कोषों के माध्यम से लगभग एक लाख करोड़ रुपये उपलब्ध होंगे। केंद्र सरकार के धन कोषों और राज्यों/शहरी स्थानीय निकाय द्वारा मेल खाते के योगदान के अलावा, अन्य शेष परियोजना लागत राज्य/शहरी स्थानीय निकाय को अपने स्वयं के संसाधनों, जैसे-उपयोगकर्ता शुल्क, प्रभाव शुल्क, लाभार्थी शुल्क और इनोवेटिव फाइनेंसिंग मैकेनिज्म, जैसे-म्युनिसिपल बॉण्ड संयुक्त/पूल्ड वित्त तंत्र, निजी क्षेत्र की भागीदारी इत्यादि, और अन्य केंद्र सरकार की योजनाओं के माध्यम से जुटाना है। द्विपक्षीय और बहुपक्षीय संस्थानों सहित वित्तीय संस्थानों से उधार तथा घरेलू और बाहरी दोनों स्रोतों का उपयोग किया जा सकता है।

नागरिक सहभागिता की एक व्यापक कवायद ने राष्ट्रीय स्तर की चुनौती में भाग लेने के लिए स्मार्ट सिटी प्रपोजल (एससीपी) तैयार करने की नींव रखी। अधिकांश नागरिकों द्वारा व्यक्त शहरी क्षेत्रों को चुनौती देने वाले प्रमुख मुद्दे थे-शहरी गतिशीलता, किफायती आवास, जल एवं अपशिष्ट जल प्रबंधन, स्वच्छता, बचाव एवं सुरक्षा, स्वास्थ्य एवं शिक्षा तथा ऊर्जा सुरक्षा। नागरिक अपने शहर में किस प्रकार जीवन की गुणवत्ता को मापते हैं, ये पहलू उससे संबंधित हैं। अर्थव्यवस्था के विकास को ड्राइव करने के लिए शहरों की शक्ति को भली-भांति अनुसंधानित और स्वीकार किया गया है। बेहतर निवेश पर्यावरण का सृजन, उपलब्ध गुण, टैलेंट की जरूरतों के आधार पर नौकरियों के सृजन को सक्षम करना, नवाचार की शिक्षा/पालन पोषण, बेरोजगारी के स्तर को घटाना आदि कुछ स्मार्ट शहरों की महत्वपूर्ण आकांक्षाएं हैं।

जबकि शहर बुनियादी ढांचे वस्तुओं एवं सेवाओं में उनके नागरिकों को एक बेहतर गुणवत्ता का जीवन प्रदान करने हेतु निवेश करती हैं, और सतत् विकास के लिए मजबूत अर्थ अर्थव्यवस्थाओं का सृजन करती है, उन्हें सतत् विकास हेतु जागृत रहना होगा। इस तरह का विकास सामंजस्य की एक निश्चित स्थिति में नहीं है, लेकिन इसके लिए एक गतिशील संतुलन की आवश्यकता होती है जिसमें प्रौद्योगिकी, आधारभूत संरचना, प्रक्रियाओं और निवेश पर दैनिक निर्णय ऐसे तरीके से लिए जाते हैं जो समाज के वर्तमान और भविष्य की चिंताओं को संतुलित करते हैं। स्मार्ट शहर विभिन्न पहलों के माध्यम से सतत् विकास को बढ़ावा देते हैं।

अभियान की कार्यनीति (Mission Strategy)

स्मार्ट सिटीज मिशन में क्षेत्र-आधारित विकास के कार्यनीति घटक शहर में सुधार (रेट्रोफिटिंग), शहर नवीकरण (पुनर्विकास) और शहर विस्तार (ग्रीनफील्ड विकास) प्लस एक पैन-सिटी पहल है, जिसमें स्मार्ट समाधान शहर के बड़ हिस्सों को कवर करने के लिए लागू किए गए हैं।

नीचे क्षेत्र-आधारित स्मार्ट सिटी विकास के तीन मॉडलों का विवरण दिया गया है:

1. **रेट्रोफिटिंग:** मौजूदा क्षेत्र को और अधिक प्रभावशाली और जीवंत बनाने के लिए, अन्य उद्देश्यों के साथ, स्मार्ट सिटी उद्देश्यों को प्राप्त करने के लिए एक मौजूदा अंतर्निहित क्षेत्र में योजना पेश करेगी। रेट्रोफिटिंग में, नागरिकों के परामर्श से 500 एकड़ से अधिक क्षेत्र वाले शहर की पहचान की जाएगी। पहचान किए गए क्षेत्र में वर्तमान की आधारभूत संरचना की सेवाओं और निवासियों के दृष्टिकोण के आधार पर, शहर स्मार्ट बनने की रणनीति तैयार करेंगे। चूंकि मौजूदा संरचनाएं इस मॉडल में काफी हद तक बरकरार हैं, इसलिए यह उम्मीद की जाती है कि अधिक गहन अवसंरचना सेवा स्तर और बड़ी संख्या में स्मार्ट एप्लीकेशन को रेट्रोफिटेड स्मार्ट सिटी में दिया जाएगा। यह रणनीति छोटी समय सीमा में भी पूरी हो सकती है, जिससे शहर के दूसरे हिस्से में इसकी प्रतिकृति बन सकेगी।
2. **पुनर्विकास:** मौजूदा निर्मित पर्यावरण के प्रतिस्थापन्न को प्रभावित करेगा और मिश्रित भूमि उपयोग और बढ़े हुए घनत्व का उपयोग करते हुए आधारभूत संरचना में वृद्धि के साथ एक नए खाके/नक्शे सह-निर्माण के सृजन को सक्षम करेगा। पुनर्विकास 50 एकड़ से अधिक के क्षेत्र की परिकल्पना करता है, जिसे शहरी स्थानीय निकाय (यूएलबी) द्वारा नागरिकों के विचार-विमर्श से पहचाना जाता है। उदाहरण के लिए, पहचान किए गए क्षेत्र का एक नया लेआउट प्लान मिश्रित भूमि-उपयोग, उच्च एफएसआई और उच्च भूमि कवरेज के साथ तैयार किया जाएगा। पुनर्विकास मॉडल के दो उदाहरण

हैं-मुंबई में सैफी बुरहानी उत्थान परियोजना (जिसे भिण्डी बाजार परियोजना भी कहा जाता है) और नई दिल्ली में पूर्वी किदवई नगर का पुनर्विकास राष्ट्रीय भवन निर्माण निगम द्वारा किया जा रहा है।

3. **ग्रीनफील्ड विकास:** विशेष रूप से गरीबों के लिए किफायती आवास के प्रावधान के साथ नवाचार योजना, योजना वित्तपोषण और योजना कार्यान्वयन उपकरण (जैसे-भूमि एकत्रीकरण/संयोजन/भूमि पुनर्गठन) का उपयोग करके पहले से ही खाली क्षेत्र (250 एकड़ से अधिक) में अधिकांश स्मार्ट समाधान पेश करेगा। ग्रीनफील्ड विकास की आवश्यकता शहरों के चारों ओर है ताकि बढ़ती आबादी की जरूरतों को पूरा किया जा सके। एक प्रसिद्ध उदाहरण गुजरात में गुजरात इंटरनेशनल फाइनेंस टेक (GIFT) सिटी है। रेट्रोफिटिंग और पुनर्विकास के विपरीत, ग्रीनफील्ड विकास या तो शहरी स्थानीय निकाय की सीमा के भीतर या स्थानीय शहरी विकास प्राधिकरण (यूडीए) की सीमा के भीतर स्थित हो सकते हैं।

पैन-सिटी विकास वर्तमान के शहर-व्यापी आधारभूत संरचना के लिए चयनित स्मार्ट सॉल्यूशंस को लागू करने की परिकल्पना करता है। स्मार्ट सॉल्यूशंस का प्रयोग और सेवाओं को बेहतर बनाने के लिए प्रौद्योगिकी, सूचना और डेटा का उपयोग को समाविष्ट करेगा। उदाहरण के लिए, परिवहन क्षेत्र (बुद्धिमान यातायात प्रबंधन प्रणाली) में स्मार्ट समाधान लागू करने और नागरिकों के लिए औसत आवागमन समय या लागत को कम करने से नागरिकों के उत्पादकता और गुणवत्ता पर सकारात्मक प्रभाव पड़ेगा। एक और उदाहरण बेकार हुआ/अपशिष्ट जल पुनर्चक्रण और स्मार्ट नपाई हो सकता है, जो शहर में बेहतर जल प्रबंधन में महत्वपूर्ण योगदान दे सकता है।

संक्षिप्त सूची में नामांकित प्रत्येक शहर के स्मार्ट सिटी प्रस्ताव में या तो रेट्रोफिटिंग या पुनर्विकास या ग्रीनफील्ड डेवलपमेंट मॉडल, या उसके मिश्रण और स्मार्ट सॉल्यूशन (पैन) के साथ पैन-शहर विशिष्टता को संपुटित किए जाने की उम्मीद है। यह ध्यान रखना महत्वपूर्ण है कि पैन-सिटी प्रदान की जाने वाली एक अतिरिक्त सुविधा है। चूंकि स्मार्ट सिटी एक कॉम्पैक्ट/सुगठित क्षेत्र दृष्टिकोण ले रहा है, इसलिए यह आवश्यक है कि सभी शहर निवासियों को यह लगे कि इसमें उनके लिए भी कुछ है। अतः इसको समावेशी बनाने के लिए कुछ (कम-से-कम एक) शहरव्यापी स्मार्ट समाधान की अतिरिक्त आवश्यकता को योजना में रखा गया है।

उत्तर-पूर्वी और हिमालयी राज्यों के लिए, प्रस्तावित क्षेत्र का विकास किसी भी वैकल्पिक मॉडल-रेट्रोफिटिंग, पुनर्विकास या ग्रीनफील्ड विकास, हेतु निर्धारित किए गए हिस्से का आधा होगा।

चयन प्रक्रिया
(Selection Process)

स्मार्ट शहरों की चयन प्रक्रिया प्रतिस्पर्द्धी और सहकारी संघवाद के विचार पर आधारित थी। यह भारत के शहरी इतिहास में पहली बार था कि प्रतियोगिता के आधार पर शहरों का चयन किया गया। दो-चरण चयन प्रक्रिया का पालन किया गया। 100 स्मार्ट शहरों को पहले समान मानदंडों के आधार पर राज्यों और केंद्रशासित प्रदेशों के बीच बांटा गया था। पहले चरण में, राज्यों/केंद्र शासित प्रदेशों ने कुछ पूर्व स्थितियों और अंकों के आधार पर संभावित स्मार्ट शहरों को संक्षिप्त सूची में अंकित किया। प्रतियोगिता के दूसरे चरण में, संभावित 100 स्मार्ट शहरों में से प्रत्येक ने अपना स्मार्ट सिटी प्रपोजल (एससीपी) तैयार किया, जिसमें चुना गया मॉडल समाविष्ट था (रेट्रोफिटिंग या रिडेवलपमेंट या ग्रीनफील्ड डेवलपमेंट या उसके मिश्रण) और इसके अतिरिक्त स्मार्ट समाधानों के साथ पैन-सिटी आयाम का समावेशन भी था।

इस प्रक्रिया का अनुसरण करते हुए लक्षित किए गए 100 स्मार्ट शहरों का चयन विभिन्न चरणों में किया गया, जिसमें यह सुनिश्चित किया जा सका कि प्रत्येक राज्य/केंद्रीय शासित प्रदेश से कम-से-कम एक शहर का चयन किया जाए।

मिशन के अंतर्गत, 100 शहरों ने उनकी चयन की संबंधित तिथियों से 5 वर्षों में 5,151 परियोजनाओं को 2,05,018 करोड़ रुपये राशि मूल्य के साथ निष्पादित करने का प्रस्ताव दिया है। वित्तीय नवाचार का निर्माण उनके पूंजी निवेश योजनाओं के आकार में किया गया है। विभिन्न स्रोतों से परिकल्पित धन कोष का वितरण निम्नानुसार है-केंद्र और राज्य सरकार- 93,552 करोड़ (45%) रुपये, अन्य अभियानों से कन्वर्जेंस फंडिंग, केंद्र/राज्य सरकारों के कार्यक्रम और/या शहरी स्थानीय निकाय- 42,050 करोड़ (21%) रुपये, सार्वजनिक-निजी साझेदारी से फंड-41,022 करोड़ (21%) रुपये, ऋण/उधार- 9,843 करोड़ (4%) रुपये, स्वयं के स्रोत- 2,644 करोड़ (1%) रुपये और अन्य स्रोत- 15,930 करोड़ (8%) रुपये।

विरासत शहर विकास और विस्तार योजना (Heritage City Development and Augmentation Yojana)

राष्ट्रीय विरासत शहर विकास और विस्तार योजना (हृदय) भारत सरकार की एक केंद्रीय क्षेत्र की योजना है, जिसमें कुल परिव्यय 500 करोड़ रुपये है। धरोहर चरित्र को संरक्षित करने और प्रत्येक विरासत शहर की आत्मा को फिर से जीवंत करने के उद्देश्य के साथ ही शहरी नियोजन, आर्थिक विकास और विरासत संरक्षण को एक साथ समावेशी रूप से लाने के लिए इसका प्रारंभ जनवरी 2015 में किया गया था।

इस योजना ने विरासत से जुड़ी लोक आधारभूत संरचना परियोजनाओं के विकास का समर्थन किया है, जिसमें शहरों की विरासत, धार्मिक, सांस्कृतिक और पर्यटन संपत्ति के आसपास के क्षेत्रों के लिए शहरी आधारभूत संरचना का पुनरोद्धार समाविष्ट है। इन पहलों में जल आपूर्ति, स्वच्छता, जल निकासी, अपशिष्ट प्रबंधन, संपर्क मार्ग, फुटपाथ, स्ट्रीट लाइट, पर्यटक उपयुक्तता, बिजली की तारों, भूनिर्माण और ऐसी नागरिक सेवाओं का विकास सम्मिलित है।

यह योजना अजमेर, अमरावती, अमृतसर, द्वारका, गक्सा बादामी कांचीपुरम, मथुरा, पुरी, वाराणसी, वेलंकन्नी और वारंगल के 12 चिन्हित शहरों में लागू की गई थी। योजना के तहत, सिटी हृदय प्लान्स (सीएचपी) को अनुमोदित किया गया। एक सिटी हृदय योजना में चिन्हित क्षेत्रों के लिए अवसंरचनात्मक आवश्यकताओं का अंतर विश्लेषण और परियोजनाओं की प्रस्तावित सूची सम्मिलित है। योजना की अभियान अवधि 31 मार्च, 2019 को समाप्त हो गयी है।

उपलब्धियाँ (Milestones Achieved)

1. कुल 77 परियोजनाएं मूल्य 419.57 रुपये इस योजना के तहत मंजूर की गई, जिनमें से 31 दिसंबर, 2019 तक 402.08 करोड़ रुपये जारी किए गए हैं।
2. इन 77 परियोजनाओं में से 61 परियोजनाओं, मूल्य 326.27 करोड़ रुपये, को 31 दिसंबर, 2019 तक पूरा किया जा चुका है। इन परियोजनाओं में विरासत स्थलों तक पहुंच के लिए सड़कों का उन्नयन और विषयगत विकास, झील के किनारे का विकास, लैंडस्केप गार्डन/प्राकृतिक छवि वाली बगीचों का विकास, हेरिटेज वॉक का विकास, विरासत संवेदनशील एलईडी सड़क लाइट की स्थापना, विरासत स्थलों के आसपास आधारभूत संरचना का विकास आदि सम्मिलित हैं।
3. योजना के तहत परियोजनाओं की भौतिक प्रगति 93% है। शेष 16 परियोजनाएं, नगर निगमों/स्थानीय निकायों द्वारा लंबित कार्य के साथ, मार्च, 2020 तक पूर्ण हो गईं।
4. परियोजनाओं के कार्यान्वयन की प्रगति की निगरानी के लिए, नियमित समीक्षा बैठकें, संबंधित राज्य सरकार/शहर के अधिकारियों और शहर के एंकरों साथ वीडियो कॉन्फ्रेंसिंग के साथ समय-समय पर इन स्थलों का दौरा भी किया गया।

संसद स्थानीय क्षेत्र विकास योजना के सदस्य (Members of Parliament Local Area Development Scheme)

62

संसद स्थानीय क्षेत्र विकास योजना (MPLADS) को भारत सरकार द्वारा 1993 में, मजबूत सामुदायिक परिसंपत्तियों के निर्माण हेतु और समुदाय की संरचना सहित बुनियादी सुविधाओं के प्रावधान के लिए विकासात्मक प्रवृत्ति के कार्यों की अनुशंसा हेतु संसद के सदस्यों को एक तंत्र प्रदान किया जा सकने के लिए आरंभ किया गया। प्रारंभ में, संसद स्थानीय क्षेत्र विकास योजना, ग्रामीण विकास मंत्रालय के नियंत्रण में था। 1994 में संसद स्थानीय क्षेत्र विकास योजना से संबंधित विषय को सांख्यिकी और कार्यक्रम कार्यान्वयन मंत्रालय में स्थानांतरित कर दिया गया था। यह परियोजना निर्धारित दिशा-निदेशों द्वारा शासित है। जिसे समय-समय पर व्यापक रूप से संशोधित किया गया है। वर्तमान दिशा-निर्देशों को 2016 में जारी किया गया था।

विशेषताएं (Features)

संसद स्थानीय क्षेत्र विकास योजना की मुख्य विशेषताएं इस प्रकार हैं:

1. यह एक पूरी तरह से भारत सरकार द्वारा प्रायोजित एक केंद्रीय योजना है, जिसके तहत नुदान सहायता के रूप में सीधे जिला अधिकारी को फंड जारी किया जाता है।
2. स्कीम के तहत जारी किया गया धन किसी चूक की वजह से समाप्त नहीं हो सकता है अर्थात् धन जिससे एक विशेष वर्ष में जारी नहीं किया गया है वह पात्रता के आधीन आने वाले अगले वर्षों पर आगे बढ़ाया जाता है। वर्तमान में, वर्तमान में, सांसद/निर्वाचन क्षेत्र की वार्षिक पात्रता 5 करोड़ रुपये है।
3. संसद स्थानीय क्षेत्र विकास योजना के तहत, संसद सदस्यों की भूमिका कार्यों की अनुशंसा करने के लिए सीमित है। तत्पश्चात्, यह जिला प्राधिकरण की जिम्मेदारी है कि वह संसद सदस्यों द्वारा अनुशंसित कार्यों को समय-सीमा में स्वीकृत, निष्पादित और पूर्ण करे।
4. निर्वाचित लोकसभा सदस्य उनके निर्वाचन क्षेत्रों में कार्यों की सिफारिश कर सकते हैं। राज्य सभा के निर्वाचित सदस्य उस राज्य में कहीं भी काम की अनुशंसा कर सकते हैं जहाँ से वे चुने गए हैं। लोकसभा और राज्य सभा के मनोनीत सदस्य देश में कहीं भी काम की अनुशंसा कर सकते हैं।
5. सरकार के लिए निष्पादित किए जाने वाले कार्यों की कोई सीमा नहीं है। हालाँकि, ट्रस्ट/समाज के लिए होने वाले कार्यों के लिए प्रत्येक ट्रस्ट/समाज के जीवनकाल के लिए 50 लाख रुपये की सीमा है। एक वित्तीय वर्ष में एक सांसद ट्रस्टों/समाजों के कार्यों के लिए संसद स्थानीय क्षेत्र विकास योजना धन राशि से केवल ₹100 लाख तक के धन की अनुशंसा कर सकता है।
6. संसद स्थानीय क्षेत्र विकास योजना कार्यों को बाढ़, चक्रवात, ओलावृष्टि, हिमस्खलन, बादल फटने, भूस्खलन, तूफान, भूकंप, सूखा, सूनामी, आग और जैविक, रासायनिक, रेडियोलॉजिकल खतरों, आदि जैसी प्राकृतिक आपदाओं से प्रभावित क्षेत्रों में लागू किया जा सकता है। राज्य/केंद्रशासित प्रदेश के गैर-प्रभावित क्षेत्र के संसद सदस्य भी उस राज्य/केंद्र शासित प्रदेश में प्रभावित क्षेत्रों में प्रतिवर्ष अधिकतम 25 लाख तक की स्वीकृति योग्य कार्यों की सिफारिश कर सकते हैं।
7. देश के किसी भी हिस्से में 'गंभीर प्रकृति की आपदा' (जो भारत सरकार द्वारा तय और घोषित की गई है) की स्थिति में, एक सांसद प्रभावित जिले के लिए अधिकतम 1 करोड़ रुपये तक के कार्यों की अनुशंसा कर सकता है। इस संबंध में अनुमेय निष्पादन के लिए धनराशि सांसद के शीर्ष जिला प्राधिकरण द्वारा जारी की जाएगी, जो प्रभावित जिले के जिला प्राधिकरण से संबंधित है।
8. अनुसूचित जातियों (SCs) और अनुसूचित जनजातियों (STs) के निवास वाले क्षेत्रों के विकास पर विशेष ध्यान

देने के लिए, अनुसूचित जाति की आबादी वाले क्षेत्रों में 15% और अनुसूचित जनजातियों की आबादी वाले निवास क्षेत्रों में 7.5% धन का उपयोग किया जाएगा।

9. यदि संसद का एक निर्वाचित सदस्य, संसद स्थानीय क्षेत्र विकास योजना धनराशि के योगदान हेतु, उस राज्य/केंद्र शासित प्रदेश के बाहर या राज्य के बाहर निर्वाचन क्षेत्र में या दोनों के लिए आवश्यक पाता है, तो इन दिशा-निर्देशों के तहत, सांसद एक वित्तीय वर्ष में अधिकतम रुपये 25 लाख तक योग्य कार्यों की सिफारिश कर सकता है। एक सांसद की ओर से इस तरह की चेष्टा जमीनी स्तर पर राष्ट्रीय एकता, सद्भाव और लोगों के बीच भाईचारे को बढ़ावा देगी।

10. एक सांसद दिव्यांग नागरिकों को सहायता प्रदान करने हेतु तिपहिया साइकिलों और (मोटर चालित साइकिल सहित) बैटरी चलित मोटर वाली व्हीलचेयर और कृत्रिम पांव तथा दृष्टि बाधित और श्रवण बाधित व्यक्तियों की सहायता के लिए प्रत्येक वर्ष 20 लाख रुपये (अधिकतम) देने की अनुशंसा कर सकता।

11. एक सांसद उनके संसद स्थानीय क्षेत्र विकास योजना के धन कोष को सहायता प्राप्त शैक्षणिक संस्थाओं की सहायता के लिए अनुशंसित कर सकता है, जो कि कॉलेजों के मामलों में राज्य/केंद्र शासित प्रदेशों/स्कूलों के मामले में केंद्रीय माध्यमिक शिक्षा बोर्ड द्वारा मान्यता प्राप्त है और जो विद्यार्थियों से व्यावसायिक रूप से शुल्क नहीं ले रहे हैं। इस तरह के सहायता प्राप्त शैक्षणिक संस्थान संसद स्थानीय क्षेत्र विकास योजना धनराशि और दिशा-निर्देशों के अंतर्गत सभी स्वीकृत वस्तुओं को बिना किसी सीमा के प्राप्त करने के लिए योग्य हैं। दोनों सहायता प्राप्त और सहायता अप्राप्त शिक्षण संस्थाएं, जो कि केंद्रीय माध्यमिक शिक्षा बोर्ड/विश्वविद्यालय द्वारा मान्यता प्राप्त हैं और जो ट्रस्ट या सोसायटी द्वारा संचालित की जाती हैं वे दिशा-निर्देशों के अंतर्गत स्वीकृत वस्तुओं के लिए संसद स्थानीय क्षेत्र विकास योजना धनराशि को प्राप्त करने हेतु योग्य हैं। वह विशिष्ट ट्रस्ट या सोसायटी जो कि संबंधित शिक्षण संस्थान को संचालित करती है वह, दिशा-निर्देशों के तहत ट्रस्ट या सोसाइटी पर लगाई गई अधिकतम 50 लाख की सीमा के नियम द्वारा संचालित की जाएंगी।

12. अन्य बातों के साथ, ऊर्जा कुशल सामुदायिक गोबर गैस संयंत्र, शवदाह गृह और श्मशान घाटों पर संरचनाएं और सामुदायिक उपयोग के लिए गैर-पारंपरिक ऊर्जा प्रणालियों/उपकरणों को दिशा-निर्देशों के तहत सम्मिलित किया गया है।

13. सांसद स्वच्छ भारत अभियान जैसी योजनाओं के धन उन्नयन के लिए संसद स्थानीय क्षेत्र विकास योजना फंड की अनुशंसा कर सकते हैं, जो संसद स्थानीय क्षेत्र विकास योजना पर दिशा-निर्देशों के प्रावधानों के अधीन व्यक्तिगत शौचालयों के निर्माण के लिए प्रदान करता है।

14. सांसद शैक्षिक संस्थान, गांव और चयनित स्थान में वाई-फाई प्रणाली की स्थापना के लिए संसद स्थानीय क्षेत्र विकास योजना धन कोष की सिफारिश कर सकते हैं।

15. भारत सरकार द्वारा जारी की गई निधियों को जिला प्रशासनों द्वारा राष्ट्रीयकृत बैंकों (आईडीबीआई बैंकों सहित)/क्षेत्रीय ग्रामीण बैंकों (ग्रामीण बैंकों) में जमा किया जाता है, जो राष्ट्रीयकृत बैंक के साथ मुख्य बैंकिंग मंच पर उनके प्रायोजक के रूप में संसद स्थानीय क्षेत्र विकास योजना के उद्देश्य को लेकर प्रत्येक सांसद के लिए जमा होते हैं।

16. केंद्र सरकार, राज्य सरकार, जिला प्राधिकरणों और कार्यान्वयन एजेंसियों की भूमिकाओं को संसद स्थानीय क्षेत्र विकास योजना के कार्यान्वयन के लिए संसद स्थानीय क्षेत्र विकास योजना के दिशा-निर्देशों में स्पष्ट रूप से परिभाषित किया गया है।

केंद्र सरकार की भूमिका (Role of the Central Government)

1. सांख्यिकी और कार्यक्रम कार्यान्वयन मंत्रालय जारी किए गए धन की कुल स्थिति, स्वीकृत कार्यों की लागत, खर्च किए गए धन आदि की निगरानी करेगा।
2. मंत्रालय जिला प्राधिकारियों से पूर्णता रिपोर्ट, उपयोग प्रमाणपत्र और लेखा परीक्षा प्रमाण-पत्र प्राप्ति की निगरानी करेगा।
3. मंत्रालय संसद स्थानीय क्षेत्र विकास योजना के कार्यान्वयन पर भौतिक और वित्तीय प्रगति से संबंधित तथ्य समाविष्ट करके वार्षिक रिपोर्ट लाएगा।

4. मंत्रालय संसद स्थानीय क्षेत्र विकास योजना के कार्यान्वयन की समीक्षा करने के लिए राज्यों में और केंद्र में भी वर्ष में कम-से-कम एक बार बैठकें आयोजित करेगा।
5. मंत्रालय, संसद स्थानीय क्षेत्र विकास योजना के विषय पर जिला अधिकारियों के प्रशिक्षण को आयोजित करने तथा राज्य सरकारों द्वारा आयोजित कराए जाने पर प्रशिक्षण सामग्री प्रदान करेगा।
6. मंत्रालय अनुसूचित जाति और अनुसूचित जनजाति क्षेत्रों में जिला अधिकारियों द्वारा धन के उपयोग की समीक्षा करेगा।
7. मंत्रालय लेखा परीक्षण की आपत्तियों तथा लेखा परीक्षण से उभरे मुद्दों और उपयोग में लिए जाने के प्रमाण-पत्र की समीक्षा करेगा।
8. मंत्रालय समय-समय पर प्राकृतिक आपदाओं से प्रभावित क्षेत्रों के पुनर्वास के लिए प्रदान की गई संसद स्थानीय क्षेत्र विकास योजना की भौतिक और वित्तीय प्रगति की समीक्षा करेगा और संसद स्थानीय क्षेत्र विकास योजना कार्यों के समयबद्ध क्रियान्वयन के लिए संबंधित राज्य सरकारों के साथ मामला उठाएगा।
9. मंत्रालय प्राकृतिक आपदाओं से प्रभावित क्षेत्रों में पुनर्वास कार्यों की भौतिक और वित्तीय प्रगति की निगरानी एक तृतीय पक्ष द्वारा कर सकता है।

राज्य सरकार की भूमिका (Role of the State Government)

1. नोडल विभाग मंत्रालय के साथ समन्वय और राज्य में संसद स्थानीय क्षेत्र विकास योजना कार्यान्वयन के उचित और प्रभावी पर्यवेक्षण के लिए जिम्मेदार होगा। राज्य सरकार संसद स्थानीय क्षेत्र विकास योजना कार्य के समन्वय और निगरानी को एक वरिष्ठ अधिकारी के अधीन विभाग/समर्पित कक्ष को सौंपेगी जो जिला अधिकारियों के पद में श्रेणीबद्ध रूप से वरिष्ठ है। इस प्रभाव के लिए मुख्य सचिव/विकास आयुक्त/अतिरिक्त मुख्य सचिव की अध्यक्षता में एक समिति को कम-से-कम एक वर्ष में एक बार जिला प्राधिकरणों और सांसदों के साथ संसद स्थानीय क्षेत्र विकास योजना कार्यान्वयन प्रगति की समीक्षा करनी चाहिए।
2. जिन राज्यों/केंद्र शासित प्रदेशों में प्रभागीय आयुक्त व्यवस्थाएं मौजूद हैं, वहाँ संसद स्थानीय क्षेत्र विकास योजना कार्यान्वयन प्रगति की समीक्षा तथा जिला प्राधिकरणों का मार्गदर्शन करने का अधिकार प्रभागीय आयुक्तों को सौंपा जाना चाहिए।
3. राज्य/केंद्र शासित प्रदेश सरकार समीक्षा करेगी- (क) अनुसूचित जाति और अनुसूचित जनजाति क्षेत्रों में जिला प्राधिकरण द्वारा निधियों के उपयोग की तथा (ख) उन मुद्दों की जो लेखा परीक्षण आपत्तियों और मुद्दों के और उपयोग प्रमाण-पत्र से उत्पन्न होते हैं।
4. राज्य/केंद्र शासित प्रदेश सरकार जिला प्राधिकारियों और अन्य जिला पदाधिकारियों को संसद स्थानीय क्षेत्र विकास योजना के कार्यान्वयन के लिए तकनीकी और प्रशासनिक अधिकार प्रदान करेगी।
5. राज्य/केंद्र शासित प्रदेश सरकार संसद स्थानीय क्षेत्र विकास योजना के कार्यान्वयन से संबंधित जिला अधिकारियों के प्रशिक्षण की व्यवस्था कर सकती है।
6. संसद स्थानीय क्षेत्र विकास योजना के कार्य के निरीक्षण हेतु राज्य/केंद्र शासित प्रदेश सरकार अपने अधिकारियों को उप-सचिव/कार्यपालक अभियंता के पद से नीचे का अधिकार नहीं दे सकती है, क्योंकि वे जब तब क्षेत्र का आधिकारिक निरीक्षण करते हैं। यह जिला प्राधिकरणों द्वारा निरीक्षण किए गए संसद स्थानीय क्षेत्र विकास योजना कार्यों की संख्या की जांच और समीक्षा भी कर सकता है। जिला प्राधिकरण को अनिवार्य रूप से निरीक्षण रजिस्टर बनाए रखना होगा। राज्य नोडल अधिकारियों को हर साल जिले में न्यूनतम 1% संसद स्थानीय क्षेत्र विकास योजना कार्यों का निरीक्षण करना चाहिए और एक निरीक्षण रजिस्टर राज्य स्तर पर बनाए रखा जाना चाहिए।
7. राज्य/केंद्र शासित प्रदेश सरकार, राज्य/केंद्र शासित प्रदेश के महालेखाकार के साथ अनुमोदित लेखा परीक्षकों के पैनल से, प्रत्येक जिला प्राधिकरण के संसद स्थानीय क्षेत्र विकास योजना खातों की लेखा परीक्षा के लिए एक लेखा परीक्षक संलग्न करेगी।
8. राज्य/केंद्र शासित प्रदेश सरकार अपनी वेब साइटों पर राज्य में संसद स्थानीय क्षेत्र विकास योजना कार्यान्वयन पर डेटा प्रकाशित किया जाएगा।

9. राज्य/केंद्र शासित प्रदेश सरकार राज्यसभा सांसदों के शेष राशि को दिशा-निर्देशों के अनुसार वितरित करेगी।
10. राज्यों में नोडल विभाग को लेखा परीक्षण प्रमाण-पत्रों तथा उपयोग में लिए जाने के प्रमाण-पत्रों को समय पर जमा करने के लिए जिला अधिकारियों के साथ समन्वय करना चाहिए।
11. राज्य स्तरीय निरीक्षण आयोग प्राकृतिक आपदाओं से प्रभावित क्षेत्रों में पुनर्वास कार्यों के कार्यान्वयन के लिए प्रदान किए गए संसद स्थानीय क्षेत्र विकास योजना धन राशि के भौतिक और वित्तीय प्रगति की विशेष तौर पर समीक्षा करेगी।

जिला प्राधिकरण की भूमिका (Role of the District Authority)

1. जिला प्राधिकरण जिला स्तर पर योजना के अंतर्गत कार्यों के समग्र समन्वय और पर्यवेक्षण के लिए जिम्मेदार होगा तथा हर वर्ष कार्यान्वयन के तहत कार्यों में से कम-से-कम 10% कार्यों का निरीक्षण करेगा। जिला प्राधिकरण को परियोजनाओं के निरीक्षण में सांसदों को संभव सीमा तक सम्मिलित करना चाहिए।
2. जिला प्राधिकरण अनुसूचित जाति और अनुसूचित जनजाति क्षेत्रों में संसद स्थानीय क्षेत्र विकास योजना कार्यों हेतु निर्धारित क्रमशः 15% और 7.5% वित्त पोषण पर दिशा-निर्देशों में किए गए प्रावधानों को लागू करेगा।
3. जिला प्राधिकरण सांसदों द्वारा अनुशंसा किए गए प्रत्येक कार्य की स्थिति को दर्शाते हुए कार्य- खातों को बनाए रखेगा और निर्धारित प्रारूप में मंत्रालय को 5 लाख या अधिक लागत वाले प्रत्येक कार्य की तस्वीर के साथ कार्य विवरण प्रस्तुत करेगा तथा संसद स्थानीय क्षेत्र विकास योजना वेबसाइट पर इसे दर्शाया जाएगा।
4. जिला प्राधिकरण योजना निधि के साथ बनाई गई सभी संपत्तियों का एक रजिस्टर खाता बनाए रखेगा और बाद में इसे उपयोगकर्ता एजेंसियों को हस्तांतरित किया जाएगा।
5. जिला प्राधिकरण संसद स्थानीय क्षेत्र विकास योजना के तहत सोसाइटियों और ट्रस्टों द्वारा निष्पादित सभी कार्यों का निरीक्षण करेगा और यह सुनिश्चित करेगा कि समझौते के अनुसार शर्तों का अनुपालन किया जा रहा है। समझौते के किसी भी प्रावधान के उल्लंघन के मामले में, जिला प्राधिकरण द्वारा समझौते के अनुसार कार्रवाई की जाएगी।
6. जिला प्राधिकरण हर महीने और हर तिमाही में कम-से-कम एक बार किसी भी मामले में संसद स्थानीय क्षेत्र विकास योजना कार्यान्वयन एजेंसियों के साथ संसद स्थानीय क्षेत्र विकास योजना कार्यान्वयन की समीक्षा करेगा। जिला प्राधिकरण संबंधित सांसदों को ऐसी बैठकों की समीक्षा हेतु आमंत्रित करेगा और ऐसी समीक्षा बैठकों की रिपोर्ट सांख्यिकी और कार्यक्रम कार्यान्वयन मंत्रालय को भेजेगा।
7. जिला प्राधिकरण लेखा परीक्षण रिपोर्ट में उठाए गए लेखा परीक्षण आपत्तियों को निपटाने के लिए जिम्मेदार होगा।
8. नोडल जिला प्राधिकरण भारत सरकार, राज्य/केंद्र शासित प्रदेश सरकार और संबंधित सांसद को मासिक प्रगति रिपोर्ट प्रस्तुत करेगा। अनुसूचित जाति और अनुसूचित जनजाति क्षेत्रों में कार्यों के निष्पादन के संबंध में, भौतिक और वित्तीय विवरण प्रस्तुत किए जाएंगे।
9. नोडल जिला प्राधिकरण, राज्य/केंद्र शासित प्रदेश सरकार को संबंधित राज्यसभा सांसद के खर्च नहीं हुए शेष के बारे में रिपोर्ट करेगी। वह भारत सरकार को भी रिपोर्ट करेगा।
10. राज्य में नोडल विभाग सांसदों द्वारा योगदान किए गए संसद स्थानीय क्षेत्र विकास योजना निधियों की निगरानी करेगा ताकि यह सुनिश्चित हो सके कि धन का उपयोग पुनर्वास कार्यों के निष्पादन के लिए जिला अधिकारियों द्वारा समय बद्ध तरीके से हो। नोडल विभाग प्राकृतिक आपदा प्रभावित जिलों में पुनर्वास कार्यों को करने के लिए विशेष रूप से संसद स्थानीय क्षेत्र विकास योजना धन के उपयोग पर मासिक प्रगति रिपोर्ट प्रस्तुत करना सुनिश्चित करेगा।

कार्यान्वयन एजेंसियों की भूमिका (Role of the Implementing Agencies)

1. यह कार्यान्वयन एजेंसियों के अधिकारियों की जिम्मेदारी होगी कि वे नियमित रूप से कार्य स्थलों का दौरा करें ताकि यह सुनिश्चित हो सके कि कार्य निर्धारित प्रक्रिया और विनिर्देशों के अनुसार समयबद्ध तरीके से संतोषजनक रूप से प्रगति की राह पर हैं।
2. कार्यान्वयन एजेंसियां प्रत्येक कार्य की भौतिक और वित्तीय प्रगति को हर महीने जिला प्राधिकरण के साथ संबंधित

राज्य विभाग को एक प्रति प्रस्तुत करेगी। कार्यान्वयन एजेंसियों को रिपोर्ट को सॉफ्ट फार्मेट में भी प्रदान करना चाहिए। कार्यान्वयन एजेंसियों द्वारा एक कार्य रजिस्टर भी रखा जाना चाहिए, जो उनके द्वारा की जा रही परियोजनाओं की भौतिक और वित्तीय प्रगति का विवरण प्रदर्शित करता है। इस रजिस्टर में कार्यान्वयन एजेंसियों द्वारा किए गए स्थान निरीक्षण का विवरण भी होना चाहिए। कार्यान्वयन एजेंसी को 100% कार्यों का निरीक्षण करना चाहिए।

3. कार्यान्वयन एजेंसियां कार्य पूरा होने के एक महीने के भीतर जिला प्राधिकरण को पूर्ण रिपोर्ट/प्रमाण-पत्र और उपयोग के प्रमाण-पत्र प्रस्तुत करेगी।
4. कार्यान्वयन एजेंसियां जिला प्राधिकरण को एक माह के भीतर बचत (शेष राशि) ब्याज सहित वापस करेंगी।

प्रभाव और प्रदर्शन (Impact and Performance)

स्थापना के बाद से ही, इस योजना ने पेयजल सुविधा, शिक्षा, बिजली, स्वास्थ्य और परिवार कल्याण, सिंचाई, गैर-पारंपरिक ऊर्जा, सामुदायिक केंद्र, सार्वजनिक पुस्तकालय, बस स्टैंड/स्टॉप, सड़क, जैसे विभिन्न विकासात्मक जरूरतों को पूरा करके स्थानीय समुदाय को लाभान्वित किया है। रास्ते और पुल, खेल, आदि ये कार्य संसद स्थानीय क्षेत्र विकास योजना दिशा-निर्देशों के प्रावधानों के अनुसार स्वीकृत, निष्पादित और निगरानी किए जाते हैं।

अब तक, योजना का भौतिक प्रदर्शन निम्नानुसार है:

1. योजना की शुरुआत से 23,78,884 कार्यों की अनुशंसा की गई है।
2. योजना की स्थापना के बाद से 21,10,710 कार्यों को मंजूरी दी गई है।
3. योजना की स्थापना के बाद से 18,92,298 कार्य पूरे हो चुके हैं।
4. योजना की शुरुआत के बाद से स्वीकृत कार्यों का प्रतिशत 89.65 है।

अब तक, योजना का वित्तीय प्रदर्शन इस प्रकार है:

1. योजना की स्थापना के बाद से ₹ 52,904.75 करोड़ जारी किए गए हैं।
2. योजना की शुरुआत के बाद से ₹50,604.12 करोड़ का व्यय किया गया है
3. योजना की शुरुआत के बाद से रिलीज पर खर्च का प्रतिशत 95.65 है।

एक सांसद – एक विचार योजना (One MP – One Idea Scheme)

नवाचार एवं विकास में जमीनी जड़ उत्कर्ष पद्धति हेतु और स्थानीय समस्याओं के हल पर पहुंचने के लिए उन विचारों को खोजने और उनके लिए प्रचार करने की आवश्यकता है जिनके पास चुनौतियों को हल करने की क्षमता है। तदनुसार, स्थानीय लोगों से विकासात्मक परियोजनाओं संबंधी प्राप्त नवाचार विचारों के आधार पर तीन सर्वोत्तम नवाचार को नकद पुरस्कार तथा अन्य पांच सर्वोत्तम नवाचार को सराहना का प्रमाण-पत्र दिया जा सकता है। एक सांसद एक आइडिया प्रतियोगिता को प्रत्येक लोकसभा निर्वाचन क्षेत्र में हर वर्ष आयोजित किया जा सकता है।

यह पुरस्कार उनके निर्वाचन क्षेत्र में इस प्रकार की योजना को बढ़ावा देने की सांसदों के विशिष्ट अनुरोध पर दिए जाएंगे। नोडल जिला अधिकारी द्वारा अनेक मीडिया, जैसे-प्रिंट रेडियो टेलीविजन आदि में निर्धारित प्रारूप से आवेदन आमंत्रित किए जाएंगे। यह सुनिश्चित कर लेना आवश्यक है कि उद्घोषणा किस सविस्तार जानकारी उपयुक्त वेबसाइटों पर भी हो। यह प्रतियोगिता शिक्षा तथा कौशल स्वास्थ्य पानी तथा स्वच्छता, आवास और बुनियादी ढांचे, कृषि, ऊर्जा, पर्यावरण, समुदाय और सामाजिक सेवा आदि के क्षेत्रों में अभिनव नवाचार समाधान आमंत्रित करेगी। अभिनव नवाचार समाधान को किसी भी व्यक्ति या समूह द्वारा प्रस्तुत किए जा सकते हैं। व्यक्तियों, उद्योग, उद्योग संघ, शिक्षा, गैर-सरकारी संगठनों या निर्वाचन क्षेत्र से अन्य संस्थान द्वारा जमा किया जा सकता है। सभी प्रविष्टियाँ एक ही स्क्रीनिंग प्रक्रिया का पालन करेंगी।

सभी आवेदनों की स्क्रीनिंग के लिए एक चयन समिति का गठन एक शासनादेश के साथ किया जा सकता है। चयन समिति की अध्यक्षता नोडल जिले के जिला कलेक्टर/जिला मजिस्ट्रेट द्वारा की जाएगी और इसमें (i) इंजीनियरिंग, (ii) वित्त, (iii) स्वास्थ्य और स्वच्छता, (iv) शिक्षाविद, (v) उद्योग (vi) बैंकिंग और वित्तीय संस्थान और (vii) सामाजिक क्षेत्र/गैर-सरकारी संगठनों से संसद सदस्य द्वारा नामांकित 8 सदस्यों से गठित होगी। क्षेत्र को जिला कलेक्टर/जिला मजिस्ट्रेट द्वारा नामांकित किया जाएगा और उन्हें केंद्र राज्य या केंद्र शासित प्रदेश सरकारों से होना चाहिए अकादमिया, उद्योग और बैंकिंग और वित्तीय संस्थानों के सदस्यों

को अपने स्वयं के क्षेत्र में ख्याति प्राप्त और उत्तम होंगे और जिला कलेक्टर/जिला मजिस्ट्रेट द्वारा नामित किए जाएंगे। चयन समिति 5 सर्वोत्तम नवाचारों को नकद पुरस्कार और बाकी पांच सर्वोत्तम नवाचारों को सराहना प्रमाण-पत्र के लिए चयन करेगी।

2.5 लाख रुपये, 1.5 लाख और 1 लाख रुपये के नकद पुरस्कार क्रमश: पहले, दूसरे और तीसरे पुरस्कार विजेता को दिए जाएंगे। पुरस्कार राशि के अतिरिक्त, इस तरह के आयोजनों को व्यवस्थित करने में शामिल अन्य प्रशासनिक व्यय, जिसमें विज्ञापन जारी करना, बैठकें आदि शामिल हैं, कुल पुरस्कार राशि 5 लाख की राशि का अधिकतम 10% के अधीन 50,000 रुपये भी संसद स्थानीय क्षेत्र विकास योजना दिशा-निर्देशों के तहत स्वीकृत होंगे। पुरस्कारों की कुल राशि 5 लाख रुपये तथा 50,000 रुपये का प्रशासनिक व्यय योजना को बढ़ावा देने वाले सांसद के और 5 लाख रुपये सांसद के संसद स्थानीय क्षेत्र विकास योजना धन कोष को डेबिट किया जाएगा।

यह सुनिश्चित करने के लिए कि योजना नवाचार और जमीनी स्तर की प्रतिस्पर्द्धा की भावना को लोगों के एक बड़े व्यापक प्रतिनिधित्व/अनुप्रस्थ काट/क्रॉस सेक्शन को शामिल करके बढ़ावा दे सके और देश में नवाचार आंदोलन को गति देने में सक्षम हो सके, इस हेतु पुरस्कार समारोह को व्यापक प्रचार दिया जाना चाहिए। पर्याप्त सार्वजनिक कवरेज के साथ सार्वजनिक समारोह में सांसद द्वारा पुरस्कार दिए जाएंगे। पुरस्कार पाने वालों को सम्मान प्रमाण-पत्र दिया जाएगा। अगले 5 सबसे अच्छे नवाचारों के लिए सराहना प्रमाण-पत्र भी दिया जाएगा।

महिलाओं के लिए कल्याणकारी योजनायें (Welfare Schemes for Women)

महिला और बाल विकास मंत्रालय (MWCD) महिलाओं के विकास और कल्याण हेतु विभिन्न योजनाओं और विभिन्न क्रियान्वयन का प्रक्षेपण कर रहा है। इन्हें इस प्रकार समझाया गया है:

प्रधानमंत्री मातृवंदना योजना [Pradhan Mantri Matru Vandana Yojana (PMMVY)]

दिसंबर 2016 में राष्ट्र को संबोधित करते हुए प्रधानमंत्री नरेंद्र मोदी ने मातृत्व लाभ कार्यक्रम (Maternity Benefit Programme) के अखिल भारतीय कार्यान्वयन की घोषणा की। मंत्रालय ने तत्कालीन प्रभाव से इस योजना पर कार्य आरम्भ किया और सूत्रबद्धित विस्तृत योजना को मई 2017 में मंत्रिमंडल ने मंजूर किया।

यह योजना गर्भवती महिलाओं और स्तनपान कराने वाली माताओं को तीन किस्तों में 5,000 रुपये नकद प्रदान करने की परिकल्पना करती है। गर्भावस्था और स्तनपान के दौरान यह नकदी प्रत्यक्ष लाभ हस्तांतरण के माध्यम (Direct Benefit Transfer Mode) से लाभार्थी के बैंक/डाकघर खाते में सीधे भेज दी जाएगी

महिलाओं को जननी सुरक्षा योजना के तहत भी लाभ मिलता है, इस प्रकार लाभार्थी को औसतन 6,000 रुपये मिलते हैं।

इस योजना से सभी पात्र गर्भवती महिलाओं को पहले जीवित बच्चे के जन्म के दौरान लाभ होगा। यह योजना निम्नलिखित श्रेणियों की गर्भवती महिलाओं और स्तनपान कराने वाली माताओं पर लागू नहीं होगी। जो केंद्रीय या राज्य सरकार या किसी सार्वजनिक क्षेत्र के उपक्रम के साथ नियमित रोजगार में हैं। जो किसी अन्य योजना या कानून के तहत समान लाभ प्राप्तकर्ता हैं।

यह एक केंद्र प्रायोजित योजना के रूप में प्रक्षेपित है, जिसके तहत अनुपात के आधार पर लागत साझा कर यह अनुदान सहायता राज्यों/केंद्र शासित प्रदेशों को जारी की जाती है। राज्यों/केंद्रशासित प्रदेशों और विधानमंडल के बीच यह अनुपात 60:40 का है, पूर्वोत्तर राज्यों और हिमालयी राज्यों में यह 90:10 है और बिना विधानमंडल के संघ शासित प्रदेशों के लिए 100 प्रतिशत है।

राज्य/केंद्रशासित प्रदेश स्तर पर बिना निधि जारी किये लाभार्थियों को समय पर समर्पित और निधि उपलब्धता सुनिश्चित करने हेतु यह योजना राज्य/केंद्रशासित प्रदेश स्तर पर योजना के लिए एस्क्रो प्रदान करती है। भारत सरकार और राज्य/केन्द्र शासित प्रदेशों इस खाते में अपनी अनुपातित निधि स्थानांतरित करती हैं ताकि वे लाभार्थियों को स्थानांतरित कर सके।

क्योंकि यह योजना लाभार्थियों को प्रत्यक्ष नकदी हस्तांतरित की परिकल्पना करती है, इसके लिए पूर्णत: आधुनिक और सूचना प्रौद्योगिकी (IT) आधारित कार्यक्षमता बनाई गई और सभी राज्यों/केंद्रशासित प्रदेशों को शामिल किया गया। सितंबर 2017 में मंत्रालय द्वारा सामान्य अनुप्रयोग सॉफ्टवेयर (PMMVY-CAS), कार्यान्वयन दिशा-निर्देश और इसके उपयोगकर्ता पुस्तिका का प्रक्षेपण किया गया। लाभार्थियों के आधार (AADHAR) विवरण का लाभ उठाकर, समस्त राष्ट्र में अद्वितीय लाभार्थियों के लिए PMMVY-CAS पहचान (identification) कर उनकी अनावृत्ति (de-duplication) करता है।

द्विगुण लाभार्थियों (Duplicate beneficiaries) की पहचान करने के अलावा, PMMVY-CAS लाभार्थियों को यह अनुमति देता है कि वे तीन किस्तों में से किसी भी किस्त का अनुरोध पूरे देश में किसी भी स्थान से कर सकते हैं। यह सुनिश्चित करता है कि यह योजना प्रवासी नागरिकों के लिए भी हितकारी है। इसके अतिरिक्त, इलेक्ट्रॉनिक रूप से प्रासंगिक डाटा की जांच कर PMMVY-CAS स्वचालित रूप से लाभार्थी की पात्रता को मान्य करता है। यह कदम सुनिश्चित करता है कि लाभ केवल पात्र लाभार्थियों को हस्तांतरित किया गया है। इस प्रकार, योजना में यह व्यवस्था भी होगी कि एक ही लाभार्थी को छद्म खाते और बहु-भुगतान की संभावना दूर हो सके।

PMMVY-CAS पर अब तक सभी 37 राज्यों/केंद्र शासित प्रदेशों से 3,45,49,525 आवेदन प्राप्त हुए हैं और 1,37,59,405

लाभार्थियों को लाभन्वित किया गया है। मातृत्व लाभ की 4,938.29 करोड़ रुपये की राशि को 1,21,13,044 लाभार्थियों हेतु जारी किया गया है।

योजना के लिए लाभार्थी के स्थान की पहचान करने हेतु स्थानीय सरकार निर्देशिका (Local Government Directory) कोड उपयोग करना अनिवार्य किया गया है। गाँव, आंगनवाड़ी/आशा (ASHA)/एएनएम कार्यकर्ता और उनके पर्यवेक्षी अधिकारी के लिए नया डाटा की आवश्यक है। वर्तमान में, PMMVY-CAS पर सभी राज्यों/केंद्र शासित प्रदेशों के 717 जिलों से 98 प्रतिशत क्षेत्रों के कार्यकर्ताओं (field functionaries) की पहचान कर अपलोड कर दिया है।

महिला शक्ति केंद्र योजना [Mahila Shakti Kendra Scheme (MSK)]

ग्रामीण महिलाओं को सशक्त बनाने के उद्देश्य से, 2017-2018 से 2019-2020 के दौरान कार्यान्वयन के लिए, इस योजना को नवंबर 2017 में केंद्र प्रायोजित योजना के रूप में मंजूरी दी गई थी। इसका लक्ष्य ग्रामीण महिलाओं के लिए एक अंतराफलक (interface) प्रदान करना है, ताकि वे अपने आधिकारिक लाभों को उठाने के लिए सरकार से संपर्क कर सकें और और प्रशिक्षण और क्षमता निर्माण के माध्यम से उन्हें सशक्त बना सकें। यह योजना महिला सशक्तीकरण योजनाओं के अतिरिक्त (inter alia) बेटी बचाओ बेटी पढ़ाओ (BBBP) योजना को सहायता देने की परिकल्पना करती है।

उत्तरी पूर्वी राज्यों को छोड़कर यह योजना केंद्र और राज्यों के बीच 60:40 के लागत-साझाकरण अनुपात के साथ लागू की गयी है और विशेष श्रेणी के राज्यों में यह अनुपात 90:10 है। केन्द्र शासित प्रदेशों में यह योजना 100 प्रतिशत केंद्रीय निधियों के साथ लागू की गई है। इस योजना के उप-घटक निम्नलिखित हैं:

1. महिलाओं के लिए गठित योजनाओं और कार्यक्रमों के अंत: क्षेत्रीय अभिसरण हेतु राष्ट्रीय स्तर संरचना (ज्ञानक्षेत्र आधारित ज्ञान का समर्थन) कर मंत्रालय की सहायता करना तथा सरकार की महिला केंद्रित योजनाओं के कार्यान्वयन/निगरानी को सुगम बनाना।
2. महिलाओं हेतु कार्यक्रमों और योजनाओं को लागू करने की दिशा में राज्य सरकार/केन्द्र शासित प्रदेश प्रशासन को राज्य संसाधन केंद्र के माध्यम से तकनीकी सहायता प्रदान करना और राज्य/संघ राज्य स्तर पर प्रभावी समन्वय के माध्यम से कार्य करना। राज्य स्तर पर बेटी बचाओं बेटी पढ़ाओ (बीबीबीपी) गतिविधियों को मजबूत करने के लिए निधि भी आवंटित की जाती है।
3. जिला स्तर पर, चरणबद्ध तरीके से महिलाओं के लिए जिला स्तर केंद्र (District Level Centre for Women) की स्थापना की परिकल्पना 640 जिलों के लिए की गई थी (जनगणना 2011 के अनुसार) (2017-18 में 220 जिले, 2018-19 में 220 नए जिले और 2019-20 में 200 जिले)। गाँव, ब्लॉक और राज्य स्तर पर योजना के कार्यान्वयन की दिशा में ये केंद्र एक कड़ी (link) के रूप में काम करेंगे। महिलाओं हेतु गठित (बेटी बचाओ बेटी पढ़ाओ योजना सहित) सरकारी कार्यक्रमों, योजनाओं और सेवाओं से संबंधित जानकारी को DLCWs सम्मिलित करेंगे।
4. महिला शक्ति केंद्र योजना की ब्लॉक स्तरीय पहल के रूप में 115 सबसे पिछड़े जिलों में (आठ ब्लॉक प्रति जिला) छात्र स्वयंसेवकों के माध्यम से सामुदायिक सहभागिता की परिकल्पना की गई है। विभिन्न सरकारी योजनाओं/कार्यक्रमों के साथ-साथ सामाजिक मुद्दों पर जागरूकता फैलाने में छात्र स्वयंसेवक एक महत्वपूर्ण भूमिका निभाएंगे।
5. गैर-सरकारी संगठनों (NGOs) के माध्यम से महिला सामूहिकता की क्षमता निर्माण हेतु आकांक्षित जिलों के अधिकतम 50 प्रतिशत ब्लॉकों को भी शामिल किया गया है।

वन स्टॉप सेंटर योजना [One Stop Centre Scheme (OSC)]

ऐसी कई महिलाएं है जो हिंसक अपराधों का सामना करती हैं, उन्हें असल में यह पता ही नहीं कि उन्हें कहाँ जाना चाहिए। ऐसी महिलाओं के लिए ही देशभर में वन स्टॉप सेंटर योजना आरंभ की गई हैं। सखी केंद्रों के रूप में लोकप्रिय, वन स्टॉप सेंटर योजना अप्रैल 2015 से देशभर में लागू की जा रही है, ताकि हिंसा से प्रभावित महिलाओं को पुलिस, चिकित्सा, कानूनी, मनोवैज्ञानिक सहायता और अस्थायी आश्रय सहित सेवाओं की एकीकृत शृंखला

तक पहुंच प्रदान की जा सके। इस योजना को निर्भया फंड के माध्यम से वित्त पोषित किया गया है।

अब तक देश के 724 जिलों के लिए 728 वन स्टॉप सेंटर योजना स्वीकृत किए जा चुके हैं। अब तक, 37 राज्यों और केंद्रशासित प्रदेशों में 623 वन स्टॉप सेंटर योजना कार्यरत हैं। इन केंद्रों ने 2.4 लाख से अधिक महिलाओं को सहायता प्रदान की है। वन स्टॉप सेंटर योजना को 181 महिला हेल्पलाइन (डब्ल्यूएचएल) और अन्य मौजूदा सेवाओं के साथ एकीकृत किया जा रहा है ताकि महिलाओं को सर्वोत्तम संभव पहुंच और सहायता प्रदान की जा सके।

महिलाओं की हेल्पलाइन योजना (Women Helpline Scheme)

महिला हेल्पलाइन के सार्वभौमीकरण की योजना अप्रैल 2015 से लागू की जा रही है। इसका उद्देश्य रेफरल सेवा के माध्यम से हिंसा से प्रभावित महिलाओं (पुलिस, वन स्टॉप सेंटर, अस्पताल जैसे उचित प्राधिकरण से जुड़ना) और एक समान संख्या (181) के माध्यम से देशभर में महिला कल्याण योजनाओं/कार्यक्रमों के बारे में जानकारी प्रदान करना और 24 घंटे आपातकालीन और गैर-आपातकालीन प्रतिक्रिया प्रदान करना है।

अब तक, महिला हेल्पलाइन 32 राज्यों/केंद्र शासित प्रदेशों में सक्रिय हो गया है। उन्होंने 47.86 लाख से अधिक कॉल प्रबंधित किए हैं। इस योजना को निर्भया फंड के माध्यम से वित्त पोषित किया गया है।

महिला पुलिस स्वयंसेवक योजना [Mahila Police Volunteer Scheme (MPV)]

महिला पुलिस स्वयंसेवक योजना को गृह मंत्रालय के सहयोग से मंत्रालय द्वारा कार्यान्वित किया जा रहा है। इस योजना को निर्भया फंड द्वारा महिला पुलिस स्वयंसेवक योजना बनाने और सशक्त बनाने के उद्देश्य से एक केन्द्र प्रायोजित योजना के रूप में वित्त पोषित किया गया है। महिला पुलिस स्वयंसेवक योजना को पुलिस और समुदाय के बीच एक कड़ी के रूप में कार्य करने और संकट में महिलाओं की सुविधा के लिए परिकल्पित किया गया है। महिला पुलिस स्वयंसेवक योजना महिलाओं के खिलाफ अपराध से लड़ने और घरेलू हिंसा, बाल विवाह, दहेज उत्पीड़न और सार्वजनिक स्थानों पर महिलाओं द्वारा सामना की जाने वाली हिंसा जैसी महिलाओं के खिलाफ अपराध की घटनाओं की रिपोर्ट करने के लिए एक सार्वजनिक-पुलिस इंटरफेस के रूप में काम करती हैं।

इस पहल को अपनाने के लिए सभी राज्यों/केंद्रशासित प्रदेशों के सभी मुख्य सचिवों से अनुरोध किया गया है। वर्तमान में, महिला पुलिस स्वयंसेवी योजना 9,500 से अधिक स्वयंसेवकों के साथ हरियाणा, आंध्र प्रदेश, गुजरात, छत्तीसगढ़ और मध्य प्रदेश राज्यों में कार्यात्मक है।

सखी डैशबोर्ड पहल (Sakhi Dashboard Initiative)

सभी नए सखी डैशबोर्ड एक ऑनलाइन एमआईएस प्लेटफॉर्म है, जो अक्टूबर 2019 में सखी वन स्टॉप सेंटर, 181 महिला हेल्पलाइन और महिला पुलिस स्वयंसेवकों से संपर्क करने वाली हिंसा प्रभावित महिलाओं के मामलों की वास्तविक समय की जानकारी और प्रबंधन की खरीद के लिए शुरू किया गया था। इस डैशबोर्ड का उद्देश्य वन स्टॉप सेंटर योजना, महिला हेल्पलाइन और महिला पुलिस स्वयंसेवक योजना को एक आम महिला सुरक्षा और मंत्रालय द्वारा पेश किए गए सशक्तीकरण में एकीकृत करना है।

सखी डैशबोर्ड में अब वन स्टॉप सेंटर योजना, महिला हेल्पलाइन और महिला पुलिस स्वयंसेवक योजना की हिंसा से प्रभावित महिलाओं के विवरण, हिंसा का प्रकार, सहायक सेवाओं के प्रकार और रेफरल सेवाओं के प्रकार को प्रभावित करने का एक सरलीकृत और मानकीकृत सामान्य मामला प्रारूप है।

स्वाधार गृह योजना (Swadhar Greh Scheme)

मंत्रालय स्वधार गृह योजना को उन महिलाओं के लागू कर रहा है जो दुर्भाग्यपूर्ण परिस्थितियों की शिकार होती हैं और जिन्हें अपने जीवन को गरिमा के साथ आगे बढ़ाने में संस्थागत समर्थन की आवश्यकता होती है। इस योजना में आश्रय, भोजन, कपड़े और स्वास्थ्य के साथ-साथ आर्थिक और सामाजिक सुरक्षा प्रदान करने की परिकल्पना की गई है, जिसमें कठिन परिस्थितियों में पीड़ित महिलाओं, विधवा महिलाओं और वृद्ध महिलाओं को शामिल किया गया है।

जैसा कि स्वाधार गृह योजना, केंद्र प्रायोजित छत्र योजना की एक उप-योजना के रूप में कार्यान्वित की जा रही है, इसे राज्यों के माध्यम से राज्यों के माध्यम से महिलाओं के धन की सुरक्षा और अधिकारिता जारी की जाती है, जिसमें और उत्तर-पूर्वी और हिमालयी राज्यों को छोड़कर ऐसे राज्य शामिल हैं जहां इसका

अनुपात 90:10 है और केंद्रशासित प्रदेश के लिए यह अप्रैल 2016 से 100 प्रतिशत है।

इस के तहत निम्नलिखित उद्देश्य के साथ 30 महिलाओं की क्षमता वाले प्रत्येक जिले में स्वधार गृह योजना आरंभ की जाएगी:

1. संकट में और बिना किसी सामाजिक और आर्थिक समर्थन के होने वाली महिलाओं के लिए आश्रय, भोजन, कपड़े, चिकित्सा उपचार और देखभाल की प्राथमिक आवश्यकता को पूरा करना।
2. दुर्भाग्यपूर्ण परिस्थितियों के साथ सामना होने के कारण बाधा उत्पन्न करने वाली अपनी भावनात्मक शक्ति को पुनः प्राप्त करने के लिए उन्हें सक्षम बनाना।
3. परिवार/समाज में उनके पुनः उत्पीड़न के लिए कदम उठाने में सक्षम बनाने के लिए उन्हें कानूनी सहायता और मार्गदर्शन प्रदान करना।
4. आर्थिक और भावनात्मक रूप से उनका पुनर्वास करना।
5. एक सहायता प्रणाली के रूप में कार्य करना जो संकट में महिलाओं की विभिन्न आवश्यकताओं को समझता और पूरा करता है।
6. गरिमा और दृढ़ विश्वास के साथ अपने जीवन को नए सिरे से शुरू करने के लिए उन्हें सक्षम बनाना।

स्वाधार गृह योजना के तहत, उपरोक्त गतिविधियों के लिए पात्र संगठनों को सहायता प्रदान की जाती है। वर्तमान में देश में कुल 417 स्वाधार गृह कार्यरत हैं, जिनमें 12,890 महिलाओं को लाभ प्राप्त हो रहा है।

कामकाजी महिला छात्रावास योजना (Working Women Hostel Scheme)

कामकाजी महिला छात्रावास योजना का उद्देश्य कामकाजी महिलाओं को सुरक्षित और किफायती आवास उपलब्ध कराना है। इन छात्रावासों में रहने वाली महिलाओं के बच्चों के लिए डे-केयर की सुविधा भी उपलब्ध है। मंत्रालय, गैर-सरकारी संगठनों या राज्य सरकारों द्वारा ऐसे छात्रावासों की स्थापना के लिए वित्तीय सहायता प्रदान करता है। कार्यशील महिला छात्रावास/किराए के परिसर में छात्रावास के निर्माण के लिए केंद्र सरकार, राज्यों/केंद्र शासित प्रदेशों (उत्तर-पूर्वी और हिमालयी राज्यों के अलावा) और कार्यान्वयन एजेंसियों के बीच लागत-साझा अनुपात 60 : 15 : 25 हैं। उत्तर-पूर्वी और हिमालयी राज्यों के लिए यह अनुपात 65 : 10 : 25 है।

कामकाजी महिला छात्रावास की योजना के तहत, अविवाहित, विधवा, तलाकशुदा, विवाहित कामकाजी महिलाओं के लिए किराए के परिसर में छात्रावास के निर्माण/चलाने के लिए वित्तीय सहायता प्रदान की जाती है, लेकिन इसमें उन महिलाओं को शामिल नहीं किया गया है जो किसी नौकरी के प्रशिक्षण में हैं या जिनके पति या करीबी परिवार वाले उसी क्षेत्र में निवास करते हैं। हॉस्टल में रहने वाली महिलाओं के बच्चों के लिए डे केयर सेंटर का प्रावधान, इस योजना का एक महत्वपूर्ण पहलू है। कामकाजी महिलाएं छात्रावास सुविधाओं की हकदार हैं बशर्ते कि उनकी सकल आय महानगरीय शहरों में प्रति माह 50,000 रुपये समेकित (सकल) से अधिक न हो या किसी अन्य स्थान पर 35,000 रुपये प्रति माह समेकित (सकल) से अधिक न हो।

1972-73 में इसकी स्थापना के बाद से, पूरे देश में इस योजना के तहत लगभग 73,307 कामकाजी महिलाओं के लाभ के लिए 962 छात्रावास स्वीकृत किए गए हैं।

उज्ज्वला योजना (Ujjawala Scheme)

उज्ज्वला योजना एक ऐसी योजना है जिसे व्यापक रूप से तस्करी से निपटने के लिए निर्मित इस योजना को वर्ष 2007 में वाणिज्यिक यौन शोषण के लिए महिलाओं और बच्चों की तस्करी को रोकने के लिए, पीड़ितों के बचाव की सुविधा और उन्हें सुरक्षित हिरासत में रखने के उद्देश्य से शुरू की गई थी, ताकि पीड़ित परिवार और समाज में, और सीमा पार पीड़ितों के प्रत्यावर्तन की सुविधा के लिए बुनियादी सुविधाओं/जरूरतों को प्रदान करके पुनर्वास सेवाएं प्रदान की जा सकें और सुदृढ़ीकरण की सुविधा प्राप्त हो सके। यह योजना मुख्य रूप से गैर-सरकारी संगठनों (एनजीओ) के माध्यम से कार्यान्वित की जा रही है।

उज्ज्वला योजना के मानदंडों को संशोधित किया गया है जो अप्रैल 2016 से प्रभावी हुए। संशोधित मानदंडों के तहत, बजटीय प्रावधानों में वृद्धि की गई है और इस योजना को राज्यों/केंद्रशासित प्रदेशों के माध्यम से केंद्र प्रायोजित छत्र योजना 'महिलाओं की सुरक्षा और अधिकारिता' की उप-योजना के रूप में कार्यान्वित किया जा रहा है। उत्तर-पूर्वी राज्यों और हिमालयी राज्यों में इसका लागत अनुपात 80 : 10 : 10 है जबकि इसके अलावा अन्य राज्यों

और कार्यान्वयन एजेंसी के बीच लागत अनुपात 60: 30: 10 है। केंद्र शासित प्रदेशों में केंद्र और कार्यान्वयन एजेंसी के बीच का अनुपात 90: 10 है।

इस योजना के पांच घटक हैं- व्यावसायिक यौन शोषण के लिए तस्करी पीड़ितों की रोकथाम, बचाव, पुनर्वास, पुनः एकीकरण और प्रत्यावर्तन।

इस योजना के तहत परिकल्पित गतिविधियाँ निम्नानुसार हैं:

1. सामुदायिक सतर्कता समूहों का गठन, संवेदीकरण कार्यशालाएँ, जागरूकता सृजन और जागरूकता पैदा करने वाली सामग्री तैयार करना, कार्यशालाएँ रखना आदि।
2. शोषण वाले स्थान से पीड़ितों की सुरक्षित वापसी सुनिश्चित करना।
3. पीड़ितों को सुरक्षित आश्रय, बुनियादी सुविधाएं, चिकित्सा देखभाल, कानूनी सहायता, व्यावसायिक प्रशिक्षण और आय सृजन गतिविधियाँ प्रदान करके पुनर्वास प्रदान करना।
4. समाज में पीड़ितों का पुनर्वसन।
5. सीमा पार से पीड़ितों को उनके मूल देश के लिए सुरक्षित प्रत्यावर्तन के लिए सहायता प्रदान करना।

उज्ज्वला योजना के तहत, उपरोक्त गतिविधियों के लिए पात्र संगठनों को सहायता प्रदान की जाती है। आज की तारीख तक, देश में कुल 256 उज्ज्वला परियोजनाएं काम कर रही हैं जिनमें 136 उज्ज्वला घर शामिल हैं और इसमें कुल 5,395 लाभार्थी शामिल हैं।

निर्भया फंड पहल (Nirbhaya Fund Initiative)

भारत सरकार के वित्त मंत्रालय ने देश में महिलाओं की सुरक्षा को बढ़ाने के उद्देश्य से वर्ष 2013 में निर्भया फंड नामक एक समर्पित कोष की स्थापना की थी। यह एक गैर-व्यपगत कॉर्पस फंड है, जो वित्त मंत्रालय के अधीन है। अब तक, इस फंड के तहत 4,357.62 करोड़ की राशि प्रदान की गई है।

मार्च 2015 में वित्त मंत्रालय द्वारा जारी दिशा-निर्देशों के अनुसार, निर्भया फंड के तहत योजनाओं को शुरू करने के लिए और साथ ही मंत्रालयों/विभागों के साथ मिलकर स्वीकृत योजनाओं की प्रगति की समीक्षा और निगरानी करने के लिए एक केंद्रीय मंत्रालय एमडबल्यूसीडी है। वित्तीय मूल्यांकन और अनुमोदन और व्यय की मंजूरी तब सीधे संबंधित मंत्रालयों/विभागों द्वारा ली जाती है।

सचिव, डब्ल्यूसीडी की अध्यक्षता में अधिकारियों की एक अधिकार प्राप्त समिति का गठन किया गया है, जो निर्भया फंड से वित्त पोषित किए जाने और इसकी समीक्षा और निगरानी के लिए विभिन्न प्रस्तावों को मंजूरी और अनुमोदन के लिए है। इस प्रक्रिया में सहायता के लिए जनवरी 2017 में मौजूदा दिशा-निर्देशों को बदलने के लिए निर्भया फंड की एक रूपरेखा भी रखी गई।

निर्भया फंड के तहत प्रस्तावों का गठन और अनुमोदन के चरण निम्नानुसार हैं:

1. केंद्र सरकार के मंत्रालय/विभाग महिलाओं की सुरक्षा से संबंधित परियोजना प्रस्ताव तैयार कर सकते हैं।
2. राज्य सरकार अपने विशिष्ट क्षेत्र (उदाहरण के लिए-सड़क परिवहन, पुलिस, बिजली, आदि) के संबंध में महिला सुरक्षा से संबंधित परियोजना प्रस्ताव तैयार कर सकती है और संबंधित केंद्र सरकार के मंत्रालय/विभाग को एक प्रति के साथ अध्यक्ष को प्रस्तुत कर सकती है।
3. केन्द्र शासित प्रदेश के प्रशासक, परियोजना प्रस्तावों को भी तैयार कर सकते हैं और इसकी प्रति गृह मंत्रालय को एक प्रति के साथ अध्यक्ष, अधिकार प्राप्त समिति को सौंप सकते हैं।
4. अधिकार प्राप्त समिति द्वारा मूल्यांकन के बाद संबंधित मंत्रालय, वित्त मंत्रालय के साथ धन का आवंटन करते हैं।

देशभर में 33 विभिन्न परियोजनाओं/योजनाओं के लिए वर्तमान में अनुमानित 7,464.64 करोड़ रुपये राशि का खर्च किया जा रहा है। अब तक, निर्भया फंड के तहत विभिन्न परियोजनाओं/योजनाओं के लिए एमडबल्यूसीडी सहित संबंधित मंत्रालयों/विभागों द्वारा 2,647.89 करोड़ रुपये की राशि का वितरण/जारी किया गया है।

मंत्रालय स्वयं निर्भया फंड के तहत वन स्टॉप सेंटर योजना, डब्ल्यूएचएल और महिला पुलिस स्वयंसेवक योजना की योजनाओं को लागू करता है। अन्य मंत्रालय और राज्य/केंद्रशासित प्रदेश भी इस फंड के तहत योजनाएं लागू करते हैं।

महिलाओं की पहचान (Recognition for Women)

हर वर्ष 8 मार्च को अंतर्राष्ट्रीय महिला दिवस मनाया जाता है। इस दिन, विभिन्न क्षेत्रों में महिलाओं की उपलब्धियों को प्रेरित करने और उन्हें मनाने के लिए देशभर में बड़ी संख्या में कार्यक्रम आयोजित किए जाते हैं। एक परंपरा के रूप में, एमडब्ल्यूसीडी भी अंतर्राष्ट्रीय महिला दिवस मनाती है।

नारी शक्ति पुरस्कार, जिसका शाब्दिक अर्थ है-'नारी शक्ति पुरस्कार', 'महिला सशक्तिकरण के लिए असाधारण कार्य के प्रति प्रदान किया जाने वाला एक राष्ट्रीय पुरस्कार है और इसे भारत के राष्ट्रपति ने महिलाओं के सशक्तिकरण की दिशा में सम्मानजनक साहस और तारकीय योगदान का प्रदर्शन करने वालों के सम्मान और मान्यता के रूप में सम्मानित किया है।

नारी शक्ति पुरस्कार के विजेता युवा भारत के लिए आदर्श हैं। यह पुरस्कार उन सभी के लिए प्रेरणा स्रोत हैं जो महिलाओं के कल्याण के लिए काम कर रहे हैं।

नारी शक्ति पुरस्कार के लिए प्रदत्त दिशा-निर्देशों में कुछ संशोधन किया गया है। इस पुरस्कार में प्रत्येक पुरस्कार प्राप्तकर्ता की राशि को 1.00 लाख रुपये से बढ़ाकर 2.00 लाख रुपये कर दिया गया है।

पारिवारिक परामर्श केन्द्र योजना [Family Counselling Centre Scheme (FCC)]

पारिवारिक परामर्श केन्द्र योजना वर्ष 1983 में केंद्रीय समाज कल्याण बोर्ड द्वारा शुरू की गई थी। इसमें केंद्र अत्याचारों, पारिवारिक कुप्रथाओं और सामाजिक अस्थिरता के शिकार होने वाली महिलाओं और बच्चों को परामर्श, रेफरल और पुनर्वास सेवाएं प्रदान करते हैं और प्राकृतिक और मानव निर्मित आपदाओं के मामले में संकट हस्तक्षेप और आघात परामर्श भी प्रदान करते हैं। केंद्र महिलाओं की स्थिति को प्रभावित करने वाले सामाजिक मुद्दों पर भी जागरूकता पैदा करते हैं और जनता की राय जुटाते हैं।

पारिवारिक परामर्श केन्द्र योजना स्थानीय प्रशासन, पुलिस, अदालतों, मुफ्त कानूनी सहायता कोशिकाओं, चिकित्सा और मनोचिकित्सा संस्थानों, व्यावसायिक प्रशिक्षण केंद्रों, स्वाधार गृहों, आदि के साथ मिलकर काम करती है।

परिवार परामर्श केंद्र के मुख्य उद्देश्य इस प्रकार हैं:

1. प्रशिक्षित काउंसलर के माध्यम से पेशेवर रूप से परामर्श प्रदान करना और वैवाहिक मामलों में अलग होने के लिए कोर्ट सेटलमेंट के जरिए सुलह करने का प्रयास करना।
2. रेफरल सेवाएं प्रदान करना जैसे कि स्वाधार गृह, मुफ्त कानूनी सहायता प्रकोष्ठ, पुलिस सहायता, आदि।
3. वन स्टॉप सेंटर योजना, स्वाधार गृह, नशामुक्ति केंद्र, वृद्धाश्रम, आश्रय गृह, कारागार, महाविद्यालय और विश्वविद्यालय आदि में परामर्श सेवाएँ उपलब्ध कराना।
4. सामाजिक समस्याओं के खिलाफ जनमत को शिक्षित और संगठित करना।
5. लोगों को बेहतर समन्वय और सेवाओं के लिए विभिन्न सरकारी और गैर-सरकारी एजेंसियों द्वारा सहायता और सामाजिक कल्याण गतिविधियों की जानकारी के बारे में शिक्षित करना।
6. पीड़ितों और उनके आश्रितों के लिए उपयुक्त पुनर्वास सेवाओं की व्यवस्था करना।
7. परिवार, कार्य स्थल या समुदाय में किसी भी व्यक्ति की समस्या से निपटने के लिए संकट हस्तक्षेप सेवाएं प्रदान करना।

वर्तमान में, पारिवारिक परामर्श केन्द्र योजना के तहत 600 पारिवारिक परामर्श केन्द्र कार्यरत हैं।

शिशुओं के लिए कल्याणकारी योजनायें (Welfare Schemes for Children)

64

महिला और बाल विकास मंत्रालय (MWCD) बच्चों के कल्याण, विकास और सुरक्षा हेतु विभिन्न योजनाओं और कार्यक्रमों का प्रशासन कर रहा है। ये इस प्रकार हैं:

आंगनवाड़ी सेवा योजना (Anganwadi Services Scheme)

आंगनवाड़ी सेवा योजना भारत सरकार के प्रमुख कार्यक्रमों में से एक है और यह विश्व के सबसे और बड़े अनोखे कार्यक्रमों में से एक है, शुरुआती बचपन के लिए देखभाल और विकास कार्यक्रम, का प्रतिनिधित्व करता है। एक ओर पूर्वस्कूली और गैर-औपचारिक शिक्षा प्रदान करने की चुनौती की प्रक्रिया में और दूसरी ओर कुपोषण, रुग्णता, सीखने की क्षमता और मृत्यु दर में कमी का दुष्चक्र तोड़ने की चुनौतियों के बीच यह योजना बच्चों और दूध पिलाने वाली माताओं के स्वास्थ्य के प्रति देश की प्रतिबद्धता का प्रतीक है। इस योजना के तहत 0-6 वर्ष की आयु के बच्चे, गर्भवती महिलाएं और दूध पिलाने वाली माताएं लाभार्थी हैं।

1. **उद्देश्य (Objectives):** आंगनवाड़ी सेवाएँ (समेकित बाल विकास सेवा योजना) एक केंद्र प्रायोजित योजना है, जिसका कार्यान्वयन राज्यों/संघ राज्य क्षेत्रों द्वारा किया जाता है। इसके उद्देश्य निम्नलिखित हैं:
   - (i) 0-6 साल के आयु-वर्ग के बच्चों की पोषण और स्वास्थ्य स्थिति में सुधार करना।
   - (ii) बच्चों के उचित मनोवैज्ञानिक, शारीरिक और सामाजिक विकास की नींव रखना।
   - (iii) मृत्यु दर की घटनाओं, रुग्णता, कुपोषण और स्कूल छोड़ने वाले बच्चों की संख्या को कम करना।
   - (iv) बाल विकास को प्रोत्साहित करने के लिए विभिन्न विभागों के बीच प्रभावी समन्वय और नीति कार्यान्वयन प्राप्त करना।
   - (v) उचित पोषण और स्वास्थ्य शिक्षा (एनएचई) के माध्यम से बच्चे की सामान्य स्वास्थ्य और पोषण संबंधी जरूरतों की देखभाल करने हेतु माताओं की क्षमता को बढ़ाना।

2. **छह सेवाओं का प्रावधान (Package of Six Services):** आंगनवाड़ी सेवा योजना के तहत निम्नलिखित छह सेवाओं को प्रदान करने का प्रावधान है:
   - (i) अनुपूरक पोषण (एसएनपी)
   - (ii) प्री-स्कूली गैर-औपचारिक शिक्षा
   - (iii) एन.एच.ई.
   - (iv) टीकाकरण
   - (v) स्वास्थ्य जांच
   - (vi) रेफरल सेवाएं

   छह में से तीन सेवाएं अर्थात् टीकाकरण, स्वास्थ्य जांच और रेफरल सेवाएं स्वास्थ्य संबंधित हैं और एनआरएचएम व पब्लिक हेल्थ इन्फ्रास्ट्रक्चर के माध्यम से प्रदान की जाती हैं।

3. **लागत साझाकरण अनुपात (Cost Sharing Ratio):** आंगनवाड़ी सेवा योजना के लिए केंद्र और राज्यों/संघ राज्य क्षेत्रों के बीच निम्न लागत साझाकरण अनुपात पर भारत सरकार राज्यों/संघ राज्य क्षेत्रों को अनुदान सहायता जारी करती है:
   - (i) राज्य/विधानमंडल सहित केन्द्र शासित प्रदेश- 60: 40
   - (ii) उत्तर-पूर्वी/हिमालयी राज्य/केन्द्र शासित प्रदेश जम्मू-कश्मीर- 90: 10
   - (iii) विधानमंडल के बिना केन्द्र शासित प्रदेश-100: 0

4. **व्याप्ति और विस्तार (Coverage and Expansion):** 1975 में 33 परियोजनाओं और 4891 आंगनवाड़ी केंद्रों के साथ (AWCs) आंगनवाड़ी सेवाओं की शुरुआत हुई और IX प्लान के अंत तक धीरे-धीरे इसका विस्तार 5,652 परियोजनाओं और 6.00 लाख AWCs तक कर दिया गया। IX प्लान तक, आंगनवाड़ी सेवा योजना की व्याप्ति सार्वभौमिक नहीं थी क्योंकि यह 14 लाख बस्तियों में से लगभग 42 प्रतिशत में व्याप्त थी। आंगनवाड़ी

सेवा योजना आज पूर्णत: 7,075 परिचालन परियोजनाओं और 13.77 लाख AWCs के संजाल के माध्यम से चल रही है।

5. **लागत मानदंडों में संशोधन (Revision of Cost Norms):** सरकार ने अक्टूबर 2018 में आंगनवाड़ी सेवाओं के तहत अनुपूरक पोषण (एसएनपी) हेतु लागत मानदंडों को संशोधन को मंजूरी दे दी है, जो इस प्रकार हैं:

(i) बच्चे (6-72 महीने)-8.00 रुपये प्रतिदिन प्रति लाभार्थी

(ii) गर्भवती महिला और दूध पिलाने वाली माता- 9.50 रुपये प्रतिदिन प्रति लाभार्थी

(iii) गंभीर रूप से कुपोषित बच्चे (6-72 महीने)-12.00 रुपये प्रतिदिन प्रति लाभार्थी

6. **एकीकृत बाल विकास योजना (Coverage Under Integrated Child Development Scheme (ICDS): के तहत व्याप्ति:** परिचालन परियोजनाओं और AWCs की संख्या और लाभार्थियों की व्याप्ति के कार्यान्वयन में के संदर्भ में आंगनवाड़ी सेवाओं में महत्वपूर्ण वृद्धि हुई है। इनका विवरण इस प्रकार है:

(i) परिचालित AWCs/लघु AWCs की संख्या 13,77,595 है।

(ii) अनुपूरक पोषण के लिए लाभार्थियों की संख्या [बच्चे (6 महीने से 6 साल) और गर्भवती महिलाएं और दूध पिलाने वाली माताएं] ₹ 836 लाख है।

(iii) पूर्व स्कूली शिक्षा के लिए लाभार्थियों की संख्या [बच्चे (3-6 वर्ष)] 305 लाख है।

क्रमिक विस्तार के अतिरिक्त, आंगनवाड़ी सेवा योजना के लिए बजटीय आवंटन में महत्वपूर्ण वृद्धि हुई है।

7. **गतिविधियाँ (Activities:):** फरवरी 2016 में महात्मा गांधी राष्ट्रीय ग्रामीण रोजगार गारंटी योजना (MGNREGS) के तहत संशोधित संयुक्त दिशा-निर्देश जारी किये गए हैं जो देशभर में चार लाख एडब्ल्यूसी भवनों के निर्माण के लिए ग्रामीण विकास मंत्रालय (MoRD), पंचायती राज मंत्रालय और महिला एवं बाल विकास मंत्रालय द्वारा आईसीडीएस के साथ अभिसरण में हैं।

संशोधित आंगनवाड़ी सेवाओं के तहत, एक लाख आंगनवाड़ी भवन प्रतिवर्ष की दर से सभी राज्य/केंद्रीय शासित क्षेत्रों में MGNREGS में अभिसरण के तहत दो लाख नई आंगनवाड़ी इमारतों का निर्माण किया जाना है। सभी राज्य/केंद्रीय शासित क्षेत्रों के लिए आंगनवाड़ी भवनों के निर्माण की राशि प्रतिपूर्ति योग्य है जो निर्माण कार्य के पूर्ण होने और सत्यापन करने पर जारी की जाएगी। इन एडब्ल्यूसी में पंचायती राज संस्थाओं के पास उपलब्ध धन से पेय जल और स्वच्छता की सुविधा भी प्रदान की जाएगी।

संशोधित आंगनवाड़ी सेवाओं के तहत, शौचालयों के निर्माण हेतु सरकारी स्वामित्व वाले 70,000 एडब्ल्यूसी में ₹ 12,000 प्रति एडब्ल्यूसी का प्रावधान है तथा पेय जल और स्वच्छता की सुविधा हेतु 20,000 एडब्ल्यूसी भवन में ₹ 10,000 प्रति एडब्ल्यूसी।

8. **आंगनवाड़ी केंद्रों का निर्माण (Construction of Anganwadi Centres):** जुलाई 2015 में आयोजित प्रधानमंत्री कार्यालय में हुई बैठक के अनुसरण नैगमिक सामाजिक उत्तरदायित्व (CSR) के माध्यम से आंगनवाड़ी केंद्र के निर्माण में वेदांत प्रस्ताव पर, सितंबर 2015 में स्वयं के संसाधनों के माध्यम से 4,000 आंगनवाड़ी केंद्र भवनों के निर्माण हेतु एमडब्ल्यूसीडी और वेदांत के बीच समझौता ज्ञापन (एमओयू) पर हस्ताक्षर किए गए। इन केंद्रों का निर्माण मुख्य रूप से आंध्र प्रदेश, असम, बिहार राज्य, छत्तीसगढ़, झारखंड, मध्य प्रदेश, महाराष्ट्र, ओडिशा, राजस्थान, तेलंगाना और उत्तर प्रदेश में किया जाएगा।

9. **बीमा योजनाओं का अभिसरण (Convergence of Insurance Schemes):** सरकार के अनुसरण निर्णय के तहत मौजूदा बीमा योजनाओं को प्रधानमंत्री जीवन ज्योति बीमा योजना (PMJJBY)/प्रधानमंत्री सुरक्षा बीमा योजना (PMSBY), AWWs/आंगनवाड़ी सहायक (AWH) स्थानांतरित किये गए हैं। 18-50 वर्ष के आयु वर्ग ₹ 2.00 लाख (जीवन जोखिम, करणवश मृत्यु) के आवरण में प्रधानमंत्री जीवन ज्योति बीमा योजना के अंतर्गत आते हैं, 18-59 वर्ष के आयु वर्ग के लोग ₹ 2.00 लाख (आकस्मिक मृत्यु और स्थायी पूर्ण विकलांगता)/1.00 लाख (आंशिक लेकिन स्थायी विकलांगता) के आवरण में प्रधानमंत्री सुरक्षा बीमा योजना के अंतर्गत आते हैं और 51-59 वर्ष के आयु वर्ग के लोग संशोधित आंगनवाड़ी कार्यकर्ता बीमा योजना में शामिल हैं, जिनका जीवन आवरण ₹ 30,000 (जीवन जोखिम, करणवश मृत्यु) है। यह प्रवास जून 2017 से प्रभावी है।

आंगनवाड़ी कर्मचारियों/ आंगनवाड़ी सहायकों की गंभीर बीमारी की पहचान पर बीमारी के निदान हेतु ₹ 20,000 (एलआईसी के लिए संतोषजनक प्रमाण के अधीन) और 9वीं से 12वीं कक्षा के छात्रों को छात्रवृत्ति (आईटीआई पाठ्यक्रम सहित) का लाभ भी प्रदान किया जाता है। प्रति तिमाही ₹ 300

की छात्रवृत्ति प्रति परिवार दो बच्चों के लिए उपलब्ध कराई जाती है। आंगनवाड़ी कर्मचारियों/ आंगनवाड़ी सहायकों को सामाजिक सुरक्षा लाभ एलआईसी के सहयोग से प्रदान किये जाते हैं। इन सामाजिक सुरक्षा लाभों की बीमा-किस्त मंत्रालय और एलआईसी द्वारा वहन की जाती है। राज्य सरकारों/संघ राज्य क्षेत्र प्रशासन या आंगनवाड़ी कर्मचारी/सहायकों द्वारा इन सामाजिक सुरक्षा के लाभों के प्रति कोई भुगतान करने की आवश्यकता नहीं है।

10. **मानदेय में वृद्धि (Enhancement of Honorarium):** आंगनवाड़ी कर्मचारी और आंगनवाड़ी सहायक को सरकार द्वारा निश्चित मानदेय के अनुसार प्रति माह भुगतान किया जाता है। सरकार ने आंगनवाड़ी कर्मचारी का मानदेय ₹ 3,000 से बढ़ा कर ₹ 4,500 प्रति माह, लघु-एडब्ल्यूसी का ₹ 2,250 से ₹ 3,500 प्रति माह; आंगनवाड़ी सहायक का ₹ 1,500 से ₹ 2,250 प्रति माह और और आंगनवाड़ी सहायक के लिए कार्यप्रदर्शन-आधारित ₹ 250 प्रति माह के प्रोत्साहन को लागू किया।

11. **अनुपूरक पोषण (Supplementary Nutrition):** राष्ट्रीय खाद्य सुरक्षा अधिनियम (NFSA), 2013 में निहित प्रानधानों के अनुसरण में, इस मंत्रालय ने अनुपूरक पोषण (समेकित बाल विकास सेवाओं के तहत योजना) नियम, 2017 के अंतर्गत प्रत्येक गर्भवती महिला, बच्चे के जन्म के 6 महीने बाद तक दूध पिलाने वाली माता और 6 महीने से 6 वर्ष की आयु के प्रत्येक बच्चे (कुपोषण पीड़ितों सहित) को वर्ष में 300 दिनों के लिए उक्त अधिनियम के निर्दिष्ट पात्रता के विनियमित हेतु के प्रावधानों के तहत अधिसूचित किया।

एडब्ल्यूसी में आंगनवाड़ी सेवा लाभार्थियों को प्रदान किया गया अनुपूरक पोषण स्थानीय आबादी को प्राथमिक/आदतन उपलब्ध खाद्य पदार्थों और भोजन से भिन्न होता है। इसलिए, अनुपूरक पोषण के लिए विधि का चयन, राज्यों / संघ राज्य क्षेत्रों के साथ रखा गया है।

12. **गेहूं आधारित पोषण कार्यक्रम (Wheat Based Nutrition Programme):** डब्ल्यूबीएनपी के अंतर्गत, खाद्यान्न, जैसे-गेहूं, चावल और अन्य मोटे अनाजों को एनएफएसए के तहत राज्यों/केंद्र शासित प्रदेशों में खाद्य और सार्वजनिक वितरण विभाग के माध्यम से रियायती दरों पर आंगनवाड़ी सेवाओं के तहत अनुपूरक भोजन तैयार करने के लिए आवंटित किया जाता है। मंत्रालय खाद्य और सार्वजनिक वितरण विभाग के साथ समन्वय कर राज्यों/केंद्र शासित प्रदेशों में भोजन के आवंटन के लिए प्रस्तावों का प्रसंस्करण और अनुमोदन करने के लिए जिम्मेदार है।

पोषण अभियान (Poshan Abhiyaan)

सरकार ने दिसंबर 2017 में, 2017-18 से शुरुआत कर तीन वर्ष की समय सीमा के लिए पोषण अभियान का प्रक्षेपण किया। इसका समग्र बजट ₹ 9046 करोड़ था। पोषण अभियान प्रधान मंत्री की समग्र पोषण के लिए व्यापक (overarching) योजना है (पहले इसे राष्ट्रीय पोषण मिशन के रूप में जाना जाता था)। एक समग्र दृष्टिकोण को सुनिश्चित करने के लिए 36 राज्यों/संघ राज्य क्षेत्रों के सभी जिलों को कवर किया गया है।

तीन वर्षों में समयबद्ध तरीके और निश्चित लक्ष्यों के साथ 0-6 वर्ष के बच्चों, किशोरवय कन्याओं, गर्भवती महिलाओं और दूध पिलाने वाली माताओं में पोषण की स्थिति में सुधार करना पोषण अभियान के लक्ष्य हैं।

अभियान का उद्देश्य देश में सहक्रिय और उन्मुख दृष्टिकोण को अपना कर जीवन चक्र दृष्टिकोण के माध्यम से कुपोषण को कम करना है। 2022 तक 0-6 वर्ष की आयु समूह के बच्चों में स्टंटिंग का प्रचलन 38.4 प्रतिशत से 25 प्रतिशत तक नीचे लाना इसका प्रमुख लक्ष्य है।

1. **कुपोषण परिदृश्य (Malnutrition Scenario):** भारत लगातार माताओं और बच्चों में उच्च स्तरीय कुपोषण और रक्ताल्पता (anaemia) का सामना कर रहा है, जो विशेष रूप से एक अंत:क्रियात्मक चक्र द्वारा कई अभावों का मिश्रण है, जैसे-गरीबी, सामाजिक बहिष्कार और लिंग भेदभाव।

राष्ट्रीय परिवार स्वास्थ्य सर्वेक्षण (एनएफएचएस-4) की एक रिपोर्ट के अनुसार, 2015-16 में 5 वर्ष से कम आयु के 35.7 प्रतिशत बच्चों का भार कम है और 38.4 प्रतिशत अविकसित हैं जो कि एनएफएचएस-3 के आंकड़ों से कम है, 2005-2006 में 5 वर्ष से कम आयु के 42.5 प्रतिशत बच्चों का भार कम था और 48 प्रतिशत अविकसित थे।

राष्ट्रीय व्यापक पोषण सर्वेक्षण (CNNS) और एनएफएचएस-4 का तुलनात्मक विवरण यह दर्शाता है कि बच्चों के पोषण संबंधी संकेतकों में (0-59) भारत ने सुधार किया है।

2. **अभिसरण (Convergence):** विभिन्न मंत्रालय/केंद्र और राज्यों/केंद्रीय शासित क्षेत्रों में विभाग कुपोषण में कमी लाने के स्वाधीन तरीके हेतु आवश्यक विभिन्न हस्तक्षेपों पर कार्य करती है। पोषण अभियान विभिन्न अभिसरण कार्यक्रमों

को सुनिश्चित करता है, जैसे-आंगनवाड़ी सेवाएं, प्रधानमंत्री मातृवंदना योजना, किशोरियों के लिए महिला और बाल विकास मंत्रालय योजना जननी सुरक्षा योजना, स्वास्थ्य और परिवार कल्याण (MoH&FW) मंत्रालय का राष्ट्रीय स्वास्थ्य अभियान, जल शक्ति मंत्रालय का स्वच्छ भारत अभियान; उपभोक्ता कार्य, खाद्य एवं सार्वजनिक वितरण मंत्रालय की सार्वजनिक वितरण प्रणाली; ग्रामीण विकास मंत्रालय की मनरेगा योजना, आदि।

3. **प्रौद्योगिकी (Technology):** यह अभियान अग्रिम पंक्ति के अधिकारियों को स्मार्ट-फोन प्रदान करके सशक्त बनाता है, जैसे-आंगनवाड़ी कर्मचारी, महिला पर्यवेक्षक। सॉफ्टवेयर एप्लीकेशन, आईसीडीएस-कॉमन एप्लीकेशन सॉफ्टवेयर, विशेष रूप से इसी उद्देश्य के लिए विकसित किया गया है; यह डाटा का प्रग्रहण, सौंपित सेवा का सुनिश्चित वितरण और आवश्यकतानुसार हस्तक्षेप के लिए संकेत देता है। यह डाटा डैशबोर्ड मॉनिटरिंग के माध्यम से ब्लॉक, जिला, राज्य से लेकर राष्ट्रीय स्तर के पर्यवेक्षी कर्मचारियों (supervisory staff) को उपलब्ध कराया जाता है। मोबाइल उपकरणों का आवंटन और वितरण इस परियोजना का एक हिस्सा है। यह एप्लीकेशन आंगनवाड़ी सेवा को बल देने वाली प्रणाली को मज़बूत बनता है और यह प्रभावी निगरानी और समय पर हस्तक्षेप से पोषण के परिणाम में सुधार हेतु कार्य करता है।

4. **सामुदायिक संकलन (Community Mobilisation):** सामुदायिक संकलन और व्यवहार परिवर्तन इस अभियान के महत्वपूर्ण घातक हैं। पंचायती राज संस्थानों/गांवों के संगठन/स्व-सहायता समूह/स्वयंसेवक, आदि की भागीदारी के माध्यम से अभियान पोषण में सुधार के उद्देश्य को जन-आंदोलन में परिवर्तित करने पर ध्यान केंद्रित कर रहा है और व्यापक जनभागीदारी सुनिश्चित कर रहा है। तदनुसार, वांछित लक्ष्य प्राप्त करने की दिशा में आग राहगति, अभिसरण और समन्वय बनाने के लिए जन-आन्दोलन पर अंतर-मंत्रालयी दिशा-निर्देश विकसित और जारी किए गए हैं। राज्य/केंद्रीय शासित प्रदेश नियमित रूप से आईईसी गतिविधियों का आयोजन करते हैं जिनके लिए 19 लाख प्रतिवर्ष प्रति जिले के आधार पर पहले से ही राज्य/केंद्रीय शासित प्रदेशों को आवंटित किए जा चुके है।

सामुदायिक संकलन को सशक्त करने हेतु लाभार्थियों के सशक्तिकरण और आईसीडीएस की बढ़ती सामाजिक जवाबदेही हेतु प्रत्येक आंगनवाड़ी केंद्र पर सप्ताह के एक निश्चित दिन पर महीने में दो बार पोषण अभियान समुदाय आधारित घटनाओं के संगठन (CBEs) के लिए सहायता प्रदान करता है।

5. **पोषण पखवाड़ा (Poshan Pakhwada):** पोषण माह की तर्ज पर, मार्च 2019 में जन-आंदोलन के हिस्से के रूप में पोषण अभियान के अंतर्गत पूरे देश में पोषण पखवाड़ा मनाया गया। 44.8 करोड़ प्रतिभागियों के साथ कुल 82.75 लाख गतिविधियों का आयोजित किया गया। पारस्परिक संचार और घर के दौरे पर ध्यान केंद्रित था।

6. **पोषण माह-2019 (Poshan Maah-2019):** देशभर में सितंबर 2019 राष्ट्रीय पोषण माह के रूप में मनाया गया। पोषण माह का ध्यान पोषण के पांच सूत्रों पर था-एक बच्चे के प्रथम 1,000 दिन, दस्त निवारण, पौष्टिक अहार, वॉश (जल, सफाई और स्वच्छता) और रक्ताल्पता (anemia) की रोकथाम।

माह के दौरान, 3.66 करोड़ से अधिक गतिविधियों का आयोजन किया गया था, जिनमें घरों के दौरे, सीबीई, ग्राम स्वास्थ्य स्वच्छता और पोषण दिवस, पोषण मेले, पोषण रैलियां, स्कूल आधारित गतिविधियां, एनीमिया परीक्षण-उपचार-बात (test-treat-talk) शिविर, पंचायत की बैठकें और स्थानीय नेता बैठकें शामिल थीं।

पोषण माह 2019 का लक्ष्य कुपोषण संबंधी चुनौतियों को संबोधित करना और जन-आंदोलन के माध्यम से समग्र पोषण पर जागरूकता फैलाना है। जन-आंदोलन का ध्यान बच्चों, किशोरियों गर्भवती महिलाओं और स्तनपान कराने वाली माताओं पर केंद्रित है।

7. **प्रोत्साहन (Incentives):** आंगनवाड़ी कर्मचारियों को ₹ 500 प्रति माह, आईसीडीएस- सामान्य अनुप्रयोग सॉफ्टवेयर का उपयोग तथा केंद्र खोलने पर, गृह का दौरा करने पर और बच्चों के वज़न लेने जैसे मापदंडों को प्राप्त करने पर प्रदान की जाती है।

आंगनवाड़ी कर्मचारियों को ₹ 250 प्रति समुदाय आधारित कार्यक्रम (सीबीई) की दर पर प्रति माह दो सीबीई हेतु भुगतान भी किया जाता है। आंगनवाड़ी सहायक को आंगनवाड़ी केंद्र खोलने के लिए प्रति माह ₹ 250 का प्रोत्साहन दिया जाता है।

राष्ट्रीय प्रारंभिक बाल्यावस्था देखभाल एवं शिक्षा [National Early Childhood Care and Education]

1. **पृष्ठभूमि (Background):** मंत्रालय ने राष्ट्रीय प्रारंभिक बाल्यावस्था देखभाल एवं शिक्षा नीति का निर्माण किया और 2013

में भारत सरकार द्वारा इसे अनुमोदित और अधिसूचित किया गया। यह नीति बच्चे की उत्तरजीविता, विकास और उत्थान सुनिश्चित करने की दिशा में व्यापक दृष्टिकोण की नींव रख कर प्रत्येक बच्चे की देखभाल और प्रारंभिक शिक्षा पर ध्यान केंद्रित करती है। यह बच्चे के स्वास्थ्य, पोषण, सामाजिक और भावनात्मक आवश्यकताओं के बीच सहक्रियात्मक और अन्योन्याश्रित संबंध को पहचानती है। आईसीडीएस के संशोधित सेवा प्रावधान में उल्लेखित ईसीईसी गतिविधियों को प्रोत्साहित करती है।

2. **वर्तमान स्थिति (Present Status):** प्रारंभिक बाल्यावस्था देखभाल एवं शिक्षा आंगनवाड़ी केंद्रों के माध्यम से मुफ्त में दी जाने वाली छह सेवाओं में से एक है। मंत्रालय मंत्रालय द्वारा केंद्र के रूप में प्रायोजित यह योजना देशभर में आंगनवाड़ी की आईसीडीएस योजना की सेवाओं के तहत स्थित है। आंगनवाड़ी की आईसीडीएस योजना के तहत यह एक सार्वभौमिक स्व-चयन योजना है, जो आंगनवाड़ी केंद्रों में नामांकन करने वाले सभी लाभार्थियों के लिए उपलब्ध है। वर्तमान में, आंगनवाड़ी सेवाओं के तहत, 3-6 वर्ष के आयु समूह के 3.02 करोड़ बच्चे हैं। आंगनवाड़ी केंद्रों में प्री-स्कूली शिक्षा के लाभार्थी हैं।

3. **प्री-स्कूली शिक्षा किट (Pre-school Education Kits):** सभी आंगनवाड़ियों में प्रारंभिक बाल्यावस्था देखभाल एवं शिक्षा के प्रभावी कार्यान्वयन के लिए देशभर में प्रतिवर्ष सभी आंगनवाड़ी केंद्रों और लघु-आंगनवाड़ी केंद्रों में 5,000 प्रति केंद्र में प्री-स्कूली शिक्षा किट प्रदान की जाती है। मंत्रालय ने 3-6 साल के बच्चों के लिए उम्र-उचित गतिविधि पुस्तकों (3-4 वर्ष, 4-5 वर्ष और 5-6 वर्ष के बच्चे) का विकास किया है, जिनका उपयोग स्थानीय अनुकूलन के पश्चात् राज्यों/केंद्रशासित प्रदेशों द्वारा किया जा रहा है।

4. **बाल मूल्यांकन पत्रक (Child Assessment Cards):** बाल मूल्यांकन पत्रक राष्ट्रीय ईसीईसी के पाठ्यक्रम के प्रारूप के तहत एक-दूसरे के प्रदर्शन का मूल्यांकन करने के लिए तैयार किया गया है, ताकि यह अंकन किया जा सके कि आंगनवाड़ी केंद्रों में पीएसई के लाभार्थियों ने वांछित प्रदर्शन किया यह उसे मदद की जरूरत है। यह पत्रक पाठ्यक्रम और बच्चों के प्रदर्शन के संकेतकों पर आधारित है और क्षेत्र की आवश्यकताओं के अनुसार पाठ्यक्रम को अद्यतन करने के लिए प्रतिक्रिया प्राप्त करता है।

5. **आईसीडीएस कार्यकर्ताओं का प्रशिक्षण (Training of ICDS Functionaries):** बच्चों के लिए वार्षिक प्रासंगिक पाठ्यक्रम, मूल्यांकन कार्ड और गतिविधि पुस्तकों के विकास के साथ, आंगनवाड़ी केंद्रों में ईसीईसी पाठ्यक्रम लागू करने वाले विभिन्न ईसीईसी कार्यकर्ताओं हेतु प्रशिक्षण का संचालन करना अनिवार्य हो गया है। यूनिसेफ के सहयोग से पोषण अभियान के तहत, 21 ई-ईसीसीई ऑनलाइन मॉड्यूल को मौजूदा ऑफ-लाइन ईसीसीई के अनुरूप विकसित किया गया है, जो आंगनवाड़ी सेवा प्रमुख पदाधिकारियों द्वारा उपयोग किये जाएंगे।

राष्ट्रीय शिशुगृह योजना (National Creche Scheme)

जनवरी 2017 से सभी राज्यों/केंद्रशासित प्रदेशों में राष्ट्रीय शिशुगृह योजना एक केंद्र प्रायोजित योजना के रूप में लागू की गयी, जिसका उद्देश्य कामकाजी माताओं और अन्य पात्र महिलाओं के बच्चों की देखभाल की सुविधा प्रदान करना है।

1. **लागत साझाकरण अनुपात (Fund Sharing):** सभी आवर्ती घटकों के लिए लागत साझाकरण अनुपात निम्नलिखित है:
   - (i) **राज्यों के लिए:** केंद्र, राज्यों और शिशुगृह चलने वाले संगठनों/संस्थानों के बीच 60: 30: 10
   - (ii) **उत्तर पूर्वी क्षेत्र और हिमालयी राज्यों के लिए:** केंद्र, राज्यों और शिशुगृह चलने वाले संगठनों/संस्थानों के बीच 80: 10: 10
   - (iii) **केंद्रीय शासित प्रदेशों के लिए:** केंद्र और शिशुगृह चलने वाले संगठनों/संस्थानों के बीच 90: 10

2. **घटक (Components):** इस योजना के घटक इस प्रकार हैं:
   - (i) 6 महीने से 6 साल की आयु वर्ग के बच्चे के लिए डे-केयर सुविधाएं प्रदान की जाती हैं, जिनकी माताएं न्यूनतम महीने में 15 दिन या साल में 6 महीने की एक अवधि के लिए कार्यरत हैं।
   - (ii) प्रत्येक शिशुगृह में 25 बच्चों को सुविधाएँ प्रदान की जाएंगी।

3. **सेवाओं का पैकेज (Package of Services):** यह योजना निम्नलिखित सेवाओं का एक एकीकृत पैकेज प्रदान करती है:
   - (i) सोने की सुविधा सहित डे-केयर सुविधाएं
   - (ii) 3 वर्ष से कम उम्र के बच्चों के लिए प्रारंभिक उत्तेजना (early stimulation) और 3-6 साल के बच्चों के लिए प्री-स्कूली शिक्षा

(iii) एसएनपी (स्थानीय रूप से आवंटित)

(iv) विकास की निगरानी

(v) स्वास्थ्य जांच और टीकाकरण

4. **उपयोगकर्ता शुल्क (User Charges):** गरीबी की रेखा से नीचे के परिवारों से ₹20, ₹12,000 प्रति माह तक की आय (माता-पिता दोनों की आय सम्मिलित) वाले परिवारों से (दोनों माता-पिता) ₹100 और ₹12,000 प्रति माह से ऊपर वाले परिवारों (दोनों माता-पिता) से ₹200 उपयोगकर्ता शुल्क निर्धारित है। उपयोगकर्ता शुल्क का लक्ष्य है-समुदाय की बेहतर भागीदारी सुनिश्चित करना है और बच्चों के कल्याण के लिए उपयोग करने हेतु केंद्रों के संसाधनों को बढ़ाना है और शिशुगृह की सुविधाओं का उन्नयन करना है।

बच्चों के लिए अंतर्राष्ट्रीय योजनाएँ (International Schemes for Children)

1. **संयुक्त राष्ट्र बाल कोष (यूनिसेफ) (United Nations Children's Fund (UNICEF):):** भारत सरकार और यूनिसेफ के बीच 1949 में संपन्न और 1978 में संशोधित मूलभूत सहयोग समझौता सरकार और यूनिसेफ के सम्बन्ध का आधार प्रदान करता है।

वर्तमान राष्ट्र कार्यक्रम कार्रवाई योजना 2018-2022 पर महिला और बाल विकास मंत्रालय और यूनिसेफ के बीच जनवरी 2018 में हस्ताक्षर हुए। इसका अनुमानित बजट 651 मिलियन अमेरिकी डॉलर है। इसका का लक्ष्य राष्ट्रीय प्रमुख कार्यक्रम और बल क्षेत्रों में योगदान और विज़न-2030 हेतु भारत की रणनीतियों, भारत सरकार की प्राथमिकताओं और वैश्विक प्राथमिकताओं (एसडीजी) पर ध्यान देना है।

नया राष्ट्र कार्यक्रम मुख्य रूप से आठ अंतर-संबंधित कार्यक्रम परिणामों पर केंद्रित है-(i) बच्चे और मातृमृत्यु दर में कमी; (ii) जीवन के पहले 1,000 दिन और किशोरियों में अल्प-पोषण की कमी (iii) सुरक्षित और संधारणीय जल स्वच्छता और सफाई सेवाएं; (iv) सभी लड़कियां और लड़के का अधिगम; (v) हिंसा, दुर्व्यवहार और शोषण से बच्चों से सुरक्षा; (vi) समावेशी सामाजिक नीति; (vii) साझेदारी और बच्चों के अधिकार; और (viii) कार्यक्रम का प्रभावशील कार्यान्वयन।

यह कार्यक्रम राष्ट्रीय प्रमुख प्रयासों में योगदान देता है, ताकि गरीब से गरीब व्यक्ति, जाति, वर्ग और लिंग तक सभी को गुणवत्ता देखभाल, सुरक्षा और सेवाएं तक पहुँच हो।

यह मंत्रालय अनिवार्य रूप से 5.60 करोड़ का वार्षिक योगदान वार्षिक करता है, कार्यक्रमों के लिए यूनिसेफ को निधि उनकी उपलब्धता के प्रदान की जाएगी।

2. **विश्व खाद्य कार्यक्रम [World Food Programme (WFP)]:** भारत में तकनीकी सहायता के लिए डब्ल्यूएफपी का कार्य 1963 से विकसित हुआ, जिसकी उत्पत्ति खाद्य सहायता के प्रावधान से हुई। यह केंद्रीय स्तर पर मंत्रालय को और आंगनवाड़ी सेवा योजना के कार्यान्वयन में तकनीकी सहायता प्रदान करता है। फरवरी 2019 में एक नयी राष्ट्र सामरिक योजना, 2019-2023 पर भारत सरकार और संयुक्त राष्ट्र डब्ल्यूएफपी के बीच हस्ताक्षर हुए।

किशोरी बालिका योजना (एसएजी) [Scheme for Adolescent Girls (SAG)]

आईसीडीएस अवसंरचना का उपयोग करते हुए वर्ष 2010 में किशोरी बालिका के लिए एक विशेष हस्तक्षेप तैयार किया गया, जिसे एसएजी कहा जाता है; इसका लक्ष्य के अंतर-पीढ़ी के पोषण और लिंग के नुकसान के जीवनचक्र को तोड़ना है। इस प्रकार यह योजना किशोरी बालिकाओं के आत्म-सुधार के लिए एक सहायक वातावरण प्रदान करेगी।

स्कूल छोड़ चुकी किशोरी बालिकाओं (11-14 वर्ष) की बहुआयामी आवश्यकताओं को साकार करने और उन्हें वापस स्कूल में प्रवेश हेतु प्रोत्साहित करने के लक्ष्य से, सरकार ने पुनर्गठित एसएजी मंजूरी दी, ताकि 11-14 वर्ष के उम्र समूह की स्कूल छोड़ चुकी किशोरी बालिकाओं पर ध्यान केंद्रित किया जा सके। देश के सभी जिलों में इस योजना के विस्तार के साथ, पूर्ववर्ती किशोरी शक्ति योजना को समाप्त कर दिया गया है।

1. **उद्देश्य (Objectives):** इस योजना का मुख्य उद्देश्य सुविधा देना, शिक्षित और किशोरी बालिकाओं को सशक्त बनाना है, ताकि उन्हें आत्मनिर्भर और जागरूक नागरिक बनने में सक्षम बनाया जा सके। इस योजना के निम्न उद्देश्य हैं:

(i) आत्म-विकास के लिए किशोरी बालिकाओं को सक्षम बनाना और उनका सशक्तिकरण करना।

(ii) उनके पोषण और स्वास्थ्य में स्थिति सुधार।

(iii) स्वास्थ्य, स्वच्छता और पोषण के बारे में जागरूकता।

(iv) स्कूल छोड़ चुकी किशोरी बालिकाओं की औपचारिक स्कूली शिक्षा में सफलतापूर्वक सहायता या ब्रिज लर्निंग/कौशल प्रशिक्षण।

(v) उनके घर-आधारित कौशल और जीवन कौशल का उन्नयन।

(vi) मौजूदा सार्वजनिक सेवाएं जैसे कि प्राथमिक स्वास्थ्य केंद्र, ग्रामीण अस्पताल /सामुदायिक स्वास्थ्य केंद्र आदि के बारे में जानकारी/ मार्गदर्शन।

2. **कवरेज (Coverage):** 205 जिलों से शुरू हुई किशोरी बालिका योजना का चरणबद्ध तरीके से विस्तार देश के सभी जिलों में किया गया है। इसके चरणबद्ध विस्तार का पैटर्न इस प्रकार है:

(i) **चरण-1:** 2017-2018 में राष्ट्रीय पोषण अभियान के तहत पहचान किए गए अतिरिक्त 303 उच्च भार वाले जिलों तक इस योजना को बढ़ाया गया।

(ii) **चरण-2:** अप्रैल 2018 से वर्ष 2018-19 में, इस योजना को देश के सभी जिलों तक बढ़ा दिया गया।

3. **लक्ष्य समूह (Target Group):** इस योजना में देशभर के सभी जिलों की स्कूल छोड़ चुकी 11-14 वर्ष की आयु वर्ग की बालिकाएं शामिल हैं।

4. **मंच/प्लेटफार्म (Platform):** आईसीडीएस के तहत मौजूदा आंगनवाड़ी केंद्रों के माध्यम से इस योजना को लागू किया गया है।

5. **सेवाएँ (Services):** किशोरी बालिकाओं को निम्नानुसार सेवाओं का पैकेज प्रदान किया जाता है:

(i) पोषण का प्रावधान

(ii) आयरन और फोलिक एसिड (IFA) पूरकता

(iii) स्वास्थ्य जांच और रेफरल सेवाएं

(iv) राष्ट्रिय स्वस्थ्य शिक्षा

(v) मुख्य रूप से स्कूल छोड़ चुकी बालिकाओं हेतु औपचारिक स्कूली शिक्षा में, ब्रिज कोर्स/कौशल प्रशिक्षण

(vi) जीवन कौशल शिक्षा, गृह प्रबंधन, आदि।

(vii) सार्वजनिक सेवाओं पर पहुँचने हेतु परामर्श/मार्गदर्शन

किशोरी बालिकाओं की जरूरतों, जैसे-शारीरिक, मानसिक और स्वास्थ्य सेवाओं के निर्माण के समय ध्यान में रखा गया है। इस योजना के दो घटक हैं-पोषण और गैर-पोषण।

6. **पोषण घटक (Nutrition Component):** इस योजना के तहत पंजीकृत प्रत्येक 11-14 वर्ष की आयु समूह में स्कूल छोड़ चुकी किशोरी बालिका को साल में 300 दिनों के लिए एसएनपी जिसमें 600 कैलोरी होती है, 18-20 ग्राम प्रोटीन और सूक्ष्म पोषक तत्व प्रदान किये जाएंगे। घर ले जाने योग्य राशन या गर्म पकाया भोजन के रूप में पोषाहार दिया जाना चाहिए।

वित्तीय मानदंड एक वर्ष में 300 दिनों के लिए ₹ 9.5 प्रति लाभार्थी प्रतिदिन होगा। इसमें माइक्रोन्यूट्रिएंट फोर्टिफिकेशन की लागत शामिल है।

7. **गैर-पोषण घटक (Non-Nutrition Component):** योजना के इस घटक का लक्ष्य 11-14 वर्ष की आयु समूह में स्कूल छोड़ चुकी किशोरी बालिकाओं को वापस औपचारिक या कौशल प्रशिक्षण हेतु प्रोत्साहित करना है। गैर-पोषण घटक के तहत अन्य सेवाएं हैं-आयरन और फोलिक एसिड (IFA) पूरकता, स्वास्थ्य जांच और रेफरल सेवाएं, एनएचई, जीवन कौशल शिक्षा और सार्वजनिक सेवाओं पर पहुँचने हेतु परामर्श/मार्गदर्शन। वांछित प्रभाव को प्राप्त करने के लिए विभिन्न सेवाओं के तहत स्वास्थ्य, शिक्षा, युवा मामले और खेल, पंचायती राज, आदि योजनाओं/ कार्यक्रमों के अभिसरण पर बल देने की आवश्यकता है।

गैर-पोषण सेवाएँ-(ii) से (vii), उपरोक्त बिंदु 5 के तहत सूचीबद्ध, संबंधित विभागों के साथ अभिसरण स्थापित करके 11-14 वर्ष की आयु समूह में स्कूल छोड़ चुकी किशोरी बालिकाओं को ₹ 1.10 लाख प्रति परियोजना प्रतिवर्ष प्रदान किये जाते हैं। योजना के तहत विभिन्न गैर-पोषण सेवाएं प्रदान करने के लिए राज्य/केंद्रीय शासित प्रदेश एनजीओ को शामिल कर सकते हैं।

बाल संरक्षण सेवा योजना (सीपीएस) [Child Protection Services Scheme (CPS)]

2009-10 से मंत्रालय केंद्र प्रायोजित योजना-सीपीएस [तत्कालीन एकीकृत बाल संरक्षण योजना (Integrated Child Protection Scheme)] को राज्य सरकार/केंद्र शासित प्रदेश प्रशासन के माध्यम से पूर्व निर्धारित लागत साझाकरण वित्तीय पैटर्न पर लागू किया। यह केंद्रीय प्रायोजित एकीकृत बाल विकास योजना का एक घटक है।

योजना का उद्देश्य कठिन परिस्थितियों में बच्चों को वैधानिक और सुरक्षा जाल सेवा वितरण संरचनाएँ प्रदान करना है। इसका उद्देश्य कार्य और परिस्थिति में कमजोरियों की स्थिति में कमी लाना है, जो दुर्व्यवहार, उपेक्षा, शोषण, परित्याग और

माता-पिता से अलगाव की ओर ले जाते हैं। इसका ध्यान केंद्रित है-(a) गुणवत्ता वाली बाल संरक्षण सेवाओं तक बेहतर पहुंच; (b) भारत में बाल अधिकारों, स्थितियों और भौतिक और सामाजिक संरक्षण की वास्तविकता के बारे में सार्वजनिक जागरूकता बढ़ाना; (c) बाल संरक्षण के लिए स्पष्ट ज़िम्मेदारी और जवाबदेही; (d) मुश्किल परिस्थितियों में सभी स्तरों पर वैधानिक वितरण और बच्चों के लिए सहायता सेवाओं हेतु कार्यात्मक संरचनाओं का स्थापन; (e) परिचालन सबूत आधारित निगरानी और मूल्यांकन।

सीपीएस निवारक, वैधानिक देखरेख और बच्चों के लिए पुनर्वास सेवाएं प्रदान करता है, जिन्हें देखरेख और सुरक्षा की आवश्यकता है और जो किशोर न्याय [Juvenile Justice (JJ), (बच्चों की देखरेख एवं संरक्षण) अधिनियम, 2015 के तहत परिभाषित के रूप में कानून के साथ संघर्ष में हैं। यह केंद्र प्रायोजित योजना है, जो बच्चों को स्वयं या उपयुक्त एनजीओ के माध्यम से देने के लिए (जेजे अधिनियम, 2015 और जेजे नियमों के तहत अनिवार्य है) राज्य सरकारों/केंद्र शासित प्रदेश प्रशासन के लिए वित्तीय सहायता प्रदान करती है।

यह योजना बच्चों के कल्याण को सुरक्षित करने के लिए निवारक कार्रवाई को मजबूत करने की आवश्यकता को स्वीकार करती है। योजना के तहत जागरूकता को बढ़ने और क्षमता के निर्माण के साथ यह योजना बच्चों और संरक्षकों को मूल स्तरीय सहायता प्रदान करने के लक्ष्य बनाती है। जेजे अधिनियम में अनाथ, परित्यक्त और आत्मसमर्पित बच्चों की मुख्यधारा को प्रोत्साहित करने की आवश्यकता पर बल दिया गया। यह बच्चों की संस्थागत देखरेख से गैर-संस्थागत देखरेख के पुनर्वास की आवश्यकता पर बल देता है और स्वीकार करता है कि प्रत्येक बच्चे को परिवार का अधिकार है। इसलिए देखभाल और सुरक्षा के ज़रूरतमंद और कानून के साथ संघर्ष कर रहे बच्चों का पुनर्वास और पुनर्स्थापन इस योजना का एक महत्वपूर्ण उद्देश्य है, जो देश में पर्याप्त संस्थागत देखभाल के लिए प्रावधान के अतिरिक्त है।

सीपीएस के तहत प्रमुख घटक/सेवाएं निम्नानुसार हैं:

1. **वैधानिक निकाय (Statutory Bodies):** बाल कल्याण समितियाँ (Child Welfare Comittees), जेजे बोर्ड (JJBs) और विशेष किशोर पुलिस इकाइयाँ (Special Juvenile Police Units)।
2. **सेवा वितरण संरचनाएं (Service Delivery Structures):** केंद्रीय दत्तक ग्रहण संसाधन प्राधिकरण (Central Adoption Resource Authority), राष्ट्रीय जन-सहयोग संस्थान (National Institute For Public Cooperation) और राज्य बाल संरक्षण सोसायटी, राज्य दत्तक ग्रहण संसाधन एजेंसी (State Adoption Resource Agency), जिला बाल संरक्षण इकाई (District Child Protection Unit)।
3. **संस्थागत सेवाएं (Institutional Services):** बाल गृह (Children's Homes), स्पेशलाइज्ड एडॉप्शन एजेंसियां (SAAs), खुला आश्रय (Open Shelter), अवलोकन गृह (Observation Homes), विशेष गृह (Special Homes), सुरक्षा के स्थान (Places of Safety)। इस योजना के तहत बाल गृह में एक इकाई निर्माण विशेष आवश्यकता वाले बच्चों (विकलांग बच्चे, एचआईवी/एड्स से प्रभावित बच्चे, नशीले पदार्थ से प्रभावित बच्चे, आदि) को विशेष सेवाएं प्रदान करने के लिए किया गया है।
4. परिवार आधारित गैर-संस्थागत प्रायोजन; पालन पोषण संबंधी देखभाल; दत्तक ग्रहण; और उत्तर सेवा कार्यक्रम के माध्यम से देखभाल।
5. संकट/कठिन परिस्थितियों में बच्चों के लिए 24 घंटे के टोल फ्री संख्या 1098 (CHILDLINE 1098) सेवा के माध्यम से आपातकालीन फोन सेवाएं।
6. बाल संरक्षण के क्षेत्र में काम करने वाले सभी हितधारकों का प्रशिक्षण और क्षमता निर्माण।
7. **बाल ट्रैकिंग प्रणाली (Child Tracking System):** बच्चों की ट्रैकिंग, जैसे-खोया-पाया, जो एक लापता बच्चे और संबंधित प्रबंधन सूचना प्रणाली (MIS) की एक वेबसाइट है।

वर्ष 2019-20 में, मंत्रालय ने राज्य सरकारों/केंद्र शासित प्रदेशों प्रशासनों के माध्यम से 1491 गृह, 348 एसएएएस और 261 खुले आश्रयों की सहायता की। संस्थागत सेवाओं के अतिरिक्त, राज्य सरकारों/केंद्र शासित प्रदेशों द्वारा यह भी विदित

है कि मंत्रालय द्वारा 709 सीडब्ल्यूसी और 696 जेजेबी की सहायता की गई है।

बेटी बचाओ बेटी पढ़ाओ योजना (Beti Bachao Beti Padhao Scheme)

जनवरी 2015 में बेटी बचाओ बेटी पढ़ाओ योजना (बालिका जन्म की खुशी मनाएं, उसकी शिक्षा को सक्षम करें) का प्रक्षेपण घटते बाल लिंग अनुपात (Child Sex Ratio) को संबोधित करने के लिए किया गया था। बाल लिंग अनुपात को प्रति 1000 लड़कों पर लड़कियों की संख्या के रूप में परिभाषित किया गया ह। इसमें 0-6 वर्ष की आयु समूह में 1961 में 976 से जनगणना 2011 में 918 तक भारी गिरावट आई।

यह योजना महिला और बाल विकास मंत्रालय, स्वास्थ्य और परिवार कल्याण मंत्रालय और मानव संसाधन विकास मंत्रालय की एक त्रि-मंत्रालयीय पहल है, जिसका उद्देश्य बदलती मानसिकता के प्रति जागरूकता और पक्षपोषण के लिए अभियान, चयनित जिलों में बहुपक्षीय कार्रवाई, बेटियों की शिक्षा को संभव करना, पूर्व गर्भाधान और प्रसव पूर्व निदान तकनीक अधिनियम का प्रभावी क्रियान्वयन।

1. **उद्देश्य (Objectives):** योजना के उद्देश्य इस प्रकार हैं:
   (i) लिंग पक्षपाती लिंग चयनात्मक कार्यों पर रोक
   (ii) बालिका के अस्तित्व और सुरक्षा सुनिश्चित करना लड़की का बच्चा, बालिका के मूल्य को सक्षम बनाना
   (iii) बालिका की शिक्षा और भागीदारी सुनिश्चित करना

2. **घटक (Components):** इस योजना के निम्न घटक हैं:
   (i) **पक्षपोषण और मीडिया अभियान:** जनता को बदलती मानसिकता के प्रति सचेत करना, राष्ट्र-व्यापी मीडिया अभियान (360 डिग्री दृष्टिकोण) का क्रियान्वयन हुआ है, जिसमें हिंदी और क्षेत्रीय भाषाओं में, रेडियो स्पॉट/जिंगल्स, वीडियो स्पॉट, एसएमएस अभियान, मोबाइल प्रदर्शनी वैन और क्षेत्र प्रचारक मेलर्स के माध्यम से सामुदायिक व्यस्तता, हैंड-आउट, ब्रोशर और अंग्रेजी, हिंदी और क्षेत्रीय भाषाओं में अन्य शिक्षा संचार सामग्री की जानकारी को अपनाया गया है, जिसमें सामाजिक मीडिया प्लेटफॉर्म भी शामिल हैं।
   (ii) **बहु-क्षेत्रीय हस्तक्षेप:** 640 जिलों (जनगणना 2011 के अनुसार) में से 405 जिले बहु-क्षेत्रीय हस्तक्षेप के अंतर्गत आते हैं। योग्य लक्ष्य प्राप्त करने हेतु जिला योजना कार्रवाई के विकास, कार्यान्वयन और निगरानी के लिए जिला कार्य बल (District Task Force) द्वारा एक लचीला और प्रासंगिक प्रारूप अपनाया गया है।

3. **कवरेज (Coverage):** बेटी बचाओ बेटी पढाओ (बीबीबीपी) को पूरे भारत के 640 जिलों में लागू किया चुका है (2011 की जनगणना के अनुसार)। 640 जिलों में से, 405 जिले बहुस्तरीय हस्तक्षेप के मीडिया की वकालत (Media Advocacy) के तहत जिला मजिस्ट्रेट/जिला कलेक्टर के प्रत्यक्ष पर्यवेक्षण में शामिल हैं। बीबीबीपी योजना पूरी तरह से (100 प्रतिशत) केंद्र सरकार द्वारा प्रायोजित है और धन राशि सीधे हैं नामित बीबीबीपी खाते में स्थानांतरित की जाती है। जिला स्तर पर, जिला मजिस्ट्रेट/जिला कलेक्टर बीबीबीपी योजना के कार्यान्वयन का नेतृत्व कर रहे हैं।

4. **अनुश्रवण (Monitoring):** केंद्रीय स्तर पर, इस योजना के कार्यान्वयन के लिए महिला एवं बाल विकास मंत्रालय शीर्ष मंत्रालय है। केंद्र, राज्य/केंद्र शासित प्रदेश और जिला स्तर पर एक शक्तिशाली अनुश्रवण तंत्र स्थापित किया गया है। राष्ट्रीय स्तर पर महिला एवं बाल विकास मंत्रालय के सचिव की अध्यक्षता में राष्ट्रीय कार्य बल, राज्य/केन्द्र शासित प्रदेश के स्तर पर मुख्य सचिव/यूटी प्रशासक की अध्यक्षता में राज्य कार्य बल और जिला स्तर पर डीसी/डीएम की अध्यक्षता में डीटीएफ; योजना की प्रगति का मार्गदर्शन, निगरानी और मध्यवर्ती लक्ष्य की समीक्षा करते हैं।

5. **गतिविधियाँ (Activities):** बीबीबीपी के तहत बहु-क्षेत्रीय हस्तक्षेप का कार्यान्वयन करने वाले जिलों ने यह बताया है कि 1803 अभिसरण की बैठकें सूत्र विभाग और विभिन्न हितधारकों के साथ हुई थीं, जिसके तहत जागरूकता के प्रसार के लिए 2,212 मीडिया/जागरूकता अभियान आयोजित किये गए थे; जिला स्तर पर विभिन्न हितधारकों के साथ 1308 प्रशिक्षण कार्यक्रमों का आयोजन किया गया और 1,42,638 प्रतिभागी उन्मुख और संवेदनशील हुए; अग्रिम पंक्ति के कार्यकर्ताओं के लिए 23,622 प्रशिक्षण कार्यक्रम, आशा, आंगनवाड़ी कर्मचारियों को 3,81,336

श्रमिकों की क्षमता बढ़ने के लिए संगठित किया गया और नुक्कड़ नाटक, कठपुतली शो, मैजिक शो, नुक्कड़ नाटक, सामुदायिक बैठकें, आदि जैसी विभिन्न विधाओं के माध्यम से 2,76,036 जागरूकता गतिविधियों का आयोजन किया गया।

6. **उपलब्धियां (Achievements):** इस योजना से बेटियों के प्रति मूल्य निर्धारण के परिवर्तन के प्रति राष्ट्र की मानसिकता में सामूहिक चेतना का प्रवाह हुआ। इसके परिणामस्वरूप देशभर में, सीएसआर में गिरावट के मुद्दे पर जागरूकता, संवेदना और चेतना निर्माण में वृद्धि हुई। परिणामस्वरूप, राष्ट्रीय राज्य और जिला स्तर पर जन्म लिंग अनुपात (एसआरबी) में एक अनुकूल वातावरण देखा गया। राष्ट्रीय स्तर पर एसआरबी में 2 अंकों की सुधार प्रवृत्ति देखी गई। 29 (2017-18) से 931 (2018-19) (स्वस्थ्य एवं परिवार कल्याण मंत्रालय के स्वास्थ्य प्रबंधन की सूचना प्रणाली के अनुसार)।

राष्ट्रीय बाल पुरस्कार योजना (National Child Awards Scheme)

भारत सरकार बच्चों को राष्ट्र निर्माण में सबसे महत्वपूर्ण भागीदारों में से एक के रूप में स्वीकार करती है। उनकी आशाओं और आकांक्षाओं को स्वीकार किया जाना है और उनकी उपलब्धियों को पुरस्कृत किया जाना है।

पिछले कई दशकों से मंत्रालय मेधावी बालिकाओं, व्यक्तियों/संस्थाओं को पुरस्कार दे रहा है। इस उद्देश्य से, 1979 से राष्ट्रीय बाल कल्याण पुरस्कार उन व्यक्तियों और संस्थानों को दिए जा रहे थे, जिनके अथक् प्रयासों ने भारत सरकार द्वारा प्रक्षेपित कार्यक्रमों को पूरक बनाया और बच्चों के कल्याण के लिए समर्पण दिखाया। नवाचार, शैक्षिक उपलब्धियों, समाज सेवा, कला और संस्कृति और खेल आदि जैसे विभिन्न क्षेत्रों में बच्चों की असाधारण उपलब्धियों को पहचान दिलाने के लिए 1996 से राष्ट्रीय पुरस्कार दिए जा रहे थे।

इस योजना का 2018 में नवीकरण करके और इसे अधिक व्यापक-आधारित और समावेशी बनाया गया तथा प्रधानमंत्री राष्ट्रिय बाल पुरस्कार के रूप में इसका नाम बदला गया। वर्तमान में, ये पुरस्कार दो श्रेणियों में दिए जाते हैं:

1. **बाल शक्ति पुरस्कार (Bal Shakti Puraskar):** ये पुरस्कार पाँच से 18 वर्ष के भारतीय निवासियों को नवाचार, शैक्षिक उपलब्धियों, खेल, कला और संस्कृति, समाज सेवा और बहादुरी के क्षेत्रों में उनकी असाधारण क्षमताओं उत्कृष्ट उपलब्धियों हेतु दिया जाता है। प्रत्येक पुरस्कार विजेता को एक पदक ₹ 1.00 लाख का नकद पुरस्कार, ₹ 10, 000 पुस्तक वाउचर, एक प्रमाण पत्र और उद्धरण दिया जाता है। पुरस्कारों हेतु विचार तभी किया जाता है जब बच्चे की उपलब्धि केवल एक बार की नहीं, अपितु एक समय अवधि में लगातार होनी चाहिए। उपलब्धियां संबंधित क्षेत्र में बच्चे के जूनून का घोतक हैं और विशेष क्षेत्र में एक उज्ज्वल भविष्य की कामना करनी चाहिए।

2. **बाल कल्याण पुरस्कार (Bal Kalyan Puraskar):** इस पुरस्कार को दो निम्न उप-श्रेणियों में दिया जाता है:

   (i) **व्यक्तिगत:** ये पुरस्कार व्यक्तियों को दिया जाता है जिन्होंने बाल विकास, बाल संरक्षण और बाल कल्याण के क्षेत्र में उत्कृष्ट योगदान दिया और बच्चों के जीवन पर एक सकारात्मक प्रभाव डाला है। इस श्रेणी में पुरस्कारों की संख्या तीन है। प्रत्येक पुरस्कार विजेता को ₹ 1.00 लाख का नकद पुरस्कार, एक प्रशस्ति पत्र, एक पदक और एक प्रमाण-पत्र दिया जाता है।

   (ii) **संस्थान:** यह पुरस्कार संस्थानों को दिया जाता है जिन्होंने बाल कल्याण के किसी भी क्षेत्र में दस सालों से अधिक समय तक उत्कृष्ट योगदान दिया है और बच्चों के जीवन पर एक सकारात्मक प्रभाव डाला है। इस श्रेणी में पुरस्कारों की संख्या तीन है। प्रत्येक पुरस्कार विजेता को ₹ 5.00 लाख का नकद पुरस्कार, एक प्रशस्ति-पत्र, एक पदक और एक प्रमाण-पत्र दिया जाता है।

अनुसूचित जातियों हेतु कल्याणकारी योजनाएं (Welfare Schemes for SCs)

65

सामाजिक न्याय और सशक्तिकरण मंत्रालय अनुसूचित जाति (एससी) के कल्याण और विकास के लिए विभिन्न योजनाओं और कार्यक्रमों को लागू कर रही है। इनकी व्याख्या नीचे इस प्रकार की गई है:

शैक्षिक सशक्तिकरण की योजनाएं (Schemes of Educational Empowerment)

1. **अनुसूचित जाति (एससी) के छात्रों के लिए मैट्रिकोत्तर छात्रवृत्ति (Post-Matric Scholarship for Scheduled Caste (SC) Students):** भारत सरकार द्वारा अनुसूचित जाति के छात्रों के शैक्षिक सशक्तीकरण हेतु सबसे बड़ा प्रयास है। यह योजना 1944 से कार्यान्वयन में है।

योजना का उद्देश्य अनुसूचित जाति के दसवीं पश्चात् या 12वीं के पश्चात् पढ़ रहे छात्रों को वित्तीय सहायता प्रदान करना है ताकि वे अपनी शिक्षा पूरी कर सकें।

वित्तीय सहायता में निर्वाह भत्ता, शिक्षण संस्थानों द्वारा लिए गए गैर-वापसी योग्य अनिवार्य शुल्क की प्रतिपूर्ति, किताब बैंक सुविधा और अन्य भत्ते सम्मिलित हैं। छात्रवृत्ति केवल भारत में अध्ययन के लिए उपलब्ध है और आवेदन कर्ता जहां का निवासी है केवल उन्हीं राज्यों/केंद्र शासित प्रदेशों मे प्रदान किए जाने हेतु है।

छात्रवृत्ति उन छात्रों को दी जाती है जिनके माता-पिता/संरक्षक की आय सभी स्रोतों से 2.5 लाख रुपये प्रतिवर्ष से अधिक नहीं है।

2. **'अशुद्ध' व्यवसायों में लगे बच्चों हेतु दसवीं पूर्व-मैट्रिक छात्रवृत्ति (Pre-Matric Scholarship for Children of Those Engaged in 'Unclean' Occupations):** यह योजना 1977-1978 में शुरू की गई थी। प्रारंभ में, इस योजना में केवल छात्रावास में रहने वाले सम्मिलित थे। इसके पश्चात्, वर्ष 1991 से इस योजना की परिधि में अन्य छात्रों को भी लेकर आया गया। इस योजना के तहत निम्न लक्षित समूहों के बच्चों को दसवीं पूर्व शिक्षा के लिए वित्तीय सहायता प्रदान की जाती है। ये समूह इस प्रकार हैं-(i) शुष्क शौचालय के मेहतर, (ii) चर्म शोधक, (iii) चमड़ा उतारने वाले और (iv) अपशिष्ट बीनने वाले।

योजना की मुख्य विशेषताएं हैं:

1. योजना के तहत सहायता में दो घटक होते हैं, जो कि इस प्रकार हैं:
   (a) मासिक छात्रवृत्ति (10 महीने के लिए)
   (b) वार्षिक तदर्थ अनौपचारिक अनुदान (स्टेशनरी, वर्दी, आदि जैसे आकस्मिक खर्चों को कवर करने के लिए)
2. योग्यता हेतु कोई आय सीमा या जाति प्रतिबंध नहीं है।
3. विकलांगों वाले लक्षित समूह के विद्यार्थियों हेतु विशेष प्रावधान हैं।
4. इस योजना को राज्य सरकारों के द्वारा लागू किया गया है।

योजना का 'उद्देश्य' और 'योग्यता की शर्तों' को 2011 में संशोधित किया गया है, केवल मौजूद हाथ से मैला ढोने वाले बच्चों तक की छात्रवृत्ति को प्रतिबंधित करने की स्थिति को अब समाप्त कर दिया गया है। हाथ से मैला ढोने वालों द्वारा वार्षिक प्रमाण-पत्र देने की स्थिति को हटा दिया गया है। इन परिवर्तनों के बाद इस योजना के अंतर्गत अधिक छात्रों के लाभान्वित होने की संभावना है।

3. **बाबू जगजीवन राम छात्रावास योजना (Babu Jagjivan Ram Chhatrawas Yojana):** इस योजना का उद्देश्य अनुसूचित जाति के लड़कों और लड़कियों को मध्य विद्यालयों, उच्चतर माध्यमिक विद्यालयों, महाविद्यालयों और विश्वविद्यालयों में छात्रावास की सुविधा प्रदान करना है।

राज्य सरकारें/केन्द्र शासित प्रदेश के प्रशासन और केंद्रीय और राज्य विश्वविद्यालय/संस्थान केंद्रीय सहायता के लिए योग्य हैं, दोनों छात्रावास इमारतों के नव-निर्माण के लिए और मौजूदा

छात्रावास सुविधाओं के विस्तार के लिए जबकि गैर-सरकारी संगठन और निजी क्षेत्र में मानित विश्वविद्यालय केवल उनके वर्तमान में मौजूदा छात्रावास सुविधाओं के विस्तार हेतु लाभ उठा सकते हैं।

योजना के तहत स्वीकार्य केंद्रीय सहायता के अलावा, प्रत्येक छात्र हेतु एक टेबल, एक कुर्सी और एक पलंग बनवाने के लिए प्रति विद्यार्थी, एक ही बार 5000 रुपये का अनुदान भी प्रदान किया जाएगा।

4. **अनुसूचित जाति के छात्रों की योग्यता का उन्नयन (Upgradation of Merit of SC Students):** इस योजना का उद्देश्य कक्षा IX–XII में पढ़ रहे अनुसूचित जाति के छात्रों को आवासीय/गैर-आवासीय स्कूलों में शिक्षा की सुविधा प्रदान करने के द्वारा उनकी योग्यता का उन्नयन करना है। यह (i) उनकी शैक्षिक कमियों को दूर करने (ii) उनकी योग्यता को उन्नत करके, व्यवसायिक पाठ्यक्रमों में उनके प्रवेश को सहज बनाकर और (iii) उनमें आत्मविश्वास और आत्मनिर्भरता को उपजा कर किया जा रहा है।

योजना की मुख्य विशेषताएं हैं:

(i) प्रतिवर्ष प्रति छात्र ₹ 25,000 के अनुदान के पुलिंदे/पैकेज माध्यम से राज्यों/केंद्र शासित प्रदेशों को 100 प्रतिशत केंद्रीय सहायता।

(ii) विकलांगता से ग्रसित छात्रों को विशेष भत्ते जैसे कि पाठक भत्ता, परिवहन भत्ता, एस्कॉर्ट भत्ता, आदि दिया जाता है।

5. **IX और X में अध्ययन करने वाले अनुसूचित जाति के छात्रों के लिए दसवीं पूर्व छात्रवृत्ति (Pre-matric Scholarship for SC Students Studying in IX and X):** योजना 2012 में शुरू की गई है। योजना के उद्देश्य इस प्रकार हैं:

(i) नौवीं और दसवीं कक्षा में पढ़ने वाले अपने बालकों की शिक्षा के लिए अनुसूचित जाति के बच्चों के माता-पिता का समर्थन करना जिससे बीच में, विशेष रूप से प्राथमिक से द्वितीयक चरण के संक्रमण में, पढ़ाई छोड़ देने की घटना को कम-से-कम किया जा सके, तथा;

(ii) दसवीं पूर्व चरण की कक्षा IX और X में, अनुसूचित जाति के बच्चों की भागीदारी में सुधार करना, ताकि वे बेहतर प्रदर्शन करें और दसवीं पश्चात् शिक्षा प्राप्त करने का उनके पास बेहतर मौका हो।

योजना की मुख्य विशेषताएं इस प्रकार हैं:

1. योजना के तहत सहायता में दो घटक, अर्थात्
   (i) मासिक छात्रवृत्ति (10 महीने के लिए)
   (ii) वार्षिक अनौपचारिक अनुदान (आकस्मिक खर्चों को कवर करने के लिए, जैसे-स्टेशनरी, वर्दी, आदि)।
2. माता-पिता/अभिभावक की आय 2.5 लाख रुपये प्रतिवर्ष से अधिक नहीं होनी चाहिए।
3. दिव्यांग छात्रों के लक्षित समूह के लिए विशेष प्रावधान हैं।
4. इस योजना को राज्य सरकारों के माध्यम से लागू किया गया है।

6. **अनुसूचित जाति के विद्यार्थियों हेतु राष्ट्रीय अनुदान (National Fellowships for SC Students):** यह योजना एम फिल, पीएचडी और विश्वविद्यालयों, अनुसंधान संस्थानों और वैज्ञानिक संस्थानों में समान शोध डिग्री की ओर जाने वाले शोध अध्ययन को आगे बढ़ाने के लिए अनुसूचित जाति के छात्रों को वित्तीय सहायता प्रदान करती है।

योजना को लागू करने के लिए विश्वविद्यालय अनुदान आयोग (यूजीसी) केंद्रक अभिकरण (Nodal Agency) है। अनुसूचित जाति के छात्रों को प्रतिवर्ष दो हजार अनुसंधान अनुदान (कनिष्ठ अनुसंधान/Junior Research Fellowship) प्रदान किए जाते हैं। 2010-11 में अनुदान की संख्या 1,333 से बढ़ाकर 2,000 कर दी गई। अनुसूचित जाति के उम्मीदवारों की पर्याप्त संख्या में अनुपलब्धता के मामले में, एक वर्ष के दौरान नहीं ली गई अनुदान की संख्या को अगले शैक्षणिक सत्र हेतु लिया जाएगा।

7. **अनुसूचित जाति के छात्रों के लिए उच्च श्रेणी के शिक्षण की छात्रवृत्ति योजना (Scholarship Scheme of Top Class Education for SC Students):** बारहवीं कक्षा से आगे की पढ़ाई के लिए पूर्ण वित्तीय सहायता प्रदान करने के द्वारा अनुसूचित जाति के छात्रों के बीच गुणात्मक शिक्षा को बढ़ावा देना इस योजना का प्रमुख उद्देश्य है। योजना की मुख्य विशेषताएं हैं:

(i) अधिसूचित संस्थानों की सूची में पूरे देशभर में उत्कृष्टता के 220 संस्थान हैं। अधिसूचित संस्थानों में सभी आईआईएम, आईआईटी, एनआईटी (जिन्हें पहले आरईसी के रूप में जाना जाता था), वाणिज्यिक पायलट लाइसेंस प्रशिक्षण संस्थान और प्रतिष्ठित चिकित्सीय/कानून और उत्कृष्टता के अन्य संस्थान समाविष्ट हैं। प्रत्येक वर्ष अधिकतम 1,500 नई छात्रवृत्तियां प्रदान की जा सकती हैं।

(ii) सरकार द्वारा अधिसूचित सभी संस्थाओं (आईआईटी, एनआईटी और आईआईएम) को 12 पुरस्कार/छात्रवृत्तियां आवंटित की जाती हैं, जबकि वाणिज्यिक पायलट लाइसेंस प्रशिक्षण संस्थानों को दो पुरस्कार प्रत्येक को आवंटित किए जाते हैं।

(iii) कवर किए गए अध्ययन के पाठ्यक्रम में अभियांत्रिकी, दवा/दंत चिकित्सा, कानून, प्रबंधन, होटल प्रबंधन, फैशन प्रौद्योगिकी और अन्य धाराएँ हैं।

(iv) अनुसूचित जाति के छात्र जिनकी पारिवारिक आय का कुल योग ₹ 6.00 लाख प्रतिवर्ष है, छात्रवृत्ति के लिए योग्य हैं।

8. **अनुसूचित जाति आदि के लिए राष्ट्रीय प्रवासी छात्रवृत्ति (National Overseas Scholarship for SC, etc. Candidates):** राष्ट्रीय प्रवासी छात्रवृत्ति का उद्देश्य चयनित अनुसूचित जाति अन-अधिसूचित, घुमंतू, अर्द्ध-घुमंतू जनजातियों, भूमिहीन कृषि श्रमिकों तथा पारंपरिक कारीगर छात्रों को विदेशों में पढ़ाई के विशिष्ट क्षेत्रों में मास्टर-स्तरीय पाठ्यक्रम के उच्च अध्ययन और पीएच.डी कार्यक्रम अध्ययन करने के लिए सहायता प्रदान करना है।

यह योजना संस्थाओं द्वारा किए गए वास्तविक, मासिक रख-रखाव भत्ता, पास वीजा शुल्क और बीमा प्रीमियम, वार्षिक आकस्मिक भत्ता, आकस्मिक यात्रा भत्ता शुल्क हेतु प्रदान करती है। संभावित पुरस्कार विजेताओं को 35 वर्ष से अधिक आयु का नहीं होना चाहिए। प्रत्येक वर्ष दिए जाने वाले पुरस्कारों की कुल संख्या 100 है और 30 प्रतिशत पुरस्कार महिला उम्मीदवारों के लिए निर्धारित किए गए हैं। योजना के अंतर्गत पी.एच.डी. हेतु अधिकतम चार वर्षों के लिए और मास्टर कार्यक्रम हेतु तीन वर्षों के लिए वित्तीय सहायता प्रदान की जाती है। सभी स्रोतों से पूर्ववर्ती वर्ष में उम्मीदवारों की कुल पारिवारिक आय ₹ 6 लाख से अधिक नहीं होनी चाहिए। एक ही माता-पिता/अभिभावकों के केवल दो बच्चे ही योजना के तहत लाभ पाने के पात्र हैं। एक ही माता-पिता/अभिभावक के दूसरे बच्चे पर भी विचार तभी जाएगा जब उस वर्ष हेतु जगह उपलब्ध हो।

9. **अनुसूचित जाति के छात्रों के लिए निःशुल्क कोचिंग (Free Coaching for SC Students):** इस योजना का उद्देश्य संघ लोक सेवा आयोग, कर्मचारी चयन आयोग, रेलवे भर्ती बोर्ड और राज्य लोक सेवा, आयोग बोर्ड द्वारा आयोजित की जाने वाली-ग्रुप 'ए' और 'बी' परीक्षाएं; बैंकों, बीमा कंपनियों और सार्वजनिक क्षेत्र के उपक्रमों द्वारा आयोजित अधिकारियों की ग्रेड परीक्षा; और प्रधान प्रवेश परीक्षाएं, आयोजित करता है, के लिए गुणवत्तापूर्ण प्रशिक्षण प्रदान करना है। इस योजना का कार्यान्वयन केंद्र सरकार, राज्य सरकारों/संघ राज्य क्षेत्र प्रशासनों, विश्वविद्यालयों और निजी क्षेत्र के संगठनों/गैर-सरकारी संगठनों द्वारा संचालित प्रतिष्ठित कोचिंग संस्थानों/केंद्रों के माध्यम से किया जाता है।

आर्थिक सशक्तिकरण की योजनाएं (Schemes of Economic Empowerment)

1. **अनुसूचित जातियों के लिए ऋण संवर्द्धन गारंटी योजना (Credit Enhancement Guarantee Scheme for SCs):** अनुसूचित जाति के युवा जो समाज के निचले हिस्से में उद्यमिता को बढ़ावा देना चाहते हैं जिससे अनुसूचित जाति में आत्मविश्वास के साथ कार्य नौकरियों का सृजन हो, ऐसे युवा जो उद्यमिता वर्ग श्रेणी का भाग बनना चाहते हैं, अनुसूचित जाति के ऐसे युवाओं हेतु के लिए वित्त मंत्री ने जुलाई 2014 में केंद्रीय बजट भाषण (2014-15) के दौरान घोषणा की थी कि अनुसूचित जातियों के युवा और स्टार्ट-अप उद्यमिता हेतु ऋण वृद्धि सुविधा के लिए 200 करोड़ रुपये की राशि आवंटित की जाएगी।

मंत्रालय ने मई 2015 में अपने सामाजिक क्षेत्र की पहल के तहत 'अनुसूचित जातियों के लिए ऋण संवर्द्धन गारंटी योजना' शुरू की। इस योजना का उद्देश्य, उद्यमियों को वित्तीय सहायता प्रदान करने वाले बैंकों और वित्तीय संस्थानों को ऋण संवर्द्धन गारंटी प्रदान करने के माध्यम से उद्यमशीलता को बढ़ावा देना है। आईएफसीआई लिमिटेड बैंकों और वित्तीय संस्थाओं को गारंटी जारी करने के लिए योजना के कार्यान्वयन के लिए नोडल एजेंसी है। (सदस्य उधार देने वाले संस्थान), जिन्हें अनुसूचित जाति के

उद्यमियों को वित्त देने के लिए प्रोत्साहित किया जाएगा, ताकि ये उद्यम लाभदायक उद्यम बनें।

भारत सरकार ने शुरू में इस योजना के लिए 200 करोड़ रुपये का एक कोष आवंटित किया, जिसमें से आईएफसीआई द्वारा बैंकों और वित्तीय संस्थाओं को गारंटी दी जाएगी। इस योजना के तहत, व्यक्तिगत, एकमात्र प्रोप्राइटरशिप, पंजीकृत कंपनियाँ, साझेदारियां तथा अनुसूचित जातियों से संबंधित सोसाइटियां, जो ₹ 15 लाख और उससे अधिक के ऋण के लिए योग्य हैं, अधिकतम ₹ 5 करोड़ का अधिकतम गारंटी कवर प्राप्त कर सकती हैं। योजना के तहत 31 सदस्यीय ऋण संस्थानों (Member Lending Institutions) (अब एसबीआई के सहायकों के विलय के कारण घटकर 25 बैंकों के पंजीकरण के साथ योजना 2015-16 में चालू हो गई। आईएफसीआई अवधि ऋण/सम्मिश्रण ऋण/चालू पूंजी सुविधा के लिए सदस्यीय ऋण संस्थानों को गारंटी जारी करता है।

2. **अनुसूचित जाति उप-योजना के लिए विशेष केंद्रीय सहायता [Special Central Assistance (SCA) to Scheduled Castes Sub-Plan (SCSP)]:** अनुसूचित जाति के प्रति उप-योजना एक केंद्रीय क्षेत्र की योजना है, जिसे 1980 में विशेष केंद्रीय सहायता के लिए आरंभ किया गया था, जिसके अंतर्गत राज्य या केंद्र शासित प्रदेशों को उनके अनुसूचित जाति उप-योजना योजक के रूप में 100 प्रतिशत अनुदान दिया जाता है। इसका प्रमुख उद्देश्य गरीबी रेखा से नीचे वाली अनुसूचित जातियों का आर्थिक विकास करने वाली योजनाओं पर बल देना है। योजना के तहत केंद्रीय सहायता राज्यों/केंद्रशासित प्रदेशों को निम्नलिखित मानदंडों के आधार पर जारी की जाती है:

(i) राज्यों/केंद्रशासित प्रदेशों की अनुसूचित जाति की आबादी की जनसंख्या

(ii) राज्यों/केंद्रशासित प्रदेशों का सापेक्ष पिछड़ापन

(iii) राज्यों/केंद्रशासित प्रदेशों में अनुसूचित जाति परिवारों का प्रतिशत जिन्हें गरीबी रेखा के पार ले जाने में सक्षम बनाने हेतु राज्य योजना में समग्र आर्थिक विकास कार्यक्रमों को कवर किया गया हो।

(iv) राज्यों/केंद्रशासित प्रदेशों की अनुसूचित जाति की जनसंख्या के प्रतिशत की तुलना में वार्षिक योजना के लिए अनुसूचित जाति उप-योजना का प्रतिशत।

योजना की मुख्य विशेषताएं इस प्रकार हैं:

1. अनुसूचित जाति उप-योजना को लागू करने वाले राज्यों/केंद्रशासित प्रदेशों को इस योजना के अंतर्गत योजक के रूप में धनराशि प्रदान की जाती है।
2. इसका मुख्य जोर अनुसूचित जाति की आबादी के आर्थिक विकास पर है जिससे उन्हें स्वरोजगार या प्रशिक्षण के माध्यम से गरीबी रेखा से ऊपर लाया जा सके।
3. योजना के तहत स्वीकार्य सब्सिडी की राशि परियोजना की लागत का 50 प्रतिशत है, जो अधिकतम प्रति लाभार्थी रुपये 10,000 के अधीन है।
4. राज्य/केंद्रशासित प्रदेशों के लिए जारी की गई कुल राशि का 30 प्रतिशत तक का उपयोग अनुसूचित जाति के 50 प्रतिशत या अधिक आबादी वाले गांवों में आधारभूत संरचना के विकास के लिए किया जा सकता है।
5. विशेष केंद्रीय सहायता का कम-से-कम 15 प्रतिशत का उपयोग राज्यों/केंद्रशासित प्रदेशों द्वारा अनुसूचित जाति की महिलाओं के लिए किया जाना चाहिए।
6. राज्यों/केंद्रशासित प्रदेशों को जारी किए गए विशेष केंद्रीय सहायता के कुल से पांच प्रतिशत को, उनके द्वारा विशेष रूप से अनुसूचित जाति के बीच विकलांग व्यक्तियों के आर्थिक विकास के लिए उपयोग किया जाएगा।
7. राज्यों/केंद्रशासित प्रदेशों को जारी किए गए कुल विशेष केंद्रीय सहायता का तीन प्रतिशत राज्यों द्वारा विशेष केंद्रीय सहायता धन कोष की सहायता से लागू की गई आर्थिक विकास योजनाओं का निरीक्षण, निगरानी और मूल्यांकन के लिए उपयोग किया जाएगा।
8. योजना के लिए आवंटित कुल बजट का दो प्रतिशत उत्तर-पूर्वी राज्यों के लिए निर्धारित किया जाएगा जो अनुसूचित जाति उप-योजना को अनुसूचित जाति हेतु लागू करते हैं।
9. लक्ष्य समूह की रोजगार क्षमता बढ़ाने के लिए विशेष केंद्रीय सहायता से अनुसूचित जाति उप-योजना की कम-से-कम 10 प्रतिशत धनराशि का उपयोग

योजना के मौजूदा ढांचे के भीतर कौशल विकास कार्यक्रमों के लिए किया जाना चाहिए।

3. **राज्य अनुसूचित जाति विकास निगमों की सहायता (Assistance to State Schedule Castes Development Corporations):** अनुसूचित जाति विकास निगमों (एससीडीसी) के इक्विटी शेयर में भाग लेने के लिए केंद्र प्रायोजित योजना को 49: 51 (केंद्रीय: राज्य) के अनुपात में 1979 में प्रस्तुत किया गया। वर्तमान में, अनुसूचित जाति विकास निगम 27 राज्यों/ केंद्रशासित प्रदेशों में कार्य कर रहे हैं। अनुसूचित जाति विकास निगमों के मुख्य कार्यों में योग्य अनुसूचित जाति के परिवारों की पहचान करके उन्हें आर्थिक विकास योजना आरंभ करने के लिए प्रेरित करना, ऋण सहायता के लिए वित्तीय संस्थानों के लिए योजनाओं को प्रायोजित करना, कम ब्याज दर पर मार्जिन मनी के रूप में वित्तीय सहायता प्रदान करना और पुन: भुगतान देयता को कम करने के लिए सब्सिडी प्रदान करना तथा अन्य गरीबी उन्मूलन कार्यक्रमों के साथ आवश्यक गठबंधन प्रदान करना। अनुसूचित जाति विकास निगम मार्जिन धन ऋण और लक्ष्य समूह को सब्सिडी के माध्यम से ऋण और निविष्टि को प्रदान करने में महत्वपूर्ण भूमिका निभा रहे हैं।

अनुसूचित जाति विकास निगम वित्त रोजगार उन्मुख योजनाओं को कवर करता है (i) लघु सिंचाई सहित कृषि और संबद्ध गतिविधियाँ, (ii) लघु उद्योग, (iii) परिवहन और (iv) व्यापार और सेवा क्षेत्र।

4. **राष्ट्रीय अनुसूचित जाति वित्त और विकास निगम [National Scheduled Castes Finance and Development Corporation (NSFDC)]:** राष्ट्रीय अनुसूचित जाति वित्त और विकास निगम की स्थापना भारत सरकार द्वारा वर्ष 1989 में की गई थी। राष्ट्रीय अनुसूचित जाति वित्त और विकास निगम का व्यापक उद्देश्य अनुसूचित जाति के परिवारों को रियायती ऋणों के रूप में वित्तीय सहायता प्रदान करना और दुगनी गरीबी रेखा, [वर्तमान में ग्रामीण क्षेत्रों में 98,000 रुपये प्रति वर्ष और शहरी क्षेत्रों के लिए 1,20,000 रुपये प्रतिवर्ष], के नीचे रहने वाले लक्षित समूह के युवाओं के लिए कौशल-सह-उद्यमिता प्रशिक्षण जिससे उनका आर्थिक विकास हो सके।

राष्ट्रीय अनुसूचित जाति वित्त और विकास निगम चैनल वित्त प्रणाली के माध्यम से कार्य करता है जिसमें रियायती ऋण संबंधित राज्य सरकारों/केंद्रशासित प्रदेशों द्वारा नियुक्त विशेष केंद्रीय सहायता के माध्यम से लाभार्थियों को दिए जाते हैं।

5. **राष्ट्रीय सफाई कर्मचारी वित्त और विकास निगम [National Safai Karamcharis Finance and Development Corporation (NSKFDC)]:** राष्ट्रीय सफाई कर्मचारी वित्त और विकास निगम को वर्ष 1997 में एक ऐसी कंपनी के रूप में समाविष्ट किया गया जो लाभ के लिए नहीं थी। निगम का लक्षित समूह 'मैला ढोने वाले' हैं, जिसका अर्थ है कि व्यक्ति या उसके आश्रित पूरी तरह से या आंशिक रूप से मानव मल के रख-रखाव के लिए मानवीय रूप से कार्यरत हैं, और 'सफाई कर्मचारियों' जिसका अर्थ है वे या उनके आश्रित जो किसी भी स्वैच्छिक कार्य में कार्यरत हैं या यह उनका रोजगार है।

वित्तीय सहायता प्राप्त करने के लिए कोई आय सीमा तय नहीं की गई है। हालांकि, निगम लक्ष्य समूह के बीच से विकलांग लोगों, महिलाओं और व्यक्तियों के आर्थिक विकास और पुनर्वास को प्राथमिकता देता है। राष्ट्रीय सफाई कर्मचारी वित्त और विकास निगम देशभर में संबंधित राज्य सरकारों/केंद्रशासित प्रदेशों द्वारा नियुक्त विशेष केंद्रीय सहायतों के माध्यम से लाभार्थियों को रियायती दर पर ऋण प्रदान करता है।

निगम रियायती वित्त, और कौशल विकास के माध्यम से एक वैकल्पिक व्यवसाय में स्वरोजगार को बढ़ावा देने के लिए योजनाओं को लागू करता है।

6. **अनुसूचित जातियों के लिए वेंचर कैपिटल फंड (Venture Capital Fund for SCs):** तत्कालीन वित्त मंत्री ने फरवरी 2014 में अंतरिम बजट 2014-15 के लिए अन्य बातों के अलावा, अपने अंतरिम बजट भाषण में, निम्नानुसार अनुसूचित जातियों के लिए उद्यम पूंजी कोष की स्थापना की घोषणा की:

"अनुसूचित जातियों के बीच उद्यमशीलता को बढ़ावा देने और उन्हें छूट/रियायती वित्त प्रदान करने के लिए, आईएफसीआई अनुसूचित जाति के लिए एक उद्यम पूंजी कोष की स्थापना करेगा। मैं 200 करोड़ रुपये की प्रारंभिक पूंजी प्रदान करने का प्रस्ताव करता हूं, जिसे हर साल पूरक किया जा सकता है।"

तद्नुसार, यह योजना जनवरी 2015 में शुरू की गई। यह योजना आईएफसीआई उद्यम पूंजी कोष लिमिटेड द्वारा कार्यान्वित की जा रही है, जो आईएफसीआई लिमिटेड की सहायक कंपनियों से एक है। यह भारत में अनुसूचित जातियों की आबादी के बीच उद्यमशीलता को बढ़ावा देने के लिए राष्ट्रीय स्तर पर लागू एक सामाजिक क्षेत्र की पहल है।

'उद्यमशीलता' व्यवसायों को प्रबंधित करने वाले उद्यमियों से संबंधित है जो नवाचार और विकास प्रौद्योगिकियों की ओर उन्मुख हैं। उपर्युक्त निधि की भावना लाभदायक व्यवसाय और उद्यमियों को समर्थन और बढ़ावा देना है, जो समाज के धन और मूल्य का निर्माण करेंगे।

योग्यता के मानदंड इस प्रकार है:

(i) निर्माण, सेवा क्षेत्र और सम्बद्ध विभागों द्वारा स्थापित की जा रही परियोजनाएं, निधियों की तैनाती से संपत्ति सृजन सुनिश्चित करती हैं।

(ii) योजना के दिशा-निर्देशों के अनुसार स्टार्टअप भी वित्त के लिए पात्र होंगे।

(iii) महिलाओं और विकलांग अनुसूचित जाति के उद्यमियों को वरीयता।

(iv) न्यूनतम अस्तित्व और शेयरधारिता मानदंड।

सामाजिक सशक्तिकरण की योजनाएँ (Schemes of Social Empowerment)

1. **नागरिक अधिकार अधिनियम और अनुसूचित जातियों और अनुसूचित जनजातियों (अत्याचारों की रोकथाम) अधिनियम के कार्यान्वयन के लिए सहायता [Assistance for Implementation of the Protection of Civil Rights Act and the SCs and STs (Prevention of Atrocities) Act]:** ये दोनों अधिनियम संबंधित राज्य सरकारों और केन्द्र शासित प्रदेशों के प्रशासन द्वारा कार्यान्वित किए जाते हैं। राज्यों द्वारा उनके प्रभावी क्रियान्वयन को सुनिश्चित करने के उद्देश्य से, नागरिक अधिकार सुरक्षा अधिनियम, 1955 और अनुसूचित जातियों और अनुसूचित जनजातियों (अत्याचारों की रोकथाम) अधिनियम 1989, के अंतर्गत निम्नलिखित उद्देश्यों के लिए सहायता प्रदान की जाती है:

(i) अनुसूचित जाति और अनुसूचित जनजाति संरक्षण प्रकोष्ठों और विशेष पुलिस थानों के कार्यान्वयन और मजबूती प्रदान करने हेतु

(ii) अनन्य विशेष न्यायालयों की स्थापना और उनकी कार्यशीलता

(iii) अत्याचार पीड़ितों को राहत और पुनर्वास

(iv) अंतर-जाति विवाह के लिए प्रोत्साहन, जहां पति-पत्नी में से एक अनुसूचित जाति का सदस्य है

(v) जागरूकता पैदा करना

योजना की वित्त पोषण आकृति इस प्रकार की है जो संबंधित राज्य सरकारों की प्रतिबद्ध देयता से अधिक और ऊपर है, व्यय को केंद्र और राज्यों के बीच 50: 50 के आधार पर साझा किया जाता है और केन्द्र शासित प्रदेशों के प्रशासनों को 100 प्रतिशत केंद्रीय सहायता प्राप्त होती है।

2. **प्रधानमंत्री आदर्श ग्राम योजना की परियोजना [Scheme of Pradhan Mantri Adrash Gram Yojana (PMAGY)]:** प्रधानमंत्री आदर्श ग्राम योजना को 2010 में शुरू किया गया है। इस योजना का उद्देश्य 50% से ज्यादा अनुसूचित जाति की आबादी वाले चयनित गांवों के एकीकृत विकास को लक्ष्य करके उन्हें आदर्श गांव बनाना ताकि, अन्य बातों के साथ,

(i) उनके सामाजिक-आर्थिक विकास के लिए अपेक्षित भौतिक और सामाजिक आधारभूत संरचना हो;

(ii) सामान्य सामाजिक आर्थिक सूचकांक (जैसे-साक्षरता दर, प्रारंभिक शिक्षा की पूर्ण दर, शिशु मृत्यु दर/मातृ मृत्यु दर, उत्पादक संपत्तियों का स्वामित्व आदि) के संदर्भ में गाँव की अनुसूचित जाति और गैर- अनुसूचित जाति की आबादी के बीच असमानता मिटाया जा सके और संकेतक को कम-से-कम राष्ट्रीय औसत के स्तर तक उठाए गए जा सके, तथा;

(iii) अस्पृश्यता, भेदभाव, अलगाव और अनुसूचित जाति के विरुद्ध अत्याचार को सामाजिक बुराइयों जैसे-लड़कियों/महिलाओं के प्रति भेदभाव, शराब और मादक द्रव्यों का सेवन (नशीले पदार्थों) का दुरुपयोग, आदि के समान ही समाप्त किया जा सके और समाज के सभी वर्ग गरिमा और समानता से अन्य लोगों साथ सद्भाव और सौहार्द पूर्ण जीवन व्यतीत कर सकें।

3. **अनुसूचित जातियों हेतु कार्यरत सहायता संगठनों के लिए अनुदान की योजना (Scheme of Grants-in-aid to Voluntary Organisations Working for SCs):** अनुसूचित जातियों के लिए स्वैच्छिक और अन्य संगठनों को अनुदान की केंद्रीय क्षेत्र की योजना वर्ष 1953-54 में प्रारंभ की गई थी।

योजना का मुख्य उद्देश्य सरकार के विकास के हस्तक्षेप की पहुंच को बढ़ाना है और शिक्षा के क्षेत्र में अनुसूचित जातियों की प्रधानता वाले भागों में स्वैच्छिक संगठनों और अन्य संस्थाओं के प्रयासों द्वारा सेवा के अभाव के अंतर को भरना है, और उन्हें

सामाजिक-आर्थिक उत्थान और समग्र विकास हेतु वातावरण प्रदान करना है।

यह सिद्धांत कि अच्छे स्वैच्छिक संगठन को न केवल सहायता दी जानी चाहिए, बल्कि सचेत रूप से निर्मित किया जाना चाहिए, योजना के निर्माण के पीछे मार्गदर्शक भावना है।

स्वैच्छिक संगठनों द्वारा संचालित परियोजनाओं में अनुसूचित जाति के लाभार्थियों की संख्या 60% से कम नहीं होनी चाहिए। यह किसी व्यक्ति या व्यक्तियों के निकाय के लाभ के लिए नहीं चलाया जाना चाहिए।

4. **हाथ से मैला ढोने वालों के पुनर्वसन हेतु स्व-रोजगार योजना (Self-Employment Scheme for Rehabilitation of Manual Scavengers):** मैला ढोने वालों और उनके आश्रितों की मुक्ति और पुनर्वास की एक राष्ट्रीय योजना (एनएसएलआरएस) 1992 में वैकल्पिक हाथ से मैला ढोने वालों और उनके आश्रितों के पुनर्वास के लिए शुरू की गई थी। राज्य सरकारों से समय-समय पर प्राप्त रिपोर्टों के अनुसार, एनएसएलआरएस के तहत पुनर्वासित होने के लिए लगभग 7.70 लाख मैनुअल मेहतर और उनके आश्रित थे। इसमें से, लगभग 4.23 लाख लाभार्थियों को एनएसएलआरएस के कार्यान्वयन की अवधि के दौरान पुनर्वास के लिए सहायता दी गई।

इस मंत्रालय ने 'हाथ से मैला ढोने वालों के पुनर्वास के लिए स्व-रोजगार योजना' (एसआरएमएस) तैयार की, जिसे जनवरी 2007 में बचे हुए शेष मानवीय मैला ढोने वालों और उनके आश्रितों को मार्च 2009 तक पुनर्वास के उद्देश्य से प्रस्तुत किया गया। इस योजना के तहत, चिन्हित लाभार्थियों को रियायती ब्याज की दर पर ऋण उपलब्ध कराया गया और-रोजगार परियोजनाओं की स्थापना हेतु ऋण से जुड़ी पूंजीगत सब्सिडी उपलब्ध कराई गई। रोजगार में उनके सामर्थ्य को बढ़ाने के लिए इसमें विपणन कौशल में लाभार्थियों के प्रशिक्षण का उदार प्रावधान भी थे। प्रशिक्षण की अवधि के दौरान उन्हें प्रति माह ₹ 1, 000 का वजीफा दिया गया।

हाथ से मैला ढोने वालों के पुनर्वास हेतु इस स्वरोजगार योजना को मूल रूप से वैकल्पिक रोजगार में लगे सभी मानवीय रूप से मैला ढोने वालों के मार्च 2009 तक पुनर्वास हेतु परिकल्पित किया गया था। हालांकि, यह लक्षित तिथि तक पूर्ण नहीं किया जा सका, इस योजना को आवश्यकतानुसार अधिक-से-अधिक लाभार्थियों को समाविष्ट करने के प्रावधान के साथ मार्च 2010 तक बढ़ा दिया गया था। योजना के शुभारंभ के बाद राज्यों/केंद्र शासित प्रदेशों द्वारा रिपोर्ट की गई अद्यतन संख्या के अनुसार, 18 राज्यों/केंद्रशासित प्रदेशों में उनके ₹ 1.18 लाख माननीय रूप से मैला ढोने वालों और उनके आश्रितों को योजना के कार्यान्वयन के लिए पहचाना गया।

इसे और अधिक प्रभावी बनाने के लिए पहले से ही अस्तित्व में SRMS को संशोधित करने का प्रस्ताव था। इसलिए, इस योजना को 2013 में संशोधित किया गया। संशोधित योजना के अनुसार, मानवीय रूप से मैला ढोने वालों की पहचान की गई है, प्रत्येक परिवार से एक व्यक्ति को एकमुश्त नकद सहायता प्रदान की जाती है। पहचाने गए मैनुअल मैला ढोने वालों और उनके आश्रितों को ₹ 3,25,000 तक की परियोजना आधारित बैक एंड पूंजी सब्सिडी स्वरोजगार के उपक्रम करने के लिए प्रदान की जाती है। लाभार्थियों को दो साल तक की अवधि के लिए कौशल विकास के लिए प्रशिक्षण भी प्रदान किया जाता है, जिसके दौरान ₹ 3,000 प्रति माह का वजीफा भी प्रदान किया जाता है।

अनुसूचित जनजातियों हेतु कल्याणकारी योजनाएं (Welfare Schemes for STs)

66

जनजातीय कार्य मंत्रालय अनुसूचित जनजातियों (एसटी) के कल्याण और विकास के लिए विभिन्न योजनाएँ और प्रस्तावनाएँ लागू कर रहा है। इनकी व्याख्या निम्नलिखित है:

शैक्षिक सशक्तिकरण की योजनाएं (Schemes of Educational Empowerment)

1. **मैट्रिकोत्तर छात्रवृत्ति योजना (Post-Matric Scholarship Scheme):** इसका योजना का उददेश्य मैट्रिकोत्तर अनुसूचित जातियों के विद्यार्थियों को आर्थिक सहायता मुहैया कराना है, जिससे वे अपनी शिक्षा पूरी कर सकें। योजना को 2010 में संशोधित किया गया।

यह योजना उन सभी अनुसूचित जाति के छात्रों के लिए खुली है, जिनके माता-पिता की वार्षिक आय रुपये 2.50 लाख रुपये या उससे कम है और उन्हें छात्रवृत्ति राज्य/केंद्र शासित प्रदेश सरकार के माध्यम से वहाँ प्रदान की जाती है, जहाँ वे अधिवासित हैं।

पाठ्यक्रम के आधार पर छात्रों को छात्रवृत्ति की विभिन्न दरें प्रदान की जाती हैं। पाठ्यक्रमों को चार श्रेणियों में विभाजित किया गया है और दरें रुपये 230 रुपये प्रति माह से 1,200 रुपये प्रति माह के बीच पृथक् हैं। इसके अलावा, अनिवार्य शुल्क की प्रतिपूर्ति भी की जा रही है।

2. **उच्च अध्ययन हेतु राष्ट्रीय विदेशी छात्रवृत्ति योजना (National Overseas Scholarship Scheme for Higher Studies Abroad):** इस योजना का उद्देश्य चयनित अनुसूचित जाति के छात्रों को विदेशों में उच्च अध्ययन (मास्टर्स, चिकित्सक और चिकित्सक के उत्तराद्ध स्तर) हेतु वित्तीय सहायता प्रदान करना है।

सत्रह अनुसूचित जाति के उम्मीदवारों और विशेष रूप से कमजोर जनजातीय समूहों (पीवीटीजी) से संबंधित तीन उम्मीदवारों को स्नातकोत्तर, चिकित्सक और चिकित्सक के उत्तराद्ध स्तर के पाठ्यक्रमों को विदेशों में आगे जारी रखने के लिए छात्रवृत्ति से सम्मानित किया जा सकता है। स्नातक पाठ्यक्रमों को आगे बढ़ाने के लिए छात्रवृत्ति प्रदान नहीं की जाती है।

अनुसूचित जाति के उम्मीदवारों (प्रत्येक परिवार से एक सदस्य) को छात्रवृत्ति प्रदान की जाती है, बशर्ते कि उम्मीदवार और उसके माता-पिता/अभिभावकों की कुल आय 6.00 लाख रुपये प्रतिवर्ष से अधिक न हो।

3. **अनुसूचित जाति के छात्रों के लिए राष्ट्रीय अधिछात्रवृत्ति (National Fellowship for ST Students):** इस योजना का उद्देश्य अनुसूचित जाति से संबंधित छात्रों को वित्तीय सहायता के रूप में एम.फिल एवं पीएच.डी. जैसे उच्च अध्ययन को आगे बढ़ाने हेतु छात्रवृत्ति प्रदान करना है। यह योजना वर्ष 2005-2006 से शुरू की गई थी।

इस योजना में विश्वविद्यालय अनुदान आयोग द्वारा मान्यता प्राप्त सभी विश्वविद्यालय/संस्थान सम्मिलित हैं।

योजना के तहत, अनुसूचित जाति के छात्रों को प्रत्येक वर्ष 750 अधिछात्रवृत्तियाँ प्रदान की जाती हैं। अधिछात्रवृत्तियों की अधिकतम अवधि पांच वर्ष है।

4. **अनुसूचित जाति के छात्रों के लिए उच्च श्रेणी की शिक्षा हेतु राष्ट्रीय छात्रवृत्ति योजना (National Scholarship Scheme of Top Class Education for ST Students):** इस योजना का उद्देश्य किसी भी संस्थान जिसमें छात्रवृत्ति योजना सक्रिय होगी; उसकी चयनित सूची में डिग्री और डिग्री उत्तराद्ध स्तर पर पढ़ाई करने हेतु अनुसूचित जाति के मेधावी छात्रों को प्रोत्साहित करना है। इस योजना का प्रारंभ 2007-08 से किया गया।

इस योजना के अंतर्गत सरकारी और निजी दोनों क्षेत्रों में 246 संस्थान स्वीकृत किये गये हैं, जो प्रबंध, चिकित्सा, इंजीनियरिंग, कानून और वाणिज्यिक पाठ्यक्रमों के क्षेत्रों को सम्मिलित करते हैं। प्रत्येक संस्थान को प्रतिवर्ष कुल 1,000 छात्रवृत्ति की सीमा के साथ पुरस्कार आवंटित किए गए हैं।

सभी स्रोतों से अनुसूचित जाति के छात्रों की पारिवारिक आय 6.00 लाख रुपये प्रतिवर्ष से अधिक नहीं होनी चाहिए। सरकार/सरकारों द्वारा वित्त पोषित संस्थानों के संबंध में, अनुसूचित जाति के छात्रों को पूर्ण शिक्षा शुल्क और अन्य गैर-वापसी योग्य देयताओं को समाविष्ट करते हुए छात्रवृत्ति प्रदान की जाती है। हालाँकि,

निजी क्षेत्र के संस्थानों हेतु 2.50 लाख रुपये प्रति छात्र प्रतिवर्ष, की सीमा निर्धारित की गई है।

5. **कक्षा IX और X में अध्ययनरत जरूरतमंद अनुसूचित जनजाति के छात्रों हेतु मैट्रिक पूर्व छात्रवृत्ति (Pre-Matric Scholarship for Needy Scheduled Tribe Students Studying in Classes IX and X:):** योजना के उद्देश्य हैं-(i) कक्षा IX और X में अध्ययनरत अनुसूचित जाति के छात्रों के माता-पिता द्वारा अपने बालकों की शिक्षा हेतु सहायता ताकि विशेष रूप से शिक्षा के प्राथमिक से माध्यमिक और माध्यमिक चरण के संक्रमण में पढ़ाई बीच में छोड़ने की घटना को न्यूनतम किया जा सके और (ii) प्री-मैट्रिक चरण की कक्षा IX और X में एसटी छात्रों की भागीदारी में सुधार करना, ताकि वे अच्छा प्रदर्शन करें और शिक्षा की राह में, मैट्रिक के उत्तरार्द्ध प्रगति का एक बेहतर अवसर पा सकें।

1 वर्ष में 10 महीनों हेतु छात्रवृत्ति का प्रावधान किया गया है जो इस प्रकार है, छात्रों के लिए 225 रुपये प्रति माह का भुगतान तथा छात्रावास में रहने वालों छात्रों के लिए 525 रुपये प्रति माह का भुगतान किया जाता है। पुस्तकों और अनौपचारिक अनुदान का भुगतान दिवा छात्रों के लिए प्रतिवर्ष रुपये 750 और छात्रावासियों के लिए प्रतिवर्ष रुपये 1,000 रुपये का है।

6. **कम साक्षरता वाले जिलों में अनुसूचित जनजाति की लड़कियों के मध्य शिक्षा को मजबूत करने की योजना (Scheme of Strengthening Education among ST girls in Low Literacy Districts):** शिक्षा हेतु कम सामर्थ्य वाली अनुसूचित जनजाति की लड़कियों हेतु 1993-1994 में यह लिंग विशिष्ट योजना शुरू की गई। इस योजना को 2008-09 में संशोधित किया गया।

इस योजना का उद्देश्य सामान्य महिला आबादी और आदिवासी महिलाओं के बीच साक्षरता के स्तर में अंतर को कम करना है, और चिन्हित जिलों या खण्डों में आदिवासी लड़कियों के 100 प्रतिशत नामांकन के माध्यम से, विशेष रूप से नक्सल प्रभावित क्षेत्रों में और पीवीटीजी जिन्हें पहले आदिम जनजातीय समूह (पीटीजी) के रूप में जाना जाता था, उनके द्वारा बसे क्षेत्रों में, शिक्षा के लिए आवश्यक वातावरण निर्मित कर प्राथमिक स्तर पर शिक्षा को बीच में छोड़ देने में कमी किया जाना है।

योजना अनुसूचित जनजाति की लड़कियों को छात्रावास की सुविधा प्रदान करने पर बल देती है जिससे अनुसूचित जनजाति की लड़कियां प्रतिदिन विद्यालय जा सकें और जहां कहीं भी 5 किलोमीटर की दूरी पर विद्यालय उपलब्ध नहीं हो, वहां विद्यालय तथा छात्रावास दोनों की सुविधा प्रदान करने पर बल दिया गया है। सामाजिक-आर्थिक विकास में प्रभावशाली भागीदारी और उससे लाभ उठाने के लिए आदिवासी लड़कियों की साक्षरता दर में सुधार अत्यंत आवश्यक है।

संशोधित योजना, 54 चिन्हित जिलों को सम्मिलित करती है जहां अनुसूचित जाति जनसंख्या 25 प्रतिशत या अधिक है और 2001 की जनगणना के अनुसार महिला साक्षरता दर 35 प्रतिशत के नीचे है। जिले में कोई भी अन्य जनजातीय खंड, पूर्वोक्त 54 चिन्हित जिलों के अलावा, जिसमें अनुसूचित जनजाति की आबादी 25 प्रतिशत या उससे अधिक है, और 2001 की जनगणना के अनुसार, आदिवासी महिला साक्षरता दर 35 प्रतिशत से कम है, को भी सम्मिलित किया गया है।

7. **एकलव्य मॉडल आवासीय विद्यालय [Eklavya Model Residential Schools (EMRSs)]:** एकलव्य मॉडल आवासीय विद्यालय राज्य/केंद्र शासित प्रदेशों में भारत के संविधान के अनुच्छेद 275(1) के तहत अनुदान के विशेष क्षेत्र कार्यक्रम के अंतर्गत स्थापित किए जा रहे थे। एकलव्य मॉडल आवासीय विद्यालय का उद्देश्य दूरस्थ क्षेत्रों में अनुसूचित जनजाति के छात्रों को गुणवत्तापूर्ण मध्यम और उच्च स्तरीय शिक्षा प्रदान करना है, जिससे न केवल वे उच्च और व्यावसायिक शैक्षिक पाठ्यक्रमों में आरक्षण की सुविधा का लाभ उठा सकें और सरकारी और सार्वजनिक और निजी क्षेत्रों में नौकरी पाने में सक्षम बन सकेंगे बल्कि इसलिए कि शिक्षा के क्षेत्र में, लेकिन गैर-अनुसूचित आबादी के समान ही शिक्षा सर्वोत्तम अवसरों तक पहुंच भी प्राप्त कर सकें। 2019-20 के बाद से यह एक अलग केंद्रीय क्षेत्र योजना है।

आदिवासी बच्चों को उनके अपने ही वातावरण में सर्वोत्तम गुणवत्ता वाली शिक्षा प्रदान करने हेतु प्रतिबद्ध है। इस मिशन को साकार करने के लिए, यह निर्णय लिया गया है कि वर्ष 2022 तक, हाय ब्लॉक जिसमें 50 प्रतिशत से अधिक अनुसूचित जाति जनसंख्या और कम-से-कम 20000 आदिवासी व्यक्ति हैं वहां उनके पास एक एकलव्य मॉडल आवासीय विद्यालय होगा। एकलव्य स्कूल नवोदय के साथ बराबरी पर होंगे और उनके पास खेल और कौशल विकास में प्रशिक्षण करने के अलावा स्थानीय कला और संस्कृति के संरक्षण के लिए विशेष सुविधाएं होंगी।

2018-19 में, सरकार ने निम्नलिखित विशेषताओं के साथ एकलव्य मॉडल आवासीय विद्यालय योजना के पुनर्निर्माण करने को मंजूरी दी:

(i) एकलव्य मॉडल आवासीय विद्यालय की एक अलग योजना का सृजन (विशेष क्षेत्र कार्यक्रम-अब तक

भारत के संविधान के अनुच्छेद 275 (1) के अंतर्गत अनुदान के तहत वित्त पोषित किया गया था)।

(ii) विद्यालयों को 480 छात्रों की क्षमता के साथ स्थापित किया गया है जो कक्षा छठी से बारहवीं तक के विद्यार्थी की आवश्यकताओं की पूर्ति करता है।

(iii) उप-जिलों में 90% या अधिक अनुसूचित जाति की आबादी और 20, 000 या अधिक आदिवासी व्यक्तियों के साथ एकलव्य मॉडल डे बोर्डिंग विद्यालय (ईएमडीबीएस) स्थापित करने का प्रावधान।

(iv) शैक्षणिक शिक्षा की आवश्यकता के साथ ही अतिरिक्त गतिविधियों की आवश्यकता को पूर्ण करने हेतु बेहतर आधारभूत संरचना की सुविधाओं को उपलब्ध कराने के लिए एकलव्य मॉडल आवासीय विद्यालय के विषय में 15 एकड़ की न्यूनतम भूमि और एकलव्य मॉडल डे बोर्डिंग विद्यालय के मामले में 5 एकड़ की न्यूनतम भूमि।

(v) उत्तर पूर्व, पहाड़ी क्षेत्रों, कठिन क्षेत्रों और वामपंथी उग्रवाद (एलडब्ल्यूई) से प्रभावित क्षेत्रों के विद्यालयों हेतु अतिरिक्त 20% के साथ 20.00 करोड़ रुपये प्रति विद्यालय को निर्माण अनुदान।

(vi) एकलव्य मॉडल आवासीय विद्यालय के विषय में प्रति छात्र प्रतिवर्ष 1.09 लाख रुपये का तथा एकलव्य मॉडल डे बोर्डिंग विद्यालय के मामले में 0.85 लाख रुपये का आवर्ती अनुदान।

आर्थिक सशिक्तकरण की योजनाएं (Schemes of Economic Empowerment)

1. **आदिवासी उप-योजना के लिए विशेष केंद्रीय सहायता आदिवासी उप-योजना (Special Central Assistance to Tribal Sub- Scheme):** आदिवासी उप-योजना के लिए विशेष केंद्रीय सहायता आदिवासी उप-योजना (एससीए से टीएसएस तक) के अंतर्गत विशेष केंद्रीय सहायता के चलते भारत सरकार (1977-78 से) द्वारा 100% अनुदान प्रदान किया जाता है। यह राज्य योजना धन कोष तथा आदिवासियों के विकास हेतु योगात्मक है। यह अनुदान एकीकृत जनजातीय विकास परियोजनाओं, एकीकृत जनजातीय विकास एजेंसियों, संशोधित क्षेत्र विकास दृष्टिकोण पॉकेट, समूहों, विशेष रूप से कमजोर जनजातीय समूहों तथा इधर-उधर बिखरी हुई जनजातीय आबादी के आर्थिक विकास के लिए उपयोग किया जाता है।

विशेष केंद्रीय सहायता से आदिवासी उप-योजना तक के उद्देश्य हैं:

(i) शिक्षा और स्वास्थ्य सेवाओं तक पहुंच बढ़ाकर मानव संसाधन का विकास करना।

(ii) आवासीय क्षेत्रों को समाविष्ट करते हुए आदिवासी क्षेत्रों/इलाकों में आधारभूत संरचना प्रदान करके जीवन की गुणवत्ता उन्नत करना।

(iii) गरीबी और बेरोजगारी में पर्याप्त/ठोस कमी, उत्पादक परिसंपत्तियों का निर्माण और आय सृजन वाले अवसरों को उत्पन्न करना।

(iv) अन्य क्षेत्रों के साथ अवसरों का लाभ समान रूप से उठाने, अधिकारों और हकों को प्राप्त करने की क्षमता में सुधार।

(v) शोषण और उत्पीड़न के खिलाफ संरक्षण।

मुख्य रूप से, इन योजनाओं के तहत गैर-आवर्ती प्रकृति (कम-से-कम तीन साल के जीवनकाल के साथ बुनियादी ढांचे और उपकरण सहित) की गतिविधियों का समर्थन किया जाता है। ऐसे कार्यक्रमों/योजनाओं के आवर्ती घटक को राज्य धन कोषों/टीएसपी आवंटन द्वारा वहन किया जाना है। अनुसूचित जनजाति समुदाय जिनके एक जैसे आजीविका आकृति या पारंपरिक व्यवसाय (यानी, आदिवासी घरेलू अर्थव्यवस्था के लिए समान आय स्रोत) को विशेष केंद्रीय सहायता से लेकर आदिवासी उप-योजना तक के अंतर्गत योजना बनाने के उद्देश्य से एक साथ जोड़ा जाना चाहिए।

सड़क संपर्क, बिजली, पेयजल, प्रमुख सिंचाई परियोजनाओं, आवास जैसे प्रमुख आधारभूत संरचनाओं वाले क्षेत्रों को, विशेष केंद्रीय सहायता से लेकर आदिवासी उप-योजना के तहत वित्त पोषण हेतु प्राथमिकता नहीं होगी, क्योंकि राज्य योजना के धन का बड़ा हिस्सा इन कार्यक्रमों में जाता है। शिक्षा, स्वास्थ्य, स्वच्छता, बागवानी, पशुपालन, मत्स्यपालन, डेयरी, कुक्कुटपालन, कौशल विकास, खेल और क्रीड़ा को बढ़ावा देने और अन्य आय उत्पन्न करने वाली गतिविधियों से संबंधित गतिविधियों की एक विस्तृत शृंखला को धन कोष की योजना के अंतर्गत माना जाता है।

2. **भारत के संविधान के अनुच्छेद 275 (1) के अंतर्गत अनुदान (Grants under Article 275(1) of the Constitution of India):** संवैधानिक दायित्व के अनुसरण में, 'जनजातीय कार्य मंत्रालय अनुसूचित जनजाति की आबादी वाली

राज्य सरकार को विशेष क्षेत्र कार्यक्रम, संविधान के अनुच्छेद 275 (1) के अंतर्गत अनुदान प्रदान करता है।'

इस विशेष क्षेत्र कार्यक्रम के अंतर्गत आदिवासी विकास की उन परियोजनाओं की लागत की पूर्ति के लिए 100% अनुदान दिया जाता है जिन्हें राज्य सरकारों ने इस हेतु प्रारंभ किया हो- (a) अनुसूचित क्षेत्रों के प्रबंधन स्तर को बढ़ाने हेतु जिससे वे बाकी राज्यों के समकक्ष आ सकें और (b) आदिवासी व्यक्तियों के कल्याण हेतु। राज्यों को प्रदान किया गया धन कोष, राज्यों में अनुसूचित जनजातियों की जनसंख्या के प्रतिशत पर आधारित होता है।

राज्य सरकारों से प्राप्त प्रस्तावों के आधार पर राज्यों को धनराशि जारी की जाती है, जो शिक्षा, स्वास्थ्य, कृषि, आदि जैसे क्षेत्रों में बुनियादी ढांचा गतिविधियों में अंतर को पाटने हेतु अनुसूचित जनजातियों की आबादी की आवश्यकताओं के आधार पर होती है।

2018-19 से, निम्नलिखित पिछली तीन योजनाओं को बंद कर दिया गया था:

1. अनुसूचित जनजाति की लड़कियों और लड़कों के लिए छात्रावासों के निर्माण की योजना।
2. आदिवासी उप-योजना क्षेत्रों में आश्रम स्कूलों की स्थापना के लिए योजना।
3. आदिवासी क्षेत्रों में व्यावसायिक प्रशिक्षण की योजना।

लड़के और लड़कियों के छात्रालय, आश्रम विद्यालय, व्यावसायिक प्रशिक्षण केंद्रों से संबंधित हस्तक्षेप को वर्तमान में भारत के संविधान के अनुच्छेद 275 (1) के तहत विशेष केंद्रीय सहायता से लेकर आदिवासी उप-योजना तक और अनुदान की योजनाओं के अंतर्गत माना जाता है।

3. **राष्ट्रीय अनुसूचित जनजातियों के वित्त और विकास निगम (National Scheduled Tribes Finance and Development Corporation):** राष्ट्रीय अनुसूचित जनजातियों वित्त एवं विकास निगम (एनएसटीएफडीसी) को 2001 में जनजातीय कार्य मंत्रालय के अंतर्गत भारत सरकार की एक कंपनी के रूप में समाविष्ट किया गया।

राष्ट्रीय अनुसूचित जनजाति वित्त एवं विकास निगम अनुसूचित जनजातियों के आर्थिक विकास हेतु वित्तीय सहायता प्रदान करने के लिए एक शीर्ष संस्था है। राष्ट्रीय अनुसूचित जनजातियों वित्त एवं विकास निगम के व्यापक लक्ष्य इस प्रकार हैं:

1. अनुसूचित जनजातियों में स्वरोजगार उत्पन्न करने तथा उनके आय के स्तर को बढ़ाने के उद्देश्य से अनुसूचित जनजातियों के लिए आवश्यक वित्तीय गतिविधियों की पहचान।
2. संस्थागत और कार्य के दौरान प्रशिक्षण दोनों के माध्यम से उनके कौशल और कार्य विधियों को बढ़ाना।
3. मौजूदा राज्यों/केंद्र शासित प्रदेशों के अनुसूचित जनजातियों के वित्त तथा विकास निगम (विशेष केंद्रीय सहायता वाले) तथा अनुसूचित जनजातियों के आर्थिक विकास में प्रयुक्त अन्य विकासात्मक एजेंसियों को और अधिक प्रभावशाली बनाना।
4. विशेष केंद्रीय सहायतों को परियोजना कार्यान्वयन में सहायता प्रदान करना, राष्ट्रीय अनुसूचित जनजातियों वित्त एवं विकास निगम से सहायता प्राप्त परियोजनाओं का कार्यान्वयन तथा उनके कर्मचारियों को प्रशिक्षण प्रदान करने में सहायता देना।
5. राष्ट्रीय अनुसूचित जनजातियों वित्त एवं विकास निगम से सहायता प्राप्त परियोजना के कार्यान्वयन की निगरानी करना जिससे उनके प्रभाव का आकलन किया जा सके।

राष्ट्रीय अनुसूचित जनजातियों वित्त एवं विकास निगम के कार्य इस प्रकार हैं:

1. राष्ट्रीय अनुसूचित जनजातियों वित्त एवं विकास निगम की छूट वाली परियोजनाओं के बारे में अनुसूचित जनजातियों में जागरूकता उत्पन्न करना।
2. विशेष केंद्रीय सहायतों के अधिकारियों तथा लाभार्थियों के कौशल विकास और क्षमता निर्माण हेतु सहायता प्रदान करना।
3. योग्य अनुसूचित जनजातियों के आर्थिक विकास हेतु विशेष केंद्रीय सहायतों और अन्य एजेंसियों के द्वारा आय उत्पन्न करने वाली योजनाओं हेतु रियायती वित्त प्रदान करना।

4. **ट्राइबल को-ऑपरेटिव मार्केटिंग डेवेलपमेंट फेडरेशन ऑफ इंडिया लिमिटेड (Tribal Co-operative Marketing Development Federation of India Ltd:):** आदिवासी सहकारी बाजार विकास संघ (ट्राइफेड) एक बहु-राज्य सहकारी समिति है। इसकी स्थापना 1987 में हुई थी।

ट्राइफेड जनजातीय उत्पादों के लिए सेवा प्रदाता और बाजार विकासक दोनों के रूप में कार्य कर रहा है। इसके अलावा क्षमता निर्माणकर्ता के रूप की भूमिका में, यह अनुसूचित जनजातियों के कारीगरों और लघु वन उपज को (एमएफपी) इकट्ठा करने वालों को प्रशिक्षण प्रदान करता है।

निम्नलिखित योजनाओं के अंतर्गत भारतीय जनजातीय सहकारी विपणन विकास परिसंघ (ट्राइफेड) विभिन्न गतिविधियों को संचालित करता हैं:

(i) मंत्रालय ने 'आदिवासी उत्पादों/उत्पादन के विकास और विपणन के लिए संस्थागत समर्थन' योजना के तहत ट्राइफेड को अनुदान सहायता प्रदान की है।

(ii) मंत्रालय 'न्यूनतम समर्थन मूल्य (एमएसपी) और माइनर फॉरेस्ट प्रोडक्शन के लिए मूल्य श्रृंखला के विकास के माध्यम से लघु वन उत्पाद (एमएफपी) के विपणन के लिए योजना' के अंतर्गत भी ट्राइफेड को अनुदान सहायता प्रदान करता है।

5. लघु वन उत्पाद के विपणन के लिए तंत्र की योजना (Scheme of Mechanism for Marketing of MFP:): 'न्यूनतम समर्थन मूल्य [Minimum Support Price (MSP)] के माध्यम से लघु वन उत्पाद के विपणन के लिए तंत्र और लघु वन उत्पाद [Minor Forest Produce (MFP)] के लिए मूल्य श्रृंखला का विकास', लघु वन उत्पाद एकत्रित करने वालों जो मुख्य रूप से अनुसूचित जनजाति के सदस्य हैं, उनके लिए सामाजिक सुरक्षा के उपाय के रूप में, वर्ष 2013-14 से प्रारम्भ की गई एक केन्द्र प्रायोजित योजना है।

यह योजना उनके संग्रह, प्राथमिक प्रसंस्करण, भंडारण, पैकिंग, परिवहन आदि में अपने प्रयासों के लिए उचित मौद्रिक पुन: प्राप्ति सुनिश्चित करने के लिए एक प्रणाली स्थापित करना चाहती है। यह उन्हें लागत कटौती के साथ बिक्री आय से राजस्व का हिस्सा प्राप्त करना भी दिलाने में मदद करती है। इसका उद्देश्य सततता हेतु के लिए अन्य मुद्दों का समाधान करना भी है।

यह योजना चयनित लघु वन उत्पाद के लिए न्यूनतम समर्थन मूल्य के निर्धारण और घोषणा की परिकल्पना करती है। पूर्व निर्धारित न्यूनतम समर्थन मूल्य पर खरीद और विपणन का कार्य निर्धारित राज्य एजेंसियों द्वारा निर्धारित न्यूनतम समर्थन मूल्य मद के प्रचलित बाजार मूल्य की गिरावट की स्थिति में किया जाएगा। इसके साथ ही, सतत् संग्रह, मूल्य संवर्द्धन, आधारभूत ढांचे का विकास, लघु वन उत्पाद का ज्ञान के आधार पर विस्तार, बाजार खुफिया विकास और ग्राम सभा/पंचायत की सौदेबाजी शक्ति को मजबूत करने जैसे अन्य मध्यम और दीर्घकालिक मुद्दों को भी संबोधित किया जाएगा।

आदिवासियों के पारिश्रमिक को बढ़ाने हेतु, 2018 में जनजातीय मामलों के मंत्रालय ने योजना के तहत 24 पूर्व अधिसूचित लघु वन उत्पाद मदों के लिए न्यूनतम समर्थन मूल्य को संशोधित किया। इसके साथ ही, योजना के तहत लघु वन उत्पाद मद का कवरेज 2019 में पैन-इंडिया फोकस के साथ अतिरिक्त 26 मदों तक बढ़ा दिया गया है। इस प्रकार, योजना वर्तमान में 50 मदों को कवर करती है।

6. जनजातीय उत्पादों के विकास और विपणन के लिए संस्थागत सहायता की योजना (Scheme of Institutional Support for Development and Marketing of Tribal Products): 'जनजातीय उत्पादों/उत्पादन के विकास और विपणन के लिए संस्थागत समर्थन' वर्ष 2014-15 से आरंभ किया गया है। इस योजना के दायरे इस प्रकार हैं:

(i) उत्पादन, उत्पाद विकास, पारंपरिक धरोहरों के आरक्षण, आदिवासी लोगों के वन और कृषि उपज दोनों का समर्थन, उपरोक्त गतिविधियों को चलाने के लिए संस्थानों का समर्थन, बेहतर आधारभूत ढांचे के प्रावधान, डिजाइन का विकास, मूल्य तथा उत्पादों को क्रय करने वाली एजेंसियों के बारे में जानकारी का प्रसार, सतत् विपणन हेतु सरकारी एजेंसियों का समर्थन और इस तरह एक उचित मूल्य व्यवस्था की सुनिश्चितता हेतु विभिन्न जनजातियों से संबंधित लोगों को व्यापक समर्थन देना।

(ii) ग्राम पंचायतों और ग्राम सभा के साथ जानकारी साझा करना।

(iii) कौशल उन्नयन, बाजार में मूल्य में वृद्धि के लिए उपयोगितावादी उत्पादों का विकास।

योजना का उद्देश्य विपणन और विकासात्मक गतिविधियों के लिए संस्थानों का सृजन करना है, जिस पर अनुसूचित जनजातियों उनकी आजीविका के लिए निर्भर रहती है। ये (i) बाजार हस्तक्षेप, (ii) आदिवासी कारीगरों, शिल्पकारों, लघु वन उत्पाद एकत्रित करने वालों आदि के प्रशिक्षण और कौशल उन्नयन, (iii) अनुसंधान एवं विकास/बौद्धिक सम्पदा अधिकार गतिविधि तथा (iv) आपूर्ति श्रृंखला अवसरंचना का विकास।

सामाजिक सशक्तिकरण की योजनाएँ (Schemes of Social Empowerment)

1. अनुसूचित जनजातियों के कल्याण के लिए काम करने वाले स्वैच्छिक संगठनों को अनुदान-सहायता की

योजना (Scheme of Grants-in-aid to Voluntary Organisations working for the welfare of Scheduled Tribes): 'अनुसूचित जनजातियों के कल्याण के लिए काम करने वाली स्वयंसेवी संस्थाओं को अनुदान' योजना 1953-1954 में शुरू की गई थी और तब से जारी है। आईएनजी योजना का मुख्य उद्देश्य सरकार की कल्याणकारी योजनाओं की पहुंच को बढ़ाना और शिक्षा, स्वास्थ्य, पेयजल, कृषि-बागवानी उत्पादकता, सामाजिक सुरक्षा जाल, आदि जैसे क्षेत्रों में सेवा की कमी वाले आदिवासी क्षेत्रों में अंतराल को भरना है। स्वैच्छिक संगठनों के प्रयासों, और अनुसूचित जनजातियों के सामाजिक-आर्थिक उत्थान और समग्र विकास के लिए एक पर्यावरण प्रदान करना। अनुसूचित जनजातियों के सामाजिक-आर्थिक विकास या आजीविका उत्पादन पर सीधा प्रभाव डालने वाली किसी अन्य नवीन गतिविधि को भी स्वैच्छिक प्रयासों के माध्यम से माना जा सकता है।

योजना एक केंद्रीय क्षेत्र योजना है। योजना में पूर्व में रखी गई परियोजनाओं की श्रेणियों के लिए पात्र गैर-सरकारी संगठनों/स्वायत्त समाजों को अनुदान प्रदान किया जाता है। सरकार द्वारा आम तौर पर 90 प्रतिशत तक धन कोष/निधि प्रदान की जाती है। स्वैच्छिक संगठन को अपने स्वयं के संसाधनों से योगदान के रूप में शेष 10 प्रतिशत का वहन करने की उम्मीद है। हालांकि, अनुसूचित क्षेत्रों में कार्यान्वित की जा रही परियोजनाओं के लिए योजना के तहत सहायता की सीमा 100 प्रतिशत है।

इस योजना के तहत कई श्रेणियों की परियोजनाएँ निर्धारित की गई हैं जिन्हें अनुदान के लिए माना जा सकता है। श्रेणियों की सूची इस प्रकार है:

(i) आवासीय विद्यालय
(ii) गैर-आवासीय विद्यालय
(iii) छात्रावास
(iv) मोबाइल औषधालय
(v) दस बिस्तर वाले अस्पताल
(vi) सामाजिक-आर्थिक विकास के लिए कोई अन्य नवीन परियोजना

2. **विशेष रूप से कमजोर जनजातीय समूहों के विकास के लिए योजना (Scheme for Development of PVTGs):** 1998-1999 में, विशेष रूप से कमजोर जनजातीय समूहों के अनन्य सामाजिक-आर्थिक विकास के लिए एक अलग 100 प्रतिशत केंद्रीय क्षेत्र योजना का आरंभ किया गया। इस बीच एकत्रित ज्ञान और अनुभव के आधार पर, इसे और अधिक प्रभावशाली बनाने हेतु, 2019 में संशोधित किया गया।

इस योजना में अनुसूचित जनजातियों के मध्य केवल 75 चिन्हित विशेष रूप से कमजोर जनजातीय समूहों सम्मिलित हैं। यह योजना बहुत लचीली है और यह प्रत्येक राज्य को किसी भी क्षेत्र पर ध्यान केंद्रित करने में सक्षम बनाती है, जिन्हें वे उनके पीवीटीजी और उनके सामाजिक-सांस्कृतिक वातावरण हेतु प्रासंगिक मानते हैं। इसके तहत होने वाली गतिविधियों में आवास, भूमि वितरण, भूमि विकास, कृषि विकास, मवेशी विकास, लिंक सड़कों का निर्माण, प्रकाश उद्देश्य के लिए ऊर्जा के गैर-पारंपरिक स्रोतों की स्थापना, सामाजिक सुरक्षा या व्यापक सामाजिक के लिए कोई अन्य नवीन गतिविधि सम्मिलित हो सकती है।

विशेष रूप से कमजोर जनजातीय समूहों का आर्थिक विकास इस योजना के तहत धन उन वस्तुओं/गतिविधियों के लिए उपलब्ध कराया जाता है जो विशेष रूप से कमजोर जनजातीय समूहों के अस्तित्व, संरक्षण और विकास के लिए बहुत महत्वपूर्ण हैं और राज्य या केंद्र सरकार की किसी भी अन्य योजना हेतु पूर्ति नहीं की गई है।

यह योजना राज्य सरकार/केंद्रशासित प्रदेश सरकार/केंद्र शासित प्रदेशों की विभिन्न एजेंसियों, जैसे-एकीकृत जनजातीय विकास परियोजनाओं/एकीकृत जनजातीय विकास एजेंसियों और जनजातीय अनुसंधान संस्थानों [Tribal Research Institutes (TRIs)] के माध्यम से कार्यान्वित की जाती है।

3. **जनजातीय अनुसंधान संस्थान को अनुदान में सहायता (Grants-in-aid to Tribal Research Institutes):** जनजातीय कार्य मंत्रालय राज्य सरकारों और केंद्र शासित प्रदेशों को आदिवासी अनुसंधान संस्थानों के प्रशासनिक खर्च सहित खर्चों को पूरा करने हेतु केंद्रीय शेयर/भाग जारी करता है। ये संस्थान राज्य सरकारों को योजना निविष्टि प्रदान करने, अनुसंधान और मूल्यांकन स्टूडियो, डेटा का संग्रहण, प्रशिक्षण, सेमिनार और कार्यशालाएं आयोजित करने, प्रथागत कानूनों के प्रलेखन के काम में लगे हुए हैं; आदिवासी कलाकृतियों और अन्य प्रतिष्ठित गतिविधियों के प्रदर्शन के लिए जनजातीय संग्रहालय की स्थापना तथा अन्य संबंधित गतिविधियों में लिप्त हैं।

आदिवासी अनुसंधान संस्थानों की अनुसंधान गतिविधियों के भाग के रूप में, मंत्रालय भी जनजातीय कला, शिल्प और सामग्री संस्कृति को संरक्षित करने के लिए आदिवासी अनुसंधान संस्थानों के परिसर के भीतर जनजातीय संग्रहालयों के कब्जे का समर्थन करता है।

देशभर में वर्तमान में आदिवासी अनुसंधान संस्थानों में किए जा रहे सभी कार्यों को प्रभावी ढंग से समन्वित करने के लिए,

साथ ही साथ नई गतिविधियों के लिए, जनजातीय कार्य मंत्रालय ने केंद्रीय आदिवासी अनुसंधान संस्थान (राष्ट्रीय आदिवासी अनुसंधान संस्थान) की अवधारणा को विकसित किया है। राष्ट्रीय आदिवासी अनुसंधान संस्थान को जनजातीय कार्य मंत्रालय के लिए नीतिगत निविष्टि प्रदान करना, अनुसंधान और मूल्यांकन अध्ययनों का समन्वय करना, और आदिवासी अनुसंधान संस्थान के लिए अन्य संबंधित गतिविधियों का संचालन करना है, जो उनके प्रभार में हैं।

4. **अखिल भारतीय या अंतर्राज्यीय प्रकृति की सहायक परियोजनाएँ (Supporting Projects of All-India or Inter-State Nature):** 1979-1980 के बाद से यह योजना प्रचालन में है, और अध्ययन, सेमिनार/कार्यशालाओं और आदिवासी साहित्य के प्रकाशन के माध्यम से आदिवासियों के मुद्दों तथा विकासात्मक योजनाओं/कार्यों के प्रचार हेतु कार्यरत है। इस योजना के तहत गैर-सरकारी संगठन/संस्थानों/विश्वविद्यालयों को निम्नलिखित के लिए 100 प्रतिशत वित्तीय सहायता दी जाती है:

(i) अनुसंधान और मूल्यांकन अध्ययन
(ii) आदिवासी जनजातियों के विकासात्मक कार्यक्रमों की अनुस्थापना में सहायक कार्यशालाएं/सेमिनार तथा आदिवासी लोगों और उनके क्षेत्रों से संबंधित अनुभव और ज्ञान का प्रसार
(iii) आदिवासी विकास पर साहित्य का प्रकाशन

5. **जनजातीय त्यौहारों का संगठन (Organisation of Tribal Festivals):** इस योजना ने स्थानीय, जिला, राज्य और राष्ट्रीय स्तर पर खेल और संस्कृति में अनुसूचित जनजातियों की भागीदारी बढ़ाने की परिकल्पना की है, ताकि उनकी अंतर्निहित प्रतिभा को प्रोत्साहित किया जा सके और राष्ट्रीय और अंतर्राष्ट्रीय कार्यक्रमों में भागीदारी सुनिश्चित की जा सके। इस योजना के तहत राज्य और राष्ट्रीय स्तर पर आदिवासी कलाकारों/लोक कला कलाकारों और खेल व्यक्तियों को प्रोत्साहित करने और आदिवासी कला और पारंपरिक आदिवासी खेलों को बढ़ावा देने और प्रसार करने के लिए सांस्कृतिक मेलों, समारोहों और खेलों का आयोजन किया जाता है।

यह योजना मुख्य रूप से जनजातीय कला और संस्कृति तथा पारंपरिक खेल आयोजनों के प्रति जागरूकता, प्रोत्साहन और प्रसार के लिए अच्छी तरह से पहचानी और तत्काल आवश्यकता को संबोधित करती है। यह योजना जनजातीय वातावरण में आदिवासी सांस्कृतिक त्योहारों और पारंपरिक खेल आयोजन आदि के लिए राज्य सरकारों को अनुदान/समर्थन भी प्रदान करती है।

6. **आदिवासियों द्वारा यात्राओं का आदान-प्रदान ((Exchange of Visits by Tribals)):** अनुसूचित जातियों द्वारा यात्राओं का आदान-प्रदान मंत्रालय द्वारा कार्यान्वित की गई योजनाओं में से एक है, जिसमें एक्य की भावना को विकसित करने का प्रयास है। यह विशेष रूप से मेजबान और आने वाले जनजातीय समूहों द्वारा ज्ञान साझाकरण और ज्ञान अधिग्रहण के उद्देश्य से है, ताकि राज्यों में सर्वोत्तम प्रथाओं और जीवन शैली से सबक लिया जा सके।

आदिवासियों द्वारा यात्राओं के आदान-प्रदान की योजना के उद्देश्यों में शामिल हैं:

(i) छात्रों और शिक्षकों सहित अनुसूचित जनजातियों के संपर्क में वृद्धि करना, जिसके परिणामस्वरूप कार्यान्वयन के मार्ग में तथा विभिन्न राज्यों/जनजातियों में अपनाई गई सांस्कृतिक और सामाजिक प्रथाओं में विभिन्न विकास, कल्याण और शैक्षिक कार्यक्रमों के बेहतर बढ़ोतरी हो सके।
(ii) कृषि, पशुपालन, गैर-टिंबर इमारती लकड़ी के उत्पादों का प्रसंस्करण, लघु उद्योगों आदि नवीनतम तकनीकों के साथ अनुसूचित जनजातियों को परिचित कराना।
(iii) खेल विकास और/या सांस्कृतिक कार्यक्रमों को प्रोत्साहित करना, जिससे उनकी अंतर्निहित प्रतिभा को सुधारने और उनका दोहन करने में उत्प्रेरण बना जा सके।

पिछड़े वर्गों हेतु कल्याणकारी योजनाएं (Welfare Schemes for Backward Classes)

67

सामाजिक न्याय और अधिकारिता मंत्रालय पिछड़े वर्गों/अन्य पिछड़े वर्गों [Other Backward Classes (OBCs)] के कल्याण के लिए विभिन्न योजनाएं और कार्यक्रम लागू कर रहा है। ये निम्नलिखित हैं:

शिक्षा सशक्तिकरण की योजनाएं (Schemes of Educational Empowerment)

1. **ओबीसी के लिए पूर्व-मेट्रिक छात्रवृत्ति (Pre-Matric Scholarship to the OBCs):** इस योजना का उद्देश्य ओबीसी के पूर्व-मैट्रिक चरण में अध्ययनरत बच्चों को प्रेरित करना है। इसके तहत, ओबीसी के उन छात्रों को छात्रवृत्ति प्रदान की जाती है जिनके माता-पिता/अभिभावक की सभी स्रोतों से आय ₹ 2.50 लाख प्रति वर्ष से अधिक नहीं है।

यह एक 'सीमित निधि' योजना है। छात्रवृत्ति ऐसे संस्थानों में उपलब्ध है जिन्हें संबंधित राज्य सरकार और केंद्रीय शासित प्रदेश प्रशासन द्वारा पूर्व-मैट्रिक पाठ्यक्रम के लिए विधिवत मान्यता प्राप्त है। इस योजना के तहत, राज्य सरकार को 50 प्रतिशत केंद्रीय सहायता और केन्द्र शासित प्रदेशों में 100 प्रतिशत केंद्रीय सहायता प्रदान की जाती है, यह योजना बजट की उपलब्धता के अधीन है।

2017-18 में इस योजना में निम्नलिखित संशोधन किए गए थे:

(i) माता-पिता की वार्षिक आय सीमा पात्रता को 44,550 रुपये से संशोधित कर 2.50 लाख रुपये प्रतिवर्ष की गयी।

(ii) कक्षा I से X के दिवाछात्रों के लिए, 10 महीने हेतु दर 100 रुपये प्रति माह किया गया।

(iii) कक्षा III-X के छात्रावासियों के लिए, 10 महीने हेतु दर 500 रुपये प्रति माह किया गया।

2. **ओबीसी के लिए मैट्रिकोत्तर छात्रवृत्ति (Post-Matric Scholarship for OBCs):** योजना का उद्देश्य मैट्रिकोत्तर / उत्तर-माध्यमिक में पढ़ रहे ओबीसी छात्रों को बढ़ावा देना है और उन्हें वित्तीय सहायता प्रदान करना है जो पीएच.डी. डिग्री की ओर अग्रणी हैं। छात्रवृत्ति उस राज्य सरकार/केन्द्र शासित प्रदेश प्रशासन के माध्यम से प्रदान की जाती है जहाँ आवेदक मान्यता प्राप्त संस्थानों में अध्ययरत है।

यह एक 'निधि-सीमित' योजना है। योजना के तहत, राज्यों के काल्पनिक आवंटन के आधार पर राज्य सरकारों/संघ राज्य क्षेत्र प्रशासनों को केंद्रीय सहायता प्रदान की जाती है। वर्तमान में, इस योजना के तहत पात्रता के लिए माता-पिता की आय सीमा 1.50 लाख रुपये प्रतिवर्ष है।

3. **ओबीसी लड़कों और लड़कियों के लिए छात्रावासों का निर्माण (Construction of Hostels for OBC Boys and Girls):** ओबीसी लड़कों और लड़कियों के लिए छात्रावास निर्माण योजना को 2017-18 में संशोधित किया गया। इस योजना का उद्देश्य सामाजिक और शैक्षिक रूप से पिछड़े वर्गों के लड़कों और लड़कियों को छात्रावास की सुविधा प्रदान करना है, विशेष रूप से ग्रामीण क्षेत्रों के छात्रों हेतु ताकि उन्हें माध्यमिक और उच्च शिक्षा हेतु प्रोत्साहित किया जा सके। संशोधन के बाद इस योजना के महत्वपूर्ण प्रावधान इस प्रकार हैं:

(i) अलग-अलग क्षेत्रों में छात्रावास सीट की लागत इस प्रकार हैं:

(a) पूर्वोत्तर क्षेत्र: 3.50 लाख रुपये प्रति सीट

(b) हिमालयी क्षेत्र: 3.25 लाख रुपये प्रति सीट

(c) देश के बकाया हिस्से: 3.00 लाख रुपये प्रति सीट

(ii) निजी संस्थान/एनजीओ को केंद्रीय सहायता के दायरे से हटा दिया गया।

(iii) पूर्वोत्तर क्षेत्र के प्रस्तावों के लिए, निर्माण लागत का 90 प्रतिशत केंद्रीय सहायता के रूप में प्रदान किया गया।

(iv) तीन हिमालयी राज्यों (जम्मू और कश्मीर, हिमाचल प्रदेश और उत्तराखंड) के प्रस्तावों के लिए, निर्माण

लागत का 90 प्रतिशत केंद्रीय सहायता के रूप में प्रदान किया गया।

4. **ओबीसी के लिए राष्ट्रीय अध्येतावृत्ति (National Fellowship for OBCs):** योजना का उद्देश्य ओबीसी छात्रों को वित्तीय सहायता प्रदान करना है, जो विश्वविद्यालयों, अनुसंधान संस्थानों और वैज्ञानिक संस्थानों से गुणवत्ता उच्च शिक्षा प्राप्त कर एम.फिल और पीएच.डी. की डिग्री की ओर अग्रणी हैं। इस योजना को वर्ष 2014-15 से प्रतिवर्ष कुल 300 जूनियर रिसर्च फैलोशिप (जेआरएफ) और वर्ष 2016-17 से प्रतिवर्ष कुल 300 सीनियर रिसर्च फैलोशिप (एसआरएफ) प्रदान के लिए स्थापित किया है। शैक्षणिक वर्ष 2018-19 में जेआरएफ की संख्या 300 से बढ़ाकर 1,000 कर दी गयी है।

यूजीसी यह योजना लागू करने के लिए शीर्ष संकाय है और योजना की सूचना उपयुक्त तारीख पर मीडिया में विज्ञापनों के माध्यम से देता है।

इस योजना में यूजीसी द्वारा मान्यता प्राप्त सभी विश्वविद्यालय/संस्थान शामिल हैं। अध्येतावृत्ति शोध छात्रों को फेलोशिप एम.फिल. और पीएच.डी. के शोध छात्रों को प्रदान की जाती है। अध्येतावृत्ति की दर जेआरएफ के लिए 31,000 रुपये प्रति माह और एसआरएफ के स्तर के लिए 35,000 रुपये प्रति माह है।

5. **डॉ. अंबेडकर ओबीसी और आर्थिक रूप से पिछड़े वर्गों (ईबीसी) के विदेशी अध्ययन के लिए शैक्षिक ब्याज उपदान योजना [Dr. Ambedkar Scheme of Interest Subsidy on Educational Loans for Overseas Studies for OBCs and Economically Backward Classes (EBCs)]:** 2014-15 में इस योजना का शुभारंभ किया गया। 2017-18 में इसे संशोधित किया गया। इस योजना का उद्देश्य ओबीसी और ईबीसी के मेधावी छात्रों को ब्याज उपदान (interest subsidy) प्रदान करना है, ताकि उन्हें बेहतर विदेश में उच्च शिक्षा के अवसर और रोजगार में वृद्धि हो सके।

योजना के तहत पात्र होने के लिए, एक छात्र की आय सीमा वर्तमान ओबीसी और ईबीसी के क्रीमी लेयर मानदंड के अंतर्गत होना चाहिए। यह 2.50 लाख रुपये प्रतिवर्ष है। हर वर्ष का 50 प्रतिशत परिव्यय छात्रों के लिए निर्धारित किया जाता है। छात्रों को विदेश में अनुमोदित पाठ्यक्रमों, जैसे-स्नातकोत्तर, एम.फिल. और पीएच.डी. स्तर पर अपना प्रवेश सुरक्षित करना चाहिए। इस उद्देश्य के लिए भारतीय बैंक संघ की शिक्षा ऋण योजना के तहत छात्रों ने एक निर्धारित बैंक से ऋण लेना चाहिए।

6. **ईबीसी के लिए डॉ. अंबेडकर मैट्रिकोत्तर छात्रवृत्ति योजना (Dr. Ambedkar Scheme of Post-Matric Scholarship for EBCs):** यह एक केंद्र प्रायोजित योजना है जिसे 2014-15 से राज्य सरकारों और केंद्र शासित प्रदेशों के माध्यम से लागू किया गया। इस योजना का उद्देश्य ईबीसी छात्रों को मैट्रिक या उत्तर-माध्यमिक अध्ययन स्तर पर वित्तीय सहायता प्रदान करना है। इस योजना की पात्रता के लिए माता-पिता/अभिभावकों की आय सीमा 1.00 लाख रुपये प्रतिवर्ष (स्वयं आय सहित, यदि कार्यरत हो)।

यह एक निधि-सीमित योजना है। राज्यों को धनराशि पहले आओ पहले पाओ के आधार जारी की जाएगी; इस योजना के तहत खर्च की जाने वाली अधिकतम राशि उस वर्ष के कुल बजट की उपलब्धता पर अधीन है।

7. **अस्वीकृत और घुमंतू जनजाति के लिए डॉ. अंबेडकर पूर्व-मैट्रिक और मैट्रिकोत्तर योजना [Dr Ambedkar Scheme of Pre-Matric and Post-Matric Scholarship for Denotified and Nomadic Tribes (DNTs)]:** यह एक केंद्रीय प्रायोजित योजना है, जो 2014-15 से शुरू हुई, यह योजना उन डीएनटी छात्रों के कल्याण के लिए है जो अनुसूचित जाति (एससी), अनुसूचित जनजाति (एसटी) और ओबीसी के आवरण में शामिल नहीं हैं। इस योजना के लिए आय सीमा पात्रता 2.00 लाख रुपये प्रतिवर्ष है। इस योजना को राज्य सरकारों/केन्द्र शासित प्रदेशों के प्रशासन के माध्यम से कार्यान्वित किया जाता है। केंद्र और राज्य के बीच 75:25 के अनुपात में खर्च साझा किया जाता है।

योजना के तहत दरें इस प्रकार हैं:

(i) **डीएनटी छात्रों को पूर्व-मैट्रिक छात्रवृत्ति:** कक्षा I से VIII तक के लिए 100 प्रति रुपये छात्र प्रति माह और कक्षा IX से X तक के लिए 150 रुपये प्रति छात्र प्रति माह। यह छात्रवृत्ति साल में 10 महीने दी जाती है।

(ii) **डीएनटी छात्रों को मैट्रिकोत्तर छात्रवृत्ति:** मैट्रिकोत्तर पाठ्यक्रम के लिए दरों की रेंज 1,200 रुपये प्रति माह और छात्रावास के लिए 380 रुपये

प्रति माह के बीच है। दिवाछात्रों के लिए यह रेंज 550-230 रुपये प्रति माह है।

8. **डीएनटी लड़कों और लड़कियों के लिए नानाजी देशमुख योजना छात्रावास निर्माण (Nanaji Deshmukh Scheme of Construction of Hostels for DNT Boys and Girls):** यह एक केन्द्रित प्रायोजित योजना है, जो 2014-15 में शुरू की गयी और राज्य सरकारों/केन्द्र शासित प्रदेश प्रशासन/केंद्रीय विश्वविद्यालयो के माध्यम से कार्यान्वित किया जाता है। इस योजना का उद्देश्य उन डीएनटी छात्रों को माध्यमिक और उच्च शिक्षा के सक्षम बनाना है, जो अनुसूचित जाति (एससी), अनुसूचित जनजाति (एसटी) और ओबीसी के के आवरण में शामिल नहीं हैं। इस योजना के लिए आय सीमा पात्रता 2.00 लाख रुपये प्रतिवर्ष है।

केंद्र सरकार देश भर में प्रतिवर्ष अधिकतम 500 सीटें प्रदान करेगी। इस योजना के तहत लागत मानदंड हैं, छात्रावास के लिए 3.00 लाख रुपये प्रति सीट (जो केंद्र और राज्य के बीच 75: 25 अनुपात निर्धारित है) और फर्नीचर के लिए 5,000 रुपये प्रति सीट।

9. **एससी और ओबीसी छात्रों के लिए निःशुल्क कोचिंग (Free Coaching for SC and OBC Students):** इस योजना के उद्देश्य 2016 में संशोधित हुए थे; आर्थिक रूप से वंचित एससी और ओबीसी उम्मीदवारों के लिए गुणवत्ता कोचिंग प्रदान करना, ताकि वे प्रतियोगी परीक्षाओं में उपस्थित होने में सक्षम बन सकें तथा सार्वजनिक/निजी क्षेत्र में एक उपयुक्त नौकरी प्राप्त करने में सफल हो सकें।

इस योजना के तहत, संघ लोक सेवा आयोग द्वारा आयोजित ग्रुप ए और बी की परीक्षाएं, कर्मचारी चयन आयोग, रेलवे भर्ती बोर्ड, और राज्य लोक सेवा आयोग; बैंक, बीमा कंपनियाँ और सार्वजनिक क्षेत्र के उपक्रमों (पीएसयू) द्वारा आयोजित अधिकारियों की ग्रेड परीक्षाएँ; अभियांत्रिकी, चिकित्सा, व्यावसायिक पाठ्यक्रम जैसे प्रबंधन कानून में प्रधान प्रवेश के लिए परीक्षा और अन्य पात्रता परीक्षाओं, जैसे-सैट, जीआरई, जीमैट, टॉफेल के लिए कोचिंग के लिए प्रदान की जाती है।

यह योजना केंद्र सरकार/राज्य सरकारें/केन्द्र शासित प्रदेश व्यवस्थापन/सार्वजनिक उपक्रम/स्वायत्त निकाय /संबंधित प्राधिकरण द्वारा मान्यता प्राप्त (समकक्ष) विश्वविद्यालयों सहित विश्वविद्यालयों और निजी विश्वविद्यालयों (और पंजीकृत निजी संस्थानों/गैर-सरकारी संगठनों के माध्यम से प्रतिष्ठित कोचिंग संस्थान/केंद्र द्वारा कार्यान्वित की जाती है।

योजना के तहत एससी और ओबीसी छात्रों का अनुपात 70:30 होगा। किसी विशेष श्रेणी में उम्मीदवारों की अनुपलब्धता या अपर्याप्त उपलब्धता की स्थिति में, मंत्रालय इस अनुपात को शिथिल कर सकता है।

सामाजिक – आर्थिक सशक्तिकरण योजनाएं (Schemes of Socio-Economic Empowerment)

1. **ओबीसी/डीएनटी/ईबीसी के कौशल विकास के लिए सहायता (Assistance for Skill Development of OBCs/DNTs/EBCs):** इस योजना का उद्देश्य लक्ष्य समूह, अर्थात् ओबीसी/डीएनटी/ईबीसी इत्यादि की शैक्षिक और सामाजिक आर्थिक स्थिति में सुधार के लिए स्वैच्छिक क्षेत्र और राष्ट्रीय पिछड़ा वर्ग वित्त और विकास निगम [National Backward Classes Finance and Development Corporation (NBCFDC)] को शामिल करना। यह उन्हें इतना सक्षम बनाती है कि वे अपने कौशल को उन्नत कर स्वाधीन रूप से आय सृजन गतिविधियों या किसी क्षेत्र में रोजगार प्राप्त कर सकें। भारत सरकार प्रशिक्षण कार्यक्रम के स्वीकृत व्यय का 90 प्रतिशत उपयोग करती है।

2017-18 में इस योजना को संशोधित किया गया था, इसका लक्ष्य कौशल विकास और उद्यमिता मंत्रालय द्वारा जारी किए सामान्य मानदंड के अनुरूप प्रशिक्षण कार्यक्रम पर ध्यान केंद्रित करना था।

2. **ओबीसी के लिए वेंचर कैपिटल फण्ड (Venture Capital Fund for OBCs):** अनुसूचित जाति और पिछड़ा वर्ग के लिए वेंचर कैपिटल फंड की योजना इस मंत्रालय द्वारा लागू की गयी। वित्तीय वर्ष 2017-18 से नया घटक 'पिछड़ा वर्ग के लिए वेंचर कैपिटल फंड (वीसीएफ-बीसी)' पूर्ववर्ती योजना अनुसूचित जाति के लिए वेंचर कैपिटल फंड में शामिल किया गया। यह योजना बाद में आईएफसीआई वेंचर कैपिटल फंड लिमिटेड के माध्यम से लागू हुई, वीसीएफ-बीसी का बजट प्रमुख बजट से पृथक् था।

'उद्यमिता (Entrepreneurship)' व्यवसायों का प्रबंधन करने वाले उद्यमियों से संबंधित है, जो नवाचार और विकास प्रौद्योगिकियों की ओर उन्मुख हैं। उक्त फण्ड का लक्ष्य पिछड़ा

वर्ग के उद्यमियों का समर्थन करने का है, जो समाज के लिए धन और मूल्य उत्पन्न करेंगे और लाभदायक व्यापार को बढ़ावा देंगे।

इस योजना के उद्देश्य इस प्रकार हैं:

(i) यह एक सामाजिक क्षेत्र की पहल है जिसका क्रियान्वयन राष्ट्रीय स्तर पर किया जाएगा; यह भारत की पिछड़ा वर्ग की आबादी की उद्यमशीलता को बढ़ावा देगी।

(ii) नवाचार और विकास प्रौद्योगिकियों की ओर उन्मुख पिछड़ा वर्ग के बीच उद्यमशीलता को बढ़ावा देना।

(iii) पिछड़ा वर्ग उद्यमी को रियायती वित्त प्रदान करना, जो समाज के लिए धन और मूल्य उत्पन्न करेंगे और लाभदायक व्यापार को बढ़ावा देंगे।

(iv) बनाई गई संपत्ति फॉरवर्ड/बैकवर्ड लिंकेज भी बनाएगी। इससे इलाके में एक शृंखला प्रभाव उत्पन्न होगा।

(v) पिछड़ा वर्ग उद्यमियों के लिए वित्तीय समावेशन को बढ़ाना और उन्हें पिछड़ा वर्ग के विकास के लिए प्रेरित करना।

(vi) पिछड़ा वर्ग उद्यमियों को आर्थिक रूप से विकसित करना।

(vii) भारत में ओबीसी आबादी के लिए प्रत्यक्ष और अप्रत्यक्ष रोजगार को बढ़ाना।

3. **राष्ट्रीय पिछड़ा वर्ग वित्त और विकास निगम [National Backward Classes Finance & Development Corporation (NBCFDC)]:** एनबीसीएफडीसी एक विभिन्न आय सृजन गतिविधियों की सहायता करता है, जैसे-कृषि और संबद्ध गतिविधियां, लघु व्यापार/कारीगर और पारंपरिक व्यवसाय, परिवहन क्षेत्र और सेवा क्षेत्र, तकनीकी और पेशेवर व्यापार/पाठ्यक्रम।

राज्य और केंद्र दोनों की सूची में शामिल ओबीसी के सदस्य की वार्षिक आय सीमा 3.00 लाख रुपये की वार्षिक आय सीमा है, जो निगम का लक्ष्य समूह है।

निगम अपने चैनल पार्टनर्स (स्टेट चौनलिंग एजेंसियां, सार्वजनिक क्षेत्र के बैंक और क्षेत्रीय ग्रामीण बैंक) के माध्यम से एक विस्तृत आय सृजन गतिविधियों की शृंखला का समर्थन करता है।

निगम दो व्यापक श्रेणियों के तहत ऋण वितरित करता है-टर्म लोन और माइक्रो फाइनेंस।

निगम विभिन्न विकास कार्य करता है, जैसे कौशल विकास, विपणन लिंकेज का प्रावधान, प्रौद्योगिकी उन्नयन, आदि।

अल्पसंख्यकों के लिए कल्याणकारी योजनायें (Welfare Schemes for Minorities)

68

1993 में केंद्र सरकार ने पाँच समुदायों, यथा-मुस्लिम, ईसाई, सिख, बौद्ध और जोरास्ट्रियन (पारसी), को राष्ट्रीय स्तर पर धार्मिक अल्पसंख्यकों के रूप में अधिसूचित किया था। जनवरी 2014 में इस सूची में जैन समुदाय को भी जोड़ दिया गया।

अल्पसंख्यक कार्य मंत्रालय अल्पसंख्यकों/अल्पसंख्यक समुदायों के कल्याण और विकास के लिए विविध योजनायें और कार्यक्रम लागू कर रही है। नीचे इनके बारे में विवरण उपलब्ध है।

शैक्षणिक सशक्तिकरण की योजनायें (Schemes of Educational Empowerment)

1. **पूर्व-मैट्रिक छात्रवृत्ति (Pre-Matric Scholarship):** अल्पसंख्यक समुदायों के विद्यार्थियों के लिए पूर्व-मैट्रिक छात्रवृत्ति योजना 2008 में अनुमोदित की गयी थी। 100% केंद्र सरकार फंडिंग के साथ यह एक केंद्रीय क्षेत्र योजना है। भारत में सरकारी / मान्यता प्राप्त निजी विद्यालयों में पढ़ने वाले वे विद्यार्थी, जिन्होंने पिछली परीक्षा में 50% अंक प्राप्त किये हों और जिनके माता-पिता/अभिभावकों की वार्षिक आय 1.00 लाख रुपये से अधिक न हो, इस योजना के अंतर्गत पूर्व-मैट्रिक छात्रवृत्ति पाने के पात्र हैं। इस योजना के अंतर्गत, नवीनीकरण के अतिरिक्त हर वर्ष 30 लाख नयी छात्रवृत्तियाँ प्रदान की जाती हैं। छात्रवृत्तियों का 30% बालिका विद्यार्थियों के लिए चिन्हित किया गया है। प्रत्येक चयनित विद्यार्थी को 1,000 से ₹ 10,700 रुपये की छात्रवृत्ति प्रदान की जाती है।

2. **मैट्रिकोत्तर छात्रवृत्ति (Post-Matric Scholarship):** मैट्रिकोत्तर छात्रवृत्ति योजना 2007 में प्रमोचित हुई थी। यह एक केंद्रीय क्षेत्र योजना है। यह भारत के आवासीय उच्चतर माध्यमिक विद्यालयों/महाविद्यालयों सहित सरकारी/मान्यता प्राप्त निजी उच्चतर माध्यमिक विद्यालयों/महाविद्यालयों में पढ़ने के लिए प्रदान की जाती है। प्रत्येक चयनित विद्यार्थी को ₹ 2,300 से ₹ 15,000 तक की छात्रवृत्ति प्रदान की जाती है।

वे विद्यार्थी, जिन्होंने पिछले वर्ष की अंतिम परीक्षा में 50% अंक प्राप्त किये हों और जिनके माता-पिता/अभिभावकों की वार्षिक आय ₹ 2.00 लाख से ज्यादा नहीं हो, इस योजना के अंतर्गत छात्रवृत्ति पाने के पात्र हैं। नवीनीकरण के अतिरिक्त हर वर्ष 5.00 लाख रुपये नयी छात्रवृत्तियाँ प्रदान की जाती हैं। छात्रवृत्तियों का 30% बालिका विद्यार्थियों के लिए चिन्हित किया गया है। यदि पर्याप्त संख्या में छात्राएं उपलब्ध नहीं हों तो पात्र छात्रों को ये छात्रवृत्तियां प्रदान कर दी जाती है।

3. **मेरिट-सह-साधन आधारित छात्रवृत्ति (Merit-Cum-Means Based Scholarship):** मेरिट-सह-साधन आधारित छात्रवृत्ति योजना 2007 में प्रमोचित हुई थी और यह एक केंद्रीय क्षेत्र योजना है। उपयुक्त प्राधिकरण द्वारा मान्यता प्राप्त संस्थानों में स्नातक और स्नातकोत्तर स्तर पर व्यावसायिक और तकनीकी पाठ्यक्रमों में पढ़ाई के लिए छात्रवृत्तियां प्रदान की जाती हैं। योजना के अंतर्गत, नवीकरण के अलावा हर साल 60,000 नई छात्रवृत्तियां प्रदान करने का प्रस्ताव है। छात्रवृत्तियों का 30% बालिका विद्यार्थियों के लिए चिन्हित किया गया है, लेकिन यदि पर्याप्त संख्या में पात्र छात्राएं उपलब्ध न हों तो पुरुष विद्यार्थी भी यह छात्रवृत्ति पा सकते हैं।

योजना के अंतर्गत सूचीबद्ध पेशेवर और तकनीकी पाठ्यक्रमों को चलाने वाले 85 प्रतिष्ठित प्रीमियर संस्थानों में से किसी में प्रवेश-प्राप्त योग्य छात्रों को पूर्ण पाठ्यक्रम शुल्क की प्रतिपूर्ति की जाती है। अन्य संस्थानों में पढ़ने वाले छात्रों को ₹ 20,000 प्रति वर्ष की पाठ्यक्रम शुल्क की प्रतिपूर्ति की जाती है और इसके अलावा प्रतिवर्ष अनिवासी छात्र के लिए ₹ 5,000 का रख-रखाव भत्ता और छात्रावासियों के लिए ₹ 10,000 भी स्वीकार्य है। जिन छात्रों ने उपयुक्त प्राधिकरण द्वारा मान्यता प्राप्त किसी तकनीकी या व्यावसायिक संस्थान में प्रवेश प्राप्त किया है, वे इस योजना के अंतर्गत पात्र हैं। प्रतियोगी परीक्षा के बिना प्रवेशित छात्रों के मामले में जहाँ नयी छात्रवृत्ति प्रदान की जानी हो, यह जरूरी है कि छात्र/छात्रा ने उच्चतर माध्यमिक/ स्नातक स्तर पर योग्यता परीक्षा में 50 प्रतिशत से कम अंक प्राप्त नहीं किये हैं। सभी स्रोतों से परिवार की वार्षिक आय ₹ 2.50 लाख से अधिक नहीं होनी चाहिए।

4. **मौलाना आजाद नेशनल फैलोशिप (Maulana Azad National Fellowship (MANF):):** मौलाना आजाद नेशनल फैलोशिप योजना अल्पसंख्यकों के लिए केंद्रीय क्षेत्र योजना के

रूप में वर्ष 2009 में प्रमोचित हुई थी। यह योजना विश्वविद्यालय अनुदान आयोग के माध्यम से कार्यान्वित की जाती है। योजना का उद्देश्य अधिसूचित अल्पसंख्यक समुदायों के छात्रों को एम.फिल. और पीएच.डी. जैसी उच्च शिक्षा प्राप्त करने के लिए वित्तीय सहायता के रूप में पांच साल की फैलोशिप प्रदान करना है।

इस फैलोशिप में विश्वविद्यालय अनुदान आयोग द्वारा मान्यता प्राप्त सभी विश्वविद्यालय/संस्थान शामिल हैं। 30 प्रतिशत फैलोशिप महिला उम्मीदवारों के लिए निर्धारित की गई है। यदि महिला उम्मीदवारों की कमी हो तो फैलोशिप उसी अल्पसंख्यक समुदाय के पुरुष उम्मीदवारों को दी जा सकती है। केंद्रीय माध्यमिक शिक्षा बोर्ड-राष्ट्रीय पात्रता परीक्षा/वैज्ञानिक तथा औद्योगिक अनुसंधान परिषद-राष्ट्रीय पात्रता परीक्षा उत्तीर्ण करना इस योजना के तहत फैलोशिप प्राप्त कर सकने के लिए एक पूर्वाकांक्षित शर्त है।

संशोधित योजना के अनुसार, वर्ष 2018-2019 और 2019-2020 के लिए फैलोशिप की संख्या 756 से 1,000 कर दी गई है। फैलोशिप के पात्र होने के लिए उम्मीदवार के माता-पिता/अभिभावकों की वार्षिक आय सीमा ₹ 2.50 लाख से बढ़ाकर 6.0 लाख रुपये कर दी गई है।

5. नया सवेरा (निःशुल्क कोचिंग एवं सम्बद्ध योजना) [Naya Savera (Free Coaching and Allied Scheme)]: अल्पसंख्यक समुदायों के उम्मीदवारों के लिए निःशुल्क कोचिंग एवं सम्बद्ध योजना 2007 में शुरू की गई थी। इस योजना का उद्देश्य सरकारी क्षेत्र/सार्वजनिक क्षेत्र के उपक्रमों में रोजगार, निजी क्षेत्र में नौकरियां और स्नातक और स्नातकोत्तर स्तरों पर प्रतिष्ठित संस्थानों के तकनीकी और व्यावसायिक पाठ्यक्रमों में प्रवेश पाने के लिए छात्रों और अभ्यर्थियों के कौशल और ज्ञान को बढ़ाना है।

संशोधित योजना के अनुसार, अधिसूचित अल्पसंख्यक समुदायों से संबंधित उम्मीदवार, जिनकी सभी स्रोतों से प्राप्त सकल पारिवारिक आय ₹ 6 लाख प्रतिवर्ष से अधिक नहीं है, योजना का लाभ पाने के पात्र होंगे। संगठनों/कार्यान्वयन एजेंसियों को छात्र/उम्मीदवार से तत्सम्बन्धी राज्यों/केंद्र शासित प्रदेशों के सक्षम अधिकारियों द्वारा जारी किया गया आय प्रमाण-पत्र लेना होगा। कोचिंग के लिए स्वीकृत छात्रों का 30 प्रतिशत छात्राओं/महिला उम्मीदवारों के लिए चिन्हित किया गया है। यदि योग्य महिला उम्मीदवारों/विद्यार्थियों की पर्याप्त संख्या उपलब्ध नहीं हो तो रिक्त बचे स्थान पुरुष छात्रों/उम्मीदवारों द्वारा भरे जाएंगे।

विज्ञान विषयों (भौतिकी, रसायन विज्ञान, जीव विज्ञान और/या गणित) के साथ 11वीं और 12वीं कक्षा में पढ़ रहे अल्पसंख्यक छात्रों की केंद्रित तैयारी के लिए 2013-14 से निःशुल्क कोचिंग एवं संबद्ध योजना के तहत एक नया घटक जोड़ा गया था। इसे केवल 10 राज्यों/केंद्र शासित प्रदेशों में प्रायोगिक आधार पर शुरू किया गया था। लेकिन, संशोधित योजना के अनुसार, इस नए घटक को पूरे भारत (राष्ट्र में उपस्थिति/पैन इंडिया) में पात्र संस्था/संगठन और पर्याप्त धनराशि की उपलब्धता के विषयाधीन लागू किया जा रहा है। विज्ञान विषयों में न्यूनतम 75 प्रतिशत अंकों के साथ 12वीं कक्षा उत्तीर्ण करने वाले छात्रों के लिए एक वर्षीय आवासीय कोचिंग कार्यक्रम को भी नए घटक में जोड़ा गया है।

उपरोक्त के अलावा, सिविल सेवा परीक्षा की संयुक्त तैयारी के लिए एक विशेष आवासीय कोचिंग कार्यक्रम भी योजना में जोड़ा गया है। हालांकि, जो छात्र संयुक्त तैयारी सिविल सेवा परीक्षा के लिए आवासीय कोचिंग लेंगे, वे 'नई उड़ान' योजना के तहत लाभ प्राप्त करने के पात्र नहीं होंगे।

6. मौलाना आजाद एजुकेशन फाउंडेशन [Maulana Azad Education Foundation (MAEF)]: मौलाना आजाद एजुकेशन फाउंडेशन मंत्रालय के तहत एक स्वायत्त निकाय है, जो शैक्षिक रूप से पिछड़े अल्पसंख्यकों के बीच शिक्षा को बढ़ावा देने के लिए स्थापित किया गया है। इसे जुलाई 1989 में सोसायटी पंजीकरण अधिनियम, 1860 के तहत एक पंजीकृत सोसायटी के रूप में स्थापित किया गया था और यह पूरी तरह से भारत सरकार द्वारा वित्त पोषित है।

मौलाना आजाद एजुकेशन फाउंडेशन निम्नलिखित योजनाओं को कार्यान्वित करती है:

(i) **गैर-सरकारी संगठनों को सहायता अनुदान:** इस योजना के तहत, मौलाना आजाद एजुकेशन फाउंडेशन गैर-सरकारी संगठनों को निम्नलिखित के लिए वित्तीय सहायता प्रदान करती है:

(a) विद्यालय भवनों का निर्माण/विस्तार

(b) छात्रावास भवनों का निर्माण

(c) बी.एड./डी.एड. कालेजों का निर्माण/विस्तार

(d) तकनीकी संस्थानों/व्यावसायिक प्रशिक्षण केंद्रों का निर्माण

(e) प्रयोगशाला उपकरण, फर्नीचर, आदि की खरीद

(ii) **बेगम हजरत महल राष्ट्रीय छात्रवृत्ति:** मौलाना आजाद एजुकेशन फाउंडेशन ने यह छात्रवृत्ति योजना 2003-2004 में शुरू की थी। यह उच्चतर माध्यमिक स्तर, यानी कक्षा 11वीं और 12वीं, की शिक्षा के लिए अल्पसंख्यक समुदायों से आने वाली मेधावी लड़कियों हेतु राष्ट्रीय स्तर पर पहली छात्रवृत्ति योजना थी। इस छात्रवृत्ति योजना ने न केवल अल्पसंख्यक लड़कियों को अपनी शिक्षा जारी रखने के लिए प्रोत्साहित किया है, बल्कि उनकी साक्षरता दर में भी समग्र सुधार हुआ है। अब मौलाना आजाद एजुकेशन फाउंडेशन 9वीं और 10वीं कक्षा में पढ़ने वाली अल्पसंख्यक लड़कियों को भी छात्रवृत्ति दे रही है। मौलाना आजाद एजुकेशन फाउंडेशन 9वीं और 10वीं कक्षा के लिए 5,000 रुपये और 11वीं और 12वीं कक्षा के लिए 6,000 रुपये की छात्रवृत्ति देती है।

(iii) **नई मंजिल के तहत मदरसा छात्रों के लिए सेतु पाठ्यक्रम:** ब्रिज कोर्स या सेतु पाठ्यक्रम कार्यक्रम के तहत, इंटरमीडिएट के समकक्ष एक वर्ष का पाठ्यक्रम मदरसा छात्रों और साथ ही विद्यालय शिक्षा बीच में छोड़ देने वालों को प्रदान किया जाता है ताकि वे विश्वविद्यालयों में उच्च कक्षाओं में प्रवेश लेने के लिए सक्षम बन पायें। सेतु पाठ्यक्रमों ने मदरसा विद्यार्थियों/स्कूली शिक्षा बीच में छोड़ देने वाले विद्यार्थियों को मुख्यधारा की शिक्षा जारी रखने में मदद की है।

(iv) **अल्पसंख्यकों के लिए ग़रीब नवाज कौशल विकास प्रशिक्षण:** मौलाना आजाद एजुकेशन फाउंडेशन ने वर्ष 2017-2018 में ग़रीब नवाज कौशल विकास प्रशिक्षण नामक नयी योजना शुरू की थी। इस योजना के तहत अल्पसंख्यक युवाओं को कौशल-आधारित रोजगार के लिए सक्षम बनाने हेतु विभिन्न अल्पकालिक रोजगारोन्मुखी कौशल विकास पाठ्यक्रम प्रदान किए जाते हैं।

7. **नई उड़ान (प्रारंभिक परीक्षा उत्तीर्ण करने वाले अल्पसंख्यक छात्रों के लिए सहायता) [Nai Udaan (Support for Minority Students clearing Prelims)]:** योजना का उद्देश्य अल्पसंख्यक उम्मीदवारों को संघ लोक सेवा आयोग, कर्मचारी चयन आयोग और राज्य लोक सेवा आयोगों द्वारा आयोजित परीक्षाओं में उत्तीर्ण होने वाले अल्पसंख्यक उम्मीदवारों को वित्तीय सहायता प्रदान करना है ताकि उन्हें संघीय और राज्य सरकारों में सिविल सेवाओं में नियुक्ति के लिए प्रतिस्पर्द्धा करने हेतु पर्याप्त रूप से साधन-संपन्न किया जा सके और सिविल सेवाओं में अल्पसंख्यकों का प्रतिनिधित्व बढ़ाने के लिए सीधे वित्तीय सहायता प्रदान की जा सके।

संशोधित योजना के अनुसार, योजना के तहत लाभ प्राप्त करने के लिए उम्मीदवार की कुल वार्षिक पारिवारिक आय को 4.50 लाख रुपये से बढ़ाकर 6.00 लाख रुपये कर दिया गया है। उम्मीदवार द्वारा वित्तीय सहायता केवल एक बार ही प्राप्त की जा सकती है। उम्मीदवार केंद्र या राज्य सरकारों/केंद्र शासित प्रदेशों के प्रशासनों की किसी अन्य समान योजना से लाभ लेने के लिए पात्र नहीं होगा। वे उम्मीदवार, जिन्होंने इस योजना के तहत लाभ प्राप्त किया है, वे मंत्रालय की नि:शुल्क कोचिंग एवं संबद्ध योजना के तहत लाभ प्राप्त करने के पात्र नहीं होंगे।

हर साल पूरे देश में अधिकतम 2,000 उम्मीदवारों को पात्रता मानदंड को पूरा करने पर इस योजना के तहत वित्तीय सहायता दी जाएगी। योजना के तहत उम्मीदवारों का चयन परीक्षा-वार/समुदाय-वार निर्धारित स्थानों के आधार पर होगा। वित्तीय सहायता की दर संघ सेवा आयोग द्वारा आयोजित सिविल सेवा प्रारंभिक परीक्षा उत्तीर्ण करने पर अधिकतम ₹ 1.00 लाख; राज्य लोक सेवा आयोगों द्वारा आयोजित प्रारंभिक परीक्षा उत्तीर्ण करने पर अधिकतम ₹ 50,000 (राजपत्रित पद); कर्मचारी चयन आयोग द्वारा आयोजित प्रारंभिक परीक्षा-अराजपत्रित पदों के लिए संयुक्त स्नातक स्तर उत्तीर्ण करने पर ₹ 25,000 है।

8. **पढ़ो परदेश (विदेश में अध्ययन हेतु शैक्षिक ऋण पर ब्याज सब्सिडी की योजना) [Padho Pardesh (Scheme of Interest Subsidy on Educational Loans for Overseas Studies)]:** योजना का उद्देश्य अधिसूचित अल्पसंख्यक समुदायों के आर्थिक रूप से कमजोर वर्गों से संबंधित मेधावी छात्रों हेतु विदेश में अध्ययन करने के लिए शैक्षिक ऋण पर ब्याज सब्सिडी प्रदान करना है। यह योजना उन्हें विदेश में उच्च शिक्षा पाने के बेहतर अवसर प्रदान करती है और उनकी नियोजनीयता को बढ़ाती है।

यह एक केंद्रीय क्षेत्र योजना है, जिसके तहत विदेश में स्नातकोत्तर और एम.फिल./पीएच.डी. स्तर के अनुमोदित पाठ्यक्रमों के अध्ययन के लिए छात्र द्वारा लिए गए शिक्षा ऋण के अधिस्थगन की अवधि के दौरान देय ब्याज के विरुद्ध ब्याज सब्सिडी प्रदान की जाती है। इस योजना के तहत छात्रों के लिए

ब्याज सब्सिडी केवल एक बार उपलब्ध होगी, स्नातकोत्तर स्तर पर या पीएचडी स्तर पर।

नियोजित उम्मीदवार या बेरोजगार उम्मीदवार के मामले में उम्मीदवार के माता-पिता/अभिभावकों की सभी स्रोतों से कुल आय ₹ 6.00 लाख प्रतिवर्ष से अधिक नहीं होगी। 35 प्रतिशत सीटें छात्राओं के लिए रखी जाएंगी। छात्राओं की अनुपलब्धता के मामले में, सीटें पुरुष छात्रों को दी जा सकती हैं।

आर्थिक सशक्तिकरण की योजनायें (Schemes of Economic Empowerment)

1. **प्रधानमंत्री जन-विकास कार्यक्रम [Pradhan Mantri Jan Vikas Karyakram (PMJVK)]:** प्रधानमंत्री जन-विकास कार्यक्रम को पूर्व में बहुक्षेत्रीय विकास कार्यक्रम के नाम से ज़ाना जाता था। यह एक केंद्र प्रायोजित योजना है जिसे नीति आयोग द्वारा राष्ट्रीय विकास एजेंडा के तहत मुख्य योजनाओं के मूल (कोर ऑफ दी कोर स्कीम्स) के रूप में पहचाना गया है।

बहुक्षेत्रीय विकास कार्यक्रम योजना 2008-2009 में शुरू की गयी थी जिसका उद्देश्य चिन्हित अल्पसंख्यक सघनता क्षेत्रों में सामाजिक-आर्थिक और आधारभूत सुविधाओं के लिए परिसंपत्ति विकास द्वारा लोगों के जीवन की गुणवत्ता में सुधार लाना था। यह योजना मुख्य रूप से विभिन्न मंत्रालयों/विभागों के माध्यम से कार्यान्वित विभिन्न मौजूदा केंद्र प्रायोजित योजनाओं में अंतर/गैप भरने के माध्यम से और राज्य सरकार/केंद्र शासित प्रदेशों द्वारा सुझाई गई अभिनव परियोजनाओं के माध्यम से असंतुलनों को कम करती है। अनुशंसा का आधार वे क्षेत्र होते हैं, जो विभिन्न मंत्रालयों/विभागों की किसी भी मौजूदा केंद्र प्रायोजित योजना के तहत नहीं आते। बहुक्षेत्रीय विकास कार्यक्रम योजना का पुनर्गठन जून 2013 में और मई 2018 में 14वें वित्त आयोग की शेष अवधि के दौरान निरंतरता के लिए किया गया था, यानी 2019-2020 तक प्रधानमंत्री जन-विकास कार्यक्रम के रूप में।

अल्पसंख्यक सघनता क्षेत्रों की पहचान अल्पसंख्यक आबादी मुस्लिम, सिख, ईसाई, बौद्ध, जैन और जोरास्ट्रियन (पारसी), की सघनता के आधार पर की जाती है, यानी 25 प्रतिशत या अधिक। ऐसे राज्यों/केंद्र शासित प्रदेशों के मामलों में जहाँ अल्पसंख्यक समुदाय बहुसंख्या में है, अल्पसंख्यक आबादी का न्यूनतर 15 प्रतिशत, राज्य/केंद्र शासित प्रदेश में बहुसंख्यक अल्पसंख्यक समुदाय को छोड़कर, स्वीकार किया गया है। इसके अलावा, सामाजिक आर्थिक और बुनियादी सुविधा मानकों के संदर्भ में क्षेत्रों की पहचान करने के लिए राष्ट्रीय औसत की तुलना में पिछड़ेपन के मानदंड लागू किए जाते हैं। अल्पसंख्यक सघनता क्षेत्रों की पहचान के मानदंड जनसँख्या गणना, 2011 के आँकड़ों पर आधारित। योजना के तहत परियोजनाओं को अल्पसंख्यकों के कल्याण के लिए मंजूरी दी जाती है, लेकिन निकट क्षेत्र में रहने वाली अन्य आबादी को पृथक् नहीं रखा जाता।

बहुक्षेत्रीय विकास कार्यक्रम शुरुआत में देश के 90 अल्पसंख्यक सघनता जिलों में चालू किया गया था। हालाँकि, इस योजना का पुनर्गठन वर्ष 2013-14 में अल्पसंख्यक सघनता जिला को अल्पसंख्यक सघनता ब्लॉकों, अल्पसंख्यक सघनता शहरों और अल्पसंख्यक सघनता गाँवों के समूहों को कार्यान्वयन क्षेत्रों के रूप में प्रतिस्थापित करके किया गया था।

योजना के अंतर्गत स्कूल/कॉलेज भवन, अतिरिक्त कक्षा कक्ष, शौचालय ब्लॉक, छात्रावास, कामकाजी महिला छात्रावास, स्कूलों में प्रयोगशाला कक्ष, कंप्यूटर कक्ष, स्मार्ट कक्षाएं, सामुदायिक स्वास्थ्य केंद्र, प्राथमिक स्वास्थ्य केंद्र, स्वास्थ्य उप-केंद्र, आईटीआई, पॉलिटेक्निक, कौशल प्रशिक्षण केंद्र , इंदिरा आवास योजना के तहत मकान, पेयजल आपूर्ति परियोजनाओं, सद्भाव मंडप, मार्केट शेड, आदि का निर्माण और उन्नयन जैसी परियोजनाओं को सरकार द्वारा अनुमोदित किया गया है।

कार्यक्रम का जोर निम्नानुसार है:

(i) शिक्षा, स्वास्थ्य और कौशल विकास के कार्यक्रम के तहत कम-से-कम 80 प्रतिशत संसाधनों का आवंटन

(ii) महिला केंद्रित परियोजनाओं के लिए कम-से-कम 33-40 प्रतिशत संसाधनों का आवंटन किया जाना

प्रधानमंत्री जन-विकास कार्यक्रम के अंतर्गत आने वाले क्षेत्र 109 अल्पसंख्यक सघनता जिला मुख्यालय, 870 अल्पसंख्यक सघनता ब्लॉक और 321 अल्पसंख्यक सघनता शहर। परियोजनाओं को केंद्र और राज्य सरकार/केंद्र शासित प्रदेश प्रशासन के बीच सभी राज्यों के लिए 60: 40 और पूर्वोत्तर राज्यों और पहाड़ी राज्यों (जम्मू-कश्मीर, हिमाचल प्रदेश और उत्तराखंड) के लिए 90: 10 के अनुपात में एक फंड साझाकरण व्यवस्था के अनुसार कार्यान्वित किया जाता है।

2. **सीखो और कमाओ (अल्पसंख्यकों के लिए कौशल विकास पहल) [Seekho aur Kamao (Skill Development Initiative for Minorities)]:** मंत्रालय ने 2013 में अल्पसंख्यकों के लिए एक रोजगारपरक कौशल विकास योजना 'सीखो और कमाओ' शुरू की है। योजना का उद्देश्य विभिन्न आधुनिक/पारंपरिक कौशलों में अल्पसंख्यक युवाओं के कौशल को उनकी

योग्यता, वर्तमान आर्थिक रुझानों और बाजार की क्षमता के आधार पर उन्नत करना है, ताकि वे उपयुक्त रोजगार अर्जित कर सकें या वे स्व-रोजगार के लिए उपयुक्त रूप से कुशल बन सकें।

इस योजना के तहत, कौशल विकास कार्यक्रम के लिए कौशल विकास और उद्यमिता मंत्रालय के सामान्य मानदंडों का पालन किया जाता है। राष्ट्रीय कौशल योग्यता ढांचे की अनुपालना करने वाले पाठ्यक्रम लिए जाते हैं। इसके अलावा, अल्पसंख्यक समुदायों द्वारा प्रचलित पारंपरिक कौशल भी उन्नयन और बाजार से जोड़ने के लिए हाथ में लिए जाते।

यह योजना न्यूनतम 75 प्रतिशत प्रशिक्षुओं के प्लेसमेंट/रोजगार को सुनिश्चित करती है, जिसमें से कम-से-कम 50 प्रतिशत प्लेसमेंट संगठित क्षेत्र में है। योजना के तहत अल्पसंख्यक लड़कियों/महिलाओं के लिए न्यूनतम 33 प्रतिशत सीटें निर्धारित हैं।

3. **विकास के लिए पारंपरिक कलाओं/ शिल्पों में कौशल और प्रशिक्षण का उन्नयन [Upgrading the Skills and Training in Traditional Arts/Crafts for Development (USTTAD)]:** उस्ताद (विकास के लिए पारंपरिक कलाओं/ शिल्पों में कौशल और प्रशिक्षण का उन्नयन) योजना औपचारिक रूप से मई 2015 में शुरू की गई थी।

योजना का उद्देश्य है-सिद्धहस्त कारीगरों और शिल्पियों/दस्तकारों के पारंपरिक कौशल का क्षमता निर्माण और उन्नयन करना; अल्पसंख्यकों की चिन्हित की गई पारंपरिक कला/शिल्प का प्रलेखन; पारंपरिक कौशलों के मानक नियत करना; मास्टर कारीगरों के माध्यम से विभिन्न चिन्हित की गयी पारंपरिक कलाओं/शिल्प में अल्पसंख्यक युवाओं का प्रशिक्षण; राष्ट्रीय और अंतर्राष्ट्रीय बाजार से जुड़ाव का विकास करना; लुप्त होती कलाओं/शिल्प का संरक्षण।

मंत्रालय ने डिजाइन हस्तक्षेप; उत्पाद रेंज विकास; पैकेजिंग; प्रदर्शनियों, बिक्री बढ़ाने के लिए ई-मार्केटिंग पोर्टल्स के साथ जुड़ना; और ब्राण्ड बिल्डिंग के लिए राष्ट्रीय ख्याति के संस्थानों, जैसे राष्ट्रीय फैशन प्रौद्योगिकी संस्थान, राष्ट्रीय डिजाइन संस्थान और भारतीय पैकेजिंग संस्थान को विभिन्न शिल्प/कला समूहों में काम करने के लिए जोड़ा है।

4. **राष्ट्रीय अल्पसंख्यक विकास और वित्त निगम (National Minorities Development and Finance Corporation):** राष्ट्रीय अल्पसंख्यक विकास और वित्त निगम 1994 में एक गैर-लाभकारी कंपनी के रूप में निगमित हुआ था। राष्ट्रीय अल्पसंख्यक विकास और वित्त निगम अधिसूचित अल्पसंख्यकों के बीच 'पिछड़े वर्गों' के सामाजिक-आर्थिक विकास के लिए स्वरोजगार और आय सृजन गतिविधियों के लिए रियायती ऋण प्रदान करता है।

राष्ट्रीय अल्पसंख्यक विकास और वित्त निगम की रियायती ऋण योजनायें, यथा-आवधिक ऋण, शिक्षा ऋण, लघु ऋण और महिला समृद्धि योजना को संबंधित राज्य सरकारों / संघ राज्य क्षेत्र प्रशासनों द्वारा नामित स्टेट चैनेलाइजिंग एजेंसियों के माध्यम से कार्यान्वित किया जाता है।

राष्ट्रीय अल्पसंख्यक विकास और वित्त निगम योजनाओं के तहत सहायता प्राप्त करने के लिए, वार्षिक पारिवारिक आय पात्रता मानदंड ग्रामीण क्षेत्रों के लिए ₹ 98,000 और शहरी क्षेत्रों के लिए ₹ 1.20 लाख है। व्यापक पहुँच सुनिश्चित करने के लिए, राष्ट्रीय अल्पसंख्यक विकास और वित्त निगम ने हाल ही में ₹ 6.00 लाख तक की उच्चतर वार्षिक पारिवारिक आय पात्रता मानदंड पेश किया है, जिसके अंतर्गत थोड़ी अधिक ब्याज दरों पर अधिक ऋण राशि प्रदान की जा सकती है।

ऋण गतिविधि के अलावा, राष्ट्रीय अल्पसंख्यक विकास और वित्त निगम स्वरोजगार/वैतनिक/मजदूरी रोजगार के लिए लक्षित समूहों की क्षमता निर्माण हेतु स्टेट चैनेलाइजिंग एजेंसियों के माध्यम से अपनी प्रचार-प्रसार योजनाओं के तहत विपणन सहायता और कौशल से कुशलता तक योजना में लक्षित समूह की सहायता भी करता है।

5. **स्टेट चैनेलाइजिंग एजेंसियों को अनुदान-सहायता योजना (Grants-in-aid Scheme to State Channelising Agencies):** राष्ट्रीय अल्पसंख्यक विकास और वित्त निगम मुख्य रूप से संबंधित राज्य सरकारों द्वारा नामित स्टेट चैनेलाइजिंग एजेंसियों के माध्यम से अपनी योजनाओं को लागू करता है। स्टेट चैनेलाइजिंग एजेंसियां लाभार्थियों की पहचान करती हैं, रियायती ऋण को चैनलाइज करती हैं और लाभार्थियों से वसूली करती हैं। हालांकि, राज्य चैनेलाइजिंग एजेंसियों का बुनियादी ढांचा कमजोर है जो ऋण वितरण में बाधा डालता है। राष्ट्रीय अल्पसंख्यक विकास और वित्त निगम की योजनाओं के कवरेज में उल्लेखनीय सुधार होगा, अगर इन एजेंसियों के बुनियादी ढांचे को मजबूत किया जाए।

मंत्रालय ने 2007-2008 के दौरान राज्य चैनेलाइजिंग एजेंसियों के बुनियादी ढांचे में सुधार के लिए अनुदान-सहायता की योजना शुरू की थी। योजना के तहत, केंद्र सरकार द्वारा राज्य चैनेलाइजिंग एजेंसियों को राष्ट्रीय अल्पसंख्यक विकास और वित्त निगम के माध्यम से 100 प्रतिशत सहायता प्रदान की जाती

है। राज्य चैनेलाइजिंग एजेंसियों को अपनी जरूरत के अनुसार धन का उपयोग करने की स्वतंत्रता देकर योजना को सरलीकृत किया गया है।

6. **कौमी वक्फ बोर्ड तरक्कियाती योजना [Qaumi Waqf Board Taraqqiati Scheme (QWBTS)]:** इस योजना को पूर्व में राज्य वक्फ बोर्ड के अभिलेखों के कम्प्यूटरीकरण तथा सुदृढ़ीकरण की योजना के नाम से जाना जाता था. इसके दो घटक हैं, इन्हें नीचे समझाया गया है:

(i) राज्य वक्फ बोर्ड के अभिलेखों का कम्प्यूटरीकरण: इस योजना का उद्देश्य रिकॉर्ड रखने में मदद करना, पारदर्शिता लाना और वक्फ बोर्डों के विभिन्न कार्यों/प्रक्रियाओं का कम्प्यूटरीकरण करना है। इस उद्देश्य की पूर्ति के लिए, एक वेब-आधारित सॉफ्टवेयर एप्लिकेशन, जिसका नाम वक्फ मैनेजमेंट सिस्टम ऑफ इंडिया है, को राष्ट्रीय सूचना विज्ञान केंद्र द्वारा निम्नलिखित चार मॉड्यूलों में केंद्रीकृत डेटाबेस को रखने के लिए विकसित किया गया:

(a) वक्फ का पंजीकरण

(b) मुतावल्ली रिटर्न्स आकलन

(c) संपत्तियों का लीजिंग विवरण

(d) वाद ट्रैकिंग

इस योजना को संशोधित किया गया है और संशोधित योजना में अग्रलिखित नए प्रावधान जोड़े गए हैं:

- वित्तीय सहायता ₹ 550 प्रति वक्फ संपत्ति राज्य वक्फ बोर्ड को वक्फ संपत्ति की भौगोलिक सूचना प्रणाली (जीआईएस) मानचित्रण के लिए प्रदान की जाती है।
- वक्फ मैनेजमेंट सिस्टम ऑफ इंडिया मॉड्यूल में डेटा प्रविष्टि को पूरा करने का काम राज्य वक्फ बोर्ड के लिए सुगम बनाने हेतु आउटसोर्स एजेंसी के माध्यम से सहायक प्रोग्रामर के रूप में जन-शक्ति की तैनाती के लिए वित्तीय सहायता प्रदान की जाती है।
- 32 राज्य वक्फ बोर्डों में केंद्रीकृत कम्प्यूटिंग सुविधा के रख-रखाव के लिए वित्तीय सहायता प्रदान की जाती है। 6,000 से अधिक वक्फ संपत्तियों वाले राज्य वक्फ बोर्डों के लिए ₹ 3.00 लाख प्रतिवर्ष और ₹ 6,000 से कम वक्फ संपत्तियों वाले राज्य वक्फ बोर्डों के लिए 2.00 लाख रुपये प्रतिवर्ष।
- राज्य वक्फ बोर्डों के बेहतर प्रशासन हेतु उद्यम संसाधन आयोजना (ईआरपी) समाधान के लिए केंद्रीय वक्फ काउंसिल को एक बारगी का अनुदान 3.00 लाख रुपये प्रति राज्य वक्फ बोर्ड दिया जाता है।
- राज्य वक्फ बोर्डों और केंद्रीय वक्फ काउंसिल में वीडियो कॉन्फ्रेंसिंग सुविधा की स्थापना के लिए वित्तीय सहायता।
- मुतवल्ली/प्रबंधन समिति को उनके संचालन के कम्प्यूटरीकरण में सर्वोत्तम प्रथाओं को अपनाने के लिए नकद पुरस्कार का प्रावधान।

अभी तक, वक्फ मैनेजमेंट सिस्टम ऑफ इंडिया ऑन-लाइन पंजीकरण मॉड्यूल में अचल वक्फ संपत्तियों के 5,78,311 डेटा की प्रविष्टि कर दी गयी है।

(ii) **राज्य वक्फ बोर्डों का सुदृढ़ीकरण:** इस घटक का उद्देश्य वक्फ बोर्डों को मजबूत करना है, जिसके परिणामस्वरूप उनकी वक्फ संपत्तियों का अधिक पारदर्शी और जवाबदेह प्रशासन और प्रबंधन हो सके तथा आय सृजन में सुधार हो एवं आत्मनिर्भरता प्राप्त की जा सके। उनकी क्षमताओं में सुधार से उनकी आय में वृद्धि को बल मिलेगा और धीरे-धीरे बाहरी वित्तीय सहायता पर उनकी निर्भरता कम होने लगेगी और एक वक्त पर यह निर्भरता समाप्त हो जाएगी। घटक के प्रावधान इस प्रकार है:

(a) राज्य वक्फ बोर्डों को वित्तीय सहायता उनके कानूनी और लेखा अनुभाग को मजबूत करने के साथ-साथ उनकी प्रशिक्षण और प्रशासनिक लागत के लिए दी जाती है।

(b) अधिक वक्फ संपत्तियों वाले वक्फ बोर्डों के मामले में सर्वेक्षण सहायक, लेखाकार और कानूनी सहायक की नियुक्ति और आंचलिक कार्यालय की स्थापना के लिए वित्तीय सहायता प्रदान की जाती है।

(c) मुतवल्ली/प्रबंधन समिति के क्षमता निर्माण के लिए वित्तीय सहायता / ₹ 3.00 लाख प्रति

राज्य वक्फ बोर्ड यदि उनके पास 6,000 से ज्यादा वफ़्फ संपत्तियां है और ₹ 2.00 लाख प्रति राज्य वक्फ बोर्ड यदि उनके पास 6,000 से कम वफ़्फ संपत्तियां हैं, दी जाती है।

(d) सर्वेक्षण आयुक्त के लिए जी.आई.ए.।

(e) केंद्रीय वक्फ काउंसिल को कार्यान्वयन एजेंसी बनाया गया है।

7. **शहरी वक्फ सम्पत्ति विकास योजना (वक्फों को अनुदान सहायता) [Shahari Waqf Sampatti Vikas Yojana (Grants-in-aid to Waqfs)]:** औकाफ मुस्लिम कानून द्वारा पवित्र, धार्मिक या खैराती के रूप में मान्यता प्राप्त उद्देश्य के लिए चल या अचल संपत्तियों का स्थायी समर्पण है। अपने मजहबी पहलुओं के अलावा, औकाफ सामाजिक कल्याण के भी साधन हैं क्योंकि सामाजिक और शैक्षणिक क्षेत्रों में जरूरतमंदों को फायदा मिलता है। हालांकि, देश में औकाफ के अधिकाँश की आमदनी सीमित और लगभग स्थिर है। इसका नतीजा यह है कि आमतौर पर मुतवल्लियों (औकाफ के प्रबंधकों) को वक्फ के इरादे को पूरा करना या जिन उद्देश्यों के लिए ये औकाफ बनाया जाते हैं, को पूरा करना मुश्किल हो जाता है। अधिकांश शहरी वक्फ भूमि में विकास की संभावनाएं मौजूद हैं, लेकिन मुतवल्ली और यहाँ तक कि वक्फ बोर्ड भी पर्याप्त संसाधन नहीं जुटा पाते और इन जमीनों पर आधुनिक कार्यात्मक भवनों का निर्माण नहीं करा पाते।

औकाफ और वक्फ बोर्डों की वित्तीय स्थिति में सुधार लाने और उन्हें अपनी कल्याण गतिविधि के क्षेत्र में विस्तार करने में सक्षम बनाने के उद्देश्य से, केंद्र सरकार केंद्रीय वक्फ परिषद/ काउंसिल को अनुदान सहायता प्रदान करती है। इस अनुदान सहायता का विशिष्ट उद्देश्य वक्फ बोर्ड/वक्फ संस्थान को वित्तीय सहायता उपलब्ध कराना है ताकि वे देश में अपनी शहरी वक्फ संपत्तियों का विकास कर पायें।

केंद्रीय वक्फ काउंसिल राज्य वक्फ बोर्डो/वक्फ संस्थानों को परिषद द्वारा अनुमोदित विशिष्ट आर्थिक/व्यावसायिक रूप से व्यवहार्य विकास परियोजनाओं के लिए ऋण प्रदान करती है। इन परियोजनाओं में वक्फ भूमि पर व्यावसायिक रूप से व्यवहार्य इमारतों का निर्माण या पुनर्निर्माण शामिल है। संवर्द्धित आय का उपयोग वक्फ बोर्डो / वक्फ को उनकी वित्तीय स्थिति को मजबूत करने और उनकी कल्याण और दानार्थ गतिविधियों को व्यापक बनाने के लिए किया जाता है।

8. **राष्ट्रीय वक्फ विकास निगम (National Waqf Development Corporation):** वक्फ संपत्तियों के विकास को सुगम बनाने के लिए, राष्ट्रीय वक्फ विकास निगम लिमिटेड 500 करोड़ रुपये की अधिकृत पूंजी के साथ स्थापित किया गया था। मूल विचार अल्पसंख्यकों के सामाजिक-आर्थिक सशक्तीकरण हेतु राज्य वक्फ बोर्डों/वक्फ संस्थानों की आय बढ़ाने के लिए भारत भर में इच्छुक मुतवल्लियों/राज्य वक्फ बोर्डों की तत्परता पर वक्फ संपत्तियों को विकसित करना है।

राष्ट्रीय वक्फ विकास निगम भारत भर में लगभग 100 वक्फ संपत्तियों को सूचीबद्ध कर पाया है, जिन पर वाणिज्यिक विकास के लिए संबंधित वक्फ संस्थानों द्वारा विचार किया जा सकता है। आवश्यक वैधानिक स्वीकृतियों की व्यवस्था करने के लिए राज्यों की तैयारी/उत्सुकता के आधार पर, आर्थिक रूप से व्यवहार्य संपत्तियों को राष्ट्रीय वक्फ विकास निगम द्वारा हाथ में लिया जा सकता है।

राष्ट्रीय वक्फ विकास निगम ने 30 साल तक की अवधि के लिए पट्टे पर वक्फ अधिनियम के तहत राज्य/राज्य वक्फ बोर्डों से अनुमोदन प्राप्त होने पर विकासात्मक प्रक्रिया शुरू करने के लिए स्वयं को तत्पर रखने के लिए लेन-देन सलाहकार सेवाएं पाने के क्रम में वैश्विक रूप से प्रतिष्ठित छह रियल एस्टेट एजेंसियों को सूचीबद्ध/एमपैनल किया है।

प्रधानमंत्री जन-विकास कार्यक्रम योजना को वक्फ भूमि पर भी अभिनव और साथ ही गैप (अंतर) भरने वाली परियोजनाओं के विकास के लिए मंत्रालय द्वारा शुरू किया गया है। राष्ट्रीय वक्फ विकास निगम प्रधानमंत्री जन-विकास कार्यक्रम योजना के तहत अल्पसंख्यक सघनता क्षेत्रों में पड़ने वाली वक्फ संपत्तियों के विकास का भी काम करता है।

सामाजिक सशक्तिकरण की योजनायें (Schemes of Social Empowerment)

1. **नई रोशनी (अल्पसंख्यक महिलाओं में नेतृत्व क्षमता विकास की योजना) [Nai Roshni (Scheme for Leadership Development of Minority Women)]:** मंत्रालय ने एक खास योजना 'नई रोशनी' चालू की है जो अल्पसंख्यक महिलाओं में नेतृत्व क्षमता विकास की योजना है। इसका उद्देश्य सरकारी प्रणालियों, बैंकों और मध्यस्थों से सभी स्तरों पर बातचीत कर सकने के लिए महिलाओं को जानकारी, साधन और तकनीक मुहैया कराकर उन्हें संबलन प्रदान करना

और आत्मविश्वास पैदा करना है। योजना को गैर-सरकारी संगठनों के माध्यम से कार्यान्वित किया जाता है।

यह एक छह दिन (आवासीय के लिए पांच दिन) का संवेदीकरण कार्यक्रम है। इसके बाद केवल महिलाओं से सम्बंधित मुद्दों पर कार्यक्रम बने। विशिष्ट प्रशिक्षण मोड्यूलों (मंत्रालय द्वारा रूपांकित) के सम्बन्ध में एक वर्ष तक मार्गदर्शन व सहायता दी जाती है। मोड्यूल में शामिल मुद्दे हैं-निर्णय लेने में भागीदारी के माध्यम से महिलाओं का नेतृत्व, महिलाओं के लिए शैक्षिक कार्यक्रम, स्वास्थ्य और स्वच्छता, महिलाओं के कानूनी अधिकार, वित्तीय साक्षरता, डिजिटल साक्षरता, स्वच्छ भारत, जीवन कौशल एवं सामाजिक और व्यवहार परिवर्तन के लिए पक्षसमर्थन।

2. **हमारी धरोहर (अल्पसंख्यक समुदायों की समृद्ध विरासत संरक्षित करने की योजना) [Hamari Dharohar (Scheme to Preserve Rich Heritage of Minority Communities)]:** यह भारत की समृद्ध विरासत में अल्पसंख्यकों के योगदान को प्रदर्शित करने हेतु चयनात्मक हस्तक्षेप की योजना है। 2014-15 के दौरान इसे मंजूरी दी गई थी। इस योजना के उद्देश्य निम्नलिखित हैं:

(i) भारतीय संस्कृति की समग्र अवधारणा के तहत अल्पसंख्यकों की समृद्ध विरासत को क्यूरेट करना।
(ii) प्रतिष्ठित प्रदर्शनियाँ क्यूरेट करना।
(iii) साहित्य/दस्तावेजों का संरक्षण, आदि।
(iv) सुलेख आदि को सहायता, समर्थन और प्रचार।
(v) अनुसंधान और विकास।

योजना के तहत शामिल गतिविधियाँ (विरासत के संरक्षण के लिए) निम्नानुसार हैं:

(i) धरोहरों को प्रदर्शन और संरक्षण के लिए प्रतिष्ठित प्रदर्शनियों/प्रदर्शन कला सहित प्रदर्शनियों को क्यूरेट करना।
(ii) सुलेख आदि को सहायता, समर्थन और प्रचार।
(iii) साहित्य, दस्तावेजों, पांडुलिपियों आदि का संरक्षण।
(iv) मौखिक परंपराओं और कला विधाओं का प्रलेखन।
(v) अल्पसंख्यक समुदायों की विरासत के प्रदर्शन और संरक्षण के लिए एथनिक संग्रहालयों (संस्कृति मंत्रालय या इसके निकायों की योजनाओं के तहत सहायता प्राप्त नहीं) को सहायता देना।
(vi) विरासत संबंधी संगोष्ठियों/कार्यशालाओं के आयोजन के लिए सहायता।
(vii) विरासत और विकास के संरक्षण में अनुसंधान के लिए फैलोशिप/अध्येतावृत्ति।
(viii) अल्पसंख्यक समुदायों की समृद्ध विरासत के संरक्षण और संवर्द्धन के उद्देश्य को प्रोत्साहन देने हेतु व्यक्ति/संगठन को कोई अन्य सहायता

3. **नई मंजिल (अल्पसंख्यक समुदायों के लिए एकीकृत शिक्षा और आजीविका पहल) [Nai Manzil (Integrated Education and Livelihood Initiative for the Minority Communities)]:** नई मंजिल योजना अगस्त 2015 में बिहार के पटना में प्रमोचित की गई थी और वर्ष 2016-17 में शुरू की गई थी। इस योजना का उद्देश्य अल्पसंख्यक युवाओं को लाभान्वित करना है, अर्थात् ऐसे युवा जो स्कूल छोड़ने वालों की श्रेणी में हैं या मदरसों आदि जैसे सामुदायिक शिक्षा संस्थानों में शिक्षित हैं। यह उन्हें औपचारिक शिक्षा और कौशल प्रशिक्षण प्रदान करती है और उन्हें बेहतर रोजगार और आजीविका प्राप्त करने में सक्षम बनाती है।

नई मंजिल योग्य अल्पसंख्यक युवाओं को शिक्षा सेतु (ब्रिज) कार्यक्रम प्रदान करती है। इसमें ओपन बेसिस एजुकेशन 8वीं/(सेकेंडरी) 10वीं के तहत ओपन स्कूलिंग सर्टिफिकेट के साथ-साथ सॉफ्ट कौशलों सहित उच्च गुणवत्ता का कौशल प्रशिक्षण प्रदान किया जाता है। यह योजना लाभार्थियों को स्थायी रोजगार में सहायता उपलब्ध कराने के लिए नौकरी पाने में भी सहायता प्रदान करती है।

नई मंजिल योजना में 17 से 35 वर्ष की आयु के गरीबी रेखा के नीचे आने वाले परिवारों के स्कूल बीच में छोड़ देने वाले अल्पसंख्यक युवाओं को लक्षित किया गया है। कवर किए जाने योग्य अल्पसंख्यक लाभार्थी मुख्य रूप से 1,228 अल्पसंख्यक सघनता ब्लॉकों से हैं, जहां अल्पसंख्यक आबादी 25 प्रतिशत या उससे अधिक है। गैर-अल्पसंख्यक जिले या शहर के भीतर अल्पसंख्यक आबादी के कुछ विशेष क्षेत्रों पर भी विचार किया जाता है। अंतर-सामुदायिक एकजुटता को बढ़ावा देने के लिए, गैर-अल्पसंख्यक समुदायों के गरीबी रेखा के नीचे आने वाले परिवारों से संबंधित 15 प्रतिशत उम्मीदवार भी शामिल किये जाते हैं। योजना में पांच साल में एक लाख लाभार्थियों को लाभान्वित करने की परिकल्पना की गई है।

4. **जियो पारसी (पारसियों की घटती जनसंख्या को रोकने की योजना) [Jiyo Parsi (Scheme for Containing Population Decline of Parsis)]:** पारसी समुदाय की जनसंख्या में गिरावट को रोकने के लिए 2013-14 के दौरान

एक केंद्रीय क्षेत्र योजना 'जियो पारसी' शुरू की गयी थी। इस योजना का उद्देश्य भारत में पारसी जनसंख्या को स्थिर और संतुलित करने के लिए वैज्ञानिक नवाचार और ढांचागत हस्तक्षेपों को अपनाकर पारसी आबादी में घटत की प्रवृत्ति को उलटना है।

यह योजना परजोर फाउंडेशन द्वारा बॉम्बे पारसी पंचायत के सहयोग से और संबंधित समुदाय के संगठनों/समाजों/अंजुमनों और पंचायतों (ऐसे संस्थान जिनको अस्तित्व में आये तीन साल से कम समय न हुआ हो) के माध्यम से लागू की जाती है।

2017 में योजना के तहत एक नए घटक यानी समुदाय का स्वास्थ्य को जोड़कर योजना को संशोधित किया गया है। इसमें क्रेच/बच्चों की देखभाल सम्बन्धी सहायता, बच्चों की देखभाल के लिए वरिष्ठ नागरिक मानदेय, बुजुर्गों को सहायता शामिल है। बुजुर्ग आश्रितों के लिए सहायता के इस घटक की संकल्पना 10 लाख रुपये से नीचे की पारिवारिक आय वाले पारसी जोड़ों को वित्तीय सहायता प्रदान करने के लिए है, जिनके पास बुजुर्ग सदस्य परिवार में ही रह रहे हैं और ऐसे मामलों में जहाँ ऐसी जिम्मेदारी बच्चे पैदा करने या बच्चों की संख्या बढ़ाने में निवारक का काम करती है।

योजना के अंतर्गत तीन संघटक हैं-पक्षसमर्थन, सामुदायिक स्वास्थ्य और चिकित्सा सहायता।

प्रधानमंत्री का अल्पसंख्यकों के कल्याण के लिए नया 15–सूत्रीय कार्यक्रम (Prime Minister's New 15-Point Programme for the Welfare of Minorities)

प्रधानमंत्री का अल्पसंख्यकों के कल्याण के लिए नया 15-सूत्री कार्यक्रम 2006 में प्रमोचित किया गया था और 2009 में संशोधित किया गया था। इसका उद्देश्य अल्पसंख्यकों की भलाई, सुरक्षा और विकास सुनिश्चित करना है। 1983 का 15-सूत्रीय कार्यक्रम जहाँ सांप्रदायिक दंगों, सेवाओं में अल्पसंख्यकों का प्रतिनिधित्व और व्यक्तिगत लाभार्थियों को लाभ का प्रवाह सुनिश्चित करने पर केंद्रित था, वहीं नए कार्यक्रम का फोकस यह सुनिश्चित करना है कि विभिन्न योजनाओं/कार्यक्रमों का लाभ अल्पसंख्यकों को समान रूप से मिले। इसके लिए, यह अल्पसंख्यकों की सघन आबादी वाले क्षेत्रों में विकास परियोजनाओं के एक निश्चित अनुपात की अवस्थिति की परिकल्पना करता है। यह भी निर्धारित करता है कि, जहां संभव हो, अल्पसंख्यकों के लिए विभिन्न योजनाओं के तहत लक्ष्य और परिव्यय का 15 प्रतिशत निर्धारित किया जाना चाहिए।

कार्यक्रम के उद्देश्य हैं-(a) शिक्षा के अवसरों में वृद्धि; (b) मौजूदा और नई योजनाओं के माध्यम से, आर्थिक गतिविधियों और रोजगार में अल्पसंख्यकों के लिए एक समान हिस्सेदारी सुनिश्चित करना, स्वरोजगार के लिए ऋण सहायता में वृद्धि और राज्य और केंद्र सरकार की नौकरियों में भर्ती (c) बुनियादी-ढांचा विकास योजनाओं में अल्पसंख्यकों के लिए एक उचित हिस्सा सुनिश्चित करके अल्पसंख्यकों की दशा को बेहतर बनाना और (d) सांप्रदायिक वैमनस्य और हिंसा पर रोकथाम और नियंत्रण।

कार्यक्रम के 15 प्रावधान/घटक इस प्रकार हैं:

1. **एकीकृत बाल विकास सेवाओं की समुचित उपलब्धता [Equitable Availability of Integrated Child Development Services (ICDS) Services]:** एकीकृत बाल विकास सेवा योजना का उद्देश्य वंचित वर्गों के बच्चों और गर्भवती/स्तनपान कराने वाली माताओं का समग्र विकास है। इसके लिए आंगनवाड़ी केंद्रों के माध्यम से सेवाएं प्रदान की जाती। ये सेवाएं हैं-पूरक पोषण, टीकाकरण, स्वास्थ्य जांच, रेफरल सेवाएं, प्री-स्कूल और गैर-औपचारिक शिक्षा। एकीकृत बाल विकास सेवा परियोजनाओं और आंगनवाड़ी केंद्रों का एक निश्चित प्रतिशत अल्पसंख्यक समुदायों की पर्याप्त आबादी वाले ब्लॉकों / गांवों में स्थित होगा ताकि यह सुनिश्चित किया जा सके कि इस योजना का लाभ ऐसे समुदायों को भी समुचित रूप से उपलब्ध हो।

2. **विद्यालयी शिक्षा की उपलब्धता में सुधार (Improving Access to School Education):** सर्व शिक्षा अभियान, कस्तूरबा गांधी बालिका विद्यालय योजना और इसी तरह की अन्य सरकारी योजनाओं के तहत यह सुनिश्चित किया जाएगा कि ऐसे सभी स्कूलों का एक निश्चित प्रतिशत अल्पसंख्यक समुदायों की पर्याप्त आबादी वाले गांवों/इलाकों में स्थित हो।

3. **उर्दू शिक्षण के लिए अधिक संसाधन (Greater Resources for Teaching Urdu):** ऐसे प्राथमिक और उच्च प्राथमिक विद्यालयों में उर्दू भाषा के शिक्षकों की भर्ती और तैनाती के लिए केंद्रीय सहायता प्रदान की जाएगी जो उस भाषा समूह से संबंधित कम-से-कम एक-चौथाई जनसंख्या की सेवा करते हों।

4. **मदरसा शिक्षा का आधुनिकीकरण (Modernising Madarsa Education):** एरिया इंटेंसिव और मदरसा आधुनिकीकरण कार्यक्रम की केंद्रीय योजना स्कीम मदरसा शिक्षा के आधुनिकीकरण के लिए शैक्षिक रूप से पिछड़े अल्पसंख्यकों की घनी आबादी वाले क्षेत्रों में बुनियादी शैक्षिक ढांचा और संसाधन प्रदान करती है। इस आवश्यकता पर ध्यान देने के महत्व को देखते हुए, इस कार्यक्रम को पर्याप्त रूप से मजबूत किया जाएगा और इसे प्रभावी ढंग से लागू किया जाएगा।

5. **अल्पसंख्यक समुदायों के मेधावी विद्यार्थियों के लिए छात्रवृत्ति (Scholarships for Meritorious Students from Minority Communities):** अल्पसंख्यक समुदायों के विद्यार्थियों के लिए पूर्व-मैट्रिक और मैट्रिकोत्तर छात्रवृत्ति योजनाएं बनाई और कार्यान्वित की जाएंगी।

6. **मौलाना आजाद एजुकेशन फाउंडेशन के माध्यम से शैक्षिक बुनियादी ढांचे में सुधार [Improving Educational Infrastructure through the Maulana Azad Education Foundation (MAEF)]:** सरकार मौलाना आजाद एजुकेशन फाउंडेशन को हर संभव सहायता देगी ताकि यह अपनी गतिविधियों को और अधिक प्रभावी ढंग से सुदृढ़ और विस्तारित कर पाए।

7. **गरीबों के लिए स्वरोजगार और मजदूरी रोजगार (Self-Employment and Wage Employment for the Poor):** स्वर्ण जयंती ग्राम स्वरोजगार योजना, जो ग्रामीण क्षेत्रों के लिए प्राथमिक स्वरोजगार कार्यक्रम है, का उद्देश्य चिन्हित गरीब ग्रामीण परिवारों को गरीबी रेखा से ऊपर लाना है। इसके लिए उन्हें बैंक ऋण और सरकारी सब्सिडी के मिश्रण के माध्यम से आमदनी पैदा करने वाली परिसंपत्तियां प्रदान की जाती हैं। स्वर्ण जयंती ग्राम स्वरोजगार योजना के तहत भौतिक और वित्तीय लक्ष्य का एक निश्चित प्रतिशत ग्रामीण क्षेत्रों में गरीबी रेखा से नीचे रहने वाले अल्पसंख्यक समुदायों से संबंधित लाभार्थियों के लिए निर्धारित किया जाएगा।

   स्वर्ण जयंती शहरी रोजगार योजना में दो प्रमुख घटक शामिल हैं-शहरी स्वरोजगार कार्यक्रम और शहरी मजदूरी रोजगार कार्यक्रम। शहरी स्वरोजगार कार्यक्रम और शहरी मजदूरी रोजगार कार्यक्रमा के तहत भौतिक और वित्तीय लक्ष्य का एक निश्चित प्रतिशत ग्रामीण क्षेत्रों में गरीबी रेखा से नीचे रहने वाले अल्पसंख्यक समुदायों से संबंधित लाभार्थियों के लिए निर्धारित किया जाएगा।

8. **तकनीकी प्रशिक्षण के माध्यम से कौशल उन्नयन (Upgradation of Skills through Technical Training):** अल्पसंख्यक समुदायों की आबादी का एक बहुत बड़ा हिस्सा निम्न-स्तरीय तकनीकी कार्यों में नियोजित है या हस्तशिल्पियों/दस्तकारों के रूप में काम करके अपना जीवन यापन करता है। ऐसे लोगों को तकनीकी प्रशिक्षण का प्रावधान उनके कौशलों को बढ़ाएगा और उनकी कमाई बढ़ेगी। इसलिए, सभी नए आईटीआई का एक निश्चित अनुपात मुख्य रूप से अल्पसंख्यक समुदायों की बहुलता वाले क्षेत्रों में स्थित होगा और समान आधार पर ही मौजूदा आईटीआई के एक कतिपय अनुपात को 'उत्कृष्टता केंद्रों' में उन्नत किया जाएगा।

9. **आर्थिक गतिविधियों के लिए वर्द्धित ऋण सहायता (Enhanced Credit Support for Economic Activities):** राष्ट्रीय अल्पसंख्यक विकास एवं वित्त निगम की स्थापना 1994 में अल्पसंख्यक समुदायों के बीच आर्थिक विकास गतिविधियों को बढ़ावा देने के उद्देश्य से की गई थी। सरकार राष्ट्रीय अल्पसंख्यक विकास एवं वित्त निगम को अधिकाधिक अंश/इक्विटी सहायता प्रदान करके उसे मजबूत करने के लिए प्रतिबद्ध है ताकि वह अपने उद्देश्यों को पूरी तरह से प्राप्त करने में सक्षम हो सके।

   स्वरोजगार पहलों के निर्माण और उसे जिन्दा रखने के लिए बैंक ऋण आवश्यक है। घरेलू बैंकों हेतु शुद्ध बैंक ऋण का 40 प्रतिशत प्राथमिकता क्षेत्र ऋण के रूप में देने का लक्ष्य निर्धारित किया गया है। प्राथमिकता क्षेत्र में शामिल हैं, कृषि ऋण, लघु उद्योगों और लघु व्यापार के लिए ऋण, खुदरा व्यापार के लिए ऋण, पेशेवर और स्वरोजगार वाले व्यक्ति, शिक्षा ऋण, घर के लिए ऋण और छोटे ऋण। यह सुनिश्चित किया जाएगा कि अल्पसंख्यक समुदायों के लिए सभी श्रेणियों में प्राथमिकता वाले क्षेत्र ऋण का एक उपयुक्त प्रतिशत लक्षित हो।

10. **राज्य और केंद्रीय सेवाओं में भर्ती (Recruitment to State and Central Services):** पुलिस कर्मियों की भर्ती में, राज्य सरकारों को अल्पसंख्यकों पर विशेष ध्यान देने की सलाह दी जाएगी। इस प्रयोजन के लिए, चयन समितियों में प्रतिनिधियों की भागीदारी होनी चाहिए।

    केंद्र सरकार केंद्रीय पुलिस बलों में कर्मियों की भर्ती में इसी तरह की कार्रवाई करेगी।

    रेलवे, राष्ट्रीयकृत बैंकों और सार्वजनिक क्षेत्र के उद्यमों द्वारा बड़े पैमाने पर रोजगार के अवसर प्रदान किए जाते हैं। इन मामलों में भी, संबंधित विभाग यह सुनिश्चित करेंगे कि अल्पसंख्यक समुदायों से भर्ती पर विशेष ध्यान दिया जाए।

    अल्पसंख्यक समुदायों से संबंधित उम्मीदवारों को सरकारी संस्थानों के साथ-साथ भरोसेमंद निजी कोचिंग संस्थानों मे कोचिंग प्रदान करने के लिए एक विशेष योजना शुरू की जाएगी।

11. **ग्रामीण आवास योजना में समुचित हिस्सेदारी (Equitable Share in Rural Housing Scheme):** इंदिरा आवास योजना गरीबी रेखा से नीचे रहने वाले ग्रामीण गरीबों को आवास के लिए वित्तीय सहायता प्रदान करती है। इंदिरा आवास योजना के तहत भौतिक और वित्तीय लक्ष्य का एक निश्चित प्रतिशत ग्रामीण क्षेत्रों में रहने वाले अल्पसंख्यक समुदायों से संबंधित गरीब लाभार्थियों के लिए निर्धारित किया जाएगा।

12. **अल्पसंख्यक समुदायों की मलिन बस्तियों/क्षेत्रों की स्थिति में सुधार (Improvement in Condition of Slums/ areas Inhabited by Minority Communities):** एकीकृत आवास और मलिन बस्ती विकास कार्यक्रम और जवाहरलाल नेहरू राष्ट्रीय शहरी नवीनीकरण कार्यक्रम की योजनाओं के तहत, केंद्र सरकार राज्यों/केंद्र शासित प्रदेशों को भौतिक सुविधाओं और बुनियादी सेवाओं के प्रावधान के माध्यम से शहरी मलिन बस्तियों के विकास के लिए सहायता प्रदान करती है। यह सुनिश्चित किया जाएगा कि इन कार्यक्रमों का लाभ अल्पसंख्यक समुदायों के सदस्यों और अल्पसंख्यक समुदायों की घनी आबादी वाली मलिन बस्तियों/शहरों में समुचित रूप से प्रवाहित हो।

    शहरी बुनियादी-ढाँचा और शासन योजना, छोटे और मध्यम नगरों की लिए शहरी अवसंरचना विकास योजना और राष्ट्रीय ग्रामीण पेयजल कार्यक्रम के अंतर्गत केंद्र सरकार बुनियादी ढ़ांचे और आधारभूत सेवाओं के प्रावधान के लिए राज्यों/केंद्र शासित प्रदेशों को सहायता प्रदान करती है। यह सुनिश्चित किया जाएगा कि इस कार्यक्रम का लाभ घनी अल्पसंख्यक आबादी वाले शहरों/कस्बों/जिलों/ब्लॉकों में समुचित रूप से प्रवाहित हो।

13. **सांप्रदायिक घटनाओं की रोकथाम (Prevention of Communal Incidents):** ऐसे क्षेत्रों में, जिन्हें सांप्रदायिक रूप से संवेदनशील और दंगा प्रवण माना गया है, ऐसे जिला और पुलिस अधिकारियों को तैनात किया जाना चाहिए जिनकी दक्षता, निष्पक्षता और धर्मनिरपेक्षता का उच्च कोटि का ज्ञात इतिहास हो। ऐसे क्षेत्रों और यहां तक कि अन्य जगहों पर भी, सांप्रदायिक तनाव की रोकथाम जिला मजिस्ट्रेट और पुलिस अधीक्षक के प्राथमिक कर्तव्यों में से एक होना चाहिए। इस संबंध में उनका कार्य-प्रदर्शन उनकी पदोन्नति की संभावनाओं को निर्धारित करने में एक महत्वपूर्ण कारक होना चाहिए।

14. **सांप्रदायिक अपराधों के लिए अभियोजन (Prosecution for Communal Offences):** उन सभीं के खिलाफ गंभीर कार्रवाई की जानी चाहिए जो सांप्रदायिक तनाव भड़काते हैं या हिंसा में भाग लेते हैं। सांप्रदायिक अपराधों के मुकदमे चलाने के लिए विशेष अदालत या अदालतें स्थापित की जानी चाहिए ताकि अपराधियों को शीघ्रता से दंडित किया जा सके।

15. **सांप्रदायिक दंगों के पीड़ितों का पुनर्वास (Rehabilitation of Victims of Communal Riots):** सांप्रदायिक दंगों के पीड़ितों को तत्काल राहत दी जानी चाहिए और उनके पुनर्वास के लिए शीघ्र और पर्याप्त वित्तीय सहायता प्रदान की जानी चाहिए।

प्रधानमंत्री के नए 15 सूत्री कार्यक्रम के शुभारंभ के समय, विभिन्न मंत्रालयों/विभागों की 24 योजनाएं और कार्यक्रम थे। हालाँकि, समय के साथ, इनमें से कुछ योजनाएं और कार्यक्रम या तो बंद हो गए हैं या संतृप्ति स्तर पर पहुंच गए हैं। वर्तमान में, 20 योज़नाएं और कार्यक्रम प्रधानमंत्री के नए 15-सूत्री कार्यक्रम के अंतर्गत आते हैं।

दिव्यांगजन के लिए कल्याणकारी योजनाएँ (Welfare Schemes for Disabled Persons)

69

दिव्यांगजन सशक्तिकरण विभाग, दिव्यांगजन के सशक्तिकरण और पुनर्वास के लिए विभिन्न योजनाएं और कार्यक्रम संचालित करता है। इन योजनाओं का उद्देश्य दिव्यांगजन के जीवन की गुणवत्ता बढ़ाने और उन्हें सम्मान के साथ जीवन जीने में सक्षम बनाने के लिए दिव्यांगजनों के शारीरिक, मनोवैज्ञानिक, सामाजिक, शैक्षिक और आर्थिक पुनर्वास और विकास को बढ़ावा देना है। नीचे इनके बारे में विवरण उपलब्ध है:

शैक्षणिक सशक्तिकरण की योजनायें (Schemes of Educational Empowerment)

विभाग दिव्यांग विद्यार्थियों के लिए छात्रवृत्ति की अम्ब्रेला योजना चलाता है। इस योजना के छह घटक हैं-मैट्रिक पूर्व छात्रवृत्ति, मैट्रिकोत्तर छात्रवृत्ति, उच्च श्रेणी शिक्षा छात्रवृत्ति, राष्ट्रीय समुद्रपारीय छात्रवृत्ति, राष्ट्रीय फैलोशिप छात्रवृत्ति और मुफ्त कोचिंग।

अम्ब्रेला छात्रवृत्ति योजना का मुख्य उद्देश्य दिव्यांग विद्यार्थियों को अपनी आजीविका कमाने के लिए आगे की पढ़ाई करने और समाज में एक सम्मानजनक स्थान पाने के लिए सशक्त बनाना है, क्योंकि वे शारीरिक, वित्तीय और मनोवैज्ञानिक कई बाधाओं का सामना करते हैं।

2017-18 तक, इन छह छात्रवृत्ति योजनाओं को अलग-अलग बजट वाली असम्बद्ध (stand alone) योजनाओं के रूप में लागू किया गया था। दिव्यांग छात्रों के लिए राष्ट्रीय फैलोशिप 2012 में शुरू की गयी थी। दिव्यांग विद्यार्थियों के लिए मैट्रिक पूर्व, मैट्रिकोत्तर और राष्ट्रीय समुद्रपारीय छात्रवृत्ति योजनायें 2014 में शुरू हुई थी। उच्च श्रेणी शिक्षा छात्रवृत्ति 2015 में शुरू हुई थी। दिव्यांग विद्यार्थियों के लिए मुफ्त कोचिंग 2017 में शुरू की गयी थी।

2018 से, सभी छह छात्रवृत्ति योजनाएं, अर्थात् मैट्रिक पूर्व छात्रवृत्ति, मैट्रिकोत्तर छात्रवृत्ति, उच्च श्रेणी शिक्षा छात्रवृत्ति, राष्ट्रीय समुद्रपारीय छात्रवृत्ति, राष्ट्रीय फैलोशिप छात्रवृत्ति और मुफ्त कोचिंग को 'दिव्यांग विद्यार्थियों के लिए छात्रवृत्तियां' नामक एक अम्ब्रेला योजना में विलय कर दिया गया। 2018-19 से प्रभाव में आया योजनाओं का विलय/एकीकरण बजट आवंटन की मांग-आपूर्ति में असंतुलन को दूर करने और कार्यान्वयन प्रक्रिया को सुप्रवाही बनाने के लिए किया गया है। अम्ब्रेला योजना में, यदि एक खंड में अधिशेष निधि/धन उपलब्ध है, तो उस अधिशेष का उपयोग दूसरे खंड में किया जा सकता है।

मैट्रिक पूर्व छात्रवृत्ति, मैट्रिकोत्तर छात्रवृत्ति, और उच्च श्रेणी शिक्षा छात्रवृत्ति में हर साल उपलब्ध कुल स्कॉलरशिप स्लॉट का 50 प्रतिशत और राष्ट्रीय समुद्रपारीय छात्रवृत्ति का 30 प्रतिशत हिस्सा छात्राओं के लिए आरक्षित है। हालांकि, यदि पर्याप्त संख्या में छात्राएं उम्मीदवार उपलब्ध नहीं हों, तो उपयुक्त पुरुष उम्मीदवारों का चयन करके अनुपयोगी स्थानों का उपयोग किया जा रहा है।

अम्ब्रेला छात्रवृत्ति योजना की मुख्य विशेषताएं इस प्रकार हैं:

1. **पूर्व मैट्रिक (कक्षा IX व X के लिए) [Pre-matric (For Classes IX and X)]:**
   - (i) **माता-पिता की आय सीमा:** माता-पिता की वार्षिक आय सीमा 2.50 लाख रुपये प्रति वर्ष है।
   - (ii) **रख-रखाव भत्ता:** छात्रावासियों के लिए 800 रुपये प्रति माह और अनावासी विद्यार्थियों के लिए 500 रुपये प्रति माह। रख-रखाव भत्ता एक वर्ष में 12 महीने के लिए भुगतान किया जाता है।
   - (iii) **दिव्यांगता संबंधी भत्ते:** दिव्यांगता से संबंधित विभिन्न प्रकार के भत्तों को एक भत्ते में मिला दिया गया है और दिव्यांगता भत्ते की सीमा 2,000 रुपये से 4,000 रुपये प्रति वर्ष है।
   - (iv) **पुस्तक भत्ता:** उपरोक्त के अलावा, ₹1,000 प्रति वर्ष का पुस्तक भत्ता दिया जाता है।
   - (v) **स्लॉटों की संख्या:** 20,000 + नवीकरण वाले छात्र
2. **मैट्रिकोत्तर (कक्षा XI से स्नातकोत्तर डिग्री/डिप्लोमा) [Post-matric (For Class X1 to Post-graduate Degree/ Diploma)]:**

(i) **माता-पिता की आय सीमा:** माता-पिता की वार्षिक आय सीमा 2.50 लाख रुपये प्रति वर्ष है।

(ii) **रख-रखाव भत्ता:** विभिन्न समूहों/समूहों की श्रेणियों के रख-रखाव भत्ते का भुगतान अलग-अलग दरों पर किया जाता है।

(iii) **दिव्यांगता-संबंधी भत्ते:** दिव्यांगता से संबंधित विभिन्न प्रकार के भत्तों को एक भत्ते में मिला दिया गया है और दिव्यांगता भत्ते की सीमा 2,000 से 4,000 रुपये प्रति वर्ष है।

(iv) **पुस्तक भत्ता:** उपरोक्त के अलावा, 1,500 रुपये प्रति वर्ष का पुस्तक भत्ता दिया जाता है।

(v) **ट्यूशन शुल्क:** 1.50 लाख रुपये की अधिकतम सीमा के विषयाधीन वास्तविक ट्यूशन शुल्क प्रति वर्ष का भुगतान किया जाता है।

(vi) **स्लॉटों की संख्या:** 17,000 + नवीकरण वाले छात्र

3. उच्च श्रेणी शिक्षा के लिए छात्रवृत्ति (शिक्षा में उत्कृष्टता के लिए अधिसूचित संस्थानों के स्नातक डिग्री / स्नातकोत्तर डिग्री / डिप्लोमा स्तर के पाठ्यक्रम के लिए) [Scholarship for Top Class Education (For Graduate Degree/ Post-graduate Degree/ Diploma level Courses in Notified Institutes of Excellence in Education)]:

(i) **माता-पिता की आय:** प्रति वर्ष 6.00 लाख रुपये से अधिक नहीं होनी चाहिए।

(ii) **रख-रखाव भत्ता:** छात्रावासियों को 3,000 रुपये प्रति माह और अनावासी विद्यार्थियों को 1,500 रुपये प्रति माह प्रदान किया जाता है।

(iii) **दिव्यांगता भत्ता:** 2,000 रुपये प्रति माह।

(iv) **पुस्तक अनुदान:** 5,000 रुपये प्रति वर्ष।

(v) **ट्यूशन शुल्क:** प्रति वर्ष 2.00 लाख रुपये तक।

(vi) **कंप्यूटर और सॉफ्टवेयर:** पूरे पाठ्यक्रम के लिए। कंप्यूटर और सॉफ्टवेयर की खरीद हेतु एकमुश्त अनुदान 60,000 रुपये।

(vii) **स्लॉटों की संख्या:** 300 + नवीकरण वाले छात्र।

4. राष्ट्रीय समुद्रपारीय छात्रवृत्ति (विदेशी विश्वविद्यालयों से स्नातकोत्तर उपाधि और पीएच.डी. के लिए) [National Overseas Scholarship (For Master's Degree and Ph.D. in Foreign Universities)]:

(i) **माता-पिता की आय:** प्रति वर्ष 6.00 लाख रुपये से अधिक नहीं होनी चाहिए।

(ii) **ट्यूशन शुल्क:** वास्तव में भुगतान की गयी विदेशी विश्वविद्यालयों/कॉलेजों की ट्यूशन फीस।

(iii) **रख-रखाव भत्ता:** अमेरिकी डॉलर 15,400 प्रति वर्ष - संयुक्त राज्य अमेरिका और यूनाइटेड किंगडम को छोड़कर अन्य देशों के लिए, यूनाइटेड किंगडम के लिए - GBP 9,900 प्रति वर्ष।

(iv) **वार्षिक आकस्मिक भत्ता:** अमेरिकी डॉलर 1,500 प्रति वर्ष - संयुक्त राज्य अमेरिका और यूनाइटेड किंगडम को छोड़कर अन्य देशों के लिए, यूनाइटेड किंगडम के लिए - GBP 1,100 प्रति वर्ष

(v) **आकस्मिक यात्रा भत्ता:** अमेरिकी डॉलर 20 - या भारतीय रुपये में इसके समकक्ष।

(vi) **उपकरण भत्ता:** 1,500 रुपये

(vii) **वीजा शुल्क:** भारतीय रुपये में वास्तविक वीजा शुल्क।

(viii) **चिकित्सा बीमा प्रीमियम:** वास्तविक चिकित्सा बीमा प्रीमियम।

(ix) **हवाई यात्रा की लागत:** विभाग द्वारा हवाई टिकट की व्यवस्था राष्ट्रीय वाहक में कियायती श्रेणी में सबसे छोटे मार्ग द्वार की जाती है।

(x) **स्लॉट की संख्या:** 20 + नवीकरण वाले छात्र

5. राष्ट्रीय फैलोशिप (भारतीय विश्वविद्यालयों से एम.फिल और पीएच.डी. के लिए) [National Fellowships (For M.Phil. and Ph.D. in Indian Universities)]:

(i) **माता-पिता की आय:** माता-पिता की आय पर कोई ऊपरी सीमा नहीं।

(ii) **फैलोशिप की दर:** कनिष्ट शोध फेलो और वरिष्ठ शोध फेलो के लिए फेलोशिप की दरें विश्वविद्यालय अनुदान आयोग फैलोशिप के बराबर होंगी।

(iii) **मकान किराया भत्ता** का भुगतान विश्वविद्यालय अनुदान आयोग पैटर्न पर किया जाता है और उन छात्रों को देय होता है जिन्हें छात्रावास प्रदान नहीं किया जाता है।

(iv) **स्लॉट की संख्या:** 200 स्लॉट प्रति वर्ष

6. नि:शुल्क कोचिंग (सरकारी/सार्वजनिक क्षेत्र में नौकरियों के लिए आयोजित प्रतियोगी परीक्षा में भाग लेने और तकनीकी और व्यावसायिक पाठ्यक्रमों में प्रवेश के लिए) [Free Coaching (For Appearing in Competitive Examination

for Jobs in Government/ Public Sector and Admission to Technical and Professional Courses)]:

(i) **माता-पिता की आय:** प्रति वर्ष ₹6.00 लाख से अधिक नहीं होनी चाहिए।

(ii) **कोचिंग शुल्क:** कोचिंग शुल्क का भुगतान एमपेनल्ड कोचिंग संस्थानों को किया जाता है।

(iii) **वजीफा/स्टाईपेंड:** कोचिंग क्लासेस में भाग लेने के लिए स्थानीय छात्रों और बाहरी छात्रों को मासिक स्टाइपेंड का भुगतान किया जाता है।

(iv) **विशेष भत्ता:** प्रति माह ₹2,000 छात्रों को पाठक भत्ता, अनुरक्षण भत्ता, सहायक भत्ता, आदि के लिए दिया जाता है।

(v) **स्लॉट की संख्या:** 2,000

आर्थिक सशक्तिकरण की योजनायें (Schemes of Economic Empowerment)

1. **कौशल प्रशिक्षण के लिए राष्ट्रीय कार्य योजना (NAP) (National Action Plan (NAP) for Skill Training):** विभाग ने 2015 में कौशल विकास और उद्यमिता मंत्रालय के सहयोग से दिव्यांगजनों के कौशल प्रशिक्षण के लिए एक राष्ट्रीय कार्य योजना शुरू की थी। राष्ट्रीय कार्य योजना को छत्र/अम्ब्रेला योजना के तहत एक घटक के रूप में लागू किया जाता है 'दिव्यांगजन अधिकार कार्यान्वयन योजना अधिनियम'।

इस कार्यक्रम के तहत, इस विभाग के साथ प्रशिक्षण साथियों के रूप में सूचीबद्ध विभिन्न सरकारी और गैर-सरकारी संगठनों में माध्यम से कौशल प्रशिक्षण दिया जाता है। विभाग ने 266 संगठनों (27 सरकारी + 239 गैर-सरकारी) को प्रशिक्षण साथियों के रूप में सूचीबद्ध/एमपैनल किया है। इसके अलावा, राष्ट्रीय विकलाग वित्त और विकास निगम (NHFDC), राष्ट्रीय संस्थान और समग्र क्षेत्रीय केंद्र (CRCs) जैसे विभाग के प्रशासनिक नियंत्रण वाले संस्थानों को भी राष्ट्रीय कार्य योजना के तहत कौशल प्रशिक्षण कार्यक्रम संचालित करने के लिए वित्तीय सहायता प्रदान की जाती है।

प्रशिक्षण साथियों को अनुदान सहायता का भुगतान तीन किस्तों में किया जाता है, यथा-प्रशिक्षण शुद्ध होने के समय 30 प्रतिशत, प्रशिक्षण पूरा होने के बाद 50 प्रतिशत (प्रमाणीकरण किया जाता है) और शेष 20 प्रतिशत प्लेसमेंट के बाद किया जाता है।

राष्ट्रीय कार्य योजना के तहत निम्नलिखित उपाय किए गए:

(i) विभाग द्वारा 2018 में नई दिल्ली में एक राष्ट्रीय कार्यशाला का आयोजन किया गया था, जिसके पीछे विचार था कि प्रशिक्षण भागीदारों से लेकर नीति निर्माताओं और नियोक्ताओं सहित सभी साझेदारों को एक मंच प्रदान किया जाये और दिव्यांगजनों के परिप्रेक्ष्य में कौशल भारत अभियान के उद्देश्य को प्राप्त करने के लिए एक रोडमैप बनाया जाये।

(ii) उद्योग और नियोक्ताओं की मांग को ध्यान में रखते हुए दिव्यांगजनों की क्षमता के आधार पर नई नौकरियाँ सृजित करने और मौजूदा नौकरी की भूमिकाओं में संशोधन करने के लिए, विभाग ने 2018 में पांच उप-समितियों का गठन किया। गठित की गई पांच उप-समितियां (a) अंधत्व और अल्प-दृष्टि, (b) वाक और श्रवण, (c) बौद्धिक दिव्यांगता, (d) बहु-दिव्यांगताएँ और (e) गतिविषयक दिव्यांगता के लिए हैं। उप-समितियों ने कुछ नई नौकरियों/भूमिकाओं की सिफारिश की और विभिन्न मौजूदा नौकरी की भूमिकाओं में संशोधनों का भी सुझाव दिया।

(iii) योजना के तहत धन की निगरानी में सुधार करने के लिए, धन प्रवाह प्रणाली को परियोजना-वार से बैच-वार और अग्रिम के बजाय प्रशिक्षण शुद्ध करने पर धन दिया जाना तय किया गया है।

(iv) केवल गंभीर और प्रतिष्ठित संगठनों को सूचीबद्ध करने की दृष्टि से, सूचीबद्ध करने की प्रक्रिया की भी समीक्षा की गई और इस प्रक्रिया को युक्तिसंगत बनाने के लिए इसके मापदंडों और अंकों के मैट्रिक्स में कुछ बदलाव किए गए, जैसे-प्रत्येक पैरामीटर के लिए कौशल प्रशिक्षण और सहायक दस्तावेजों में तीन साल का अनुभव अनिवार्य कर दिया गया।

2. **राष्ट्रीय विकलांग वित्त और विकास निगम [National Handicapped Finance and Development Corporation (NHFDC)]:** राष्ट्रीय विकलांग वित्त और विकास निगम 1997 में स्थापित हुआ था। यह पूरी तरह से भारत सरकार के स्वामित्व में है और इसकी अधिकृत शेयर पूंजी 400 करोड़ है।

राष्ट्रीय विकलांग वित्त और विकास निगम के उद्देश्य इस प्रकार हैं:

(i) दिव्यांगजन के लाभ के लिए आर्थिक विकास गतिविधियों और स्वरोजगार उपक्रमों को बढ़ावा देना।

(ii) दिव्यांगजन के स्व-रोजगार उद्यमों के उचित और कुशल प्रबंधन के लिए उनके उद्यमशीलता कौशल के उन्नयन हेतु दिव्यांगजन को ऋण देना।

(iii) व्यावसायिक पुनर्वास/स्व-रोजगार के लिए व्यावसायिक/तकनीकी शिक्षा प्राप्त करने हेतु दिव्यांगजन को ऋण देना।

(iv) अपने स्वयं के उत्पादों और वस्तुओं के विपणन के लिए स्व-नियोजित दिव्यांगजन की सहायता करना।

राष्ट्रीय विकलांग वित्त और विकास निगम राज्य सरकारों और अन्य एजेंसियों द्वारा नामित राज्य चौनेलाइजिंग एजेंसियों के माध्यम से दिव्यांगजन के लाभ के लिए धन जुटाने हेतु एक शीर्ष संस्था के रूप में कार्य करता है। इसके अलावा, निगम ने दिव्यांगजन तक अपनी पहुच बढ़ाने के लिए कुछ सार्वजनिक क्षेत्र के बैंकों/क्षेत्रीय ग्रामीण बैंकों के साथ समझौता ज्ञापन में प्रवेश किया है।

राष्ट्रीय विकलांग वित्त और विकास निगम की गतिविधियों को निम्नलिखित दो तरीकों से वर्गीकृत किया जा सकता है:

(i) **ऋण आधारित गतिविधियाँ:** राष्ट्रीय विकलांग वित्त और विकास निगम उन सभी पात्र भारतीय नागरिकों, जिन्हें 40 प्रतिशत या अधिक दिव्यांगता है और जिनकी उम्र 18 वर्ष से अधिक है, को आय सृजन इकाई स्थापित करने के लिए सुविधाजनक शर्तों पर रियायती ऋण के रूप में वित्तीय सहायता प्रदान करता है।

(ii) **गैर-ऋण आधारित गतिविधियाँ:** नेशनल हैण्डीकैप्ड फाइनैंस एंड डेवलपमेंट कॉर्पोरेशन अपने ध्येय को प्राप्त करने के लिए दिव्यांग व्यक्तियों के हित में विभिन्न गतिविधियों/कार्यक्रमों का आयोजन करता है और धन प्रदान करता है। ये हैं:

(a) **कार्यकारी विकास कार्यक्रम/कौशल प्रशिक्षण कार्यक्रम:** कौशल और उद्यमिता विकास योजना के तहत प्रशिक्षण के संचालन/प्रायोजन के लिए अनुदान के रूप में वित्तीय सहायता प्रदान की जाती है।

(b) **प्रचार और जागरूकता:** नेशनल हैण्डीकैप्ड फाइनैंस एंड डेवलपमेंट कोर्पोरेशन अपनी कार्यान्वयन एजेंसियों को अपनी योजनाओं के विज्ञापन और प्रचार के लिए धन प्रदान करता है।

3. **दिव्यांगजनों के लिए राष्ट्रीय कोष [National Fund For Persons With Disabilities]:** विभाग ने दिव्यांगजन अधिकार अधिनियम, 2016 के तहत दिव्यांगजन के लिए राष्ट्रीय कोष का गठन किया है। दिव्यांगजन के सशक्तीकरण के लिए पूर्ववर्ती ट्रस्ट फंड के तहत उपलब्ध फंड और दिव्यांगजन के लिए राष्ट्रीय फंड को नेशनल फंड (राष्ट्रीय कोष) के अंतर्गत रखा गया है।

दिव्यांगजन के अधिकार नियम, 2017 राष्ट्रीय कोष के उपयोग और प्रबंधन के लिए एक व्यापक ढांचा प्रदान करता है। उक्त नियमों के प्रावधानों के अनुसार, केंद्र सरकार ने एक शासी निकाय का गठन किया है जो उक्त कोष के समग्र प्रबंधन के लिए जिम्मेदार होगा।

कोष के शासी निकाय की पहली बैठक 2018 में हुई थी। शासी निकाय ने राष्ट्रीय कोष/नेशनल फंड की राशि के रूप में ₹250 करोड़ तय किए थे। केवल कोष की राशि पर उत्पन्न आय का उपयोग निधि/फण्ड/कोष के तहत की जाने वाली विभिन्न गतिविधियों को करने के लिए किया जाएगा।

शासी निकाय ने निम्नलिखित उद्देश्यों के लिए वित्तीय सहायता प्रदान करने को राष्ट्रीय कोष के तहत एक योजना को मंजूरी दी थी:

(i) दिव्यांगजन द्वारा बनाए गए चित्रों, हस्तकला, आदि सहित उत्पादों को प्रदर्शित करने के लिए प्रदर्शनियाँ/कार्यशालाएँ आयोजित करना।

(ii) उन दिव्यांगजन की सहायता करना जिन्होंने राष्ट्रीय/अंतर्राष्ट्रीय स्पर्धाओं में भाग लेने के लिए राज्य स्तर पर खेल या ललित कला/संगीत/नृत्य में उत्कृष्ट प्रदर्शन किया है। दिव्यांगजन को फंड/कोष से एक चीज के लिए सहायता केवल एक ही बार दी जा सकती है।

(iii) उच्च सहायता-सहयोग की जरूरतों वाले व्यक्तियों की कतिपय विशेष आवश्यकताओं के सन्दर्भ में सहायता करना। यहाँ हर मामले में पृथक् से विचार होगा। राज्यों द्वारा विशेष अनुशंसा पर आकलन बोर्ड अनुशंसा करेंगे।

सामाजिक सशक्तिकरण की योजनायें (Schemes of Social Empowerment)

1. **साधनों/उपकरणों की खरीद/फिटिंग के लिए दिव्यांग व्यक्तियों की सहायता [Assistance to Disabled Persons for Purchase/ Fitting of Aids/Appliances (ADIP)]:** इस योजना का मुख्य उद्देश्य विभिन्न कार्यान्वयन एजेंसियों (राष्ट्रीय संस्थान/ समेकित क्षेत्रीय केंद्र / भारतीय कृत्रिम अंग निर्माण निगम/ जिला दिव्यांगता पुनर्वास केंद्र / राज्य दिव्यांगजन विकास निगम / अन्य स्थानीय निकाय / गैर-सरकारी संगठन) को अनुदान सहायता प्रदान करना है ताकि वे दिव्यांगजन को टिकाऊ, परिष्कृत और वैज्ञानिक रूप से निर्मित, आधुनिक, मानक साधन और उपकरणों की खरीद मदद कर सकें। दिव्यांग व्यक्ति की दिव्यांगता का प्रभाव घटे और साथ ही आमदनी की क्षमता बढ़े तथा उनका शारीरिक, सामाजिक और मनोवैज्ञानिक पुनर्वास हो। दिव्यांग व्यक्तियों को उनके कामकाज में आत्मनिर्भरता पाने में मदद करने और दिव्यांगता के प्रभाव और द्वितीयक दिव्यांगता होने को रोकने/कम करने के लिए सहायक उपकरण दिए जाते हैं। योजना के तहत आपूर्ति किये जाने वाले साधन और उपकरण उचित प्रमाणीकरण प्राप्त होने चाहिए। योजना में सहायक उपकरण प्रदान करने से पहले, जब भी आवश्यक हो सुधारात्मक सर्जरी करने की परिकल्पना की गई है।

योजना के तहत पात्रता मानदंड निम्नानुसार हैं:

(i) 40 प्रतिशत दिव्यांगता का प्रमाण-पत्र होना चाहिए।

(ii) सभी स्रोतों से मासिक आय ₹15,000 प्रति माह से अधिक नहीं हो (100 प्रतिशत रियायत के लिए) और ₹15,001 से ₹20,000 प्रति माह 50 प्रतिशत रियायत के लिए।

(iii) नया सहायक उपकरण 3 वर्ष से अधिक आयु के बच्चों के लिए दिया जाता है। हालांकि, 12 साल से कम उम्र के बच्चों के लिए डिवाइस की आपूर्ति 1 साल के बाद की जा सकती है

साधनों/उपकरणों की खरीद/फिटिंग के लिए दिव्यांग व्यक्तियों की सहायता (एडिप) योजना के तहत कोष को निम्नलिखित गतिविधियों के लिए निर्धारित और उपयोग किया जाता है:

(i) **साधनों/उपकरणों की खरीद/फिटिंग के लिए दिव्यांग व्यक्तियों की सहायता (एडिप)-सर्व शिक्षा अभियान शिविर:** 14 वर्ष से कम आयु के बच्चों और जो स्कूल जाते हैं, को सर्व शिक्षा अभियान योजना के तहत सहायक सहायता उपकरण वितरित किए जाते हैं।

(ii) **शिविर गतिविधियों के लिए:** योजना के तहत, जिलेवार दिव्यांगता वितरण शिविर आयोजित किए जाते हैं। शिविरों के आयोजन के प्रस्तावों की अनुशंसा करते समय, राज्य सरकारों/केंद्र शासित प्रदेशों के प्रशासन को दुर्गम असेवित क्षेत्रों के कवरेज पर ध्यान देने की आवश्यकता है।

(iii) **मुख्यालय की गतिविधियों के लिए:** राष्ट्रीय संस्थान/समेकित क्षेत्रीय केंद्र/भारतीय कृत्रिम अंग निर्माण निगम उन पात्र लाभार्थियों को सेवाएँ प्रदान करने के लिए 'साधनों/उपकरणों की खरीद/फिटिंग के लिए दिव्यांग व्यक्तियों की सहायता (एडिप)' अनुदान का उपयोग करते हैं जो संस्थानों या उनके संबंधित क्षेत्रीय केंद्रों से संपर्क करते हैं।

कुछ सुस्थापित गैर-सरकारी संगठनों के पास ऐसे केंद्र/उप-केंद्र हैं जो बाह्य रोगी विभाग विषयक कार्य करते हैं और दिव्यांगजन को सुधारात्मक शल्यक्रिया की सुविधा देते हैं। कई दिव्यांगजन सहायक साधनों/एड और उपकरणों के लिए उनके केंद्रों/उप-केंद्रों पर संपर्क करते हैं। इसलिए, साधनों/उपकरणों की खरीद/फिटिंग के लिए दिव्यांग व्यक्तियों की सहायता (एडिप) अनुदान उनके संबंधित मुख्यालय कार्यकलापों के लिए जारी किए जाते हैं।

(iv) **कर्णावर्त प्रत्यारोपण शल्यक्रिया:** योजना के तहत 6.00 लाख प्रति यूनिट की सीमा के साथ श्रवण दिव्यांगता से ग्रसित 500 बच्चों के लिए प्रति वर्ष कर्णावर्त प्रत्यारोपण का प्रावधान है। इससे 0 से 5 वर्ष के आयु वर्ग के श्रवण समस्या से ग्रसित बच्चों को जीवन भर की राहत मिलेगी।

2. **दिव्यांगजन अधिनियम के कार्यान्वयन की योजना [Scheme for Implementation of Persons with Disabilities Act (SIPDA)]:** दिव्यांगजन अधिनियम के कार्यान्वयन की योजना के तहत, निम्नलिखित कार्यकलापों के लिए वित्तीय सहायता प्रदान की जाती है:

(i) दिव्यांगजन के लिए बाधा मुक्त वातावरण प्रदान करने के लिए जिनमें स्कूलों, कॉलेजों, शैक्षणिक और प्रशिक्षण संस्थानों, कार्यालयों और सार्वजनिक भवनों, मनोरंजन क्षेत्रों, स्वास्थ्य केंद्रों/अस्पतालों आदि में बाधा मुक्त निर्मित पर्यावरण मुहैया कराना शामिल है। इसमें रैंप, रेल, लिफ्ट, व्हीलचेयर उपयोगकर्ताओं के लिए शौचालयों का अनुकूलन, ब्रेल साइनेज और श्रवण संकेत, स्पर्श फर्श आदि के प्रावधान शामिल हैं।

(ii) केंद्र/राज्य और जिला स्तर पर सरकारी वेबसाइटों को दिव्यांगजन के उपयोग के लिए संभव बनाना।

(iii) दिव्यांगजन के लिए कौशल विकास कार्यक्रम।

(iv) निर्मित पर्यावरण, परिवहन प्रणाली और सूचना और संचार पारिस्थितिकी तंत्र की अभिगम्यता में वृद्धि करना।

(v) समेकित क्षेत्रीय केंद्रों और जिला दिव्यांगता पुनर्वास केंद्रों को सहायता प्रदान करने के लिए, और आवश्यकतानुसार नए समेकित क्षेत्रीय केंद्र एवं जिला दिव्यांगता पुनर्वास केन्द्र स्थापित करना।

(vi) दिव्यांगजन को दिव्यांगता प्रमाण-पत्र जारी करने और पहचान और सर्वेक्षण/ यूनिवर्सल आईडी जारी करने के लिए शिविरों के आयोजन में राज्य सरकारों की सहायता करना।

(vii) विभिन्न हितधारकों के लिए जागरूकता अभियान और संवेदीकरण कार्यक्रम एवं और अन्य सूचना शिक्षा संचार बनाना 'जागरूकता सृजन और प्रचार योजना' का कार्यान्वयन करना।

(viii) दिव्यांगता के मुद्दों, परामर्श और सहायता सेवाएँ प्रदान करने के लिए सूचना के प्रसार को सुविधापूर्ण बनाने हेतु संसाधन केंद्रों की स्थापना/सहायता करना।

(ix) भौतिक और डिजिटल दोनों तरह के पुस्तकालयों और और अन्य ज्ञान केंद्रों तक पहुँच को बढ़ावा देना।

(x) दिव्यांगता पुनर्वास के क्षेत्र में अनुसंधान और विकास गतिविधियों और 'दिव्यांगता से संबंधित प्रौद्योगिकी, उत्पाद और मुद्दों पर शोध योजना' के कार्यान्वयन को बढ़ावा देना।

(xi) दृष्टिबाधित शिशुओं और छोटे बच्चों को नियमित स्कूली शिक्षा प्राप्त करने के लिए आवश्यक कौशल प्राप्त करने में मदद करने के लिए जिला मुख्यालयों/ अन्य स्थानों पर सरकारी मेडिकल कॉलेजों जैसे शुरुआती नैदानिक और हस्तक्षेप केंद्र स्थापित करना।

(xii) बुनियादी सुविधाओं के लिए दिव्यांग व्यक्तियों हेतु राज्य आयुक्त कार्यालयों के लिए राज्य सरकारों/ केंद्र शासित प्रदेशों को अनुदान।

(xiii) दिव्यांग व्यक्तियों के लिए विशेष मनोरंजन केंद्रों का निर्माण जहां उपयुक्त सरकारों/स्थानीय प्राधिकरणों के पास अपनी भूमि हो।

(xiv) राष्ट्रीय/राज्य स्तर पर खेल आयोजनों के लिए सहायता।

(xv) दिव्यांग खेल-कूद केंद्र की स्थापना के लिए स्थान की विस्तृत परियोजना रिपोर्ट तैयार करने के लिए सलाहकार से संबंधित खर्च को पूरा करने हेतु सहायता।

(xvi) केंद्र/राज्य सरकारों, स्थानीय निकायों और अन्य सेवा प्रदाताओं के प्रमुख अधिकारियों को सेवारत रहते हुए प्रशिक्षण और संवेदीकरण।

(xvii) दिव्यांग व्यक्तियों को रोजगार प्रदान करने के लिए निजी क्षेत्र के नियोक्ताओं को प्रोत्साहन/इंसेंटिव।

(xviii) अधिनियम में निर्दिष्ट किसी अन्य गतिविधि के लिए वित्तीय सहायता।

3. **दीनदयाल दिव्यांग पुनर्वास योजना [Deendayal Disabled Rehabilitation Scheme (DDRS)]:** दीनदयाल दिव्यांग पुनर्वास योजना एक केन्द्रीय क्षेत्र योजना है, जिसके उद्देश्य निम्नलिखित हैं:

(i) दिव्यांग व्यक्तियों के पुनर्वास से संबंधित परियोजनाओं के लिए गैर-सरकारी संगठनों को अनुदान सहायता प्रदान करना, जिसका उद्देश्य उन्हें उनके शारीरिक, संवेदी, बौद्धिक, मानसिक और सामाजिक-कार्यात्मक स्तरों को ईष्टतम सीमा पर पहुँचने और बनाए रखने में सक्षम बनाना है।

(ii) दिव्यांग व्यक्तियों को समान अवसर, न्यायसम्यता, सामाजिक न्याय और सशक्तिकरण सुनिश्चित करने के लिए सक्षम/सही वातावरण का निर्माण करना।

(iii) दिव्यांगजन अधिकार अधिनियम, 2016 के प्रभावी कार्यान्वयन को सुनिश्चित करने के लिए स्वैच्छिक कार्य को प्रोत्साहित करना।

दीनदयाल दिव्यांग पुनर्वास योजना को 2018 में संशोधित किया गया था। संशोधित योजना के प्रावधान इस प्रकार हैं:

(i) संशोधित दीनदयाल दिव्यांग पुनर्वास योजना के तहत मॉडल परियोजनाओं की सूची 18 से घटाकर 9 कर दी गई है। निम्नलिखित नौ मॉडल परियोजनाएं जारी हैं:

(a) विद्यालय-पूर्व और प्रारंभिक उपाय व प्रशिक्षण के लिए परियोजना।

(b) दिव्यांग बच्चों के लिए विशेष विद्यालय।

(c) प्रमस्तिष्क पक्षाघात से पीड़ित बच्चों के लिए परियोजना।

(d) कुष्ठ रोग से ठीक हो चुके व्यक्तियों के पुनर्वास के लिए परियोजना।

(e) उपचार-प्राप्त व नियंत्रित मानसिक रूप से बीमार व्यक्तियों के मानसिक-सामाजिक पुनर्वास के लिए हाफवे होम।

(f) गृह-आधारित पुनर्वास कार्यक्रम/गृह प्रबंधन कार्यक्रम।

(g) समुदाय आधारित पुनर्वास परियोजना।

(h) न्यून दृष्टि केंद्रों के लिए परियोजना।

(i) मानव संसाधन विकास के लिए परियोजनाएं।

(ii) योजना के अंतर्गत आने वाले लाभार्थियों की संख्या इस प्रकार है:

(a) अनुदान लाभ की गणना उन पात्र लाभार्थियों की संख्या के लिए की जाएगी, जो निरीक्षण की तारीख से पिछले 30 दिनों में से कम-से-कम 15 दिनों संस्थान में उपस्थित रहे हैं।

(b) अगर बुनियादी ढांचा उपलब्ध है तो लाभार्थियों की संख्या में वृद्धि पर कोई सीमा नहीं है।

4. **जागरूकता सृजन और प्रचार योजना (Awareness Generation and Publicity Scheme):** यह योजना सितंबर 2014 में शुरू की गई थी। बेहतर और प्रभावी परिणामों हेतु कार्यान्वयन को व्यापक बनाने के लिए योजना के दायरे, उद्देश्य, पात्रता, आदि को सरल बनाने और बढ़ाने के लिए 2015-16 में योजना को संशोधित किया गया है।

योजना के तहत सहायता के लिए स्वीकार्य अवयवों में शामिल हैं-दिव्यांगजन की ऑनलाइन काउंसलिंग के लिए एक हेल्पलाइन की स्थापना शामिल; सामग्री विकास; प्रकाशन और समाचार मीडिया; राष्ट्रीय कार्यक्रमों का आयोजन; अंतर्राष्ट्रीय पहल में भाग लेना या गैर-सरकारी संगठनों या स्वयं सहायता समूहों द्वारा आयोजित विभिन्न कार्यक्रमों की सहायता करना; वाणिज्यिक प्रतिष्ठान और नियोक्ताओं को संवेदनशील बनाने के लिए स्वयंसेवी सेवा/आउटरीच कार्यक्रम; मनोरंजन और पर्यटन; सामुदायिक रेडियो में भागीदारी; मीडिया गतिविधियाँ; रोजगार मेलों सहित दिव्यांगजन के लिए कौशल विकास और रोजगार सृजन के लिए जागरूकता अभियान का समर्थन-सहायता; सुगम्य भवन, सुगम्य परिवहन, सुगम्य वेबसाइट और सुगम्यता ऑडिट करना सहित एक समर्थकारी और बाधा मुक्त वातावरण बनाकर सार्वभौमिक सुगम्यता के बारे में जागरूकता फैलाने का समर्थन करना; दिव्यांगता के क्षेत्र में व्यक्तिगत उत्कृष्टता को बढ़ावा देना; दिव्यांगजन के बीच प्रतिभा और कौशल को बढ़ावा देने के लिए खेल और एबिलीपिक्स की गतिविधियाँ जिन्हें कार्यक्रमों और जागरूकता अभियान, आदि के माध्यम से सहायता-समर्थन दिया जाना।

निम्नलिखित संगठन योजना के तहत अनुदान/वित्तीय सहायता के पात्र हैं:

(i) स्वयं-सहायता समूह

(ii) पक्ष-समर्थन और स्व-पक्ष समर्थन संगठन

(iii) सामाजिक रवैये में बदलाव लाने के लिए काम कर रहे माता-पिता और सामुदायिक संगठन

(iv) मनोवैज्ञानिक और भावनात्मक सहायता सेवा

(v) समुदाय आधारित पुनर्वास संगठन

(vi) श्रम बाजार कार्यक्रम, व्यावसायिक प्रशिक्षण, सामाजिक बीम सहित दिव्यांगता के क्षेत्र में काम करने वाले संगठन जो दिव्यांगजन को सहायता सेवाएं, तनाव प्रबंधन और सामाजिक अलगाव उन्मूलन आदि सहायता प्रदान करते हैं।

(vii) केंद्रीय/राज्य सरकार के प्रशासनिक नियंत्रण में आने वाले संगठन जिनमें विभाग, विश्वविद्यालय, संस्थान, कॉलेज आदि शामिल हैं।

5. **दिव्यांगजन के सशक्तिकरण के लिए राष्ट्रीय पुरस्कार (National Awards for the Empowerment of Persons with Disabilities):** दिव्यांगजन के सशक्तिकरण के लिए राष्ट्रीय पुरस्कार व्यक्तियों/संस्थानों/राज्यों/जिलों को दिव्यांग व्यक्तियों के सशक्तिकरण के क्षेत्र में उनकी उत्कृष्ट उपलब्धियों के लिए प्रदान किए जाते हैं। इन पुरस्कारों की स्थापना का उद्देश्य दिव्यांगजन के मुद्दों पर जनता का ध्यान केंद्रित करना और समाज में उनको मुख्यधारा से जोड़ने को बढ़ावा देना है। यह पुरस्कार हर साल 'दिव्यांगजन अंतर्राष्ट्रीय दिवस', यानी 3 दिसंबर, के अवसर पर निम्नलिखित 14 श्रेणियों के तहत प्रदान किया जाता है:

(i) सर्वश्रेष्ठ दिव्यांग कर्मचारी/स्व-नियोजित
(ii) (a) सर्वश्रेष्ठ नियोक्ता और (b) सर्वश्रेष्ठ प्लेसमेंट अधिकारी या एजेंसी
(iii) दिव्यांगजन के सशक्तिकरण के लिए काम करने वाले (a) सर्वश्रेष्ठ व्यक्ति और (b) सर्वश्रेष्ठ संस्थान
(iv) रोल मॉडल/प्रेरणा स्रोत
(v) दिव्यांगजन के जीवन को बेहतर बनाने को लक्षित से सर्वश्रेष्ठ प्रयुक्त अनुसंधान या नवाचार या उत्पाद विकास
(vi) दिव्यांगजन के लिए बाधा रहित वातावरण के निर्माण में उत्कृष्ट कार्य
(vii) पुनर्वास सेवाएं प्रदान करने में सर्वश्रेष्ठ जिला
(viii) राष्ट्रीय विकलांग वित्त और विकास निगम की सर्वश्रेष्ठ राज्य चौनेलाइजिंग एजेंसी
(ix) उत्कृष्ट रचनात्मक दिव्यांग वयस्क व्यक्ति
(x) सर्वश्रेष्ठ रचनात्मक दिव्यांग बालक
(xi) सर्वश्रेष्ठ ब्रेल प्रेस
(xii) सर्वश्रेष्ठ 'सुगम्य' वेबसाइट
(xiii) सर्वश्रेष्ठ राज्य:
  (a) दिव्यांगजन के सशक्तिकरण को बढ़ावा देने वाला
  (b) सुगम्य भारत अभियान के कार्यान्वयन में
(xiv) सर्वश्रेष्ठ दिव्यांग खिलाड़ी

2017 तक, पुरस्कार योजना राष्ट्रीय पुरस्कार नियम, 2013 के तहत शासित था, जो दिव्यांगजन अधिनियम, 1995 के अनुसार दिव्यांगजन को सात श्रेणियों में रखता था। यद्यपि, दिव्यांगजन अधिकार अधिनियम, 2016 के प्रभाव में आने के साथ, नए कानून के तहत निर्दिष्ट दिव्यांगताओं की संख्या 7 से बढ़कर 21 हो गई। तद्नुसार, सभी 21 दिव्यांगताओं को दिव्यांगजन सशक्तिकरण दिशा-निर्देश, 2018 के लिए राष्ट्रीय पुरस्कार के तहत शामिल किया गया है।

6. **सुगम्य भारत अभियान [Accessible India Campaign (AIC)]:** दिव्यांगजन के लिए सार्वभौमिक सुगम्यता निर्मित करने के लिए, निर्मित पर्यावरण, परिवहन और सूचना व संचार प्रौद्योगिकी पारिस्थितिकी तंत्र के निर्माण के लिए प्रधानमंत्री ने 2015 में सुगम्य भारत अभियान की शुरुआत की थी।

यह अभियान दिव्यांगता के सामाजिक मॉडल के सिद्धांतों पर आधारित है, जिसमें यह बतलाया जाता है कि दिव्यांगता का कारण सामाजिक व्यवस्था है न कि व्यक्ति की सीमायें और दोष। शारीरिक, सामाजिक, संरचनात्मक और व्यवहार संबंधी बाधाएं दिव्यांगजन को सामाजिक-सांस्कृतिक और आर्थिक गतिविधियों में समान रूप से भाग लेने से रोकती हैं। एक बाधा मुक्त वातावरण सभी गतिविधियों में दिव्यांगजन की समान भागीदारी संभव बनाता है और दिव्यांगजन के लिए जीवन को आत्मनिर्भर और सम्मानजनक बनाना संभव करता है।

अभियान में एक समावेशी समाज के निर्माण की परिकल्पना है जिसमें दिव्यांगजन के फलने-फूलने और विकास के समान अवसर प्रदान किए जाते हैं ताकि दिव्यांगजन एक उत्पादक, सुरक्षित और सम्मानजनक जीवन जी सकें।

उपरोक्त के मद्देनजर, निम्नलिखित उद्देश्य सुगम्य भारत अभियान के अंतर्गत आते हैं:

(i) **निर्मित पर्यावरण सुगम्यता:** सुगम्य सरकारी भवनों का अनुपात बढ़ाना।
(ii) **परिवहन प्रणाली सुगम्यता:** सुगम्य हवाई अड्डों, सार्वजनिक परिवहन और रेलवे स्टेशनों का अनुपात बढ़ाना।
(iii) **सूचना और संचार प्रणाली सुगम्यता:** ऐसे सुगम्य दस्तावेजों और वेबसाइटों के अनुपात को बढ़ाना जो अंतर्राष्ट्रीय स्तर पर मान्य सुगम्यता मानकों को पूरा करते हों।

वरिष्ठजनों हेतु कल्याण योजनाएँ (Welfare Schemes for Older Persons)

70

सामाजिक न्याय एवं अधिकारिता मंत्रालय वरिष्ठजनों के कल्याण और देखभाल के लिए विभिन्न योजनायें और कार्यक्रम कार्यान्वित करता है। नीचे इनके बारे में विवरण उपलब्ध है।

वरिष्ठ नागरिकों के लिए एकीकृत कार्यक्रम की योजना (Scheme of Integrated Programme for Senior Citizens)

यह मंत्रालय एक केंद्रीय क्षेत्र योजना, वरिष्ठजनों के लिए एकीकृत कार्यक्रम (पूर्ववर्ती नाम वरिष्ठजनों के लिए एकीकृत कार्यक्रम) का कार्यान्वन करता है, जिसके तहत परियोजना लागत के 100 प्रतिशत तक का अनुदान निम्नलिखित प्रकार की परियोजनाओं को चलाने और रख-रखाव के लिए दिया जाता है:

1. वृद्धाश्रम/50 बुजुर्ग महिलाओं के लिए वृद्धाश्रम, जिनमें सांसद आदर्श ग्राम योजना शामिल है – लोकप्रिय रूप से वृद्धाश्रम या वृद्धजन आवास के नाम से जाना जाता है – न्यूनतम 25 बेसहारा वरिष्ठ नागरिकों या 50 बुजुर्ग महिलाओं के लिए भोजन, देखभाल और आश्रय प्रदान करना।
2. अल्जाइमर रोग/मनोभ्रंश से पीड़ित वरिष्ठ नागरिकों के लिए सतत् देखभाल गृह और घर – न्यूनतम 20 वरिष्ठ नागरिकों के लिए जो गंभीर रूप से बीमार हैं, जिन्हें निरंतर नर्सिंग देखभाल की आवश्यकता है और जो अल्जाइमर रोग / मनोभ्रंश से पीड़ित हैं, उनके लिए राहत।
3. चल चिकित्सा देखभाल इकाइयां – ग्रामीण, पृथक् और पिछड़े क्षेत्रों में रहने वाले वरिष्ठ नागरिकों को चिकित्सा देखभाल प्रदान करने के लिए।
4. इस परियोजना के तहत फिजियोथैरेपी क्लीनिकों को वरिष्ठ नागरिक-अनुदान सहायता उन एजेंसियों को दी जाती है, जिन्होंने वरिष्ठ नागरिकों के कल्याणार्थ हर महीने न्यूनतम 50 वरिष्ठ नागरिकों के लिए फिजियोथैरेपी क्लिनिक चलाने का भरोसेमंद इतिहास प्रदर्शित किया हो।
5. मंत्रालय की नीतियों और कार्यक्रमों के प्रभावी कार्यान्वयन को सुनिश्चित करने के लिए क्षेत्रीय संसाधन और प्रशिक्षण केंद्र महत्वपूर्ण सहयोगी हैं। स्थूल गतिविधियों में निगरानी और तकनीकी सहायता, पक्ष-समर्थन और नेटवर्किंग, वरिष्ठ नागरिकों के लिए केंद्र द्वारा सेवा (मंत्रालय द्वारा वित्त पोषित) के प्रभावी वितरण-निष्पादन के लिए प्रशिक्षण और क्षमता निर्माण शामिल है।
6. अन्य गतिविधियां जो योजना के उद्देश्यों को पूरा करने के लिए उपयुक्त मानी जा सकती हों, जिनमें वरिष्ठ नागरिकों के लिए राष्ट्रीय नीति के प्रावधानों को लागू करना शामिल है।

इस योजना के तहत, निम्नलिखित एजेंसियों को सहायता प्रदान की जाती है:

1. अस्पतालों के आसपास के क्षेत्रों में पंजीकृत सोसायटियों/पंचायती राज संस्थानों/स्थानीय निकायों के माध्यम से एकीकृत वरिष्ठ नागरिक योजना के तहत परियोजनाओं की सहायता के लिए राज्य सरकारों/केंद्र शासित प्रदेश प्रशासनों को प्राथमिकता दी जायेगी।
2. गैर-सरकारी/स्वैच्छिक संगठन।
3. सरकार द्वारा स्वायत्त निकायों के रूप में स्थापित संस्थान या संगठन।
4. सरकार द्वारा मान्यता प्राप्त शैक्षिक संस्थान, धर्मार्थ अस्पताल/निजी अस्पताल (nursing home) और नेहरू युवा केंद्र संगठन जैसे मान्यता प्राप्त युवा संगठन।

अप्रैल 2018 में इस योजना में काफी हद संशोधन किया गया, जिसमें परियोजनाओं के लागत मानदंडों को बढ़ाना शामिल है।

राष्ट्रीय वरिष्ठ नागरिक पुरस्कार योजना (Scheme of National Awards for Senior Citizens)

बुजुर्ग व्यक्तियों, विशेष रूप से जरूरतमंद वरिष्ठ नागरिकों के कल्याणार्थ विशिष्ठ सेवायें प्रदान करन वाले प्रतिष्ठित वरिष्ठ नागरिकों और संस्थानों द्वारा किए गए प्रयासों को सम्मान देने के लिए, मंत्रालय वरिष्ठ नागरिकों के लिए राष्ट्रीय पुरस्कार योजना चलाता है। यह योजना वरिष्ठ नागरिकों के लिए सरकार की चिंता और प्रतिबद्धता का साक्ष्य है। योजना का उद्देश्य वरिष्ठ नागरिकों को समाज में उनका उचित स्थान दिलवाना है। वरिष्ठ नागरिकों के लिए राष्ट्रीय पुरस्कार की योजना को 2013 में अधिसूचित किया गया था। पुरस्कारों का नाम 'वयोश्रेष्ठ सम्मान' रखा गया है।

वयोश्रेष्ठ सम्मान को विभिन्न श्रेणियों के प्रतिष्ठित और उत्कृष्ट संस्थानों या संगठनों और व्यक्तियों को प्रदान किया जाता है।

1. संस्थागत श्रेणी:
   - (i) उम्र बढ़ने के क्षेत्र में अनुसंधान के लिए सर्वश्रेष्ठ संस्थान।
   - (ii) वरिष्ठ नागरिकों को सेवाएं प्रदान करने और जागरूकता सृजन के लिए सर्वश्रेष्ठ संस्थान।
   - (iii) वरिष्ठ नागरिकों को सेवाएं और सुविधाएं प्रदान करने में सर्वश्रेष्ठ जिला पंचायत।
   - (iv) वरिष्ठ नागरिकों को सेवाएं और सुविधाएं प्रदान करने में सर्वश्रेष्ठ शहरी स्थानीय निकाय।
   - (v) माता-पिता एवं वरिष्ठ नागरिकों का भरण-पोषण एवं कल्याण अधिनियम, 2007 कार्यान्वित करने और वरिष्ठ नागरिकों को सेवाएं और सुविधाएं प्रदान करने में सर्वश्रेष्ठ राज्य।
   - (vi) वरिष्ठ नागरिकों की सेहत और कल्याण को बढ़ावा देने वाले सर्वश्रेष्ठ निजी क्षेत्र संगठन।
   - (vii) वरिष्ठ नागरिकों की सेहत और कल्याण को बढ़ावा देने वाले सर्वश्रेष्ठ सार्वजनिक क्षेत्र संगठन।
2. व्यक्तिगत श्रेणी:
   - (i) शतायु (Centenarian)
   - (ii) प्रतिष्ठित/आइकोनिक माता (Iconic Mother)
   - (iii) लाइफटाइम अचीवमेंट (Lifetime Achievement)
   - (iv) रचनात्मक कला (Creative Art)
   - (v) खेल और रोमांच (पुरुष और महिला के लिए एक-एक) [Sports and Adventure (one each for male and female)]
   - (vi) साहस और बहादुरी (पुरुष और महिला के लिए एक-एक) [Courage and Bravery (one each for male and female)]

सम्मान हर साल 1 अक्टूबर को अंतर्राष्ट्रीय वृद्धजन दिवस के अवसर पर प्रदान किये जाते हैं।

राष्ट्रीय वयोश्री योजना [Rashtriya Vayoshri Yojana (RVY)]

वित्त मंत्री ने 2015-16 के बजट भाषण में राष्ट्रीय वयोश्री योजना की घोषणा की थी। राष्ट्रीय वयोश्री योजना के तहत, गरीबी रेखा से नीचे आने वाले, वृद्धता जनित अशक्तता यथा अल्प दृष्टि, श्रवण हानि, दांतों की हानि और गति विषयक समस्याओं से ग्रसित वरिष्ठ नागरिकों को सहायक उपकरण मुफ्त में प्रदान किए जाते हैं। सहायक साधन और सहायक उपकरण अर्थात् चलने की छड़ी, एल्बो बैसाखी, वॉकर/बैसाखी, तिपाई (tripod)/चारपाई (quadpod), श्रवण यंत्र, व्हीलचेयर, कृत्रिम दांत और चश्मे, जो पात्र लाभार्थियों को प्रदान किए जाते हैं।

यह एक केंद्रीय क्षेत्र योजना है जो वरिष्ठ नागरिक कल्याण कोष द्वारा वित्त पोषित है। इस योजना को भारतीय कृत्रिम अंग निर्माण निगम द्वारा कार्यान्वित किया जा रहा है। निगम मंत्रालय के अधीन एक सार्वजनिक क्षेत्र का उपक्रम है।

राष्ट्रीय वयोश्री योजना 2017 में शुरू की गई थी, और 322 जिलों को योजना के कार्यान्वयन के लिए चुना गया है।

वरिष्ठ नागरिक कल्याण कोष (Senior Citizens Welfare Fund)

वित्त मंत्री के बजट भाषण में की गई घोषणा (2015-16) के अनुसरण में, वित्त अधिनियम, 2015 के तहत एक 'वरिष्ठ नागरिक कल्याण कोष' प्रस्तावित किया गया, जिसका उपयोग, वृद्ध व्यक्तियों/वरिष्ठ नागरिकों की राष्ट्रीय नीति के अनुरूप, वरिष्ठ नागरिकों के कल्याण के संवर्द्धन के लिए ऐसी योजनाओं के लिए किया जाएगा, जिसमें वरिष्ठ नागरिकों की वित्तीय सुरक्षा को बढ़ावा देने, वरिष्ठ नागरिकों का स्वास्थ्य और पोषण, बुजुर्ग विधवाओं के कल्याण, वृद्धजन आवास से संबंधित योजनायें, वरिष्ठ नागरिकों के लघु प्रवास गृह और दिवस देखभाल, आदि शामिल हैं।

तद्नुसार, मार्च 2016 में एक वरिष्ठ नागरिक कल्याण कोष की स्थापना की गई थी। इस फंड/कोष में केंद्र सरकार की अल्प बचत योजनाओं और अन्य बचत योजनाओं, जैसे-डाकघर बचत खाते, डाकघर आवर्ती जमा खाते आदि सहित ऐसी निधियां रखने वाले संस्थानों द्वारा स्थानांतरित बेदावा राशियाँ शामिल हैं। सार्वजनिक भविष्य निधि और कर्मचारी भविष्य निधि के खाते जो निष्क्रिय खाते के रूप में घोषित किए जाने की तारीख से सात साल की अवधि तक बेदावा रहते हैं।

नशीले पदार्थों के दुरुपयोग के पीड़ितों के लिए कल्याणकारी योजनाएं (Welfare Schemes for Victims of Drug Abuse)

71

सामाजिक न्याय एवं अधिकारिता मंत्रालय [The Ministry of Social Justice and Empowerment (MSJ&E)] नशीले पदार्थों के दुरुपयोग के पीड़ितों के कल्याण और पुनर्वास के लिए विभिन्न योजनायें और कार्यक्रम कार्यान्वित करता है। नीचे इनके बारे में विवरण उपलब्ध है।

मद्यपान और नशीली दवाओं के दुरुपयोग के दुष्प्रभावों के बारे में जागरूकता अभियान (Awareness Campaign on the Ill-effects of Alcoholism and Substance Abuse)

मंत्रालय नशीली दवाओं के दुरुपयोग को एक मनो-सामाजिक-चिकित्सा समस्या मानता है, जिसे गैर-सरकारी संगठनों /समुदाय आधारित संगठनों की सक्रिय भागीदारी द्वारा एक परिवार/समुदाय-आधारित दृष्टिकोण को अपनाकर सबसे अच्छी तरह से संभाला जा सकता है। मांग में कमी लाने की त्रिआयामी रणनीति इस प्रकार है:

1. नशीली दवा के दुरुपयोग के दुष्प्रभावों के बारे में लोगों को जागरूक और शिक्षित करना।
2. प्रोत्साहनात्मक परामर्श, पहचान, उपचार और नशीली दवा के व्यसनियों के पुनर्वास हेतु समुदाय आधारित हस्तक्षेप।
3. प्रतिबद्ध और कुशल संवर्ग तैयार करने के लिए स्वयंसेवकों/सेवा प्रदाताओं को प्रशिक्षण।

राष्ट्रीय समाज रक्षा संस्थान [National Institute of Social Defence (NISD)] को विभिन्न राज्यों/केंद्र शासित प्रदेशों में विभिन्न हितधारकों के सहयोग से, नशीले पदार्थों की मांग में कमी लाने के लिए राष्ट्रीय कार्य योजना [National Action Plan for Drug Demand Reduction (NAPDDR)] के तहत, विभिन्न जागरूकता, क्षमता निर्माण और सामुदायिक हस्तक्षेप कार्यक्रमों के संचालन के लिए एक नोडल एजेंसी के रूप में नामित किया गया है। नशीले पदार्थों के इस्तेमाल में कमी लाने की राष्ट्रीय कार्य योजना के तहत, संस्थान राज्यों/केंद्र शासित प्रदेशों में बड़े पैमाने पर संगठनों के साथ साझेदारी करने हेतु प्रयास कर रहा है।

राष्ट्रीय समाज रक्षा संस्थान, विश्वविद्यालयों और कॉलेजों के साथ मिलकर, विभिन्न राज्यों में विद्यार्थियों के लिए जागरूकता कार्यक्रम चलाता है। अब तक, राष्ट्रीय समाज रक्षा संस्थान ने स्कूलों/कॉलेजों/विश्वविद्यालयों में 1583 जागरूकता कार्यक्रम चलाए हैं और लगभग 1,83,800 विद्यार्थियों को छुआ है।

नशीले पदार्थों की मांग में घटाव हेतु राष्ट्रीय कार्य योजना (National Action Plan for Drug Demand Reduction)

संयुक्त राष्ट्र सम्मेलनों और मौजूदा स्वापक ओषधि और मन:प्रभावी पदार्थ अधिनियम, 1985 और स्वापक औषधि और मन:प्रभावी पदार्थ नीति, 2012 की भावना के अनुसार, मंत्रालय ने 2018-20 के लिए नशीले पदार्थों के इस्तेमाल में कमी लाने की राष्ट्रीय कार्य योजना को तैयार किया है। इस योजना का उद्देश्य नशीली दवाओं के दुरुपयोग के दुष्परिणामों को कम करना है। इसके लिए प्रभावित व्यक्तियों और उनके परिवारों को शिक्षा, नशामुक्ति और पुनर्वास की बहुस्तरीय रणनीति के माध्यम से प्रयास किये जाते हैं। यह नशीली दवा के आदि व्यक्तियों को निवारक शिक्षा, जागरूकता सृजन, पहचान, परामर्श, उपचार और पुनर्वास तथा केंद्र और राज्य सरकारों और गैर-सरकारी संगठनों के सहयोग से सेवा प्रदाताओं के प्रशिक्षण और क्षमता निर्माण पर ध्यान देती है। नशीले पदार्थों के इस्तेमाल में कमी लाने की राष्ट्रीय कार्य योजना के उद्देश्य हैं:

1. व्यक्ति, परिवार, कार्यस्थल और समाज के स्तर पर ड्रग्स के दुरुपयोग के दुष्प्रभावों के बारे में जागरूकता पैदा करना और शिक्षित करना और समाज में वापस जोड़ने के लिए नशीले पदार्थों के आदी समूहों और व्यक्तियों के खिलाफ भेदभाव और कलंकीकरण को कम करना।

2. इन उद्देश्यों की दिशा में काम करने के लिए मानव संसाधन विकसित करना और क्षमता का निर्माण करना।
3. उपर्युक्त उद्देश्यों को मजबूत करने के लिए प्रासंगिक जानकारी के अनुसंधान, प्रशिक्षण, प्रलेखन और संग्रह को सुगम बनाना।
4. व्यसनी की पूर्ण आरोग्य प्राप्ति के लिए पहचान, प्रेरणा, परामर्श, नशामुक्ति, पश्चात् देखभाल और पुनर्वास के लिए समुदाय आधारित सेवाओं की पूरी श्रृंखला प्रदान करना।
5. स्वास्थ्य देखभाल, सामाजिक देखभाल, आपराधिक न्याय प्रणाली, रोजगार और शिक्षा एजेंसियों, गैर-सरकारी संगठनों और नागरिक समाज सहित एक बहु-एजेंसी दृष्टिकोण का उपयोग करके व्यापक दिशा-निर्देश, योजनाएं और कार्यक्रम प्रदान करना।
6. एक ही समय में दो या दो से अधिक नशीले पदार्थों के उपभोग से सम्बंधित निर्भरता सहित नशीली दवाओं के दुरुपयोग के सभी रूपों को नियंत्रित व कम करने के लिए नशीले पदार्थों की मांग में कमी लाने के प्रयासों को शुरू करना।
7. व्यक्तियों, परिवार और समाज के बीच नशीली दवाओं पर निर्भरता के दुष्परिणामों को कम करना।

शराब की लत और नशीले पदार्थों से बचाव तथा सामाजिक रक्षा सेवाओं के लिए स्वयंसेवी संगठनों को सहायता (Assistance to Voluntary Organisations for Prevention of Alcoholism and Drug Abuse and for Social Defence Services)

'शराब की लत और नशीले पदार्थों से बचाव तथा सामाजिक रक्षा सेवाओं के लिए स्वयंसेवी संगठनों को सहायता' की स्कीम नशीले पदार्थों के इस्तेमाल में कमी लाने के क्षेत्र में मंत्रालय की मुख्य योजना है। स्कीम के दो हिस्से हैं, यथा-(i) शराब की लत और मादक द्रव्यों (ड्रग) की लत की रोकथाम के लिए सहायता (भाग I) और (ii) सामाजिक रक्षा के क्षेत्र में वित्तीय सहायता (भाग II)। योजना के लागत मानदंडों (भाग I) को अप्रैल, 2018 में संशोधित किया गया।

1. **शराब की लत और मादक द्रव्यों (ड्रग) की लत की रोकथाम के लिए सहायता हेतु स्वयंसेवी संगठनों को सहायता:** शराब की लत और नशीले पदार्थों से बचाव के लिए सहायता की योजना को स्वैच्छिक और अन्य पात्र संगठनों के माध्यम से नशे के आदी की पहचान, परामर्श, उपचार और पुनर्वास के लिए लागू किया जा रहा है।

   इस योजना के तहत, स्वैच्छिक संगठनों और अन्य पात्र एजेंसियों को 90% तक की वित्तीय सहायता, नशे की लत में फंसे लोगों के लिए एकीकृत पुनर्वास केंद्र स्थापित करने/लगाने, क्षेत्रीय संसाधन और प्रशिक्षण केंद्र, जागरूकता-सह-नशामुक्ति शिविर और कार्यस्थल रोकथाम कार्यक्रम आयोजित करने के लिए दी जाती है। पूर्वोत्तर राज्यों, सिक्किम और जम्मू-कश्मीर के मामले में, सहायता की मात्रा कुल स्वीकार्य व्यय का 95 प्रतिशत है। शेष राशि का भार कार्यान्वयन एजेंसी द्वारा उठाया जायेगा।
2. **सामाजिक रक्षा के क्षेत्र में वित्तीय सहायता:** सामाजिक रक्षा के क्षेत्र में वित्तीय सहायता के लिए सामान्य अनुदान सहायता कार्यक्रम की योजना का उद्देश्य है:
   (i) मंत्रालय की अधिदेश/अधिकार के अंतर्गत आने वाली उन तत्काल जरूरतों को पूरा करना, जो उसकी नियमित योजनाओं के तहत पूरी नहीं की जा सकती हैं।
   (ii) मंत्रालय के लक्षित समूहों के कल्याण और सशक्तीकरण के क्षेत्र में किसी अभिनव/प्रायोगिक प्रकृति की ऐसी पहल को सहायता देना जिसे इसकी नियमित योजनाओं के तहत सहायता नहीं दी जा सकती।

स्वैच्छिक और अन्य पात्र संगठनों को स्वीकृत व्यय का 90 प्रतिशत तक वित्तीय सहायता दी जाती है। अपेक्षाकृत नए क्षेत्र में काम करने वाले किसी संगठन के मामले में जहां स्वैच्छिक और सरकारी प्रयास दोनों बहुत सीमित हैं लेकिन सेवा की आवश्यकता

बहुत जरूरी है, ऐसे मामले में सरकार लागत का 100 प्रतिशत तक वहन कर सकती है।

शराब और नशीले पदार्थों के इस्तेमाल में कमी लाने के क्षेत्र में प्रशिक्षण और अनुसंधान (Training and Research in the Field of Alcoholism and Drug Demand Reduction)

1. **राष्ट्रीय ड्रग दुरुपयोग निवारण केन्द्र:** नशीली दवाओं के दुरुपयोग के निवारण के क्षेत्र में सेवा प्रदाताओं के लिए क्षमता निर्माण और कौशल विकास के लिए प्रशिक्षण एक महत्वपूर्ण घटक है। राष्ट्रीय ड्रग दुरुपयोग निवारण केंद्र (एनसीडीएपी) की स्थापना 1998 में, राष्ट्रीय समाज रक्षा संस्थान, नई दिल्ली में शराब और नशीले पदार्थों के इस्तेमाल में कमी लाने के क्षेत्र में प्रशिक्षण, अनुसंधान और प्रलेखन के लिए शीर्ष निकाय के रूप में की गई थी। वर्तमान में यह निकाय राष्ट्रीय समाज रक्षा संस्थान मंत्रालय द्वारा समर्थित नशामुक्ति केंद्रों के पदाधिकारियों के लिए प्रशिक्षण आयोजित कर रहा है। इसके अलावा, राष्ट्रीय समाज रक्षा संस्थान विभिन्न विश्वविद्यालयों और अन्य शैक्षणिक संस्थानों के साथ मिलकर स्कूल के शिक्षकों और कॉलेजों में राष्ट्रीय सेवा योजना समन्वयक/स्वयंसेवकों का प्रशिक्षण भी आयोजित करता है।

2. **क्षेत्रीय संसाधन और प्रशिक्षण केंद्र:** उपचार, पुनर्वास, प्रशिक्षण और अनुसंधान में लंबे समय के अनुभव और विशेषज्ञता रखने वाले बारह गैर-सरकारी संगठनों को देश के विभिन्न क्षेत्रों के लिए क्षेत्रीय संसाधन और प्रशिक्षण केंद्र के रूप में नामित किया गया है। ये (नशीले पदार्थों की) मांग/इस्तेमाल में कमी के विभिन्न पहलुओं पर राष्ट्रीय ड्रग दुरुपयोग निवारण केंद्र की क्षेत्र प्रशिक्षण इकाइयों के रूप में काम करते हैं। क्षेत्रीय संसाधन और प्रशिक्षण केंद्र ड्रग दुरुपयोग निवारण विषयक काम कर रहे गैर-सरकारी संगठनों को निम्नलिखित सेवायें प्रदान करते हैं:

(i) सूचना, शिक्षा और संचार सामग्री की तैयारी सहित गैर-सरकारी संगठनों की सभी गतिविधियों का दस्तावेजीकरण।

(ii) नशीले पदार्थों के दुरुपयोग के कार्यक्रमों का पक्ष-समर्थन, अनुसंधान और निगरानी करना।

(iii) गैर-सरकारी संगठनों, समुदाय आधारित संगठनों और उद्यमों को तकनीकी सहायता।

शराब और नशीले पदार्थों की लत पर रोकथाम के क्षेत्र में उत्कृष्ट सेवाओं हेतु राष्ट्रीय पुरस्कार (National Awards for Outstanding Services in the Field of Prevention of Alcoholism and Drug Abuse)

मादक द्रव्यों (नशीली दवाओं) का दुरुपयोग चूँकि एक मानसिक-सामाजिक-चिकित्सा समस्या है अतएव गैर-सरकारी संगठनों, पंचायत/नगर निकायों, शैक्षिक संस्थानों आदि के माध्यम से समुदाय आधारित हस्तक्षेप को व्यसनी के उपचार और पुनर्वास के लिए सबसे अच्छा तरीका माना गया है।

मादक द्रव्यों (नशीली दवाओं) के दुरुपयोग की रोकथाम और पीड़ितों के पुनर्वास के क्षेत्र में उत्कृष्टता को प्रोत्साहित करने और ऐसे प्रयासों को सम्मान देने के लिए, मंत्रालय ने 2013 में 'शराब और नशीले पदार्थों की लत पर रोकथाम के क्षेत्र में उत्कृष्ट सेवाओं के लिए राष्ट्रीय पुरस्कारों की योजना' शुरू की। इसके अलावा, इस योजना को 2015 में संशोधित किया गया है। यह योजना शराब और मादक द्रव्यों के उपयोग की समस्या को रोकने के क्षेत्र में काम करने वाले संस्थानों और व्यक्तियों पर लागू है।

निम्नलिखित पुरस्कार (आमतौर पर प्रत्येक श्रेणी में एक) वर्ष 2016 से हर दो वर्षों में एक बार, 26 जून को, प्रदान किये जाते हैं। यह दिन संयुक्त राष्ट्र द्वारा नशीली दवाओं के दुरुपयोग और अवैध व्यापार के खिलाफ अंतर्राष्ट्रीय दिवस के रूप में घोषित है:

1. **संस्थागत श्रेणी:**

   (i) शराबियों और ड्रग उपयोगकर्ताओं को पुनर्वास सेवाएं प्रदान करने के लिए सर्वश्रेष्ठ IRCA।

(ii) शराब और मादक द्रव्यों के उपयोग की समस्या को रोकने के लिए काम करने वाला सर्वश्रेष्ठ पंचायती राज या नगर निकाय।

(iii) शराब और मादक द्रव्यों के उपयोग की समस्या को रोकने और जागरूकता पैदा करने में उत्कृष्ट काम करने वाला सर्वश्रेष्ठ शैक्षिक संस्थान।

(iv) मादक द्रव्यों के उपयोग की समस्या को रोकने में उत्कृष्ट योगदान देने वाला सर्वश्रेष्ठ गैर-लाभकारी संस्थान।

(v) सर्वश्रेष्ठ शोध या नवोन्मेष।

(vi) सर्वश्रेष्ठ जागरूकता अभियान।

2. **व्यक्तिगत श्रेणी:**

(i) किसी व्यक्ति की उत्कृष्ट उपलब्धि।

कमजोर वर्गों के संरक्षण हेतु कानून (Laws for Protection of Vulnerable Sections)

72

नागरिक अधिकार अधिनियम, 1955 (Civil Rights Act, 1955)

भारतीय संविधान के अनुच्छेद 17 के अनुसरण में अस्पृश्यता (अपराध) अधिनियम, 1955 को 1955 में अधिनियमित और अधिसूचित किया गया। तद्नुसार, 1976 में इसमें संशोधन हुआ और लोक अधिकार अधिनियम के नाम से इसका पुन: नामकरण किया गया। इस अधिनियम के तहत नियम अर्थात् लोक अधिकार नियमों के संरक्षण, 1977 को 1977 में अधिसूचित किया गया।

यह अधिनियम अस्पृश्यता की प्रथा हेतु सजा प्रदान करता है। इसे तत् संबंधी राज्य सरकारों और केंद्र शासित प्रदेशों के प्रबंधकों द्वारा क्रियान्वित किया गया।

अधिनियम के प्रावधान (Provisions of the Act)

लोक अधिकार अधिनियम 1955 के प्रावधान इस प्रकार हैं:

1. **अधिनियम के अंतर्गत अपराध (Offences under the Act):** यह अधिनियम निम्नलिखित को अपराध की श्रेणी में रखेगा अगर वह अस्पृश्यता के आधार पर किये गया हो और उनके लिए सजा का प्रावधान करता है:
   - (i) सार्वजनिक पूजा स्थलों में प्रवेश वर्जित; या जल संसाधनों के प्रयोग का निषेध।
   - (ii) किसी भी दुकान, सार्वजनिक जलपान गृह, सार्वजनिक मनोरंजन, शवदाह भूमि आदि में पहुंच की मनाही।
   - (iii) किसी भी अस्पताल और शैक्षिक संस्थान में प्रवेश की मनाही।
   - (iv) सामान बेचने और सेवाएं देने की मनाही।
   - (v) चोट पहुंचाने वाला उत्पीड़न अपमान आदि।
   - (vi) अस्पृश्यता के आधार पर किसी व्यक्ति को मैला ढोने, झाड़ू लगाने या किसी कंकाल को हटाने आदि पर मजबूर करना।
2. **अधिनियम के तहत दंड (Punishments under the Act):** इस अधिनियम में कुछ प्रतिरोधी/ निवारक प्रावधान हैं, जो कि इस प्रकार हैं:
   - (i) अपराध सिद्ध होने पर लाइसेंसों का रद्द होना या निलंबन।
   - (ii) सरकार द्वारा अनुदानों का स्थगन /निलंबन।
   - (iii) एक लोक सेवक द्वारा जांच में स्वेच्छापूर्वक की गई भूल हेतु।
   - (iv) सजा सामूहिक जुर्माना लगाने हेतु राज्य सरकार की शक्ति।
   - (v) दोष सिद्ध होने पर बढ़ा हुआ दंड।
3. **अन्य प्रावधान (Other Provisions):** इसके अलावा अधिनियम में निम्नलिखित अन्य प्रावधान हैं:
   - (i) न्यायालयों के द्वारा कुछ मामलों में पूर्वानुमान।
   - (ii) अपराधों को संज्ञेय होना होगा और संक्षिप्त रूप में मुकदमा करना होगा।
   - (iii) अधिनियम के प्रभावी क्रियान्वयन के लिए राज्य सरकारों को उपाय करने होंगे।

अधिनियम का कार्यान्वयन (Implementation of the Act)

विभिन्न राज्यों/केंद्र शासित प्रदेशों में पीसीआर अधिनियम के क्रियान्वयन हेतु बुनियादी संरचना और तंत्र इस प्रकार हैं:

1. **कानूनी अनुदान (Legal Aid:):** यह अधिनियम पर्याप्त सुविधाओं जो अस्पृश्यता से उठने वाली विकलांगता वाले व्यक्तियों को कानूनी सहायता सम्मिलित है जिससे वे इस तरह के कानूनों का उपयोग कर सकें।

2. **विशेष न्यायालय (Special Courts):** यह अधिनियम अपराधों के मुकदमे के लिए विशेष न्यायालय स्थापित करने हेतु प्रदान करता है।

3. **अधिनियम के कार्यान्वयन के लिए राज्य सरकारों की सहायता के लिए समितियाँ (Committees to Assist State Governments for Implementation of the Act):** अधिनियम ऐसे उपयुक्त स्तरों पर समितियों की स्थापना के लिए प्रदान करता है क्योंकि राज्य सरकारें उन उपायों को तैयार करने या कार्यान्वित करने में उनकी सहायता करने के लिए उपयुक्त समझ सकती हैं जो यह सुनिश्चित करने के लिए आवश्यक हो सकते हैं कि अधिकार उत्पन्न हो रहे हैं। 'अस्पृश्यता' के उन्मूलन से उपलब्ध कराया जाता है, और इसका लाभ उठाया जाता है, जो व्यक्ति 'अस्पृश्यता' से उत्पन्न किसी भी विकलांगता के अधीन होते हैं।

राज्य-और जिला-स्तरीय सतर्कता और निगरानी समितियां, जो अनुसूचित जातियों और अनुसूचित जनजातियों (अत्याचार निवारण) अधिनियम, 1989 के कार्यान्वयन की समीक्षा करती हैं, जहाँ भी आवश्यक हो नागरिक सुरक्षा अधिनियम, 1955 की सुरक्षा की समीक्षा करें।

4. **विशेष पुलिस थाने (Special Police Stations):** अनुसूचित जातियों और जनजातियों के विरुद्ध अपराधों की शिकायतों को दर्ज करने के लिए विशेष पुलिस थाने स्थापित किए गए हैं। ऐसे पुलिस थानों हेतु राज्यों द्वारा वहन किए गए व्यय में उनकी प्रतिबद्धता के ऊपर 50 प्रतिशत की सीमा तक केंद्रीय सहायता प्रदान की जाती है।

अनुसूचित जातियों और अनुसूचित जनजातियों अत्याचार अधिनियम, 1989 (SCs and STs Atrocities Act, 1989)

अनुसूचित जातियों और अनुसूचित जनजातियों (अत्याचारों की रोकथाम) अधिनियम, 1989 (पीओए अधिनियम) 1990 में प्रभाव में आया। इस कानून का उद्देश्य अनुसूचित जाति और अनुसूचित जनजाति के खिलाफ अनुसूचित जाति और अनुसूचित जनजाति के अलावा अन्य व्यक्तियों द्वारा अपराधों के कृत्य को रोकना है।

अधिनियम को संबंधित राज्य सरकारों और केंद्र शासित प्रदेशों द्वारा लागू किया जाता है, जिन्हें अधिनियम के प्रावधानों के प्रभावी कार्यान्वयन के लिए केंद्रीय प्रायोजित योजना के तहत केंद्रीय सहायता प्रदान की जाती है।

अधिनियम के प्रावधान (Provisions of the Act)

अधिनियम के प्रावधानों का उल्लेख नीचे किया गया है:

1. अत्याचार के अपराधों को परिभाषित करता है और अत: सजा को निर्धारित करता है।
2. गैर-अनुसूचित जाति/अनुसूचित जनजाति लोक सेवकों द्वारा स्वेच्छापूर्वक दायित्व की उपेक्षा हेतु सजा
3. तदनुसार अपराध सिद्ध होने के पश्चात् बढ़ी हुई सजा
4. कुछ व्यक्तियों की संपत्ति का जब्ती
5. अधिनियम के तहत अपराधों के त्वरित सुनवाई हेतु प्रत्येक जिले के लिए सत्र न्यायालय को विशेष न्यायालय के रूप में नामित करना
6. अन्य बातों के साथ, विशेष अदालत की शक्तियां, बाहरी व्यक्तियों द्वारा अपराध करने की संभावना
7. विशेष न्यायालय के आदेश का पालन न करने पर जुर्माना
8. विशेष अदालतों में मामलों के संचालन के लिए लोक अभियोजकों/विशेष लोक अभियोजकों की नियुक्ति
9. सामूहिक जुर्माना लगाने की राज्य सरकार की शक्ति
10. कानून और व्यवस्था मशीनरी द्वारा रोकथाम कार्रवाई को उठाया जाना
11. अधिनियम के प्रभावी कार्यान्वयन के लिए राज्य सरकारों द्वारा किए जाने वाले उपाय, जिनमें समाविष्ट हैं:
    (i) अत्याचार के शिकार लोगों का आर्थिक और सामाजिक पुनर्वास
    (ii) उपयुक्त स्तरों पर समितियों का गठन
    (iii) अत्याचार प्रवण क्षेत्रों को चिन्हित करना
    (iv) अत्याचार झेलने वाले व्यक्तियों को कानूनी सहायता देना ताकि वे स्वयं के लिए न्याय पाने में सक्षम हो सकें
    (v) अधिनियम के प्रावधानों के उल्लंघन के लिए अभियोजन पर निगरानी या निरीक्षण के लिए अधिकारियों की नियुक्ति
    (vi) अधिनियम के प्रावधानों के कार्यान्वयन का आवधिक सर्वेक्षण

संशोधन अधिनियम, 2015
(Amendment Act, 2015)

अत्याचार निवारण अधिनियम में किए गए निवारक प्रावधानों के बावजूद, अनुसूचित जाति और अनुसूचित जनजातियों के सदस्यों के विरुद्ध बढ़ते अत्याचार चिंता के कारण थे। उनके खिलाफ अपराधों के अत्यधिक घटनाओं की घटना ने यह भी संकेत दिया कि अत्याचार निवारण अधिनियम के निवारक प्रभाव को आरोपी पर्याप्त रूप से महसूस नहीं कर रहे थे। अनुसूचित जातियों और जनजातियों के सदस्यों को और अधिक न्याय देने के साथ ही अपराधियों के लिए एक बाधा/निवारक देने के उद्देश्य के साथ, अत्याचार निवारण अधिनियम को अनुसूचित जाति और अनुसूचित जनजाति (अत्याचार निवारण) संशोधन अधिनियम, 2015 द्वारा संशोधित किया गया।

कुछ पूर्ववर्ती अपराधों और अनेक नए अपराधों, अत्याचार निवारण अधिनियम के अंतर्गत दंड दिए जा सकने वाले अपराध के रूप में अनुसूचित जाति और अनुसूचित जनजातियों के विरुद्ध किए गए आईपीसी अपराध जिनमें 10 वर्षों से कम जेल की सजा का प्रावधान है, अत्याचार निवारण अधिनियम के अंतर्गत किए गए अपराधों की अनन्य रूप से सुनवाई करने हेतु विशिष्ट विशेष न्यायालयों की स्थापना एवं अनन्य विशेष सार्वजनिक अभियोक्ता सरकारी वकीलों की नियुक्ति जिससे मामलों का निपटान द्रुतगामी और त्वरित हो सके, जहां तक संभव हो अपराधों का सीधा संज्ञान लेने, मामले की सुनवाई को 2 महीनों के भीतर पूर्ण करने हेतु विशेष न्यायालयों की शक्ति और अन्य विशेष न्यायालय, पीड़ित और गवाह के अधिकार पर अध्याय का समावेशन/जोड़ तथा एक लोक सेवक के उसके कर्तव्यों के निर्वहन करने में शिकायतों को दर्ज करने में तथा गवाहों के बयान को दर्ज करने में जांच को करने में और आरोपों को दर्ज करने में तथा अधिनियम और नियमों में निर्दिष्ट अन्य किसी भी कर्तव्य को पूर्ण करने में इच्छापूर्वक लापरवाही के समावेशन/जोड़ के साथ अधिनियम पुन: निर्धारण एवं विस्तार से संबंधित है।

संशोधन अधिनियम, 2018
(Amendment Act, 2018)

अत्याचार निवारण अधिनियम में अनुसूचित जाति और जनजातियों (अत्याचार निवारण) संशोधन अधिनियम, 2018 के द्वारा और अधिक सुधार किया गया। संशोधन के प्रावधान इस प्रकार हैं:

1. किसी भी व्यक्ति के खिलाफ पहली सूचना रिपोर्ट दर्ज करने हेतु प्रारंभिक जांच की आवश्यकता नहीं होगी।
2. जांच अधिकारी को अगर आवश्यकता हो तो अपराध करने वाले उस व्यक्ति के लिए जिसके खिलाफ अपराध करने का अभियोग लगाया गया हो, इस अधिनियम के तहत, गिरफ्तारी हेतु कोई अनुमोदन, की आवश्यकता नहीं होगी और इस अधिनियम के अंतर्गत प्रदान की गई प्रणाली या दंड प्रक्रिया संहिता के अलावा कोई प्रणाली लागू नहीं होगी।
3. दंड प्रक्रिया संहिता के धारा 438 के प्रावधान (गिरफ्तारी से डर रहे ऐसे व्यक्ति के जमानत को प्रदान करने की दिशा) न्यायालय के किसी भी निर्णय के आदेश या दिशा के बावजूद भी, इस अधिनियम के अंतर्गत मामले पर लागू नहीं होंगे।

नियमों के प्रावधान
(Provisions of the Rules)

अत्याचार निवारण अधिनियम के तहत व्यापक नियम, अनुसूचित जाति और अनुसूचित जनजाति (अत्याचार निवारण) नियम, 1995 शीर्षक से है जिन्हें 1995 में अधिसूचित किया गया था, जो अन्य बातों के साथ, राहत और पुनर्वास हेतु मानदंड प्रदान करते थे।

अत्याचार निवारण नियमों के प्रावधान निम्नानुसार हैं:

1. अत्याचार के अपराधों के संदर्भ में राज्य सरकारों द्वारा उठाए जाने वाले निरोधक और निवारक कदम।
2. अधिनियम के तहत, अपराधों की जांच डीएसपी स्तर के नीचे के पद अधिकारी द्वारा नहीं होनी चाहिए।
3. जांच के दिनों के भीतर पूर्ण होने और राज्य के पुलिस महानिदेशक को रिपोर्ट भेजी जानी चाहिए।
4. पुलिस महानिदेशक /राज्य पुलिस मुख्यालय के प्रभार में राज्य मुख्यालयों पर अनुसूचित जाति और अनुसूचित जनजाति संरक्षण प्रकोष्ठ की स्थापना।
5. (क) राज्य स्तर पर एक नोडल/केंद्रीय अधिकारी (राज्य सरकार के सचिव के पद से नीचे नहीं) का नामांकन, और (ख) उन जिलों के लिए जिन्हें अत्याचार प्रवण क्षेत्रों के रूप में चिन्हित किया गया है, राज्य और जिला स्तर पर क्रमश: उनके डीएम, एसपी और अन्य संबंधित अधिकारियों के साथ कामकाज में समन्वय के लिए जिला स्तर पर एक

विशेष अधिकारी (एक अतिरिक्त जिला मजिस्ट्रेट के पद से नीचे नहीं)।

6. निर्धारित मानदंडों के अनुसार अत्याचार के शिकार लोगों को नक़द या तत्काल राहत देने का प्रावधान।
7. मुख्यमंत्री के अधीन राज्य स्तरीय सतर्कता और निगरानी समिति की वर्ष में कम-से-कम दो बार बैठक।
8. जिला मजिस्ट्रेट के अधीन जिला-स्तरीय सतर्कता और निगरानी समितियों की तिमाही में कम-से-कम एक बार बैठक।

संशोधन नियम, 2016
(Amendment Rules, 2016)

अनुसूचित जाति और अनुसूचित जनजातियों (अत्याचार निवारण) संशोधन नियम, 2016 के द्वारा पियो एडीएम संशोधित किए गए। संशोधन मोटेतौर पर राहत राशि के चरणबद्ध भुगतान से संबंधित है, अपराध की प्रकृति के अनुसार 85000 से 8, 25,000 रुपये की राहत राशि में वृद्धि, 7 दिनों के भीतर राहत का भुगतान, चार्ज शीट दाखिल करने की तारीख से 60 दिनों के भीतर मामले की सुनवाई पूर्ण।

संशोधन नियम, 2018
(Amendment Rules, 2018)

अनुसूचित जातियों और अनुसूचित जनजातियों (अत्याचार निवारण) संशोधन नियम, 2018 के द्वारा अत्याचार निवारण नियम को और अधिक संशोधित किया गया है। व्यापक तौर पर यह संशोधन कानून के तहत उस के संबंध में मुआवजे का दावा करने के किसी अन्य अधिकार के अलावा अप्राकृतिक अपराध कर्ताओं के पीड़ितों, एसिड फेंकने से भयानक चोट, राज्य स्तर पर सतर्कता एवं निगरानी आयोग के 25 सदस्यों की सीमा का उल्लंघन, मृत्यु के मामले में राहत का प्रावधान, चोट, बलात्कार, सामूहिक बलात्कार, अप्राकृतिक उल्लंघनों, एसिड फेंकने से भयानक तकलीफ आदि, संपत्ति को क्षति के प्रावधानों से संबंधित है।

अधिनियम का कार्यान्वयन
(Implementation of the Act)

विभिन्न राज्यों/केंद्र शासित प्रदेशों में अत्याचार निवारण अधिनियम के कार्यान्वयन के लिए संरचना और तंत्र निम्नानुसार हैं:

1. **विशेष न्यायालय और अनन्य विशेष न्यायालय:** अधिनियम के अनुसार, राज्य सरकार, उच्च न्यायालय के मुख्य न्यायाधीश की सहमति के साथ शीघ्र सुनवाई प्रदान कराने के उद्देश्य से, प्रत्येक जिले के लिए एक न्यायालय को विशेष न्यायालय के सत्र के रूप में निर्दिष्ट करना होगा और साथ ही अधिनियम के तहत अपराधों की कोशिश करने के लिए अपराध का प्रत्यक्ष संज्ञान लेने के लिए शक्तियों के साथ जहां भी आवश्यक हो, अनन्य विशेष न्यायालयों की स्थापना करनी होगी। 32 राज्य सरकारों और केंद्र शासित प्रदेशों के प्रशासनों ने जिला सत्र न्यायालयों को विशेष न्यायालयों के रूप में नामित किया है। अधिनियम 170, के तहत मामलों की शीघ्र सुनवाई सुनिश्चित करने के लिए, बारह राज्यों द्वारा अनन्य विशेष न्यायालयों की स्थापना भी की गई है।

2. **विशेष लोक अभियोजक एवं अनन्य विशेष लोक अभियोजक:** अधिनियम, विशेष लोक अभियोजकों और अनन्य विशेष लोक अभियोजकों के द्वारा विशेष अदालतों और अनन्य विशेष अदालतों में मामलों को संचालित करने के उद्देश्य से प्रदान करता है। राज्यों/केंद्र शासित प्रदेशों, जिन्होंने विशेष अदालतें स्थापित की हैं, उन्होंने विशेष लोक अभियोजकों को नियुक्त किया है।

3. **राज्य मुख्यालय पर अनुसूचित जाति/ अनुसूचित जनजाति सुरक्षा प्रकोष्ठों की स्थापना:** अत्याचार निवारण नियम के तहत राज्य सरकारों को एक डीजीपी/एडीजीपी/आईजीपी के प्रभार में एक अनुसूचित जाति/अनुसूचित जनजाति संरक्षण प्रकोष्ठ स्थापित करने की आवश्यकता है तथा उन्हें निम्नलिखित जिम्मेदारियां सौंपी गई हैं:

   (i) सर्वेक्षण का किया जाना, सार्वजनिक शांति व्यवस्था बनाए रखना और चिन्हित क्षेत्रों में विशेष पुलिस बल की तैनाती की अनुशंसा करना।

(ii) अधिनियम के तहत अपराधों के कारणों की जांच, अनुसूचित जाति/अनुसूचित जनजाति के बीच सुरक्षा की भावना को बहाल करना।

(iii) चिन्हित क्षेत्रों में कानून और व्यवस्था की स्थिति के बारे में नोडल/केंद्रीय और विशेष अधिकारियों के साथ संपर्क करना।

(iv) अपराधों की निगरानी और लोक सेवकों की स्वेच्छापूर्ण लापरवाही की जाँच।

(v) अधिनियम के तहत दर्ज मामलों की स्थिति की समीक्षा करना।

(vi) अत्याचार निवारण अधिनियम के प्रावधानों के तहत निर्दिष्ट पीड़ितों और गवाहों के अधिकार के कार्यान्वयन के बारे में नोडल/केंद्रीय अधिकारी और संबंधित जिला मजिस्ट्रेट को सूचित करना।

(vii) उपरोक्त के संबंध में की गयी वाली कार्यवाही की मासिक रिपोर्ट को राज्य सरकार/नोडल/केंद्रीय अधिकारी को जमा देना।

अनुसूचित जाति/अनुसूचित जनजाति सुरक्षा प्रकोष्ठ की स्थापना 31 राज्यों और केंद्रशासित प्रदेशों में की गई है।

4. **विशेष पुलिस स्टेशनः** अनुसूचित जातियों/अनुसूचित जनजातियों के विरुद्ध अपराधों की शिकायतों के पंजीकरण हेतु पांच राज्यों में, 143 विशेष पुलिस स्टेशन भी स्थापित किए गए हैं।

5. **नोडल/केंद्रीय अधिकारीः** अत्याचार निवारण नियम, जिला मजिस्ट्रेट और पुलिस अधीक्षक या अन्य प्राधिकृत/अधिकृत अधिकारियों के कार्यान्वयन में समन्वय हेतु नोडल/केंद्रीय अधिकारियों की नियुक्ति प्रदान करते हैं।

6. **राज्य और जिला-स्तरीय सतर्कता और निगरानी समितियाँः** अत्याचार निवारण नियम अधिनियम के प्रावधानों का कार्यान्वयन की समीक्षा हेतु, मुख्यमंत्री की अध्यक्षता में राज्य-स्तरीय सतर्कता और निगरानी समितियां तथा जिला मजिस्ट्रेट की अध्यक्षता में राज्य-स्तरीय सतर्कता और निगरानी समितियाँ स्थापित करने के लिए प्रदान करते हैं।

7. **अत्याचार प्रवण क्षेत्रों की पहचान और परिणामस्वरूप उठाए जाने वाले कदमः**

(i) अत्याचार निवारण नियमों के अनुसार, राज्य सरकार ने अपने संबंधित राज्यों में अत्याचार प्रवण/संवेदनशील क्षेत्रों की पहचान की है।

(ii) अत्याचार निवारण नियम, अधिनियम के प्रावधानों को लागू करने हेतु जिम्मेदार, जिला मजिस्ट्रेट, पुलिस अधीक्षक या अन्य अधिकारियों के साथ समन्वय करने के लिए, चिन्हित किए गए क्षेत्र में एक विशेष अधिकारी जो कि अतिरिक्त जिला मजिस्ट्रेट के पद से नीचे नहीं हो, उसकी नियुक्ति के लिए प्रदान करते हैं।

समीक्षा समिति
(Review Committee)

अनुसूचित जातियों और अनुसूचित जनजातियों के कल्याण पर संसदीय समिति ने अनुशंसा की कि सामाजिक न्याय और सशक्तिकरण मंत्रालय, गृह मंत्रालय, अनुसूचित जाति के लिए राष्ट्रीय आयोग और अनुसूचित जनजातियों के लिए राष्ट्रीय आयोग को अत्याचार पर अंकुश लगाने हेतु तरीकों को खोजने के लिए और नागरिक अधिकारों के संरक्षण अधिनियम, 1955 और अनुसूचित जाति और अनुसूचित जनजाति (अत्याचार निवारण) अधिनियम, 1989 के प्रभावी प्रशासन को सुनिश्चित करने हेतु नियमित रूप से मिलना चाहिए।

इस अनुशंसा के पालन हेतु अनुसूचित जाति और अनुसूचित जनजाति के विरुद्ध अस्पृश्यता और अत्याचारों के अपराधों पर अंकुश लगाने के तरीकों तथा माध्यमों को खोजने के प्रभावी समन्वय तथा दोनों अधिनियम के प्रभावी कार्यान्वयन हेतु सामाजिक न्याय और अधिकारिता मंत्री की अध्यक्षता में मार्च 2006 में एक समिति का गठन किया गया। अन्य आधिकारिक सदस्यों के अलावा, समिति में अनुसूचित जातियों और अनुसूचित जनजातियों के सदस्यों के रूप में तीन गैर-आधिकारिक प्रतिनिधि हैं। समिति ने अब तक 24 बैठकें की हैं, जिनमें 24 राज्यों और 4 केंद्र शासित प्रदेशों में दोनों अधिनियमों के कार्यान्वयन की समीक्षा की गई।

वन अधिकार अधिनियम, 2006 (Forest Rights Act, 2006)

अधिनियम का औचित्य (Rationale of the Act)

सदियों से जंगल की जमीन पर कब्जे के लिए जंगलों में रहने वाले वन निवास अनुसूचित जनजाति और अन्य पारंपरिक वन निवासी थे। हालाँकि, उनकी पैतृक भूमि और उनके आवास पर उनके अधिकारों को पर्याप्त रूप से मान्यता नहीं दी गई थी, क्योंकि वे अत्यधिक जीवित रहने और वन पारिस्थितिकी तंत्र की स्थिरता के अभिन्न अंग होने के बावजूद मान्यता प्राप्त नहीं थे। वन भूमि पर अनुसूचित जाति और अन्य पारंपरिक वनवासियों के पारंपरिक अधिकारों और हितों को अतीत में, राज्य के जंगलों के समेकन के दौरान दोषपूर्ण आरक्षण प्रक्रिया के माध्यम से गैर-मान्यता प्राप्त और अपरिचित छोड़ दिया गया था।

वन में रहने वाले आदिवासी लोग और जंगल अविभाज्य हैं, एक ऐसा कारक जो आदिवासी जीवन के बहुत ही नैतिकता से उपजी पारिस्थितिकी संसाधनों के संरक्षण को सुनिश्चित करता है। उत्पादन वानिकी के लिए जंगल और वन क्षेत्रों के निर्माण के लिए संरक्षण प्रक्रियाओं ने किसी भी तरह से आदिवासी समुदाय के उन क्षेत्रों में विधायी ढांचे से दूर-दराज के क्षेत्रों की अनदेखी की, जहां आदिवासी समुदाय मुख्य रूप से बसे हुए हैं। आदिवासियों की सादगी और आधुनिक नियामक ढाँचों की उनकी सामान्य अज्ञानता ने उन्हें उन क्षेत्रों में संसाधनों के प्रति अपने वास्तविक दावों का दावा करने से रोक दिया जहाँ वे संबंधित थे और उन पर निर्भर थे। आधुनिक संरक्षण दृष्टिकोणों ने एकीकरण के बजाय बहिष्करण की वकालत की। यह बहुत बाद में था कि वन प्रबंधन शासकों ने वनवासियों के व्यवसाय और अन्य अधिकारों को मान्यता देने के लिए कार्रवाई शुरू की और उन्हें प्रबंधन के डिजाइन में एकीकृत किया। कार्यकाल की असुरक्षा और उन जगहों से बेदखल होने के डर से, जहां वे रहते थे और जनसंहार के लिए संपन्न थे, शायद सबसे बड़े कारण थे कि आदिवासी समुदाय भावनात्मक रूप से और साथ ही जंगलों और वन भूमि से शारीरिक रूप से अलग हो गए थे। इस ऐतिहासिक अन्याय में सुधार की आवश्यकता थी और इसलिए, सरकार ने अनुसूचित जनजाति और अन्य पारंपरिक वन निवासी (वन अधिकारों की मान्यता) अधिनियम, 2006 को अधिनियमित किया, जिसे आमतौर पर वन अधिकार अधिनियम [Forest Rights Act (FRA)] के रूप में जाना जाता है।

अधिनियम वन अधिकारों की 'मान्यता' से परे भी जाता है और किसी भी सामुदायिक वन संसाधन की रक्षा, पुनः निर्माण, संरक्षण और प्रबंधन के अधिकार के साथ वन अधिकार धारकों, ग्राम सभाओं और स्थानीय स्तर के संस्थानों को भी अधिकार देता है। यह संसाधन शासन में स्वयं एक निर्णायक कदम है। आदिवासी लोगों और वनवासियों के आंदोलनों के इतिहास में अत्यंत महत्वपूर्ण सही साबित हुए, अधिनियम का उद्देश्य सतत् उपयोग और संरक्षण के लिए जंगलों को संचालित करने के लिए उनके राजनीतिक सशक्तीकरण की सुविधा प्रदान करना है।

अधिनियम के प्रावधान (Provisions of the Act)

वन अधिकार अधिनियम के विभिन्न प्रावधान/विशेषताएं इस प्रकार हैं:

1. अधिनियम उन अधिकारों को सूचीबद्ध करता है जो वन में निवास करने वाली अनुसूचित जनजातियों और अन्य पारंपरिक वनवासियों के वन अधिकार होंगे। ये वन अधिकार हैं:
   (i) अनुसूचित जनजातियों के वन निवासी सदस्यों द्वारा या कोई अन्य पारंपरिक वन निवासी द्वारा निवास या स्वयं कृषि हेतु व्यक्तिगत या सामूहिक उपजीविका के अंतर्गत वन भूमि पर कब्जा करने या उस पर रहने का अधिकार।
   (ii) सामुदायिक अधिकार जैसे कि निस्तर, जिन्हें जो भी नाम से पुकारा जाए, तत्कालीन रियासतों, जमींदारी या इस तरह के मध्यस्थ शासन में पुकारे जाने वाले नामों को समाविष्ट करते हुए सामुदायिक अधिकार।
   (iii) मामूली वन उपज, जिसे गांव की सीमा रेखा के भीतर या बाहर एकत्र किया गया हो, के स्वामित्व एकत्र उपयोग एवं निपटान का अधिकार।
   (iv) उपयोग हेतु अन्य सामुदायिक अधिकार या उन पर स्वामित्व, जैसे-मछली या जल निकायों की अन्य वस्तुएं, चराई (स्थिर बसे हुए या कचरे में से खोज

होनी) और घुमंतू या चरवाहे समुदायों की मौसम के अनुसार पारंपरिक संसाधनों तक पहुंच।

(v) आदिम जनजातीय समूहों और पूर्व-कृषि समुदायों के लिए आवास और बस्ती के सामुदायिक कार्यकाल सहित अधिकार।

(vi) किसी भी राज्य में जहां दावे विवादास्पद हैं, किसी भी शब्दावली के अंतर्गत विवादित भूमि पर या उसमें अधिकार।

(vii) किसी स्थानीय प्राधिकारी द्वारा जारी किए गए पट्टों या पट्टों या अनुदानों के रूपांतरण के लिए अधिकार और वन से लेकर राजकीय उपाधि।

(viii) वनों के सभी वन ग्रामों, पुरानी बस्ती, जंगलों में बसे अन्य गांवों और अन्य गांवों के बंदोबस्त और संरक्षण का अधिकार, चाहे वे राजस्व गांवों में दर्ज हों, अधिसूचित हों या न हों।

(ix) किसी भी सामुदायिक वन संसाधन की रक्षा, पुनर्जनन या संरक्षण या प्रबंधन करने का अधिकार जिसे वे पारंपरिक रूप से स्थायी उपयोग के लिए संरक्षित और संरक्षण करते रहे हैं।

(x) अधिकार जो किसी भी राज्य के कानून या किसी भी स्वायत्त जिला परिषद या स्वायत्त क्षेत्रीय परिषद के कानूनों को मान्यता नहीं देते हैं या जिन्हें किसी राज्य के संबंधित जनजातियों के पारंपरिक या प्रथागत कानून के तहत आदिवासियों के अधिकारों के रूप में स्वीकार किया जाता है।

(xi) जैव विविधता और समुदाय तक पहुंच का अधिकार बौद्धिक संपदा और जैव विविधता और सांस्कृतिक विविधता से संबंधित पारंपरिक ज्ञान का अधिकार

(xii) किसी भी अन्य पारंपरिक अधिकार को वनवासी अनुसूचित जनजातियों या अन्य पारंपरिक वनवासियों द्वारा प्रसन्नता से प्राप्त किया जाता है, जिनका उल्लेख (i) से (xi) में नहीं किया जाता है, लेकिन शिकार या फंसाने या जंगली जानवर की किसी भी प्रजाति के शरीर का निकालने के पारंपरिक अधिकार को छोड़कर।

(xiii) 13 दिसंबर, 2005 से पहले पुनर्वास के लिए अपने कानूनी अधिकार प्राप्त किए बिना, अनुसूचित जनजातियों और अन्य पारंपरिक वनवासियों को किसी भी विवरण के बिना अवैध रूप से बेदखल या विस्थापित किया गया है, जहां मामलों में वैकल्पिक भूमि को छोड़कर स्वस्थानी पुनर्वास में अधिकार।

2. अधिनियम में वन संरक्षण अधिनियम, 1980 में निहित कुछ के बावजूद सरकार द्वारा प्रबंधित कुछ सुविधाओं के लिए सबसे पहले भूमि के मोड़/परिवर्तन का प्रावधान है और जिसमें 75 पेड़ प्रति हेक्टेयर से अधिक पेड़ों की कटाई सम्मिलित नहीं है और वन भूमि को मोड़ दिया जाना है। इस प्रयोजन के लिए भूमि एक हेक्टेयर से कम है और इस तरह की विकास परियोजना की मंजूरी ग्राम सभा द्वारा दी गई है।

3. यह अधिनियम वन निवास अनुसूचित जनजातियों और अन्य परंपरागत वनवासियों के वनों में वन अधिकारों को मान्यता प्रदान करता है और उन पर बल देता है, जो किसी भी अन्य कानून में निहित हैं।

4. अधिनियम में निम्नलिखित शर्तों की पूर्ति के लिए वन्यजीव संरक्षण के लिए पर्यावरणीय क्षेत्रों को बनाने के उद्देश्य से राष्ट्रीय उद्यानों और अभयारण्यों के वन्यजीवों के वन्यजीव आवासों में वन अधिकारों में संशोधन या पुनर्स्थापन का प्रावधान है:

(i) अधिकारों की मान्यता की प्रक्रिया विचाराधीन सभी क्षेत्रों में पूर्ण है।

(ii) कोई अन्य उचित विकल्प नहीं है।

(iii) यह स्थापित किया गया है वर्तमान अधिकार धारकों की गतिविधियों या प्रभाव अपरिवर्तनीय क्षति पहुंचाएंगे और वन्य जीवन और उनके निवास स्थान के अस्तित्व को खतरा होगा।

(iv) संबंधित ग्राम सभा की निःशुल्क और सूचित सहमति प्राप्त की गई है।

(v) पुनर्वास या वैकल्पिक पैकेज तैयार किया गया है और संचारित किया गया है, जो प्रभावित व्यक्तियों और समुदायों के लिए एक सुरक्षित आजीविका प्रदान करता है और केंद्र सरकार के संबंधित कानूनों और

नीति में दिए गए ऐसे प्रभावित परिवारों और समुदायों की आवश्यकताओं की पूर्ति करता है।

(vi) पुन:स्र्थापना तभी होनी चाहिए जब कुंठा फन थानों पर भूमि आवंटन और सुविधाएं पूर्ण हो गई हो।

यह अधिकार भी प्रदान किया जाता है कि अत्यंत आवश्यक वन्यजीव आवास जिसमें से धारकों को स्थानांतरित किया जाता है, उनके बाद में अन्य उपयोगकर्ताओं हेतु प्रयोग हेतु नहीं दिया जाएगा।

5. अधिनियम में वन अधिकारों की मान्यता के विषय में बताया गया है कि 13 दिसंबर, 2005 से पहले वन निवास पर जिन अनुसूचित जनजाति या अन्य पारंपरिक वनवासियों ने वन भूमि पर कब्जा कर लिया था, अधिकार उन्हीं का रहेगा। यह इस बात को भी निर्धारित करता है कि अधिकार प्रदत्त होगा। विवाह-योग्य लेकिन विवाह योग्य या हस्तांतरणीय नहीं है और विवाहित व्यक्तियों के मामले में दोनों पति-पत्नी के नाम पर संयुक्त रूप से पंजीकृत किया जाएगा।

6. वन अधिकार धारकों को एक बहुत ही महत्वपूर्ण सुरक्षा प्रदान की गई है। यह अनिवार्य है कि कोई भी वनवासी अनुसूचित जनजातियाँ और अन्य वनवासी वनवासियों को वन भूमि से तब तक नहीं हटाया जाएगा, जब तक मान्यता और सत्यापन प्रक्रिया पूरी नहीं हो जाती।

7. बस्ती में रहने वाले किसी व्यक्ति या किसी वनवासी अनुसूचित जनजाति या अन्य पारंपरिक वनवासियों के सदस्यों या अन्य लोगों के लिए वन भूमि पर व्यक्तिगत या सामान्य कब्जे के तहत वन भूमि पर रहने और आत्म-खेती करने का अधिकार क्षेत्र में प्रतिबंधित होगा। वास्तविक कब्जे के तहत और किसी भी मामले में चार हेक्टेयर के क्षेत्र से अधिक नहीं होगा। इसके अलावा, अधिनियम प्रदान करता है कि वन अधिकारों को सभी अतिक्रमणों और प्रक्रियात्मक आवश्यकताओं से मुक्त किया जाएगा।

8. इस अधिनियम के तहत मान्यता प्राप्त और निहित वन अधिकारों में वन निवास अनुसूचित जनजातियों और अन्य पारंपरिक वनवासियों के लिए भूमि का अधिकार शामिल है जो यह स्थापित कर सकते हैं कि वे राज्य के विकास हस्तक्षेपों के कारण भूमि क्षतिपूर्ति के बिना अपने आवास और खेती से विस्थापित हो गए थे। और उस भूमि का उपयोग उस उद्देश्य के लिए नहीं किया गया है जिसके लिए उक्त अधिग्रहण के पाँच वर्षों के भीतर उसका अधिग्रहण किया गया था।

9. यह अधिनियम वन अधिकारों, ग्राम सभा और ग्राम-स्तर के संस्थानों के धारकों को अधिकार देता है:

(i) वन्यजीव, वन और जैव-विविधता की रक्षा करना

(ii) सुनिश्चित करें कि निकटवर्ती जलग्रहण क्षेत्र, जल स्रोत और अन्य पारिस्थितिक संवेदनशील क्षेत्र पर्याप्त रूप से संरक्षित हैं।

(iii) सुनिश्चित करें कि वन में रहने वाले अनुसूचित जनजातियों और अन्य पारंपरिक वनवासियों के निवास स्थान उनके सांस्कृतिक और प्राकृतिक विरासत को प्रभावित करने वाली विनाशकारी प्रथाओं के किसी भी रूप से संरक्षित हैं।

(iv) सुनिश्चित करें कि सामुदायिक वन संसाधनों तक पहुँच को विनियमित करने के लिए ग्राम सभा में लिए गए निर्णय और किसी भी गतिविधि को रोकना जो जंगली जानवरों को प्रतिकूल रूप से प्रभावित करता है और जैव विविधता का अनुपालन किया जाता है।

10. अधिनियम अधिकारियों और प्रक्रियाओं के साथ वन आवास अनुसूचित जनजातियों और अन्य पारंपरिक वनवासियों में वन अधिकारों के विरुद्ध व्यवहार करता है। वन अधिकारों के निहितार्थ के लिए त्रिस्तरीय संरचना है। ग्राम सभा व्यक्तिगत या सामुदायिक वन अधिकारों की प्रकृति और सीमा या दोनों को निर्धारित करने के लिए आरंभ करने वाली प्राधिकारी है जो वन आवास अनुसूचित जनजाति और अन्य पारंपरिक वनवासियों को दी जा सकती है। उप-मंडल स्तरीय समिति जांच करती है ग्राम सभा द्वारा पारित प्रस्ताव को अंतिम निर्णय के लिए जिला-स्तरीय समिति को भेज दिया गया। ग्राम सभा के प्रस्ताव से व्यथित कोई भी व्यक्ति उप-विभागीय स्तर की समिति के समक्ष याचिका दायर कर सकता है और उप-मंडल-स्तरीय समिति के निर्णय से पीड़ित कोई भी व्यक्ति जिला-स्तरीय समिति के लिए याचिका दायर कर

सकता है। वन अधिकारों के रिकॉर्ड पर जिला-स्तरीय समिति का निर्णय अंतिम और बाध्यकारी है।

वन अधिकारों की मान्यता की प्रक्रिया की निगरानी करने और नोडल/केंद्रीय एजेंसी को प्रस्तुत करने के लिए एक राज्य-स्तरीय निगरानी समिति है, जैसा कि उस एजेंसी द्वारा रिटर्न और रिपोर्ट किया जा सकता है। जनजातीय कार्य मंत्रालय, भारत सरकार, इस अधिनियम के कार्यान्वयन के लिए केंद्रीय एजेंसी है।

घरेलू हिंसा अधिनियम, 2005 (Domestic Violence Act, 2005)

अधिनियम का औचित्य (Rationale of the Act)

निश्चित रूप से घरेलू हिंसा मानव अधिकार का मुद्दा है और विकास हेतु गंभीर बाधा है। 1944 की विएना सहमति और कार्यवाही हेतु बीजिंग घोषणा और मंच 1995 से पुन: निर्देशित इसे स्वीकार किया है। महिलाओं के प्रति सभी प्रकार के भेदभाव को निष्कासित करने पर सम्मेलन के अवसर पर संयुक्त राष्ट्र के आयोग ने अनुशंसा की कि राज्य दलों को महिलाओं के विरुद्ध किसी भी प्रकार की हिंसा से उनकी रक्षा करने हेतु कार्य करने चाहिए विशेष रूप से वह हिंसा जो परिवार के भीतर घटित हो रही है।

भारत में घरेलू हिंसा की घटना व्यापक रूप से प्रचलित है पर यह जनता के क्षेत्र में मुख्यत: अदृश्य रही है। जब एक महिला को उसके पति या रिश्तेदारों द्वारा क्रूरता के आधीन किया जाता है तो यह भारतीय दंड संहिता के भाग 498ए के तहत अपराध की श्रेणी में आता है। लोक कानून हालांकि इस घटना को उसकी समग्रता में संबोधित नहीं करता है।

भारतीय संविधान के अनुच्छेद 14, 15 और 21 के अंतर्गत गारंटी दिए गए अधिकारों की दृष्टि में घरेलू हिंसा से महिला का संरक्षण अधिनियम, 2005 को लागू किया गया। इस अधिनियम को लोग कानून के तहत घरेलू हिंसा के पीड़ित होने से महिलाओं के रक्षित हेतु उपाय प्रदान करने और समाज में घरेलू हिंसा के होने की रोकथाम हेतु लागू किया गया।

यह अधिनियम घरेलू हिंसा से हर प्रकार से महिलाओं का बचाव करने के लिए एक व्यापक विधान है। अधिनियम उन महिलाओं को भी समाविष्ट करता है जो बुरा बर्ताव करने वालों के साथ संबंध में है या रह चुकी हैं और जो शारीरिक एवं योन संबंधी मानसिक वाचिक या भावनात्मक, किसी भी प्रकार से हिंसा की शिकार हैं।

महिला एवं बाल विकास मंत्रालय ने घरेलू हिंसा से महिला का लक्षण नियम, 2006 में अधिनियम को लागू करने हेतु नियमों की स्थापना की है। अधिनियम तथा नियम की प्रतिलिपि को सभी राज्य मुख्य सचिव के पास, रक्षण अधिकारियों की नियुक्ति करने सेवा प्रदान कर्ताओं को पंजीबद्ध करने और अधिनियम के प्रावधानों के लिए जनता में जागरूकता पैदा करने हेतु अधिनियम का व्यापक प्रचार करने की विनती के साथ साझा की गई है।

अधिनियम के प्रावधान (Provisions of the Act)

अधिनियम के प्रावधान या विशेषताएं इस प्रकार हैं:

1. यह उन महिलाओं को समाविष्ट करता है जो दुराचारी के साथ संबंध में हैं या रह चुकी हैं, जहां दोनों पक्ष एक साथ एक साझा घर में रहे हों और संगोत्र विवाह, विवाह तुल्य प्राकृतिक संबंध या अपनाने के संबंध में हो। इसके अलावा संयुक्त परिवार में रहने वाले परिवार के सदस्यों के साथ संबंध को भी समाविष्ट किया गया है। यहां तक कि उन महिलाओं, जो विधवा हैं या दुराचारी के साथ रह रही हैं, उनको भी प्रस्तावित कानून के अंतर्गत सुरक्षा का अधिकार है। हालांकि अधिनियम पत्नी या विवाह की प्रकृति के संबंध में रह रही महिला को पति या पुरुष साथी के रिश्तेदार के विरुद्ध मुकदमा दायर करने में सक्षम बनाता है, पर पति या पुरुष साथी से संबद्ध किसी महिला संबंधी पर मुकदमा दर्ज करने में सक्षम नहीं बनाता है।
2. यह वास्तविक दुराचारी या दुराचारी का डर जो कि शारीरिक, यौन, मौखिक, भावनात्मक या आर्थिक हो को समाविष्ट करते हुए घरेलू हिंसा को परिभाषित करता है। यह पीड़ित महिला को साझा घर में रहने का अधिकार देता है, इसके लिए उसके पास कोई शीर्षक या अधिकार हो या ना हो।

3. वास्तव में, एक उत्तरदाता/प्रतिवादी महिला नहीं होने के नाते अधिनियम के अंतर्गत उस साझा घर से स्वयं को हटाने के लिए पीड़ित महिला को उसी स्तर के वैकल्पिक आवास को सुरक्षित करने के लिए निर्दिष्ट किया जा सकता है जो उसे साझा घर में प्राप्त थी, या उसके लिए किराया दिया जा सकता है। यह पीड़ित महिला को साझा घर में रहने का अधिकार देता है, इसके लिए उसके पास कोई शीर्षक या अधिकार हो न हो।
4. अधिनियम के तहत राहत आदेश जिस पर पीड़ित महिला का अधिकार है, उनमें सुरक्षा आदेश, आवास आदेश, रुपये पैसे संबंधी राहत, संरक्षण आदेश और मुआवजा आदेश सम्मिलित हैं।
5. यह मैजिस्ट्रेट को दुराचारी को घरेलू हिंसा या कोई अन्य निर्दिष्ट काम, पीड़िता के कार्यक्षेत्र या कोई अन्य जगह जहां उसका अधिकतर आना-जाना हो, पीड़ित के साथ संवाद, दोनों पक्षों द्वारा काम में लिए जाने वाले कोई भी परिसंपत्ति को अलग करने में और पीड़िता या उसके रिश्तेदारों या अन्य जो उसे घरेलू हिंसा के दौरान सहायता प्रदान करते हैं उन्हें या उसके मदद हेतु पीड़िता के पक्ष में सुरक्षा आदेश पारित करने में सक्षम बनाता है।
6. यह सुरक्षा अधिकारियों की नियुक्ति हेतु प्रावधान करता है और गैर-सरकारी संगठनों को मान्यता प्रदान करता है कि वह पीड़िता को उसके चिकित्सीय परीक्षा, कानूनी मदद प्राप्त करने, सुरक्षित घर प्राप्त करने में सहायता प्रदान करता है और सेवा प्रदानकर्ताओं के रूप में उनकी सहायता करता है।

कार्यक्षेत्र में यौन उत्पीड़न अधिनियम, 2013 (Sexual Harassment of Women at Workplace Act, 2013)

कार्य क्षेत्र में महिला के यौन उत्पीड़न (रोकथाम निषेध और निवारण) अधिनियम, 2013 को कार्यक्षेत्र में महिलाओं के यौन उत्पीड़न के विरुद्ध सुरक्षा प्रदान करने और यौन उत्पीड़न की शिकायतों के रोकथाम और निवारण हेतु लागू किया गया।

अधिनियम का औचित्य (Rationale of the Act)

भारतीय संविधान के अनुच्छेद 43 और 15 के तहत यौन उत्पीड़न एक महिला के समानता के मूलभूत आधार के उल्लंघन में परिणित होता है। संविधान के अनुच्छेद 21 के तहत गरिमा गरिमा पूर्ण जीवन व्यतीत करने के अधिकार और कोई भी पेशा करने का अधिकार या कोई भी कारोबार या व्यवसाय चलाने जिसमें यौन उत्पीड़न से मुक्त सुरक्षित वातावरण सम्मिलित हो, के अधिकार के उल्लंघन में परिणित होता है।

यौन उत्पीड़न के विरुद्ध सुरक्षा और गरिमापूर्वक कार्य करने के अधिकार को सार्वभौमिक रूप से अंतर्राष्ट्रीय सम्मेलनों द्वारा मान्यता प्राप्त मानव अधिकारों और दस्तावेजों जैसे महिलाओं के प्रति हर प्रकार के भेदभाव के निष्कासन पर सम्मेलन जिसकी 25 जून, 1993 में भारत सरकार द्वारा पुष्टि की गई है। यह उन प्रावधानों को कार्यस्थल पर यौन उत्पीड़न के खिलाफ महिलाओं की सुरक्षा हेतु उक्त सम्मेलन को प्रभावी बनाने के लिए प्रावधान बनाने हेतु एक उपाय है।

कार्यस्थल पर यौन उत्पीड़न महिलाओं के लैंगिक समानता, जीवन और स्वतंत्रता के अधिकार का उल्लंघन है। यह एक असुरक्षित और शत्रुतापूर्ण कार्य वातावरण बनाता है, जो कार्य के अंतर्गत महिलाओं की भागीदारी को रोकता है, जिससे उनके आर्थिक सशक्तीकरण और समावेशी विकास के लक्ष्य पर प्रतिकूल प्रभाव पड़ता है। हालाँकि, इस मुद्दे को संबोधित करने के लिए कोई घरेलू कानून नहीं है, सिवाय विशाखा बनाम राजस्थान राज्य के मामले में भारतीय दंड संहिता और सुप्रीम कोर्ट के दिशा-निर्देशों के कुछ प्रावधानों को छोड़कर। महिलाओं की बढ़ती कार्य सहभागिता दर ने इस बात को अनिवार्य बना दिया है कि यौन उत्पीड़न की रोकथाम के साथ-साथ निवारण तंत्र प्रदान करने पर ध्यान केंद्रित करने वाला एक व्यापक कानून बनाया जाए।

अधिनियम के प्रावधान (Provisions of the Act)

अधिनियम के विभिन्न प्रावधान/विशेषताएं इस प्रकार हैं:

1. यह एक व्यापक रूप में 'कार्यस्थल पर यौन उत्पीड़न' को परिभाषित करता है, विशाखा निर्णय में निर्धारित परिभाषा को ध्यान में रखते हुए, और एक महिला के रोजगार की संभावना में निहित या स्पष्ट वादे या खतरे की परिधि में

शत्रुतापूर्ण कार्य वातावरण या अपमानजनक व्यवहार की संभावनाएं या सृजन, जो उसके स्वास्थ्य या सुरक्षा को प्रभावित कर सकता है, को सम्मिलित करने हेतु इसे और अधिक व्यापक बनाता है।

2. 'असंतुष्ट महिला' की परिभाषा, जिसे अधिनियम के तहत संरक्षण मिलेगा, सभी महिलाओं को सम्मिलित करने हेतु अत्यंत व्यापक है, चाहे उसकी आयु या रोजगार की स्थिति, चाहे संगठित या असंगठित क्षेत्रों में (सार्वजनिक या निजी) और ग्राहकों, ग्राहकों और घरेलू श्रमिकों की हो, को भी समाविष्ट करता है।

3. जबकि विशाखा दिशा-निर्देशों में 'कार्यस्थल' पारंपरिक कार्यस्थल स्थापित करने तक ही सीमित है, जहां एक स्पष्ट नियोक्ता-कर्मचारी संबंध है, अधिनियम इससे बहुत अधिक आगे जाकर संगठनों, विभागों, कार्यालयों, शाखा इकाइयों, सार्वजनिक और निजी क्षेत्रों में (संगठित और असंगठित), अस्पतालों, नर्सिंग होम, शैक्षणिक संस्थानों, खेल संस्थानों, स्टेडियमों, खेल परिसर और किसी भी स्थान पर कर्मचारी द्वारा रोजगार के दौरान दौरा, जिसमें परिवहन भी समाविष्ट है, आदि को सम्मिलित करता है।

4. कर्मचारी की परिभाषा में नियमित/अस्थायी/तदर्थ/दैनिक वेतन कर्मचारियों को समाविष्ट किया गया है, चाहे वे पारिश्रमिक के लिए हों या नहीं और इसमें स्वयंसेवक भी सम्मिलित हो सकते हैं। नियोक्ता की परिभाषा में सरकारी विभाग/संगठन/संस्था/कार्यालय/शाखा/इकाई का प्रमुख समाविष्ट, जो व्यक्ति कार्यस्थल के प्रबंधन/पर्यवेक्षण/नियंत्रण के लिए प्रतिक्रियाशील है, वह व्यक्ति अपने/अपने कर्मचारियों के संबंध में संविदात्मक दायित्वों का निर्वहन् करता है, और एक घरेलू कामगार व्यक्ति के संबंध में जो उस रोजगार से लाभान्वित होता है।

5. अधिनियम में प्रदान किया गया निवारण तंत्र आंतरिक शिकायत समिति (आईसीसी) और स्थानीय शिकायत समिति (एलसीसी) के रूप में है। आंतरिक शिकायत समिति का गठन करने के लिए अधिनियम के तहत 10 या 10 से अधिक श्रमिकों को नियुक्त करने वाले सभी कार्यस्थलों को अधिकार-पत्र दिया गया है। आंतरिक शिकायत समिति एक वरिष्ठ महिला कर्मचारी की अध्यक्षता में एक चार-सदस्यीय समिति होगी और इसमें महिलाओं के मुद्दों के लिए प्रतिबद्ध कर्मचारियों में से दो सदस्य सम्मिलित होंगे या जिनके पास सामाजिक कार्य/कानूनी ज्ञान का अनुभव होगा और इसमें एक सदस्य तृतीय पक्ष (एनजीओ आदि) के रूप में भी सम्मिलित होगा।

6. 10 से कम कामगारों को रोजगार देने वाले कार्यस्थलों की शिकायतें या जब शिकायत नियोक्ता के विरुद्ध होंगी, उस पर स्थानीय शिकायत समिति द्वारा ध्यान दिया जाएगा। अधिनियम के तहत अधिसूचित एक जिला अधिकारी जिला स्तर पर एलसीसी का गठन करेगा। स्थानीय शिकायत समिति घरेलू कामगारों की शिकायतों पर भी विचार करेगी।

7. स्थानीय शिकायत समिति एक पांच सदस्यीय समिति होगी जिसमें सामाजिक कार्य के क्षेत्र में प्रतिष्ठित महिलाओं में से एक अध्यक्ष को नामित किया जाएगा या यह महिलाओं के मुद्दों हेतु प्रतिबद्ध होगी, ब्लॉक/तालुका/तहसील/जिले के नगर पालिका में काम करने वाली महिलाओं जिसमें से 2 महिलाओं में से कम-से-कम एक वह महिला होगी जिसे नामांकित किया जाना है बशर्ते कि उसके पास कानून या कानूनी ज्ञान की पृष्ठभूमि हो। सामाजिक कल्याण या महिला और बाल विकास से संबंधित अधिकारी एक पदेन सदस्य होंगे।

8. यौन उत्पीड़न की शिकायत तीन महीने की समय सीमा के भीतर दर्ज की जा सकती है। इसे अगले तीन महीनों तक बढ़ाया जा सकता है यदि महिला यह साबित कर सकती है कि गंभीर परिस्थितियों ने उसे ऐसा करने से रोका।

9. अधिनियम में सुलह का प्रावधान है। आंतरिक शिकायत समिति/स्थानीय शिकायत समिति पीड़ित महिला और प्रतिवादी के बीच मामले को निपटाने के लिए कदम उठा सकती है, हालांकि इस विकल्प का उपयोग केवल महिला के अनुरोध पर किया जाएगा। अधिनियम यह भी प्रावधान करता है कि मौद्रिक निपटान को सुलह के आधार पर नहीं बनाया जाएगा। इसके अलावा, यदि किसी भी निपटान की शर्तों का अनुपालन प्रतिवादी द्वारा नहीं किया जाता है, तो शिकायतकर्ता उस समिति में वापस जा सकता है जो एक जांच करने के लिए आगे बढ़ेगा।

10. समिति को 90 दिनों की समयावधि में जांच पूरी करने की आवश्यकता है। जांच पूरी होने पर, रिपोर्ट नियोक्ता

या जिला अधिकारी को भेजी जाएगी, जैसा भी मामला हो, 60 दिनों के भीतर रिपोर्ट पर कार्रवाई करने के लिए उनकी बाध्यता है।

11. यदि शिकायत साबित हो गई है, तो समिति सेवा नियमों के प्रावधान के अनुसार कार्रवाई की अनुशंसा कर सकती है, जो प्रतिवादी पर लागू होंगे या उस नियमानुसार निर्धारित नियमों के अनुसार लागू होगी, जहां ऐसे सेवा नियम मौजूद नहीं हैं। समिति प्रतिवादी के वेतन से उचित राशि की कटौती की भी अनुशंसा कर सकती है या प्रतिवादी को राशि का भुगतान करने के लिए कह सकती है।

12. यदि मामले में प्रतिवादी के खिलाफ आरोप साबित नहीं हुआ है, तो समिति नियोक्ता/जिला अधिकारी को लिख सकती है कि मामले में कोई कार्रवाई करने की आवश्यकता नहीं है।

13. दुर्भावनापूर्ण या झूठी शिकायत के मामले में, अधिनियम सेवा नियमों के अनुसार दंड का प्रावधान करता है। हालांकि, इस खंड में दुर्भावनापूर्ण इरादे को स्थापित करने से पहले एक जांच के रूप में एक सुरक्षा है। इसके अलावा मामला साबित करने में केवल असमर्थता इस प्रावधान के तहत दंड को आकर्षित नहीं करेगी।

14. इस अधिनियम में अंतरिम अवधि में पीड़ित महिला को राहत देने के प्रावधान हैं, जिसमें जांच की विचाराधीनता के दौरान छुट्टी और स्थानांतरण सम्मानित हैं।

15. अधिनियम में पीड़ित महिला, प्रतिवादी और गवाहों की पहचान और पते का खुलासा करने पर निषेध है। हालांकि, इस अधिनियम के तहत यौन उत्पीड़न के किसी भी पीड़ित को न्याय के बारे में जानकारी का खुलासा किए बिना जानकारी का प्रसार किया जा सकता है।

16. अधिनियम प्रत्येक नियोक्ता के कंधों पर पर एक ऐसा वातावरण बनाने के लिए एक जिम्मेदारी डालता है जो यौन उत्पीड़न से मुक्त है। नियोक्ता को इस कानून के प्रावधान के बारे में कर्मचारियों को संवेदनशील बनाने के लिए नियमित अंतराल पर कार्यशालाओं और जागरूकता कार्यक्रमों का आयोजन करने की आवश्यकता होती है और आंतरिक समिति के गठन के संबंध में अधिसूचना तथा उत्पीड़न के दंडात्मक परिणाम आदि को प्रदर्शित करना होता है।

17. एक नियोक्ता अधिनियम के तहत अपने कर्तव्यों के उल्लंघन के मामले में ₹ 50,000 के जुर्माने के लिए उत्तरदायी होगा और तद्नुसार-उल्लंघन के मामले में जुर्माने की राशि उसके लाइसेंस को रद्द करने के रूप में जुर्माना के साथ दोगुनी होगी, अपनी गतिविधि को अंजाम देने के लिए पंजीकरण की वापसी या गैर-वापसी आवश्यक है।

18. घरेलू कामगार के मामले में रोजगार की प्रकृति को देखते हुए प्रक्रिया अलग है। कोई भी घरेलू कर्मचारी किसी भी शिकायत के मामले में स्थानीय शिकायत समिति से संपर्क कर सकता है। यदि शिकायतकर्ता की इच्छा है तो सुलह हो सकती है। हालाँकि, अन्य मामलों में यदि शिकायत को प्रथम दृष्टया प्रमाणित किया जाता है तो स्थानीय शिकायत समिति पुलिस को शिकायत दर्ज करने और आईपीसी के संबंधित प्रावधानों के तहत उचित कार्रवाई करने के लिए अग्रेषित कर सकती है।

बाल यौन शोषण अधिनियम, 2012 (Children Sexual Offences Act, 2012)

अधिनियम का औचित्य (Rationale of the Act)

संविधान का अनुच्छेद 15, अन्य बातों के साथ, बच्चों के लिए विशेष प्रावधान बनाने के लिए राज्य को शक्तियां प्रदान करता है। इसके अलावा, अनुच्छेद 39, अन्य बातों के अलावा, यह बल प्रदान करता है कि राज्य विशेष रूप से यह सुनिश्चित करने के लिए अपनी नीति को निर्देशित करेगा कि बच्चों की कोमल आयु के साथ दुर्व्यवहार नहीं किया जाएगा ताकि उनके बचपन और युवाओं को शोषण के खिलाफ सुरक्षा प्रदान की जा सके और उन्हें स्वस्थ तरीके से विकास करने के लिए और स्वतंत्रता और गरिमा की स्थितियों में विकसित होने का वातावरण प्रदान किया जाए।

भारत द्वारा 11 दिसंबर, 1992 को संयुक्त राष्ट्र के बच्चों के अधिकारों पर संयुक्त राष्ट्र सम्मेलन, की पुष्टि ने सभी राज्य दलों द्वारा बच्चे के सर्वोत्तम हितों को हासिल करने के लिए मानकों का एक सेट निर्धारित किया है। सभी राज्य दलों को सभी उपयुक्त

राष्ट्रीय, द्विपक्षीय और बहुपक्षीय उपायों को करने आवश्यकता है जिससे निम्नलिखित की रोकथाम की जा सके:

1. किसी भी गैर-कानूनी यौन गतिविधि में शामिल होने के लिए बच्चे की प्रेरणा या जबरदस्ती।
2. वेश्यावृत्ति या अन्य गैर-कानूनी यौन व्यवहार में बच्चों का शोषक उपयोग।
3. अश्लील प्रदर्शन और सामग्री में बच्चों का शोषक उपयोग

राष्ट्रीय अपराध रिकॉर्ड ब्यूरो द्वारा एकत्र किए गए आंकड़ों से पता चलता है कि बच्चों के खिलाफ यौन अपराधों के मामलों में वृद्धि हुई है। यह महिला और बाल विकास मंत्रालय द्वारा संचालित 'बाल दुराचार अध्ययन: भारत, 2007' द्वारा अनुमोदित है। इसके अलावा, मौजूदा कानूनों द्वारा बच्चों के खिलाफ यौन अपराधों को पर्याप्त रूप से संबोधित नहीं किया जाता है। बड़ी संख्या में ऐसे अपराध न तो विशेष रूप से प्रदान किए जाते हैं और न ही उन्हें पर्याप्त दंड दिया जाता है। एक पीड़ित के साथ-साथ एक गवाह के रूप में बच्चे के हितों की रक्षा करने की आवश्यकता है। यह महसूस किया जाता है कि बच्चों के खिलाफ अपराध को प्रभावी ढंग से परिभाषित किया जाना चाहिए और एक प्रभावी विद्रोह के रूप में दंडात्मक दंड के माध्यम से गिना जाना चाहिए।

इसलिए, एक विशेष कानून, अर्थात् यौन अपराधों से बच्चों का संरक्षण अधिनियम (पीओसीएसओ) अधिनियम, 2012 पारित किया गया था। यह अधिनियम 14 नवंबर, 2012 से प्रभावी हो गया है और इसके साथ ही नियम भी बनाए गए हैं।

यौन अपराधों से बच्चों का संरक्षण अधिनियम, 2012 बच्चों को यौन शोषण, यौन उत्पीड़न और अश्लीलता के अपराधों से बचाने के लिए एक न्यायसंगत कानून है, जिसमें न्यायिक प्रक्रिया के हर चरण में बच्चे की रुचि और भलाई की सुरक्षा के लिए उचित सम्मान सम्मिलित है। ऐसे अपराधों की त्वरित सुनवाई के लिए विशेष अदालतों की स्थापना के लिए रिपोर्टिंग, रिकॉर्डिंग के लिए बाल अनुरूप तरीके, अपराधों की जांच और परीक्षण और विशेष न्यायालयों की स्थापना के लिए बाल-अनुकूल प्रक्रियाएं। यह यौन शोषण और शोषण से सुरक्षा, सुरक्षा और संरक्षण के लिए सभी बच्चों के अधिकार को लागू करने में योगदान देगा।

अधिनियम के प्रावधान
(Provisions of the Act)

2012 के यौन अपराधों से बच्चों का संरक्षण अधिनियम के विभिन्न प्रावधान/विशेषताएं इस प्रकार हैं:

1. अधिनियम 18 वर्ष से कम आयु के किसी भी बच्चे को परिभाषित करता है और यौन उत्पीड़न, यौन उत्पीड़न और अश्लील साहित्य के अपराधों से 18 वर्ष से कम आयु के सभी बच्चों को सुरक्षा प्रदान करता है। इन अपराधों को पहली बार कानून में स्पष्ट रूप से परिभाषित किया गया है।
2. अधिनियम कड़े दंड का प्रावधान करता है, जिसे अपराध की गंभीरता के अनुसार वर्गीकृत किया गया है। सजाएं अलग-अलग अवधि की साधारण से कठोर कारावास तक होती हैं। इसमें जुर्माने का भी प्रावधान है, जिसका फैसला कोर्ट द्वारा किया जाएगा।
3. जब किसी व्यक्ति द्वारा सुरक्षा बलों, पुलिस अधिकारी, लोक सेवक, आदि के सदस्य के रूप में विश्वास या अधिकार की स्थिति में किसी व्यक्ति द्वारा किए गए अपराध को उग्र माना जाता है।
4. अधिनियम में शामिल अपराधों के लिए दंड हैं:
   (i) **दंडात्मक यौन उत्पीड़न:** 10 वर्ष से कम नहीं जो आजीवन कारावास और जुर्माना हो सकता है (16 वर्ष से कम आयु के बच्चे के मामले में, 20 वर्ष से कम नहीं)
   (ii) **उत्तेजित यौन उत्पीड़न:** 20 वर्ष से कम नहीं जो आजीवन कारावास और जुर्माना हो सकता है या मृत्युदण्ड।
   (iii) **यौन उत्पीड़न:** तीन साल से कम नहीं जो पांच साल और जुर्माना हो सकता है।
   (iv) **उत्तेजित यौन हमला:** पांच साल से कम नहीं जो सात साल तक और जुर्माना हो सकता है।
   (v) **बच्चे का यौन उत्पीड़न:** तीन साल और जुर्माना।
   (vi) **कामोद्दीपक (Pornographic) उद्देश्यों के लिए बच्चों का उपयोग:** पांच साल और जुर्माना और बाद की सजा, सात साल और जुर्माना।

5. अधिनियम के तहत अपराधों के परीक्षण के लिए विशेष न्यायालयों की स्थापना का प्रावधान करता है, न्यायिक प्रक्रिया के प्रत्येक चरण में बच्चे के सर्वोत्तम हित को सर्वोपरि रखते हुए। यह अधिनियम, रिपोर्टिंग, साक्ष्य की रिकॉर्डिंग, जांच और अपराधों के परीक्षण के लिए बाल-अनुकूल प्रक्रियाओं को सबसे कम-छिद्रित करता है। इसमें शामिल है:
   (i) बच्चे के निवास पर या उसकी पसंद के स्थान पर बच्चे के बयान को रिकॉर्ड करना, अधिमानत: एक महिला पुलिस अधिकारी द्वारा जोकि उप-निरीक्षक के पद से नीचे के रैंक की नहीं होगी।
   (ii) किसी भी कारण से रात में किसी बच्चे को पुलिस स्टेशन में या हिरासत में नहीं रखा जाएगा।
   (iii) पुलिस अधिकारी बच्चे की स्थिति को रिकॉर्ड करते समय अनसुना न करें।
   (iv) बच्चे द्वारा बोले जाने वाले बयान।
   (v) बच्चे की आवश्यकता के अनुसार एक दुभाषिया या अनुवादक या एक विशेषज्ञ की सहायता।
   (vi) बच्चे के मामले में बच्चे के संचार के तरीके से परिचित विशेष शिक्षक या किसी व्यक्ति की सहायता।
   (vii) बच्चे के माता-पिता या किसी अन्य व्यक्ति की उपस्थिति में आयोजित की जाने वाली चिकित्सा परीक्षा, जिस पर बच्चे को भरोसा या विश्वास हो।
   (viii) यदि पीड़ित लड़की है, तो महिला चिकित्सक द्वारा चिकित्सकीय परीक्षण किया जाएगा।
   (ix) परीक्षण के दौरान बच्चे के लिए बार-बार टूटना।
   (x) गवाही देने के लिए बच्चे को बार-बार नहीं बुलाया जाना चाहिए।
   (xi) बच्चे की कोई आक्रामक पूछताछ या चरित्र हत्या नहीं।
   (xii) मामलों का कैमरा परीक्षण।
6. अधिनियम यह मानता है कि किसी भी कारण से अशोभनीय होने पर भी अपराध करने की मंशा को दंडित किया जाना चाहिए। अधिनियम के तहत अपराध करने के प्रयास को अपराध की सजा के लिए निर्धारित आधी सजा तक की सजा के लिए उत्तरदायी बनाया गया है।
7. अधिनियम में अपराध के उन्मूलन के लिए सजा का प्रावधान है, जो अपराध के कमीशन के लिए समान है। यह यौन उद्देश्यों के लिए बच्चों की तस्करी को सम्मिलित करेगा।
8. प्रवेशन लैंगिक हमले, गुरुत्तर प्रवेशन लैंगिक हमले के अधिक जघन्य अपराधों के लिए आरोपी पर सबूत का बोझ शिफ्ट कर दिया जाता है। यह प्रावधान बच्चों की अधिक निर्बलता और मासूमियत को ध्यान में रखते हुए बनाया गया है। साथ ही, कानून के दुरुपयोग को रोकने के लिए, झूठी शिकायत करने या दुर्भावनापूर्ण अक्षमता के साथ गलत जानकारी साबित करने के लिए सजा का प्रावधान किया गया है। रिपोर्टिंग को प्रोत्साहित करने के लिए इस तरह की सजा को अपेक्षाकृत हल्का (छह महीने) रखा गया है। यदि किसी बच्चे के खिलाफ झूठी शिकायत की जाती है, तो सजा (एक वर्ष) अधिक होती है।
9. मीडिया को विशेष अदालत की अनुमति के बिना बच्चे की पहचान का खुलासा करने से रोक दिया गया है। मीडिया द्वारा इस प्रावधान का उल्लंघन करने की सजा छह महीने से एक साल तक हो सकती है।
10. त्वरित परीक्षण के लिए, अधिनियम बच्चे के साक्ष्य को 30 दिनों की अवधि के भीतर दर्ज करने का प्रावधान करता है। साथ ही, विशेष अदालत को जहां तक संभव हो, एक वर्ष की अवधि के भीतर परीक्षण पूरा करना है।
11. बच्चे को राहत और पुनर्वास प्रदान करने के लिए, जैसे ही शिकायत विशेष किशोर पुलिस इकाई (एसजेपीयू) या स्थानीय पुलिस से की जाती है, वे बच्चे को देने के लिए तत्काल व्यवस्था करेंगे, बच्चे को स्वीकार करने जैसी देखभाल और सुरक्षा रिपोर्ट के 24 घंटों के भीतर आश्रय गृह या निकटतम अस्पताल में। एसजेपीयू या स्थानीय पुलिस को भी शिकायत दर्ज करने के 24 घंटे के भीतर बच्चे के दीर्घकालिक पुनर्वास के लिए बाल कल्याण समिति को रिपोर्ट करना आवश्यक है।
12. यह अधिनियम केंद्र और राज्य सरकारों पर मीडिया के माध्यम से जागरूकता फैलाने के लिए एक कर्तव्य कायम करता है, जिसमें टेलिविजन, रेडियो और प्रिंट मीडिया सहित नियमित अंतराल पर आम जनता, बच्चों के

साथ-साथ उनके माता-पिता और अभिभावकों को इस अधिनियम के प्रावधानों हेतु जागरूक किया जाता है।

13. राष्ट्रीय बाल अधिकार संरक्षण आयोग (एनसीपीसीआर) और बाल अधिकारों के संरक्षण के लिए राज्य आयोगों (एससीपीसीआर) को अधिनियम के कार्यान्वयन के लिए नामित प्राधिकारी बनाया गया है।

संशोधन अधिनियम, 2019
(Amendment Act, 2019)

अपराधों के नए रूपों और आगे की रोकथाम के लिए, अधिनियम में कुछ अन्य प्रावधानों को आवश्यक माना गया। तद्नुसार, यौन अपराधों से बच्चों का संरक्षण (संशोधन) अधिनियम, 2019 लागू किया गया।

अधिनियम में संशोधित प्रावधानों के तहत, गुरुत्तर प्रवेशन यौन उत्पीड़न के मामलों में संभावित सजा के रूप में मृत्युदंड का सूत्रपात भी किया गया है।

संशोधन के बाद, अब अधिनियम में बाल पोर्नोग्राफी की परिभाषा को स्पष्ट रूप में परिभाषित किया गया है। संशोधन ने बाल पोर्नोग्राफी से संबंधित अपराध करने के लिए और भी अधिक कठोर दंड प्रदान किए हैं। विभिन्न यौन अपराधों से जुड़े पोर्नोग्राफी के कृत्य हेतु बढ़ी हुई सजा प्रदान करने के लिए अधिनियम में संशोधन किया गया है। संशोधन एक बच्चे को समाविष्ट करने वाली अश्लील सामग्री को नष्ट नहीं करने या हटाने या/या रिपोर्ट नहीं करने के लिए जुर्माना/दंड लगाने का भी प्रावधान करता है। रिपोर्ट के प्रयोजन से और अदालत में सबूत के रूप में उपयोग किए जाने के अलावा किसी भी तरीके से ऐसी सामग्री को प्रसारित/प्रचार/प्रदर्शित/वितरित करने के लिए, व्यक्ति को जेल की सजा या जुर्माना या दोनों के साथ दंडित किया जा सकता है। व्यावसायिक उद्देश्य के लिए बच्चे को शामिल करने वाले किसी भी रूप में किसी भी अश्लील सामग्री को संगृहीत/रखने के लिए संशोधन में अधिक कठोर दंडों का प्रावधान किया गया है।

नए प्रावधान संकट के समय में कमजोर बच्चों के हितों की रक्षा करते हैं और उनकी सुरक्षा और गरिमा प्रदान करते हैं।

विकलांग व्यक्तियों के अधिकार अधिनियम, 2016
(Rights of Persons with Disabilities Act, 2016)

विकलांग व्यक्तियों के अधिकार अधिनियम, 2016 ने विकलांग व्यक्तियों (समान अवसर, अधिकारों का संरक्षण और पूर्ण भागीदारी) अधिनियम, 1995 को निरस्त कर दिया है। नए अधिनियम को विकलांगता से ग्रसित व्यक्तियों के अधिकारों, 2006 पर संयुक्त राष्ट्र के अधिवेशन को प्रभाव देने के उद्देश्य से लागू किया गया।

अधिनियम का औचित्य
(Rationale of the Act)

विकलांग व्यक्तियों (समान अवसर, अधिकारों का संरक्षण और पूर्ण भागीदारी) अधिनियम, 1995 में एशियाई और प्रशांत क्षेत्र में विकलांग लोगों की पूर्ण भागीदारी और समानता पर उद्घोषणा को प्रभावी बनाने के लिए अधिनियमित किया गया था। अधिनियम में विकलांग व्यक्तियों के रूप में उन व्यक्तियों को परिभाषित किया गया है, जिनके पास चालीस प्रतिशत से कम विकलांगता नहीं है और विकलांगता की सात श्रेणियों की पहचान की है, जैसे-अंधापन, कम दृष्टि, श्रवण हानि, हाथ और पांव की गति संबंधित विकलांगता, मानसिक मंदता, मानसिक बीमारी और कुष्ठ रोग से उपचारित।

समय बीतने के साथ, विकलांग व्यक्तियों के अधिकारों की वैचारिक समझ अधिक स्पष्ट हो गई है और विकलांग व्यक्तियों से संबंधित मुद्दों को संभालने दृष्टिकोण में दुनिया भर में परिवर्तन आया है। संयुक्त राष्ट्र ने विकलांग व्यक्तियों के अधिकारों पर अपना अधिवेशन अपनाया जिसमें विकलांग व्यक्तियों के सशक्तीकरण के लिए राज्य दलों द्वारा सिद्धांतों के नियमों को स्थापित किया। ये सिद्धांत इस प्रकार हैं:

1. अंतर्निहित गरिमा के लिए सम्मान, अपनी स्वयं के चुनाव एंड इंडिपेंडेंस ऑफ पर्सन को सम्मिलित करते हुए व्यक्तिगत स्वायत्तता;
2. गैर-भेदभाव (भेदभाव रहित);
3. समाज में पूर्ण और प्रभावी भागीदारी और समावेश;
4. मानव विविधता और मानवता के एक भाग के रूप में विकलांग व्यक्तियों के अंतर/की भिन्नता और स्वीकृति के लिए सम्मान;
5. अवसर की समानता;
6. पहुंच;
7. पुरुषों और महिलाओं के बीच समानता/बराबरी, तथा;

8. विकलांग बच्चों की विकसित होती क्षमताओं के लिए सम्मान और विकलांग बच्चों के पहचान को संरक्षित करने के हेतु उनके अधिकार लिए सम्मान।

भारत ने उक्त अधिवेशन पर हस्ताक्षर किए और बाद में 1 अक्टूबर, 2007 को उसी की पुष्टि की। यह अभिसमय 3 मई, 2008 को लागू हुआ। कन्वेंशन के लिए एक हस्ताक्षरकर्ता होने के नाते, उक्त अधिवेशन के प्रावधानों का पालन करना, भारत का एक अंतर्राष्ट्रीय दायित्व है, जिसके लिए एक पूर्णतया नए विधान की आवश्यकता है।

2010 में, कोलकाता के इंडियन इंस्टीट्यूट ऑफ सेरेब्रल पल्सी की उपाध्यक्ष डॉ. सुधा कौल की अध्यक्षता में एक विशेषज्ञ समिति का गठन किया गया था। इस समिति ने 2011 में विकलांग व्यक्तियों के अधिकारों से संबंधित एक मसौदा विधेयक का सुझाव देते हुए अपनी रिपोर्ट प्रस्तुत की। मसौदा विधेयक पर राज्य सरकारों और केंद्रशासित प्रदेशों और विभिन्न हितधारकों को सम्मिलित करते हुए अनेक स्तरों पर बड़े पैमाने पर बहस हुई थी।

अधिनियम के प्रावधान
(Provisions of the Act)

अधिनियम के विभिन्न प्रावधान/विशेषताएं इस प्रकार हैं:

1. केंद्र और राज्य सरकारों के कंधों पर प्रभावशाली कदमों उठाने की जिम्मेदारी डाली गई है, जिससे यह सुनिश्चित किया जा सके कि विकलांग व्यक्ति अपने अधिकारों का दूसरों के साथ समान रूप से आनंद उठा पायें।
2. एक विकसित और गतिशील अवधारणा के आधार पर विकलांगता को परिभाषित किया गया है।
3. अधिनियम में निम्नलिखित 21 निर्दिष्ट विकलांगताएं शामिल हैं:
   - (i) शारीरिक विकलांगता
     - (a) हाथ और पांव की गति संबंधित विकलांगता
       - कुष्ठ रोग से उपचारित व्यक्ति
       - मस्तिष्क पक्षाघात
       - बौनापन
       - मांसपेशीय दुर्विकास
       - एसिड अटैक पीड़ित
     - (b) दृश्य हानि
       - अंधापन
       - कम दृश्यता
     - (c) श्रवण में हानि
       - बहरा
       - सुनने में दिक्कत
     - (d) भाषण और भाषा विकलांगता
   - (ii) बौद्धिक विकलांगता
     - (a) विशिष्ट शिक्षण अक्षमता
     - (b) ऑटिज्म स्पेक्ट्रम विकार
   - (iii) मानसिक व्यवहार (मानसिक बीमारी)
   - (iv) टोके के कारण विकलांगता
     - (a) दीर्घकालिक स्नायु तंत्र स्थितियां, जैसे:
       - मल्टीपल स्क्लेरोसिस
       - पार्किंसंस रोग
     - (b) रक्त विकार:
       - हीमोफिलिया
       - थैलेसीमिया
       - सिकल सेल रोग
   - (v) एकाधिक विकलांगता
4. मानदंड विकलांगता वाले व्यक्ति वे हैं जो ऊपर बताए गईं असमर्थताओं से कम-से-कम 40% विकलांग होने के लिए प्रमाणित हैं।
5. विकलांगता मानदंड वाले व्यक्तियों और अधिक सहायता की आवश्यकता वाले व्यक्तियों हेतु अतिरिक्त लाभ प्रदान किए गए हैं।
6. 6 से 18 वर्ष की आयु के बीच, विकलांगता मानदंड वाले प्रत्येक बच्चे को मुफ्त शिक्षा का अधिकार होगा।
7. सरकार और सरकार द्वारा समर्थित उच्च शिक्षण संस्थाओं में 5% आरक्षण विकलांगता मानदंड वाले व्यक्तियों को प्रदान करता है।
8. निर्धारित समय-सीमा में सार्वजनिक भवनों (सरकारी और निजी दोनों) में पहुंच सुनिश्चित करने के लिए बल दिया गया है।
9. विकलांगता मानदंड वाले कुछ व्यक्तियों या वर्ग के लोगों के लिए सरकारी नौकरियों में 4% आरक्षण।
10. अधिनियम में जिला न्यायालय या राज्य सरकार द्वारा निर्दिष्ट किसी भी प्राधिकारी द्वारा संरक्षण प्रदान करने का

प्रावधान है, जिसके अंतर्गत अभिभावक और विकलांग व्यक्तियों के बीच संयुक्त निर्णय का निर्माण होगा।

11. विकलांगता केंद्रीय और राज्य सलाहकार बोर्ड को व्यापक रूप से नीति-निर्माण निकायों के रूप में स्थापित करना।
12. अधिनियम में विकलांग व्यक्तियों के मुख्य आयुक्त के कार्यालय तथा उनके राज्य आयुक्तों को, जो कि नियामक निकायों तथा शिकायत निवारण एजेंसियों के रूप में कार्य करेंगे तथा अधिनियम के कार्यान्वयन की निगरानी भी करेंगे, उन्हें बल प्रदान करता है। इन कार्यालयों को विभिन्न विकलांगता विशेषज्ञों से गठित सलाहकार समिति द्वारा सहायता प्रदान की जाएगी।
13. विकलांग व्यक्तियों को वित्तीय सहायता प्रदान करने के लिए राष्ट्रीय और राज्य कोष का निर्माण।
14. अधिनियम, विकलांग व्यक्तियों के विरुद्ध किए गए अपराधों हेतु दंड का प्रावधान करता है।
15. सार्वजनिक निर्माण विभाग के अधिकारों के उल्लंघन से संबंधित मामलों को संभालने के लिए विशेष न्यायालयों को नियुक्त किया गया।

तीन तलाक अधिनियम, 2019 (Triple Talaq Act, 2019)

मुस्लिम महिला (विवाह पर अधिकारों का संरक्षण) अधिनियम, 2019 को तीन तलाक अधिनियम के रूप में जाना जाता है। यह विवाहित मुस्लिम महिलाओं के अधिकारों की रक्षा करता है और उनके पतियों द्वारा तलाक शब्द का उच्चारण करके तलाक को प्रतिबंधित करता है।

अधिनियम के तहत, 'तलाक' का अर्थ है, तलाक-ए-बिद्दत या तलाक के किसी अन्य समान रूप में एक मुस्लिम पति द्वारा उच्चारित तात्कालिक और अपरिवर्तनीय तलाक सम प्रभाव।

अधिनियम का औचित्य (Rationale of the Act)

शायरा बानो बनाम यूनियन ऑफ इंडिया (2017) के मामले में सुप्रीम कोर्ट ने कुछ मुस्लिम पतियों द्वारा अपनी पत्नियों को तलाक देने के लिए तलाक-ए-बिद्दत (एक ही समय में तीन बार तलाक का उच्चारण) का अभ्यास हटाना निश्चित किया। इस फैसले ने भारतीय मुस्लिम महिलाओं को, कुछ मुस्लिम पुरुषों द्वारा तलाक के सदियों पुराने स्वेच्छापूर्ण और मनमौजी व्यवहार, जिसमें सुलह के लिए कोई स्थान नहीं था, ऐसी प्रथा से मुक्त करने के लिए बढ़ावा दिया।

उक्त मामले में याचिकाकर्ता ने इस आधार पर तलाक-ए-बिद्दत को चुनौती दी कि उक्त प्रथा भेदभावपूर्ण है और महिलाओं की गरिमा के खिलाफ है। इस निर्णय ने सरकार द्वारा लिए निर्णय कि तलाक-ए-बिद्दत संवैधानिक नैतिकता, महिलाओं की गरिमा और लैंगिक समानता के सिद्धांतों के विरुद्ध है, जो कि संविधान के अंतर्गत दी गई लैंगिक समानता की गारंटी के विरुद्ध भी है, की पुष्टि की।

ऑल इंडिया मुस्लिम पर्सनल लॉ बोर्ड (AIMPLB), जो उपरोक्त मामले में एक प्रतिवादी था, ने तर्क दिया कि यह न्यायपालिका का कार्य नहीं, कि वह धार्मिक प्रथाओं जैसे तलाक-ए-बिद्दत के मामलों को तय करे, बल्कि यह विधानमंडल है कि वह उस पर कानून बनाए। उन्होंने उच्चतम न्यायालय में यह भी कहा था कि वे इस प्रथा के खिलाफ समुदाय के सदस्यों को परामर्श जारी करेंगे।

सुप्रीम कोर्ट द्वारा तलाक-ए-बिद्दत को रद्द करने और ऑल इंडिया मुस्लिम पर्सनल लॉ बोर्ड के आश्वासन के बावजूद, देश के विभिन्न हिस्सों से तलाक-ए-बिद्दत के माध्यम से तलाक की खबरें आई। यह देखा गया है कि सर्वोच्च न्यायालय द्वारा ताल्क-ए-बिद्दत को रद्द करने ने, मुसलमानों के बीच इस प्रथा द्वारा तलाक की संख्या को कम करने हेतु किसी भी बाधा के रूप में काम नहीं किया है। अत: यह महसूस किया गया कि सर्वोच्च न्यायालय के आदेश को प्रभावी करने और अवैध तलाक के पीड़ितों की शिकायतों के निवारण के लिए राज्य कार्रवाई की आवश्यकता है। इसलिए, उन विवाहित मुसलमान महिलाओं के अधिकारों की रक्षा करने हेतु, जो तीन तलाक से तलाकशुदा हुई हैं, एक विधेयक, अर्थात्, मुस्लिम महिला (विवाह अधिकारों का संरक्षण) विधेयक, 2019 संसद द्वारा पारित किया गया था।

यह कानून विवाहित मुस्लिम महिलाओं की लैंगिक समानता तथा लैंगिक न्याय के बड़े संवैधानिक लक्ष्यों को सुनिश्चित करने में मदद करेगा और भेदभावरहित और सशक्तिकरण के उनके मौलिक अधिकारों को संरक्षित करने में उपयोगी होगा।

अधिनियम के प्रावधान
(Provisions of the Act)

अधिनियम के विभिन्न प्रावधान/विशेषताएं इस प्रकार हैं:

1. यह तीन तलाक की प्रथा को अमान्य और अवैध घोषित करता है।
2. यह तीन साल तक के कारावास और जुर्माने के साथ अपराध को दंडनीय बनाता है।
3. यह विवाहित मुसलमान महिलाओं और आश्रित बच्चों को निर्वाह भत्ते के भुगतान का प्रावधान करता है।
4. एक अपराध के कृत्य से संबंधित सूचना यदि उस शादीशुदा मुसलमान महिला जिस पर तलाक उच्चारित किया गया है या उसके रक्त संबंधित व्यक्ति या विवाह संबंधित व्यक्ति द्वारा पुलिस स्टेशन में थाने के प्रभारी अधिकारी को दी जाए तो मामला संज्ञेय बन जाता है।
5. विवाहित मुस्लिम महिला जिस पर तलाक उच्चारित किया गया है, के कहने पर मजिस्ट्रेट की अनुमति से अपराध को यौगिक बना दिया जाता है।
6. अधिनियम के अंतर्गत, इससे पहले कि आरोपी को मजिस्ट्रेट द्वारा जमानत पर रिहा कर दिया जाए, विवाहित मुस्लिम महिला, जिस पर तलाक का उच्चारण किया गया है, की सुनवाई के लिए अधिकार प्रदान किया गया है।

कमजोर वर्गों हेतु संस्थान और निकाय (Institutions and Bodies for Vulnerable Sections)

73

केंद्रीय समाज कल्याण बोर्ड (Central Social Welfare Board)

केंद्र सरकार के एक कार्यकारी संकल्प द्वारा केंद्रीय समाज कल्याण बोर्ड की स्थापना 1953 में की गई थी। इस बोर्ड को एक वैधानिक दर्जा प्रदान करने के लिए कंपनी अधिनियम के तहत, वर्ष 1969 में इसे एक धर्मार्थ कंपनी के रूप में पंजीकृत किया गया था।

यह बोर्ड भारत सरकार के महिला और बाल विकास मंत्रालय के तहत एक स्वायत्त निकाय है।

इस बोर्ड की स्थापना सामाजिक कल्याण गतिविधियों को बढ़ावा देने और स्वैच्छिक संगठनों के माध्यम से महिलाओं और बच्चों के लिए कल्याण कार्यक्रमों को लागू करने के उद्देश्य से की गई थी। इस बोर्ड के संस्थापक और अध्यक्ष डॉ. दुर्गाबाई देशमुख का कहना था कि, 'यह एक अग्रणी संस्थागत व्यवस्था थी जिसे सरकार द्वारा स्वैच्छिक प्रयास जुटाने के लिए नवाचार किया गया था।'

राज्य समाज कल्याण बोर्ड की स्थापना वर्ष 1954 में सभी राज्यों और केंद्र शासित प्रदेशों में की गई और इसका उद्देश्य पूरे देश में बोर्ड के कार्यक्रमों को लागू करने में बोर्ड और राज्य सरकारों के साथ मिलकर काम करना था। बोर्ड सरकार और स्वैच्छिक क्षेत्र के बीच एक इंटरफेस के रूप में कार्य कर रहा है।

बोर्ड के कार्य कुछ इस प्रकार हैं:

1. स्वैच्छिकता की भावना को मजबूत करके एक मानवीय दृष्टिकोण के साथ एक परिवर्तन-निर्माता के रूप में कार्य करना।
2. निष्पक्ष, न्याय और सामाजिक परिवर्तन के लिए संवेदनशील पेशेवरों का संवर्ग विकसित करना।
3. कमजोर, असुरक्षित और जोखिम युक्त महिलाओं और बच्चों के सशक्तिकरण के लिए प्रतिबद्ध सामाजिक कार्यकर्ताओं का एक नेटवर्क बनाने के लिए एक परिचालन तंत्र बनना।
4. महिलाओं और बच्चों के उभरते क्षेत्रों में नई चुनौतियों का सामना करने के लिए नीतिगत पहलों की सिफारिश करना।
5. स्वैच्छिक संगठनों को मजबूत करने और उन क्षेत्रों में योजनाओं के कवरेज का विस्तार करने के लिए जहां वे अभी तक नहीं पहुंचे हैं।
6. अपनी निगरानी की भूमिका को बेहतर और मजबूत बनाना ताकि वह सरकार के लिए उसके भरण-पोषण के लिए एक मार्गदर्शक बन सके।
7. परिवर्तनकाल में एक समाज की चुनौतियों के बारे में जागरूकता पैदा करना जहां नई बुराइयाँ महिलाओं और बच्चों की भलाई पर प्रभाव डाल रही हैं।
8. महिलाओं और बच्चों के लिए उपरोक्त लक्ष्यों को प्राप्त करने के उद्देश्य से वित्त पोषण के नवीन स्रोतों को सक्रिय रूप से आगे बढ़ाना।

राष्ट्रीय महिला कोष (Rashtriya Mahila Kosh)

भारत सरकार ने महिला और बाल विकास मंत्रालय के तहत राष्ट्रीय महिला कोष (आरएमके) के रूप में जानी जाने वाली महिलाओं के लिए राष्ट्रीय क्रेडिट फंड की स्थापना वर्ष 1993 में एक राष्ट्रीय-स्तरीय संगठन के रूप में की थी, अनौपचारिक क्षेत्र में गरीब और सम्पत्तिहीन महिलाओं की क्रेडिट की जरूरत पूरी करनी थी।

राष्ट्रीय महिला कोष ने गरीब महिलाओं के सामाजिक-आर्थिक उत्थान के लिए सूक्ष्म-वित्त सेवाओं का विस्तार किया है। राष्ट्रीय महिला कोष ने स्वयं सहायता समूहों [Self-Help Groups (SHG)] प्रारूप के माध्यम से सूक्ष्म वित्तपोषण, बचत और क्रेडिट, क्षमता निर्माण और विपणन

लिंकेज के माध्यम से महिला सशक्तिकरण की अवधारणा को लोकप्रिय बनाने और गरीब महिलाओं के प्रति उद्यम विकास के लिए भी कई प्रचारक उपाय भी किए हैं।

एक ग्राहक के अनुकूल, आजीविका और आय सृजन गतिविधियों, आवास, सूक्ष्म उद्यमों, आदि के लिए-संपार्श्विक के बिना सरल का पालन करके गैर-सरकारी संगठनों, महिला फेडरेशन, सहकारी संस्थाओं, जैसे-जमीनी स्तर पर काम करने वाले मध्यस्थता माइक्रो-फाइनेंसिंग संगठन (आईएमओ), के माध्यम से गरीब महिला लाभार्थियों को क्रेडिट प्रदान किया जाता है, लेकिन यह कंपनी अधिनियम और अन्य स्वैच्छिक/सिविल सोसायटी संगठनों के तहत पंजीकृत लाभ कंपनियों के लिए नहीं है।

केंद्रीय दत्तक ग्रहण संसाधन प्राधिकरण (Central Adoption Resource Authority)

केंद्रीय दत्तक ग्रहण संसाधन प्राधिकरण (सीएआरए) की स्थापना वर्ष 1990 में देश में घरेलू और देश के भीतर दत्तक ग्रहण को बढ़ावा देने के लिए की गई थी। इसे वर्ष 1999 में सोसायटी पंजीकरण का अधिनियम, 1860 के तहत एक स्वायत्त निकाय के रूप में पंजीकृत किया गया था।

केंद्रीय दत्तक ग्रहण संसाधन प्राधिकरण (सीएआरए) अधिनियम, 2015 के प्रावधानों के तहत एक सांविधिक निकाय बन गया। यह महिला और बाल विकास मंत्रालय के तत्वावधान में कार्यरत है।

केंद्रीय दत्तक ग्रहण संसाधन प्राधिकरण के प्रमुख कार्य निम्नलिखित हैं:

1. अंतर-देशीय दत्तक ग्रहण, 1993 के संबंध में बच्चों के संरक्षण और सहयोग पर हेग कन्वेंशन की परिकल्पना के तहत केंद्रीय प्राधिकरण के रूप में कार्य करने के लिए।
2. अंतर-देशीय दत्तक ग्रहण और मान्यता प्राप्त भारतीय प्लेसमेंट एजेंसियों (आरआईपीए) और दत्तक समन्वय एजेंसियों (एसीए) के विनियमन और निगरानी सहित दत्तक ग्रहण से संबन्धित अन्य सभी संबंधित मामलों को बढ़ावा देने के लिए राज्य सरकारों के साथ समन्वय करना।
3. अंतर-देशीय दत्तक ग्रहण के मामलों के प्रसंस्करण के लिए भारतीय प्लेसमेंट एजेंसियों को मान्यता प्राप्त निकायों के रूप में पहचान/नवीनीकरण करना/उनके कामकाज का विनियमित करना, निरीक्षण करना और उनकी निगरानी करना।
4. भारतीय बच्चों के अंतर-देशीय दत्तक ग्रहण को प्रायोजित करने के लिए अधिकृत निकाय के रूप में विदेशी दत्तक ग्रहण एजेंसियों की सूची को सूचीबद्ध/नवीनीकृत करना।
5. अंतर-देशीय और देश में दत्तक ग्रहण के लिए परित्यक्त/निर्धन/अनाथ बच्चों के संबंध में सूचना के समाशोधन के रूप में कार्य करना।

राष्ट्रीय जन-सहयोग एवं बाल विकास संस्थान (National Institute of Public Cooperation and Child Development)

राष्ट्रीय जन-सहयोग एवं बाल विकास संस्थान (एनआईपीसीसीडी) की स्थापना वर्ष 1966 में हुई थी। यह महिला और बाल विकास मंत्रालय के तत्वावधान में एक स्वायत्त संगठन है। यह महिलाओं और बाल विकास के समग्र क्षेत्र में स्वैच्छिक कार्रवाई और अनुसंधान, प्रशिक्षण और प्रलेखन को बढ़ावा देने के लिए समर्पित एक प्रमुख संगठन है।

इस संगठन के कार्य कुछ इस प्रकार हैं:

1. सामाजिक विकास में स्वैच्छिक कार्रवाई को विकसित करना और बढ़ावा देना।
2. महिला और बाल विकास के बारे में व्यापक दृष्टिकोण रखना।
3. बच्चों के लिए राष्ट्रीय नीति के अनुसरण में कार्यक्रमों को विकसित और बढ़ावा देना।
4. सामाजिक विकास में सरकारी और स्वैच्छिक कार्रवाई के समन्वय के लिए उपाय विकसित करना।
5. सरकारी और स्वैच्छिक प्रयासों के माध्यम से बच्चों के कार्यक्रमों के आयोजन के लिए एक रूपरेखा और परिप्रेक्ष्य विकसित करना।

यह संस्थान एकीकृत बाल विकास सेवा (आईसीडीएस) कार्यक्रम के पदाधिकारियों के प्रशिक्षण के लिए एक सर्वोच्च निकाय है। यह महिलाओं और बाल विकास और स्वैच्छिक

कार्रवाई के लिए नीतियों और कार्यक्रमों को बढ़ावा देने और लागू करने में सरकार और स्वयंसेवी एजेंसियों को तकनीकी सलाह और परामर्श प्रदान करता है। इसके अलावा, यह क्षेत्रीय और अंतर्राष्ट्रीय एजेंसियों, अनुसंधान संस्थानों, विश्वविद्यालयों और तकनीकी निकायों के साथ मिलकर काम करता है।

खाद्य और पोषण बोर्ड (Food and Nutrition Board)

खाद्य और पोषण बोर्ड (एफएनबी) की स्थापना वर्ष 1964 में कृषि मंत्रालय के तहत की गई थी और इसे वर्ष 1993 में महिला और बाल विकास मंत्रालय में स्थानांतरित कर दिया गया था।

खाद्य और पोषण बोर्ड को देश में कुपोषण के स्तर को कम करने वाले प्रमुख कार्यरत संस्थानों में से एक माना गया है। यह निम्नलिखित गतिविधियों से जुड़ा हुआ है:

1. राष्ट्रीय पोषण नीति पर कार्रवाई का पालन करना।
2. जन-पोषण जागरूकता अभियान करना।
3. जन-साधारण और एकीकृत बाल विकास सेवा के अधिकारियों, दोनों के लिए पोषण शिक्षा और प्रशिक्षण प्रदान करना।
4. पोषण शिक्षा/प्रशिक्षण सामग्री का विकास, उत्पादन और वितरण।
5. खाद्य विश्लेषण और मानकीकरण।
6. स्थानीय रूप से उपलब्ध पौष्टिक खाद्य पदार्थों का विकास और संवर्द्धन।
7. फलों और सब्जियों तथा पोषण के घरेलू पैमाने पर संरक्षण से संबन्धित प्रशिक्षण प्रदान करना।

राष्ट्रीय पोषण नीति (एनएनपी) को वर्ष 1993 में तैयार किया गया था, और वर्ष 1995 में इसे एक राष्ट्रीय कार्य योजना के रूप में विकसित किया गया था। राष्ट्रीय कार्य योजना ने कुपोषण से निपटने के उद्देश्य से समन्वित कार्रवाई करने के लिए सरकार में विभिन्न क्षेत्रों की पहचान की।

राष्ट्रीय सफाई कर्मचारी आयोग (National Commission for Safai Karamcharis)

राष्ट्रीय सफाई कर्मचारी आयोग अधिनियम, वर्ष 1993 के प्रावधानों के अनुसार, पहली बार वर्ष 1994 में एक वैधानिक सफाई कर्मचारी आयोग (एनसीएसके) का गठन किया गया था। संबंधित अधिनियम समाप्त होने तक यह आयोग फरवरी, 2004 तक जारी रहा। इसके बाद, आयोग का कार्यकाल समय-समय पर बढ़ाया गया, गैर-सांविधिक निकाय के रूप में, इस तरह का अंतिम विस्तार 31 मार्च, 2022 तक किया जाएगा।

वर्ष 2019 में, केंद्रीय मंत्रिमंडल ने मौजूदा कार्यकाल के साथ आयोग के कार्यकाल को तीन साल की और अवधि अर्थात् 31 मार्च, 2022 तक बढ़ाने की अपनी मंजूरी दे दी है। तीन अतिरिक्त वर्षों के लिए आयोग की निरंतरता लक्ष्य समूह के कल्याण और विकास के वांछित उद्देश्यों को पूरा करने में मदद करेगी क्योंकि सामान्य रूप से सफाई कर्मचारियों के कल्याण के लिए सरकार के विभिन्न हस्तक्षेपों और पहलों की निगरानी करने और विशेष रूप से शारीरिक रूप से मैला ढोने की समस्या का समाधान करने की आवश्यकता है।

इस आयोग के संदर्भ की शर्तें कुछ इस प्रकार हैं:

1. सफाई कर्मचारियों के लिए स्थिति, सुविधाओं और अवसरों में असमानताओं के उन्मूलन की दिशा में केंद्र सरकार के विशिष्ट कार्यक्रमों के लिए सिफारिश करना।
2. विशेष रूप से सफाई कर्मचारी और मैला ढोने वालों के सामाजिक और आर्थिक पुनर्वास से संबंधित कार्यक्रमों और योजनाओं के कार्यान्वयन का अध्ययन और मूल्यांकन करना।
3. विशिष्ट शिकायतों की जांच करना और निम्नलिखित के गैर-कार्यान्वयन से संबंधित मामलों की स्व-प्रेरणा से सूचना लेना:
   - (i) सफाई कर्मचारी के किसी समूह के संबंध में कार्यक्रम या योजनाएँ; निर्णय, दिशा-निर्देश या निर्देश जिनका उद्देश्य सफाई कर्मचारियों की कठिनाई को कम करना है।
   - (ii) सफाई कर्मचारी के सामाजिक और आर्थिक उत्थान के लिए उपाय।
   - (iii) सफाई कर्मचारियों को दिए गए अपने आवेदन में किसी भी कानून के प्रावधान; और ऐसे मामलों को संबंधित अधिकारियों या केंद्र या राज्य सरकारों के साथ उठाना।
4. सरकार, नगर पालिकाओं और पंचायतों सहित विभिन्न प्रकार के नियोक्ताओं के अधीन काम करने

वाले सफाई कर्मचारियों के स्वास्थ्य, सुरक्षा और मजदूरी से संबंधित कार्य सहित अध्ययन करने और काम करने की स्थिति की निगरानी करने और इस संबंध में सिफारिशें करने के लिए।

5. सफाई कर्मचारियों द्वारा सामना की जा रही किसी भी कठिनाई या अक्षमता को ध्यान में रखते हुए सफाई कर्मचारी के विषय में केंद्र और राज्य सरकारों को किसी भी मामले में रिपोर्ट करना।
6. कोई अन्य मामला जिसे केंद्र सरकार द्वारा संदर्भित किया जा सकता है।

आयोग को हाथ से मैला सफाई कर्मी कार्य का प्रतिषेध एवं उनका पुनर्वास अधिनियम, 2013 के रूप में हाथ से मैला साफ करने के काम में व्यक्तियों को लगाने की नौकरी का प्रतिषेध करने के कार्यान्वयन की निगरानी का काम सौंपा गया है। आयोग निम्नलिखित कार्य करेगा, यथा:

1. अधिनियम के कार्यान्वयन की निगरानी।
2. अधिनियम के प्रावधानों के उल्लंघन के बारे में शिकायतों की जांच करना, और आगे की कार्रवाई की आवश्यकता वाली सिफारिशों के साथ संबंधित अधिकारियों को इसके जाँच परिणामों के बारे में बताना।
3. अधिनियम के प्रावधानों के प्रभावी कार्यान्वयन के लिए केंद्र और राज्य सरकारों को सलाह देना।
4. अधिनियम के गैर-कार्यान्वयन से संबंधित मामले की स्व-प्रेरणा से सूचना लेना।

अपने पूर्वोक्त कार्यों के निर्वहन् में, आयोग को यह अधिकार दिया गया है कि वह किसी भी सरकार या स्थानीय या अन्य प्राधिकरण से, ऊपर निर्दिष्ट किए गए किसी भी मामले के संबंध में सूचना की माँग कर सकता है।

डॉ. अंबेडकर फाउंडेशन (Dr. Ambedkar Foundation)

भारत के तत्कालीन प्रधानमंत्री की अध्यक्षता में बाबा साहेब डॉ. बी. आर. अंबेडकर की शताब्दी समारोह समिति ने डॉ. अंबेडकर की विचारधारा को आगे बढ़ाने के लिए कार्यक्रमों और गतिविधियों को पूरा करने के लिए डॉ. अंबेडकर फाउंडेशन की स्थापना करने का फैसला किया और न केवल देश में बल्कि विदेशों में भी सामाजिक न्याय के अपने संदेश को जन-जन तक फैलाया।

डॉ. अंबेडकर फाउंडेशन की स्थापना भारत सरकार द्वारा कल्याण मंत्रालय (अब सामाजिक न्याय और अधिकारिता मंत्रालय) के तत्वावधान में सोसाइटी पंजीकरण अधिनियम, 1860 के तहत वर्ष 1992 में एक पंजीकृत समाज के रूप में की गई थी।

फाउंडेशन को डॉ. बी.आर. अंबेडकर के शताब्दी समारोह के दौरान पहचानी गई महत्वपूर्ण और दीर्घकालिक योजनाओं के प्रबंधन, प्रशासन और संचालन की जिम्मेदारी सौंपी गई है।

वर्तमान में फाउंडेशन द्वारा अपनाई जाने वाली गतिविधियाँ और कार्यक्रम इस प्रकार हैं:

1. जनपथ, नई दिल्ली में डॉ. अंबेडकर अंतर्राष्ट्रीय सेंटर की स्थापना।
2. 26, अलीपुर रोड, दिल्ली में डॉ. अंबेडकर राष्ट्रीय स्मारक की स्थापना।
3. सामाजिक समझ और कमजोर वर्गों के उत्थान के लिए डॉ. अंबेडकर राष्ट्रीय पुरस्कार।
4. सामाजिक परिवर्तन के लिए डॉ. अंबेडकर अंतर्राष्ट्रीय पुरस्कार।
5. बाबा साहब के विचारों और आदर्शों पर शोध करने के लिए विश्वविद्यालयों/संस्थानों में डॉ. अंबेडकर अध्यक्ष।
6. बाबा साहेब डॉ. बी.आर. अंबेडकर के संगृहीत कार्यों का हिंदी और अन्य क्षेत्रीय भाषाओं में प्रकाशन।
7. अनुसूचित जाति/अनुसूचित जनजाति से संबंधित माध्यमिक परीक्षा के मेधावी छात्रों के लिए डॉ. अंबेडकर राष्ट्रीय योग्यता पुरस्कार योजनाएं।
8. डॉ. अंबेडकर के जीवन और उद्देश्य पर संगोष्ठियों, परिचर्चाओं, सम्मेलनों, कार्यशालाओं, व्याख्यान, प्रदर्शनियों और मेलों का संगठन।
9. प्रतिवर्ष क्रमशः 14 अप्रैल और 6 दिसंबर को डॉ. अंबेडकर की जयंती और महापरिनिर्वाण दिवस का उत्सव।
10. हिंदी में एक मासिक पत्रिका, *सामाजिक न्याय संदेश*, का प्रकाशन
11. डॉ. अम्बेडकर चिकित्सा सहायता योजना।

12. डॉ. अंबेडकर सामाजिक समता केंद्र योजना।
13. महान संतों की जन्मशती का उत्सव।
14. अनुसूचित जातियों से संबंधित वरिष्ठ माध्यमिक परीक्षा के मेधावी छात्रों के लिए डॉ. अंबेडकर नेशनल मेरिट पुरस्कार योजना।
15. विभिन्न अत्याचारों से पीड़ित अनुसूचित जाति के लोगों के लिए डॉ. अम्बेडकर राष्ट्रीय राहत।
16. डॉ. अंबेडकर फाउंडेशन राष्ट्रीय निबंध प्रतियोगिता।
17. अंतर्जातीय विवाह के माध्यम से सामाजिक एकता हेतु लिए डॉ. अंबेडकर योजना।

बाबू जगजीवन राम राष्ट्रीय फाउंडेशन (Babu Jagjivan Ram National Foundation)

बाबू जगजीवन राम राष्ट्रीय फाउंडेशन को वर्ष 2008 में सामाजिक न्याय और अधिकारिता मंत्रालय के तहत एक स्वायत्त निकाय के रूप में स्थापित किया गया था। इस निकाय को बाबू जगजीवन रामजी की स्मृति में, उनकी विचारधारा और जीवन के लक्ष्य और दर्शन का प्रचार करने के लिए, जातिविहीन और वर्गविहीन समाज बनाने की उनकी दृष्टि, दलित और कमजोर वर्ग के लिए सामाजिक न्याय प्राप्त करने के लिए निरंतर संघर्ष, छुआछूत का उन्मूलन और जिन्हें समाज में सम्मानजनक जीवन जीने के लिए पर्याप्त अवसर नहीं मिलते हैं, इन सभी को दूर करने के उद्देश्य से बनाया गया था। यह सोसायटी पंजीकरण अधिनियम, 1860 के तहत एक पंजीकृत सोसायटी है, जिसमें 50 करोड़ का एकमुश्त अनुदान दिया गया।

इस फाउंडेशन के मुख्य लक्ष्य और उद्देश्य कुछ इस प्रकार हैं:

1. बाबू जगजीवन राम की विचारधारा और जीवन के प्रति उनके दर्शन और लक्ष्य का प्रचार करना।
2. बाबू जगजीवन राम से संबंधित व्यक्तिगत कागजात और अन्य ऐतिहासिक सामग्रियों को एकत्र करना, प्राप्त करना, बनाए रखना और संरक्षित करना।
3. उनके जीवन और कार्य पर अध्ययन और अनुसंधान को प्रोत्साहित करना और प्रचार करना।
4. फाउंडेशन के उद्देश्यों के अनुसरण में पुस्तकों, पत्रों, प्रचार पुस्तिका और सूचना को प्रकाशित करना, बेचना और वितरित करना।
5. उसके साथ जुड़े स्थानों को प्राप्त करना, संरक्षित करना और उनकी रक्षा करना और स्मारक बनाना।
6. प्रगति का अवसर नहीं मिलने वाले दलित समुदाय के कलाकारों को बढ़ावा देकर प्रिंट और इलेक्ट्रॉनिक मीडिया के माध्यम से उनके आदर्शों और स्मृति का प्रचार करना।
7. उनके सामाजिक, सांस्कृतिक, शैक्षिक और आर्थिक विकास के लिए विशेष रूप से डिजाइन की गई विकास योजनाओं के माध्यम से समाज के अन्य कमजोर वर्गों को प्रोत्साहित करना और उन्हें बढ़ावा देना।
8. समाज में छुआछूत और जाति आधारित पूर्वाग्रहों को दूर करने के लिए विशेष योजनाओं को लागू करना।
9. केंद्र और राज्य द्वारा समय-समय पर सौंपी गई विभिन्न योजनाओं एवं स्कीम को शुरू करना और लागू करना।
10. बाबू जगजीवन राम की जन्मशती और मृत्यु वर्षगांठ और उनके जीवन से जुड़ी अन्य स्मरणीय घटनाओं का आयोजन करना।
11. ऐसी सभी गतिविधियों को शुरू करना, जिनका उल्लेख फाउंडेशन के लक्ष्य और उद्देश्य में नहीं किया गया है, लेकिन वे इन उद्देश्यों को बढ़ावा देती हैं।

राष्ट्रीय अल्पसंख्यक शैक्षणिक संस्थान आयोग (National Commission for Minority Educational Institutions)

राष्ट्रीय अल्पसंख्यक शैक्षणिक संस्थान आयोग (एनसीएमईआई) की स्थापना वर्ष 2004 में राष्ट्रीय अल्पसंख्यक शैक्षणिक संस्थान अधिनियम, 2004 के प्रावधानों के तहत की गई थी।

यह आयोग एक अर्द्ध-न्यायिक निकाय है और इसके पास सिविल न्यायालय की शक्तियाँ निहित हैं। इस आयोग द्वारा पहली बार अल्पसंख्यकों के संवैधानिक अधिकारों की रक्षा और उनकी सुरक्षा के लिए उनकी पसंद के शैक्षणिक संस्थानों की स्थापना और प्रशासन के लिए एक विशिष्ट आयोग की स्थापना की गई है।

अधिनियम के प्रावधानों के अनुसार इस आयोग की तीन भूमिकाएँ हैं, अर्थात् सहायक कार्य, सलाहकार भूमिकाएँ और

सिफारिशी शक्तियाँ। इस आयोग का जनादेश बहुत विस्तृत है। अन्य विषयों के साथ-साथ इसके प्रमुख कार्यों में यह सब शामिल है-(i) अल्पसंख्यक शिक्षण संस्थानों को विश्वविद्यालय से संबद्ध करने के विवादों को हल करना, (ii) अल्पसंख्यकों के अधिकारों के ह्रास और उल्लंघन से संबंधित शिकायतों को संबोधित करते हुए, उनकी पसंद के शिक्षण संस्थानों की स्थापना और सहायता करना, (iii) इसके संदर्भ में अल्पसंख्यकों के शैक्षिक अधिकारों से संबंधित किसी भी प्रश्न पर केंद्र सरकार और राज्य सरकारों को सलाह देना, और (iv) किसी भी मामले के बारे में केंद्र सरकार और राज्य सरकारों को सिफारिश करना जो प्रत्यक्ष या अप्रत्यक्ष रूप से अल्पसंख्यक समुदाय को उनके शैक्षिक अधिकारों से वंचित करता है।

यदि अल्पसंख्यक शिक्षण संस्थान और ऐसे विश्वविद्यालय से संबंधित विश्वविद्यालय के बीच कोई विवाद उत्पन्न होता है, तो इसके लिए आयोग का निर्णय ही अंतिम निर्णय होगा।

आयोग की शक्तियों में किसी भी संस्थान की स्थिति से संबंधित सभी प्रश्नों को अल्पसंख्यक शिक्षण संस्थान के रूप में तय करना शामिल है। यह अल्पसंख्यक स्थिति से संबंधित विवादों के संबंध में एक अपीलीय प्राधिकारी के रूप में भी कार्य करता है। अल्पसंख्यक का दर्जा देने के लिए सक्षम प्राधिकारी की अस्वीकृति से नाराज शैक्षणिक संस्थान, ऐसे आदेशों के खिलाफ आयोग से अपील कर सकते हैं। आयोग के पास यह अधिकार भी मौजूद है कि वह अधिनियम में निर्धारित आधार पर किसी शिक्षण संस्थान की अल्पसंख्यक स्थिति को रद्द कर सकता है।

आयोग के पास अल्पसंख्यकों के शैक्षिक अधिकारों के उल्लंघन या वंचित होने की शिकायतों की पूछताछ करते हुए जानकारी के लिए कॉल करने की भी शक्तियां हैं। यदि एक लोक सेवक द्वारा की गई जांच अल्पसंख्यकों के शैक्षिक अधिकारों का उल्लंघन करता है या उन्हें वंचित रखता है, तो आयोग संबंधित सरकार या प्राधिकरण को अनुशासनात्मक कार्यवाही या संबंधित व्यक्ति या व्यक्तियों के खिलाफ अन्य कार्रवाई शुरू करने की सिफारिश कर सकता है।

भारतीय संविधान के अनुच्छेद 32 के तहत केवल सर्वोच्च न्यायालय और अनुच्छेद 226 और 227 के तहत उच्च न्यायालयों के तहत ही आयोग द्वारा किए गए किसी भी आदेश के संबंध में किसी भी मुकदमे, आवेदन या कार्यवाही कर सकता है।

केंद्रीय वक्फ परिषद (Central Waqf Council)

केंद्रीय वक्फ परिषद अल्पसंख्यक मामलों के मंत्रालय के प्रशासनिक नियंत्रण में ऑगफ का सर्वोच्च संगठन है। यह 1964 में वक्फ अधिनियम, 1954 के प्रावधानों के तहत देश में वक्फ बोर्डों और औगफ के उचित प्रशासन से संबंधित मामलों पर केंद्र सरकार को सलाहकार निकाय के रूप में स्थापित किया गया था। हालांकि, पारिषद की भूमिका को वक्फ (संशोधन) अधिनियम, 2013 के अधिनियमित होने के बाद परिषद का विस्तार किया गया, जिस के द्वारा इसे केंद्र सरकार, राज्य सरकारों और राज्य वक्फ बोर्डों को सलाह देने का अधिकार दिया गया।

इसके अलावा, इस प्रावधान को वक्फ अधिनियम, 1995 के तहत भी शामिल किया गया, जिसमें बोर्ड को उनके वित्तीय प्रदर्शन, सर्वेक्षण, राजस्व रिकॉर्ड, वक्फ संपत्तियों का अतिक्रमण, वार्षिक और लेखा परीक्षा रिपोर्ट आदि विशेषकर बोर्ड के प्रदर्शन के बारे में जानकारी प्रस्तुत करने के लिए बोर्ड/राज्य सरकारों को निर्देश जारी करने के लिए शक्तियों के साथ निहित किया गया है।

परिषद के कार्य इस प्रकार हैं:

1. अपने वित्तीय प्रदर्शन, सर्वेक्षण, वक्फ कर्मों के रख-रखाव, राजस्व रिकॉर्ड, वक्फ संपत्तियों के अतिक्रमण, वार्षिक रिपोर्ट और ऑडिट रिपोर्ट पर राज्य वक्फ बोर्डों को निर्देश जारी करना।
2. केंद्र सरकार, राज्य सरकारों, राज्य वक्फ बोर्डों को, बोर्ड के कार्य और औगफ के यथोचित प्रबंधन से संबंधित मामलों पर सलाह देना।
3. राज्यों और संघ राज्य क्षेत्रों में संशोधित वक्फ अधिनियम, 1995 के प्रावधानों के कार्यान्वयन की निगरानी करना।
4. वक्फ संपत्तियों की सुरक्षा और पुन: प्राप्ति और अतिक्रमण हटाने आदि के लिए कानूनी सलाह देना।
5. शहरी सम्पत्ति विकास योजना को लागू करना और विकास के लिए संभावित वक्फ भूमि की पहचान करना।

6. गरीबों, विशेषकर महिलाओं के कौशल विकास और सशक्तिकरण के लिए शैक्षिक और महिला कल्याण योजना लागू करना।
7. कौमी वक्फ बोर्ड तारगति योजना को लागू करना।
8. राज्य सरकारों/वक्फ बोर्डों से संशोधित वक्फ अधिनियम, 1995 के तहत राज्य वक्फ बोर्डों के प्रदर्शन पर जानकारी प्राप्त करना।
9. केंद्र और राज्य सरकारों के विभिन्न विभागों, जैसे-एएसआई, रेलवे, राजस्व और वन आदि के साथ वक्फ से संबंधित मुद्दों को उठाने के लिए।
10. परिषद के हित को बढ़ावा देने और वक्फ संस्थानों और बोर्ड को उनकी भूमिकाओं और जिम्मेदारियों के बारे में जागृत करने के लिए जागरूकता कार्यक्रम शुरू करना।

भारतीय पुनर्वास परिषद (Rehabilitation Council of India)

सोसायटी के पंजीकरण अधिनियम, 1860 के तहत, आरंभ में, भारतीय पुनर्वास परिषद (आरसीआई) को 1986 में जारी एक प्रस्ताव के द्वारा एक सोसायटी के रूप में स्थापित किया गया। बाद में, इसे संसद के एक अधिनियम, यथा भारतीय पुनर्वास परिषद अधिनियम, 1992 द्वारा एक सांविधिक दर्जा दिया गया। यह परिषद, पुनर्वास और विशेष शिक्षा के क्षेत्र में विभिन्न श्रेणियों के पेशेवरों के लिए प्रशिक्षण नीतियों और कार्यक्रमों को विनियमित करने के लिए जिम्मेदार है। इसके प्रमुख कार्य कुछ इस प्रकार हैं:

1. पूरे देश में सभी प्रशिक्षण संस्थानों में विभिन्न स्तरों पर प्रशिक्षण पाठ्यक्रमों का मानकीकरण और विनियमन करना।
2. पारस्परिक आधार पर देश के भीतर और बाहर विकलांगों के पुनर्वास के क्षेत्र में प्रशिक्षण पाठ्यक्रम चलाने वाले संस्थानों/विश्वविद्यालयों की स्वीकृति प्रदान करना।
3. पुनर्वास और विशेष शिक्षा में अनुसंधान को बढ़ावा देना।
4. पुनर्वास के क्षेत्र में मान्यता प्राप्त पुनर्वास योग्यता रखने वाले पेशेवरों के लिए एक केंद्रीय पुनर्वास रजिस्टर का रख-रखाव करना।
5. विकलांगता के क्षेत्र में काम करने वाले संगठनों के सहयोग से पुनर्वास शिक्षा कार्यक्रमों को निरंतर प्रोत्साहित करना।

राष्ट्रीय समाज रक्षा संस्थान (National Institute of Social Defence)

राष्ट्रीय समाज रक्षा संस्थान (एनआईएसडी) एक स्वायत्त निकाय है, जो सामाजिक न्याय और अधिकारिता मंत्रालय के प्रशासनिक नियंत्रण में है। यह सामाजिक रक्षा के क्षेत्र में हस्तक्षेप के लिए केंद्रीय प्रशिक्षण और अनुसंधान संस्थान है।

राष्ट्रीय समाज रक्षा संस्थान का उद्देश्य भारत सरकार के सामाजिक रक्षा कार्यक्रमों को मजबूत करना और तकनीकी इनपुट प्रदान करना है और सामाजिक रक्षा के क्षेत्र में आवश्यक मानव शक्ति संसाधनों को विकसित और प्रशिक्षित करना है।

राष्ट्रीय समाज रक्षा संस्थान मुख्य रूप से वरिष्ठ नागरिकों की देखभाल, नशीली दवाओं की रोकथाम और अन्य सामाजिक रक्षा समस्याओं से संबंधित प्रशिक्षण और जागरूकता कार्यक्रम आयोजित करने से जुड़ा है।

राष्ट्रीय समाज रक्षा संस्थान, सामाजिक रक्षा समस्याओं के पूर्वानुमान और निदान के लिए नीतियों और कार्यक्रमों पर परामर्श/संगोष्ठी भी आयोजित करता है ताकि सामाजिक रक्षा समस्याओं का पूर्वानुमान और निदान किया जा सके और प्रभावित व्यक्तियों की रोकथाम, पुनर्वास और इलाज के लिए कार्यक्रम विकसित किए जा सकें।

राष्ट्रीय वरिष्ठ नागरिक परिषद (National Council of Senior Citizens)

वर्ष 2012 में राष्ट्रीय वृद्धजन परिषद (एनसीओपी) का फिर पुनर्गठन किया गया और इसका नाम बदलकर राष्ट्रीय वरिष्ठ नागरिक परिषद (एनसीएसआरसी) कर दिया गया। राष्ट्रीय वृद्धजन परिषद का गठन पहली बार वर्ष 1999 में किया गया था और फिर वर्ष 2005 में इसे फिर से गठित किया गया था।

राष्ट्रीय वरिष्ठ नागरिक परिषद केंद्र और राज्य सरकारों को वरिष्ठ नागरिकों के कल्याण और जीवन की गुणवत्ता में वृद्धि से संबंधित समस्याओं की सभी पहलुओं पर निम्नलिखित के विशेष संदर्भ में सलाह देती है:

1. नीतियां, कार्यक्रम और वैधानिक उपाय सुझाना।
2. शारीरिक और वित्तीय सुरक्षा, स्वास्थ्य और स्वतंत्र और उत्पादक जीवन को बढ़ावा देना।

3. जागरूकता बढ़ाना और सामुदायिक रूप से एकजुट करना।

माता-पिता एवं वरिष्ठ नागरिक भरण-पोषण एवं कल्याण अधिनियम, 2007 'वरिष्ठ नागरिकों' और 'वृद्ध व्यक्तियों' को परिभाषित और संदर्भित करता है। यह 'भारत का कोई भी नागरिक जिसकी साठ वर्ष या उससे अधिक की हो चुकी है' उसे 'वरिष्ठ नागरिक' के रूप में परिभाषित करता है।

उपरोक्त के संदर्भ में, भारत ने राष्ट्रीय वृद्धजन परिषद का नामकरण राष्ट्रीय वरिष्ठ नागरिक परिषद के रूप में करने का फैसला किया।

राष्ट्रीय विकलांग संस्थान (National Institutes for Disabled Persons)

विकलांगता पुनर्वास के क्षेत्र में आठ राष्ट्रीय संस्थान कार्यरत हैं। राष्ट्रीय संस्थान विभिन्न प्रकार के विकलांगों के लिए स्वायत्त निकाय हैं। ये सभी संस्थान विकलांगता के क्षेत्र में मानव संसाधन विकास, विकलांग व्यक्तियों को पुनर्वास सेवाएं प्रदान करने, और अनुसंधान और विकास के प्रयास करने से जुड़े हुए हैं। निम्नलिखित **तालिका 73.1** में उन आठ राष्ट्रीय संस्थानों का उल्लेख किया गया है।

तालिका 73.1 राष्ट्रीय विकलांग संस्थान

क्र. सं.	नाम	स्थापित (वर्ष)	स्थान
1.	राष्ट्रीय दृष्टिबाधितार्थ संस्थान (एनआईवीएच)	1979	देहरादून
2.	अली यावर जंग राष्ट्रीय श्रवण विकलांग संस्थान (एवाईजेएनआईएचएच)	1983	मुंबई
3.	राष्ट्रीय ऑर्थोपेडिक विकलांग संस्थान (एनआईओएच)	1978	कोलकाता
4.	स्वामी विवेकानंद राष्ट्रीय पुनर्वास, प्रशिक्षण और अनुसंधान संस्थान (एसवीएनआईआरटीएआर)	1975	कटक
5.	पंडित दीन दयाल उपाध्याय राष्ट्रीय शारीरिक विकलांग संस्थान (पीडीयूआईपीएच)	1960	नई दिल्ली
6.	राष्ट्रीय मानसिक विकलांग संस्थान (एनआईएमएच)	1984	सिकंदराबाद
7.	राष्ट्रीय बहुविकलांग व्यक्ति अधिकारिता संस्थान (एनआईईपीएमडी)	2005	चेन्नई
8.	भारतीय सांकेतिक भाषा अनुसंधान और प्रशिक्षण केंद्र (आईएसएलआरटीसी)	2015	नई दिल्ली

नोटः इन आठ संस्थानों के अतिरिक्त, सीहोर (मध्य प्रदेश) में भी एक राष्ट्रीय मानसिक स्वास्थ्य पुनर्वास संस्थान (NIMHR) स्थापित किया जा रहा है।

4. चुनाव खर्च से सम्बन्धित सुधार लागू किये गये, पारदर्शिता और निष्पक्षता को प्रोत्साहित किया गया तथा लोक पद के लिए चुनाव लड़ने वाले उम्मीदवारों के पूर्व पदों के प्रकटन करने तथा दानदाताओं को कर प्रोत्साहन देने पर बल दिया गया।
5. 31 प्रमुख क्षेत्रों के लिए एक ई-प्रशासन योजना अंगीकृत की गयी। यह सूचना के डिजिटलीकरण एवं सेवाओं की सुधरी आपूर्ति में सहायता प्रदान करने के लिए तैयार की गयी है।
6. राष्ट्रीय ग्रामीण रोजगार गारण्टी कार्यक्रम, राष्ट्रीय ग्रामीण स्वास्थ्य मिशन एवं अन्य उपायों के अधीन भागीदारीपूर्ण शासन के उद्देश्य से पहल की गयी हैं।
7. केन्द्र सरकार द्वारा गैर-सरकारी संगठनों के लिए एक नीति घोषित की गयी है, जिसमें भागीदारी प्रणालियों को प्रोत्साहित करने के लिए गैर-सरकारी क्षेत्र के महत्व को प्रतिबिम्बित किया गया है।
8. आपदा प्रबन्धन जैसे महत्वपूर्ण क्षेत्र में अधिक ध्यान आकर्षित करने के लिए एक राष्ट्रीय आपदा प्रबन्धन प्राधिकरण का गठन किया गया है और इसके द्वारा आपदाओं के प्रति अधिक प्रभावी ढंग से अनुक्रिया करने के लिए प्रारम्भिक कार्य की शुरूआत की गयी है।
9. 2005 में लोक प्रशासन प्रणाली की पुनर्संरचना हेतु एक विस्तृत रूप रेखा तैयार करने के लिए भारत के द्वितीय प्रशासनिक सुधार आयोग का गठन किया गया। इस आयोग से सरकार के सभी स्तरों पर देश के लिए एक सक्रिय, अनुक्रियात्मक, जवाबदेह, संवहनीय एवं दक्ष प्रशासन उपलब्ध कराने के लिए उपाय सुझाने को कहा गया।
10. प्रशासनिक सुधार एवं लोक शिकायत विभाग ने शासन की एक संहिता के रूप में सुशासन हेतु एक ढांचा प्रस्तावित किया है। इस संहिता के मुख्य अंग हैं:
    (i) सेवा आपूर्ति में सुधार
    (ii) कमजोर वर्गों एवं पिछड़े क्षेत्रों के लिए कार्यक्रमों का विकास
    (iii) तकनीकी एवं प्रणालीगत उन्नयन
    (iv) वित्तीय प्रबंधन एवं बजट शुचिता
    (v) उत्तरदायित्व एवं पारदर्शिता
    (vi) लोक सेवा मनोदशा एवं भ्रष्टाचार-रोधन
    (vii) सुधार प्रोत्साहन

राष्ट्रीय सुशासन केंद्र (National Centre for Good Governance)

राष्ट्रीय सुशासन केंद्र (एनसीजीजी), भारत सरकार के प्रशासनिक सुधार और लोक शिकायत विभाग के तत्वावधान में एक स्वायत्त संस्थान है। इसका मुख्यालय नई दिल्ली में है और शाखा कार्यालय मसूरी में है।

राष्ट्रीय सुशासन केंद्र की स्थापना राष्ट्रीय प्रशासनिक अनुसंधान संस्थान [National Institute of Administrative Research (NIAR)] से संबन्धित है। राष्ट्रीय प्रशासनिक अनुसंधान संस्थान की स्थापना वर्ष 1995 में लाल बहादुर शास्त्री राष्ट्रीय प्रशासन अकादमी (एलबीएसएनएए) द्वारा की गई थी। अपने 19 वर्षों के अस्तित्व के दौरान, इसने लोक प्रशासन के क्षेत्रों में अकादमी को अनुसंधान और प्रशिक्षण सहायता प्रदान की है। हालांकि राष्ट्रीय प्रशासनिक अनुसंधान संस्थान का उद्घाटन फरवरी 2014 में किया गया था, फरवरी 2014 में इसका नाम बदलकर राष्ट्रीय सुशासन केन्द्र कर दिया गया तथा इसके कार्यों का विस्तार कर दिया गया।

राष्ट्रीय सुशासन केन्द्र का गठन अध्ययन, प्रशिक्षण, ज्ञान साझा करने और अच्छे विचारों को बढ़ावा देने के माध्यम से शासन सुधार लाने में सहायता करने के लिए किया गया है। यह नीति संगत अनुसंधान करने और मामले का अध्ययन तैयार करने का प्रयास करता है; भारत और अन्य विकासशील देशों के सिविल सेवकों के लिए प्रशिक्षण पाठ्यक्रम आयोजित करता है; मौजूदा ज्ञान साझा करने के लिए एक मंच प्रदान करता है और उन ज्ञान को राष्ट्रीय और अंतर्राष्ट्रीय दोनों स्तर पर सरकार में उनके कार्यान्वयन के लिए विचारों को विकसित करने में सहायता प्रदान करता है।

राष्ट्रीय सुशासन केन्द्र की परिकल्पना सरकार का मार्गदर्शन करने और सुशासन सुधारों को लागू करने में मदद करने की सर्वोच्च विचारधारा के रूप में की गई है। यह राष्ट्रीय और राज्य से लेकर स्थानीय स्तर तक और सरकार के क्षेत्रों में शासन की सभी पहलुओं से जुड़ी समस्याओं के समाधान के लिए अनुसंधान और क्षमता निर्माण के लिए एक उच्च-स्तरीय संस्थान के रूप में उभरना चाहता है।

राष्ट्रीय सुशासन केन्द्र मंत्रिमंडल सचिव, भारत सरकार और सचिव के साथ एक प्रबंधन समिति, भारत सरकार और प्रशासनिक सुधार और लोक शिकायत विभाग (डीएआरपीजी), भारत सरकार की अध्यक्षता में एक शासी निकाय द्वारा शासित होता है।

राष्ट्रीय सुशासन केन्द्र के उद्देश्य कुछ इस प्रकार हैं:

1. प्रशासनिक, सामाजिक, आर्थिक और वित्तीय क्षेत्रों में गाफिलती, शासन और नीतिगत सुधारों के लिए एक विचार मंच बनना।
2. सरकार के भीतर सुशासन, ई-प्रशासन, नवाचार और परिवर्तन प्रबंधन को बढ़ावा देने वाली सर्वोत्तम प्रथाओं, पहलों और कार्य-प्रणाली के बारे में जानकारी प्रदान करने के लिए एक राष्ट्रीय भंडार के रूप में कार्य करना।
3. राष्ट्रीय/राज्य और स्थानीय स्तरों पर विनियामक और विकास प्रशासन, लोक नीति, शासन और सार्वजनिक प्रबंधन के विभिन्न पहलुओं पर कार्रवाई अनुसंधान और क्षमता निर्माण की पहल करना और उसमें भाग लेना।
4. भारत सरकार और राज्य सरकारों के विभिन्न मंत्रालयों और विभागों में शासन और विकास से जुड़े तालमेल में प्रमुख समस्याओं पर सलाह देना।
5. शासन में नवीन विचारों और सर्वोत्तम प्रथाओं की साझेदारी और प्रतिकृति को बढ़ावा देना।
6. उपरोक्त क्षेत्रों में अनुसंधान और क्षमता निर्माण में जुड़े सरकार में और सरकार के बाहर राष्ट्रीय और अंतर्राष्ट्रीय संगठनों के साथ बातचीत करना।

राष्ट्रीय सुशासन केन्द्र का जनादेश निम्नलिखित के सुशासन से को बढ़ावा देने के लिए है:

1. शासन से संबंधित समस्याओं पर कार्रवाई अनुसंधान/अध्ययन करना।
2. राष्ट्रीय और अंतर्राष्ट्रीय दोनों स्तरों पर लोक नीति और शासन पर क्षमता निर्माण करना।
3. बेहतर प्रशासन को बढ़ावा देने के लिए परामर्श, कार्यशाला, संगोष्ठी और वार्ता का आयोजन करना।
4. नागरिक केंद्रित शासन के लिए उपक्रम की पहल करना।

सुशासन प्रथाओं का प्रचार (Promoting Good Governance Practices)

प्रशासनिक सुधार और लोक शिकायत विभाग (डीएआरपीजी) का प्रलेखन और प्रसार प्रभाग मुख्य रूप से एक-दूसरे के साथ अनुभव साझा करने और कहीं और प्रतिकृति के साथ देखने के लिए केंद्र, राज्य/केंद्र शासित प्रदेशों के सुशासन प्रथाओं के प्रलेखन, ऊष्मायन और प्रसार की गतिविधियों को पूरा करता है। इस प्रभाग द्वारा निपटाए गए कार्य निम्नानुसार हैं:

1. **सुशासन पहल के पेशेवर दस्तावेजीकरण के लिए वित्तीय सहायता:** इस योजना का उद्देश्य पेशेवर प्रलेखन का समर्थन करने के लिए वित्तीय सहायता प्रदान करना है और राज्य/केन्द्र शासित प्रदेश सरकारों द्वारा एक-दूसरे के साथ अनुभव साझा करने और प्रतिकृति के उद्देश्य से सुशासन पहलों का प्रसार करना है। अब तक इस विभाग ने 24 विभिन्न राज्यों/केंद्रशासित प्रदेशों के 93 सुशासन पहलों के पेशेवर प्रलेखन के लिए वित्तीय सहायता प्रदान की है।

2016-2017 में राज्य सरकारों/संघ राज्य क्षेत्र प्रशासनों को वित्तीय सहायता प्रदान करने की योजना को संशोधित किया गया है। पेशेवर प्रलेखन रिपोर्ट अब कागजी दस्तावेजों के बजाय एक शॉर्ट डॉक्यूमेंट्री फिल्म के साथ एक ई-बुक के रूप में होगी और इसके 3.00 लाख रुपये तक वित्तीय सहायता प्रदान की जाएगी।

2. **सर्वोत्तम प्रथाओं पर प्रस्तुतियों की शृंखला:** अन्य राज्यों में सफल सुशासन की पहल की प्रतिकृति की सुविधा के लिए, कैबिनेट सचिव द्वारा वर्ष 2005 में सर्वश्रेष्ठ प्रथाओं पर एक प्रस्तुति शृंखला की शुरुआत की गई जो अपने आप में एक बहुत ही अच्छी पहल थी। यह प्रस्तुति सचिवों और राज्य सरकारों और केंद्र सरकार के विभागों के वरिष्ठ अधिकारियों के एक समूह के समक्ष आयोजित की जा रही है। इन प्रस्तुतियों को बनाने के लिए सर्वोत्तम प्रथाओं के विशेषज्ञों को बुलाया जाता है। पहले से ही विविध विषयों पर 26 ऐसी प्रस्तुतियाँ दी गई हैं जिनमें केंद्र के वरिष्ठ अधिकारियों के साथ-साथ चयनित राज्य सरकारों ने भी भाग लिया था।

3. **शासन में उत्कृष्टता पर क्षेत्रीय सम्मेलन:** 1997 में आयोजित 'मुख्यमंत्रियों के सम्मेलन' के परिणामस्वरूप, नागरिक चार्टर और जवाबदेह प्रशासन, प्रभावी और त्वरित लोक शिकायत निवारण प्रणाली, पारदर्शिता और सूचना का अधिकार और सर्वोत्तम

प्रथाओं के प्रसार के लिए प्रशासनिक सुधार और लोक शिकायत विभाग द्वारा कार्य योजना को अपनाया गया है। सुशासन प्रथाओं के निर्माण और कार्यान्वयन में अनुभव साझा करने के लिए एक ही मंच पर क्षेत्रीय सम्मेलनों का आयोजन राष्ट्रीय और राज्य स्तर के संगठनों के साथ-साथ गैर-सरकारी संगठनों, प्रबुद्धजनों, मीडिया आदि सहित अन्य हितधारकों को लाने के उद्देश्य से किया जा रहा है। इस सम्मेलन में नागरिक स्तर के अधिकारी, अत्याधुनिक स्तर के अधिकारी, गैर-सरकारी संगठनों/उपभोक्ता संगठनों के प्रतिनिधियों सहित सुशासन प्रथाओं को लागू करने के लिए जिम्मेदार केंद्र और राज्य सरकारों के वरिष्ठ अधिकारी भाग लेते हैं।

इस सम्मेलन का मुख्य उद्देश्य सुशासन को बढ़ावा देने के लिए हाल के सुधारों के बारे में प्रतिभागियों के बीच जागरूकता पैदा करना है। सुशासन को लागू करने के लिए भारत सरकार के वरिष्ठ अधिकारी, राज्य सरकारों के अधिकारी और शासन और प्रशासन के क्षेत्र के विशेषज्ञ इन सम्मेलनों के मुख्य साथी/भागीदार होते हैं।

4. **पुस्तकों का प्रकाशन:** यह प्रभाग देशभर में सर्वोत्तम प्रथाओं के व्याख्यान शृंखला, प्रस्तुतियों आदि का आयोजन करने से जुड़ा है। यह सभी व्याख्यान/प्रस्तुतियाँ प्रशासकों के लिए अत्यधिक उपयोगी हैं और इन सफलता की कहानियों के प्रसार से अन्य क्षेत्रों में समान रूप से इसकी प्रतिकृति देखने को मिल सकती है। इसी प्रकार, इन व्याख्यानों/प्रस्तुतियों के संकलन वाली पुस्तकों का प्रकाशन भी प्रसार और प्रतिकृति की सुविधा प्रदान करने के लिए एक लंबा रास्ता तय करेगा। प्रभाग पहले ही इस विषय पर पुस्तकों की एक शृंखला प्रकाशित कर चुका है।

5. **सर्वश्रेष्ठ प्रथाओं पर वृत्तचित्र फिल्मों का उत्पादन:** प्रशासनिक सुधार और लोक शिकायत विभाग के उद्देश्यों में से एक मुख्य उद्देश्य सर्वोत्तम प्रथाओं को बढ़ावा देना है। कई राज्यों ने प्रशासन और सेवा वितरण के विभिन्न पहलुओं में उत्कृष्टता प्राप्त की है। विचारों के आदान-प्रदान द्वारा एक-दूसरे के अनुभवों से जानकारी प्राप्त करना बेहद उपयोगी है। विभाग देशभर में सर्वोत्तम प्रथाओं पर वृत्तचित्र फिल्में बनाने में संलग्न है। यह सभी फिल्में प्रशासकों के लिए अत्यधिक उपयोगी हैं और इन सफलता की कहानियों के प्रसार से अन्य क्षेत्रों में समान रूप से इसकी प्रतिकृति देखने को मिल सकती है। अब तक ऐसी पचासी वृत्तिचित्र फिल्में बन चुकी हैं।

6. **शासन ज्ञान केंद्र [Governance Knowledge Centre (GKC)]:** प्रशासनिक सुधार और लोक शिकायत विभाग ने सुशासन की पहल और सर्वोत्तम प्रथाओं के वेब-आधारित भंडार को डिजाइन और विकसित करने के लिए पहल की है। शासन ज्ञान केंद्र में डोमेन विशेषज्ञों, संसाधन व्यक्तियों, विश्लेषकों के साथ-साथ तकनीकी पेशेवरों के साथ वेब-आधारित डिजिटल भंडार को शामिल किया गया है, जो तकनीकी पेशेवर द्वारा भंडार में जाने वाले उपयोगकर्ताओं की प्रासंगिक प्रोफाइल के लिए लगातार ज्ञान संसाधनों और केस स्टडीज के डायनेमिक अपडेशन को सुनिश्चित किया जाता है। भारत और विदेशों में 'सुशासन प्रथा' के विभिन्न चयनित अध्ययनों के संबंध में डिजिटल सामग्री की आसान पुनर्प्राप्ति के लिए कैप्चरिंग, आयोजन और भंडारण को सक्षम करने के लिए डिजिटल भंडार की परिकल्पना की गई है।

शासन ज्ञान केंद्र पोर्टल का उद्देश्य सिविल सेवकों की मदद करना है ताकि वे दिन-प्रतिदिन की चुनौतियों का व्यावहारिक और कार्यान्वयन योग्य समाधान खोज सकें। यह शासन के सुधार के उद्देश्य से सहयोगात्मक ज्ञान विनिमय के लिए एक मंच के रूप में कार्य करता है। यह शासन ज्ञान का व्यापक और बहुत ही प्रतिष्ठित ज्ञान प्रदान करता है, जिसका उपयोग नागरिक समाज सिविल सेवा प्रथाओं और सुधारों की बारीकियों को समझने के लिए कर सकता है।

7. **सभी राज्यों/केंद्र शासित प्रदेशों के प्रशासनिक सुधारों के सचिवों का सम्मेलन:** इस नई पहल का उद्देश्य (i) सार्वजनिक सेवा वितरण में सुधार के लिए उनके द्वारा किए गए सुधारों/पहलों के क्षेत्र में राज्यों के अनुभवों को साझा करने के लिए एक राष्ट्रीय मंच बनाना, प्रशासन को प्रभावी, पारदर्शी और जवाबदेह बनाना; और प्रशासन को नागरिक के अनुकूल बनाना है, (ii) उपरोक्त लक्ष्य को प्राप्त करने के लिए राज्य सरकार द्वारा सामना की जाने वाली चुनौतियों पर चर्चा करना और (iii) प्रशासनिक सुधार और लोक शिकायत विभाग, भारत सरकार से राज्य/केंद्रशासित प्रदेश की अपेक्षा को पूरा करना है।

8. **'न्यूनतम सरकार - अधिकतम शासन' पत्रिका का प्रकाशन:** वर्ष 1969 से प्रशासनिक सुधार और लोक शिकायत विभाग एक त्रैमासिक पत्रिका *'सरकार में प्रबंधन'* ला रहा था, ताकि सार्वजनिक प्रशासन और सार्वजनिक क्षेत्र प्रबंधन में रुचि रखने वाले प्रशासकों, शिक्षाविदों, विद्वानों और अन्य लोगों के बीच विचारों और मतों के स्पष्ट आदान-प्रदान के लिए एक मंच

प्रदान किया जा सके। इस पत्रिका का लक्ष्य सार्वजनिक प्रशासन की व्यावहारिक स्थितियों के साथ-साथ लाइव स्थितियों के अनुभव के आधार पर अच्छे प्रबंधन के सिद्धांतों की अवधारणा पर आधारित प्रबंधन तकनीकों का उपयोग करना है।

विभाग ने अब उपरोक्त पत्रिका को *'न्यूनतम सरकार-अधिकतम शासन'* का नाम दिया है और वर्ष 2015 में इसकी पहली ई-बुक प्रकाशित की गई। वर्ष 2017 से इस त्रैमासिक ई-पत्रिका को द्वि-वार्षिक रूप से प्रकाशित किया जा रहा है।

यह विभाग सफल सुशासन प्रथाओं के दस्तावेज और प्रसार के लिए अपने प्रयासों में अपनी ई-पत्रिका निकालता है। ई-पत्रिका में, विभाग द्वारा स्थापित प्रधानमंत्री पुरस्कार और राष्ट्रीय ई-शासन पुरस्कारों की सूचीबद्ध की गई पहल पर आधारित लेखन को संकलित किया गया है। यह ई-बुक के रूप में विभाग की वेबसाइट पर द्वि-वार्षिक रूप से प्रकाशित किया जाता है।

9. **सुशासन की पहल पर अनुसंधान और मूल्यांकन अध्ययन:** प्रशासनिक सुधार और लोक शिकायत विभाग की 12वीं पंचवर्षीय योजना में, एक नई गतिविधि, अर्थात् 'अनुसंधान और विकास अध्ययन' की शुरूआत की गई थी। इस गतिविधि का उद्देश्य राज्य सरकारों में अनुसंधान और विकास को बढ़ावा देना है। इसके अलावा, प्रधानमंत्री पुरस्कार विजेता पहल की स्थिरता का प्रभाव मूल्यांकन/समीक्षा/सर्वेक्षण, राष्ट्रीय ई-शासन पुरस्कार जीतने की पहल की स्थिरता और इस विभाग की विभिन्न योजनाओं की प्रभावशीलता को भी बरकरार रखा जा सकता है।

इस गतिविधि को दो अलग-अलग वर्गों में अलग-अलग तौर-तरीकों से लागू किया जाता है। पहला वर्ग प्रधानमंत्री पुरस्कार या देशभर में ई-शासन पुरस्कारों के लिए विभाग द्वारा प्राप्त सूचीबद्ध नामांकन से चुने गए सुशासन की पहल पर शोध और मूल्यांकन अध्ययन करना है। इस गतिविधि का उद्देश्य तकनीकी प्रगति के तहत पहल के कार्यान्वयन की वर्तमान स्थिति का आकलन करना और पहल में सुधार के लिए शामिल किए जाने वाले परिवर्तनों का सुझाव देना है। यह इन पहलों की स्थिरता, मापनीयता और प्रतिकृति पर सुझाव भी देगा।

कार्यान्वयन का दूसरा वर्ग सरकारी संगठनों जैसे कि राज्य प्रशासनिक प्रशिक्षण संस्थानों द्वारा अनुसंधान को प्रोत्साहित करना है। यह राज्य एटीआई को राज्य सरकार द्वारा किए गए सुधार उपायों में सक्रिय रूप से शामिल होने और राज्य में सुशासन की पहल के लिए एक केंद्रीय बिंदु बनाने में सक्षम बनाता है।

सुशासन की बाधायें
(Barriers to Good Governance)

भारत के द्वितीय प्रशासनिक सुधार आयोग ने "नागरिक केन्द्रित प्रशासन: सुशासन का हृदय" (2009) नामक शीर्षक वाली अपनी रिपोर्ट में सुशासन की पाँच बाधाओं को पहचाना है और उनका विश्लेषण निम्न प्रकार से किया है:

1. **लोक सेवकों की अभिवृत्तिमूलक समस्यायें:** यह एक बढ़ती हुई चिन्ता का विषय है कि लोक सेवायें और प्रशासन सामान्यत: निष्ठुर, गैर-लचीला, पृष्ठदर्शी और स्व-शाश्वत बन चुके हैं। परिणामस्वरूप लोक सेवकों की मनोवृत्ति नागरिकों की जरूरतों के प्रति उदासीन और असंवेदनशील हो गयी है। सभी स्तरों पर शक्ति के नियंत्रण में व्यापक विषमता के साथ मिलकर यह स्थिति को और बिगाड़ देती है। अन्तिम परिणाम यह होता है कि अधिकारी खुद को नागरिकों को सेवा प्रदान करने वाले की बजाय उन पर कृपा करने वाला मान लेते हैं और गरीबी, निरक्षरता इत्यादि को अधम कार्य का दर्जा देते हैं और इस प्रकार सत्ता को अतिरंजित सम्मान देने की एक संस्कृतिक मानदंड बन जाती है।

2. **उत्तरदायित्व का अभाव:** सुशासन में गैर-दक्षता के लिए जिम्मेदार एक सामान्य कारण यह है कि, लोक सेवाओं की प्रणाली के भीतर लोक सेवकों के कृत्यों के लिए उन्हें उत्तरदायी बनाने की क्षमता नहीं होती है। कभी-कभी कदाचारी लोक सेवकों के विरुद्ध अनुशासनात्मक कार्यवाही शुरू की जाती है और ऐसा कभी-कभार होता है जब उन पर कोई अर्थदंड लागू होता है। इसका प्राथमिक कारण यह होता है कि अधिकांश स्तरों पर सत्ता का उत्तरदायित्व से विच्छेद एक ऐसी प्रणाली की दिशा में ले जाता है जो कि यथार्थवादी और सत्य प्रतीयमान दिखायी देती है। भारी-भरकम अनुशासनात्मक प्रक्रियायें सरकार में अनुशासन के प्रति सामान्य उदासीनता पैदा कर देती हैं। इसके अलावा लोक सेवकों को उपलब्ध कराये गये सुरक्षोपायों का भी प्राय: दुरुपयोग किया जाता है। उत्तरदायित्व के अभाव का एक अन्य कारण यह है कि सरकार के भीतर कार्य निष्पादन मूल्यांकन प्रणालियाँ प्रभावी रूप से संरचित नहीं की गयी हैं। प्रणाली द्वारा पोषित आत्म-संतुष्टि भाव के कारण कर्मचारी नागरिकों और उनकी शिकायतों के प्रति एक उदासीन और निस्तेज रवैया अपना लेते हैं।

3. **लाल फीताशाही:** विश्वभर में नौकरशाही में यह आशा की जाती है कि वह सुशासन के लिए महत्वपूर्ण माने जाने वाले

नियमों और प्रक्रियाओं के प्रति निष्ठावान रहे। फिर भी एक समय पर ये नियम और प्रक्रियाएँ बीमारीग्रस्त और दुर्वहनीय हो जाते हैं और अपने उद्देश्य को पूरा नहीं कर पाते हैं। साथ ही सरकारी सेवक भी कभी-कभी इन नियमों और प्रक्रियाओं के साथ अति तन्मय हो जाते हैं और इनको खुद में ही समाहित मान लेते हैं।

4. नागरिकों में अधिकारों और कर्तव्यों के प्रति जागरूकता का निम्न स्तर: नागरिकों में अपने अधिकारों के प्रति अपर्याप्त जागरूकता सरकारी सेवकों को उनके प्रति जवाबदेह होने से रोकती है। इसी प्रकार नागरिकों द्वारा आज्ञापालन का निम्न स्तर भी सुशासन में बाधा बनता है। जब नागरिक अपने कर्तव्यों का पालन नहीं करते हैं तब वे अन्य नागरिकों की स्वतंत्रता और अधिकारों का अतिक्रमण कर रहे होते हैं। इस प्रकार अधिकारों की जागरूकता और कर्तव्यों के प्रति निष्ठा एक ही सिक्के के दो पहलू हैं। एक सजग नागरिक समाज अपने अधिकारों के साथ-साथ अपने कर्तव्यों के प्रति भी पूर्ण रूप से जागरूक रहता है और यही सबसे अच्छा तरीका है, जिसके द्वारा नागरिक और सरकारी कर्मचारी अपने कर्तव्यों को प्रभावशीलता और ईमानदारी के साथ निभा सकते हैं।

5. कानूनों और नियमों का अप्रभावी क्रियान्वयन: देश में कानूनों का एक वृहद् निकाय है और प्रत्येक कानून का निर्माण अलग-अलग उद्देश्यों के लिए किया गया है, जैसे- लोक व्यवस्था एवं सुरक्षा बनाये रखना, स्वच्छता एवं साफ-सफाई बनाये रखना, नागरिकों के अधिकारों का संरक्षण करना, कमजोर वर्गों को विशेष संरक्षण प्रदान करना इत्यादि। इन कानूनों का प्रभावी क्रियान्वयन एक ऐसे वातावरण का निर्माण करता है जो सभी नागरिकों का कल्याण कर सकेगा और साथ ही प्रत्येक नागरिक को समाज के विकास की दिशा में अपना सर्वोत्तम योगदान देने के लिए प्रोत्साहित करेगा। दूसरी ओर, कानूनों का कमजोर क्रियान्वयन नागरिकों के लिए कठिनाइयों का कारण बन सकता है और सरकारी तंत्र में नागरिक समाज की निष्ठा को भी कम कर सकता है।

सुशासन सूचकांक (Good Governance Index)

प्रशासनिक सुधार और लोक शिकायत विभाग ने सुशासन दिवस के अवसर पर 25 दिसंबर, 2019 को 'सुशासन सूचकांक' (जीजीआई) आरंभ किया। पूर्व प्रधानमंत्री अटल बिहारी वाजपेयी की जयंती पर सुशासन दिवस मनाया जाता है।

विभाग ने सुशासन सूचकांक को विकसित करने का बीड़ा उठाया है, जिसकी अनुशंसा शासन के सचिवों के समूह ने की थी। सुशासन सूचकांक न केवल एक तुलनात्मक तस्वीर प्रस्तुत करेगा बल्कि सेवा वितरण के अपने मजबूत और कमजोर क्षेत्रों के बारे में मूल्यवान राज्य-वार अंतर्दृष्टि भी प्रदान करेगा, जो उन्हें प्रदर्शन सुधार तंत्र बनाने में मदद करेंगे।

सुशासन सूचकांक को वैज्ञानिक रूप से नागरिक-केंद्रितता को ध्यान में रखते हुए शासन के विभिन्न मापदंडों पर तैयार किया गया है। जैसा कि यह आज भी मौजूद है और भविष्य के लिए भी संदर्भ सीमा प्रदान करेगा, यह शासन की स्थिति निर्धारित करने का भी प्रयास करेगा। यह सुशासन की दृष्टि को आगे बढ़ाने की दिशा में किया जाने वाला एक प्रयास है।

सुशासन सूचकांक शासन की स्थिति का आकलन करने के लिए राज्यों में एक समान उपकरण और शासन की स्थिति और राज्य सरकारों और संघ राज्य क्षेत्रों द्वारा उठाए गए विभिन्न हस्तक्षेपों का प्रभाव है। सुशासन सूचकांक के प्रमुख उद्देश्य कुछ इस प्रकार हैं:

1. सभी राज्यों और केन्द्र शासित प्रदेशों में शासन की स्थिति की तुलना करने के लिए मात्रात्मक डेटा प्रदान करना।
2. राज्यों और केंद्र शासित प्रदेशों को शासन में सुधार के लिए उपयुक्त रणनीति बनाने और लागू करने में सक्षम बनाना।
3. परिणामोन्मुखी दृष्टिकोण और प्रशासन में बदलाव करना।

संकेतकों का चयन करते समय विभिन्न सिद्धांतों को ध्यान में रखा गया है, अर्थात् उन्हें समझना और गणना करना, नागरिक केंद्रित और परिणाम संचालित करना आसान होना चाहिए, जिससे सभी राज्यों और केंद्रशासित प्रदेशों में बेहतर परिणाम लागू हो सके। हितधारकों के साथ कई परामर्श बैठकें आयोजित की गईं, जिनमें क्षेत्र के विशेषज्ञों, मंत्रालयों, राज्यों और केंद्र शासित प्रदेशों के साथ परामर्श शामिल हैं।

सुशासन सूचकांक में निम्नलिखित दस क्षेत्रों को ध्यान में रखा गया है:

1. कृषि और इससे जुड़े क्षेत्र
2. वाणिज्य और उद्योग

3. मानव संसाधन विकास
4. सार्वजनिक स्वास्थ्य
5. सार्वजनिक अवसंरचना और उपयोगिताएँ
6. आर्थिक शासन
7. समाज कल्याण और विकास
8. न्यायिक और सार्वजनिक सुरक्षा
9. पर्यावरण
10. नागारिक-केन्द्रित शासन

इन दस शासन क्षेत्रों को कुल 50 संकेतकों पर मापा जाता है। मूल्य की गणना के लिए विभिन्न संकेतकों को एक शासन क्षेत्र के तहत अलग-अलग भारिता दी जाती है। उदाहरण के लिए, कृषि और इससे जुड़े क्षेत्रों के तहत अलग-अलग भारिता के साथ 6 संकेतक हैं, अर्थात्:

1. कृषि और संबद्ध क्षेत्र की विकास दर (0.4)
2. खाद्यान्न उत्पादन की वृद्धि दर (0.1)
3. बागवानी उत्पादन की वृद्धि दर (0.1)
4. दूध उत्पादन की वृद्धि दर (0.1)
5. मांस उत्पादन की वृद्धि दर (0.1)
6. फसल बीमा (0.2)

राज्यों और केंद्र शासित प्रदेशों को तीन समूहों में बांटा गया है-(i) बड़े राज्य, (ii) उत्तर-पूर्व और पहाड़ी राज्य और (iii) केन्द्र शासित प्रदेशों। सभी संकेतकों पर राज्यों और केंद्र शासित प्रदेशों को अलग-अलग दर्जा प्रदान किया गया है, साथ ही इन संकेतकों के आधार पर इन राज्यों और केंद्र शासित प्रदेशों के लिए समग्र रैंकिंग की भी गणना की गई है। संयुक्त रैंकिंग **तालिका 74.1** में दी गई है।

तालिका 74.1 सुशासन सूचकांक (2019) में राज्यों और केंद्र शासित राज्यों की रैंकिंग

क्र. सं.	बड़े राज्य	स्कोर	उ.पू. और पहाड़ी राज्य	स्कोर	केंद्र शासित राज्य	स्कोर
1.	तमिलनाडू	5.62	हिमाचल प्रदेश	5.22	पुडुचेरी	4.69
2.	महाराष्ट्र	5.40	उत्तराखंड	4.87	चंडीगढ़	4.68
3.	कर्नाटक	5.10	त्रिपुरा	4.50	दिल्ली	4.39
4.	छत्तीसगढ़	5.05	मिज़ोरम	4.41	दमन और दीव	4.33
5.	आंध्र प्रदेश	5.05	सिक्किम	4.21	अंडमान और निकोबार द्वीप समूह	4.12
6.	गुजरात	5.04	असम	4.07	दमन और नागर हवेली	3.12
7.	हरियाणा	5.00	जम्मू और कश्मीर	4.04	लक्षद्वीप	2.97
8.	केरल	4.98	मणिपुर	3.93		
9.	मध्य प्रदेश	4.85	मेघालय	3.81		
10.	पश्चिम बंगाल	4.84	नागालैंड	3.55		
11.	तेलंगाना	4.83	अरुणाचल प्रदेश	3.03		
12.	राजस्थान	4.80				
13.	पंजाब	4.57				
14.	ओड़ीशा	4.44				
15.	बिहार	4.40				
16.	गोवा	4.29				
17.	उत्तर प्रदेश	4.25				
18.	झारखंड	4.23				

ई–प्रशासन (e-Governance)

75

ई–प्रशासन का अर्थ (Meaning of e-Governance)

ई-प्रशासन में 'ई' शब्द का आशय 'इलेक्ट्रॉनिक' से है। इस प्रकार ई-प्रशासन या इलेक्ट्रॉनिक-प्रशासन सरकारी कार्यचालन में सूचना एवं संचार तकनीक के अनुप्रयोग को इंगित करता है।

विश्व बैंक के अनुसार, ई-प्रशासन सरकारी अभिकरणों द्वारा सूचना तकनीकों (जैसे कि वाइड एरिया नेटवर्क, इंटरनेट और मोबाइल कम्प्यूटिंग) के प्रयोग का सूचक है और यह नागरिकों, व्यापारों और अन्य सरकारी अंगों के साथ सम्बन्धों को रूपान्तरित करने की क्षमता रखता है।

ई-प्रशासन मूल रूप से स्मार्ट (SMART) शासन की दिशा में एक कदम है, जो सरल (Simple), नैतिक (Moral), उत्तरदायी (Accountable), अनुक्रियात्मक (Responsive) तथा पारदर्शी (Transparent) शासन का सूचक है:

1. **सरल:** सरल शासन का अर्थ सूचना और संचार तकनीक के प्रयोग द्वारा सरकारी नियमों, विनियमों एवं प्रक्रियाओं का सरलीकरण है, जिसके द्वारा एक प्रयोक्ता अनुकूल सरकार उपलब्ध कराई जाती है।
2. **नैतिक:** नैतिक शासन राजनीतिक एवं प्रशासनिक तंत्र में नैतिक मूल्यों की एक समग्र नई प्रणाली के उदय का सूचक है। तकनीकी हस्तक्षेप भ्रष्टाचाररोधी एजेन्सियों, पुलिस एवं न्यायपालिका इत्यादि की क्षमता में सुधार करता है।
3. **उत्तरदायित्व:** प्रभावी प्रबन्धन सूचना प्रणाली एवं निष्पादन मापन कार्यतंत्र के डिजाइन, विकास एवं क्रियान्वयन को बढ़ावा देकर लोक सेवाकर्मियों की जवाबदेही को सुनिश्चित किया जा सकता है।
4. **अनुक्रिया:** सेवा आपूर्ति की गति को बढ़ाने के लिए प्रक्रियाओं को सरल और कारगर बनाकर व्यवस्था को अधिक अनुक्रियात्मक बनाया जाता है।
5. **पारदर्शी:** अब तक सरकारी दस्तावेजों में परिसीमित सूचना को लोगों तक पहुँचाकर प्रक्रियाओं एवं कार्यों को पारदर्शी बनाया जाता है, जिसके परिणामस्वरूप प्रशासनिक अभिकरणों की अनुक्रियाओं में समानता और कानून का शासन परिलक्षित होता है।

ई–प्रशासन में अन्तर्क्रियाएँ (Interactions in e-Governance)

ई-प्रशासन में अन्तर्क्रियाओं के चार प्रकार होते हैं–सरकार की नागरिकों के साथ अन्तर्क्रिया (G2C), सरकार की व्यापार के साथ अन्तर्क्रिया (G2B), सरकार की सरकार के साथ अन्तर्क्रिया जो कि अन्तर्अभिकरण सम्बन्ध के रूप में होती है (G2G) तथा सरकार की कर्मचारियों के साथ अन्तर्क्रिया (G2E)।

भारत के द्वितीय प्रशासनिक सुधार आयोग ने *"प्रमोटिंग ई-गवर्नेंस: द स्मार्ट वे फॉरवर्ड"* (2008) नामक शीर्षक वाली अपनी रिपोर्ट में ई-प्रशासन में अन्तर्क्रियाओं के उपरोक्त चार प्रकारों को निम्नलिखित रूप में विश्लेषित किया है:

1. **सरकार की नागरिकों के साथ अन्तर्क्रिया (G2C):** इस मामले में सरकार और नागरिकों के बीच एक अन्तराफलक निर्मित किया जाता है, जो नागरिकों को लोक सेवाओं की एक व्यापक शृंखला की प्रभावी आपूर्ति का लाभ प्राप्त करने में सक्षम बनाता है। यह एक ओर सार्वजनिक सेवाओं की उपलब्धता और पहुँच को विस्तारित करता है जबकि दूसरी ओर सेवाओं की गुणवत्ता को भी सुधारता है। यह नागरिकों को विकल्प प्रदान करता है कि वे सरकार के साथ कब अन्तर्क्रिया करें (एक दिन में 24 घंटे या एक सप्ताह में 7 दिन उपलब्ध होने पर), सरकार के साथ कहाँ से अन्तर्क्रिया करें (जैसे कि सेवा केन्द्र, मानवरहित बूथ या अपने घर/कार्यस्थल से) और सरकार के साथ कैसे अन्तर्क्रिया करें (जैसे कि इन्टरनेट, फैक्स, टेलीफोन, ई-मेल या आमने-सामने इत्यादि के द्वारा)। इसका प्राथमिक उद्देश्य सरकार को नागरिकों के प्रति मित्रवत् बनाना है।
2. **सरकार की व्यापार के साथ अन्तर्क्रिया (G2B):** यहाँ ई-प्रशासन के औजारों का प्रयोग उत्पाद और सेवायें उपलब्ध कराने वाले व्यापारिक समुदाय को सरकार के साथ अबाधित अन्तर्क्रिया करने

में सहायता देने के लिए किया जाता है। इसका उद्देश्य सरकार के साथ सौदेबाजी करते समय लाल फीताशाही में कटौती करना, समय बचाना, कार्यचालन लागत को घटाना तथा एक अधिक पारदर्शी व्यापारिक वातावरण का निर्माण करना है। जी टू बी पहल विनिमयात्मक हो सकती हैं, जैसे–लाइसेंस, परमिट, राजस्व संग्रह एवं दलाली इत्यादि में। ये प्रोत्साहन मूलक भी हो सकती है, जैसे–व्यापार, पर्यटन और निवेश इत्यादि में। ये उपाय व्यापारों के लिए सुविधाजनक वातावरण उपलब्ध कराने में सहायता करते हैं और व्यापारिक गतिविधियों को अधिक प्रभावी ढंग से निष्पादित करने की क्षमता पैदा करते हैं।

3. **सरकार की सरकार के साथ अन्तर्क्रिया (G2G):** इस मामले में सूचना एवं संचार तकनीक का प्रयोग न केवल सरकारी सत्ताओं के कार्यचालन में निहित सरकारी प्रक्रियाओं की पुनर्संरचना के लिए किया जाता है बल्कि अलग-अलग सत्ताओं के बीच सूचना और सेवाओं के प्रवाह में वृद्धि करने के लिए भी किया जाता है। इस प्रकार की अन्तर्क्रिया केवल सरकार के क्षेत्र के भीतर ही होती है और यह क्षैतिज (जैसे कि अलग-अलग सरकारी एजेन्सियों के बीच के साथ-साथ एक संगठन के भीतर विभिन्न कार्यात्मक क्षेत्रों के बीच) अथवा ऊर्ध्वाधर (जैसे कि राष्ट्रीय, प्रांतीय, स्थानीय एजेन्सियों के बीच के साथ-साथ एक संगठन के भीतर अलग-अलग स्तरों के बीच) दोनों हो सकती हैं। इसका प्राथमिक उद्देश्य दक्षता, निष्पादन और निर्गत को बढ़ाना है।
4. **सरकार की कर्मचारियों के साथ अन्तर्क्रिया (G2E):** सरकार सबसे बड़ी नियोक्ता होती है और किसी भी संगठन की तरह इसे भी अपने कर्मचारियों के साथ नियमित आधार पर अन्तर्क्रिया करनी होती है। यह अन्तर्क्रिया संगठन और कर्मचारियों के बीच एक दो-मार्गी प्रक्रिया होती है। सूचना एवं संचार तकनीक के प्रयोग से ये अन्तर्क्रियाएँ तीव्र और प्रभावी बन जाती हैं और साथ ही कर्मचारियों का संतुष्टि स्तर भी बढ़ जाता है।

ई-प्रशासन के लाभ (Benefits of e-Governance)

ई-प्रशासन के लाभ (या लक्ष्य) निम्नलिखित हैं:

1. नागरिकों को सरकारी सेवाओं की बेहतर आपूर्ति
2. व्यापार और उद्योग के साथ उन्नत अन्तर्क्रियाएँ
3. सूचना तक पहुँच के माध्यम से नागरिकों का सशक्तिकरण
4. अधिक दक्ष सरकारी प्रबन्धन
5. प्रशासन में अल्प-भ्रष्टाचार
6. प्रशासन में पारदर्शिता की वृद्धि
7. नागरिकों और व्यापारों के लिए व्यापक सुविधा
8. लागत, कटौती एवं राजस्व वृद्धि
9. सरकार की वैधता में वृद्धि
10. सपाट संगठनात्मक संरचना (अल्प पदानुक्रमिक)
11. प्रशासनिक प्रक्रिया में लाल फीताशाही और कागजी कार्यवाही में कटौती
12. शासन के विभिन्न स्तरों के बीच बेहतर नियोजन एवं समन्वय
13. सुशासन प्रक्रिया में व्यापक नागरिक भागीदारी
14. लोक प्राधिकारियों एवं नागरिक समाज के बीच सम्बन्धों में सुधार
15. प्रशासनिक प्रक्रियाओं की पुनर्संरचना

ई-प्रशासन पहल (e-Governance Initiatives)

भारत में ई-प्रशासन को प्रोत्साहित करने के लिए कई कदम उठाये गये हैं, जो कि इस प्रकार हैं:

1. सूचना तकनीक एवं सॉफ्टवेयर विकास पर एक राष्ट्रीय कार्यदल 1998 में गठित किया गया।
2. केन्द्र में सूचना तकनीक मंत्रालय का गठन 1999 में किया गया।
3. वर्ष 2000 में सभी केन्द्रीय मंत्रालयों एवं विभागों में ई-प्रशासन के क्रियान्वयन के लिए एक बारह सूत्रीय न्यूनतम एजेण्डा तैयार किया गया।
4. सूचना तकनीक अधिनियम, 2000 पारित किया गया।
5. सेमी-कंडक्टर इंटीग्रेटिड सर्किट ले-आउट डिज़ायन एक्ट, 2000 पारित किया गया।
6. भारत में सूचना-तकनीक को प्रोत्साहित करने के लिए एक सामान्य कार्य योजना तक पहुँचने हेतु वर्ष 2000 में राज्यों के सूचना तकनीक मंत्रियों का प्रथम राष्ट्रीय सम्मेलन आयोजित किया गया।
7. वर्ष 2000 में नेशनल इंस्टीट्यूट फॉर स्मार्ट गवर्मेंट (एनआईएसजी) की स्थापना हैदराबाद में की गयी।
8. राज्य सरकारों ने ई-प्रशासन परियोजनाएँ शुरू कीं, जैसे–ई-सेवा (आन्ध्र प्रदेश), भूमि (कर्नाटक), ज्ञानदूत (मध्य प्रदेश), लोकवाणी (उत्तर प्रदेश), फ्रेंड्स (केरल), ई-मित्र (राजस्थान) इत्यादि।

9. वर्ष 2006 में राष्ट्रीय ई-प्रशासन योजना (एनईजीपी) को मंजूरी दी गयी। इसमें 27 मिशन मोड परियोजनायें (एमएमपी) तथा 8 समर्थन घटकों को केन्द्र, राज्य और स्थानीय सरकार के स्तरों पर क्रियान्वित किया जाना है। इसके साथ, एमएमपी (MMPs) की संख्या 27 से बढ़कर 31 हो गई। इन 31 एमएमपी में केंद्रीय एमएमपी (11), राज्य एमएमपी (13) और एकीकृत एमएमपी (7) के रूप में वगीकृत किया गया। ई-क्रांति को अपनाने के बादः डिजिटल इंडिया कार्यक्रम के तहत 2015 में राष्ट्रीय ई-गवर्नेंस योजना 2.0, 13 नए एमएमपी शामिल किए गए थे। ये हैं: ई-संसद, ई-विधान, वित्तीय समावेशन, सड़क और राजमार्ग सूचना प्रणाली [Roads and Highways Information System (RAHI)], कृषि 2.0, राष्ट्रीय भौगोलिक सूचना प्रणाली [National Geographical Information System (NGIS)], ग्रामीण विकास, सामाजिक लाभ, महिला और बाल विकास, अर्ध सैन्य बल के लिए सामान्य आईटी योजना, ई-भाषा, आईसीटी के माध्यम से शिक्षा पर राष्ट्रीय मिशन [National Mission on Education through ICT (NMEICT)] और शहरी शासन। परिणामस्वरूप, ई-क्रांति: राष्ट्रीय ई-गवर्नेंस योजना 2.0 में 44 एमएमपी और 8 समर्थन घटक शामिल हैं। इन 44 एमएमपी को आगे केंद्रीय एमएमपी (13), राज्य एमएमपी (17) और एकीकृत एमएमपी (14) के रूप में वगीकृत किया गया है। इनका उल्लेख नीचे **तालिका 75.1** और **75.2** में किया गया है।

10. नवम्बर 2010 में ई-प्रशासन हेतु खुले मानदंडों पर एक राष्ट्रीय नीति को अधिसूचित किया गया। यह ई-प्रशासन समाधानों के निरन्तर, मानकीय और सुधारात्मक क्रियान्वयन हेतु दिशा-निर्देशों का एक समुच्चय उपलब्ध कराता है।

11. सूचना प्रौद्योगिकी पर राष्ट्रीय नीति (एनपीआईटी) को वर्ष 2012 में मंजूरी दी गई थी। यह अर्थव्यवस्था के सभी क्षेत्रों में आईसीटी (सूचना और संचार प्रौद्योगिकी) की तैनाती और नागरिक केंद्रित समस्याओं के समाधान के लिए आईटी आधारित समाधान प्रदान करने पर केंद्रित है।

12. राष्ट्रीय साइबर सुरक्षा नीति को वर्ष 2013 में अपनाया गया था। इस नीति का दृष्टिकोण नागरिकों, व्यवसायों और सरकार के लिए एक सुरक्षित और लचीला साइबरस्पेस का निर्माण करना है।

तालिका 75.1 ई-क्रांति के अंतर्गत मिशन मोड परियोजनाएंः राष्ट्रीय ई-शासन योजना 2.0

केंद्रीय सरकार श्रेणी (13)	राज्य सरकार श्रेणी (17)	एकीकृत सेवाएं श्रेणी (14)
1. बैंकिंग	1. कृषि	1. कॉमन सर्विस सेंटर (CSC)
2. केंद्रीय उत्पाद शुल्क और सीमा शुल्क (Central Excise and Customs)	2. वाणिज्यिक कर (Commercial Taxes)	2. ई-बिज
3. आयकर	3. ई-जिला	3. ई-अदालतें
4. बीमा	4. रोजगार विनिमय (Employment Exchange)	4. ई-प्रोक्यूमेंट
5. एमसीए 21	5. भूमि रिकॉर्ड	5. इलेक्ट्रॉनिक डेटा इंटरचेंज (ई-वाणिज्य)
6. पासपोर्ट	6. नगरपालिका	6. सर्विस डिलीवरी गेटवे
7. आव्रजन, वीजा और विदेशी	7. ई-पंचायत	7. इंडिया पोर्टल
8. पेंशन	8. पुलिस	8. वित्तीय समावेशन (Financial Inclusion)
9. ई-कार्यालय	9. सड़क परिवहन	9. राष्ट्रीय भौगोलिक सूचना प्रणाली (National Geographical Information System)
10. पोस्ट	10. कोषागार	10. सामाजिक लाभ
11. यूआईडी (UID)	11. सार्वजनिक वितरण प्रणाली [Public Distribution System (PDS)]	11. सड़क और राजमार्ग सूचना प्रणाली (Roads and Highways Information System)
12. ई-संसद	12. शिक्षा	12. ई-भाषा

जारी...

तालिका 75.1 जारी....

13. पैरा-मिलिट्रि ताकतों के लिए सामान्य आईटी (IT) कार्य योजना	13. स्वास्थ्य	13. सूचना और संचार प्रौद्योगिकी द्वारा राष्ट्रीय शिक्षा मिशन (National Mission on Education Through ICT)
	14. ई-विधान	14. शहरी शासन (Urban Governance)
	15. कृषि 2.0	
	16. ग्रामीण विकास	
	17. महिला और बाल विकास	

तालिका 75.2 **ई-क्रांति के अंतर्गत समर्थन घटक: राष्ट्रीय ई-शासन योजना 2.0**

क्र.सं.	समर्थन घटक
1.	मूल नीतियाँ (साइबर सुरक्षा नीति, राष्ट्रीय आईटी नीति, मुक्त मानक नीति, आदि)
2.	मूल आधार संरचना [स्वान (SWAN), एनआईआई (NII), एसडीसी (SDC), मोबाइल सेवा, भुगतान गेटवे (Payment Gateway), जीआई (GI) क्लाउड, आदि]
3.	समर्थन आधार संरचना (सीएससी इत्यादि)
4.	तकनीकी सहायता
5.	शोध और विकास
6.	मानव संसाधन विकास और प्रशिक्षण
7.	जागरूकता और मूल्यांकन
8.	संगठन संरचनायें

नोट: स्वान (SWAN): राज्य वृहत् क्षेत्र जालक्रम (State wide area network), एनआईआई (NII): राष्ट्रीय सूचना संरचना (National Information Infrastructure)], एसडीसी (SDC): राज्य डाटा सेंटर (State Data Centres), जीआई क्लाउड (GI cloud): भारतीय सरकार क्लाउड (मेघ राज), सीएससी (CSC): कॉमन सर्विसेज सेंटर

राष्ट्रीय ई-शासन सम्मेलन (National Conference on e-Governance)

इलेक्ट्रॉनिक्स और सूचना प्रौद्योगिकी मंत्रालय के साथ प्रशासनिक सुधार और लोक शिकायत विभाग (डीएआरपीजी), एक राज्य सरकारों के साथ मिलकर वर्ष 1997 से हर साल ई-शासन पर राष्ट्रीय सम्मेलन का आयोजन करता आ रहा है।

यह सम्मेलन राज्य सरकारों के आईटी सचिवों, केंद्र सरकार के आईटी प्रबंधकों और संसाधन व्यक्तियों, विशेषज्ञों, उद्योग और शैक्षणिक संस्थानों के बुद्धिजीवियों आदि के वरिष्ठ अधिकारियों को ई-शासन पहलों के पर चर्चा करने, विचारों और अनुभवों के आदान-प्रदान करने के लिए एक मंच प्रदान करता है।

प्रत्येक वर्ष प्रशासनिक सुधार और लोक शिकायत विभाग, अनुकरणीय तरीके से ई-शासन की पहल को लागू करने वाले सरकारी संगठन/संस्थाओं को सम्मानित करके ई-शासन में उत्कृष्टता को मान्यता प्रदान करता है और उन्हें बढ़ावा देता है। ई-शासन के लिए राष्ट्रीय पुरस्कार निम्नलिखित श्रेणियों में दिए गए हैं:

1. डिजिटल परिवर्तन के लिए सरकारी प्रक्रिया री-इंजीनियरिंग में उत्कृष्टता।
2. नागरिक-केन्द्रित वितरण प्रदान करने में उत्कृष्टता।
3. ई-शासन में जिला स्तर की पहल में उत्कृष्टता- (a) उत्तर-पूर्वी राज्य - पहाड़ी राज्य, (b) केंद्र शासित राज्य (दिल्ली सहित) और (c) अन्य राज्य।

4. शैक्षणिक/अनुसंधान संस्थानों द्वारा नागरिक केंद्रित सेवाओं पर उत्कृष्ट शोध।
5. स्टार्ट अप द्वारा ई-शासन समाधानों में सूचना और संचार प्रौद्योगिकी का नवीन उपयोग।
6. नई तकनीकों को अपनाने में उत्कृष्टता।

ई-कार्यालय मिशन मोड परियोजना (e-Office Mission Mode Project)

ई-कार्यालय, राष्ट्रीय ई-शासन योजना (एनईजीपी) के तहत मिशन मोड परियोजनाओं (एमएमपी) में से एक है। इस परियोजना का उद्देश्य कार्यप्रवाह तंत्र और संबद्ध कार्यालय प्रक्रिया नियमावली में सुधार के माध्यम से केंद्र सरकार के मंत्रालयों और विभागों की परिचालन दक्षता में सुधार करना है। प्रशासनिक सुधार और लोक शिकायत विभाग, परियोजना को लागू करने के लिए केंद्रीय एजेंसी है।

'ई-कार्यालय' में मुख्य रूप से कार्यप्रवाह स्वचालन और ज्ञान प्रबंधन शामिल है, जिसमें दस्तावेज़ रिकॉर्ड प्रबंधन, संगठन में कार्यप्रवाह की स्थापना और नियंत्रण, कार्य आवंटन और ट्रैकिंग, लेखा सत्यापन को बनाए रखना, प्रदर्शन बेंचमार्किंग और परिचालन प्रबंधन सूचना प्रणाली (एमआईएस) उत्पन्न करना शामिल है। परियोजना को एनआईसी के माध्यम से कार्यान्विता किया जा रहा है।

प्रशासनिक सुधार और लोक शिकायत विभाग ने भारत सरकार के मंत्रालयों/विभागों में ई-कार्यालय कार्यान्वयन के लिए एक चरणबद्ध योजना को अपनाया है। इस परियोजना को 2011-12 में शुरू किया गया था।

प्रशासनिक सुधार और लोक शिकायत विभाग ने सभी केंद्र सरकार के मंत्रालयों/विभागों के लिए परिवर्तन प्रबंधन रणनीति, व्यवसाय प्रक्रिया पुनर्रचना और सरकारी प्रक्रिया वास्तुकला ढांचे पर रिपोर्ट तैयार किया है और इसे परिचालित भी किया है। ई-कार्यालय प्रक्रिया (सीएसएमईओपी) पर केंद्रीय सचिवालय नियमावली भी विभाग द्वारा परिचालित की गई है।

प्रशासनिक सुधार और लोक शिकायत विभाग ई-कार्यालय कार्यान्वयन के लिए केंद्रीय मंत्रालयों/विभागों को वित्तीय सहायता प्रदान करता है। प्रशासनिक सुधार और लोक शिकायत विभाग द्वारा सभी केंद्र सरकार के मंत्रालयों/विभागों में ई-कार्यालय के कार्यान्वयन को तेज करने के लिए नियमित रूप से समीक्षा बैठकें आयोजित करके और विभाग में एक परियोजना निगरानी इकाई की स्थापना करके प्रभावी कदम उठाए गए हैं। तियालीस केंद्रीय मंत्रालयों और विभागों ने पहले ही पूरा ई-कार्यालय का लक्ष्य हासिल कर लिया है और लगभग 31 केंद्रीय मंत्रालयों/विभागों ने भी सुधार के रुझान दिखाना शुरू कर दिया है।

प्रमाणन से पहले 80 प्रतिशत लक्ष्य हासिल करने वाले मंत्रालयों/विभागों का तुरंत उसी स्थान पर निरीक्षण किया जाता है। साथ ही खराब प्रदर्शन करने वाले मंत्रालयों/विभागों को उनके समस्याओं को समझने के लिए आमंत्रित किया जाता है और उनके प्रदर्शन में सुधार के लिए कार्य योजना तैयार किए गए हैं।

नागरिक अधिकार – पत्र (Citizens' Charter)

76

नागरिक अधिकार-पत्र एक सरकारी एजेंसी द्वारा नागरिकों के प्रति तय की गयी प्रतिबद्धताओं का एक दस्तावेज होता है जो कि नागरिकों को उपलब्ध करायी जाने वाली सेवाओं से सम्बन्धित होता है। यह नागरिकों को सेवाओं के प्रतिबद्ध मानकों की माँग करने की शक्ति प्रदान करता है। फिर भी इसे वैधानिक रूप से लागू नहीं कराया जा सकता। इसका उद्देश्य प्रशासन और नागरिकों के बीच एक सेतु का निर्माण करना तथा प्रशासन को नागरिकों की जरूरतों और सरोकारों से निपटने के लिए सरल और कारगर बनाना है।

नागरिक अधिकार – पत्र के सिद्धान्त (Principles of Citizens' Charter)

नागरिक अधिकार-पत्र की अवधारणा पहली बार 1991 में जॉन मेजर की रूढ़िवादी सरकार द्वारा इंग्लैण्ड में एक राष्ट्रीय कार्यक्रम के रूप में विकसित और क्रियान्वित की गयी थी। इसका मुख्य उद्देश्य देश के लोगों के लिए लोक सेवाओं की गुणवत्ता में निरन्तर सुधार करना था ताकि ये सेवायें प्रयोक्ताओं की जरूरतों और इच्छाओं के प्रति अनुक्रिया कर सकें। यह कार्यक्रम टोनी ब्लेयर की लेबर सरकार द्वारा 1998 में "सर्विसेज फर्स्ट" के नाम से पुनः आरम्भ किया गया।

नागरिक अधिकार-पत्र आन्दोलन के मूलभूत 6 सिद्धान्त इस प्रकार थे:

1. **गुणवत्ता:** सेवाओं की गुणवत्ता में सुधार,
2. **विकल्प:** प्रयोक्ताओं के लिए जहाँ तक सम्भव हो,
3. **मानक:** यह निर्दिष्ट करते हुए कि एक समय-सीमा के भीतर क्या अपेक्षा की जाये और मानकों के पूरा न होने पर कैसे कार्यवाही की जाये,
4. **मूल्य:** कर भुगतानकर्ताओं के धन के लिए,
5. **उत्तरदायित्व:** सेवा प्रदाता का (व्यक्तिगत के साथ-साथ संगठन के स्तर पर), और;
6. **पारदर्शिता:** नियमों, प्रक्रियाओं, योजनाओं और शिकायतों के उपचार में।

इनको लेबर सरकार द्वारा विस्तृत रूप देते हुए सेवा आपूर्ति के निम्नलिखित 9 सिद्धान्त जोड़े गये (1998):

1. सेवाओं के सुनिश्चित मानक,
2. खुलापन और पूर्ण सूचना उपलब्ध कराना,
3. परामर्श और सम्मिलन,
4. पहुँच और विकल्प को प्रोत्साहन,
5. सभी के साथ निष्पक्ष व्यवहार,
6. चीजों के गलत होने पर उन्हें सही करना,
7. संसाधनों का प्रभावी उपयोग,
8. नवाचार और उन्नयन, और;
9. अन्य प्रदाताओं के साथ कार्य करना।

1992 में ब्रिटेन की सरकार ने लोक सेवाओं की आपूर्ति में उत्कृष्टता को मान्यता देने के लिए अधिकार-पत्र मार्क अवॉर्ड योजना भी शुरू की थी। बाद में इस योजना को 2008 में कस्टमर सर्विस एक्सीलेंस अवॉर्ड नामक नई योजना के द्वारा प्रतिस्थापित कर दिया गया।

ब्रिटेन की नागरिक अधिकार-पत्र पहल ने पूरे विश्व में इस बारे में एक रुचि को जगा दिया और कई देशों ने इसी प्रकार के कार्यक्रम लागू किये, जैसे–आस्ट्रेलिया (सर्विस अधिकार-पत्र, 1997), बेल्जियम (पब्लिक सर्विस यूज़र्स अधिकार-पत्र, 1992), कनाडा (सर्विस स्टैण्डर्ड इनीशिएटिव, 1995), फ्रांस (सर्विस अधिकार-पत्र, 1992), भारत (सिटीजन्स अधिकार-पत्र, 1997), जमैका (सिटीजन्स अधिकार-पत्र, 1994), मलेशिया (क्लाइंट अधिकार-पत्र, 1993), पुर्तगाल (दि क्वालिटी अधिकार-पत्र इन पब्लिक सर्विसेज, 1993), स्पेन (दि क्वालिटी ऑब्जर्वेटरी, 1992) इत्यादि।

भारत में नागरिक अधिकार – पत्र हेतु पहल (Citizens' Charter Initiative in India)

1996 में केन्द्र ने "प्रभावी एवं अनुक्रियात्मक प्रशासन" पर सभी राज्यों एवं संघशासित प्रदेशों के मुख्य सचिवों का एक सम्मेलन

आयोजित किया। सम्मेलन में अन्य विषयों के साथ-साथ सभी लोक सेवा संगठनों के लिए एक नागरिक अधिकार-पत्र अंगीकृत करने की सिफारिश की थी। इस सिफारिश को 1997 में आयोजित मुख्यमंत्रियों के सम्मेलन में केन्द्र, राज्यों एवं संघशासित प्रदेशों द्वारा मंजूरी दी गयी।

1997 में यह योजना भारत में लागू की गयी और तब से केन्द्र सरकार के विभिन्न मंत्रालयों, विभागों, निदेशालयों और अन्य अभिकरणों, राज्य सरकारों एवं संघशासित प्रशासकों द्वारा कई नागरिक अधिकार-पत्रों का निर्माण किया गया है। प्रशासनिक सुधार और लोक शिकायत विभाग, अधिक उत्तरदायी और नागरिक अनुकूल शासन प्रदान करने के अपने प्रयासों में, केंद्र सरकार, राज्य सरकारों और केन्द्र शासित प्रदेशों के प्रशासन में नागरिक प्रभारियों के गठन और संचालन के प्रयासों का समन्वय करता है। यह नागरिकों के चार्टर बनाने और उनके मूल्यांकन के कार्यान्वयन के लिए दिशानिर्देश प्रदान करता है।

भारत में एक नागरिक अधिकार-पत्र के निम्नलिखित घटक होते हैं:

1. संगठन का दूरगामी एवं मिशन वक्तव्य।
2. संगठन द्वारा किये जाने वाले व्यापार का विस्तृत विवरण।
3. नागरिकों या उपभोक्ताओं का विस्तृत विवरण।
4. मानक, गुणवत्ता, समय सीमा सहित सेवाओं का वक्तव्य जो कि प्रत्येक नागरिक/उपभोक्ता समूह को पृथक् रूप से उपलब्ध कराया जाता है और इसमें यह उल्लेख होता है कि सेवाओं की प्राप्ति कैसे और कहाँ करें।
5. शिकायत, उपचार तंत्र का विस्तृत विवरण और उस तक पहुँचने का तरीका।
6. नागरिकों अथवा उपभोक्ताओं की अपेक्षायें।

भारत में एक अच्छे नागरिक अधिकार-पत्र की निम्नलिखित विशेषतायें या तत्व होते हैं:

1. उपभोक्ता जरूरतों पर फोकस (Focus on customer requirements),
2. सरल भाषा (Simple language),
3. सेवा मानक (Service standards),
4. प्रभावी उपचार (Effective remedies),
5. प्रशिक्षण (Training),
6. प्रत्यायोजन (Delegation),
7. प्रतिपुष्टि तंत्र (Feedback mechanism),
8. गहन निगरानी (Close monitoring) और;
9. आवधिक समीक्षा (Periodic review)।

नागरिकों के अधिकार-पत्र को बढ़ावा देना (Promoting Citizens' Charters)

जनता को सशक्त बनाने के लिए एक उपकरण के रूप में नागरिकों/ग्राहकों के अधिकार-पत्र को निम्नलिखित पाँच पहलों के माध्यम से आगे बढ़ाया जा रहा है:

1. पहली पहल सभी केंद्रीय मंत्रालयों/विभागों में नागरिकों के अधिकार-पत्र है और दूसरी पहल सभी राज्यों/केंद्र शासित प्रदेशों में नागरिकों के अधिकार-पत्र है। दोनों की शुरुआत मई 1997 में हुई थी। इन दो पहलों के तहत होने वाली प्रगति को एक विशेष पोर्टल पर सूचीबद्ध नागरिकों के अधिकार-पत्र की संख्या में वृद्धि द्वारा देखा जा सकता है।
2. वर्ष 2010 के बाद से, सभी केंद्रीय मंत्रालयों/विभागों के नागरिकों/ग्राहकों के अधिकार-पत्र उनकी वेबसाइटों पर अपलोड किए गए हैं। सभी केंद्रीय मंत्रालयों/विभागों से भी अनुरोध किया गया है कि वे अपनी वार्षिक रिपोर्ट में अपने नागरिकों/ग्राहकों के अधिकार-पत्र के बारे में जानकारी शामिल करें।
3. तीसरी पहल लगातार सुधार के माध्यम से सेवा वितरण में उत्कृष्टता लाने के लिए नागरिक अधिकार-पत्र को सेवोत्तम ढांचे के माध्यम से अधिक गतिशील बनाना है। यहां सेवोत्तम के तीन घटकों में से एक के रूप में नागरिक अधिकार-पत्र को न केवल बनाया जा रहा है और समीक्षा की जा रही है, बल्कि संबंधित मंत्रालय/विभाग की सेवा वितरण प्रक्रियाओं से भी जोड़ा जा रहा है।
4. नागरिक अधिकार-पत्र के लिए चौथी पहल द्वितीय प्रशासनिक सुधार आयोग की 12वीं रिपोर्ट के अनुसार है-दूसरी प्रशासनिक सुधार आयोग ने अपनी 12वीं रिपोर्ट में 'नागरिक-केन्द्रित प्रशासन: अधिशासन का हृदय' नामक शीर्षक से नागरिकों के साथ बातचीत के लिए नागरिक के अधिकार-पत्र को एक दस्तावेज के रूप में अधिक प्रभावी बनाने की सिफारिश की है। इस सिफारिश को भारत सरकार ने स्वीकार कर लिया है। सभी केंद्रीय मंत्रालयों/विभागों से अनुरोध किया गया है कि वे नागरिकों के साथ बातचीत करने के एक उपकरण के

रूप में उन्हें अधिक प्रभावी बनाने के लिए अपने नागरिक अधिकार-पत्र की समीक्षा करें।

5. पांचवीं पहल 12 महीने के पायलट प्रोजेक्ट के जरिए राज्य विभाग अधिकार-पत्र बनाना है। वर्ष 2008 से वर्ष 2010 तक, सेवोत्तम पायलट परियोजनाओं को चार राज्यों में चार अलग-अलग क्षेत्रों में लागू किया गया था। ये परियोजनाएँ हिमाचल प्रदेश, कर्नाटक, मध्य प्रदेश और ओडिशा में थीं।
   - (i) हिमाचल प्रदेश में नगर निगम, शिमला की जल आपूर्ति और स्वच्छता इकाई द्वारा वितरित सेवाओं के लिए गुणवत्ता मानकों के साथ एक नया नागरिक अधिकार-पत्र तैयार किया गया है।
   - (ii) कर्नाटक में महिला और बाल विकास विभाग (Department of Women and Child Development) के लिए एक नया नागरिक अधिकार-पत्र बनाया गया है, जो कि ग्रामीण स्तर पर आंगनवाड़ी केंद्रों के माध्यम से एकीकृत बाल विकास सेवा (Integrated Child Development Services) की केंद्रीय योजना के तहत अपनी सेवा प्रदान करता है।
   - (iii) मध्य प्रदेश में सार्वजनिक स्वास्थ्य और परिवार कल्याण (Public Health and Family Welfare) विभाग के लिए सेवा मानक के साथ एक नागरिक अधिकार-पत्र बनाया गया है।
   - (iv) ओडिशा में खाद्य, आपूर्ति और उपभोक्ता कल्याण (Food, Supplies and Consumer Welfare) विभाग के लिए नागरिक अधिकार-पत्र बनाया गया है। इसमें ग्राम पंचायत स्तर तक इसकी सार्वजनिक वितरण प्रणाली सेवा वितरण इकाइयाँ शामिल हैं।

नागरिक अधिकार-पत्रों का मूल्यांकन (Evaluation of Citizens' Charters)

वर्ष 2002-03 के दौरान प्रशासनिक सुधार और लोक शिकायत विभाग द्वारा एक पेशेवर एजेन्सी को नागरिक अधिकार-पत्रों के बाह्य एवं आन्तरिक मूल्यांकन हेतु एक अधिक प्रभावी, वस्तुनिष्ठ और परिमाणनीय तरीके से एक मानकीकृत मॉडल विकसित करने का कार्य सौंपा गया। इस एजेंसी ने पाँच केन्द्रीय सरकारी संगठनों तथा आन्ध्र प्रदेश, महाराष्ट्र और उत्तर प्रदेश के 15 विभागों/संगठनों में अधिकार-पत्रों के क्रियान्वयन का मूल्यांकन भी किया था। इस एजेंसी द्वारा किये गये मूल्यांकन के निष्कर्ष इस प्रकार थे:

1. अधिकांश मामलों में अधिकार-पत्रों का निर्माण परामर्शी प्रक्रिया के माध्यम से नहीं किया गया था।
2. वृहद् स्तर पर सेवा प्रदाता अधिकार-पत्र के दर्शन, लक्ष्यों और मुख्य विशेषताओं से परिचित नहीं होते हैं।
3. मूल्यांकित किये जाने वाले किसी भी विभाग में अधिकार-पत्रों को पर्याप्त प्रचार-प्रसार नहीं दिया गया था। अधिकांश विभागों में अधिकार-पत्र क्रियान्वयन के आरम्भिक या मध्यवर्ती चरण में ही थे।
4. नागरिक अधिकार-पत्रों के प्रति जागरूकता पैदा करने के लिए या अधिकार-पत्र के विभिन्न घटकों पर स्टाफ के अभिमुखन के लिए कोई कोष निर्दिष्ट नहीं किया गया था।

नागरिक अधिकार-पत्रों के मूल्यांकन पर प्रशासनिक सुधार एवं लोक शिकायत विभाग द्वारा प्रायोजित एक अध्ययन 2008 में भारतीय लोक प्रशासन संस्थान द्वारा पूरा किया गया। इस अध्ययन के निष्कर्ष इस प्रकार हैं:

1. अभी तक सभी मंत्रालयों/विभागों द्वारा नागरिक अधिकार-पत्रों को अंगीकृत नहीं किया गया है।
2. कई मामलों में मानकों और प्रतिबद्धताओं के सम्बन्ध में परिष्करण का अभाव है।
3. संगठनों द्वारा अपने अधिकार-पत्रों के आज्ञापालन में न के बराबर रुचि दर्शायी गयी है।
4. संचार के मोर्चे पर अधिकार-पत्र कार्यक्रम खराब योजना और प्रचार-प्रसार हेतु सीमित संसाधनों के कारण गति नहीं पकड़ सका है।
5. कुछ मामलों में अधिकार-पत्र मात्र एक बार किया जाने वाला कार्य बन चुके हैं जो कि समय के साथ जड़वत् हो जाता है।
6. उत्तरदायित्व एवं समीक्षातंत्र का सामान्य अभाव था।
7. अधिकार-पत्रों में प्रभावी निष्पादन के लिए भागीदारी पूर्ण तंत्र का अभाव था।

अनुशंसाएं (Recommendations)

नागरिकों के अधिकार-पत्र के निर्माण और कार्यान्वयन में सुधार के लिए निम्नलिखित अनुशंसाएं की जाती हैं:

1. अधिकार-पत्र के निर्माण के हर चरण में नागरिकों और कर्मचारियों की सलाह ली जानी चाहिए।
2. अधिकार-पत्र की मुख्य विशेषताओं और लक्ष्यों/उद्देश्यों के बारे में कर्मचारियों का अभिविन्यास; विभाग का लक्ष्य और उद्देश्य कथन; और टीम निर्मित करना, समस्या का समाधान, शिकायतों का समाधान करना और संचार कौशल जैसे कौशल।
3. उपभोक्ता शिकायतों और निवारण पर एक डेटाबेस के निर्माण की आवश्यकता।
4. प्रिंट मीडिया, पोस्टर, बैनर, लीफलेट, हैंडबिल, ब्रोशर, स्थानीय समाचार-पत्र, आदि के माध्यम से और इलेक्ट्रॉनिक मीडिया के माध्यम से अधिकार-पत्र के व्यापक प्रचार की आवश्यकता।
5. जागरूकता बढ़ाना और कर्मचारियों के अभिविन्यास के लिए विशिष्ट बजटों का निर्माण करना।
6. इस क्षेत्र में सर्वोत्तम प्रथाओं की प्रतिकृति करना

सेवोत्तम मॉडल (Sevottam Model)

नागरिक अधिकार-पत्र सेवोत्तम मॉडल के तीन मॉड्यूलों या घटकों में से एक है। दो अन्य घटक लोक सेवा उपचार और सेवा आपूर्ति क्षमता रहे हैं। सेवोत्तम एक सेवा आपूर्ति उत्कृष्टता मॉडल है, जो कि लोक सेवा आपूर्ति में उत्कृष्टता लाने के लिए एक मूल्यांकन-उन्नयन ढाँचा उपलब्ध कराता है। सेवोत्तम शब्द 'सेवा' और 'उत्तम' दो हिन्दी शब्दों से मिलकर बना है, जिनका अर्थ क्रमश: सेवा और उत्कृष्टता है।

मॉडल का प्रथम घटक प्रभावी नागरिक अधिकार-पत्र क्रियान्वयन की माँग करता है, जिसके द्वारा नागरिक आगतों को प्राप्त करने के लिए एक चैनल खोल दिया जाये, जिससे संगठन सेवा आपूर्ति की जरूरतों को निर्धारित कर सकें। नागरिक अधिकार-पत्र सार्वजनिक रूप से नागरिकों के लिए सूचनायें घोषित करता है ताकि उन्हें बेहतर ढंग से सूचित किया जा सके और बेहतर सेवाओं की माँग के लिए उन्हें सशक्त बनाया जा सके।

मॉडल का दूसरा घटक लोक शिकायत उपचार एक अच्छे शिकायत उपचार तंत्र की माँग करता है जो कि इस तरीके से चलाया जाना चाहिए कि नागरिक इस बारे में अधिक संतुष्ट हो सकें कि संगठन अन्तिम निर्णय की परवाह किये बिना शिकायतों और प्रतिवेदनों के प्रति किस प्रकार की अनुक्रिया करता है।

मॉडल का तीसरा घटक सेवा आपूर्ति क्षमता यह स्पष्ट करता है कि एक संगठन सेवा आपूर्ति में उत्कृष्ट निष्पादन तभी हासिल कर सकता है जब वह अच्छी सेवा आपूर्ति के लिए मूल अवयवों को प्रभावी रूप से प्रबन्धित करे और सेवा आपूर्ति को निरन्तर सुधारने के लिए अपनी स्वयं की क्षमता निर्मित करे।

प्रत्येक घटक का मूल्यांकन तीन कसौटियों के आधार पर किया जाता है। प्रत्येक कसौटी में कई निर्दिष्ट तत्व और प्रश्न होते हैं। मूल्यांकन कसौटी की यह संरचना नीचे **तालिका 76.1** में दर्शायी गयी है।

तालिका 76.1 सेवोत्तम मॉडल: मूल्यांकन कसौटियाँ

घटक (३)	**कसौटियाँ (९)**	**मूल्यांकन हेतु तत्व (३३)**
नागरिक अधिकार-पत्र	क्रियान्वयन	5
	निगरानी	3
	समीक्षा	3
लोक शिकायत उपचार	पावती	3
	उपचार	3
	रोकथाम	5
सेवा आपूर्ति क्षमता	उपभोक्ता	5
	कर्मचारी	3
	आधार संरचना	3

उत्तरदायित्व और नियंत्रण (Accountability and Control)

77

उत्तरदायित्व और नियंत्रण की अवधारणाएं (Concepts of Accountability and Control)

किसी भी लोकतांत्रिक सरकार में उत्तरदायित्व और नियंत्रण लोक प्रशासन के आवश्यक पहलू हैं:

1. **उत्तरदायित्व (Accountability):** अंग्रेजी भाषा में 1583 में 'अकॉउंटेब्ले' शब्द प्रयोग में आया। *ऑक्सफोर्ड डिक्शनरी* ने इसे जिम्मेदार (के लिए, के प्रति) के रूप में परिभाषित किया है। इसी तरह, *वेबस्टर शब्दकोश* ने इसे 'किसी लेखा-जोखा को प्रस्तुत करने के लिए दायित्व' के रूप में परिभाषित किया है।

इस प्रकार, उत्तरदायित्व की अवधारणा प्रशासकों के दायित्व से सम्बंधित है। यह दायित्व है-अपने कार्य-प्रदर्शन का संतोषजनक हिसाब देना और इस चीज का हिसाब देना कि कैसे उन्होंने उन्हें दिए गए अधिकारों का इस्तेमाल किया है। इसका मुख्य उद्देश्य गलत और मनमाने प्रशासकीय कार्य-कलापों पर नकेल कसना और प्रशासनिक प्रक्रिया की दक्षता और प्रभावशीलता को बढ़ाना है।

'प्रशासनिक उत्तरदायित्व' और 'प्रशासनिक जिम्मेदारी', इन दो शब्दों का बहुधा परस्पर एक ही अर्थ में इस्तेमाल किया जाता है। एल.डी. व्हाइट के अनुसार, ''प्रशासनिक ज़िम्मेदारियों में संवैधानिक, वैधानिक, प्रशासनिक और न्यायिक नियम और पूर्व-उदाहरण और इसमें वे सुस्थापित अभ्यास शामिल हैं जिनके द्वारा लोक अधिकारियों को उनके आधिकारिक कार्यों के लिए जवाबदेह ठहराया जा सकता है। लेकिन फिफ्नर उत्तरदायित्व और जिम्मेदारी के बीच अंतर बतलाता है। उनके अनुसार, उत्तरदायित्व जिम्मेदारी के औपचारिक और विशिष्ट स्थान को संदर्भित करती है, जबकि जिम्मेदारी में एक उच्च व्यक्तिगत, नैतिक गुणवत्ता होती है और यह जरूरी नहीं कि औपचारिक स्थिति या शक्ति से संबंधित हो। वे आगे कहते हैं कि, जिम्मेदारी लोक सेवक की जनता की इच्छा के प्रति संवेदनशीलता और अनुक्रियाशीलता को संदर्भित करती है, जबकि उत्तरदायित्व लोक सेवक की जिम्मेदारी के प्रवर्तन के लिए इस्तेमाल किये गए विशिष्ट तरीकों और प्रक्रियाओं को दर्शाती है। इसलिए, जिम्मेदारी व्यक्तिपरक होती है और भीतर से काम करती है, जबकि उत्तरदायित्व उद्देश्यपूर्ण है और यह भीतरी विषय नहीं है।

संवैधानिक और लोकतांत्रिक प्रणाली में, प्रशासनिक जिम्मेदारी को केवल लोक सेवकों की व्यक्तिगत जिम्मेदारी पर नहीं छोड़ा जा सकता है। इसका एक औपचारिक कानूनी और प्रक्रियात्मक आधार होना जरूरी है। जिम्मेदारी को लागू करने के इस आधार को उत्तरदायित्व के रूप में जाना जाता है।

2. **नियंत्रण (Control):** प्रशासनिक उत्तरदायित्व को विभिन्न नियंत्रणों के माध्यम से प्रवर्तित किया जाता है। अन्य शब्दों में, इसमें प्रशासन पर कड़ी नजर और नियंत्रण रखने के लिए नियंत्रण तंत्र का निर्माण करना शामिल है। इस प्रकार, लोक सेवकों को विभिन्न अभिकरणों के प्रति जवाबदेह बनाया जाता है जो उन पर नियंत्रण रखते हैं। नियंत्रण का उद्देश्य यह सुनिश्चित करना है कि लोक सेवक कानूनों, औपचारिक नियमों और विनियमों और स्थापित प्रक्रियाओं और परम्पराओं के अनुसार अपनी शक्तियों और स्व-विवेक का प्रयोग करें।

निम्नलिखित दो कथनों में प्रशासन पर नियंत्रण की आवश्यकता को बहुत अच्छी तरह से व्यक्त किया गया है:

1. **एल.डी. व्हाइट:** ''लोकतांत्रिक समाज में सत्ता को नियंत्रण की आवश्यकता होती है, और शक्ति जितनी अधिक होती है, नियंत्रण की आवश्यकता भी उतनी ही अधिक होती है। दृष्टिगत उद्देश्यों के लिए पर्याप्त शक्ति प्रदान करना और सत्ता को पंगु बनाये बिना पर्याप्त नियंत्रण रख पाना लोकप्रिय सरकारों के लिए चिर यक्ष प्रश्न और दुविधा रही है।''
2. **लॉर्ड एक्टन:** ''सत्ता भ्रष्ट करती है और पूर्ण शक्ति पूरी तरह से भ्रष्ट कर देती है।''

इस प्रकार, नौकरशाही शक्ति के खतरों पर नकेल कसने और लोक सेवकों द्वारा शक्ति के निरंकुश इस्तेमाल को रोकने के

लिए प्रशासन पर नियंत्रण अत्यावश्यक है। प्रशासनिक नियंत्रण के साधन ऐसे होने चाहिए जो लोक सेवकों की शक्ति और स्व-विवेक पर अंकुश लगाए बिना लोगों के अधिकारों और स्वतंत्रता की रक्षा करें।

मोटे तौर पर, दो प्रकार के प्रशासनिक नियंत्रण होते हैं-आंतरिक नियंत्रण और बाहरी नियंत्रण। आंतरिक नियंत्रण प्रशासनिक मशीनरी के भीतर से संचालित होता है। यह प्रशासनिक मशीनरी में ही सन्निहित होता है। यह स्वचालित रूप से, तत्काल, और लगातार मशीनरी की संचलन के साथ-साथ काम करता है। दूसरी ओर, बाहरी नियंत्रण प्रशासनिक मशीनरी के बाहर से संचालित होता है। यह प्रशासनिक मशीनरी के बाहर स्थापित होता है। इसे किसी देश के संविधान द्वारा निर्धारित किया जाता है।

प्रशासन पर आंतरिक नियंत्रण की तकनीकें हैं:

1. बजट प्रणाली (Budgetary system)
2. कार्मिक प्रबंधन (Personnel management)
3. दक्षता सर्वेक्षण (Efficiency survey)
4. पेशेवर मानक (Professional standards)
5. प्रशासनिक नेतृत्व (Administrative leadership)
6. पदानुक्रमित व्यवस्था (Hierarchical order)
7. पूछताछ और अन्वेषण (Enquiries and investigations)
8. वार्षिक गोपनीय रिपोर्ट (Annual Confidential Report)

प्रशासन पर बाहरी नियंत्रण निम्नलिखित चार एजेंसियों द्वारा प्रयोग किया जाता है:

1. विधानमंडल (Legislature)
2. कार्यकारिणी (Executive)
3. न्यायपालिका (Judiciary)
4. नागरिक (Citizen)

विधायी नियंत्रण (Legislative Control)

प्रत्येक प्रतिनिधि सरकार में, चाहे वो संसदीय हो अथवा अध्यक्षात्मक, सरकार का सर्वोच्च अंग विधायिका होती है क्योंकि इसका गठन जन-प्रतिनिधियों द्वारा होता है। यह जनता की इच्छा को प्रतिबिंबित करती है और जनता के संरक्षक के रूप में काम करती है; अत: यह प्रशासन को उत्तरदायी और दायित्वपूर्ण बनाने के लिए उस पर नियंत्रण रखती है। परंतु, प्रशासन पर विधायी नियंत्रण की प्रणाली भारत और ग्रेट ब्रिटेन जैसी संसदीय सरकारों में उन सरकारों से भिन्न होती है, जिनमें राष्ट्रपति प्रणाली होती है-जैसे कि संयुक्त राज्य अमेरिका।

संसदीय प्रणाली (Parliamentary System)

भारत की सरकार की संसदीय प्रणाली सामूहिक उत्तरदायित्व के सिद्धांत पर आधारित है। इसका अर्थ है कि मंत्री अपनी नीतियों और कार्यों के लिए संसद पार्लियामेंट के लिए जिम्मेदार होते हैं। इस तरह, ऐसी प्रणाली के तहत प्रशासन पर विधायी नियंत्रण केवल अप्रत्यक्ष होता है, अर्थात् मंत्रियों के माध्यम से। अधिकारियों (प्रशासक) को सीधे संसद के प्रति जिम्मेदार नहीं ठहराया जा सकता है। वे मंत्रालय पद की जिम्मेदारी के सिद्धांत के पीछे छिपे होते हैं और अनाम रहते हैं। अन्य शब्दों में, यह मंत्री है जो अपने मंत्रालय/विभाग के अधीन काम करने वाले प्रशासकों के कार्यों की जिम्मेदारी लेता है।

प्रशासन पर संसद अपना नियंत्रण कार्यपालिका के द्वारा निम्न उपायों से लागू करती है:

1. प्रश्नों, बहसों, प्रतिवेदनों और प्रस्तावों के द्वारा सरकार की नीतियों और कार्यों पर सामान्य नियंत्रण।
2. बजट और लेखा परीक्षा द्वारा वित्तीय नियंत्रण।
3. समितियों के माध्यम से वित्तीय, प्रशासनिक एवं विधायी मामलों पर विस्तृत नियंत्रण।

संसदीय नियंत्रण के विभिन्न उपकरण, तकनीकें तथा पद्धतियां निम्न हैं:

1. **विधि निर्माण (Law Making):** यह संसद का प्रमुख कार्य है। कानून बनाने (अधिनियम) या परिवर्तित करने (संशोधन) या निरस्त करने की प्रक्रिया के द्वारा संसद सरकार की नीतियों का निर्धारण करती है। प्रशासन के संगठन, संरचना, अधिकारों, कार्यों तथा कार्यविधियों का निर्धारण और अनुकूलन संसदीय कानून करते हैं। परंतु, संसद विधि-निर्माण प्रक्रिया के द्वारा जो नियंत्रण लागू करती है, वे व्यापक और आम होते हैं। संसद कानूनों के ढांचे का निर्माण करती है और मूल ढाँचे के अंतर्गत विस्तृत नियमों तथा विनियमों को तैयार करने का अधिकार कार्यपालिका को सौंप देती है। इसको प्रदत्त विधि निर्माण या कार्यकारी विधि

निर्माण या अधीनस्थ विधि निर्माण कहा जाता है। ऐसे नियमों और विनियमों को परीक्षण के लिए संसद के सामने रखा जाता है।

2. **प्रश्न काल (संसदीय प्रश्न) [Question Hour (Interpellations)]:** संसद की बैठक का पहला घंटा प्रश्न काल के लिए रखा जाता है। इस समयावधि में सांसद प्रश्न पूछते हैं और आमतौर पर मंत्रीगण उत्तर देते हैं।

प्रश्न, प्रशासन पर विधायी नियंत्रण के प्रभावशाली उपकरण हैं और वे सरकारी कर्मचारियों को चौकन्ना और गतिशील रखते हैं। ब्रिटेन के पूर्व प्रधानमंत्री अर्ल एटली ने कहा था, "मैं हमेशा यह मानता हूँ कि सदन का प्रश्न काल वास्तविक जनतंत्र का एक सर्वश्रेष्ठ उदाहरण है। मंत्री से पूछे गए और उससे भी अधिक सार्वजनिक तौर पर सदन में पूछे गए प्रश्नों का काम लोक सेवकों को सावधान रखना है।" इसी प्रकार हग गेट्स्केल का मत है, "जिस किसी ने लोक सेवा विभागों में काम किया है, वह मुझसे सहमत होगा कि संसद में पूछे जाने वाले प्रश्नों का डर ही वह प्रमुख चीज है जो अभिलेखों को रखने के मामले में (जिसे लोक सेवा से बाहर अनावश्यक समझा जाता है) लोक सेवकों को अत्यधिक सतर्क, दब्बू और सावधान बनाता है।''

3. **शून्य काल (Zero Hour):** प्रश्न काल के विपरीत शून्य काल का कोई उल्लेख कार्यविधि के नियमों में नहीं मिलता। अत: यह सांसदों को उपलब्ध एक औपचारिक युक्ति है, जिससे वे अति आवश्यक सार्वजनिक महत्व के विभिन्न मामलों को उठा सकते हैं। शून्य काल प्रश्न काल के तत्काल बाद शुरू हो जाता है और दिन की कार्यसूची के शुरू होने तक चलता है। दूसरे शब्दों में, प्रश्न काल और कार्यसूची के बीच के काल को शून्य काल कहते हैं। संसदीय कार्यविधि में यह भारतीय नव-प्रवर्तन है, जो 1962 से चला आ रहा है।

4. **आधे घंटे की बहस (Half-an-Hour Discussion):** यह पर्याप्त सार्वजनिक महत्व के उस मामले पर बहस शुरू करने के लिए है जिस पर पहले ही काफी बहस हो चुकी है और जिसके उत्तर को तथ्यों के आधार पर स्पष्टीकरण की जरूरत है। इस तरह की बहसों के लिए अध्यक्ष सप्ताह में तीन दिन दे सकता है। सदन के समक्ष कोई विधिवत् प्रस्ताव नहीं लाया जाता या मतदान नहीं होता है।

5. **अल्कालिक बहस (Short-Duration Discussion):** इसको दो घंटे की बहस भी कहा जाता है क्योंकि इस प्रकार की बहस के लिए दो घंटे से अधिक का समय नहीं दिया जाना चाहिए। इस बहस को सांसद तत्काल सार्वजनिक महत्व के किसी मामले को उठाने के लिए उठा सकते हैं। इस तरह की बहसों के लिए अध्यक्ष सप्ताह में दो दिन का समय आवंटित कर सकता है। इस मामले में संसद में न तो कोई औपचारिक प्रस्ताव लाया जाता है और न ही मतदान होता है। यह युक्ति 1953 से चली आ रही है।

6. **अन्य बहसें (Other Discussions):** ऊपर उल्लिखित बहसों के साथ-साथ सांसदों को अनेक अन्य अवसर भी मिलते हैं, जिनमें वे प्रशासन की चूकों और विफलताओं पर बयान लेने और आलोचना करने के लिए बहसें कर सकते हैं। ये अवसर निम्न हैं:

(i) राष्ट्रपति का उद्घाटन भाषण (अर्थात् धन्यवाद प्रस्ताव)

(ii) कानून बनाने के लिए अनेक विधेयकों को प्रस्तुत करते समय (अर्थात् विधान पर बहस)

(iii) सामान्य सार्वजनिक हित के मामलों पर प्रस्ताव प्रस्तुत एवं पारित करते समय

7. **ध्यानाकर्षण (Calling Attention):** अत्यावश्यक सार्वजनिक महत्व के किसी मामले पर मंत्री का ध्यान खींचने के लिए यह नोटिस संसद में सांसद द्वारा प्रस्तुत किया जाता है। इसका प्रयोजन उस मामले पर मंत्री से अधिकारिक वक्तव्य लेना भी होता है। शून्य काल की तरह संसदीय कार्यविधि में यह भी भारत की देन है, जो 1954 से अस्तित्व में है। परंतु शून्य काल के विपरीत इसका उल्लेख कार्यविधि के नियमों में है।

8. **स्थगन प्रस्ताव (Adjournment Motion):** संसद में सार्वजनिक हित के अत्यावश्यक मामले पर सदन का ध्यान आकर्षित करने के लिए इसको प्रस्तुत किया जाता है। इसको स्वीकार किए जाने के लिए 50 सदस्यों के समर्थन की आवश्यकता होती है। चूँकि यह सदन के सामान्य काम में बाधा डालता है अत: इसको असाधारण उपाय कहा जाता है। इसमें सरकार की निंदा का तत्व होता है अत: इस युक्ति का प्रयोग करने की अनुमति राज्यसभा को नहीं है।

9. **अविश्वास प्रस्ताव (No Confidence Motion):** संविधान के अनुच्छेद 75 में कहा गया है कि मंत्रिपरिषद सामूहिक रूप से लोकसभा के प्रति उत्तरदायी होगी। इसका अर्थ है कि मंत्रिमंडल पद पर तब तक बना रहता है जब तक इससे लोकसभा के सदस्यों का बहुमत प्राप्त होता है। दूसरे शब्दों में, अविश्वास प्रस्ताव पारित करके लोकसभा मंत्रिमंडल को सत्ता से हटा सकती है। इस प्रस्ताव को पुन: स्थापित करने हेतु स्वीकृति के लिए 50 सदस्यों का अनुमोदन अनिवार्य है।

10. **बजट प्रणाली (Budgetary System):** प्रशासन पर संसदीय नियंत्रण रखने के लिए यह सबसे महत्वपूर्ण तरीका है। बजट अधिनियम के द्वारा संसद सरकार के राजस्व और खर्चों पर नियंत्रण रखती है। यह सरकारी कोष एकत्र करने तथा खर्च करने के लिए स्वीकृति प्रदान करने की सर्वोच्च प्राधिकारी है। बजट पारित करने की प्रक्रिया के दौरान यह सरकारी नीतियों और कार्यों की आलोचना कर सकती है और प्रशासन की कमियों तथा विफलताओं को इंगित कर सकती है।

विनियोग और वित्त विधेयकों के पारित होने तक कार्यपालिका न तो खर्चे कर सकती है और ना ही करों की वसूली।

11. **लेखा परीक्षण पद्धति (Audit System):** यह प्रशासन पर संसदीय नियंत्रण का एक महत्वपूर्ण उपकरण है। संसद की ओर से सरकारी हिसाब-किताब की लेखा परीक्षा भारत का लेखा नियंत्रक और महालेखा परीक्षक (CAG) करता है और वह सरकार के वित्तीय लेन-देन के संबंध में वार्षिक 'लेखा-परीक्षा रिपोर्ट' प्रस्तुत करता है। सीएजी की रिपोर्ट सरकार के अनुचित, गैर कानूनी, गैर-बुद्धिमत्तापूर्ण, गैर-लाभकर और अनियमित खर्चों को सामने लाती है। सीएजी संसद का प्रतिनिधि है और केवल इसी के प्रति उत्तरदायी है। इस प्रकार संसद के प्रति सरकार की वित्तीय जवाबदेही को सीएजी की लेखा-परीक्षा के द्वारा सुनिश्चित किया जाता है।

12. **लोक लेखा समिति (Public Accounts Committee):** समिति का काम सीएजी की वार्षिक लेखा परीक्षा की जाँच करना है, जिसको संसद में राष्ट्रपति द्वारा रखा जाता है। इस कार्य में समिति की सहायता सीएजी करता है।

नियंत्रक एवं महालेखा परीक्षक तीन जांच रिपोर्टें राष्ट्रपति को भेजता है, जिनमे नाम हैं-विनियोग लेखाओं संबंधी लेखा परीक्षा रिपोर्ट, वित्त लेखाओं संबंधी लेखा परीक्षा रिपोर्ट और सरकारी उपक्रमों संबंधी लेखा परीक्षा रिपोर्ट।

समिति तकनीकी अनियमितताओं की खोज के लिए न केवल कानूनी और औपचारिक दृष्टिकोण से, बल्कि अर्थव्यवस्था, विवेक, ज्ञान और औचित्य के दृष्टिकोण से सार्वजनिक व्यय की जांच करती है ताकि अपशिष्ट हानि, भ्रष्टाचार, अपव्यय, अक्षमता और नगण्य खर्च के मामलों को सामने लाया जा सके।

13. **आकलन समिति (Estimates Committee):** समिति का काम बजट में सम्मिलित अनुमानों की जाँच करना और सार्वजनिक खर्चों में 'मितव्ययता' के उपाय सुझाना है। इसीलिए इसको 'सतत् मितव्ययता समिति' कहा जाता है।

14. **सार्वजनिक उपक्रम समिति (Committee on Public Undertakings):** सार्वजनिक उपक्रम समिति के कार्य निम्नलिखित हैं:

(i) सार्वजनिक उपक्रमों की रिपोर्टों और उनके लेखों की जाँच करना।
(ii) सार्वजनिक उपक्रमों पर लेखानियंता एवं महालेखा-परीक्षक की रिपोर्टों (अगर कोई है) की जाँच करना।
(iii) सार्वजनिक उपक्रमों की स्वायत्तता और कार्यकुशलता के संदर्भ में यह जाँच करना कि क्या सार्वजनिक उपक्रमों को व्यापार के विवेकपूर्ण सिद्धांतों और बुद्धिमत्तापूर्ण वाणिज्यिक आचरणों के अनुसार चलाया जा सकता है।

15. **अधीनस्थ विधायन समिति (Committee on Subordinate Legislation):** समिति का काम जाँच करना और लोकसभा को यह रिपोर्ट करना है कि नियम, उप-नियम, विनियम तथा परिनियम इत्यादि बनाने के जो अधिकार कार्यपालिका को संविधान द्वारा दिए गए अथवा संसद द्वारा सौंपे गए हैं, उनका प्रयोग इसके (कार्यपालिका) द्वारा उचित ढंग से किया जा रहा है अथवा नहीं।

16. **सरकारी आश्वासनों पर समिति (Committee on Government Assurances):** समय-समय पर लोकसभा सदन में मंत्रियों द्वारा दिए गए आश्वासनों, वादों, उपक्रमों आदि की जांच करना इस समिति का कार्य है।

(i) आश्वासन, वादे और उपक्रम कहाँ तक कार्यान्वित हुए हैं
(ii) क्या यह कार्यान्वयन उद्देश्य के लिए न्यूनतम समय के भीतर हुआ है

17. **विभागीय स्थायी समिति (Departmental Standing Committees):** स्थायी समितियों का मुख्य उद्देश्य संसद के प्रति कार्यपालिका की अधिक जवाबदेही, विशेषत: वित्तीय जवाबदेही, को सुनिश्चित करना है। ये बजट पर बहस को अधिक प्रभावी बनाने में संसद की सहायता भी करती हैं।

24 स्थायी समितियों के अधिकार क्षेत्र में केन्द्र सरकार के सभी मंत्रालय और विभाग आते हैं।

समितियों में से प्रत्येक के कार्य निम्नलिखित हैं:

(a) संबद्ध मंत्रालय/विभाग की अनुदान की माँगों पर विचार और उस पर सदनों में रिपोर्ट प्रस्तुत करना।

रिपोर्ट में किसी भी कटौती प्रस्ताव का सुझाव नहीं होगा।

(b) संबद्ध मंत्रालयों/विभागों से संबंधित विधेयकों की जाँच करना और उस पर रिपोर्ट तैयार करना।

(c) मंत्रालयों/विभागों की वार्षिक रिपोर्टों पर विचार करना और उन पर रिपोर्ट तैयार करना।

(d) सदनों में प्रस्तुत किए गए राष्ट्रीय दीर्घकालीन मूल प्रलेखों पर विचार करना तथा उन पर रिपोर्ट तैयार करना।

राष्ट्रपति प्रणाली
(Presidential System)

सरकार की राष्ट्रपति प्रणाली (संयुक्त राज्य अमेरिका) में प्रशासन पर विधायी नियंत्रण संसदीय प्रणाली (भारत और ब्रिटेन) में पाई जाने वाली नियंत्रण प्रणाली से अलग होता है। इसलिए, ऊपर वर्णित विधायी नियंत्रण की अधिकांश तकनीकें/प्रविधियां संयुक्त राज्य अमेरिका में प्रचलित नहीं हैं। इस तरह के अंतर का कारण 'शक्ति की पृथक्ता के सिद्धांत' में निहित है, जो कि संयुक्त राज्य अमेरिका में प्रचलित अध्यक्षीय सरकार का आधार है। तदनुसार, सरकार के कार्यकारी और विधायी अंग एक-दूसरे से अलग होते हैं, और एक-दूसरे से स्वतंत्र रहते हैं। कार्यपालिका (जिसमें राष्ट्राध्यक्ष और उसके सचिव शामिल हैं) न तो विधानमंडल में बैठती है (जिसे संयुक्त राज्य अमेरिका में कांग्रेस कहा जाता है) और न ही अपनी नीतियों और कार्यों के लिए इसके प्रति जिम्मेदार होती है। संयुक्त राज्य अमेरिका के राष्ट्रपति को चार साल का निश्चित कार्यकाल मिलता है और सामान्य परिस्थितियों में कार्यकाल के समापन से पहले उसे हटाया नहीं जा सकता है। राष्ट्रपति को अपने पद पर बने रहने के लिए कांग्रेस (जिसमें प्रतिनिधि सभा और सीनेट शामिल हैं) में बहुमत का समर्थन मिलना आवश्यक नहीं होता। वास्तव में, राष्ट्रपति और उनके सचिव कांग्रेस के सदस्य नहीं होते हैं और इसकी कार्यवाही में भाग नहीं लेते। इसलिए, प्रश्न या स्थगन प्रस्ताव या अविश्वास प्रस्ताव या निंदा प्रस्ताव के माध्यम से कार्यकारी पर कांग्रेस का नियंत्रण संभव नहीं है। ऐसी परिस्थितियों में, संयुक्त राज्य अमेरिका में कांग्रेस निम्नलिखित उपकरणों/साधनों के माध्यम से प्रशासन पर नियंत्रण रखती है:

1. कांग्रेस कार्यकारी विभाग, आयोग, बोर्ड और अन्य प्रशासनिक एजेंसियां बनाती है। यह उनकी संरचना, संगठन, शक्तियों और कार्यों को भी निर्धारित करता है। वास्तव में, स्वतंत्र नियामक आयोग सीधे कांग्रेस को रिपोर्ट करते हैं क्योंकि उन्हें राष्ट्रपति के नियंत्रण से बाहर रखा जाता है।
2. कांग्रेस प्रशासनिक विभागों और एजेंसियों की कार्य प्रणाली की जांच करने और आलोचना करने के लिए समितियों की नियुक्ति करती है। कांग्रेस की इस शक्ति को 'विधायी अन्वेषण' की शक्ति के रूप में जाना जाता है।
3. कांग्रेस लोक नीतियों, विधियों और प्रक्रियाओं को लागू करने के लिए कानूनों को लागू करती है या मौजूदा कानूनों को संशोधित और निरस्त करती है।
4. राष्ट्रपति के निदेश के तहत बजट और प्रबंधन कार्यालय द्वारा तैयार संघीय बजट को कांग्रेस मंजूरी देती है। राष्ट्रपति द्वारा कांग्रेस को प्रस्तुत किये गए बजट को उसकी समितियों और उप-समितियों द्वारा पूरी तरह से जांचा और संशोधित किया जाता है। यह खातों और ऑडिट रिपोर्ट की भी जांच करती है।
5. सीनेट (कांग्रेस का ऊपरी सदन) को राष्ट्रपति द्वारा निष्पादित संधियों की पुष्टि करने की शक्ति प्राप्त है।
6. सीनेट को राष्ट्रपति द्वारा की गई उच्चतर नियुक्तियों की पुष्टि करने की शक्ति भी प्राप्त है।
7. कांग्रेस के पास देशद्रोह या भ्रष्टाचार के आधार पर चार साल का कार्यकाल पूरा होने से पहले राष्ट्रपति को महाभियोग लगा कर हटा देने की शक्ति प्राप्त है।
8. कांग्रेस को अपने पिछले कार्यों या भविष्य की योजनाओं की रिपोर्ट अपनी समितियों को या स्वयं कांग्रेस को देने के लिए प्रशासकीय एजेंसियों की आवश्यकता होती है। एफ. ए. नीग्रो इसे 'डॉक्ट्रिन ऑफ को-डायरेक्टरशिप' कहते हैं, जिसका अर्थ है- प्रशासनिक निर्णय लेने में कांग्रेस की प्रत्यक्ष भागीदारी।
9. कार्यकारी विभागों को कांग्रेस को वार्षिक व विशेष रिपोर्टें जमा करवानी होती हैं। ये रिपोर्टें उनके कार्य-प्रदर्शन और समस्याओं से संबंधित होती हैं।
10. कांग्रेस के सदस्यों को उनके संबंधित निर्वाचन क्षेत्रों के नागरिकों से प्राप्त शिकायतों पर कार्रवाई के लिए प्रशासनिक अधिकारियों के साथ नियमित संपर्क बनाए रखने के लिए एक कार्यालय और कर्मचारीयों मिलते हैं। इसे 'केस वर्क' की संस्था के रूप में जाना जाता है।

11. कांग्रेस कुछ प्रशासनिक विभागों और एजेंसियों के संचलन का सीधा पर्यवेक्षण करती है। इसे 'विधायी निरीक्षण' के सिद्धांत के रूप में जाना जाता है।

इस प्रकार, संयुक्त राज्य अमेरिका में प्रशासन पर कांग्रेस का नियंत्रण प्रकृति और दायरे में सीमित और प्रतिबंधित है।

कार्यपालिका का नियंत्रण (Executive Control)

प्रशासन पर कार्यपालिका के नियंत्रण का अर्थ है–नौकरशाही की कार्यप्रणाली पर मुख्य कार्यकारी अर्थात् राजनीतिक कार्यकारी का नियंत्रण। संयुक्त राज्य अमेरिका में यह नियंत्रण राष्ट्रपति तथा उसके सचिवों द्वारा किया जाता है और भारत तथा ब्रिटेन में मंत्रिमंडल तथा अलग-अलग विभागों के मंत्रियों द्वारा।

संसदीय सरकार में मंत्रिमंडल अपनी नीतियों एवं कार्यों के लिए संसद के प्रति उत्तरदायी होता है। अपने मंत्रालय/विभाग में सही-गलत कार्यों के लिए प्रत्येक मंत्री की व्यक्तिगत जवाबदेही होती है। दूसरे शब्दों में, मंत्री पद सम्बन्धी उत्तरदायित्व संसदीय सरकार की मूलभूत विशेषता है। इसी कारण से राजनीतिक कार्यपालिका प्रशासन पर नियंत्रण लागू करती है।

सामान्य, नियम कालिक और प्रतिवेदनात्मक विधायी नियंत्रण के विपरीत कार्यकारी नियंत्रण अपनी विषय-वस्तु में अधिक परिपूर्ण, स्थायी, निरंतर, प्रेरक, दोषनिवारक और निदेशात्मक होता है।

कार्यपालिका प्रशासन अपना नियंत्रण निम्नलिखित उपायों से लागू करती है:

1. **राजनीतिक निदेशन (नीति निर्माण) [Political Direction (Policy-Making)]:** भारत में प्रशासनिक नीतियों का निर्माण मंत्रिमंडल करता है। उसके पास उनको लागू करने के संबंध में निर्देशन, निरीक्षण और समन्वय का अधिकार होता है। एक या अधिक विभागों का प्रभारी मंत्री विभागीय नीतियों को तय करता है, प्रशासकों द्वारा उनके कार्यान्वयन को निर्देशित करता है और लेखा, निरीक्षण तथा समन्वय करता है। इस प्रकार राजनीतिक दिशा-निर्देश के द्वारा मंत्री अपने मंत्रालय/मंत्रालयों अथवा विभाग/विभागों के अधीन काम करने वाली प्रशासनिक एजेंसियों के कार्यों को नियंत्रित करता है। विभागीय अधिकारी सीधे और पूरे तौर पर मंत्री के प्रति जवाबदेह होते हैं। संयुक्त राज्य अमेरिका में यही कार्य राष्ट्रपति तथा उसके सचिवों द्वारा किए जाते हैं।

2. **बजट प्रणाली (Budgetary System):** कार्यपालिका बजट के द्वारा प्रशासन पर अपना नियंत्रण लागू करती है। यह बजट तैयार करती है, उसे संसद में पारित कराती है और उसके खर्चों को पूरा करने के लिए प्रशासनिक एजेंसियों को आवश्यक धन आवंटित करती है। इस प्रकार की तमाम गतिविधियों में वित्त मंत्रालय, जो भारत सरकार का केन्द्रीय वित्तीय अभिकरण है, एक महत्वपूर्ण भूमिका अदा करता है। यह प्रशासन पर वित्तीय नियंत्रण निम्न उपायों से लागू करता है:

(i) नीतियों और कार्यक्रमों का सिद्धांत: अनुमोदन
(ii) बजट अनुमानों की पूर्वयोजना की स्वीकृति
(iii) प्रदत्त अधिकारों के अधीन खर्चे की स्वीकृति
(iv) एकीकृत वित्त सलाहकार के माध्यम से वित्तीय परामर्श उपलब्ध कराना
(v) अनुदानों का पुनर्विनियोग (एक उपशीर्ष से दूसरे में कोष का अंतरण)
(vi) आंतरिक लेखा-परीक्षा प्रणाली
(vii) व्यय करने वाले प्राधिकारियों द्वारा पालन की जाने वाली वित्त संहिता निर्धारित करना।

3. **नियुक्तियां एवं निष्कासन (कार्मिक प्रबंधन और नियंत्रण) [Appointment and Removal (Personnel Management and Control)]:** प्रशासन पर कार्यपालिका के नियंत्रण का यह सबसे प्रभावी उपाय है। कार्मिक प्रबंधन और नियंत्रण में कार्यपालिका सबसे महत्वपूर्ण भूमिका अदा करती है। इसको सर्वोच्च प्रशासकों की नियुक्ति एवं निष्कासन का अधिकार प्राप्त होता है। इस काम में भारतीय कार्यपालिका का कार्मिक एवं प्रशिक्षण विभाग, वित्त मंत्रालय और केंद्रीय लोक सेवा आयोग से सहायता मिलती है। भारत में कार्मिक एवं प्रशिक्षण विभाग प्रमुख कार्मिक एजेंसी है। विभागाध्यक्षों के चयन और नियुक्ति में सर्वोच्च स्तर पर मंत्रीगण महत्वपूर्ण भूमिका अदा करते हैं। अत: इस प्रकार की नियुक्तियों के द्वारा वे अपने विभागों के प्रशासन पर पूरा नियंत्रण रखते हैं।

संयुक्त राज्य अमेरिका में भी सर्वोच्च पदों पर नियुक्तियाँ करने के लिए राष्ट्रपति को सीनेट की स्वीकृति लेनी पड़ती है, लेकिन उनको उनके पदों से हटाने का पूरा अधिकार उसे ही होता है। कार्मिक प्रबंधन एवं नियंत्रण के मामले में अमेरिका के कार्मिक प्रबंधन कार्यालय (OPM) की महत्वपूर्ण भूमिका होती है।

4. **प्रदत्त विधि निर्माण (Delegated Legislation):** इसको कार्यकारी विधि निर्माण भी कहते हैं। प्रशासन पर नियंत्रण लागू करने के लिए कार्यपालिका के हाथों में यह एक महत्वपूर्ण अस्त्र है। संसद कानूनों की रूपरेखा तैयार करती है और छोटे मोटे विवरण भरने का अधिकार कार्यपालिका को दे देती है। अत: उन नियमों, विनियमों तथा उप-नियमों को कार्यपालिका बनाती है जिनका पालन प्रशासकों द्वारा संबंधित कानून को लागू करने में करना होता है।

5. **अध्यादेश (Ordinances):** भारतीय संविधान संसद की मध्यावधि के दौरान मुख्य कार्यकारी अर्थात् राष्ट्रपति को अध्यादेश जारी करने का अधिकार देता है। इसका उद्देश्य उस परिस्थिति से निपटना है जो तत्काल कार्यवाही की माँग करती है। संसद के अधिनियम की तरह अध्यादेश भी उतने ही आधिकारिक और प्रभावशाली होते हैं और इसलिए ये प्रशासन के कार्यों को नियंत्रित करते हैं।

6. **लोक सेवा संहिता (Civil Service Code):** कार्यपालिका ने एक लोक सेवा संहिता को तय किया है। अपनी सरकारी शक्तियों का प्रयोग करने में प्रशासकों के लिए इनका ध्यान रखना और पालन करना आवश्यक है। इसमें आचरण संबंधी नियम होते हैं जो प्रशासकों को अपने निजी स्वार्थों को पूरा करने के लिए अपनी शक्तियों का इस्तेमाल करने से रोकते हैं। भारत में ऐसे महत्वपूर्ण नियम निम्न हैं:

(a) अखिल भारतीय सेवा (आचरण) नियम, 1968
(b) केंद्रीय लोक सेवा (आचरण) नियम, 1964
(c) रेलवे सेवा (आचरण) नियम, 1966

इन नियमों का सरोकार राज्य के प्रति निष्ठा, वरिष्ठ अधिकारियों के सरकारी आदेशों के पालन, लोक सेवकों की राजनीतिक गतिविधियों, लोक सेवकों के वित्तीय लेन-देन, वैवाहिक प्रतिबंधों इत्यादि से है।

7. **स्टॉफ अभिकरण (Staff Agencies):** कार्यपालिका प्रशासन पर अपना नियंत्रण कर्मचारी एजेंसियों के माध्यम से भी लागू करती है। भारत में महत्वपूर्ण स्टॉफ एजेंसियाँ हैं–प्रशासनिक सुधार विभाग, मंत्रिमंडल सचिवालय और प्रधानमंत्री कार्यालय। मूनी का कथन है कि स्टॉफ एजेंसी "कार्यपालिका के व्यक्तित्व का विस्तार है। इसका अर्थ है-अधिक आँखें, अधिक कान और अधिक हाथ। ये सब उसकी व्यवस्थाओं को बनाने और लागू करने में उसकी सहायता करते हैं।" अत: स्टॉफ एजेंसियाँ प्रशासनिक एजेंसियों को प्रभावित करतीं हैं, उन पर अप्रत्यक्ष नियंत्रण बनाए रखती हैं और उनकी नीतियों तथा कार्यक्रमों में तालमेल बिठाने में महत्वपूर्ण भूमिका निभाती हैं।

8. **जनमत के लिए अपील (Appeal to Public Opinion):** प्रशासन प्रणाली (अर्थात् लोक सेवा या नौकरशाही) चाहे वो अमेरिकी हो, ब्रिटिश अथवा भारतीय, उसका रुझान यथास्थिति बनाए रखने वाला होता है; अत: वह परिवर्तन का विरोध करती है। यह कार्यपालिका द्वारा बनाई गईं नीतियों, योजनाओं, कार्यक्रमों तथा परियोजनाओं को सकारात्मक मस्तिष्क से नहीं लेतीं। वास्तव में, प्रशासनतंत्र के विभिन्न अंग, फ़िफ्नर और प्रेस्थस के शब्दों में, ''विधायिका और प्रभावी समूहों से गठजोड़ करके और सामान्यजन के विरुद्ध अभियानों को सोचा-समझा नपा-तुला समर्थन देकर दूसरी एजेंसियों के मुकाबले अपनी स्थिति को सुदृढ़ करने की कोशिश करते हैं। न केवल कार्यक्रम के क्षेत्र में, बल्कि समान रूप से काम करने की उन स्थापित पद्धतियों में निहित स्वार्थ विकसित कर लेते हैं जो नौकरशाही की आत्मकेंद्रित और महत्वपूर्ण स्थिति में बढ़ोतरी करती है।" अत: नौकरशाही नए कार्यक्रमों तथा पद्धतियों का प्रतिरोध करती है क्योंकि इनसे उसकी मजबूत स्थिति को खतरा पैदा होता है। ऐसी परिस्थितियों में कार्यपालिका जनमत को अपील करती है।

न्यायिक नियंत्रण (Judicial Control)

प्रशासन पर न्यायालयों के नियंत्रण को न्यायिक नियंत्रण कहते हैं। दूसरे शब्दों में, प्रशासनिक कार्यों को कानून की सीमाओं में रखने का अधिकार न्यायालय को है। इसका अर्थ यह भी है कि प्रशासकों के गलत कार्यों को, कोई भी पीड़ित नागरिक न्यायालय में चुनौती देने का अधिकार रखता है। प्रशासन पर न्यायिक नियंत्रण का मुख्य उद्देश्य प्रशासनिक कार्यों की वैधानिकता को सुनिश्चित करके नागरिकों के अधिकारों एवं उनकी स्वतंत्रताओं की रक्षा करना है। एल.डी. व्हाइट के शब्दों में, "विधायी देखरेख का उद्देश्य सिद्धांत: कार्यकारी शाखा की नीति और खर्च को नियंत्रित करना है। प्रशासनिक कार्यों पर न्यायिक नियंत्रण इन कार्यों की वैधानिकता को सुनिश्चित करने का प्रयास करता है और इस प्रकार नागरिकों के संवैधानिक तथा अन्य अधिकारों के गैर-कानूनी अतिक्रमण के विरुद्ध उनकी रक्षा करता है।"

एम.पी. शर्मा (भारत में लोक प्रशासन के प्रथम अध्यापक) ने सही ही कहा था, "न्यायालयों का काम नागरिकों की

स्वतंत्रताओं और उनके अधिकारों की रक्षा करना है; अत: उनके दृष्टिकोण से न्यायालयों द्वारा लागू नियंत्रण 'न्यायिक उपचार' कहलाते हैं। वास्तविकता यह है कि न्यायालयों के समक्ष सरकारी जवाबदेही और सरकारी ज्यादतियों या सत्ता के दुरुपयोग के विरुद्ध नागरिकों के लिए 'न्यायिक उपचार' ये दोनों एक ही सिक्के के दो पहलू हैं।''

आधार
(Basis)

प्रशासन पर न्यायिक नियंत्रण 'कानून का शासन' की अवधारणा से निकलता है जो ब्रिटिश और भारतीय, दोनों संविधानों की आधारभूत विशेषता है। ब्रिटिश संवैधानिक वकील ए.वी. डायसी अपनी विख्यात पुस्तक '*इंट्रोडक्शन टू द स्टडी ऑफ द लॉ ऑफ द कॉन्सटीट्यूशन*' में इस अवधारणा की शास्त्रीय व्याख्या प्रस्तुत करते हैं।

"कोई भी व्यक्ति दंडनीय नहीं है या किसी से भी कानूनी तौर पर जान या माल का नुकसान उठवाया नहीं जा सकता है, सिवाय इसके कि उसने देश के आम न्यायालय के सम्मुख आग कानूनी ढंग से स्थापित कानून को साफ़-साफ़ तोड़ा हो ...... कोई व्यक्ति कानून से ऊपर नहीं लेकिन .... प्रत्येक व्यक्ति चाहे उसका पद या स्थिति कुछ भी हो, सामान्य कानून के क्षेत्र के अधीन है और सामान्य न्यायालयों के अधिकार क्षेत्र के प्रति उत्तरदायी है .... कानूनी औचित्य के बिना किए गए प्रत्येक कार्य के लिए प्रधानमंत्री से लेकर एक सिपाही या कर संग्राहक उसी उत्तरदायित्व के अंतर्गत हैं जिसके कोई अन्य नागरिक.... हमारे संविधान के सामान्य सिद्धांत..... उन न्यायिक निर्णयों की देन है जो न्यायालयों के सामने लाए गए किन्हीं वादों में गैर-सरकारी लोगों के अधिकारों का निर्धारण करते हैं।"

संक्षेप में 'कानून के शासन' के तीन तत्व ये हैं:

1. स्वैच्छिक सत्ता की अनुपस्थिति अर्थात् किसी भी व्यक्ति को कानून तोड़ने के आरोप के बिना दंडित नहीं किया जा सकता है।
2. कानून के समक्ष समानता, अर्थात् सामान्य न्यायालयों द्वारा लागू देश के सामान्य कानून के प्रति सभी नागरिकों (गरीब या अमीर, ऊँचा या नीचा, सरकारी अधिकारी या सामान्य जन) की समान अधीनता।
3. व्यक्ति के अधिकारों की प्रमुखता, अर्थात् संविधान व्यक्ति के अधिकारों का स्रोत नहीं, बल्कि यह व्यक्ति के उन अधिकारों का परिणाम है जिनको न्यायालयों द्वारा परिभाषित और लागू किया गया है। अत: ग्रेट ब्रिटेन में नागरिकों के अधिकार संविधान से नहीं, बल्कि न्यायिक निर्णयों से प्रवाहित होते हैं।

क्षेत्र/विस्तार
(Scope/Grounds)

प्रशासनिक कार्यों में न्यायपालिका निम्नलिखित परिस्थितियों में हस्तक्षेप कर सकती है:

1. **अधिकार क्षेत्र का अभाव;** अर्थात् प्रशासक जब अधिकार के बिना या उसके अपने अधिकार क्षेत्र से परे या अपने अधिकार क्षेत्र की भौगोलिक सीमाओं के बाहर काम करता है। तकनीकी तौर पर इसे 'प्राधिकार की अति' (overfeasance) कहते हैं।
2. **कानून की त्रुटि;** अर्थात् प्रशासक जब कानून की गलत व्याख्या करता और इस प्रकार नागरिक पर वे बाध्यताएं थोपता है जो कानून की विषय-वस्तु द्वारा अपेक्षित नहीं है, तो तकनीकी तौर पर इसे 'प्राधिकार की भ्रांति' (misfeasance) कहते हैं।
3. **तथ्यों का पता लगाने में गलती;** अर्थात् प्रशासक जब तथ्यों की खोज करने में भूल करता है और गलत पूर्व धारणाओं के आधार पर काम करता है।
4. **प्राधिकार का दुरुपयोग;** अर्थात् प्रशासक बदले की भावना से किसी व्यक्ति को नुकसान पहुंचाने के लिए जब अपने प्राधिकार (शक्ति या विवेक) का दुरुपयोग करता है। तकनीकी तौर पर इसे 'कुप्राधिकार' (malfeasance) कहा जाता है।
5. **प्रक्रिया की त्रुटि;** अर्थात् प्रशासक जब निर्धारित प्रक्रिया का पालन नहीं करता।

उपरोक्त प्रकार के मामलों से प्रभावित नागरिक प्रशासनिक कार्यों में न्यायपालिका के हस्तक्षेप की माँग कर सकते हैं।

पद्धतियाँ
(Methods)

प्रशासन पर अपना नियंत्रण न्यायपालिका निम्नलिखित पद्धतियों से लागू करती है:

1. **न्यायिक पुरावलोकन:** यह न्यायालयों का अधिकार है। वे प्रशासनिक कार्यों की वैधानिकता तथा संवैधानिकता पर

पुनर्विचार कर सकते हैं। ऐसी जाँच के बाद अगर वे पाते हैं कि ये कार्य संविधान का उल्लंघन करते हैं, तो न्यायालयों द्वारा उनको गैर-कानूनी, असंवैधानिक और असामान्य घोषित किया जा सकता है। न्यायिक पुनर्विचार का कार्यक्षेत्र ब्रिटेन की तुलना में संयुक्त राज्य अमेरिका में कहीं अधिक व्यापक है। संवैधानिक एवं वैधानिक सीमाओं (न्यायिक पुनर्विचार के कार्यक्षेत्र के मामले में) के कारण भारत की स्थिति इन दोनों के बीच में है।

2. **वैधानिक अपील:** संसदीय विधान (अर्थात् कोई कानून या अधिनियम) में ही यह प्रावधान हो सकता है कि विशेष प्रकार के प्रशासनिक कृत्य से, पीड़ित नागरिक को न्यायालयों में अपील करने का अधिकार होगा। ऐसी स्थिति में वैधानिक अपील की जा सकती है।

3. **सरकार के विरुद्ध दावे:** राज्य की ऐसी स्थिति योग्यता का निर्धारण भारतीय संविधान की धारा 300 करती है। इसमें कहा गया है कि क्रमशः संसद तथा राज्य विधानसभाओं द्वारा बनाए गए कानूनों के प्रावधानों के अधीन केंद्र तथा राज्य सरकारों पर दावा किया जा सकता है। राज्य अनुबंध या संविदाओं के मामले में दावा किए जाने योग्य हैं। इसका अर्थ है कि अनुबंध के मामले में केंद्र सरकार और राज्य सरकारों की जिम्मेदारी उतनी ही है जितनी कि अनुबंध के सामान्य कानून के अधीन किसी व्यक्ति की। परंतु क्षति (Tort) के मामले में स्थिति भिन्न है। इसमें राज्य के राजकीय और अराजकीय कार्यों में अंतर किया जाता है। अपने कर्मचारियों के क्षति पहुँचाने वाले कार्यों के लिए सरकार पर केवल अराजकीय कार्यों के मामलों में दावा किया जा सकता है।

ब्रिटेन में राज्य (अर्थात् क्राउन) को अपने किसी भी कृत्य के लिए उत्तरदायी ठहराये जाने के संबंध में परम्परागत प्रतिरोधकता प्राप्त है। 1947 के क्राउन प्रोसीडिंगस एक्ट के द्वारा राज्य की उन्मुक्तता में कुछ कटौती की गयी। वर्तमान में कुछ अपवादों के राज्य को उसके अधिकारियों के गलत कार्यों के लिए जिम्मेदार ठहराया जा सकता है।

संयुक्त राज्य अमेरिका में, कुछ अपवादों को छोड़, क्षति (Torts) संबंधी मामलों में राज्य पर दावा नहीं किया जा सकता। अन्य शब्दों में राज्य (चाहे वो संघीय सरकार हो अथवा राज्य सरकार) कुछ मामलों के अलावा, अपने कर्मचारियों के क्षति कारक (Tortious) उत्तरदायित्व से मुक्त हैं।

फ्रांस में 'Droit Administratif' की प्रणाली लागू है। वहाँ राज्य अपने कर्मचारियों के सरकारी कामों की जिम्मेदारी लेता है और नागरिकों द्वारा उठाए गए नुकसान की भरपाई करता है। पीड़ित नागरिक राज्य पर 'प्रशासनिक न्यायालयों' में सीधे दावा कर सकते हैं और क्षतिपूर्ति पा सकते हैं।

4. **सरकारी अधिकारियों के विरुद्ध दावे:** भारत में अपने सरकारी कामों के लिए राष्ट्रपति तथा राज्यपाल वैधानिक उत्तरदायित्व से मुक्त हैं। उनके कार्यकाल के दौरान, उनके निजी कार्यों तक के मामले में उनको आपराधिक कार्यवाहियों से मुक्ति मिली हुई है। उनको न तो गिरफ्तार किया जा सकता है, न ही जेल में बंद; परंतु उनके निजी कृत्यों के मामले में कार्यकाल के दौरान दो महीने का नोटिस देकर उनके विरुद्ध दीवानी में मुकदमा दायर किया जा सकता है। इस प्रकार की मुक्ति मंत्रियों को प्राप्त नहीं है। अतः अपराधों तथा क्षतियों के लिए भी सामान्य न्यायालयों में आम नागरिकों की तरह उन पर भी दावा दायर किया जा सकता है।

1850 के न्यायिक अधिकारी सुरक्षा अधिनियम के अधीन अपने कार्यों के संबंध में न्यायिक अधिकारी प्रत्येक जवाबदेही से मुक्त हैं इसलिए उन पर दावा नहीं किया जा सकता है।

भारतीय संविधान के अनुच्छेद 299 के द्वारा सरकारी अनुबंधों के लिए लोक सेवकों पर मुकदमा नहीं चलाया जा सकता है। अन्य मामलों में अधिकारियों का उत्तरदायित्व आम नागरिक जैसा ही है। उनके द्वारा सरकारी हैसियत से किए गए कामों के लिए उन पर दीवानी कार्यवाही दो महीने का नोटिस देकर की जा सकती है। जहाँ तक आपराधिक उत्तरदायित्वों का संबंध है, उनके द्वारा सरकारी हैसियत से किए गए कार्यों के लिए उनके विरुद्ध कार्यवाही सरकार से पूर्व अनुमति लेकर की जा सकती है।

ब्रिटेन में सम्राट और अमेरिका में राष्ट्रपति भी वैधानिक उत्तरदायित्व से मुक्त रखे गए हैं। ब्रिटेन में इस मुहावरे को कानूनी मान्यता प्राप्त है कि, 'राजा कुछ गलत नहीं कर सकता।' अतः किसी न्यायालय में उस पर दावा नहीं किया जा सकता है।

5. **असाधारण उपाय:** ये न्यायालयों द्वारा जारी 6 प्रकार के समादेश (Writs) होते हैं:

(i) ***बंदी प्रत्यक्षीकरण (Habeas Corpus)*** इसका शाब्दिक अर्थ होता है-'सशरीर हाजिर करना'। न्यायालय द्वारा यह आदेश उस व्यक्ति को जारी

किया जाता है जिसने किसी को रोक रखा या बंदी बना रखा हो ताकि पहले वाला व्यक्ति दूसरे को न्यायालय में सशरीर प्रस्तुत करे। अगर नजरबंदी को गैर-कानूनी पाया जाता है, तो न्यायालय उस बंदी व्यक्ति को रिहा कर देगा। यह समादेश मनमानी नजरबंदी के विरुद्ध व्यक्तिगत स्वतंत्रता का बचाव है।

(ii) ***परमादेश (Mandamus)*** इसका शाब्दिक अर्थ है-'हमारा आदेश'। यह आदेश न्यायालय द्वारा सरकारी अधिकारी को ऐसे सरकारी कार्यों को निभाने के लिए दिया जाता है जिनको निभाने में वह विफल रहा है।

(iii) ***प्रतिषेध (Prohibition)*** उसका शाब्दिक अर्थ है-'रोकना'। यह उच्चतर न्यायालय द्वारा निचले न्यायालय को तब जारी किया जाता है जब निचला न्यायालय अपने अधिकार क्षेत्र के बाहर जाता है। यह केवल न्यायिक तथा अर्द्ध-न्यायिक अधिकारियों के विरुद्ध ही जारी किया जाता है, प्रशासनिक अधिकारियों के लिए नहीं। फिर भी, प्रशासन पर न्यायिक नियंत्रण के एक उपकरण के रूप में इसका महत्व अत्यधिक प्रतिबंधित है।

(iv) ***उत्प्रेषण लेख (Certiorari):*** इसका शाब्दिक अर्थ है-'प्रमाणित होना'। यह उच्चतर न्यायालय द्वारा किसी निचले न्यायालय को उसके पास लंबित पड़े किसी वाद की कार्यवाही के अभिलेखों को स्थानांतरित करने के लिए जारी किया जाता है ताकि उसकी कार्यवाही की वैधानिकता का निर्धारण किया जा सके या ऐसे वाद को उससे अधिक परिपूर्ण एवं संतोषजनक ढंग से पूरा किया जा सके जितना निचले न्यायालय में किया जा सकता था। अत: जहाँ निषेध केवल निवारक है; यह निवारक और उपचारात्मक दोनों है।

(v) ***अधिकार पृच्छा (Quo-warranto):*** इसका शाब्दिक अर्थ है-'किस अधिकार अथवा वॉरंट से'। न्यायालयों द्वारा इसे किसी व्यक्ति के सरकारी पदाधिकार के दावे की वैधानिकता को जानने के लिए जारी किया जाता है। अत: यह किसी व्यक्ति द्वारा सरकारी पद के गैर-कानूनी अभिधारण को रोकता है।

(vi) ***निषेधाज्ञा (Injunction):*** यह न्यायालय द्वारा किसी व्यक्ति से कोई काम करने या किसी काम को करने से मना करने हेतु जारी की जाती है। यह दो प्रकार की होती है–आदेशात्मक और निरोधक। आदेशात्मक निषेधाज्ञा परमादेश जैसी सी लगती है पर यह भिन्न होती है। एम.पी. शर्मा के अनुसार, "परमादेश को किसी गैर-सरकारी व्यक्ति के विरुद्ध जारी नहीं किया जा सकता है जबकि निषेधाज्ञा मुख्यतया गैर-सरकारी कानून की प्रक्रिया है और प्रशासनिक कानून में यदा-कदा ही उपचार के रूप में प्रयुक्त होती है। परमादेश सामान्य कानून का उपचार है जबकि निषेधाज्ञा समानता की मजबूत भुजा है।"

इसी प्रकार , निवारक निषेधाज्ञा प्रतिषेध समादेश के समान प्रतीत होती है किंतु यह इससे भिन्न है। एम.पी. शर्मा के शब्दों में, ''निषेधाज्ञा मुकद्दमे के पक्षों के लिए आदेश होती है वहीं प्रतिषेध समादेश स्वयं न्यायालय के लिए होता है। साथ ही, निषेधाज्ञा जहां न्यायालय के क्षेत्राधिकार, जहां सुनवाई होती है, की पहचान करती है, प्रतिषेध समादेश ऐसे न्यायिक क्षेत्राधिकार पर प्रहार करता है।''

सीमाएं
(Limitations)

निम्नलिखित कारक प्रशासन पर न्यायिक नियंत्रण की प्रभावशीलता को सीमित करते हैं:

1. न्यायपालिका प्रशासनिक कार्यों में स्वयं हस्तक्षेप नहीं कर सकती। न्यायालय तभी हस्तक्षेप करती है जब कोई पीड़ित नागरिक मामले को उनके सामने लाता है; अत: न्यायपालिका के पास अपनी ओर से कार्यवाही (suo moto) करने का अधिकार नहीं होता।
2. न्यायालयों द्वारा लागू किया गया नियंत्रण अपनी प्रकृति में शवपरीक्षण नियंत्रण होता है अर्थात् यह तभी हस्तक्षेप करते हैं जब प्रशासनिक कार्यों से नागरिक को नुकसान हो चुका होता है।
3. प्रशासन के सारे कार्य न्यायिक नियंत्रण के अधीन नहीं है क्योंकि संसद कुछ मामलों को न्यायालयों के अधिकार क्षेत्र से बाहर कर सकती है।

4. स्व-व्यक्त अध्यादेश, अर्थात् कुछ मामले न्यायपालिका अपने अधिकार क्षेत्र से खुद बाहर कर देती है। कुछ विशुद्ध प्रशासनिक मामलों में न्यायालय अपनी ओर से हस्तक्षेप करने से इनकार कर देते हैं।
5. न्यायिक प्रक्रिया बहुत धीमी और बोझिल होने के साथ-साथ महँगी है।
6. न्यायाधीश विधि विशेषज्ञ होते हैं; अत: वे प्रशासनिक खर्चों की अत्यंत तकनीकी प्रकृति को पूरे और समुचित तौर पर समझ नहीं पाते।
7. राज्य के कल्याणकारी रुझान के चलते प्रशासन का आकार, उसकी विविधता तथा जटिलता बढ़ गई है। अत: न्यायालय प्रशासन के उस प्रत्येक कार्य की समीक्षा नहीं कर सकते, जो नागरिकों को प्रभावित करता है।

नागरिकों का नियंत्रण (Citizens' Control)

जनतांत्रिक सरकार 'लोकप्रिय प्रभुसत्ता के सिद्धांत' पर आधारित है। इसका अर्थ है कि जनतंत्र में सबसे ऊपर जनता है दूसरे शब्दों में जनतंत्र में अंतिम सत्ता जनता में निहित होती है। अत: जनतंत्र में प्रशासन अंतत: जनता के प्रति उत्तरदायी है या होना चाहिए।

प्रशासन पर नियंत्रण हेतु निम्नलिखित साधनों के माध्यम से नागरिकों की कवायद:

1. **निर्वाचन:** प्रतिनिधिक जनतंत्र को दो प्रकार से वर्गीकृत किया जाता है–राष्ट्रपति प्रणाली की सरकार और संसदीय प्रणाली की सरकार। संयुक्त राज्य अमेरिका की राष्ट्रपति प्रणाली की सरकार में राष्ट्रपति का चुनाव सीधे जनता द्वारा किया जाता है। वह मुख्य कार्यकारी होता है जिसे सरकार के कार्यपालक अंग के सभी अधिकार प्राप्त होते हैं। वह विधायिका (कांग्रेस) को नहीं बल्कि अंतत: जनता के प्रति उत्तरदायी होता है। अत: संयुक्त राज्य अमेरिका जैसी राष्ट्रपति प्रणाली की सरकार में मुख्य प्रशासक पर जनता का नियंत्रण प्रत्यक्ष होता है।

ब्रिटेन और भारत की संसदीय प्रणाली की सरकारों में वास्तविक कार्यपालिका (अर्थात् मंत्रिमंडल) विधायिका से निकलती है और अपनी नीतियों तथा कार्यों के लिए यह इसी के प्रति उत्तरदायी रहती है। विधायिका का उत्तरदायित्व जनता के प्रति होता है। अत: ब्रिटेन और भारत जैसी संसदीग प्रणाली की रारकारों में कार्यपालिका पर जनता का नियंत्रण अप्रत्यक्ष है, क्योंकि यह निर्वाचित संसद द्वारा लागू किया जाता है।

चाहे वो राष्ट्रपति प्रणाली हो या संसदीय सरकार, जनतंत्र में जब वह अनुत्तरदायी, भ्रष्ट, अयोग्य और उदासीन हो जाती है, इसको समय-समय पर होने वाले चुनावों के द्वारा हटाया जा सकता है। किसी लोकप्रिय सरकार में लोगों के विश्वास की अभिव्यक्ति चुनावों के माध्यम से होती है।

2. **प्रत्याह्वान (Recall):** यह एक सीधा जनतांत्रिक उपाय है। इसका प्रयोग स्विट्ज़रलैंड में तथा संयुक्त राज्य अमेरिका के 13 राज्यों में किया जाता है जहाँ प्रशासनिक अधिकारियों का चुनाव सीधे जनता करती है। प्रत्याह्वान या वापस बुलाने की व्यवस्था से लोग प्रतिनिधियों को उनका कार्यकाल पूरा होने से पहले ही हटा सकते हैं। दूसरे शब्दों में, यदि प्रतिनिधि लोगों की इच्छाओं का प्रतिनिधित्व करने में विफल रहता है तो लोग उसका कार्यकाल पूरा होने से पहले ही उसे उसके पद से हटा सकते हैं। वापस बुलाने के अधिकार का प्रयोग लोग तब भी कर सकते हैं जब वे निर्वाचित प्रतिनिधि के काम से संतुष्ट नहीं होते। इसके लिए किसी गैर-कानूनी कार्यवाही का आरोप लगाने की आवश्यकता नहीं होती। वापस बुलाने के उपाय का मुख्य लाभ यह है कि इससे लोगों का अपने प्रतिनिधियों पर उनकी पेशेवर भूमिका और कर्तव्य के मामले में लगातार नियंत्रण बना रहता है।

3. **दबाव समूह:** 'दबाव समूह' (Pressure group) शब्द का जन्म संयुक्त राज्य अमेरिका में हुआ था। यह ऐसे लोगों का समूह है, जो अपने समान हितों को आगे बढ़ाने के उद्देश्य से सक्रिय रूप से संगठित होते हैं। स्वयंसेवी संस्थाएँ, ट्रेड यूनियनें, रोजगार संगठन, व्यावसायिक संगठन, छात्र संघ इत्यादि ऐसे ही समूहों के उदाहरण हैं। इन समूहों को हित या निहित समूह भी कहा जाता है। अपने लक्ष्यों को पूरा करने के लिए वे प्रशासन पर दबाव डालते हैं। वे सरकार में नीति-निर्माण और नीति क्रियान्वयन को प्रभावित करते हैं और इसके लिए वे प्रचार, प्रतिवेदन, सार्वजनिक बहस, विधायकों से संपर्क जैसे कानूनी तथा विधायी उपायों का सहारा लेते हैं। वे प्रशासन और अपने सदस्यों के बीच संपर्क साधने का काम करते हैं। परंतु कभी-कभी वे हड़तालों, हिंसक कार्यवाहियों और भ्रष्ट उपायों का भी प्रयोग करते हैं जिससे सार्वजनिक हितों और प्रशासनिक अखंडता को नुकसान पहुँचता है।

4. **सलाहकार समितिया:** इनको सलाहकार परिषद या बोर्ड भी कहा जाता है। ये ऊपर से नीचे तक सभी स्तरों पर प्रशासन प्रणाली से जुड़ी होती हैं। इनमें विशेषज्ञ नागरिक और विशेष हितों के प्रतिनिधि होते हैं। ये प्रशासन और जनता के बीच कड़ी

का काम करती हैं और प्रशासनिक नीतियों, समस्याओं एवं कार्य पद्धतियों पर सरकार को सलाह देती हैं। इन संस्थाओं की सिफारिशें केवल सलाहकारी होती हैं और संबद्ध विभाग इनको मानने को बाध्य नहीं होता। परंतु वे विभाग के जनसंपर्क के कारगर उपायों के रूप में काम करतीं हैं तथा प्रशासन के चरित्र को जनतांत्रिक बनाती हैं।

5. **जनमत:** उपरोक्त औपचारिक पद्धतियों के विपरीत जनमत प्रशासन पर नागरिकों के नियंत्रण की एक अनौपचारिक पद्धति है। यह अखबारों, सार्वजनिक मंच, राजनीतिक दलों, रेडियो, टेलीविजन, सिनेमा, दबाव समूहों तथा शिक्षा संस्थानों इत्यादि के द्वारा व्यक्त होता है। इनमें से स्वतंत्र अखबार जनमत के सबसे प्रभावशाली माध्यम हैं। इसको लोकतंत्र का 'चौथा स्तंभ' कहा जाता है।

प्रशासन पर जनता के नियन्त्रण की एक पद्धति के रूप में जनमत का महत्व निम्नलिखित रूप से स्पष्ट किया जा सकता है:

(i) यह सरकार की नीतियों और कार्यक्रमों को प्रभावित करता है।

(ii) यह प्रशासन को उत्तरदायी बनाए रखता है और प्रशासन पर पहरेदारी का काम करता है।

(iii) यह कानूनों के स्रोत का काम करता है और उनके कार्यान्वयन को आसान बनाता है।

(iv) यह सरकार की अलोकप्रिय और गैर-जनतांत्रिक गतिविधियों पर नियंत्रण रखकर व्यक्तिगत स्वतंत्रता की रक्षा करता है।

जन – भागीदारी (People's Participation)

78

अर्थ (Meaning)

जन-भागीदारी का अर्थ प्रशासनिक प्रक्रिया में लोगों की भागीदारी से है। यह प्रशासन पर जनता के प्रभाव अथवा प्रशासन के ऊपर नागरिकों के नियंत्रण को सूचित करती है। यह प्रशासनिक तंत्र के सहज एवं प्रभावी निष्पादन के लिए अनिवार्य है। यह प्रशासन को जनता की जरूरतों के प्रति अनुक्रियात्मक बनाती है। यह सरकारी नीतियों के प्रति जनता के समर्थन को सुनिश्चित करती है और उनकी सफलता को निर्धारित करती है। जन-भागीदारी के द्वारा प्रशासनिक उत्तरदायित्व को लागू करने वाले महत्वपूर्ण साधनों का निर्माण होता है।

एक लोकतांत्रिक सरकार लोकप्रिय प्रभुसत्ता के सिद्धान्त पर आधारित होती है, जिसका अर्थ यह है कि एक लोकतंत्र में जन-सर्वोच्च होते हैं अथवा लोकतंत्र के अन्तर्गत लोगों में अन्तिम सत्ता निहित रहती है। इसलिए लोकतंत्र में प्रशासन को अन्तिम रूप से लोगों के लिए उत्तरदायी होना चाहिए। इस संदर्भ में प्रशासन में लोगों की भागीदारी महत्वपूर्ण स्थान धारण कर लेती है। यह प्रतिनिधिक लोकतंत्र को भागीदारीपूर्ण लोकतंत्र में बदल देती है। यह आधारतल शासन को बढ़ावा देती है।

विकास प्रशासन में लोगों की भागीदारी का अर्थ यह है कि समाज में सामाजार्थिक परिवर्तन लाने वाले विकास कार्यक्रमों को प्रशासित करने की प्रक्रिया में जनता की सीधी भागीदारी हो। इसके निम्नलिखित आयाम हैं:

1. निर्णय-निर्माण में भागीदारी
2. क्रियान्वयन में भागीदारी
3. निगरानी एवं मूल्यांकन में भागीदारी
4. लाभों के बँटवारे में भागीदारी

विकास प्रशासन में जनता की भागीदारी विभिन्न तंत्रों, जैसे-पंचायती राज संस्थाए, सहकारी संस्थाए, महिला मंडल, कृषक सेवा समितियाँ, युवक केंद्र और अन्य स्वैच्छिक/गैर-सरकारी संगठनों के द्वारा होती है।

लाभ (Benefits)

विकास प्रशासन में लोगों की भागीदारी विभिन्न पहलुओं में लाभकारी होती है:

1. यह स्थानीय सामाजिक, आर्थिक, सांस्कृतिक, पारिस्थितिकी और तकनीकी परिस्थितियों के बारे में प्रशासन को वृहद् जानकारी देती है। विकास कार्यक्रमों के नियोजन, कार्यक्रम निर्माण तथा क्रियान्वयन की प्रक्रिया में इस जानकारी का अत्यधिक उपयोग होता है।
2. यह उन परियोजनाओं के चयन में सहायता करती है जो जनता के लिए सीधे तौर पर प्रासंगिक होती हैं।
3. यह कार्यक्रम की सफलता के लिए धन, सामग्री, श्रम इत्यादि के रूप में स्थानीय संसाधनों को जुटाना आसान बनाती है।
4. यह प्रशासनिक सत्ता के दुरुपयोग के खिलाफ सुरक्षा प्रदान करती है और इस प्रकार के कार्यक्रमों के संचालन में भ्रष्टाचार के अवसरों को कम करती है।
5. ऐसे कार्यक्रमों में समाज के गरीब और कमजोर वर्गों को शामिल करके यह कार्यक्रम से मिलने वाले लाभों को अमीर और प्रभावशाली वर्गों द्वारा हड़पे जाने से रोकती है। इस प्रकार यह लाभों के समानतापूर्ण वितरण को सुनिश्चित करती है।
6. इससे स्थानीय लोग विकास के फलस्वरूप होने वाले परिवर्तनों को आसानी से स्वीकार कर लेते हैं और गलतियों तथा विफलताओं के प्रति अधिक सहनशील बन जाते हैं।
7. सरकारी सहायता बन्द हो जाने के बाद भी कार्यक्रमों को चलाये रखकर यह सरकार के आर्थिक बोझ को कम करती है और इन कार्यक्रमों का प्रबंधन स्वयंसेवकों या समुदाय आधारित कार्यकर्ताओं द्वारा किया जा सकता है।
8. यह उत्तरदायित्व लेने और अपनी समस्याओं का समाधान खुद करने की लोगों की क्षमता तथा सामर्थ्य को बढ़ाती है

और उनमें आत्म-निर्भरता, पहल और नेतृत्व की भावना विकसित करती है।

9. समाज में यह सजग प्रहरी *(esprit de corps)* की भावना को बढ़ावा देती है और इस प्रकार सबसे निचले स्तर पर जनतंत्र को मजबूत करती है।

सीमाएँ (Limitations)

फिर भी प्रशासन में, विशेषत: विकास प्रशासन में, जनता की भागीदारी की मात्रा और प्रभाविता को सीमित करने वाले विभिन्न कारक होते हैं, जो इस प्रकार हैं:

1. अभिजात्य वर्गीय और यंत्रवत् नौकरशाही;
2. जातिवाद, सम्प्रदायवाद, गरीबी, निरक्षरता जैसे प्रतिकूल सामाजिक-आर्थिक वातावरण;
3. नकारात्मक राजनीतिक हस्तक्षेप;
4. समय प्रतिबद्ध अर्थात् कार्यक्रम की समयबद्ध प्रकृति;
5. बिचौलियों और चापलूसों की भूमिका;
6. प्रशासन में भ्रष्टाचार और आचार के निम्न मानक;
7. त्रुटिपूर्ण प्रशासनिक प्रक्रियाएँ, तथा;
8. भागीदारीपरक् संस्कृति का अभाव।

नागरिक समाज की भूमिका (Role of Civil Society)

79

हाल के वर्षों में 'नागरिक समाज' शब्द राजनीतिक, प्रशासनिक और बौद्धिक क्षेत्रों में काफी प्रचलित हो गया है परंतु इसका इतिहास बहुत पुराना है।

परंपरागत रूप से 'राज्य' और 'नागरिक समाज' दोनों शब्दों का इस्तेमाल एक-दूसरे के लिए किया जाता है और उनको समानार्थी माना जाता था। 18वीं शताब्दी तक यही प्रवृत्ति जारी रही।

नागरिक समाज को राज्य से अलग और भिन्न मानने का काम सर्वप्रथम राजनीतिक दार्शनिक जी.डब्ल्यू.एफ. हेगेल ने किया था। उन्नीसवीं सदी में इस काल को कार्ल मार्क्स और फ्रेडरिक एंजेल्स ने आगे बढ़ाया था। बीसवीं सदी में नागरिक समाज की अवधारणा का विश्लेषण एंटोनियो ग्राम्शी द्वारा किया गया।

परिभाषा (Definitions)

1. **जेफरी अलेक्जेंडर:** ''नागरिक समाज एक समावेशी छतरी जैसी अवधारणा है, जो राज्य के बाहर बड़ी मात्रा में पाये जाने वाले संस्थानों से संबन्धित है।''
2. **नीरज गोपाल जयाल:** ''नागरिक समाज में सभी प्रकार के स्वैच्छिक संघ और सामाजिक संपर्क शामिल हैं जिन्हें राज्य द्वारा नियंत्रित नहीं किया जाता है।''
3. **एस.के. दास:** ''नागरिक समाज वह संगठित समाज है जिस पर राज्य शासन करता है।''
4. **जॉर्ज हगिंस:** ''नागरिक समाज सामाजिक स्थान है, जो राज्य और व्यावसायिक क्षेत्रों से अलग है, लेकिन उस राज्य के साथ कभी-कभी तनाव, सह-संबंध होने के बावजूद संघ के माध्यम से कार्य करता है।''
5. **सुसैन होबर रूडोल्फ:** ''नागरिक समाज को विभिन्न सिद्धांतकारों द्वारा विभिन्न रूप से परिभाषित किया गया है, लेकिन एक न्यूनतम परिभाषा में इसमें एक गैर-राज्य स्वायत्त क्षेत्र; नागरिकों का सशक्तिकरण; भरोसेमंद साहचर्य जीवन; राज्य के साथ अधीनता के बजाय बातचीत का विचार शामिल होगा।''
6. **लैरी डायमंड:** ''नागरिक समाज एक संगठित सामाजिक जीवन के दायरे का प्रतिनिधित्व करता है जो खुला, स्वैच्छिक, स्व-उत्पादक, बड़े पैमाने पर स्वावलंबी और राज्य से स्वायत्त है, जो एक कानूनी आदेश या साझा नियमों से बंधा होता है।''

लक्षण (Features)

नागरिक समाज के लक्षण निम्नलिखित हैं:

1. यह गैर-राज्य संस्थाओं को इंगित करता है।
2. इसमें समाज का विशाल क्षेत्र आता है।
3. यह संगठित समाज को इंगित करता है।
4. इसके अंतर्गत वे समूह आते हैं, जो राज्य (राजनीतिक समाज) और परिवार (प्राकृतिक समाज) के बीच होते हैं।
5. यह स्वायत्त होते हुए भी राज्य की सत्ता के अधीन है।
6. यह संगठन की स्वतंत्रता, विचार की स्वतंत्रता और अन्य नागरिक एवं आर्थिक अधिकारों के अस्तित्व को सूचित करता है।
7. इसका लक्ष्य समान सार्वजनिक भलाई है।
8. यह सत्तावाद और निरंकुशतावाद का विरोध करता है।
9. व्यक्ति को शिक्षित करके यह नागरिकता को बढ़ावा देता है।
10. यह राजनीतिक-प्रशासनिक मामलों में नागरिकों की भागीदारी का रास्ता खोलता है।
11. यह जनमत का निर्माण करता है और सामान्य प्रकृति की माँगें तय करता है।
12. यह उत्पीड़न नहीं बल्कि स्वैच्छिकतावाद का महत्वपूर्ण प्रतीक है।
13. राज्य के अधिपत्य को कम करने के लिए यह बहुलतावाद की वकालत करता है।
14. सामुदायिक मूल्य प्रणाली में यह नैतिक संदर्भ के रूप में कार्य करता है।

ब्रिटिश सिद्धांतकार जॉन कीन ने नागरिक समाज के बारे में वर्तमान सकारात्मक सोच को संक्षेप में प्रस्तुत किया है, ''नागरिक समाज जो उभरती हुई सर्वसम्मति है, वह स्वतंत्रता का एक दायरा

है जो लोकतंत्र की स्थिति के रूप में इसके मूल मूल्य को सही ढंग से उजागर करती है; जहां कोई नागरिक समाज नहीं है वहां राजनीतिक-कानूनी ढांचे के भीतर अपनी पहचान, अधिकार और कर्तव्यों को चुनने की क्षमता वाले नागरिक नहीं हो सकते हैं।''

लैरी डायमंड का कहना है कि, ''लोकतंत्र, विशेष रूप से एक स्वस्थ उदार लोकतंत्र'' को एक ऐसी जनता की आवश्यकता होती है जो लोकतंत्र के लिए संगठित हो, अपने मानदंडों और मूल्यों के लिए सामाजिक हो, और न केवल अपने असंख्य संकीर्ण हितों के लिए बल्कि बड़े, सामान्य, नागरिक अभिप्राय के लिए प्रतिबद्ध हो। ऐसी नागरिक जनता, एक जीवंत सभ्य समाज के साथ ही संभव है।''

संघटक (Components)

नागरिक समाज की छत्र अवधारणा में निम्नलिखित संगठन और समूह आते हैं:

1. गैर-सरकारी संगठन,
2. समुदाय आधारित संगठन,
3. स्वदेशी लोगों के संगठन,
4. मजदूर संगठन,
5. किसान संगठन,
6. सहकारी संस्थाएँ,
7. धार्मिक संगठन,
8. युवा दल,
9. महिला दल, और;
10. इसी तरह के अन्य संगठित समूह।

1970 से नागरिक समाज संयुक्त राज्य अमेरिका में अत्यंत विकसित है जबकि भारत में यह बीसवीं सदी के सातवें दशक से तेजी से विकास कर रहा है। नीरजा गोपाल जयाल के शब्दों में, "भारत के संबंध में यह कहा गया है कि नागरिक समाज राज्य के विरोध के अर्थ में विकसित है, संगठित समूहों के अर्थ में नहीं।"

नीरा चंडोक का विचार है, "अधिकांश सिद्धांतकारों की दृष्टि में भारत के नागरिक समाज सामाजिक समूहों के अस्थिर संगठन है, वे जाति तथा भाईचारे के संबंधों या धार्मिक लामबंदी पर उतने ही आधारित हैं जितने कि स्वैच्छिक सामाजिक संगठन।"

भारत में नागरिक समाज संगठनों का वर्गीकरण राजेश टंडन ने पाँच प्रवर्गों में किया है:

1. जाति, कुल या नृजाति पर आधारित परंपरागत संगठन।
2. रामकृष्ण मिशन, इस्लामिक संस्थाओं जैसे धार्मिक संगठन।
3. अनेक प्रकार के सामाजिक आंदोलन, उदाहरण के लिए:
   (i) महिलाओं या जनजातियों जैसे विशेष समूहों की आवश्यकताओं पर केन्द्रित सुधार आंदोलन;
   (ii) दहेज या शराबखोरी जैसी सामाजिक बुराइयों के सुधार आंदोलन;
   (iii) विकास के चलते विस्थापन के विरुद्ध विरोध आंदोलन, और;
   (iv) नागरिक स्वतंत्रता या भ्रष्टाचार विरोधी अभियान, जैसे-आंदोलन, जिनका संबंध शासन व्यवस्था से है।
4. विभिन्न प्रकार के सदस्यता संगठन, उदाहरण के लिए:
   (i) मजदूर संगठनों (ट्रेड यूनियनों), किसान संगठनों इत्यादि जैसे प्रतिनिधिक;
   (ii) वकीलों, डॉक्टरों इत्यादि के संगठनों जैसे पेशेवर;
   (iii) खेल-कूद क्लबों, मनोरंजन क्लबों जैसे सामाजिक-सांस्कृतिक क्लब, तथा;
   (iv) शहरों में मोहल्ला समितियाँ अथवा गाँवों में समुदाय आधारित संगठन जैसे स्वयं-सहायता समूह।
5. विभिन्न प्रकार के मध्यवर्ती संगठन, उदाहरण के लिए:
   (i) स्कूलों, बेसहाराओं के गृहों जैसे सेवा संगठन;
   (ii) लामबंद करने वाले जो समाज के बेहद गरीब हिस्सों को उनके अधिकारों की माँग उठाने के लिए संगठित करने में सहायता करते हैं;
   (iii) समर्थक, जो समुदाय आधारित अन्य संगठनों का समर्थन करते हैं;
   (iv) बाल मुक्ति और आप [Child Relief and You (CRY)], राजीव गाँधी फाउंडेशन जैसे लोक हितैषी;
   (v) किसी विशेष उद्देश्य की वकालत करने वाले, तथा;
   (vi) ग्रामीण विकास में स्वयं-सेवी एजेंसियों के संघ [Association of Voluntary Agencies in Rural Development (AVARD)] जैसे तंत्र जो सामूहिक स्वर एवं शक्ति को विस्तारित करते हैं।

भूमिका (Role)

नागरिक समाज संगठन (स्वयंसेवी या गैर-सरकारी संगठन) कल्याण एवं विकास प्रशासन में महत्वपूर्ण भूमिका अदा करते हैं। इनकी भूमिका के विभिन्न आयाम निम्नलिखित हैं:

1. वे गरीबों को सामाजिक-आर्थिक विकास के लिए संगठित और गतिशील करते हैं।
2. वे सूचना का प्रसार करते हैं और लोगों को उनकी बेहतरी के लिए सरकार द्वारा शुरू की गई विभिन्न योजनाओं, कार्यक्रमों और परियोजनाओं के बारे में जानकारी देते हैं।
3. वे प्रशासनिक प्रक्रिया में लोगों की भागीदारी का रास्ता खोलते हैं।
4. वे प्रशासन तंत्र को लोगों की आवश्यकताओं-आकांक्षाओं के प्रति अधिक उत्तरदायी बनाते हैं।
5. निचले स्तरों पर वे प्रशासन तंत्र कार्य-प्रणाली पर सामुदायिक प्रणाली की जवाबदेही लागू करते हैं।
6. वे लक्ष्य समूहों की पहचान करने में प्रशासन तंत्र की सहायता करते हैं।
7. स्थानीय विकास के लिए वे स्थानीय संसाधनों के उपयोग का रास्ता साफ करते हैं और इस प्रकार समुदायों को आत्मनिर्भर बनाते हैं।
8. विभिन्न राजनीतिक विषयों पर चर्चाएँ चलाकर वे लोगों में राजनीतिक चेतना पैदा करते हैं।
9. वे सार्वजनिक हित के पहरेदार का काम करते हैं।
10. वे स्वयंसेवा के सिद्धान्त को सुदृढ़ बनाते हैं।

परंतु, यहाँ यह बताया जाना चाहिए कि स्वयंसेवी संस्थाओं की भूमिका सरकारी प्रयासों को बढ़ाने में निहित है न कि उनके साथ प्रतिस्पर्द्धा करने में।

मिल्टन एस्मेन ने विकास की चार एजेंसियों को पहचाना है- राजनीतिक प्रणाली, प्रशासनिक प्रणाली, जनसंचार माध्यम, और स्वयंसेवी संगठन। उन्होंने महसूस किया था कि विकास प्रक्रियाओं में स्वयंसेवी संगठनों की भागीदारी के तीन लाभ होते हैं– एकजुटता की भावना, निर्णय-निर्माण में भागीदारी और सरकार सहित विकास की अन्य एजेन्सियों के साथ परस्पर क्रिया का अवसर।

विख्यात अर्थशास्त्री और पूर्ववर्ती योजना आयोग के पूर्व सदस्य राजकृष्ण के अनुसार सरकारी एजेंसियों की तुलना में स्वयंसेवी एजेंसियाँ तीन अर्थों में बेहतर हैं:

1. गरीबों के दु:ख-दर्द को कम करने के कार्य में सरकारी कर्मचारियों की तुलना में उनके कर्यकर्ता अधिक ईमानदारी से समर्पित होते हैं।
2. ये सरकारी कर्मचारियों की अपेक्षा गाँव के गरीबों से बेहतर संपर्क बना सकते हैं।
3. चूँकि ये नौकरशाही के सरल नियमों और कार्य-प्रणाली से बँधे नहीं होते, अत: ये अधिक लचीलेपन से काम कर सकते हैं।

एल.एम. प्रसाद ने दो और बिंदु जोड़े:

1. सरकारी अभिकरणों की अपेक्षा इनके प्रयास अधिक मितव्ययी होते हैं, तथा;
2. विकास प्रयासों में जन-सहभागिता हेतु ये सरकारी अभिकरणों की अपेक्षा अधिक अभिप्रेरित होते हैं।

सीमाएँ (Limitations)

फिर भी, स्वैच्छिक संगठनों की कई सीमाएँ भी होती हैं, जो निम्नलिखित हैं:

1. पर्याप्त वित्तीय संसाधनों का अभाव।
2. प्रशिक्षित और पेशेवर कर्मियों का अभाव।
3. नौकरशाही का असहयोग और कभी-कभी प्रतिरोध।
4. अपर्याप्त सूचना आधार।
5. सीमित कार्यात्मक परिप्रेक्ष्य (न कि समग्रतावादी उपागम)।
6. राजनीतिक हस्तक्षेप और प्रभाव।
7. स्थानी भू-स्वामियों, साहूकारों इत्यादि का प्रतिरोध।
8. जातिवाद, साम्प्रदायिकता, गरीबी जैसे विभिन्न सामाजिक-आर्थिक पर्यावरण।

स्वैच्छिक क्षेत्र की सापेक्ष खूबियों और अवगुणों का आकलन करते हुए, वर्ष 1997 की विश्व विकास रिपोर्ट की मानें तो ''स्वैच्छिक क्षेत्र न केवल अपनी मजबूतियों को पटल तक लाता है बल्कि अपनी कमजोरियों को भी सामने रखता है। यह सार्वजनिक जागरूकता बढ़ाने, नागरिकों की चिंताओं को दूर करने और सेवाओं को वितरित करने में बहुत अच्छा काम करता है। कभी-कभी स्थानीय स्व-सहायता संगठन स्थानीय उत्पादों एवं सेवाओं की उपलब्धि को प्राथमिकता देते हैं। लेकिन उनकी चिंता अक्सर कुछ धार्मिक या जातीय समूहों के लिए होता है न कि समाज के रूप में। उनकी जवाबदेही भी सीमित होती और उनके संसाधन भी पर्याप्त नहीं होते हैं।''

निगमित शासन (Corporate Governance)

80

भारत में सूचीबद्ध कम्पनियों की संख्या विश्व में सर्वाधिक है तथा वित्तीय बाजारों की समृद्धि और दक्षता विशेष रूप से अर्थव्यवस्था और समग्र रूप से समाज के लिए संक्रांतिक होती है। यह आवश्यक है कि निगमित प्रशासन के एक ऐसे गतिशील कार्यतंत्र को डिजायन और क्रियान्वित किया जाये जो उद्यमों की संवृद्धि में बाधक बने बगैर संबंधित अंशधारियों के हितों की रक्षा कर सके।

निगमित प्रशासन में कम्पनी प्रबन्धन, निदेशक बोर्ड, अंशधारियों, लेखा परीक्षकों और अन्य साझीदारों के बीच संबंधों का एक समुच्चय निहित होता है। विभिन्न नियमों और वित्तीय प्रोत्साहनों के साथ ये संबंध एक ऐसी संरचना उपलब्ध कराते हैं जिसके माध्यम से कम्पनी के उद्देश्य निर्धारित होते हैं और इन उद्देश्यों को प्राप्त करने के साधन तथा कार्य निष्पादन की निगरानी के तरीके तय किये जाते हैं। इस प्रकार अच्छे निगमित प्रशासन के मुख्य पहलुओं में निगमित संरचनाओं एवं कार्य प्रचालनों की पारदर्शिता, अंशधारियों के प्रति प्रबंधकों एवं बोर्ड की जवाबदेही तथा साझीदारों के प्रति निगमित उत्तरदायित्व शामिल होते हैं।

निगमित प्रशासन के सिद्धान्त (Principles of Corporate Governance)

एक कम्पनी को:

1. बोर्ड एवं प्रबंधन की भूमिका एवं जिम्मेदारियों को मान्यता देनी चाहिए और उनका प्रकाशन करना चाहिए।
2. अपनी जिम्मेदारियों एवं कर्तव्यों को समुचित ढंग से निभाने के लिए एक प्रभावी संरचना, आकार एवं प्रतिबद्धताओं वाला बोर्ड रखना चाहिए।
3. नैतिक एवं उत्तरदायित्वपूर्ण निर्णय निर्माण को सक्रिय रूप से प्रोत्साहित करना चाहिए।
4. एक ऐसी स्वतंत्र संरचना का विकास करना चाहिए जो कम्पनी के वित्तीय विवरण की ईमानदारी को सत्यापित कर सके और उसकी रक्षा कर सके।
5. कम्पनी को कम्पनी से जुड़े सभी मामलों को समयबद्ध एवं संतुलित तरीके से निपटाना चाहिए।
6. शेयरधारकों के अधिकारों का सम्मान करना चाहिए और उन अधिकारों के प्रभावी क्रियान्वयन को प्रोत्साहित करना चाहिए।
7. जोखिम अधिवीक्षण व प्रबंधन तथा आन्तरिक नियंत्रण की एक मजबूत प्रणाली स्थापित करनी चाहिए।
8. निष्पक्ष समीक्षा करनी चाहिए तथा बोर्ड एवं प्रबंधन की प्रभाविता बढ़ाने के लिए सक्रिय प्रोत्साहन देना चाहिए।
9. यह सुनिश्चित करना चाहिए कि पारिश्रमिक का स्तर एवं संरचना पर्याप्त और औचित्यपूर्ण हो तथा निगमित एवं व्यक्तिगत कार्य निष्पादन के साथ इसका संबंध सुपरिभाषित हो।
10. सभी वैधानिक साझीदारों के प्रति कानूनी एवं अन्य अनुबद्धताओं को मान्यता देनी चाहिए।

वैधानिक ढाँचा (Legal Framework)

भारत में निगमित प्रशासन के वैधानिक ढाँचे के अन्तर्गत निम्नलिखित कानून एवं विनियम शामिल हैं:

1. **कंपनी अधिनियम, 2013:** 2013 के नए कंपनी अधिनियम ने 1956 के पुराने कंपनी अधिनियम की जगह ले ली है। नया अधिनियम भारत में कॉर्पोरेट प्रशासन और विनियमन अभ्यासों को सर्वोत्तम वैश्विक अभ्यासों के समकक्ष लाने की कोशिश करता है। न्यूनतम सरकारी अनुमोदनों के साथ, कॉर्पोरेट क्षेत्र को अपने मामलों को विनियमित करने के लिए अधिक लचीलापन दिया गया है, बशर्ते वे पूर्ण प्रकटीकरण का पालन करें और अपने कार्य-कलापों के प्रति जवाबदेही लें। अधिनियम नए उद्यमियों के लिए अधिक अवसर प्रदान करता है और कॉर्पोरेट्स द्वारा कार्यकलापों के संचालन में सूचना

प्रौद्योगिकी के व्यापक कार्यान्वन को सक्षम बनाता है। इस कानून की अन्य मुख्य विशेषताओं में ऑडिट की अधिक जवाबदेही, नैगमिक सामाजिक उत्तरदायित्व, धोखाधड़ी से संबंधित अपराधों के मामले में कड़ी कार्रवाई और निवेशकों के हितों की सुरक्षा के प्रावधान शामिल हैं।

2. **प्रतिभूति समझौता (विनियम) अधिनियम 1956:** यह अधिनियम सभी प्रकार के व्यापार योग्य सरकारी पत्रों, शेयरों, स्टॉक, बॉण्ड, डिबेंचर और कम्पनियों द्वारा जारी बाजार प्रतिभूतियों के अन्य रूपों पर लागू होता है। एससीआरए स्टॉक एक्सचेंजों एवं इसकी शक्तियों के आचरण मापदंडों को परिभाषित करता है।
3. **भारतीय प्रतिभूति एवं विनिमय बोर्ड अधिनियम 1992:** इस अधिनियम ने एक स्वतंत्र पूँजी बाजार नियामक प्राधिकरण (सेबी) का गठन किया, जिसका उद्देश्य प्रतिभूतियों में निवेश करने वाले निवेशकों के हितों की सुरक्षा करना तथा प्रतिभूति बाजार को संवर्द्धित एवं विनियमित करना था।
4. **निक्षेपागार अधिनियम, 1996:** इस अधिनियम ने शेयर एवं प्रतिभूति निक्षेप निधियों की स्थापना की और प्रतिभूतियों के विभौतिकीकरण हेतु एक वैधानिक ढाँचे का निर्माण किया।
5. **स्टॉक एक्सचेंजों का सूची समझौता:** यह समझौता उन नियमों, प्रक्रियाओं और प्रकटीकरणों को परिभाषित करता है जिनका अनुपालन सूचीबद्ध बने रहने के लिए कम्पनियों को अनिवार्य रूप से करना चाहिए। इस समझौते का मूल तत्व खण्ड 49 है जो उन निगमित प्रशासन प्रक्रियाओं का उल्लेख करता है, जिनका अनुपालन सूचीबद्ध कम्पनियों को अनिवार्यतः करना होता है।

संस्थात्मक ढांचा (Institutional Framework)

1. **निगमित प्रशासन के लिए राष्ट्रीय फाउंडेशन:** 2003 में निगमित मामलों के मंत्रालय ने एक गैर-लाभकारी ट्रस्ट के रूप में राष्ट्रीय निगमित प्रशासन फाउंडेशन [National Foundation for Corporate Governance (NFCG)] की स्थापना की। यह अच्छे निगमित प्रशासन से जुड़े मामलों पर विचार करने के लिए एक मंच उपलब्ध कराता है और निगमित नेतृत्वकर्ताओं को अच्छे निगमित प्रशासन की प्रक्रियाओं के महत्व के प्रति संवेदनशील बनाता है। यह निगमित नेतृत्वकर्ताओं, नीति-निर्माताओं, विनियामकों, विधि क्रियान्वयन अभिकरणों तथा गैर-सरकारी संगठनों के बीच अनुभवों और विचारों के आदान-प्रदान को बढ़ावा देता है।

   एनएफसीजी द्वारा विभिन्न उत्कृष्टता संस्थानों के माध्यम से निदेशकों के लिए अभिमुखन कार्यक्रम प्रायोजित किये गये हैं और निगमित सुप्रशासन प्रक्रियाओं के अनुसरण के लिए आवश्यक प्रचार-प्रसार हेतु सेमिनारों एवं सम्मेलनों का आयोजन किया जाता रहा है।
2. **निगमित मामलों का भारतीय संस्थान:** निगमित मामलों का भारतीय संस्थान (आईआईसीए) 2008 में निगमित मामलों के मंत्रालय के अधीन एक पंजीकृत सोसाइटी के रूप में गठित किया गया था। इसके निम्नलिखित उद्देश्य हैं:
   (i) एक भूमण्डलीय परिप्रेक्ष्य के साथ प्रशासन और निगमित कार्यचालन को प्रभावित करने वाले सभी मुद्दों के समग्र अध्ययन एवं सामंजस्यपूर्ण उपचार के लिए क्षमताओं का विकास करना।
   (ii) निगमित क्षेत्र को प्रभावित करने वाली सभी मुद्दों पर आंतरिक एवं बाहरी साझेदारों के लिए ज्ञान की निरन्तर रचना, समाकलन एवं वितरण के लिए एक अत्याधुनिक ज्ञान प्रबंधन तंत्र (केएमएस) की स्थापना करना।
   (iii) निगमित कार्यचालन को प्रभावित करने वाले सभी मुद्दों पर सरकार को समग्र परामर्श देने के लिए एक प्रबुद्ध मंडल के रूप में कार्य करना।
   (iv) मंत्रालय के कर्मचारियों एवं सभी साझेदारों के लिए प्रशिक्षण और क्षमता निर्माण करना।
3. **गम्भीर धोखाधड़ी जाँच-पड़ताल कार्यालय:** गम्भीर धोखाधड़ी जाँच कार्यालय [Serious Fraud Investigation Office (SFIO)] का गठन 2003 में एक प्रस्ताव द्वारा निगमित मामलों के मंत्रालय ने किया था। बाद में, इसे नए कंपनी अधिनियम, 2013 के प्रावधानों के तहत एक वैधानिक दर्जा दिया गया है। यह कार्यालय गम्भीर और जटिल प्रकृति की निगमित धोखाधड़ियों की जाँच करता है। यह कम्पनी अधिनियम

के उपबंधों के अन्तर्गत जाँच का कार्य करता है और कम्पनी अधिनियम के साथ-साथ भारतीय दंड संहिता के प्रावधानों के उल्लंघन हेतु अभियोग दर्ज करता है।

एसएफआईओ ऐसे निगमित धोखाधड़ी वाले मामलों की जाँच करता है, जिनमें:

(a) जटिलता होती है और अन्तर्विभागीय एवं बहु-अनुशासनात्मक प्रशासन निहित होता है।

(b) मौद्रिक कुविनियोजन या प्रभावित व्यक्तियों के आकार के आधार पर लोक हितों का महत्वपूर्ण समावेश होता है।

(c) जाँच की संभाव्यता प्रणालियों, कानूनों या प्रक्रियाओं को एक स्पष्ट सुधार की ओर ले जाती है।

निगमित प्रशासन पर समितियाँ (Committees on Corporate Governance)

1. **सीआईआई कोड समिति (1998):** भारतीय उद्योग परिसंघ भारत का सबसे बड़ा औद्योगिक एवं व्यापारिक संघ है। इसने निगमित प्रशासन के मामलों का परीक्षण करने के लिए एक समिति का गठन किया और सर्वोत्तम प्रक्रियाओं के एक स्वैच्छिक कोड की सिफारिश की। समिति इस विश्वास से प्रेरित थी कि अच्छा निगमित प्रशासन प्रतिस्पर्द्धी दरों पर घरेलू एवं वैश्विक पूँजी तक भारतीय कम्पनियों की पहुँच बनाने के लिए अनिवार्य था। इसकी संहिता (अपेक्षित निगमित प्रशासन: एक संहिता) 1998 में प्रकाशित की गयी। यह संहिता स्वैच्छिक और सूचीबद्ध कम्पनियों पर केन्द्रित थी। इसमें कई विस्तृत प्रावधान शामिल किये गये थे।
2. **कुमार मंगलम बिड़ला समिति (1999):** 1999 में सेबी ने कुमार मंगलम बिड़ला की अध्यक्षता में एक समिति का गठन किया ताकि अच्छे निगमित प्रशासन के मानकों को ऊपर उठाया जा सके। सेबी बोर्ड ने इस समिति की मुख्य सिफारिशों को स्वीकार और अनुमोदित किया था तथा इन सिफारिशों को स्टॉक एक्सचेंजों के सूचीबद्ध समझौते के खंड 49 में शामिल किया गया था।
3. **नरेश चन्द्रा समिति (2002):** विभिन्न निगमित प्रशासन मामलों के परीक्षण हेतु निगमित मामलों के मंत्रालय द्वारा 2002 में नरेश चन्द्रा समिति का गठन किया गया। समिति ने ऑडीटर-कम्पनी संबंध, ऑडिट फर्मों के गैर-ऑडिट सेवायें उपलब्ध कराने पर प्रतिबंध, अनिवार्य ऑडिट साझीदार चक्रण, ऑडीटर योग्यताओं का प्रकटीकरण, वार्षिक लेखाओं के सीईओ एवं सीएफओ प्रमाणीकरण, स्वतंत्र निदेशकों का प्रतिशत, सूचीबद्ध कम्पनियों का न्यूनतम बोर्ड आकार, बोर्ड की बैठकों के दौरान प्रकटीकरण, इत्यादि के बारे में अपनी सिफारिशें पेश कीं।
4. **नारायण मूर्ति समिति (2003):** सेबी द्वारा खंड 49 की समीक्षा तथा निगमित प्रशासन मानकों के सुधार हेतु उपाय सुझाने के लिए इस समिति का गठन किया गया। इस समिति की प्रमुख सिफारिशें मुख्यत: ऑडिट कमेटियों, ऑडिट रिपोर्टों, स्वतंत्र निदेशकों, सम्बद्ध पक्ष लेन-देनों, जोखिम प्रबंधन, निदेशन एवं निदेशक क्षतिपूर्ति, आचार संहिता एवं वित्तीय प्रकटीकरणों से जुड़ी थीं।
5. **जे.जे. ईरानी समिति (2005):** दिसम्बर 2004 में कॉरपोरेट कार्य मंत्रालय द्वारा डॉ. जमशेद जे. ईरानी की अध्यक्षता में कम्पनी कानून पर एक विशेषज्ञ समिति का गठन किया गया। समिति ने अपनी रिपोर्ट मई 2005 में प्रस्तुत की थी। इसने वर्तमान आर्थिक एवं व्यापारिक परिदृश्य के संदर्भ में कम्पनी अधिनियम, 1956 में किये जाने वाले अनिवार्य बदलावों पर एक परिप्रेक्ष्य का विकास करने के लिए एक व्यापक दृष्टिकोण अपनाया। इसका लक्ष्य विदेश से निवेशों को आकर्षित करने में भारत को वैश्विक रूप से अधिक प्रतिस्पर्द्धी बनाना था, जिसके लिए इसने भारतीय निगमित वातावरण में ऐसी प्रणालियों के विकास का सुझाव दिया जो पारदर्शी, सरल और वैश्विक रूप से स्वीकार्य हों।

नैगमिक सामाजिक उत्तरदायित्व (Corporate Social Responsibility)

कंपनियों के लिए नैगमिक सामाजिक उत्तरदायित्व (सीएसआर) को भारत में कानून के माध्यम से अनिवार्य किया गया है। कंपनी अधिनियम, 2013 में नैगमिक सामाजिक उत्तरदायित्व पर प्रावधान शामिल हैं, अधिनियम की अनुसूची VII में उन गतिविधियों का उल्लेख हैं जिन्हें नैगमिक सामाजिक उत्तरदायित्व के रूप में व्यक्त किया जा सकता है और कंपनी (नैगमिक सामाजिक उत्तरदायित्व नीति) नियम, 2014 निर्देशित करते हैं कि किस तरीके से कंपनियां

अधिनियम के नैगमिक सामाजिक उत्तरदायित्व प्रावधानों का पालन कर सकती हैं।

अधिनियम के तहत, किसी भी वित्तीय वर्ष के दौरान 500 करोड़ रुपये या उससे अधिक की कुल संपत्ति, या 1,000 करोड़ रुपये या उससे अधिक का टर्नओवर, या 5 करोड़ रुपये या उससे अधिक के शुद्ध लाभ वाली हर कंपनी के लिए नैगमिक सामाजिक उत्तरदायित्व गतिविधियों को करना अनिवार्य है। तत्काल पिछले तीन वित्तीय वर्षों के दौरान कंपनी द्वारा कमाए औसत शुद्ध लाभ का कम-से-कम दो प्रतिशत नैगमिक सामाजिक उत्तरदायित्व गतिविधियों पर खर्च किया जाना होता है।

ऐसी प्रत्येक कंपनी को एक नैगमिक सामाजिक उत्तरदायित्व समिति का गठन करना है, जिसमें न्यूनतम एक स्वतंत्र निदेशक सहित कम-से-कम तीन निदेशक हों। नैगमिक सामाजिक उत्तरदायित्व समिति को नैगमिक सामाजिक उत्तरदायित्व नीति तैयार और अनुशंसित करनी है और इस नीति में उन कार्यों का उल्लेख होना चाहिए जिन्हें कंपनी नैगमिक सामाजिक उत्तरदायित्व के तहत करेगी और इसमें प्रत्येक कार्यमद में आवंटित धन भी निर्दिष्ट होना चाहिए। समिति समय-समय पर नैगमिक सामाजिक उत्तरदायित्व नीति की निगरानी और कार्यान्वयन के लिए भी जिम्मेदार है।

नैगमिक सामाजिक उत्तरदायित्व पर खर्च करने के लिए उत्तरदायी कंपनियों को वैधानिक रूप से बोर्ड रिपोर्ट में नैगमिक सामाजिक उत्तरदायित्व नीति तथा इसके तहत किये जाने वाले कार्य व उन पर किये जाने वाले खर्च का वर्णन करना होता है। नैगमिक सामाजिक उत्तरदायित्व खर्च में कमी के कारणों को बोर्ड रिपोर्ट में अनिवार्य रूप से प्रकट किया जाना आवश्यक है।

समावेशी विकास और वहनीय विकास को प्राप्त करने के लिए नैगमिक सामाजिक उत्तरदायित्व के क्षेत्र में कॉरपोरेट पहलों को सम्मान देने के लिए कॉरपोरेट मामलों के मंत्रालय द्वारा राष्ट्रीय नैगमिक सामाजिक उत्तरदायित्व पुरस्कार संस्थापित किये गए हैं। ये पुरस्कार भारत सरकार द्वारा नैगमिक सामाजिक उत्तरदायित्व के क्षेत्र में सर्वोच्च सम्मान हैं। ये पुरस्कार 2017 में नैगमिक सामाजिक उत्तरदायित्व पर उच्च-स्तरीय समिति की अनुशंसाओं के बाद संस्थापित किए गए हैं। इन पुरस्कारों के उद्देश्य इस प्रकार हैं:

1. नैगमिक सामाजिक उत्तरदायित्व गतिविधियों में उत्कृष्टता प्राप्त करने के लिए कंपनियों के विभिन्न वर्गों में प्रतिस्पर्द्धा का वर्द्धन।
2. कंपनियों को चिन्हित नैगमिक सामाजिक उत्तरदायित्व व्यय की समस्त राशि खर्च करने के लिए प्रोत्साहित करना।
3. नैगमिक सामाजिक उत्तरदायित्व कार्यों का प्रभाव, नवाचार, प्रौद्योगिकी के इस्तेमाल, लिंग और पर्यावरणीय मुद्दों, वहनीयता, वर्द्धनीयता और प्रतिकृति की मान्यता।
4. कॉरपोरेट की नैगमिक सामाजिक उत्तरदायित्व गतिविधियों को चौनलाइज करना ताकि उनके कार्यों का लाभ समाज के हाशिए पर स्थित वर्गों और देश के दूर-दराज के इलाकों तक पहुंचे।

राष्ट्रीय नैगमिक सामाजिक उत्तरदायित्व पुरस्कारों के तहत पुरस्कारों की कुल संख्या 20 है, जो निम्न तीन श्रेणियों में प्रदान किये जाते हैं:

1. **नैगमिक सामाजिक उत्तरदायित्व में उत्कृष्टता के लिए कॉर्पोरेट पुरस्कारः** कुल पात्र सीएसआर व्यय के आधार पर किसी कंपनी को सम्मान (चार पुरस्कार)।
2. **चुनौतीपूर्ण परिस्थितियों में नैगमिक सामाजिक उत्तरदायित्व में कॉर्पोरेट पुरस्कारः** चुनौतीपूर्ण परिस्थितियों, आकांक्षात्मक जिले, कठिन इलाके / अशांत क्षेत्र, आदि में नैगमिक सामाजिक उत्तरदायित्व प्रयासों के आधार पर किसी कंपनी को सम्मान (पांच पुरस्कार तक)।
3. **राष्ट्रीय वरीयता योजनाओं में योगदान** के आधार पर ग्यारह पुरस्कार दिए जा सकते हैं, ताकि इन क्षेत्रों में कॉरपोरेट्स को खर्च करने के लिए प्रेरित किया जा सके।

सिविल सेवा का विकासक्रम (Evolution of Civil Service)

81

सिविल सेवा की उत्पत्ति (Origin of Civil Service)

'सिविल सेवा' और 'सिविल सेवा प्रणाली' की भारत में शुरुआत पहली बार ब्रिटिश शासकों द्वारा ईस्ट इंडिया कंपनी के शासनकाल (सत्रहवीं शताब्दी) के दौरान हुई थी। शुरू में, वाणिज्यिक कार्य में लगे ईस्ट इंडिया कंपनी के सेवकों को कंपनी की स्थल सेना और नौसेना के कर्मचारियों से अलग रखने के उद्देश्य से 'सिविल सेवक' कहा जाता था। वर्ष 1675 में कंपनी ने पदों को नियमित तौर पर निम्नलिखित ढंग से श्रेणीबद्ध करने की परंपरा डाली (नीचे से ऊपर के क्रम में):

1. शिक्षु (Apprentice)
2. लेखक (Writer)
3. कारक (Factor)
4. कनिष्ठ व्यापारी (Junior Merchant)
5. वरिष्ठ व्यापारी (Senior Merchant)

बाद में जब कंपनी के नियंत्रण क्षेत्र का विस्तार हुआ तो सिविल सेवकों को प्रशासनिक कार्य भी करने पड़े। वर्ष 1765 तक 'सिविल सेवक' शब्द का प्रयोग कंपनी के आधिकारिक अभिलेखों में होने लगा था।

लॉर्ड वारेन हेस्टिंग्स और लॉर्ड कार्नवालिस के प्रयासों के फलस्वरूप सिविल सेवा का उदय हुआ। हेस्टिंस ने सिविल सेवा की नींव रखी और कार्नवालिस ने इसे तर्कसंगत एवं नया स्वरूप प्रदान किया। इसीलिए लॉर्ड कार्नवालिस को 'भारत में सिविल सेवा का जनक' कहा जाता है। उसने उच्च सिविल सेवा की शुरुआत की, जो निचले स्तर की सिविल सेवा से अलग थी। उच्च सिविल सेवा का गठन कंपनी के कानून द्वारा जबकि निचले स्तर की सिविल सेवा का गठन अन्यथा किया गया था। कार्नवालिस ने उच्च सिविल सेवा के पदों को अंग्रेजों के लिए ही आरक्षित रखकर भारतीयों को उच्च पदों से वंचित रखा। कार्नवालिस की नीति निम्नलिखित तर्कों पर आधारित थी:

1. उसे भारतीयों की निष्ठा और योग्यता पर विश्वास नहीं था।
2. उसकी सोच थी कि भारत में ब्रिटिश शासन को स्थापित और संगठित रखने का कार्य भारतीय मूल के लोगों पर नहीं छोड़ा जा सकता।
3. उसका मानना था कि भारत में ब्रिटिश मॉडल पर आधारित प्रशासन केवल अंग्रेज़ों द्वारा ही स्थापित किया जा सकता है, भारतीयों द्वारा नहीं।
4. वह सिविल सेवा के अधीन उच्च पदों को ब्रिटिश समाज के प्रभावशाली लोगों के लिए आरक्षित रखना चाहता था।

वर्ष 1800 में तत्कालीन गवर्नर जनरल लॉर्ड वेलेजली ने कंपनी के सिविल सेवकों को प्रशिक्षण देने के लिए कोलकाता में फोर्ट विलियम कॉलेज की स्थापना की। वेलेजली के इस कार्य को कोर्ट ऑफ़ डायरेक्टर्स का समर्थन (ईस्ट इंडिया कंपनी का शासी निकाय) नहीं मिला, जिन्होंने प्रशिक्षण प्रदान करने के लिए इंग्लैंड के हेलीबरी में वर्ष 1806 में ईस्ट इंडिया कॉलेज की स्थापना की थी।

चार्टर एक्ट 1833 के माध्यम से कंपनी के सिविल सेवकों के चयन के आधार के रूप में खुली प्रतियोगिता प्रणाली की शुरुआत का प्रयास किया। इस एक्ट में यह भी उल्लेख था कि भारतीयों को कंपनी के अंतर्गत रोजगार, पद और अधिकार से वंचित नहीं किया जाना चाहिए। तथापि, इस एक्ट के प्रावधान बोर्ड ऑफ़ डायरेक्टर्स के विरोध के कारण लागू नहीं हो सके जो संरक्षण प्रणाली को ही जारी रखना चाहते थे।

मैकाले समिति (Macauley Committee)

चार्टर एक्ट 1853 के माध्यम से संरक्षण प्रणाली समाप्त हुई तथा कंपनी के सिविल सेवकों के चयन और भर्ती के आधार के रूप में खुली प्रतियोगिता प्रणाली का सूत्रपात हुआ। इस प्रकार बोर्ड ऑफ डायरेक्टर्स अपनी संरक्षक शक्तियों से वंचित हो गए और उच्च सिविल सेवा की प्रतियोगिता में नियंत्रण बोर्ड द्वारा बनाए

जाने वाले नियमों के तहत भारतीयों को भी शामिल कर लिया गया। तद्नुसार ही अधिनियम के उक्त प्रावधानों को लागू करने के उपाय सुझाने के लिए वर्ष 1854 में मैकाले समिति (भारतीय सिविल सेवा से संबंधित समिति) की नियुक्ति हुई।

समिति ने अपनी रिपोर्ट 1854 में ही प्रस्तुत कर दी जिसमें निम्नलिखित सिफारिशें की गई थीं:

1. सिविल सेवाओं में भर्ती के लिए खुली प्रतियोगिता प्रणाली अपनाई जानी चाहिए।
2. इस परीक्षा में प्रवेश के लिए अभ्यर्थियों की आयु 18 से 23 वर्ष होनी चाहिए।
3. प्रतियोगी परीक्षा का आयोजन लंदन में किया जाना चाहिए।
4. अभ्यर्थियों को अंतिम तौर पर नियुक्त करने से पहले उन्हें कुछ समय के लिए परिवीक्षा (प्रोबेशन) पर रखा जाना चाहिए।
5. हेलीबरी स्थित ईस्ट इंडिया कॉलेज को बंद किया जाना चाहिए।
6. प्रतियोगी परीक्षा का स्तर ऊंचा होना चाहिए तथा गहन ज्ञान से युक्त अभ्यर्थियों का चयन ही सुनिश्चित किया जाना चाहिए।

नियंत्रण बोर्ड ने उक्त सभी अनुशंसाओं को स्वीकार कर उन्हें लागू कर दिया। पहली खुली प्रतियोगिता का आयोजन 1855 में गठित नियंत्रण बोर्ड के अधीन लंदन में कराया। बाद में वर्ष 1858 में इस प्रतियोगी परीक्षा के आयोजन की जिम्मेदारी वर्ष 1855 में गठित ब्रिटिश सिविल सर्विस कमीशन को सौंपी गई। इसी प्रकार वर्ष 1858 में ही ईस्ट इंडिया कॉलेज को बंद कर के सिविल सेवकों को ब्रिटिश विश्वविद्यालयों में प्रशिक्षण दिया जाने लगा था। फिर भी, पहले भारतीय (सत्येन्द्र नाथ टैगोर) को उच्चतर सिविल सेवा में प्रवेश 1864 में जाकर ही प्राप्त हो सका।

इंडियन सिविल सर्विस एक्ट 1861 में उच्च सेवा के कुछ महत्वपूर्ण पदों को आरक्षित रखने का प्रावधान किया गया था। इसके बाद सिविल सर्विस एक्ट 1870 के माध्यम से 1861 के अधिनियम की त्रुटियों को सुधारा गया और इसमें भारतीयों के प्रवेश का प्रावधान किया गया। परंतु इसे तत्कालीन वायसराय लॉर्ड लिटन द्वारा 1879 में ही लागू किया जा सका।

एचिसन आयोग (Aitchison Commission)

वर्ष 1886 में चार्ल्स एचिसन की अध्यक्षता में सिविल सेवा आयोग का गठन किया गया ताकि सिविल सेवा में उच्च पदों पर आसीन होने की भारतीयों की दावेदारी के प्रति पूरा न्याय किया जा सके। एचिसन आयोग ने अपनी रिपोर्ट वर्ष 1887 में प्रस्तुत की, जिसमें निम्नलिखित सिफारिशें की गई थीं:

1. सिविल सेवाओं के दो स्तरीय वर्गीकरण (अर्थात् उच्च और निचले) की जगह तीन स्तरीय वर्गीकरण अर्थात् इंपीरियल (उच्चतम), प्रोविंशियल (प्रांतीय) और सब-ऑर्डिनेट (अधीनस्थ) को अपनाया जाना चाहिए।
2. सिविल सेवा में प्रवेश के लिए अधिकतम आयु सीमा 23 वर्ष निर्धारित की जानी चाहिए।
3. भर्ती की सांविधिक सिविल सेवा प्रणाली का अंत होना चाहिए।
4. प्रतियोगी परीक्षा इंग्लैंड और भारत में साथ-साथ आयोजित नहीं होनी चाहिए।
5. इंपीरियल सिविल सेवा के अधीन कुछ प्रतिशत पद प्रांतीय सिविल सेवा के सदस्यों को पदोन्नत करके भरे जाने चाहिए।

आयोग की उक्त अनुशंसाओं को वृहद स्तर पर स्वीकार और लागू किया गया। सांविधिक सिविल सेवा को 1892 में समाप्त कर दिया गया।

इसलिंग्टन आयोग (Islington Commission)

पुनः 1912 में लॉर्ड इसलिंग्टन की अध्यक्षता में भारत में सिविल सेवा पर शाही आयोग की नियुक्ति की गई। इसलिंग्टन आयोग ने 1915 में अपनी रिपोर्ट प्रस्तुत की, जिसमें निम्नलिखित सिफारिशें की गई थीं:

1. उच्चतर पदों पर भर्ती आंशिक रूप से इंग्लैण्ड और आंशिक रूप से भारत में की जानी चाहिए। किन्तु इसने इंग्लैण्ड और भारत में एक ही समय पर प्रतियोगी परीक्षाएं आयोजित करने के विचार का समर्थन नहीं किया था।

2. उच्चतर पदों का 25% आंशिक रूप से प्रत्यक्ष भर्ती तथा आंशिक रूप से पदोन्नति के माध्यम से भारतीयों द्वारा भरा जाये।
3. भारत सरकार के अधीन सेवाओं को श्रेणी I और श्रेणी II में वर्गीकृत किया जाये।
4. सिविल सेवकों के वेतन का निर्धारण करते समय कार्यक्षमता को बनाये रखने के सिद्धान्त का अंगीकरण किया जाना चाहिए।
5. सीधी भर्ती के लिए 2 वर्ष की परिवीक्षा अवधि होनी चाहिए। आईसीएस के लिए यह अवधि तीन वर्ष होनी चाहिए।

आयोग की रिपोर्ट 1917 में तब प्रकाशित हुई जब इसकी सिफारिशें प्रथम विश्व युद्ध और 1917 की अगस्त घोषणा के कारण अप्रासंगिक हो चुकी थीं। इसलिए इन सिफारिशों पर किसी प्रकार का गम्भीर विचार-विमर्श नहीं हुआ था।

मॉण्ट–फोर्ड रिपोर्ट (Montford Report)

सिविल सेवा के विकासक्रम में अगला मील का पत्थर 1918 की मॉण्टेग्यू-चेम्स फोर्ड रिपोर्ट (अथवा मॉण्ट-फोर्ड रिपोर्ट या भारतीय संवैधानिक सुधारों पर रिपोर्ट) थी, जिसमें निम्नलिखित सिफारिशें की गयी थीं:

1. उच्चतर पदों का 33% भारत में भर्ती के माध्यम से भरा जाये और इस प्रतिशत को 1.5% वार्षिक की दर से बढ़ाया जाये।
2. भारत और इंग्लैण्ड में एक ही समय पर प्रतियोगी परीक्षाएं आयोजित की जायें।
3. आईसीएस के सदस्यों को अच्छा वेतन, पेंशन लाभ और भत्ते दिये जाने चाहिए।

उपरोक्त सिफारिशों को स्वीकार किया गया और उन्हें 1919 के भारत शासन अधिनियम के द्वारा लागू किया गया। इस अधिनियम की पूर्व संध्या पर निम्नलिखित 9 अखिल भारतीय सेवायें मौजूद थीं:

1. भारतीय सिविल सेवा (आईसीएस)।
2. भारतीय पुलिस सेवा।
3. भारतीय वन सेवा।
4. भारतीय वन अभियांत्रिकी सेवा।
5. भारतीय अभियांत्रिकी सेवा।
6. इंडियन सिविल वेटरनरी सर्विस।
7. भारतीय चिकित्सा सेवा।
8. भारतीय शैक्षिक सेवा।
9. भारतीय कृषि सेवा।

इस सूची में भारतीय कृषि सेवा के रूप में अन्तिम अखिल भारतीय सेवा 1906-07 में जोड़ी गयी थी। इन सेवाओं के सदस्य भारत के राज्य सचिव द्वारा भर्ती और नियंत्रित किए जाते थे। इसलिए इन सेवाओं को राज्य सेवा के सचिव के रूप में भी जाना जाता था। उल्लेखनीय रूप से अखिल भारतीय सेवा शब्द पहली बार 1918 में कार्य विभाजन समिति द्वारा प्रयुक्त किया गया था। एम.ई. गॉंटलेट इस समिति के अध्यक्ष थे।

1918 और 1919 के सुधारों के परिणामस्वरूप पहली प्रतियोगी परीक्षा (आईसीएस परीक्षा) ब्रिटिश सिविल सेवा आयोग के पर्यवेक्षणाधीन 1922 में भारत में (इलाहाबाद में) आयोजित हुई थी। इस समय तक उच्चतर सिविल सेवाओं में प्रवेश के लिए पाँच पद्धतियाँ मौजूद थीं। ये पद्धतियाँ थीं:

1. इंग्लैण्ड में आयोजित खुली प्रतियोगी परीक्षाओं द्वारा।
2. भारत में आयोजित पृथक् प्रतियोगी परीक्षाओं द्वारा।
3. बार से नियुक्तियों द्वारा (न्यायिक पदों के सम्बन्ध में)।
4. प्रान्तीय सिविल सेवाओं से पदोन्नति के द्वारा, और;
5. सामुदायिक एवं प्रान्तीय प्रतिनिधित्व को बढ़ावा देने के लिए नामांकन द्वारा (भारत में)।

1922 में, भारत सरकार द्वारा निम्नतर सेवाओं पर भर्ती के लिए कर्मचारी चयन बोर्ड का गठन किया गया। यह 1926 तक काम करता रहा। इसके बाद इसके कार्यों को नवगठित सिविल सेवा आयोग द्वारा सम्पन्न किया जाने लगा।

ली आयोग (Lee Commission)

वर्ष 1923 में लॉर्ड विस्कांउट ली की अध्यक्षता में भारत में उच्च सिविल सेवाओं से संबंधित रॉयल कमीशन की नियुक्ति हुई। कमीशन ने अपनी रिपोर्ट 1924 में प्रस्तुत करते हुए निम्नलिखित अनुशंसाएँ कीं:

1. भारतीय सिविल सेवा, भारतीय पुलिस सेवा, भारतीय चिकित्सा सेवा, भारतीय इंजीनियरिंग सेवा (सिंचाई शाखा), भारतीय वन सेवा (मुंबई प्रांत को छोड़कर) को बनाए रखना चाहिए। इन सेवाओं के सदस्यों की नियुक्ति तथा उन पर नियंत्रण रखने का कार्य भारत के राजमंत्री (Secretary of State) द्वारा किया जाना चाहिए।
2. अखिल भारतीय स्तर की अन्य सेवाओं, यथा–भारतीय कृषि सेवा, भारतीय वेटनरी सेवा, भारतीय शैक्षिक सेवा, भारतीय इंजीनियरिंग सेवा (सड़क एवं भवन शाखा) तथा भारतीय वन सेवा (केवल मुंबई प्रांत में) के लिए आगे कोई नियुक्ति/भर्ती नहीं की जानी चाहिए। भविष्य में इन सेवाओं के सदस्यों की नियुक्ति और उन पर नियंत्रण रखने का कार्य प्रांतीय सरकारों द्वारा किया जाना चाहिए।
3. सेवाओं के भारतीयकरण के लिए उच्च पदों में से 20% पद प्रांतीय सिविल सेवा में से पदोन्नति के आधार पर भरे जाने चाहिए। सीधी भर्ती के समय अंग्रेज़ों और भारतीयों का अनुपात बराबर होना चाहिए ताकि लगभग 15 वर्षों में 50:50 के अनुपात का लक्ष्य हासिल हो सके।
4. ऐसे ब्रिटिश अधिकारियों को समानुपातिक पेंशन के आधार पर सेवानिवृत्ति की अनुमति दी जानी चाहिए, जो भारतीय मंत्रियों के अधीन कार्य करने के इच्छुक न हों।
5. भारत सरकार अधिनियम, 1919 के प्रावधान के अनुसार सिविल सेवा आयोग का गठन किया जाना चाहिए।

उक्त अनुशंसाओं को मानते हुए ब्रिटिश सरकार ने उन्हें लागू करते हुए वर्ष 1926 में केंद्रीय सिविल सेवा आयोग की स्थापना की और आयोग को सिविल सेवकों की भर्ती करने का कार्य सौंपा। इस आयोग में एक अध्यक्ष और चार अन्य सदस्यों का प्रावधान था और इसके पहले अध्यक्ष ब्रिटिश गृह सिविल सेवा के वरिष्ठ सदस्य सर रॉस बार्कर थे। 1937 में (जब 1935 का अधिनियम लागू हुआ) इस आयोग का स्थान संघीय सिविल सेवा आयोग ने ले लिया और अंत में, 26 जनवरी, 1950 (जब भारतीय संविधान लागू हुआ) को संघ सिविल सेवा आयोग अस्तित्व में आया।

भारत सरकार अधिनियम, 1935 में सिविल सेवा के सदस्यों के अधिकारों और विशेषाधिकारों की रक्षा संबंधी प्रावधान किया गया था। इस अधिनियम में संघीय सिविल सेवा आयोग तथा प्रांतीय सिविल सेवा आयोग की स्थापना के साथ-साथ दो या दो से अधिक प्रांतों के लिए संयुक्त सिविल सेवा आयोग स्थापित करने का भी प्रावधान था।

वर्ष 1947 में अखिल भारतीय स्तर की केवल दो सेवाएँ ही अस्तित्व में थीं- इंडियन सिविल सर्विस और इंडियन पुलिस सर्विस। इसके अतिरिक्त केंद्रीय और राज्य स्तर की विभिन्न सेवाएँ भी अस्तित्व में थीं। केंद्रीय सेवाएँ चार श्रेणियों में वर्गीकृत थीं– श्रेणी I, श्रेणी II, अधीनस्थ और चतुर्थ श्रेणी की निम्नतर सेवाएँ।

अखिल – भारतीय सेवाओं की भूमिका (Role of All-India Services)

82

औचित्य (Rationale)

अखिल भारतीय सेवाओं के समर्थन में दिए गए तर्क इस प्रकार हैं:

1. **राष्ट्रीय एकता (National Integration):** ये सेवाएँ राष्ट्रीय एकता की भावना को बढ़ावा देती हैं, क्योंकि इन सेवाओं के सदस्य अखिल भारतीय स्तर का दृष्टिकोण रखते हैं। इन सेवाओं के सदस्य अपने मूल राज्य से बाहर पदस्थ रहने के कारण क्षेत्रीयता, भाषायी और सांप्रदायिक हितों के परे कार्य भी कर सकते हैं।

2. **दक्षता (Efficiency):** इन सेवाओं के सदस्य, केंद्र और राज्य दोनों में प्रशासनिक कार्यकुशलता में प्रशासन को उच्चतर बनाए रखने में सहायक होते हैं। ब्रिटिश शासन काल में इन्हें 'प्रशासनिक ढांचे का फौलादी चौखटा' (Steel-frame of administrative structure) कहा जाता था।

3. **एकरूपता (Uniformity):** ये पूरे देश की प्रशासनिक प्रणाली में एकरूपता बनाए रखने में सहायक होते हैं। इन सेवाओं के सदस्यों को बारी-बारी से केंद्र और राज्य दोनों में तैनात किया जाता है।

4. **सहकारी संघवाद (Co-operative Federalism):** इन सेवाओं के सदस्य जनहित से जुड़ी आम समस्याओं और मामलों पर केंद्र और राज्यों के बीच संपर्क, सहयोग, समन्वयन और संयुक्त कार्यवाही को सुगम बनाते हैं।

5. **प्रतिभा का भंडार (Repository of Talent):** ये सेवाएं देश की उत्कृष्ट प्रतिभा को आकर्षित करती हैं क्योंकि इनमें भर्ती का क्षेत्र व्यापक है और हैसियत तथा प्रतिष्ठा ऊँची है।

6. **राष्ट्रपति शासन (President's Rule):** राज्य में राष्ट्रपति शासन होने पर राष्ट्रपति प्रशासन को कुशलतापूर्वक चलाए रखने के लिए राष्ट्रपति इन अधिकारियों की निष्ठा और सहयोग पर भरोसा कर सकता है। ऐसा इसलिए है कि अखिल भारतीय सेवा के अधिकारी राष्ट्रपति द्वारा ही नियुक्त और पदच्युत किए जाते हैं।

7. **स्वतंत्रता (Independence:):** इन सेवाओं के सदस्य उच्च स्तर पर सिविल सेवा की स्वतंत्रता और निष्पक्षता को प्रोत्साहन देते हैं। संवैधानिक सुरक्षा मिली होने के कारण, ये क्षेत्रीय तथा स्थानीय दबाव और प्रभाव से मुक्त हैं। इसलिए, ये राज्य स्तर के मंत्रियों को स्वतंत्र और बेलाग सलाह दे सकते हैं।

8. **बेहतर अनुभव (Rich Experience):** अखिल भारतीय सेवा के सदस्य विभिन्न राज्यों के बीच प्रचुर अनुभव के आदान-प्रदान को सुगम बनाते हैं। यहाँ उल्लेखनीय है कि इन सेवाओं के सदस्य केवल केंद्र और राज्य सरकारों के अधीन ही कार्य नहीं करते, बल्कि इनकी तैनाती केंद्र शासित राज्यों और स्थानीय सरकारों के अधीन शहरी और ग्रामीण क्षेत्रों में भी होती है। इस प्रकार इनके समृद्ध अनुभव का लाभ पूरा देश उठा सकता है।

9. **राज्यों के लिए लाभप्रद (Beneficial to States):** इन सेवाओं में भर्ती राष्ट्रीय स्तर की प्रतिभा के बीच से है, अत: इसका लाभ राज्यों को मिलता है। इसलिए जिन राज्यों में उच्च और महत्वपूर्ण पदों को भरने के लिए जनबल का अभाव है, उनको इन सेवाओं से निश्चित रूप से लाभ होगा।

10. **निरंतरता (Continuity):** इन सेवाओं के सदस्य ब्रिटिश शासन के दौरान विकसित पुरानी प्रशासनिक व्यवस्थाओं को कायम रखे हैं। ब्रिटिश शासन के दौरान इन सेवाओं के सदस्य प्रशासनिक पदानुक्रम का उच्चतम स्तर गठन करते थे। अखिल भारतीय स्तर की एकमात्र बहुउद्देशीय सेवा—आई.ए.एस है, जिसने पूर्ववर्ती आई.सी.एस का स्थान लिया है, जिसे 'स्वर्गजनित सेवा' कहा जाता था।

आलोचना (Criticism)

अखिल भारतीय सेवाओं की निम्नलिखित आलोचनाएँ की गई हैं:

1. **अतीत को कायम रखना (Hang-over of the Past):** इन सेवाओं का गठन भारत में ब्रिटिश शासन काल के दौरान हुआ था। उस समय एकात्मक सरकार थी और इसकी प्रकृति

एकाधीनतावादी थी। स्वतंत्रता प्राप्ति के बाद सरकार की संरचना और देश की सोच में व्यापक बदलाव आया है। इस बदले हुए परिदृश्य में अखिल भारतीय सेवा का कोई स्थान नहीं है।

2. **संघीय राज्य के विरुद्ध (Against Federation):** ये सेवाएँ उन प्रावधानों के विरुद्ध हैं जो संघीय प्रणाली की सरकार के बारे में हैं। इनसे राज्यों की स्वायत्तता प्रभावित हुई है। वर्ष 1950 से ही ये सेवाएँ केंद्र और राज्यों के मध्य विवाद का प्रमुख कारण रही हैं। संविधान में अखिल भारतीय स्तर की और सेवाओं के गठन का प्रावधान होने के बावजूद राज्यों ने इनका समर्थन नहीं किया है। वास्तविकता यह है कि तमिलनाडु सरकार द्वारा वर्ष 1969 में गठित राजामन्नार समिति ने अपनी रिपोर्ट (1971) में भारतीय प्रशासनिक सेवा और भारतीय पुलिस सेवा को समाप्त करने की सिफारिश की थी।

3. **मंत्रियों के उत्तरदायित्वों का अतिक्रमण (Violates Ministerial Responsibility):** अखिल भारतीय सेवाओं के कारण राज्य स्तर पर मंत्रियों के उत्तरदायित्वों का अतिक्रमण होता है। इन मंत्रियों को उन सिविल सेवकों की (सचिवों की) सहायता और परामर्श से कार्य करना पड़ता है जिनकी नियुक्ति और जिनका प्रशिक्षण केंद्र द्वारा होता है। इस प्रकार सिविल सेवकों का मंत्रियों पर सीधा नियंत्रण होता है।

4. **असमान प्रतिनिधित्व (Unequal Representation):** इन सेवाओं में अखिल भारतीय संघ के राज्यों का प्रतिनिधित्व एक समान नहीं है। पंजाब, उत्तर प्रदेश, बिहार, तमिलनाडु और आंध्र प्रदेश का प्रतिनिधित्व अन्य राज्यों से अधिक है। इस प्रकार इन सेवाओं में क्षेत्रीय निष्ठाओं के कारण राष्ट्रीय चरित्र का अभाव है।

5. **वित्तीय भार (Financial Burden):** इन सेवाओं के सदस्यों के वेतनमान अधिक होने के कारण राज्य सरकारों पर भारी वित्तीय भार होता है। ऐसा, देशभर से अच्छी प्रतिभाओं को आकृष्ट करने और उनकी कार्यकुशलता को बनाए रखने के लिए करना होता है।

6. **राज्य सेवाओं का हतोत्साहन (Demoralises State Services):** अखिल भारतीय सेवाओं की सेवा शर्तें और वेतन तथा पदोन्नति के अवसर राज्य स्तर की सेवाओं से बेहतर हैं। इसके अतिरिक्त राज्य सेवाओं के अधिकारियों को अखिल भारतीय सेवा के अधिकारियों के अधीन कार्य करना पड़ता है जिससे राज्य सेवाओं के अधिकारी हतोत्साहित होते हैं।

7. **सुविज्ञता का अभाव (No Familiarity):** अखिल भारतीय सेवा के सदस्य उस राज्य के बाहर से होते हैं जहाँ उनकी नियुक्ति होती है। इस कारण उन्हें उस राज्य की स्थानीय भाषा, संस्कृति और परिवेश का ज्ञान नहीं होता है। ये अधिकारी उस राज्य की जनता की समस्याओं को ठीक-ठीक नहीं समझ सकते।

8. **मिट्टी के बेटों के लिए हानिकारक (Disadvantageous to Sons of the Soil):** नई अखिल भारतीय सेवाओं के गठन और उनकी निरंतरता के कारण राज्य सेवाओं का प्रभावी प्रसार नहीं हो सका है। इस कारण स्थानीय लोगों के लिए रोजगार के अवसरों में भी कमी आई है। इन स्थानीय लोगों को 'धरती पुत्र' भी कहा जाता है। 'धरती पुत्र' का यह सिद्धांत देश में बढ़ते क्षेत्रवाद का परिणाम है।

9. **विशेषज्ञता का अभाव (Lacks Specialisation):** अखिल भारतीय सेवाओं के तहत मुख्यत: आई.ए.एस. के कारण विशेषज्ञता को बढ़ावा नहीं दिया जा सका है जो कि आधुनिक युग में आवश्यक है। कहावत है कि 'आई.ए.एस. के अधिकारी' हरफन मौला हैं जिन्हें महारथ किसी क्षेत्र में हासिल नहीं होती है। भारतीय प्रथम प्रशासनिक सुधार आयोग (1966-1970) ने भी इस तथ्य को माना था और सिफारिश की थी कि आई.ए.एस. के लिए एक कार्यात्मक क्षेत्र रेखा चिन्हित की जानी चाहिए।

अनुशंसाएं (Recommendations)

अखिल भारतीय सेवाओं पर कुछ विशेषज्ञों और आयोगों के विचार और राय इस प्रकार हैं:

1. **डॉ. बी. आर. अंबेडकर (Dr. BR Ambedkar):** सभी संघों में एक संघीय सिविल सेवा और एक राज्य सिविल सेवा है। भारतीय महासंघ, हालांकि दोहरी राजव्यवस्था, एक दोहरी सेवा होगी, लेकिन एक अपवाद के साथ। यह मान्यता है कि प्रत्येक देश की प्रशासनिक व्यवस्था में प्रशासन का मानक बनाए रखने के दृष्टिकोण से कुछ पदों को रणनीतिक कहा जा सकता है। प्रशासन के मानक सिविल सेवकों की क्षमता पर निर्भर करता है जिन्हें रणनीतिक पदों पर नियुक्त किया जाता है। संविधान यह प्रदान करता है कि राज्यों को 'स्वयं की नागरिक सेवाओं के निर्माण के अधिकार से वंचित किए बिना, अखिल भारतीय सेवा होगी जिसकी अखिल भारतीय स्तर पर सामान्य योगयता के आधार पर भर्ती होगी। उसके सदस्यों का समान वेतन होगा

जिनको पूरे संघ में रणनीतिक पदों के लिए अकेले नियुक्त किया जा सकता है।'

2. **सरदार पटेल (Sardar Patel):** ''मैं आपको विश्वास दिला पाता कि मैंने इस मुश्किल समय में उनके साथ काम किया है। मैं भारी जिम्मेदारी की भावना से बोल रहा हूं और मुझे यह अंगीकार करना चाहिए कि देशभक्ति के संदर्भ में, निष्ठा के संदर्भ में, ईमानदारी के संदर्भ में, और क्षमता के संदर्भ में आपके पास कोई विकल्प नहीं हो सकता। मैं इस सदन में यह रिकॉर्ड करना चाहता हूँ कि अगर पिछले दो या तीन वर्षों में अधिकांश सेवाओं के सदस्यों ने देशभक्ति और निष्ठा के साथ व्यवहार नहीं किया होता तो संघ का पतन हो चुका होता।''

उन्होंने आगे कहा, ''संघ चला जाएगा, मगर आपके पास एक संयुक्त भारत नहीं होगा यदि आपके पास एक अच्छी अखिल भारतीय सेवा नहीं है जिसे अपने मन की बात कहने की स्वतंत्रता है ... यह संविधान ऐसी सेवाओं के लिए कार्य करने हेतु है जो देश को अक्षुण्ण रखेंगी।''

3. **राज्य पुनर्गठन आयोग, 1955 (States Reorganisation Commission, 1955):** ''व्यक्तिगत या समूहों में अखिल भारतीय बनाने कारण यह है कि जिन अधिकारियों को प्रशासन के लिए जिम्मेदारी का खामियाजा अनिवार्य रूप से लागू होगा, वे एक विस्तृत और अखिल भारतीय दृष्टिकोण विकसित कर सकेंगे।''

यहाँ यह भी उल्लेख किया जाना चाहिए कि तीन और अखिल भारतीय सेवाएं के निर्माण की अनुशंसा हुई अर्थात् भारतीय वन सेवा, भारतीय अभियांत्रिकी सेवाएं और भारतीय चिकित्सा और स्वास्थ्य सेवा।

4. **संसद की प्राक्कलन समिति, 1966 (Estimates Committee of Parliament, 1966):** ''इन सेवाओं के अखिल भारतीय आधार के संगठन पर विविध का प्रशासन करने के लिए एक कल्याणकारी राज्य की बढ़ती ज़िम्मेदारियों का सर्वाधिक महत्व है। उनकी रचना भारत की एकता का संकेत है और राष्ट्रीय विकास और लगभग सामान प्रशासन के मानक के दृष्टिकोण को प्रोत्साहित करता है। यह भी सुनिश्चित करता है कि हर राज्य के प्रशासन के पास ऐसे बाह्य अधिकारी हैं जिनकी दृष्टि और दृष्टिकोण एक पारलौकिक क्षितिज से परिचालित नहीं हैं क्योंकि राज्य सरकारों में इन अधिकारियों पर पूर्ण प्रशासनिक नियंत्रण निहित नहीं है। इस प्रकार बिना स्थानीय प्रभाव के तनाव और उपभेद में आये, अधिकारी अपनी जिम्मेदारियों का निर्वहन् करें।''

5. **भारतीय प्रथम प्रशासनिक सुधार आयोग, 1969 (Administrative Reforms Commission of India, 1969):** ''मूल विचार जिनके लिए अखिल भारतीय सेवाएं आरम्भ की गयी थीं, वे न केवल आज तक ज्वलंत हैं अपितु वे आज अधिक बल के साथ लागू हैं और वे भविष्य में आई.ए.एस. जैसी संरचना को आवश्यक बनती हैं।''

यहाँ यह भी उल्लेख किया जाना चाहिए कि आयोग ने शिक्षा, स्वास्थ्य, न्यायपालिका, पानी और अन्य क्षेत्रों में नई अखिल भारतीय सेवाओं के निर्माण की अनुशंसा की है।

6. **केंद्र-राज्य संबंध पर सरकारिया आयोग (1983-1988) [Sarkaria Commission on Centre-State Relations (1983–1988)]:** ''अखिल भारतीय सेवाएँ आज भी उतनी ही आवश्यक हैं, जितनी वे तब थीं जब संविधान तैयार किया गया था और देश की एकता को बनाए रखने वाली प्रमुख संस्थानों में से एक है। निःसंदेह, अखिल भारतीय सेवाओं के सदस्यों ने भूमिकाओं का निर्वहन करते हुए स्वयं को सक्षम दिखाया है, जो संविधान के निर्माताओं ने परिकल्पना की थी। अखिल भारतीय सेवाओं को भंग करने या राज्य सरकार को योजना से बाहर होने की अनुमति देने के लिए किये गए कोई भी प्रयास को देश के हित में प्रतिगामी और हानिकारक माना जाना चाहिए।''

यहाँ यह भी उल्लेख किया जाना चाहिए कि तीन और अखिल भारतीय सेवाओं के निर्माण की अनुशंसा हुई अर्थात् भारतीय अभियांत्रिकी सेवाएं, भारतीय चिकित्सा और स्वास्थ्य सेवा और अखिल भारतीय शिक्षा सेवा।

7. **पांचवां वेतन आयोग (1994-1997) [Fifth Pay Commission (1994–1997)]:** आयोग ने अखिल भारतीय सेवाओं की दृढ़ता से निरंतरता महसूस की। इसने अखिल भारतीय सेवाओं के अखिल भारतीय चरित्र को प्रबल बनाने पर बल दिया। इसने दो और अखिल भारतीय सेवाओं के निर्माण की अनुशंसा हुई अर्थात् भारतीय चिकित्सा सेवा और भारतीय अभियांत्रिकी सेवा। यह माना गया कि केवल अखिल भारतीय सेवाओं का संजाल ही हमें विघटन से सुरक्षित कर सकता है। अधिक अखिल भारतीय सेवाएं होना देश के हित में है।

8. **केंद्र-राज्य संबंध पर पुंछी आयोग (2007-2010) [Punchhi Commission on Centre-State Relations (2007–2010)]:** अखिल भारतीय सेवाओं का संविधान भारतीय

संविधान की एक अनूठी विशेषता है। अखिल भारतीय सेवाओं की स्थापना से संबंधित व्यापक उद्देश्य हैं–संघ और राज्यों के बीच संपर्क को सुगम बनाना, प्रशासन के समान मानकों को बढ़ावा देना, संघ प्रशासनिक अधिकारियों को क्षेत्र की वास्तविकताओं के संपर्क में रहने के लिए सक्षम बनाना, राज्य के प्रशासनिक तंत्र की सर्वोत्तम उपलब्ध प्रतिभा के व्यापक दृष्टिकोण और व्यापक परिप्रेक्ष्य और भर्ती, अनुशासन और प्रशासन में नियंत्रण में राजनीतिक प्रभाव में कमी को प्राप्त करने में मदद करना। इन उद्देश्यों का महत्व समझते हुए आयोग स्वास्थ्य, शिक्षा, अभियांत्रिकी और न्यायपालिका जैसे क्षेत्रों में कुछ अन्य अखिल भारतीय सेवाओं के गठन की पुरजोर सिफारिश करता है।

अखिल भारतीय न्यायिक सेवा की आवश्यकता (Need for All-India Judicial Service)

42वें संशोधन अधिनियम, 1976 ने नई अखिल भारतीय न्यायिक सेवा के निर्माण का प्रावधान जारी किया। इस सेवा में न्यायाधीश के पद से नीचे का कोई पद शामिल नहीं होना चाहिए।

पूर्व में एक से अधिक अवसरों पर सर्वोच्च न्यायालय के अवलोकन के अनुरूप, केंद्र-राज्य संबंध पर पुंछी आयोग (2007-2010) ने अखिल भारतीय न्यायिक सेवा के गठन की बलपूर्वक अनुशंसा की। आयोग ने निम्नलिखित रूप से अनुशंसा के कारण को बताया:

प्रथम, भारत में संयुक्त राज्य अमेरिका या कुछ अन्य देशों के विपरीत एक एकीकृत न्यायपालिका है। केंद्रीय और राज्य कानूनों को सामान अदालतों द्वारा लागू और व्याख्यायित किया जाता है। यह अखिल भारतीय न्यायिक सेवा के गठन को एक प्राकृतिक घटना बनाता है जैसा कि अनुच्छेद 312 के तहत परिकल्पित है।

द्वितीय, जो प्रथम पहलू से संबंधित है, एक न्यायाधीश की न्यायिक जिम्मेदारियाँ सभी राज्यों में सामान होंगी। जाहिर तौर पर इसमें ऐसे कानून भी बनाए जाएंगे जो एक राज्य में मौजूद होंगे परन्तु अन्य राज्यों में नहीं और यह भी संभव है कि कुछ प्रकार के कानूनी विवाद एक राज्य में की तुलना में दूसरे राज्य में अधिक हों, जैसे-ऐतिहासिक, भौगोलिक या सांस्कृतिक कारण। फिर भी, अधिकतम रूप से नागरिक और आपराधिक मुकदमेबाजी राष्ट्र के किसी भी हिस्से में समान होगी। इस कारण से, कोई वास्तविक कारण नहीं है कि एक केंद्रीकृत न्यायिक सेवा क्यों किसी राज्य की विशेष आवश्यकताएं पर्याप्त रूप से अनुरूप नहीं होंगी। इस पर विचार करना होगा कि न्यायाधीश किस भाषा में वाकिफ हैं, परन्तु यह शायद ही कोई बड़ी बाधा है (यह बस की आवश्यकता है, उदाहरण स्वरूप, हिंदी भाषी न्यायाधीश को ऐसे राज्य में तैनात किया जाए जहां न्यायिक कार्य विशेष रूप से क्षेत्रीय भाषा में किया जाता है, हिंदी भाषा में नहीं। कुछ विशिष्ट दिशा-निर्देश और न्यायाधीश की प्राथमिकताओं को ध्यान में रखने से, ऐसी किसी भी सूक्ष्म बाधा का समाधान किया जा सकता है)। वास्तव में, कारण है कि लोक प्रशासन के दायरे में राज्य सेवाओं के महत्व पर बल देते हैं, उन्हें न्यायपालिका के दायरे में कम ज़ोर देते हैं।

तृतीय, और सबसे महत्वपूर्ण, अगर भर्तियों के लिए यथोचित अच्छा पारिश्रमिक दिया जा रहा है, तो ऐसी अखिल भारतीय न्यायिक सेवा का निर्माण कम उम्र में देश की सबसे योग्य कानूनी प्रतिभा को आकर्षित करने की दिशा में सफल होंगे। इसमें हमारी न्यायपालिका के सभी स्तरों पर गुणवत्ता को समृद्ध करने की क्षमता है और इस प्रकार सभी के लिए न्याय की पहुँच को सुनिश्चित करने के लिए एक महत्वपूर्ण योगदान है।

इन कारणों से, यह अनुशंसा की जाती है कि अखिल भारतीय न्यायिक सेवा का निर्माण जल्द-से-जल्द किया जाए और यह महसूस किया जाता है कि ऐसी सेवा का निर्माण किसी संघवाद के सिद्धांत या सामंजस्यपूर्ण केंद्र-राज्य संबंध के लिए अवरोधक नहीं है।

सिविल सेवा के सामान्यज्ञ और विशेषज्ञ (Generalists and Specialists in Civil Service)

83

भारतीय सिविल सेवा के दो घटक सामान्यज्ञ तथा विशेषज्ञ प्रभावशाली हैं। सिविल सेवा की प्रभावशाली कार्यप्रणाली के लिए इन दोनों के बीच उचित तालमेल आवश्यक है। तथापि, ब्रिटिश शासन काल से ही इन दोनों के बीच चले आ रहे विवाद का अभी तक अंत नहीं हुआ है।

अर्थ (Meaning)

सामान्यज्ञ सिविल सेवक वह है जिसकी कोई विशेष पृष्ठभूमि नहीं होती है किंतु वह प्रशासनिक प्रक्रियाओं, नियमों तथा विनियमों का अच्छा ज्ञान रखता है। उसे प्रशासन के किसी क्षेत्र में नियुक्त किया जा सकता है। वह प्रबंधक वर्ग का तथा प्राय: नियोजन, आयोजन, स्टाफ से जुड़े कार्य, निर्देशन, समन्वयन, रिपोर्टिंग और बजट से संबंधित कार्य निष्पादित करता है। इस प्रकार वह सिविल सेवक जो नीति-निर्धारित करता, समन्वय स्थापित करता तथा प्रशासन को नियंत्रित करता है, उसे सामान्यज्ञ या जनरलिस्ट कहते हैं।

दूसरी ओर, विशेषज्ञ सिविल सेवक वह है जिसे प्रशासन के विशेष क्षेत्र में विशेषज्ञता या कौशल प्राप्त हो। वह एक निपुण व्यावसायिक होता है और इसलिए हरफन मौला नहीं होता है। इंजीनियर, डॉक्टर, कृषिविज्ञ, मौसम विज्ञानी, शिक्षाविद् और सांख्यिकी आदि विशेषज्ञों के उदाहरण हैं।

सेवाओं का वर्गीकरण (Categorisation of Services)

भारतीय सिविल सेवाओं को दो वर्गों में बाँटा गया है–तकनीकी सेवाएँ और गैर-तकनीकी सेवाएँ। तकनीकी सेवाएँ वे सेवाएँ हैं जिसके लिए अभ्यर्थियों की भर्ती व्यावसायिक और विशेष योग्यता के आधार पर की जाती हैं। इन सेवाओं में शामिल हैं–भारतीय आर्थिक सेवा, भारतीय सांख्यिकीय सेवा, भारतीय वन सेवा, केंद्रीय अभियांत्रिकी सेवा, केंद्रीय विधिक सेवा, केंद्रीय स्वास्थ्य सेवा, भारतीय मौसम विज्ञान सेवा आदि। इन तकनीकी सेवाओं को 'विशेषज्ञ सेवा' तथा इन सेवाओं के सदस्यों को 'विशेषज्ञ' कहा जाता है।

दूसरी ओर, गैर-तकनीकी सेवाएँ वे सेवाएँ हैं जिनमें सामान्य शैक्षिक योग्यता के आधार पर भर्ती की जाती है। ये सेवाएँ उन सभी अभ्यर्थियों के लिए हैं जो न्यूनतम अपेक्षित शैक्षिक योग्यता अर्थात् विश्वविद्यालय की उपाधि धारण किए हों। इन सेवाओं में शामिल हैं–भारतीय प्रशासनिक सेवा, भारतीय पुलिस सेवा, भारतीय राजस्व सेवा, भारतीय विदेश सेवा, भारतीय लेखा एवं लेखा परीक्षा सेवा, भारतीय डाक सेवा, केंद्रीय सचिवालय सेवा आदि। गैर-तकनीकी श्रेणी की इन सेवाओं को भी दो उप-श्रेणियों में बाँटा जा सकता है–कार्यपरक सेवा और सामान्य प्रयोजन की सेवा। कार्यपरक सेवाओं के सदस्य जीवनपर्यंत प्रशासन के उस विशिष्ट क्षेत्र में ही कार्य करते हैं जिसके लिए उनकी नियुक्ति हुई है। समय के साथ ये सदस्य कार्य अनुभव और नियमित प्रशिक्षण के आधार पर बेहतर ज्ञान अर्जित कर लेते हैं। कार्यपरक सेवाओं में भारतीय प्रशासनिक सेवा को छोड़कर गैर-तकनीकी श्रेणी की सभी सेवाएँ शामिल हैं। सामान्य प्रायोजन की सेवा की श्रेणी में राष्ट्रीय स्तर की एकमात्र सेवा भारतीय प्रशासनिक सेवा है। भारतीय प्रशासनिक सेवा अधिकारी प्रशासन के विभिन्न क्षेत्रों प्रशासनिक पदानुक्रमानुसार सर्वोच्च पद धारण करते हैं। भारतीय प्रशासनिक सेवा के अधिकारियों के लिए कोई कार्यपरक क्षेत्र निर्धारित नहीं है।

संक्षेप में कहा जा सकता है कि, विशेषज्ञ वर्ग में तकनीकी सेवाओं और गैर-तकनीकी कार्यपरक सेवाओं के सदस्य आते हैं और सार्विक वर्ग में केवल भारतीय प्रशासनिक सेवा के सदस्य आते हैं। इस प्रकार प्रबंधकुशल और विशेषज्ञ के बीच कोई विवाद नहीं हैं। विवाद है तो वह भारतीय प्रशासनिक सेवा और गैर-भारतीय प्रशासनिक सेवा के सदस्यों के बीच है।

ऐतिहासिक परिदृश्य (Historical Perspective)

सामान्यज्ञ और विशेषज्ञ, इन दो श्रेणियों के द्विभाजन की उत्पत्ति ब्रिटिश नॉर्थकोट-ट्रेवलियन समिति की रिपोर्ट (1854) में मिलती है। इस समिति ने ब्रिटिश प्रशासनिक वर्ग (सार्विक) के सदस्यों के लिए उच्च पदों तथा तकनीकी (विशेषज्ञ) सेवाओं के लिए अधीनस्थ पदों की सिफारिश की थी। इस समिति का प्रभाव भारतीय सिविल सेवा से संबद्ध मैकाले समिति की रिपोर्ट 1854 पर भी पड़ा था जिसने भारत में भी वही पद स्थिति रखने की सिफारिश की।

इस प्रकार, ब्रिटिश औपनिवेशिक शासन काल के दौरान भारत में प्रशासनिक तंत्र को इस प्रकार ढाला गया था कि सामान्यज्ञ: सेवाओं, विशेषत: आई.सी.एस. के सदस्यों को सर्वोच्च पद प्राप्त हो। स्वतंत्रता प्राप्ति के बाद भी इस प्रशासनिक रूप में कोई महत्वपूर्ण बदलाव नहीं आया है।

ब्रिटेन में, फुल्टन समिति की रिपोर्ट (1968) में बदली परिस्थितियों में इस मामले की जाँच तथा उन सिफारिशों का उल्लेख है जिसके आधार पर समिति ने विशेषज्ञों को बेहंतर दर्जा प्रदान करने और उनकी भूमिका में वृद्धि करने के साथ-साथ उच्च सिविल सेवा के व्यावसायीकरण की सिफारिश की थी। इसके बावजूद ब्रिटेन में सामान्यज्ञ अब भी सर्वोच्च पद पर बने हुए हैं किंतु विशेषज्ञों के दर्जे में थोड़ा सुधार जरूर आया है। इसी प्रकार भारत में भी द्वितीय वेतन आयोग (1957-1959), संसदीय प्राक्कलन समिति और भारतीय प्रथम प्रशासनिक सुधार आयोग (1966-70) ने विशेषज्ञ श्रेणी के सदस्यों के दर्जे और स्थिति में सुधार लाने की सिफारिश की थी पर स्थिति बदली नहीं है तथा थोड़े-बहुत बदलाव के साथ पुरानी प्रणाली ही कायम है।

विवाद के क्षेत्र (Areas of Controversy)

प्रशासनिक प्रणाली में सामान्यज्ञ और विशेषज्ञों की भूमिका और उनकी वर्तमान स्थिति से संबंधित विवरण का उल्लेख नीचे किया जा रहा है। दूसरे शब्दों में यह कहा जा सकता है कि, विशेषज्ञों और सामान्यज्ञों के बीच के विवाद की स्थिति निम्नलिखित बिंदुओं के चारों ओर केंद्रित रहती है.

1. सामान्यज्ञों का वेतन और उनकी सेवा-शर्तें (पदोन्नति सहित) विशेषज्ञों की तुलना में बेहतर हैं। विशेषज्ञों की यह सबसे बड़ी परिवेदना है।
2. केंद्र और राज्य सरकार स्तर पर अधिकांश उच्च पद (नीति-निर्धारण और विचारकर्ता के स्तर के पद) भारतीय प्रशासनिक सेवा के सदस्यों के लिए सुरक्षित हैं; अर्थात् इन उच्च पदों पर विशेषज्ञों की तैनाती नहीं की जाती है।
3. सचिवालय स्तर से नीचे के पदों पर आमतौर पर विशेषज्ञ होते हैं, किंतु अधिकांश मामलों में सामान्यज्ञों को कार्यकारी विभागों के प्रमुख पद पर नियुक्त किया जाता है जैसे- कृषि निदेशक, मुख्य वन संरक्षक, स्वास्थ्य निदेशक आदि।
4. क्षेत्रीय स्तर पर संभागीय आयुक्त, कमांड एरिया विकास आयुक्त और अन्य प्रमुख पदों पर सार्विकों की तैनाती होती है।
5. जिला स्तर पर जिला प्रशासन प्रमुख 'जिलाधीश' का पद भी सामान्यज्ञ सिविल सेवक के खाते में है। जिला प्रशासन के अधीन कई तकनीकी विभाग हैं जिनके प्रमुख विशेषज्ञ सिविल सेवक होते हैं। जिला परिषद में मुख्य कार्यकारी अधिकारी का पद भी सामान्यज्ञ के हवाले है जो विशेषज्ञों के दल का नेतृत्व करता है।
6. सामान्यज्ञ श्रेणी के अधिकारी विशेषज्ञ श्रेणी के अधिकारियों की तुलना में अपने राजनीतिक प्रभुओं के सानिध्य में अधिक रहते हैं।
7. सामान्यज्ञों की अंत:सांगठनिक गतिशीलता विशेषज्ञों की तुलना में अधिक है। आई.ए.एस. अधिकारी एक विभाग से दूसरे विभाग में, विभाग से सिविल उद्यम या स्थायी शासन में तैनात होते रहते हैं, किंतु विशेषज्ञों की तैनाती केवल संबद्ध विभागों और प्रशासनिक क्षेत्र तक ही सीमित रहती है।
8. सामान्यज्ञ श्रेणी के अधिकारियों की पदोन्नति विशेषज्ञ श्रेणी के अधिकारियों की तुलना में अधिक और शीघ्र होती है।
9. विशेषज्ञों के कार्य निष्पादन का आकलन प्रबंधकुशल आई.ए.एस. अधिकारियों द्वारा किया जाता है।

10. विशेषज्ञों के विचारों और प्रस्तावों तथा उनकी सलाहों पर आई.ए.एस. अधिकारी ध्यान नहीं देते क्योंकि वे विशेषज्ञों को अपने अधीन मानते हैं।

सामान्यज्ञों और विशेषज्ञों के बीच विवाद के उपर्युक्त बिंदुओं से विशेषज्ञों में असंतोष की भावना व्याप्त हुई है जिसके फलस्वरूप उनके मनोबल और कार्यकुशलता पर प्रभाव पड़ा है।

सामान्यज्ञों के पक्ष में तर्क (Case for Generalists)

सामान्यज्ञ सर्वोच्चता के संदर्भ में निम्न तर्क दिए गए हैं:

1. सामान्यज्ञ अपनी क्षमता, योग्यता और व्यापक अनुभव के कारण उच्च प्रबंधन स्तर के कार्यों के निष्पादन में विशेषज्ञों की तुलना में अधिक उपयुक्त हैं।
2. सचिवालय में कर्मचारियों के कार्यकाल की प्रणाली जिला या फील्ड स्तर के अनुभव की धारणा पर आधारित है जो सामान्यज्ञ प्रशासकों के पक्ष में जाती है।
3. प्रशासन के सभी स्तरों पर प्रबंधकीय कार्य करने के लिए सामान्यज्ञ सिविल सेवक का होना आवश्यक है, क्योंकि प्रशासन ऐतिहासिक तौर पर 'क्षेत्र प्रशासन' अर्थात् ताल्लुक, जिला, संभाग आदि के सिद्धांत पर आधारित है।
4. अनुभवहीन मंत्री और विशेषज्ञ के बीच सामान्यज्ञ जनता और सरकार के बीच तथा दवाब समूहों और जनहित के बीच मध्यस्थ का कार्य करता है।
5. विशेषज्ञ संकीर्ण और संकुचित विचार के होते हैं क्योंकि उनमें समुचित जानकारी का सर्वथा अभाव होता है। पॉल एच.एप्पलबी ने इस संदर्भ में ठीक ही कहा है कि, "किसी भी तरह के विशेषज्ञीकरण का मूल्य संकुचितवाद है।" दूसरी और सामान्यज्ञ का दृष्टिकोण व्यापक और मान्यता उदार होती है।

विशेषज्ञों के पक्ष में तर्क (Case for Specialists)

प्रशासन में अपनी बेहतर पदस्थिति और अधिक भूमिका के पक्ष में विशेषज्ञों ने निम्न तर्क दिए हैं:

1. नीति-निर्धारण स जुड़े सभी पदों के लिए सामान्यज्ञ उपर्युक्त नहीं है क्योंकि उनमें व्यावसायिकता तथा पर्याप्त जानकारी का अभाव होता है।
2. अनुभवहीन सार्विक विशेषज्ञों द्वारा प्रेषित प्रस्तावों की तकनीकी जटिलता को नहीं समझ सकते हैं। जैसा कि कहावत है कि आई.ए.एस. अधिकारी "हरफन मौला तो हैं किंतु माहिर किसी में नहीं। "
3. सामान्यज्ञ सिविल सेवा का गठन, 19वीं सदी में इंग्लैंड और भारत में विकसित "बुद्धिमान नौसिखिया" के सिद्धांत पर आधारित था; परंतु यह वर्तमान के लिए ठीक नहीं। आज प्रशासनिक कार्य अधिक जटिल, तकनीकी और विषय प्रधान हो गया है।
4. वर्तमान ढाँचे में मंत्री विशेषज्ञों की सलाह और विशेष ज्ञान का लाभ लेने से वंचित हैं।
5. सामान्यज्ञों द्वारा तैयार नीतियाँ वास्तविकता से परे हैं, क्योंकि वे उन समस्याओं से अनभिज्ञ हैं जिनका सामना इन नीतियों को कार्यान्वित करते समय विशेषज्ञों को करना पड़ता है।

संगठन के रूप (Forms of Organisation)

सामान्यज्ञों और विशेषज्ञों के संगठन के चार रूप हैं। उनके मध्य के संबंध की प्रकृति उनके द्वारा अपनाए गए रूप के प्रकार पर आधारित है। इनका विवरण नीचे दिया जा रहा है:

1. **पृथक् पदानुक्रमः** इस प्रणाली में सामान्यज्ञ और विशेषज्ञ दोनों तरह के अधिकारियों का वेतन समान होगा, किंतु विशेषज्ञों को अधिक सम्मान मिलेगा। यह रूप जर्मनी, स्वीडन और ऑस्ट्रेलिया में प्रचलित है।

2. **समांतर पदानुक्रमः** इस प्रणाली में विशेषज्ञ और सार्विक साथ-साथ काम करेंगे। दूसरें शब्दों में, दोनों के अपने-अपने पदानुक्रम (एक-दूसरे के समांतर) होंगे। दोनों के बीच निरंतर संपर्क से काम में तालमेल बना रहता है।

3. **संयुक्त पदानुक्रमः** इस प्रणाली में सामान्यज्ञ नौकरशाह और विशेषज्ञ तकनीकीविद् संयुक्त रूप से अपने वरिष्ठ अधिकारी स्थायी सचिव को रिपोर्ट करते हैं, जो सामान्यज्ञ श्रेणी का होता है। इसी प्रकार, विशेषज्ञ और सामान्यज्ञ दोनों ही मंत्री को सलाह दे सकते हैं।

4. **एकीकृत पदानुक्रमः** इस प्रणाली के अंतर्गत सभी सेवाओं और संवर्गों को एक में मिलाकर एक एकीकृत सिविल सेवा (संवर्ग) होगी। इन सेवाओं में प्रवेश के लिए एक ही खुली

प्रतियोगी परीक्षा होगी तथा वेतन और सेवा-शर्तें भी समान होंगी। पाकिस्तान ने इस मॉडल को वर्ष 1973 में अपनाया था। भारत में भी इस मॉडल पर विचार हो रहा है तथा इस आशय के सुझाव प्राप्त हो रहे हैं कि अखिल भारतीय सेवाओं और केंद्रीय सेवाओं को एक में मिलाकर एकीकृत सिविल सेवा का गठन किया जाए।

उठाये गए कदम (Steps Taken)

स्वतंत्रता प्राप्ति के बाद से भारत सरकार ने सामान्यज्ञ-विशेषज्ञ विवाद को सुलझाने के लिए निम्नलिखित कदम उठाये हैं:

1. भारत सरकार ने 1948 में केन्द्रीय सचिवालय सेवा का गठन किया। इसके फलस्वरूप स्थायी सचिवालय अधिकारियों के एक पृथक् संवर्ग का उदय हुआ।
2. सरकार ने 1957 में केन्द्रीय प्रशासनिक पूल की स्थापना की ताकि केन्द्रीय सचिवालय में उच्चतर पदों पर नियुक्तियाँ की जा सकें।
3. 1966 में भारतीय वन सेवा का गठन किया गया जो कि एक विशेषज्ञ अखिल भारतीय सेवा है।
4. 1961 में भारतीय आर्थिक सेवा और भारतीय सांख्यिकी सेवा का गठन हुआ और ये दोनों सेवायें भी विशेषज्ञ केन्द्रीय सेवाएँ थीं।
5. सरकार द्वारा सचिव, अतिरिक्त सचिव, संयुक्त सचिव जैसे वरिष्ठ प्रशासनिक पदों पर विशेषज्ञों की नियुक्ति की गयी है।
6. केन्द्रीय सार्वजनिक क्षेत्र उद्यमों के निदेशक मंडलों में विशेषज्ञों को प्रवेश दिया गया है।
7. पूर्ववर्ती योजना आयोग और उसके उत्तराधिकारी नीति आयोग के अधिकांश पदों पर विशेषज्ञों की नियुक्ति की गयी है।

पार्श्व प्रविष्टि पहल (Lateral Entry Initiative)

1. **संयुक्त सचिव के पद के लिए पार्श्व प्रवेश:** फरवरी 2017 में शासन पर अपने विवरण (report) प्रस्तुतीकरण में सचिवों का समूह (GoS) ने 'नीति निर्माण स्तर पर नयी प्रतिभा के आसव' की अनुशंसा की। अनुशंसा में शामिल है—एक पूर्व निर्धारित संख्या के संयुक्त सचिव स्तर के अधिकारियों का अनुबंध पर चयन, ताकि इस स्तर पर भारत सरकार में अधिकारियों की कमी को दूर किया जा सके। सचिवों का समूह की अनुशंसा के आधार पर सरकार ने दस मंत्रालयों/विभागों में दस संयुक्त सचिव पदों की पहचान की और ऐसे प्रतिभाशाली और प्रेरित भारतीय नागरिकों को भर्ती करने का निर्णय लिया जो राष्ट्र निर्माण में योगदान देना चाहते हैं। तद्नुसार, 10 जून, 2018 को एक विज्ञापन जारी किया गया था और विज्ञापन के जवाब में 6077 आवेदन प्राप्त हुए थे। यूपीएससी को चयन प्रक्रिया शुरू करने की जिम्मेदारी सौंपी गई।

2. **द्वितीय प्रशासनिक सुधार आयोग (Second Administrative Reforms Commission) की अनुशंसाएं:** भारत में पार्श्व प्रविष्टि के मुद्दे पर, भारत के द्वितीय प्रशासनिक सुधार आयोग (2005-2009) ने निम्नलिखित अनुशंसाएं जारी कीं:

(i) जहाँ तक सरकार के बाहर से आने वाली पार्श्व प्रविष्टि का सवाल है, यह तर्क दिया गया है कि भारतीय संदर्भ में वरिष्ठ प्रबंधन पदों की भर्ती को नए सिरे से करने में जोखिम हो सकता है। दूसरी ओर, सरकारी विभागों के कुछ पदों पर सरकार के बाहर की उत्कृष्ट कौशल और प्रतिभा की आवश्यकता की पावती लगभग सार्वभौमिक है।

(ii) आयोग का मानना है कि पूर्व में की गयी तदर्थ पार्श्व प्रविष्टि जनशक्ति नियोजन का एक उपयुक्त प्रारूप नहीं है क्योंकि सरकारी विभागों में वर्तमान पदग्राही (incumbents) बाहरी प्रतिभाओं के प्रवेश का विरोध करते हैं और पूरी प्रक्रिया व्यक्तित्व पर आधारित और अपूर्ण (inchoate) रह जाती है। इसलिए सरकार में बाहर की प्रतिभा को शामिल करने की प्रक्रिया को संस्थागत करने की आवश्यकता है।

(iii) भारत सरकार में जिस स्तर पर पार्श्व प्रवेशी एक नेतृत्व पद में प्रवेश करता है वह तय करना एक मुख्य मुद्दा है। सावधानी पूर्ण विचार करने के बाद, आयोग का मानना है कि पार्श्व प्रविष्टि का प्रवेश वर्तमान अपर सचिव/उच्च प्रशासनिक ग्रेड पर होना चाहिए, जो एक नेतृत्व पद है जहाँ से कोई भी सरकार के सचिव पद तक पहुँचने की आकांशा रख सकता है। इन पदों में नेतृत्व शामिल है, न कि विशुद्ध रूप से

परिचालन भूमिका और मुद्दे जैसे परिचालन स्तर पर अधिक कार्यात्मक/तकनीकी ज्ञान की आवश्यकता और निम्न स्तरों पर बड़े पैमाने पर भर्ती प्रबंधन में कठिनाईयों से इस दृष्टिकोण का पालन करके बचा जा सकता है।

(iv) आयोग का विचार है कि केंद्रीय सिविल सेवा प्राधिकरण (प्रस्तावित सिविल सेवा कानून के तहत बनाया जाएगा) को उच्च प्रबंधन स्तर उच्च प्रशासनिक ग्रेड और ऊपर के पदों की पहचान करने का कार्य सौंपा जाना चाहिए, जहाँ बाहर की प्रतिभा का समावेश वांछित होगा। ऐसे पद सरकार के भीतर और बाहर दोनों से प्राधिकरण द्वारा लागू पारदर्शी प्रक्रिया के माध्यम से प्रतिभा की भर्ती के लिए खोला जा सकता है। यह केंद्रीय सार्वजनिक क्षेत्रक उपक्रम (पीएसयू) में निदेशक स्तर की नियुक्ति की मौजूदा प्रक्रिया के समान है।

(v) जिस तंत्र के माध्यम से यह प्राप्त किया जाना चाहिए, वह इस प्रकार है:

(a) केंद्रीय सिविल सेवा प्राधिकरण (प्रस्तावित) के केंद्रीय मंत्रालयों से परामर्श में वर्तमान के कुछ पदों, जैसे-अपर सचिव/उच्चतर प्रशासनिक ग्रेड और ऊपर के स्तर पर बाहर की प्रतिभा वांछनीय होगी। इन रिक्त पदों हेतु आवेदन-पत्र को रुचिकर और योग्य व्यक्तियों को आमंत्रित किया जाएगा, जो बाहर के भी हो सकते हैं और सेवारत अधिकारी भी। प्राधिकरण साक्षात्कार आयोजित करेंगे और सबसे योग्य व्यक्ति का चुनाव किया जाएगा।

(b) वरिष्ठ प्रशासनिक और उच्चतर ग्रेड स्तर के पदों की चयन प्रक्रिया पूरी होने पर, इस संबंध में प्राधिकरण की अनुशंसाओं को अनुमोदन के लिए सरकार को भेजा जाएगा। संसद को अपनी वार्षिक रिपोर्ट प्रस्तुत करने के दौरान, प्राधिकरण का विशेष रूप से उन मामलों पर ध्यान आकर्षित करना चाहिए जिनकी अनुशंसा सरकार द्वारा स्वीकृत नहीं की गई है। राज्य सरकार द्वारा उनके नेतृत्व के पदों के लिए समान प्रक्रिया पर विचार किया जा सकता है।

मंत्री और सिविल सेवक के बीच संबंध (Minister–Civil Servant Relationship)

84

अर्थ (Meaning)

भारत मे प्रचलित संसदीय प्रणाली की सरकार में कार्यपालिका के दोनों रूपों को स्वीकार किया गया है, अर्थात् राजनीतिक कार्यकारी और स्थायी कार्यकारी। राजनीतिक कार्यकारियों की श्रेणी में प्रधानमंत्री, कैबिनेट मंत्री, राज्यमंत्री और उप-मंत्री आते हैं। दूसरी ओर, स्थायी कार्यकारियों की श्रेणियों में सिविल सेवक; अर्थात् सचिव, अपर सचिव, संयुक्त सचिव, उप-सचिव और अन्य व्यावसायिक प्रशासक आते हैं। किसी मंत्रालय/ विभाग में कार्यरत सिविल सेवाओं का राजनीतिक प्रमुख मंत्री होता है और प्रशासनिक प्रमुख सचिव।

राजनीतिक कार्यपालक (कार्यकारी) को सत्ता आवधिक चुनावों के माध्यम से जनता से प्राप्त होती है और वह उस सत्ता का प्रयोग अपनी संवैधानिक स्थिति के अनुसार करता है। स्थायी कार्यकारी का चयन उसकी योग्यता और प्रवीणता के आधार पर होता है। वह शक्ति अपनी प्रशासनिक पदस्थिति और तकनीकी कुशलता से प्राप्त करता है। सरकार की प्रणाली जनता की प्रभुसत्ता के सिद्धांत (जनता के हाथ में सर्वोच्च शक्ति) पर आधारित है, इसलिए स्थायी कार्यपालिका–राजनीतिक कार्यपालिका से नीचे हैं क्योंकि वह (राजनीतिक कार्यपालिका) जनता का प्रतिनिधित्व करता है। मोहित भट्टाचार्य ने इस संबंध मे ठीक ही कहा है कि ''संसदीय प्रणाली की सरकार में मंत्री की सर्वोच्चता और सचिव की अधीनस्थता स्वत: सिद्ध है।''

सापेक्षिक भूमिकाएं (Relative Roles)

संसदीय सरकार में सुचारू और कुशल कार्य निष्पादन के लिए मंत्री (अर्थात् राजनीतिक या अस्थायी कार्यपालक) और सचिव (सिविल सेवक या स्थायी कार्यपालक) के मध्य उचित और सामंजस्यपूर्ण संबंध अति आवश्यक हैं। मंत्री (अर्थात् गैर-आधिकारिक) निम्नलिखित कार्यों के लिए जिम्मेदार होता है:

1. नीति-निर्धारण
2. महत्वपूर्ण मामलों पर निर्णय
3. नीतियों के कार्यान्वयन कार्य पर निगरानी
4. महत्वपूर्ण प्रशासनिक मुद्दों पर निर्णय लेने के लिए
5. उच्च पदों पर नियुक्ति करने के लिए
6. उचित और वैध जन-शिकायतों के समाधान हेतु प्रशासन में दखल देने

दूसरी ओर सिविल सेवक (आधिकारिक) निम्नलिखित कार्यों के लिए जिम्मेदार है:

1. नीतियों और निर्णयों को कार्यान्वित करने के लिए।
2. नीति-निर्धारण कार्य के समय आवश्यक सूचनाएँ और तथ्य तथा नीतिपरक निर्णय देने के लिए।
3. अधीनस्थ कार्यों की देखरेख और उन्हें निर्देश देने के लिए।
4. प्रशासन की निरंतरता बनाए रखने के लिए।

फिफनर द्वारा विवेचित राजनीतिक कार्यकारी और सिविल सेवक के बीच भेद को **तालिका 84.1** के अंतर्गत उल्लिखित किया गया है:

तालिका 84.1 मंत्री बनाम सिविल सेवक

क्र.सं.	मंत्री	सिविल सेवक
1.	गैर-पेशेवर	व्यावसायिक
2.	गैर-तकनीकी	तकनीकी
3.	पक्षपाती	गैर-पक्षपाती
4.	अस्थायी	स्थायी
5.	अधिक जन-संपर्क	कम जन-संपर्क
6.	अधिक विधायी संपर्क	कम विधायी संपर्क
7.	अधिक नीति-निर्धारण	कम नीति-निर्धारण
8.	अधिक निर्णय	अधिक सलाह/ परामर्श
9.	अधिक समन्वयन	अधिक निष्पादन
10.	तकनीकी राय से प्रभावित	अध्ययन और अनुसंधान के द्वारा सगृहीत तकनीकी आंकड़ों से प्रभावित

सिद्धांत (Principles)

मंत्री और सिविल सेवक के मध्य के संबंध निम्नलिखित सिद्धांतों से नियंत्रित होते हैं:

1. दोनों को अपने कार्यभारों को निभाते समय संवैधानिक प्रावधानों और संसदीय कानूनों का अनुसरण करना चाहिए।
2. नीति-निर्धारण का अंतिम प्राधिकार मंत्री का है।
3. सिविल सेवक को मंत्री की तमाम नीतियों और उसके निर्णयों को पूरी निष्ठा से कार्यान्वित करना चाहिए, भले ही वे नीतियाँ और निर्णय सिविल सेवक के परामर्श से अलग हों।
4. सिविल सेवक को पूरी आजादी है कि वह मंत्री को बिना किसी भय के स्पष्ट सलाह दे सकें।
5. सिविल सेवक को तटस्थता, निष्पक्षता और अनामिकता के सिद्धांत का पालन करना चाहिए। तटस्थता का आशय है कि, किसी सिविल सेवक को गैर-राजनीतिक होना चाहिए तथा सत्ताधारी विभिन्न सरकारों में बिना किसी राजनीतिक भेदभाव के कार्य करना चाहिए। मोहित भट्टाचार्य के शब्दों में निष्पक्षता का अर्थ है, "सामाजिक दबाव और ऊँच-नीच के स्वभाव में बदलाव की अनदेखी करने हुए पक्षपात रहित होकर कार्य करना।" अनामिकता का तात्पर्य है कि सिविल सेवक को मंच की पीछे से प्रशंसा अथवा निंदा की परवाह किए बगैर कार्य करना चाहिए।

व्यवहार में संबंध (Relationship in Practice)

भारत में मंत्री-सिविल सेवक सम्बन्धों का उदय 1919 के भारत सरकार अधिनियम, जिसे मॉण्टेग्यू-चेम्सफोर्ड सुधार के रूप में भी जाना जाता है, का परिणाम था। यह अधिनियम 1921 में, अन्यों के साथ, प्रांतों में 'द्वैध शासन' (दोहरी शासन व्यवस्था) की नई योजना को प्रस्तुत करने के लिए क्रियान्वित किया गया था। इसके परिणामस्वरूप, मंत्री के कार्यालय का सृजन किया गया तथा सर्वप्रथम भारतीय सिविल सेवा (आई.सी.एस.) के अधिकारियों को मंत्रियों, जो कि विधान परिषद के प्रति उत्तरदायी थे, के अधीन कार्यरत किया गया।

व्यवहार में, मंत्री और सिविल सेवक के बीच का संबंध परस्पर मतभेदों, विवादों, बेचैनी और शंकाओं से घिरा रहता है। इसके कुछ महत्वपूर्ण उदाहरण ये हैं:

मंत्री और सिविल सेवक के बीच परस्पर मतभेद की घटना स्वतंत्रता के बाद पहली बार वर्ष 1957 में 'मूंधड़ा सौदा' के मामले में हुई। इसमें, राष्ट्रीयकृत जीवन बीमा निगम की 1.25 करोड़ रुपये की राशि निजी क्षेत्र के शेयरों की खरीद के लिए व्यय की गई। जब इस मामले ने जोर पकड़ा तो तत्कालीन वित्त मंत्री (टी.टी. कृष्णमाचारी) और प्रधान वित्त सचिव (एच.एम. पटेल) ने दोष एक-दूसरे पर मढ़ा। फलस्वरूप, भारत सरकार ने तथ्यों और मूंधड़ा सौदे के औचित्य की जाँच के लिए वर्ष 1958 में एम.सी. छागला के नेतृत्व में एक सदस्यीय आयोग की नियुक्ति की। छागला आयोग ने अपने रिपोर्ट में उल्लेख किया कि "संवैधानिक तौर पर मंत्री उस कार्य के लिए जिम्मेदार है जिसे उसके सचिव ने किया है। मंत्री न तो सचिव के कुकृत्य का आश्रय ले सकते है, और न ही अपने कार्य को नकार सकते हैं।" अतः छागला आयोग ने मंत्री की जवाबदेही के सिद्धांत और सिविल सेवक के अनामिकता के मानक को सही करार दिया। फलस्वरूप वित्त मंत्री ने त्याग-पत्र दे दिया।

पुनः वर्ष 1966 में, तत्कालीन गृह मंत्री (गुलजारी लाल नंदा) ने अपने गृह सचिव (एल.पी.सिंह) के असहयोगपूर्ण रवैये की शिकायत प्रधानमंत्री से करते हुए यह अनुरोध किया कि एल.पी. सिंह की जगह कोई नया गृह सचिव नियुक्त किया जाए। प्रधानमंत्री ने नंदा के अनुरोध को स्वीकार नहीं किया। फलस्वरूप गुलजारी लाल नंदा ने त्याग-पत्र दे दिया।

पुनः वर्ष 1971 में रेल मंत्री (के. हनुमंथैया) ने रेलवे बोर्ड के तत्कालीन अध्यक्ष (बी.सी. गांगुली) के साथ दुर्व्यवहार किया। रेल मंत्री और रेलवे बोर्ड के अध्यक्ष के बीच कई मुद्दों पर विशेषतः रेलवे में वित्तीय प्रशासन के मुद्दे पर मतभेद था। सरकार द्वारा बी.सी. गांगुली की सेवाएँ समाप्त कर दिए जाने पर उन्हें काफी अपमानजनक परिस्थितियों में जाना पड़ा।

वर्ष 1987 में भारत के पूर्व प्रधानमंत्री राजीव गांधी ने कृषि सचिव (सी.एस. शास्त्री), ग्रामीण विकास सचिव (डी.बंदोपाध्याय) और विदेश सचिव (ए.पी. वेंकटेशन) के साथ दुर्व्यवहार किया था।

वर्ष 1993 में गृह सचिव ने गृहमंत्री की कार्यशैली के कारण मतभेद होने पर अपने पद से त्याग-पत्र दे दिया था।

संघर्ष के कारण (Reasons for Conflicts)

मंत्री और सिविल सेवक के संबंधों में कटुता निम्न कारणों से आती है:

1. मंत्री आमतौर पर सिविल सेवकों की स्वतंत्र, स्पष्ट और निष्पक्ष सलाह को प्रोत्साहित नहीं करते। इससे परस्पर समझ और सहयोग की भावना को ठेस लगती है।
2. मंत्री और सिविल सेवक के बीच राजनीतिक संबंध बनने के कारण सिविल सेवा का राजनीतिकरण ।
3. मंत्रियों द्वारा अपनी अनुशासनात्मक शक्तियों का प्रयोग कर सिविल सेवकों को स्थानांतिरत और निलंबित किए जाने के कारण सिविल सेवकों द्वारा ठीक कार्य न किया जाना।
4. मंत्रियों और सिविल सेवकों में गुटबाजी, दलीय प्रतिद्वंद्विता और जातिवाद की भावना का व्याप्त होना।
5. 'एक प्रबल दलीय प्रणाली'(अर्थात् कांग्रेस) का अंत और फलस्वरूप राजनीतिक अस्थिरता का माहौल। इससे परस्पर विश्वास बनाए रखना आसान नहीं रहा।
6. मंत्रियों और सिविल सेवकों को अपनी-अपनी भूमिका के बारे में उचित समझबूझ का अभाव। मंत्रियों द्वारा प्रशासक के दिन-प्रतिदिन के कार्य में आमतौर दखल देना और सिविल सेवकों द्वारा महत्वपूर्ण मामलों को मंत्रियों की जानकारी में न लाया जाना।
7. मंत्रियों की असफलता का आरोप सिविल सेवकों के मत्थे मढ़ा जाना। छागला आयोग ने इस संदर्भ में कहा है कि "मंत्री की जिम्मेदारी के सिद्धांत के दो आयाम हैं। अपने प्राधिकार के क्षेत्र में मंत्री को पूर्ण स्वायत्तता प्राप्त है। सिद्धांतत: मंत्री को अपने सेवकों द्वारा किए गए कार्य की पूरी जिम्मेदारी लेनी चाहिए।"
8. सिविल सेवकों द्वारा अपनी सामाजिक और निजी मंडली में मंत्रियों की आलोचना किए जाने के कारण मंत्रीगणों की भी वैसी ही प्रतिक्रिया होनी चाहिए।
9. सिविल सेवकों का मंत्रियों की कठिनाइयों और समस्याओं के प्रति संवदेनशील न होना। सिविल सेवक उन मंत्रियों की राजनीतिक भूमिका को नजरअंदाज करते हैं, जो व्यक्तियों और समूहों दोनों के हितों का ध्यान रखने की कोशिश करते हैं।
10. मंत्री और सिविल सेवक, ऐतिहासिक भूमिका, सामाजिक पृष्ठभूमि, व्यावसायिक प्रतिबद्धता, मानसिक योग्यता और दृष्टिकोण आदि की दृष्टि से एक-दूसरे से भिन्न हैं।

संविधानों की तुलना (Comparison of the Constitutions)

85

अमेरिकी संविधान (American Constitution)

अमेरिकी संविधान, संयुक्त राज्य अमेरिका का संविधान है जिसका गठन वर्ष 1787 में अमेरिकी क्रांति (1775-1783) के बाद हुआ था। इस संविधान को वर्ष 1787 में फिलाडेल्फिया कन्वेंशन में अपनाया गया और इसे वर्ष 1789 में लागू किया गया था। अमेरिकी संविधान की मुख्य विशेषताएं इस प्रकार हैं:

1. **लिखित संविधान (Written Constitution):** अमेरिकी संविधान को आमतौर पर लिखित संविधान के पारंपरिक उदाहरण के रूप में उद्धृत किया जाता है। वास्तव में, यह दुनिया के मौजूदा लिखित संविधान में सबसे पुराना संविधान है। यह 12 पृष्ठों का एक दस्तावेज़ में है जिसमें प्रस्तावना, 7 अनुच्छेद और 27 संसोधन हैं। हालाँकि, वास्तविक कार्यरत संवैधानिक प्रणाली में 'संवैधानिक दस्तावेज' के अलावा निम्नलिखित अन्य विषय भी शामिल हैं:

   (i) कांग्रेस के अधिनियम (अर्थात् संयुक्त राज्य अमेरिका की विधायिका) जो कई सरकारी एजेंसियों के संगठन और कार्यों को निर्धारित करते हैं।

   (ii) कांग्रेस द्वारा बनाए गए अधिनियमों को व्यावहारिक रूप देने के लिए कुछ अवसरों पर राष्ट्रपति द्वारा जारी किए गए आदेश।

   (iii) न्यायिक समीक्षा की प्रणाली के माध्यम से संविधान की व्याख्या करने वाले न्यायिक निर्णय। उदाहरण के लिए, सर्वोच्च न्यायालय ने 'निहित शक्तियों' के सिद्धांत के माध्यम से संघीय क्षेत्राधिकार का दायरा बढ़ाया है।

   (iv) कुछ राजनीतिक सम्मेलन, जो संविधान के साथ धीरे-धीरे बढ़े हैं। उदाहरण के लिए, राष्ट्रपति का मंत्रिमंडल पूरी तरह से सम्मेलन का एक उत्पाद है।

   इस प्रकार, अमेरिकी संविधान या संवैधानिक प्रणाली, जैसा कि आज भी मौजूद है, वर्ष 1787 के संवैधानिक दस्तावेज और उसके बाद के संशोधनों, कांग्रेस के अधिनियम, कार्यकारी आदेश, न्यायिक व्याख्या और राजनीतिक सम्मेलनों का एक उत्पाद है।

2. **कठोर संविधान (Rigid Constitution):** ब्रिटिश संविधान के विपरीत, अमेरिकी संविधान एक लचीला संविधान नहीं है। इसे कांग्रेस द्वारा उसी तरह संशोधित नहीं किया जा सकता है, जैसा कि सामान्य कानून बनाए जाते हैं। यह संविधान द्वारा उस उद्देश्य के लिए प्रदान की गई एक विशेष प्रक्रिया के माध्यम से ही संशोधित किया जा सकता है। इसलिए, संयुक्त राज्य अमेरिका में एक संवैधानिक कानून और एक साधारण कानून के बीच अंतर है।

   अमेरिकी संविधान, दुनिया का सबसे कठोर संविधान है और इसके संशोधन के लिए निम्नलिखित दो तरीके हैं:

   (i) कांग्रेस के दोनों सदनों के दो-तिहाई मतों से संशोधन प्रस्तावित किया जा सकता है। सात साल के अंतराल में राज्यों के तीन-चौथाई (50 में से 38) के विधायकों द्वारा इसकी पुष्टि की जानी चाहिए।

   (ii) वैकल्पिक रूप से, राज्य विधानसभाओं के दो-तिहाई (50 में से 34) की याचिका पर कांग्रेस द्वारा आयोजित एक संवैधानिक सम्मेलन द्वारा एक संशोधन का प्रस्ताव किया जा सकता है। राज्य विधानसभाओं के तीन-चौथाई (50 में से 38) में सम्मेलन द्वारा इसकी पुष्टि की जानी चाहिए।

   इसलिए, अमेरिकी संविधान द्वारा इसके संशोधन के लिए निर्धारित प्रक्रिया बहुत कठिन; जटिल और धीमी है। इसका कठोरपन इस तथ्य से स्पष्ट होता है कि वर्ष 1789 में इसके प्रचार के बाद से इसे केवल 27 बार संशोधित किया गया है।

3. **संघीय संविधान (Federal Constitution):** संयुक्त राज्य अमेरिका एक संघीय राज्य है। वास्तव में, संयुक्त राज्य अमेरिका आधुनिक दुनिया में पहला और सबसे पुराना संघीय राज्य है। यह

एक संघीय गणराज्य है जिसमें 50 राज्य (मूल रूप से 13 राज्य) और कोलंबिया जिला शामिल हैं।

इसका संविधान संघीय (केंद्रीय) सरकार और राज्य सरकारों के बीच शक्तियों के विभाजन का प्रावधान करता है। यह केंद्र पर सीमित और निर्दिष्ट शक्तियां प्रदान करता है और राज्यों में अवशिष्ट शक्तियों (जो संविधान में गणना नहीं की गई है) को निहित करता है। प्रत्येक राज्य का अपना संविधान, निर्वाचित विधायिका, राज्यपाल और सर्वोच्च न्यायालय होता है।

4. **राष्ट्रपति सरकार (Presidential Government):** ब्रिटिश संविधान के विपरीत अमेरिकी संविधान, राष्ट्रपति के रूप में सरकार प्रावधान करता है। सरकार की अमेरिकी राष्ट्रपति प्रणाली की विशेषताएं इस प्रकार हैं:

(i) अमेरिकी राष्ट्रपति, राज्य का प्रमुख और सरकार का प्रमुख दोनों होता है। राज्य के प्रमुख के रूप में, वह एक औपचारिक पद पर रहता है। सरकार के प्रमुख के रूप में, वह सरकार के कार्यकारी अंग का नेतृत्व करता है। संयुक्त राज्य अमेरिका के राष्ट्रपति मुख्य वास्तविक कार्यकारी होते हैं।

(ii) राष्ट्रपति एक निर्वाचक मंडल द्वारा चार वर्षों के निश्चित कार्यकाल के लिए चुना जाता है। गंभीर असंवैधानिक कृत्य के लिए महाभियोग के अतिरिक्त, उन्हें कांग्रेस द्वारा हटाया नहीं जा सकता।

(iii) राष्ट्रपति मंत्रिमंडल या 'किचन' मंत्रिमंडल नामक एक छोटे निकाय की सहायता से शासन करता है। यह केवल एक सलाहकार निकाय है और इसमें गैर-निर्वाचित विभागीय सचिव शामिल हैं। वे उसके द्वारा चुने और नियुक्त किए जाते हैं और केवल उसके लिए जिम्मेदार हैं। वे किसी भी समय उसे हटा सकते हैं।

(iv) राष्ट्रपति और उनके सचिव अपने कार्यों के लिए कांग्रेस के प्रति उत्तरदायी नहीं होते हैं। उनके पास न तो कांग्रेस में सदस्यता होती है और न ही इसके सत्र में भाग लेते हैं।

(v) राष्ट्रपति प्रतिनिधि सभा- कांग्रेस का निचला सदन, को भंग नहीं कर सकता।

5. **शक्तियों का पृथक्करण (Separation of Powers):** शक्तियों के पृथक्करण का सिद्धांत अमेरिकी संवैधानिक प्रणाली का आधार है। सरकार की विधायी, कार्यकारी और न्यायिक शक्तियाँ सरकार के तीन स्वतंत्र अंगों में पृथक् और निहित हैं। संविधान के पहले तीन अनुच्छेद, संविधान की इस विशेषता को स्पष्ट रूप से प्रकट करते हैं। अनुच्छेद I के अनुसार यहाँ दी गई सभी विधायी शक्तियाँ कांग्रेस में निहित होंगी। अनुच्छेद II के अनुसार कार्यकारी शक्तियां राष्ट्रपति में निहित होंगी। अनुच्छेद III के अनुसार न्यायिक शक्तियाँ एक सर्वोच्च न्यायालय में और ऐसी अवर अदालतों में निहित होंगी जैसे कि कांग्रेस समय-समय पर अध्यादेश और स्थापना कर सकती है।

6. **जांच और संतुलन (Checks and Balances):** अमेरिकी संविधान में जांच और संतुलन की प्रणाली शक्तियों के पृथक्करण के सिद्धांत को अपनाने का एक परिणाम है। यह सरकार के प्रत्येक अंग को दूसरों पर आंशिक नियंत्रण रखने में सक्षम बनाता है ताकि कोई भी अंग निरंकुश और गैर-जिम्मेदार न बने। इसका मतलब यह है कि सरकार के किसी भी अंग के पास स्वयं के क्षेत्र में भी अप्रतिबंधित शक्तियां नहीं होती हैं।

अमेरिकी संवैधानिक प्रणाली में जाँच और संतुलन की प्रणाली के काम के कुछ निम्नलिखित पहलू हैं:

(i) राष्ट्रपति कांग्रेस द्वारा पारित विधेयकों पर वीटो लगा सकता है। उसके पास दो तरह के वीटो होते हैं- पॉकेट वीटो और क्वालिफाइड वीटो।

(ii) सीनेट राष्ट्रपति द्वारा की गई उच्च नियुक्तियों और अंतर्राष्ट्रीय संधियों की पुष्टि करता है।

(iii) कांग्रेस संगठन और न्यायपालिका के अपील न्यायिक क्षेत्र का निर्धारण करती है।

(iv) राष्ट्रपति न्यायाधीशों की सीनेट की सहमति से नियुक्ति करता है।

(v) सुप्रीम कोर्ट कांग्रेस के अधिनियमों और राष्ट्रपति के आदेशों को अधिकारातीत घोषित कर सकता है।

7. **संविधान और न्यायिक समीक्षा की सर्वोच्चता (Supremacy of Constitution and Judicial Review):** अमेरिकी संविधान 'कानूनों के पदानुक्रम' के सिद्धांत का प्रतीक है। लिखित संविधान को संसार का सर्वोच्च (सर्वोच्च या मौलिक) कानून माना जाता है। कांग्रेस और राज्य विधानसभाओं के कानून इस सर्वोच्च कानून के अनुरूप होने चाहिए। यदि ये कानून संविधान के प्रावधानों के विरुद्ध हैं, तो उन्हें सर्वोच्च न्यायालय द्वारा अधिकारातीत और इसलिए, अमान्य घोषित किया जा सकता है। इस प्रकार सर्वोच्च न्यायालय न्यायिक समीक्षा की शक्ति के माध्यम से संविधान के संरक्षक के रूप में कार्य करता है।

8. **अधिकारों का बिल (Bill of Rights):** अमेरिकी संविधान दुनिया का पहला संविधान है जिसमें अधिकारों का विधेयक मौजूद है। यह लोगों को बड़ी संख्या में अधिकारों की गारंटी देता है। इसके अनुसार किसी भी व्यक्ति को कानून की प्रक्रिया के बिना जीवन, स्वतंत्रता और संपत्ति से वंचित नहीं होना है। यह सभी अधिकार सरकार के अधिकार पर प्रतिबंध लगाते हैं। सर्वोच्च न्यायालय अपनी न्यायिक समीक्षा की शक्ति के माध्यम से इन अधिकारों के संरक्षक के रूप में कार्य करता है। मूल संविधान में अधिकारों का यह विधेयक वर्ष 1791 में पहले दस संशोधनों के माध्यम से जोड़ा गया था।

9. **द्विसदनात्मक (Bicameralism):** अमेरिकी संघीय विधानमंडल जिसे कांग्रेस कहा जाता है द्विसदनात्मक है, अर्थात् इसमें दो सदन-सीनेट और प्रतिनिधि सभा होते हैं। सीनेट ऊपरी सदन है जबकि प्रतिनिधि सभा निचला सदन है। सीनेट में 100 सदस्य होते हैं, जिनमें से प्रत्येक को हर एक राज्य से छह साल के कार्यकाल के लिए चुना जाता है। प्रतिनिधि सभा में एकल सदस्य निर्वाचन क्षेत्रों से चुने गए 435 सदस्य होते हैं जो एक निश्चित दो साल के कार्यकाल के लिए चुने जाते हैं। सीनेट कांग्रेस का अधिक शक्तिशाली चैम्बर है। वास्तव में, अमेरिकी सीनेट विश्व का दूसरा सबसे शक्तिशाली चैम्बर (उच्च सदन) है।

ब्रिटिश संविधान (British Constitution)

ब्रिटिश संविधान यूनाइटेड किंगडम ऑफ ग्रेट ब्रिटेन और उत्तरी आयरलैंड का संविधान है। ग्रेट ब्रिटेन में इंग्लैंड, वेल्स और स्कॉटलैंड शामिल हैं। वर्ष 1535 में इंग्लैंड और वेल्स एकजुट हुए और स्कॉटलैंड ने वर्ष 1707 में ग्रेट ब्रिटेन के राज्य का गठन किया, जबकि यूनाइटेड किंगडम ऑफ ग्रेट ब्रिटेन और उत्तरी आयरलैंड का गठन वर्ष 1921 में किया गया था।

ब्रिटिश संवैधानिक प्रणाली दुनिया में सबसे पुरानी है और सबसे पुरानी लोकतांत्रिक प्रणाली है। वास्तव में, ब्रिटिश संविधान ही 'संविधानों का जनक' है। प्रतिनिधि सरकार के सिद्धांत और संस्थान पहले ब्रिटेन में विकसित किए गए थे।

ब्रिटिश संविधान राजतंत्र, अभिजात वर्ग और लोकतंत्र का मिश्रण है। ब्रिटिश संविधान की मुख्य विशेषताएं कुछ इस प्रकार हैं:

1. **अलिखित संविधान (Unwritten Constitution):** अमेरिकी संविधान के विपरीत, ब्रिटिश संविधान लिखित रूप में नहीं है। यूके में, सरकारी शक्तियों के वितरण और प्रथा को नियंत्रित करने वाले अधिकांश सिद्धांत नहीं लिखे गए हैं। ब्रिटिश संविधान का केवल एक छोटा-सा हिस्सा लिखित दस्तावेजों के रूप में मौजूद है। ब्रिटिश संविधान अभिनीत नहीं बल्कि एक स्व-विकसित संविधान है। यह इतिहास की एक उपज है और विकास का एक परिणाम है। यह मौके (दुर्घटना) के साथ-साथ ज्ञान (डिजाइन) का एक परिणाम है। यह एक स्थिर संविधान नहीं है, बल्कि यह उल्लेखनीय रूप से गतिशील है। इसलिए, एल.एस. अमेरी ने *संविधान पर विचार* नामक अपनी पुस्तक में कहा है कि, ''ब्रिटिश संविधान औपचारिक कानून, उदाहरण और परंपरा का मिश्रण है।''

ब्रिटिश संविधान के विभिन्न तत्वों या स्रोतों को इस प्रकार समझाया गया है:

(i) **सम्मेलन:** सम्मेलन ब्रिटिश संविधान का एक प्रमुख तत्व है। ये राजनीतिक प्रथाओं और संवैधानिक व्यवहार के प्रथागत सिद्धांतों के अलिखित सिद्धांत हैं जो समय के साथ विकसित हुए हैं। जे.एस. मिल ने उन्हें 'संविधान के अधिकतम अलिखित' के रूप में वर्णित किया। हालांकि, कानूनों के विपरीत, उन्हें न्यायिक अदालतों द्वारा मान्यता प्रदान नहीं की गई है और उन्हें लागू नहीं किया गया है। लेकिन वे ब्रिटिश राजनीतिक संस्थानों के वास्तविक कामकाज में बहुत महत्वपूर्ण भूमिका निभाते हैं। वे आमतौर पर इस रूप में इसलिए देखे जाते हैं क्योंकि वे परंपरा और जनमत द्वारा समर्थित होते हैं। ब्रिटेन में प्रसिद्ध सम्मेलन निम्नलिखित हैं:

(a) राजा या रानी को प्रधानमंत्री की अध्यक्षता में मंत्रिमंडल की सलाह पर अपनी कानूनी शक्तियों का प्रयोग करना चाहिए।

(b) राजा को हाउस ऑफ कॉमन्स में प्रधानमंत्री के रूप में बहुमत दल के नेता को नियुक्त करना चाहिए।

(c) राजा को प्रधानमंत्री की सलाह पर संसद के निचले सदन को भंग करना चाहिए।

(d) राजा को संसद द्वारा पारित सभी विधेयकों पर अपनी सहमति देनी चाहिए।

(e) मंत्रिमंडल सामूहिक रूप से और व्यक्तिगत रूप से हाउस ऑफ कॉमन्स के लिए जिम्मेदार है।

(ii) **ग्रेट चार्टर्स:** इन्हें संवैधानिक चार्टर्स या संवैधानिक स्थल भी कहा जाता है। यह सभी ऐतिहासिक दस्तावेज होते हैं जो राजा की शक्तियों और नागरिकों की स्वतंत्रता आदि को परिभाषित करते हैं। ब्रिटिश संविधान के कुछ बुनियादी पहलुओं पर उनका महत्वपूर्ण प्रभाव है। ऐसे चार्टर्स में मैग्नाकार्टा (1215), अधिकारों की याचिका (1628), अधिकारों का विधेयक (1689) और कुछ अन्य महत्वपूर्ण हैं।

(iii) **विधियाँ:** ये ब्रिटिश संसद द्वारा समय-समय पर बनाए गए कानून हैं। ये कई ब्रिटिश राजनीतिक संस्थानों के सिद्धांतों, संरचनाओं और कार्यो को परिभाषित और विनियमित करते हैं। ब्रिटेन में महत्वपूर्ण कानून है- हैबस कॉर्पस अधिनियम, 1679, वेस्टमिंस्टर का कानून, 1931, क्राउन अधिनियम के मंत्री, 1937, जन-प्रतिनिधित्व अधिनियम, 1948 और अन्य।

(iv) **सामान्य कानून:** यह न्यायाधीश द्वारा निर्मित कानूनों का एक निकाय है। इसमें सरकार की शक्तियों और नागरिकों के साथ उसके संबंध से संबंधित कुछ महत्वपूर्ण नियमों और सिद्धांतों को परिभाषित किया गया है। उन्हें न्यायिक अदालतों द्वारा स्वीकार और लागू किया जाता है। डॉ. ओग ने सामान्य कानून को 'कानूनी पूर्वधारणा और उपयोग के विशाल निकाय के रूप में परिभाषित किया है, जिसने सदियों से बाध्यकारी और लगभग अपरिवर्तनीय चरित्र का अधिग्रहण किया है।'

(v) **कानूनी समीक्षा:** ये देश के संवैधानिक विशेषज्ञों द्वारा देश के संवैधानिक कानून पर लिखी गई टिप्पणियां या पाठ्य पुस्तकें हैं। वे ब्रिटिश राजनीतिक संस्थानों के कामकाज में अंतर्दृष्टि प्रदान करती हैं। वे अर्थ को स्पष्ट करती हैं और कुछ संवैधानिक सिद्धांतों के दायरे को ठीक करती हैं। ब्रिटिश संविधान पर कुछ लोकप्रिय कानूनी समीक्षा ए.वी. डाइसी का '*संविधान के कानून*', बैजहोट का '*इंग्लिश संविधान*', ब्लैकस्टोन का '*इंग्लैंड के कानून पर समीक्षा*' और अन्य हैं।

2. **लचीला संविधान (Flexible Constitution):** अमेरिकी संविधान के विपरीत, ब्रिटिश संविधान प्रकृति में लचीला है। इसके संशोधन के लिए किसी विशेष प्रक्रिया की आवश्यकता नहीं पड़ती है। इसे संसद द्वारा उसी तरह से संशोधित किया जा सकता है जिस तरह से सामान्य कानून बनाए जाते हैं। इस प्रकार, ग्रेट ब्रिटेन में, संवैधानिक कानून और साधारण कानून के बीच कोई अंतर नहीं है।

3. **एकात्मक संविधान (Unitary Constitution):** ग्रेट ब्रिटेन एक एकात्मक राज्य है। इसलिए, सरकार की सभी शक्तियाँ एक ही केंद्र सरकार में निहित हैं। स्थानीय सरकारें केवल प्रशासनिक सुविधा के लिए बनाई जाती हैं और वे लंदन में स्थित केंद्र सरकार के पूर्ण नियंत्रण में काम करती हैं। वे केंद्र सरकार से अपना अधिकार प्राप्त करते हैं जो किसी भी समय उन्हें पूरी तरह से समाप्त कर सकता है।

4. **संसदीय सरकार (Parliamentary Government):** ब्रिटिश संविधान सरकार के संसदीय स्वरूप को प्रदान करता है जिसमें कार्यपालिका विधायिका से उत्पन्न होती है और इसके लिए जिम्मेदार रहती है। सरकार की ब्रिटिश संसदीय प्रणाली की विशेषताएं कुछ इस प्रकार हैं:

(i) राजा नाममात्र का कार्यकारी है जबकि वास्तविक कार्यकारी मंत्रिमंडल है। राज्य का प्रमुख राजा होता है जबकि प्रधानमंत्री सरकार का प्रमुख होता है।

(ii) जो पार्टी हाउस ऑफ कॉमन्स में बहुमत वाली सीटें हासिल करती है, वह सरकार बनाती है। उस पार्टी के नेता को राजा/रानी द्वारा प्रधानमंत्री के रूप में नियुक्त किया जाता है।

(iii) सभी मंत्री व्यक्तिगत रूप से और साथ ही सामूहिक रूप से हाउस ऑफ कॉमन्स के लिए अपने कार्यों के लिए जिम्मेदार होते हैं। जब तक सदन में उन्हें बहुमत के समर्थन प्राप्त होते हैं, तब तक वे पद पर बने रहते हैं।

(iv) राजा प्रधानमंत्री की सलाह पर हाउस ऑफ कॉमन्स को भंग कर सकता है।

(v) सभी मंत्री (कार्यकारिणी के सदस्य) ब्रिटिश संसद के सदस्य भी होते हैं। इससे कार्यपालिका और

विधायिका के बीच टकराव नहीं होता है और उनके बीच बेहतर समन्वय स्थापित होता है।

5. **संसद की संप्रभुता (Sovereignty of Parliament):** संप्रभुता का अर्थ है-राज्य के भीतर सर्वोच्च शक्ति। ग्रेट ब्रिटेन की सर्वोच्च शक्ति संसद के पास होती है। इसलिए, संसद की संप्रभुता (या संसद की सर्वोच्चता) ब्रिटिश संवैधानिक कानून और राजनीतिक व्यवस्था का एक संवैधानिक सिद्धांत है। इस सिद्धांत में निम्नलिखित विषय मौजूद हैं:

(i) ब्रिटिश संसद किसी भी कानून को बना सकती है, संशोधित कर सकती है, स्थानापन्न या निरस्त कर सकती है। डी लोलमे का कहना है कि, 'ब्रिटिश संसद एक महिला को पुरुष और एक पुरुष को एक महिला बनाने के अलावा सब कुछ कर सकती है।'

(ii) संसद सामान्य कानूनों के समान प्रक्रिया द्वारा संवैधानिक कानूनों को बना सकती है। दूसरे शब्दों में, ब्रिटिश संसद के घटक प्राधिकरण और कानून बनाने वाले प्राधिकरण के बीच कोई कानूनी अंतर नहीं है।

(iii) संसदीय कानूनों को असंवैधानिक होने के कारण न्यायपालिका द्वारा अमान्य घोषित नहीं किया जा सकता है। दूसरे शब्दों में, ग्रेट ब्रिटेन में न्यायिक समीक्षा की कोई व्यवस्था नहीं है।

6. **कानून का नियम (Rule of Law):** कानून का सिद्धांत ब्रिटिश संवैधानिक प्रणाली की मूलभूत विशेषताओं में से एक है। ऐसा निर्धारित किया गया है कि यह कानून सर्वोच्च है और इसलिए सरकार को कानून के अनुसार और कानून की सीमा के भीतर कार्य करना चाहिए। ए.वी. डाइसी ने अपनी पुस्तक *द लॉ ऑफ द कंस्टीटूशन* (1885) में नियम के सिद्धांत के निम्नलिखित तीन निहितार्थ दिए हैं:

(i) एकपक्षीय शक्ति की अनुपस्थिति, कानून के उल्लंघन को छोड़कर किसी भी आदमी को दंडित नहीं किया जा सकता है।

(ii) कानून के समक्ष समानता, अर्थात् सभी नागरिकों (अमीर या गरीब, उच्च या निम्न, आधिकारिक या गैर-आधिकारिक) की समान अधीनता जो सामान्य कानून अदालतों द्वारा प्रशासित भूमि के सामान्य कानून के लिए हो।

(iii) व्यक्ति के अधिकारों की प्रधानता, वह संविधान है, जो व्यक्ति के अधिकारों के स्रोत होने के बजाय संविधान के कानून के न्यायालयों द्वारा परिभाषित और लागू किए गए व्यक्ति के अधिकारों का परिणाम है। ग्रेट ब्रिटेन के नागरिकों के अधिकार संविधान से नहीं, न्यायिक फैसलों से होते हैं।

7. **संवैधानिक राजतंत्र (Constitutional Monarchy):** ग्रेट ब्रिटेन एक राजशाही राज्य है। इसे एक सीमित वंशानुगत राजशाही के रूप में वर्णित किया गया है। वंशानुगत सम्राट (राजा या रानी) राज्य का प्रमुख होता है। क्राउन, सर्वोच्च कार्यकारी शक्ति का दृश्यमान प्रतीक होता है। हालांकि, राजा या रानी केवल आधिपत्य प्राप्त करते हैं, लेकिन वे शासन नहीं करते हैं। इन शक्तियों को वास्तव में प्रधानमंत्री की अध्यक्षता वाले मंत्रिमंडल द्वारा निष्पादित किया जाता है। मंत्रिमंडल सामूहिक रूप से अपने कार्यों और अंततः मतदाताओं के लिए संसद के प्रति जिम्मेदार है। इसलिए, ग्रेट ब्रिटेन के पास एक 'संवैधानिक राजतंत्र' है।

क्राउन और राजा के बीच का अंतर, एक संस्था के रूप में राजतंत्र और एक व्यक्ति के रूप में सम्राट के बीच का अंतर है। दूसरे शब्दों में, राजा एक व्यक्ति है जबकि क्राउन एक संस्था है (यानी राजा की संस्था)। 'राजा नश्वर है जबकि क्राउन नश्वर नहीं है'। यह ग्रेट ब्रिटेन में लोकप्रिय कथन द्वारा स्पष्ट रूप से व्यक्त किया गया है कि 'राजा मर चुका है; राजा अमर रहेगा'। इसका मतलब है कि सिंहासन पर कब्जा करने वाला व्यक्ति मर चुका है, लेकिन राजा की संस्था जीवित है।

8. **द्विसदनात्मक (Bicameralism):** ब्रिटिश संसद द्वि सदनात्मक है, अर्थात् इसमें दो सदन होते हैं, अर्थात् हाउस ऑफ लॉर्ड्स और हाउस ऑफ कॉमन्स।

हाउस ऑफ लॉर्ड्स उच्च सदन है। यह दुनिया का दूसरा सबसे पुराना चैम्बर है। इसमें लॉर्ड्स, पीयर और रईस शामिल हैं और इसलिए यह ब्रिटिश राजनीतिक प्रणाली के अभिजात तत्व का प्रतिनिधित्व करते हैं। वर्तमान में इसके 677 नियुक्त सदस्य हैं जो चार अलग-अलग समूहों में आते हैं। यह ज्यादातर एक वंशानुगत निकाय है।

हाउस ऑफ कॉमन्स निचला सदन है लेकिन हाउस ऑफ लॉर्ड्स की तुलना में अधिक महत्वपूर्ण और शक्तिशाली है। यह दुनिया का सबसे पुराना लोकप्रिय विधायी निकाय है। इसमें सार्वभौमिक वयस्क मताधिकार के आधार पर लोगों द्वारा चुने गए प्रतिनिधि शामिल हैं। वर्तमान में हाउस ऑफ कॉमन्स में 659 सीटें हैं और ये इंगलैंड, वेल्स, स्कॉटलैंड और उत्तरी आयरलैंड के बीच वितरित की जाती हैं।

फ्रांसीसी संविधान (French Constitution)

फ्रांसीसी संवैधानिक प्रणाली के विकास पर फ्रांसीसी क्रांति (1789-1799) का महत्वपूर्ण प्रभाव पड़ा। इस क्रांति के बाद से, फ्रांस ने औसतन प्रत्येक 12 वर्षों के बाद अपना संविधान बदला है। इसमें तीन राजतंत्रीय, दो तानाशाह, तीन साम्राज्यवादी और चार गणराज्य संविधान सभाओं को अपनाया गया है। पांचवें गणतंत्र की स्थापना करने वाला वर्तमान फ्रांसीसी संविधान वर्ष 1958 में लागू हुआ। इसे जनरल डी गॉल के निर्देशों के तहत तैयार किया गया था। यह फ्रांस को एक मजबूत और स्थिर सरकार देने के लिए बनाया गया था।

पांचवें फ्रांसीसी गणराज्य के संविधान की मुख्य विशेषताएं इस प्रकार हैं:

1. **लिखित संविधान (Written Constitution):** अमेरिकी संविधान की तरह, फ्रांसीसी संविधान भी एक लिखित संविधान है। इसमें एक प्रस्तावना और 15 अध्यायों में विभाजित 92 अनुच्छेद हैं। यह स्वाधीनता, समानता और बंधुत्व को पांचवें गणतंत्र का आदर्श वाक्य घोषित करता है। संविधान के अनुच्छेद 2 के अनुसार 'फ्रांस एक गणराज्य, अविभाज्य, धर्मनिरपेक्ष, लोकतांत्रिक और सामाजिक' है।

अनुच्छेद 1 एक समुदाय की स्थापना के लिए गणतंत्र और प्रवासी क्षेत्रों द्वारा संविधान को अपनाने से संबंधित है। इसे प्रस्तावना के अंतर्गत रखा गया है। संविधान के अध्यायों का उल्लेख **तालिका 85.1** में है।

तालिका 85.1 फ्रांसीसी संविधान, एक नजर में

अध्याय संख्या	अध्याय का शीर्षक	कवर किए गए अनुच्छेद
I.	संप्रभुता	2 से 4
II.	गणतंत्र का राष्ट्रपति	5 से 19
III.	सरकार	20 से 23
IV.	संसद	24 से 33
V.	संसद और सरकार के बीच संबंध	34 से 51
VI.	संधियाँ और अंतर्राष्ट्रीय समझौते	52 से 55
VII.	संवैधानिक परिषद	56 से 63
VIII.	न्यायिक प्राधिकरण	64 से 66
IX.	उच्च न्यायालय	67 से 68
X.	आर्थिक और सामाजिक परिषद	69 से 71
XI.	प्रादेशिक संस्थाएँ	72 से 76
XII.	समुदाय	77 से 87
XIII.	संस्था की सहमति	88
XIV.	संशोधन	89
XV.	अस्थायी विन्यास	90 से 92

2. **कठोर संविधान (Rigid Constitution):** ब्रिटिश संविधान के विपरीत, फ्रांसीसी संविधान प्रकृति में लचीला नहीं है। इसमें संशोधन के लिए एक विशेष प्रक्रिया शामिल है। दोनों सदनों में 60 प्रतिशत बहुमत से संसद द्वारा इसे संशोधित किया जा सकता है। वैकल्पिक रूप से, राष्ट्रपति संविधान संशोधन पर एक राष्ट्रीय जनमत संग्रह कह सकते हैं। हालाँकि, फ्रांस में सरकार का गणतंत्रवादी रूप संशोधन के अधीन नहीं है। इस प्रकार, फ्रांस में राजशाही के लिए कोई स्थान नहीं है।

3. **एकात्मक संविधान (Unitary Constitution):** फ्रांस एक एकात्मक राज्य है। केंद्रीय और स्थानीय या प्रांतीय सरकारों

के बीच शक्तियों का कोई विभाजन नहीं है। सभी शक्तियां पेरिस स्थित एकल सर्वोच्च केंद्र सरकार में निहित हैं। केंद्र सरकार द्वारा केवल प्रशासनिक सुविधा के लिए स्थानीय सरकारें बनाई और खत्म की जाती हैं। वास्तव में, फ्रांस ब्रिटेन की तुलना में अधिक एकात्मक है।

4. **अर्द्ध-राष्ट्रपति और अर्द्ध-संसदीय (Quasi-Presidential and Quasi-Parliamentary):** फ्रांसीसी संविधान न तो राष्ट्रपति और न ही संसदीय सरकार प्रदान करता है। बल्कि, यह दोनों के तत्वों को जोड़ता है। एक तरफ, यह एक शक्तिशाली राष्ट्रपति प्रदान करता है जो सीधे लोगों द्वारा पांच साल के कार्यकाल के लिए चुना जाता है, दूसरी ओर, प्रधानमंत्री की अध्यक्षता में एक नामित परिषद होती है जो संसद के लिए जिम्मेदार होती है। हालाँकि, मंत्री संसद के सदस्य नहीं होंगे।

5. **द्विसदनात्मक (Bicameralism):** फ्रांसीसी संसद में नेशनल असेंबली (निचला सदन) और सीनेट (उच्च सदन) शामिल हैं। नेशनल असेंबली में 577 सदस्य हैं, जो सीधे पांच साल के कार्यकाल के लिए चुने जाते हैं। सीनेट में 321 सदस्य हैं, जो अप्रत्यक्ष रूप से नौ साल के कार्यकाल के लिए चुने जाते हैं। नेशनल असेंबली, सीनेट की तुलना में अधिक प्रभावी और शक्तिशाली है।

6. **तर्कसंगत संसद (Rationalised Parliament):** फ्रांस के संविधान ने एक तर्कसंगत संसद की स्थापना की, जो कि प्रतिबंधित और सीमित शक्तियों वाली संसद है। फ्रांसीसी संसद की शक्तियाँ, राजनीतिक कार्यकारी के आमने-सामने प्रतिबंधित हैं। यह केवल उन वस्तुओं पर कानून बना सकता है जो संविधान में परिभाषित हैं। अन्य सभी मामलों में, सरकार को कार्यकारी आज्ञप्ति द्वारा कानून बनाने का अधिकार है। संसद कानून बनाने की शक्ति को कार्यकारी शाखा को भी सौंप सकती है। संसदीय प्राधिकरण पर ये सीमाएं एक मजबूत कार्यकारी प्रदान करने के लिए लगाई गई थीं।

7. **संवैधानिक परिषद (Constitutional Council):** फ्रांस में एक संवैधानिक परिषद है। इसमें नौ सदस्य होते हैं, जिन्हें नौ साल के कार्यकाल के लिए नियुक्त किया जाता है। यह एक न्यायिक प्रहरी के रूप में कार्य करता है और यह सुनिश्चित करता है कि कार्यकारी आज्ञप्ति और संसदीय कानून संविधान के प्रावधानों के अनुरूप हैं। हालांकि, यह केवल एक सलाहकार निकाय है और इसकी राय बाध्यकारी नहीं है।

8. **राजनीतिक दलों का निर्धारण (Recognition of Political Parties):** फ्रांस का संविधान राजनीतिक दलों और उनकी भूमिका को निर्धारित करता है। यह फ्रांस में पहली बार हुआ है कि एक गणतंत्रवादी संविधान में न केवल पार्टियों का उल्लेख है, बल्कि उन्हें राजनीतिक जीवन का एक सामान्य हिस्सा भी माना जाता है। संविधान के अनुच्छेद 4 के अनुसार 'पार्टियों को राष्ट्रीय संप्रभुता और लोकतंत्र के सिद्धांतों का सम्मान करना चाहिए।'

जापानी संविधान (Japanese Constitution)

जापान का आधुनिक राज्य वर्ष 1868 में मीजी पुनर्नवीनीकरण के साथ अस्तित्व में आया। मीजी संविधान 58 वर्षों (1889 से 1947 तक) तक लागू रहा। यह संविधान निरंकुशता, अधिनायकवाद और राजतंत्र के आदर्शों पर आधारित था।

द्वितीय विश्व युद्ध (1939-1945) के बाद, जापान को 1945 से 1952 तक मित्र देशों के कब्जे में रखा गया था। अमेरिका के जनरल डगलस मैकआर्थर जापान में मित्र देशों की सर्वोच्च कमांडर थे। उनके निर्देशन में, जापान ने वर्ष 1946 में एक नया लोकतांत्रिक संविधान अपनाया। अधिभोग प्राधिकरण के विचारों के अनुसार यह संविधान लोकतंत्र और शांति के आदर्शों पर आधारित है।

वर्ष 1947 में जापान का नया और वर्तमान संविधान संचालित हुआ। इसे मैकआर्थर संविधान के साथ-साथ शोवा संविधान दोनों के रूप में जाना जाता है। शोवा सम्राट हिरोहितो के शासन की उपाधि है और इसका अर्थ 'दीप्तिमान शांति' है। नए संविधान को अपनाने के समय, हिरोहितो जापान के सम्राट थे और शिधारा प्रधानमंत्री थे।

जापान के वर्तमान संविधान की मुख्य विशेषताएं कुछ इस प्रकार हैं:

1. **लिखित संविधान (Written Constitution):** अमेरिकी संविधान की तरह, जापानी संविधान भी एक लिखित संविधान है। इसमें एक प्रस्तावना और 103 अनुच्छेद मौजूद हैं, जो 11 अध्यायों में विभाजित हैं। यह अमेरिकी और ब्रिटिश प्रणाली का एक अनूठा मिश्रण है। इसकी प्रस्तावना लोगों की संप्रभुता के सिद्धांत पर जोर देती है। **तालिका 85.2** में संविधान के अध्यायों का उल्लेख किया गया है।

तालिका 85.2 जापानी संविधान, एक नजर में

अध्याय संख्या	अध्याय का शीर्षक	कवर किए गए अनुच्छेद
I	सम्राट (The Emperor)	1 से 8
II	युद्ध का परित्याग (Renunciation of War)	9
III	लोगों के अधिकार और कर्तव्य (Rights and Duties of the People)	10 से 40
IV	डाइट (The Diet)	41 से 64
V	मंत्रिमंडल (The Cabinet)	65 से 75
VI	न्यायपालिका (Judiciary)	76 से 82
VII	वित्त (Finance)	83 से 91
VIII	स्थानीय स्वशासन (Local Self-government)	92 से 95
IX	संशोधन (Amendments)	96
X	सर्वोच्च कानून (Supreme Law)	97 से 99
XI	अनुपूरक प्रावधान (Supplementary Provisions)	100 से 103

2. **कठोर संविधान (Rigid Constitution):** अमेरिकी संविधान की तरह, जापानी संविधान भी एक लचीला संविधान नहीं है। इसे डाइट द्वारा उसी तरह से संशोधित किया जा सकता है जिस तरह से सामान्य कानून बनाए जाते हैं। इसे संविधान द्वारा उस उद्देश्य के लिए प्रदान की गई एक विशेष प्रक्रिया के माध्यम से ही संशोधित किया जा सकता है। इसलिए, जापान में, एक संवैधानिक कानून और एक साधारण कानून के बीच अंतर मौजूद है।

जापानी संविधान अपने संशोधन के लिए निम्नलिखित प्रक्रिया को पूरा करता है:

(i) संशोधन डाइट (Diet) द्वारा शुरू किया जाएगा। इस तरह के प्रस्ताव को दो-तिहाई बहुमत से पारित किया जाना चाहिए।

(ii) उसके बाद, इसे एक विशेष जनमत संग्रह या विशिष्ट चुनाव में अनुसमर्थन के लिए लोगों को प्रस्तुत किया जाता है। इसे अधिकांश लोगों द्वारा अनुमोदित किया जाना चाहिए।

(iii) संविधान के अभिन्न अंग के रूप में लोगों के नाम पर सम्राट द्वारा तुरंत पुष्टि किए जाने के बाद उसे संशोधित किया जाएगा।

यहाँ यह उल्लेख करना आवश्यक होगा कि जापानी संविधान में अब तक एक बार भी संशोधन नहीं किया गया है। इस प्रकार, यह संविधान आज भी वैसा ही है जैसा वर्ष 1947 में था।

3. **एकात्मक संविधान (Unitary Constitution):** ब्रिटिश संविधान की तरह, जापानी संविधान भी एक एकात्मक राज्य का प्रावधान करता है। केंद्र और प्रांतीय सरकारों के बीच शक्तियों का कोई विभाजन नहीं है। सभी शक्तियां टोक्यो स्थित एकल सर्वोच्च केंद्र सरकार में निहित हैं। प्रांत, केंद्र सरकार से अपने अधिकार प्राप्त करते हैं। डाइट, प्रांतों के अधिकार और अधिकार क्षेत्र में विस्तार या कमी कर सकती है। इस प्रकार, प्रांत सरकार की अधीनस्थ इकाइयाँ हैं और उन्हे केवल वही शक्तियाँ प्राप्त होती हैं जो सर्वोच्च केंद्र सरकार द्वारा उन्हें सौंपी जाती हैं।

4. **संसदीय सरकार (Parliamentary Government):** जापान ने अमेरिकी राष्ट्रपति प्रणाली के बजाय ब्रिटिश संसदीय प्रणाली को वरीयता दी है। सरकार की जापानी संसदीय प्रणाली की विशेषताएं कुछ इस प्रकार हैं:

(i) सम्राट नाममात्र का कार्यकारी होता है जबकि वास्तविक कार्यकारी मंत्रिमंडल होता है। मंत्रिमंडल में प्रधानमंत्री और उसके बीस राज्य मंत्री होते हैं। राज्य का प्रमुख सम्राट होता है जबकि प्रधानमंत्री सरकार का प्रमुख होता है।

(ii) प्रतिनिधि सभा में बहुमत वाली सीटें प्राप्त करने वाली पार्टी ही सरकार बनाती है। हमेशा बहुमत दल या बहुमत गठबंधन के नेता प्रधानमंत्री बनते हैं।

(iii) डाइट के एक संकल्प द्वारा प्रधानमंत्री को डाइट के सदस्यों में से नामित किया जाता है। सम्राट, प्रधानमंत्री को डाइट द्वारा निर्दिष्ट के रूप में नियुक्त करता है।

(iv) प्रधानमंत्री राज्य के मंत्रियों की नियुक्ति करता है। लेकिन, उनमें से अधिकांश को डाइट के सदस्यों में से चुना जाना चाहिए।

(v) राज्य के मंत्रियों को प्रधानमंत्री चुनता है और इसलिए वह उन्हें हटा भी सकता है।

(vi) मंत्रिमंडल, कार्यकारी शक्ति के अभ्यास में, सामूहिक रूप से डाइट के लिए जिम्मेदार है। प्रतिनिधि सभा द्वारा अविश्वास प्रस्ताव पारित करने पर इसे इस्तीफा दे देना चाहिए।

(vii) सम्राट, प्रधानमंत्री की सलाह पर प्रतिनिधि सभा को भंग कर सकता है।

उपरोक्त बिंदुओं का विश्लेषण यह स्पष्ट करता है कि जापान (हालांकि ब्रिटिश संसदीय पैटर्न को अपनाया गया) निम्नलिखित चार मामलों में ब्रिटेन से भिन्न है:

1. ब्रिटेन में, प्रधानमंत्री को राजा/रानी द्वारा नियुक्त किया जाता है, जबकि जापान में प्रधानमंत्री डाइट द्वारा चुना जाता है लेकिन सम्राट द्वारा नियुक्त किया जाता है।
2. ब्रिटेन में, मंत्रियों की नियुक्ति राजा/रानी द्वारा की जाती है, जबकि जापान में, मंत्रियों की नियुक्ति प्रधानमंत्री द्वारा की जाती है।
3. ब्रिटेन में प्रधानमंत्री, मंत्रियों को नहीं हटा सकते हैं, जबकि जापान में प्रधानमंत्री अपनी इच्छा से मंत्रियों को हटा सकते हैं।
4. ब्रिटेन में, सभी मंत्रियों को संसद के सदस्य होने चाहिए, जबकि जापान में, अधिकांश मंत्रियों को डाइट का सदस्य होने चाहिए।

5. **संवैधानिक राजतंत्र (Constitutional Monarchy):** जापान एक राजशाही राज्य है। इसे एक सीमित वंशानुगत राजशाही के रूप में वर्णित किया गया है। हालांकि, संविधान सम्राट की संस्था को संरक्षित करता है, यह उसे उन सभी शक्तियों, विशेषाधिकारों और प्राधिकारों से वंचित करता है जो उसे पहले प्राप्त हुई थीं। यह सम्राट की संस्था के संबंध में निम्नलिखित प्रावधान करता है:

(i) सम्राट, राज्य और लोगों की एकता का प्रतीक है। वह संप्रभु सत्ता वाले लोगों की इच्छा से अपनी स्थिति प्राप्त करता है। इस प्रकार, सम्राट की संप्रभुता समाप्त हो गई है।

(ii) शाही सिंहासन वंशानुगत है और यह डाइट द्वारा पारित कानून के अनुसार सफल हुआ है।

(iii) सम्राट के सभी कार्यों के लिए मंत्रिमंडल की सलाह और अनुमोदन आवश्यक है।

(iv) सम्राट केवल उन्हीं कार्यों को करता है जो संविधान में उल्लिखित हैं और उसके पास सरकार से संबंधित कोई शक्तियां मौजूद नहीं होती हैं।

(v) सम्राट डाइट के प्राधिकार के बिना न तो शाही संपत्ति दे सकता है और न ही प्राप्त कर सकता है।

इस प्रकार, संविधान ने सम्राट को केवल एक संवैधानिक प्रमुख बना दिया है। उनका अधिकार एक संवैधानिक सम्राट के औपचारिक कार्यों तक ही सीमित होता है। ठीक ब्रिटिश संविधान की तरह, इसमें भी सम्राट केवल आधिपत्य प्राप्त करता है, शासन नहीं।

6. **संविधान और न्यायिक समीक्षा की सर्वोच्चता (Supremacy of Constitution and Judicial Review):** जापानी संविधान, संविधान की सर्वोच्चता का सिद्धांत स्थापित करता है। संविधान को विश्व का सर्वोच्च (उच्चतम या मौलिक) कानून माना जाता है। कानून, अध्यादेश, शाही अध्यादेश और आधिकारिक कार्य, इस सर्वोच्च कानून के अनुरूप होने चाहिए। यदि ये कानून संविधान के प्रावधानों के विरुद्ध हैं, तो उन्हें सर्वोच्च न्यायालय द्वारा अधिकारातीत और इसलिए, अमान्य घोषित किया जा सकता है।

इस प्रकार, जापान में न्यायिक समीक्षा के अमेरिकी सिद्धांत को अपनाया जाता है। लेकिन इसमें एक अंतर है। अमेरिकी सुप्रीम कोर्ट संविधान से न्यायिक समीक्षा की अपनी शक्ति प्राप्त नहीं करता है, जबकि जापानी सुप्रीम कोर्ट सीधे संविधान से न्यायिक समीक्षा की शक्ति प्राप्त करता है। जापानी संविधान के अनुच्छेद 81 में विशेष रूप यह उल्लेख है कि किसी कानून, व्यवस्था, विनियमन या आधिकारिक अधिनियम की संवैधानिकता निर्धारित करने की शक्ति सर्वोच्च न्यायालय की होगी और निर्णय के लिए यही अंतिम स्थान होगा।

7. **मौलिक अधिकार (Fundamental Rights):** जापानी संविधान यूएसए में अधिकारों के विधेयक के मॉडल पर अधिकार प्रदान करता है। यह जापान के लोगों को बड़ी संख्या में नागरिक, राजनीतिक और आर्थिक अधिकारों की गारंटी देता है और उन्हें 'शाश्वत और अखण्ड' घोषित करता है। सर्वोच्च न्यायालय की

अध्यक्षता वाली न्यायपालिका, न्यायिक समीक्षा की शक्ति के माध्यम से इन अधिकारों के रक्षक के रूप में कार्य करती है।

जापानी संविधान द्वारा प्रदत्त अधिकार, अमेरिकी अधिकारों के विधेयक से अधिक विस्तृत और स्पष्ट हैं। संविधान में कुल 103 अनुच्छेदों में से, 31 अनुच्छेद (10 से 40) लोगों के अधिकारों और कर्तव्यों के लिए समर्पित हैं। संविधान में दिए गए अधिकार निम्नलिखित हैं:

(i) समानता का अधिकार
(ii) स्वतंत्रता का अधिकार
(iii) धार्मिक स्वतंत्रता का अधिकार
(iv) निजी संपत्ति का अधिकार
(v) आर्थिक अधिकार
(vi) शिक्षा का अधिकार
(vii) सांस्कृतिक अधिकार
(viii) संवैधानिक उपचार का अधिकार

8. **युद्ध का त्याग (Renunciation of War):** जापानी संविधान ने युद्ध को राष्ट्र के संप्रभु अधिकार और अंतर्राष्ट्रीय विवादों को निपटाने के लिए सेना के खतरे या उपयोग के रूप में त्याग दिया है। यह जापान को भूमि, समुद्र और वायु सेना, साथ ही अन्य युद्ध क्षमता को बनाए रखने से रोकता है। यह राज्य के युद्धप्रियता के अधिकार को भी मान्यता नहीं देता है।

जापान एकमात्र ऐसा आधुनिक राज्य है जिसने संवैधानिक रूप से युद्ध को हमेशा के लिए त्याग दिया है। यह सबसे असाधारण और साथ ही जापानी संविधान की सबसे विवादास्पद विशेषता है। इस प्रावधान को जनरल मैकआर्थर द्वारा संविधान में डाला गया था ताकि जापान को फिर से एक सैन्य राष्ट्र के रूप में कार्य करने की अनुमति नहीं दी जाएगी। उसने ऐसा वर्ष 1931 से वर्ष 1945 के दौरान किया था और सुदूर पूर्व में जापान की सत्ता को हमेशा के लिए अमेरिका के प्रतिद्वंद्वी के रूप में समाप्त कर दिया था। हालांकि, इसका मतलब यह नहीं है कि जापान अपनी सुरक्षा और रक्षा के लिए हथियारों और अन्य ताकतों का उपयोग नहीं कर सकता है। किसी भी अन्य आधुनिक राज्य की तरह, जापान की भी अपनी कुछ रक्षात्मक क्षमताएं हैं, लेकिन इसे संवैधानिक रूप से सही दिखने के लिए इसके लिए 'आत्म-रक्षा बल' नामक शब्द प्रयुक्त होता है। वे इस आधार पर उचित हैं कि हर राज्य को विदेशी आक्रामकता के खिलाफ खुद का बचाव करने का एक अंतर्निहित अधिकार है।

9. **द्विसदनात्मक (Bicameralism):** जापानी डाइट द्विसदनात्मक है, अर्थात् इसमें दो सदन होते हैं, अर्थात् पार्षदों का सदन (उच्च सदन) और प्रतिनिधि सभा (निम्न सदन)। पार्षदों के सदन में छह वर्ष की अवधि के लिए 252 सदस्य चुने जाते हैं। कुल 252 सदस्यों में से 152 भौगोलिक आधार (स्थानीय निर्वाचन क्षेत्रों) में चुने जाते हैं और शेष 100 बड़े (राष्ट्रीय निर्वाचन क्षेत्र) राष्ट्र द्वारा चुने जाते हैं। प्रतिनिधि सभा में चार वर्ष की अवधि के लिए 512 सदस्य चुने जाते हैं। प्रतिनिधि सभा के पास पार्षदों की सभा की तुलना में अधिक शक्तियां होती हैं, विशेषकर वित्तीय मामलों में।

संवैधानिक रूप से, डाइट राज्य शक्ति का सर्वोच्च अंग और राज्य का एकमात्र कानून बनाने वाला अंग है।

सोवियत संविधान (Soviet Constitution)

सोवियत संघ के राज्य, जिसे सोवियत संघ भी कहा जाता है, वर्ष 1917 में चारिस्मैटिक वी. लेनिन के नेतृत्व में रूसी क्रांति (बोल्शेविक क्रांति) के बाद गठित किया गया था। 70 से अधिक वर्षों तक सुपर पॉवर होने के बाद, 1989-1991 में सोवियत संघ अंततः ध्वस्त हो गया और यह मुख्य रूप से आर्थिक संकट के टूट गया। मिखाइल गोर्बाचेव के लोकप्रिय सुधार भी जिन्हें 'ग्लासनॉस्ट' (खुलापन) और 'पेरोस्ट्रोका' (पुनर्गठन) कहा जाता है, सोवियत संघ को नहीं बचा सके। दिसंबर 1991 में, सोवियत संघ की घटक इकाइयों ने स्वतंत्र राज्यों का एक राष्ट्रमंडल (सीआईएस) का गठन किया। स्वतंत्र राज्यों का एक राष्ट्रमंडल पूरी तरह से स्वतंत्र राज्यों का एक गठबंधन है, लेकिन यह अपने आप में एक राज्य नहीं है। इसने खुद को अंतर्राष्ट्रीय मामलों और कानून के कुछ पहलुओं में पूर्ववर्ती सोवियत संघ के उत्तराधिकारी के रूप में घोषित किया।

अक्टूबर 1917 की रूसी क्रांति ने पहली बार एक समाजवादी राज्य बनाया जिसका लक्ष्य साम्यवाद था। इसलिए, सोवियत संविधान को विश्व का पहला समाजवादी संविधान कहा जाता है। वर्ष 1917 में अपने गठन के बाद से, सोवियत संघ ने चार संविधानों अर्थात् वर्ष 1918, 1924, 1936 (स्टालिन संविधान) और 1977 (ब्रेझनेव संविधान) को अपनाया।

सोवियत संघ की संवैधानिक प्रणाली मार्क्सवाद-लेनिनवाद के सिद्धांतों और विचारधाराओं पर आधारित थी। इस प्रकार, सोवियत संघ की पूरी राजनीतिक और प्रशासनिक प्रणाली पर कम्युनिस्ट पार्टी हावी थी। जैसा कि फेरेल हेडी ने कहा है कि इस प्रणाली का लक्ष्य 'कम्युनिस्ट पार्टी के तत्वावधान में अखंड एकता' है। यह इस संबंध में था कि सोवियत संघ की राजनीतिक-प्रशासनिक प्रणाली यूके, यूएसए और फ्रांस से अलग थी। जैसा कि फेरेल हेडी के अनुसार सोवियत संघ एक 'अधिनायकवादी निर्देशित समाज' था, जिसमें राज्य की नौकरशाही मूल रूप से कम्युनिस्ट पार्टी के अधीन थी।

1977 के सोवियत संविधान की मुख्य विशेषताएं कुछ इस प्रकार हैं:

1. **लिखित संविधान (Written Constitution):** अमेरिकी और फ्रांसीसी संविधान की तरह, 1977 का सोवियत संविधान भी एक लिखित संविधान था। इसका मसौदा श्री ब्रेझनेव की अध्यक्षता वाली समिति ने तैयार किया था। इसमें 20 अध्याय और 174 अनुच्छेद थे जो 9 भागों में विभाजित थे।

2. **कठोर संविधान (Rigid Constitution):** 1977 का सोवियत संविधान प्रकृति में कठोर था। इसने संविधान के संशोधन के लिए एक विशेष प्रक्रिया प्रदान की। इसे सोवियत संघ (सुप्रीम सोवियत) की विधायिका द्वारा प्रत्येक सदन में दो-तिहाई बहुमत से संशोधित किया जा सकता है।

3. **समाजवादी संविधान (Socialist Constitution):** यह संविधान प्रकृति में समाजवादी था और समाजवादी राज्य की नींव रखता था। इसमें कहा गया है कि 'सोवियत समाजवादी गणराज्य का संघ पूरे देश का एक समाजवादी राज्य है, जो श्रमिकों, किसानों और बुद्धिजीवियों, देश के सभी देशों की राष्ट्रीयताओं वाले कामकाजी लोगों की इच्छा और हितों को व्यक्त करता है।' इसने आगे कहा गया है कि 'सोवियत संघ में सभी शक्तियां उन लोगों की हैं जो लोगों के प्रतिनिधि के सोवियतों के माध्यम से राज्य की शक्ति का उपयोग करेंगे, जो सोवियत संघ की राजनीतिक नींव का गठन करते हैं।' इसमें यह भी कहा गया कि 'सोवियत संघ की आर्थिक प्रणाली की नींव, राज्य संपत्ति (सभी लोगों से संबंधित) और सामूहिक फार्म और सहकारी संपत्ति के रूप में उत्पादन के साधनों का समाजवादी स्वामित्व है।'

4. **संघीय संविधान (Federal Constitution):** 1977 का संविधान, एक संघीय राज्य के लिए प्रदान किया गया जिसमें संघ गणराज्य नामक 15 इकाइयाँ शामिल थीं। सोवियत संघ की यह सभी इकाइयाँ रूस, यूक्रेन, बेलीरूस, उज्बेकिस्तान, कजाकिस्तान, जॉर्जिया, अजरबैजान, लिथुआनिया, मोल्डोविया, लाटविया, किर्गिस्तान, ताजिकिस्तान, अर्मीनिया, तुर्कमेनिस्तान और एस्टोनिया थीं। शक्तियों को केंद्र और इकाइयों के बीच विभाजित किया गया था। केंद्र की शक्तियों की गणना की गई थी, जबकि शेष शक्तियाँ, इकाइयों को संयुक्त राज्य अमेरिका के मामले अनुरूप प्रदान किया गया था। इन 15 संघ गणराज्यों का अपना अलग संविधान था जो सोवियत संघ के संविधान के अनुरूप था और सोवियत संघ से अलग करने का अधिकार प्राप्त था।

कई संघ गणराज्य के भीतर स्वायत्त गणराज्य (20), स्वायत्त क्षेत्र (8) और स्वायत्त क्षेत्र (10) मौजूद थे। यह सभी एक निश्चित मात्रा में स्वायत्तता के साथ निहित थे। इसलिए, सोवियत संघ के भीतर संघ गणराज्य को उप-संघ कहा जाता था और सोवियत संघ को 'फेडरेशनों का फेडरेशन' कहा जाता था।

5. **संसदीय सरकार (Parliamentary Government):** सोवियत में सरकार के संसदीय स्वरूप के लिए संविधान प्रदान किया गया था। मंत्रिपरिषद को सर्वोच्च सोवियत (सोवियत संघ का विधायिका) द्वारा चुना गया था और वह अपनी नीतियों और कार्यों के प्रति जिम्मेदार थे। सर्वोच्च सोवियत, मंत्रियों को उनके कार्यालयों से हटा भी सकता था। संविधान के अनुसार 'प्रधान की अध्यक्षता वाला मंत्रिपरिषद, सोवियत संघ का सर्वोच्च कार्यकारी और प्रशासनिक अधिकार है।'

6. **द्विसदनात्मक (Bicameralism):** 1977 का संविधान द्वारा सोवियत संघ को द्विसदनात्मक विधायिका प्रदान किया गया। इस प्रकार, सर्वोच्च सोवियत में संघ के सोवियत (निचले सदन) और राष्ट्रीयता के सोवियत (उच्च सदन) शामिल थे। दोनों सदनों में बराबर सदस्य थे (अर्थात् प्रत्येक सदन में 750 सदस्य) जो प्रत्येक पांच साल में सीधे चुनकर आते थे। निचला सदन पूरे राष्ट्र का प्रतिनिधित्व करता था जबकि उच्च सदन, सोवियत संघ की इकाइयों का प्रतिनिधित्व करता था। दोनों सदनों में सभी नीतिगत मामलों में समान और समन्वित शक्तियां थीं।

7. **स्थायी समिति (Presidium):** सर्वोच्च सोवियत, संवैधानिक रूप से सोवियत संघ के राज्य प्राधिकरण के सर्वोच्च निकाय ने स्थायी समिति के रूप में जाना जाने वाला शासी निकाय चुना। संविधान ने इसे सर्वोच्च सोवियत की स्थायी

समिति कहा। यह एक 39-सदस्यीय निकाय था जिसमें एक अध्यक्ष, प्रथम उपाध्यक्ष, 15 उपाध्यक्ष (अर्थात् 15 संघ गणराज्यों के प्रमुख), एक सचिव और 21 सदस्य थे। स्थायी समिति के अध्यक्ष (राष्ट्रपति) सोवियत संघ राज्य के औपचारिक प्रमुख थे। इसने सोवियत संघ की सामूहिक अध्यक्षता के रूप में कार्य किया। इसलिए इसे सोवियत संघ का 'महाविद्यालय विषयक कार्यकारी', या 'एकाधिक कार्यकारी', या 'महाविद्यालय विषयक अध्यक्ष' कहा जाता था। इसने कार्यकारी, विधायी, राजनयिक, सैन्य और न्यायिक कार्यों को संयोजित किया। अपने विविध कार्यों और एकाधिक विशेषताओं के कारण सोवियत संघ के सर्वोच्च सोवियत के स्थायी समिति को '20वीं शताब्दी के नवाचार' के रूप में वर्णित किया गया है। इस प्रकार की संस्था विश्व के किसी अन्य संविधान द्वारा प्रदान नहीं की गई थी।

8. **एकदलीय-पार्टी तानाशाही (One-Party Dictatorship):** सोवियत संघ की संवैधानिक प्रणाली की सबसे महत्वपूर्ण विशेषता सोवियत संघ की कम्युनिस्ट पार्टी (सीपीएसयू) द्वारा प्राप्त राजनीतिक शक्ति का एकाधिकार था। इसने सोवियत संघ की राजनीतिक-प्रशासनिक प्रणाली में सबसे प्रमुख भूमिका निभाई थी। यह राजनीतिक, आर्थिक, सामाजिक, सांस्कृतिक या विदेशी 'नीतियों का सर्वोच्च निर्माता था।' 1977 के सोवियत संविधान के अनुच्छेद 6 के अनुसार सोवियत समाज की अग्रणी और मार्गदर्शक शक्ति और सभी राजनीतिक संगठनों और सार्वजनिक संगठनों का केन्द्र, सोवियत संघ की कम्युनिस्ट पार्टी है। सोवियत संघ की कम्युनिस्ट पार्टी सामान्य लोगों की पार्टी है और लोगों की सेवा करता है। मार्क्सवादी-लेनिनवाद से लैस कम्युनिस्ट पार्टी, समाज के विकास के सामान्य दृष्टिकोण और सोवियत संघ की गृह और विदेश नीति का निर्धारण करती है, सोवियत लोगों के महान रचनात्मक कार्यों को निर्देशित करती है और और साम्यवाद की जीत के उद्देश्य से उनके संघर्ष के लिए एक योजनाबद्ध, व्यवस्थित और सैद्धांतिक रूप से पुष्ट चरित्र प्रदान करती है। जैसा कि फेरेल हेडी का कहना हैं कि, ''सोवियत संघ की संवैधानिक संरचना हमेशा एक विस्तृत पहलू रही है जिसके पीछे 'एकदलीय शासन और अधिनायकवाद' ने राजनीतिक स्तर पर कब्जा कर लिया है। सोवियत संरचना के ऊपर से नीचे तक पार्टी संबंधित राज्य के अंगों की तुलना में अधिक महत्वपूर्ण भूमिका निभाती है।''

9. **लोकतांत्रिक केंद्रीयवाद (Democratic Centralism):** 1977 के संविधान की एक और मुख्य विशेषता लोकतांत्रिक केंद्रीयवाद का सिद्धांत था। संविधान के अनुच्छेद 3 के अनुसार 'सोवियत राज्य संगठित है और यह लोकतांत्रिक केंद्रीयवाद के सिद्धांत पर कार्य करता है, अर्थात् राज्य प्राधिकरण के सभी निकायों का निम्नतम से उच्चतम तक, लोगों के प्रति उनकी जवाबदेही और उच्चतर के निर्णयों का पालन करने के लिए निचले निकायों का दायित्व पालन करता है। लोकतांत्रिक केंद्रीयवाद, स्थानीय नेतृत्व और रचनात्मक गतिविधि और प्रत्येक राज्य निकाय और उन्हें सौंपे गए कार्य के लिए आधिकारिक जिम्मेदारी के साथ केंद्रीय नेतृत्व को जोड़ती है।' यह सिद्धांत सरकारी संगठन; सोवियत संघ और कम्युनिस्ट पार्टी संगठन के पदानुक्रम पर लागू था। विशिन्स्की का कहना है कि 'सोवियत संघ राज्य लोकतांत्रिक केंद्रीयवाद के सिद्धांत पर बनाया गया है जो तीव्र रूप से पूंजीवादी राज्यों के नौकरशाही केंद्रीयवाद के खिलाफ है।'

10. **मौलिक अधिकार (Fundamental Rights):** इस संविधान ने सोवियत संघ के नागरिकों को बड़ी संख्या में आर्थिक, सामाजिक, व्यक्तिगत, सांस्कृतिक और राजनीतिक अधिकार भी प्रदान किए हैं। ऑग और जिंक ने उन्हें इतिहास के सबसे असाधारण 'अधिकारों के विधेयक' में से एक के रूप में माना है। यह सभी अधिकार देश के सभी नागरिकों को समान रूप से राष्ट्रीयता, नस्ल, लिंग, और इसी तरह के अन्य पक्षों में बिना किसी भेदभाव के प्रदान किए गए थे। नागरिकों को दिए गए अधिकारों का रूप व्यक्तिगत नहीं बल्कि समाजवादी था, और यही सोवियत संघ में समाजवादी व्यवस्था की स्थापना का मुख्य उद्देश्य था। इस प्रकार, नागरिकों द्वारा इन अधिकारों का लाभ, समाज या राज्य के हितों या अन्य नागरिकों के अधिकारों का हनन नहीं था।

1977 के सोवियत संविधान द्वारा प्रदत्त मौलिक अधिकारों की सूची निम्नलिखित है:

(i) कार्य का अधिकार
(ii) विश्राम और अवकाश का अधिकार
(iii) स्वास्थ्य सुरक्षा का अधिकार
(iv) वृद्धावस्था, बीमारी और विकलांगता में रख-रखाव का अधिकार
(v) आवास का अधिकार
(vi) शिक्षा का अधिकार
(vii) सांस्कृतिक लाभों का आनंद लेने का अधिकार

(viii) वैज्ञानिक, तकनीकी और कलात्मक कार्यों की स्वतंत्रता

(ix) राज्य और सार्वजनिक मामलों के प्रबंधन और प्रशासन में भाग लेने का अधिकार

(x) राज्य निकायों और सार्वजनिक और सामाजिक संगठनों को प्रस्ताव प्रस्तुत करने का अधिकार

(xi) बोलने, प्रेस, सभा, सभाओं, सड़क जुलूसों और प्रदर्शनों की स्वतंत्रता

(xii) सार्वजनिक और सामाजिक संगठनों में सहयोगी का अधिकार

(xiii) सद्सद्विवेक की स्वतंत्रता

(xiv) परिवार की सुरक्षा का अधिकार

(xv) व्यक्ति और घर की अनुल्लंघनीयता का अधिकार

(xvi) नागरिकों की निजता का अधिकार

(xvii) न्यायालय द्वारा सुरक्षा का अधिकार

(xviii) अधिकारियों, राज्य निकायों और सार्वजनिक निकायों के कार्यों के खिलाफ अपील करने का अधिकार

11. **मौलिक कर्तव्य (Fundamental Duties):** संविधान में मौलिक अधिकारों के अलावा मौलिक कर्तव्यों के लिए भी प्रावधान किया गया है। संविधान के अनुसार नागरिकों द्वारा इन अधिकारों और स्वतंत्रता का प्रयोग, इन कर्तव्यों और दायित्वों के प्रदर्शन से अभिन्न था। 1977 के ब्रेझनेव संविधान में निहित मौलिक कर्तव्यों की सूची निम्नलिखित है:

(i) सोवियत संघ और सोवियत कानूनों के संविधान का पालन करना।

(ii) श्रम अनुशासन का पालन करना।

(iii) समाजवादी संपत्ति का संरक्षण और उनकी सुरक्षा करना।

(iv) सोवियत राज्य के हितों की रक्षा करना।

(v) समाजवादी मातृभूमि की रक्षा करना।

(vi) सैन्य सेवा प्रदान करना।

(vii) अन्य नागरिकों की राष्ट्रीय गरिमा का सम्मान करना।

(viii) अन्य व्यक्तियों के अधिकारों और कानूनी हितों का सम्मान करना

(ix) प्रकृति की रक्षा और उसकी समृद्धि का संरक्षण करना।

(x) ऐतिहासिक स्मारकों और अन्य सांस्कृतिक मूल्यों को संरक्षित करना

(xi) विश्व शांति को बढ़ावा देना और उसे मजबूत करना

रूस का संविधान (Russian Constitution)

रूस, पूर्व सोवियत संघ की सबसे बड़ी घटक इकाई थी। यह पूर्व सोवियत संघ के कुल क्षेत्रफल का 75 प्रतिशत था और इसकी आबादी, कुल आबादी का 50 प्रतिशत थी। सोवियत संघ के कुल कृषि और औद्योगिक उत्पादन में इसका लगभग 70 प्रतिशत का योगदान था।

दिसंबर 1991 में सोवियत संघ के विघटन के बाद, रूस ने 20 दिसंबर, 1993 को एक नया संविधान अपनाया और इस तरह, एक नई राजनीतिक-प्रशासनिक प्रणाली की स्थापना की।

रूसी संविधान की मुख्य विशेषताएं निम्नानुसार हैं:

1. यह रूस को एक संप्रभु और बहु-जातीय गणराज्य राज्य घोषित करता है।
2. यह एक संघीय राज्य प्रदान करता है। रूसी संघ में 21 गणराज्य, 6 क्षेत्र (क्राइ), 49 क्षेत्र (ओब्लास्ट), 10 स्वायत्त क्षेत्र (एवोन्टोमी ऑक्रग), संघीय स्थिति 2 शहर (मास्को और सेंट पीटर्सबर्ग) और बिरोबीजन (यहूदी स्वायत्त क्षेत्र) हैं।
3. यह एक उदार-लोकतांत्रिक व्यवस्था स्थापित करता है और नागरिकों को मौलिक अधिकारों की गारंटी देता है। इस प्रकार, यह पुरानी अधिनायकवादी प्रणाली को त्याग देता है।
4. यह बहुदलीय प्रणाली का परिचय देता है और स्वतंत्र और निष्पक्ष आवधिक चुनाव सुनिश्चित करता है।
5. यह विधायिका, कार्यपालिका और न्यायपालिका के बीच राज्य शक्ति के विभाजन का प्रावधान करता है। यह तीनों अंग एक-दूसरे से स्वतंत्र हैं।
6. यह फेडरेशन काउंसिल (उच्च सदन) और राज्य ड्यूमा (निचले सदन) से मिलकर द्विसदनात्मक विधायिका (संघीय विधानसभा) की स्थापना करता है। फेडरेशन काउंसिल में 178 सदस्य होते हैं, जिनमें रूसी संघ की प्रत्येक क्षेत्रीय इकाइयों से दो सदस्य होते हैं। राज्य ड्यूमा में 450 सदस्य होते हैं जो चार साल की अवधि के लिए सीधे तौर पर चुने जाते हैं।

7. यह रूसी संघ के राष्ट्रपति को राज्य का प्रमुख घोषित करता है। सार्वभौमिक और प्रत्यक्ष मताधिकार द्वारा राष्ट्रपति का चुनाव चार वर्षों के लिए किया जाता है। वह कार्यपालिका के प्रमुख के साथ-साथ सशस्त्र बलों का के कमांडर-इन-चीफ होता है।
8. यह गणतंत्र के राष्ट्रपति द्वारा सरकार के अध्यक्ष को प्रधानमंत्री के रूप में नियुक्त करने के लिए अधिकृत करता है। राष्ट्रपति, प्रधानमंत्री की सलाह पर अन्य संघीय मंत्रियों को नियुक्त करता है। वह प्रधानमंत्री या किसी अन्य संघीय मंत्री को भी बर्खास्त कर सकता है।
9. यह 19 सदस्यीय संवैधानिक न्यायालय का प्रावधान करता है। इसका कार्य राष्ट्रपति के फरमान की संवैधानिकता, सरकार के आदेश और संघीय विधानसभा के कानूनों को तय करना है।
10. यह रूसी विधायिका (संघीय विधानसभा) को उच्च राजद्रोह या गंभीर अपराध के आरोप में महाभियोग के माध्यम से राष्ट्रपति को हटाने के लिए अधिकृत करता है। महाभियोग के प्रस्ताव को दोनों सदनों द्वारा दो-तिहाई बहुमत से अनुमोदित किया जाना चाहिए।

शासन विषय हेतु अभ्यास प्रश्न (सामान्य अध्ययन– प्रारंभिक परीक्षा) [Practice Questions on Governance (General Studies—Prelims)]

1

1. निम्नलिखित में से कौन-सा सही मिलान नहीं है?
   (a) स्कंध - उप-सचिव
   (b) विभाग - सचिव
   (c) शाखा - अवर सचिव
   (d) अनुभाग - प्रथमी पर्यवेक्षक पर्यवेक्षक
2. सलग्न कार्यालय निम्न में से किसके लिए उत्तरदायी हैं?
   1. नीतियों के कार्यान्वयन हेतु आवश्यक कार्यकारी दिशा निर्दिष्ट करने में।
   2. तकनीकी जानकारी के भंडार गृह के रूप में।
   3. नीतियों के तकनीकी पहलुओं पर मंत्रालय को सलाह देने में।
   4. सरकार की नीतियों का विस्तृत निष्पादन करने में।
   (a) 1 एवं 2 (b) 2, 3 एवं 4
   (c) 1, 2 एवं 3 (d) 1, 2, 3 एवं 4
3. निम्नलिखित में से कौन-सा एक सार्वजनिक निगम का वैशिष्ट्य नहीं है?
   (a) यह राज्य के पूर्ण स्वामित्व में है।
   (b) यह कानूनी उद्देश्यों के लिए एक पृथक् इकाई है।
   (c) यह बजट, लेखांकन और लेखापरीक्षा कानून के अधीन नहीं है।
   (d) उसके अधिकांश कर्मचारी सिविल सेवक हैं।
4. निम्नलिखित में से कौन-सा एक विभागीय उपक्रम का वैशिष्ट्य नहीं है?
   (a) यह राजकोष के वार्षिक विनियोजन द्वारा वित्तपोषित है।
   (b) यह लेखांकन और लेखा परीक्षा के नियंत्रण के अधीन है।
   (c) इसके कर्मचारियों में नियमित सिविल सेवक होते हैं।
   (d) इसमें राज्य की संप्रभु प्रतिरक्षा नहीं है।
5. केंद्रीय सचिवालय में निम्नलिखित में से कौन सचिव की ओर से कार्य करता है?
   (a) संयुक्त सचिव
   (b) अवर सचिव
   (c) उप-सचिव
   (d) अनुभाग अधिकारी
6. निम्नलिखित में से किस वर्ष में 'मंत्रालय' शब्द सर्वप्रथम प्रचलन में आया था?
   (a) 1919 (b) 1935
   (c) 1947 (d) 1950
7. निम्नलिखित में से कौन-सा एक सरकारी संगठन का वैशिष्ट्य नहीं है?
   (a) यह एक कार्यकारी निर्णय द्वारा निर्मित है।
   (b) इसे स्वयं की एक पृथक् कानूनी इकाई प्राप्त है।
   (c) यह लेखांकन और लेखापरीक्षा नियम के अधीन है।
   (d) पूंजीगत स्टॉक के न्यूनतम 51 प्रतिशत शेयर सरकार के स्वामित्व में हैं।
8. निम्नलिखित में से कौन-सा कथन भारत में केंद्रीय सचिवालय के विषय में सत्य है?
   1. अपनी जिम्मेदारियों और कर्तव्यों की पूर्ति हेतु यह मंत्रियों की परिषद में सहायता करता है।
   2. यह इस विश्वास पर आधारित है कि नीति-निर्धारण नीति निष्पादन से पृथक् होना चाहिए।
   3. यह केंद्र सरकार के सभी मंत्रालयों और विभागों की समग्रता है।
   4. भारतीय सचिवालय ब्रिटिश और स्वीडिश प्रणालियों के समान है।
   (a) 1, 3 एवं 4
   (b) 2, 3 एवं 4
   (c) 2 एवं 3
   (d) 1, 2 एवं 3

9. सचिवालय में निम्नलिखित अधिकारियों का सही आरोही क्रम क्या है?

1. संयुक्त सचिव
2. उप-सचिव
3. अपर सचिव
4. निर्देशक
5. सचिव
6. अवर सचिव

(a) 5, 3, 1, 4, 2, 6
(b) 5, 3, 1, 2, 4, 6
(c) 6, 2, 4, 1, 3, 5
(d) 6, 4, 2, 1, 3, 5

10. निम्नलिखित में से कौन-सा विभाग 1985 में कार्मिक मंत्रालय के अधीन प्रक्षेपित जन-शिकायत और पेंशन के अंतर्गत नहीं है?

(a) कार्मिक और प्रशिक्षण विभाग
(b) कार्मिक और कैरियर योजना विभाग
(c) प्रशासनिक सुधार और लोक शिकायत विभाग
(d) पेंशन और पेंशनभोगी कल्याण विभाग

11. निम्नलिखित में से कौन-से कथन मंत्रिमंडल सचिव के पद के विषय में सत्य है?

1. वह प्रधानमंत्री के प्रत्यक्ष नियंत्रण में कार्य करते हैं।
2. वह आमतौर पर देश के सबसे वरिष्ठ सिविल सेवक नागरिक होते हैं।
3. पूर्ववर्तिता का आधिकारिक वॉरंट इन्हें सिविल सेवकों के बीच प्रथम स्थान देता है।
4. वह कैबिनेट सचिवालय के प्रमुख हैं।
5. यह कार्यालय 1950 में बनाया गया था।

(a) 1, 2 एवं 4 (b) 1, 3 एवं 4
(c) 1, 2, 3 एवं 4 (d) 1, 2, 3, 4 एवं 5

12. निम्नलिखित में से कौन-से कथन प्रधानमंत्री कार्यालय के विषय में सत्य है?

1. इसे व्यावसायिक नियमों के आवंटन के अंतर्गत भारत सरकार के एक विभाग की मान्यता प्राप्त करता है।
2. इसके अंतर्गत कुछ संलग्न और अधीनस्थ कार्यालय हैं।
3. यह अगस्त 1947 में गवर्नर-जनरल के सचिव को प्रस्थापित कर अस्तित्व में आया।
4. 1967 तक इसे प्रधानमंत्री सचिवालय कहा जाता था।

(a) 1, 2 एवं 3 (b) 1, 3 एवं 4
(c) 3 एवं 4 (d) 1 एवं 3

13. निम्नलिखित में से कौन-से कथन मंत्रिमंडल सचिव के विषय में सत्य है?

1. उन्होंने राजप्रतिनिधि की कार्यकारी परिषद के सचिव का पदभार संभाला है।
2. वे वरिष्ठ चयन मंडल के अध्यक्ष हैं।
3. वे मुख्य सचिवों के सम्मेलन की अध्यक्षता करते हैं।
4. वे प्रशासन पर सचिवों की समिति के अध्यक्ष हैं।
5. वे केंद्रीय शासन प्रबंध के मुख्य समन्वयक हैं।

(a) 1, 2 एवं 3 (b) 2, 3 एवं 4
(c) 2, 3 एवं 5 (d) 1, 2, 3, 4 एवं 5

14. निम्नलिखित में से कौन-सा/से कथन अधीनस्थ कार्यालय के विषय में सत्य है?

1. वे नीतियों के तकनीकी पहलू पर मंत्रालय को सलाह देते हैं।
2. वे नीति कार्यान्वयन हेतु आवश्यक कार्यकारी दिशा प्रदान करते हैं।
3. वे क्षेत्र प्रतिष्ठानों के रूप में कार्य करते हैं।
4. वे तकनीकी जानकारी के भंडार गृह के रूप में सेवा करते है।
5. वे नीतियों के विस्तृत निष्पादन हेतु उत्तरदायी हैं।

(a) 1, 2 एवं 5 (b) 2, 3 एवं 4
(c) 3 एवं 5 (d) केवल 5

15. निम्नलिखित में से कौन-से विभाग गृह मंत्रालय के अधीन हैं?

1. राज्य विभाग
2. कानून और व्यवस्था विभाग
3. राजभाषा विभाग
4. गृह विभाग
5. आंतरिक सुरक्षा विभाग
6. जनसंख्या विभाग

(a) 1, 2, 3 एवं 6 (b) 1, 2 एवं 5
(c) 1, 2, 3 एवं 5 (d) 1, 3, 4 एवं 5

16. निम्नलिखित में से केंद्रीय सचिवालय का कौन-सा सबसे महत्वपूर्ण कार्य है?
(a) नीतियों का समन्वय और व्याख्या
(b) कानून और नियमों का निर्धारण
(c) व्यय का बजट और नियंत्रण
(d) नीति निर्माण में मंत्री की सहायता

17. निम्नलिखित में से कौन-सा सही मिलान नहीं है?
(a) आयोग प्रपत्र - वैधानिक
(b) सरकारी संगठन - कार्यकारी संकल्प
(c) कमोडिटी बोर्ड - वैधानिक
(d) नियंत्रण बोर्ड - वैधानिक

18. निम्नलिखित में से कौन-से कथन मंत्रिमंडल सचिवालय के विषय में सत्य है?
1. यह प्रधानमंत्री के निर्देशन में संचालित होता है।
2. यह 1950 में स्थापित हुआ।
3. यह भारत सरकार की मुख्य समन्वय संस्था है।
4. यह सरकार के प्रमुख के रूप में प्रधानमंत्री के कार्य प्रदर्शन में सहायता करता है।

(a) 1, 2, 3 एवं 4 (b) 1, 3 एवं 4
(c) 1 एवं 3 (d) 1, 2 एवं 3

सुमेलित कीजिये

सूची - I के साथ सूची - II को सुमेलित करें और सूचियों के नीचे दिए गए कूट का उपयोग करके सही उत्तर का चयन करें।

19.

सूची - I	सूची - II
A. संवैधानिक सिविल सेवा	1. 1793 का अधिनियम
B. फोर्ट विलियम में कॉलेज	2. 1853 का अधिनियम
C. उच्चतर सिविल सेवा का यूरोपीयकरण	3. लॉर्ड कार्नवालिस
D. खुली स्पर्द्धा	4. वेलेज्ली

कूट:	A	B	C	D
(a)	4	3	2	1
(b)	2	3	1	4
(c)	3	4	1	2
(d)	2	4	1	3

20.

सूची - I	सूची - II
A. अपर सचिव	1. अनुभाग
B. अवर सचिव	2. प्रभाग
C. निदेशक	3. विभाग
D. विशेष सचिव	4. शाखा
	5. स्कंध

कूट:	A	B	C	D
(a)	3	4	2	1
(b)	5	2	4	3
(c)	5	4	2	3
(d)	3	1	4	5

21. *सूची -I*

A. सिविल सेवा का आधुनिकीकरण
B. सिविल सेवकों की भर्ती
C. सिविल सेवकों का प्रशिक्षण
D. सिविल सेवा का वर्गीकरण

सूची - II

1. वेलेजली
2. एचिसन
3. कॉर्नवॉलिस
4. लार्ड ली
5. मैकॉले

कूट:	A	B	C	D
(a)	3	2	1	5
(b)	4	5	2	1
(c)	5	4	3	1
(d)	3	5	1	2

कथन (A) एवं कारण (R)

नीचे दिए गए कोड का उपयोग करके निम्नलिखित प्रश्नों के उत्तर चुनिए:

(a) कथन (A) और कारण (R) दोनों सही हैं तथा कारण (R), कथन (A) की सही व्याख्या है।
(b) कथन (A) और कारण (R) दोनों सही हैं किन्तु कारण (R), कथन (A) की सही व्याख्या नहीं है।
(c) कथन (A) सही है, किन्तु कारण (R) गलत है।
(d) कथन (A) गलत है, किन्तु कारण (R) सही है।

22. *कथन:* सरकार के दृष्टिकोण के व्यापक बिंदुओं को मद्देनजर रखते हुए कार्यपालक अभिकरणों के प्रस्तावों की वस्तुनिष्ठ रूप से जांच करने के लिए सचिवालय सचिव को सक्षम बनाता है।

कारण: सचिव समग्र रूप से सरकार के सचिव हैं, किसी अकेले मंत्री के नहीं।

23. *कथन:* सचिवालय में प्रत्येक अधिकारी अपने स्तर पर काम का निपटान और उच्च स्तर पर महत्वपूर्ण मामले प्रस्तुत करता है।

कारण: सभी श्रेणी के विभिन्न ग्रेड अधिकारी निस्पंदन (फिल्टर) के सिद्धांत पर कार्य करते हैं।

24. *कथन:* एक सरकारी कंपनी का सार्वजनिक उद्यम संविधान में धोखाधड़ी के रूप में वर्णित है।

कारण: यह लोकतांत्रिक समाज में राज्य नियंत्रित अभिकरण के संवैधानिक उत्तरदायित्व को सरकार और संसद के लिए विकसित करता।

25. *कथन:* मंत्रिमंडल सचिव मंत्रियों और सिविल सेवकों के बीच एक बफर के रूप में कार्य करता है।

कारण: सचिव सिविल सेवा का प्रमुख होता है।

26. *कथन:* सचिव नीति के सभी पहलुओं और प्रशासनिक मामलों पर मंत्री का मुख्य सलाहकार होता है

कारण: संसद की लोक लेखा समिति के समक्ष सचिव मंत्रालय का प्रतिनिधित्व करता है।

27. *कथन:* एक सार्वजनिक निगम भारत की संसद को जवाबदेह है।

कारण: भारत की संसद सार्वजनिक वित्त की संरक्षक है।

28. *कथन:* प्रधानमंत्री कार्यालय किसी की जिम्मेदारी के निर्वहन में केंद्रीय सरकार के प्रमुख के रूप में प्रधानमंत्री की सहायता करता है।

कारण: यह सामान्यत: मंत्रिमंडल मामलों हेतु चिंतित नहीं रहता।

29. परिवीक्षाधीन आईएएस की प्रविष्टि निम्न में से कौन तय करता है?

(a) लाल बहादुर शास्त्री राष्ट्रीय प्रशासन अकादमी के निदेशक
(b) केंद्रीय कार्मिक मंत्रालय
(c) राज्य के मुख्यमंत्री
(d) राज्य के मुख्य सचिव

30. समान्यज्ञों के विरुद्ध विशेषज्ञों की शिकायतों में निम्नलिखित में से कौन शामिल हैं?

1. वेतन और भत्तों में भेदभाव
2. समान्यज्ञों को पदोन्नति के अधिक और त्वरित अवसर
3. सचिवालय के पदों पर समान्यज्ञों का प्रबंध
4. समान्यज्ञों को एक विभाग से दूसरे विभाग में स्थानांतरण के प्रावधान

(a) 1 एवं 2 (b) 1 एवं 3
(c) 1, 3 एवं 4 (d) 1, 2, 3 एवं 4

31. दोनों निजी और सार्वजनिक क्षेत्र के कर्मचारियों को प्रशिक्षण प्रदान करने वाला संस्थान कौन-सा है?

(a) भारतीय कृषि कौशल परिषद (ASCI)
(b) राष्ट्रीय ग्रामीण विकास संस्थान (NIRD)
(c) भारतीय लोक प्रशासन संस्थान (IIPA)
(d) सचिवालय प्रशिक्षण और प्रबंधन संस्थान (ISTM)

32. भारत में उच्च नागरिक सेवा हेतु भर्ती की वर्तमान प्रणाली निम्नलिखित में से किन समितियों / आयोगों की अनुशंसा पर आधारित है?

1. सतीशचंद्र समिति
2. ली आयोग
3. कोठारी समिति
4. एचीसन आयोग
5. मैकाले समिति

(a) 1, 3 एवं 5 (b) 1, 2 एवं 3
(c) 2, 3, 4 एवं 5 (d) केवल 3

33. अखिल भारतीय सेवाओं के पक्ष में दिए गए तर्कों में शामिल हैं

1. वे संघ और राज्यों में समन्वय स्थापित करते हैं।
2. उच्च मानकों के कारण उनके कार्मिक रणनीतिक पदों पर कार्य कर सकते हैं।
3. वे राज्यों में मंत्री पद की जिम्मेदारी के सिद्धांत को शक्तिशाली बनाते हैं।
4. वे राज्य नागरिक सेवाओं का मनोबल बढ़ाते हैं।
5. वे देश की एकता और अखंडता को सुनिश्चित करने में मदद करते हैं।

(a) 1, 2, 3 एवं 5 (b) 2, 3 एवं 4
(c) 1, 2 एवं 5 (d) 2, 4 एवं 5

34. निम्नलिखित में से यूपीएससी द्वारा घोषित सफल उम्मीदवारों की सूची में से चुनाव करने का प्रथम आदेश किसे दिया जाता है?

(a) गृह मंत्रालय
(b) वित्त मंत्रालय
(c) विदेश मंत्रालय
(d) कार्मिक मंत्रालय

35. निम्नलिखित केंद्रीय सेवाओं में से किसके परिवीक्षाधीन मसूरी में अखिल भारतीय और केंद्रीय सेवाओं द्वारा आयोजित संयुक्त मूलभूत प्रशिक्षण में उपस्थित नहीं होते हैं?

(a) भारतीय विदेश सेवा
(b) केंद्रीय सचिवालय सेवा
(c) भारतीय डाक सेवा
(d) भारतीय मौसम सेवा

36. निम्नलिखित में से कौन से सरकारी सेवकों की क्षतिपूर्ति के सिद्धांत हैं?

1. सामाजिक विचार
2. दक्षता का रख-रखाव
3. बाहर के रोजगार के साथ समानता
4. जीवनयापन की लागत
5. समान काम के लिए समान वेतन
6. राजनीतिक विचार

(a) 2, 3 एवं 4
(b) 3, 4, 5 एवं 6
(c) 1, 2, 3, 4, 5 एवं 6
(d) 1, 2, 3, 4 एवं 5

37. निम्नलिखित अनुशासनात्मक कार्यवाही को उनकी गहनता के अनुसार उचित क्रम में लगाएं:

1. पदोन्नति को रोकना
2. पदावनति
3. भर्त्सना
4. सेवा से बर्खास्तगी
5. वेतन से वसूली
6. सेवा से निरस्त

(a) 3, 1, 5, 2, 6, 4
(b) 3, 1, 2, 5, 4, 6
(c) 2, 3, 1, 5, 4, 6
(d) 2, 1, 3, 4, 5, 6

38. निम्नलिखित चरणों अनुशासनात्मक कार्यवाही के सही क्रम में लगाएं:

1. कर्मचारियों के विरुद्ध आरोप तय करना
2. कर्मचारियों का निलंबन
3. बचाव का अवसर देना
4. कर्मचारियों से स्पष्टीकरण
5. दण्ड का आदेश
6. निष्कर्ष और विवरण

(a) 1, 2, 3, 4, 5, 6
(b) 4, 5, 6, 3, 2, 1
(c) 4, 1, 2, 3, 6, 5
(d) 4, 1, 6, 2, 3, 5

39. राष्ट्रीय संयुक्त परामर्श व्यवस्था परिषद के अध्यक्ष हैं:

(a) कार्मिक सचिव
(b) गृह सचिव
(c) वित्त सचिव
(d) मंत्रिमंडल सचिव

40. निम्नलिखित में से सिविल सेवकों पर लगाए जाने वाले प्रमुख दंड हैं:

1. पदोन्नति पर रोक
2. सेवा से निष्कासन
3. वेतन वृद्धि पर रोक
4. पदावनति
5. अनिवार्य सेवानिवृत्ति
6. आर्थिक नुकसान की वसूली

(a) 1, 2, 3 एवं 6
(b) 2, 3, 4, एवं 5
(c) 2, 4, 5 एवं 6
(d) 2, 4 एवं 5

41. भारतीय वन सेवा के कर्मचारी के विरुद्ध अनुशासनात्मक कार्रवाई के प्राधिकरण में निहित है:

(a) भारत की संसद
(b) अध्यक्ष-यूपीएससी
(c) भारत का सर्वोच्च न्यायालय
(d) भारत के राष्ट्रपति

42. निम्न में से कौन-सा सिद्धांत है-मंत्री पद के उत्तरदायित्व के सिद्धांत का प्रतिपक्ष है?

(a) निष्पक्षता
(b) अवैयक्तित्व
(c) अखंडता
(d) गुमनामी

कथन (A) एवं कारण (R)

नीचे दिए गए कोड का उपयोग करके निम्नलिखित प्रश्नों के उत्तर चुनिए:

(a) कथन (A) और कारण (R) दोनों सही हैं तथा कारण (R), कथन (A) की सही व्याख्या है।
(b) कथन (A) और कारण (R) दोनों सही हैं किन्तु कारण (R), कथन (A) की सही व्याख्या नहीं है।
(c) कथन (A) सही है, किन्तु कारण (R) गलत है।
(d) कथन (A) गलत है, किन्तु कारण (R) सही है।

43. *कथन:* कर्मचारी चयन आयोग 1975 में स्थापित किया गया था।

कारण: भारत सरकार के पास समूह-स की भर्ती करने हेतु कोई केंद्रीकृत अभिकरण नहीं था

44. *कथन:* ग्रुप बी से ग्रुप ए की पदोन्नति के विषय में विभागों को सार्वजनिक सेवा आयोगों से परामर्श करना होगा।

कारण: विभागीय स्तर पर विभागीय पदोन्नति समितियां पदोन्नति को संभालने के लिए स्थापित हैं।

45. *कथन:* निष्पक्षता और गुमनामी के सिद्धांत एक साथ नहीं चलते।

कारण: गुमनामी का सिद्धांत मंत्री पद की जिम्मेदारी के साथ प्रवाहित होता है।

46. *कथन:* भारत जैसी विकासशील समाज में सिविल सेवा एक महत्वपूर्ण भूमिका निभाती है।

कारण: सिविल सेवक केवल प्रशासानंक और वित्तीय कार्य करते हैं।

सुमेलित कीजिये

सूची-I के साथ सूची-II को सुमेलित करें और सूचियों के नीचे दिए गए कूट का उपयोग करके सही उत्तर का चयन करें।

47. सूची-I (प्रशिक्षण अभिकरण) — सूची-II (स्थान)

A. केंद्रीय लेखा परीक्षा और लेखा प्रशिक्षण केंद्र — 1. हैदराबाद
B. रेलवे स्टाफ कॉलेज — 2. मसूरी
C. राष्ट्रीय प्रशासन अकादमी — 3. शिमला
D. राष्ट्रीय पुलिस अकादमी — 4. नागपुर
5. बड़ौदा

कूट:	A	B	C	D
(a)	4	5	2	1
(b)	3	5	2	1
(c)	3	4	1	5
(d)	3	4	2	1

48. सूची-I — सूची-II

A. अमान्य पेंशन — 1. उस लोक सेवक को दी जाती है, जो अधिवर्षता की आयु प्राप्त बाद में सेवानिवृत्त हो गया हो।
B. सेवा निवर्तन पेंशन — 2. उस लोक सेवक को दी जाती है, जिसका पद स्थायी रूप से समाप्त कर दिया गया हो।
C. क्षतिपूर्ति पेंशन — 3. उस लोक सेवक को दी जाती है, जो किसी शारीरिक या मानसिक दुर्बलता के कारण सेवानिवृत्त हुआ हो।
D. सेवानिवृत्ति पेंशन — 4. उस लोक सेवक को दी जाती है, जिसे कदाचार के कारण सेवा से हटाया गया हो।
5. उस लोक सेवक को दी जाती है, जो सेवा की निर्धारित अवधि को पूरा कर सेवानिवृत्त हो गया हो।

कूट:	A	B	C	D
(a)	5	2	3	1
(b)	3	1	2	5
(c)	5	1	2	4
(d)	3	2	1	5

49. बजट तैयार करना किसकी जिम्मेदारी है?
(a) राजस्व विभाग
(b) व्यय विभाग
(c) अर्थ सम्बन्धी विभाग
(d) बजट विभाग

50. निम्नलिखित में से कौन एक बजट बनाने का सिद्धांत नहीं है?
(a) बजट संतुलित होना चाहिए
(b) बजट शुद्ध होना चाहिए न की स्थूल
(c) ठोस अनुमान होना चाहिए
(d) कालातीत का सिद्धान्त

51. कालातीत का सिद्धांत बजट के किस सिद्धांत में निहित है?
(a) अनुमानों का प्रपत्र खातों के प्रपत्र के अनुरूप होना चाहिए
(b) ठोस अनुमान होना चाहिए
(c) सभी वित्तीय लेन-देन के लिए एक बजट
(d) बजट की वार्षिकता

52. बजट की तैयारी के लिए निम्नलिखित में से कौन-सी आकृतियाँ आधार के रूप में ली जाती हैं?

1. पूर्व वर्ष के वास्तविक आंकड़े
2. वर्तमान वर्ष के लिए स्वीकृत बजट अनुमान
3. वर्तमान वर्ष का संशोधित अनुमान
4. अगले वर्ष के लिए प्रस्तावित अनुमान
5. बजट की तैयारी के समय वर्तमान वर्ष के उपलब्ध वास्तविक अनुमान
6. पूर्व वर्ष की इसी अवधि के वास्तविक आंकड़े

(a) 1, 2 एवं 4 (b) 2, 3 एवं 5
(c) 2, 3 एवं 4 (d) 1, 2, 3, 4, 5 एवं 6

53. लेखांकन संरचना के वर्गीकरण के विभिन्न स्तरों को उचित कर्म में व्यवस्था करें:

1. प्रमुख शीर्ष 2. उपशाखा
3. क्षेत्रीय शीर्ष 4. विस्तृत शीर्ष
5. लघु शीर्ष

(a) 1, 4, 2, 3, 5 (b) 3, 2, 1, 5, 4
(c) 3, 1, 5, 2, 4 (d) 1, 3, 2, 5, 4

54. मंत्रालय का सचिव, जो मंत्रालय का मुख्य लेखाधिकारी है, इस संबंध में किसी की जिम्मेदारी का निर्वहन कैसे करता है?

(a) प्रधान लेखा अधिकारी
(b) लोक लेखा समिति
(c) लेखा महानियंत्रक
(d) एकीकृत वित्तीय सलाहकार

55. निम्नलिखित में से कौन-से बजट के सिद्धांत हैं?

1. बजट संतुलित होना चाहिए
2. राजस्व और पूंजी पहलुओं का एकीकरण
3. विभागीय आधार पर अनुमान
4. राजस्व के आधार पर अनुमान होना चाहिए
5. बजट शुद्ध होना चाहिए न कि स्थूल

(a) 1, 3 एवं 5 (b) 1 एवं 3
(c) 1, 2 एवं 4 (d) 1, 3 एवं 4

56. निम्नलिखित में से कौन-से कथन बजट के विषय में असत्य हैं?

1. यह कार्यपालक पर विधायी नियंत्रण का एक उपकरण है।
2. यह शासन प्रबंध पर कार्यकारी नियंत्रण का एक उपकरण है।
3. यह शासन प्रबंध पर न्यायिक नियंत्रण का एक उपकरण है।
4. यह शासन प्रबंध पर नागरिकों के नियंत्रण का एक उपकरण है।
5. यह समाज में सामाजिक और आर्थिक परिवर्तन का एक साधन है।

(a) 1, 2 एवं 5 (b) 3 एवं 4
(c) 1 एवं 5 (d) 1, 2 एवं 3

कथन (A) एवं कारण (R)

नीचे दिए गए कोड का उपयोग करके निम्नलिखित प्रश्नों के उत्तर चुनिए:

(a) कथन (A) और कारण (R) दोनों सही हैं तथा कारण (R), कथन (A) की सही व्याख्या है।
(b) कथन (A) और कारण (R) दोनों सही हैं किन्तु कारण (R), कथन (A) की सही व्याख्या नहीं है।
(c) कथन (A) सही है, किन्तु कारण (R) गलत है।
(d) कथन (A) गलत है, किन्तु कारण (R) सही है।

57. *कथन:* बजट वित्त मंत्रालय के नेतृत्व और निर्देशन के तहत तैयार किया जाता है।

कारण: वित्त मंत्रालय सरकार का केंद्रीय वित्तीय अभिकरण है।

58. *कथन:* वित्त मंत्रालय प्रशासनिक मंत्रालयों के व्यय का अधीक्षण करता है।

कारण: यह भारत सरकार की वित्तीय नीतियों का वहन करता है।

59. *कथन:* भारत में वित्तीय प्रणाली को पारंपरिक रूप से केंद्रीकृत किया गया है।

कारण: वित्त मंत्रालय समग्र वित्तीय नियंत्रण और पर्यवेक्षण कर रहा है।

60. *कथन:* बजट सकल अनुमानों के आधार पर तैयार किया जाना चाहिए, शुद्ध अनुमानों पर नहीं।

कारण: यह सार्वजनिक व्यय पर संसदीय नियंत्रण को सार्थक बनाता है।

61. प्रशासनिक पर न्यायिक नियंत्रण किस सिद्धांत में निहित है

(a) शक्तियों का पृथक्करण
(b) न्यायिक समीक्षा
(c) कानून का नियम
(d) प्रत्यायोजित विधान

62. निम्नलिखित में से कौन प्रशासन पर कार्यकारी नियंत्रण का साधन नहीं है?

(a) सिविल सेवा कोड
(b) सलाहकार अभिकरण
(c) जनमत हेतु अपील
(d) वैधानिक अपील

63. निम्नलिखित में से कौन प्रशासन पर नागरिकों के नियंत्रण के साधन हैं?

1. दबाव समूह
2. वैधानिक अपील
3. वापसी
4. चुनाव
5. सलाहकार समितियाँ

(a) 2, 3 एवं 4
(b) 1, 4 एवं 5
(c) 1, 3, 4 एवं 5
(d) 1, 3 एवं 4

64. निम्नलिखित में से कौन प्रशासन पर न्यायिक नियंत्रण के साधन नहीं हैं?

1. सरकारी अधिकारियों के विरुद्ध आपराधिक और सिविल मुकद्मे
2. प्रत्यायोजित विधान
3. न्यायिक आदेश
4. प्रशासनिक पक्षधरता
5. अधिकार क्षेत्र का अभाव

(a) 1 एवं 3
(b) 1, 3 एवं 5
(c) 2 एवं 4
(d) 2, 4 एवं 5

65. निम्नलिखित में से कौन प्रशासन पर न्यायिक नियंत्रण की सीमाएँ हैं?

1. इसका हस्तक्षेप केवल तभी होता है जब यह प्रभावित व्यक्ति द्वारा मांगा जाता है।
2. यह एक मृत्युत्तर नियंत्रण है।
3. कुछ मामलों में वैधानिक सीमाएँ।
4. तथ्य-खोज की त्रुटि।
5. प्रशासनिक गतिविधियों की तकनीकी प्रकृति।

(a) 1, 2 एवं 3
(b) 2, 3 एवं 5
(c) 2, 3 एवं 4
(d) 1, 2, 3 एवं 5

66. प्रशासन पर न्यायिक नियंत्रण का प्राथमिक उद्देश्य है:

(a) प्रशासनिक एजेंसियों के विवेक और मनमानी पर रोक लगाना।
(b) लोक शिकायतों के निवारण में मदद करना।
(c) नागरिकों के अधिकारों और स्वतंत्रता की रक्षा करना।
(d) सरकारी अधिकारियों के गलत कार्यों को शामिल समाविष्ट और दंडित करना।

कथन (A) एवं कारण (R)

नीचे दिए गए कोड का उपयोग करके निम्नलिखित प्रश्नों के उत्तर चुनिए:

(a) कथन (A) और कारण (R) दोनों सही हैं तथा कारण (R), कथन (A) की सही व्याख्या है।
(b) कथन (A) और कारण (R) दोनों सही हैं किन्तु कारण (R), कथन (A) की सही व्याख्या नहीं है।
(c) कथन (A) सही है, किन्तु कारण (R) गलत है।
(d) कथन (A) गलत है, किन्तु कारण (R) सही है।

67. *कथन:* लोकतांत्रिक प्रशासन के मायने नीतियां बनाने वाले प्रतिनिधि के चुनाव से अधिक हैं।

कारण: यह प्रशासनिक प्रक्रिया में लोगों की भागीदारी सुनिश्चित करता है।

68. *कथन:* वित्त मंत्रालय प्रशासनिक मंत्रालयों पर वित्तीय नियंत्रण रखता है।

कारण: यह बजट के सूत्रीकरण और निष्पादन हेतु जिम्मेदार है।

69. *कथन:* संसदीय प्रणाली में प्रशासन पर विधायी नियंत्रण राष्ट्रपति प्रणाली से भिन्न है।

कारण: प्रशासन पर विधायी नियंत्रण लोकतांत्रिक सरकार की एक महत्वपूर्ण विशेषता है।

70. *कथन:* प्रशासन पर न्यायिक नियंत्रण न्यायिक समीक्षा के सिद्धांत में निहित है।

कारण: न्यायिक समीक्षा का अर्थ है-न्यायालयों की वह शक्ति, जिसके तहत वे सरकार के उन कानूनों और आदेशों को अमान्य घोषित कर सकते हैं, जो संविधान के विरुद्ध हैं।

सुमेलित कीजिये

सूची - I के साथ सूची - II को सुमेलित करें और सूचीयों के नीचे दिए गए कूट का उपयोग करके सही उत्तर का चयन करें।

71. *सूची - I (नियंत्रण के प्रकार)* — *सूची - II (नियंत्रण के साधन)*

A. न्यायिक नियंत्रण — 1. अंत:प्रश्न

B. विधायी नियंत्रण — 2. जनमत के लिए अपील

C. नागरिकों का नियंत्रण — 3. वैधानिक अपील

D. कार्यकारी नियंत्रण — 4. वापसी

कूट:

	A	B	C	D
(a)	3	1	4	2
(b)	4	3	2	1
(c)	3	4	1	2
(d)	2	4	1	3

72. राज्य स्तर पर सचिव द्वारा किए गए प्रमुख कार्यों का प्रदर्शन केंद्रीय स्तर पर किसके द्वारा किया जाता है?

1. मंत्रिमंडल सचिव
2. ग्रामीण विकास सचिव
3. रक्षा सचिव
4. कार्मिक सचिव

(a) 1, 3 एवं 4 (b) 1, 2 एवं 3

(c) 1 एवं 4 (d) 1, 2 एवं 4

73. जिला प्रशासन का अर्थ है-

1. जिले में कानून और व्यवस्था प्रशासन
2. जिले में राजस्व प्रशासन
3. जिले में विकास प्रशासन
4. जिले में लोक प्रशासन

(a) केवल 1

(b) केवल 2

(c) 1, 2 एवं 3

(d) केवल 4

74. मुख्य सचिव अवशिष्टीय वसीयतदार के रूप में वर्णित है, जिसका अर्थ है कि:

(a) सचिव मुख्यमंत्री का मुख्य सलाहकार है।

(b) सचिव राज्य मंत्रिमंडल का सचिव है।

(c) सचिव राज्य में सिविल सेवाओं का प्रमुख है।

(d) सचिव उन मामलों पर ध्यान देता है जो अन्य सचिवों के तहत अधीन नहीं हैं।

75. निम्नलिखित में से कौन-से कथन मुख्य सचिव के विषय में सत्य हैं?

1. सचिव सरकार के मुख्य जन-सम्पर्क अधिकारी के रूप में कार्य करता है।
2. सचिव अंतरसरकारी मामलों में संचार प्रणाली के रूप में कार्य करता है।
3. सचिव ही मुख्यमंत्री का एकमात्र सलाहकार है।
4. 1974 में मुख्य सचिव का पद भारत सरकार के सचिव के साथ सममूल्य पर लाया गया था।

(a) 1, 3 एवं 4

(b) 1, 2 एवं 4

(c) 1 एवं 2

(d) 2 एवं 4

76. निम्नलिखित को आरोही क्रम में व्यवस्थित करें:

1. तहसील
2. उप-विभाग
3. ग्राम
4. परगना

(a) 2, 1, 4, 3

(b) 2, 1, 3, 4

(c) 3, 4, 1, 2

(d) 3, 4, 2, 1

77. निम्नलिखित में से कौन-सा विभाग जिला स्तर पर जिलाधीश के नेतृत्व के अधीन है?

(a) राजस्व विभाग और पुलिस विभाग
(b) पुलिस विभाग और सामान्य प्रशासन विभाग
(c) सामान्य प्रशासन विभाग और न्यायिक विभाग
(d) राजस्व और सामान्य प्रशासन विभाग

78. निम्नलिखित में से कौन संसदीय और विधानसभा क्षेत्र चुनाव हेतु निर्वाचन अधिकारी की भूमिका निभाते हैं?
(a) पुलिस अधीक्षक (b) जिला न्यायाधीश
(c) संभागीय आयुक्त (d) जिला कलेक्टर

79. निम्नलिखित में से जिला कलेक्टर राज्य सरकार के किस विभाग से संबंधित है?
(a) राजस्व विभाग
(b) गृह विभाग
(c) ग्रामीण विकास विभाग
(d) सामान्य प्रशासनिक विभाग

80. निम्नलिखित में से कौन भारत में प्रशासन की मूल प्रादेशिक इकाई है?
(a) राजस्व प्रभाग / उप-प्रभाग
(b) तहसील / मंडल
(c) जिला
(d) ग्राम

81. निम्नलिखित में से कौन-से कार्य मुख्य सचिव और कैबिनेट सचिव द्वारा सामान्य रूप से किये जाते हैं?
1. दोनों अपने सम्बंधित व्यवस्थापन के मुख्य समन्वयक हैं।
2. दोनों अपने सम्बंधित प्रमुख अधिकारी के मुख्य सलाहकार हैं।
3. दोनों अपने सम्बंधित सचिवालय के प्रशासनिक प्रमुख हैं।
4. दोनों अपने सम्बंधित मंत्रिमंडल के सचिव हैं।
5. दोनों अपने सम्बंधित कैबिनेट सचिवालय के प्रशासनिक प्रमुख हैं।

(a) 1, 2, 3, एवं 4
(b) 2, 3 एवं 4
(c) 1, 2, 4 एवं 5
(d) 3, 4 एवं 5

82. स्वतंत्रता के उपरांत, निम्नलिखित में से कौन से कारक जिला कलेक्टर की प्रतिष्ठा और अधिकार में गिरावट के लिए उत्तरदायी हैं?
1. सरकार के प्रारूप में परिवर्तन
2. जिलों में विभागों की संख्या में वृद्धि
3. पंचायती राज का उदय
4. सरकार के उद्देश्यों में परिवर्तन
5. आयुध कानून और व्यवस्था प्रशासन प्रणाली का उदय

(a) 1, 3 एवं 4
(b) 1, 2 एवं 5
(c) 2, 3 एवं 5
(d) 1, 2, 3, 4 एवं 5

83. मुख्य सचिव के पद के लिए अवलंबी किसके द्वारा चयनित है?
(a) कैबिनेट मंत्री (b) राज्यपाल
(c) मुख्यमंत्री (d) प्रधानमंत्री

84. राज्य सचिवालय में सबसे महत्वपूर्ण विभाग कौन-सा है?
(a) गृह (b) वित्त
(c) सामान्य प्रशासन (d) कार्मिक

85. राज्य प्रशासन में निदेशालय है:
(a) एक नीति-निर्माता एजेंसी
(b) एक संवैधानिक एजेंसी
(c) एक वैधानिक एजेंसी
(d) एक कार्यकारी एजेंसी

86. निम्नलिखित में से कौन-से कथन मुख्य सचिव और कैबिनेट सचिव के लिए सत्य हैं?
1. दोनों कार्यालय केंद्रीय स्तर पर उत्पन्न हुए।
2. दोनों की शक्तियाँ और कार्य सामान हैं।
3. दोनों उनके संबंधित कैबिनेट के निर्णय का पर्यवेक्षण करते हैं।
4. कैबिनेट सचिव का कार्यालय केंद्रीय स्तर पर उत्पन्न हुआ, जबकि मुख्य सचिव का राज्य स्तर पर।
5. दोनों की शक्तियाँ और कार्य असमान हैं।

(a) 1, 2 एवं 3
(b) 2, 3 एवं 4
(c) 3, 4 एवं 5
(d) 1, 3 एवं 5

87. राज्य प्रशासन में एक निदेशालय के प्रमुख के लिए कौन-सी शब्दावली का सबसे अधिक इस्तेमाल होता है?

(a) सचिव (b) पंजीयक
(c) आयुक्त (d) निदेशक

88. मुख्य सचिव के कार्य हैं:

1. राज्य परिषद के मंत्रियों के पदेन सचिव के रूप में कार्य करना।
2. मुख्य मंत्री के सचिव के रूप में कार्य करना।
3. मुख्यमंत्री के मुख्य सलाहकार के रूप में कार्य करना।
4. राज्यपाल के मुख्य सलाहकार के रूप में कार्य करना।
5. राज्य मंत्रिमंडल के सचिव के रूप में कार्य करना।

(a) 1, 2 एवं 3
(b) 1, 3 एवं 5
(c) 3 एवं 5
(d) 2, 3 एवं 4

89. स्वतंत्रता के उपरांत, निम्नलिखित में से कौन-से कारक जिला कलेक्टर की प्रतिष्ठा और अधिकार में गिरावट के लिए उत्तरदायी नहीं हैं?

1. लोक हितकारी राज्य द्वारा पुलिस राज्य का प्रतिस्थापन्न
2. न्यायपालिका का कार्यपालिका से अलग होना
3. आईएएस द्वारा आईसीएस का प्रतिस्थापन्न
4. लोगों राजनीतिक चेतना का विकास
5. संघीय राज्य द्वारा एकात्मक राज्य का प्रतिस्थापन्न

(a) 1, 3 एवं 5
(b) 2, 3 एवं 4
(c) 3 एवं 5
(d) केवल 5

कथन (A) एवं कारण (R)

नीचे दिए गए कोड का उपयोग करके निम्नलिखित प्रश्नों के उत्तर चुनिए:

(a) कथन (A) और कारण (R) दोनों सही हैं तथा कारण (R), कथन (A) की सही व्याख्या है।
(b) कथन (A) और कारण (R) दोनों सही हैं किन्तु कारण (R), कथन (A) की सही व्याख्या नहीं है।
(c) कथन (A) सही है, किन्तु कारण (R) गलत है।
(d) कथन (A) गलत है, किन्तु कारण (R) सही है।

90. *कथन:* मुख्य सचिव राज्य सचिवालय का प्रशासनिक प्रमुख नहीं है।

कारण: कैबिनेट सचिव केंद्रीय सचिवालय का प्रशासनिक प्रमुख नहीं है।

91. *कथन:* एक कलेक्टर के कार्य और कर्तव्यों को स्पष्ट रूप से परिभाषित नहीं किया जा सकता है।

कारण: कलेक्टर जिला प्रशासन का प्रमुख होता है और जिले में राज्य सरकार एक प्रतिनिधि होता है।

92. *कथन:* राज्य सचिवालय में एक सचिव समग्र रूप से राज्य सरकार का सचिव होता है, सिर्फ मंत्री का नहीं।

कारण: एक राज्य सचिवालय नीति-निर्धारण संस्था है।

सुमेलित कीजिये

सूची - I के साथ सूची - II को सुमेलित करें और सूचियों के नीचे दिए गए कूट का उपयोग करके सही उत्तर का चयन करें।

93.

सूची–I	*सूची – II*
A. फिरका	1. महाराष्ट्र
B. परगना	2. तमिलनाडु
C. प्रांत	3. उत्तर प्रदेश
D. सर्कल	4. पंजाब
	5. महाराष्ट्र

कूट:

	A	B	C	D
(a)	3	2	4	1
(b)	2	3	5	4
(c)	2	3	5	1
(d)	5	2	4	1

94. सूची-I (ग्राम कार्यकारिणी)

A. लेखपाल
B. तलाटी
C. कर्णम
D. पटेल

सूची-II (स्थान)

1. महाराष्ट्र
2. तमिलनाडु
3. महाराष्ट्र
4. उत्तर प्रदेश
5. मध्य प्रदेश

कूट:	A	B	C	D
(a)	3	4	5	1
(b)	5	3	1	4
(c)	4	5	2	3
(d)	4	3	2	1

95. सूची-I (कार्यकारी समिति)

A. पशुपालन विभाग
B. श्रम विभाग
C. जेल विभाग
D. सहकारिता विभाग

सूची - II (प्रमुख का पद)

1. महानिरीक्षक
2. रजिस्ट्रार
3. निदेशक
4. मुख्य संरक्षक
5. आयुक्त

कूट:	A	B	C	D
(a)	5	3	2	4
(b)	3	5	1	2
(c)	3	2	5	4
(d)	5	2	3	1

96. राज्य सचिवालय के निम्नलिखित अधिकारियों को अवरोही क्रम में व्यवस्थित करें:

1. अवर सचिव 2. संयुक्त सचिव
3. विशेष सचिव 4. सहायक सचिव
5. उप-सचिव

(a) 2, 3, 5, 1, 4 (b) 3, 2, 5, 4, 1
(c) 3, 2, 5, 1, 4 (d) 2, 3, 5, 4, 1

97. निम्न में से किस स्थिति में प्रशासनिक गतिविधियों में न्यायपालिका हस्तक्षेप कर सकती है?

1. तथ्यों की खोज में त्रुटि
2. प्रक्रिया की त्रुटि
3. विवेक का दुरुपयोग
4. अधिकार क्षेत्र का अभाव
5. कानून की त्रुटि

(a) 1, 3 एवं 4 (b) 1, 2 एवं 4
(c) 3 एवं 5 (d) 1, 2, 3, 4 एवं 5

98. प्रशासनिक मंत्रालयों द्वारा निर्मित बजटीय अनुमानों पर वित्त मंत्रालय संवीक्षा करता है:

1. यह मुख्य रूप से व्यय की नीति के दृष्टिकोण से है।
2. स्थायी शुल्क के संबंध में नाममात्र प्रभार है।
3. यह मुख्य रूप से के दृष्टिकोण से है।
4. नए विषयों के संबंध में यह अधिक विस्तृत है।

उपरोक्त में से कौन-से सत्य सही कथन हैं?

(a) 3 एवं 4 (b) 1, 2, 3 एवं 4
(c) 2, 3 एवं 4 (d) 2 एवं 4

99. मंत्री और सचिव के बीच बिगड़ते संबंधों के निम्नलिखित में से कौन-से कारण हैं?

1. मंत्री, सचिवों से मुफ्त, स्पष्ट और निष्पक्ष सलाह में प्रोत्साहन नहीं देते।
2. उनकी संबंधित भूमिकाओं के संबंध में उचित समझ का अभाव।
3. उनके सचिव की विफलताओं पर दोषारोपण हेतु मंत्रियों की अभिवृत्ति।
4. उनकी संबंधित भूमिकाओं को परिभाषित नहीं किया गया है।

(a) 1, 2 एवं 3 (b) 1, 3 एवं 4
(c) 2, 3 एवं 4 (d) 3 एवं 4

100. मसूरी में उच्चतर सिविल सेवाओं के लिए आयोजित मूलभूत प्रशिक्षण के मूलभूत उद्देश्य क्या हैं?

1. संवैधानिक, आर्थिक, सामाजिक, राजनीतिक, प्रशासनिक और सांस्कृतिक संदर्भ की समझ प्रदान करने के लिए प्रशासक कार्य करते हैं।
2. उच्च सिविल सेवा के सदस्यों के बीच अपनत्व की भावना और सामान्य दृष्टिकोण का विकास करना।
3. परिवीक्षार्थी के बीच पेशेवर, प्रशासनिक और मानव मूल्यों का विकास करना।
4. परिवीक्षार्थी को उच्च पदों और अधिक जिम्मेदारियों के लिए तैयार करना।

(a) 1, 2 एवं 4 (b) 1, 2, 3 एवं 4
(c) 2, 3 एवं 4 (d) 1, 2 एवं 3

101. निम्नलिखित में से किस सिद्धांत का अर्थ है कि सिविल सेवक राजनीतिक कार्यकारिणी को परोक्ष रूप से सलाह देंगे?

(a) निष्पक्षता (b) प्रतिबद्धता
(c) प्रतिरूपण (d) अनामी

102. निम्नलिखित में से कौन-सा कार्य जिला कलेक्टर का नहीं है?

(a) कृषकों का कल्याण
(b) नागरिक सुरक्षा
(c) सशस्त्र बल के सदस्यों का कल्याण
(d) आपराधिक मामलों का समाधान

103. *कथन:* राज्य प्रशासन में सचिवालय और निदेशालय के संबंध ने एक विवादिक रूप ले लिगा है।

कारण: सचिवालय और निदेशालय के बीच कोई सीमांकन नहीं है।

सही उत्तर चुनिए:

(a) कथन (A) और कारण (R) दोनों सही हैं तथा कारण (R), कथन (A) की सही व्याख्या है।
(b) कथन (A) और कारण (R) दोनों सही हैं किन्तु कारण (R), कथन (A) की सही व्याख्या नहीं है।
(c) कथन (A) सही है, किन्तु कारण (R) गलत है।
(d) कथन (A) गलत है, किन्तु कारण (R) सही है।

104. *कथन:* कानून और व्यवस्था प्रशासन के क्षेत्र में केंद्रीय गृह मंत्रालय सलाहकार और समन्वय निकाय है।

कारण: कानून और व्यवस्था की मुख्य जिम्मेदारी राज्यों के साथ है।

सही उत्तर चुनिए:

(a) कथन (A) और कारण (R) दोनों सही हैं तथा कारण (R), कथन (A) की सही व्याख्या है।
(b) कथन (A) और कारण (R) दोनों सही हैं किन्तु कारण (R), कथन (A) की सही व्याख्या नहीं है।
(c) कथन (A) सही है, किन्तु कारण (R) गलत है।
(d) कथन (A) गलत है, किन्तु कारण (R) सही है।

105. निम्नलिखित में से कौन-से सिद्धांत राजनीतिक और स्थायी अधिकारी के बीच संबंध को नियंत्रित करते हैं?

1. मंत्री को सलाह देने में सिविल सेवक को स्पष्ट रूप से व्यक्त करने की पूर्ण स्वतंत्रता प्राप्त है।
2. सिविल सेवक को तटस्थता, अनामी और निष्पक्षता के सिद्धांत का पालन करना चाहिए।
3. सिविल सेवक को मंत्री की सभी नीतियों और निर्णयों को विश्वसनीय से निष्पादित करना चाहिए, भले ही वे उनके द्वारा दी गई सलाह के विरुद्ध हो।
4. नीति-निर्माण सिविल सेवक का परम विशेषाधिकार है।

(a) 2, 3 एवं 4 (b) 1, 2 एवं 4
(c) 1, 2 एवं 3 (d) 2 एवं 3

106. अखिल-भारतीय सेवाओं के विरुद्ध कौन-से तर्क शामिल हैं?

1. वे राज्यों के स्वायत्तता और संरक्षण को प्रतिबंधित करते हैं।
2. वे राज्य सरकारों के दीर्घ व्यय में शामिल हैं।
3. वे अंतर-परिवर्तन की सुविधा प्रदान नहीं करते।
4. उनके सदस्य स्थानीय और सांस्कृतिक भाषा से परिचित नहीं हैं।

(a) 1, 2, 3 एवं 4 (b) 1, 2 एवं 4
(c) 2, 3 एवं 4 (d) 1 एवं 4

सुमेलित कीजिये

सूची - I के साथ सूची - II को सुमेलित करें और सूचियों के नीचे दिए गए कूट का उपयोग करके सही उत्तर का चयन करें।

107. *सूची -I (न्यायिक नियंत्रण का दायरा)*

A. कानून की त्रुटि

B. अधिकार का दुरुपयोग

C. आधिकारिक क्षेत्र का अभाव

D. तथ्य खोज में त्रुटि

सूची - II (निहितार्थ)

1. जब प्रशासक तथ्यों की खोज और गलत अनुमानों पर कार्य करने में कोई गलती करता है।
2. जब प्रशासक बिना अधिकार के या आधिकारिक भौगोलिक सीमा के बाहर कार्य करता है।
3. जब प्रशासक निर्धारित प्रक्रिया का पालन नहीं करता है।
4. जब प्रशासक कानून की गलत व्याख्या कर नागरिकों पर दायित्वों को थोपता है जिनकी कानून सामग्री में आवश्यकता नहीं है।
5. जब प्रशासक किसी एक प्राधिकरण का विधिपूर्वक उपयोग कर किसी व्यक्ति को नुकसान पहुँचाने के लिए।

कूट:	A	B	C	D
(a)	5	4	3	2
(b)	4	3	1	5
(c)	5	3	4	2
(d)	4	5	2	1

108. *सूची-I*

A. मद-क्रम बजट निर्माण

B. शून्य-आधारित बजट निर्माण

C. निष्पादन बजट निर्माण

D. नियोजन कार्यक्रम बजटिंग पद्धति

सूची-II

1. यह बजट को कार्यों, कार्यक्रम, गतिविधियों और परियोजनाओं के संदर्भ में प्रस्तुत करता है।
2. यह बजटीय प्रक्रिया में नियोजन की योजना सम्मिलित करता है।
3. यह बजट को वस्तु-वार वर्गीकरण के संदर्भ में प्रस्तुत करता है।
4. इसमें सभी पुनः परीक्षा की नई योजनाएँ सम्मिलित हैं।
5. यह अवांछित और पुराने कार्यक्रमों को समाप्त करने की नीति समीक्षा की एक औपचारिक प्रक्रिया है।

कूट:	A	B	C	D
(a)	3	4	1	5
(b)	5	1	3	2
(c)	2	3	4	1
(d)	3	4	1	2

109. निम्नलिखित में से कौन-से कथन मुख्य सचिव के विषय में सत्य हैं?

1. केंद्र सरकार में उनके कोई समानांतर कार्य नहीं है।
2. वे आंचलिक परिषद के आवर्तनशील सचिव हैं।
3. राज्य में राष्ट्रपति शासन की स्थिति में राज्य प्रशासन में इनके पद पर कोई प्रभाव नहीं पड़ता।
4. वे राज्य स्तर अवशिष्ट वसीयतदार के रूप में कार्य करते हैं।

(a) 1, 2, 3 एवं 4
(b) 1 एवं 2
(c) 1, 2 एवं 4
(d) 2 एवं 4

110. *कथन:* राज्य प्रशासन में निदेशालय एक कार्यकारी अभिकरण है।

कारण: राज्य सचिवालय एक नीति निर्धारण अभिकरण है।

सही उत्तर चुनिए:

(a) कथन (A) और कारण (R) दोनों सही हैं तथा कारण (R), कथन (A) की सही व्याख्या है।
(b) कथन (A) और कारण (R) दोनों सही हैं किन्तु कारण (R), कथन (A) की सही व्याख्या नहीं है।
(c) कथन (A) सही है, किन्तु कारण (R) गलत है।
(d) कथन (A) गलत है, किन्तु कारण (R) सही है।

111. प्रशासन पर कार्यकारी नियंत्रण के लिए निम्नलिखित में से कौन-से कारण सत्य हैं?

1. संसद के कानूनों को कार्रवाई में रूपांतरित करना।
2. भूमि के कानून को बनाए रखना।
3. सामूहिक जिम्मेदारी के सिद्धांत को बनाए रखना।
4. कार्यालय में किए गए वादों को पूरा करना।

(a) 1, 2, 3 एवं 4 (b) 1, 3 एवं 4
(c) 3 एवं 4 (d) केवल 3

112. निम्नलिखित में से कौन-सा सही मिलान है?

1. अधिकार का दुरुपयोग – अपकरण
2. खराबी – कानून की त्रुटि
3. प्रक्रिया की त्रुटि – अपकरण
4. दुर्व्यवहार – प्राधिकरण का दुरुपयोग
5. कानून की त्रुटि – अपकरण

(a) 1 एवं 2 (b) 4 एवं 5
(c) 1 एवं 3 (d) 3 एवं 5

113. *कथन:* अनामी का सिद्धांत सीधे मंत्री पद की जिम्मेदारी से प्रवाहित है।

कारण: मंत्री पद की जिम्मेदारी के सिद्धांत का अर्थ है कि मंत्री अपने अधीन काम करने वाले सिविल सेवकों के कार्यों हेतु उत्तरदायी हैं।

सही उत्तर चुनिए:

(a) कथन (A) और कारण (R) दोनों सही हैं तथा कारण (R), कथन (A) की सही व्याख्या है।
(b) कथन (A) और कारण (R) दोनों सही हैं किन्तु कारण (R), कथन (A) की सही व्याख्या नहीं है।
(c) कथन (A) सही है, किन्तु कारण (R) गलत है।
(d) कथन (A) गलत है, किन्तु कारण (R) सही है।

114. निम्नलिखित में से कौन-से कार्य मंत्रिमंडल सचिवालय के हैं?

1. मंत्रिमंडल की कार्यसूची और उसके कार्यवृत्त तैयार करना।
2. मंत्रिमंडल के प्रमुख के रूप में प्रधानमंत्री की सहायता करना।
3. केंद्र सरकार द्वारा मंत्रिमंडल के निर्णयों को लागू करने की प्रक्रिया की प्रगति की निगरानी करना।
4. प्रधानमंत्री की ओर से प्रहरी प्राचल या निरीक्षक के रूप में कार्य करना।

(a) 1, 3 एवं 4 (b) 1, 2 एवं 3
(c) 1 एवं 3 (d) 1, 2, 3 एवं 4

115. विकासशील समाज में सिविल सेवा की भूमिका के विषय में निम्नलिखित कथनों पर विचार करें:

1. इसे परिवर्तन के एजेंट के रूप में कार्य करना चाहिए।
2. सामाजिक न्यायसम्यता के लिए सचेत रहना चाहिए।
3. विषय पर निहित रुचियों के लिए सचेत रहना चाहिए।
4. उसे राजनीतिक रूप से निष्पक्ष होना चाहिए।

(a) 1 एवं 2 (b) 1, 2 एवं 3
(c) 1, 2 एवं 4 (d) 2, 3 एवं 4

116. निम्नलिखित में से कौन 'कालातीत के सिद्धांत', 'सूर्यास्त विधान' तथा 'शून्य-आधारित बजट' का एक सामान्य उद्देश्य है?

(a) व्यय में अर्थव्यवस्था
(b) विधायी नियंत्रण
(c) व्यय की समीक्षा और पुनरोद्धार
(d) भौतिक लक्ष्यों की उपलब्धि सुनिश्चित करना

117. निम्नलिखित में से कौन भारत में बजट का हिस्सा है?

1. आगामी वर्ष के लिए अनुमानित आय और व्यय
2. पूर्ववर्ती वर्ष के संशोधित आंकड़े
3. वर्तमान वर्ष के संशोधित आंकड़े
4. पूर्ववर्ती वर्ष के वास्तविक आंकड़े

(a) 1 एवं 2
(b) 1 एवं 3
(c) 1, 2 एवं 3
(d) 1, 3 एवं 4

118. कर्मचारी चयन आयोग क्या है?

(a) कार्मिक मंत्रालय के तहत एक 'संलग्न कार्यालय'
(b) यूपीएससी का एक 'अधीनस्थ कार्यालय'
(c) कार्मिक मंत्रालय के तहत एक स्वायत्त निकाय
(d) यूपीएससी के तहत एक 'सांविधिक निकाय'

सुमेलित कीजिये

सूची - I के साथ सूची - II को सुमेलित करें और सूचियों के नीचे दिए गए कूट का उपयोग करके सही उत्तर का चयन करें।

119.

सूची-I		*सूची-II*
A. सरकारी विभाग के एक प्रमुख उप-विभाग के रूप में संगठित	1.	सार्वजनिक निगम
B. सरकारी सरकार स्वामित्व और व्यवसाय प्रबंधन के संयोजन का प्रतिनिधित्व करता है	2.	नियंत्रण बोर्ड
C. संगम अनुच्छेद सरकार द्वारा बनाये और संशोधित किये जाते हैं	3.	विभागीय उपक्रम
D. बहुउद्देशीय परियोजनाओं के लिए तैयार	4.	सरकारी कंपनी

कूट:

	A	B	C	D
(a)	4	1	3	2
(b)	3	1	4	2
(c)	3	2	4	1
(d)	4	2	3	1

120.

सूची-I (संगठन)	*सूची-II (कार्य)*
A. गृह मंत्रालय	1. आईएएस का प्रबंधन
B. यूपीएससी	2. तृतीय श्रेणी के पदों पर भर्ती (गैर-तकनीकी)
C. कार्मिक मंत्रालय	3. आईपीएस का संवर्ग नियंत्रण
D. कर्मचारी चयन आयोग	4. द्वितीय श्रेणी के पदों पर भर्ती
	5. अंतर-सेवा पदोन्नति पर सलाह देना

कूट:

	A	B	C	D
(a)	3	5	2	1
(b)	3	5	1	2
(c)	1	3	5	4
(d)	5	2	3	1

121. राज्य के मुख्य सचिव के पद पर निम्न में से कौन-से पदों को नियुक्त किया जा सकता है?

1. मंत्रिमंडल के सचिव
2. मुख्यमंत्री के मुख्य सलाहकार
3. सचिवों का प्रमुख
4. सिविल सेवा के प्रमुख
5. सभी कानूनी मामलों में राज्य का प्रतिनिधि

(a) 1, 2 एवं 3
(b) 2, 3 एवं 4
(c) 1, 2, 3 एवं 4
(d) 2, 3, 4 एवं 5

122. निम्नलिखित में से कौन-से कथन सत्य हैं?

1. प्रादेशिक क्षेत्राधिकार के क्षेत्रीय और जिला कार्यालय सह-सीमावर्ती हैं।
2. प्रादेशिक क्षेत्राधिकार के विभिन्न विभागों के क्षेत्रीय कार्यालय सह-सीमावर्ती नहीं हैं।
3. प्रादेशिक क्षेत्राधिकार केंद्रीय के क्षेत्रीय कार्यालय और राज्य सरकारें सामान हैं।
4. प्रादेशिक क्षेत्राधिकार के क्षेत्रीय और जिला कार्यालय पृथक् हैं।

(a) 1 एवं 3 (b) 2 एवं 3
(c) 2 एवं 4 (d) 3 एवं 4

123. प्रधानमंत्री कार्यालय के संबंध में निम्नलिखित कथनों पर विचार करें:

1. मंत्रिमंडल के प्रमुख के रूप में यह प्रधानमंत्री की सहायता करता है।
2. यह सरकारी विभागों की गतिविधियों का समन्वय करता है।
3. प्रधानमंत्री के रुचिकर मामलों पर यह राज्य सरकारों के साथ संपर्क बनाए रखता है।
4. सरकार के प्रमुख के रूप में यह प्रधानमंत्री के कार्य प्रदर्शन करता है।

(a) 1 एवं 3
(b) 2 एवं 4
(c) 3 एवं 4
(d) 1, 2 एवं 4

124. निम्नलिखित में से कौन-सा राज्य सचिवालय का कार्य नहीं है?

(a) सचिवालय में प्रशासनिक विभागों के बीच समन्वय और परस्पर-सहमति रखना।
(b) प्रशासनिक विभागों के प्रस्ताव पर नीतिगत निर्णय लेना।
(c) निदेशकों के प्रमुख के नीतिगत निर्णयों के आधार पर विधायी अधिनियमन के लिए प्रस्ताव तैयार करना।
(d) केंद्रीय और अन्य राज्य सरकारों के बीच मुख्य संचार के माध्यम के रूप में कार्य करना।

125. स्वतंत्रता उपरांत जिला कलेक्टर की भूमिका में आये बदलाव के कारण हैं:

(a) राजनीतिक चेतना का उदय
(b) लोकतांत्रिक विकेंद्रीकरण
(c) संचार मीडिया की भूमिका
(d) जनहित याचिकाएँ

126. विकासशील देश में निम्नलिखित में से कौन सिविल सेवकों की भूमिका के विषय में असत्य है?

(a) विकास कार्यक्रमों की योजना बनाना और उसे लागू करना
(b) विकास की योजनाओं / परियोजनाओं की निगरानी और मूल्यांकन करना
(c) विकास नीतियों का गठन
(d) सामाजिक-आर्थिक विकास और राष्ट्र निर्माण की दिशा में कार्य करना

127. सूचना का अधिकार भारत में आवश्यक है क्योंकि यह:

1. शासन प्रबंध में नागरिकों की भागीदारी बढ़ाता है।
2. नागरिकों के लिए प्रशासन को अधिक उत्तरदायी बनाता है।
3. प्रशासन को अधिक अभिनव बनाता है।
4. नागरिकों को प्रशासनिक के निर्णयन के प्रति जागृत करता है।

(a) 1, 2 एवं 3
(b) 2, 3 एवं 4
(c) 1, 2 एवं 4
(d) 1, 3 एवं 4

128. सभी संसदीय लोकतंत्रों में, सिविल सेवक अधिक शक्तिशाली बनते हैं क्योंकि:

1. सामूहिक उत्तरदायित्व का सिद्धांत
2. मंत्री पद की जिम्मेदारी का सिद्धांत
3. प्रत्यायोजित विधान का अभ्यास

निम्न में से कौन-से कथन सही हैं?

(a) 1 एवं 2
(b) 2 एवं 3
(c) 1, 2 एवं 3
(d) 1 एवं 3

129. सूची - I के साथ सूची - II को सुमेलित करें और सूचियों के नीचे दिए गए कूट का उपयोग करके सही उत्तर का चयन करें।

सूची - I (अधिकारी)		*सूची - II (उत्तरदायित्व)*
A. सचिव	1.	विभाग की एक शाखा का प्रभारी है
B. अपर सचिव	2.	विभाग का कुल प्रभारी है
C. उप-सचिव	3.	अनेक वर्गों का प्रभारी है
D. अवर सचिव	4.	विभाग प्रमुख के उत्तरदायित्वों को साझा करता है

कूट:

	A	B	C	D
(a)	1	4	3	2
(b)	2	4	1	3
(c)	2	3	4	1
(d)	1	3	4	2

130. सरकारी विभागों की प्रशासनिक दक्षता में सुधार करने के लिए निम्नलिखित में से किसकी स्थापना की गई थी?

(a) केंद्रीय सांख्यिकी संगठन
(b) संगठन और पद्धति प्रभाग
(c) कार्मिक, लोक शिकायत और पेंशन मंत्रालय
(d) सांख्यिकी और कार्यक्रम कार्यान्वयन मंत्रालय

131. निम्नलिखित कथनों पर विचार करें:

भारतीय प्रशासनिक में भर्ती किन सेवाओं द्वारा किया जाता है?

1. प्रतियोगी परीक्षा
2. राज्य सिविल सेवाओं के सदस्यों की पदोनत्ति
3. विशेष मामलों में राज्य सरकारों के अधीन राजपत्रित पद पर आसीन अधिकारीयों का चयन, जो राज्य सिविल सेवाओं के सदस्य नहीं हैं।

इनमें से कौन-से कथन सत्य हैं?

(a) केवल 1 (b) 1 एवं 2
(c) 1 एवं 3 (d) 1, 2 एवं 3

132. भारत में मंत्री-सिविल सेवक संबंध किसका परिणाम है?

(a) भारत सरकार अधिनियम, 1935
(b) मॉण्टेग्यू-चेम्सफोर्ड सुधार, 1919
(c) भारतीय संविधान, 1950
(d) मॉर्ले-मिंटो सुधार, 1909

133. जिला प्रशासन के विकासात्मक अभिविन्यास के विषय में, निम्न में से किसे जिला कलेक्टर की मुख्य भूमिका के रूप में माना जा सकता है?

(a) एक शासक के रूप में
(b) एक समन्वयक के रूप में
(c) एक प्रबंधक के रूप में
(d) पर्यवेक्षक के रूप में

134. निम्नलिखित में से कौन राज्य सचिवालय का विभाग नहीं है?

(a) जनगणना (b) गृह
(c) राजस्व (d) योजना

135. निम्नलिखित कथनों पर विचार करें:

एक मंत्री की विधायी जवाबदेही आवश्यक है क्योंकि:

1. मंत्री विभाग का राजनीतिक प्रमुख होता है।
2. वह अपने विभाग के किसी भी वरिष्ठ सदस्य को नीति निर्माण का कार्य नहीं सौंप सकता क्योंकि यह एक राजनीतिक कार्य है।
3. प्रशासनिक नीति राजनीतिक दिशा पर आधारित है।
4. नीति का अंतिम विश्लेषण लोकप्रिय जनादेश पर आधारित है।

(a) केवल 1
(b) 2 एवं 3
(c) 1 एवं 4
(d) 2, 3 एवं 4

136. निम्नलिखित में से कौन-सा सही नहीं है?

नागरिकों की भागीदारी प्रशासनिक प्रक्रिया का निर्माण करता है:

(a) उत्तरदायी
(b) प्रभावी
(c) दक्ष
(d) पारदर्शी

137. भारत सरकार में केंद्रीय सचिवालय में शामिल हैं:

(a) राष्ट्रपति सचिवालय, लोकसभा सचिवालय और मंत्रिमंडल सचिवालय
(b) भारत सरकार में सभी मंत्रालय और विभाग (सरकार के सचिवों के साथ)
(c) प्रधानमंत्री सचिवालय और कैबिनेट सचिवालय
(d) लोकसभा सचिवालय और राज्यसभा सचिवालय

138. निम्नलिखित कथनों पर विचार करें:

मंत्रिमंडल सचिवालय

1. संवैधानिक निकाय है
2. स्टाफ एजेंसी है
3. प्रधानमंत्री की दिशा में काम करता है
4. मंत्रिमंडल का निर्माण

इनमें से कौन से कथन सही हैं?

(a) 1 एवं 2 (b) 2 एवं 3
(c) 3 एवं 4 (d) 1 एवं 4

139. एक जिले में राज्य सरकार का एकमात्र प्रतिनिधि कौन है?

(a) जिला परिषद अध्यक्ष
(b) जिले से सांसद
(c) संभागीय आयुक्त
(d) जिला कलेक्टर

140. सूची - I के साथ सूची - II को सुमेलित करें और सूचियों के नीचे दिए गए कूट का उपयोग करके सही उत्तर का चयन करें।

सूची - I (आयोग / रिपोर्ट)	*सूची-II (अनुशंसा)*
A. ऐचीसन कमीशन	1. घर से लौट रहे यूरोपीय सिविल सेवकों को रोकने के लिए सिविल सेवा के सदस्यों की परिलब्धियाँ बढ़ाना।
B. इस्लिंगटन आयोग	2. सभी सेवाओं का शाही, प्रांतीय और अधीनस्थ सेवाओं में प्रस्तावित वर्गीकरण।
C. मोंटेग चेम्सफोर्ड रिपोर्ट	3. आई.सी.एस. के लिए भारत और इंग्लैंड में एक साथ परीक्षाओं का आयोजन।
D. ली आयोग	4. भारतीयों को शासन प्रबंध की हर शाखा में संबद्ध करने के लिए।

कूट:

	A	B	C	D
(a)	3	1	2	4
(b)	2	4	3	1
(c)	3	4	2	1
(d)	2	1	3	4

141. राज्य में प्रशासनिक स्तर पर निम्न में से कौन-सा सही आरोही क्रम है?

(a) सचिवालय-निदेशालय-प्रभाग-जिला
(b) निदेशालय सचिवालय-विभाग-जिला
(c) सचिवालय-मंडल-जिला-निदेशालय
(d) जिला-संभाग-निदेशालय-सचिवालय

142. भारत सरकार के निम्नलिखित में से कौन-से संगठन कार्मिक और प्रशिक्षण मंत्रालय, कार्मिक मंत्रालय, लोक शिकायत और पेंशन मंत्रालय के प्रशासनिक नियंत्रण में हैं?

1. केंद्रीय सतर्कता आयोग।
2. केंद्रीय प्रशासनिक अधिकरण
3. लाल बहादुर शास्त्री राष्ट्रीय प्रशासन अकादमी

4. सरदार वल्लभभाई पटेल राष्ट्रीय पुलिस अकादमी
5. संघ लोक सेवा आयोग
6. सार्वजनिक उद्यम चयन बोर्ड

(a) 2, 3 एवं 5
(b) 5 एवं 6
(c) 1, 2, 3, 4 एवं 6
(d) 1, 2, 3, 5 एवं 6

143. निम्नलिखित कथनों पर विचार करें:

1. 1953 में जब केंद्रीय समाज कल्याण बोर्ड की स्थापना के साथ जगजीवन राम को अध्यक्ष के रूप में नियुक्त किया गया था।
2. 1992 में राष्ट्रीय महिला आयोग का गठन राष्ट्रीय शीर्ष वैधानिक निकाय के रूप में किया गया था।
3. राष्ट्रीय जन सहयोग और बाल विकास संस्थान एक स्वायत्त निकाय है और यह स्वास्थ्य और परिवार कल्याण मंत्रालय के तत्वावधान में कार्य करता है।

उपरोक्त कथनों में से कौन-सा/से सही है/हैं?

(a) 1 एवं 2
(b) केवल 2
(c) केवल 3
(d) 2 एवं 3

144. 'सुशासन' और 'नागरिक समाज के विकास में भागीदारी' पर विश्व बैंक की रिपोर्ट में कब बल दिया गया था?

(a) 1992 (b) 1997
(c) 2000 (d) 2003

145. निम्नलिखित में से कौन-से कार्य राज्य सचिवालय के नहीं हैं?

(a) नीति को सूत्रित करने में मंत्री की सहायता करना।
(b) संचार के माध्यम के रूप में कार्य करना।
(c) विधान सभा में पेश करने हेतु विधान का प्रारूप तैयार करना।
(d) सचिवीय कार्यों में विधायिका की सहायता करना।

146. केंद्र सरकार के व्यवसाय के नियमों के प्रारूपण से संबंधित कार्य कौन सँभालते हैं?

(a) लोकसभा के अध्यक्ष का कार्यालय
(b) कैबिनेट सचिवालय
(c) प्रधानमंत्री कार्यालय
(d) संसदीय कार्य मंत्रालय

147. केंद्र सरकार के सार्वजनिक क्षेत्रक उपक्रम के पूँजी संबंधित प्रस्तावों के मूल्यांकन और प्रसंस्करण हेतु कौन उत्तरदायी है?

(a) लेखा महानियंत्रक
(b) नियंत्रक और महालेखा परीक्षक
(c) औद्योगिक नीति विभाग और पदोन्नति
(d) सार्वजनिक उद्यम विभाग

148. भारत में पहली बार आईसीएस के लिए प्रतियोगी परीक्षा किसके परिणामस्वरूप हुई?

(a) भारतीय परिषद अधिनियम, 1892
(b) भारतीय परिषद अधिनियम, 1909
(c) भारत सरकार अधिनियम, 1919
(d) भारत सरकार अधिनियम, 1935

149. निम्नलिखित में से कौन-सा कथन केंद्रीय प्रत्यक्ष कर बोर्ड के बारे में सही नहीं है?

(a) भारत में प्रत्यक्ष करों हेतु केंद्रीय प्रत्यक्ष कर बोर्ड नीति और योजना निर्माण के लिए आवश्यक सलाह प्रदान करता है।
(b) केंद्रीय प्रत्यक्ष कर के प्रशासन के लिए बोर्ड प्रत्यक्ष जिम्मेदार नहीं है।
(c) केंद्रीय प्रत्यक्ष कर बोर्ड के अध्यक्ष और सदस्य केवल भारतीय राजस्व सेवा से चयनित हैं।
(d) केंद्रीय प्रत्यक्ष कर बोर्ड के विभिन्न कार्य और जिम्मेदारियाँ अध्यक्ष और सदस्य के बीच कर वितरित हैं, बोर्ड के पास केवल सामूहिक निर्णय हेतु मूलभूत मुद्दे आरक्षित हैं।

150 भारत में सिविल सेवा बोर्ड का अध्यक्ष कौन होता है?

(a) सचिव (कार्मिक), भारत सरकार
(b) कैबिनेट सचिव, भारत सरकार
(c) अध्यक्ष, संघ लोक सेवा आयोग
(d) स्थापना अधिकारी, भारत सरकार

उत्तर

1. a	2. c	3. d	4. d	5. c	6. c	7. c	8. d	9. c	10. b
11. d	12. d	13. d	14. c	15. d	16. d	17. d	18. c	19. c	20. c
21. d	22. a	23. a	24. a	25. a	26. b	27. a	28. b	29. d	30. d
31. a	32. a	33. c	34. c	35. b	36. d	37. a	38. c	39. d	40. d
41. d	42. d	43. a	44. b	45. d	46. c	47. b	48. b	49. c	50. b
51. d	52. d	53. c	54. d	55. b	56. b	57. a	58. a	59. a	60. a
61. c	62. d	63. c	64. d	65. d	66. c	67. a	68. a	69. b	70. d
71. a	72. c	73. d	74. d	75. c	76. c	77. d	78. d	79. d	80. c
81. c	82. d	83. c	84. c	85. d	86. d	87. d	88. b	89. d	90. d
91. a	92. a	93. c	94. d	95. b	96. c	97. d	98. c	99. a	100. d
101. d	102. d	103. c	104. a	105. c	106. b	107. d	108. d	109. c	110. b
111. b	112. b	113. a	114. b	115. c	116. c	117. d	118. a	119. b	120. b
121. c	122. c	123. c	124. c	125. b	126. c	127. c	128. b	129. b	130. b
131. d	132. b	133. b	134. a	135. d	136. c	137. b	138. b	139. d	140. b
141. d	142. d	143. b	144. a	145. d	146. b	147. a	148. c	149. b	150. b

शासन विषय हेतु अभ्यास प्रश्न (सामान्य अध्ययन- मुख्य परीक्षा) [Practice Questions on Governance (General Studies—Mains)]

2

दीर्घ उत्तरीय प्रश्न (Long Answer Questions)

निर्देश: निम्नलिखित प्रश्नों के उत्तर दीजिए। प्रत्येक प्रश्न का उत्तर 200 शब्दों में दीजिये। प्रत्येक प्रश्न 10 अंक का है।

1. अनुसूचीत जाति और अनुसूचीत जनजाति (अत्याचार निवारण) अधिनियम, 1989 के क्या प्रावधान हैं? इन्हें कहाँ तक लागू किया गया है? चर्चा करें।
2. प्रधानमंत्री कार्यालय 'सरकार कि सरकार' के रूप में कार्य कर रहा है। टिप्पणी कीजिये।
3. भारत में सचिवालय प्रणाली नीति निर्माण और नीति-निष्पादन के पृथकता के सिद्धांत पर आधारित है। अवलोकन कीजिये।
4. भारत के प्रशासन में अखिल भारतीय सेवाओं की भूमिका का अवलोकन करें।
5. सुशासन की क्या विशेषताएं हैं? भारत में सुशासन की बाधाओं का वर्णन कीजिये।
6. मंत्रिमंडल सचिव और प्रमुख शासन सचिव की सापेक्ष भूमिकाओं और पदों की तुलना करें।
7. जिला प्रशासन जिलाधीश के पद और भूमिका पर चर्चा करें।
8. अनसूचित जाति और अनुसूचित जनजाति के विभिन्न संवैधानिक अधिकार और रक्षा उपाय क्या हैं?
9. सूचना के अधिकार का औचित्य क्या है? सूचना का अधिकार अधिनियम, 2005 की मुख्य विशेषताएं बताएं।
10. राष्ट्रीय बालक अधिकार संरक्षण आयोग की संरचना और कार्यों का वर्णन करें।
11. ई-गवर्नेंस और स्मार्ट (SMART) गवर्नेंस क्या हैं? ई-गवर्नेंस के विभिन्न प्रकारों में सहभागिता की व्याख्या कीजिए।
12. भारत सरकार के बजट के सूत्रीकरण और निष्पादन में वित्त मंत्रालय की भूमिका का वर्णन करें।
13. विकास प्रशासन में लोक भागीदारी का क्या अर्थ है? इसके लाभ और सीमाएँ क्या हैं? इसे अधिक प्रभावी बनाने हेतु आप क्या सलाह देंगे?
14. कानून और व्यवस्था प्रशासन में केंद्रीय गृह मंत्रालय की भूमिका का वर्णन कीजिय। इसके अन्य क्या उत्तरदायित्व हैं?
15. नागरिक घोषणापत्र के क्या सिद्धांत हैं? नागरिक घोषणापत्र को बढ़ावा देने के लिए भारत में क्या कदम उठाए गए हैं?
16. लैंगिक अपराधों से बालकों का संरक्षण अधिनियम, 2012 के क्या प्रावधान हैं? क्या वे इस मुद्दे को संबोधित करने के लिए पर्याप्त है?
17. देश में सुशासन प्रथाओं को बढ़ावा देने हेतु केंद्र सरकार द्वारा अनुसरणित विभिन्न गतिविधियों का वर्णन कीजिये।
18. केंद्र सरकार द्वारा अल्पसंख्यकों के सामाजिक-आर्थिक सशक्तिकरण हेतु लागू की गई विभिन्न योजनाओं का वर्णन करें।
19. वन अधिकार अधिनियम, 2006 द्वारा प्रदत्त अधिकार क्या हैं? इस अधिनियम के अन्य प्रावधान क्या हैं?
20. परलैंगिक व्यक्ति विधेयक, 2019 के क्या प्रावधान हैं? क्या वे उनके हितों की रक्षा के लिए पर्याप्त हैं?
21. दीन दयाल उपाध्याय ग्रामीण कौशल्या योजना की विशेषताएं बताइए।
22. कार्यस्थल पर महिलाओं का लैंगिक उत्पीड़न अधिनियम, 2013 के क्या प्रावधान हैं? क्या वे इस समस्या को सम्बोधित करने के लिए पर्याप्त हैं?

23. अनुसूचित जनजाति के शैक्षिक सशक्तिकरण के लिए केंद्र सरकार द्वारा लागू की गई विभिन्न योजनाओं का वर्णन करें।
24. नई राष्ट्रीय शिक्षा नीति, 2020 की मुख्य विशेषताओं की व्याख्या करें।
25. भारतीय संविधान की मुख्य विशेषताओं की तुलना अमेरिकी संविधान से करें।

लघु उत्तरीय प्रश्न (Short Answer Questions)

निर्देश: निम्नलिखित प्रश्नों के उत्तर दीजिए। प्रत्येक प्रश्न का उत्तर 100 शब्दों में दीजिये। प्रत्येक प्रश्न 5 अंक का है।

1. केंद्रीय सचिवालय में स्टाफिंग की कार्यकाल प्रणाली की दुर्बलता के पीछे कौन-से कारक जिम्मेदार हैं?
2. केंद्र सरकार में आधिकारिक व्यवसाय की प्रक्रिया में मंत्रिमंडल सचिव एक महत्वपूर्ण भूमिका निभाता है। स्पष्ट करें।
3. निदेशालय राज्य सरकारों के कार्यकारी हथियार हैं। टिप्पणी करें।
4. स्वतंत्रतौपरान्त जिला कलेक्टर के गिरते औहदे और अधिकार के लिए कौन-से कारक जिम्मेदार हैं?
5. जिला स्तर पर जिला ग्रामीण विकास अभिकरण (DRDA) गरीबी-विरोधी कार्यक्रमों के कार्यान्वयन की देखरेख का प्रमुख अंग है। विस्तृत करें।
6. सिविल अधिकार संरक्षण अधिनियम, 1955 के क्या प्रावधान हैं?
7. राष्ट्रीय अल्पसंख्यक आयोग के कार्यों का वर्णन करें।
8. राष्ट्रीय ई-शासन योजना की विभिन्न विशेषताएं क्या हैं?
9. वर्ष 2021 शिक्षा का अधिकार अधिनियम (RTE), 2009 क्या संशोधन किए गए हैं?
10. राष्ट्रीय सुरक्षा परिषद के संगठन का वर्णन करें।
11. ई-शासन के खुले मानकों पर राष्ट्रीय नीति, 2010 की विशेषताएं क्या हैं?
12. प्रधानमंत्री नए अल्पसंख्यकों के कल्याण के लिए 15 सूत्री कार्यक्रम, 2006 के क्या उद्देश्य हैं? यह 1983 के कार्यक्रम से किस प्रकार भिन्न है?
13. जल जीवन योजना के क्या उद्देश्य हैं?
14. राष्ट्रीय सफाई कर्मचारी आयोग के कार्य क्या हैं?
15. नए उपभोक्ता संरक्षण अधिनियम, 2019 के अधिनियमन के क्या कारण हैं?
16. शराब और नशीली दवाओं की रोकथाम और सामाजिक सुरक्षा सेवाओं हेतु योजना के घटकों की व्याख्या करें।
17. घरेलू हिंसा अधिनियम, 2005 के क्या प्रावधान हैं?
18. राष्ट्रीय सामाजिक सहायता कार्यक्रम के विभिन्न घटकों का वर्णन करें।
19. राष्ट्रीय महिला आयोग के कार्य का वर्णन करें।
20. राष्ट्रीय हरित अधिकरण कि भूमिका का वर्णन करें।
21. वित्तीय स्थिरता और विकास परिषद की संरचना एवं कार्यों का वर्णन करें ।
22. राष्ट्रीय सुशासन केंद्र के उद्देश्य क्या हैं?
23. राष्ट्रीय ग्राम स्वराज अभियान की क्या विशेषताएं हैं?
24. न्यायपालिका प्रशासनिक कृत्यों में कब हस्तक्षेप कर सकती है? शासन प्रबंध पर न्यायिक नियंत्रण की क्या सीमाएँ हैं?
25. 'वन एमपी, वन आइडिया' स्कीम क्या है? व्याख्या करें।